CW01642987

Po(

ΦΥΤΡΑΚΗ

ΑγγλοΕλληνικό - ΕλληνοΑγγλικό Λεξικό

Σύνταξη: Αλίκη Λαμπέα

Λ. Κηφισίας 270, 152 32 Χαλάνδρι
Τηλ.: 210 6842.110, φαξ: 210 6818.561
e-mail: info@fytraki.gr
http://fytraki.gr

Κεντρική διάθεση:
Βιβλιοπωλείο Φυτράκη, Στοά του Βιβλίου,
Πεσμαζόγλου 5 – Αθήνα
Τηλ.: 210 3237.991, φαξ: 210 3210.433

Σύνταξη: Αλίκη Λαμπέα
Σελιδοποίηση: Εκδόσεις Φυτράκη
Μακέτα εξώφυλλου: Κώστας Τραγούτσης
Διαχωρισμοί – ηλ. μοντάζ: Digitone
Εκτύπωση: Επικοινωνία
Βιβλιοδεσία: Ηλιόπουλος – Ροδόπουλος

ISBN 978-960-535-506-7

ΠΡΟΛΟΓΟΣ

Το *Pocket Αγγλοελληνικό-Ελληνοαγγλικό Λεξικό Φυτράκη* είναι ένα σύγχρονο λεξικό, το οποίο απευθύνεται στο ευρύτερο ελληνικό κοινό και κυρίως στους σπουδαστές της αγγλικής γλώσσας.

Στο *Pocket Φυτράκη* καταγράφονται οι βασικές λέξεις (τριάντα πέντε χιλιάδες περίπου), οι οποίες απαρτίζουν τα σύγχρονα λεξιλόγια της αγγλικής και της ελληνικής γλώσσας και παρουσιάζονται με συνοπτικό τρόπο τα κυριότερα χαρακτηριστικά της μορφής τους και οι σημασίες τους.

Περιέχει:

- Μεγάλο αριθμό καινούριων λέξεων που απαντούν στο χώρο των επιστημών και της τεχνολογίας, καθώς και λέξεις που δημιουργούνται από τις αλλαγές των κοινωνικών συνθηκών.
- 15.000 ιδιωματικές εκφράσεις.
- Σημαντικό αριθμό λέξεων και εκφράσεων του αμερικανικού λεξιλογίου.
- Σημαντικό αριθμό λέξεων ξενικής προέλευσης, εφόσον η χρήση τους είναι ευρέως διαδεδομένη.
- Πολλές βραχυγραφίες, ακρωνύμια και κύρια ονόματα, τα οποία παρουσιάζονται στο κύριο σώμα του λεξικού και σε απόλυτη αλφαβητική σειρά.

Η ποικιλία των λημμάτων, η σαφήνεια των αποδόσεων, η διάρθρωση του λήμματος και εν γένει όλη η διάρθρωση του λεξικού οδηγούν σε έναν τύπο λεξικού το οποίο θα αποτελέσει ένα εύχρηστο βοήθημα για τις πραγματικές ανάγκες του Έλληνα αναγνώστη.

Αλίκη Λαμπέα

ΑγγλοΕλληνικό Λεξικό

EnglishGreek Dictionary

ΕΙΣΑΓΩΓΗ ΑΓΓΛΟΕΛΛΗΝΙΚΟΥ ΛΕΞΙΚΟΥ

1. Διάταξη των Λημμάτων

Τα λήμματα παρατίθενται σε απόλυτη αλφαβητική σειρά και έχουν στοιχειοθετηθεί με μαύρα στοιχεία:

blond...
blonde...
blood...

2. Υπολήμματα

Ως υπολήμματα εμφανίζονται:

α. Τα Περιφραστικά Ρήματα (Phrasal Verbs)

do/du:/κάνω... ▪ **do away with** καταργώ **do up** α) κουμπώνω β) ανακαινίζω, φρεσκάρω **do with** θέλω, χρειάζομαι **do without** περνώ, τα βγάζω πέρα (χωρίς)

β. Τα Επίθετα που Έχουν Κατάληξη -ed *ή/και* -ing

depress/dɪ'pres/καταθλίβω ~**ed** μελαγχολικός, αποκαρδιωμένος ~**ing** καταθλιπτικός, που προκαλεί μελαγχολία

γ. Τα Ουσιαστικά που Έχουν Κατάληξη -ing

follow/'fɒləʊ/... ~**ing** ... α) εξής β) οπαδοί • ~**ing** ...

δ. Οι Προθέσεις ή Σύνδεσμοι που Έχουν την Κατάληξη -ing

consider/kən'sɪdə/... ~**ing** λαμβανομένου υπόψη, δεδομένου

ε. Τα Επιρρήματα που Έχουν την Κατάληξη -ing

personal/'pɜ:sənəl/... **~ly**/'pɜ:sənəli/προσωπικά· αυτοπροσώπως

3. Χαρακτηριστικά του Λήμματος

α. Προφορά

Η προφορά του λήμματος σημειώνεται με φωνητικά σύμβολα, μέσα σε κάθετες πλάγιες γραμμές, αμέσως μετά το λήμμα.

facilitate/fə'sɪl$\frac{1}{\rm a}$teɪt/ ...

facilitation/fə,sɪl$\frac{1}{\rm a}$teɪʃən/ ...

Δε σημειώνεται η προφορά του λήμματος εκείνου που έχει την ίδια μορφή με το προηγούμενο.

turkey/'tɜ:ki/γαλοπούλα

Turkey Τουρκία

β. Απόδοση Σημασίας του Λήμματος

Οι ποικίλες σημασίες κάθε λήμματος διαχωρίζονται με μια άνω τελεία.

establishment/ɪ'stæblɪʃmənt/ίδρυση, δημιουργία· εδραίωση, παγίωση· (το) κατεστημένο

γ. Παραπομπές

Προς αποφυγή επανάληψης, όταν ένα λήμμα έχει ακριβώς την ίδια έννοια με άλλο, αλλά χρησιμοποιείται λιγότερο συχνά, παραπέμπουμε τον αναγνώστη στο λήμμα εκείνο που έχει τη συχνότερη χρήση. Εξάλλου, με τις παραπομπές παρέχεται η δυνατότητα στον αναγνώστη να εντοπίζει συνώνυμες λέξεις και να αφομοιώνει ευκολότερα την έννοια του λήμματος.

hallo/həˈləʊ, he-, hæ-/☞ HELLO

4. Αμερικανικές Παραλλαγές

Με την ένδειξη ☆ σημειώνονται οι αμερικανικές λέξεις.

apartment/əˈpaːtmənt/*ουσ.* 1. ... 2. ☆ διαμέρισμα

SYMBOLS
ΠΙΝΑΚΑΣ ΣΥΜΒΟΛΩΝ

☆ (αστέρι) χαρακτηρίζει αμερικανική λέξη
☞ (χεράκι) τίθεται πριν από τις παραπομπές
■ (τετραγωνάκι) πριν από τα περιφραστικά ρήματα
~ αντικαθιστά το λήμμα
· διαχωρίζει τις διάφορες αποδόσεις του λήμματος
• διαχωρίζει τα μέρη του λόγου

PRONUNCIATION TABLE
ΠΙΝΑΚΑΣ ΦΩΝΗΤΙΚΩΝ ΣΥΜΒΟΛΩΝ

Consonants/ Σύμφωνα		Vowels/ Φωνήεντα		Diphthongs/ Δίφθογγοι	
p	pin	iː	feel	eɪ	make
b	bin	uː	soup	aɪ	ice
t	tie	aː	art	ɔɪ	oil
d	die	ɔː	wall	əʊ	hope
k	cap	ɜː	shirt	aʊ	now
g	gap	ɪ	in	ɪə	year
tʃ	chin	e	pet	eə	air
dʒ	gin	æ	hat	ʊə	sure
f	feel	ʌ	up	eɪə	player
v	veal	ɒ	pot	ʊəʊ	lower
θ	throw	ʊ	put	ɔɪə	employer
ð	though	ə	about	aɪə	tire
s	sister			aʊə	tower
z	zero				
ʃ	shop				
ʒ	pleasure				
h	hall				
m	sum				
n	sin				
ŋ	sing				
l	light				
r	red				
w	where				
j	youth				

Special Signs/Ειδικά Σύμβολα

- ɪ/ə Σημαίνει ότι μπορεί να προφέρεται ɪ ή ə
- i Σημαίνει ότι πολλοί Αμερικανοί το προφέρουν σαν iː σε αντίθεση προς τους Βρετανούς, που το προφέρουν ɪ
- ə Σημαίνει ότι το ə μπορεί να παραληφθεί

ΣΥΝΤΟΜΟΓΡΑΦΙΕΣ ΟΡΩΝ

αερ.	αεροπορία
αθλ.	αθλητισμός
ανατ.	ανατομία
αρχαιολ.	αρχαιολογία
αστρ.	αστρολογία
ασύρμ.	ασύρματος
αυτοκ.	αυτοκίνητο
βιολ.	βιολογία
γεωγρ.	γεωγραφία
γλωσ.	γλωσσολογία
γραμ.	γραμματική
διαστημ.	διαστημική
εκκλ.	εκκλησιαστικώς
εμπ.	εμπόριο
εμφ.	εμφατικώς
ενικ.	ενικός/-ού
ζωολ.	ζωολογία
ηλεκτρ.	ηλεκτρισμός
θέατρ.	θέατρο
ιατρ.	ιατρική
ιδ.	ιδίως
ιχθ.	ιχθυολογία
κινημ.	κινηματογράφος
κπ.	κάποιος, κάποιον
κτ.	κάτι
κ.τ.λ.	και τα λοιπά
μαγειρ.	μαγειρική
μαθημ.	μαθηματικά
μουσ.	μουσική
μτφ.	μεταφορικώς
ναυτ.	ναυτικός όρος
νομ.	νομική
οδοντ.	οδοντιατρική
οικοδ.	οικοδομική
οικον.	οικονομία
πληθ.	πληθυντικός
πληρ.	πληροφορική
ποδόσφ.	ποδόσφαιρο
πολ.	πολιτική
πυγμ.	πυγμαχία
π.χ.	παραδείγματος χάριν
ρ.	ρήμα, ρήματος
ραδιοφ.	ραδιοφωνία
στρατ.	στρατιωτικώς
σχολ.	σχολείο, πανεπιστήμιο
ταχυδρ.	ταχυδρομείο
τηλεόρ.	τηλεόραση
φυσ.	φυσική
φωτογρ.	φωτογραφία
χαρτοπ.	χαρτοπαιξία
χημ.	χημεία
sb.	somebody
sth.	something

A, a

a/ə, *(εμφ.)* eɪ/ ή **an**/ən, æn/ένας, μία, ένα ή αμετάφραστο· ένας, κάποιος· (*με γενική έννοια*): *a horse is an animal*· κάθε, ανά

aback/ə'bæk/*be taken aback* ξαφνιάζομαι

abandon/ə'bændən/εγκαταλείπω, παρατώ

abandonment/ə'bændənmənt/ εγκατάλειψη

abate/ə'beɪt/εξασθενώ, μειώνομαι, καλμάρω, κοπάζω

abatement/ə'beɪtmənt/μείωση, ύφεση

abbey/'æbi/αβαείο

abbreviate/ə'bri:vieɪt/συντέμνω, συντομεύω

abbreviation/ə,bri:vieɪʃən/συντομογραφία

abdomen/'æbdəmən, æb'dəʊmən/ κοιλιά, υπογάστριο

abdominal/æb'dɒmɨnəl/κοιλιακός, γαστρικός

abduct/æb'dʌkt/απάγω

abduction/æb'dʌkʃən/απαγωγή, αρπαγή

abductor/æb'dʌktə/απαγωγέας

abhor/əb'hɔ:/απεχθάνομαι

abhorrence/əb'hɒrəns/απέχθεια, αποστροφή

abhorrent/əb'hɒrənt/αποκρουστικός

abide/ə'baɪd/ανέχομαι, αντέχω ▪ **abide by** τηρώ, σέβομαι, συμμορφώνομαι με

ability/ə'bɪlɨti/ικανότητα

abject/'æbdʒekt/άθλιος, ελεεινός

ablaze/ə'bleɪz/φλεγόμενος

able/eɪbl/ικανός, άξιος *be able to do sth.* μπορώ, καταφέρνω, είμαι σε θέση να κάνω κτ.

ably/'eɪbli/με ικανότητα, επιδέξια

abnormal/æb'nɔ:məl/ανώμαλος, αφύσικος

abnormality/,æbnɔ:'mælɨti/ανωμαλία

aboard/ə'bɔ:d/πάνω ή μέσα (σε πλοίο, αεροπλάνο, τρένο κ.τ.λ.) *come/go aboard* επιβιβάζομαι

abolish/ə'bɒlɪʃ/καταργώ με νόμο

abolition/,æbə'lɪʃən/ κατάργηση

abominable/ə'bɒmɪnəbl/αποτρόπαιος, απαίσιος

aboriginal/,æbə'rɪdʒɨnəl/ιθαγενής, αυτόχθων

aborigine/,æbə'rɪdʒɨni/ιθαγενής (κυρίως της Αυστραλίας)

abortion/ə'bɔ:ʃən/άμβλωση, έκτρωση

abound/ə'baʊnd/αφθονώ, υπάρχω σε αφθονία ▪ **abound in/with** βρίθω, είμαι γεμάτος από

about/ə'baʊt/για, σχετικά με· περίπου, πάνω-κάτω *what/how about...?*

τι θα λέγατε για... *be about to do sth.* ετοιμάζομαι να κάνω κτ.

above/əˈbʌv/πάνω από (ψηλότερα/περισσότερο από) • ανώτερος (σε βαθμό ή δύναμη), *(σε κείμενα)* παραπάνω *above all* προπάντων

abreast/əˈbrest/πλάι πλάι, στο ίδιο ύψος *be/keep abreast of sth.* είμαι ενημερωμένος, κατατοπισμένος για κτ.

abroad/əˈbrɔːd/στο εξωτερικό, στα ξένα

abrogate/ˈæbrəgeɪt/καταργώ

abrogation/ˌæbrəˈgeɪʃən/κατάργηση

abrupt/əˈbrʌpt/απότομος

abs/æbz/κοιλιακοί

abscess/ˈæbses/απόστημα

absence/ˈæbsəns/απουσία, έλλειψη, ανυπαρξία

absent/ˈəbsənt/απών • *absent oneself from* απουσιάζω από

absentee/ˌæbsənˈtiː/απών

absently/ˈæbsəntli/αφηρημένα

absent-minded/ˌæbsəntˈmaɪndɨd/αφηρημένος

absolute/ˈæbsəluːt/απόλυτος **~ly** απολύτως, εντελώς

absolutism/ˈæbsəluːtɪzəm/απολυταρχία

absolve/əbˈzɒlv/απαλλάσσω

absorb/əbˈsɔːb, əbˈzɔːb/απορροφώ **~ing** πολύ ενδιαφέρων, συναρπαστικός

absorbent/əbˈzɔːbənt/απορροφητικός, υδρόφιλος

absorption/əbˈsɔːpʃən/απορρόφηση

abstain/əbˈsteɪn/απέχω, αποφεύγω

abstention/əbˈstenʃən/αποχή

abstract/ˈæbstrækt/αφηρημένος, μη συγκεκριμένος, θεωρητικός *in the abstract* θεωρητικώς

absurd/əbˈsɜːd/παράλογος

absurdity/əbˈsɜːdɨti/παραλογισμός

abundance/əˈbʌndəns/αφθονία, πληθώρα

abundant/əˈbʌndənt/άφθονος

abuse/əˈbjuːz/βρίζω, κακολογώ· καταχρώμαι, κάνω κατάχρηση· κακομεταχειρίζομαι • ύβρις· κατάχρηση· κακομεταχείριση

abusive/əˈbjuːsɪv/υβριστικός, προσβλητικός

abyss/əˈbɪs/άβυσσος, χάος

academic/ˌækəˈdemɪk/ακαδημαϊκός, πανεπιστημιακός, καθηγητής πανεπιστημίου ή κολεγίου

academician/əˌkædəˈmɪʃən/ακαδημαϊκός (μέλος ακαδημίας)

academy/əˈkædəmi/ακαδημία· σχολή

accelerate/əkˈseləreɪt/επιταχύνω, αυξάνω ταχύτητα

acceleration/əkˌseləˈreɪʃən/επιτάχυνση, αύξηση της ταχύτητας

accelerator/əkˈseləreɪtə/επιταχυντής, γκάζι

accent/ˈæksənt/προφορά, χαρακτηριστικός τρόπος ομιλίας· *(γραμ.)* τόνος

accept/ək'sept/δέχομαι, αποδέχομαι· (παρα)δέχομαι

acceptable/ək'septəbl/αποδεκτός

access/'ækses/πρόσβαση

accessible/ək'sesəbl/προσιτός

accessory/ək'sesəri/εξάρτημα, αξεσουάρ· συνεργός

accident/'æksədənt/ατύχημα, δυστύχημα *by accident* τυχαία, κατά τύχη

accidental/,æksə'dentəl/τυχαίος, συμπτωματικός

acclaim/ə'kleɪm/επιδοκιμάζω, χειροκροτώ • (έντονη) επιδοκιμασία

acclimatization, -sation/ə,klaɪmətaɪ'zeɪʃən/εγκλιματισμός

acclimatize, -ise/ə'klaɪmətaɪz/εγκλιματίζω/-ομαι

accommodate/ə'kɒmədeɪt/παρέχω κατάλυμα σε (κπ.), στεγάζω· χωράω, εξυπηρετώ

accompany/ə'kʌmpəni/συνοδεύω

accomplice/ə'kʌmpləs/συνένοχος, συνεργός

accomplish/ə'kʌmplɪʃ/κατορθώνω, καταφέρνω,ολοκληρώνω

accomplishment/ə'kʌmplɪʃmənt/επίτευγμα, επίτευξη· προσόν, χάρισμα

accord/ə'kɔ:d/συμφωνώ, ταιριάζω • συμφωνία *of one's own accord* εκουσίως, από μόνος μου *with one accord* από κοινού, ομόφωνα ~**ing as** αναλόγως του αν, σύμφωνα με ~**ing to** σύμφωνα προς/με, ανάλογα με

accordance/ə'kɔ:dəns/*in accordance with* σύμφωνα με

accordingly/ə'kɔ:dɪŋli/αναλόγως

accordion/ə'kɔ:diən/ακορντεόν

[1]**account**/ə'kaʊnt/έκθεση, αναφορά· λογαριασμός *on account of* εξαιτίας *on no account/not on any account* σε καμιά περίπτωση, για κανένα λόγο, επουδενί *take into account* λαμβάνω υπόψη μου, υπολογίζω

[2]**account for** εξηγώ, λογοδοτώ, απολογούμαι για

accountable/ə'kaʊntəbl/υπόλογος, υπεύθυνος

accountant/ə'kaʊntənt/λογιστής

accumulate/ə'kju:mjʊleɪt/συσσωρεύω/-ομαι, μαζεύω/-ομαι

accumulation/ə,kju:mjʊ'leɪʃən/συσσώρευση, σωρός

accuracy/'ækjʊrəsi/ακρίβεια, ορθότητα

accurate/'ækjʊrət/ακριβής, ορθός, σωστός

accusation/,ækjʊ'zeɪʃən/κατηγορία

accuse/ə'kju:z/κατηγορώ **accused** (ο) κατηγορούμενος, (οι) κατηγορούμενοι

accuser/ə'kju:zə/κατήγορος

accustom/ə'kʌstəm/συνηθίζω, εξοικειώνω ~**ed to** συνηθισμένος, μαθημένος σε

ace/eɪs/άσος

ache/eɪk/πονώ • πόνος

achieve/ə'tʃi:v/πετυχαίνω

achievement/ə'tʃi:vmənt/επίτευξη, εκπλήρωση· επίτευγμα

Achilles/ə'kili:z/Αχιλλέας

acid/'æsɨd/οξύ

acknowledge/ək'nɒlɪdʒ/αναγνωρίζω, ομολογώ, παραδέχομαι· βεβαιώνω (ότι έλαβα)

acknowledg(e)ment/ək'nɒlɪdʒmənt/αναγνώριση, παραδοχή *acknowledgements* ευχαριστίες (σε συνεργάτες)

acme/'ækmi/αποκορύφωμα, κολοφώνας

acne/'ækni/ακμή (δερματοπάθεια)

acoustics/ə'ku:stɪks/ακουστική

acquaint/ə'kweɪnt/*be ~ed with sb.* γνωρίζω προσωπικά, είμαι γνωστός με κπ.

acquaintance/ə'kweɪntəns/γνωριμία, γνωστός *make sb.'s acquaintance* γνωρίζω, γνωρίζομαι με κπ.

acquire/ə'kwaɪə/αποκτώ **acquired** επίκτητος

acquisition/,ækwɨ'zɪʃən/απόκτηση· απόκτημα

acquit/ə'kwɪt/αθωώνω

acquittal/ə'kwɪtəl/αθώωση, απαλλαγή

acre/ə'ɪkə/ακρ (μέτρο επιφάνειας ίσον προς 4,047 τ.μ.)

acrobat/'ækrəbæt/ακροβάτης

acrobatics/,ækrɨ'bætɪks/ακροβατική τέχνη, ακροβατικά

acronym/'ækrənɪm/αρκτικόλεξο, ακρωνύμιο

across/ə'krɒs/από τη μια πλευρά στην άλλη, κατά πλάτος· στην απέναντι πλευρά, απέναντι· σταυροειδώς, σταυρωτά

act/ækt/ενεργώ· υποδύομαι, παίζω· συμπεριφέρομαι, φέρομαι· φέρομαι σαν, παριστάνω • πράξη, ενέργεια· νόμος, διάταγμα· *(θέατρ.)* πράξη *in the (very) act (of)* επ' αυτοφώρω

action/'ækʃən/δράση· πράξη, έργο· επίδραση, επενέργεια· μάχη

activate/'æktɨveɪt/ενεργοποιώ· δραστηριοποιώ

activation/,æktɨ'veɪʃən/ενεργοποίηση

active/'æktɪv/ενεργητικός, δραστήριος· ακμαίος, ενεργός· εν ενεργεία, ενεργοποιημένος· *(γραμ.)* ενεργητικός **~ly** ενεργά

activity/æk'tɪvɨti/δραστηριότητα

actor/'æktə/(ο) ηθοποιός

actress/'æktrɨs/(η) ηθοποιός

actual/'æktʃʊəl/αληθινός, πραγματικός *in actual fact* στην πραγματικότητα

actuality/,æktʃʊ'ælɨti/πραγματικότητα, γεγονός

actually/'æktʃʊəli/πραγματικά

acupuncture/'ækjʊ,pʌŋktʃə/βελονισμός

acute/ə'kju:t/οξύς

AD, **A.D.**/,eɪ 'di:/μ.Χ. (μετά Χριστόν)

ad/æd/συντομ. του **advertisement**

Adam/'ædəm/Αδάμ

Adam's apple/ˌædəmz 'æpl/«καρύδι» του λαιμού

adapt/ə'dæpt/προσαρμόζω/-ομαι· διασκευάζω

adaptability/əˌdæptə'bɪlɪ̵ti/προσαρμοστικότητα, ικανότητα προσαρμογής

adaptation/ˌædæp'teɪʃən/προσαρμογή· διασκευή

adapter, **adaptor**/ə'dæptə/πολύπριζο· διασκευαστής (έργου)

add/æd/προσθέτω ▪ **add up to** συμποσούμαι, δίνω άθροισμα **add to** αυξάνω, επιτείνω **add up** έχω νόημα, σημαίνω

addict/'ædɪkt/εθισμένος· μανιακός, παθιασμένος, φανατικός

addicted/ə'dɪktɪ̵d/εθισμένος, εξαρτώμενος· παθιασμένος

addiction/ə'dɪkʃən/εθισμός, εξάρτηση

addition/ə'dɪʃən/πρόσθεση, άθροιση· προσθήκη *in addition (to sth.)* επιπλέον, επιπροσθέτως, κοντά στ' άλλα

additional/ə'dɪʃənəl/πρόσθετος

additive/'ædɪ̵tɪv/πρόσθετη (βελτιωτική) ουσία

address/ə'dres/απευθύνω, γράφω όνομα και διεύθυνση παραλήπτη σε· απευθύνομαι προς, προσφωνώ • διεύθυνση, σύσταση (σε επιστολή)· προσφώνηση, προσαγόρευση· ομιλία, λόγος

addressee/ˌædre'siː/παραλήπτης

adenoids/'ædɪnɔɪdz/κρεατάκια

adept/'ædept/πεπειραμένος, ειδικός

adequacy/'ædɪkwəsi/επάρκεια, καταλληλότητα

adequate/'ædɪkwɪ̵t/επαρκής

adhere/əd'hɪə/προσκολλώμαι, κολλώ ▪ **adhere to** ακολουθώ, εμμένω σε

adhesive/əd'hiːsɪv/αυτοκόλλητος • αυτοκόλλητο

adjectival/ˌædʒɪ̵k'taɪvəl/*(γραμ.)* επιθετικός

adjective/'ædʒɪ̵ktɪv/*(γραμ.)* επίθετο

adjoin/ə'dʒɔɪn/εφάπτομαι, γειτονεύω (με) ~**ing** γειτονικός, συνεχόμενος

adjourn/ə'dʒɜːn/αναβάλλω/-ομαι, διακόπτω/-ομαι

adjournment/ə'dʒɜːnmənt/αναβολή, διακοπή

adjust/ə'dʒʌst/ρυθμίζω, ρεγουλάρω· και **adjust oneself (to)** προσαρμόζομαι (σε)

adjustment/ə'dʒʌstmənt/ρύθμιση

adland/'ædlænd/χώρος της διαφήμισης

ad-lib/ˌæd 'lɪb/αυτοσχεδιάζω • αυτοσχέδιος

administer/əd'mɪnɪ̵stə/διοικώ, διευθύνω· απονέμω

administration/ədˌmɪnɪ̵'streɪʃən/διοίκηση· (ΗΠΑ) κυβέρνηση

administrative/əd'mɪnɪ̵strətɪv/διοικητικός

admirable/ˈædmərəbl/θαυμάσιος, αξιοθαύμαστος

admiral/ˈædmərəl/ναύαρχος

admiration/ˌædməˈreɪʃən/θαυμασμός

admire/ədˈmaɪə/θαυμάζω **admiring** γεμάτος θαυμασμό

admirer/ədˈmaɪə/θαυμαστής, λάτρης

admission/ədˈmɪʃən/είσοδος, εισαγωγή· είσοδος, τιμή εισόδου· δικαίωμα εισόδου· παραδοχή, ομολογία *by/on one's own admission* όπως ομολογώ και ο ίδιος

admit/ədˈmɪt/επιτρέπω την είσοδο, κάνω δεκτό· παραδέχομαι, ομολογώ· έχω χώρο για, χωράω· και **admit of** επιδέχομαι

admittedly/ədˈmɪtɪdli/ομολογουμένως, κατά γενική ομολογία

admonish/ədˈmɒnɪʃ/επιπλήττω ελαφρά, κάνω παρατήρηση, νουθετώ, ορμηνεύω **~ing** επιτιμητικός, παραινετικός

admonition/ˌædməˈnɪʃən/ελαφρά επίπληξη, νουθεσία

ado/əˈduː/*without much/more/further ado* χωρίς πολλή/περισσότερη/επιπλέον καθυστέρηση ή φασαρία, χωρίς άλλα λόγια *much ado about nothing* πολλή φασαρία για το τίποτα

adolescence/ˌædəˈlesəns/εφηβεία, εφηβική ηλικία

adolescent/ˌædəˈlesənt/έφηβος, εφηβικός

adopt/əˈdɒpt/υιοθετώ **~ed** υιοθετημένος, θετός

adoption/əˈdɒpʃən/υιοθεσία· αποδοχή, ενστερνισμός (ιδέας)

adoptive/əˈdɒptɪv/υιοθετών, θετός

adorable/əˈdɔːrəbl/αξιολάτρευτος, αξιαγάπητος

adoration/ˌædəˈreɪʃən/λατρεία

adore/əˈdɔː/λατρεύω

adorn/əˈdɔːn/στολίζω

adornment/əˈdɔːnmənt/στολισμός· κόσμημα, στολίδι

adroit/əˈdrɔɪt/επιδέξιος, ικανός

adult/ˈædʌlt/ενήλικος

adulterate/əˈdʌltəreɪt/νοθεύω

adulteration/əˌdʌltəˈreɪʃən/νόθευση

adultery/əˈdʌltəri/μοιχεία

advance/ədˈvɑːns/προχωρώ· προκαταβάλλω •προέλαση, πορεία· πρόοδος· προκαταβολή *in advance* εκ των προτέρων, προκαταβολικώς

advanced/ədˈvɑːnst/προχωρημένος, προηγμένος, ανώτερος

advancement/ədˈvɑːnsmənt/πρόοδος, προαγωγή

advantage/ədˈvɑːntɪdʒ/πλεονέκτημα· όφελος, συμφέρον *take advantage of sth.* επωφελούμαι από κτ., αποκομίζω κέρδος από κτ.

advantaged/ədˈvɑːntɪdʒd/προνομιούχος

advantageous/ˌædvənˈteɪdʒəs/επωφελής· χρήσιμος, συμφέρων

adventure/ədˈventʃə/περιπέτεια

adventurer/əd'ventʃərə/λάτρης της περιπέτειας, ριψοκίνδυνος· τυχοδιώκτης

adventurous/əd'ventʃərəs/περιπετειώδης

adverb/'ædvɜ:b/επίρρημα

adverbial/əd'vɜ:biəl/επιρρηματικός

adversary/'ædvəsəri/αντίπαλος, ανταγωνιστής

adverse/'ædvɜ:s/δυσμενής, αντίξοος, ανάποδος

adversity/əd'vɜ:sᵊti/ατυχία, αντιξοότητα, αναποδιά

advert/'ædvɜ:t/☞ ADVERTISEMENT

advertise/'ædvətaɪz/διαφημίζω· γνωστοποιώ με αγγελία, αναζητώ διαμέσου αγγελίας **advertising** α) διαφήμιση, διαφημίσεις β) διαφημιστικός

advertising agency/'ædvətaɪzɪŋ ˌeɪdʒənsi/διαφημιστική εταιρεία

advertisement/əd'vɜ:tᵊsmənt/ και **advert** ή **ad** διαφήμιση· αγγελία (σε εφημερίδα)

advertiser/'ædvətaɪzə/διαφημιστής

advice/əd'vaɪs/συμβουλή, συμβουλές

advisable/əd'vaɪzəbl/σκόπιμος, ενδεδειγμένος

advise/əd'vaɪz/συμβουλεύω, συνιστώ

adviser, **advisor**/əd'vaɪzə/σύμβουλος

advisory/əd'vaɪzəri/συμβουλευτικός

advocate/'ædvəkeɪt/συνηγορώ υπέρ, υποστηρίζω •/'ædvəkᵊt, -keɪt/ *(νομ.)* συνήγορος· υποστηρικτής, υπέρμαχος

aegis/'ɪ:dʒᵊs/*under the aegis of...* υπό την αιγίδα τού...

aerial/'eəriəl/κεραία, αντένα

aerobics/eə'rəʊbɪks/αερόμπικ

aeroplane/'erəpleɪn/αεροπλάνο

aesthetic ☆ και **esthetic**/i:s'θetɪk, es-/αισθητικός, καλαίσθητος

affable/'æfəbl/καταδεκτικός, προσηνής

affair/ə'feə/υπόθεση, γεγονός, ζήτημα· υπόθεση, εργασία, δουλειά· ερωτική σχέση, ερωτική περιπέτεια

affect/ə'fekt/επηρεάζω, συγκινώ· *(ιατρ.)* προσβάλλω, επηρεάζω **~ed** α) προσποιητός, ψεύτικος β) επιτηδευμένος, εξεζητημένος

affectation/ˌæfek'teɪʃən/προσποίηση

affection/ə'fekʃən/στοργή, αγάπη, αφοσίωση

affectionate/ə'fekʃənᵊt/στοργικός

affiliate/ə'fɪlieɪt/εισδέχομαι (μέλος σε εταιρεία ή σύνδεσμο)· και **affiliate oneself/be affiliated** γίνομαι/είμαι μέλος (ομάδας ή επιχειρηματικού ομίλου), συνεργάζομαι **affiliated** συνεργαζόμενος, εξαρτημένος

affiliation/əˌfɪli'eɪʃən/προσχώρηση

(ομάδας ή εταιρείας σε μεγαλύτερη οργάνωση κ.τ.λ.), πρόσκτηση (μέλους)· δεσμός, σχέση, συνεργασία

affinity/ə'fɪnəti/συγγένεια, συνάφεια, σχέση· (αμοιβαία) έλξη

affirmative/ə'fɜ:mətɪv/καταφατικός· βεβαιωτικός • κατάφαση

afford/ə'fɔ:d/διαθέτω χρόνο ή χρήμα για

Afghan/'æfgæn/Αφγανός • αφγανικός

Afghanistan/ˌæf'gænɪsta:n/Αφγανιστάν

afraid/ə'freɪd/φοβισμένος

afresh/ə'freʃ/ξανά, πάλι

Africa/'æfrɪkə/Αφρική

African/'æfrɪkən/Αφρικανός • αφρικανικός

African American/ˌæfrɪkən ə'merəkən/μαύρος που γεννήθηκε στην Αμερική

after/'a:ftə/έπειτα από, ύστερα από· σύμφωνα με, κατά • αργότερα, κατόπιν • αφού, όταν

aftermath/'a:ftəmæθ/συνέπεια, επακόλουθο

afternoon/ˌa:ftə'nu:n/απόγευμα • απογευματινός

aftershock/'a:ftəʃɒk/μετασεισμός

afterthought/'a:ftəθɔ:t/μεταγενέστερη σκέψη, επανεξέταση

afterwards/'a:ftəwədz/και ☆ **afterward** κατόπιν, ύστερα, εν συνεχεία *soon afterwards* έπειτα από λίγο

again/ə'geɪn/πάλι, ξανά· εξάλλου, από την άλλη μεριά

against/ə'genst, ə'geɪnst/εναντίον, κατά· αντίθετα προς, κόντρα σε· πάνω σε· με φόντο

age/eɪdʒ/ηλικία· γηρατειά, γεράματα· και **Age** εποχή, αιώνας· και **ages** πολύς καιρός • γερνάω **aged** α) ηλικίας β) ηλικιωμένος

ageless/'eɪdʒləs/αγέραστος· αιώνιος, διαχρονικός

agency/'eɪdʒənsi/πρακτορείο· υπηρεσία, οργανισμός

agenda/ə'dʒendə/ημερήσια διάταξη

agent/'eɪdʒənt/πράκτορας

aggression/ə'greʃən/επίθεση, επιδρομή· επιθετικότητα

aggressive/ə'gresɪv/επιθετικός· μαχητικός, δραστήριος

agile/'ædʒaɪl/ευκίνητος, σβέλτος

agility/ə'dʒɪləti/ευκινησία, σβελτάδα

ago/ə'gəʊ/πριν από, εδώ και (με βάση το παρόν)

agony/'ægəni/αγωνία· οδύνη, φρικτός πόνος

agree/ə'gri:/συμφωνώ, έχω την ίδια γνώμη· συγκατατίθεμαι, δέχομαι ▪ **agree with** α) συμφωνώ με, συμπίπτω με β) ταιριάζω, ωφελώ *(σε άρνηση)* με πειράζει

agreeable/ə'gri:əbl/ευχάριστος, συμπαθής· σύμφωνος

agreeably/ə'gri:əbli/ευχάριστα

agreement/ə'gri:mənt/συμφωνία

agricultural/ˌægrɪ'kʌltʃərəl/γεωργικός, αγροτικός

agriculture/'ægrɪˌkʌltʃə/γεωργία

ahead/ə'hed/μπροστά

aid/eɪd/βοηθώ • βοήθεια· βοήθημα, βοηθός *in aid of...* υπέρ, για ενίσχυση του...

aim/eɪm/σκοπεύω, σημαδεύω· επιδιώκω, αποβλέπω, αποσκοπώ *aim high* έχω μεγάλες βλέψεις • σκόπευση, σημάδι, στόχος· σκοπός, επιδίωξη

aimless/'eɪmləs/χωρίς σκοπό, χωρίς στόχο

ain't/eɪnt/συντομ. των: **am not, is not, are not, has not, have not**

air/eə/αέρας· ύφος • αερίζω· εκθέτω, προβάλλω

airbag/'eəbæg/αερόσακος

airbase/'eəbeɪs/αεροπορική βάση

air-conditioned/'eəkənˌdɪʃənd/ κλιματιζόμενος

air-conditioner/'eəkənˌdɪʃənə/μηχάνημα κλιματισμού

air-conditioning/'eəkənˌdɪʃənɪŋ/ κλιματισμός

aircraft/'eəkra:ft/αεροσκάφος

aircraft carrier/'eəkra:ft ˌkæriə/ αεροπλανοφόρο

aircrew/'eərkru:/πλήρωμα αεροπλάνου

airforce/'eəfɔ:s/(πολεμική) αεροπορία

air freshener/'eəˌfreʃənə/αποσμητικό χώρου

airgun/'eəgʌn/αεροβόλο (όπλο)

airhostess/'eəhəʊstɪ̵ₔs/(η) αεροσυνοδός

airline/'eəˌlaɪn/αεροπορική εταιρεία

airmail/'eəmeɪl/αεροπορικό ταχυδρομείο

☆ **airplane**/'eəpleɪn/αεροπλάνο

airpocket/'eəˌpɒkɪ̵ₔt/κενό αέρος

airport/'eəpɔ:t/αεροδρόμιο

airship/'eəˌʃɪp/αερόπλοιο

airspace/'eəspeɪs/εναέριος χώρος

air terminal/'eəˌtɜ:mɪ̵ₔnəl/αεροδρόμιο (κτίριο)

airtight/'eətaɪt/αεροστεγής

airway/'eəweɪ/αεροπορική οδός, εναέρια γραμμή· **airways** αεροπορική εταιρεία

aisle/aɪl/διάδρομος

ajar/ə'dʒa:/μισάνοιχτος

alarm/ə'la:m/συναγερμός· ξαφνικός φόβος, πανικός· ☞ ALARM CLOCK • τρομάζω, φοβίζω, προκαλώ πανικό ~**ing** ανησυχητικός

alarm clock/ə'la:m klɒk/, **alarm** ξυπνητήρι

Albania/æl'beɪniə/Αλβανία

Albanian/æl'beɪniən/Αλβανός· αλβανικός

album/'ælbəm/λεύκωμα, άλμπουμ· δίσκος μακράς διαρκείας

alcohol/'ælkəhɒl/αλκοόλ· οινοπνευματώδη ποτά

alcoholic/ˌælkəˈhɒlɪk/οινοπνευματώδης, αλκοολούχος • αλκοολικός, μεθύστακας

alcoholism/ˈælkəhɒlɪzəm/αλκοολισμός

ale/eɪl/(αγγλική) μπίρα

alert/əˈlɜːt/άγρυπνος, προσεκτικός • επιφυλακή • θέτω σε επιφυλακή· προειδοποιώ, επισημαίνω κίνδυνο

algebra/ˈældʒɪbrə/άλγεβρα

alibi/ˈælɪbaɪ/άλλοθι

alien/ˈeɪliən/ξένος, αλλοδαπός· εξωγήινος • αλλοδαπός· ξένος, άσχετος

alienate/ˈeɪliəneɪt/αποξενώνω· αλλοτριώνω

alienation/ˌeɪliəˈneɪʃən/αλλοτρίωση, αποξένωση

align/əˈlaɪn/ευθυγραμμίζω, βάζω σε σειρά· παρατάσσομαι, μπαίνω στη γραμμή

alike/əˈlaɪk/όμοιος, παρόμοιος, ίδιος • ομοίως, κατά τον ίδιο τρόπο

alimony/ˈælɪməni/διατροφή

alive/əˈlaɪv/ζωντανός· γεμάτος ζωή, δραστήριος

all/ɔːl/όλος, ολόκληρος • εντελώς *at all* καθόλου *above all* προπάντων *after all* παρ' όλα αυτά

allegation/ˌælɪˈgeɪʃən/ισχυρισμός· κατηγορία (προς απόδειξη)

allege/əˈledʒ/ισχυρίζομαι, διατείνομαι· επικαλούμαι, προφασίζομαι **alleged** φερόμενος ως, υποτιθέμενος

allegorical/ˌælɪˈgɒrɪkəl/αλληγορικός

allegory/ˈælɪgəri/αλληγορία

allergic/əˈlɜːdʒɪk/αλλεργικός

allergy/ˈælɜːdʒi/αλλεργία

alleviate/əˈliːvieɪt/ανακουφίζω, απαλύνω, καταπραΰνω

alleviation/əˌliːviˈeɪʃən/ανακούφιση, κατευνασμός

alley/ˈæli/δρομάκι (πόλης), δεντροστοιχία (κήπου), αλέα· διάδρομος του μπόουλινγκ

All Fools' Day/ˌɔːl ˈfuːlz deɪ/☞ APRIL FOOLS' DAY

alliance/əˈlaɪəns/συμμαχία

alligator/ˈælɪgeɪtə/αλιγάτορας

allow/əˈlaʊ/επιτρέπω, αφήνω ▪**allow for** λαμβάνω υπόψη

allowance/əˈlaʊəns/επίδομα, βοήθημα· χαρτζιλίκι

all right, **alright**/ˌɔːlˈraɪt/εντάξει

allude/əˈluːd/**allude to** υπαινίσσομαι, υπονοώ

allusion/əˈluːʒən/υπαινιγμός, νύξη

ally/əˈlaɪ/συμμαχώ • σύμμαχος

almond/ˈaːmənd/αμύγδαλο· και **almond tree**/- triː/αμυγδαλιά

almost/ˈɔːlməʊst/σχεδόν, παραλίγο

alone/əˈləʊn/μόνος, χωρίς συντροφιά· μόνος, αβοήθητος • μόνο, μονάχα *let alone* πόσο μάλλον

along/əˈlɒŋ/εμπρός· μαζί • κατά μήκος, παραπλεύρως

alongside/ə,lɒŋ'saɪd/δίπλα, πλάι (σε), παραπλεύρως

aloud/ə'laʊd/μεγαλοφώνως, δυνατά

alphabet/'ælfəbet/αλφαβήτα

alphabetical/,ælfə'betɪkəl/αλφαβητικός

Alps/ælps/Άλπεις

already/ɔ:l'redi/ήδη, κιόλας

alright/,ɔ:l'raɪt/☞ ALL RIGHT

also/'ɔ:lsəʊ/επίσης *not only... but also* όχι μόνο... αλλά και

altar/'ɔ:ltə/βωμός· Αγία Τράπεζα

alter/'ɔ:ltə/αλλάζω, μεταποιώ, τροποποιώ

alteration/,ɔ:ltə'reɪʃən/αλλαγή, μετατροπή, μεταποίηση

alternate/ɔ:l'tɜ:nət/εναλλασσόμενος • εναλλάσσω, εναλλάσσομαι

alternation/,ɔ:ltə':neɪʃən/εναλλαγή, αλληλοδιαδοχή

alternative/ɔ:l'tɜ:nətɪv/εναλλακτικός • εναλλακτική λύση

although/ɔ:l'ðəʊ/αν και, μολονότι, παρόλο

altitude/'æltətju:d/ύψος, υψόμετρο

altogether/,ɔ:ltə'geðə/ολότελα, εντελώς· γενικά, συνολικά

altruism/'æltrʊɪzəm/αλτρουισμός

altruist/'æltrʊɪst/αλτρουιστής, ανιδιοτελής

altruistic/,æltrʊ'ɪstɪk/αλτρουιστικός

aluminium/,ælə'mɪniəm, ,ælə-/και ☆ **aluminum**/ə'lu:mɪnəm/αλουμίνιο, αργίλιο

always/'ɔ:lwəs, -weɪz/πάντοτε, πάντα· ανελλιπώς, διαρκώς

am/əm, *(εμφ.)* æm/πρώτο πρόσωπο ενικ. ενεστώτα του *ρ.* **be**

a.m./,eɪ' em/προ μεσημβρίας (π.μ.)

amateur/'æmətə/ερασιτέχνης· ατζαμής • ερασιτέχνης, ερασιτεχνικός

amateurish/'æmətərɪʃ/ερασιτεχνικός, ατζαμίδικος

amaze/ə'meɪz/εκπλήσσω **amazed** έκπληκτος, κατάπληκτος **amazing** καταπληκτικός, απίστευτος

amazement/ə'meɪzmənt/κατάπληξη, έκπληξη, θαυμασμός

ambassador/æm'bæsədə/πρέσβης, πρεσβευτής

amber/'æmbə/κεχριμπάρι· κεχριμπαρένιο χρώμα, κίτρινο

ambiguity/,æmbɪ'gju:əti/διφορούμενο, ασάφεια

ambiguous/æm'bɪgjʊəs/διφορούμενος, ασαφής

ambition/æm'bɪʃən/φιλοδοξία

ambitious/æm'bɪʃəs/φιλόδοξος

ambulance/'æmbjʊləns/ασθενοφόρο όχημα

ambush/'æmbʊʃ/ενεδρεύω· επιτίθεμαι από ενέδρα • ενέδρα

amend/ə'mend/τροποποιώ

amendment/ə'mendmənt/τροποποίηση· *(νομ.)* τροπολογία

amends/ə'mendz/*make amends (to sb.) (for sth.)* επανορθώνω (κτ.), αποζημιώνω (κπ. για κτ.)

America/ə'merɨkə/Αμερική

American/ə'mærɨkən/Αμερικανός • αμερικανικός

American Indian/əˌmærɨkən'ɪndiən/Ερυθρόδερμος, Ινδιάνος

ammunition/ˌæmjʊ'nɪʃən/πολεμοφόδια, πυρομαχικά

amnesia/æm'ni:ziə/αμνησία

amnesty/'æmnəsti/αμνηστία

amok, **amuck**/ə'mɒk/*run amok* παθαίνω αμόκ

among/ə'mʌŋ/, **amongst**/ə'mʌŋst/ ανάμεσα, μεταξύ· ανάμεσα, ένας από (πλήθος ομοίων)

amorous/'æmɒrəs/ερωτικός

[1]**amount**/ə'maʊnt/ποσό, ποσότητα

[2]**amount to** ισοδυναμώ με (κτ.)· ανέρχομαι σε, συμποσούμαι σε

ample/æmpl/άφθονος

amplifier/'æmplɨfaɪə/ενισχυτής

ampoule, **ampule**/'æmpu:l/αμπούλα

amputate/'æmpjʊteɪt/ακρωτηριάζω

amputation/ˌæmpjʊ'teɪʃən/ακρωτηριασμός

amuck/ə'mʌk/☞ AMOK

amulet/ə'mjʊlət/φυλαχτό

amuse/ə'mju:z/διασκεδάζω (κπ.) **amused** εύθυμος **amusing** διασκεδαστικός

amusement/ə'mju:zmənt/διασκέδαση

amusement arcade/ə'mju:zmənt a:ˌkeɪd/κατάστημα ηλεκτρονικών παιχνιδιών

☆ **amusement park**/ə'mju:zmənt pa:k/λούνα παρκ

an/ən, *(εμφ.)* æn/☞ a *(αόρ. άρθρο)*

anaemia ☆ και **anemia** /ə'ni:miə/ αναιμία

anaemic/ə'ni:mɪk/αναιμικός

anaesthesia/ˌænɨs'θi:ziə/αναισθησία, νάρκωση

anaesthetic/ˌænɨs'θetɪk/αναισθητικό

anaesthetist/ə'nɪ:sθɨtɨst/αναισθησιολόγος

anaesthetize, **-ise**/ə'nɪ:sθɨtaɪz/ *(ιατρ.)* αναισθητοποιώ, ναρκώνω

analyse, **-lyze**/'ænəlaɪz/αναλύω· ψυχαναλύω

analysis/ə'nælɨsɨs/ανάλυση

analyst/'ænəlɨst/αναλυτής· ψυχαναλυτής

anarchist/'ænəkɨst/αναρχικός

anarchy/'ænəki/αναρχία

ancestor/'ænsəstə/πρόγονος

ancestry/'ænsəstri/καταγωγή, ρίζα

anchor/'æŋkə/άγκυρα • αγκυροβολώ, αράζω

anchovy/'æntʃəvi/αντσούγια

ancient/'eɪnʃənt/αρχαίος· παμπάλαιος • **ancients** (οι) αρχαίοι

and/ənd, ən/και· [μετά τα ρήματα come, go, try κ.τ.λ.] να· *(για να εκφράσει επιτατική επανάληψη): for miles and miles,* επί μίλια και μίλια· *better and better,* όλο και καλύτερα

anemone/ə'neməni/ανεμώνη

angel/'eɪndʒəl/άγγελος

angelic/æn'dʒelɪk/αγγελικός

anger/'æŋgə/θυμός, οργή • εξοργίζω

angle/æŋgl/γωνία· άποψη, σκοπιά • ψαρεύω (με καλάμι) ▪ **angle for** ψαρεύω, επιδιώκω

angler/'æŋglə/ερασιτέχνης ψαράς

angry/'æŋgri/θυμωμένος

animal/'ænɪ̆məl/ζώο • ζωικός

animated cartoon/,ænɪ̆meɪtɪ̆d ka:'tu:n/☞ CARTOON

ankle/æŋkl/αστράγαλος

anniversary/,ænɪ̆'vɜ:səri/επέτειος

announce/ə'naʊns/αναγγέλλω, ανακοινώνω

announcement/ə'naʊnsmənt/ ανακοίνωση, αναγγελία, αγγελία

announcer/ə'naʊnsə/εκφωνητής ραδιοφώνου ή τηλεόρασης, παρουσιαστής

annoy/ə'nɔɪ/ενοχλώ, στενοχωρώ· εκνευρίζω, τσατίζω **~ed** ενοχλημένος, πειραγμένος **~ing** ενοχλητικός

annoyance/ə'nɔɪəns/ενόχληση, μπελάς

annual/'ænjuəl/ετήσιος • ετήσια έκδοση, επετηρίδα

anomaly/ə'nɒməli/ανωμαλία

anonymity/,ænə'nɪmɪ̆ti/ανωνυμία

anonymous/ə'nɒnɪ̆məs/ανώνυμος

anorak/'ænəræk/άνορακ

another/ə'nʌðə/άλλος (ένας), ακόμα (ένας)· ένας άλλος, κάποιος άλλος

answer/'a:nsə/απάντηση • απαντώ

answering machine/'a:nsərɪŋ mə,ʃi:n/, **answer phone**/'a:nsə fəʊn/ αυτόματος τηλεφωνητής

ant/ænt/μυρμήγκι

antagonize, **-ise**/æn'tægənaɪz/ αντιπαρατίθεμαι, πηγαίνω κόντρα σε

Antarctic/æn'ta:ktɪk/ανταρκτικός • (η) Ανταρκτική

antelope/'æntɪ̆ləʊp/αντιλόπη

antenatal/,æntɪ'neɪtl/προ της γέννησης, προ του τοκετού

antenna/æn'tenə/☆ αντένα, κεραία· κεραία (εντόμου, ζώου)

anteroom/'æntɪrʊm/προθάλαμος

anthem/'ænθəm/ύμνος

anthill/'ænt,hɪl/μυρμηγκοφωλιά

anti-aircraft/,æntɪ 'eəkra:ft/αντιαεροπορικός

antibiotic/,æntɪbaɪ'ɒtɪk/αντιβιοτικό

antibody/'æntɪ,bɒdi/αντίσωμα

anticipate/æn'tɪsɪ̆peɪt/περιμένω, προσδοκώ· προβλέπω· προλαβαίνω

anticipation/æn,tɪsɪ̆'peɪʃən/πρόβλεψη, πρόνοια· προσδοκία, αναμονή *in anticipation* εκ των προτέρων

anticlockwise/æntɪ'klɒkwaɪz/☆ **counterclockwise** αριστερόστροφος • αριστερά

antics/'æntɪks/καραγκιοζιλίκια

antiperspirant/ˌæntɪ'pɜːsp[ə]rənt/ αποσμητικό

antique/æn'tiːk/αντίκα • παλαιός

antiquity/æn'tɪkw[ə]ti/αρχαιότητα

antisocial/ˌænt[ə]'səʊʃəl/αντικοινωνικός

antonym/'æntənɪm/αντώνυμο, αντίθετο

anxiety/æŋ'zaɪəti/ανησυχία, αγωνία· επιθυμία, αδημονία, ανυπομονησία

anxious/'æŋkʃəs/ανήσυχος, στενοχωρημένος· ανυπόμονος

any/'eni/κανείς, καμία, κανένα, καθόλου· οποιοσδήποτε, οποιαδήποτε, οποιοδήποτε, όποιος • καθόλου

anybody/'enibədi/και **anyone** κανείς· όποιος, οποιοσδήποτε, καθένας, καθεμιά· όποιος όποιος, ο πρώτος τυχών

anyhow/'enihaʊ/παρ' όλα αυτά· όπως όπως, όπως τύχει· εν πάση περιπτώσει, πάντως

anymore/'enimɔː/πλέον, πια

anyone/'eniwʌn/☞ ANYBODY

☆ **anyplace**/'enipleɪs/οπουδήποτε· πουθενά

anything/'eniθɪŋ/τίποτε, κάτι· τίποτε· οτιδήποτε, όλα

anytime/'enitaɪm/οποτεδήποτε

anyway/'eniweɪ/οπωσδήποτε, όπως και να είναι· εν πάση περιπτώσει· παρ' όλα αυτά

anywhere/'eniweə/οπουδήποτε· κάπου, πουθενά

apart/ə'paːt/μακριά, σε απόσταση· ιδιαιτέρως, παράμερα· χώρια, χωριστά *apart from* εκτός από, αν εξαιρέσουμε *take apart* διαλύω *come/fall apart* διαλύομαι *tear apart* ξεσκίζω

apartment/ə'paːtmənt/διαμέρισμα

☆ **apartment house**/ə'paːtmənt haʊs/πολυκατοικία

apathetic/ˌæpə'θetɪk/απαθής, αδιάφορος

apathy/'æpəθi/απάθεια, αδιαφορία

ape/eɪp/πίθηκος

aperitif/əˌper[ə]'tiːf/απεριτίφ

Aphrodite/ˌæfrə'daɪti/Αφροδίτη

apiece/ə'piːs/ο καθένας· κατά τεμάχιο, το κάθε κομμάτι

apologetic/əˌpɒlə'dʒetɪk/απολογητικός

apologize, **-ise**/ə'pɒlədʒaɪz/απολογούμαι, ζητώ συγγνώμη

apology/ə'pɒlədʒi/συγγνώμη

apostrophe/ə'pɒstrəfi/απόστροφος

appalling/ə'pɔːlɪŋ/φρικτός, φρικιαστικός· φοβερός, τρομερός

apparatus/ˌæpə'reɪtəs/συσκευή, μηχάνημα· εξοπλισμός, σύνεργα

apparent/ə'pærənt/προφανής, φανερός· φαινομενικός

apparently/ə'pærəntli/προφανώς· φαινομενικώς, όπως φαίνεται

apparition/ˌæpə'rɪʃən/οπτασία, φάντασμα

appeal/ə'pi:l/έκκληση, επίκληση· γοητεία, έλξη· έφεση • κάνω έκκληση· συγκινώ, γοητεύω· εφεσιβάλλω, κάνω έφεση ▪ **appeal to** α) προσφεύγω σε β) επικαλούμαι **~ing** α) παρακλητικός, γεμάτος ικεσία β) ελκυστικός

Appeal Court/ə'pi:l ˌkɔ:t/Εφετείο

appear/ə'pɪə/εμφανίζομαι, παρουσιάζομαι· φαίνομαι, δίνω την εντύπωση

appearance/ə'pɪərəns/εμφάνιση, παρουσία· εμφάνιση, παρουσιαστικό *keep up appearances* κρατώ τα προσχήματα

appendix/ə'pendɪks/παράρτημα (βιβλίου)

appetite/'æpɨtaɪt/όρεξη

appetizer, **-iser**/'æpɨtaɪzə/ορεκτικό

appetizing, **-ing**/'æpɨtaɪzɪŋ/ορεκτικός

applaud/ə'plɔ:d/επευφημώ, χειροκροτώ

applause/ə'plɔ:z/επευφημία, χειροκροτήματα· επιδοκιμασία

apple/æpl/μήλο

appliance/ə'plaɪəns/συσκευή

applicant/'æplɪkənt/αιτών, υποψήφιος

application/ˌæplɪ'keɪʃən/αίτηση

apply/ə'plaɪ/υποβάλλω αίτηση, ζητώ

appoint/ə'pɔɪnt/διορίζω, ορίζω

appointment/ə'pɔɪntmənt/συνάντηση, ραντεβού· διορισμός, τοποθέτηση

appreciate/ə'pri:ʃieɪt/εκτιμώ, αναγνωρίζω

appreciation/əˌpri:ʃi'eɪʃən/αναγνώριση, ευγνωμοσύνη

apprentice/ə'prentɨs/μαθητευόμενος

approach/ə'prəʊtʃ/πλησιάζω, προσεγγίζω· πλευρίζω, βολιδοσκοπώ • προσέγγιση, πλησίασμα· είσοδος, πρόσβαση

appropriate/ə'prəʊpriɨt/κατάλληλος, αρμόζων, πρέπων

approval/ə'pru:vəl/έγκριση, σύμφωνη γνώμη *on approval (εμπ.)* επί δοκιμή, με δικαίωμα επιστροφής

approve/ə'pru:v/εγκρίνω **approved** εγκεκριμένος **approving** επιδοκιμαστικός

approximate/ə'prɒksɨmɨt/κατά προσέγγιση • /ə'prɒksɨmeɪt/προσεγγίζω, πλησιάζω

apricot/'eɪprɨkɒt/βερίκοκο· βερικοκί χρώμα

April/'eɪprɨl/Απρίλιος

April Fools' Day/ˌeɪprɨl 'fu:lz deɪ/ και **All Fools' Day** Πρωταπριλιά

apron/'eɪprən/ποδιά

apropos/ˌæprə'pəʊ/επί (τη) ευκαιρία, μιας και το 'φερε η κουβέντα

apt/æpt/ικανός (σε), δεκτικός

aptitude/'æptɨtju:d/κλίση, ικανότητα (ιδ. για μάθηση)

aqualung/'ækwəlʌŋ/μπουκάλα οξυγόνου

aquarium/ə'kweəriəm/ενυδρείο

Aquarius/ə'kweəriəs/*(αστρ.)* Υδροχόος

Arab/'ærəb/Άραβας

Arabia/ə'reɪbiə/Αραβία

Arabian/ə'reɪbiən/αραβικός

Arabic/'ærəbɪk/αραβική γλώσσα

arbitrary/'a:bɨtrəri, -tri/αυθαίρετος

arcade/a:'keɪd/στοά (συνήθ. με καταστήματα)

arch/a:tʃ/αψίδα, καμάρα • σχηματίζω αψίδα· κυρτώνω/-ομαι σε σχήμα τόξου, καμπουριάζω

archaeological/ˌa:kiə'lɒdʒɪkəl/αρχαιολογικός

archaeologist/ˌa:ki'ɒlədʒɨst/αρχαιολόγος

archaeology/ˌa:ki'ɒlədʒi/αρχαιολογία

archbishop/a:tʃ'bɪʃəp/αρχιεπίσκοπος

archer/'a:tʃə/τοξότης

archery/'a:tʃəri/τοξοβολία

architect/'a:kɨtekt/αρχιτέκτονας

architectural/ˌa:kɨ'tektʃərəl/αρχιτεκτονικός

architecture/'a:kɨtektʃə/αρχιτεκτονική

arctic/'a:ktɪk/αρκτικός, πολικός

Arctic Αρκτική

ardent/'a:dənt/ένθερμος, μανιώδης

ardour, ☆ **ardor**/'a:də/ζήλος, ενθουσιασμός

are/ə, *(εμφ.)* a:/πληθ. ενεστώτα του ρήματος **be**

area/'eəriə/περιοχή, περιφέρεια· χώρος, πεδίο· έκταση, εμβαδόν

area code/'eəriə ˌkəʊd/(τηλεφωνικός) κωδικός (αριθμός)

arguable/'a:gjʊəbl/συζητήσιμος

arguably/'a:gjʊəbli/εύλογα

argue/'a:gju:/λογομαχώ, διαπληκτίζομαι· συζητώ, επιχειρηματολογώ (υπέρ ή κατά)

argument/'a:gjʊmənt/φιλονικία, λογομαχία· επιχείρημα

argumentative/ˌa:gjʊ'mentətɪv/εριστικός

Aries/'eəri:z/*(αστρ.)* Κριός

arise/ə'raɪz/προκύπτω, παρουσιάζομαι, συμβαίνω· απορρέω, προκύπτω, προέρχομαι

aristocracy/ˌærɨ'stɒkrəsi/αριστοκρατία

aristocrat/'ærɨstəkræt/αριστοκράτης

aristocratic/ˌærɨstə'krætɪk/αριστοκρατικός

arithmetic/ə'rɪθmətɪk/αριθμητική • αριθμητικός

arm/a:m/χέρι, μπράτσο· στρατιωτικός κλάδος· **arms** όπλα • οπλίζω/-ομαι, εξοπλίζω/-ομαι ~**ed** οπλισμένος, ένοπλος

armament/'a:məmənt/οπλισμός, πολεμοφόδια· εξοπλισμός, προετοιμασία για πόλεμο

armchair/'a:mtʃə/πολυθρόνα

armful/'a:mfʊl/αγκαλιά (ποσότητα)

armistice/'a:mɨstɨs/ανακωχή

armour/'a:mə/θωράκιση· αρματωσιά, πανοπλία

armoured/'a:məd/θωρακισμένος

armoury/'a:məri/οπλοστάσιο

armpit/'a:mˌpɪt/μασχάλη

arms control/'a:mz kənˌtrəʊl/περιορισμός των εξοπλισμών

arms race/'a:mz reɪs/ανταγωνισμός των εξοπλισμών

army/'a:mi/στρατός· πλήθος, στρατιά

army corps/'a:mi kɔ:/σώμα στρατού

around/ə'raʊnd/εδώ κι εκεί, παντού· εδώ γύρω, κοντά· πέριξ, γύρω, ολόγυρα· (ιδ. ☆) περίπου, κατά προσέγγιση· (ιδ. ☆) ανάποδα, στην αντίθετη κατεύθυνση

arouse/ə'raʊz/ξυπνώ· εξάπτω, διεγείρω, κεντρίζω

arrange/ə'reɪndʒ/τακτοποιώ, ταξινομώ· κανονίζω, ρυθμίζω· *(μουσ.)* διασκευάζω

arranged marriage/əˌreɪndʒd 'mærɪdʒ/προξενιό

arrangement/ə'reɪndʒmənt/τακτοποίηση, διάταξη· ρύθμιση, διακανονισμός· συμφωνία, κλείσιμο· ετοιμασία, προετοιμασία· *(μουσ.)* διασκευή

arrest/ə'rest/συλλαμβάνω, θέτω υπό κράτηση • σύλληψη, κράτηση

arrival/ə'raɪvəl/άφιξη

arrive/ə'raɪv/έρχομαι, φτάνω

arrogance/'ærəgəns/αλαζονεία, έπαρση, υπεροψία

arrogant/'ærəgənt/υπερόπτης, υπεροπτικός, αλαζονικός

arrow/'ærəʊ/βέλος

arson/'a:sən/εμπρησμός

arsonist/'a:sənɨst/εμπρηστής

art/a:t/τέχνη· **arts** θεωρητικές επιστήμες

artful/'a:tfəl/επιτήδειος, ικανός· πονηρός, καπάτσος

arthritis/a:'θraɪtɨs/αρθρίτιδα

artichoke/'a:tɨtʃəʊk/αγκινάρα

article/'a:tɪkl/άρθρο· αντικείμενο, είδος εμπορίου· άρθρο, όρος

artifice/'a:tɨfɨs/τέχνασμα, κόλπο

artificial/ˌa:tɨ'fɪʃəl/τεχνητός, ψεύτικος· προσποιητός

artificial insemination/ˌa:tɨfɨʃəl ɪnsemɨ'neɪʃən/τεχνητή γονιμοποίηση

artificial respiration/ˌa:tɨfɨʃəl respɨ'reɪʃən/τεχνητή αναπνοή

artillery/a:'tɪləri/πυροβολικό

artist/'a:tɨst/καλλιτέχνης

artiste/a:'ti:st/αρτίστας

artistic/a:'tɪstɪk/καλλιτεχνικός· καλαίσθητος

artless/'a:tləs/άτεχνος· φυσικός, απλός· απονήρευτος, άδολος

artwork/'a:tw3:k/εικονογράφηση· έργα τέχνης

as/əz/εξίσου· ως, σαν • τόσο... όσο...· όπως· όταν, καθώς· αφού, μιας και, επειδή· μολονότι, αν και *as for* όσο για, όσον αφορά σε *as if* σαν να, λες και **as** *long as* με τον όρο ότι, εφόσον *as well* επίσης, και

ascend/ə'send/ανέρχομαι, ανεβαίνω

ascribe/ə'skraıb/**ascribe to** αποδίδω, καταλογίζω, επιρρίπτω σε

ash/æʃ/και **ashes** στάχτη· ashes τέφρα, σποδός

ashamed/ə'ʃeımd/*be/feel ashamed to do sth.*, ντρέπομαι να κάνω κτ. *be ashamed that...*, ντρέπομαι που...

ashen/'æʃən/σταχτής· ωχρός, χλομός

ashore/ə'ʃɔ:/στην ακτή, (προς) στη στεριά

ashtray/'æʃtreı/σταχτοδοχείο

Asia/'eıʃə, -ʒə/Ασία

Asian/'eıʃən, 'eıʒən/Ασιάτης • ασιατικός

aside/ə'saıd/πλάι, κατά μέρος, παράμερα *aside from* εκτός, επιπλέον

ask/a:sk/ρωτώ· ζητώ· προσκαλώ ▪ **ask after** και **inquire after** ρωτώ να μάθω νέα (κάποιου) **ask for** πάω γυρεύοντας, πάω φιρί φιρί για (κτ.)

asleep/ə'sli:p/κοιμισμένος

asparagus/ə'spærəgəs/σπαράγγι

aspect/'æspekt/άποψη, πλευρά

asphyxia/æs'fıksiə/ασφυξία

asphyxiation/æˌsfıksi'eıʃən/ασφυξία

aspire/ə'spaıə/φιλοδοξώ

aspirin/'æsprən/ασπιρίνη

ass/æs/γάιδαρος· ανόητος, βλάκας

assail/ə'seıl/επιτίθεμαι σωματικώς ή φραστικώς

assassin/ə'sæsən/δολοφόνος

assassinate/ə'sæsəneıt/δολοφονώ

assassination/əˌsæsə'neıʃən/δολοφονία

assault/ə'sɔ:lt/έφοδος, επίθεση· *(νομ.)* βιαιοπραγία • επιτίθεμαι, κάνω έφοδο εναντίον· βιαιοπραγώ

assemble/ə'sembl/συγκεντρώνω/-ομαι, συγκαλώ, συνέρχομαι· συναρμολογώ, μοντάρω

assembly/ə'sembli/συγκέντρωση· συνέλευση

assent/ə'sent/συγκατατίθεμαι • συγκατάθεση, έγκριση

assert/ə's3:t/ισχυρίζομαι, υποστηρίζω

assertion/ə's3:ʃən/ισχυρισμός, κατηγορηματική δήλωση

assess/ə'ses/εκτιμώ αξία, αποτιμώ· υπολογίζω, αξιολογώ, σταθμίζω

assessment/ə'sesmənt/εκτίμηση, αποτίμηση, υπολογισμός αξίας· εκτίμηση, αξιολόγηση

asset/'æset/περιουσιακό στοιχείο, κεφάλαιο· προσόν, ατού

assign/ə'saɪn/αναθέτω (καθήκον)

assignment/ə'saɪnmənt/ανατιθέμενη εργασία, καθήκον, εντολή· ανάθεση εργασίας

assimilate/ə'sɪmɪleɪt/αφομοιώνω/-ομαι, χωνεύω· κατανοώ πλήρως, αφομοιώνω

assimilation/əˌsɪmɪ'leɪʃən/αφομοίωση

assist/ə'sɪst/βοηθώ, συντρέχω

assistance/ə'sɪstəns/βοήθεια, αρωγή

assistant/ə'sɪstənt/βοηθός· και **shop assistant** υπάλληλος καταστήματος • βοηθός, βοηθητικός

associate/ə'səʊʃieɪt, ə'səʊsi-/σχετίζω, συνδέω (συνειρμικά)· συνεταιρίζω/-ομαι, συνεργάζομαι ***associate with*** συναναστρέφομαι • συνεταίρος, συνεργάτης • συνεργαζόμενος

association/əˌsəʊʃi'eɪʃən/εταιρεία, ένωση, σύνδεσμος, σύλλογος· συναναστροφή, σχέση, συνεργασία· σύνδεση, συσχέτιση, συνειρμός

assorted/ə'sɔ:tɪd/ποικίλος, ανάμικτος

assortment/ə'sɔ:tmənt/συλλογή, ποικιλία

assume/ə'sju:m/υποθέτω, θεωρώ δεδομένο **assumed** προσποιητός, ψεύτικος

assurance/ə'ʃʊərəns/διαβεβαίωση, ρητή υπόσχεση· και **self-assurance** αυτοπεποίθηση

assure/ə'ʃʊə/(δια)βεβαιώνω **assured** βέβαιος, σίγουρος, πεπεισμένος

asterisk/'æstərɪsk/αστερίσκος παραπομπής

asthma/'æsmə/άσθμα

asthmatic/æs'mætɪk/ασθματικός

astonish/ə'stɒnɪʃ/εκπλήσσω, σαστίζω **~ed** έκπληκτος **~ing** εκπληκτικός, που καταπλήσσει

astonishment/ə'stɒnɪʃmənt/κατάπληξη, έκπληξη

astound/ə'staʊnd/καταπλήσσω, ξαφνιάζω **~ing** εκπληκτικός, καταπληκτικός

astrologer/ə'strɒlədʒə/αστρολόγος

astrological/ˌæstrə'lɒdʒɪkəl/αστρολογικός

astrology/ə'strɒlədʒi/αστρολογία

astronaut/'æstrənɔ:t/αστροναύτης

astronomer/ə'strɒnəmə/αστρονόμος

astronomical/ˌæstrə'nɒmɪkəl/αστρονομικός· υπέρογκος

astronomy/ə'strɒnəmi/αστρονομία

astute/ə'stju:t/οξυδερκής, έξυπνος· πανούργος, παμπόνηρος

asylum/ə'saɪləm/άσυλο, καταφύγιο

asylum seeker/ə'saɪləm ˌsi:kə/πολιτικός πρόσφυγας

asymmetric/ˌeɪsɪ'metrɪk/ασύμμετρος, ασυμμετρικός

at/ət, *(εμφ.)* æt/σε *(τοπικώς)*: *at the centre/the top,* στο κέντρο/στην κορυφή· *(χρονικώς)*: *at two o'clock,* στις δύο· *at night*, τη νύχτα· *(κατάσταση, δραστηριότητα): at peace/ war*, σε ειρήνη/σε πόλεμο· *(κόστος, ηλικία, ταχύτητα κ.τ.λ.): at thirty p. a pound*, προς τριάντα πένες η λίμπρα· *at the age of two*, στην ηλικία των δύο ετών *at all* τελείως, διόλου

atheism/'eιθι-ιzəm/αθεϊσμός

atheist/'eιθι-ιst/άθεος

Athens/'æθənz/Αθήνα

athlete/'æθli:t/αθλητής

athletic/æθ'letιk/αθλητικός, γυμναστικός· αθλητικός, ρωμαλέος

athleticism/æθ'letəsιzəm/αθλητισμός

athletics/æθ'letιks/αθλητισμός, άθληση

Atlantic/ət'læntιk/Ατλαντικός

atlas/'ætləs/άτλας, συλλογή γεωγραφικών χαρτών

ATM/ˌeι ti: 'em/συντομ. του **automatic teller machine** μηχάνημα αυτόματων ταμειακών συναλλαγών

atmosphere/'ætməsfιə/ατμόσφαιρα· περιβάλλον, κλίμα

atmospheric/ˌætməs'ferιk/ατμοσφαιρικός

atom/'ætəm/*(φυσ., χημ.)* άτομο

atomic bomb/əˌtɒmιk 'bɒm/και **atom bomb**/'ætəm bɒm/ατομική βόμβα

atrocious/ə'trəʊʃəs/φρικτός, στυγερός, αποτρόπαιος

atrocity/ə'trɒsəti/φρικαλεότητα, αγριότητα, απάνθρωπη πράξη

attach/ə'tætʃ/συνδέω, επισυνάπτω *be ~ed to sb./sth.* είμαι αφοσιωμένος, συνδέομαι στενά με κπ./κτ., μου αρέσει κτ.

attaché/ə'tæʃeι/(διπλωματικός) ακόλουθος

attachment/ə'tæʃmənt/σύνδεση· εξάρτημα· αφοσίωση, συναισθηματικό δέσιμο

attack/ə'tæk/επιτίθεμαι· καταφέρομαι εναντίον • επίθεση· επίθεση, (φραστική) προσβολή· *(ιατρ.)* προσβολή, κρίση

attacker/ə'tækə/επιτιθέμενος

attain/ə'teιn/επιτυγχάνω, καταφέρνω, πραγματοποιώ· αποκτώ, κατακτώ

attainment/ə'teιmənt/επίτευξη, πραγματοποίηση· προσόν· επίτευγμα

attempt/ə'tempt/προσπαθώ, δοκιμάζω • απόπειρα, προσπάθεια, δοκιμή

attend/ə'tend/παρακολουθώ, παρευρίσκομαι· προσέχω· φροντίζω, κουράρω

attendance/ə'tendəns/παρακολούθηση, παρουσία, φοίτηση· κούρα, νοσηλεία· παρουσία, αριθμός παρόντων, προσέλευση

attendant/ə'tendənt/φύλακας, ακόλουθος· υπάλληλος

attention/ə'tenʃən/προσοχή· φροντίδα

attentive/ə'tentιv/προσεχτικός, προσηλωμένος

attitude/'ætɨtju:d/τρόπος σκέψης, θέση, στάση

attorney/ə'tɜ:ni/(ιδ. ☆) δικηγόρος

attract/ə'trækt/έλκω, τραβώ

attraction/ə'trækʃən/έλξη, γοητεία· θέλγητρο· ατραξιόν

attractive/ə'træktɪv/ελκυστικός, γοητευτικός

attribute/'ætrɨbju:t/ιδιότητα· επίθετο, επιθετικός προσδιορισμός • **attribute to** αποδίδω σε

aubergine/'əʊbəʒi:n/μελιτζάνα

auction/'ɔ:kʃən/πλειστηριασμός, δημοπρασία • βγάζω στη δημοπρασία/στο σφυρί

audacious/ɔ:'deɪʃəs/παράτολμος· θρασύς, αναιδής

audacity/ɔ:'dæsɨti/τόλμη, παλικαριά· θράσος

audible/'ɔ:dɨbl/ακουόμενος, ευδιάκριτος

audience/'ɔ:diəns/ακροατήριο, (το) κοινό· ακρόαση

audiovisual/,ɔ:diəʊ 'vɪʒʊəl/οπτικοακουστικός

audition/ɔ:'dɪʃən/ακρόαση, οντισιόν

auditor/'ɔ:dɨtə/ορκωτός λογιστής

auditorium/,ɔ:dɨ'tɔ:riəm/αίθουσα (θεάτρου, συναυλιών, διαλέξεων)

August/'ɔ:gəst/Αύγουστος

aunt/a:nt/θεία

auspices/'ɔ:spɨsɨz/προστασία, αιγίδα

auspicious/ɔ:'spɪʃəs/αίσιος, ευνοϊκός

austere/ɔ:'stɪə/αυστηρός· λιτός, ασκητικός

austerity/ɔ:'sterɨti/αυστηρότητα· λιτότητα, πολιτική λιτότητας

Australia/ɒ'streɪliə/Αυστραλία

Australian/ɒ'streɪliən/Αυστραλός • αυστραλιανός

Austria/'ɔ:striə/Αυστρία

Austrian/'ɔ:striən/Αυστριακός

authentic/ɔ:'θentɪk/αυθεντικός, γνήσιος

authenticate/ɔ:'θentɪkeɪt/επικυρώνω, θεωρώ (έγγραφο)

authentication/ɔ:,θentɪ'keɪʃən/βεβαίωση (υπογραφής), θεώρηση (εγγράφου)

authenticity/,ɔ:θen'tɪsɨti/αυθεντικότητα, γνησιότητα

author/'ɔ:θə/συγγραφέας

authoritarian/ɔ:,θɒrɨ'teəriən/αυταρχικός, απολυταρχικός

authoritative/ɔ:'θɒrɨtətɪv/αυταρχικός· έγκυρος,

authority/ɔ:'θɒrɨti/εξουσία, αρχή, δικαιοδοσία· αρχή, (διοικητική) υπηρεσία· αυθεντία

authorization, **-sation**/,ɔ:θəraɪ'zeɪʃən/άδεια, εξουσιοδότηση

authorize, **-ise**/'ɔ:θəraɪz/εξουσιοδοτώ

autobiography/,ɔ:təbaɪ'ɒgrəfi/αυτοβιογραφία

autograph/'ɔ:təgra:f/αυτόγραφο

automatic/ˌɔ:tə'mætɪk/αυτόματος

automobile/'ɔ:təməbi:l/(ιδ. ☆) αυτοκίνητο

autopsy/'ɔ:tɒpsi/νεκροψία

autumn/'ɔ:təm/φθινόπωρο

autumnal/ɔ:'tʌmnəl/φθινοπωρινός

auxiliary/ɔ:g'ziljəri/βοηθητικός

auxiliary verb/ɔ:gˌziljəri 'vɜ:b/βοηθητικό ρήμα

avail/ə'veɪl/όφελος • ωφελώ ▪ **avail** oneself **of** επωφελούμαι από (κτ.)

availability/əˌveɪlə'bɪlɨti/διαθεσιμότητα

available/ə'veɪləbl/διαθέσιμος

avalanche/'ævəla:nʃ/χιονοστιβάδα· σωρεία

avant-garde/ˌævɒ:ŋ'ga:d/πρωτοπορία • πρωτοποριακός

avenge/ə'vendʒ/εκδικούμαι

avenue/'ævənju:/λεωφόρος

average/'ævərɪdʒ/μέσος όρος • μέσος, υπολογιζόμενος κατά μέσο όρο· μέτριος, μέσος, συνηθισμένος • εργάζομαι, κερδίζω κ.τ.λ. κατά μέσο όρο

aviation/ˌeɪvi'eɪʃən/αεροπορία, αεροπλοΐα

avocado/ˌævə'ka:dəʊ/αβοκάντο

avoid/ə'vɔɪd/αποφεύγω

avoidance/ə'vɔɪdəns/αποφυγή

awake/ə'weɪk/ξύπνιος, άγρυπνος *be awake to sth.* αντιλαμβάνομαι, έχω επίγνωση κάποιου πράγματος • αφυπνίζω, ξυπνώ ▪ **awake to** αντιλαμβάνομαι, αποκτώ συνείδηση (κάποιου πράγματος)

awaken/ə'weɪkən/αφυπνίζω, ξυπνώ

award/ə'wɔ:d/απονέμω • βραβείο

aware/ə'weə/ενήμερος

away/ə'weɪ/μακριά, πέρα, αλλού· απών, σε ταξίδι, εκτός πόλης *right/ straight away* αμέσως

awe/ɔ:/φόβος, δέος • εμπνέω δέος σε (κπ.)

awful/'ɔ:fəl/φοβερός, τρομακτικός, φρικτός

awfully/'ɔ:fəli/πάρα πολύ, τρομερά

awkward/'ɔ:kwəd/αδέξιος· άβολος· στενόχωρος ~**ly** αδέξια, άχαρα

awning/'ɔ:nɪŋ/τέντα

axe ☆ και **ax**/æks/πέλεκυς, τσεκούρι

axiom/'æksiəm/αξίωμα

axis/'æksɨs/άξονας

B, b

babble/bæbl/ψελλίζω, φλυαρώ· κελαρύζω • μουρμουρητό· κελάρυσμα

baby/'beɪbi/βρέφος, μωρό

babyhood/'beɪbihʊd/νηπιακή ηλικία

babyish/'beɪbiɪʃ/παιδιάστικος, παιδαριώδης

babysit/'beɪbisɪt/φυλάω νήπια

babysitter/'beɪbi,sɪtə/μπέιμπι σίτερ

baby walker/'beɪbi,wɔ:kə/περπατούρα

bachelor/'bætʃələ/εργένης· πτυχιούχος πανεπιστημίου

back/bæk/πλάτη· (το) πίσω μέρος· ράχη (καθίσματος)· (*ποδόσφ.*) οπισθοφύλακας • οπίσθιος· *(για χρήματα)* καθυστερούμενος· περασμένος, προηγούμενος • σύρω προς τα πίσω, κάνω προς τα πίσω, οπισθοχωρώ· χρηματοδοτώ· στοιχηματίζω, ποντάρω σε ▪ **back down** υποχωρώ **back out** αναιρώ το λόγο μου, υπαναχωρώ **back up** στηρίζω, υποστηρίζω, βοηθώ • πίσω, προς τα πίσω· πίσω, σε απόσταση· *(χρονικώς)* πριν, πίσω

backache/'bækeɪk/οσφυαλγία

backbone/'bækbəʊn/ραχοκοκαλιά, σπονδυλική στήλη

backbreaking/'bækbreɪkɪŋ/εξουθενωτικός, εξαντλητικός

backer/'bækə/υποστηρικτής, χρηματοδότης

backfire/,bæk'faɪə/προαναφλέγομαι· αποτυγχάνω, ναυαγώ

backgammon/'bækgæmən/τάβλι

background/'bækgraʊnd/βάθος, φόντο· καταγωγή· μόρφωση· προϊστορία, ιστορικό

backlash/'bæklæʃ/αντίκτυπος

backlog/'bæklɒg/όγκος συσσωρευμένων υποθέσεων ή εργασιών

backpack/'bækpæk/σακίδιο

backspace/'bækspeɪs/πλήκτρο επιστροφής

backstage/,bæk'steɪdʒ/*(θέατρ.)* στα παρασκήνια· μυστικά, παρασκηνιακώς • παρασκηνιακός

backstairs/'bæksteəz/σκάλα υπηρεσίας

back street/'bækstri:t/σοκάκι

backstroke/'bækstrəʊk/ύπτια κολύμβηση

backup/'bækʌp/υποστήριξη, βοήθεια· εφεδρεία

backward/'bækwəd/προς τα πίσω· καθυστερημένος, ανεξέλικτος

backwards/'bækwədz/προς τα πίσω· στο παρελθόν· αντίθετα, ανάποδα· το πίσω (μέρος) μπρος, ανάποδα

bacon/'beɪkən/καπνιστό χοιρινό, μπέικον

bad/bæd/κακός, κακής ποιότητας, σκάρτος· άσχημος, δυσάρεστος· κακός, μοχθηρός· χαλασμένος· εσφαλμένος· άρρωστος· βαρύς, σοβαρός

badge/bædʒ/κονκάρδα

badger/'bædʒə/ασβός • ενοχλώ, σκοτίζω, πιλατεύω

badly/'bædli/κακώς, άσχημα· πάρα πολύ· άσχημα, σοβαρά

badly-off/ˌbædli 'ɒf/φτωχός

badminton/'bædmɪntən/μπάντμιντον

bad tempered/ˌbæd'tempəd/οξύθυμος

baffle/bæfl/ζαλίζω, μπερδεύω, σαστίζω

bafflement/'bæflmənt/σάστισμα, σύγχυση

bag/bæg/τσάντα, σάκος, σακούλα

baggage/'bægɪdʒ/αποσκευές, μπαγκάζια

baggy/'bægi/χαχόλικος

bagpipes/'bægpaɪps/και **pipes** γκάιντα

Bahamas/bə'ha:mez/Μπαχάμες

bail/beɪl/*(νομ.)* χρηματική εγγύηση ▪ **bail out** α) αποφυλακίζω προσωρινώς καταβάλλοντας εγγύηση β) συντρέχω οικονομικώς, ξελασπώνω

bailiff/'beɪlɪf/δικαστικός κλητήρας

bait/beɪt/δολώνω • δόλωμα

bake/beɪk/ψήνω/-ομαι στο φούρνο · ψήνω, ξεραίνω/-ομαι

baker/'beɪkə/αρτοποιός, φούρναρης· **baker's** αρτοποιείο, φούρνος

bakery/'beɪkəri/αρτοποιείο, φούρνος

baking tray/'beɪkɪŋ treɪ/ταψί

balance/'bæləns/ισορροπία (σωματική και ψυχική)· ζυγός, ζυγαριά· υπόλοιπο (λογαριασμού)· ισοζύγιο, ισολογισμός • ισορροπώ, εξισορροπώ· ισοσκελίζω/-ομαι· αντισταθμίζω/-ομαι· σταθμίζω, ζυγίζω

balcony/'bælkəni/μπαλκόνι· εξώστης, θεωρείο θεάτρου

bald/bɔ:ld/φαλακρός· ξερός, χωρίς περιστροφές

bale/beɪl/δέμα, μπάλα

ball/bɔ:l/σφαίρα, μπάλα, τόπι, μπίλια· χορός, χοροεσπερίδα· **balls** όρχεις, αρχίδια

ballad/'bæləd/μπαλάντα

ballerina/ˌbælə'ri:nə/μπαλαρίνα

ballet/'bæleɪ/μπαλέτο

balloon/bə'lu:n/αερόστατο· μπαλόνι, φούσκα· μπαλόνι, ο κύκλος μέσα στον οποίο είναι γραμμένα τα λόγια στα κόμιξ • φουσκώνω σαν μπαλόνι

ballot/'bælət/ψηφοδέλτιο· μυστική ψηφοφορία • ψηφίζω (με μυστική ψηφοφορία)

ballot box/'bælət bɒks/κάλπη

ballot paper/'bælət ˌpeɪpə/ψηφοδέλτιο

ballpoint/'bɔ:lpɔɪnt/στυλό διαρκείας

ballroom/'bɔ:lrʊm, -ru:m/αίθουσα χορού

balm/ba:m/βάλσαμο

balsam/'bɔ:lsəm/βάλσαμο

balsamic vinegar/bɔ:l,sæmɪk 'vɪnɪ̵gə/ξίδι βαλσαμικό

Baltic/'bɔ:ltɪk/Βαλτική (θάλασσα)

bamboo/,bæm'bu:/μπαμπού

bamboozle/bæm'bu:zl/εξαπατώ, τη σκάω σε (κπ.)

ban/bæn/απαγορεύω (κυρίως με νόμο) • απαγόρευση (κυρίως με νόμο)

banal/bə'na:l/κοινότοπος, τετριμμένος

banana/bə'na:nə/μπανάνα

☆ **bananas**/bə'na:nəz/παλαβός, ηλίθιος *go bananas* γίνομαι έξω φρενών, κάνω σαν παλαβός

band/bænd/ιμάντας, λωρίδα, λουράκι· ταινία, κορδέλα· περιβραχιόνιο· *(ασύρμ., ραδιοφ.)* ζώνη· ομάδα, συντροφιά, παρέα· συμμορία, κλίκα· ορχήστρα, φιλαρμονική, μπάντα

bandage/'bændɪdʒ/επίδεσμος • επιδένω (μέλος του σώματος)

bandit/'bændɪ̵t/ληστής

bang/bæŋ/χτυπώ δυνατά, βροντώ· κλείνω με θόρυβο, χτυπώ • χτύπημα (βίαιο)· πάταγος, κρότος, μπαμ· ισχυρή εντύπωση, πάταγος • ακριβώς, κατευθείαν

banish/'bænɪʃ/εξορίζω, εκτοπίζω

banishment/'bænɪʃmənt/εξορία, εκτόπιση

banister/'bænɪ̵stə/και **banisters** κάγκελα, κιγκλίδωμα

bank/bæŋk/τράπεζα· όχθη· ύψωμα, λοφίσκος· σωρός, στρώμα· πρανές, πλαγιά • καταθέτω ή διατηρώ λογαριασμό καταθέσεων σε τράπεζα ▪ **bank on/upon** υπολογίζω, βασίζομαι σε (κπ.), ποντάρω σε (κτ.) ~**ing** α) τραπεζικός β) τραπεζική επιχείρηση γ) τραπεζικές εργασίες δ) το επάγγελμα του τραπεζίτη

bank account/'bæŋk ə,kaʊnt/τραπεζικός λογαριασμός

bank draft/'bæŋk dra:ft/τραπεζική επιταγή

banker/'bæŋkə/τραπεζίτης

bank holiday/,bæŋk 'hɒlɪ̵deɪ/επίσημη αργία

bank rate/'bæŋk reɪt/τραπεζικό επιτόκιο

bankrupt/'bæŋkrʌpt/οδηγώ σε χρεοκοπία, καταστρέφω οικονομικώς • χρεοκοπημένος

bankruptcy/'bæŋkrʌptsi/χρεοκοπία, πτώχευση

banner/'bænə/σημαία, φλάμπουρο, λάβαρο· πάνινη επιγραφή, πανό

banquet/'bæŋkwɪ̵t/συνεστίαση

baptism/'bæptɪzəm/βάπτιση

baptize, **-ise**/bæp'taɪz/βαφτίζω

bar/ba:/ράβδος, (σιδερένια) βέργα, λοστός· ράβδος (χρυσού)· πλάκα (σαπουνιού, σοκολάτας)· αμπάρα· φραγμός, εμπόδιο, κώλυμα· μπαρ, πάγκος μπαρ • κλείνω, αμπαρώνω· φράζω, εμποδίζω· απαγορεύω, αποκλείω • εκτός, εξαιρουμένου, πλην

barbarian/ba:'beəriən/βάρβαρος

barbarity/ba:'bærɪ̵ti/βαρβαρότητα, σκληρότητα

barbarous/'ba:bərəs/βάρβαρος· απάνθρωπος

barbecue/'ba:bɪkju:/ψησταριά· πάρτι στο ύπαιθρο όπου ψήνεται κρέας στα κάρβουνα, μπάρμπεκιου

barbed/ba:bd/αγκαθωτός

barber/'ba:bə/κουρέας· **barber's** κουρείο

bar chart/'ba:tʃa:t/και **bar graph** ιστόγραμμα

bar code/'ba:kəʊd/γραμμοκώδικας

bare/beə/γυμνός, απογυμνωμένος· ακάλυπτος, άδενδρος· γυμνός, άδειος· απλός, σκέτος • γυμνώνω, ξεσκεπάζω

barefaced/,beə'feɪst/αναιδής, ξετσίπωτος

barefoot/'beəfʊt/ξυπόλυτος

barely/'beəli/μόλις, σχεδόν καθόλου, ελάχιστα

bargain/'ba:gɪ̵n/παζάρι, παζάρεμα· ευκαιρία, αγορά φτηνή και καλής ποιότητας • παζαρεύω, διαπραγματεύομαι ▪ **bargain for/on** υπολογίζω, αναμένω

barge/ba:dʒ/φορτηγίδα, μαούνα ▪ **barge in** μπουκάρω, εισβάλλω

bargee/ba:'dʒi:/μαουνιέρης

bar graph/'ba:gra:f/☞ BAR CHART

bark/ba:k/γαβγίζω· φωνάζω δυνατά και απότομα· ξεφλουδίζω (δέντρο)· γδέρνω, ξεφλουδίζω (επιδερμίδα) • γάβγισμα· φλοιός δέντρου

barley/'ba:li/κριθάρι

barmaid/'ba:meɪd/σερβιτόρα σε μπαρ

barman/'ba:mən/μπάρμαν

barn/ba:n/σιταποθήκη, αχερώνας

barometer/bə'rɒmɪ̵tə/βαρόμετρο

baron/'bærən/βαρόνος· μεγιστάνας

baroness/'bærənɪ̵s/βαρόνη

barracks/'bærəks/στρατώνας

barrage/'bæra:ʒ/καταιγισμός • καταιγίζω (με ερωτήσεις, παράπονα κ.τ.λ.)

barrel/'bærəl/βυτίο, βαρέλι· βαρέλι (μέτρο χωρητικότητας για υγρά)· κάννη όπλου

barrel organ/'bærəl ,ɔ:gən/λατέρνα

barren/'bærən/στείρος, στέρφος· άγονος, άκαρπος

barricade/'bærɪ̵keɪd/οδόφραγμα • φράζω, κλείνω με οδόφραγμα

barrier/'bæriə/φράγμα, φράχτης· φραγμός, εμπόδιο

barring/'ba:rɪŋ/εκτός (από), πλην

barrister/'bærɪ̵stə/δικηγόρος

barrow/'bærəʊ/καροτσάκι

☆ **bartender**/'ba:,tendə/μπάρμαν

barter/'ba:tə/ανταλλάσσω (αγαθά) • αντιπραγματισμός, τράμπα

base/beɪs/βάση • **be based** εδρεύω ▪ **base on/upon** βασίζω, στηρίζω (κτ.) σε (κτ.), χρησιμοποιώ ως βάση ή αφετηρία

baseball/'beɪsbɔ:l/μπέιζμπολ

baseless/'beɪsləs/αβάσιμος, αστήρικτος

basement/'beɪsmənt/υπόγειο κτιρίου

bash/bæʃ/χτυπώ δυνατά, τσακίζω • δυνατό χτύπημα

bashful/'bæʃfəl/δειλός, ντροπαλός

basic/'beɪsɪk/βασικός

basics/'beɪsɪks/(τα) βασικά, (οι) βασικές αρχές

basically/'beɪsɪkli/βασικά

basil/'bæzəl/βασιλικός

basin/'beɪsən/λεκάνη, γαβάθα· νιπτήρας

basis/'beɪsɨs/βάση, βασική αρχή

basket/'ba:skɨt/καλάθι

basketball/'ba:skɨtbɔ:l/μπάσκετ(μπολ)

bass/bæs/πέρκα· λαβράκι· /beɪs/ βαθύφωνος, μπάσος· /beɪs/μπάσα (σε ραδιόφωνο κ.τ.λ.)

bastard/'bæstəd/μπάσταρδος

baste/beɪst/τρυπώνω· αλείφω (το κρέας που ψήνεται με το λίπος του)

bat/bæt/μπαστούνι, ρόπαλο· νυχτερίδα

batch/bætʃ/φουρνιά

bath/ba:θ/λουτρό, μπάνιο • πλένω, μπανιάρω· κάνω μπάνιο

bathe/beɪð/κάνω μπάνιο (σε θάλασσα, λίμνη, πισίνα κ.τ.λ.) • μπάνιο, κολύμπι

bather/'beɪðə/κολυμβητής

bathing suit/'beɪðɪŋ su:t/μαγιό

bathrobe/'ba:θrəʊb/μπουρνούζι

bathroom/'ba:θrʊm/μπάνιο (δωμάτιο)

baton/'bætən/μπαγκέτα (διευθυντή ορχήστρας)· ρόπαλο, κλομπ

battalion/bə'tæljən/τάγμα

batter/'bætə/ξυλοφορτώνω, κακοποιώ· σφυροκοπώ, κοπανάω· στραπατσάρω, φθείρω

battery/'bætəri/μπαταρία

battle/bætl/μάχη • μάχομαι

battlefield/'bætlfi:ld/πεδίο μάχης

battlements/'bætlmənts/επάλξεις

battleship/'bætl,ʃɪp/θωρηκτό

bauble/bɔ:bl/μπιχλιμπίδι

bawdy/'bɔ:di/άσεμνος, αισχρός

bawl/bɔ:l/ωρύομαι, σκούζω

bay/'beɪ/δάφνη· όρμος, κόλπος

bayonet/'beɪənɨt/ξιφολόγχη

bazaar/bə'za:/παζάρι· φιλανθρωπική αγορά

BC/,bi: 'si:/προ Χριστού, π.Χ.

be/bi, *(εμφ.)* bi:/είμαι· υπάρχω, ζω, βρίσκομαι· γίνομαι ***there is/are etc.*** υπάρχει/υπάρχουν κ.τ.λ.· *βοηθητικό (χρησιμοποιείται στους περιφραστικούς χρόνους και στην παθητική φωνή): they are always laughing,* γελούν διαρκώς· *smoking is not permitted,* δεν επιτρέπεται το κάπνισμα ~**ing** α) ανθρώπινο ον β) ύπαρξη, ζωή, το είναι *for the time being* επί του παρόντος

beach/bi:tʃ/παραλία, πλαζ

beacon/'bi:kən/φάρος· σημαδούρα, υφαλοδείκτης

bead/bi:d/χάντρα· σταγόνα

beak/bi:k/ράμφος

beam/bi:m/δοκάρι, πάτερο· αχτίδα φωτός • λάμπω, ακτινοβολώ· ακτινοβολώ, λάμπω από χαρά, χαμογελώ

bean/bi:n/φασόλι· φασολιά· κόκκος, σπόρος

bear/beə/άρκτος, αρκούδα • φέρω, βαστώ, σηκώνω· φέρω, έχω, εμφανίζω· στηρίζω, κρατώ· υφίσταμαι· αντέχω, υφίσταμαι, υποφέρω, ανέχομαι· γεννώ, φέρνω στον κόσμο· παράγω· κρατώ (κακία, μίσος), τρέφω (αίσθημα) ▪ **bear up** αντέχω, δεν κάμπτομαι, κάνω κουράγιο **bear with** υπομένω, ανέχομαι (κπ./κτ.) ~**ing** παράστημα

bearable/'beərəbl/υποφερτός

beard/bıəd/γενειάδα, γένια, μούσι

beast/bi:st/κτήνος

beastly/'bi:stli/κτηνώδης

beat/bi:t/χτυπώ· νικώ (κπ.), ξεπερνώ ~**ing** α) χτύπημα, κοπάνισμα β) ξυποκόπημα • χτύπος, χτύπημα· παλμός, σφυγμός· ρυθμός

beautiful/'bju:təfəl/ωραίος, όμορφος· υπέροχος, εξαίσιος

beautify/'bju:təfaı/εξωραΐζω, ομορφαίνω

beauty/'bju:ti/ομορφιά· ωραιότατη γυναίκα, καλλονή· ομορφιά, θέλγητρο

beauty contest/'bju:ti ˌkɒntest/καλλιστεία

beaver/'bi:və/κάστορας

because/bı'kɒz/επειδή, διότι, γιατί *because of* εξαιτίας, λόγω του...

beckon/'bekən/νεύω, γνέφω

become/bı'kʌm/γίνομαι· αρμόζω, ταιριάζω ▪ **become of** απογίνομαι, καταλήγω **becoming** α) αρμόζων, σωστός β) ταιριαστός

bed/bed/κρεβάτι· κοίτη ποταμού, βυθός θάλασσας· παρτέρι, βραγιά

bedclothes/'bedkləuðs/κλινοσκεπάσματα, στρωσίδια

bedlam/'bedləm/φασαρία, πανδαιμόνιο, σαματάς

bedroom/'bedrum/κρεβατοκάμαρα

bedside/'bedsaıd/πλευρά του κρεβατιού

bedsitter/ˌbed'sıtə/σαλόνι-υπνοδωμάτιο, στούντιο

bedspread/'bedspred/κάλυμμα κρεβατιού

bedtime/'bedtaım/ώρα ύπνου

bee/bi:/μέλισσα

beech/bi:tʃ/οξιά

beef/bi:f/βοδινό κρέας

beehive/'bi:haıv/κυψέλη

beekeeper/'bi:ki:pə/μελισσοκόμος

beer/bıə/μπίρα

beet/bi:t/και **sugar beet** σακχαρότευτλο

beetroot/'bi:tru:t/παντζάρι

before/bɪ'fɔ:/πριν, προηγουμένως, πρωτύτερα • προ, πριν από· μπροστά, ενώπιον • πριν, προτού

beforehand/bɪ'fɔ:hænd/προκαταβολικά, από πριν

beg/beg/ζητιανεύω· ζητώ, παρακαλώ

beggar/'begə/ζητιάνος

begin/bɪ'gɪn/αρχίζω ~**ning** αρχή

beginner/bɪ'gɪnə/αρχάριος

behalf/bɪ'ha:f/*on behalf of sb./on sb.'s behalf* εκ μέρους κάποιου, εξ ονόματος κάποιου

behave/bɪ'heɪv/συμπεριφέρομαι, φέρομαι

behaviour/bɪ'heɪvjə/συμπεριφορά, διαγωγή

behind/bɪ'haɪnd/όπισθεν, πίσω • πίσω, πίσω από • οπίσθια, πισινός

beige/beɪʒ/μπεζ (χρώμα)

Beijing/'beɪdʒɪŋ/Πεκίνο

belch/beltʃ/ρεύομαι • ρέψιμο

belfry/'belfri/καμπαναριό

Belgian/'beldʒən/Βέλγος • βελγικός

Belgium/'beldʒəm/Βέλγιο

belief/bɪ̵ə'li:f/(θρησκευτική) πίστη· πεποίθηση, γνώμη· πίστη, εμπιστοσύνη

believable/bɪ̵ə'li:vəbl/πιστευτός

believe/bɪ̵ə'li:v/πιστεύω· θεωρώ, νομίζω

belittle/bɪ'lɪtl/μειώνω, υποτιμώ

bell/bel/καμπάνα· κουδούνι

bell-bottoms/'bel,bɒtəms/παντελόνι καμπάνα

bellow/'beləʊ/μουκανίζω· ουρλιάζω • μυκηθμός, μουκάνισμα

belly/'beli/κοιλιά

belong/bɪ'lɒŋ/ταιριάζω, ανήκω ▪ belong to ανήκω σε ~**ings** α) υπάρχοντα, περιουσία β) προσωπικά αντικείμενα

beloved/bɪ'lʌvɪ̵əd/(πολυ)αγαπημένος

below/bɪ'ləʊ/κάτω, από κάτω· παρακάτω (στην ίδια ή την επόμενη σελίδα)· κάτω από τη γη, στη γη· κάτω (κατώτερης βαθμίδας, μικρότερης ηλικίας) • κάτω από, χαμηλότερα από· κάτω από, κατώτερος (σε βαθμό)· νεότερος από (ορισμένη ηλικία)

belt/belt/ζώνη· ιμάντας, λουρί· ζώνη, περιοχή • ζώνω, περιβάλλω· δένω με ζωνάρι· δέρνω με λουρί

bench/bentʃ/πάγκος, παγκάκι· έδρα (δικαστηρίου)· (το) δικαστήριο, (οι) δικαστές· πάγκος εργασίας

bend/bend/κάμπτω, λυγίζω· σκύβω, γέρνω· σχηματίζω καμπή, στρίβω • κάμψη, λύγισμα· καμπή, στροφή

beneath/bɪ'ni:θ/κάτω, χαμηλά • κάτω από, χαμηλότερα από· κατώτερος, ανάξιος

beneficial/,benɪ̵ə'fɪʃəl/ωφέλιμος, ευεργετικός

benefit/'benᵻfɪt/όφελος· επίδομα • ωφελώ· επωφελούμαι, ωφελούμαι, κερδίζω

benevolence/bᵻ'nevələns/καλοσύνη

benevolent/bᵻ'nevələnt/καλοκάγαθος

bent/bent/κλίση, τάση

beret/'bereɪ/μπερές

Berlin/bɜ':lɪn/Βερολίνο

berry/'beri/μούρο

berserk/bɜ:'sɜ:k/έξαλλος, έξω φρενών

berth/bɜ:θ/αγκυροβόλιο, όρμος· κουκέτα

beside/bɪ'saɪd/δίπλα, πλάι (σε)· σε σύγκριση με

besides/bɪ'saɪdz/επιπλέον, εκτός αυτού· άλλωστε • εκτός από, επιπλέον

besiege/bɪ'si:dʒ/πολιορκώ

best/best/(ο) καλύτερος • καλύτερα (απ' οτιδήποτε άλλο) • (το) καλύτερο, (το) βέλτιστο

best man/ˌbest'mæn/κουμπάρος

best seller/ˌbest'selə/μεγάλη εμπορική επιτυχία

bet/bet/στοίχημα • στοιχηματίζω, βάζω στοίχημα

betray/bɪ'treɪ/προδίδω

betrayal/bɪ'treɪəl/προδοσία

better/'betə/καλύτερος • καλύτερα ***had better/'d better*** θα 'ταν καλύτερα να..., καλύτερα να... • βελτιώνω/-ομαι, καλυτερεύω

betterment/'betəmənt/βελτίωση, πρόοδος

between/bɪ'twi:n/ανάμεσα, μεταξύ

beverage/'bevərɪdʒ/ποτό, ρόφημα

beware/bɪ'weə/προσέχω, φυλάγομαι (από)

bewilder/bɪ'wɪldə/μπερδεύω, ζαλίζω

bewilderment/bɪ'wɪldəmənt/σύγχυση, σαστισμάρα

bewitch/bɪ'wɪtʃ/μαγεύω ~**ing** θελκτικός, γοητευτικός

beyond/bɪ'jɒnd/πέρα(ν) • πέρα από· εκτός

bias/'baɪəs/προκατάληψη • προδιαθέτω, προκαταλαμβάνω ~**(s)ed** προκατειλημμένος, μεροληπτικός

bib/bɪb/σαλιάρα

Bible/baɪbl/Βίβλος, Αγία Γραφή

bibliography/ˌbɪbli'ɒgrəfi/βιβλιογραφία

bicep/'baɪsep/μυς του μπράτσου, «ποντίκι»

bicycle/'baɪsɪkl/και **cycle** ποδήλατο • ποδηλατώ, πηγαίνω με ποδήλατο

bicyclist/'baɪsɪklᵻst/ποδηλάτης

bid/bɪd/προσφέρω (σε δημοπρασία), κάνω προσφορά • προσφορά (σε πλειστηριασμό), χτύπημα

big/bɪg/μεγάλος· σπουδαίος, σημαντικός

big name/ˌbɪg 'neɪm/σπουδαίο πρόσωπο

bike/baɪk/ποδήλατο

bikini/bɨ'ki:ni/μαγιό μπικίνι

bilateral/baɪ'lætərəl/διμερής

bile/baɪl/χολή

bilingual/baɪ'lɪŋgwəl/δίγλωσσος

bill/bɪl/λογαριασμός· νομοσχέδιο· ☆ χαρτονόμισμα· συναλλαγματική, γραμμάτιο· ράμφος πουλιού • στέλνω το λογαριασμό σε (κπ.)

☆ **billboard**/'bɪlbɔ:d/γιγαντοαφίσα

billiards/'bɪljədz/μπιλιάρδο

billion/'bɪljən/δισεκατομμύριο

billionaire/ˌbɪljə'neə/δισεκατομμυριούχος

bimonthly/baɪ'mʌnθli/δεκαπενθήμερος· διμηνιαίος • ανά δεκαπενθήμερο· ανά δίμηνο

bin/bɪn/δοχείο με καπάκι όπου φυλάγεται ψωμί, αλεύρι, σκουπίδια κ.τ.λ.

bind/baɪnd/δένω· δεσμεύω, υποχρεώνω ~**ing** βιβλιοδεσία, δέσιμο βιβλίου

binoculars/bɪ'nɒkjʊləz, baɪ-/κιάλια

biochemist/ˌbaɪəʊ'kemɨst/βιοχημικός

biodegradable/ˌbaɪəʊdɪ'greɪdəbl/ βιολογικώς αποσυντιθέμενος

biographic/ˌbaɪə'græfɪk/βιογραφικός

biography/baɪ'ɒgrəfi/βιογραφία

biological/ˌbaɪə'lɒdʒɪkəl/βιολογικός

biologist/baɪ'ɒlədʒɨst/βιολόγος

biology/baɪ'ɒlədʒi/βιολογία

biopsy/'baɪɒpsi/βιοψία

bipartite/baɪ'pa:taɪt/διμερής

biped/'baɪped/*(ζωολ.)* δίποδο

biplane/'baɪpleɪn/διπλάνο

bird/bɜ:d/πτηνό, πουλί

bird of prey/ˌbɜ:d əv 'preɪ/αρπακτικό πτηνό

bird's-eye view/ˌbɜ:dzaɪ'vju:/πανοραμική θέα

birdsong/'bɜ:dsɒŋ/κελάηδημα

biro/'baɪərəʊ/στυλό διαρκείας

birth/bɜ:θ/γέννηση

birth control/'bɜ:θkənˌtrəʊl/έλεγχος των γεννήσεων

birthday/'bɜ:θdeɪ/γενέθλια

birthplace/'bɜ:θpleɪs/γενέτειρα

birthrate/'bɜ:θreɪt/γεννήσεις, αριθμός γεννήσεων

biscuit/'bɪskɨt/μπισκότο· κράκερ

bisect/baɪ'sekt/διχοτομώ

bisection/baɪ'sekʃən/διχοτόμηση

bisexual/baɪ'sekʃʊəl/ερμαφρόδιτος· αμφισεξουαλικός

bishop/'bɪʃəp/επίσκοπος· *(στο σκάκι)* αξιωματικός

bison/'baɪsən/βούβαλος

bit/bɪt/κομμάτι, κομματάκι ***a bit*** λίγο, λιγάκι ***bit by bit*** λίγο λίγο, σιγά σιγά

bitch/bɪtʃ/σκύλα· τσούλα, παλιοθήλυκο

bitchy/'bɪtʃi/κακεντρεχής

bite/baɪt/δαγκώνω· *(για ορισμένα*

έντομα) τσιμπώ· *(για ψάρι)* τσιμπώ, χάφτω το δόλωμα **biting** α) τσουχτερός β) δηκτικός • δάγκωμα, δαγκωματιά, τσίμπημα

bitter/ˈbɪtə/πικρός· πικρός, οδυνηρός· παγερός, τσουχτερός

biweekly/ˌbaɪˈwiːkli/δεκαπενθήμερος· δισεβδομαδιαίος • ανά δεκαπενθήμερο· δύο φορές την εβδομάδα

bizarre/bɪ̈ˈzaː/εκκεντρικός, παράξενος

black/blæk/μαύρος· μαύρος, νέγρος • μαύρο (χρώμα)· μαύρα (ρούχα) • μαυρίζω, μουντζουρώνω • **black out** παθαίνω σκοτοδίνη, χάνω τις αισθήσεις μου

blackbird/ˈblækbɜːd/κοτσύφι

blackboard/ˈblækbɔːd/(μαυρο)πίνακας

black coffee/ˌblækˈkɒfi/καφές σκέτος (χωρίς γάλα)

black economy/ˌblæk ɪˈkɒnəmi/ παραοικονομία

blacken/ˈblækən/μαυρίζω· αμαυρώνω, δυσφημώ

black eye/ˌblækˈaɪ/*give sb. a black eye* μαυρίζω το μάτι κάποιου

blacklist/ˈblækˌlɪst/βάζω στη μαύρη λίστα • μαύρη λίστα

blackmail/ˈblækmeɪl/εκβιασμός • εκβιάζω

blackmailer/ˈblækˌmeɪlə/εκβιαστής

black market/ˌblæk ˈmaːkɪ̈t/μαύρη αγορά

blackout/ˈblækaʊt/συσκότιση· λιποθυμία, σκοτοδίνη

blacksmith/ˈblækˌsmɪθ/και **smith** σιδηρουργός, σιδεράς

bladder/ˈblædə/ουροδόχος κύστη· (χοληδόχος) κύστη

blade/bleɪd/λεπίδα, λάμα

blame/bleɪm/κατηγορώ, κατακρίνω, καταδικάζω ***be to blame (for)*** είμαι υπεύθυνος, φταίω (για) • φταίξιμο, ευθύνη· μομφή

blameless/ˈbleɪmləs/άμεμπτος, ανεύθυνος, αθώος

blameworthy/ˈbleɪmˌwɜːði/κατακριτέος, επιλήψιμος

blanch/blaːntʃ/ασπρίζω, χλομιάζω· ζεματίζω (για να αφαιρέσω το φλοιό)

bland/blænd/άνοστος, άγευστος, ελαφρύς· πράος, ήπιος

blank/blæŋk/λευκός, άγραφος· ανέκφραστος, άδειος • κενό διάστημα (σε σελίδα εγγράφου)· (συναισθηματικό κενό • και **blank out** παθαίνω μπλακ άουτ

blank cartridge/ˌblæŋk ˈkaːtrɪdʒ/ άσφαιρο φυσίγγιο

blank cheque/ˌblæŋk ˈtʃek/ανοιχτή επιταγή

blanket/ˈblæŋkɪ̈t/κουβέρτα

blare/bleə/παίζω στη διαπασών • διαπεραστικός ήχος

blaspheme/blæsˈfiːm/βλαστημώ, εξυβρίζω

blasphemous/ˈblæsfɪ̈məs/βλάσφημος, ασεβής

blast/bla:st/απότομο και δυνατό φύσημα ανέμου· δυνατό σφύριγμα, ήχος (σειρήνας, σφυρίχτρας κ.τ.λ.), σάλπισμα, κορνάρισμα· έκρηξη ***(at) full blast*** α) στη διαπασών β) στο φουλ • ανατινάζω με δυναμίτιδα, βάζω φουρνέλο ▪ **blast off** *(διαστημ.)* εκτοξεύομαι ~**ed** αναθεματισμένος, διαολεμένος

blast-off/'bla:st ɒf/εκτόξευση (διαστημόπλοιου)

blatant/'bleɪtənt/θρασύτατος, ασύστολος· κατάφωρος, οφθαλμοφανής

blaze/bleɪz/πυρκαγιά • φλέγομαι, λαμπαδιάζω· αστράφτω, λάμπω ***blaze the/a trail*** πρωτοπορώ, ανοίγω δρόμο

blazer/'bleɪzə/σακάκι σπορ, μπλέιζερ

bleach/bli:tʃ/λευκαίνω, ασπρίζω • λευκαντικό

bleak/bli:k/γυμνός, άδεντρος· ζοφερός, σκοτεινός

bleat/bli:t/βελάζω • βέλασμα

bleed/bli:d/αιμορραγώ ~**ing** αιμορραγία

bleeper/'bli:pə/συσκευή τηλεειδοποίησης

blemish/'blemɪʃ/κηλιδώνω • ελάττωμα, ψεγάδι

blend/blend/αναμιγνύω/-ομαι· συνδυάζομαι, ταιριάζω • μείγμα, χαρμάνι (καπνού, καφέ)

blender/'blendə/και **liquidizer** μπλέντερ

bless/bles/ευλογώ· δοξάζω, δοξολογώ ***be blessed with sth.*** έχω την ευτυχία να έχω κτ. ***bless you!*** στην υγειά σου (για κάποιον που φτερνίζεται) ~**ed**/'blesɨd/ευλογημένος, μακάριος

blind/blaɪnd/τυφλός ***be blind to sth.*** κάνω τα στραβά μάτια σε· αδιέξοδος, κλειστός, χωρίς άνοιγμα • παντζούρι, στόρι παραθύρου • τυφλώνω· στραβώνω, θαμπώνω ~**ing** εκτυφλωτικός

blind alley/ˌblaɪnd 'æli/αδιέξοδο

blind date/ˌblaɪnd 'deɪt/ραντεβού στα τυφλά

blindfold/'blaɪndfəʊld/δένω τα μάτια (κάποιου) • κάλυμμα (ματιών)

blindly/'blaɪndli/(στα) τυφλά

blindness/'blaɪndnɨs/τύφλωση, στραβομάρα

blink/blɪŋk/ανοιγοκλείνω τα βλέφαρα· αναβοσβήνω • παίξιμο των ματιών· αναλαμπή

blinkers/'blɪŋkəz/παρωπίδες

bliss/blɪs/ευδαιμονία

blissful/'blɪsfəl/ευτυχής

blister/'blɪstə/φουσκάλα • βγάζω φουσκάλες

blizzard/'blɪzəd/χιονοστρόβιλος, χιονοθύελλα

bloated/'bləʊtɨd/φουσκωμένος, πρησμένος

blob/blɒb/σταγόνα (παχύρρευστου) υγρού

bloc/blɒk/συνασπισμός, μπλοκ

block/blɒk/μεγάλο κομμάτι· οικοδομικό τετράγωνο· πολυκατοικία, κτίριο χωρισμένο σε διαμερίσματα· σημειωματάριο, μπλοκ· εμπόδιο, φραγμός, μπλοκάρισμα • φράζω, μπλοκάρω, εμποδίζω, αποκλείω ~**ed** δεσμευμένος, μπλοκαρισμένος

blockade/blɒ'keɪd/αποκλεισμός • αποκλείω, μπλοκάρω

block capitals/ˌblɒk 'kæpɪtəz/και **block letters** κεφαλαία γράμματα

blockhead/'blɒkhed/χοντροκέφαλος, μπουμπούνας

block letters/ˌblɒk 'letəz/☞ BLOCK CAPITALS

bloke/bləʊk/άνθρωπος, τύπος

blond/blɒnd/ξανθός (άντρας)· ξανθά (μαλλιά)

blonde/blɒnd/ξανθιά, ξανθομάλλα (γυναίκα)

blood/blʌd/αίμα· αίμα, καταγωγή, συγγένεια

bloodbath/'blʌdba:θ/λουτρό αίματος, σφαγή

blood count/'blʌd kaʊnt/ανάλυση αίματος

bloodcurdling/'blʌdˌkɜ:dlɪŋ/τρομακτικός

blood donor/'blʌd ˌdəʊnə/αιμοδότης

blood group/'blʌdgru:p/και **blood type** ομάδα αίματος

bloodless/'blʌdləs/ωχρός· αναίμακτος

blood poisoning/'blʌd ˌpɔɪzənɪŋ/ σηψαιμία

blood pressure/'blʌdˌpreʃə/πίεση αίματος

bloodshed/'blʌdʃed/αιματοχυσία

bloodstained/'blʌdˌsteɪnd/αιματοβαμμένος

bloodthirsty/'blʌdˌθɜ:sti/αιμοχαρής

blood type/'blʌd taɪp/☞ BLOOD GROUP

blood vessel/'blʌd ˌvesəl/αιμοφόρο αγγείο

bloody/'blʌdi/ματωμένος· αιματηρός • βρομο-, παλιο-

bloody-minded/ˌblʌdi 'maɪndɪ̈d/ δύστροπος, στραβόξυλο

bloom/blu:m/άνθος, λουλούδι *in (full) bloom* ολάνθιστος • ανθίζω

blossom/'blɒsəm/άνθος, ανθός· *in blossom* ανθισμένος • ανθίζω· φτάνω σε πλήρη άνθηση

blot/blɒt/λεκές· στίγμα • μουντζουρώνω· στυπώνω

blotch/blɒtʃ/κηλίδα (στο δέρμα), κοκκινίλα

blotter/'blɒtə/επιτραπέζιο στυπόχαρτο, σουμέν

blotting paper/'blɒtɪŋˌpeɪpə/στυπόχαρτο

blouse/'blaʊz/(γυναικείο) πουκάμισο, μπλούζα

blow/bləʊ/χτύπημα *come to blows* αρπάζομαι, έρχομαι στα χέρια· πλήγμα, συμφορά· φύσημα, δυνατή πνοή ανέμου • φυσώ· κινώ, ρίχνω, κινούμαι, πέφτω με τον αέρα· παίζω (πνευστό μουσικό όργανο)· ηχώ, σφυρίζω· ασθμαίνω, ξεφυσώ ▪ **blow up** α) εκρήγνυμαι, σκάω β) ανατινάζω γ) μεγεθύνω (φωτογραφία) δ) μεγαλοποιώ ε) φουσκώνω (με αέρα)

blow-dry/'bləʊdraɪ/στεγνώνω (μαλλιά) με το σεσουάρ • πιστολάκι

blow-dryer/'bləʊˌdraɪə/σεσουάρ, πιστολάκι

blow-up/'bləʊ ʌp/μεγέθυνση (φωτογραφίας)

blue/blu:/γαλάζιος, μπλε· μελανός· μελαγχολικός, άκεφος· μαύρος, απελπιστικός· πορνογραφικός, άσεμνος • μπλε (χρώμα)· **blues** μελαγχολία· **blues** μπλουζ (μουσική ή τραγούδι)

blue cheese/ˌblu:'tʃi:z/ροκφόρ

blue-collar/ˌblu:'kɒlə/χειρωνακτικός

blue jeans/'blu:dʒi:nz/μπλου τζιν

blue movie/ˌblu:'mu:vi/πορνογραφική ταινία

bluff/blʌf/μπλοφάρω • μπλόφα

blunder/'blʌndə/γκάφα • κάνω γκάφα, την πατάω· κινούμαι στα τυφλά

blunt/blʌnt/αμβλύς, στομωμένος· απερίφραστος, ντόμπρος • στομώνω· αμβλύνω, εξασθενίζω

bluntly/'blʌntli/χωρίς περιστροφές, ορθά κοφτά

blur/blɜ:/θολούρα • θαμπώνω, θολώνω· καθιστώ ασαφές

blurt/blɜ:t/**blurt out** λέω απερίσκεπτα, ξεφουρνίζω

blush/blʌʃ/κοκκινίζω (στο πρόσωπο) • κοκκίνισμα (προσώπου)

blusher/'blʌʃə/ρουζ

boa/'bəʊə/βόας

boar/bɔ:/χοίρος, (αρσενικό) γουρούνι· αγριογούρουνο

board/bɔ:d/σανιδώνω· επιβιβάζομαι σε (μέσο μαζικής μεταφοράς)· έχω οικότροφο· διαμένω ως οικότροφος • σανίδα, τάβλα· πινακίδα, ταμπέλα· διατροφή οικοτρόφου· συμβούλιο (διοικητικό)

boarder/'bɔ:də/οικότροφος

board game/'bɔ:dgeɪm/επιτραπέζιο παιχνίδι

boarding card/'bɔ:dɪŋka:d/κάρτα επιβίβασης (σε αεροπλάνο)

boarding house/'bɔ:dɪŋhaʊs/οικοτροφείο

boarding school/'bɔ:dɪŋsku:l/σχολείο με οικοτροφείο

boast/bəʊst/κομπασμός· καύχημα, καμάρι • καυχιέμαι, κομπάζω

boastful/'bəʊstfəl/καυχησιάρης

boat/bəʊt/βάρκα· πλοίο

boating/'bəʊtɪŋ/βαρκάδα

boatman/'bəʊtmən/βαρκάρης

boat race/'bəʊtˌreɪs/λεμβοδρομία

boatswain, bosun/'bəʊsən/ναύκληρος, λοστρόμος

bob/bɒb/ανεβοκατεβαίνω, αναπηδώ (κυρίως στο νερό) • καρέ (γυναικεία κόμμωση)

bobbin/'bɒbɪn/κουβαρίστρα, καρούλι, μασούρι, μπομπίνα

bobby/'bɒbi/αστυφύλακας

bobsleigh/'bɒbsleɪ/και **bobsled** /'bɒbsled/αγωνιστικό έλκηθρο, μπομπ σλέι

bodice/'bɒdɪs/μπούστο, κορσάζ

bodily/ˌbɒdɪli/σωματικός • αυτοπροσώπως· συλλογικώς, όλοι μαζί

body/'bɒdi/σώμα, κορμί· νεκρός, πτώμα· οργάνωση, οργανισμός, σώμα· όγκος, μάζα· κύριο μέρος, κορμός· δύναμη (κρασιού), όγκος (μαλλιών), πυκνότητα (υγρού), γεύση (σάλτσας)

bodyguard/'bɒdi:ga:d/σωματοφύλακας· σωματοφυλακή

body search/'bɒdi sɜ:tʃ/σωματική έρευνα

body-search κάνω σωματική έρευνα σε

body stocking/'bɒdi ˌstɒkɪŋ/κορμάκι (εφαρμοστό γυναικείο ρούχο)

bodywork/'bɒdiwɜ:k/αμάξωμα, καρότσα αυτοκινήτου

bog/bɒg/έλος, βάλτος • *be/get bogged down (in)* α) βουλιάζω, κολλάω β) κολλάω, δεν προχωρώ

boil/bɔɪl/βρασμός, βράσιμο· καλόγερος (σπυρί) • βράζω ~**ing** ζεματιστός

boiler/'bɔɪlə/λέβητας

boiler room/'bɔɪlə rʊm/λεβητοστάσιο

boisterous/'bɔɪstərəs/ορμητικός, θορυβώδης

bold/bəʊld/τολμηρός, θαρραλέος, άφοβος

bolt/bəʊlt/σύρτης· μπουλόνι • μανταλώνω, κλείνω με σύρτη ή αμπάρα· χάφτω, καταβροχθίζω· φεύγω άρον άρον, το σκάω· αφηνιάζω

bomb/bɒm/βόμβα • βομβαρδίζω

bombard/bɒm'ba:d/βομβαρδίζω, κανονιοβολώ

bombardment/bɒm'ba:dmənt/ βομβαρδισμός

bomber/'bɒmə/βομβαρδιστικό αεροπλάνο· βομβιστής

bond/bɒnd/δεσμός, σύνδεσμος· ομόλογο, χρεόγραφο· αρμός, σύνδεση· **bonds** δεσμά, αλυσίδες

bondage/'bɒndɪdʒ/δουλεία, υποδούλωση

bone/bəʊn/κόκαλο • ξεκοκαλίζω

bonnet/'bɒnɪt/και ☆ **hood** καπό

bonus/'bəʊnəs/δώρο, πριμ

bony/'bəʊni/κοκαλιάρης· με πολλά κόκαλα

boo/bu:/γιουχάισμα • γιουχαΐζω

boob/bu:b/γκάφα • κάνω γκάφα

booby/'bu:bi/μπούφος, βλάκας

book/bʊk/βιβλίο· βιβλιάριο, καρνέ • ρεζερβάρω, κρατώ, κλείνω· *(για αστυνομικό)* γράφω ~**ing** κράτηση θέσεων

bookbinder/'bʊkˌbaɪndə/βιβλιοδέτης

bookbinding/'bʊkˌbaɪndɪŋ/βιβλιοδεσία

bookcase/'bʊk-keɪs/βιβλιοθήκη (έπιπλο)

bookend/'bʊkend/βιβλιοστάτης

bookie/'bʊki/☞ BOOKMAKER

bookkeeper/'bʊkˌki:pə/λογιστής

bookkeeping/'bʊkˌki:pɪŋ/λογιστική

booklet/'bʊklɪt/φυλλάδιο, βιβλιαράκι

bookmaker/'bʊkˌmeɪkə/και **bookie** πράκτορος στοιχημάτων, μπουκμέικερ

bookmark/'bʊkma:k/σελιδοδείκτης

bookseller/'bʊkˌselə/βιβλιοπώλης

bookshelf/'bʊkʃelf/ράφι βιβλιοθήκης

bookshop/'bʊkʃɒp/βιβλιοπωλείο

bookstall/'bʊkstɔ:l/υπαίθριο βιβλιοπωλείο, πάγκος βιβλιοπώλη

☆ **bookstore**/'bʊkstɔ:/βιβλιοπωλείο

boom/bu:m/βροντάω, βουίζω· ανθώ, ευδοκιμώ ~**ing** βροντώδης, βροντερός • βροντή (πυροβόλου), βοή (θάλασσας), βόμβος (εντόμων κ.τ.λ.)· ραγδαία ανάπτυξη, έξαρση, μπουμ

boomerang/'bu:məræŋ/μπούμερανγκ • αποβαίνω «μπούμερανγκ»

boon/bu:n/ευλογία

boor/bʊə/αγροίκος άνθρωπος, άξεστος

boorish/'bʊərɪʃ/αγροίκος, άξεστος

boost/bu:st/ανυψώνω· ενισχύω, αναπτερώνω· προωθώ, ρεκλαμάρω • προώθηση, ενίσχυση· ενθάρρυνση, αναπτέρωση

booster/'bu:stə/ενισχυτικός παράγων, τονωτικό

boot μπότα, αρβύλα· πορτ μπαγκάζ *get/be given the boot* απολύομαι *give sb. the boot* δίνω σε κπ. τα παπούτσια στο χέρι • κλοτσώ ▪ **boot out** διώχνω με τις κλοτσιές

booth/bu:ð/τηλεφωνικός ή άλλος θάλαμος

booze/bu:z/μεθοκοπώ • οινοπνευματώδες ποτό *go on the booze* το ρίχνω στο πιοτό, μεθάω

boozer/'bu:zə/μπεκρής

border/'bɔ:də/σύνορο, όριο, μεθόριος (χώρας)· μπορντούρα, ρέλι, σιρίτι· διακοσμητικό παρτέρι· πλαίσιο (πίνακα), περιθώριο • συνορεύω με· πλαισιώνω, περιτριγυρίζω ▪ **border on/upon** πλησιάζω, αγγίζω τα όρια

borderline/'bɔ:dəlaɪn/όριο, διαχωριστική γραμμή, μεταίχμιο • ακραίος, οριακός

bore/bɔ:/πληκτικό άτομο· πλήξη, βαρεμάρα • ανοίγω (τρύπα), τρυπώ· κάνω (κπ.) να πλήξει **bored** βαριεστημένος **boring** βαρετός, πληκτικός

boredom/'bɔ:dəm/πλήξη, ανία

born/bɔ:n/γεννηθείς, γεννημένος

borough/'bʌrə/δήμος

borrow/'bɒrəʊ/δανείζομαι

borrower/'bɒrəʊə/οφειλέτης

bosom/'bʊzəm/στήθος, κόρφος *bosom friend* επιστήθιος φίλος

boss/bɒs/εργοδότης, αφεντικό

bossy/'bɒsi/αυταρχικός

bosun/'bəʊsən/☞ BOATSWAIN

botanical/bə'tænɪkəl/βοτανικός

botany/'bɒtəni/βοτανική

botch/bɒtʃ/ και **botch-up**/'bɒtʃ ʌp/ τσαπατσούλικη δουλειά, «μπάλωμα» • κακοφτιάχνω, φτιάχνω τσαπατσούλικα ή αδέξια· επισκευάζω αδέξια ή πρόχειρα, «μπαλώνω», «κουτσομπαλώνω»

both/bəʊθ/αμφότεροι, και οι δύο • *both... and* τόσο... όσο, και (ο ένας)... και (ο άλλος)

bother/'bɒðə/σκοτούρα, μπελάς, ενόχληση • ενοχλώ· νοιάζομαι, ανησυχώ

bothersome/'bɒðəsəm/ενοχλητικός, μπελαλίδικος

bottle/bɒtl/φιάλη, μπουκάλι • εμφιαλώνω ▪ **bottle up** συγκρατώ, καταπνίγω **bottled** εμφιαλωμένος

bottom/'bɒtəm/κάτω μέρος· πυθμένας, πάτος· (η) τελευταία θέση ή σειρά· πισινός, οπίσθια • κάτω

bough/baʊ/κλάδος, κλώνος

boulder/'bəʊldə/κροκάλα

boulevard/'bu:lva:d/λεωφόρος με δεντροστοιχία

bounce/baʊns/αναπήδηση, γκελ • αναπηδώ, κάνω γκελ· κάνω (κτ.) ν' αναπηδήσει· ορμώ

bouncy/'baʊnsi/ελαστικός· ζωηρός

bound/'baʊnd/δεμένος, συνδεδεμένος· δεμένος, βιβλιοδετημένος *bound for* προοριζόμενος, κατευθυνόμενος προς *be bound to* είναι βέβαιο ότι θα... *be bound to* είμαι υποχρεωμένος να • πήδημα, άλμα· **bounds** όρια, περιορισμοί • πηδώ, αναπηδώ· θέτω όρια, οροθετώ, περικλείω, περιορίζω

boundary/'baʊndəri/όριο, σύνορο

boundless/'baʊndləs/απεριόριστος, απέραντος

bouquet/bəʊ'keɪ, bu:-/ανθοδέσμη, μπουκέτο

bout/baʊt/γύρος (παιχνιδιού κ.τ.λ.)· προσβολή (πυρετού), κρίση (αρρώστιας)

boutique/bu:'ti:k/μπουτίκ

bow/baʊ/κλίση της κεφαλής, υπόκλιση· και **bows** πλώρη πλοίου • υποκλίνομαι, σκύβω (το κεφάλι)· κυρτώνω, καμπουριάζω ▪ **bow out** αποχωρώ, αποσύρομαι **bow to** υποκύπτω, υποτάσσομαι σε (κτ./κπ.), υποχωρώ • τόξο· δοξάρι· φιόγκος, (διακοσμητικός) κόμπος

bowel/'baʊəl/έντερο

bowl/bəʊl/μπολ • παίζω μπόουλινγκ ▪ **bowl over** καταπλήσσω· ~**ing** και **tenpin** ~**ing** ☆ **tenpins** μπόουλινγκ

bowling alley/'bəʊlɪŋ ˌæli/κτίριο μπόουλινγκ

bow tie/ˌbəʊ 'taɪ/παπιγιόν

box/bɒks/κουτί, κιβώτιο· θεωρείο (θεάτρου)· σεπαρέ· θάλαμος· τηλεόραση, χαζοκοκούτι • συσκευάζω (σε κουτιά)· παίζω μποξ ~**ing** πυγμαχία, μποξ

boxer/'bɒksə/πυγμάχος

boxer shorts/'bɒksə ʃɔ:ts/μποξεράκι

box office/'bɒks,ɒfɪs/ταμείο (θεάτρου κ.τ.λ.)

boy/bɔɪ/αγόρι

boycott/'bɔɪkɒt/μποϊκοτάζ • μποϊκοτάρω

boyfriend/'bɔɪfrend/(ο) φίλος, (ο) αγαπημένος

boyhood/'bɔɪhʊd/παιδική ηλικία (αγοριού)

boyish/'bɔɪ-ɪʃ/αγορίστικος

boy scout/,bɔɪ 'skaʊt/☞ SCOUT

bra/bra:/σουτιέν

brace/breɪs/στήριγμα, υποστήριγμα· *(οδοντ.)* σιδεράκι· **braces** τιράντες • «δένω» (οικοδομή), στυλώνω (τοίχο κ.τ.λ.)· ενισχύω, δυναμώνω **bracing** τονωτικός, αναζωογονητικός

bracelet/'breɪslɪt/βραχιόλι

bracket/'brækɪt/υποστήριγμα (για ράφια), μπράτσο, γωνιά· και **square bracket** αγκύλη· και **round bracket** παρένθεση· ομάδα, κατηγορία ομοειδών

brag/bræg/περιαυτολογώ, καυχιέμαι

braggart/'brægət/καυχησιάρης

Braille/breɪl/σύστημα Μπράιγ

brain/breɪn/εγκέφαλος· διάνοια, «κεφάλι»· **brains** μυαλά· και **brains** μυαλό, εξυπνάδα

brainchild/'breɪntʃaɪld/ιδέα, επινόηση

brainless/'breɪnləs/άμυαλος

brainwash/'breɪnwɒʃ/κάνω πλύση εγκεφάλου ~**ing** πλύση εγκεφάλου

brainwave/'breɪnweɪv/φαεινή ιδέα

brainy/'breɪni/έξυπνος, ευφυής

braise/breɪz/σιγοψήνω στην κατσαρόλα

brake/breɪk/φρένο • φρενάρω

bran/bræn/πίτουρο

branch/bra:ntʃ/κλαδί· παρακλάδι, διακλάδωση· υποκατάστημα, παράρτημα • διακλαδίζομαι

brand/brænd/(εμπορικό) είδος, μάρκα

brandish/'brændɪʃ/κραδαίνω, κουνώ

brand name/'brænd ,neɪm/σήμα κατατεθέν, εμπορική επωνυμία

brand-new/,brænd'nju:/ολοκαίνουργος

brandy/'brændi/κονιάκ

brash/bræʃ/αναιδής· παράτολμος

brass/bra:s/μπρούντζος· χάλκινα όργανα ορχήστρας

brassiere/'bræziə/σουτιέν

brat/bræt/μυξιάρικο

brave/breɪv/ανδρείος, γενναίος • αψηφώ, αντιμετωπίζω με θάρρος

bravery/'breɪvəri/ανδρεία, γενναιότητα

bravo/'bra:vəʊ/μπράβο

brawl/brɔ:l/συμπλοκή, καβγάς • καβγαδίζω

bray/breɪ/γκάρισμα • γκαρίζω

brazen/'breɪzən/αναιδής

Brazil/brə'zɪl/Βραζιλία

Brazilian/brə'zɪliən/Βραζιλιάνος • βραζιλιάνικος

breach/bri:tʃ/παραβίαση· ρήγμα, άνοιγμα· ρήξη, διακοπή σχέσεων • ανοίγω ρήγμα σε

bread/bred/άρτος, ψωμί

breadcrumb/'bredkrʌm/ψίχουλο

breadth/bredθ/πλάτος, φάρδος, εύρος· ευρύτητα (σκέψης κ.τ.λ.)

break/breɪk/ρήγμα, άνοιγμα· διακοπή, παύση· ρήξη· διάλειμμα· απόδραση· (απότομη) αλλαγή • θραύω, σπάζω, γίνομαι κομμάτια· συντρίβω/-ομαι· σπάζω, προξενώ/παθαίνω κάταγμα· σπάζω, προξενώ/παθαίνω βλάβη· παραβιάζω, αθετώ· αποκρυπτογραφώ, σπάζω ▪ **break down** α) παθαίνω βλάβη, «μένω» β) καταρρέω, κλονίζω/-ομαι γ) καταρρέω, χάνω την αυτοκυριαρχία μου **break in** α) εισβάλλω (λ.χ. για να κλέψω) β) διακόπτω, παρεμβαίνω **break into** α) εισβάλλω διά της βίας σε β) αρχίζω ξαφνικά **break off** α) ξεκολλώ σπάζοντας β) κόβομαι, σπάζω και ξεκολλώ γ) διακόπτω **break out** ξεσπώ **break up** α) κομματιάζω/-ομαι, διαλύω/-ομαι β) σκορπίζω/-ομαι γ) χωρίζω, διαλύω γάμο, *(για γάμο)* διαλύομαι

breakable/'breɪkəbl/εύθραυστος

breakage/'breɪkɪdʒ/σπάσιμο· σπασμένα αντικείμενα

breakdown/'breɪkdaʊn/βλάβη· κατάρρευση, κατάπτωση

breakfast/'brekfəst/πρόγευμα, πρωινό • προγευματίζω

break-in/'breɪkɪn/διάρρηξη

breakneck/'breɪknek/*at breakneck speed* με ιλιγγιώδη ταχύτητα

breakthrough/'breɪkθru:/σπουδαία ανακάλυψη

break-up/'breɪkʌp/χωρισμός· διαμελισμός

breast/brest/στήθος

breaststroke/'brest-strəʊk/πρόσθιο (κολύμπι)

breath/breθ/αναπνοή· χνώτα

breathe/bri:ð/αναπνέω· μουρμουρίζω, ψιθυρίζω

breather/'bri:ðə/μικρό διάλειμμα, ανάσα

breathless/'breθləs/λαχανιασμένος **~ly** με κομμένη την ανάσα

breathtaking/'breθˌteɪkɪŋ/καταπληκτικός, συναρπαστικός

breath test/'breθ ˌtest/αλκοτέστ

breeches/'brɪtʃɪz/κοντό παντελόνι που δένει κάτω από το (ή στο) γόνατο

breed/bri:d/ράτσα (ζώου), ποικιλία (φυτού) • αναπαράγομαι, πολλαπλασιάζομαι· τρέφω, εκτρέφω· δημιουργώ, προκαλώ, φέρνω **~ing** (καλή) ανατροφή, (καλοί) τρόποι

breeze/bri:z/αύρα, αεράκι

brew/bru:/παρασκευάζω (μπίρα)· *(για τσάι, καφέ κ.τ.λ.)* φτιάχνω, γίνομαι

brewer/'bru:ə/ζυθοποιός

brewery/'bru:əri/ζυθοποιία

bribe/braɪb/δωροδοκία • δωροδοκώ

bribery/'braɪbəri/δωροδοκία

brick/brɪk/τούβλο

bricklayer/'brɪk,leɪə/τουβλάς

bridal/braɪdl/γαμήλιος, νυφικός

bride/braɪd/νύφη

bridegroom/'braɪd,gru:m/και **groom** γαμπρός

bridesmaid/'braɪdzmeɪd/(η) παράνυμφος

bridge/brɪdʒ/γέφυρα

bridle/braɪdl/χαλινάρι • χαλιναγωγώ

brief/bri:f/σύντομος *in brief* εν συντομία ~**ly** με λίγα λόγια, εν συντομία • **briefs** σλιπ • ενημερώνω ~**ing** ενημέρωση

briefcase/'bri:fkeɪs/χαρτοφύλακας

bright/braɪt/φωτεινός, λαμπερός· έξυπνος, ευφυής· λαμπρός, ευοίωνος

brighten/'braɪtən/φωτίζομαι, ζωηρεύω· *(για καιρό)* βελτιώνομαι, ξανοίγω

brilliance/'brɪljəns/λαμπρότητα· ευφυΐα

brilliant/'brɪljənt/λαμπρός, αστραφτερός· ευφυής· λαμπρός, υπέροχος

brim/brɪm/χείλος· γύρος καπέλου, μπορ • είμαι γεμάτος, ξεχειλίζω

bring/brɪŋ/φέρνω ▪ **bring about** επιφέρω, προκαλώ **bring around/over/round** πείθω (κπ.) ν'αλλάξει γνώμη, μεταπείθω **bring down** κατεβάζω, ρίχνω, καταρρίπτω **bring off** επιτυγχάνω, φέρω εις πέρας **bring on** προξενώ **bring over** ☞ BRING AROUND **bring round** α) συνεφέρνω β) ☞ BRING AROUND **bring up** α) ανατρέφω, μεγαλώνω (παιδιά) β) φέρνω προς συζήτηση

brink/brɪŋk/χείλος (γκρεμού)

brisk/brIsk/ζωηρός· αναζωογονητικός

British/'brɪtɪʃ/βρετανικός • (οι) Βρετανοί

broad/brɔ:d/πλατύς, φαρδύς· φιλελεύθερος, ευρύς

broadcast/'brɔ:dka:st/εκπομπή • εκπέμπω, μεταδίδω

broadcaster/'brɔ:dka:stə/εκφωνητής

broaden/brɔ:dn/διευρύνω/-ομαι, πλαταίνω, ανοίγω

broadly/'brɔ:dli/γενικώς

broadminded/,brɔ:d'maɪdɪ̈d/ανοιχτόμυαλος

broccoli/'brɒkəli/μπρόκολο

brochure/'brəʊʃə/φυλλάδιο, μπροσούρα

broke/brəʊk/απένταρος, ταπί

broken/'brəʊkən/σπασμένος· συντετριμμένος· διαλυμένος· παραβιασμένος, αθετημένος

broken-hearted/,brəʊkən 'ha:tɪ̈d/συντετριμμένος, απαρηγόρητος

broker/'brəʊkə/χρηματιστής· μεσίτης

bronchitis/brɒŋ'kaɪtɪs/βρογχίτιδα

bronze/brɒnz/μπρούτζος • μπρούντζινος

bronzed/brɒnzd/μαυρισμένος, ηλιοκαμένος

brooch/brəʊtʃ καρφίτσα (κόσμημα)

brood/bru:d/κλωσσόπουλα • κλωσώ· συλλογίζομαι, αναλογίζομαι μελαγχολικά

brook/brʊk/ρυάκι

broom/bru:m/σκούπα

broomstick/'bru:m,stɪk/σκουπόξυλο

broth/brɒθ/ζωμός

brother/'brʌðə/αδελφός

brother-in-law/'brʌðəɪn,lɔ:/κουνιάδος· σύζυγος αδελφής, γαμπρός· μπατζανάκης

brotherly/'brʌðəli/αδελφικός

brow/braʊ/φρύδι· μέτωπο· άκρη, χείλος

brown/braʊn/καστανός • καφέ (χρώμα) • μαυρίζω (από τον ήλιο)· τσιγαρίζω, καβουρντίζω, ροδίζω

browse/braʊz/ξεφύλλισμα, διάβασμα κειμένου στα πεταχτά • ξεφυλλίζω, ρίχνω ματιές

bruise/bru:z/μώλωπας, μελανιά • μωλωπίζω, μελανιάζω

brunette/bru:'net/μελαχρινή

brush/brʌʃ/βούρτσα· πινέλο· βούρτσισμα· θαμνόκλαδα • βουρτσίζω ▪ **brush up (on)** μελετώ ξανά, ξεσκονίζω (κτ.)

brush-up/'brʌʃ ʌp/φρεσκάρισμα, ξεσκόνισμα

brusque/bru:sk/απότομος, κοφτός

Brussels/'brʌsəlz/Βρυξέλλες

Brussels sprout/,brʌsəlz 'spraʊt/ και **sprout** λαχανάκι Βρυξελλών

brutal/bru:tl/κτηνώδης, βάναυσος

brutality/bru:'tælɪti/κτηνωδία

brute/bru:t/κτήνος, ζώο • κτηνώδης

bubble/bʌbl/φυσαλίδα, μπουρμπουλήθρα· μπαλόνι στα κόμιξ (με τα λόγια ή τις σκέψεις των ηρώων) • αφρίζω, γεμίζω φυσαλίδες

bubble bath/'bʌbl ba:θ/αφρόλουτρο

bubble gum/'bʌbl gʌm/τσιχλόφουσκα

bucket/'bʌkɪt/κουβάς

buckle/bʌkl/αγκράφα • κουμπώνω, κλείνω με αγκράφα

bud/bʌd/μπουμπούκι • μπουμπουκιάζω

Buddhism/'bʊdɪzəm/βουδισμός

Buddhist/'bʊdɪst/βουδιστής • βουδιστικός

buddy/'bʌdi/φίλος, φιλαράκι

budge/bʌdʒ/κινώ/-ούμαι (ελαφρά), μετατοπίζω/-ομαι, σαλεύω· αλλάζω γνώμη, υποχωρώ

budget/'bʌdʒɪt/προϋπολογισμός • καταρτίζω προϋπολογισμό· προϋπολογίζω (δαπάνη)

buff/bʌf/λάτρης, φανατικός φίλος

buffalo/'bʌfələʊ/βουβάλι

buffet/'bʌfɨt/χαστούκι· μπουφές • χαστουκίζω· κατακτυπώ, δέρνω

bug/bʌg/κοριός· ζωύφιο, έντομο· μικρόβιο, ιός· μηχανισμός παρακολούθησης συνομιλιών, κοριός· μικρόβιο, μανία • παγιδεύω (τηλέφωνο), παρακολουθώ· ☆ ενοχλώ, βασανίζω

bugle/bju:gl/σάλπιγγα

bugler/'bju:glə/σαλπιγκτής

build/bɪld/κορμοστασιά • χτίζω, κατασκευάζω· ναυπηγώ ~**ing** α) κτίριο β) χτίσιμο

builder/'bɪldə/οικοδόμος· εργολάβος (οικοδομών)

building society/'bɪldɪŋ sə,saɪɨti/στεγαστικό ταμιευτήριο

built-in/,bɪlt 'ɪn/εντοιχισμένος

built-up/,bɪld'ʌp/πυκνοχτισμένος

bulb/bʌlb/λάμπα· βολβός

Bulgaria/bʌl'geərɪə/Βουλγαρία

Bulgarian/bʌl'geərɪən/βουλγαρικός • Βούλγαρος· βουλγαρική (γλώσσα)

bulge/bʌldʒ/εξόγκωμα, φούσκωμα • φουσκώνω, προεξέχω

bulk/bʌlk/όγκος *in bulk* α) χονδρικώς β) χύμα

bulky/'bʌlki/ογκώδης

bull/bʊl/ταύρος

bulldog/'bʊldɒg/μπουλντόγκ

bulldozer/'bʊldəʊzə/εκσκαφέας, μπουλντόζα

bullet/'bʊlɨt/σφαίρα

bulletin/'bʊlɨtɨn/ανακοινωθέν· δελτίο

bulletproof/'bʊlɨtpru:f/αλεξίσφαιρος

bullfight/'bʊlfaɪt/ταυρομαχία

bullfighter/'bʊlfaɪtə/ταυρομάχος

bullfighting/'bʊl,faɪtɪŋ/ταυρομαχία

bullring/'bʊl,rɪŋ/αρένα ταυρομαχίας

bully/'bʊli/τρομοκρατώ, κάνω τον νταή • νταής

bum/bʌm/πισινός, κώλος· ☆ ζητιάνος, αλήτης

bumblebee/'bʌmblbi:/μπούμπουρας

bump/bʌmp/χτύπος, γδούπος· κρότος· κούνημα, τράνταγμα· καρούμπαλο· ανωμαλία δρόμου, σαμαράκι • κουτουλώ, χτυπώ· τραντάζομαι, ταρακουνιέμαι ▪ **bump into** συναντώ τυχαία (κπ.)

bumper/'bʌmpə/προφυλακτήρας

bumper car/'bʌmpə ka:/συγκρουόμενο αυτοκινητάκι

bumpy/'bʌmpi/ανώμαλος, όλο προεξοχές

bun/bʌn/κουλουράκι, τσουρεκάκι· γυναικείος κότσος

bunch/bʌntʃ/μάτσο, μπουκέτο· ομάδα, παρέα

bundle/bʌndl/δέμα, μπόγος, μάτσο

bung/bʌŋ/τάπα, πώμα

bungalow/'bʌŋgələʊ/μπαγκαλόου

bunk/bʌŋk/κουκέτα

bunny/'bʌni/και **bunny rabbit**/-,ræbɨt/κουνελάκι

buoy/bɔɪ/σημαδούρα

burden/bɜːdn/βάρος • επιβαρύνω, γίνομαι φόρτωμα σε

bureau/'bjʊərəʊ/γραφείο (έπιπλο) που κλείνει· γραφείο, υπηρεσία

bureaucracy/bjʊ'rɒkrəsi/γραφειοκρατία

bureaucrat/'bjʊərəkræt/γραφειοκράτης

bureaucratic/ˌbjʊərə'krætɪk/γραφειοκρατικός

burglar/'bɜːglə/διαρρήκτης

burglary/'bɜːgləri/διάρρηξη

burgle/bɜːgl/παραβιάζω, κάνω διάρρηξη

burial/'beriəl/ταφή

burn/bɜːn/έγκαυμα • καίω/-ομαι

burnt/bɜːnt/καμένος

burp/bɜːp/ρέψιμο • ρεύομαι

burr/bɜː/βόμβος, βουητό • βουίζω

burrow/'bʌrəʊ/λαγούμι

bursary/'bɜːsəri/υποτροφία

burst/bɜːst/έκρηξη (βόμβας κ.τ.λ.)· σκάσιμο μπαλονιού· ξέσπασμα (οργής κ.τ.λ.) • εκρήγνυμαι, σκάζω, προκαλώ έκρηξη· ορμώ ▪ **burst into** ξεσπάω, αρχίζω ξαφνικά (να κάνω) (κτ.) *burst out laughing/crying* ξεσπάω σε γέλια/κλάματα

bury/'beri/θάβω

bus/bʌs/λεωφορείο

bush/bʊʃ/θάμνος

bushy/'bʊʃi/θαμνώδης· δασύς, φουντωτός

busily/'bɪzɪ̈li/με δραστηριότητα, με ζήλο

business/'bɪznɪ̈s/εργασία, δουλειά· δουλειές, μπίζνες· εμπορική επιχείρηση· ζήτημα, υπόθεση, δουλειά

business card/'bɪznɪ̈s ˌkaːd/μπιλιέτο

businessman/'bɪznɪ̈smən/επιχειρηματίας

businesswoman/'bɪznɪ̈sˌwʊmən/ επιχειρηματίας (γυναίκα)

bus lane/'bʌs leɪn/λεωφορειόδρομος

bus stop/'bʌs stɒp/στάση λεωφορείου

bust/bʌst/(γλυπτή) προτομή, μπούστο· μπούστος, γυναικείο στήθος • σπασμένος, χαλασμένος • σπάζω με ορμή

bustle/bʌsl/φασαρία, φούρια • είμαι όλο φούρια *bustle with* σφύζω από

busy/'bɪzi/απασχολημένος, πολυάσχολος· γεμάτος δραστηριότητα, κίνηση· *(για τηλεφωνική γραμμή)* κατειλημμένος, που «μιλά» • *busy oneself in/with* ασχολούμαι με

but/bət/αλλά· *(με αρνητ. εκφράσεις)* παρά (να), εκτός (του να...) • εκτός, εκτός από *but for* αν δεν (ήταν)...

butcher/'bʊtʃə/χασάπης, κρεοπώλης· **butcher's** κρεοπωλείο • σφάζω, κατακρεουργώ

butler/'bʌtlə/αρχιυπηρέτης, μπάτλερ

butt/bʌt/κουτουλιά· στόχος (πειραγμάτων)· λαβή εργαλείου ή περιστρόφου· κοντάκι όπλου· αποτσίγαρο • κουτουλώ, χτυπώ με το κεφάλι ή με τα κέρατα ▪ **butt in** παρεμβαίνω, διακόπτω

butter/'bʌtə/βούτυρο • βουτυρώνω ▪ **butter up** κολακεύω, γλείφω

butterfly/'bʌtəflaɪ/πεταλούδα

buttock/'bʌtək/γλουτός, κωλομέρι

button/bʌtn/κουμπί • κουμπώνω

buttonhole/'bʌtnhəʊl/κουμπότρυπα· μπουτονιέρα

buy/baɪ/αγορά (πράγματος)· πετυχημένη αγορά, ευκαιρία • αγοράζω, ψωνίζω· πιστεύω, «χάφτω» ▪ **buy off** εξαγοράζω, λαδώνω (κπ.)

buyer/'baɪə/αγοραστής

buzz/bʌz/βόμβος, βουητό • βομβώ, βουίζω

buzzer/'bʌzə/βομβητής

by/baɪ/κοντά, δίπλα, πλάι σε· μέσω, διαμέσου· *(μέσο, όργανο)* από, με· *(χρονικώς)* α) κατά τη διάρκεια β) έως, μέχρι (όχι αργότερα από)· α) με β) κατά (αριθμό, ποσότητα κ.τ.λ.)· *(σε μετρήσεις ή αριθμούς)* επί, διά, με • κοντά εδώ (πλάι)· από μπροστά, δίπλα

bye/baɪ/και **bye-bye**/baɪ 'baɪ/αντίο, γεια χαρά

bypass/'baɪpa:s/παρακαμπτήριος (δρόμος)· *(χειρ.)* μπαϊπάς • παρακάμπτω

byroad/'baɪrəʊd/πάροδος

bystander/'baɪˌstændə/παρευρισκόμενος, θεατής

Byzantium/bɪ'zæntɪəm/Βυζάντιο

C, c

cab/kæb/ταξί

cabbage/'kæbɪdʒ/λάχανο, κραμπολάχανο

cabdriver/'kæbˌdraɪvə/οδηγός ταξί

cabin/'kæbɪ̣n/καμπίνα· καλύβα

cabinet/'kæbɪ̣nɪ̣t, 'kæbnɪ̣t/κομό, σκρίνιο, βιτρίνα· υπουργικό συμβούλιο

cable/'keɪbl/καλώδιο· τηλεγράφημα • τηλεγραφώ

cable car/'keɪbl kaː/τελεφερίκ

cablegram/'keɪblˌgræm/τηλεγράφημα

cabstand/'kæbstænd/πιάτσα ταξί

cacao/kə'kaːəʊ/κακάο

cackle/kækl/κακάρισμα· χάχανο • κακαρίζω· χαχανίζω

cactus/'kæktəs/κάκτος

cadet/kə'det/μαθητής στρατιωτικής σχολής (εύελπης, δόκιμος, ίκαρος), μέλλων αστυνομικός

cafe, **café**/'kæfeɪ/καφενείο, καφέ

cafeteria/ˌkæfɪ̣'tɪəriə/καφετερία

caffeine/'kæfiːn/καφεΐνη

cage/keɪdʒ/κλουβί

Cairo/'kaɪrəʊ/Κάιρο

cajole/kə'dʒəʊl/καταφέρνω, ρίχνω

cake/keɪk/κέικ, γλύκισμα· κομμάτι, πλάκα • *be caked with* είμαι πασαλειμμένος με

calcium/'kælsiəm/ασβέστιο

calculate/'kælkjʊleɪt, -kjə-/υπολογίζω, λογαριάζω ▪ **calculate on/upon** υπολογίζω, βασίζομαι σε **calculated** εσκεμμένος, υπολογισμένος, μελετημένος

calculation/ˌkælkjʊ'leɪʃən, -kjə-/υπολογισμός

calculator/'kælkjʊleɪtə, -kjə-/κομπιουτεράκι

calendar/'kælɪ̣ndə/ημερολόγιο, ημεροδείκτης

calf/kaːf/μοσχάρι· κνήμη, γάμπα

call/kɔːl/ τηλεφώνημα· σύντομη επίσκεψη • καλώ, φωνάζω· ονομάζω, αποκαλώ· επισκέπτομαι, περνώ· τηλεφωνώ ▪ **call for** α) απαιτώ, χρειάζομαι β) περνώ να πάρω **call off** ακυρώνω, ματαιώνω **call on/upon** επισκέπτομαι **call up** α) τηλεφωνώ β) καλώ στο στρατό, (επι-)στρατεύω

calling card/'kɔːlɪŋ kaːd/επισκεπτήριο, κάρτα

calm/kaːm/ήρεμος, ήσυχος • γαλήνη· νηνεμία ▪ **calm (down)** καλμάρω

calorie/'kæləri/θερμίδα

camel/'kæməl/καμήλα

camera/'kæmərə/κάμερα

cameraman/'kæmərəmən/οπερατέρ

camomile/'kæməmaɪl/χαμομήλι

camouflage/'kæməfla:ʒ/καμουφλάζ • καμουφλάρω

camp/kæmp/κατασκήνωση • κατασκηνώνω ~**ing** κατασκήνωση, κάμπινγκ

campaign/kæm'peɪn/εκστρατεία, καμπάνια • οργανώνω εκστρατεία, κάνω καμπάνια

camper/'kæmpə/κατασκηνωτής· τροχόσπιτο

campsite/'kæmpsaɪt/χώρος κατασκήνωσης

campus/'kæmpəs/πανεπιστημιούπολη

[1]**can**/kən, *(εμφ.)*/kæn/κουτί (κονσέρβας)· μεταλλικό δοχείο, μπιντόνι, τενεκές • κονσερβοποιώ

[2]**can**/kæn/δύναμαι (να), μπορώ (να)· μπορώ, επιτρέπεται (να)· γνωρίζω, ξέρω (να)

Canada/'kænədə/Καναδάς

Canadian/kæ'neɪdiən/Καναδός • καναδικός

canal/kə'næl/διώρυγα, κανάλι

canary/kə'neəri/καναρίνι

cancel/'kænsəl/ακυρώνω, ματαιώνω ~**led** άκυρος

cancellation/,kænsə'leɪʃən/ακύρωση, ματαίωση

cancer/'kænsə/καρκίνος· **Cancer** *(αστρ.)* Καρκίνος

candidate/'kændɨ̥dɨ̥t/υποψήφιος

candidacy/'kændɪdəsi/υποψηφιότητα

candle/kændl/κερί

candlestick/'kændl stɪk/κηροπήγιο

candy/'kændi/καραμέλα, ζαχαρωτό

cane/keɪn/καλάμι· ράβδος, μπαστούνι • δέρνω (με βέργα)

cannibal/'kænɨ̥bəl/ανθρωποφάγος, κανίβαλος

cannon/'kænən/κανόνι

cannonade/,kænə'neɪd/κανονίδι

cannonball/'kænənbɔ:l/οβίδα, μπάλα κανονιού

canny/'kæni/έξυπνος, πονηρός

canoe/kə'nu:/κανό • κάνω κανό

canyon/'kænjən/φαράγγι

cap/kæp/σκούφος, τραγιάσκα, πηλήκιο· σκέπασμα, καπάκι, βούλωμα, τάπα

capability/,keɪpə'bɪlɨ̥ti/ικανότητα

capable/'keɪpəbl/ικανός, άξιος **capably** επιδέξια

capacity/kə'pæsɨ̥ti/χωρητικότητα· ικανότητα, επιδεξιότητα· ιδιότητα

cape/keɪp/κάπα, μπέρτα· ακρωτήριο

caper/'keɪpə/κάπαρη· χοροπήδημα • χοροπηδώ

capital/'kæpɨ̥tl/πρωτεύουσα· κεφάλαιο· κεφαλαίο γράμμα • θανατικός· κεφαλαίος· κεφαλαιώδης

capitalism/'kæpɨ̥tlɪzəm/καπιταλισμός

capitalist/'kæpɨ̥tlɨ̥st/καπιταλιστής • καπιταλιστικός

caprice/kə'pri:s/παραξενιά

capricious/kə'prɪʃəs/ιδιότροπος, άστατος

Capricorn/'kæprɪkɔ:n/*(αστρ.)* Αιγόκερος

capsize/kæp'saɪz/ανατρέπω/-ομαι, μπατάρω

capsule/'kæpsju:l/κάψουλα· αεροδιαστημικός θαλαμίσκος

captain/'kæptᵊn/αρχηγός· κυβερνήτης (αεροπλάνου)· πλοίαρχος, καπετάνιος· λοχαγός, σμηναγός • διοικώ, ηγούμαι

caption/'kæpʃən/υπότιτλος· λεζάντα

captivate/'kæptᵊveɪt/σαγηνεύω, γοητεύω

captive/'kæptɪv/αιχμάλωτος· δέσμιος

captivity/kæp'tivᵊti/αιχμαλωσία

capture/'kæptʃə/σύλληψη, αιχμαλώτιση· κατάληψη • συλλαμβάνω, αιχμαλωτίζω· κατακτώ

car/ka:/αυτοκίνητο· βαγόνι

carafe/kə'ra:f, kə'ræf/καράφα

carat/'kærət/καράτι

caravan/'kærəvæn/τροχόσπιτο· καραβάνι· άμαξα, κάρο

carbon/'ka:bən/άνθρακας· καρμπόν

carburettor, ☆ **carburetor**/ˌka:bjʊ'retə/καρμπιρατέρ

card/ka:d/κάρτα, καρτέλα· κάρτα, καρτ ποστάλ· επισκεπτήριο, μπιλιέτο· τραπουλόχαρτο

cardboard/'ka:dbɔ:d/χαρτόνι

cardigan/'ka:dɪgən/πλεκτή μάλλινη ζακέτα

cardinal/'ka:dənəl/καρδινάλιος

care/keə/σκοτούρα, έννοια· φροντίδα· προσοχή *take care* προσέχω, φυλάγομαι • ενδιαφέρομαι, νοιάζομαι ▪ **care for** α) ενδιαφέρομαι για β) φροντίζω γ) θέλω, επιθυμώ

career/kə'rɪə/καριέρα

carefree/'keəfri:/ξένοιαστος, ανέμελος

careful/'keəfəl/προσεκτικός

careless/'keələs/απρόσεκτος

caress/kə'res/χάδι • χαϊδεύω

cargo/'ka:gəʊ/φορτίο, εμπορεύματα

caricature/'kærɪkətʃʊə/γελοιογραφία • γελοιογραφώ

caricaturist/'kærɪkətʃʊərᵊst/γελοιογράφος

caries/'keəriz/τερηδόνα

carnation/ka:'neɪʃən/γαρίφαλο

carnival/'ka:nᵊvəl/καρναβάλι

carol/'kærəl/θρησκευτικό τραγούδι Χριστουγέννων· **carols** κάλαντα

☆ **carousel**/ˌkærə'sel/περιστρεφόμενη εξέδρα με αλογάκια ή αυτοκινητάκια (σε λουναπάρκ)

carpenter/'ka:pᵊntə/μαραγκός

carpet/'ka:pᵊt/χαλί • καλύπτω με χαλί, στρώνω

carriage/'kærɪdʒ/άμαξα· βαγόνι· μεταφορικά (έξοδα)

carrier/'kæriə/μεταφορέας· *(ιατρ.)* φορέας

carrot/'kærət/καρότο

carry/'kæri/ μεταφέρω, κουβαλώ· φέρω, στηρίζω (στέγη κ.τ.λ.)· φέρω, έχω μαζί μου/πάνω μου· (επι-)φέρω, έχω ως αποτέλεσμα *be/get carried away* παρασύρομαι ▪ **carry on** συνεχίζω **carry on with** έχω ερωτικές σχέσεις με, τα έχω με **carry out/through** πραγματοποιώ, φέρω σε πέρας

carrycot/'kærikɒt/πορτ-μπεμπέ

cart/ka:t/κάρο

carton/ka:tn/χαρτόκουτο

cartoon/ka:'tu:n/γελοιογραφία· και **animated cartoon** φιλμ με κινούμενα σχέδια

cartoonist/ka:'tu:nɪ̈st/γελοιογράφος, σκιτσογράφος

cartridge/'ka:trɪdʒ/φυσίγγι· αμπούλα στυλογράφου μελάνης· μεγάλη κασέτα

carve/ka:v/λαξεύω, πελεκώ· κόβω (μαγειρεμένο κρέας και σερβίρω)

case/keɪs/περίπτωση· περιστατικό, κρούσμα· *(νομ.)* υπόθεση· *(γραμ.)* πτώση· κάσα, μεγάλο κουτί· θήκη *in any case* εν πάση περιπτώσει, όπως και να 'χει *just in case* για κάθε ενδεχόμενο, καλού κακού

cash/kæʃ/μετρητά, ρευστό· χρήμα εν γένει • εξαργυρώνω

cashier/kæ'ʃɪə/ταμίας

cashmere/kæ'ʃmɪə/κασμίρι

cash register/'kæʃ,redʒɪ̈stə/ταμειακή μηχανή

casino/kə'si:nəʊ/καζίνο

cask/ka:sk/βαρέλι

cassette/kə'set/κασέτα

cassette player/kə'set,pleɪə/κασετόφωνο

cassette recorder/kə'set rɪ,kɔ:də/μαγνητόφωνο

cast/ka:st/ηθοποιοί έργου· νάρθηκας • ρίχνω· διανέμω ρόλους, αναθέτω ρόλο· *(για ζώο)* αποβάλλω, απορρίπτω ▪ **cast away** ξεβράζω στην ακτή

castaway/'ka:stəweɪ/ναυαγός

cast-iron/,ka:st 'aɪən/μαντεμένιος

cast iron μαντέμι

castle/'ka:səl/κάστρο· *(στο σκάκι)* πύργος

castoff/'ka:stɒf/άχρηστο, αποφόρι

casual/'kæʒʊəl/τυχαίος· ανεπίσημος

casualty/'kæʒʊəlti/θύμα ατυχήματος· πτέρυγα ατυχημάτων (σε νοσοκομείο)

cat/kæt/γάτα

catalogue/'kætəlɒg/κατάλογος

catapult/'kætəpʌlt/σφεντόνα

catarrh/kə'ta:/καταρροή, συνάχι

catastrophe/kə'tæstrəfi/καταστροφή

catastrophic/,kætə'strɒfɪk/καταστρεπτικός

catcall/'kætkɔ:l/γιουχάισμα • γιουχάρω

catch/kætʃ/σύλληψη, πιάσιμο· ψαριά· σύρτης, γάντζος, κούμπωμα·

παγίδα • πιάνω· προλαβαίνω· αρπάζω, κολλάω (αρρώστια)· ακούω, πιάνω, αντιλαμβάνομαι· αρπάζω, παίρνω (φωτιά) ▪ **catch up** α) προφταίνω, φτάνω β) καλύπτω τα κενά μου ~**ing** μολυσματικός, κολλητικός

categorical/ˌkætəˈgɒrɪkəl/κατηγορηματικός, ρητός

category/ˈkætəgəri/κατηγορία, τάξη

cater/ˈkeɪtə/τροφοδοτώ, προμηθεύω και σερβίρω φαγητό και ποτό για πολλά άτομα ~**ing** προμήθεια έτοιμων φαγητών σε εκδηλώσεις κ.τ.λ., κέτερινγκ

caterpillar/ˈkætəˌpɪlə/κάμπια

cathedral/kəˈθiːdrəl/καθεδρικός ναός

Catholic/ˈkæθəlɪk/καθολικός • Καθολικός, μέλος της Καθολικής Εκκλησίας

Catholicism/kəˈθɒləsɪzəm/καθολικισμός

cattle/kætl/βοοειδή, ζωντανά

cauliflower/ˈkɒlɪˌflaʊə/κουνουπίδι

cause/kɔːz/αίτιος, υπαίτιος· αίτιο, αιτία· λόγος, αιτιολογία· υπόθεση, αγώνας, σκοπός • προκαλώ, προξενώ

caution/ˈkɔːʃən/προσοχή, σύνεση, προφύλαξη • συνιστώ προσοχή, προειδοποιώ

cautious/ˈkɔːʃəs/προσεκτικός, συνετός

cavalry/ˈkævəlri/ιππικό

cave/keɪv/σπηλιά

caviar(e)/ˈkæviaː/χαβιάρι

cavity/ˈkævəti/κουφάλα, κοιλότητα

caw/kɔː/κρώξιμο • κρώζω

cease/siːs/διακοπή, κατάπαυση • παύω

ceasefire/ˈsiːs faɪə/ανακωχή, εκεχειρία

ceaseless/ˈsiːsləs/ασταμάτητος

cedar/ˈsiːdə/κέδρος

ceiling/ˈsiːlɪŋ/ταβάνι, οροφή

celebrate/ˈseləbreɪt/εορτάζω, πανηγυρίζω **celebrated** διάσημος

celebration/ˌseləˈbreɪʃən/εορτασμός, πανηγυρισμός

celebrity/səˈlebrəti/διασημότητα, προσωπικότητα

celery/ˈseləri/σέλινο

cell/sel/κελί· κύτταρο

cellophane/ˈseləfeɪn/σελοφάν

cellulite/ˈseljʊlaɪt/κυτταρίτιδα

Celsius/ˈselsiəs/εκατοντάβαθμη κλίμακα μέτρησης της θερμοκρασίας • (του) Κελσίου

cement/səˈment/τσιμέντο • τσιμεντώνω· στερεώνω, ενισχύω

cemetery/ˈseməˌtri/νεκροταφείο

censor/ˈsensə/λογοκριτής • λογοκρίνω

censorship/ˈsensəʃɪp/λογοκρισία

cent/sent/σεντ (το 1/100 του δολαρίου) *per cent* τοις εκατό

Centigrade/ˈsentəgreɪd/εκατοντάβαθμη κλίμακα μέτρησης της θερμοκρασίας της κλίμακας Κελσίου • Κελσίου

centimetre/'sentǝ̣mi:tə/εκατοστό

central/'sentrəl/κεντρικός

central heating/ˌsentrəl 'hɪ:tɪŋ/κεντρική θέρμανση

centre, ☆ **center**/'sentə/κέντρο, κεντρικό σημείο· Κέντρο, κόμμα του Κέντρου· επίκεντρο • κεντρικός· *(πολ.)* κεντρώος, του Κέντρου

century/'sentʃəri/αιώνας

ceramic/sǝ̣'ræmɪk/κεραμικός

ceramics/sǝ̣'ræmɪks/κεραμική· κεραμικά (είδη)

cereal/'sɪəriəl/δημητριακό· φαγητό από δημητριακά

ceremony/'serǝ̣məni/τελετή

certain/sɜ:tn/βέβαιος· κάποιος, σχετικός, όχι πολύς ***a certain*** κάποιος ***be certain to do sth.*** είναι βέβαιο πως θα κάνω κτ. ***make certain*** εξασφαλίζω, βεβαιώνομαι ***for certain*** στα σίγουρα • ***certain of*** κάποιος, ορισμένος **~ly** α) σίγουρα, οπωσδήποτε β) ασφαλώς, βεβαίως

certainty/'sɜ:tənti/βεβαιότητα, σιγουριά· απολύτως βέβαιο, σίγουρο γεγονός

certificate/sə'tɪfɪkǝ̣t/πιστοποιητικό, βεβαίωση

certify/'sɜ:tǝ̣faɪ/βεβαιώνω, πιστοποιώ

chain/tʃeɪn/αλυσίδα, καδένα· αλληλουχία, σειρά • αλυσοδένω

chair/tʃeə/καρέκλα· έδρα (σε πανεπιστήμιο ή στο κοινοβούλιο)· προεδρείο· ηλεκτρική καρέκλα • προεδρεύω

chairman/'tʃeəmən/πρόεδρος

chairwoman/'tʃeəˌwʊmən/γυναίκα πρόεδρος

chalet/'ʃæleɪ/σαλέ

chalk/tʃɔ:k/κιμωλία

challenge/'tʃælǝ̣ndz/πρόκληση, οτιδήποτε απαιτεί αγωνιστικό πνεύμα • προκαλώ· αμφισβητώ **challenging** δύσκολος αλλά ενδιαφέρων

chamber/'tʃeɪmbə/θάλαμος, αίθουσα· τμήμα κοινοβουλίου

chameleon/kə'mi:liən/χαμαιλέοντας

chamomile/'kæməmaɪl/χαμομήλι

champ/tʃæmp/πρωταθλητής

champagne/ʃæm'peɪn/σαμπάνια

champion/'tʃæmpiən/πρωταθλητής· υπέρμαχος, υπερασπιστής

championship/'tʃæmpiənʃɪp/πρωτάθλημα

chance/tʃa:ns/τύχη, σύμπτωση· ευκαιρία· δυνατότητα, πιθανότητα· ρίσκο ***by chance*** τυχαίως, κατά τύχη • συμβαίνω κατά τύχη, τυχαίνω· ριψοκινδυνεύω, ρισκάρω ▪ **chance on/upon** συναντώ, βρίσκω τυχαίως • τυχαίος, συμπτωματικός

chancellor/'tʃa:nsələ/καγκελάριος· πρύτανης πανεπιστημίου

chandelier/ʃændə'lɪə/πολυέλαιος, πολύφωτο

change/tʃeɪndʒ/αλλαγή, μεταβολή· αλλαξιά· ψιλά, ρέστα • αλλάζω, μεταβάλλω/-ομαι· αλλάζω (ρούχο)· εξαργυρώνω (συνάλλαγμα), χαλώ (χαρτονόμισμα), κάνω ψιλά *change one's mind* αλλάζω γνώμη

changeable/ˈtʃeɪndʒəbl/ευμετάβλητος, άστατος

channel/ˈtʃænəl/πορθμός· δίαυλος, κανάλι • διοχετεύω

chant/tʃa:nt/ψαλμωδία· ρυθμικά συνθήματα • ψέλνω· επαναλαμβάνω ρυθμικά

chaos/ˈkeɪɒs/χάος

chaotic/keɪˈɒtɪk/χαοτικός, χαώδης

chap/tʃæp/άνθρωπος, τύπος • σκάζω, αγριεύω

chapel/ˈtʃæpəl/παρεκκλήσιο

chapter/ˈtʃæptə/κεφάλαιο βιβλίου

char/tʃa:/απανθρακώνω/-ομαι, καρβουνιάζω

character/ˈkærəktə/χαρακτήρας· ύφος, στιλ· πρόσωπο μυθιστορήματος ή θεατρικού έργου· ψηφίο, γράμμα, τυπογραφικό στοιχείο

characteristic/ˌkærəktəˈrɪstɪk/χαρακτηριστικός • χαρακτηριστικό γνώρισμα

characterization, **-isation**/ˌkærəktəraɪˈzeɪʃən/χαρακτηρισμός

characterize, **-ise**/ˈkærəktəraɪz/χαρακτηρίζω

charge/tʃa:dʒ/χρεώνω· κατηγορώ, απαγγέλλω κατηγορία· φορτίζω, γεμίζω· ορμώ, εφορμώ *charge sb. to do sth.* επιφορτίζω κπ., αναθέτω σε κπ. να κάνει κτ. • χρέωση· κατηγορία· φόρτιση (μπαταρίας), γέμισμα (όπλου)· εφόρμηση, επίθεση *(be) in charge (of)* (είμαι) υπεύθυνος (για)

charger/ˈtʃa:dʒə/φορτιστής

charisma/kəˈrɪzmə/χάρισμα, θείο δώρο

charismatic/ˌkærəzˈmætɪk/χαρισματικός

charitable/ˈtʃærətəbl/φιλάνθρωπος, φιλανθρωπικός

charity/ˈtʃærəti/φιλανθρωπία, ελεημοσύνη

charm/tʃa:m/γοητεία, χάρη· φυλαχτό, ξόρκι· μάγια • γοητεύω, μαγεύω **~ing** γοητευτικός

chart/tʃa:t/χάρτης· διάγραμμα, σχεδιάγραμμα· **charts** κατάλογος των μεγαλύτερων μουσικών επιτυχιών

charter/ˈtʃa:tə/καταστατικός χάρτης, καταστατικό· ναύλωση • ναυλώνω

chase/tʃeɪs/καταδίωξη, κυνηγητό • καταδιώκω, κυνηγώ· επιδιώκω

chassis/ˈʃæsi/αμάξωμα, σασί

chat/tʃæt/κουβέντα • κουβεντιάζω φιλικά, φλυαρώ

chat show/ˈtʃæt ʃəʊ/τηλεοπτική ή ραδιοφωνική συζήτηση

chatter/ˈtʃætə/φλυαρία· κροτάλισμα • φλυαρώ· χτυπώ (από το κρύο ή από το φόβο)

chatterbox/ˈtʃætəbɒks/πολυλογάς

cheap/tʃi:p/φτηνός • φτηνά

cheat/tʃi:t/ζαβολιάρης· ζαβολιά •

εξαπατώ· κλέβω, κάνω ζαβολιές· αντιγράφω (στις εξετάσεις) ▪ **cheat on** απατώ, κερατώνω

check/tʃek/έλεγχος, τσεκάρισμα, επαλήθευση· αναχαίτιση, ανάσχεση· ☆ λογαριασμός σε εστιατόριο· καρό, σχέδιο με τετράγωνα • ελέγχω, επαληθεύω, διασταυρώνω· αναχαιτίζω, περιορίζω, ανακόπτω· ☆ σημειώνω, τσεκάρω ▪ **check in** α) δηλώνω άφιξη (στην υπηρεσία μου), είσοδο (στο ξενοδοχείο μου) β) παραδίδω τις αποσκευές μου και παίρνω κάρτα επιβίβασης **check out** πληρώνω το λογαριασμό και αποχωρώ από ξενοδοχείο **~ed** καρό

☆ **checkbook**/'tʃəkbʊk/καρνέ επιταγών

☆ **checkers**/'tʃəkəz/☞ DRAUGHT

check-in/'tʃek ɪn/χώρος προσέλευσης σε αεροδρόμιο, ξενοδοχείο κ.τ.λ.· προσέλευση (σε αεροδρόμιο για την παραλαβή κάρτας, σε ξενοδοχείο κ.τ.λ. για δήλωση άφιξης)

checkout/'tʃek-aʊt/ταμείο σουπερμάρκετ

checkup/'tʃek-ʌp/τσεκάπ

cheek/tʃi:k/μάγουλο· αναίδεια, θράσος

cheekbone/'tʃi:kbəʊn/ζυγωματικό, μήλο παρειάς

cheeky/'tʃi:ki/αναιδής

cheer/tʃɪə/επευφημία, ζητωκραυγή • ζητωκραυγάζω, επευφημώ ▪ **cheer up** αναπτερώνω, φτιάχνω το κέφι

cheerful/'tʃɪəfəl/χαρούμενος

cheers/'tʃɪəz/εις υγείαν, εβίβα

cheese/tʃi:z/τυρί

chef/ʃef/αρχιμάγειρος

chemical/'kemɪkəl/χημικός • χημική ουσία

chemical engineer/ˌkemɪkəl endʒəˈnɪə/χημικός μηχανικός

chemist/'keməst/χημικός· φαρμακοποιός· **chemist's** φαρμακείο

chemistry/'keməstri/χημεία

chemotherapy/ˌkɪ:məʊ'θerəpi/χημειοθεραπεία

cheque/tʃek/επιταγή

chequebook/'tʃekbʊk/καρνέ επιταγών

cherry/'tʃeri/κεράσι

chess/tʃes/σκάκι

chest/tʃest/κιβώτιο, μπαούλο, κασέλα· στήθος, στέρνο

chestnut/'tʃesnʌt/κάστανο

chest of drawers/ˌtʃest əv 'drɔ:z/ κομός, σιφονιέρα

chew/tʃu:/μάσημα • μασώ

chewing gum/'tʃu:ɪŋ gʌm/τσίχλα

chic/ʃi:k/κομψός, σικ • κομψότητα

chick/tʃɪk/νεοσσός πουλιού· κοτοπουλάκι

chicken/'tʃɪkən/κοτόπουλο

chicken pox/'tʃɪkən pɒks/ανεμοβλογιά

chief/tʃi:f/αρχηγός, επικεφαλής • κύριος, πρωταρχικός· επικεφαλής, αρχι- **~ly** κυρίως, προπαντός

child/tʃaɪld/παιδί, τέκνο

childbirth/'tʃaɪldbɜ:θ/γέννα

childhood/'tʃaɪldhʊd/παιδική ηλικία

childish/'tʃaɪldɪʃ/παιδικός· παιδαριώδης

childlike/'tʃaɪldlaɪk/παιδιάστικος, παιδικός

Chile/'tʃɪli/Χιλή

Chilean/'tʃɪliən/Χιλιανός • χιλιανικός

chill/tʃɪl/ψύχρα, κρυάδα· κρυολόγημα, ψύξη • ψύχω/-ομαι, παγώνω • ψυχρός

chimaera/kaɪ'mɪərə, kə-/χίμαιρα

chime/tʃaɪm/χτύπος καμπάνας· μελωδικό κουδούνισμα ρολογιού • σημαίνω, χτυπώ

chimera/kaɪ'mɪərə, kə-/χίμαιρα, ουτοπία

chimney/'tʃɪmni/καμινάδα

chimpanzee/ˌtʃɪmpæn'zi:/, **chimp** /tʃɪmp/χιμπατζής

chin/tʃɪn/σαγόνι, πηγούνι

China/'tʃaɪnə/Κίνα

china πορσελάνη

Chinese/ˌtʃaɪ'ni:z/κινεζικός • κινεζικά, κινεζική γλώσσα· (οι) Κινέζοι

chip/tʃɪp/θραύσμα, σχίζα, πελεκούδι, ρίνισμα· ράγισμα, σημάδι από σπάσιμο· τσιπς, τηγανητό πατατάκι· τσιπάκι ηλεκτρονικού υπολογιστή· μάρκα χαρτοπαιξίας • κόβω, σπάζω, αποσπώ ▪ **chip in** α) παρεμβαίνω ξαφνικά σε συζήτηση β) συνεισφέρω

chirp/tʃɜ:p/τιτιβίζω • τιτίβισμα

chitchat/'tʃɪttʃæt/ψιλοκουβέντα

chivalrous/'tʃɪvəlrəs/ιπποτικός, ευγενικός

chivalry/'tʃɪvəlri/ιπποτισμός

chlorine/'klɔ:ri:n/χλώριο

chock-full/ˌtʃɒk'fʊl/υπερπλήρης, φίσκα

chocolate/'tʃɒklət/σοκολάτα· σοκολατάκι· ρόφημα σοκολάτας

choice/tʃɔɪs/επιλογή, εκλογή· ποικιλία • εκλεκτός, διαλεχτός

choir/'kwaɪə/χορωδία

choke/tʃəʊk/ασφυκτιώ, πνίγω/-ομαι • πνίξιμο· τσοκ, ρυθμιστής του καρμπιρατέρ

cholera/'kɒlərə/χολέρα

cholesterol/kə'lestərɒl/χοληστερόλη

choose/tʃu:z/διαλέγω· αποφασίζω, προτιμώ

choosy, **choosey**/'tʃu:zi/εκλεκτικός, δύσκολος

chop/tʃɒp/κόβω· κομματιάζω, ψιλοκόβω • μπριζόλα

chopper/'tʃɒpə/μπαλτάς· ελικόπτερο

chord/kɔ:d/χορδή

chore/tʃɔ:/μικροδουλειά, δουλίτσα· δουλειά του σπιτιού

chorus/'kɔ:rəs/χορωδία· ρεφρέν

Christ/kraɪst/ο Χριστός

christen/'krɪsən/βαφτίζω ~**ing** βάπτιση

Christian/'krɪstʃən/χριστιανός • χριστιανικός

Christianity/ˌkrɪsti'ænɪ̈ti/χριστιανισμός

Christian name/'krɪstiən neɪm/βαφτιστικό όνομα, μικρό όνομα

Christmas/'krɪsməs/Χριστούγεννα

Christmas tree/'krɪsməs triː/χριστουγεννιάτικο δέντρο

chubby/'tʃʌbi/στρουμπουλός

chum/tʃʌm/φιλαράκι

chunk/tʃʌŋk/μεγάλο κομμάτι, κομμάτα

church/tʃɜːtʃ/εκκλησία

churchyard/'tʃɜːtʃjaːd/κοιμητήριο

cicada/sɪ̈'kaːdə/τζίτζικας

cigar/sɪ'gaː/πούρο

cigarette/ˌsɪgə'ret/τσιγάρο

cinch/sɪntʃ/εύκολη δουλειά, παιχνιδάκι

cinder/'sɪndə/θράκα

cinema/'sɪnɪ̈mə/κινηματογράφος, σινεμά

cinnamon/'sɪnəmən/κανέλα

circle/sɜːkl/κύκλος· εξώστης θεάτρου • κυκλώνω, κλείνω σε κύκλο· διαγράφω κύκλο

circuit/'sɜːkɪ̈t/περιφορά, περιστροφή· γύρος, διαδρομή· τουρνουά· *(ηλεκτρ.)* κύκλωμα

circular/'sɜːkjʊlə/κυκλικός • εγκύκλιος

circulate/'sɜːkjʊleɪt/κυκλοφορώ· διαδίδω

circulation/ˌsɜːkjʊ'leɪʃən/κυκλοφορία

circumstance/'sɜːkəmstæns, -stəns/περίσταση

circus/'sɜːkəs/τσίρκο· σιρογγυλή πλατεία

cistern/'sɪstən/στέρνα· καζανάκι τουαλέτας

citadel/'sɪtədəl/φρούριο, κάστρο

citizen/'sɪtɪ̈zən/πολίτης (χώρας), δημότης (πόλης)

citizenship/'sɪtɪ̈zənʃɪp/ιθαγένεια, υπηκοότητα

citrus/'sɪtrəs/εσπεριδοειδές

city/'sɪti/μεγάλη πόλη

city hall/ˌsɪti 'hɔːl/δημαρχείο

civic/'sɪvɪk/αστικός, πολιτικός, του πολίτη

civil/'sɪvəl/πολιτικός, αστικός· ευγενικός

civil engineer/ˌsɪvəl endʒɪ̈'nɪə/πολιτικός μηχανικός

civilian/sɪ̈'vɪliən/πολίτης (όχι στρατιωτικός) • πολιτικός

civility/sɪ̈'vɪlɪ̈ti/ευγένεια

civilization, **-isation**/ˌsɪvəlaɪ'zeɪʃən/πολιτισμός

civilize, **-ise**/'sɪvəlaɪz/εκπολιτίζω
civilized πολιτισμένος

civil servant/ˌsɪvəl 'sɜːvənt/δημόσιος υπάλληλος

civil service/ˌsɪvəl 'sɜːvɪ̈s/(το) δημόσιο, (οι) δημόσιες υπηρεσίες

civil war/ˌsɪvəl 'wɔː/εμφύλιος πόλεμος

claim/kleɪm/απαίτηση, αξίωση, διεκδίκηση· ισχυρισμός • απαιτώ, διεκδικώ· δηλώνω, ισχυρίζομαι

clam/klæm/μαλάκιο (μύδι, στρείδι, αχιβάδα κ.τ.λ.)

clamber/'klæmbə/σκαρφαλώνω, αναρριχώμαι

clamour, ☆ **clamor**/'klæmə/οχλοβοή· κατακραυγή, έντονη διαμαρτυρία • κραυγάζω, απαιτώ με θόρυβο

clamp/klæmp/μέγκενη • σφίγγω ▪ **clamp down on** καταστέλλω

clang/klæŋ/κλαγγή, μεταλλικός ήχος, κουδούνισμα • καμπανίζω, κουδουνίζω

clap/klæp/βροντή •χειροκροτώ.

clarification/ˌklærəfɪ'keɪʃən/διευκρίνιση

clarify/'klærəfaɪ/διευκρινίζω

clarinet/ˌklærə'net/κλαρίνο

clarity/'klærəti/διαύγεια· σαφήνεια

clash/klæʃ/μεταλλικός κρότος· σύγκρουση· αντίθεση, ασυμφωνία, διάσταση • χτυπώ, κάνω μεταλλικό ήχο· συγκρούομαι· χτυπάω άσχημα στο μάτι, δεν ταιριάζω· συμπίπτω άβολα χρονικώς· διαφωνώ, έρχομαι σε σύγκρουση

clasp/kla:sp/αγκράφα· άδραγμα, σφίξιμο, αγκάλιασμα • θηλυκώνω, κουμπώνω· σφίγγω· αγκαλιάζω σφιχτά

class/kla:s/(κοινωνική) τάξη· τάξη μαθητών· μάθημα· θέση (σε μεταφορικό μέσο)· τάξη, κατηγορία, είδος *have class* έχω στιλ, είμαι κομψός • ταξινομώ

classic/'klæsɪk/κλασικός • κλασικός (συγγραφέας ή καλλιτέχνης)· κλασικό έργο· **classics** κλασική φιλολογία, κλασικές σπουδές

classical/'klæsɪkəl/κλασικός ~**ly** κλασικά, παραδοσιακά

classification/ˌklæsəfə'keɪʃən/ταξινόμηση

classified ad/ˌklæsəfaɪd 'æd/μικρή αγγελία

classify/'klæsəfaɪ/ταξινομώ

classmate/'kla:smeɪt/συμμαθητής

classroom/'kla:s-ru:m/αίθουσα διδακτηρίου

classwork/'kla:swɜ:k/εργασία στην τάξη

classy/'kla:si/αριστοκρατικός, της τελευταίας μόδας

clatter/'klætə/πάταγος, σαματάς • κάνω θόρυβο/φασαρία

clause/klɔ:z/πρόταση· όρος, άρθρο, ρήτρα

claustrophobia/ˌklɔ:strə'fəʊbiə/κλειστοφοβία

claw/klɔ:/νύχι αρπακτικού, θηλαστικού ή πουλιού· δαγκάνα θαλασσινού (κάβουρα, καραβίδας κ.τ.λ.)

clay/kleɪ/πηλός

clean/kli:n/καθαρός· αχρησιμοποίητος • καθαρίζω/-ομαι • εντελώς • καθάρισμα

cleaner's/'kli:nəz/καθαριστήριο

cleanly/'klenli/καθαρός, παστρικός

cleanse/klenz/καθαρίζω

clear/klɪə/διαυγής, διάφανος· ξάστερος· ευκρινής· σαφής· ανοιχτός, ελεύθερος· άμεμπτος, καθαρός· προφανής, ολοφάνερος· καθαρός, χωρίς κρατήσεις *do I make myself clear?* έγινα αντιληπτός; • καθαρίζω· αθωώνω, απαλλάσσω· ξανοίγω, ξαστερώνω, βελτιώνομαι • καθαρά, ευκρινώς· εντελώς, πλήρως ~**ly** α) σαφώς β) σίγουρα, ασφαλώς

clearance/'klɪərəns/καθαρισμός, εκκαθάριση· εκτελωνισμός· διάκενο, κενό διάστημα, πλάτος ή ύψος ασφάλειας· τζόγος, αέρας

clench/klentʃ/κλείνω σφιχτά, σφίγγω

clergy/'klɜ:dʒi/κλήρος, ιερατείο

clergyman/'klɜ:dʒimən/κληρικός

clerical/'klerɪkəl/κληρικός, ιερατικός· υπαλληλικός, του γραφείου

clerk/kla:k/υπάλληλος γραφείου

clever/'klevə/έξυπνος

cleverness/'klevənɨ̵s/εξυπνάδα

cliché/'kli:ʃeɪ/στερεότυπο

click/klɪk/κλικ • χτυπώ, κάνω κλικ· ταιριάζω, κολλάω

client/'klaɪənt/πελάτης

clientele/ˌkli:ən'tel/πελατεία

cliff/klɪf/απότομος βράχος, γκρεμός

climate/'klaɪmɨ̵t/κλίμα

climb/klaɪm/αναρρίχηση, ανάβαση • ανεβαίνω· σκαρφαλώνω ▪ **climb down** κατεβαίνω ~**ing** αναρρίχηση

cling/klɪŋ/κολλώ· γαντζώνομαι

clinic/'klɪnɪk/κλινική

clink/klɪŋk/ήχος από ελαφρό τσούγκρισμα, κουδούνισμα • χτυπώ, τσουγκρίζω, κουδουνίζω

clip/klɪp/συνδετήρας, πιασάκι, κλιπ· κούρεμα· φιλμάκι, βιντεοκλίπ • πιάνω με συνδετήρα, στερεώνω· κουρεύω· κόβω απόκομμα ~**ping** α) απόκομμα, ξακρίδι β) ☆ απόκομμα (εφημερίδας)

clique/kli:k/κλίκα

cloak/kləʊk/μανδύας, πανωφόρι

cloakroom/'kləʊkrʊm/βεστιάριο, γκαρνταρόμπα· τουαλέτα, αποχωρητήριο

clock/klɒk/ρολόι· κοντέρ, ταξίμετρο • χρονομετρώ

clockwise/'klɒk waɪz/δεξιόστροφος • προς τα δεξιά

clockwork κουρδιστός

clog/klɒg/τσόκαρο • φράζω, βουλώνω

close/kləʊz/κλείνω • κλείσιμο, τέλος, τέρμα • /kləʊs/κοντινός· στενός· πυκνός, χωρίς κενά· προσεκτικός, ακριβής, πιστός· πνιγηρός, κλειστός • /kləʊs/κοντά, πλησίον ~**ly** α) στενά β) πυκνά

☆ **closet**/'klɒzɨ̵t/ντουλάπα, ντουλάπι

clot/klɒt/θρόμβος , γρόμπος • σβολιάζω, γρομπιάζω

cloth/klɒθ/ύφασμα, πανί

clothe/kləʊð/ντύνω **clothing** ντύσιμο, ρούχα

clothes/'kləʊðz/ρούχα

clothes peg/'kləʊðzpeg/, ☆ **clothes-pin**/'kləʊðzpɪn/μανταλάκι

cloud/klaʊd/νέφος, σύννεφο· σμήνος, πλήθος • συννεφιάζω

cloudburst/'klaʊdbɜ:st/μπόρα, νεροποντή

cloudless/'klaʊdləs/ανέφελος, αίθριος

cloudy/'klaʊdi/συννεφιασμένος

clout/klaʊt/καρπαζιά • καρπαζώνω

clove/kləʊv/γαρίφαλο (μπαχαρικό)· σκελίδα (σκόρδου)

clover/'kləʊvə/τριφύλλι

clown/klaʊn/κλόουν

club/klʌb/λέσχη, σύλλογος· ρόπαλο, κλομπ· μπαστούνι του γκολφ· σπαθί • χτυπώ με ρόπαλο, με κλομπ ▪ **club together** συνεισφέρω σε ρεφενέ

cluck/klʌk/κακάρισμα • κακαρίζω

clue/klu:/ένδειξη, κλειδί, νύξη

clumsy/'klʌmzi/αδέξιος

cluster/'klʌstə/συστάδα (δέντρων), ομάδα (ανθρώπων), σύμπλεγμα, συγκρότημα (σπιτιών), σμήνος (μελισσών), αρμαθιά • συγκεντρώνομαι, σχηματίζω ομάδα, συστάδα κ.τ.λ.

clutch/klʌtʃ/άδραγμα, πιάσιμο· συμπλέκτης, ντεμπραγιάζ • αρπάζω, πιάνω, κρατώ σφιχτά

coach/kəʊtʃ/πούλμαν· φροντιστής, ιδιωτικός δάσκαλος· *(αθλ.)* προπονητής· άμαξα (τετράτροχη) • προγυμνάζω, προπονώ· κάνω φροντιστήριο σε (κπ.)

coachman/'kəʊtʃmən/αμαξάς

coagulate/kəʊ'ægjʊleɪt/πήζω

coagulation/kəʊˌægjʊ'leɪʃən/πήξη, πήξιμο

coal/kəʊl/κάρβουνο

coalmine/'kəʊlmaɪn/, **coal pit**/-pɪt/ ανθρακωρυχείο

coarse/kɔ:s/τραχύς· άξεστος· χυδαίος

coarsen/'kɔ:sən/σκληραίνω

coast/kəʊst/ακτή, παραλία

coastal/'kəʊstəl/παράκτιος, παραθαλάσσιος, παράλιος

coaster/'kəʊstə/σουβέρ· ακτοπλοϊκό σκάφος

coastguard/'kəʊstga:d/ακτοφύλακας· Ακτοφυλακή

coat/kəʊt/παλτό· σακάκι· στρώμα· τρίχωμα, μαλλί (ζώου) • επιστρώνω, επικαλύπτω ~**ing** στρώμα, χέρι

coax/kəʊks/καταφέρνω, καλοπιάνω

cob/kɒb/καλαμπόκι (κορύνη)

cobbler/'kɒblə/τσαγκάρης

cobra/'kɒbrə/κόμπρα

cobweb/'kɒbweb/ιστός αράχνης

cock/kɒk/κόκορας • τεντώνω (τ' αφτιά μου), σηκώνομαι, τεντώνομαι

cockpit/'kɒkˌpɪt/καμπίνα (πιλότου)

cockroach/'kɒk-rəʊtʃ/κατσαρίδα

cockscomb/'kɒkskəʊm/λειρί

cocktail/'kɒkteɪl/κοκτέιλ

cocoa/'kəʊkəʊ/κακάο

coconut/'kəʊkənʌt/καρύδα

cocoon/kə'ku:n/κουκούλι

cod/kɒd/βακαλάος

code/kəʊd/κώδικας· κωδικός αριθμός • κωδικοποιώ

coeducation/ˌkəʊedjʊ'keɪʃən/μεικτή εκπαίδευση (θηλέων και αρρένων)

coeducational/ˌkəʊedjʊ'keɪʃənəl/μεικτός

coerce/kəʊ'ɜ:s/εξαναγκάζω

coercion/kəʊ'ɜ:ʃən/εξαναγκασμός

coercive/kəʊ'ɜ:sɪv/(εξ)αναγκαστικός

coexist/ˌkəʊɪg'zɪst/συνυπάρχω

coexistence/ˌkəʊɪg'zɪstəns/συνύπαρξη

coffee/'kɒfi/καφές

coffee grinder/'kɒfi ˌgraɪndə/, **coffee mill**/'kɒfi mɪl/μύλος του καφέ

coffeepot/'kɒfipɒt/καφετιέρα

coffee table/'kɒfiteɪbl/μικρό χαμηλό τραπεζάκι

coffin/'kɒfɨn/φέρετρο

cognac/'kɒnjæk/κονιάκ

cohabit/ˌkəʊ'hæbɨt/συμβιώνω, συζώ

cohabitation/ˌkəʊhæbɨ'teɪʃən/συμβίωση

coherence/kəʊ'hɪərəns/συνοχή, ειρμός

coherent/kəʊ'hɪərənt/λογικός, με ειρμό

cohesion/kəʊ'hi:ʒən/ειρμός, αλληλουχία

coil/kɔɪl/τυλίγω/-ομαι, κουλουριάζω/-ομαι • σπείρα, κουλούρα

coin/kɔɪn/νόμισμα, κέρμα • κόβω (νομίσματα)

coincide/ˌkəʊɨn'saɪd/συμπίπτω

coincidence/kəʊ'ɪnsɨdəs/σύμπτωση

coincidental/kəʊˌɪnsɨ'dentl/συμπτωματικός, τυχαίος

coke/kəʊk/οπτάνθρακας, κοκ· κόκα-κόλα

colander/'kʌləndə/σουρωτήρι

cold/kəʊld/κρύος· ψυχρός, αδιάφορος *in cold blood* εν ψυχρώ • κρύο· κρυολόγημα, συνάχι ~**ly** ψυχρά, παγερά

cold-blooded/ˌkəʊld 'blʌdɨd/προμελετημένος, εν ψυχρώ

collaborate/kə'læbəreɪt/συνεργάζομαι

collaboration/kəˌlæbə'reɪʃən/συνεργασία

collaborator/kə'læbəreɪtə/συνεργάτης

collage/'kɒla:ʒ/κολάζ

collapse/kə'læps/κατάρρευση, γκρέμισμα· κλονισμός, λιποθυμία • καταρρέω, γκρεμίζω/-ομαι· καταρρέω, λιποθυμώ, πέφτω κάτω

collapsible/kə'læpsɨbl/πτυσσόμενος, πλιάν

collar/'kɒlə/γιακάς· λαιμαριά, κολάρο • αρπάζω από το γιακά, τσακώνω, βουτώ

colleague/'kɒli:g/συνάδελφος, συνεργάτης

collect/kə'lekt/μαζεύω/-ομαι, συγκεντρώνω/-ομαι· πηγαίνω και παίρνω ~**ed** α) συγκεντρωμένος β) ψύχραιμος

collection/kə'lekʃən/συγκέντρωση, συνάθροιση· συλλογή· έρανος· παραλαβή

collective/kə'lektɪv/συλλογικός

collector/kə'lektə/ελεγκτής (εισιτηρίων)· συλλέκτης

college/'kɒlɪdʒ/κολέγιο

collide/kə'laɪd/συγκρούομαι, τρακάρω

collision/kə'lɪʒən/σύγκρουση, πρόσκρουση

colloquial/kə'ləʊkwiəl/κοινός, καθομιλούμενος

colloquialism/kə'ləʊkwiəlɪzəm/έκφραση της καθομιλουμένης

colon/'kəʊlən/διπλή στιγμή, άνω και κάτω τελεία

colonel/'kɜ:nəl/συνταγματάρχης

colonist/'kɒlənɪst/άποικος

colonization, **-isation**/ˌkɒlənaɪ'zeɪʃən/αποικισμός

colonize, **-ise**/'kɒlənaɪz/αποικίζω, ιδρύω αποικία σε

colonnade/ˌkɒlə'neɪd/κιονοστοιχία

colony/'kɒləni/αποικία

colour, ☆ **color**/'kʌlə/χρώμα· χροιά (προσώπου)· ατμόσφαιρα • χρωματίζω, βάφω· κοκκινίζω ~**ed** α) έγχρωμος (όχι λευκός) β) χρωματιστός • έγχρωμος

colourful, ☆ **colorful**/'kʌləfəl/πολύχρωμος

colt/kəʊlt/πουλάρι

column/'kɒləm/κίων, κολόνα· στήλη

coma/'kəʊmə/κώμα

comb/kəʊm/χτένα· χτένισμα· λειρί κόκορα • χτενίζω

combat/'kɒmbæt/μάχη, αγώνας • πολεμώ, καταπολεμώ

combination/ˌkɒmbɪ'neɪʃən/συνδυασμός

combine/kəm'baɪn/συνδυάζω

combustible/kəm'bʌstɪbl/εύφλεκτος

come/kʌm/έρχομαι· φτάνω· συμβαίνει (να), τυχαίνει· γίνομαι· διατίθεμαι, βγαίνω· απορρέω, είμαι απόρροια ***come true*** επαληθεύομαι, βγαίνω αληθινός ***how come...?*** πώς συμβαίνει, πώς γίνεται...; ▪ **come about** συμβαίνω, γίνομαι **come across** συναντώ, βρίσκω τυχαία **come apart** διαλύομαι, γίνομαι κομμάτια **come away** ξεκολλώ **come back** α) επιστρέφω β) ξαναγίνομαι της μόδας **come between** παρεμβάλλομαι, μπαίνω στη μέση **come by** βρίσκω, αποκτώ **come from** κατάγομαι, προέρχομαι από **come into** κληρονομώ **come off** ξεκολλώ, βγαίνω (από) **come on** έλα, πάμε! **come out** α) ανατέλλω, βγαίνω β) εκδίδομαι γ) αποκαλύπτομαι, φανερώνομαι δ) βγαίνω, εξαφανίζομαι ε) κατεβαίνω σε απεργία **come round** α) συνέρχομαι, ανακτώ τις αισθήσεις μου β) περνώ (από), επισκέπτομαι **come to** α) συμποσούμαι σε, ανέρχομαι σε β) ανακτώ τις αισθήσεις μου **come up to** α) ανεβαίνω, φτάνω έως β) πλησιάζω **coming** ερχόμενος, προσεχής

comeback/'kʌmbæk/επιστροφή, επανεμφάνιση

comedian/kə'mi:diən/κωμικός

comedy/'kɒmədi/κωμωδία

comet/'kɒmət/κομήτης

comfort/'kʌmfət/άνεση· ανακούφιση, παρηγοριά • παρηγορώ

comfortable/'kʌmftəbl/αναπαυτικός, άνετος· βολεμένος, που αισθάνεται άνετα

comic/'kɒmɪk/κωμικός • περιοδικό με ιστορίες σε εικόνες· ηθοποιός κωμωδίας· σειρά σχεδίων που αφηγούνται μια ιστορία, κόμιξ

comical/'kɒmɪkəl/κωμικός, αστείος, γελοίος

comic strip/'kɒmɪk strɪp/ιστορία σε σκίτσα

comma/'kɒmə/κόμμα (σημείο στίξης)

command/kə'ma:nd/διαταγή, προσταγή· *(στρατ.)* διοίκηση· έλεγχος· κατοχή, γνώση • διατάζω· διοικώ· γνωρίζω, κατέχω

commander/kə'ma:ndə/αρχηγός, διοικητής, πτέραρχος, πλωτάρχης

commando/kə'ma:ndəʊ/καταδρομέας, κομάντο

commemorate/kə'meməreɪt/εορτάζω, τιμώ τη μνήμη

commemoration/kəˌmemə'reɪʃən/ εορτασμός επετείου

comment/'kɒment/σχόλιο, παρατήρηση • σχολιάζω

commentary/'kɒməntəri/(ραδιοφωνική ή τηλεοπτική) περιγραφή γεγονότος

commentate/'kɒmənteɪt/σχολιάζω, περιγράφω

commentator/'kɒmənteɪtə/σχολιαστής, παρουσιαστής

commerce/'kɒmɜ:s/εμπόριο

commercial/kə'mɜ:ʃəl/εμπορικός • διαφήμιση

commercial traveller/kəˌmɜ:ʃəl 'trævələ/πλασιέ

commiserate/kə'mɪzəreɪt/**commiserate with** συλλυπούμαι (κπ.)

commission/kə'mɪʃən/προμήθεια· ανάθεση έργου, παραγγελία· επιτροπή • αναθέτω, παραγγέλλω

commit/kə'mɪt/διαπράττω

committee/kə'mɪti/επιτροπή

common/'kɒmən/κοινός, συνηθισμένος· κοινός, ευρέως διαδεδομένος· κοινός, κοινόχρηστος· παρακατιανός, λαϊκός • κοινόχρηστος χώρος, χώρος δημόσιας χρήσης ***have sth. in common (with sb.)*** έχω κτ. από κοινού (με κπ.)· **Commons** (η) Βουλή των Κοινοτήτων

commoner/'kɒmənə/κοινός άνθρωπος, θνητός

commonplace/'kɒmənpleɪs/συνηθισμένος, τετριμμένος

common sense/ˌkɒmən 'sens/κοινή λογική

communal/'kɒmjʊnəl/κοινοτικός, δημοτικός· κοινός, κοινόχρηστος

commune/'kɒmju:n/κοινόβιο

communicate/kə'mju:nɨkeɪt/επικοινωνώ

communication/kəˌmju:nɨ'keɪʃən/ επικοινωνία· **communications** μέσα επικοινωνίας

communicative/kə'mju:nɨkətɪv/ ομιλητικός, διαχυτικός

communism/'kɒmjʊnɪzəm/κομμουνισμός

communist/'kɒmjʊnɨst/κομμουνιστής • κομμουνιστικός

community/kə'mju:nɨti/κοινότητα, παροικία· (η) κοινωνία, (το) κοινωνικό σύνολο

compact/kəm'pækt, 'kɒmpækt/ συμπαγής, σφιχτός· συμπυκνωμένος· περιορισμένος αλλά όχι στενόχωρος

companion/kəm'pænjən/σύντροφος, φίλος· εγχειρίδιο, οδηγός, βοήθημα (βιβλίου)

company/'kʌmpəni/εταιρεία· θίασος· συντροφιά, παρέα· ίλη, λόχος

comparable/'kɒmpərəbl/συγκρίσιμος· ανάλογος, παρεμφερής

comparably/'kɒmpərəbli/συγκριτικά

comparative/kəm'pærətɪv/συγκριτικός • (ο) συγκριτικός βαθμός **~ly** συγκριτικά, σχετικά

compare/kəm'peə/συγκρίνω· **compare to** παρομοιάζω με

comparison/kəm'pærɨsən/σύγκριση

compartment/kəm'pa:tmənt/διαμέρισμα, τμήμα· διαμέρισμα (σε βαγόνι τρένου)

compass/'kʌmpəs/πυξίδα· **compasses** διαβήτης

compassion/kəm'pæʃən/συμπόνια, λύπηση

compatible/kəm'pætɨbl/ταιριαστός, συμβατός

compel/kəm'pel/(εξ)αναγκάζω, υποχρεώνω

compensate/'kɒmpənseɪt/αποζημιώνω ▪ **compensate for** αναπληρώνω, αντισταθμίζω

compensation/ˌkɒmpən'seɪʃən/ αποζημίωση· αντιστάθμιση, αναπλήρωση

compere/'kɒmpeə/κονφερασιέ

compete/kəm'pi:t/διαγωνίζομαι, συναγωνίζομαι

competence/'kɒmpɨtəns/ικανότητα, επάρκεια, αποδοτικότητα

competent/'kɒmpɨtənt/ικανός, επαρκής **~ly** ικανά, ικανοποιητικά

competition/ˌkɒmpɨ'tɪʃən/συναγωνισμός, ανταγωνισμός· διαγωνισμός, αγώνας

competitive/kəm'petɨtɪv/ανταγωνιστικός

competitor/kəm'petɨtə/ανταγωνιστής, συναγωνιστής

complain/kəm'pleɪn/παραπονιέμαι· διαμαρτύρομαι

complaint/kəm'pleɪnt/παράπονο· καταγγελία· πάθηση

complement/'kɒmpl$\frac{I}{ə}$mənt/συμπλήρωμα • /'kɒmpl$\frac{I}{ə}$ment/συμπληρώνω

complementary/ˌkɒmpl$\frac{I}{ə}$'mentəri/ συμπληρωματικός

complete/kəm'pli:t/πλήρης, ολόκληρος· ολοκληρωμένος, τελειωμένος· τέλειος • ολοκληρώνω, αποτελειώνω· συμπληρώνω ~**ly** εντελώς, τελείως

completion/kəm'pli:ʃən/ολοκλήρωση

complex/'kɒmpleks/πολύπλοκος • κόμπλεξ· συγκρότημα

complexion/kəm'plekʃən/χρώμα, χροιά (δέρματος)

compliance/kəm'plaɪəns/συμμόρφωση

complicate/'kɒmpl$\frac{I}{ə}$keɪt/περιπλέκω, μπερδεύω **complicated** περίπλοκος

complication/ˌkɒmpl$\frac{I}{ə}$'keɪʃən/επιπλοκή, δυσκολία

compliment/'kɒmpl$\frac{I}{ə}$mənt/κοπλιμέντο· **compliments** χαιρετισμοί, σέβη, ευχές • συγχαίρω

complimentary/ˌkɒmpl$\frac{I}{ə}$'mentəri/ κολακευτικός· τιμής ένεκεν

comply/kəm'plaɪ/συμμορφώνομαι, υπακούω

compose/kəm'pəʊz/συνθέτω· **compose oneself** ανακτώ την ψυχραιμία μου, ηρεμώ **composed** ήρεμος, ψύχραιμος

composer/kəm'pəʊzə/συνθέτης, μουσουργός

composition/ˌkɒmpə'zɪʃən/μουσική σύνθεση· σύνθεση, σύσταση· (σχολική) έκθεση

composure/kəm'pəʊʒə/ψυχραιμία, αυτοκυριαρχία

compound/'kɒmpaʊnd/σύνθετος • ένωση (χημική)· σύνθετη λέξη

comprehend/ˌkɒmprɪ'hend/κατανοώ, καταλαβαίνω

comprehension/ˌkɒmprɪ'henʃən/ κατανόηση, αντίληψη· *(σχολ.)* άσκηση κατανόησης κειμένου

compress/kəm'pres/συμπιέζω • /'kɒmpres/κομπρέσα

compromise/'kɒmprəmaɪz/συμβιβασμός • συμβιβάζομαι

compulsion/kəm'pʌlʃən/εξαναγκασμός, βία

compulsory/kəm'pʌlsəri/υποχρεωτικός

computer/kəm'pju:tə/κομπιούτερ

con/kɒn/*the pros and cons* τα υπέρ και τα κατά • εξαπατώ

concave/ˌkɒn'keɪv/κοίλος

conceal/kən'si:l/κρύβω

concealment/kən'si:lmənt/απόκρυψη

conceit/kən'si:t/έπαρση, αλαζονεία

conceited/kən'si:t$\frac{I}{ə}$d/φαντασμένος, επηρμένος

conceive/kən'si:v/συλλαμβάνω (παιδί), μένω έγκυος· συλλαμβάνω (ιδέα κ.τ.λ.), σκέπτομαι· διανοούμαι, φαντάζομαι

concentrate/'kɒnsəntreɪt/συγκεντρώνω/-ομαι **concentrated** συμπυκνωμένος

concentration/ˌkɒnsən'treɪʃən/(αυτο)συγκέντρωση

concept/'kɒnsept/έννοια, γενική ιδέα

concern/kən'sɜ:n/αφορώ, αναφέρομαι σε ~**ed** α) ενδιαφερόμενος β) ανήσυχος ~**ing** σχετικά με • ασχολία, υπόθεση, δουλειά· ενδιαφέρον, φροντίδα, μέριμνα· ανησυχία· επιχείρηση

concert/'kɒnsət/συναυλία, κονσέρτο

conciliate/kən'sɪlieɪt/συμφιλιώνω, συμβιβάζω

conciliation/kənˌsɪli'eɪʃən/συμφιλίωση, συμβιβασμός

conciliatory/kən'sɪliətəri/συμβιβαστικός

concise/kən'saɪs/συνοπτικός

conclude/kən'klu:d/τερματίζω, καταλήγω· συμπεραίνω

conclusion/kən'klu:ʒən/συμπέρασμα, πόρισμα· πέρας, λήξη, κλείσιμο *in conclusion* εν κατακλείδι, τελικά

concoct/kən'kɒkt/σκαρώνω

concord/'kɒŋkɔ:d/συμφωνία

concrete/'kɒŋkri:t/σκυρόδεμα, μπετόν

concussion/kən'kʌʃən/διάσειση του εγκεφάλου

condemn/kən'dem/καταδικάζω

condemnation/ˌkɒndəm'neɪʃən/καταδίκη

condescend/ˌkɒndɪ'send/καταδέχομαι

condition/kən'dɪʃən/κατάσταση, θέση· όρος, προϋπόθεση· **conditions** συνθήκες

conditional/kən'dɪʃənəl/εξαρτώμενος· *(γραμ.)* υποθετικός

conditioner/kən'dɪʃənə/μαλακτικό

condole/kən'dəʊl/**condole with** συλλυπούμαι

condolences/kən'dəʊlənsɪz/συλλυπητήρια

conduct/kən'dʌkt/οδηγώ· διευθύνω *conduct oneself* συμπεριφέρομαι, φέρομαι • /'kɒndʌkt/συμπεριφορά, διαγωγή

conductor/kən'dʌktə/διευθυντής (ορχήστρας)· εισπράκτορας (λεωφορείου)· αγωγός (θερμότητας, κ.τ.λ.)

cone/kəʊn/κώνος· χωνάκι· κουκουνάρι (πεύκου ή έλατου)

confectioner/kən'fekʃənə/ζαχαροπλάστης

confectionery/kən'fekʃənəri/γλυκίσματα· ζαχαροπλαστείο· ζαχαροπλαστική

confederation/kənˌfedə'reɪʃən/ομοσπονδία

conference/'kɒnfərəns/διάσκεψη, σύσκεψη· συνέδριο

confess/kən'fes/ομολογώ, παραδέχομαι· εξομολογούμαι

confession/kən'feʃən/ομολογία· εξομολόγηση

confessor/kən'fesə/εξομολόγος, «πνευματικός»

confetti/kən'feti/κομφετί

confide/kən'faɪd/εκμυστηρεύομαι ▪ confide in εμπιστεύομαι

confidence/'kɒnfɨdəns/εμπιστοσύνη· αυτοπεποίθηση

confident/'kɒnfɨdənt/βέβαιος, σίγουρος, γεμάτος αυτοπεποίθηση

confidential/ˌkɒnfɨ'denʃəl/εμπιστευτικός

confidentiality/ˌkɒnfɨdenʃi'ælɨti/ μυστικότητα, εχεμύθεια

confine/kən'faɪn/περιορίζω· κλείνω, φυλακίζω

confirm/kən'fɜ:m/επιβεβαιώνω ~**ed** αδιόρθωτος, αμετάπειστος

confirmation/ˌkɒnfə'meɪʃən/επιβεβαίωση

confiscate/'kɒnfɨskeɪt/κατάσχω

confiscation/ˌkɒnfɨs'keɪʃən/κατάσχεση

conflict/'kɒnflɪkt/σύγκρουση, διαμάχη, διένεξη· σύγκρουση, μάχη • /kən'flɪkt/βρίσκομαι σε διένεξη, συγκρούομαι

conform/kən'fɔ:m/συμμορφώνομαι, προσαρμόζομαι

conformist/kən'fɔ:mɨst/κομφορμιστής • κομφορμιστικός

confront/kən'frʌnt/αντιμετωπίζω

confrontation/ˌkɒnfrən'teɪʃən/αντιμετώπιση· αντιπαράθεση

confuse/kən'fju:z/μπερδεύω, προκαλώ σύγχυση· συγχέω, μπερδεύω **confused** α) συγκεχυμένος, ασαφής β) αναστατωμένος, σαστισμένος **confusing** που σε μπερδεύει, που σε κάνει να τα χάνεις

confusion/kən'fju:ʒən/σύγχυση, μπέρδεμα· σύγχυση, αναστάτωση, ανακατωσούρα

congestion/kən'dʒestʃən/συνωστισμός, συμφόρηση

congratulate/kən'grætʃʊleɪt/συγχαίρω

congratulations/kən'grætʃʊ'leɪʃənz/συγχαρητήρια

congratulatory/kənˌgrætʃʊ'leɪtəri/ συγχαρητήριος

congress/'kɒŋgres/Κογκρέσο· συνέδριο

conical/'kɒnɪkəl/κωνικός

conifer/'kəʊnɨfə, 'kɒ-/κωνοφόρο

conjunction/kən'dʒʌŋkʃən/*(γραμ.)* σύνδεσμος

conjunctivitis/kənˌdʒʌŋktɪ'vaɪtɨs/ επιπεφυκίτιδα

conjurer, **conjuror**/'kʌndʒərə/ταχυδακτυλουργός

connect/kə'nekt/συνδέω· (συ)σχετίζω· συνδέομαι, έχω ανταπόκριση

connection/kə'nekʃən/σύνδεση· σχέση, συνάφεια· ανταπόκριση· γνωριμία, «γνωστός»

conquer/'kɒŋkə/κατακτώ· νικώ, υπερνικώ, δαμάζω

conqueror/'kɒŋkərə/κατακτητής

conquest/'kɒŋkwest/κατάκτηση

conscience/'kɒnʃəns/συνείδηση

conscientious/ˌkɒnʃi'enʃəs/ευσυνείδητος

conscious/'kɒnʃəs/που αισθάνεται, που έχει τις αισθήσεις του· που γνωρίζει· συνειδητός ~**ly** ενσυνείδητα

consciousness/'kɒnʃəsnɪs/αισθήσεις· συνείδηση· επίγνωση

conscript/kən'skrɪpt/, ☆ **draft** στρατολογώ, επιστρατεύω

conscription/kən'skrɪpʃən/, ☆ **draft** στρατολόγηση, επιστράτευση

consent/kən'sent/συγκατατίθεμαι, συμφωνώ • συναίνεση, συγκατάθεση

consequence/'kɒnsɪkwəns/συνέπεια, επίπτωση

consequent/'kɒnsɪkwənt/επακόλουθος ~**ly** κατά συνέπεια, συνεπώς

conservation/ˌkɒnsə'veɪʃən/συντήρηση, διατήρηση, προστασία

conservative/kən'sɜːvətɪv/συντηρητικός

conservatory/kən'sɜːvətəri/σέρα, θερμοκήπιο· ωδείο· δραματική σχολή

conserve/kən'sɜːv/διατηρώ, συντηρώ, προστατεύω • γλυκό του κουταλιού

consider/kən'sɪdə/σκέπτομαι, εξετάζω· θεωρώ, νομίζω· λαμβάνω υπόψη, σκέπτομαι ~**ing** λαμβανομένου υπόψη ότι, δεδομένου

considerable/kən'sɪdərəbl/σημαντικός, μεγάλος ~**ly** σημαντικά, πολύ

considerate/kən'sɪdərɪt/διακριτικός, που σκέφτεται τους άλλους

consideration/kənˌsɪdə'reɪʃən/μελέτη, εξέταση, σκέψη· σεβασμός των αισθημάτων ή των δικαιωμάτων των άλλων *take sth. into consideration* λαμβάνω κτ. υπόψη

consist/kən'sɪst/**consist of** συνίσταμαι, αποτελούμαι από

consistence/kən'sɪstəns/, **consistency**/-stənsi/σταθερότητα, συνέπεια

consistent/kən'sɪstənt/σύμφωνος· συνεπής, σταθερός ~**ly** σταθερά

consolation/ˌkɒnsə'leɪʃən/παρηγοριά

consolatory/kən'sɒlətəri/παρηγορητικός

console/kən'səʊl/παρηγορώ • κονσόλα (μηχανήματος)

consolidate/kən'sɒlɪdeɪt/σταθεροποιώ/-ούμαι, εδραιώνω/-ομαι· συγχωνεύω/-ομαι

consolidation/kənˌsɒlɪ'deɪʃən/σταθεροποίηση, εδραίωση· ενοποίηση, ένωση

consonant/'kɒnsənənt/*(γραμ.)* σύμφωνο

conspicuous/kən'spɪkjʊəs/εμφανής, περίοπτος

conspiracy/kən'spɪrəsi/συνωμοσία

conspirator/kən'spɪrətə/συνωμότης

conspire/kən'spaɪə/συνωμοτώ

constable/'kʌnstəbl/αστυφύλακας, αστυνομικός

constancy/'kɒnstənsi/σταθερότητα

constant/'kɒnstənt/σταθερός· αδιάκοπος, συνεχής· πιστός, σταθερός ~**ly** συνεχώς, αδιάκοπα

constipation/,kɒnstə̇'peɪʃən/δυσκοιλιότητα

constitute/'kɒnstə̇tju:t/συνιστώ, αποτελώ, απαρτίζω

constitution/,kɒnstə̇'tju:ʃən/σύνταγμα· κράση, ιδιοσυγκρασία

constitutional/,kɒnstə̇'tju:ʃənəl/συνταγματικός

construct/kən'strʌkt/κατασκευάζω

construction/kən'strʌkʃən/κατασκευή, χτίσιμο· οικοδόμημα, οικοδομή, κτίσμα· *(γραμ.)* δομή, σύνταξη

constructive/kən'strʌktɪv/εποικοδομητικός, δημιουργικός

constructor/kən'strʌktə/κατασκευαστής, κατασκευάστρια εταιρεία

consul/'kɒnsəl/πρόξενος

consular/'kɒnsjʊlə/προξενικός

consulate/'kɒnsjʊlə̇t/προξενείο

consult/kən'sʌlt/συμβουλεύομαι

consultant/kən'sʌltənt/σύμβουλος· γιατρός

consume/kən'sju:m/καταναλώνω

consumer/kən'sju:mə/καταναλωτής

consumption/kən'sʌmpʃən/κατανάλωση

contact/'kɒntækt/επαφή· χρήσιμη γνωριμία • έρχομαι σε επαφή, επικοινωνώ με

contact lens/'kɒntækt ,lenz/φακός επαφής

contagious/kən'teɪdʒəs/λοιμώδης, μεταδοτικός

contain/kən'teɪn/περιέχω

container/kən'teɪnə/δοχείο· εμπορευματοκιβώτιο, κοντέινερ

contaminate/kən'tæmə̇neɪt/μολύνω

contamination/kən,tæmə̇'neɪʃən/μόλυνση

contemporary/kən'tempərəri/σύγχρονος· ταυτόχρονος • συνομήλικος

contempt/kən'tempt/περιφρόνηση

contemptible/kən'temptə̇bl/αξιοκαταφρόνητος

contemptuous/kən'temptʃʊəs/περιφρονητικός

contend/kən'tend/αγωνίζομαι, μάχομαι

contender/kən'tendə/υποψήφιος, διεκδικητής

content/kən'tent/ικανοποιημένος, ευχαριστημένος • ικανοποιώ, ευχαριστώ • περιεχόμενο

contention/kən'tenʃən/έριδα, φιλονικία, διαφωνία· ισχυρισμός

contentment/kən'tentmənt/ικανοποίηση

contest/'kɒntest/αγώνας, πάλη·

διαγωνισμός • διεκδικώ· αμφισβητώ, προσβάλλω

context/'kɒntekst/συμφραζόμενα

continent/'kɒntɪnənt/ήπειρος· (η) ηπειρωτική Ευρώπη, (η) Ευρώπη εκτός των Βρετανικών Νήσων

continental/ˌkɒntɪ'nentəl/ευρωπαϊκός, της ηπειρωτικής Ευρώπης· ηπειρωτικός

continental breakfast/ˌkɒntɪnentəl 'brekfəst/ελαφρό πρόγευμα

continual/kən'tɪnʊəl/συνεχής **~ly** συνεχώς

continuation/kənˌtɪnjʊ'eɪʃən/συνέχιση, συνέχεια,

continue/kən'tɪnju:/συνεχίζω, εξακολουθώ, συνεχίζομαι

continuous/kən'tɪnjʊəs/συνεχής, αδιάκοπος

contract/'kɒntrækt/συμβόλαιο, σύμβαση, συμφωνητικό • /kən'trækt/ συστέλλω/-ομαι, συσπώ/-ώμαι· κολλάω, αρπάζω (αρρώστια)

contractor/kən'træktə/εργολάβος, εργολήπτης

contradict/ˌkɒntrə'dɪkt/αντικρούω· έρχομαι σε αντίφαση

contradiction/ˌkɒntrə'dɪkʃən/αντίφαση, ανακολουθία

contradictory/ˌkɒntrə'dɪktəri/αντιφατικός

contrary/'kɒntrəri/αντίθετος • (το) αντίθετο, (το) ανάποδο *on the contrary* αντιθέτως, απεναντίας

contrast/'kɒntra:st/αντίθεση • /kən'tra:st/βρίσκομαι σε αντίθεση· αντιπαραβάλλω, συγκρίνω

contribute/kən'trɪbju:t/συνεισφέρω· συμβάλλω, συντελώ

contribution/ˌkɒntrɪ'bju:ʃən/(συν-)εισφορά

control/kən'trəʊl/ελέγχω· συγκρατώ • έλεγχος *be in control of sth.* διευθύνω, ελέγχω κτ.

controller/kən'trəʊlə/ελεγκτής

control tower/kən'trəʊl ˌtaʊə/πύργος ελέγχου

controversial/ˌkɒntrə'vɜ:ʃəl/επίμαχος

controversy/kən'trɒvɜ:si/διένεξη, διαμάχη

convenience/kən'vi:niəns/ευκολία· άνεση, βολή

convenient/kən'vi:niənt/βολικός

convention/kən'venʃən/κανόνας (κοινωνικής) συμπεριφοράς, σύμβαση· συνέδριο

conventional/kən'venʃənəl/συμβατικός

conversation/kɒnvə'seɪʃən/συνομιλία, συζήτηση

conversational/ˌkɒnvə'seɪʃənəl/καθομιλούμενος

convert/kən'vɜ:t/μετατρέπω/-ομαι, αλλάζω· προσηλυτίζω/-ομαι

convertible/kən'vɜ:tɪbl/μετατρέψιμος, μετατρεπόμενος • ανοιχτό σπορ αυτοκίνητο, καμπριολέ

convex/ˌkɒn'veks/κυρτός

convey/kən'veɪ/μεταφέρω· διαβιβάζω· δίνω

convict/kən'vɪkt/καταδικάζω •/'kɒnvɪkt/κατάδικος

conviction/'kən'vɪkʃən/καταδίκη· πεποίθηση, πίστη

convince/kən'vɪns/πείθω

convoy/'kɒnvɔɪ/φάλαγγα (οχημάτων), *(ναυτ.)* νηοπομπή

convulsion/kən'vʌlʃən/σπασμός, σύσπαση

cook/kʊk/μάγειρας, μαγείρισσα •μαγειρεύω/-ομαι ~**ing** μαγειρικός

cooker/'kʊkə/κουζίνα (συσκευή)

cookery/'kʊkəri/μαγειρική

cookery book/'kʊkəri ˌbʊk/οδηγός μαγειρικής

☆ **cookie**/'kʊki/μπισκότο, βούτημα

cool/ku:l/δροσερός· ψύχραιμος, ήρεμος· ψυχρός, αδιάφορος • δροσίζω, κρυώνω ▪ **cool down** καταπραΰνω, μαλακώνω, ηρεμώ • δροσιά, ψύχρα· ψυχραιμία ~**ly** ψυχρά, αδιάφορα

cooler/'ku:lə/ψύκτης

coop/ku:p/κοτέτσι

cooperate, **co-operate**/kəʊ'ɒpəreɪt/συνεργάζομαι

cooperation, **co-operation**/kəʊˌɒpə'reɪʃən/συνεργασία

cooperative, **co-operative**/kəʊ'ɒpərətɪv/συνεργάσιμος • συνεταιρισμός

coordinate/kəʊ'ɔ:dɪ̥neɪt/συντονίζω

coordination/kəʊˌɔ:dɪ̥'neɪʃən/συντονισμός

coordinator/kəʊ'ɔ:dɪ̥neɪtə/συντονιστής

cop/kɒp/αστυνομικός, μπάτσος • συλλαμβάνω

cope/kəʊp/αντεπεξέρχομαι, τα βγάζω πέρα

copier/'kɒpiə/φωτοαντιγραφικό μηχάνημα

co-pilot/'kəʊˌpaɪlət/δεύτερος πιλότος

[1]**copper**/'kɒpə/χαλκός • χάλκινος

[2]**copper** αστυνομικός, μπάτσος

copy/'kɒpi/αντίγραφο· αντίτυπο • αντιγράφω

copybook/'kɒpibʊk/τετράδιο

copyright/'kɒpiraɪt/συγγραφικά δικαιώματα, πνευματική ιδιοκτησία

coquetry/'kɒkɪ̥tri/κοκεταρία

coquette/kəʊ'ket, kɒ-/φιλάρεσκη γυναίκα, κοκέτα

coral/'kɒrəl/κοράλλι • κοραλλένιος

cord/kɔ:d/κορδόνι· καλώδιο· (φωνητική) χορδή, (νωτιαίος) μυελός, (ομφάλιος) λώρος· **cords** κοτλέ παντελόνι

cordial/'kɔ:diəl/εγκάρδιος

cordiality/ˌkɔ:di'ælɪ̥ti/εγκαρδιότητα

cordless/'kɔ:dləs/ασύρματος, χωρίς καλώδιο

cordon/kɔ:dn/κορδόνι, σιρίτι, τρέσα· (αστυνομικός) κλοιός ▪ **cordon off** αποκλείω με κλοιό, απαγορεύω τη διάβαση προς

corduroy/'kɔ:djʊrɔɪ/κοτλέ (ύφασμα)· **corduroys** κοτλέ παντελόνι

core/kɔ:/πυρήνας

cork/kɔ:k/φελλός

corkscrew/'kɔːkskruː/ανοιχτήρι μπουκαλιών, τιρμπουσόν

corn/kɔːn/δημητριακά· ☆ καλαμπόκι· κάλος

corncob/'kɔːnkɒb/καλαμπόκι (κορύνη)

corner/'kɔːnə/γωνία· *(ποδόσφ.)* κόρνερ • στριμώχνω· παίρνω στροφή, στρίβω

corner shop/'kɔːnə ʃɒp/«ψιλικατζίδικο» της γειτονιάς

cornet/'kɔːnɪt/κορνέτα· χωνάκι (παγωτού)

cornflakes/'kɔːnfleɪks/κορν-φλέιξ

cornflour/'kɔːnflaʊə/κορνφλάουρ

corporal/'kɔːpərəl/σωματικός • δεκανέας

corporation/ˌkɔːpə'reɪʃən/ανώνυμη ή μετοχική εταιρεία

corps/kɔː/σώμα

corpse/kɔːps/πτώμα· (η) σωρός

correct/kə'rekt/σωστός • διορθώνω

correction/kə'rekʃən/διόρθωση

correspond/ˌkɒrɪ'spɒnd/συμφωνώ, ταιριάζω, ανταποκρίνομαι· αντιστοιχώ· αλληλογραφώ **~ing** αντίστοιχος, ανάλογος

correspondence/ˌkɒrɪ'spɒndəns/ αντιστοιχία· αλληλογραφία

correspondent/ˌkɒrɪ'spɒndənt/ ανταποκριτής (τύπου)

corridor/'kɒrɪdɔː/διάδρομος

corrode/kə'rəʊd/διαβρώνω/-ομαι, οξειδώνω/-ομαι, σκουριάζω

corrosion/kə'rəʊʒən/διάβρωση, οξείδωση, σκούριασμα

corrupt/kə'rʌpt/διαφθείρω • διεφθαρμένος

corruption/kə'rʌpʃən/ηθική διαφθορά, εξαχρείωση

corset/'kɔːsɪt/κορσές

cosmetic/kɒz'metɪk/καλλυντικό • καλλυντικός· επιφανειακός, διακοσμητικός

cosmopolitan/ˌkɒzmə'pɒlɪtn/κοσμοπολίτικος • κοσμοπολίτης, πολίτης του κόσμου

cost/kɒst/κόστος· **costs** έξοδα ***at any cost/at all costs*** οπωσδήποτε, πάση θυσία • κοστίζω, στοιχίζω

co-star/'kəʊstaː/συμπρωταγωνιστής • συμπρωταγωνιστώ

costly/'kɒstli/ακριβός

costume/'kɒstjʊm/στολή, κοστούμι

cosy/'kəʊzi/άνετος, ζεστός, ευχάριστος

cot/kɒt/κρεβατάκι (μωρού)

cottage/'kɒtɪdʒ/σπιτάκι στην εξοχή, χωριατόσπιτο

cotton/kɒtn/βαμβάκι • **cotton on** καταλαβαίνω, μπαίνω (στο νόημα)

cotton bud/'kɒtn bʌd/μπατονέτα

cotton wool/ˌkɒtn 'wʊl/βαμβάκι του φαρμακείου

couch/kaʊtʃ/καναπές

cougar/'kuːgə/πούμα

cough/kɒf/βήχας • βήχω· βγάζω βήχοντας ▪ **cough up** πληρώνω αναγκαστικά (κτ.), «κατεβαίνω»

could/kəd, *(εμφ.)* kʊd/μπορούσα· θα μπορούσα· μπορείς, μπορείτε· θα μπορούσα (να)· θα μπορούσε(ς), θα έπρεπε (να)

council/'kaʊnsəl/συμβούλιο

councillor/'kaʊnsələ/σύμβουλος, μέλος του συμβουλίου

counsel/'kaʊnsəl/συνήγορος, νομικός σύμβουλος • συμβουλεύω

counsellor/'kaʊnsələ/σύμβουλος

count/kaʊnt/καταμέτρηση, μέτρημα· κόμης • μετρώ, αριθμώ· υπολογίζω, λογαριάζω· έχω σημασία/αξία, μετράω ▪ **count down** μετρώ αντίστροφα **count in** συμπεριλαμβάνω, συνυπολογίζω **count on/upon** υπολογίζω, στηρίζομαι σε **count out** δεν υπολογίζω, δε λογαριάζω, αφήνω απέξω

countable/'kaʊntəbl/αριθμήσιμος

count-down/'kaʊntdaʊn/αντίστροφη μέτρηση

counter/'kaʊntə/πάγκος (καταστήματος), γκισέ (τράπεζας κ.τ.λ.)

counterattack/'kaʊntərəˌtæk/αντεπίθεση

counterfeit/'kaʊntəfɪt/παραχαράσσω, πλαστογραφώ • πλαστός

countess/'kaʊntɪs/κόμισσα

country/'kʌntri/χώρα· εξοχή, ύπαιθρος • επαρχιακός, της υπαίθρου, εξοχικός

countryside/'kʌntrisaɪd/ύπαιθρος, εξοχή

coup/ku:/πραξικόπημα

coup d' êtat/ˌku: deɪ'ta:/πραξικόπημα

couple/kʌpl/ζευγάρι· δυο τρία, λίγα

coupon/'ku:pɒn/κουπόνι, δελτίο

courage/'kʌrɪdʒ/θάρρος

courageous/kə'reɪdʒəs/θαρραλέος, γενναίος

courgette/kʊə'ʒet/φρέσκο κολοκυθάκι

courier/'kʊriə/κούριερ

course/kɔ:s/πορεία, κατεύθυνση· πορεία, εξέλιξη, ροή, (χρονική) διάρκεια· σειρά μαθημάτων, κουρ· φαγητό (γεύματος), πιάτο· γήπεδο, πίστα, στίβος *of course* φυσικά, βεβαίως, ούτε λόγος

coursebook/'kɔ:sbʊk/μαθητικό/διδασκόμενο βιβλίο

court/kɔ:t/δικαστήριο· γήπεδο· βασιλική αυλή

court-martial/ˌkɔ:t'ma:ʃəl/στρατοδικείο

Court of Appeal/ˌkɔ:t əv ə'pi:l/Εφετείο

court of law/ˌkɔ:t əv 'lɔ:/δικαστήριο

cousin/'kʌzən/εξάδελφος, εξαδέλφη

cover/'kʌvə/σκεπάζω· καλύπτω ▪ **cover up** συγκαλύπτω, σκεπάζω • κάλυμμα, σκέπασμα· εξώφυλλο· κάλυψη, καταφύγιο

cover-up/'kʌvərʌp/συγκάλυψη, απόκρυψη

cow/kaʊ/αγελάδα

coward/'kaʊəd/δειλός, φοβιτσιάρης

cowardice/'kauədɘs/δειλία

cowardly/'kauədli/δειλός

cowboy/'kaubɔɪ/γελαδάρης, καουμπόι

crab/kræb/κάβουρας

crack/kræk/ραγίζω, σπάζω· κροταλίζω, κάνω κρακ· σπάζω, ανοίγω, τσακίζω· καταρρέω (σωματικώς ή πνευματικώς)· αποκρυπτογραφώ • ρωγμή, ράγισμα, σκάσιμο· ελαφρό άνοιγμα, χαραμάδα· ξερός κρότος, κροταλισμός· προσπάθεια, δοκιμή

cracker/'krækə/κράκερ· κροτίδα, βαρελότο

crackle/krækl/τριζοβολώ, τρίζω • τρίξιμο

crackpot/'krækpɒt/λοξός, ψώνιο

cradle/kreɪdl/κούνια (μωρού)· κοιτίδα, λίκνο

craft/kra:ft/τέχνη, χειροτεχνία· πλοιάριο, σκάφος

craftsman/'kra:ftsmən/τεχνίτης, καλλιτέχνης στο είδος του

craftsmanship/'kra:ftsmənʃɪp/τέχνη, δεξιοτεχνία

crafty/'kra:fti/πονηρός, κατεργάρης

cram/kræm/στριμώχνω, χώνω, στοιβάζω· προετοιμάζομαι βιαστικά

cramp/kræmp/κράμπα • στριμώχνω

crane/kreɪn/γερανός

crank/krænk/μανιβέλα· τρελάρας

cranky/'kræŋki/ιδιόρρυθμος· τσαντίλας

crash/kræʃ/συγκρούομαι, τρακάρω· συντρίβω/-ομαι, σπάζω, γίνομαι κομμάτια • σύγκρουση, τρακάρισμα (αυτοκινήτου), συντριβή (αεροπλάνου)· βρόντος, πάταγος· *(οικον.)* κραχ

crash-land/'kræʃlænd/προσγειώνω/-ομαι αναγκαστικά ~**ing** αναγκαστική προσγείωση

crate/kreɪt/κιβώτιο, κασόνι, καφάσι

crater/'kreɪtə/κρατήρας

cravat/krə'væt/φουλάρι

crave/kreɪv/λαχταρώ

crawl/krɔ:l/μπουσουλάω· έρπω, σέρνομαι· κινούμαι αργά ***crawl with sb./sth.*** βρίθω, είμαι γεμάτος • σύρσιμο, αργή κίνηση· *(κολύμβ.)* κρόουλ

crayon/'kreɪən/κηρομπογιά

craze/kreɪz/μανία, τρέλα, μόδα

crazy/'kreɪzi/τρελός

creak/kri:k/τρίζω • τρίξιμο

cream/kri:m/κρέμα· (η) αφρόκρεμα • κρεμ χρώμα

crease/kri:s/ζάρα, τσαλάκα, τσάκιση • τσαλακώνω/-ομαι, ζαρώνω

create/kri'eɪt/δημιουργώ, πλάθω· προξενώ, προκαλώ, κάνω

creation/kri'eɪʃən/δημιουργία

creative/kri'eɪtɪv/δημιουργικός

creator/kri'eɪtə/δημιουργός

creature/'kri:tʃə/πλάσμα, ον

creche, **crèche**/kreʃ/παιδικός σταθμός

credible/'kredɘbl/αξιόπιστος, πιστευτός

credit/'kredᵻt/πίστωση· φερεγγυότητα· πιστωτικό υπόλοιπο· αναγνώριση, καταξίωση· **credits** α) τίτλοι ταινίας β) ονόματα συνεργατών • πιστώνω

credit card/'kredᵻt ka:d/πιστωτική κάρτα

credulity/krɪ'dju:lᵻti/ευπιστία

credulous/'kredjʊləs/εύπιστος

creep/kri:p/έρπω, σέρνομαι· γλιστρώ, κινούμαι αθόρυβα ή κρυφά

creeps/kri:ps/ρίγος, ανατριχίλα

crescent/'kresənt/ημισέληνος, μισοφέγγαρο

crest/krest/λοφίο, λειρί· κορυφή

crew/kru:/πλήρωμα· ομάδα εργατών, συνεργείο

cricket/'krɪkᵻt/κρίκετ· γρύλος, τριζόνι

crime/kraɪm/έγκλημα

criminal/'krɪmᵻnəl/ποινικός· εγκληματικός • εγκληματίας

criminal record/,krɪmᵻnəl 'rekɔ:d/ποινικό μητρώο

crimson/'krɪmzən/βυσσινί χρώμα • βυσσινής

cringe/krɪndʒ/ζαρώνω, μαζεύομαι

crinkle/krɪŋkl/ζαρώνω, τσαλακώνω/-ομαι • ζάρα, πτυχή

cripple/krɪpl/ανάπηρος, σακάτης • σακατεύω, καθιστώ ανάπηρο· παραλύω

crisis/'kraɪsᵻs/κρίση

crisp/krɪsp/τραγανός, κριτσανιστός· κοφτός, λακωνικός • ξεροτηγανισμένη πατάτα, πατατάκι • ξεροψήνω/-ομαι

crispy/'krɪspi/τραγανός

criterion/kraɪ'tɪəriən/κριτήριο

critic/'krɪtɪk/κριτικός· επικριτής

critical/'krɪtɪkəl/κριτικός· επικριτικός· κρίσιμος, επικίνδυνος **~ly** α) πολύ σοβαρά, επικίνδυνα β) επικριτικά

criticism/'krɪtᵻsɪzəm/κριτική· επίκριση

criticize, -ise/'krɪtᵻsaɪz/κρίνω, κάνω κριτική· επικρίνω

critique/krɪ'ti:k/κριτική, άρθρο ή βιβλίο κριτικής

croak/krəʊk/κοάζω, κρώζω • κοασμός, κρωγμός

crockery/'krɒkəri/πιατικά

crocodile/'krɒkədaɪl/κροκόδειλος

croissant/'krwa:sɒŋ/κρουασάν

crook/krʊk/απατεώνας, λωποδύτης • κάμπτω/-ομαι, λυγίζω, σκύβω **~ed**/'krʊkᵻd/α) κυρτός, στραβός, παραμορφωμένος β) ανέντιμος, άτιμος

crop/krɒp/σοδειά· καλλιεργούμενο είδος, καλλιέργεια· κοντό κούρεμα • βόσκω, κορφολογώ· κουρεύω (μαλλιά, φράκτη κ.τ.λ.) ▪ **crop up** προκύπτω ξαφνικά, βγαίνω στη μέση

croquette/krɒ'ket, krəʊ-/κροκέτα

cross/krɒs/σταυρός· *(βιολ.)* διασταύρωση, προϊόν διασταύρωσης • τσατισμένος • διασχίζω, περνώ·

διασταυρώνομαι· διασταυρώνω (ζώα, φυτά) *cross sb.'s mind* περνάω από το μυαλό κάποιου ▪ **cross out** σβήνω, διαγράφω (κτ.) ~**ing** α) θαλάσσιο ταξίδι β) διάβαση

cross-eyed/krɒs'aɪd/αλλήθωρος

cross-reference/ˌkrɒs'rəfərəns/ παραπομπή

crossroads/'krɒsrəʊdz/σταυροδρόμι

cross street/'krɒs stri:t/δρόμος κάθετος προς άλλον, κάθετος/-η

crossword/'krɒswɜ:d/, **crossword puzzle**/- ˌpʌzl/σταυρόλεξο

crouch/kraʊtʃ/σκύβω (λυγίζοντας τα γόνατα), *(για ζώο)* μαζεύομαι, συσπειρώνομαι

crow/krəʊ/κόρακας· λάλημα (πετεινού) • λαλώ

crowbar/'krəʊba:/λοστός

crowd/kraʊd/πλήθος, κόσμος • συνωστίζομαι· γεμίζω, παραγεμίζω ~**ed** υπερπλήρης, γεμάτος (κόσμο), φίσκα

crown/kraʊn/στέμμα • στέφω (βασιλιά)· στεφανώνω

crucial/'kru:ʃəl/κρίσιμος, ζωτικής σημασίας

crucifix/'kru:sɘfɪks/(ο) Εσταυρωμένος

crucifixion/ˌkru:sɘ'fɪkʃən/σταύρωση

crucify/'kru:sɘfaɪ/ σταυρώνω, θανατώνω με σταύρωση

crude/kru:d/ακατέργαστος· πρόχειρος, χοντροκομμένος· κακόγουστος

cruel/'kru:əl/σκληρός, άπονος, άσπλαχνος

cruelty/'kru:əlti/ωμότητα, σκληρότητα, αγριότητα

cruet/'kru:ɘt/, **cruet stand**/-stænd/ επιτραπέζιο σερβίτσιο για λαδόξιδο ή αλατοπίπερο

cruise/kru:z/κάνω κρουαζιέρα· ταξιδεύω με αρκετά μεγάλη αλλά σταθερή ταχύτητα • κρουαζιέρα

cruise liner/'kru:z ˌlaɪnə/κρουαζιερόπλοιο

cruiser/'kru:zə/θαλαμηγός, γιοτ· καταδρομικό

crumb/krʌm/ψίχουλο

crumble/krʌmbl/τρίβω/-ομαι, κάνω/γίνομαι κομμάτια· καταρρέω, διαλύομαι

crumple/krʌmpl/τσαλακώνω/-ομαι

crunch/krʌntʃ/κριτσανίζω· τρίζω • κριτσάνισμα· τρίξιμο

crunchy/'krʌntʃi/κριτσανιστός, τραγανιστός

crusade/kru:'seɪd/σταυροφορία • διεξάγω σταυροφορία

crusader/kru:'seɪdə/σταυροφόρος

crush/krʌʃ/συντρίβω, τσακίζω· στοιβάζομαι, στριμώχνομαι ~**ing** τρομακτικός, συντριπτικός • συνωστισμός, στριμωξίδι *have a crush on sb.* είμαι τσιμπημένος με κπ.

crust/krʌst/κόρα (ψωμιού)· ξεροκόμματο· κρούστα, πέτσα· φλοιός (της γης)

crutch/krʌtʃ/δεκανίκι, πατερίτσα

crux/krʌks/ουσία, κεντρικό σημείο (ζητήματος)

cry/kraɪ/κλαίω· φωνάζω • κραυγή, φωνή· κλάμα

crypt/krɪpt/κρύπτη

crystal/'krɪstəl/κρύσταλλο • κρυστάλλινος

cub/kʌb/νεογνό άγριου ζώου· λυκόπουλο (στον προσκοπισμό)

Cuba/'kju:bə/Κούβα

Cuban/'kju:bən/Κουβανός • κουβανικός

cube/kju:b/κύβος

cubic/'kju:bɪk/κυβικός

cuckoo/'kʊku:/κούκος

cucumber/'kju:kʌmbə/αγγούρι

cuddle/kʌdl/αγκαλιάζω/-ομαι • αγκάλιασμα, σφίξιμο

cue/kju:/υπαινιγμός, νύξη· στέκα (μπιλιάρδου)

cuff/kʌf/μανικέτι· σκαμπίλι • χαστουκίζω

cuff link/'kʌf lɪŋk/μανικετόκουμπο

cuisine/kwɪ'zi:n/μαγειρική, κουζίνα

cul-de-sac/'kʌl dəˌ sæk, 'kʊl-/αδιέξοδος (δρόμος)

culottes/kju:'lɒts/ζιπ κιλότ

cult/kʌlt/θρησκευτικό δόγμα, αίρεση· λατρεία· μανία, μόδα • που απευθύνεται σε ειδικό κοινό, καλτ

cultivate/'kʌltɪveɪt/καλλιεργώ

cultivation/ˌkʌltɪ'veɪʃən/καλλιέργεια

cultural/'kʌltʃərəl/πολιτιστικός, μορφωτικός

culture/'kʌltʃə/κουλτούρα **cultured** α) καλλιεργημένος, μορφωμένος β) καλλιεργούμενος

cumbersome/'kʌmbəsəm/δυσκίνητος, άβολος

cunning/'kʌnɪŋ/πονηρός, πανούργος, κατεργάρης • πονηριά

cup/kʌp/φλιτζάνι, κούπα· κύπελλο

cupboard/'kʌbəd/ντουλάπι

curable/'kjʊərəbl/θεραπεύσιμος

curb/kɜ:b/χαλινάρι • συγκρατώ, χαλιναγωγώ

cure/kjʊə/θεραπεύω, γιατρεύω • θεραπεία, γιατρειά

curfew/'kɜ:fju:/απαγόρευση της κυκλοφορίας

curiosity/ˌkjʊəri'ɒsɪti/περιέργεια

curious/'kjʊəriəs/περίεργος **~ly** α) περίεργα β) περιέργως, παραδόξως

curl/kɜ:l/μπούκλα • κατσαρώνω, κάνω μπούκλες· κουλουριάζομαι

curler/'kɜ:lə/μπικουτί, ρόλεϊ

curly/'kɜ:li/κατσαρός

currant/'kʌrənt/σταφίδα

currency/'kʌrənsi/νόμισμα

current/'kʌrənt/τρέχων, τωρινός • ρεύμα **~ly** τώρα, επί του παρόντος

curriculum/kə'rɪkjʊləm/πρόγραμμα, διδασκόμενη ύλη

curriculum vitae/kəˌrɪkjʊləm 'vaɪti:/ βιογραφικό σημείωμα

curry/'kʌri/κάρι

curse/kɜ:s/κατάρα· βρισιά • καταριέμαι· βρίζω

cursor/'kɜ:sə/*(πληρ.)* φωτεινός δείκτης, δρομέας

curtail/kɜ:'teɪl/περικόπτω, μειώνω

curtailment/kɜ:'teɪlmənt/περικοπή, περιορισμός

curtain/'kɜ:tən/κουρτίνα· αυλαία

curve/kɜ:v/σχηματίζω καμπή, στρίβω • καμπύλη, καμπή, στροφή

cushion/'kʊʃən/μαξιλάρι

custody/'kʌstədi/επιμέλεια, κηδεμονία· κράτηση, προφυλάκιση

custom/'kʌstəm/έθιμο· πελατεία· customs τελωνείο

customary/'kʌstəməri/συνηθισμένος

customer/'kʌstəmə/πελάτης· άνθρωπος, τύπος

customs house/'kʌstəmz haʊs/ τελωνείο

cut/kʌt/κόβω· κόβω, περιορίζω· κόβω, παραλείπω· κόβω δρόμο ▪ **cut back** περιορίζω **cut down** α) κόβω, ρίχνω κάτω β) και **cut down on** περιορίζω, μειώνω την κατανάλωση σε **cut in** μπαίνω στη μέση, διακόπτω· προσπερνώ αντικανονικά, κόβω **cut off** α) κόβω (κομμάτι) β) διακόπτω γ) κόβω (ρεύμα, γκάζι, νερό) **cut out** α) κόβω, αφαιρώ β) κόβω, σταματώ • κόψιμο· περικοπή· κομμάτι, κοψίδι

cute/kju:t/όμορφος, χαριτωμένος· έξυπνος, ξύπνιος

cutlery/'kʌtləri/μαχαιροπίρουνα

cutlet/'kʌtlɪ̈t/κοτολέτα, παϊδάκι

cuttlefish/'kʌtl fɪʃ/σουπιά

cyclamen/'sɪkləmən/κυκλάμινο

cycle/saɪkl/κύκλος· ☞ BICYCLE • πηγαίνω με ποδήλατο **cycling** ποδηλασία

cyclist/'saɪklɪ̈st/ποδηλάτης

cyclone/'saɪkləʊn/κυκλώνας

cypress/'saɪprɪ̈s/κυπαρίσσι

Cypriot/'sɪprɪət/Κύπριος • κυπριακός

Cyprus/'saɪprəs/Κύπρος

cyst/sɪst/κύστη

Czech/tʃek/τσεχικός • Τσέχος· τσεχική (γλώσσα)

D, d

dab/dæb/ελαφρό άγγιγμα/σκούπισμα • χτυπώ, πιέζω ελαφρά, σκουπίζω

dabble/'dæbl/ασχολούμαι ερασιτεχνικά, ανακατεύομαι

dad/dæd/, **daddy**/'dædi/μπαμπάς

daft/da:ft/χαζός, παλαβός

dagger/'dægə/στιλέτο

dahlia/'deɪliə/ντάλια

daily/'deɪli/καθημερινός • καθημερινώς • ημερήσια εφημερίδα· καθημερινή παραδουλεύτρα

dairy/'deəri/εταιρεία ή κατάστημα που πουλά γαλακτοκομικά προϊόντα, γαλακτοκομείο

daisy/'deɪzi/μαργαρίτα

dam/dæm/φράγμα • κατασκευάζω φράγμα σε, περιορίζω με φράγμα

damage/'dæmɪdʒ/ζημιά, βλάβη· damages αποζημίωση • καταστρέφω ή χαλώ· βλάπτω, ζημιώνω

Damascus/də'mæskəs/Δαμασκός

damn/dæm/καταδικάζω, στέλνω στην κόλαση· καταδικάζω, κρίνω δυσμενώς • στην οργή! • δεκαράκι *not give/care a damn* δε δίνω δεκάρα,πέρα βρέχει

damned/dæmd/διαβολεμένος

damp/dæmp/υγρασία • υγρός, νοτερός • υγραίνω, νοτίζω

dampen/'dæmpən/υγραίνω· μειώνω, κόβω

dance/da:ns/χορεύω· ταχταρίζω dancing α) χορός β) χορευτικός • χορός· χορός, χοροεσπερίδα

dance floor/'da:ns flɔ:/πίστα

dancer/'da:nsə/χορευτής, χορεύτρια

dandruff/'dændrəf/πιτυρίδα

Dane/deɪn/Δανός

danger/'deɪndʒə/κίνδυνος

dangerous/'deɪndʒərəs/επικίνδυνος, επιβλαβής

dangle/dæŋgl/κουνώ, κουνιέμαι, αιωρούμαι, κρέμομαι

Danish/'deɪnɪʃ/η δανική γλώσσα • δανικός, δανέζικος

Danube/'dænju:b/Δούναβης

dare/deə/τολμώ· προκαλώ

daresay/ˌdeə'seɪ/*I daresay (that)* υποθέτω, μάλλον, ίσως

dark/da:k/σκοτεινός· σκούρος· μελαγχολικός, θλιβερός, μαύρος· κρυφός, μυστηριώδης • σκοτάδι

Dark Ages/'da:k ˌeɪdʒɨs/Μεσαίωνας

darken/'da:kən/σκοτεινιάζω, σκουραίνω

darkness/'da:knɨs/σκοτεινιά, σκοτάδι

darkroom/'da:kru:m/*(φωτογρ.)* σκοτεινός θάλαμος

darling/'da:lɪŋ/αγαπημένος

darn/da:n/μαντάρω

dart/da:t/βέλος, σαΐτα· αιφνιδιαστική κίνηση προς τα εμπρός· **darts** παιχνίδι με βέλη, νταρτς • ορμώ· εκτοξεύω, ρίχνω

dash/dæʃ/τρέχω, ορμώ· εκσφενδονίζω· συντρίβω, ανατρέπω • αιφνίδια και γρήγορη κίνηση· παύλα· σταγόνα, πρέζα

dashboard/ˈdæʃbɔ:d/πίνακας οργάνων, ταμπλό

data/ˈdeɪtə, ˈda:tə/δεδομένα, στοιχεία

date/deɪt/ημερομηνία, χρονολογία· ραντεβού· άτομο με το οποίο βγαίνει κανείς ραντεβού· χουρμάς • χρονολογώ, ορίζω την ημερομηνία ή την εποχή· φέρω ημερομηνία· παλιώνω, γίνομαι ντεμοντέ· βγαίνω (ραντεβού με άτομο του αντίθετου φύλου) ▪ **date back to** και **date from** χρονολογούμαι, υπάρχω από (ορισμένη εποχή) **dated** ντεμοντέ, απαρχαιωμένος

daughter/ˈdɔ:tə/θυγατέρα, κόρη

daughter-in-law/ˈdɔ:tə ɪn lɔ:/νύφη (σύζυγος του γιου)

daunt/dɔ:nt/αποθαρρύνω **~ing** αποθαρρυντικός

dauntless/ˈdɔ:ntləs/απτόητος, ατρόμητος

dawn/dɔ:n/αυγή, ξημέρωμα, χάραμα • χαράζω, αρχίζω να φωτίζω

day/deɪ/ημέρα· μέρα, εποχή

daybreak/ˈdeɪbreɪk/ξημέρωμα, χάραμα

daydream/ˈdeɪdri:m/ονειροπόληση • ονειροπολώ

daylight/ˈdeɪlaɪt/φως της μέρας· αυγή, ξημέρωμα

day off/ˌdeɪˈɒf/ρεπό

daytime/ˈdeɪtaɪm/ημέρα, όσο διαρκεί το φως της ημέρας

daze/deɪz/ζαλίζω· καταπλήσσω, σαστίζω • *(be) in a daze* (είμαι) ζαλισμένος, κατάπληκτος

dazzle/dæzl/τυφλώνω, θαμπώνω· αποσβολώνω, κάνω (κπ.) να τα χάσει **dazzling** α) εκτυφλωτικός β) λαμπρός, καταπληκτικός

dead/ded/νεκρός· νεκρός, εκτός λειτουργίας· πλήρης, απόλυτος· κατάκοπος· χωρίς κίνηση, χωρίς δραστηριότητα • τελείως, απολύτως· εντελώς και ξαφνικά

dead end/ˌded ˈend/αδιέξοδος δρόμος, αδιέξοδο

deadline/ˈdedlaɪn/(τελευταία) προθεσμία, διορία

deadly/ˈdedli/θανάσιμος • πάρα πολύ, τρομερά· νεκρικός, σαν πεθαμένος

deaf/def/κουφός

deafen/ˈdefən/κουφαίνω, ξεκουφαίνω **~ing** εκκωφαντικός

deaf-mute/ˌdefˈmju:t/κωφάλαλος

deafness/ˈdefnəs/κώφωση, κουφαμάρα

deal/di:l/μοιράζω (τα χαρτιά) ▪ **deal in** εμπορεύομαι **deal with** α) συναλλάσσομαι, έχω δοσοληψίες με β) αντιμετωπίζω (κατάσταση κ.τ.λ.) γ) αφορώ δ) ασχολούμαι με ~**ling** διανομή, μοιρασιά· **dealings** δοσοληψίες, δουλειές, πάρε-δώσε • συμφωνία (ιδ. εμπορική), δουλειά· *(χαρτοπ.)* μοιρασιά ***a great/good deal*** μεγάλη ποσότητα, πολύ ***big deal!*** σιγά τα λάχανα!

dealer/'di:lə/έμπορος, ντίλερ· *(χαρτοπ.)* αυτός που μοιράζει χαρτιά

dean/di:n/κοσμήτορας

dear/dɪə/αγαπητός· ακριβός • ***cost sb. dear*** κοστίζω σε κπ. πολύ

dearly/'dɪəli/ακριβά· πολύ

death/deθ/θάνατος

deathly/'deθli/νεκρικός

debatable/dɪ'beɪtəbl/συζητήσιμος, αμφισβητήσιμος

debate/dɪ'beɪt/συζήτηση • συζητώ

debit/'debɪ̈t/χρέωση • χρεώνω

debris/'debri:/συντρίμμια, ερείπια· μπάζα

debt/det/χρέος, οφειλή

debtor/'detə/οφειλέτης

debut/'deɪbju:, 'debju:/πρώτη εμφάνιση, ντεμπούτο

decade/'dekeɪd, de'keɪd/δεκαετία

decadence/'dekədəns/παρακμή

decadent/'dekədənt/παρηκμασμένος

decaffeinated/di:'kæfɪ̈neɪtɪ̈d/ντεκαφεϊνέ

decathlon/dɪ'kæθlɒn/δέκαθλο

decay/dɪ'keɪ/σαπίζω • σήψη

deceased/dɪ'si:st/(ο) αποθανών

deceit/dɪ'si:t/απάτη

deceitful/dɪ'si:tfəl/απατηλός, δόλιος

deceive/dɪ'si:v/εξαπατώ, ξεγελώ

decelerate/,di:'seləreɪt/ελαττώνω ταχύτητα· επιβραδύνω, ανακόπτω

deceleration/,di:selə'reɪʃən/επιβράδυνση

December/dɪ'sembə/Δεκέμβριος

decency/'di:sənsi/ευπρέπεια

decent/'di:sənt/ευπρεπής· καλούτσικος, υποφερτός· ντυμένος ευπρεπώς

decently/'di:səntli/ευπρεπώς, με αξιοπρέπεια

deception/dɪ'sepʃən/εξαπάτηση

deceptive/dɪ'septɪv/απατηλός

decide/dɪ'saɪd/αποφασίζω· κρίνω, καθορίζω

decimal/'desɪ̈məl/δεκαδικός • και **decimal fraction**/,desɪ̈məl 'frækʃən/ δεκαδικό (κλάσμα)

decimal point/,desɪ̈məl 'pɔɪnt/υποδιαστολή

decision/dɪ'sɪʒən/απόφαση

decisive/dɪ'saɪsɪv/αποφασιστικός

deck/dek/κατάστρωμα (πλοίου), όροφος (λεωφορείου)· ☆ τράπουλα • στολίζω

deckchair/'dektʃeə/ξαπλώστρα, σεζλόνγκ

declaration/,deklə'reɪʃən/ανακοίνωση, δήλωση· κήρυξη, διακήρυξη

declare/dɪ'kleə/δηλώνω· κηρύσσω, διακηρύσσω

decline/dɪ'klaɪn/φθίνω· αρνούμαι • παρακμή, πτώση

decode/ˌdiː'kəʊd/αποκωδικοποιώ

decoder/diː'kəʊdə/αποκωδικοποιητής

decompose/ˌdiːkəm'pəʊz/αποσυνθέτω, αποσυντίθεμαι, σαπίζω

decomposition/ˌdiːkɒmpə'zɪʃən/ αποσύνθεση, σάπισμα

decor/'deɪkɔː/διάκοσμος, ντεκόρ

decorate/'dekəreɪt/διακοσμώ, στολίζω· βάφω, στρώνω με ταπετσαρία (τοίχους)· παρασημοφορώ

decoration/ˌdekə'reɪʃən/διακόσμηση· παράσημο, μετάλλιο

decorative/'dekərətɪv/διακοσμητικός

decorator/'dekəreɪtə/διακοσμητής

decrease/dɪ'kriːs/μειώνω/-ομαι, λιγοστεύω • /'diːkriːs/μείωση, ελάττωση

dedicate/'dedɪkeɪt/αφιερώνω **dedicated** αφοσιωμένος, ολόψυχα δοσμένος

dedication/ˌdedɪ'keɪʃən/αφιέρωση· αφοσίωση

deduce/dɪ'djuːs/συμπεραίνω

deduct/dɪ'dʌkt/παρακρατώ, αφαιρώ

deduction/dɪ'dʌkʃən/συμπέρασμα, πόρισμα· αφαίρεση, κράτηση

deed/diːd/πράξη, έργο

deep/diːp/βαθύς • βαθιά

deepen/'diːpən/βαθαίνω, γίνομαι βαθύτερος

deep freeze/ˌdiːp'friːz/καταψύκτης

deepness/'diːpnɪs/βάθος

deer/dɪə/ελάφι

defeat/dɪ'fiːt/νικώ • ήττα

defeatism/dɪ'fiːtɪzəm/ηττοπάθεια

defeatist/dɪ'fiːtɪst/ηττοπαθής

defect/'diːfekt, dɪ'fekt/ελάττωμα

defective/dɪ'fektɪv/ελαττωματικός· *(γραμ.)* ελλειπτικός

defence, ☆ **defense**/dɪ'fens/άμυνα· *(νομ.)* (η) υπεράσπιση

defenceless, ☆ **defenseless**/dɪ'fensləs/ανυπεράσπιστος

defend/dɪ'fend/υπερασπίζομαι· *(νομ.)* υπερασπίζω

defendant/dɪ'fendənt/κατηγορούμενος

defender/dɪ'fendə/υπερασπιστής, υπέρμαχος· *(ποδόσφ.)* αμυντικός παίκτης

☆ **defense**/dɪ'fens/*ουσ.* ☞ DEFENCE

☆ **defenseless**/dɪ'fensləs/☞ DEFENCELESS

defensive/dɪ'fensɪv/αμυντικός

deficiency/dɪ'fɪʃənsi/ανεπάρκεια

deficient/dɪ'fɪʃənt/ανεπαρκής

deficit/'defɪsɪt/*(οικον.)* έλλειμμα

define/dɪ'faɪn/ορίζω

definite/'defɪnɪt/ορισμένος· σαφής· βέβαιος, κατηγορηματικός· *(γραμ.)* οριστικός

definitely/'defɪnɪtli/σαφώς, ρητώς· ασφαλώς, αναμφισβήτητα

definition/ˌdefɪ'nɪʃən/ορισμός

deform/dɪ'fɔ:m/παραμορφώνω

deformation/ˌdi:fɔ:'meɪʃən/παραμόρφωση

deformity/dɪ'fɔ:mɨti/παραμόρφωση, δυσμορφία

defrost/ˌdi:'frɒst/αποψύχω, ξεπαγώνω

deft/deft/επιδέξιος, ικανός

defuse/ˌdi:'fju:z/εξουδετερώνω, αφοπλίζω (βόμβα κ.τ.λ.)

defy/dɪ'faɪ/αψηφώ· προκαλώ

degradation/ˌdegrə'deɪʃən/υποβιβασμός· εξευτελισμός, ξεπεσμός

degrade/dɪ'greɪd/υποβιβάζω· εξευτελίζω, ταπεινώνω

degree/dɪ'gri:/βαθμός· πτυχίο, δίπλωμα· *(γραμ.)* βαθμός σύγκρισης

deity/'dɪ:ɨti, 'deɪ-/θεότητα

dejected/dɪ'dʒektɨd/απελπισμένος, συντετριμμένος

dejection/dɪ'dʒekʃən/μελαγχολία, κατάθλιψη

delay/dɪ'leɪ/αναβάλλω· καθυστερώ • καθυστέρηση, αργοπορία

delegate/'delɨgɨt/αντιπρόσωπος, απεσταλμένος • /'delɨgeɪt/ορίζω (κπ.) αντιπρόσωπο, εξουσιοδοτώ

delegation/ˌdelɨ'geɪʃən/αντιπροσωπεία, αποστολή

delete/dɪ'li:t/διαγράφω

deletion/dɪ'li:ʃən/διαγραφή

Delhi/'deli/Δελχί

deliberate/dɪ'lɪbərɨt/εσκεμμένος, σκόπιμος

delicacy/'delɪkəsi/ευπάθεια, ευαισθησία· ορεκτικό, λιχουδιά· λεπτότητα, διακριτικότητα

delicate/'delɪkɨt/λεπτεπίλεπτος, ντελικάτος· λεπτός, δύσκολος· λεπτός, οξύς

delicious/dɪ'lɪʃəs/νόστιμος

delight/dɪ'laɪt/χαροποιώ ▪ **delight in** απολαμβάνω, χαίρομαι, αγαπώ, μου αρέσει (κτ./να κάνω κτ.) ~**ed** κατευχαριστημένος ***be delighted to do sth.*** χαίρομαι, μου αρέσει να κάνω κτ. • απόλαυση, μεγάλη χαρά

delightful/dɪ'laɪtfəl/πολύ ευχάριστος, απολαυστικός

delirious/dɪ'lɪriəs/σε παραλήρημα· ξέφρενος, έξαλλος ~**ly** ξέφρενα, παράφορα

delirium/dɪ'lɪriəm/παραλήρημα

deliver/dɪ'lɪvə/παραδίδω, διανέμω· εκφωνώ (λόγο), *(νομ.)* απαγγέλλω (απόφαση)

delivery/dɪ'lɪvəri/παράδοση, διανομή· τοκετός

delivery man/dɪ'lɪvəri ˌmæn/διανομέας

delta/'deltə/*(γεωγρ.)* δέλτα

delude/dɪ'lu:d/εξαπατώ, ξεγελώ

delusion/dɪ'lu:ʒən/εξαπάτηση· αυταπάτη, ψευδαίσθηση

delusive/dɪ'lu:sɪv/απατηλός, ψεύτικος

deluxe/dɨ'lʌks/πολυτελής, λουξ

demand/dɪ'ma:nd/απαίτηση, αξίωση· ζήτηση • απαιτώ ~**ing** απαιτητικός

demean/dɪˈmi:n/υποβιβάζω

demist/ˌdi:ˈmɪst/ξεθολώνω (τα τζάμια αυτοκινήτου)

demo/ˈdeməʊ/☞ DEMONSTRATION

democracy/dɪˈmɒkrəsi/δημοκρατία

democrat/ˈdeməkræt/δημοκράτης

democratic/ˌdeməˈkrætɪk/δημοκρατικός

demolish/dɪˈmɒlɪʃ/κατεδαφίζω, γκρεμίζω

demolition/ˌdeməˈlɪʃən/κατεδάφιση, γκρέμισμα

demonstrate/ˈdemənstreɪt/επιδεικνύω, εξηγώ· διαδηλώνω, κάνω διαδήλωση· εκδηλώνω, επιδεικνύω

demonstration/ˌdemənˈstreɪʃən/, **demo**/ˈdeməʊ/επίδειξη (λειτουργίας μηχανισμού κ.τ.λ.)· διαδήλωση

demonstrative/dɪˈmɒnstrətɪv/εκδηλωτικός, διαχυτικός· *(γραμ.)* δεικτικός

demonstrator/ˈdemənstreɪtə/διαδηλωτής

demote/dɪˈməʊt/υποβιβάζω

demotion/dɪˈməʊʃən/υποβιβασμός

den/den/φωλιά· κρυσφήγετο, λημέρι

denial/dɪˈnaɪəl/άρνηση

denim/ˈdenɪ̥m/χοντρό ύφασμα, τζιν)· **denims** μπλουτζίν

Denmark/ˈdenma:k/Δανία

denomination/dɪ̥ˌnɒmɪ̥ˈneɪʃən/δόγμα, θρήσκευμα

denote/dɪˈnəʊt/δηλώνω, δείχνω

dense/dens/πυκνός

density/ˈdensɪ̥ti/πυκνότητα

dent/dent/βαθούλωμα, ζούληγμα • βαθουλώνω

dental/dentl/οδοντικός· οδοντιατρικός

dentist/ˈdentɪ̥st/οδοντίατρος

dentistry/ˈdentɪ̥stri/οδοντιατρική

denture/ˈdentʃə/ψεύτικη οδοντοστοιχία, μασέλα

deny/dɪˈnaɪ/αρνούμαι, διαψεύδω

deodorant/di:ˈəʊdərənt/αποσμητικό

depart/dɪˈpa:t/αναχωρώ, φεύγω

department/dɪˈpa:tmənt/τμήμα, υπηρεσία· ☆ υπουργείο

department store/dɪˈpa:tmənt stɔ:/ πολυκατάστημα

departure/dɪˈpa:tʃə/αναχώρηση

depend/dɪˈpend/***that/it (all) depends*** εξαρτάται ▪ **depend on/upon** α) εξαρτώμαι από β) στηρίζομαι, υπολογίζω σε γ) εξαρτώμαι, συντηρούμαι από (κπ./κτ.)

dependable/dɪˈpendəbl/αξιόπιστος

dependant/dɪˈpendənt/προστατευόμενο μέλος

dependency/dɪˈpendənsi/εξάρτηση

dependent/dɪˈpendənt/εξαρτώμενος· εξαρτημένος

depict/dɪˈpɪkt/απεικονίζω, παριστάνω

deplorable/dɪˈplɔ:rəbl/οικτρός, απαράδεκτος

deplore/dɪ'plɔ:/αποδοκιμάζω, καταδικάζω

deport/dɪ'pɔ:t/απελαύνω

deportation/ˌdi:pɔ:'teɪʃən/απέλαση

deposit/dɪ'pɒzɪt/αφήνω, ακουμπώ· καταθέτω • κατάθεση· προκαταβολή, καπάρο· κατακάθι, ίζημα

deposit account/dɪ'pɒzɪt əˌkaʊnt/ λογαριασμός κατάθεσης

depress/dɪ'pres/καταθλίβω ~**ed** μελαγχολικός, αποκαρδιωμένος ~**ing** καταθλιπτικός, που προκαλεί μελαγχολία

depression/dɪ'preʃən/κατάθλιψη, μελαγχολία· *(οικον.)* ύφεση, κρίση

deprive/dɪ'praɪv/**deprive of** (απο-) στερώ, αφαιρώ από (κπ. κτ.) **deprived** στερημένος, φτωχός

depth/depθ/βάθος· βαθύτητα, ένταση· κατάβαθα

deputize, **-ise**/'depjʊtaɪz/αντιπροσωπεύω, αναπληρώνω

deputy/'depjʊti/εκπρόσωπος, αναπληρωτής

derby/'dɑ:bi/ντέρμπι, αποφασιστικός αγώνας

derelict/'derɪlɪkt/εγκαταλειμμένος

derivative/dɪ'rɪvətɪv/παράγωγο, παράγωγη λέξη

derive/dɪ'raɪv/**derive from** παίρνω, αντλώ από· προέρχομαι, παράγομαι από

derogatory/dɪ'rɒgətəri/μειωτικός, υποτιμητικός

descend/dɪ'send/κατεβαίνω ▪ **descend on/upon** επιτίθεμαι κατά (προσώπου/πράγματος), εφορμώ **descend to** ξεπέφτω μέχρι (του σημείου να κάνω κτ.)

descendant/dɪ'sendənt/απόγονος

descent/dɪ'sent/κάθοδος, κατέβασμα· κατωφέρεια, κατηφοριά· πτώση, ξεπεσμός· καταγωγή

describe/dɪ'skraɪb/περιγράφω

description/dɪ'skrɪpʃən/περιγραφή

desert/'dezət/έρημος • /dɪ'zɜ:t/ εγκαταλείπω, αφήνω· *(στρατ.)* λιποτακτώ ~**ed** εγκαταλειμμένος, έρημος

deserter/dɪ'zɜ:tə/λιποτάκτης

desertion/dɪ'zɜ:ʃən/εγκατάλειψη· λιποταξία

deserve/dɪ'zɜ:v/δικαιούμαι, μου αξίζει, μου πρέπει

deservedly/dɪ'zɜ:vɪdli/επαξίως, δικαίως

design/dɪ'zaɪn/σχεδιάζω • σχέδιο

designer/dɪ'zaɪnə/σχεδιαστής • φίρμας, σινιέ

desirable/dɪ'zaɪərəbl/επιθυμητός

desire/dɪ'zaɪə/επιθυμώ • επιθυμία

desk/desk/γραφείο (έπιπλο)· (σχολικό) θρανίο· έδρα· ☞ RECEPTION DESK, INFORMATION DESK

desktop/'desktɒp/επιτραπέζιος

desolate/'desələt/συντετριμμένος, απελπισμένος· έρημος, εγκαταλειμμένος

despair/dɪ'speə/απελπίζομαι • απελπισία, απόγνωση

despatch/dɪˈspætʃ/☞ DISPATCH

desperate/ˈdespərət/απελπισμένος· απονενοημένος, απεγνωσμένος· απελπιστικός

desperately/ˈdespərətli/απεγνωσμένα· εξαιρετικά, πάρα πολύ

desperation/ˌdespəˈreɪʃən/απόγνωση, απελπισία

despise/dɪˈspaɪz/απεχθάνομαι· περιφρονώ

despite/dɪˈspaɪt/παρά, ανεξάρτητα από

dessert/dɪˈzɜːt/επιδόρπιο

destination/ˌdestɪˈneɪʃən/προορισμός

destined/ˈdestənd/κατευθυνόμενος (προς), με προορισμό (ένα μέρος)· προορισμένος

destiny/ˈdestəni/πεπρωμένο, μοίρα

destroy/dɪˈstrɔɪ/καταστρέφω

destroyer/dɪˈstrɔɪə/αντιτορπιλικό

destruction/dɪˈstrʌkʃən/καταστροφή

destructive/dɪˈstrʌktɪv/καταστρεπτικός

detach/dɪˈtætʃ/αποσπώ, αποσυνδέω, ξεκολλώ **~ed** α) αποσπασμένος, χωριστός β) πανταχόθεν ελεύθερο (κτίριο) γ) αποστασιοποιημένος, αδιάφορος

detachment/dɪˈtætʃmənt/αποσύνδεση, ξεκόλλημα· αποστασιοποίηση· (στρατιωτικό) απόσπασμα

detail/ˈdiːteɪl/λεπτομέρεια • εκθέτω λεπτομερώς **~ed** λεπτομερής

detain/ˈdiːteɪn/απασχολώ, κρατώ, καθυστερώ· θέτω υπό κράτηση, προφυλακίζω

detect/dɪˈtekt/ανακαλύπτω, εντοπίζω (ένοχο)· αντιλαμβάνομαι, εντοπίζω

detection/dɪˈtekʃən/εξιχνίαση (ιδ. εγκλημάτων)

detective/dɪˈtektɪv/ντετέκτιβ

detector/dɪˈtektə/ανιχνευτής

detention/dɪˈtenʃən/κράτηση, φυλάκιση

deter/dɪˈtɜː/αποτρέπω, αποθαρρύνω

detergent/dɪˈtɜːdʒənt/απορρυπαντικό

deteriorate/dɪˈtɪəriəreɪt/επιδεινώνομαι, χειροτερεύω

deterioration/dɪˌtɪəriəˈreɪʃən/επιδείνωση, χειροτέρευση

determination/dɪˌtɜːməˈneɪʃən/απόφαση, αποφασιστικότητα· καθορισμός, προσδιορισμός

determine/dɪˈtɜːmən/αποφασίζω· ορίζω, προσδιορίζω **determined** α) αποφασισμένος β) καθορισμένος **determining** καθοριστικός

detest/dɪˈtest/απεχθάνομαι

detestable/dɪˈtestəbl/αντιπαθητικός

detonate/ˈdetəneɪt/πυροκροτώ, εκρήγνυμαι, εκπυρσοκροτώ

detonation/ˌdetəˈneɪʃən/έκρηξη, πυροκρότηση

detour/ˈdiːtʊə/παράκαμψη, γύρος

detrimental/detrı'mentl/επιβλαβής

devaluation/di:ˌvælju'eıʃən/υποτίμηση (νομίσματος)

devalue/di:'vælju:/υποτιμώ (νόμισμα), κάνω υποτίμηση

devastate/'devəsteıt/καταστρέφω, ερημώνω **devastated** συντετριμμένος **devastating** α) καταστρεπτικός β) απίθανος

develop/dı'veləp/αναπτύσσω/-ομαι, διευρύνω/-ομαι· παθαίνω, προσβάλλομαι από (ασθένεια)· εκδηλώνω, δείχνω· αξιοποιώ, αναπτύσσω· *(φωτογρ.)* εμφανίζω/-ομαι **~ed** ανεπτυγμένος **~ing** αναπτυσσόμενος

development/dı'veləpmənt/ανάπτυξη· *(φωτογρ.)* εμφάνιση· εξέλιξη, πρόοδος

device/dı'vaıs/μηχανή, συσκευή· τέχνασμα, κόλπο

devil/'devəl/διάβολος

devious/'di:viəs/πλάγιος, ανέντιμος, ύπουλος

devise/dı'vaız/επινοώ, σκαρώνω

devote/dı'vəʊt/**devote to** αφιερώνω, διαθέτω σε **devoted** αφοσιωμένος

devotee/ˌdevə'ti:/λάτρης

devotion/dı'vəʊʃən/αφοσίωση

devour/dı'vaʊə/καταβροχθίζω

dew/dju:/δροσιά, σταγόνες υγρασίας

diabetes/ˌdaıə'bi:ti:z/*(ιατρ.)* διαβήτης

diagnose/'daıəgnəʊz/*(ιατρ.)* κάνω διάγνωση

diagnosis/ˌdaıəg'nəʊsıs/*(ιατρ.)* διάγνωση

diagonal/daı'ægənəl/διαγώνιος

diagram/'daıəgræm/διάγραμμα, γραφική παράσταση

dial/'daıəl/ταμπλό· πλάκα ρολογιού· καντράν ραδιοφώνου ή τηλεφωνικής συσκευής • καλώ, παίρνω αριθμό τηλεφώνου

dialect/'daıəlekt/διάλεκτος

dialling code/'daıəlıŋ kəʊd/τηλεφωνικός κώδικας

dialogue/'daıəlɒg/διάλογος· ανταλλαγή απόψεων

diameter/daı'æmıtə/διάμετρος

diametrically/ˌdaıə'metrıkli/εκ διαμέτρου, εντελώς

diamond/'daıəmənd/διαμάντι· ρόμβος· *(χαρτοπ.)* καρό

☆ **diaper**/'daıəpə/☞ NAPPY

diarrhoea, ☆ **diarrhea**/ˌdaıə'rıə/ διάρροια

diary/'daıəri/ημερολόγιο

dice/daıs/ζάρι(α)

dictate/dık'teıt/υπαγορεύω

dictation/dık'teıʃən/υπαγόρευση· ορθογραφία

dictator/dık'teıtə/δικτάτορας

dictatorial/ˌdıktə'tɔ:riəl/δικτατορικός

dictatorship/dık'teıtəʃıp/δικτατορία

diction/ˈdɪkʃən/άρθρωση· ορθοφωνία

dictionary/ˈdɪkʃənəri/λεξικό

die/daɪ/πεθαίνω ▪ **die down** εξασθενώ, ξεθυμαίνω **dying** ετοιμοθάνατος • μήτρα, καλούπι

diet/ˈdaɪət/διατροφή· δίαιτα • κάνω δίαιτα

differ/ˈdɪfə/διαφέρω· διαφωνώ

difference/ˈdɪfərəns/διαφορά· διαφωνία, διένεξη· *(μαθημ.)* υπόλοιπο

different/ˈdɪfərənt/διαφορετικός

differentiate/ˌdɪfəˈrenʃieɪt/διαφοροποιώ, διακρίνω· κάνω διακρίσεις, ξεχωρίζω

differentiation/ˌdɪfərenʃiˈeɪʃən/διαφοροποίηση

difficult/ˈdɪfɪkəlt/δύσκολος

difficulty/ˈdɪfɪkəlti/δυσκολία

dig/dɪg/σκάβω • χτύπημα, σκουντιά· σπόντα, μπηχτή· χώρος ανασκαφών, ανασκαφή

digest/daɪˈdʒest, dɨ-/χωνεύω/-ομαι· αφομοιώνω, κατανοώ

digestible/daɪˈdʒestɨbl, dɨ-/εύπεπτος

digestion/daɪˈdʒestʃən, dɨ-/πέψη, χώνεψη

digestive/daɪˈdʒestɪv/πεπτικός

digger/ˈdɪgə/σκαφτιάς

digit/ˈdɪdʒɨt/ψηφίο, αριθμός· δάχτυλο

digital/ˈdɪdʒɨtl/ψηφιακός

dignify/ˈdɪgnɨfaɪ/λαμπρύνω **dignified** αξιοπρεπής

dignity/ˈdɪgnɨti/αξιοπρέπεια· μεγαλοπρέπεια

dilate/daɪˈleɪt/διαστέλλω/-ομαι, ανοίγω

dilation/daɪˈleɪʃən/διαστολή

dilemma/dɨˈlemə/δίλημμα

diligence/ˈdɪlɨdʒəns/επιμέλεια, εργατικότητα

diligent/ˈdɪlɨdʒənt/επιμελής

dilly-dally/ˈdɪli ˌdæli/διστάζω, αμφιταλαντεύομαι

dilute/daɪˈluːt/διαλύω, αραιώνω

dilution/daɪˈluːʃən/διάλυση, αραίωση· διάλυμα

dim/dɪm/αμυδρός, αδύνατος· σκοτεινός, μουντός· ασθενής, σβησμένος· θολός, συγκεχυμένος· ασαφής· αργόστροφος, κουτός • θαμπώνω, θολώνω· χαμηλώνω (φως), εξασθενίζω, πέφτω

dimension/daɪˈmenʃən/διάσταση

diminish/dɨˈmɪnɪʃ/μειώνω/-ομαι, λιγοστεύω

dimple/dɪmpl/λακκάκι (στο μάγουλο)

dimwit/ˈdɪm wɪt/«ζωντόβολο», «όρνιο»

dine/daɪn/γευματίζω, τρώω

diner/ˈdaɪnə/πελάτης εστιατορίου· ☆ μικρό εστιατόριο

dinghy/ˈdɪŋgi/βαρκούλα

dining room/ˈdaɪnɪŋ ruːm/τραπεζαρία

dining table/ˈdaɪnɪŋ ˌteɪbl/τραπέζι φαγητού

dinner/'dɪnə/γεύμα

dinner jacket/'dɪnə ˌdʒækɨt/σμόκιν

dinosaur/'daɪnəsɔ:/δεινόσαυρος

dioxide/ˌdaɪɒ'ksaɪd/διοξείδιο

dip/dɪp/βυθίζω, βουτώ· χαμηλώνω (τους προβολείς αυτοκινήτου) • μπανάκι, βουτιά· παχύρρευστη σάλτσα όπου βουτάμε λαχανικά, ντιπ

diploma/dɨ'pləʊmə/δίπλωμα

diplomacy/dɨ'pləʊməsi/διπλωματία

diplomat/'dɪpləmæt/διπλωμάτης

diplomatic/ˌdɪplə'mætɪk/διπλωματικός

direct/dɨ'rekt, daɪ-/κατευθύνω· απευθύνω· διευθύνω, διοικώ· σκηνοθετώ· οδηγώ, δείχνω σε (κπ.) το δρόμο • ευθύς, ίσιος· απευθείας· ντόμπρος, ευθύς· ρητός, κατηγορηματικός· ακριβής, απόλυτος • κατευθείαν, απευθείας

direction/dɨ'rekʃən, daɪ-/διεύθυνση, διαχείριση· σκηνοθεσία· κατεύθυνση· **directions** οδηγίες

directive/dɨ'rektɪv/εντολή, οδηγία

directly/dɨ'rektli, daɪ-/ακριβώς, απολύτως· ευθέως, χωρίς περιστροφές· αμέσως, στη στιγμή • μόλις

director/dɨ'rektə, daɪ-/διευθυντής· σκηνοθέτης

directory/dɨ'rektəri, daɪ-/τηλεφωνικός κατάλογος

dirt/dɜ:t/ακαθαρσία, βρόμα, βρομιά· χώμα

dirt cheap/ˌdɜ:t 'tʃi:p/πάμφθηνος • πάμφθηνα

dirt road/'dɜ:t rəʊd/χωματόδρομος

dirty/'dɜ:ti/ακάθαρτος, βρόμικος· αισχρός, πρόστυχος· επιτιμητικός, άγριος • λερώνω/-ομαι, βρομίζω

dirty trick/ˌdɜ:ti 'trɪk/βρομοδουλειά, μπαμπεσιά

dirty word/ˌdɜ:ti 'wɜ:d/βρομόλογο

disability/ˌdɪsə'bɪlɨti/ανικανότητα, αδυναμία· αναπηρία

disable/dɪs'eɪbl/καθιστώ (κπ.) ανίκανο/ανάπηρο, σακατεύω **disabled** ανάπηρος

disadvantage/ˌdɪsəd'vɑ:ntɪdʒ/μειονέκτημα

disadvantageous/ˌdɪsædvən'teɪdʒəs/επιζήμιος, ασύμφορος

disagree/ˌdɪsə'gri:/διαφωνώ ▪ **disagree with** πειράζω

disagreeable/ˌdɪsə'gri:əbl/ενοχλητικός, αντιπαθητικός

disagreement/ˌdɪsə'gri:mənt/διαφωνία

disappear/ˌdɪsə'pɪə/εξαφανίζομαι

disappearance/ˌdɪsə'pɪərəns/εξαφάνιση

disappoint/ˌdɪsə'pɔɪnt/απογοητεύω **~ed** απογοητευμένος **~ing** απογοητευτικός

disappointment/ˌdɪsə'pɔɪntmənt/απογοήτευση

disapproval/ˌdɪsə'pru:vəl/αποδοκιμασία

disapprove/ˌdɪsəˈpru:v/αποδοκιμάζω, δεν εγκρίνω

disarm/dɪsˈa:m/αφοπλίζω ~**ed** αφοπλισμένος, άοπλος ~**ing** αφοπλιστικός

disarmament/dɪsˈa:məmənt/αφοπλισμός

disaster/dɪˈza:stə/καταστροφή, συμφορά

disastrous/dɪˈza:strəs/καταστρεπτικός, ολέθριος

disbelief/ˌdɪsbəˈli:f/δυσπιστία

disbelieve/ˌdɪsbəˈli:v/δεν πιστεύω

disc, (ιδ. ☆) **disk**/dɪsk/δίσκος

discard/dɪsˈka:d/πετώ (κτ. άχρηστο)

discern/dɪˈsɜ:n/διακρίνω

discharge/dɪsˈtʃa:dʒ/απαλλάσσω, αθωώνω· απολύω, αποφυλακίζω· δίνω εξιτήριο σε· εκβάλλω, βγάζω • αποφυλάκιση· εξιτήριο· εκκένωση, εκροή, άδειασμα

disciple/dɪˈsaɪpl/οπαδός, μαθητής

disciplinary/ˈdɪsəplɪnəri/πειθαρχικός

discipline/ˈdɪsəplən/πειθαρχία • πειθαρχώ, επιβάλλω πειθαρχία σε (κπ.)· τιμωρώ **disciplined** πειθαρχημένος

disclose/dɪsˈkləʊz/αποκαλύπτω, φέρνω στο φως

disclosure/dɪsˈkləʊʒə/αποκάλυψη, κοινολόγηση

disco/ˈdɪskəʊ/☞ DISCOTHEQUE

discolour, ☆ **discolor**/dɪsˈkʌlə/ξεβάφω, ξεθωριάζω

discomfort/dɪsˈkʌmfət/ταλαιπωρία, έλλειψη άνεσης· ανησυχία, ενόχληση

disconnect/ˌdɪskəˈnekt/αποσυνδέω

disconnection/ˌdɪskəˈnekʃən/αποσύνδεση

discontinue/ˌdɪskənˈtənju:/διακόπτω, σταματώ

discord/ˈdɪskɔ:d/ασυμφωνία, διχασμός

discotheque/ˈdɪskətek/, **disco** ντισκοτέκ

discount/ˈdɪskaʊnt/έκπτωση •/dɪsˈkaʊnt/κάνω έκπτωση, κάνω σκόντο

discourage/dɪsˈkʌrɪdʒ/αποθαρρύνω

discouragement/dɪsˈkʌrɪdʒmənt/αποθάρρυνση

discover/dɪsˈkʌvə/ανακαλύπτω, βρίσκω

discoverer/dɪsˈkʌvərə/εξερευνητής

discovery/dɪsˈkʌvəri/ανακάλυψη

discreet/dɪˈskri:t/διακριτικός

discrepancy/dɪˈskrepənsi/ασυμφωνία, διαφορά

discretion/dɪˈskreʃən/διακριτικότητα, τακτ· κρίση, διακριτική ευχέρεια

discriminate/dɪˈskrɪməneɪt/διαστέλλω, διακρίνω· μεροληπτώ, κάνω διακρίσεις

discrimination/dɪˌskrɪməˈneɪʃən/διάκριση

discus/'dɪskəs/*(αθλ.)* δίσκος

discuss/dɪ'skʌs/συζητώ

discussion/dɪ'skʌʃən/συζήτηση

disdain/dɪs'deɪn/περιφρόνηση • απαξιώ, δεν καταδέχομαι· περιφρονώ

disdainful/dɪs'deɪnfəl/περιφρονητικός, ακατάδεκτος

disease/dɪ'zi:z/νόσος, αρρώστια

disembark/,dɪsəm'ba:k/αποβιβάζω/-ομαι, ξεμπαρκάρω

disembarkation/,dɪsəmba:'keʃən/ αποβίβαση, ξεμπαρκάρισμα

disentangle/,dɪsən'tæŋgl/ξεμπλέκω

disfigure/dɪs'fɪgə/παραμορφώνω

disfigurement/,dɪs'fɪgəmənt/παραμόρφωση

disgrace/dɪs'greɪs/ντροπιάζω, ρεζιλεύω • δυσμένεια ντροπή

disgraceful/dɪs'greɪsfəl/αισχρός

disguise/dɪs'gaɪz/μεταμφιέζω· (συγ)καλύπτω • μεταμφίεση

disgust/dɪs'gʌst, dɪz-/αποστροφή, αηδία • προξενώ αηδία σε, αηδιάζω ~**ed** αηδιασμένος ~**ing** αηδιαστικός

dish/dɪʃ/πιάτο (το σκεύος)· πιάτο, φαγητό· **dishes** πιατικά, πιάτα, ποτήρια, μαχαιροπίρουνα κ.τ.λ.

dishearten/dɪs'ha:tn/αποκαρδιώνω, αποθαρρύνω

dishevelled/dɪ'ʃevəld/ατημέλητος, αναμαλλιασμένος, ανακατωμένος

dishonest/dɪs'ɒnəst/ανέντιμος

dishonesty/dɪs'ɒnəsti/ανεντιμότητα

dishonour/dɪs'ɒnə/ατίμωση • ατιμάζω, ντροπιάζω

dishonourable/dɪs'ɒnərəbl/άτιμος, αχρείος, αισχρός

dishwasher/'dɪʃ,wɒʃə/πλυντήριο πιάτων

disillusion/,dɪsə'lu:ʒən/βγάζω από την πλάνη, απογοητεύω

disillusionment/,dɪsə'lu:ʒənmənt/ απογοήτευση

disinfect/,dɪsən'fekt/απολυμαίνω

disinfectant/,dɪsən'fektənt/απολυμαντικό

disinformation/,dɪsɪnfə'meɪʃən/παραπληροφόρηση

disinterested/dɪs'ɪntrəstəd/ανιδιοτελής· αμερόληπτος

☆ **disk**/dɪsk/☞ DISC

diskette/dɪs'ket/*(πληρ.)* δισκέτα

dislike/dɪs'laɪk/αντιπαθώ, απεχθάνομαι • αντιπάθεια, αποστροφή, απέχθεια

dislocate/'dɪsləkeɪt/εξαρθρώνω (άκρο), βγάζω

dislocation/,dɪslə'keɪʃən/εξάρθρωση

disloyal/dɪs'lɔɪəl/άπιστος

disloyalty/dɪs'lɔɪəlti/απιστία

dismal/'dɪzməl/μελαγχολικός, ζοφερός, σκυθρωπός· θλιβερός

dismantle/dɪs'mæntl/ξεμοντάρω, διαλύω

dismantlement/dɪs'mæntlmənt/ αποσυναρμολόγηση, ξεμοντάρισμα

dismay/dɪs'meɪ/(κατα)τρομάζω, καταθορυβώ • τρόμος, ανησυχία

dismiss/dɪs'mɪs/απολύω, διώχνω· απορρίπτω

dismissal/dɪs'mɪsəl/απόλυση

dismount/dɪs'maʊnt/αφιππεύω, ξεκαβαλικεύω, κατεβαίνω

disobedience/ˌdɪsə'bi:diəns/ανυπακοή

disobedient/ˌdɪsə'bi:diənt/ανυπάκουος

disobey/ˌdɪsə'bei/παρακούω· παραβαίνω

disorder/dɪs'ɔ:də/ακαταστασία· φασαρία, (δημόσια) αναταραχή· *(ιατρ.)* διαταραχή, διατάραξη

disorderly/dɪs'ɔ:dəli/ακατάστατος· απείθαρχος

disorganization, -sation/dɪsˌɔ:gənaɪ'zeɪʃən/αποδιοργάνωση, διάλυση

disorganize, **-ise**/dɪs'ɔ:gənaɪz/ αποδιοργανώνω, διαλύω **disorganized** αποδιοργανωμένος, ανοργάνωτος

dispatch, **despatch**/dɪs'pætʃ/αποστέλλω, στέλνω • αποστολή· επίσημο έγγραφο, επιστολή· ανταπόκριση, τηλεγράφημα (σε εφημερίδα)

dispel/dɪ'spel/διασκορπίζω, διαλύω

dispense/dɪ'spens/διανέμω, μοιράζω, απονέμω

disperse/dɪ'spɜ:s/διασκορπίζω/-ομαι, διαλύω/-ομαι

display/dɪ'spleɪ/εκθέτω, επιδεικνύω· δείχνω, εκδηλώνω, φανερώνω· επιδεικνύω, κάνω επίδειξη· *(πληρ.)* απεικονίζω • έκθεση, επίδειξη· εκδήλωση· επίδειξη, επιδεικτικότητα· *(πληρ.)* απεικόνιση

displease/dɪs'pli:z/δυσαρεστώ, στενοχωρώ

displeasure/dɪs'pleʒə/δυσαρέσκεια

disposable/dɪ'spəʊzəbl/μιας χρήσεως

disposal/dɪ'spəʊzəl/διάθεση, πώληση· απόρριψη

dispose/dɪ'spəʊz/**dispose of** απαλλάσσομαι από, ξεφορτώνομαι ***be/feel disposed to do sth.*** είμαι διατεθειμένος, έχω διάθεση να κάνω κτ.

disposition/ˌdɪspə'zɪʃən/χαρακτήρας, ιδιοσυγκρασία

disproportionate/ˌdɪsprə'pɔ:ʃənət/δυσανάλογος

disprove/dɪs'pru:v/αποδεικνύω (κτ.) ψευδές ή εσφαλμένο

disputable/dɪ'spju:təbl/αμφισβητήσιμος, αμφίβολος, συζητήσιμος

dispute/dɪ'spju:t/συζητώ, λογομαχώ· αμφισβητώ • διένεξη, λογομαχία· προστριβή, διαμάχη

disregard/ˌdɪsrɪ'ga:d/αδιαφορώ, αγνοώ • αδιαφορία, περιφρόνηση

disrespect/ˌdɪsrɪ'spekt/ασέβεια, αναίδεια

disrespectful/ˌdɪsrɪ'spektfəl/ασεβής, αγενής, αυθάδης

disrupt/dɪs'rʌpt/αναστατώνω, αποδιοργανώνω

disruption/dɪs'rʌpʃən/αναστάτωση, αποδιοργάνωση

dissatisfaction/dɪ,sætɪ̶s'fækʃən/ δυσαρέσκεια

dissatisfy/dɪ'sætɪ̶sfaɪ/δυσαρεστώ, δεν ικανοποιώ

dissent/dɪ'sent/διαφωνία, διάσταση • διίσταμαι, διαφωνώ

dissertation/,dɪsə'teɪʃən/διατριβή, πραγματεία

dissimilar/dɪ'sɪmɪ̶lə/ανόμοιος, διαφορετικός

dissimilarity/,dɪsɪmɪ'lærɪ̶ti/ανομοιότητα

dissolve/dɪ'zɒlv/διαλύω/-ομαι

dissuade/dɪ'sweɪd/αποτρέπω

dissuasion/dɪ'sweɪʒən/αποτροπή

dissuasive/dɪ'sweɪsɪv/αποτρεπτικός

distance/'dɪstəns/απόσταση

distant/'dɪstənt/μακρινός· απόμακρος, ψυχρός

distaste/dɪs'teɪst/αντιπάθεια, αποστροφή

distasteful/dɪs'teɪstfəl/απεχθής, αντιπαθητικός

distil, distill/dɪ'stɪl/διυλίζω, αποστάζω

distillation/,dɪstɪ̶'leɪʃən/διύλιση, απόσταξη· απόσταγμα, διύλισμα

distinct/dɪ'stɪŋkt/διαφορετικός, ξεχωριστός· ευδιάκριτος, σαφής· αισθητός, έντονος· ρητός, κατηγορηματικός

distinction/dɪ'stɪŋkʃən/διάκριση, διαφορά· ανωτερότητα, περιωπή· τιμητική διάκριση, τίτλος

distinctive/dɪ'stɪŋktɪv/διακριτικός, χαρακτηριστικός ~**ly** ευδιάκριτα, σαφώς

distinctly/dɪs'tɪŋktli/ευκρινώς, καθαρά· σαφώς

distinguish/dɪ'stɪŋgwɪʃ/διακρίνω, ξεχωρίζω *distinguish oneself* διακρίνομαι, διαπρέπω ~**ed** διακεκριμένος, εξέχων, διαπρεπής ~**ing** χαρακτηριστικός, διακριτικός

distort/dɪ'stɔ:t/παραμορφώνω· διαστρεβλώνω

distortion/dɪ'stɔ:ʃən/παραμόρφωση· διαστρέβλωση

distract/dɪ'strækt/διασπώ, αποσπώ (την προσοχή) ~**ed** σαστισμένος, χαμένος

distraction/dɪ'strækʃən/διάσπαση της προσοχής

distraught/dɪ'strɔ:t/αναστατωμένος

distress/dɪ'stres/θλίψη, αγωνία, ανησυχία· δυστυχία, φτώχεια· πόνος, δυσφορία • θλίβω, αναστατώνω ~**ed** α) συντετριμμένος β) πάμπτωχος ~**ing** οδυνηρός, θλιβερός

distribute/dɪ'strɪbju:t/διανέμω, μοιράζω

distribution/,dɪstrɪ̶'bju:ʃən/διανομή

district/'dɪstrɪkt/περιοχή, περιφέρεια

distrust/dɪs'trʌst/δυσπιστώ, δεν εμπιστεύομαι, δεν πιστεύω • δυσπιστία

distrustful/dɪs'trʌstfəl/δύσπιστος

disturb/dɪ'stɜ:b/ενοχλώ· ταράζω, ανησυχώ· αναστατώνω, ανακατώνω

disturbance/dɪ'stɜ:bəns/φασαρία, αναστάτωση· ταραχή, διατάραξη (της κοινής ησυχίας)· ενόχληση

ditch/dɪtʃ/χαντάκι

dive/daɪv/βουτώ, κάνω βουτιά· καταδύομαι, βυθίζομαι • βουτιά

diver/'daɪvə/δύτης, βουτηχτής

diversion/daɪ'vɜ:ʃən, dɨ-/παροχέτευση (κυκλοφορίας)· διασκέδαση, ψυχαγωγία· αντιπερασπισμός, παραπλανητική ενέργεια

diversity/daɪ'vɜ:sɨti, dɨ-/ποικιλία

divert/daɪ'vɜ:t, dɨ-/αλλάζω την κατεύθυνση (κυκλοφορίας)· διασκεδάζω (κπ.)

divide/dɨ'vaɪd/μοιράζω· χωρίζω/-ομαι· διχάζω· διαιρώ· (δια)χωρίζω· υποδιαιρώ, διαβαθμίζω

dividend/'dɪvɨdend/μέρισμα

divination/ˌdɪvɨ'neɪʃən/μαντική

divine/dɨ'vaɪn/θεϊκός· θείος, θαυμάσιος

diving board/'daɪvɪŋ bɔ:d/εξέδρα καταδύσεων, σανίδα για βουτιές

division/dɨ'vɪʒən/κατανομή, καταμερισμός, μοιρασιά· όριο, χώρισμα, διαχωριστική γραμμή· *(μαθημ.)* διαίρεση· μεραρχία· *(στα σπορ)* κατηγορία

divorce/dɨ'vɔ:s/διαζύγιο • παίρνω διαζύγιο, χωρίζω **divorced** διαζευγμένος

divorcée/dɨvɔ:'si:/διαζευγμένος, χωρισμένος/-η

dizziness/'dɪzinɨs/ζάλη

dizzy/'dɪzi/ζαλισμένος· ιλιγγιώδης

do/du:/κάνω· τα πηγαίνω καλά/άσχημα· προξενώ· εξυπηρετώ, κάνω, αρκώ ▪ **do away with** καταργώ **do up** α) κουμπώνω β) ανακαινίζω, φρεσκάρω **do with** θέλω, χρειάζομαι **do without** περνώ, τα βγάζω πέρα (χωρίς) • *βοηθητικό (χρησιμοποιείται για)*: το σχηματισμό ερωτήσεων και αρνήσεων των κοινών ρημάτων: *do you like it?, he didn't answer* σε περιπτώσεις εμφατικής σύνταξης: *do be careful!*· για να αποφευχθεί η επανάληψη: *who said so? - I did*· στις ερωτηματικές φράσεις (tag-questions): *he lives in London, doesn't he?* ζει στο Λονδίνο, έτσι δεν είναι; • συγκέντρωση, πάρτι

dock/dɒk/προκυμαία αποβάθρα· εδώλιο κατηγορουμένου

docker/'dɒkə/λιμενεργάτης

dockyard/'dɒkja:d/ναυπηγείο

doctor/'dɒktə/γιατρός· διδάκτορας • παραποιώ, «μαγειρεύω»

doctoral/'dɒktərəl/διδακτορικός

doctorate/'dɒktərɨt/ντοκτορά

doctrine/'dɒktrɨn/δόγμα, θεωρία

document/'dɒkjʊmənt/έγγραφο • τεκμηριώνω

documentary/'dɒkjʊmentəri/ντοκιμαντέρ

dodge/dɒdʒ/αποφεύγω με ελιγμό,

τραβιέμαι για να αποφύγω (χτύπημα), κάνω στο πλάι· αποφεύγω με τέχνασμα, ξεφεύγω • πλάγια κίνηση, πλάγιο πήδημα· υπεκφυγή, τέχνασμα

dodgem car/'dɒdʒəm,ka:/συγκρουόμενο αυτοκινητάκι

dodgems/'dɒdʒəmz/(τα) συγκρουόμενα (αυτοκινητάκια)

doe/dəʊ/ελαφίνα· κουνέλα, λαγίνα

dog/dɒg/σκύλος

dogma/'dɒgmə/δόγμα, θεωρία

dogmatic/dɒg'mætɪk/δογματικός

dole/dəʊl/επίδομα ανεργίας

doll/dɒl/κούκλα

dollar/'dɒlə/δολάριο

dolphin/'dɒlfɪn/δελφίνι

domain/də'meɪn/ιδιοκτησία, κτήμα· σφαίρα γνώσεων ή ενδιαφερόντων· περιοχή αρμοδιότητας ή δικαιοδοσίας

dome/dəʊm/θόλος, τρούλος

domed/dəʊmd/θολωτός

domestic/də'mestɪk/οικιακός, του σπιτιού· *(για ζώο)* κατοικίδιος· εγχώριος, ντόπιος • υπηρέτης, οικιακή βοηθός

dominance/'dɒmɪnəns/υπεροχή, επικράτηση

dominant/'dɒmɪnənt/υπερισχύων, επικρατών

dominate/'dɒmɪneɪt/εξουσιάζω, κυριαρχώ· επικρατώ, υπερισχύω· δεσπόζω

domination/,dɒmɪ'neɪʃən/εξουσία, κυριαρχία

domineer/,dɒmɪ'nɪə/δυναστεύω ~ing αυταρχικός

dominion/də'mɪnjən/κυριαρχία· επικράτεια, κράτος

donate/dəʊ'neɪt/δωρίζω, προσφέρω

donation/dəʊ'neɪʃən/δωρεά

done/dʌn/τελειωμένος, καμωμένος *done in* κατακουρασμένος

donkey/'dɒŋki/γάιδαρος

donor/'dəʊnə/δωρητής· αιμοδότης

doom/du:m/μοίρα (κακιά), καταστροφή • καταδικάζω, προοιωνίζομαι κακή έκβαση

door/dɔ:/πόρτα *out of doors* στο ύπαιθρο

doorkeeper/'dɔ:,ki:pə/θυρωρός

doorknob/'dɔ:nɒb/πόμολο

doorknocker/'dɔ:,nɒkə/☞ KNOCKER

doorman/'dɔ:mæn/θυρωρός

doormat/'dɔ:mæt/πατάκι, ψάθα της πόρτας

doorstep/'dɔ:step/κατώφλι

doorway/'dɔ:weɪ/άνοιγμα, κούφωμα της πόρτας

dope/dəʊp/ναρκωτικό • ντοπάρω doping ντοπάρισμα

dormant/'dɔ:mənt/αδρανής

dormitory/'dɔ:mɪtəri/κοιτώνας

dosage/'dəʊsɪdʒ/δοσολογία

dose/dəʊs/δόση (φαρμάκου)

dossier/'dɒsieɪ/φάκελος (υπόθεσης)

dot/dɒt/τελεία, κουκκίδα

dotted/dɒtɪ̵d/κουκκιδωτός, στικτός· με βούλες, με πουά

double/dʌbl/διπλός· διπλάσιος· διπλός, για δύο • διπλά, διπλάσια • διπλή ποσότητα, (το) διπλάσιο· σωσίας, αντικαταστάτης • διπλασιάζω/-ομαι· διπλώνω στα δύο· *(θέατρ.)* ντουμπλάρω ▪ **double up** και **be doubled up** διπλώνομαι στα δύο (συνήθως από γέλια ή πόνο)

double-check/ˌdʌbl ˈtʃek/επανελέγχω

double-chin/ˌdʌbl ˈtʃɪn/διπλοσάγονο, προγούλι

double-decker/ˌdʌbl ˈdekə/διώροφο λεωφορείο

doubt/daʊt/αμφιβάλλω, αμφισβητώ • αμφιβολία

doubtful/ˈdaʊtfəl/αβέβαιος

doubtless/ˈdaʊtləs/αναμφίβολα

dough/dəʊ/ζύμη, ζυμάρι· χρήμα, παράς

doughnut/ˈdəʊnʌt/λουκουμάς, ντόνατ

dove/dʌv/περιστέρι

down/daʊn/κάτω, προς τα κάτω· εγγράφως, γραπτώς· στο κρεβάτι, κρεβατωμένος • αποκαρδιωμένος, πεσμένος· κατεβασμένος, πεσμένος • κατεβάζω, πίνω • πούπουλα

downcast/ˈdaʊnkaːst/κατηφής

downfall/ˈdaʊnfɔːl/πτώση, κατάρρευση· καταστροφή

downhearted/ˌdaʊnˈhaːtɪ̵d/αποκαρδιωμένος

downhill/ˌdaʊnˈhɪl/κατηφορικά, προς τα κάτω • κατηφορικός

down payment/ˌdaʊn ˈpeɪmənt/ προκαταβολή

downpour/ˈdaʊnpɔː/νεροποντή

downstairs/ˌdaʊnˈsteəz/κάτω, προς το κάτω πάτωμα • κάτω, του κάτω πατώματος • (το) κάτω πάτωμα, (το) ισόγειο

down-to-earth/ˌdaʊntʊˈɜːθ/προσγειωμένος

downtown/ˌdaʊnˈtaʊn/στο (εμπορικό) κέντρο της πόλης

downward/ˈdaʊnwəd/κατηφορικός

downwards/ˈdaʊnwədz/(προς τα) κάτω· (με την όψη) κάτω

dowry/ˈdaʊəri/προίκα

doze/dəʊz/λαγοκοιμάμαι ▪ **doze off** και **drop off** αποκοιμιέμαι, γλαρώνω • ελαφρός ύπνος

dozen/ˈdʌsən/ντουζίνα, δωδεκάδα· **dozens of** δεκάδες, ένα σωρό

drab/dræb/μονότονος

draft/draːft/προσχέδιο· (τραπεζική) επιταγή· ☞ CONSCRIPTION· ☞ DRAUCHT • κάνω το προσχέδιο· ☞ CONSCRIPT • βαρελίσιος, χύμα

drag/dræg/εμπόδιο, βάρος· κάτι το ανιαρό και πληκτικό· ρουφηξιά (καπνού), τζούρα • σέρνω, τραβώ· σέρνω με κόπο, σέρνομαι στο έδαφος· βραδυπορώ, χρονίζω, τραβώ σε μάκρος ▪ **drag out** τραβώ (κτ.) σε μάκρος

dragon/ˈdrægən/δράκος

drain/dreɪn/στραγγίζω· αποχετεύω· αποξηραίνω· πίνω ως την τελευταία σταγόνα, αδειάζω • αγωγός αποχέτευσης· αφαίμαξη· διαρροή

drainage/ˈdreɪnɪdʒ/αποχέτευση

draining board/ˈdreɪnɪŋ bɔ:d/στεγνωτήρας πιάτων

drainpipe/ˈdreɪnpaɪp/σωλήνας αποχέτευσης· υδρορροή

drake/dreɪk/αρσενική πάπια

drama/ˈdra:mə/δράμα, θεατρικό έργο· δραματική τέχνη, θέατρο

dramatic/drəˈmætɪk/δραματικός· μελοδραματικός

dramatist/ˈdræmətɪst/θεατρικός συγγραφέας

dramatization, **-sation**/ˌdræmətaɪˈzeɪʃən/διασκευή για το θέατρο

dramatize, **-ise**/ˈdræmətaɪz/διασκευάζω για το θέατρο

drastic/ˈdræstɪk/δραστικός

draught, ☆ **draft**/dra:ft/ρεύμα (αέρα)· ρουφηξιά, γουλιά· πούλι της ντάμας· **draughts**, ☆ **checkers** ντάμα (παιχνίδι) • βαρελίσιος, χύμα

draughtsman/ˈdraftsmən/σχεδιαστής

draw/drɔ:/σχεδιάζω, σκιτσάρω· τραβώ (γραμμή)· σύρω, τραβώ· βγάζω (συμπέρασμα)· αντλώ· προσελκύω, τραβώ· εισπνέω, τραβώ (αέρα στους πνεύμονες)· *(για καπνοδόχο)* τραβώ *draw a card* τραβώ χαρτί (από τράπουλα) *draw a check* εκδίδω επιταγή *draw (a game) with sb.* φέρνω ισοπαλία με κπ. *draw the curtains* ανοίγω ή κλείνω τις κουρτίνες *draw the line* θέτω όριο ▪ **draw back** α) οπισθοχωρώ, κάνω πίσω β) αθετώ, κάνω πίσω **~ing** α) σχεδίαση, σκιτσάρισμα β) σχέδιο • έλξη, τράβηγμα· κλήρωση· ισοπαλία

drawback/ˈdrɔ:bæk/μειονέκτημα

drawer/drɔ:/συρτάρι

drawing pin/ˈdrɔ:ɪŋpɪn/, ☆ **thumbtack** πινέζα

drawing room/ˈdrɔ:ɪŋ ru:m/σαλόνι, καθιστικό

drawn/drɔ:n/τραβηγμένος· *(για πρόσωπο)* κουρασμένο, συνοφρυωμένο· *(για αγώνα)* ισόπαλος

dread/dred/φοβούμαι, τρέμω • φόβος, τρόμος

dreadful/ˈdredfəl/τρομερός, φοβερός· απαίσιος

dreadfully/ˈdredfəli/πάρα πολύ· φοβερά

dream/dri:m/όνειρο • ονειρεύομαι

dreary/ˈdrɪəri/μελαγχολικός, ανιαρός, μονότονος

dregs/dregz/κατακάθια

drench/drentʃ/καταβρέχω, μουσκεύω

dress/dres/ντύνω/-ομαι· στολίζω (βιτρίνα)· καρυκεύω (φαγητό, σαλάτα)· περιποιούμαι (τραύμα) ▪ **dress down** κατσαδιάζω, «λούζω» **dress up** α) βάζω τα καλά μου β) μεταμφιέζομαι **~ed** ντυμένος *get dressed* ντύνομαι **~ing** α) σάλτσα για σαλάτα, ντρέσινγκ β) επίδεση τραύματος • φόρεμα, φουστάνι· αμφίεση, ντύσιμο

dresser/ˈdresə/μπουφές κουζίνας

dressing gown/ˈdresɪŋ gaʊn/ρόμπα

dressing table/ˈdresɪŋ ˌteɪbl/τουαλέτα (έπιπλο)

dress rehearsal/ˈdres rɪˌhɜːsəl/τελική πρόβα, πρόβα τζενεράλε

dribble/drɪbl/στάζω· μου τρέχουν τα σάλια· *(αθλ.)* ντριμπλάρω (μπάλα) • συνεχής λεπτή ροή· *(αθλ.)* ντρίμπλα

drier/ˈdraɪə/☞ DRYER

drift/drɪft/ρεύμα, τάση· παρασυρόμενη μάζα (χιονιού ή άμμου), σωρός • παρασύρομαι (από το ρεύμα)· συσσωρεύω/-ομαι, μαζεύω/-ομαι σε σωρό

drill/drɪl/τρυπώ, ανοίγω με τρυπάνι· ασκώ, εκπαιδεύω με ασκήσεις· εκπαιδεύω (στρατιώτες), κάνω γυμνάσια • τρυπάνι· άσκηση, (στρατιωτικά) γυμνάσια

drily/ˈdraɪli/☞ DRYLY

drink/drɪŋk/πίνω • ποτό· πιοτό

drinkable/ˈdrɪŋkəbl/πόσιμος

drinking water/ˈdrɪŋkɪŋ ˌwɔːtə/πόσιμο νερό

drip/drɪp/στάζω • στάξιμο· ιατρική συσκευή ορού

drip coffee/ˈdrɪp kɒfi/καφές φίλτρου

drive/draɪv/οδηγώ (όχημα)· πηγαίνω (κπ.) με αυτοκίνητο· χώνω, μπάζω, καρφώνω, βιδώνω· κινώ, θέτω σε κίνηση· εξωθώ, σπρώχνω, αναγκάζω ▪ **drive at** εννοώ, υπονοώ **drive off** βάζω μπρος αυτοκίνητο και φεύγω • βόλτα με αυτοκίνητο· διαδρομή· ιδιωτικός δρόμος· *(αυτοκ.)* κίνηση

driver/ˈdraɪvə/οδηγός (οχήματος)

driveway/ˈdraɪvweɪ/ιδιωτικός δρόμος

driving licence/ˈdraɪvɪŋ ˌlaɪsəns/, ☆ **driver's license** άδεια οδήγησης

driving school/ˈdraɪvɪŋ skuːl/σχολή οδήγησης

drizzle/drɪzl/ψιχαλίζω • ψιχάλισμα, ψιχάλα

drone/drəʊn/βόμβος, βουητό· κηφήνας

droop/druːp/κυρτώνω, γέρνω, κρέμομαι • σκύψιμο, κύρτωμα

drop/drɒp/σταγόνα· στάλα, δακτυλάκι (ποτού)· πτώση, μείωση • στάζω· ρίχνω, αφήνω (κτ.) να πέσει, πέφτω· κατεβάζω (τιμές κ.τ.λ.), μειώνω/-ομαι, πέφτω· κατεβάζω (κπ.) από όχημα· παρατάω, αφήνω ▪ **drop in** επισκέπτομαι, περνώ **drop off** ☞ DOZE OFF

dropper/ˈdrɒpə/σταγονόμετρο

drought/draʊt/ξηρασία, ανομβρία

drown/draʊn/πνίγω/-ομαι (σε νερό)

drowse/draʊz/λαγοκοιμάμαι, μισοκοιμάμαι

drowsy/ˈdraʊzi/νυσταγμένος, μισοκοιμισμένος **drowsily** νυσταλέα

drug/drʌg/φάρμακο· ναρκωτικό • ναρκώνω

drug addict/'drʌg ˌædɪkt/τοξικομανής

drug dealer/'drʌg ˌdi:lə/έμπορος ναρκωτικών

drum/drʌm/τύμπανο • παίζω τύμπανο· χτυπώ ρυθμικά

drummer/'drʌmə/τυμπανιστής

drumstick/'drʌmˌstɪk/τυμπανόξυλο

drunk/drʌŋk/μεθυσμένος • μέθυσος, μπεκρής

drunkard/'drʌŋkəd/μέθυσος

drunken/'drʌŋkən/μεθυσμένος

dry/draɪ/ξηρός, ξερός· στεγνός· ξηρός, μπρούσκος· απότομος, οξύς • στεγνώνω (ρούχα), σκουπίζω (πιάτα κ.τ.λ.)· αποξηραίνω (τροφή)

dry-clean/ˌdraɪ 'kli:n/καθαρίζω με στεγνό καθάρισμα

dry cleaner's/ˌdraɪ 'kli:nəz/στεγνοκαθαριστήριο

dryer, drier/'draɪə/στεγνωτήριο (συσκευή)

dryly, **drily**/'draɪli/ξερά, κοφτά

dryness/'draɪnɪ̈s/ξηρότητα, ξηρασία

dual/ˌdju:əl/διπλός

dual carriageway/ˌdju:əl 'kærɪdʒweɪ/δρόμος διπλής κατεύθυνσης χωρισμένος στη μέση σε όλο το μήκος του

dub/dʌb/μεταγλωττίζω· ντουμπλάρω (ταινία κ.τ.λ.) ~**bing** μεταγλώττιση

dubious/'dju:biəs/αβέβαιος· αμφίβολος, ύποπτος

duchess/'dʌtʃɪ̈s/δούκισσα

duck/dʌk/πάπια • σκύβω (το κεφάλι ή το σώμα) ενστικτωδώς· βουτώ (στο νερό)

duckling/'dʌklɪŋ/παπάκι

duct/dʌkt/αγωγός

due/dju:/οφειλόμενος· σωστός, απαιτούμενος· πληρωτέος, λήγων· αναμενόμενος • **dues** τέλη, φόροι

duel/'dju:əl/μονομαχία • μονομαχώ

duet/dju:'et/ντουέτο

due to/'dju: tə/εξαιτίας, λόγω

duffel coat, **duffle coat**/'dʌfəl ˌkəʊt/ μοντγκόμερι

duke/dju:k/δούκας

dull/dʌl/βαρύς, σκοτεινός, μουντός· βραδύνους, χοντροκέφαλος· πληκτικός, μονότονος, ανιαρός· αμβλύς, στομωμένος • αμβλύνω

duly/'dju:li/δεόντως, κανονικά

dumb/dʌm/μουγκός· άφωνος, αποσβολωμένος· ανόητος, βλάκας

dumbfound/dʌm'faʊnd/καταπλήσσω ~**ed** εμβρόντητος, κατάπληκτος

dummy/'dʌmi/ομοίωμα· κούκλα (ράφτη, βιτρίνας)· πιπίλα μωρού

dump/dʌmp/ξεφορτώνω, αδειάζω· ρίχνω, πέφτω κάτω με βαρύ κρότο • χωματερή

dunce/dʌns/ανεπίδεκτος μαθήσεως, τούβλο

dune/dju:n/, **sand dune** αμμόλοφος

dung/dʌŋ/κοπριά

dungarees/ˌdʌŋgəˈri:z/φόρμα χωρίς μανίκια

dungeon/ˈdʌndʒən/μπουντρούμι

dupe/dju:p/κορόιδο • εξαπατώ, κοροϊδεύω

duplicate/ˈdju:plɪkɪt/(ακριβές) αντίγραφο, διπλότυπο, πανομοιότυπο *in duplicate* εις διπλούν • διπλός, πανομοιότυπος • αντιγράφω, βγάζω αντίγραφο

duplication/ˌdju:plɪˈkeɪʃən/αντιγραφή, ανατύπωση

durable/ˈdjʊərəbl/ανθεκτικός, γερός

duration/djʊˈreɪʃən/διάρκεια

during/ˈdjʊərɪŋ/κατά τη διάρκεια

dusk/dʌsk/σούρουπο

dust/dʌst/σκόνη • ξεσκονίζω

dustbin/ˈdʌstbɪn/σκουπιδοτενεκές

dustcart/ˈdʌstka:t/σκουπιδιάρικο

duster/ˈdʌstə/ξεσκονόπονο

dustman/ˈdʌstmən/οδοκαθαριστής, σκουπιδιάρης

dustpan/ˈdʌstpæn/φαράσι

dusty/ˈdʌsti/σκονισμένος

Dutch/dʌtʃ/(οι) Ολλανδοί· η ολλανδική γλώσσα • ολλανδικός

Dutchman/ˈdʌtʃmən/Ολλανδός

Dutchwoman/ˈdʌtʃˌwʊmən/Ολλανδέζα

dutiful/ˈdju:tɪfəl/ευσυνείδητος

duty/ˈdju:ti/καθήκον *on duty* εν υπηρεσία *off duty* εκτός υπηρεσίας· και **duties** φόρος, δασμός, τέλος

duty-free/ˌdju:ti ˈfri:/αφορολόγητος,χωρίς δασμό

duvet/ˈdu:veɪ/πάπλωμα

dwarf/dwɔ:f/νάνος • επισκιάζω

dwell/dwel/μένω, κατοικώ

dweller/ˈdwelə/κάτοικος

dye/daɪ/χρώμα, βαφή, μπογιά • βάφω

dynamic/daɪˈnæmɪk/δυναμικός

dynamism/ˈdaɪnəmɪsəm/δυναμισμός

dynamite/ˈdaɪnəmaɪt/δυναμίτιδα

dynasty/ˈdɪnəsti/δυναστεία

E, e

each/i:tʃ/καθένας, κάθε

each other/ˌi:tʃˈʌðə/ο ένας τον άλλον

eager/ˈi:gə/που επιθυμεί πολύ, ανυπόμονος

eagerness/ˈi:gənɨs/ζήλος, ζέση· διακαής επιθυμία, λαχτάρα

eagle/i:gl/αετός

ear/ɪə/αφτί· στάχυ

earache/ˈɪəreɪk/ωταλγία, πόνος στο αφτί

earl/ɜ:l/κόμης

early/ˈɜ:li/(που φτάνει, συμβαίνει κ.τ.λ.) πριν από τον αναμενόμενο χρόνο· πρωινός, της αρχής (της ημέρας, του έτους, μιας εποχής κ.τ.λ.)· πρώιμος, πρόωρος • νωρίς· πρόωρα, πρώιμα

earn/ɜ:n/κερδίζω, βγάζω

earnest/ˈɜ:nɨst/σοβαρός • *in (real) earnest* στα σοβαρά, για τα καλά

earnings/ˈɜ:nɪŋz/αποδοχές (εργασίας)

earphones/ˈɪəfəʊnz/ακουστικά

earplug/ˈɪəplʌg/ωτοασπίδα

earring/ˈɪərɪŋ/σκουλαρίκι

earth/ɜ:θ/γη· έδαφος, χώμα • γειώνω

earthen/ˈɜ:θən/χωμάτινος· πήλινος

earthly/ˈɜ:θli/επίγειος

earthquake/ˈɜ:θkweɪk/, **quake** σεισμός

earthworm/ˈɜ:θwɜ:m/σκουλήκι, σκουληκαντέρα

ease/i:z/ευκολία, ευχέρεια· ηρεμία, άνεση • καταπραΰνω/-ομαι, ανακουφίζω, καθησυχάζω· μειώνω, μειώνομαι· χαλαρώνω, ξεσφίγγω

easily/ˈi:zɨli/εύκολα, άνετα· σαφώς

east/i:st/(η) ανατολή • ανατολικός • ανατολικά

Easter/ˈi:stə/Πάσχα

easterly/ˈi:stəli/ανατολικός

eastern/ˈi:stən/ανατολικός· ανατολίτικος, της Ανατολής

eastward/ˈi:stwəd/ανατολικός· προς τα ανατολικά

eastwards/ˈi:stwədz/προς ανατολάς

easy/ˈi:zi/εύκολος· άνετος, αβίαστος, φυσικός • εύκολα • με το μαλακό!

easy going/ˌi:ziˈgəʊɪŋ/βολικός, καλόβολος

eat/i:t/τρώω

eatable/ˈi:təbl/φαγώσιμος

eater/ˈi:tə/φαγάς

eavesdrop/ˈi:vzdrɒp/κρυφακούω, στήνω αφτί

eavesdropper/ˈi:vzdrɒpə/ωτακουστής

ebb/eb/άμπωτη, φυρονεριά • *(για παλίρροια)* υποχωρώ, τραβιέμαι· εξασθενώ, πέφτω

ebony/'ebəni/έβενος

eccentric/ɪk'sentrɪk/εκκεντρικός, παράξενος

eccentricity/ˌeksen'trɪsɨti/εκκεντρικότητα, παραξενιά

echo/'ekəʊ/ηχώ, αντίλαλος • αντηχώ, αντιλαλώ

eclipse/ɪ'klɪps/έκλειψη

eco-friendly/'ɪ:kəʊˌfrendli/φιλικός προς το περιβάλλον

ecological/ˌɪ:kə'lɒdʒɪkəl/οικολογικός

ecologist/ɪ'kɒlədʒɨst/οικολόγος

ecology/ɪ'kɒlədʒi/οικολογία

economic/i:kə'nɒmɪk/οικονομικός· επικερδής

economical/i:kə'nɒmɪkəl/οικονομικός, ολιγοδάπανος· οικονόμος

economics/ˌekə'nɒmɪks/οικονομική επιστήμη· (τα) οικονομικά

economist/i'kɒnəmɨst/οικονομολόγος

economize, **-ise** /ɪ'kɒnəmaɪz/κάνω οικονομία (σε)

economy/ɪ'kɒnəmi/οικονομία • οικονομικός, φτηνός

ecstasy/'ekstəsi/έκσταση

ecstatic/ɪk'stætɪk, ek-/εκστατικός

eczema/'eksɨmə/έκζεμα

edge/edʒ/κόψη (κοφτερού οργάνου)· χείλος, άκρη· παρυφή· ούγια

edgy/'edʒi/νευρικός, ευέξαπτος

edible/'edɨbl/φαγώσιμος

edit/'edɨt/επιμελούμαι, προετοιμάζω για έκδοση

edition/ɪ'dɪʃən/έκδοση (έργου)

editor/'edɨtə/αρχισυντάκτης· επιμελητής έκδοσης

editorial/ˌedɨ'tɔ:riəl/της σύνταξης • κύριο άρθρο εφημερίδας ή περιοδικού

educate/'edjʊkeɪt/εκπαιδεύω **educated** μορφωμένος

education/ˌedjʊ'keɪʃən/σπουδές

educational/ˌedjʊ'keɪʃənəl/εκπαιδευτικός, διδακτικός

eel/i:l/χέλι

effect/ɪ'fekt/επίδραση, συνέπεια *in effect* σε ισχύ • πραγματοποιώ, επιφέρω

effective/ɪ'fektɪv/αποτελεσματικός· ισχύων, σε ισχύ **~ness** αποτελεσματικότητα

effervesce/ˌefə'ves/αφρίζω, (ανα-) βράζω

efficiency/ɪ'fɪʃənsi/ικανότητα, αποδοτικότητα

efficient/ɪ'fɪʃənt/ικανός, αποδοτικός

effort/'efət/προσπάθεια

effortless/'efətləs/άκοπος, αβίαστος· άνετος

egg/eg/αβγό • **egg on** παρακινώ, παροτρύνω

eggcup/'eg-kʌp/αβγοθήκη

eggplant/'egplɑ:nt/μελιτζάνα

eggshell/'egʃel/τσόφλι αβγού

eggwhisk/'egwɪsk/αβγοδάρτης, σύρμα

ego/'i:gəʊ, 'eg-/(το) εγώ· περηφάνια, εγωισμός

egoism/'i:gəʊɪzəm,'e-/εγωισμός

egoist/'i:gəʊəst,'e-/εγωιστής

egoistic/ˌi:gəʊ'ɪstɪk/εγωιστικός

egotism/'egətɪzəm/εγωισμός, περιαυτολογία

egotist/'egətəst/εγωιστής, περιαυτολόγος

Egypt/'i:dʒɪpt/Αίγυπτος

Egyptian/ɪ'dʒɪpʃən/Αιγύπτιος • αιγυπτιακός

eiderdown/'aɪdədaʊn/πουπουλένιο πάπλωμα

eight/eɪt/οκτώ· οκτάρι· οκταμελής ομάδα, οκτάδα

eighteen/ˌeɪ'ti:n/δεκαοκτώ

eighteenth/ˌeɪ'ti:nθ/δέκατος όγδοος • (ένα) δέκατο όγδοο

eighth/eɪtθ/όγδοος • (ένα) όγδοο

eightieth/'eɪtiəθ/ογδοηκοστός • (ένα) ογδοηκοστό

eighty/'eɪti/ογδόντα

either/'aɪðə/καθένας (από τους δύο), και ο ένας και ο άλλος· ή ο ένας ή ο άλλος • ή • ούτε

eject/ɪ'dʒekt/εκτινάσσω/-ομαι

ejection/ɪ'dʒekʃən/εκτίναξη

elaborate/ɪ'læbərət/προσεγμένος, καλοδουλεμένος •/ɪ'læbəreɪt/ αναπτύσσω λεπτομερώς

elapse/ɪ'læps/παρέρχομαι, περνώ

elastic/ɪ'læstɪk/ελαστικός • ελαστικό, λάστιχο

elastic band/ɪˌlæstɪk 'bænd/λαστιχάκι

elbow/'elbəʊ/αγκώνας

elder/'eldə/μεγαλύτερος

elderly/'eldəli/ηλικιωμένος

eldest/'eldəst/(ο) μεγαλύτερος, πρωτότοκος

elect/ɪ'lekt/εκλέγω

election/ɪ'lekʃən/εκλογή, εκλογές

electoral/ɪ'lektərəl/εκλογικός

electric/ɪ'lektrɪk/ηλεκτρικός

electrical/ɪ'lektrɪkəl/ηλεκτρικός· ηλεκτρολογικός ~**ly** με ηλεκτρισμό

electrician/ɪˌlek'trɪʃən/ηλεκτρολόγος

electricity/ɪˌlek'trɪsəti/ηλεκτρισμός

electrify/ɪ'lektrɪfaɪ/ηλεκτρίζω· εξηλεκτρίζω **electrified** α) ηλεκτροφόρος β) ηλεκτρισμένος, φορτισμένος

electrocute/ɪ'lektrəkju:t/προκαλώ ηλεκτροπληξία

electrocution/ɪˌlektrə'kju:ʃən/ηλεκτροπληξία

electronic/ɪˌlek'trɒnɪk/ηλεκτρονικός

electronics/ɪˌlek'trɒnɪks/ηλεκτρονική

elegance/'eləgəns/κομψότητα

elegant/'eləgənt/κομψός

element/'eləmənt/στοιχείο

elementary/ˌelə'mentəri/στοιχειώδης

elementary school/elə'mentəri sku:l/δημοτικό (σχολείο)

elephant/'eləfənt/ελέφαντας

elevate/'eləveɪt/ανυψώνω· εξυψώνω

elevation/elᵻˈveɪʃən/ύψωμα· υψόμετρο, ύψος

☆ **elevator**/ˈelᵻveɪtə/ασανσέρ

eleven/ɪˈlevən/έντεκα

eleventh/ɪˈlevənθ/ενδέκατος • (ένα) ενδέκατο

elicit/ɪˈlɪsᵻt/αποσπώ, εκμαιεύω

elicitation/ɪˌlɪsᵻˈteɪʃən/εκμαίευση, απόσπαση

eligible/ˈelɪdʒᵻbl/ικανός, που έχει δικαίωμα από το νόμο· άξιος, κατάλληλος

eliminate/ɪˈlɪmᵻneɪt/εξαλείφω· αποκλείω

elimination/ɪˌlɪmᵻˈneɪʃən/εξάλειψη· αποκλεισμός

elite/ɪˈliːt, eɪ-/ελίτ, αφρόκρεμα

elope/ɪˈləʊp/φεύγω, κλέβομαι (με κπ.)

elopement/ɪˈləʊpmənt/εκούσια απαγωγή

eloquence/ˈeləkwəns/ευγλωττία

eloquent/ˈeləkwənt/ευφράδης

else/els/άλλος-η-ο *how else* πώς αλλιώς *where else* πού αλλού *or else* ειδάλλως, ή αλλιώς

elsewhere/elsˈweə, ˈelsweə/(κάπου) αλλού

elude/ɪˈluːd/διαφεύγω

email, **e-mail**/ˈiːmeɪl/(μήνυμα με) ηλεκτρονικό ταχυδρομείο

emancipate/ɪˈmænsᵻpeɪt/χειραφετώ· απελευθερώνω

emancipation/ɪˌmænsɪˈpeɪʃən/χειραφέτηση· απελευθέρωση

embalm/ɪmˈbaːm/ταριχεύω

embalmment/ɪmˈbaːmmənt/ταρίχευση

embankment/ɪmˈbæŋkmənt/ανάχωμα

embargo/ɪmˈbaːgəʊ/(εμπορικός) αποκλεισμός

embarrass/ɪmˈbærəs/φέρνω σε αμηχανία, σε δύσκολη θέση ~**ed** αμήχανος ~**ing** ενοχλητικός, που προκαλεί αμηχανία

embarrassment/ɪmˈbærəsmənt/ αμηχανία

embassy/ˈembəsi/πρεσβεία

embrace/ɪmˈbreɪs/αγκαλιάζω/-ομαι • εναγκαλισμός, αγκάλιασμα

embroider/ɪmˈbrɔɪdə/κεντώ

embroidery/ɪmˈbrɔɪdəri/κέντημα

embryo/ˈembriəʊ/έμβρυο

emerald/ˈemərəld/σμαράγδι· σμαραγδί • σμαραγδένιος

emerge/ɪˈmɜːdʒ/εμφανίζομαι, ξεπροβάλλω· ανακύπτω, προκύπτω

emergence/ɪˈmɜːdʒəns/εμφάνιση

emergency/ɪˈmɜːdʒənsi/έκτακτη ανάγκη· *(ιατρ.)* επείγον περιστατικό

emigrant/ˈemɪgrənt/μετανάστης

emigrate/ˈemᵻgreɪt/μεταναστεύω

emigration/ˌemɪˈgreɪʃən/μετανάστευση

eminent/ˈemɪnənt/διακεκριμένος, διαπρεπής

emir/eˈmɪə/εμίρης

emirate/eˈmɪrᵻt/εμιράτο

emotion/ɪ'məʊʃən/συναίσθημα, πάθος· συγκίνηση, ταραχή

emotional/ɪ'məʊʃənəl/συναισθηματικός, ευσυγκίνητος· συγκινητικός

emperor/'empərə/αυτοκράτορας

emphasis/'emfəsɨs/έμφαση

emphasize, **-ise**/'emfəsaɪz/τονίζω, υπογραμμίζω

empire/'empaɪə/αυτοκρατορία

employ/ɪm'plɔɪ/απασχολώ (με μισθό)· χρησιμοποιώ, ασκώ

employee/ɪm'plɔɪ-i:/εργαζόμενος, υπάλληλος

employer/ɪm'plɔɪə/εργοδότης

employment/ɪm'plɔɪmənt/απασχόληση, εργασία

empress/'emprɨs/αυτοκράτειρα

empty/'empti/άδειος

enable/ɪn'eɪbl/επιτρέπω, δίνω τη δυνατότητα σε

enamel/ɪ'næməl/σμαλτώνω

enchant/ɪn'tʃa:nt/γοητεύω, μαγεύω, θέλγω ~**ed** α) μαγεμένος β) γοητευμένος ~**ing** γοητευτικός, μαγευτικός

encircle/ɪn'sɜ:kl/περιβάλλω, περιστοιχίζω

enclose/ɪn'kləʊz/περικλείω, (περι)φράζω· εσωκλείω

encounter/ɪn'kaʊntə/συναντώ • (απροσδόκητη) συνάντηση

encourage/ɪn'kʌrɪdʒ/ενθαρρύνω **encouraging** ενθαρρυντικός

encouragement/ɪn'kʌrɨdʒmənt/ ενθάρρυνση

encyclop(a)edia/ɪn,saɪklə'pi:diə/ εγκυκλοπαίδεια

encyclop(a)edic/ɪn,saɪklə'pi:dɪk/ εγκυκλοπαιδικός

end/end/τέλος· τέρμα, άκρη, άκρο· υπόλειμμα, απομεινάρι· και **ends** επιδίωξη, σκοπός· τέλος, θάνατος *in the end* στο τέλος, τελικά • τελειώνω, λήγω ▪ **end up** καταλήγω

endanger/ɪn'deɪndʒə/διακινδυνεύω

endeavour/ɪn'devə/προσπαθώ, δοκιμάζω • προσπάθεια, απόπειρα

endless/'endləs/ατέλειωτος, απέραντος· συνεχής, αδιάκοπος

endorse, **indorse**/ɪn'dɔ:s/οπισθογραφώ

endorsement/ɪn'dɔ:smənt/οπισθογράφηση

endow/ɪn'daʊ/προικίζω ~**ed** προικισμένος

enemy/'enəmi/εχθρός, αντίπαλος

energetic/,enə'dʒetɪk/δραστήριος

energy/'enədʒi/ενέργεια

engage/ɪn'geɪdʒ/προσλαμβάνω, παίρνω· μισθώνω, κρατώ, πιάνω **engaged** α) απασχολημένος, κλεισμένος β) κατειλημμένος γ) αρραβωνιασμένος

engagement/ɪn'geɪdʒmənt/αρραβώνας· δέσμευση, ραντεβού

engagement ring/ɪn'geɪdʒmənt rɪŋ/ δαχτυλίδι αρραβώνων

engine/'endʒɨn/μηχανή

engineer/,endʒɨ'nɪə/μηχανικός, μηχανολόγος

engineering/ˌendʒɪˈnɪərɪŋ/μηχανολογία

England/ˈɪŋglənd/Αγγλία

English/ˈɪŋglɪʃ/αγγλικός • (η) αγγλική (γλώσσα)· (οι) Άγγλοι

Englishman/ˈɪŋglɪʃmən/Άγγλος

Englishwoman/ˈɪŋglɪʃˌwʊmən/Αγγλίδα

engrossed/ˈɪŋgrəʊst/απορροφημένος

enigma/ɪˈnɪgmə/αίνιγμα, μυστήριο

enigmatic/ˌenɪgˈmætɪk/αινιγματικός, μυστηριώδης

enjoy/ɪnˈdʒɔɪ/απολαμβάνω *enjoy oneself* διασκεδάζω, γλεντώ

enjoyable/ɪnˈdʒɔɪəbl/απολαυστικός, ευχάριστος

enjoyment/ɪnˈdʒɔɪmənt/απόλαυση, τέρψη

enlarge/ɪnˈlɑːdʒ/μεγεθύνω

enlargement/ɪnˈlɑːdʒmənt/μεγέθυνση

enmity/ˈenmɪti/εχθρότητα, έχθρα, μίσος

enormous/ɪˈnɔːməs/πελώριος, τεράστιος ~**ly** υπερβολικά, τρομερά

enough/ɪˈnʌf/αρκετός • αρκετά

enquire/ɪnˈkwaɪə/☞ INQUIRE

enquiry/ɪnˈkwaɪəri/☞ INQUIRY

enrich/ɪnˈrɪtʃ/(εμ)πλουτίζω

enrol/ɪnˈrəʊl/εγγράφω/-ομαι

enrolment/ɪnˈrəʊlmənt/εγγραφή

ensure/ɪnˈʃʊə/εξασφαλίζω, εγγυώμαι

entail/ɪnˈteɪl/συνεπάγομαι, έχω ως αποτέλεσμα

enter/ˈentə/εισέρχομαι, μπαίνω σε ▪ **enter for** εγγράφω, δηλώνω συμμετοχή σε (κτ.)

enterprise/ˈentəpraɪz/εγχείρημα, τόλμημα· επιχείρηση

entertain/ˌentəˈteɪn/διασκεδάζω, ψυχαγωγώ ~**ing** διασκεδαστικός

entertainment/ˌentəˈteɪnmənt/διασκέδαση, ψυχαγωγία· ψυχαγωγικό πρόγραμμα, θέαμα

enthrone/ɪnˈθrəʊn/ενθρονίζω

enthronement/ɪnˈθrəʊnmənt/ενθρόνιση

enthuse/ɪnˈθjuːz/ενθουσιάζω/-ομαι

enthusiasm/ɪnˈθjuːziæzəm/ενθουσιασμός

enthusiast/ɪnˈθjuːziæst/θαυμαστής, λάτρης

enthusiastic/ɪnˌθjuːziˈæstɪk/ενθουσιώδης, μανιώδης

entice/ɪnˈtaɪs/δελεάζω, παρασύρω

entire/ɪnˈtaɪə/ολόκληρος, όλος

entirely/ɪnˈtaɪəli/ολότελα, εντελώς

entitle/ɪnˈtaɪtl/τιτλοφορώ· δίνω το δικαίωμα, επιτρέπω

entrance/ˈentrəns/είσοδος

entrepreneur/ˌɒntrəprəˈnɜː/επιχειρηματίας

entry/ˈentri/είσοδος· καταχώρηση, εγγραφή· συμμετοχή

enumerate/ɪˈnjuːməreɪt/απαριθμώ

enumeration/ɪˌnjuːməˈreɪʃən/απαρίθμηση

envelope/'envələʊp/φάκελος

envious/'enviəs/φθονερός, ζηλιάρης

environment/ɪn'vaɪrənmənt/περιβάλλον

environmental/ɪnˌvaɪrən'mentl/του περιβάλλοντος, οικολογικός

envy/'envi/φθόνος, ζήλια • φθονώ, ζηλεύω

epic/'epɪk/έπος

epidemic/ˌepɪ'demɪk/επιδημία

epilogue/'epɪlɒg/επίλογος

episode/'epɪsəʊd/επεισόδιο

equal/'i:kwəl/ίσος • ισούμαι προς· είμαι ισάξιος, αντάξιος (κάποιου)

equality/ɪ'kwɒlɪti/ισότητα

equally/'i:kwəli/εξίσου, ομοίως

equator/ɪ'kweɪtə/Ισημερινός

equip/ɪ'kwɪp/εξοπλίζω, εφοδιάζω

equipment/ɪ'kwɪpmənt/εξοπλισμός

equivalent/ɪ'kwɪvələnt/ισοδύναμος, ισάξιος, ισότιμος • (το) αντίστοιχο

era/'ɪərə/ιστορική περίοδος, εποχή

eraser/ɪ'reɪzə/σβηστήρι

erect/ɪ'rekt/όρθιος, στητός • ανεγείρω, χτίζω

erection/ɪ'rekʃən/ανέγερση

erode/ɪ'rəʊd/διαβρώνω/-ομαι

erosion/ɪ'rəʊʒən/διάβρωση

err/ɜ:/σφάλλω

erroneous/ɪ'rəʊniəs/εσφαλμένος

error/'erə/λάθος, σφάλμα

erupt/ɪ'rʌpt/εκρήγνυμαι

eruption/ɪ'rʌpʃən/έκρηξη

escalator/'eskəleɪtə/κυλιόμενη σκάλα

escape/ɪ'skeɪp/δραπετεύω· διαρρέω· ξεφεύγω, γλιτώνω· διαφεύγω • απόδραση, δραπέτευση· διάσωση, διαφυγή· διαρροή

escort/'eskɔ:t/συνοδεία· συνοδός • συνοδεύω

Eskimo/'eskɪməʊ/Εσκιμώος

especially/ɪ'speʃəli/ιδιαίτερα

espionage/'espiəna:ʒ/κατασκοπία

essay/'eseɪ/δοκίμιο, έκθεση

essence/'esəns/ουσία· συμπυκνωμένο εκχύλισμα

essential/ɪ'senʃəl/βασικός, απαραίτητος· ουσιώδης, χαρακτηριστικός • (το) ουσιώδες, (το) απαραίτητο στοιχείο

essentially/ɪ'senʃəli/ουσιαστικά, κυρίως

establish/ɪ'stæblɪʃ/ιδρύω, δημιουργώ· εδραιώνω, καθιερώνω ~**ed** παγιωμένος, εδραιωμένος

establishment/ɪ'stæblɪʃmənt/ίδρυση, δημιουργία· εδραίωση, παγίωση· (το) κατεστημένο

estate/ɪ'steɪt/κτήμα, κτηματική περιουσία ***personal/real estate*** κινητή/ακίνητη περιουσία

estate agent/ɪ'steɪt ˌeɪdʒənt/κτηματομεσίτης

estate car/ɪ'steɪt ka:/αυτοκίνητο τύπου στέισιον-βάγκον

esteem/ɪ'sti:m/εκτίμηση • εκτιμώ

☆ **esthetic**/iːs'θetɪk/☞ AESTHETIC

estimate/'estəmeɪt/εκτιμώ, υπολογίζω • /'estəmət/εκτίμηση, υπολογισμός· προϋπολογισμός (κόστους)

estimation/ˌestə'meɪʃən/εκτίμηση, κρίση

etc./ˌet'setərə/κ.τ.λ. (και τα λοιπά)

eternal/ɪ'tɜːnəl/αιώνιος, ατέλειωτος

eternity/ɪ'tɜːnəti/αιωνιότητα

ethics/'eθɪks/ηθική (η επιστήμη)· ηθικές αρχές, δεοντολογία

ethnic/'eθnɪk/εθνικός, εθνολογικός

etiquette/'etɪket/εθιμοτυπία, πρωτόκολλο

etymology/ˌetə'mɒlədʒi/ετυμολογία

eucalyptus/ˌjuːkə'lɪptəs/ευκάλυπτος

euphemism/'juːfəmɪzəm/ευφημισμός

euro/'jʊərəʊ/ευρώ

Europe/'juːərəp/Ευρώπη

European/ˌjʊərə'piːən/Ευρωπαίος • ευρωπαϊκός

euthanasia/ˌjuːθə'neɪziə/ευθανασία

evacuate/ɪ'vækjʊeɪt/εκκενώνω, αδειάζω· διακομίζω, μεταφέρω

evacuation/ɪˌvækjʊ'eɪʃən/εκκένωση· διακομιδή, μεταφορά

evade/ɪ'veɪd/διαφεύγω, ξεφεύγω· αποφεύγω, υπεκφεύγω

evaluate/ɪ'væljʊeɪt/αξιολογώ, εκτιμώ, κρίνω

evaluation/ɪˌvæljʊ'eɪʃən/εκτίμηση, αξιολόγηση

evaporate/ɪ'væpəreɪt/εξατμίζω/-ομαι, ξεθυμαίνω· εξανεμίζω/-ομαι

evaporated milk/ɪˌvæpəreɪtəd'mɪlk/γάλα εβαπορέ

evaporation/ɪˌvæpə'reɪʃən/εξαέρωση

evasion/ɪ'veɪʒən/αποφυγή· υπεκφυγή, περιστροφή

eve/iːv/παραμονή

even/'iːvən/ομαλός, επίπεδος· κανονικός, ομαλός· άρτιος, ζυγός • ακόμα και· ακόμα· *(με άρνηση)* καν *even if* ακόμα κι αν *even though* παρόλο που *even so* ακόμα κι έτσι, αλλά κι έτσι

evening/'iːvnɪŋ/βράδυ

evenly/'iːvənli/ομοιόμορφα· κανονικά, ομαλά· στα ίσια

event/ɪ'vent/γεγονός, περιστατικό· άθλημα, αθλητικό γεγονός

ever/'evə/ποτέ, καμιά φορά· [έπειτα από παραθετικά] ποτέ *ever after* από τότε κι έπειτα *for ever* για πάντα, αιωνίως *ever since* από τότε

evergreen/'evəgriːn/αειθαλής • αειθαλές φυτό

everlasting/ˌevə'laːstɪŋ/αιώνιος

every/'evri/έκαστος, κάθε

everybody/'evribɒdi/όλοι, ο καθένας

everyday/'evrideɪ/καθημερινός

everyone/'evriwʌn/όλοι, οι πάντες, ο καθένας

everything/'evriθɪŋ/τα πάντα, όλα, το καθετί· το παν

everywhere/'evriweə/παντού

evict/ɪ'vɪkt/κάνω έξωση σε

eviction/ɪ'vɪkʃən/έξωση

evidence/'evɪ̆dəns/αποδείξεις, αποδεικτικά στοιχεία· μαρτυρία· ένδειξη, ίχνος

evident/'evɪ̆dənt/προφανής, ολοφάνερος

evil/'i:vəl/κακός • (το) κακό

evolution/ˌi:və'lu:ʃən/εξέλιξη

evolve/ɪ'vɒlv/εξελίσσω/-ομαι

exact/ɪg'zækt/ακριβής ~**ly** ακριβώς

exaggerate/ɪg'zædʒəreɪt/υπερβάλλω

exaggeration/ɪgˌzædʒə'reɪʃən/ υπερβολή, μεγαλοποίηση

exam/ɪg'zæm/εξέταση, διαγώνισμα

examination/ɪgˌzæmɪ̆'neɪʃən/εξέταση, διαγώνισμα

examine/ɪg'zæmɪ̆n/εξετάζω

example/ɪg'za:mpəl/παράδειγμα *for example* παραδείγματος χάρη

exasperate/ɪg'za:spəreɪt/εξοργίζω, κάνω (κπ.) έξω φρενών

exasperation/ɪgˌzæspə'reɪʃən/ οργή, αγανάκτηση

excavate/'ekskəveɪt/σκάβω· *(αρχαιολ.)* ανασκάπτω, ανακαλύπτω

excavation/ˌekskə'veɪʃən/εκσκαφή, σκάψιμο· αρχαιολογική ανασκαφή

excavator/'ekskəveɪtə/εκσκαφέας

exceed/ɪk'si:d/υπερβαίνω· υπερτερώ, ξεπερνώ

excel/ɪk'sel/διαπρέπω, διακρίνομαι

excellent/'eksələnt/εξαίρετος, έξοχος

except/ɪk'sept/εκτός από *except for* εκτός από, εξαιρουμένου του... • εκτός • εξαιρώ, αποκλείω ~**ed** εκτός από, εξαιρουμένου ~**ing** εκτός από, εξαιρουμένου

exception/ɪk'sepʃən/εξαίρεση

exceptional/ɪk'sepʃənəl/εξαιρετικός, μοναδικός

excess/ɪk'ses, 'ekses/υπερβολή· περίσσεια, πλεόνασμα •/'ekses/ υπερβολικός, καθ' υπέρβαση· υπέρβαρος

excessive/ɪk'sesɪv/υπερβολικός

exchange/ɪks'tʃeɪndʒ/ανταλλαγή· συνάλλαγμα· χρηματιστήριο· τηλεφωνικό κέντρο • ανταλλάσσω, αλλάζω

excite/ɪk'saɪt/εξάπτω **excited** συγκινημένος, ταραγμένος **exciting** συναρπαστικός

excitement/ɪk'saɪtmənt/έξαψη, ζωηρή συγκίνηση

exclamation mark/ˌeksklə'meɪʃən ma:k/θαυμαστικό

exclude/ɪk'sklu:d/αποκλείω **excluding** εξαιρουμένου του, αν εξαιρέσουμε

exclusion/ɪk'sklu:ʒən/αποκλεισμός

exclusive/ɪk'sklu:sɪv/αποκλειστικός· κλειστός, προσιτός μόνο σε ορισμένους *exclusive of* μη συμπεριλαμβανομένου,χωρίς • αποκλειστική δημοσίευση ~**ly** αποκλειστικά

excursion/ɪk'skɜːʃən/εκδρομή

excuse/ɪk'skjuːz/συγχωρώ *excuse me!* με συγχωρείτε!, συγγνώμη! • δικαιολογία

execute/'eksɪ̈kjuːt/εκτελώ

execution/ˌeksɪ̈'kjuːʃən/εκτέλεση

executioner/ˌeksɪ̈'kjuːʃənə/εκτελεστής, δήμιος

executive/ɪg'zekjʊtɪv/εκτελεστικός, διοικητικός • διευθυντικό στέλεχος· (η) εκτελεστική εξουσία

exempt/ɪg'zempt/απαλλαγμένος • εξαιρώ, απαλλάσσω

exemption/ɪg'zempʃən/απαλλαγή, εξαίρεση

exercise/'eksəsaɪz/άσκηση • εξασκώ, εξασκούμαι, γυμνάζω/-ομαι

exhalation/ˌekshə'leɪʃən/εκπνοή

exhale/eks'heɪl/εκπνέω

exhaust/ɪg'zɔːst/εξουθενώνω· εξαντλώ ~**ed** εξαντλημένος, εξουθενωμένος ~**ing** εξαντλητικός • εξάτμιση

exhaustion/ɪg'zɔːstʃən/εξουθένωση· εξάντληση

exhaustive/ɪg'zɔːstɪv/πλήρης, λεπτομερής

exhaust pipe/ɪg'zɔːst paɪp/εξάτμηση

exhibit/ɪg'zɪbɪ̈t/εκθέτω· παρουσιάζω, εμφανίζω • έκθεμα· πειστήριο

exhibition/ˌeksɪ̈'bɪʃən/έκθεση

exile/'eksaɪl, 'egzaɪl/εξορία· εξόριστος • εξορίζω

exist/ɪg'zɪst/υπάρχω, υφίσταμαι· διατηρούμαι στη ζωή, επιβιώνω ~**ing** υπάρχων, παρών, σημερινός

existence/ɪg'zɪstəns/ύπαρξη· επιβίωση, διατήρηση στη ζωή

exit/'egzɪ̈t, 'eksɪ̈t/έξοδος

exorbitant/ɪg'zɔːbɪ̈tənt/υπερβολικός, εξωφρενικός

exotic/ɪg'zɒtɪk/εξωτικός

expand/ɪk'spænd/διαστέλλω/-ομαι, επεκτείνω/-ομαι

expansion/ɪk'spænʃən/διαστολή· επέκταση, ανάπτυξη

expect/ɪk'spekt/περιμένω, προσδοκώ· απαιτώ ***expect (that)*** νομίζω, υποθέτω (ότι)

expectation/ˌekspek'teɪʃən/προσδοκία

expedition/ˌekspɪ̈'dɪʃən/εκστρατεία

expel/ɪk'spel/αποβάλλω· απελαύνω

expenditure/ɪk'spendɪtʃə/δαπάνες, έξοδα

expense/ɪk'spens/δαπάνη, έξοδα

expensive/ɪk'spensɪv/ακριβός, δαπανηρός

experience/ɪk'spɪəriəns/πείρα· εμπειρία, βίωμα • υφίσταμαι **experienced** πεπειραμένος, έμπειρος

experiment/ɪk'sperɪ̈mənt/πείραμα • /ɪk'sperɪ̈ment/πειραματίζομαι, κάνω πειράματα

experimental/ɪkˌsperɪ̈'mentl/πειραματικός

expert/'ekspɜːt/ειδικός, ειδήμων • εμπειρογνώμονας

expire/ɪk'spaɪə/εκπνέω, λήγω

expiry/ɪk'spaɪəri/εκπνοή, λήξη

explain/ɪk'spleɪn/εξηγώ ▪ **explain away** δικαιολογώ (κτ.)

explanation/ˌeksplə'neɪʃən/εξήγηση, ερμηνεία

explicit/ɪk'splɪsət/ρητός, σαφής

explode/ɪk'spləʊd/εκρήγνυμαι, ανατινάσσω/-ομαι· ξεσπώ

exploit/ɪk'splɔɪt/εκμεταλλεύομαι • άθλος, κατόρθωμα

exploitation/ˌeksplɔɪ'teɪʃən/εκμετάλλευση

exploration/ˌeksplə'reɪʃən/εξερεύνηση

explore/ɪk'splɔː/εξερευνώ

explorer/ɪk'splɔːrə/εξερευνητής

explosion/ɪk'spləʊʒən/έκρηξη

explosive/ɪk'spləʊsɪv/εκρηκτικός • εκρηκτικό

export/ɪk'spɔːt/εξάγω •/'ekspɔːt/ εξαγωγή (εμπορεύματος)

exporter/ɪk'spɔːtə/εξαγωγέας

expose/ɪk'spəʊz/εκθέτω· αποκαλύπτω, ξεσκεπάζω

exposition/ˌekspə'zɪʃən/μεγάλη έκθεση

exposure/ɪk'spəʊʒə/έκθεση· αποκάλυψη, ξεσκέπασμα· *(φωτογρ.)* πόζα

express/ɪk'spres/εκφράζω ***express oneself*** εκφράζομαι, διατυπώνω τις σκέψεις μου • ταχεία αμαξοστοιχία, εξπρές· υπηρεσία επειγόντων • σαφής, ρητός· ταχύς, επείγων, εξπρές • με το επείγον ταχυδρομείο, εξπρές

expression/ɪk'spreʃən/έκφραση

expressive/ɪk'spresɪv/εκφραστικός

expulsion/ɪk'spʌlʃən/αποβολή· απέλαση

exquisite/ɪk'skwɪzət,'ekswɪ-/εξαίσιος, έξοχος· λεπτός, φίνος

extend/ɪk'stend/επεκτείνω/-ομαι· παρατείνω/-ομαι

extension/ɪk'stenʃən/επέκταση, προέκταση· παράταση· προσθήκη (κτιρίου)· εσωτερική γραμμή τηλεφώνου

extensive/ɪk'stensɪv/εκτεταμένος

extent/ɪk'stent/έκταση

exterior/ɪk'stɪəriə/εξωτερικός • (το) εξωτερικό μέρος

exterminate/ɪk'stɜːməneɪt/εξολοθρεύω, εξοντώνω

extermination/ɪkˌstɜːmə'neɪʃən/ εξολόθρευση, εξόντωση

exterminator/ɪk'stɜːməneɪtə/εξολοθρευτής

external/ɪk'stɜːnl/εξωτερικός

extinct/ɪk'stɪŋkt/που έχει εκλείψει, εξαφανισθείς· *(για ηφαίστειο)* σβησμένος, ανενεργός, αδρανής

extinction/ɪk'stɪŋkʃən/εξαφάνιση, εξάλειψη· κατάσβεση, σβήσιμο

extinguish/ɪk'stɪŋgwɪʃ/σβήνω

extinguisher/ɪk'stɪŋgwɪʃə/πυροσβεστήρας

extra/'ekstrə/επιπλέον, έξτρα •

συμπλήρωμα· έκτακτη έκδοση, έκτακτο παράρτημα εφημερίδας· κομπάρσος

extract/ɪk'strækt/βγάζω, αποσπώ· αντλώ, παίρνω· εκθλίβω, εξάγω, εκχυλίζω •/'ekstrækt/απόσπασμα (κειμένου κ.τ.λ.)· εκχύλισμα, απόσταγμα

extraction/ɪk'strækʃən/εξαγωγή, αφαίρεση, βγάλσιμο· έκθλιψη, απόσταξη· καταγωγή

extractor/ɪk'stræktə/εξαεριστήρας

extraordinary/ɪk'strɔ:dənəri/παράξενος, αλλόκοτος· εξαιρετικός

extraterrestrial/ˌekstrətə'restrial/ εξωγήινος

extravagance/ɪk'strævəgəns/ υπερβολή, παραλογισμός· σπατάλη

extravagant/ɪk'strævəgənt/υπερβολικός, παράλογος· σπάταλος, ακριβός **~ly** υπερβολικά

extreme/ɪk'stri:m/ακραίος, μακρινός· υπερβολικός· αδιάλλακτος, των άκρων • άκρο, υπερβολή *in the extreme* στο έπακρο **~ly** πάρα πολύ, στο έπακρο

extremism/ɪk'stri:mɪzəm/εξτρεμισμός

extremist/ɪk'stri:mɨst/εξτρεμιστικός • εξτρεμιστής

extrovert/'ekstrəʊvɜ:t/εξωστρεφής

eye/aɪ/οφθαλμός, μάτι • κοιτάζω

eyeball/'aɪbɔ:l/βολβός ματιού

eyebrow/'aɪbraʊ/φρύδι

eye drops/'aɪ drɒps/κολλύριο

eyelash/'aɪlæʃ/βλεφαρίδα

eyelid/'aɪlɪd/βλέφαρο

eyesight/'aɪsaɪt/όραση

eyewitness/'aɪˌwɪtnɨs/αυτόπτης μάρτυρας

F, f

fable/feɪbl/μύθος

fabric/'fæbrɪk/ύφασμα

fabricate/'fæbrɪkeɪt/σκαρώνω, κατασκευάζω, επινοώ

fabrication/ˌfæbrɪ'keɪʃən/επινόηση με σκοπό την εξαπάτηση

fabulous/'fæbjʊləs/απίστευτος, αμύθητος· θαυμάσιος, έξοχος

face/feɪs/πρόσωπο· (εμπρός ή κύρια) όψη, πρόσοψη • αντικρίζω, κοιτάζω κατά πρόσωπο· βλέπω προς, έχω θέα

face value/ˌfeɪs 'vælju:/ονομαστική αξία· φαινομενική αξία, πρώτη εντύπωση

facilitate/fə'sɪlɪteɪt/ευκολύνω, διευκολύνω

facilitation/fəˌsɪlɪ'teɪʃən/διευκόλυνση

facility/fə'sɪlɪti/ευχέρεια, άνεση, επιδεξιότητα· **facilities** εγκαταστάσεις, μέσα, ανέσεις

fact/fækt/γεγονός· αλήθεια, πραγματικότητα

factor/'fæktə/συντελεστής, παράγοντας

factory/'fæktəri/εργοστάσιο

factual/'fækt ʃʊəl/πραγματικός, τεκμηριωμένος

faculty/'fækəlti/πανεπιστημιακή σχολή

fad/fæd/μανία, πρόσκαιρος ενθουσιασμός ή μόδα

fade/feɪd/μαραίνω/-ομαι, ξεθωριάζω, ξασπρίζω, ξεβάφω· εξασθενώ, ξεθυμαίνω

fail/feɪl/αποτυγχάνω· δεν μπορώ, δεν καταφέρνω· απορρίπτω (εξεταζόμενο), απορρίπτομαι σε εξετάσεις· παθαίνω βλάβη· εγκαταλείπω, λείπω, είμαι ανεπαρκής ~**ing** ελάττωμα, αδυναμία, αδύνατο σημείο ~**ing** ελλείψει • αποτυχία (σε εξετάσεις *without fail* οπωσδήποτε, σίγουρα, εξάπαντος

failure/'feɪljə/αποτυχία· αποτυχημένος· βλάβη, διακοπή

faint/feɪnt/αδύναμος, έτοιμος να λιποθυμήσει· αμυδρός, ανεπαίσθητος • λιποθυμώ • λιποθυμία ~**ly** αμυδρά

fair/feə/δίκαιος, αμερόληπτος· καλός, αίθριος· ξανθός, ανοιχτόχρωμος • λουναπάρκ· εμποροπανήγυρη, αγορά, παζάρι· εμπορική ή βιομηχανική έκθεση ~**ly** α) δίκαια β) αρκετά, κάπως

fairy/'feəri/νεράιδα

faith/feɪθ/πίστη *in (all) good faith* καλόπιστα, καλοπροαίρετα

faithful/'feɪθfəl/πιστός· πιστός, ακριβής

faithfully/ˌfeɪθfəli/πιστά, με ακρίβεια *Yours faithfully (σε αλληλογραφία)* μετά τιμής, με εκτίμηση

fake/feɪk/παραποιώ, πλαστογραφώ·

προσποιούμαι, παριστάνω • απομίμηση· απατεώνας • ψεύτικος, πλαστός

falcon/'fɔːlkən/γεράκι

fall/fɔːl/πέφτω· καταρρέω, γκρεμίζομαι· κατεβαίνω, μειώνομαι, πέφτω· ανατρέπομαι, πέφτω· πέφτω (σε μια κατάσταση)· σκοτώνομαι σε μάχη· τυχαίνω, πέφτω ▪ **fall about (laughing)** λύνομαι στα γέλια **fall out** μαλώνω, τσακώνομαι • πτώση, πέσιμο· μείωση, ελάττωση· πτώση, κατάρρευση, ήττα· ☆ φθινόπωρο· **falls** καταρράκτες

false/fɔːls/εσφαλμένος, ψευδής· ανειλικρινής, άπιστος· τεχνητός, ψεύτικος· ψεύτικος, πλαστός, κίβδηλος

false teeth/ˌfɔːls 'tiːθ/μασέλα

falsification/ˌfɔːlsəfəˈkeɪʃən/παραποίηση, διαστρέβλωση· πλαστογράφηση, νόθευση

falsify/'fɔːlsəfaɪ/πλαστογραφώ· διαστρεβλώνω, παραποιώ

falter/'fɔːltə/διστάζω, αμφιταλαντεύομαι· παραπαίω, τρεκλίζω· *(για φωνή)* τρέμω, κομπιάζω

fame/feɪm/φήμη

famed/feɪmd/ονομαστός, φημισμένος

familiar/fə'mɪliə/οικείος, φιλικός, γνώριμος *familiar with* εξοικειωμένος με

familiarity/fəˌmɪli'ærəti/οικειότητα, εγκαρδιότητα· γνώση

familiarization/fəˌmɪliəraɪ'zeɪʃən/εξοικείωση

familiarize, **ise**/fə'mɪliəraɪz/εξοικειώνω

family/'fæməli/οικογένεια • οικογενειακός

family name/'fæməli ˌneɪm/επίθετο, οικογενειακό όνομα

family room/'fæməli ˌrʊm/καθιστικό

family tree/ˌfæməli 'triː/γενεαλογικό δένδρο

famine/'fæmən/λιμός, πείνα

famished/'fæmɪʃt/πεινασμένος

famous/'feɪməs/φημισμένος, διάσημος

famously/'feɪməsli/περίφημα, θαυμάσια

fan/fæn/ανεμιστήρας· βεντάλια· φανατικός οπαδός, θαυμαστής • κάνω αέρα σε

fanatic/fə'nætɪk/φανατικός

fanatical/fə'nætɪkəl/φανατικός

fanaticism/fə'nætɪsɪzəm/φανατισμός

fancy/'fænsi/φαντασία· συμπάθεια, αγάπη, γούστο • μου αρέσει, μου κάνει κέφι· φαντάζομαι *fancy (that)* νομίζω, υποθέτω

fancy dress/ˌfænsi 'dres/κοστούμι μεταμφίεσης

fancy-free/ˌfænsi 'friː/(συναισθηματικώς) αδέσμευτος

fantastic/fæn'tæstɪk/απίστευτος· υπέροχος, απίθανος ~**ally** απίστευτα

fantasy/'fæntəsi/φαντασία, φαντασίωση

far/fa:/μακρινός· (ο) πλέον απομακρυσμένος • μακριά, σε απόσταση· σε μεγάλο βαθμό, (κατά) πολύ *as/so far as...* απ' όσο..., στο μέτρο που... *so far* ως τώρα

faraway/'fa:rəweɪ/μακρινός, απομακρυσμένος

fare/feə/τιμή εισιτηρίου, εισιτήριο

Far East/ˌfa:ri:st/Άπω Ανατολή

farewell/ˌfeə'wel/αντίο, γεια σου • αποχαιρετισμός • αποχαιρετιστήριος

farm/fa:m/αγρόκτημα

farmer/'fa:mə/αγρότης

farmhouse/'fa:mhaʊs/αγροικία, αγροτόσπιτο

fascinate/'fæsɨneɪt/γοητεύω, συναρπάζω **fascinating** συναρπαστικός

fascination/ˌfæsɪ'neɪʃən/ελκυστικότητα, γοητεία

fascism/'fæʃɪzəm/φασισμός

fascist/'fæʃɨst/φασίστας

fashion/'fæʃən/μόδα· τρόπος, μέθοδος

fashionable/'fæʃənəbl/μοντέρνος, της μόδας

fast/fa:st/γρήγορος· στέρεος, γερός· (ρολόι) που πάει μπροστά • γρήγορα· σταθερά, γερά, σφιχτά *fast asleep* κοιμισμένος βαθιά • νηστεύω • νηστεία

fasten/'fa:sən/στερεώνω/-ομαι

fast-forward/ˌfa:st 'fɔ:wəd/γυρίζω (κασέτα κ.τ.λ.) μπροστά

fastidious/fæ'stɪdiəs/δύσκολος, ιδιότροπος

fat/fæt/παχύς, χοντρός· παχύς, λιπαρός • λίπος

fatal/feɪtl/θανατηφόρος, θανάσιμος· μοιραίος, ολέθριος

fate/feɪt/μοίρα, πεπρωμένο

father/'fa:ðə/πατέρας· πρόγονος· ιδρυτής, δημιουργός

Father Christmas/ˌfa:ðə 'krɪsməs/ ο Αϊ-Βασίλης

father-in-law/'fa:ðər ɪn ˌlɔ:/πεθερός

fatherly/'fa:ðəli/πατρικός

fatten/fætn/παχαίνω, θρέφω ~**ing** παχυντικός

☆ **faucet**/'fɔ:sɨt/βρύση

fault/fɔ:lt/ελάττωμα, ατέλεια, ψεγάδι· λάθος, σφάλμα

faulty/'fɔ:lti/ελαττωματικός

favour, ☆ **favor**/'feɪvə/εύνοια, συμπάθεια· χάρη, χατίρι • ευνοώ, υποστηρίζω

favourable, ☆ **favorable**/'feɪvərəbl/ ευνοϊκός· ευμενής· επιδοκιμαστικός

favourite, ☆ **favorite** /'feɪvərɨt/(ο) ευνοούμενος, (η) συμπάθεια· (το) φαβορί • αγαπημένος

fax/fæks/φαξ • στέλνω με φαξ

fear/fɪə/φόβος • φοβάμαι, τρέμω· φοβάμαι, ανησυχώ (για)

fearful/'fɪəfəl/φοβισμένος, ανήσυχος· φοβερός, φρικτός

feasible/'fi:zɨbl/εφικτός, πραγματοποιήσιμος

feast/fi:st/γιορτή

feat/fi:t/άθλος, κατόρθωμα

feather/'feðə/φτερό, πούπουλο

feature/'fi:tʃə/χαρακτηριστικό προσώπου· γνώρισμα· ταινία (μεγάλου μήκους)· άρθρο (εφημερίδας, περιοδικού) • χαρακτηρίζω· *(κινημ.)* προβάλλω, έχω ως πρωταγωνιστή

feature film/'fi:tʃə ˌfɪlm/ταινία μεγάλου μήκους

February/'febrʊəri/Φεβρουάριος

federal/'fedərəl/ομοσπονδιακός

federation/ˌfedə'reɪʃən/ομοσπονδία

fed up/ˌfed 'ʌp/μπουχτισμένος, βαριεστημένος

fee/fi:/αμοιβή

feeble/fi:bl/αδύναμος, άτονος

feed/fi:d/ταΐζω· τρέφομαι • τροφή, ζωοτροφή

feeding-bottle/'fi:dɪŋ ˌbɒtl/μπιμπερό, θήλαστρο

feel/fi:l/αγγίζω· αντιλαμβάνομαι με την αφή· ψηλαφώ, ψαχουλεύω· αισθάνομαι, νιώθω· *(για πράγματα)* είμαι, δίνω την αίσθηση (μέσω της αφής)· νομίζω, έχω τη γνώμη ***feel like*** έχω διάθεση/κέφι για..., μου κάνει κέφι να... **~ing** α) αίσθημα, συναίσθημα β) αίσθηση γ) διαίσθηση, προαίσθημα δ) αίσθημα, ευαισθησία ***hard feelings*** μνησικακία, έχθρα • αφή, αίσθηση

feeler/'fi:lə/κεραία (εντόμου)

fell/fel/κόβω (δέντρο)

fellow/'feləʊ/άνθρωπος, τύπος • συν-

female/'fi:meɪl/θηλυκό, γυναίκα • θηλυκός, γυναικείος

feminine/'femənən/θηλυκός

femininity/ˌfemənɪnəti/θηλυκότητα

feminism/'femənɪzəm/φεμινισμός

feminist/'femənəst/φεμινιστής, φεμινίστρια • φεμινιστικός

fence/fens/φράχτης • ξιφομαχώ· περιφράζω

fencer/'fensə/ξιφομάχος

fern/fɜ:n/φτέρη

ferocious/fə'rəʊʃəs/άγριος, σκληρός

ferocity/fə'rɒsəti/θηριωδία, αγριότητα

ferry/'feri/, **ferryboat**/'feribəʊt/πορθμείο, φεριμπόουτ

fertile/'fɜ:taɪl/εύφορος, καρπερός, γόνιμος

fertility/fɜ:'tiləti/γονιμότητα

fertilization, **-sation**/ˌfɜ:təlaɪ'zeɪʃən/γονιμοποίηση· λίπανση

fertilize, **-ise**/'fɜ:təlaɪz/γονιμοποιώ· λιπαίνω

fertilizer/'fɜ:təlaɪzə/λίπασμα

festival/'festəvəl/γιορτή· φεστιβάλ

festivity/fe'stɪvəti/εορτασμός· **festivities** εορταστικές εκδηλώσεις

fetch/fetʃ/(πηγαίνω και) φέρνω· αποδίδω, πιάνω (τιμή)

fete, **fête**/feɪt/υπαίθρια γιορτή

fever/ˈfiːvə/πυρετός

feverish/ˈfiːvərɪʃ/εμπύρετος· πυρετώδης **~ly** πυρετωδώς

few/fjuː/λίγοι, ελάχιστοι *a few* λίγοι, μερικοί

fiancé/fiˈɒnseɪ/αρραβωνιαστικός

fiancée/fiˈɒnseɪ/αρραβωνιαστικιά

fiasco/fiˈæskəʊ/πλήρης αποτυχία, φιάσκο

fib/fɪb/ψεματάκι

fibre, ☆ **fiber**/ˈfaɪbə/ίνα, κλωστή· (φυτική) ίνα· υπόσταση, χαρακτήρας

fibreboard, ☆ **fiberboard**/ˈfaɪbəbɔːd/νοβοπάν

fibreglass, ☆ **fiberglass**/ˈfaɪbəglaːs/υαλοβάμβακας

fickle/fɪkl/άστατος

fiction/ˈfɪkʃən/μυθιστοριογραφία· φαντασία, πλάσμα της φαντασίας

fictional/ˈfɪkʃənəl/μυθιστορηματικός, φανταστικός

fictitious/fɪkˈtɪʃəs/φανταστικός, πλαστός, εικονικός

fiddle/fɪdl/βιολί • παίζω βιολί· παίζω αφηρημένα (στα δάχτυλα)

fiddler/ˈfɪdlə/βιολιστής

fidelity/fɪˈdeləti/πίστη, αφοσίωση· πιστότητα, ακρίβεια

fidget/ˈfɪdʒət/κινούμαι νευρικά, δε στέκομαι ήσυχος

field/ˈfiːld/χωράφι· γήπεδο· πεδίο, περιοχή· πεδίο, τομέας, σφαίρα

field glasses/ˈfiːld ˌglaːsɪz/κιάλια

fiend/fiːnd/δαίμονας· μανιώδης λάτρης

fierce/fɪəs/άγριος· λυσσαλέος

fifteen/ˌfɪfˈtiːn/δεκαπέντε

fifteenth/ˌfɪfˈtiːnθ/δέκατος πέμπτος • (ένα) δέκατο πέμπτο

fifth/fɪfθ/πέμπτος • (ένα) πέμπτο

fiftieth/ˈfɪftiθ/πεντηκοστός • (ένα) πεντηκοστό

fifty/ˈfɪfti/πενήντα

fifty-fifty/ˌfɪfti ˈfɪfti/ίσος • μισά-μισά

fight/faɪt/πολεμώ, μάχομαι, αγωνίζομαι· μαλώνω, τσακώνομαι· καταπολεμώ • μάχη, αγώνας· συμπλοκή, καβγάς· πυγμαχικός αγώνας

fighter/ˈfaɪtə/μαχητής, πολεμιστής· πυγμάχος· και **fighter plane**/ˈfaɪtə pleɪn/καταδιωκτικό

figurative/ˈfɪgjʊrətɪv/*(γλωσ.)* μεταφορικός

figure/ˈfɪgə/μορφή, σχήμα· σώμα, σιλουέτα· μορφή, προσωπικότητα· αριθμός, ψηφίο, νούμερο· σχεδιάγραμμα • φαντάζομαι, λογαριάζω· εμφανίζομαι, φιγουράρω ▪ **figure out** βγάζω συμπέρασμα, καταλαβαίνω

file/faɪl/φάκελος· *(πληρ.)* αρχείο· λίμα· στοίχος, γραμμή • αρχειοθετώ· καταθέτω, υποβάλλω· λιμάρω

fill/fɪl/γεμίζω *fill a tooth* σφραγίζω δόντι ▪ **fill in** συμπληρώνω (έντυπο κ.τ.λ.) **fill out** γεμίζω, παχαίνω **~ing** χορταστικός **~ing** α) γέμισμα β) σφράγισμα γ) γέμιση

fillet/ˈfɪlɪt/φιλέτο

filling station/ˈfɪlɪŋ ˌsteɪʃən/πρατήριο βενζίνης

film/fɪlm/φιλμ· και **movie** ταινία • κινηματογραφώ, γυρίζω ταινία

filter/ˈfɪltə/φίλτρο • φιλτράρω/-ομαι

filth/fɪlθ/ακαθαρσία, βρομιά· προστυχιά, αισχρολογία

filthy/ˈfɪlθi/βρόμικος· αισχρός, χυδαίος

final/ˈfaɪnəl/τελικός, τελευταίος· οριστικός, τελεσίδικος • τελικός (αγώνας) • **finals** απολυτήριες ή διπλωματικές εξετάσεις· τελικοί αγώνες ~**ly** α) τελικά, στο τέλος β) οριστικώς γ) τελικώς, σε τελευταία ανάλυση

finance/ˈfaɪnæns/δημοσιονομία, δημόσια οικονομικά· **finances** (τα) οικονομικά, οικονομική κατάσταση • χρηματοδοτώ

financial/fɪˈnænʃəl/οικονομικός

find/faɪnd/βρίσκω, ανακαλύπτω· διαπιστώνω, αντιλαμβάνομαι· κρίνω, θεωρώ· ξαναβρίσκω, ανακτώ *find sb. guilty/not guilty* κηρύσσω κπ. ένοχο/αθώο ▪ **find out** βρίσκω, ανακαλύπτω, μαθαίνω, εξακριβώνω (κτ.) • εύρημα, ανακάλυψη

fine/faɪn/πρόστιμο • επιβάλλω πρόστιμο σε • εξαίρετος, περίφημος· λεπτός, ψιλός· ωραίος, αίθριος· καλά, μια χαρά· ραφινάτος, φίνος • ωραία, λαμπρά· λεπτά, σε ψιλά κομμάτια

fine arts/ˌfaɪn ˈa:ts/καλές τέχνες

finger/ˈfɪŋgə/δάχτυλο

fingerprint/ˈfɪŋgəˌprɪnt/δακτυλικό αποτύπωμα

finish/ˈfɪnɪʃ/τελειώνω ~**ed** α) ξοφλημένος, καταδικασμένος β) ολοκληρωμένος, τέλειος • τερματισμός· τελείωμα, φινίρισμα

Finland/ˈfɪnlənd/Φινλανδία

Finn/fɪn/Φινλανδός

Finnish/ˈfɪnɪʃ/η φινλανδική γλώσσα • φινλανδικός

fir/fɜ:/έλατο

fire/faɪə/φωτιά· πυρκαγιά· πυρ, βολή • πυροβολώ· απολύω

fire alarm/ˈfaɪə əˌla:m/συναγερμός πυρκαγιάς

firearm/ˈfaɪəra:m/πυροβόλο όπλο

fire brigade/ˈfaɪəbrɪˌgeɪd/Πυροσβεστική Υπηρεσία

firecracker/ˈfaɪəˌkrækə/κροτίδα

fire engine/ˈfaɪə ˌendʒɪn/πυροσβεστική αντλία

fire exit/ˈfaɪə ˌegzɪt/έξοδος σε περίπτωση πυρκαγιάς

fire extinguisher/ˈfaɪə ɪkˌstɪŋgwɪʃə/πυροσβεστήρας

firefighter/ˈfaɪəˌfaɪtə/πυροσβέστης

fireguard/ˈfaɪəga:d/προστατευτικό κιγκλίδωμα τζακιού

fireman/ˈfaɪəmən/πυροσβέστης

fireplace/ˈfaɪəpleɪs/τζάκι

fire-resistant/ˈfaɪərɪˌzɪstənt/πυρίμαχος

firewood/ˈfaɪəwʊd/καυσόξυλα

firework/'faɪəwɜ:k/πυροτέχνημα

firing squad/'faɪrɪŋ skwɒd/εκτελεστικό απόσπασμα

firm/fɜ:m/συμπαγής, σφιχτός· σταθερός, γερός· αμετάβλητος, ακλόνητος αυστηρός • εταιρεία, φίρμα ~**ly** σταθερά, ακλόνητα

first/fɜ:st/πρώτος • πρωτίστως, πρώτα πρώτα· για πρώτη φορά

first aid/,fɜ:st 'eɪd/πρώτες βοήθειες

first class/,fɜ:st 'klɑ:s/πρώτη θέση, πρώτη κατηγορία

first-class πρώτης θέσης· πρώτης ποιότητας· πρώτης τάξεως, θαυμάσιος

firstly/'fɜ:stli/πρωτίστως, πρώτα πρώτα

first name/'fɜ:st neɪm/μικρό όνομα

first-rate/,fɜ:st 'reɪt/πρώτης τάξεως, θαυμάσιος

fish/fɪʃ/ψάρι(α) • αλιεύω, ψαρεύω· ψαρεύω, επιζητώ με πλάγιο τρόπο

fisherman/'fɪʃəmən/ψαράς

fishing-line/'fɪʃɪŋlaɪn/πετονιά

fishing-rod/'fɪʃɪŋrɒd/καλάμι (ψαρέματος)

fishmonger/'fɪʃmʌŋgə/ψαράς, ιχθυοπώλης

fist/fɪst/γροθιά, μπουνιά

fit/fɪt/ταιριάζω σε, πηγαίνω, έρχομαι/πέφτω καλά· προσαρμόζω/-ομαι, βάζω, συνδέομαι, πιάνω· αρμόζω, ταιριάζω σε ~**ted** εντοιχισμένος, τοποθετημένος μόνιμα • εφαρμογή, προσαρμογή· παροξυσμός, κρίση, προσβολή· έκρηξη, ξέσπασμα • κατάλληλος· ακμαίος, σε φόρμα

five/faɪv/πέντε

fiver/'faɪvə/χαρτονόμισμα των πέντε λιρών

fix/fɪks/στερεώνω, καρφώνω· ορίζω, κανονίζω, φιξάρω· κανονίζω (παρανόμως) εκ των προτέρων· ετοιμάζω (φαγητό ή ποτό), φτιάχνω· τιμωρώ, κανονίζω ~**ed** α) σταθερός, μόνιμος β) στημένος γ) αποκαταστημένος, βολεμένος • δύσκολη θέση, μπλέξιμο· ένεση (ναρκωτικού), δόση

fizz/fɪz/αναβράζω, αφρίζω • αναβρασμός, άφρισμα

fizzy/fɪzi/αεριούχος, αφρώδης

fjord/'fi:ɔ:d, fjɔ:d/φιόρδ

flabby/'flæbi/πλαδαρός

flag/flæg/σημαία • εξασθενώ, χαλαρώνω, πέφτω

flake/fleɪk/νιφάδα • ξεφλουδίζω, απολεπίζομαι

flame/fleɪm/φλόγα

flap/flæp/καπάκι (τσέπης κ.τ.λ.), κλείσιμο (φακέλου), πτυσσόμενο φύλλο (τραπεζιού) κ.τ.λ.· φτερούγισμα • φτερουγίζω· κυματίζω, ανεμίζω

flare/fleə/φεγγοβολώ· σπινθηρίζω, τρεμοσβήνω ▪ **flare up** φουντώνω • φωτοβολίδα

flash/flæʃ/ρίχνω (φως), ακτινοβολώ, αστράφτω· λάμπω, γυαλίζω· περνώ σαν αστραπή· αναβοσβήνω φως, κάνω φωτεινά σήματα • αστραπή, (αιφνίδια) λάμψη· *(φωτογρ.)* φλας

flashback/'flæʃbæk/αναδρομή στο παρελθόν, φλας μπακ

flashy/'flæʃi/φανταχτερός, χτυπητός

flask/fla:sk/φιάλη, φλασκί· θερμός

flat/flæt/επίπεδος· ίσιος, πλακέ· ξεφούσκωτος, κλαταρισμένος· μονότονος, πληκτικός· *(για ποτό)* ξεθυμασμένος· *(για μπαταρία)* πεσμένος, άδειος· (πεσμένος) φαρδύς-πλατύς· ρητός, κατηγορηματικός • διαμέρισμα (πολυκατοικίας) • φαρδιά-πλατιά *flat broke* απένταρος, πανί με πανί **~ly** α) άτονα, άψυχα β) σαφώς

flatten/flætn/ισοπεδώνω/-ομαι, ισώνω

flatter/'flætə/κολακεύω **~ing** κολακευτικός

flatterer/'flætərə/κόλακας

flattery/'flætəri/κολακεία

flavour, ☆ **flavor**/'fleɪvə/γεύση, άρωμα • καρυκεύω, αρωματίζω **~ing** καρύκευμα, άρωμα

flaw/flɔ:/ελάττωμα, ψεγάδι

flawless/'flɔ:ləs/άψογος, αψεγάδιαστος

flea/fli:/ψύλλος

flee/fli:/φεύγω, τρέπομαι σε φυγή

fleece/fli:s/δέρμα, τομάρι, προβιά • κλέβω, γδέρνω, μαδώ

fleet/fli:t/στόλος

flesh/fleʃ/σάρκα *in the flesh* αυτοπροσώπως

flexibility/ˌfleksəˈbɪləti/ευλυγισία· προσαρμοστικότητα

flexible/'fleksəbl/εύκαμπτος· ευέλικτος

flicker/'flɪkə/τρεμοσβήνω • τρεμόσβησμα, αναλαμπή

flight/flaɪt/πέταγμα· ταξίδι (με αεροπλάνο), πτήση· σμήνος· σκέλος κλιμακοστασίου· φυγή

flinch/flɪntʃ/τραβιέμαι (από φόβο, πόνο κ.τ.λ.)

fling/flɪŋ/ρίχνω (με ορμή), εξακοντίζω

flint/flɪnt/τσακμακόπετρα

flip/flɪp/ρίχνω, τινάζω· ξετρελαίνομαι, φλιπάρω • ελαφρό χτύπημα, τίναγμα

flirt/flɜ:t/φλερτάρω

flirtation/flɜ:'teɪʃən/φλερτάρισμα, φλερτ

float/fləʊt/επιπλέω **~ing** πλωτός

flock/flɒk/κοπάδι • συγκεντρώνομαι, μαζεύομαι, συρρέω

flood/flʌd/πλημμύρα, κατακλυσμός • πλημμυρίζω, ξεχειλίζω

floodlight/'flʌdlaɪt/προβολέας • φωτίζω με προβολείς, φωταγωγώ

floor/flɔ:/πάτωμα· όροφος· πίστα (χορού)· πυθμένας (θάλασσας, λίμνης κ.τ.λ.) • στρώνω δάπεδο· τσακίζω (αντίπαλο)· αποστομώνω

flop/flɒp/πέφτω, σωριάζομαι· αποτυγχάνω παταγωδώς • υπόκωφος κρότος, φλαπ· παταγώδης αποτυχία, φιάσκο

flora/'flɔ:rə/χλωρίδα

floral/'flɔ:rəl/λουλουδένιος

Florence/'flɒrəns/Φλωρεντία

florist/'flɒrɨst/ανθοκόμος· ανθοπώλης· **florist's** ανθοπωλείο

flour/flaʊə/αλεύρι • αλευρώνω

flourish/'flʌrɪʃ/ *(για φυτό)* πιάνω, ευδοκιμώ· ανθώ, ακμάζω· κραδαίνω, σείω, κουνώ

flow/fləʊ/ρέω, κυλώ· *(για μαλλιά, ρούχα κ.τ.λ.),* πέφτω χαλαρά, χύνομαι • ροή· πλημμυρίδα

flower/'flaʊə/λουλούδι • ανθίζω,

flowerbed/'flaʊəbed/παρτέρι

flowerpot/'flaʊəpɒt/γλάστρα

flowery/'flaʊəri/λουλουδένιος

flu/flu:/γρίπη

fluctuate/'flʌktʃʊeɪt/κυμαίνομαι, ποικίλλω, αυξομειώνομαι

fluctuation/ˌflʌktʃʊ'eɪʃən/διακύμανση, αυξομείωση

fluency/'flu:ənsi/ευφράδεια

fluent/'flu:ənt/ευφράδης· *(για γλώσσα)* αβίαστος, στρωτός

fluff/flʌf/χνούδι • φουσκώνω, αναφουφουλιάζω· κάνω σαρδάμ, μπερδεύω (τα λόγια μου)

fluffy/'flʌfi/χνουδωτός· αφράτος, φουσκωτός

fluid/'flu:ɨd/ρευστός • υγρό

fluorescent/flʊə'resənt/φθορίζων

flush/flʌʃ/καθαρισμός με άφθονο νερό· κοκκίνισμα, έξαψη· *(χαρτοπ.)* χρώμα • καθαρίζω/-ομαι με καταιγισμό νερού· αναψοκοκκινίζω, ανάβω

flute/flu:t/αυλός, φλάουτο, φλογέρα

flutter/'flʌtə/φτερουγίζω· κυματίζω, ανεμίζω· πεταρίζω, πάλλω/-ομαι, χτυπώ • φτερούγισμα· κυματισμός, ανέμισμα· χτύπημα, παλμός

fly/flaɪ/πετώ· ταξιδεύω αεροπορικώς· οδηγώ (αεροσκάφος), πιλοτάρω, μεταφέρω αεροπορικώς· ανεμίζω, κυματίζω· πετάω, περνώ γρήγορα· αφήνω (κτ.) να πετάξει, πετώ, σηκώνω • μύγα· και **flies** μπροστινό άνοιγμα παντελονιού

flying saucer/ˌflaɪ-ɪŋ 'sɔ:sə/ιπτάμενος δίσκος

flying squad/'flaɪ-ɪŋ skwɒd/Άμεση Δράση

flyover/'flaɪ-əʊvə/γέφυρα ανισόπεδης διασταύρωσης

foal/fəʊl/πουλάρι

foam/fəʊm/αφρός • αφρίζω

focus/'fəʊkəs/εστία (φακού κ.τ.λ.)· κέντρο, επίκεντρο • εστιάζω, νετάρω· επικεντρώνω/-ομαι

foe/fəʊ/εχθρός, αντίπαλος

fog/fɒg/ομίχλη • θαμπώνω, θολώνω

foggy/'fɒgi/ομιχλώδης

foil/fɔɪl/έλασμα, φύλλο

fold/fəʊld/διπλώνω/-ομαι ~**ing** πτυσσόμενος • πτυχή, δίπλα

folder/'fəʊldə/ντοσιέ, κλασέρ

foliage/'fəʊli-ɪdʒ/φύλλωμα

folk/fəʊk/, ☆ **folks** άνθρωποι, κόσμος· **folks** συγγενείς (ιδ. γονείς) • λαϊκός, παραδοσιακός

follow/ˈfɒləʊ/ακολουθώ· διαδέχομαι· (παρ)ακολουθώ, καταδιώκω· ακολουθώ, παίρνω· παρακολουθώ, προσέχω· παρακολουθώ, αντιλαμβάνομαι· ακολουθώ, προσαρμόζομαι, συμμορφώνομαι με **~ing** α) επόμενος, κατοπινός β) εξής **~ing** α) εξής β) οπαδοί **~ing** μετά

follower/ˈfɒləʊə/οπαδός

folly/ˈfɒli/ανοησία, τρέλα

fond/fɒnd/στοργικός *be fond of sb./sth.* συμπαθώ, αγαπώ, μου αρέσει κπ./κτ. **~ly** στοργικά

food/fuːd/τροφή *food for* αιτία, αφορμή για

fool/fuːl/βλάκας, ανόητος • εξαπατώ, πιάνω (κπ.) κορόιδο

foolhardy/ˈfuːlhaːdi/παράτολμος, παρακινδυνευμένος

foolish/ˈfuːlɪʃ/ανόητος

foot/fʊt/πόδι· (το) κάτω μέρος, βάση

football/ˈfʊtbɔːl/ποδόσφαιρο

footballer/ˈfʊtbɔːlə/ποδοσφαιριστής

football pools/ˈfʊtbɔːl,puːlz/☞ POOL

footnote/ˈfʊtnəʊt/υποσημείωση

footprint/ˈfʊt,prɪnt/πατημασιά, ίχνος πατημασιάς

footstep/ˈfʊtstep/βήμα, πάτημα

footwear/ˈfʊtweə/είδη υπόδησης, υποδήματα

for/fə, *(εμφ.)*/fɔː/για· για, υπέρ· έναντι, αντί· *(χρονικώς, τοπικώς)* επί, για· εξαιτίας, λόγω· σχετικά με· για, σαν *what for?* γιατί;, για ποιο λόγο; • επειδή, διότι, λόγω του ότι

forbid/fəˈbɪd/απαγορεύω

force/fɔːs/ισχύς, δύναμη· βία, εξαναγκασμός, ζόρι· δύναμη, επιρροή· *(στρατ.)* δύναμη *in force* σε ισχύ • εξαναγκάζω, υποχρεώνω· παραβιάζω, καταφέρνω με τη χρήση βίας· ωθώ, πιέζω, σπρώχνω

forecast/ˈfɔːkaːst/προβλέπω, προλέγω • πρόβλεψη

forefather/ˈfɔː,faːðə/πρόγονος

forefinger/ˈfɔː,fɪŋgə/δείκτης (δάχτυλο)

forefront/ˈfɔːfrʌnt/(η) πρώτη γραμμή, (το) μέτωπο

forehead/ˈfɒrɪd, ˈfɔːhed/μέτωπο, κούτελο

foreign/ˈfɒrɪn/ξένος, αλλοδαπός

foreigner/ˈfɒrɪnə/αλλοδαπός, ξένος

Foreign Office/ˈfɒrɪn,ɒfɪs/Υπουργείο Εξωτερικών

Foreign Secretary/,fɒrɪn ˈsekrɪtəri/Υπουργός Εξωτερικών

foreman/ˈfɔːmən/εργοδηγός, επιστάτης

foresee/fɔːˈsiː/προβλέπω

foresight/ˈfɔːsaɪt/προνοητικότητα, πρόνοια

forest/ˈfɒrɪst/δάσος

foretell/fɔːˈtel/προλέγω, προφητεύω

forever, **for ever**/fərˈevə/για πάντα

forge/f:ɔdʒ/παραποιώ, πλαστογραφώ, παραχαράζω

forgery/'fɔ:dʒəri/πλαστογραφία, παραχάραξη

forget/fə'get/ξεχνώ

forgetful/fə'getfəl/ξεχασιάρης

forgive/fə'gɪv/συγχωρώ

fork/fɔ:k/πιρούνι· τσουγκράνα· διακλάδωση (δρόμων, ποταμών) • διακλαδίζομαι

form/fɔ:m/μορφή, σχήμα· είδος, τύπος· έντυπο (για συμπλήρωση)· (αγωνιστική) κατάσταση (αθλητή), φόρμα· *(γραμ.)* διατύπωση, τύπος· (σχολική) τάξη • σχηματίζω/-ομαι· διαμορφώνω, διαπλάθω· σχηματίζω, συγκροτώ, διαμορφώνω· αναπτύσσω, αποκτώ· συνιστώ, αποτελώ

formal/'fɔ:məl/επίσημος, εθιμοτυπικός

formality/fɔ:'mælɨti/τυπική διαδικασία, τύπος· τυπικότητα, εθιμοτυπία· **formalities** διατυπώσεις

formation/fɔ:'meɪʃən/σχηματισμός, διαμόρφωση· διάταξη· (φυσική) διάπλαση

former/'fɔ:mə/παλαιότερος, πρώην • (ο) πρώτος (από δύο προαναφερθέντες)

formerly/'fɔ:məli/παλαιότερα, στο παρελθόν

formidable/'fɔ:mɨdəbl/φοβερός, τρομαχτικός

fort/fɔ:t/φρούριο, οχυρό

forthcoming/,fɔ:θ'kʌmɪŋ/επερχόμενος, προσεχής

fortieth/'fɔ:tiθ/τεσσαρακοστός • (ένα) τεσσαρακοστό

fortification/,fɔ:tɨfɪ'keɪʃən/οχυρωματικά έργα, τείχη· οχύρωση

fortify/'fɔ:tɨfaɪ/οχυρώνω· ενισχύω, θωρακίζω

fortnight/'fɔ:tnaɪt/δεκαπενθήμερο

fornightly/'fɔ:tnaɪtli/δεκαπενθήμερος • ανά δεκαπενθήμερο

fortress/'fɔ:trɨs/φρούριο

fortunate/'fɔ:tʃənət/τυχερός ~**ly** ευτυχώς

fortune/'fɔ:tʃən/τύχη, μοίρα· περιουσία

fortune-teller/'fɔ:tʃən,telə/μάντης, μάντισσα

forty/'fɔ:ti/σαράντα

forward(s)/'fɔ:wəd(z)/(προς τα) εμπρός, μπροστά

forward διαβιβάζω, προωθώ

foster/'fɒstə/θετός

foul/faʊl/βρόμικος, κάκοσμος· *(για καιρό)* απαίσιος· χυδαίος, πρόστυχος· ανέντιμος, βρόμικος • φάουλ • λερώνω· κάνω φάουλ

found/faʊnd/θεμελιώνω· ιδρύω, δημιουργώ ▪ **found on/upon** βασίζω, στηρίζω σε ~**ing** ιδρυτικός

foundation/faʊn'deɪʃən/ίδρυση, δημιουργία· ίδρυμα· θεμέλιο, βάση

founder/'faʊndə/ιδρυτής • καταποντίζομαι, βουλιάζω· αποτυγχάνω παταγωδώς, καταρρέω

fountain/'faʊntɨn/σιντριβάνι· τεχνητή πηγή νερού, βρύση

fountain pen/'faʊntɪ̆n pen/στυλό μελάνης

four/fɔ:/τέσσερα

fourteen/ˌfɔ:'ti:n/δεκατέσσερα

fourteenth/ˌfɔ:'ti:nθ/δέκατος τέταρτος • (ένα) δέκατο τέταρτο

fourth/fɔ:θ/τέταρτος • (ένα) τέταρτο

fowl/faʊl/πτηνό, πουλί· πουλερικό, πουλερικά

fox/fɒks/αλεπού

foxy/'fɒksi/πονηρός, πανούργος

fraction/'frækʃən/κλάσμα· κομματάκι· φράξια

fracture/'fræktʃə/σπάσιμο, κάταγμα • θραύω/-ομαι, σπάζω

fragile/'frædʒaɪl/εύθραυστος· λεπτεπίλεπτος· ευπαθής

fragment/'frægmənt/κομμάτι, θραύσμα· απόσπασμα

fragrance/'freɪgrəns/άρωμα, ευωδιά

fragrant/'freɪgrənt/ευωδιαστός

frail/freɪl/λεπτός, ασθενικός

frame/freɪm/κορνιζώνω· καταστρώνω, σχεδιάζω • πλαίσιο *frame of mind* ψυχική διάθεση

France/fra:ns/Γαλλία

frank/fræŋk/ειλικρινής

frantic/'fræntɪk/έξαλλος, ξέφρενος, αλλόφρων

fraud/frɔ:d/απάτη· απατεώνας

freak/fri:k/τέρας· φανατικός οπαδός, μανιακός • **freak out** παθαίνω σοκ, φρικάρω

freckle/frekl/φακίδα, πανάδα

free/fri:/ελεύθερος· δωρεάν • ελεύθερα· δωρεάν, τζάμπα • ελευθερώνω· απαλλάσσω, αποδεσμεύω ~**ly** ελεύθερα, αβίαστα

freedom/'fri:dəm/ελευθερία

free will/ˌfri:'wɪ:l/ελευθερία βούλησης

freeze/fri:z/καταψύχω/-ομαι, παγώνω· ξεπαγιάζω· κοκαλώνω • παγωνιά· κατάψυξη

freezer/'fri:zə/καταψύκτης

freight/freɪt/φορτίο εμπορευμάτων για μεταφορά· μεταφορά εμπορευμάτων· μεταφορικά

freighter/'freɪtə/φορτηγό πλοίο ή αεροπλάνο

French/frentʃ/γαλλικός • (οι) Γάλλοι· γαλλική (γλώσσα), γαλλικά

French fries/ˌfrentʃ'fraɪz/τηγανητές πατάτες

Frenchman/ˌfrentʃmən/Γάλλος

French windows/ˌfrentʃ 'wɪndəʊz/ μπαλκονόπορτα, τζαμόπορτα μπαλκονιού

Frenchwoman/'frentʃˌwʊmən/Γαλλίδα

frequency/'fri:kwənsi/συχνότητα

frequent/'fri:kwənt/συχνός • /fri'kwənt/συχνάζω σε

fresh/freʃ/φρέσκος, νωπός· *(για νερό)* γλυκός, πόσιμος· *(για αέρα)* φρέσκος, δροσερός· νέος, καινούριος· νωπός, πρόσφατος· ακμαίος, φρέσκος,

freshen/'freʃən/δροσίζω ▪ **freshen up** φρεσκαρίζομαι

freshly/'freʃli/νεο-, φρέσκο-

freshwater/'freʃwɔ:tə/του γλυκού νερού

friction/'frɪkʃən/τριβή· προστριβή, καβγάς

Friday/'fraɪdi, -deɪ/Παρασκευή

fridge/frɪdʒ/ψυγείο

friend/frend/φίλος, φίλη

friendly/'frendli/φιλικός

friendship/'frendʃɪp/φιλία

fries/fraɪz/τηγανητές πατάτες

fright/fraɪt/τρόμος, φόβος

frighten/'fraɪtən/τρομάζω, φοβίζω **~ed** τρομαγμένος **~ing** τρομαχτικός

frightful/'fraɪtfəl/τρομερός, τρομακτικός· απαίσιος

fringe/frɪŋdʒ/κρόσσι· φράντζα (μαλλιών), αφέλειες· παρυφή, άκρη

frivolity/frɪ'vɒlɪ̈ti/επιπολαιότητα, ελαφρότητα

frivolous/'frɪvələs/επιπόλαιος, ελαφρός

frock/frɒk/ράσο

frog/frɒg/βάτραχος

frogman/'frɒgmən/βατραχάνθρωπος

from/frəm/από

front/frʌnt/πρόσοψη, φάτσα· μέτωπο, πρώτη γραμμή· παραλία, προκυμαία • μπροστινός *in front of* α) μπροστά από β) παρουσία (κάποιου)

frontier/'frʌntɪə/σύνορο, μεθόριος • συνοριακός, μεθοριακός

frost/frɒst/παγετός, παγωνιά· πάχνη • καλύπτω/-ομαι με πάχνη, θαμπώνω· παγώνω, καταστρέφομαι από το ψύχος **~ed** α) θαμπός, ματ β) καλυμμένος με πάχνη γ) γκλασαρισμένος

frostbite/'frɒstbaɪt/κρυοπάγημα

frosty/'frɒsti/παγωμένος· ψυχρός

froth/frɒθ/αφρός • αφρίζω

frothy/'frɒθi/αφρισμένος· αφρώδης

frown/fraʊn/συνοφρυώνομαι, κατσουφιάζω • συνοφρύωση, σκυθρωπό βλέμμα· άγρια ματιά, στραβοκοίταγμα

frozen/'frəʊzən/κατεψυγμένος· παγωμένος· κρύος· καθηλωμένος, παγωμένος

fruit/fru:t/φρούτο, φρούτα, καρπός· και **fruits** αποτέλεσμα, καρπός

fruitful/'fru:tfəl/καρπερός· καρποφόρος, γόνιμος

fruitless/'fru:tləs/άκαρπος

frustrate/frʌ'streɪt/ανατρέπω, ματαιώνω **frustrated** απογοητευμένος, αποκαρδιωμένος **frustrating** απογοητευτικός

frustration/frʌ'streɪʃən/απογοήτευση, εκνευρισμός

fry/fraɪ/τηγανίζω/-ομαι • τηγανητή πατάτα

frying pan/'fraɪŋ ˌpæn/τηγάνι

fuel/'fju:əl/καύσιμο, καύσιμα

fugitive/'fju:dʒətɪv/φυγάς, δραπέτης

fulfil/fʊl'fɪl/εκπληρώνω, εκτελώ, πραγματοποιώ· ικανοποιώ, πληρώ, ανταποκρίνομαι σε

fulfilment/fʊl'fɪlmənt/εκπλήρωση· πραγματοποίηση, υλοποίηση

full/fʊl/γεμάτος· χορτάτος· πλήρης, ολόκληρος· γεμάτος, παχουλός ***at full speed*** ολοταχώς ***full up*** υπερπλήρης, ξέχειλος ~**y** α) πλήρως, εντελώς β) τουλάχιστον

full moon/ˌfʊl 'mu:n/πανσέληνος

full stop/ˌfʊl'stɒp/τελεία

full time/ˌfʊl 'taɪm/με πλήρες ωράριο, πλήρους απασχόλησης

fumble/fʌmbl/ψάχνω, ψαχουλεύω

fume/fju:m/καπνίζω, βγάζω καπνούς· εξοργίζομαι, αφρίζω από το κακό μου

fumes/fju:mz/αναθυμιάσεις, καυσαέρια

fun/fʌn/διασκέδαση, κέφι ***in/for fun*** στ' αστεία, για πλάκα ***make fun of sb.*** κοροϊδεύω, δουλεύω κπ., παίρνω στο μεζέ κπ.

function/'fʌŋkʃən/λειτουργώ

functional/'fʌŋkʃənəl/λειτουργικός, πρακτικός

fund/fʌnd/κεφάλαιο, κονδύλι· **funds** χρήματα, χρηματικοί πόροι • χρηματοδοτώ

fundamental/ˌfʌndə'mentl/θεμελιώδης, βασικός

fundamentals/ˌfʌndə'mentlz/βασικές αρχές

funeral/'fju:nərəl/κηδεία • νεκρώσιμος

funfair/'fʌnfeə/λουναπάρκ

funicular/fjʊ'nɪkjʊlə/τελεφερίκ

funnel/fʌnl/χωνί· φουγάρο

funny/'fʌni/αστείος, κωμικός· παράξενος, περίεργος· ύποπτος

fur/fɜ:/γούνα

furious/'fjʊəriəs/εξαγριωμένος, έξω φρενών

furnish/'fɜ:nɪʃ/επιπλώνω· προμηθεύω, εφοδιάζω

furniture/'fɜ:nɪtʃə/επίπλωση, έπιπλα

further/'fɜ:ðə/επιπλέον • μακρύτερα· περισσότερο

furthermore/ˌfɜ:ðə'mɔ:/επιπλέον, εκτός αυτού, ακόμη, επίσης

furthest/'fɜ:ðəst/(ο) πλέον απομακρυσμένος • μακρύτερα, πιο μακριά

fury/'fjʊəri/οργή, θυμός· σφοδρότητα, μανία

fuse/fju:z/φιτίλι· *(ηλεκτρ.)* ασφάλεια

fuss/fʌs/αναστάτωση, φασαρία • βασανίζομαι χωρίς αιτία, τρώγομαι

fussy/fʌsi/ιδιότροπος, λεπτολόγος

futile/'fju:taɪl/μάταιος

future/'fju:tʃə/μελλοντικός· *(γραμ.)* μέλλων (χρόνος) • μέλλον· *(γραμ.)* μέλλοντας

futurologist/fju:tʃə'rɒlədʒəst/μελλοντολόγος

G, g

gab/gæb/*(have) the gift of the gab* (έχω) «λέγειν», ευφράδεια

gadget/ˈgædʒɪ̵t/μικροσυσκευή

gag/gæg/φίμωτρο • φιμώνω

gaga/ˈgaːgaː/ξεκούτης

gaiety/ˈgeɪɪ̵ti/ευθυμία, χαρά, κέφι

gaily/ˈgeɪli/εύθυμα, χαρούμενα

gain/geɪn/αποκτώ, αποκομίζω· κερδίζω, παίρνω με το μέρος μου • κέρδος

gala/ˈgaːlə/γιορτή

galaxy/ˈgæləksi/γαλαξίας

gale/geɪl/ανεμοθύελλα

gall/gɔːl/χολή

gallery/ˈgæləri/γκαλερί· πινακοθήκη· θεωρείο· *(θέατρ.)* γαλαρία· στοά (ορυχείου)

gallon/ˈgælən/γαλόνι

gallop/ˈgæləp/καλπασμός • καλπάζω

gallows/ˈgæləʊz/αγχόνη

gamble/gæmbl/παίζω τυχερά παιχνίδια· ρισκάρω **gambling** χαρτοπαιξία, τζόγος • τζόγος· ζήτημα τύχης

gambler/ˈgæmblə/(χαρτο)παίκτης, τζογαδόρος

game/geɪm/παιχνίδι· αγώνας, παρτίδα· **games** α) αθλοπαιδιές β) αγώνες

gammon/ˈgæmən/παστό, χοιρομέρι

gamut/ˈgæmət/κλίμακα, γκάμα

gang/gæŋ/συμμορία· παρέα, συντροφιά

gangplank/ˈgæŋplæŋk/σανιδόσκαλα πλοίου

gangster/ˈgæŋstə/γκάνγκστερ

gap/gæp/άνοιγμα, κενό· χάσμα

gape/geɪp/μένω με ανοιχτό το στόμα, χάσκω, χαζεύω

garage/ˈgæraːʒ, -ɪdʒ/γκαράζ· συνεργείο αυτοκινήτων

garbage/ˈgaːbɪdʒ/σκουπίδια· ανοησίες

garden/gaːdn/κήπος

gardener/ˈgaːdnə/κηπουρός

gargle/gaːgl/κάνω γαργάρα • γαργάρα

garland/ˈgaːlənd/γιρλάντα

garlic/ˈgaːlɪk/σκόρδο

garment/ˈgaːmənt/ένδυμα, ρούχο

garnish/ˈgaːnɪʃ/γαρνίρω • γαρνιτούρα

garret/ˈgærɪ̵t/σοφίτα

gas/gæs/αέριο· φωταέριο, γκάζι· ασφυξιογόνο· ☆ βενζίνη· ☆ *(αυτοκ.)* γκάζι

gasoline, **gasolene**/ˈgæsəliːn/ βενζίνη (αυτοκινήτων)

gasp/gaːsp/λαχανιάζω· μου κόβεται η ανάσα

gate/geɪt/αυλόπορτα· πύλη, θύρα

gather/'gæðə/συλλέγω, μαζεύω/-ομαι· συμπεραίνω ~**ing** συγκέντρωση

gaudy/'gɔ:di/φανταχτερός, χτυπητός

gauge/geɪdʒ/μετρητής, δείκτης • μετρώ με μετρητή

gay/geɪ/χαρούμενος • ομοφυλόφιλος

gaze/geɪz/κοιτάζω επίμονα, ατενίζω • βλέμμα, επίμονη ματιά

gear/gɪə/*(αυτοκ.)* ταχύτητα· εξοπλισμός, σύνεργα, είδη

gearbox/'gɪəbɒks/κιβώτιο ταχυτήτων

gear lever/'gɪə,li:və/λεβιές

gem/dʒem/πολύτιμος λίθος, πετράδι

Gemini/'dʒemɪ̥naɪ/*(αστρ.)* Δίδυμοι· πρόσωπο που ανήκει στο ζώδιο των Διδύμων

gender/'dʒendə/γένος

gene/dʒi:n/γονίδιο

general/'dʒenərəl/γενικός • στρατηγός ~**ly** α) γενικά β) συνήθως, κατά κανόνα

generalization, **-sation**/,dʒenərəlaɪ'zeɪʃən/γενίκευση

generalize, **-ise**/'dʒenərəlaɪz/γενικεύω

generation/,dʒenə'reɪʃən/γενεά, γενιά

generator/'dʒenəreɪtə/γεννήτρια

generosity/,dʒenə'rɒsɪ̥ti/γενναιοδωρία

generous/'dʒenərəs/γενναιόδωρος, ανοιχτοχέρης· πλούσιος, άφθονος ~**ly** γενναιόδωρα

Geneva/dʒə'ni:və/Γενεύη

genius/'dʒi:niəs/μεγαλοφυΐα, ιδιοφυΐα

gentle/dʒentl/ελαφρός· ευγενικός· επιεικής· ομαλός, όχι απότομος **gently** ήπια, ήρεμα

gentleman/'dʒentlmən/ευγενής, τζέντλεμαν· κύριος, άνδρας

genuine/'dʒenjʊɪ̥n/γνήσιος, αυθεντικός· ειλικρινής, γνήσιος

geographical/,dʒɪə'græfɪkəl/γεωγραφικός

geography/dʒɪ'ɒgrəfi, 'dʒɒ/γεωγραφία

geometric/,dʒɪə'metrɪk/γεωμετρικός

geometry/dʒɪ'ɒmɪ̥tri/γεωμετρία

germ/dʒɜ:m/μικρόβιο

German/'dʒɜ:mən/γερμανικός • Γερμανός· γερμανική (γλώσσα)

Germany/'dʒɜ:məni/Γερμανία

gesture/'dʒestʃə/χειρονομία • γνέφω

get/get/αποκτώ, παίρνω· παίρνω, δέχομαι· κερδίζω, παίρνω· γίνομαι· φτάνω, πηγαίνω· (πηγαίνω και) φέρνω· κολλώ (αρρώστια), αρπάζω· χτυπώ, πετυχαίνω· αντιλαμβάνομαι, καταλαβαίνω· παίρνω (μεταφορικό μέσο) ***get sb. to do sth.*** καταφέρνω κπ. να κάνει κτ. ***have got*** έχω ***have got to do sth.*** πρέπει να κάνω κτ. ▪ **get along/on**

προοδεύω, πάω (καλά) **get away** α) αναχωρώ, φεύγω β) δραπετεύω, το σκάω **get back** α) επιστρέφω, γυρίζω β) επανέρχομαι **get off** κατεβαίνω από (όχημα) **get on** ☞ GET ALONG **get round** πείθω, ρίχνω (κπ.) **get up** σηκώνω από το κρεβάτι, σηκώνομαι

ghetto/'getəʊ/γκέτο

ghost/gəʊst/φάντασμα

giant/'dʒaɪənt/γίγαντας

Gibraltar/dʒɪ'brɔ:ltə/Γιβραλτάρ

gift/gɪft/δώρο· χάρισμα, φυσικό ταλέντο

giggle/gɪgl/χασκογελώ, χαχανίζω • νευρικό γέλιο

gill/gɪl/βράγχιο

gin/dʒɪn/τζιν (ποτό)

gipsy/'dʒɪpsi/τσιγγάνος, γύφτος

giraffe/dʒə'ra:f/καμηλοπάρδαλη

girl/gɜ:l/κορίτσι

girlfriend/'gɜ:lfrend/φίλη, φιλενάδα

give/gɪv/δίνω· υποχωρώ, καταρρέω ▪ **give away** α) χαρίζω β) προδίδω, αποκαλύπτω **give back** επιστρέφω, δίνω πίσω **give off** αναδίδω, βγάζω (κτ.) **give up** κόβω, σταματώ

give-and-take/gɪv ənd 'teɪk/αμοιβαίες υποχωρήσεις

given/'gɪvən/δεδομένος • δεδομένου, δοθέντος

glacier/'glæsiə/παγετώνας

glad/glæd/ευχαριστημένος **~ly** ευχαρίστως, πρόθυμα

gladiator/'glædieɪtə/μονομάχος

glamorous/'glæmərəs/λαμπερός, γεμάτος αίγλη

glamour, ☆ και **glamor**/'glæmə/αίγλη, λάμψη

glance/gla:ns/ρίχνω μια ματιά • ματιά

glare/gleə/αγριοκοιτάζω· λάμπω εκτυφλωτικά **glaring** α) εκτυφλωτικός β) έντονος, χτυπητός γ) ολοφάνερος • άγριο βλέμμα· (ενοχλητικά) έντονο φως

glass/gla:s/γυαλί· ποτήρι· **glasses** γυαλιά • γυάλινος

glide/glaɪd/γλιστρώ· ανεμοπορώ, πετώ με ανεμοπλάνο

glider/'glaɪdə/ανεμοπλάνο

glimmer/'glɪmə/τρεμοφέγγω • αμυδρό φως· αναλαμπή

glimpse/glɪmps/βλέπω φευγαλέα, πιάνει το μάτι μου • φευγαλέα ματιά

glisten/'glɪsən/λαμποκοπώ, γυαλίζω

glitter/'glɪtə/λάμπω, αστράφτω • λαμποκόπημα

global/'gləʊbəl/παγκόσμιος· καθολικός, σφαιρικός

globalization, **-sation**/ˌgləʊbəlaɪ'zeɪʃən/παγκοσμιοποίηση

globe/gləʊb/υδρόγειος

gloomy/'glu:mi/σκοτεινός, μουντός· μελαγχολικός· απαισιόδοξος, μαύρος **gloomily** μελαγχολικά

glorious/'glɔ:riəs/ένδοξος· υπέροχος

glory/'glɔ:ri/δόξα· καύχημα· μεγαλοπρέπεια

glossary/'glɒsəri/γλωσσάριο, λεξιλόγιο

glossy/'glɒsi/στιλπνός

glove/glʌv/γάντι

glow/gləʊ/καίω χωρίς φλόγα ή καπνό· ακτινοβολώ, αστράφτω· λάμπω • λάμψη

glue/glu:/κόλλα • κολλώ

gnaw/nɔ:/τρώγω, ροκανίζω

go/gəʊ/πηγαίνω, πάω· φεύγω· γίνομαι· *(για χρόνο)* περνώ· εξελίσσομαι, αποβαίνω· τοποθετούμαι, μπαίνω (σε ορισμένη θέση) *be going to do sth.* ☆ και *gonna do sth.* πρόκειται να κάνω κτ. ▪ **go after/for** κυνηγώ, επιδιώκω **go against** α) αντιτίθεμαι σε β) αποβαίνω σε βάρος γ) αντιβαίνω, αντίκειμαι σε (κτ.) **go ahead** προχωρώ **go along** προχωρώ **go around** α) διαδίδομαι, κυκλοφορώ β) επαρκώ, φτάνω για όλους **go back** επιστρέφω, ξαναγυρίζω **go back on** ανακαλώ **go in for** α) παίρνω μέρος σε β) ασχολούμαι με **go off** α) εκρήγνυμαι, σκάω β) εκπυρσοκροτώ γ) *(για ξυπνητήρι κ.τ.λ.)* χτυπώ δ) χαλώ, ξινίζω, κόβω **go on** α) συνεχίζω β) συμβαίνω **go out** α) βγαίνω (με άτομο του άλλου φύλου) β) *(για φωτιά, φως κ.τ.λ.)* σβήνω **go round** α) φτάνω για όλους β) διαδίδομαι, κυκλοφορώ **go up** α) αυξάνομαι, ανεβαίνω β) ανατινάζομαι **go without** στερούμαι • απόπειρα, προσπάθεια *it's your go,* είναι η σειρά σου (στο παιχνίδι)

goal/gəʊl/σκοπός, στόχος· τέρμα, γκολ

goalkeeper/'gəʊl,ki:pə/, **goalie** /'gəʊli/τερματοφύλακας

goalpost/'gəʊlpəʊst/δοκάρι εστίας

goat/gəʊt/γίδα, κατσίκα

god/gɒd/θεός

goddaughter/'gɒd ,dɔ:tə/αναδεξιμιά

goddess/'gɒdɪ̵s/θεά

godfather/'gɒd ,fa:ðə/νονός

godmother/'gɒd,mʌðə/νονά

godson/'gɒdsʌn/αναδεξιμιός

gold/gəʊld/χρυσός, χρυσάφι· χρυσαφί χρώμα • χρυσός

golden/'gəʊldən/χρυσός, χρυσαφένιος, χρυσαφής· λαμπρός, χρυσός

goldfish/'gəʊld,fɪʃ/χρυσόψαρο

golf/gɒlf/γκολφ

golf club/'gɒlf klʌb/μπαστούνι του γκολφ· λέσχη του γκολφ

golf course/'gɒlf kɔ:s/γήπεδο του γκολφ

golfer/'gɒlfə/παίκτης του γκολφ

golfing/'gɒlfɪŋ/γκολφ

gondola/'gɒndələ/γόνδολα

gondolier/,gɒndə'lɪə/γονδολιέρης

☆ **gonna**/'gɒnə/ ☞ GO

good/gʊd/καλός· κατάλληλος, χρήσιμος· υγιεινός· καλός, ικανός· έγκυρος, επαρκής· καλός, ευυπόληπτος· ωραίος, ευχάριστος *a good deal (of)* πολύς, κάμποσος, πολύ *a good many/few* πολλοί, ένα σωρό • (το) καλό· **goods** εμπορεύματα, είδη

good afternoon/gʊd ,a:ftə'nu:n/ καλό απόγευμα, χαίρετε

goodbye/gʊd 'baɪ/γεια σου, αντίο

good evening/gʊd 'i:vnɪŋ/καλησπέρα

good-hearted/ˌgʊd'ha:tɪ̈d/καλόκαρδος

good-looking/ˌgʊd 'lʊkɪŋ/ωραίος, εμφανίσιμος

good looks/ˌgʊd 'lʊks/ομορφιά

good morning/gʊd'mɔ:nɪŋ/καλημέρα

good-natured/ˌgʊd 'neɪtʃəd/καλοσυνάτος

goodness/'gʊdnɪ̈s/καλοσύνη *for goodness' sake* για το Θεό *my goodness!* Θεέ μου!, μη χειρότερα!

good night/gʊd'naɪt/καληνύχτα

goodwill/ˌgʊd'wɪl/καλή διάθεση

goose/gu:s/χήνα

gooseberry/'gʊzbəri/φραγκοστάφυλο

gorge/gɔ:dʒ/φαράγγι

gorgeous/'gɔ:dʒəs/υπέροχος

gorilla/gə'rɪlə/γορίλας

gospel/'gɒspəl/ευαγγέλιο

gossip/'gɒsɪ̈p/κουβεντολόι· κουτσομπολιό· κουτσομπόλης • κουβεντιάζω· κουτσομπολεύω

govern/'gʌvən/κυβερνώ, διοικώ

government/'gʌvəmənt, 'gʌvənmənt/κυβέρνηση

governmental/ˌgʌvən'mentl/κυβερνητικός

governor/'gʌvənə/κυβερνήτης· διοικητής

gown/gaʊn/βραδινή τουαλέτα· τήβεννος

grab/græb/αρπάζω, γραπώνω

grace/greɪs/χάρη, κομψότητα

graceful/'greɪsfəl/χαριτωμένος, κομψός

grade/greɪd/βαθμός, βαθμίδα· ☆ *(σχολ.)* τάξη • διαβαθμίζω· ☆ βαθμολογώ

gradual/'grædʒʊəl/βαθμιαίος

graduate/'grædʒʊɪ̈t/πτυχιούχος •/'grædʒʊeɪt/αποφοιτώ

graduation/ˌgrædʒʊ'eɪʃən/αποφοίτηση· τελετή απονομής πτυχίων

grain/greɪn/κόκκος, σπυρί· δημητριακά, σιτηρά

gram, **gramme**/græm/γραμμάριο

grammar/'græmə/γραμματική

grammatical/grə'mætɪkəl/γραμματικός

grand/grænd/μεγαλοπρεπής, λαμπρός· γενικός, συνολικός ~**ly** μεγαλοπρεπώς

grandad, **granddad**/'grændæd/ παππούς

grandchild/'græntʃaɪd/εγγόνι

granddaughter/'grænˌdɔ:tə/εγγονή

grandfather/'grænˌfa:ðə/παππούς

grandma/'grænma:/γιαγιά

grandmother/'græn ˌmʌðə/γιαγιά

grandpa/'grænpa:/παππούς

grandparent/'græn ˌpeərənt/παππούς ή γιαγιά

grandson/'grænsʌn/εγγονός

grant/gra:nt/επιχορήγηση • χορηγώ, παρέχω *take sth. for granted* θεωρώ κτ. δεδομένο

grape/greɪp/σταφύλι

grapefruit/'greɪpfru:t/γκρέιπφρουτ

graph/græf, gra:f/διάγραμμα

graphic/'græfɪk/γραφικός • **graphics** γραφικά

graphic designer/ˌgræfɪk dɪ'zaɪnə/ γραφίστας

grasp/gra:sp/αρπάζω· αντιλαμβάνομαι • λαβή, πιάσιμο· αντίληψη, κατανόηση

grass/gra:s/γρασίδι, γκαζόν

grasshopper/'gra:sˌhɒpə/ακρίδα

grate/greɪt/σχάρα • τρίβω (στον τρίφτη)

grateful/'greɪtfəl/ευγνώμων

gratitude/'grætɪtju:d/ευγνωμοσύνη

grave/greɪv/τάφος • σοβαρός

gravel/'grævəl/αμμοχάλικο

gravestone/'greɪvstəʊn/ταφόπετρα

graveyard/'greɪvja:d/νεκροταφείο

gravity/'grævɪti/σοβαρότητα, βαρύτητα· βαρύτητα

☆ **gray**/greɪ/☞ GREY

graze/greɪz/βόσκω· γδέρνω· αγγίζω, ακουμπώ ξυστά • αμυχή, γδάρσιμο

grease/gri:s/λίγδα· γράσο • λαδώνω, γρασάρω

greasy/'gri:si, -zi/λιπαρός· λιγδιασμένος

great/greɪt/μέγας, μεγάλος· σπουδαίος, σημαντικός· σπουδαίος, περίφημος *a great deal* πολύ, μεγάλη ποσότητα *a great many* πολλοί ~**ly** πολύ

Great Britain/ˌgreɪt 'brɪtən/Μεγάλη Βρετανία

great-grandchild/ˌgreɪt 'græntʃaɪld/ δισεγγονός, δισέγγονη

great-grandfather/ˌgreɪt 'grændfa:ðə/προπάππος

great-grandmother/ˌgreɪt 'grænmʌðə/προγιαγιά

Greece/gri:s/Ελλάδα

greed/gri:d/λαιμαργία

greedy/'gri:di/λαίμαργος

Greek/gri:k/Έλληνας· ελληνική (γλώσσα) • ελληνικός

green/gri:n/πράσινος· άγουρος· ανώριμος, άπειρος· **Green** οικολογικός, του κόμματος των πρασίνων • πράσινο χρώμα· **greens** πράσινα λαχανικά· **Green** οικολόγος, υποστηρικτής του κόμματος των πρασίνων

greengrocer/'gri:nˌgrəʊsə/μανάβης· **greengrocer's** μανάβικο

greenhouse/'gri:nhaʊs/θερμοκήπιο

greet/gri:t/χαιρετώ ~**ing** χαιρετισμός· ~**ings** χαιρετίσματα

grenade/grɪ̵ˈneɪd/χειροβομβίδα

grey, ☆ **gray**/greɪ/γκρίζος· ψαρομάλλης • γκρίζο χρώμα • γκριζάρω

grief/gri:f/θλίψη, στενοχώρια

grievance/ˈgri:vəns/παράπονο

grieve/gri:v/στενοχωρούμαι· στενοχωρώ

grill/grɪl/ψήνω/-ομαι στη σχάρα • σχάρα ψησίματος· ψητό της σχάρας

grim/grɪm/φοβερός, απαίσιος· βλοσυρός, άγριος

grimace/grɪˈmeɪs/μορφάζω, κάνω γκριμάτσα • μορφασμός, γκριμάτσα

grin/grɪn/χαμογελώ πλατιά • πλατύ χαμόγελο

grind/graɪnd/αλέθω· ακονίζω· τρίζω (τα δόντια)

grip/grɪp/αρπάζω· συναρπάζω • (σφιχτό) πιάσιμο

groan/grəʊn/βογκώ • βογκητό

grocer/ˈgrəʊsə/μπακάλης· **grocer's** μπακάλικο

groom/gru:m, grʊm/ιπποκόμος· ☞ bridegroom

groove/gru:v/αυλάκι

grope/grəʊp/ψηλαφώ, ψάχνω ψηλαφιστά

gross/grəʊs/μεικτός· ακαθάριστο (εισόδημα)

ground/graʊnd/έδαφος, χώμα· λόγος, αιτία· **grounds** κατακάθια

ground floor/ˌgraʊnd ˈflɔ:/ισόγειο

groundless/ˈgraʊndləs/αβάσιμος

group/gru:p/ομάδα· μουσικό συγκρότημα • συγκεντρώνω/-ομαι, μαζεύομαι

grouse/graʊs/αγριόγαλος

grow/grəʊ/αναπτύσσομαι, μεγαλώνω· φύομαι, φυτρώνω· αυξάνομαι· καλλιεργώ· γίνομαι (σταδιακά) ▪ **grow up** μεγαλώνω, ωριμάζω

grower/ˈgrəʊə/καλλιεργητής

growl/graʊl/γρυλίζω· λέω (κτ.) με άγριο τόνο • γρύλισμα, μουγκρητό

grown/grəʊn/ενήλικος, μεγάλος

grown-up/ˌgrəʊnˈʌp/ενήλικος, ώριμος, μεγάλος

growth/grəʊθ/ανάπτυξη

grudge/grʌdʒ/φθονώ • μνησικακία, άχτι

grumble/grʌmbl/παραπονιέμαι, γκρινιάζω • γκρίνια, μουρμούρα

grunt/grʌnt/γρυλίζω • γρύλισμα

guarantee/ˌgærənˈti:/εγγύηση • εγγυώμαι

guard/ga:d/προστασία, φύλαξη· φύλακας, φρουρός· φρουρά, ένοπλη συνοδεία • φρουρώ ~**ed** προσεκτικός, επιφυλακτικός

guardian/ˈga:diən/φύλακας, φρουρός· κηδεμόνας

guerrilla/gəˈrɪlə/αντάρτης

guess/ges/μαντεύω *guess (that)* υποθέτω, νομίζω • εικασία

guest/gest/φιλοξενούμενος, ξένος· προσκεκλημένος· πελάτης ξενοδοχείου

guestroom/ˈgestru:m/δωμάτιο ξένων, ξενώνας

guidance/'gaɪdəns/καθοδήγηση

guide/gaɪd/οδηγός, συνοδός· οδηγός (βιβλίο) • οδηγώ, κατευθύνω· ξεναγώ

guidelines/'gaɪdlaɪnz/οδηγίες

guilt/gɪlt/ενοχή

guilty/'gɪlti/ένοχος

guinea pig/'gɪni pɪg/ινδικό χοιρίδιο· πειραματόζωο

guitar/gɪ'ta:/κιθάρα

guitarist/gɪ'ta:rəst/κιθαριστής

gulf/gʌlf/κόλπος

gull/gʌl/γλάρος

gulp/gʌlp/χάφτω· ρουφώ, κατεβάζω • ρουφηξιά, χαψιά

gum/gʌm/κόλλα· μαστίχα, τσίχλα

gun/gʌn/πολυβόλο όπλο· κανόνι· πιστόλι

gunfire/'gʌnfaɪə/πυροβολισμοί

gunman/'gʌnmən/οπλοφόρος, πιστολάς

gunpowder/'gʌn,paʊdə/πυρίτιδα, μπαρούτι

gunshot/'gʌnʃɒt/πυροβολισμός

gush/gʌʃ/αναβλύζω, ξεπηδώ • ανάβλυση

gust/gʌst/πνοή, ριπή

gut/gʌt/έντερο· **guts** θάρρος, κουράγιο

gutter/'gʌtə/ρείθρο, χαντάκι

guy/gaɪ/άνθρωπος, τύπος

gym/dʒɪm/γυμναστήριο· γυμναστική

gymnast/'dʒɪmnæst/γυμναστής

gymnastics/dʒɪm'næstɪks/γυμναστική, φυσική αγωγή

☆ **gypsy**/'dʒɪpsi/τσιγγάνος

H, h

habit/'hæbɨt/συνήθεια

habitable/'hæbɨtəbl/κατοικήσιμος

habitual/hə'bɪtʃʊəl/συνηθισμένος· συστηματικός, καθ' έξιν **~ly** συστηματικά

hacker/'hækə/χάκερ

haddock/'hædək/βακαλάος

haemorrhage/'hemərɪdʒ/αιμορραγία

haemorrhoids/'hemərɔɪdz/αιμορροΐδες

Hague/heɪg/Χάγη

hail/heɪl/χαλάζι • [απρόσ.] ρίχνω χαλάζι

hair/heə/τρίχα· μαλλιά

hairbrush/'heəbrʌʃ/βούρτσα για τα μαλλιά

haircut/'heəkʌt/κούρεμα

hairdo/'heədu:/χτένισμα

hairdresser/'heəˌdresə/κομμωτής, κομμώτρια· **hairdresser's** κομμωτήριο

hairdryer, **hairdrier**/'heəˌdraɪə/σεσουάρ

hairgrip/'heəgrɪp/τσιμπιδάκι μαλλιών

hairpin/'heəˌpɪn/φουρκέτα

hair-raising/'heə reɪzɪŋ/φρικιαστικός, ανατριχιαστικός

hairspray/'heəspreɪ/λακ

hairstyle/'heəstaɪl/κόμμωση

hairy/'heəri/τριχωτός, μαλλιαρός

half/hɑ:f/μισό· ημίχρονο *go halves* μοιράζομαι *in half* σε δύο ίσα μέρη, στη μέση • μισός • κατά το ήμισυ· εν μέρει

half-brother/'hɑ:fˌbrʌðə/ετεροθαλής αδελφός

half moon/ˌhɑ:f 'mu:n/ημισέληνος, μισοφέγγαρο

half-price/ˌhɑ:f 'praɪs/*(at) half-price* στη μισή τιμή, μισοτιμής

half-sister/'hɑ:f ˌsɪstə/ετεροθαλής αδελφή

half time/ˌhɑ:f'taɪm/ημίχρονο

halfway/ˌhɑ:f'weɪ/στα μισά του δρόμου, της διαδρομής, της εργασίας κ.τ.λ.

hall/hɔ:l/χολ· αίθουσα· φοιτητική εστία

hallo/hə'ləʊ, he-, hæ-/☞ HELLO

hallucination/həˌlu:sɨ'neɪʃən/παραίσθηση

hallway/'hɔ:lweɪ/χολ

halt/hɔ:lt/σταματώ • στάση, σταμάτημα

halve/hɑ:v/κόβω στα δύο

ham/hæm/χοιρομέρι, ζαμπόν

Hamburg/'hæmbɜ:g/Αμβούργο

hamburger/'hæmbɜ:gə/χάμπουργκερ

hammer/'hæmə/σφυρί • χτυπώ βίαια

hammock/'hæmək/αιώρα, κούνια

hand/hænd/χέρι· δείκτης (ρολογιού)· εργάτης, χειρώνακτας· χέρι, βοήθεια *(near) at hand* κοντινός, πρόχειρος, διαθέσιμος *on the one/other hand* αφενός/αφετέρου *shake hands* ανταλλάσσω χειραψία, σφίγγω το χέρι • δίνω (στο χέρι) ▪ **hand out** διανέμω, μοιράζω

handbill/'hændbɪl/φέιγ βολάν

handbrake/'hændbreɪk/χειρόφρενο

handcuffs/'hændkʌfs/χειροπέδες

handicap/'hændikæp/μειονέκτημα· αναπηρία • δυσχεραίνω, εμποδίζω ~**ped** ανάπηρος

handicraft/'hændikra:ft/χειροτεχνία

handkerchief/'hæŋkətʃɪf/μαντίλι

handle/hændl/λαβή, χερούλι • αγγίζω, πιάνω· χειρίζομαι

handlebars/'hændlba:z/τιμόνι (δικύκλου)

handmade/ˌhænd'meɪd/χειροποίητος

handrail/'hændreɪl/κιγκλίδωμα, κουπαστή

handshake/'hændʃeɪk/χειραψία

handsome/'hænsəm/όμορφος· σημαντικός, μεγάλος

handwriting/'hændˌraɪtɪŋ/γραφικός χαρακτήρας

handy/'hændi/εύχρηστος, βολικός· ευπρόσιτος, πρόχειρος, κοντινός

hang/hæŋ/κρεμώ, κρέμομαι· τοποθετώ (ταπετσαρία)· σκύβω· κατεβάζω, κρεμώ· πέφτω χυτός· απαγχονίζω/-ομαι ▪ **hang about** α) περιφέρομαι, τριγυρίζω (σε) β) χαζεύω, χασομερώ **hang on** α) στηρίζομαι, κρατιέμαι, πιάνομαι β) περιμένω **hang up** κατεβάζω το ακουστικό, κλείνω το τηλέφωνο

hanger/'hæŋə/κρεμάστρα

hangman/'hæŋmən/δήμιος

hangover/'hæŋəʊvə/πονοκέφαλος, αδιαθεσία κ.τ.λ. έπειτα από μεθύσι

hankie, hanky/'hæŋki/μαντίλι

Hanover/'hænəʊvə/Ανόβερο

haphazard/ˌhæp'hæzəd/πρόχειρος, χωρίς σύστημα

happen/'hæpən/συμβαίνω, γίνομαι *happen to* τυχαίνει να

happily/ˌhæpɪli/ευτυχισμένα· ευτυχώς

happiness/'hæpinɪs/ευτυχία

happy/'hæpi/ευτυχισμένος

harbour/'ha:bə/λιμάνι

hard/ha:d/σκληρός· δύσκολος, κουραστικός· δυσνόητος· επίμονος, εντατικός· σκληρός, βαρύς· φιλόπονος, ακούραστος *give sb. a hard time* ταλαιπωρώ, δυσκολεύω κπ. • σκληρά· δυνατά, με δύναμη· βίαια, άγρια

hard-boiled/ˌha:d'bɔɪld/*(για βραστό αβγό)* σφιχτό

hard disc/ha:d 'dɪsk/*(πληρ.)* σκληρός δίσκος

harden/ha:dn/σκληραίνω· σκληραγωγώ

hardly/'ha:dli/μόλις, μετά βίας, σχεδόν καθόλου, σχεδόν δεν *can hardly* ίσα που μπορώ, καλά καλά δεν μπορώ *hardly ever* σχεδόν ποτέ *hardly anyone/anything* σχεδόν κανείς/τίποτα

hard of hearing/ha:d əv 'hɪərɪŋ/βαρήκοος

hardship/'ha:dʃɪp/κακουχία, βάσανο

hard-working/ha:d 'wɜ:kɪŋ/εργατικός

hare/heə/λαγός

harm/ha:m/βλάβη, ζημιά, κακό • βλάπτω, ζημιώνω, κάνω κακό σε

harmful/'ha:mfəl/επιβλαβής, βλαβερός

harmless/'ha:mləs/αβλαβής, ακίνδυνος

harmonize, **-ise**/'ha:mənaɪz/εναρμονίζω/-ομαι, ταιριάζω

harmony/'ha:məni/αρμονία

harp/ha:p/*(μουσ.)* άρπα

harpoon/ha:'pu:n/καμάκι • καμακώνω

harsh/ha:ʃ/σκληρός, τραχύς (στην αφή), δριμύς (στη γεύση), ενοχλητικός, εκνευριστικός (στο αφτί, στο μάτι)· σκληρός, αυστηρός· δριμύς, άγριος

harvest/'ha:vɪ̈st/συγκομιδή, θερισμός, μάζεμα· σοδειά • θερίζω, μαζεύω (τη σοδειά)

haste/heɪst/βιασύνη, βία, βιάση

hasten/'heɪsən/σπεύδω, βιάζομαι· επισπεύδω, επιταχύνω

hastily/'heɪstɪ̈li/βιαστικά, εσπευσμένα· απερίσκεπτα

hasty/'heɪsti/βιαστικός

hat/hæt/καπέλο

hatch/hætʃ/επωάζω, κλωσσώ

hate/heɪt/μίσος, απέχθεια, αντιπάθεια • μισώ· απεχθάνομαι, δεν ανέχομαι

hateful/'heɪtfəl/μισητός, αντιπαθητικός, απαίσιος

hatred/'heɪtrɪ̈d/μίσος

haughty/'hɔ:ti/υπεροπτικός, υπερόπτης

haul/hɔ:l/σέρνω, τραβώ

haunt/hɔ:nt/στοιχειώνω ~**ed** στοιχειωμένος • στέκι

have/həv, hæv/έχω· παίρνω, δέχομαι· τρώγω, πίνω· γεννώ, αποκτώ, κάνω· έχω (βιώνω, υποφέρω, παθαίνω, απολαμβάνω)· [ως βοηθητικό για να σχηματίσει, μαζί με την μετοχή αορ., τον παρακείμενο και υπερσυντέλικο]: *I have written the letter· he hadn't left when I got there* ▪ **have on** φορώ

Hawaii/hə'waii/Χαβάη

hawk/hɔ:k/γεράκι

hay/heɪ/σανός, άχυρο

hazard/'hæzəd/κίνδυνος, ρίσκο • διακινδυνεύω, ριψοκινδυνεύω· αποτολμώ

hazardous/'hæzədəs/επικίνδυνος, ριψοκίνδυνος, παρακινδυνευμένος

haze/heɪz/καταχνιά

hazel/ˈheɪzəl/φουντουκιά • ανοιχτοκάστανος

hazelnut/ˈheɪzəlnʌt/ φουντούκι

hazy/ˈheɪzi/ομιχλώδης, μουντός

he/hi, hi:/αυτός

head/hed/κεφάλι· κορυφή, ανώτερο ή μπροστινό μέρος· μυαλό, εγκέφαλος· αρχηγός, προϊστάμενος· αφρός μπίρας· **heads** κορόνα (πλευρά νομίσματος) • ηγούμαι, είμαι επικεφαλής· κατευθύνομαι· χτυπώ (την μπάλα) με το κεφάλι ▪ **head for** κατευθύνομαι, οδεύω προς **~ing** τίτλος (άρθρου, κεφαλαίου), επικεφαλίδα

headache/ˈhedeɪk/πονοκέφαλος

headlight/ˈhedlaɪt/προβολέας

headline/ˈhedlaɪn/τίτλος (σε εφημερίδα ή περιοδικό)· **headlines** σύντομη περίληψη δελτίου ειδήσεων, (οι) κυριότερες ειδήσεις

headlong/ˈhedlɒŋ/με το κεφάλι

headmaster/ˌhedˈmaːstə/διευθυντής σχολείου

headmistress/ˌhedˈmɪstrɨs/διευθύντρια σχολείου

head-on/ˌhedˈɒn/μετωπικός

headphones/ˈhedfəʊnz/ακουστικά

headquarters/ˈhedˌkwɔːtəz/διοικητήριο, στρατηγείο, επιτελείο· κεντρικά γραφεία, έδρα

heal/hi:l/γιατρεύω/-ομαι, επουλώνω/-ομαι

health/helθ/υγεία

healthy/ˈhelθi/υγιής· υγιεινός

heap/hi:p/σωρός, στοίβα • σωριάζω, στοιβάζω

hear/hɪə/ακούω· ακούω, πληροφορούμαι, μαθαίνω ▪ **hear about** ακούω, μαθαίνω για **hear from** μαθαίνω νέα, παίρνω γράμμα από **hear of** ακούω να γίνεται λόγος για **~ing** α) ακοή β) *(νομ.)* ακροαματική διαδικασία

hearing aid/ˈhɪərɪŋ eɪd/ακουστικό βαρηκοΐας

hearse/hɜ:s/νεκροφόρα

heart/ha:t/καρδιά· κέντρο· θάρρος· *(χαρτοπ.)* κούπα

heart attack/ˈha:t əˌtæk/καρδιακή προσβολή

heartbroken/ˈha:tˌbrəʊkən/συντετριμμένος, περίλυπος

heartburn/ˈha:tbɜ:n/καούρα

heart failure/ˈha:t ˌfeɪljə/*(ιατρ.)* συγκοπή

heartless/ˈha:tləs/άκαρδος, σκληρός

hearty/ˈha:ti/εγκάρδιος, θερμός· χορταστικός

heat/hi:t/θερμότητα· ζέστη, κάψα· ενθουσιασμός • ζεσταίνω/-ομαι **~ing** θέρμανση

heater/ˈhi:tə/θερμάστρα· θερμοσίφωνας

heatstroke/ˈhi:tstrəʊk/θερμοπληξία

heat wave/ˈhi:tweɪv/καύσωνας

heaven/ˈhevən/ουρανός· παράδεισος

heavenly/ˈhevənli/ουράνιος

heavily/ˈhevəli/βαριά· έντονα, δυνατά· πολύ

heavy/ˈhevi/βαρύς· δυνατός, πυκνός· σοβαρός, βαρύς· βαρύς, δύσπεπτος

Hebrew/ˈhi:bru:/Εβραίος, Ισραηλίτης· εβραϊκή (γλώσσα) • εβραϊκός

hedge/hedʒ/φράχτης

hedgehog/ˈhedʒhɒg/σκαντζόχοιρος

heel/hi:l/φτέρνα· τακούνι

height/haɪt/ύψος, ανάστημα, μπόι· ύψωμα· αποκορύφωμα, ζενίθ

heighten/haɪtn/αυξάνω/-ομαι, επιτείνω/-ομαι, κορυφώνω/-ομαι

heir/eə/(ο) κληρονόμος

heiress/ˈeərəs/(η) κληρονόμος

heirloom/ˈeəlu:m/οικογενειακό κειμήλιο

helicopter/ˈheləkɒptə/ελικόπτερο

heliport/ˈheləpɔ:t/ελικοδρόμιο

hell/hel/κόλαση

hello/həˈləʊ/, **hallo, hullo** γεια σου· *(στο τηλέφωνο)* εμπρός!· έι, παρακαλώ

helmet/ˈhelmət/κράνος

help/help/βοηθώ· σερβίρω· αποφεύγω, συγκρατούμαι ~**ing** μερίδα (φαγητού) • βοήθεια

helpful/ˈhelpfəl/πρόθυμος, εξυπηρετικός· χρήσιμος

helpless/ˈhelpləs/αβοήθητος, ανήμπορος

hem/hem/στρίφωμα, ποδόγυρος

hemisphere/ˈheməsfɪə/ημισφαίριο

hen/hen/κότα

her/hə, ə, *(εμφ.)* hɜ:/της • αυτή, τη(ν)

herb/hɜ:b/βότανο

Hercules/ˈhɜ:kjʊli:z/Ηρακλής

herd/hɜ:d/αγέλη, κοπάδι

here/hɪə/εδώ· να!, ορίστε! ***here's to...*** εις υγείαν τού...

hereditary/həˈredətəri/κληρονομικός

heredity/həˈredəti/κληρονομικότητα

heresy/ˈherəsi/αίρεση

heritage/ˈherətɪdʒ/κληρονομιά

Hermes/ˈhɜ:mi:z/Ερμής

hernia/ˈhɜ:nɪə/κήλη

hero/ˈhɪərəʊ/ήρωας

heroic/hɪˈrəʊɪk/ηρωικός

heroin/ˈherəʊɪn/ηρωίνη

heroine/ˈherəʊɪn/ηρωίδα

heroism/ˈherəʊɪzəm/ηρωισμός

herpes/ˈhɜ:pi:z/έρπης

herring/ˈherɪŋ/ρέγκα

hers/hɜ:z/αυτής, δικός της

herself/həˈself, *(εμφ.)* hɜ:-/τον εαυτό της· (αυτή) η ίδια

hesitancy/ˈhezɪtənsi/, **hesitance** /-təns/διστακτικότητα

hesitant/ˈhezətənt/διστακτικός

hesitate/ˈhezəteɪt/διστάζω

hesitation/ˌhezɪˈteɪʃən/δισταγμός, ενδοιασμός

hey/heɪ/ε!

hi/haɪ/γεια σου

hiccup, **hiccough**/ˈhɪkʌp, -kəp/λόξιγκας

hide/haɪd/κρύβω/-ομαι· συγκαλύπτω, αποσιωπώ • δέρμα, τομάρι (ζώου)

hide-and-seek/ˌhaɪd ənd ˈsi:k/κρυφτούλι, κρυφτό

hideaway/ˈhaɪdəwaɪ/κρησφύγετο

hideous/ˈhɪdiəs/απαίσιος, φρικτός

hifi/ˌhaɪ ˈfaɪ, ˈhaɪ faɪ/υψηλής πιστότητας

high/haɪ/ψηλός· (ορισμένου) ύψους· ανυψωμένος, σηκωμένος· ανώτερος του κανονικού • ψηλά

High Court/ˌhaɪ ˈkɔ:t/ανώτατο δικαστήριο

high fidelity/ˌhaɪ fɪˈdelɨti/υψηλής πιστότητας

high jump/ˈhaɪdʒʌmp/άλμα εις ύψος

high life/ˈhaɪ laɪf/μεγάλη ζωή

highlight/ˈhaɪlaɪt/(το) πλέον ενδιαφέρον ή εντυπωσιακό μέρος· **highlights** ανταύγειες (στα μαλλιά) • τονίζω, προβάλλω

highly/ˈhaɪli/πολύ, εξαιρετικά· με μεγάλη εκτίμηση

Highness/ˈhaɪnɨs/Υψηλότητα

high school/ˈhaɪsku:l/γυμνάσιο

high season/ˌhaɪ ˈsi:zən/εποχή αιχμής

high street/ˈhaɪ stri:t/κεντρικός δρόμος

high-tech/ˌhaɪ ˈtek/προηγμένης τεχνολογίας, υπερσύγχρονος

high technology/ˌhaɪ tekˈnɒlədʒi/ προηγμένη τεχνολογία

☆ **highway**/ˈhaɪweɪ/εθνικός δρόμος

Highway Code/ˌhaɪweɪ ˈkəʊd/Κώδικας Οδικής Κυκλοφορίας

hijack/ˈhaɪdʒæk/κάνω πειρατεία σε • και **hijacking**/ˈhaɪdʒækɪŋ/αεροπειρατεία

hijacker/ˈhaɪdʒækə/αεροπειρατής

hike/haɪk/πεζοπορία • πεζοπορώ

hiker/ˈhaɪkə/πεζοπόρος

hill/hɪl/λόφος, ύψωμα· ανήφορος, πλαγιά

him/ɪm, hɪm/αυτόν, τον· αυτός

himself/ɪmˈself, hɪm-/τον εαυτό του· αυτός ο ίδιος· τον ίδιο ***(all) by himself*** μόνος του

hinder/ˈhɪndə/εμποδίζω, δυσχεραίνω

Hindu/ˈhɪndu:/Ινδουιστής • ινδουιστικός

Hinduism/ˈhɪndu:ɪzəm/ινδουισμός

hinge/hɪndʒ/μεντεσές

hint/hɪnt/υπαινιγμός, νύξη· ίχνος, υποψία· συμβουλή, οδηγία, υπόδειξη • υπαινίσσομαι

hip/hɪp/ισχίο, γοφός

hippopotamus/ˌhɪpəˈpɒtəməs/ιπποπόταμος

hire/haɪə/μισθώνω • μίσθωση, ενοικίαση· πρόσληψη (εργάτη κ.τ.λ.)

hire purchase/ˌhaɪəˈpɜ:tʃɨs/αγορά με δόσεις

his/ɪz, *(εμφ.)* hɪz/(δικός) του

hiss/hɪs/σφυρίζω· αποδοκιμάζω με σφυρίγματα • σφύριγμα

historian/hɪˈstɔːrɪən/ιστορικός

historic/hɪˈstɒrɪk/ιστορικός, ιστορικής σημασίας

historical/hɪˈstɒrɪkəl/ιστορικός, της ιστορίας

history/ˈhɪstəri/ιστορία

hit/hɪt/χτυπώ· πλήττω· φτάνω • πλήγμα, χτύπημα· επιτυχία, σουξέ

hitch/hɪtʃ/ταξιδεύω με οτοστόπ

hitchhike/ˈhɪtʃhaɪk/ταξιδεύω με οτοστόπ

hitchhiker/ˈhɪtʃhaɪkə/άτομο που ταξιδεύει με οτοστόπ

hi-tech/ˌhaɪˈtek/προηγμένης τεχνολογίας

hive/haɪv/κυψέλη

hoarse/hɔːs/βραχνιασμένος

hobble/hɒbl/κουτσαίνω

hobby/ˈhɒbi/χόμπι

hockey/ˈhɒki/χόκεϊ

hoe/həʊ/τσάπα, σκαλιστήρι

hog/hɒg/χοίρος, γουρούνι

hold/həʊld/κρατώ· χωράω, πιάνω· έχω, κατέχω· θεωρώ, νομίζω· ισχύω· κρατώ, αντέχω, βαστώ· κρατώ, διαρκώ, συνεχίζομαι· περιμένω (στο τηλέφωνο)· διεξάγω, πραγματοποιώ· επιφυλάσσω ▪ **hold back** α) συγκρατώ β) αποκρύπτω **hold on** α) περιμένω β) κρατώ, αντέχω **hold up** εμποδίζω, καθυστερώ • κράτημα, πιάσιμο· λαβή

hold-up/ˈhəʊld ʌp/ληστεία, ληστρική επίθεση

hole/həʊl/τρύπα

holiday/ˈhɒlədeɪ/αργία, γιορτή· και **holidays** διακοπές

holidaymaker/ˈhɒlədi ˌmeɪkə/παραθεριστής

hollow/ˈhɒləʊ/κούφιος • **hollow up** κοιλαίνω, βαθουλώνω, σκάβω

holy/ˈhəʊli/άγιος, ιερός

Holy Week/ˌhəʊli ˈwiːk/Μεγάλη Εβδομάδα

Holy Land/ˈhəʊli lænd/(οι) Άγιοι Τόποι

home/həʊm/σπίτι, σπιτικό· πατρίδα, γενέτειρα· οίκος, ίδρυμα • οικογενειακός, σπιτικός, οικιακός· *(αθλ.)* της έδρας

homeland/ˈhəʊmlænd/γενέτειρα, πατρίδα

homemade/ˌhəʊm ˈmeɪd/σπιτικός, σπιτίσιος

Homer/ˈhəʊmə/Όμηρος

homesick/ˈhəʊmˌsɪk/νοσταλγός

homesickness/ˈhəʊmˌsɪknəs/νοσταλγία

homework/ˈhəʊmwɜːk/κατ' οίκον εργασία (μαθητή)

homosexual/ˌhəʊməˈsekʃʊəl/ομοφυλόφιλος

homosexuality/ˌhəʊmʊsekʃʊˈæləti/ομοφυλοφιλία

honest/ˈɒnəst/έντιμος· ειλικρινής, αληθινός

honesty/ˈɒnəsti/εντιμότητα, τιμιότητα· ειλικρίνεια

honey/ˈhʌni/μέλι· αγάπη (μου)

honeycomb/ˈhʌnikəʊm/κηρήθρα

honeymoon/'hʌnimu:n/μήνας του μέλιτος

honk/hɒŋk/κορνάρω • κορνάρισμα

honorary/'ɒnərəri/τιμητικός, επίτιμος

honour, ☆ **honor**/'ɒnə/τιμή· *(τίτλος ή προσφώνηση δικαστή)*: *Your Honour* κύριε πρόεδρε, κύριε δικαστά • τιμώ· τηρώ

honourable, ☆ **honorable**/'ɒnərəbl/ έντιμος

hood/hʊd/κουκούλα· ☆ ☞ BONNET

hoof/hu:f/νύχι, οπλή

hook/hʊk/γάντζος, κρεμαστάρι· αγκίστρι • αγκιστρώνω, γαντζώνω· κουμπώνω (με αγκράφα κ.τ.λ.)

hooligan/'hu:lɪgən/ταραξίας, χούλιγκαν

hoop/hu:p/στεφάνη

hooray/hʊ'reɪ/ζήτω

hoot/hu:t/κορνάρω

hop/hɒp/πηδώ στο ένα πόδι, χοροπηδώ· κάνω άλμα, πηδώ • πηδηματάκι· σύντομο αεροπορικό ταξίδι

hope/həʊp/ελπίζω • ελπίδα

hopeful/'həʊpfəl/αισιόδοξος· ελπιδοφόρος ~**ly** α) με αισιοδοξία β) καλώς εχόντων των πραγμάτων

hopeless/'həʊpləs/απελπισμένος, απεγνωσμένος· απελπιστικός· μάταιος· απελπιστικός, αδιόρθωτος ~**ness** απόγνωση, απελπισία

horizon/hə'raɪzən/ορίζοντας

horizontal/ˌhɒrɪ'zɒntl/οριζόντιος

hormone/'hɔ:məʊn/ορμόνη

horn/hɔ:n/κέρας, κέρατο· κεράτινη ουσία, κόκαλο· κόρνα, κλάξον • κοκάλινος

horoscope/'hɒrəskəʊp/ωροσκόπιο

horrible/'hɒrɪbl/φρικτός, φρικιαστικός· απαίσιος **horribly** τρομερά, φριχτά

horrid/'hɒrɪd/τρομερός, φρικτός, απαίσιος

horrific/hɒ'rɪfɪk/φρικτός, τρομερός

horrify/'hɒrɪfaɪ/τρομάζω, προκαλώ φρίκη σε ~**ing** τρομαχτικός

horror/'hɒrə/φρίκη, τρόμος· *(ιδ. για παιδί)* τέρας

hors d'oeuvre/ˌɔ:'dɜ:v/ορεκτικό, ορντέβρ

horse/hɔ:s/άλογο

horseback/'hɔsbæk/*on horseback* έφιππος, καβάλα

horseman/'hɔ:smən/ιππέας, καβαλάρης

horsepower/'hɔ:sˌpaʊə/ιπποδύναμη

horseshoe/'hɔ:ʃ-ʃu:/πέταλο

horsewoman/'hɔ:sˌwʊmən/έφιππη γυναίκα, καβαλάρισσα, αμαζόνα

hose/həʊz/λάστιχο, μάνικα • **hose down** α) καταβρέχω β) καθαρίζω με το λάστιχο

hospitable/'hɒspɪtəbl, hɒ'spɪ-/φιλόξενος

hospital/'hɒspɪtəl/νοσοκομείο

hospitality/ˌhɒspɪ'tælɪti/φιλοξενία

host/həʊst/οικοδεσπότης· παρουσιαστής • ενεργώ ως οικοδεσπότης σε, φιλοξενώ

hostage/'hɒstɪdʒ/όμηρος

hostel/hɒstl/ξενώνας, πανσιόν

hostess/'həʊstɪs/οικοδέσποινα· συνοδός

hostile/'hɒstaɪl/εχθρικός

hostility/hɒ'stɪlɪti/εχθρότητα, έχθρα· **hostilities** εχθροπραξίες

hot/hɒt/ζεστός, καυτός· καυτερός, πικάντικος· άγριος, λυσσαλέος

hot air/ˌhɒt 'eə/λόγια του αέρα, αερολογίες

hotel/həʊ'tel/ξενοδοχείο

hothouse/'hɒthaʊs/θερμοκήπιο

hound/haʊnd/κυνηγόσκυλο, λαγωνικό • κυνηγώ, καταδιώκω, κατατρέχω

hour/'aʊə/ώρα

hourglass/'aʊəgla:s/κλεψύδρα

hour hand/'aʊə ˌhænd/ωροδείκτης

hourly/'aʊəli/ωριαίος· κάθε ώρα, μια φορά την ώρα

house/haʊs/κατοικία, σπίτι· οίκος (επιχείρηση)· θέατρο, (οι) θεατές του θεάτρου· βουλή • στεγάζω **housing** στεγαστικός

houseboat/'haʊsbəʊt/πλωτό σπίτι, βάρκα που έχει μετατραπεί σε κατοικία

household/'haʊshəʊld/σπίτι, νοικοκυριό • οικιακός, του σπιτιού

housekeeper/'haʊsˌki:pə/οικονόμος· οικοδέσποινα, νοικοκυρά

housemaid/'haʊsmeɪd/υπηρέτρια

housewife/'haʊswaɪf/νοικοκυρά

housework/'haʊswɜ:k/δουλειές του σπιτιού, νοικοκυριό

hover/'hɒvə/αιωρούμαι, παραμένω μετέωρος

how/haʊ/πώς, με ποιο τρόπο· μέχρι ποίου σημείου, μέχρι ποιου βαθμού· πόσο, τι *how about?* τι λες για...;, θα 'θελες να...; *how are you?* πώς είστε;, τι κάνετε; *how do you do?* χαίρω πολύ

however/haʊ'evə/με όποιον τρόπο, όπως • οσοδήποτε, όσο κι αν· παρ' όλα αυτά, ωστόσο, όμως

howl/haʊl/ουρλιάζω • ουρλιαχτό

hug/hʌg/αγκαλιάζω • αγκάλιασμα

huge/hju:dʒ/πελώριος, τεράστιος

hullo/hʌ'ləʊ/☞ HELLO

hum/hʌm/βουίζω, βομβώ· μουρμουρίζω, τραγουδώ μουρμουριστά • βόμβος, βουητό, μουρμουρητό

human/'hju:mən/ανθρώπινος • και **human being**/- 'bi:ɪŋ/ανθρώπινο ον, άνθρωπος

humanity/hju:'mænɪti/ανθρωπότητα· ανθρωπιά

humanly/'hju:mənli/ανθρωπίνως

humble/hʌmbl/ταπεινός

humid/'hju:mɪd/υγρός, νοτισμένος

humidity/hju:'mɪdɪti/υγρασία

humiliate/hju:'mɪlieɪt/ταπεινώνω, εξευτελίζω

humiliation/hju:ˌmɪli'eɪʃən/ταπείνωση, εξευτελισμός

humorous/'hju:mərəs/αστείος, με χιούμορ

humour, ☆ **humor**/'hju:mə/χιούμορ

hump/hʌmp/καμπούρα

hunch/hʌntʃ/διαίσθηση

hunchback/'hʌntʃbæk/καμπούρα· καμπούρης

hundred/'hʌndrəd/εκατό

hundredth/'hʌndrədθ/εκατοστός • (κλασματικό) εκατοστό

Hungarian/hʌŋ'geəriən/ουγγρικός • Ούγγρος· ουγγρική (γλώσσα)

Hungary/'hʌŋgəri/Ουγγαρία

hunger/'hʌŋgə/πείνα· ασιτία

hungry/'hʌŋgri/πεινασμένος

hunt/hʌnt/κυνηγώ • κυνήγι

hunter/'hʌntə/κυνηγός

hurdle/hɜ:dl/εμπόδιο

hurl/hɜ:l/εκσφενδονίζω· εκτοξεύω

hurray/hʊ'reɪ/ζήτω

hurricane/'hʌrəkən/τυφώνας, σίφουνας

hurried/'hʌrɪd/γρήγορος, βιαστικός ~**ly** εσπευσμένα, βιαστικά

hurry/'hʌri/επισπεύδω (κτ.), πιέζω (κπ.) να βιαστεί· σπεύδω, βιάζομαι, είμαι βιαστικός· μεταφέρω εσπευσμένα ▪ **hurry up** βιάζομαι, κάνω γρήγορα • βιασύνη *in a hurry* βιαστικά

hurt/hɜ:t/χτυπώ, τραυματίζω, πληγώνω· πληγώνω, προσβάλλω· πονώ· βλάπτω, πειράζω, κάνω κακό σε

husband/'hʌbənd/(ο) σύζυγος, άντρας

hush/hʌʃ/επιβάλλω σιγή σε, ησυχάζω, σωπαίνω ▪ **hush up** αποσιωπώ, κουκουλώνω • σιωπή, ησυχία, γαλήνη

hut/hʌt/καλύβα

hy(a)ena/haɪ'i:nə/ύαινα

hydraulic/haɪ'drɒlɪk/υδραυλικός

hydrogen/'haɪdrədʒən/υδρογόνο

hydroplane/'haɪdrəpleɪn/ιπτάμενο πλοίο, υδροπλάνο

hyena/haɪ'i:nə/☞ HY(A)ENA

hygiene/'haɪdʒi:n/υγιεινή, καθαριότητα

hymn/hɪm/ύμνος

hyphen/'haɪfən/ενωτικό, παύλα (-)

hypnotism/'hɪpnətɪzəm/υπνωτισμός

hypnotize, **-ise**/'hɪpnətaɪz/υπνωτίζω

hypocrisy/hɪ'pɒkrəsi/υποκρισία

hypocrite/'hɪpəkrɪt/υποκριτής

hypocritical/ˌhɪpə'krɪtɪkəl/υποκριτικός

hypothesis/haɪ'pɒθəsəs/υπόθεση

hypothetical/ˌhaɪpə'θetɪkəl/υποθετικός

hysteria/hɪ'stɪəriə/υστερία

hysterical/hɪ'sterɪkəl/υστερικός

hysterics/hɪ'sterɪks/υστερική κρίση, υστερισμοί

I, i

I/aɪ/εγώ

ice/aɪs/πάγος • παγώνω· γλασάρω

iceberg/ˈaɪsbɜ:g/παγόβουνο

ice-cold/ˌaɪs ˈkəʊld/παγωμένος

ice cream/ˌaɪs ˈkri:m/παγωτό

icecube/ˈaɪs kju:b/παγάκι

ice hockey/ˈaɪs ˌhɒki/χόκεϊ επί πάγου

Iceland/ˈaɪslənd/Ισλανδία

Icelander/ˈaɪsləndə/Ισλανδός

Icelandic/aɪsˈlædɪk/ισλανδικός • ισλανδική (γλώσσα)

ice lolly/ˈaɪs ˌlɒli/παγωτό ξυλάκι

ice-skate/ˈaɪskeɪt/κάνω πατινάζ επί πάγου

icy/ˈaɪsi/παγερός, ψυχρός

ID card/ˌaɪ ˈdi: kɑ:d/δελτίο (αστυνομικής) ταυτότητας

idea/aɪˈdɪə/ιδέα

ideal/aɪˈdɪəl/ιδανικός, ιδεώδης, τέλειος • (το) ιδανικό

idealist/aɪˈdɪəl$\frac{1}{\partial}$st/ιδεαλιστής

ideally/aɪˈdɪəli/ιδανικά· θεωρητικά

identical/aɪˈdentɪkəl/όμοιος, πανομοιότυπος

identification/aɪˌdent$\frac{1}{\partial}$f$\frac{1}{\partial}$ˈkeɪʃən/ αναγνώριση, εξακρίβωση της ταυτότητας

identify/aɪˈdent$\frac{1}{\partial}$faɪ/αναγνωρίζω

identity/aɪˈdent$\frac{1}{\partial}$ti/ταυτότητα

identity card/aɪˈdent$\frac{1}{\partial}$ti kɑ:d/δελτίο ταυτότητας

ideologist/ˌaɪdiˈɒlədʒ$\frac{1}{\partial}$st/ιδεολόγος

ideology/ˌaɪdiˈɒlədʒi/ιδεολογία

idiom/ˈɪdiəm/ιδιωματισμός, (ιδιωματική) έκφραση

idiomatic/ˌɪdiəˈmætɪk/ιδιωματικός

idiot/ˈɪdiət/ηλίθιος, βλάκας

idle/aɪdl/τεμπέλης • τεμπελιάζω, χαζεύω **idly** νωχελικά

idol/aɪdl/είδωλο, ίνδαλμα

if/ɪf/αν, εάν *as if...* σαν να... *even if...* ακόμα κι αν... *if only (έντονη επιθυμία)* αν

igloo/ˈɪglu:/ιγκλού

ignition/ɪgˈnɪʃən/ανάφλεξη

ignorance/ˈɪgnərəns/άγνοια

ignorant/ˈɪgnərənt/ανίδεος, απληροφόρητος· αγράμματος

ignore/ɪgˈnɔ:/αδιαφορώ για

ill/ɪl/άρρωστος • κακά, άσχημα

illegal/ɪˈli:gəl/παράνομος

illegible/ɪˈledʒ$\frac{1}{\partial}$bl/δυσανάγνωστος

illegitimate/ˌɪl$\frac{1}{\partial}$ˈdʒɪt$\frac{1}{\partial}$m$\frac{1}{\partial}$t/νόθος, εξώγαμος

illicit/ɪˈlɪs$\frac{1}{\partial}$t/παράνομος

illiteracy/ɪˈlɪtərəsi/αναλφαβητισμός

illiterate/ɪˈlɪtər$\frac{1}{\partial}$t/αναλφάβητος, αγράμματος

illness/ˈɪln$\frac{1}{\partial}$s/αρρώστια

illogical/ɪ'lɒdʒɪkəl/παράλογος

illuminate/ɪ'lu:mɪ̥neɪt/φωτίζω, φωταγωγώ· διακοσμώ με φώτα· διευκρινίζω, διασαφηνίζω

illumination/ɪ,lu:mɪ̥'neɪʃən/φωτισμός, φωταγώγηση

illusion/ɪ'lu:ʒən/αυταπάτη, ψευδαίσθηση

illusive/ɪ'lu:sɪv/, **illusory**/ɪ'lu:səri/ απατηλός, ψεύτικος

illustrate/'ɪləstreɪt/εικονογραφώ· επεξηγώ, διευκρινίζω

illustration/,ɪlə'streɪʃən/εικονογράφηση· εικόνα

image/'ɪmɪdʒ/(νοερή) εικόνα· εικόνα, ίματζ

imaginary/ɪ'mædʒɪ̥nəri/φανταστικός, ανύπαρκτος

imagination/ɪ,mædʒɪ̥'neɪʃən/φαντασία

imagine/ɪ'mædʒɪ̥n/φαντάζομαι

imitate/'ɪmɪ̥teɪt/μιμούμαι, αντιγράφω

imitation/,ɪmɪ̥'teɪʃən/μίμηση· αντίγραφο, απομίμηση • ψεύτικος, ιμιτασιόν

immature/,ɪmə'tʃʊə/ανώριμος

immaturity/,ɪmə'tʃʊərɪ̥ti/ανωριμότητα

immeasurable/ɪ'meʒərəbl/αμέτρητος· απέραντος

immediate/ɪ'mi:diət/άμεσος

immediately/ɪ'mi:diətli/αμέσως, στη στιγμή· άμεσα

immense/ɪ'mens/απέραντος, τεράστιος

immensely/ɪ'mensli/εξαιρετικά

immigrant/'ɪmɪ̥grənt/μετανάστης

immigrate/'ɪmɪ̥greɪt/μεταναστεύω

immigration/,ɪmɪ̥'greɪʃən/μετανάστευση

imminent/'ɪmɪ̥nənt/άμεσος, επικείμενος

immobile/ɪ'məʊbaɪl/ακίνητος

immobility/,ɪməʊ'bɪlɪ̥ti/ακινησία

immobilize, **-ise**/ɪ'məʊbɪ̥laɪz/ακινητοποιώ

immoral/ɪ'mɒrəl/ανήθικος

immorality/,ɪmə'rælɪ̥ti/ανηθικότητα

immortal/ɪ'mɔ:təl/αθάνατος

immovable/ɪ'mu:vəbl/ακίνητος· σταθερός, ακλόνητος

immune/ɪ'mju:n/απρόσβλητος, άνοσος

immunity/ɪ'mju:nɪ̥ti/ανοσία· ασυλία

impact/'ɪmpækt/κρούση, πρόσκρουση· επίδραση, αντίκτυπος

impair/ɪm'peə/εξασθενίζω, αδυνατίζω, βλάπτω

impassable/ɪm'pa:səbl/αδιάβατος

impasse/æm'pa:s/αδιέξοδο

impassive/ɪm'pæsɪv/απαθής, ατάραχος

impatience/ɪm'peɪʃəns/ανυπομονησία, αδημονία

impatient/ɪm'peɪʃənt/ανυπόμονος

impede/ɪm'pi:d/παρακωλύω, παρεμποδίζω

imperative/ɪm'perətɪve/προστακτική

imperfect/ɪm'pɜ:fɪkt/ατελής, ελαττωματικός

imperfection/ˌɪmpə'fekʃən/ατέλεια· ελάττωμα, ψεγάδι

imperial/ɪm'pɪərɪəl/αυτοκρατορικός

imperialism/ɪm'pɪərɪəlɪzəm/ιμπεριαλισμός

imperialist/ɪm'pɪərɪəlɪst/ιμπεριαλιστής

impersonate/ɪm'pɜ:səneɪt/υποδύομαι, παριστάνω

impertinence/ɪm'pɜ:tɪnəns/αυθάδεια, αναίδεια

implement/'ɪmplɪmənt/όργανο, εργαλείο, σύνεργο

implicate/'ɪmplɪkeɪt/ενοχοποιώ, εμπλέκω

implication/ˌɪmplɪ'keɪʃən/ενοχοποίηση, μπλέξιμο

implicit/ɪm'plɪsɪt/υπονοούμενος, σιωπηρός

implore/ɪm'plɔ:/ικετεύω, εκλιπαρώ

imply/ɪm'plaɪ/υπονοώ

impolite/ˌɪmpə'laɪt/αγενής

import/ɪm'pɔ:t/εισάγω (εμπορεύματα) •/'ɪmpɔ:t/εισαγόμενο είδος· εισαγωγή (εμπορευμάτων)

importance/ɪm'pɔ:təns/σπουδαιότητα, σημασία

important/ɪm'pɔ:tənt/σημαντικός, σπουδαίος ~**ly** σημαντικά

importer/ɪm'pɔ:tə/εισαγωγέας

impose/ɪm'pəʊz/επιβάλλω **imposing** επιβλητικός, εντυπωσιακός

impossible/ɪm'pɒsɪbl/αδύνατος, ακατόρθωτος· ανυπόφορος, απαράδεκτος

impostor, ☆ και **imposter**/ɪm'pɒstə/απατεώνας, τσαρλατάνος

impracticable/ɪm'præktɪkəbl/ανεφάρμοστος, απραγματοποίητος

impractical/ɪm'præktɪkəl/μη πρακτικός· ανεφάρμοστος

impress/ɪm'pres/εντυπωσιάζω, κάνω εντύπωση σε (κπ.)

impression/ɪm'preʃən/εντύπωση

impressive/ɪm'presɪv/εντυπωσιακός

imprison/ɪm'prɪzən/φυλακίζω

imprisonment/ɪm'prɪzənmənt/φυλάκιση

improbable/ɪm'prɒbəbl/απίθανος

improper/ɪm'prɒpə/άπρεπος, ανάρμοστος

impropriety/ˌɪmprə'praɪɪti/απρέπεια

improve/ɪm'pru:v/βελτιώνω/-ομαι, καλυτερεύω

improvement/ɪm'pru:vmənt/βελτίωση

imprudence/ɪm'pru:dəns/απερισκεψία

imprudent/ɪm'pru:dənt/ασύνετος, απερίσκεπτος

impulse/'ɪmpʌls/παρόρμηση, αυθόρμητη κίνηση

impulsive/ɪm'pʌlsɪv/αυθόρμητος, ενστικτώδης

impure/ɪm'pjʊə/μολυσμένος

in/ɪn/(μέσα) σε, εντός· κατά τη

διάρκεια· έπειτα από (χρονικό διάστημα), σε· (ντυμένος) με, στα· *(διάταξη)* σε, κατά • μέσα, προς τα μέσα· στο σπίτι· στη φυλακή· της μόδας, της εποχής· στην αρχή, στην εξουσία, στα πράγματα

inability/ˌɪnəˈbɪlɪ̈ti/ανικανότητα, αδυναμία

inaccessible/ˌɪnəkˈsesɪ̈bl/απρόσιτος, απροσπέλαστος

inaccurate/ɪnˈækjʊrɪ̈t/ανακριβής

inaction/ɪnˈækʃən/αδράνεια, απραξία

inactive/ɪnˈæktɪv/αδρανής

inadequacy/ɪnˈædɪ̈kwɪ̈si/ανεπάρκεια, ανικανότητα

inadequate/ɪnˈædɪ̈kwɪ̈t/ανεπαρκής, ακατάλληλος

inappropriate/ˌɪnəˈprəʊprɪ̈t/ανάρμοστος, ακατάλληλος

inattention/ˌɪnəˈtenʃən/έλλειψη προσοχής, αφηρημάδα

inattentive/ˌɪnəˈtentɪv/απρόσεκτος, αφηρημένος

inaudible/ɪnˈɔːdɪ̈bl/ανεπαίσθητος, που δεν ακούγεται

inaugurate/ɪˈnɔːgjʊreɪt/εγκαινιάζω

inauguration/ɪˌnɔːgʊˈreɪʃən/εγκαινιασμός, εγκαίνια

incalculable/ɪnˈkælkjʊləbl/ανυπολόγιστος, αμέτρητος

incapable/ɪnˈkeɪpəbl/ανίκανος, αδύναμος

incentive/ɪnˈsentɪv/κίνητρο, ελατήριο

inch/ɪntʃ/ίντσα (2,54 εκατοστά του μέτρου)

incident/ˈɪnsɪ̈dənt/επεισόδιο, συμβάν, περιστατικό

incidentally/ˌɪnsɪ̈ˈdentəli/παρεμπιπτόντως· τυχαίως, συμπτωματικά

incite/ɪnˈsaɪt/υποκινώ, παρακινώ

inclination/ˌɪnklɪ̈ˈneɪʃən/κλίση, τάση, ροπή

incline/ɪnˈklaɪn/κλίνω, ρέπω προς

include/ɪnˈkluːd/(συμ)περιλαμβάνω **including** συμπεριλαμβανομένου

inclusive/ɪnˈkluːsɪv/συμπεριλαμβανόμενος, περιέχων, συνυπολογιζόμενος

incognito/ˌɪnkɒgˈniːtəʊ/ινκόγκνιτο, με ψευδώνυμο

incoherent/ˌɪnkəʊˈhɪərənt/ασυνάρτητος, χωρίς συνοχή

income/ˈɪŋkʌm, ˈɪn-/εισόδημα

incomparable/ɪnˈkɒmpərəbl/ασύγκριτος, απαράμιλλος

incompatible/ˌɪnkəmˈpætɪ̈bl/ασυμβίβαστος, αταίριαστος

incompetence/ɪnˈkɒmpɪ̈təns/ανικανότητα, ανεπάρκεια· αναρμοδιότητα

incompetent/ɪnˈkɒmpɪ̈tənt/ανεπαρκής, ακατάλληλος· αναρμόδιος

incomplete/ˌɪnkəmˈpliːt/ημιτελής, μισοτελειωμένος

inconsiderate/ˌɪnkənˈsɪdərɪ̈t/αδιάφορος (για τους άλλους)· απερίσκεπτος

inconsistent/ˌɪnkənˈsɪstənt/αντιφατικός, ασυνεπής

inconsolable/ˌɪnkənˈsəʊləbl/απαρηγόρητος

inconvenience/ˌɪnkənˈviːniəns/ ενόχληση, μπελάς • ενοχλώ, βάζω σε μπελά

inconvenient/ˌɪnkənˈviːniənt/άβολος

increase/ɪnˈkriːs/αυξάνω/-ομαι, αναπτύσσω/-ομαι • αύξηση, μεγάλωμα

incredible/ɪnˈkredəbl/απίστευτος

incriminate/ɪnˈkrɪmɪneɪt/ενοχοποιώ

incrimination/ɪnˌkrɪmɪˈneɪʃən/ενοχοποίηση, κατηγορία

incurable/ɪnˈkʊərəbl/αθεράπευτος

indecent/ɪnˈdiːsənt/άσεμνος, απρεπής

indecision/ˌɪndɪˈsɪʒən/αναποφασιστικότητα, δισταγμός

indecisive/ˌɪndɪˈsaɪsɪv/αναποφάσιστος, διστακτικός

indeed/ɪnˈdiːd/πράγματι, όντως· αλήθεια;, όχι δα!

indefinite/ɪnˈdefənɪt/αόριστος, ασαφής· απροσδιόριστος

independence/ˌɪndɪˈpendəns/ ανεξαρτησία

independent/ˌɪndɪˈpendənt/ανεξάρτητος

index/ˈɪndeks/ευρετήριο· αλφαβητικός πίνακας περιεχομένων· δείκτης, συντελεστής

index finger/ˈɪndeks ˌfɪŋgə/δείκτης (δάχτυλο)

India/ˈɪndiə/Ινδία

Indian/ˈɪndiən/Ινδός· Ινδιάνος, Ερυθρόδερμος • ινδικός· ινδιάνικος

indicate/ˈɪndɪkeɪt/δείχνω, υποδηλώνω

indication/ˌɪndɪˈkeɪʃən/ένδειξη, δείγμα

indicator/ˈɪndɪkeɪtə/δείκτης, όργανο ένδειξης· *(αυτοκ.)* δείκτης αλλαγής πορείας, φλας

indifference/ɪnˈdɪfərəns/αδιαφορία

indifferent/ɪnˈdɪfərənt/αδιάφορος

indigestible/ˌɪndɪˈdʒestəbl/δύσπεπτος

indigestion/ˌɪndɪˈdʒestʃən/δυσπεψία

indignant/ɪnˈdɪgnənt/αγανακτισμένος

indignation/ˌɪndɪgˈneɪʃən/αγανάκτηση

indirect/ˌɪndɪˈrekt/έμμεσος

indiscreet/ˌɪndɪˈskriːt/αδιάκριτος, απρεπής

indiscretion/ˌɪndɪˈskreʃən/αδιακρισία, απρέπεια

indispensable/ˌɪndɪˈspensəbl/απαραίτητος, (απολύτως) αναγκαίος

indisputable/ˌɪndɪˈspjuːtəbl/αναμφισβήτητος, αναμφίβολος, αναντίρρητος

indistinct/ˌɪndɪˈstɪŋkt/δυσδιάκριτος, αόριστος, αμυδρός

individual/ˌɪndɪˈvɪdʒʊəl/ατομικός,

ξεχωριστός· προσωπικός • άτομο, πρόσωπο, άνθρωπος

Indonesia/ɪndəʊ'ni:ziə/Ινδονησία

Indonesian/ɪndə'ni:ziən/ινδονησιακός • Ινδονήσιος· ινδονησιακή (γλώσσα)

indoor/'ɪndɔ:/εσωτερικός, εσωτερικού χώρου, του σπιτιού

indoors/ˌɪn'dɔ:z/στο σπίτι, εντός

indorse/ɪn'dɔ:s/☞ ENDORSE

induce/ɪn'dju:s/πείθω, παρασύρω, καταφέρνω

indulge/ɪn'dʌldʒ/κάνω τα χατίρια, κακομαθαίνω ▪ **indulge in** επιτρέπω στον εαυτό μου, προσφέρω στον εαυτό μου

industrial/ɪn'dʌstriəl/βιομηχανικός

industrialist/ɪn'dʌstriəlɨst/(μεγαλο)βιομήχανος

industrious/ɪn'dʌstriəs/επιμελής, εργατικός

industry/'ɪndəstri/βιομηχανία

ineffective/ˌɪnɨ'fektɪv/άκαρπος, αναποτελεσματικός

inefficiency/ˌɪnɨ'fɪʃənsi/ανεπάρκεια

inefficient/ˌɪnɨ'fɪʃənt/ανεπαρκής, μη αποδοτικός

inestimable/ɪn'estɨməbl/ανεκτίμητος

inevitable/ɪ'nevɨtəbl/αναπόφευκτος, μοιραίος

inexcusable/ˌɪnɪk'skju:zəbl/ασυγχώρητος, αδικαιολόγητος

inexpensive/ˌɪnɪk'spensɪv/φτηνός, οικονομικός

inexperience/ˌɪnɪk'spɪəriəns/έλλειψη πείρας, απειρία

inexperienced/ˌɪnɪk'spɪəriənst/ άπειρος

infallible/ɪn'fælɨbl/αλάνθαστος

infamous/'ɪnfəməs/διαβόητος, κακόφημος

infancy/'ɪnfənsi/νηπιακή ηλικία

infant/'ɪnfənt/βρέφος, νήπιο • νηπιακός, βρεφικός

infantry/'ɪnfəntri/πεζικό

infatuate/ɪn'fætʃʊeɪt/ξεμυαλίζω, ξετρελαίνω

infect/ɪn'fekt/μολύνω

infection/ɪn'fekʃən/μόλυνση, λοίμωξη

infectious/ɪn'fekʃəs/λοιμώδης, μολυσματικός· μεταδοτικός, κολλητικός

infer/ɪn'fɜ:/συμπεραίνω

inferior/ɪn'fɪəriə/υποδεέστερος, κατώτερος • κατώτερος· υφιστάμενος

inferiority/ɪnˌfɪəri'ɒrɨti/κατωτερότητα, μειονεκτικότητα

infertile/ɪn'fɜ:taɪl/άγονος, άκαρπος, στείρος

infertility/ˌɪnfə'tɪlɨti/στειρότητα

infinitive/ɪn'fɪnɨtɪv/απαρέμφατο

inflammable/ɪn'flæməbl/εύφλεκτος

inflammation/ˌɪnflə'meɪʃən/φλεγμονή

inflation/ɪn'fleɪʃən/πληθωρισμός

inflexible/ɪn'fleksɨbl/άκαμπτος, αλύγιστος

influence/'ɪnflʊəns/επίδραση, επιρροή • επηρεάζω, επιδρώ σε

influential/ˌɪnflʊ'enʃəl/με επιρροή, ισχυρός

influenza/ˌɪnflʊ'enza/γρίπη

inform/ɪn'fɔ:m/πληροφορώ, ενημερώνω

informal/ɪn'fɔ:məl/ανεπίσημος· της καθομιλουμένης

information/ˌɪnfə'meɪʃən/πληροφορίες

information desk/ˌɪnfə'meɪʃən desk/, **desk** γραφείο πληροφοριών, πληροφορίες

information technology/ˌɪnfəˌmeɪʃən tek'nɒlədʒi/πληροφορική

informative/ɪn'fɔ:mətɪv/πληροφοριακός, κατατοπιστικός

informer/ɪn'fɔ:mə/πληροφοριοδότης· χαφιές, σπιούνος

infrequent/ɪn'fri:kwənt/σπάνιος, αραιός, σποραδικός

infuriate/ɪn'fjʊərieɪt/εξοργίζω

ingratitude/ɪn'grætɨtju:d/αχαριστία

ingredient/ɪn'gri:diənt/υλικό

inhabit/ɪn'hæbɨt/κατοικώ σε ~**ed** κατοικημένος, κατοικούμενος

inhabitable/ɪn'hæbɪtəbl/κατοικήσιμος

inhabitant/ɪn'hæbɨtənt/κάτοικος

inhale/ɪn'heɪl/εισπνέω

inherit/ɪn'herɨt/κληρονομώ

inheritance/ɪn'herɨtəns/κληρονομιά

inhospitable/ˌɪnhɒ'spɪtəbl/αφιλόξενος

inhuman/ɪn'hju:mən/απάνθρωπος, σκληρός

initial/ɪ'nɪʃəl/αρχικός • αρχικό γράμμα· **initials** μονογραφή

initially/ɪ'nɪʃəli/στην αρχή, αρχικά

initiative/ɪ'nɪʃətɪv/πρωτοβουλία

injection/ɪ'ndʒekʃən/ένεση

injure/'ɪndʒə/τραυματίζω, πληγώνω **injured** πληγωμένος

injury/'ɪndʒəri/τραύμα, κάκωση· βλάβη, ζημιά

injustice/ɪn'dʒʌstɨs/αδικία

ink/ɪŋk/μελάνι

ink pad/'ɪŋkpæd/ταμπόν (σφραγίδας)

Inland Revenue/ˌɪnlənd 'revɨnju:/ (η) Οικονομική Εφορία

in-laws/'ɪnlɔ:z/(τα) πεθερικά· (το) σόι, συγγενείς εξ αγχιστείας

inn/ɪn/πανδοχείο, χάνι

inner/'ɪnə/εσωτερικός

innkeeper/'ɪnˌki:pə/πανδοχέας

innocence/'ɪnəsəns/αθωότητα

innocent/'ɪnəsənt/αθώος ~**ly** αθώα, αφελώς

innovation/ˌɪnə'veɪʃən/καινοτομία, νεοτερισμός

innovator/'ɪnəveɪtə/νεοτεριστής

innumerable/ɪ'nju:mərəbl/αναρίθμητος, αμέτρητος

inquire, **enquire**/ɪn'kwaɪə/ρωτώ, ζητώ να μάθω· ζητώ πληροφορίες

inquiry, **enquiry**/ɪn'kwaɪəri/έρευνα, ανάκριση

inquisitive/ɪn'kwɪzətɪv/περίεργος, αδιάκριτος

insane/ɪn'seɪn/τρελός

insanity/ɪn'sænəti/παραφροσύνη, τρέλα

inscribe/ɪn'skraɪb/χαράζω

inscription/ɪn'skrɪpʃən/(χαραγμένη) επιγραφή

insect/'ɪnsekt/έντομο

insecticide/ɪn'sektəsaɪd/εντομοκτόνο

insecure/ˌɪnsɪ'kjʊə/ανασφαλής· επισφαλής, επικίνδυνος

insecurity/ˌɪnsɪ'kjʊərəti/ανασφάλεια

insensitive/ɪn'sensətɪv/αναίσθητος, ασυγκίνητος

inseparable/ɪn'sepərəbl/αχώριστος, αναπόσπαστος

insert/ɪn'sɜːt/εισάγω, βάζω, μπάζω· παρεμβάλλω· καταχωρίζω • ένθετο

insertion/ɪn'sɜːʃən/εισαγωγή· παρεμβολή, ένθεση· καταχώριση

inshore/ˌɪn'ʃɔː/παράκτιος

inside/ɪn'saɪd, 'ɪnsaɪd/εσωτερικό, εσωτερική πλευρά • εσωτερικός • μέσα, από μέσα, εσωτερικά • εντός, μέσα

insight/'ɪnsaɪt/διορατικότητα, οξυδέρκεια

insignificant/ˌɪnsɪg'nɪfɪkənt/ασήμαντος

insincere/ˌɪnsɪn'sɪə/ανειλικρινής, ψεύτικος

insinuate/ɪn'sɪnjʊeɪt/υπαινίσσομαι, αφήνω να εννοηθεί

insinuation/ɪnˌsɪnjʊ'eɪʃən/υπαινιγμός, υπονοούμενο, νύξη

insist/ɪn'sɪst/επιμένω

insistence/ɪn'sɪstəns/επιμονή, εμμονή

insistent/ɪn'sɪstənt/επίμονος

insolence/'ɪnsələns/αναίδεια, αυθάδεια, θρασύτητα

insolent/'ɪnsələnt/αναιδής, αυθάδης, θρασύς

insomnia/ɪn'sɒmnɪə/αϋπνία

inspect/ɪn'spekt/επιθεωρώ, ελέγχω· εξετάζω σχολαστικά

inspection/ɪn'spekʃən/επιθεώρηση, έλεγχος

inspector/ɪn'spektə/επιθεωρητής· επόπτης, ελεγκτής

inspiration/ˌɪnspə'reɪʃən/έμπνευση, πηγή έμπνευσης

inspire/ɪn'spaɪə/εμπνέω

install/ɪn'stɔːl/εγκαθιστώ, τοποθετώ, κάνω εγκατάσταση

installation/ˌɪnstə'leɪʃən/εγκατάσταση

instalment/ɪn'stɔːlmənt/δόση (πληρωμής)

instance/'ɪnstəns/περίπτωση, παράδειγμα *for instance* παραδείγματος χάρη

instant/'ɪnstənt/στιγμή • στιγμιαίος, της στιγμής ~**ly** αμέσως, στη στιγμή

instead/ɪn'sted/αντ' αυτού • *instead of* αντί, στη θέση (κάποιου), αντί να

instinct/'ɪnstɪŋkt/ένστικτο

instinctive/ɪn'stɪŋktɪv/ενστικτώδης

institute/'ɪnst$\frac{1}{ə}$tju:t/ίδρυμα, ινστιτούτο

institution/ˌɪnst$\frac{1}{ə}$'tju:ʃən/ίδρυμα· θεσμός

instruct/ɪn'strʌkt/διδάσκω· δίνω εντολές ή οδηγίες, αναθέτω

instruction/ɪn'strʌkʃən/εκπαίδευση, διδασκαλία· οδηγία

instructor/ɪn'strʌktə/εκπαιδευτής, δάσκαλος

instrument/'ɪnstrʊmənt/(μηχανικό) όργανο, εργαλείο

insufficiency/ˌɪnsə'fɪʃənsi/ανεπάρκεια

insufficient/ˌɪnsə'fɪʃənt/ανεπαρκής

insulate/'ɪnsʊleɪt/μονώνω

insulation/ˌɪnsjʊ'leɪʃən/μόνωση

insult/ɪn'sʌlt/προσβάλλω ~**ing** προσβλητικός • /'ɪnsʌlt/προσβολή

insuperable/ɪn'sju:pərəbl/ανυπέρβλητος

insurance/ɪn'ʃʊərəns/ασφάλεια

insurance policy/ɪn'ʃʊərəns ˌpɒl$\frac{1}{ə}$si/ασφαλιστήριο

insure/ɪn'ʃʊə/ασφαλίζω

intact/ɪn'tækt/άθικτος, απείραχτος

integrity/ɪn'tegr$\frac{1}{ə}$ti/τιμιότητα, ακεραιότητα

intellect/'ɪnt$\frac{1}{ə}$lekt/νοημοσύνη, νόηση· ευφυΐα, μυαλό

intellectual/ˌɪnt$\frac{1}{ə}$'lektʃʊəl/διανοητικός, πνευματικός • διανοούμενος

intelligence/ɪn'tel$\frac{1}{ə}$dʒəns/νοημοσύνη, ευφυΐα, εξυπνάδα

intelligent/ɪn'tel$\frac{1}{ə}$dʒənt/ευφυής, έξυπνος

intelligible/ɪn'tel$\frac{1}{ə}$dʒ$\frac{1}{ə}$bl/κατανοητός, καταληπτός

intend/ɪn'tend/προτίθεμαι, σκοπεύω, έχω υπόψη μου· προορίζω

intense/ɪn'tens/έντονος, ισχυρός, δυνατός ~**ly** έντονα, πάρα πολύ

intensify/ɪn'tens$\frac{1}{ə}$faɪ/εντείνω/-ομαι, επιτείνω/-ομαι, αυξάνω, δυναμώνω

intensity/ɪn'tens$\frac{1}{ə}$ti/ένταση

intensive/ɪn'tensɪv/εντατικός

intention/ɪn'tenʃən/πρόθεση, σκοπός

intentional/ɪn'tenʃənəl/σκόπιμος, εσκεμμένος ~**ly** επίτηδες, σκόπιμα

interdependent/ˌɪntədɪ'pendənt/ αλληλοεξαρτώμενος, αλληλένδετος

interest/'ɪntr$\frac{1}{ə}$st/ενδιαφέρον· συμφέρον, κέρδος· τόκος • ενδιαφέρω ~**ed** ενδιαφερόμενος ~**ing** ενδιαφέρων

interfere/ˌɪntə'fɪə/επεμβαίνω, αναμιγνύομαι, ανακατεύομαι

interference/ˌɪntə'fɪərəns/παρέμβαση, ανάμιξη· παράσιτα

interior/ɪn'tɪəriə/εσωτερικός • (το) εσωτερικό· εσωτερικά, (οι) εσωτερικές υποθέσεις (χώρας)

intermediate/ˌɪntə'mi:diət/μέσος, μεσαίος, ενδιάμεσος

☆ **intermission**/ˌɪntəˈmɪʃən/διάλειμμα, διακοπή

internal/ɪnˈtɜːnl/εσωτερικός

international/ˌɪntəˈnæʃənəl/διεθνής

Internet/ˈɪntənet/(το) Διαδίκτυο, (το) Ίντερνετ

Interpol/ˈɪntəpɒl/η Ιντερπόλ (Διεθνής Αστυνομία)

interpret/ɪnˈtɜːprɪ̣t/μεταφράζω· ερμηνεύω, εξηγώ

interpretation/ɪnˌtɜːprɪ̣ˈteɪʃən/ερμηνεία, εξήγηση· διερμηνεία

interpreter/ɪnˈtɜːprɪ̣tə/διερμηνέας

interrogate/ɪnˈterəgeɪt/ανακρίνω

interrogation/ɪnˌterəˈgeɪʃən/ανάκριση

interrogative/ˌɪntəˈrɒgətɪv/ερωτηματικός

interrogator/ɪnˈterəgeɪtə/ανακριτής

interrupt/ˌɪntəˈrʌpt/διακόπτω

interruption/ˌɪntəˈrʌpʃən/διακοπή

interval/ˈɪntəvəl/διάλειμμα, διακοπή· διάστημα (χρόνου)

intervene/ˌɪntəˈviːn/παρεμβαίνω

intervention/ˌɪntəˈvenʃən/μεσολάβηση, παρέμβαση

interview/ˈɪntəvjuː/συνέντευξη • εξετάζω (κπ.) με συνέντευξη

interviewee/ˌɪntəvjʊˈiː/(ο) συνεντευξιαζόμενος

interviewer/ˈɪntəvjuːə/αυτός που παίρνει συνέντευξη

intestine/ɪnˈtestɪ̣n/έντερο

intimate/ˈɪntɪ̣mɪ̣t/οικείος, στενός ~**ly** στενά, προσωπικά

intimidate/ɪnˈtɪmɪ̣deɪt/εκφοβίζω, τρομοκρατώ

intimidation/ɪnˌtɪmɪˈdeɪʃən/εκφοβισμός, φοβέρισμα

into/ˈɪntə/μέσα (σε)· *(δηλώνει αλλαγή κατάστασης)* σε

intolerable/ɪnˈtɒlərəbl/αφόρητος, ανυπόφορος

intolerance/ɪnˈtɒlərəns/αδιαλλαξία

intolerant/ɪnˈtɒlərənt/αδιάλλακτος, μη ανεκτικός

intonation/ˌɪntəˈneɪʃən/τονισμός, τόνος (ομιλίας)

intrigue/ɪnˈtriːg/κινώ την περιέργεια ή το ενδιαφέρον **intriguing** που εξάπτει το ενδιαφέρον

introduce/ˌɪntrəˈdjuːs/παρουσιάζω, συστήνω· εισάγω, φέρνω (για πρώτη φορά)· εισηγούμαι, παρουσιάζω

introduction/ˌɪntrəˈdʌkʃən/εισαγωγή· παρουσίαση, σύσταση· εισαγωγή, πρόλογος (βιβλίου)

introductory/ˌɪntrəˈdʌktəri/εισαγωγικός, προκαταρκτικός

introvert/ˈɪntrəvɜːt/εσωστρεφής

intrude/ɪnˈtruːd/μπαίνω απρόσκλητος, ενοχλώ

intuition/ˌɪntjʊˈɪʃən/διαίσθηση, προαίσθημα

invade/ɪnˈveɪd/εισβάλλω

invader/ɪnˈveɪdə/εισβολέας, επιδρομέας

invalid/ˈɪnvəli:d/ανάπηρος • άκυρος

invaluable/ɪnˈvæljʊəbl/ανεκτίμητος, πολύτιμος

invasion/ɪnˈveɪʒən/επιδρομή, εισβολή

invent/ɪnˈvent/εφευρίσκω· σκαρφίζομαι, σκαρώνω

invention/ɪnˈvenʃən/εφεύρεση· μύθευμα, ψεύδος

inventor/ɪnˈventə/εφευρέτης

inversion/ɪnˈvɜ:ʃən/αντιστροφή

invert/ɪnˈvɜ:t/αντιστρέφω, αναποδογυρίζω

inverted comma/ɪnˌvɜ:tɨd ˈkɒmə/εισαγωγικό

invest/ɪnˈvest/επενδύω

investigate/ɪnˈvestɨgeɪt/ερευνώ

investigation/ɪnˌvestɨˈgeɪʃən/έρευνα, ανάκριση

investment/ɪnˈvestmənt/επένδυση

investor/ɪnˈvestə/επενδυτής

invisible/ɪnˈvɪzɨbl/αόρατος

invitation/ˌɪnvɨˈteɪʃən/πρόσκληση

invite/ɪnˈvaɪt/προσκαλώ, καλώ **inviting** δελεαστικός, ελκυστικός

invoice/ˈɪnvɔɪs/τιμολόγιο

involuntary/ɪnˈvɒləntəri/ακούσιος, αθέλητος

involve/ɪnˈvɒlv/μπλέκω, ανακατεύω· συνεπάγομαι, απαιτώ

involvement/ɪnˈvɒlvmənt/ανάμιξη, μπλέξιμο

inwards/ˈɪnwədz/προς τα μέσα

IQ/ˌaɪ ˈkju:/δείκτης νοημοσύνης

Iran/ɪˈrɑ:n/Ιράν

Iranian/ɪˈreɪniən/ιρανικός • Ιρανός

Iraq/ɪˈrɑ:k/Ιράκ

Iraqi/ɪˈrɑ:ki/Ιρακινός· ιρακινή γλώσσα

Ireland/ˈaɪələnd/Ιρλανδία

Irish/ˈaɪərɪʃ/ιρλανδικός • (οι) Ιρλανδοί· ιρλανδική γλώσσα

Irishman/ˈaɪərɪʃmən/Ιρλανδός

Irishwoman/ˈaɪərɪʃwʊmən/Ιρλανδή

iron/ˈaɪən/σίδηρος· σίδερο σιδερώματος • σιδερένιος • σιδερώνω (ρούχα) ~**ing** σιδέρωμα

ironic/aɪˈrɒnɪk/ειρωνικός

ironmonger/ˈaɪənˌmʌŋgə/σιδηρέμπορος, σιδηροπώλης

irony/ˈaɪərəni/ειρωνεία

irrational/ɪˈræʃənəl/παράλογος

irregular/ɪˈregjʊlə/ανώμαλος

irregularity/ɪˌregjʊˈlærɨti/ανωμαλία

irrelevant/ɪˈrelɨvənt/άσχετος, ξεκάρφωτος

irresolute/ɪˈrezəlu:t/αναποφάσιστος

irrespective/ˌɪrɪˈspektɪv/*irrespective of* άσχετα με, ανεξαρτήτως του

irresponsibility/ˌɪrɪspɒnsɨˈbɪlɨti/ανευθυνότητα

irresponsible/ˌɪrɪˈspɒnsɨbl/ανεύθυνος

irritable/ˈɪrɨtəbl/ευέξαπτος

irritate/ˈɪrɨteɪt/συγχύζω, εκνευρίζω **irritated** εξαγριωμένος, θυμωμένος **irritating** εκνευριστικός

irritation/ˌɪrɪˈteɪʃən/εκνευρισμός

Islam/ˈɪslaːm/Ισλάμ, ισλαμισμός

Islamic/ɪzˈlæmɪk/ισλαμικός

island/ˈaɪlənd/νησί· νησίδα ασφαλείας (σε δρόμο)

isolate/ˈaɪsəleɪt/απομονώνω **isolated** α) απομονωμένος, απόμερος β) μεμονωμένος, μοναδικός

isolation/ˌaɪsəˈleɪʃən/απομόνωση

Israel/ˈɪzreəl/Ισραήλ

Israeli/ɪzˈreɪli/Ισραηλίτης • ισραηλιτικός

issue/ˈɪʃuː/έκδοση, κυκλοφορία· τεύχος· θέμα, ζήτημα, πρόβλημα *at issue* υπό εξέταση, εκκρεμής • εκδίδω

Istanbul/ˌɪstænˈbuːl/Ισταμπούλ, Κωνσταντινούπολη

isthmus/ˈɪsməs/ισθμός

it/ɪt/αυτό, το· *(ως υποκείμενο απρόσωπων ρημάτων ή εκφράσεων) it's raining,* βρέχει *it's five o'clock,* είναι πέντε η ώρα· *(για τον προσδιορισμό της ταυτότητας) it's me,* εγώ είμαι

Italian/ɪˈtæliən/ιταλικός • Ιταλός· ιταλική γλώσσα

Italy/ˈɪtəli/Ιταλία

itch/ɪtʃ/έχω φαγούρα ▪ **itch for** πάω γυρεύοντας για • φαγούρα

item/ˈaɪtəm/είδος, αντικείμενο *a news item/an item of news* είδηση

its/ɪts/του

itself/ɪtˈself/τον εαυτό του· αυτό (το ίδιο)

ivory/ˈaɪvəri/ελεφαντόδοντο, φίλντισι· κρεμ χρώμα, ιβουάρ • φιλντισένιος· κρεμ

ivy/ˈaɪvi/κισσός

J, j

jab/dʒæb/χτυπώ, τρυπώ με αιχμηρό αντικείμενο

jack/dʒæk/γρύλος· βαλές, φάντης • **jack up** σηκώνω με γρύλο

jackal/ˈdʒækəl, -kɔ:l/τσακάλι

jacket/ˈdʒækɨt/σακάκι, ζακέτα· φλούδα (πατάτας)· κουβερτούρα βιβλίου

jack-knife/ˈdʒæknaɪf/σουγιάς

jaguar/ˈdʒægʊə/ιαγουάρος

jail/dʒeɪl/φυλακή • φυλακίζω

jailer/ˈdʒeɪlə/δεσμοφύλακας

jam/dʒæm/μαρμελάδα· φρακάρισμα, συμφόρηση • σφηνώνω, μπλοκάρω· φρακάρω, πήζω, γεμίζω ασφυκτικά

jangle/dʒæŋgl/κουδουνίζω

January/ˈdʒænjʊəri/Ιανουάριος

Japan/dʒəˈpæn/Ιαπωνία

Japanese/ˌdʒæpəˈni:z/Ιάπωνας· ιαπωνική (γλώσσα) • ιαπωνικός

jar/dʒa:/βάζο, γυάλα

jasmine/ˈdʒæzmɪn/γιασεμί

Jason/dʒeɪsn/Ιάσονας

javelin/ˈdʒævəlɨn/ακόντιο

jaw/dʒɔ:/γνάθος, σαγόνι

jazz/dʒæz/τζαζ

jealous/ˈdʒeləs/ζηλότυπος, ζηλιάρης

jealousy/ˈdʒeləsi/ζήλια

jeans/dʒi:nz/μπλουτζίν

Jeep/dʒi:p/τζιπ

jeer/dʒɪə/γιουχάρω • γιουχάισμα

jelly/ˈdʒeli/ζελές

jellyfish/ˈdʒelifɪʃ/τσούχτρα, μέδουσα

jerk/dʒɜ:k/τινάζω/-ομαι· τραντάζω/-ομαι • τίναγμα, τράνταγμα· ζωντόβολο

jersey/ˈdʒɜ:zi/πουλόβερ· ζέρσεϊ (ύφασμα)

Jerusalem/dʒɨˈru:sələm/Ιερουσαλήμ

jest/dʒest/αστειεύομαι • αστείο, αστεϊσμός

Jesus/ˈdʒi:zəs/Ιησούς (Χριστός)

jet/dʒet/πίδακας· αεριωθούμενο, τζετ • εκτοξεύω/-ομαι, αναβλύζω

jet-propelled/ˌdʒet prəˈpeld/αεριωθούμενος

jetty/ˈdʒeti/προβλήτα, λιμενοβραχίονας

Jew/dʒu:/Ιουδαίος, Εβραίος

jewel/ˈdʒu:əl/κόσμημα

jeweller/ˈdʒu:ələ/κοσμηματοπώλης

jewellery/ˈdʒu:əl-ri/κοσμήματα

Jewish/ˈdʒu:ɪʃ/ιουδαϊκός, εβραϊκός

jigsaw puzzle/ˈdʒɪgsɔ: ˌpʌzəl/παζλ

jingle/dʒɪŋgl/κουδουνίζω • κουδούνισμα· τραγουδάκι (ιδ. διαφημιστικό)

job/dʒɒb/επάγγελμα, δουλειά· έργο, εργασία

jobless/ˈdʒɒbləs/άνεργος

jockey/'dʒɒki/αναβάτης, τζόκεϊ

jog/dʒɒg/σκουντώ· κάνω τζόγκινγκ ~**ging** τζόγκινγκ • σκουντιά· τζόγκινγκ

join/dʒɔɪn/ενώνω/-ομαι, συνδέω· συντροφεύω, γίνομαι παρέα με· συναντώ, ενώνομαι με ▪ **join up** κατατάσσομαι, πηγαίνω φαντάρος

joint/dʒɔɪnt/αρμός, ένωση· άρθρωση· κομμάτι κρέατος· κουτούκι, στέκι • συλλογικός, ενιαίος· συν-

joke/dʒəʊk/αστείο, ανέκδοτο • αστειεύομαι

joker/'dʒəʊkə/καλαμπουρτζής· τζόκερ, μπαλαντέρ

jolly/'dʒɒli/χαρούμενος, κεφάτος

jolt/dʒəʊlt/τραντάζω/-ομαι· σοκάρω • τράνταγμα· σοκ, ξάφνιασμα

jostle/dʒɒsl/σπρώχνω

journalism/'dʒɜ:nəlɪzəm/δημοσιογραφία

journalist/'dʒɜ:nəlɪst/δημοσιογράφος

journalistic/ˌdʒɜ:nə'lɪstɪk/δημοσιογραφικός

journey/'dʒɜ:ni/ταξίδι· διαδρομή

joy/dʒɔɪ/χαρά

joyful/'dʒɔɪfəl/χαρούμενος· ευχάριστος

joystick/'dʒɔɪˌstɪk/χειριστήριο (ηλεκτρονικού παιχνιδιού)

judge/dʒʌdʒ/δικάζω, εκδικάζω· υπολογίζω, εκτιμώ· κρίνω • δικαστής· κριτής

judg(e)ment/'dʒʌdʒmənt/κρίση, ευθυκρισία· γνώμη· *(νομ.)* απόφαση

jug/dʒʌg/κανάτα

juggler/'dʒʌglə/ταχυδακτυλουργός, ζογκλέρ

juice/dʒu:s/χυμός

juicer/'dʒu:sə/στύφτης

juicy/'dʒu:si/ζουμερός

July/dʒʊ'laɪ/Ιούλιος

jumble/dʒʌmbl/ανακατεύω/-ομαι, κάνω/γίνομαι άνω κάτω • ανακάτεμα, κυκεώνας, σωρός

jumbo/'dʒʌmbəʊ/υπερμεγέθης • τζάμπο

jump/dʒʌmp/πηδώ, κάνω άλμα· (ανα)πηδώ, ξαφνιάζομαι, τινάζομαι • πήδημα, άλμα

jumpsuit/'dʒʌmpsu:t/(ολόσωμη) φόρμα

junction/'dʒʌŋkʃən/διακλάδωση, διασταύρωση, κόμβος

June/dʒu:n/Ιούνιος

jungle/dʒʌŋgl/ζούγκλα

junior/'dʒu:niə/νεότερος

junior school/'dʒu:niə ˌsku:l/δημοτικό σχολείο

junta/'dʒʌntə, 'hʊntə/χούντα, δικτατορία

Jupiter/'dʒu:pɪtə/Δίας, Ζευς

jury/'dʒʊəri/ένορκοι· κριτική επιτροπή

just/dʒʌst/δίκαιος • ακριβώς· μόλις· απλώς, μόνο και μόνο· για· μόλις και μετά βίας, παραλίγο *just about* σχεδόν, περίπου *just now* α) αυτή τη στιγμή β) μόλις προ ολίγου, τώρα δα

justice/'dʒʌstɨ̵s/δικαιοσύνη

justifiable/'dʒʌstɨ̵faɪəbl/δικαιολογημένος, εύλογος

justification/ˌdʒʌstɨ̵fɨ̵'keɪʃən/δικαιολογία, δικαιολόγηση

justify/'dʒʌstɨ̵faɪ/δικαιολογώ justified δικαιολογημένος

justly/'dʒʌstli/δίκαια· δικαιολογημένα

jut/dʒʌt/προεξέχω

K, k

kangaroo/ˌkæŋgəˈru:/καγκουρό

karat/ˈkærət/καράτι

keen/ki:n/κοφτερός· διορατικός, ξύπνιος· έντονος, σφοδρός· μανιώδης, φανατικός

keep/ki:p/κρατώ· φυλάω, διατηρώ· τηρώ, σέβομαι· συνεχίζω, εξακολουθώ· έχω, συντηρώ· προστατεύω, φυλάω· συντηρώ, φροντίζω· φυλάω, φρουρώ· κρατώ (γραπτώς)· μένω, παραμένω ▪ **keep back** αποκρύπτω, αποσιωπώ **keep off** απομακρύνω/-ομαι, μένω μακριά **keep on** συνεχίζω, εξακολουθώ να **keep out** κρατώ απέξω, μένω απέξω **keep to** μένω, περιορίζομαι σε **keep up** α) συντηρώ, διατηρώ β) συνεχίζω, *(για καιρό)* συνεχίζομαι ο ίδιος, κρατώ γ) συμβαδίζω • διατροφή, έξοδα συντήρησης

keeper/ˈki:pə/φύλακας

keepsake/ˈki:pseɪk/ενθύμιο, αναμνηστικό

kennel/kenl/σπιτάκι σκύλου· **kennels** κυνοτροφείο

kerb/kɜ:b/κράσπεδο πεζοδρομίου

kernel/kɜ:nl/ψίχα (καρπού)

ketchup/ˈketʃəp/σάλτσα από ντομάτες, κέτσαπ

kettle/ketl/βραστήρας

key/ki:/κλειδί· κλειδί, εξήγηση, λύση· λυσάρι· πλήκτρο • βασικός, ζωτικός

keyboard/ˈki:bɔ:d/πληκτρολόγιο

keyhole/ˈki:həʊl/κλειδαρότρυπα

key ring/ˈki:rɪŋ/μπρελόκ

khaki/ˈka:ki/χακί (χρώμα)

kick/kɪk/κλοτσώ ▪ **kick out** διώχνω με τις κλοτσιές • κλοτσιά

kickoff/ˈkɪk-ɒf/εναρκτήριο λάκτισμα

kid/kɪd/παιδί· κατσικάκι • πειράζω, κοροϊδεύω, δουλεύω

kidnap/ˈkɪdnæp/απάγω, κλέβω

kidnapper/ˈkɪdnæpə/απαγωγέας

kidney/ˈkɪdni/νεφρό

kill/kɪl/σκοτώνω

killer/ˈkɪlə/φονιάς

kilogram(me)/ˈkɪ:ləgræm/, **kilo** /ˈkɪ:ləʊ/κιλό

kilometre/ˈkɪ:ləˌmi:tə, kɪˈlɒmɪ̈tə/χιλιόμετρο

kilowatt/ˈkɪ:ləwɒt/κιλοβάτ

kilt/kɪlt/σκοτσέζικη φούστα, κιλτ

kimono/kɪˈməʊnəʊ/κιμονό

kind/kaɪnd/γένος· είδος, κατηγορία • καλός, ευγενικός

kindergarten/ˈkɪndəga:tn/νηπιαγωγείο

kind-hearted/ˌkaɪnd ˈha:tɪ̈d/καλόκαρδος

kindly/ˈkaɪndli/φιλικός, ευγενικός • ευγενικά, με καλοσύνη

kindness/ˈkaɪndnɪ̈s/καλοσύνη

king/kɪŋ/βασιλιάς

kingdom/'kɪŋdəm/βασίλειο

king-size/'kɪŋgsaɪz/μεγάλος, κινγκσάιζ

kiosk/'ki:ɒsk/περίπτερο

kiss/kɪs/φιλώ, φιλιέμαι • φιλί

kit/kɪt/κιβώτιο ή κουτί (με φάρμακα, εργαλεία κ.τ.λ.)

kitchen/'kɪtʃɪn/κουζίνα (δωμάτιο)

kite/kaɪt/χαρταετός

kitten/kɪtn/γατάκι, γατούλα

kiwi fruit/'kɪ:wi: fru:t/ακτινίδιο

Kleenex/'kli:neks/χαρτομάντιλο

knack/næk/ικανότητα, κόλπο, τέχνη

knave/neɪv/βαλές

knead/ni:d/ζυμώνω

knee/ni:/γόνατο

kneel/ni:l/γονατίζω

knickers/'nɪkəz/κιλότα

knife/naɪf/μαχαίρι

knight/naɪt/ιππότης· *(στο σκάκι)* άλογο

knit/nɪt/πλέκω ~**ted** πλεκτός ~**ting** α) πλέξιμο β) πλεκτό

knob/nɒb/προεξοχή, εξόγκωμα, ρόζος· πόμολο· κουμπί χειρισμού (ραδιοφώνου κ.τ.λ.)

knock/nɒk/κτυπώ ▪ **knock down** α) κατεδαφίζω β) κτυπώ και ρίχνω κάτω (με όχημα) **knock off** σταματώ (την εργασία) **knock out** ρίχνω αναίσθητο, νικώ, βγάζω νοκάουτ • κτύπημα, κτύπος

knocker/'nɒkə/, **doorknocker** χτυπητήρι (πόρτας)

knot/nɒt/κόμπος • δένω κόμπο· κομπιάζομαι, κάνω κόμπους

know/nəʊ/γνωρίζω, ξέρω· αναγνωρίζω, ξεχωρίζω· γνωρίζω, ζω, έχω την εμπειρία

know-how/'nəʊhaʊ/τεχνογνωσία, πείρα

knowledge/'nɒlɪdʒ/γνώση

known/nəʊn/γνωστός

knuckle/nʌkl/άρθρωση δακτύλου

koala/kəʊ'a:lə/κοάλα

Koran/kɔ:'ra:n, kə-/Κοράνι

Korea/kə'ri:ə/Κορέα

Korean/kə'ri:ən/Κορεάτης· κορεατική γλώσσα • κορεατικός

Kurd/kɜ:d/Κούρδος

Kurdish/'kɜ:dɪʃ/κουρδικός • κουρδική γλώσσα

L, l

lab/læb/εργαστήριο

label/'leɪbəl/ετικέτα • κολλώ ετικέτα σε

laboratory/lə'bɒrətri/εργαστήριο

laborious/lə'bɔ:riəs/επίμονος, κουραστικός

labour/'leɪbə/εργασία· ωδίνες τοκετού • εργάζομαι σκληρά, μοχθώ

labourer/'leɪbərə/ανειδίκευτος εργάτης

Labour Party/'leɪbə, pa:ti/Εργατικό Κόμμα της Βρετανίας

lace/leɪs/κορδόνι· δαντέλα • δένω με κορδόνια· διακοσμώ με δαντέλα

lack/læk/στερούμαι, δεν έχω, μου λείπει • έλλειψη

lacquer/'lækə/βερνικώνω με λάκα• λάκα· λακ των μαλλιών

ladder/'lædə/κινητή σκάλα· φευγάτος πόντος γυναικείας κάλτσας • σκίζω/-ομαι, μου φεύγουν οι πόντοι

laden/leɪdn/φορτωμένος

ladle/leɪdl/κουτάλα

lady/'leɪdi/κυρία· λαίδη (τιμητικός τίτλος)

ladybird/'leɪdibɜ:d/λαμπρίτσα

lag (behind)/læg/καθυστερώ, μένω πίσω

lager/'la:gə/ξανθή μπίρα

lagoon/lə'gu:n/λιμνοθάλασσα

lair/leə/φωλιά άγριου ζώου· κρησφύγετο, λημέρι

lake/leɪk/λίμνη

lamb/læm/αρνάκι· πρόβειο κρέας, αρνί

lame/leɪm/κουτσός • κουτσαίνω

lament/lə'ment/θρηνώ • θρήνος

lamp/læmp/λάμπα

lamppost/'læmp-pəʊst/στύλος ηλεκτρικού

lampshade/'læmpʃeɪd/αμπαζούρ

land/lænd/στεριά· γη, έδαφος· χώρα, τόπος • αποβιβάζω/-ομαι· προσγειώνω/-ομαι ~**ing** α) προσγείωση β) αποβίβαση γ) πλατύσκαλο

landlady/'lænd,leɪdi/σπιτονοικοκυρά

landlord/'lændlɔ:d/σπιτονοικοκύρης

landscape/'lændskeɪp/τοπίο

landslide/'lændslaɪd/κατολίσθηση

lane/leɪn/(εξοχικός) δρόμος· πάροδος, δρομάκι· ζώνη, λωρίδα (κυκλοφορίας)· ατομική λωρίδα στίβου

language/'læŋgwɪdʒ/γλώσσα

lantern/'læntən/φανάρι

lap/læp/γόνατα, αγκαλιά· *(αθλ.)* γύρος, στροφή

lapel/lə'pel/πέτο (σακακιού)

lapse/læps/λάθος, ολίσθημα· παρέλευση, πέρασμα (χρόνου) • πέφτω, περιέρχομαι· εκπνέω, παύω να ισχύω

laptop/'læptɒp/φορητός μικροϋπολογιστής

larder/'la:də/κελάρι

large/la:dʒ/μεγάλος

lark/la:k/κορυδαλλός

laser/'leɪzə/ακτίνα λέιζερ

lash/læʃ/μαστιγώνω • βουρδουλιά· βλεφαρίδα

lasso/lə'su:, 'læsəʊ/λάσο

last/la:st/τελευταίος· προηγούμενος, περασμένος • τελευταία, ύστερα από όλους τους άλλους· τελευταία, για τελευταία φορά • (ο) τελευταίος • διαρκώ, κρατώ· επαρκώ

lastly/'la:stli/τελικά, εν κατακλείδι

last name/'la:st neɪm/επώνυμο

latch/lætʃ/μάνταλος • κλείνω με το μάνταλο

late/leɪt/καθυστερημένος, αργοπορημένος· *(χρονικώς)* αργά· πρόσφατος, τελευταίος· μακαρίτης, αείμνηστος • αργά, με καθυστέρηση

lately/'leɪtli/πρόσφατα, τελευταία

later/'leɪtə/αργότερα • μεταγενέστερος, κατοπινός

latest/'leɪtɪst/πλέον πρόσφατος, τελευταίος

lather/'la:ðə/σαπουνάδα, αφρός σαπουνιού

Latin American/,lætɪn ə'merɪkən/ λατινοαμερικανικός • Λατινοαμερικάνος

latitude/'lætɪtju:d/γεωγραφικό πλάτος

latter/'lætə/(ο) τελευταίος • (ο) δεύτερος (από δύο προαναφερθέντα πρόσωπα ή πράγματα)

laugh/la:f/γελώ ▪ **laugh at** κοροϊδεύω • γέλιο, γέλια

laughable/'la:fəbl/κωμικός, αστείος, γελοίος

laughter/'la:ftə/γέλιο, γέλια

launch/lɔ:ntʃ/ρίχνω (πλοίο) στη θάλασσα, κατεβάζω (βάρκα)· εκτοξεύω· εξαπολύω, λανσάρω • καθέλκυση· εκτόξευση· λανσάρισμα· άκατος, πλοιάριο

launder/'lɔ:ndə/πλένω (και σιδερώνω) (ρούχα)

launderette, **laundrette**/lɔ:n'dret/ πλυντήριο, κατάστημα με αυτόματα πλυντήρια που λειτουργούν με νομίσματα

laundry/'lɔ:ndri/πλυντήριο (κατάστημα)· ρούχα πλυμένα ή για πλύσιμο, μπουγάδα

laurel/'lɒrəl/δάφνη

lava/'la:və/λάβα

lavatory/'lævətəri/τουαλέτα, αποχωρητήριο

lavender/'lævɪndə/λεβάντα

lavish/'lævɪʃ/γενναιόδωρος, σπάταλος· πλουσιοπάροχος, άφθονος

law/lɔ:/νόμος· νομικά· δίκαιο· κανόνας, αρχή, νόμος

law-abiding/'lɔ:ə,baɪdɪŋ/νομοταγής

law court/'lɔ: kɔ:t/δικαστήριο

lawful/'lɔ:fəl/έννομος, νόμιμος· νομοταγής· νόμιμος, γνήσιος

lawn/lɔ:n/πρασιά, γρασίδι

lawn-mower/ˈlɔ:nˌməʊə/μηχανή κουρέματος του γρασιδιού

law school/ˈlɔ:sku:l/νομική σχολή

lawsuit/ˈlɔ:sju:t/δικαστική υπόθεση, δίκη

lawyer/ˈlɔ:jə/δικηγόρος

lax/læks/χαλαρός

lay/leɪ/τοποθετώ, βάζω· απλώνω, στρώνω· *(για πτηνά)* γεννώ (αβγά)· επιβάλλω *lay the table* στρώνω το τραπέζι ▪ **lay out** σχεδιάζω

layer/ˈleɪə/στρώση, στρώμα

layout/ˈleɪaʊt/σχεδιάγραμμα, διάταξη

laze (around/about)/leɪz/τεμπελιάζω, χαζεύω

lazy/ˈleɪzi/τεμπέλης

lead/li:d/οδηγώ, καθοδηγώ· ωθώ, κάνω· οδηγώ, βγάζω· είμαι επικεφαλής· ζω, περνώ • οδήγηση, καθοδήγηση· πρώτη θέση, προβάδισμα· λουρί ή αλυσίδα (ζώου)· μόλυβδος, μολύβι

leader/ˈli:də/οδηγός· ηγέτης, αρχηγός· κύριο άρθρο εφημερίδας

leadership/ˈli:dəʃɪp/ηγεσία, αρχηγία

leaf/li:f/φύλλο • **leaf through** ξεφυλλίζω

leaflet/ˈli:flɨt/φυλλάδιο

league/li:g/ένωση, συνασπισμός· ένωση αθλητικών συλλόγων που αγωνίζονται για το πρωτάθλημα

leak/li:k/διαρροή· σημείο διαρροής • διαρρέω, διαφεύγω· τρέχω, στάζω, μπάζω νερά· γνωστοποιώ, αφήνω να διαρρεύσει

leakage/ˈli:kɪdʒ/διαρροή

lean/li:n/κλίνω, γέρνω· στηρίζω/-ομαι, ακουμπώ ~**ing** κεκλιμένος, γυρτός • ισχνός, αδύνατος· *(για κρέας)* άπαχος

leap/li:p/πηδώ, κάνω άλμα • πήδημα, άλμα

leap year/ˈli:p jɪə/δίσεκτο έτος

learn/lɜ:n/μαθαίνω ~**ed**/ˈlɜ:nɨd/ πολυμαθής

learner/ˈlɜ:nə/μαθητής· αρχάριος, μαθητευόμενος

lease/li:s/μίσθωση • (εκ)μισθώνω· νοικιάζω

leash/li:ʃ/λουρί ή αλυσίδα ζώου

least/li:st/ελάχιστα, (το) λιγότερο • ελάχιστος, (ο) λιγότερος· παραμικρός *at least* τουλάχιστον

leave/li:v/αφήνω· φεύγω (από)· αφήνω, εγκαταλείπω· αφήνω φεύγοντας, ξεχνώ· αναθέτω τη φροντίδα • άδεια

Lebanese/ˌlebəˈni:z/Λιβανέζος • λιβανέζικος

Lebanon/ˈlebənɒn/Λίβανος

lecture/ˈlektʃə/διάλεξη

lecturer/ˈlektʃərə/ομιλητής· λέκτορας, επιμελητής

ledge/ledʒ/πρεβάζι, μαρκίζα

leech/li:tʃ/βδέλλα

leek/li:k/πράσο

left/left/αριστερός • (το) αριστερό,

(η) αριστερή πλευρά· (η) Αριστερά • (προς τα) αριστερά

left-handed/ˌleft ˈhændɪd/αριστερόχειρας

left luggage office/ˌleft ˈlʌgɪʒ ˌɒfɪs/γραφείο φύλαξης αποσκευών

leftovers/ˈleftəʊvəz/υπολείμματα φαγητού, περίσσευμα

left wing/ˌleft ˈwɪŋ/(η) Αριστερά • αριστερός, αριστερών φρονημάτων

leg/leg/κνήμη· μπατζάκι· πόδι (επίπλου)· *(μαγειρ.)* μπούτι, πόδι

legacy/ˈlegəsi/κληρονομιά

legal/ˈliːgəl/νόμιμος· νομικός ~**ly** νόμιμα

legality/lɪˈgælɪti/νομιμότητα

legend/ˈledʒənd/θρύλος

legendary/ˈledʒəndəri/θρυλικός

legion/ˈliːdʒən/λεγεώνα

legislate/ˈledʒɪsleɪt/νομοθετώ

legislation/ˌledʒɪˈsleɪʃən/νομοθεσία

legislator/ˈledʒɪsleɪtə/νομοθέτης

legitimate/lɪˈdʒɪtɪmɪt/νόμιμος, θεμιτός· νόμιμος, γνήσιος ~**ly** νόμιμα

leisure/ˈleʒə/ελεύθερος χρόνος, σχόλη *at one's leisure* με την ησυχία μου, με το πάσο μου

lemon/ˈlemən/λεμόνι

lemonade/ˌleməˈneɪd/λεμονάδα

lend/lend/δανείζω· προσφέρω, προσδίδω

lender/ˈlendə/δανειστής

lending library/ˈlendɪŋ ˌlaɪbrəri/δανειστική βιβλιοθήκη

length/leŋθ/μήκος, μάκρος· διάρκεια, έκταση *at length* λεπτομερώς *(at) full length* φαρδύς-πλατύς

lengthen/ˈleŋθən/επιμηκύνω, μακραίνω

lengthways/ˈleŋθweɪz/, **lengthwise**/-waɪz/κατά μήκος, στο μάκρος

lengthy/ˈleŋθi/μακροσκελής, εκτεταμένος

lenience/liːniəns/, **leniency**/-si/επιείκεια

lenient/ˈliːniənt/επιεικής

lens/lenz/φακός

Lent/Lent/Σαρακοστή

lentil/lentl/φακή

Leo/ˈliːəʊ/*(αστρ.)* Λέων

leopard/ˈlepəd/λεοπάρδαλη

leper/ˈlepə/λεπρός

leprosy/ˈleprəsi/λέπρα

less/les/λιγότερο • λιγότερος, μικρότερος • πλην, εκτός, μείον

lessen/ˈlesən/μειώνω/-ομαι, λιγοστεύω

lesson/ˈlesən/μάθημα

lest/lest/(από φόβο) μήπως, μην τυχόν, μπας και

let/let/επιτρέπω, αφήνω· νοικιάζω· *let sb. know* πληροφορώ, ειδοποιώ κπ. ▪ **let down** α) απογοητεύω β) μακραίνω

letdown/ˈletdaʊn/απογοήτευση

letter/ˈletə/γράμμα, επιστολή· γράμμα, ψηφίο

letterbox/ˈletəbɒks/γραμματοκιβώτιο

lettuce/ˈletɨs/μαρούλι

leuk(a)emia/luːˈkiːmiə/λευχαιμία

level/ˈlevəl/επίπεδο, ύψος, στάθμη • ισοπεδώνω • επίπεδος, ομαλός· ίσος (με), στο ίδιο επίπεδο, στο ίδιο ύψος (με)

level crossing/ˌlevəl ˈkrɒsɪŋ/ισόπεδη διάβαση

lever/ˈliːvə/μοχλός, λεβιές

liable/ˈlaɪəbl/*be liable to sth./to do sth.* είμαι επιρρεπής σε κτ./έχω την τάση να κάνω κτ.

liar/ˈlaɪə/ψεύτης

libel/ˈlaɪbəl/λίβελος, δυσφήμηση, λιβελογράφημα

liberal/ˈlɪbərəl/φιλελεύθερος· ανοιχτοχέρης • φιλελεύθερος

liberate/ˈlɪbəreɪt/(απ)ελευθερώνω

liberation/ˌlɪbəˈreɪʃən/απελευθέρωση

liberator/ˈlɪbəreɪtə/ελευθερωτής

liberty/ˈlɪbəti/ελευθερία

Libra/ˈliːbrə/*(αστρ.)* Ζυγός

librarian/laɪˈbreəriən/βιβλιοθηκάριος

library/ˈlaɪbrəri, -bri/βιβλιοθήκη

Libya/ˈlɪbiə/Λιβύη

licence/ˈlaɪsəns/(επίσημη) άδεια

license/ˈlaɪsəns/χορηγώ άδεια σε

lick/lɪk/γλείφω • γλείψιμο, γλειψιά

lid/lɪd/σκέπασμα, καπάκι· βλέφαρο

lie/laɪ/κείμαι, είμαι ξαπλωμένος· ξαπλώνω· κείμαι, βρίσκομαι, είμαι· ψεύδομαι, λέω ψέματα • ψέμα

lieutenant/lefˈtenənt/υπολοχαγός· υποπλοίαρχος· υποσμηναγός· υπο-, αντι-

life/laɪf/ζωή· ζωντάνια· βιογραφία *for life* ισοβίως, εφ' όρου ζωής

life belt/ˈlaɪfbelt/σωσίβιο

lifeboat/ˈlaɪfbəʊt/ναυαγοσωστική λέμβος

life expectancy/ˌlaɪf ɪkˈspektənsi/ μέση διάρκεια ζωής

lifeguard/ˈlaɪfgaːd/ναυαγοσώστης

life jacket/ˈlaɪf ˌdʒækɨt/σωσίβιος χιτώνας

lifeless/ˈlaɪfləs/άψυχος, νεκρός· χωρίς ζωή, χωρίς σφρίγος

lifelong/ˈlaɪflɒŋ/ισόβιος, ολόκληρης ζωής

lifer/ˈlaɪfə/ισοβίτης

life-size(d)/ˈlaɪf saɪz(d)/φυσικού μεγέθους

lifestyle/ˈlaɪfstaɪl/τρόπος ζωής

lift/lɪft/υψώνω, ανασηκώνω· αίρω, καταργώ· κλέβω, βουτώ • ασανσέρ· δωρεάν μεταφορά επιβάτη σε ιδιωτικό αυτοκίνητο

light/laɪt/φως· φωτιά (για το άναμμα τσιγάρου κ.τ.λ.) • φωτεινός· ανοιχτόχρωμος, ανοιχτός· ελαφρός, ανάλαφρος· εύκολος, ξεκούραστος· ελαφρός, εύπεπτος • ανάβω, παίρνω φωτιά· φωτίζω

lighten/ˈlaɪtən/φωτίζω· ελαφρώνω, γίνομαι ελαφρότερος· ανακουφίζω/-ομαι, ξαλαφρώνω *it lightens* αστράφτει

lighter/'laɪtə/αναπτήρας

lighthouse/'laɪthaʊs/φάρος

lightly/'laɪtli/ελαφρά· ελαφρά, επιπόλαια

likeable/'laɪkəbl/αξιαγάπητος, συμπαθητικός

like/laɪk/μου αρέσει· θέλω *would like to do sth.* θα 'θελα, θα επιθυμούσα να κάνω κτ. *how do you like...?* ποια είναι η γνώμη σας για...; • όμοιος, παρόμοιος • όπως, σαν *like that* έτσι *what... like?* πώς...;, σαν τι...; • όμοιο, ταίρι *and the like* και τα συναφή· **likes** προτιμήσεις, προσωπικά γούστα • ακριβώς όπως

likelihood/'laɪklihʊd/πιθανότητα

likely/'laɪkli/πιθανός

likeness/'laɪknəs/ομοιότητα

likewise/'laɪkwaɪz/παρομοίως, το ίδιο

lilac/'laɪlək/πασχαλιά· λιλά (χρώμα)

lily/'lɪli/κρίνος, κρίνο

limb/lɪm/μέλος, άκρο (του σώματος)

lime/laɪm/ασβέστης • μοσχολέμονο

limelight/'laɪmlaɪt/προσκήνιο, κέντρο δημοσιότητας

limit/'lɪmət/όριο • περιορίζω, βάζω όρια σε

limitation/ˌlɪmə'teɪʃən/περιορισμός

limp/lɪmp/κούτσαμα, κουτσαμάρα • κουτσαίνω

line/laɪn/επενδύω (εσωτερικά), φοδράρω· ριγώνω· πλαισιώνω ▪ **line up** παρατάσσω/-ομαι, μπαίνω στη γραμμή **lining** α) επένδυση, φοδράρισμα β) φόδρα γ) χαράκωμα, ρίγωμα • γραμμή· ρυτίδα· σειρά· σκοινί μπουγάδας· τηλεφωνική ή τελεγραφική γραμμή, γραμμή επικοινωνίας (ατμοπλοϊκή, αεροπορική κ.τ.λ.)· σιδηροδρομική γραμμή· γραμμή, τακτική· στίχος, γραμμή, αράδα· **linings** λόγια ρόλου

linen/'lɪnən/λινό ύφασμα· λευκά είδη

linesman/'laɪnzmən/επόπτης γραμμών

linguist/'lɪŋgwəst/γλωσσολόγος

linguistic/lɪŋ'gwɪstɪk/γλωσσικός, γλωσσολογικός

linguistics/lɪŋ'gwɪstɪks/γλωσσολογία

link/lɪŋk/δεσμός, σύνδεσμος· κρίκος (αλυσίδας) • ενώνω, συνδέω/-ομαι

lion/'laɪən/λιοντάρι

lioness/'laɪənəs, -nes/λέαινα

lip/lɪp/χείλος, χείλι

liposuction/'lɪpəʊˌsʌkʃən/λιπαναρρόφηση

lipstick/'lɪpˌstɪk/κραγιόν

liquefy/'lɪkwəfaɪ/υγροποιώ/-ούμαι, ρευστοποιώ/-ούμαι

liqueur/lɪ'kjʊə/λικέρ

liquid/'lɪkwəd/υγρό • υγρός, ρευστός

liquidizer/'lɪkwədaɪzə/☞ BLENDER

liquor/'lɪkə/οινοπνευματώδες ποτό

lisp/lɪsp/ψευδίζω • ψεύδισμα

list/lɪst/κατάλογος, λίστα • γράφω σε λίστα

listen/ˈlɪsən/ακούω (με προσοχή)

listener/ˈlɪsənə/ακροατής

literal/ˈlɪtərəl/πιστός, κατά λέξη˙ κυριολεκτικός ~**ly** κυριολεκτικά

literary/ˈlɪtərəri/φιλολογικός, λογοτεχνικός

literate/ˈlɪtərɪ̈t/εγγράμματος

literature/ˈlɪtərətʃə/λογοτεχνία

litre/ˈliːtə/λίτρο

litter/ˈlɪtə/απορρίμματα, σκουπίδια • ρυπαίνω με απορρίμματα, σκορπίζω παντού

litter bin/ˈlɪtə bɪn/σκουπιδοτενεκές

little/lɪtl/μικρός˙ *(για χρόνο, απόσταση)* λίγος • ελάχιστος, λίγος *a little* α) μερικός β) λίγο, μάλλον, κάπως γ) *(χρονικώς)* λίγο *little by little* λίγο λίγο • πολύ λίγο, ελάχιστα

live/lɪv/ζω, είμαι ζωντανός˙ ζω, επιζώ˙ μένω, κατοικώ˙ ζω, κάνω (ζωή) ▪ **live on** ζω τρεφόμενος αποκλειστικά με **living** ζωντανός, εν ζωή **living** α) ζωή, (το) ζην β) τα προς το ζην, μέσα διαβίωσης •/laɪv/ζωντανός˙ ηλεκτροφόρος˙ απευθείας (ραδιοφωνική ή τηλεοπτική μετάδοση ή εκπομπή) •/laɪv/σε απευθείας μετάδοση, ζωντανά

lively/ˈlaɪvli/ζωηρός˙ ζωντανός˙ έντονος, ζωηρός

liver/ˈlɪvə/συκώτι, ήπαρ

living room/ˈlɪvɪŋ ruːm/λίβινγκ ρουμ

lizard/ˈlɪzəd/σαύρα, γουστέρα

load/ləʊd/φορτίο, βάρος *loads of/ a load of* σωρός (από), πλήθος (από) • φορτώνω˙ γεμίζω (όπλο)

loaf/ləʊf/ψωμί, φραντζόλα, καρβέλι

loan/ləʊn/δάνειο • δανείζω

loathe/ləʊð/απεχθάνομαι, αντιπαθώ

loathsome/ˈləʊðsəm/απεχθής, σιχαμερός

lobby/ˈlɒbi/προθάλαμος, αίθουσα αναμονής

lobster/ˈlɒbstə/αστακός

local/ˈləʊkəl/τοπικός • ντόπιος ~**ly** τοπικά

locate/ləʊˈkeɪt/εντοπίζω *be located* είμαι, βρίσκομαι (σε ορισμένη θέση)

location/ləʊˈkeɪʃən/τοποθεσία

lock/lɒk/κλειδαριά˙ τούφα ή μπούκλα μαλλιών • κλειδώνω

locker/ˈlɒkə/ντουλαπάκι (σε αποδυτήρια, σταθμούς κ.τ.λ.)

locker room/ˈlɒkə ruːm/αποδυτήρια

locksmith/ˈlɒkˌsmɪθ/κλειδαράς

locomotive/ˌləʊkəˈməʊtɪv/σιδηροδρομική μηχανή

locust/ˈləʊkəst/ακρίδα

lodge/lɒdʒ/νοικιάζω δωμάτιο˙ σφηνώνω/-ομαι˙ υποβάλλω, καταθέτω **lodging** κατάλυμα, στέγη˙ κατάθεση, υποβολή

lodger/ˈlɒdʒə/νοικάρης

loft/lɒft/σοφίτα

log/lɒg/κούτσουρο

logical/'lɒdʒikəl/λογικός

loins/lɔɪnz/λαγόνες, οσφυϊκή χώρα

loiter/'lɔɪtə/χασομερώ, χαζεύω

lollipop/'lɒlipɒp/, **lolly**/'lɒli/γλειφιτζούρι

London/'lʌndən/Λονδίνο

lone/ləʊn/μόνος, μοναχικός

loneliness/'ləʊnlinɪ̵s/μοναξιά

lonely/'ləʊnli/μόνος, μοναχικός· απομονωμένος, έρημος

long/lɒŋ/μακρύς· *(χρονικώς)* μεγάλος, πολύς· εκτενής, μακροσκελής • πολλή ώρα, πολύ *as/so long as...* εφόσον... *how long?* πόσο καιρό;, πόση ώρα;, μέχρι πότε; *long ago* προ πολλού, εδώ και πολύ καιρό *for long* για πολλή ώρα, για πολύ χρόνο *before long* σύντομα • **long for** λαχταρώ

long-distance/ˌlɒŋ'dɪstəns/υπεραστικός· μακρινών αποστάσεων

long jump/'lɒŋ dʒʌmp/άλμα εις μήκος

long-playing record/ˌlɒŋ-pleɪŋ 'rekɔ:d/δίσκος μακράς διάρκειας (33 στροφών)

loo/lu:/τουαλέτα, αποχωρητήριο

look/lʊk/κοιτάζω, βλέπω· φαίνομαι, δείχνω· βλέπω, έχω πρόσοψη (προς) *look as if/like...* φαίνομαι σαν να.../ότι... ▪ **look after** προσέχω, φροντίζω **look down on** περιφρονώ **look for** αναζητώ, ψάχνω για **look forward to** περιμένω πώς και πώς (κτ.) **look out** είμαι προσεκτικός, έχω το νου μου **look over** εξετάζω στα γρήγορα **look up** α) βελτιώνομαι, πάω καλύτερα β) κοιτάζω, βρίσκω (πληροφορία κ.τ.λ. σε βιβλίο κ.τ.λ.) γ) περνώ από το σπίτι (κάποιου), περνώ να δω (κπ.) **look up to** σέβομαι, εκτιμώ • βλέμμα, ματιά· έκφραση, όψη· **looks** παρουσιαστικό

looking glass/'lʊkɪŋ gla:s/καθρέφτης

loop/lu:p/θηλιά

loophole/'lu:phəʊl/παραθυράκι

loose/lu:s/ελεύθερος, λυμένος· χαλαρός, φαρδύς, λάσκος, μπόσικος· έκλυτος, χαλαρός· σκόρπιος, χύμα

loose-fitting/ˌlu:s 'fɪtɪŋ/φαρδύς, άνετος

loosen/'lu:sən/χαλαρώνομαι, λασκάρω, ξεσφίγγω

loot/lu:t/λάφυρα, λεία • λεηλατώ, πλιατσικολογώ

lord/lɔ:d/κύριος, αφέντης· λόρδος

lorry/'lɒri/φορτηγό

lose/lu:z/χάνω· *(για ρολόι)* μένω πίσω ▪ **lose out** βγαίνω ζημιωμένος/χαμένος

loser/'lu:zə/χαμένος, ηττημένος

loss/lɒs/απώλεια, χάσιμο· ζημιά, χασούρα· απώλεια, χαμός, θάνατος

lost/lɒst/χαμένος

lot/lɒt/(το) όλον, όλοι· κλήρος· είδος

πωλούμενο σε πλειστηριασμό *a lot (of)/lots (of)/lots and lots of* πολύ, ένα σωρό

lotion/ˈləʊʃən/λοσιόν

lottery/ˈlɒtəri/λαχειοφόρος αγορά, λοταρία· θέμα τύχης

lottery ticket/ˈlɒtəri ˌtɪkɪ̥t/λαχνός, λαχείο

lotto/ˈlɒtəʊ/λόττο

loud/laʊd/δυνατός • δυνατά, μεγαλόφωνα

loudspeaker/ˌlaʊdˈspiːkə/μεγάφωνο

lounge/laʊndʒ/καθιστικό, σαλόνι (ξενοδοχείου κ.τ.λ.)

louse/laʊs/ψείρα

lov(e)able/ˈlʌvəbl/αξιαγάπητος

love/lʌv/αγάπη· έρωτας· αγάπη, έντονο ενδιαφέρον· αγαπημένος/-η· *(προσφώνηση τρυφερότητας)* αγάπη· (τένις) μηδέν • αγαπώ· αγαπώ, μου αρέσει πολύ *I would love to...* θα χαρώ πολύ να..., θα ήθελα πολύ να...

love affair/ˈlʌv əˌfeə/ερωτική σχέση, ερωτική περιπέτεια

lovely/ˈlʌvli/ωραίος, όμορφος, χαριτωμένος· ευχάριστος, θαυμάσιος

lover/ˈlʌvə/εραστής· λάτρης, θαυμαστής

low/ləʊ/χαμηλός· *(για ήχο)* χαμηλός, όχι έντονος· *(για υλικό)* χαμηλής περιεκτικότητας *be low on sth.* μου τελειώνει κτ. • χαμηλά· χαμηλόφωνα

lower/ˈləʊə/κατεβάζω, χαμηλώνω· μειώνω, λιγοστεύω, μειώνομαι, πέφτω

low-fat/ˌləʊ ˈfæt/με λίγα λιπαρά

lowlands/ˈləʊləndz/(τα) πεδινά

low-paid/ˌləʊˈpeɪd/χαμηλόμισθος

loyal/ˈlɔɪəl/πιστός

loyalty/ˈlɔɪəlti/πίστη, αφοσίωση

lozenge/ˈlɒzɪ̥ndʒ/παστίλια

lubricant/ˈluːbrɪkənt/λιπαντικό, γράσο

lubricate/ˈluːbrɪkeɪt/λιπαίνω, γρασάρω

lubrication/ˌluːbrɪˈkeɪʃən/λίπανση, λάδωμα

luck/lʌk/(καλή ή κακή) τύχη· ευτυχία, καλοτυχία

luckily/ˈlʌkɪ̥li/ευτυχώς

lucky/ˈlʌki/τυχερός

luggage/ˈlʌgɪdʒ/αποσκευές

luggage rack/ˈlʌgɪdʒ ræk/ράφι αποσκευών (σε όχημα)

lukewarm/ˌluːkˈwɔːm/χλιαρός

lull/lʌl/νανουρίζω, αποκοιμίζω

lullaby/ˈlʌləbaɪ/νανούρισμα

lumbago/lʌmˈbeɪgəʊ/λουμπάγκο, οσφυαλγία

lump/lʌmp/σβόλος· κύβος (ζάχαρης) *a lump in the throat* κόμπος, σφίξιμο στο λαιμό

lumpy/ˈlʌmpi/σβολιασμένος

lunacy/ˈluːnəsi/παραφροσύνη, φρενοβλάβεια, τρέλα

lunatic/ˈluːnətɪk/φρενοβλαβής, τρελός

lunch/lʌntʃ/μεσημεριανό φαγητό • γευματίζω

luncheon meat/ˈlʌntʃən mi:t/ζαμπονάκι (σε κονσέρβα)

lunchtime/ˈlʌntʃtaɪm/ώρα μεσημεριανού φαγητού, μεσημεριανή διακοπή εργασίας

lung/lʌŋ/πνεύμονας

lure/ljʊə, lʊə/θέλγητρο, ομορφιά· δέλεαρ, δόλωμα • δελεάζω, γοητεύω, παρασύρω

lush/lʌʃ/πλούσιος, άφθονος

lust/lʌst/πόθος • **lust after/for** ποθώ, λαχταρώ

lustrous/ˈlʌstrəs/στιλπνός

lute/lu:t/λαγούτο

Luxembourg/ˈlʌksəmbɜ:g/Λουξεμβούργο

luxurious/lʌgˈzjʊəriəs/πολυτελής

luxury/ˈlʌkʃəri/πολυτέλεια, χλιδή· είδος πολυτελείας

lynch/lɪntʃ/λιντσάρω

lyre/laɪə/λύρα

lyrics/ˈlɪrɪks/στίχοι τραγουδιού

lyricist/ˈlɪrəsəst/στιχουργός

M, m

mac/mæk/αδιάβροχο

machine/məˈʃiːn/μηχανή

machine-gun/məˈʃiːngʌn/πολυβόλο

machinery/məˈʃiːnəri/μηχανήματα· μηχανισμός

machinist/məˈʃiːnɨst/μηχανουργός, μηχανοτεχνίτης

mack/mæk/αδιάβροχο

mackerel/ˈmækərəl/σκουμπρί

mackintosh/ˈmækɨntɒʃ/αδιάβροχο

mad/mæd/φρενοβλαβής, τρελός· θυμωμένος, εξαγριωμένος *mad about* ξετρελαμένος, τρελός για

madam/ˈmædəm/κυρία

madden/ˈmædən/τρελαίνω, εξοργίζω, κάνω (κπ.) έξω φρενών ~**ing** εκνευριστικός, ικανός να σε τρελάνει

made/meɪd/επιτυχημένος, φτασμένος *made of/from* κατασκευασμένος, φτιαγμένος από

madly/ˈmædli/τρελά, άγρια· υπερβολικά, παράφορα

madman/ˈmædmən/φρενοβλαβής, τρελός

madness/ˈmædnɨs/φρενοβλάβεια, τρέλα

madwoman/ˈmædwʊmən/φρενοβλαβής, τρελή

maestro/ˈmaɪstrəʊ/μαέστρος

Mafia/ˈmæfiə/Μαφία

magazine/ˌmægəˈziːn/περιοδικό

magic/ˈmædʒɪk/μαγεία· ταχυδακτυλουργία· γοητεία • μαγικός· μαγευτικός, γοητευτικός

magical/ˈmædʒɪkəl/μαγικός· μαγευτικός, γοητευτικός

magician/məˈdʒɪʃən/μάγος· ταχυδακτυλουργός

magistrate/ˈmædʒɨstreɪt, -strɨt/ ειρηνοδίκης

magnate/ˈmægneɪt, -nɨt/μεγιστάνας

magnet/ˈmægnɨt/μαγνήτης

magnetic/mægˈnetɪk/μαγνητικός· ελκυστικός, σαγηνευτικός

magnetism/ˈmægnɨtɪzəm/μαγνητισμός· έλξη, γοητεία

magnetize, **-ise**/ˈmægnɨtaɪz/μαγνητίζω· γοητεύω, σαγηνεύω

magnificence/mægˈnɪfɪsəns/μεγαλοπρέπεια, μεγαλείο

magnificent/mægˈnɪfɨsənt/μεγαλοπρεπής, μεγαλειώδης· έξοχος, υπέροχος

magnify/ˈmægnɨfaɪ/μεγεθύνω· μεγαλοποιώ

magnifying glass/ˈmægnɨfaɪ-ɪŋ ˌglaːs/μεγεθυντικός φακός

magnitude/ˈmægnɨtjuːd/μέγεθος

magpie/ˈmægpaɪ/καρακάξα

maharaja(h)/ˌma:həˈra:dʒə/μαχαραγιάς

mahogany/məˈhɒgəni/μαόνι

maid/meɪd/υπηρέτρια, οικιακή βοηθός

maiden/ˈmeɪdn/παρθενικός

maiden name/ˈmeɪdn neɪm/πατρικό όνομα (παντρεμένης)

mail/meɪl/ταχυδρομείο *by mail* ταχυδρομικώς· αλληλογραφία • ταχυδρομώ

maim/meɪm/ακρωτηριάζω, σακατεύω

main/meɪn/κύριος, πρωτεύων • **mains** κεντρικός αγωγός

main course/ˌmeɪn ˈkɔ:s/«κύριο πιάτο»

mainland/ˈmeɪnlənd/ηπειρωτική περιοχή χώρας

mainly/ˈmeɪnli/κυρίως, κατεξοχήν

mainstream/ˈmeɪnstri:m/κυρίαρχη τάση, επικρατούσα νοοτροπία

maintain/meɪnˈteɪn, mən-/διατηρώ, συνεχίζω· συντηρώ· ισχυρίζομαι, υποστηρίζω

maintenance/ˈmeɪntənəns/διατήρηση, συντήρηση· μέσα συντήρησης, έξοδα διαβίωσης

maisonette/ˌmeɪzəˈnet/μεζονέτα

maize/meɪz/αραποσίτι, καλαμπόκι

majestic/məˈdʒestɪk/μεγαλοπρεπής

majesty/ˈmædʒɪ̈sti/μεγαλείο, μεγαλοπρέπεια *Your/His etc. Majesty* η Αυτού Μεγαλειότητά σας/του κ.τ.λ.

major/ˈmeɪdʒə/μείζων, μεγάλος • ταγματάρχης

majority/məˈdʒɒrɪ̈ti/πλειονότητα· πλειοψηφία

make/meɪk/δημιουργώ, κατασκευάζω, φτιάχνω, κάνω· κάνω, προξενώ *make sb. do sth.* εξαναγκάζω κπ. να κάνει κτ.· κάνω, καθιστώ· ετοιμάζω, φτιάχνω· αποκτώ, κερδίζω· κάνω, θεσπίζω, συντάσσω· κάνω, ισούμαι προς· κάνω, διορίζω *make believe* προσποιούμαι, υποκρίνομαι *make it* τα καταφέρνω ▪ make for κατευθύνομαι, σπεύδω προς (κάποιο μέρος) make of καταλαβαίνω make off φεύγω, την κοπανάω make out α) διακρίνω, ξεχωρίζω β) καταλαβαίνω, βγάζω άκρη γ) συμπληρώνω, γράφω make up α) επινοώ, σκαρφίζομαι β) μακιγιάρω/-ομαι γ) συμπληρώνω (έλλειμμα), καλύπτω (διαφορά) δ) συμφιλιώνομαι make up for αναπληρώνω, αντισταθμίζω • τύπος, μάρκα

make-up/ˈmeɪk-ʌp/μακιγιάρισμα, μακιγιάζ

male/meɪl/αρσενικός· ανδρικός • άρρην, άνδρας

malice/ˈmælɪ̈s/κακεντρέχεια, μοχθηρία, έχθρα, κακία

malicious/məˈlɪʃəs/μοχθηρός, κακός, μνησίκακος

mall/mɔ:l, mæl/εμπορικό κέντρο

Malta/ˈmɔ:ltə/Μάλτα

Maltese/ˌmɔ:lˈti:z/Μαλτέζος· μαλτέζικα • μαλτέζικος

mammal/ˈmæməl/θηλαστικό

man/mæn/άνδρας· άνθρωπος • επανδρώνω

manage/ˈmænɪdʒ/διευθύνω, διοικώ· κατορθώνω, καταφέρνω

management/ˈmænɪdʒmənt/διοίκηση, διεύθυνση

manager/ˈmænɪdʒə/προϊστάμενος, διευθυντής

mandarin/ˈmændərɪn/μανταρίνι

mane/meɪn/χαίτη

manhood/ˈmænhʊd/ανδρική ηλικία

mania/ˈmeɪnɪə/μανία

maniac/ˈmeɪnɪæk/μανιακός

manicure/ˈmænɪkjʊə/μανικιούρ

manicurist/ˈmænɪkjʊərɪst/μανικιουρίστας/-α

manifesto/ˌmænɪˈfestəʊ/μανιφέστο, διακήρυξη

mankind/ˌmænˈkaɪnd/ανθρωπότητα, ανθρώπινο γένος

manliness/ˈmænlinɪs/ανδροπρέπεια, ανδρισμός

manly/ˈmænli/αρρενωπός, ανδροπρεπής

man-made/ˌmænˈmeɪd/τεχνητός

manner/ˈmænə/μέθοδος, τρόπος· τρόπος, φέρσιμο, συμπεριφορά· **manners** τρόποι, συμπεριφορά

manoeuvre/məˈnu:və/ελιγμός, μανούβρα • ελίσσω, μανουβράρω

manpower/ˈmænˌpaʊə/εργατικό δυναμικό

mansion/ˈmænʃən/αρχοντόσπιτο, μέγαρο

manslaughter/ˈmænˌslɔ:tə/ανθρωποκτονία εξ αμελείας

mantelpiece/ˈmæntlpi:s/κορνίζα τζακιού

manual/ˈmænjʊəl/χειροκίνητος • εγχειρίδιο, βοήθημα, οδηγός (βιβλίο)

manufacture/ˌmænjʊˈfæktʃə/παράγω, κατασκευάζω (βιομηχανικό προϊόν) • κατασκευή, παραγωγή (βιομηχανικού προϊόντος)

manufacturer/ˌmænjʊˈfæktʃərə/βιομήχανος, εργοστασιάρχης, κατασκευαστής

manuscript/ˈmænjʊskrɪpt/χειρόγραφο

many/ˈmeni/πολλοί *a great many* ένα σωρό, πολυάριθμοι *a good many* αρκετοί *how many?* πόσοι;

map/mæp/χάρτης

marathon/ˈmærəθən/μαραθώνιος (δρόμος)

marathoner/ˈmærəθɒnə/μαραθωνοδρόμος

marble/ma:bl/μάρμαρο· βόλος· μαρμάρινο γλυπτό· **marbles** βόλοι (παιδικό παιχνίδι)

march/ma:tʃ/παρελαύνω • πορεία, βάδισμα· εμβατήριο· πορεία (διαμαρτυρίας)

March Μάρτιος

marchioness/ˌma:ʃəˈnes/μαρκησία

mare/meə/φοράδα

margarine/ˌma:dʒəˈri:n, ma:gə-/ μαργαρίνη

margin/ˈma:dʒɨn/περιθώριο

marginal/ˈma:dʒɨnəl/περιθωριακός, του περιθωρίου· μικρός, οριακός

marine/məˈri:n/θαλάσσιος, θαλασσινός· ναυτικός • πεζοναύτης

marionette/ˌmæriəˈnet/μαριονέτα

marital/ˈmærɨtl/συζυγικός, γαμήλιος

maritime/ˈmærɨtaɪm/ναυτικός, ναυτιλιακός

mark/ma:k/σημάδι, στίγμα· σημείο, ένδειξη· *(σχολ.)* βαθμός • μαρκάρω, σημαδεύω· βαθμολογώ

marker/ˈma:kə/σελιδοδείκτης· μαρκαδόρος

market/ˈma:kɨt/αγορά

marmalade/ˈma:məleɪd/μαρμελάδα (από εσπεριδοειδή)

marquis, **marquess**/ˈma:kwɨs/ μαρκήσιος

marriage/ˈmærɪdʒ/γάμος, παντρειά

married/ˈmærɪd/έγγαμος, παντρεμένος· συζυγικός *get married* παντρεύομαι

marrow/ˈmærəʊ/μεδούλι· κολοκύθι

marry/ˈmæri/παντρεύομαι, παντρεύω

Mars/ma:z/Άρης

marsh/ma:ʃ/έλος, βάλτος

marvel/ˈma:vəl/(το) άξιο απορίας ή θαυμασμού, θαύμα • εκπλήσσομαι, ξαφνιάζομαι, απορώ

marvellous/ˈma:vələs/θαυμάσιος, καταπληκτικός

mascot/ˈmæskət/μασκότ

masculine/ˈmæskjʊlɨn/ανδρικός, αρρενωπός· αρσενικός, αρσενικού γένους

masculinity/ˌmæskjʊˈlɪnɨti/αρρενωπότητα, ανδροπρέπεια

mash/mæʃ/πολτοποιώ

mask/ma:sk/μάσκα • καλύπτω με μάσκα· αποκρύπτω, καλύπτω

masked ball/ˈma:skt bɔ:l/χορός μεταμφιεσμένων

masochism/ˈmæsəkɪzəm/μαζοχισμός

masochist/ˈmæsəkɨst/μαζοχιστής

mass/mæs/μάζα· και **masses** πλήθος, μάζα, όγκος· **masses** (οι) μάζες, (ο) λαός· **Mass** *(εκκλ.)* Λειτουργία • συγκεντρώνω/-ομαι, μαζεύω/-ομαι • μαζικός, ομαδικός

massacre/ˈmæsəkə/σφαγή, μακελειό • σφάζω, κατακρεουργώ

massage/ˈmæsa:ʒ/μασάζ • κάνω μασάζ, τρίβω

masseur/mæˈsɜ:/μασέρ

masseuse/mæˈsɜ:z/μασέζ

massive/ˈmæsɪv/ογκώδης, συμπαγής

mass media/ˌmæs ˈmi:diə/μέσα μαζικής επικοινωνίας

mast/ma:st/ιστός, κατάρτι· κοντάρι σημαίας

master/ˈma:stə/κύριος, αφέντης·

καθηγητής, δάσκαλος· αυθεντία, μάστορας • κεντρικός, κύριος· αριστοτέχνης • κατέχω, μαθαίνω τέλεια· επιβάλλομαι σε, κυριαρχώ

master key/ˈma:stə ki:/γενικό αντικλείδι

mastermind/ˈma:stəmaɪnd/εγκέφαλος, ιθύνων νους

masterpiece/ˈma:stəpi:s/αριστούργημα

master's/ˈma:stəz/πτυχίο μεταπτυχιακών πανεπιστημιακών σπουδών

mat/mæt/χαλάκι, ταπέτο· σουπλά, σουβέρ

matador/ˈmætədɔ:/ταυρομάχος

match/mætʃ/αγώνας, παιχνίδι· ίσος, όμοιος • ταιριάζω, πηγαίνω με, είμαι ασορτί· παραβγαίνω, συναγωνίζομαι· εναρμονίζω, ταιριάζω

matchbox/ˈmætʃbɒks/σπιρτόκουτο

matchmaker/ˈmætʃˌmeɪkə/προξενητής, προξενήτρα

mate/meɪt/συνάδελφος, συνεργάτης· φίλος· ταίρι (ζώου) • ζευγαρώνω (ζώα), ζευγαρώνομαι

material/məˈtɪərɪəl/υλικός • ύλη, υλικό· ύφασμα· υλικό (εργασίας)

maternal/məˈtɜ:nəl/μητρικός

maternity/məˈtɜ:nɨti/μητρότητα • εγκυμοσύνης, τοκετού

mathematics/ˌmæθɨˈmætɪks/, **maths**/mæθs/μαθηματικά

matter/ˈmætə/θέμα, ζήτημα, υπόθεση *what's the matter?* τι συμβαίνει; *what's the matter with you?* τι έχεις πάθει; τι σου συμβαίνει; *no matter how (when etc.)* όπως (όποτε κ.τ.λ.) κι αν • ενδιαφέρω, αφορώ, έχω σημασία

mattress/ˈmætrɨs/στρώμα

mature/məˈtʃʊə/ώριμος • ωριμάζω

maturity/məˈtʃʊrɨti/ωριμότητα

mauve/məʊv/μοβ

maximum/ˈmæksɨməm/(το) μέγιστο, (το) ανώτατο • ανώτατος

may/meɪ/μπορεί, ίσως, (είναι) πιθανό· μπορώ, έχω την άδεια (να)· μακάρι, είθε

May Μάιος

maybe/ˈmeɪbi/ίσως

May Day/ˈmeɪ deɪ/Πρωτομαγιά

mayonnaise/ˌmeɪəˈneɪz/μαγιονέζα

mayor/meə/δήμαρχος

mayoress/ˈmeərɨs/δήμαρχος, δημαρχίνα

maze/meɪz/λαβύρινθος, κυκεώνας

me/mi, *(εμφ.)* mi:/(ε)μένα, με, μου· εγώ

meadow/ˈmedəʊ/λιβάδι

meal/mi:l/γεύμα

mean/mi:n/τσιγκούνης· μικροπρεπής • σημαίνω, εννοώ· προτίθεμαι, σχεδιάζω· προορίζω • (το) μέτρο *the golden mean* η χρυσή τομή

meaningful/ˈmi:nɪŋfəl/με σημασία

means/mi:nz/μέσο *by means of* διαμέσου, μέσω

meantime/ˈmi:ntaɪm/*in the meantime* στο μεταξύ

meanwhile/'mi:nwaɪl/στο μεταξύ

measles/mi:zəlz/ιλαρά

measure/'meʒə/μονάδα μέτρησης· μεζούρα· ενέργεια, μέτρο • μετρώ· είμαι (ως προς τις διαστάσεις), φτάνω (σε διαστάσεις)

measurement/'meʒəmənt/μέτρηση· **measurements** διαστάσεις μέτρα

meat/mi:t/κρέας

mechanic/mɪ'kænɪk/μηχανικός

mechanical/mɪ'kænɪkəl/μηχανικός· μηχανικός, αυτόματος

mechanical engineer/mɪˌkænɪkəl endʒɪ'nɪə/μηχανολόγος

mechanics/mɪ'kænɪks/μηχανισμός, λειτουργία

mechanism/'mekənɪzəm/μηχανισμός

medal/'medəl/μετάλλιο

medallist/'medləst/κάτοχος μεταλλίου

meddle/medl/αναμιγνύομαι, ανακατεύομαι

media/'mi:diə/μέσα μαζικής επικοινωνίας

mediate/'mi:dieɪt/μεσολαβώ

mediation/ˌmi:di'eɪʃən/μεσολάβηση

mediator/'mi:dietə/μεσολαβητής, μεσάζων

medical/'medɪkəl/ιατρικός

medicine/'medsən/φάρμακο· ιατρική

medi(a)eval/ˌmedi'i:vəl/μεσαιωνικός

mediocre/ˌmi:di'əʊkə/μέτριος, της σειράς

mediocrity/ˌmi:di'ɒkrəti/μετριότητα

meditate/'medəteɪt/διαλογίζομαι

meditation/ˌmedə'teɪʃən/διαλογισμός

Mediterranean/ˌmedətə'reɪniən/ (η) Μεσόγειος (θάλασσα)

medium/'mi:diəm/μέσο· μέτρο· μέντιουμ • μέσος, μεσαίος

medium-sized/'mi:diəm saɪzd/μέτριου μεγέθους

meet/mi:t/συναντώ, συναντιέμαι· γνωρίζω (κπ.), κάνω τη γνωριμία (κάποιου)· ικανοποιώ, ανταποκρίνομαι σε· προϋπαντώ, υποδέχομαι ~**ing** α) συνάντηση, συγκέντρωση β) συνέλευση, σύνοδος, συνεδρίαση

megaphone/'megəfəʊn/τηλεβόας, ντουντούκα

melancholic/ˌmelən'kɒlɪk/μελαγχολικός

melancholy/'melənkəli/μελαγχολία

melodious/mə'ləʊdiəs/μελωδικός

melody/'melədi/μελωδία, σκοπός

melon/'melən/πεπόνι

melt/melt/λιώνω

member/'membə/μέλος

Member of Parliament/ˌmembər əv 'pa:ləmənt/βουλευτής

membrane/'membreɪn/μεμβράνη

memo/'meməʊ/υπόμνημα, σημείωμα

memoirs/'memwa:z/απομνημονεύματα

memorable/'memərəbl/αξέχαστος

memorandum/ˌmemə'rændəm/ υπόμνημα, σημείωμα

memorial/mɨ'mɔ:riəl/μνημείο

memory/'meməri/μνήμη· ανάμνηση

menace/'menɨs/απειλή, κίνδυνος· συμφορά, ανυπόφορο άτομο • απειλώ

mend/mend/επιδιορθώνω, επισκευάζω *mend one's ways* διορθώνομαι, βάζω μυαλό

mental/'mentəl/πνευματικός, (δια-) νοητικός· νοερός· ψυχικός· τρελός, φρενοβλαβής· για φρενοβλαβείς **~ly** διανοητικά

mentality/men'tælɨti/νοοτροπία

mention/'menʃən/αναφέρω, κάνω λόγο για *don't mention it* παρακαλώ, τίποτα • μνεία, αναφορά

menu/'menju:/μενού

merciful/'mɜ:sɪfəl/σπλαχνικός

merciless/'mɜ:sɪləs/άσπλαχνος

mercy/'mɜ:si/έλεος, οίκτος· ευτύχημα, δώρο Θεού

mere/mɪə/απλός, σκέτος

merely/'mɪəli/μόνο, μόνο και μόνο, απλώς

merge/mɜ:dʒ/συγχωνεύω/-ομαι, ενσωματώνω/-ομαι

merger/'mɜ:dʒə/συγχώνευση, ένωση

meridian/mə'rɪdiən/μεσημβρινός

merit/'merɨt/αξία· προσόν, ικανότητα • αξίζω, δικαιούμαι

mermaid/'mɜ:meɪd/γοργόνα

merry/'meri/εύθυμος, πρόσχαρος· ελαφρά μεθυσμένος, στο κέφι *Merry Christmas* Καλά Χριστούγεννα

merry-go-round/'meri gəʊ raʊnd/ περιστρεφόμενα αλογάκια ή αυτοκινητάκια (σε λουναπάρκ)

mess/mes/ακαταστασία, χάλι· ακαθαρσίες· πρόσωπο ή πράγμα με άθλια, ατημέλητη ή ακατάστατη εμφάνιση· χαώδης κατάσταση, κυκεώνας, μπέρδεμα

message/'mesɪdʒ/μήνυμα· δίδαγμα

messenger/'mesɨndʒə/αγγελιαφόρος

Messiah/mɨ'saɪə/Μεσσίας, Χριστός

metal/metl/μέταλλο

metaphorical/ˌmetə'fɒrɪkəl/μεταφορικός (όχι κυριολεκτικός)

meteorological/ˌmi:tiərə'lɒdʒɪkəl/ μετεωρολογικός

meteorologist/ˌmi:tiə'rɒlədʒɨst/ μετεωρολόγος

meteorology/ˌmi:tiə'rɒlədʒi/μετεωρολογία

method/'meθəd/μέθοδος· μεθοδικότητα, σύστημα

meticulous/mɨ'tɪkjʊləs/σχολαστικός

metre/'mi:tə/μέτρο

metro/'metrəʊ/μετρό

mew/mju:/νιαουρίζω

Mexican/'meksɪkən/Μεξικανός • μεξικανικός

Mexico/ˈmeksɪkəʊ/Μεξικό

mezzanine/ˈmezəni:n/ημιώροφος

miaow/miˈaʊ/νιαουρίζω • νιαούρισμα

microphone/ˈmaɪkrəfəʊn/μικρόφωνο

microscope/ˈmaɪkrəskəʊp/μικροσκόπιο

midday/ˌmɪdˈdeɪ/μεσημέρι

middle/mɪdl/μεσαίος, μέσος, μεσιανός • μέσο, κέντρο

middle age/ˌmɪdl ˈeɪdʒ/μέση ηλικία

middle aged/ˌmɪdl ˈeɪdʒd/μεσήλικος, μεσόκοπος

middle Ages/ˌmɪdl ˈeɪdʒɨz/Μεσαίωνας

middle class/ˌmɪdl ˈkla:s/μεσαία τάξη, αστική τάξη

Middle East/ˌmɪdl ˈi:st/Μέση Ανατολή

middle name/ˌmɪdl ˈneɪm/δεύτερο βαφτιστικό, μεσαίο όνομα

midnight/ˈmɪdnaɪt/μεσάνυχτα

midway/ˌmɪdˈweɪ/(ευρισκόμενος) στο μέσο (απόστασης, διαδρομής κ.τ.λ.)

midwife/ˈmɪdwaɪf/μαία

might/maɪt/μπορεί, ίσως· μπορώ· οφείλω, πρέπει· θα μπορούσες • ισχύς, δύναμη

mighty/ˈmaɪti/ισχυρός

migraine/ˈmaɪgrəɪn/ημικρανία

migrate/maɪˈgreɪt/μεταναστεύω

migration/maɪˈgreɪʃən/μετανάστευση

migratory/maɪˈgreɪtəri/μεταναστευτικός

mike/maɪk/μικρόφωνο

mild/maɪld/πράος, ήπιος· επιεικής, ελαφρός· *(για φαγητό, καπνό)* ελαφρύς ~**ly** ήπια

mile/maɪl/μίλι (=1069 μ.)

milestone/ˈmaɪlstəʊn/οδικός δείκτης· σταθμός, ορόσημο

militant/ˈmɪlɨtənt/μαχητικός, αγωνιστικός· στρατευμένος ~**ly** μαχητικά

military/ˈmɪlɨtəri/στρατιωτικός

milk/mɪlk/γάλα • αρμέγω

Milky Way/ˌmɪlki ˈweɪ/(ο) γαλαξίας

mill/mɪl/μύλος· εργοστάσιο • αλέθω

millennium/mɪˈleniəm/χιλιετία

milligram(me)/ˈmɪlɨgræm/χιλιοστόγραμμο

million/ˈmɪljən/εκατομμύριο

millionaire/ˌmɪljəˈneə/(ο) εκατομμυριούχος

millionth/ˈmɪljənθ/εκατομμυριοστός • (ένα) εκατομμυριοστό

millipede/ˈmɪlɨpi:d/σαρανταποδαρούσα

mime/maɪm/παντομίμα· μίμος • μιμούμαι, παίζω παντομίμα

mimic/ˈmɪmɪk/μίμος • μιμούμαι

mimicry/ˈmɪmɪkri/μίμηση

minaret/ˌmɪnəˈret/μιναρές

mince/mɪns/ψιλοκόβω, λιανίζω • κιμάς

mincer/ˈmɪnsə/μηχανή του κιμά

mind/maɪnd/μυαλό, νους *bear/ keep sth. in mind* λαμβάνω υπόψη μου/θυμάμαι κτ. *to my mind* κατά τη γνώμη μου *change one's mind* αλλάζω γνώμη *in one's right mind* με τα/στα λογικά μου *know one's own mind* ξέρω τι θέλω *make up one's mind* αποφασίζω • λαμβάνω υπόψη μου, προσέχω· προσέχω, φροντίζω· με πειράζει, με νοιάζει, έχω αντίρρηση *mind one's own business* κοιτάζω τη δουλειά μου *never mind* δεν πειράζει, μην ανησυχείς

mine/maɪn/δικός μου • ορυχείο· νάρκη • εξορύσσω, βγάζω (ορυκτό)· ναρκοθετώ

minefield/'maɪnfi:ld/ναρκοπέδιο

mineral/'mɪnərəl/ορυκτό

mineral water/'mɪnərəl ˌwɔ:tə/μεταλλικό νερό

mingle/mɪŋgl/αναμιγνύω/-ομαι, ανακατεύω/-ομαι

miniature/'mɪnɪətʃə/μινιατούρα • μικρός, μικροσκοπικός

minimal/'mɪnɪ̈məl/ελάχιστος

minimum/'mɪnɪ̈məm/(το) ελάχιστο, (το) μίνιμουμ • ελάχιστος, κατώτατος

minister/'mɪnɪ̈stə/υπουργός

ministry/'mɪnɪ̈stri/υπουργείο· υπουργία, θητεία υπουργού

minor/'maɪnə/μικρός, ασήμαντος • ανήλικος

minority/maɪ'nɒrɪ̈ti/μειοψηφία· μειονότητα

mint/mɪnt/μέντα, δυόσμος· καραμέλα μέντας· νομισματοκοπείο • κόβω νομίσματα

minus/'maɪnəs/πλην, μείον· υπό το μηδέν • το σημείο πλην, μείον (-)

minute/'mɪnɪ̈t/λεπτό της ώρας· στιγμή (χρόνου)· **minutes** πρακτικά • /maɪ'nju:t/μικροσκοπικός

miracle/'mɪrəkl/θαύμα

miraculous/mɪ'rækjʊləs/θαυμαστός

mirage/'mɪra:ʒ/οφθαλμαπάτη

mirror/'mɪrə/καθρέφτης • αντικατοπτρίζω, αντανακλώ

misadventure/ˌmɪsəd'ventʃə/δεινοπάθημα

misbehave/ˌmɪsbɪ'heɪv/συμπεριφέρομαι απρεπώς

misbehaviour/ˌmɪsbɪ'heɪvjə/κακή συμπεριφορά, απρέπεια

miscarriage/ˌmɪs'kærɪdʒ/αποβολή (εμβρύου)

miscellaneous/ˌmɪsə'leɪniəs/ποικίλος, ανάμικτος, ετερόκλητος

mischief/'mɪstʃɪ̈f/αταξία, ζαβολιά, σκανταλιά

mischief-maker/'mɪstʃɪ̈f ˌmeɪkə/ σκανταλιάρης, ζιζάνιο

miser/'maɪzə/τσιγκούνης

miserable/'mɪzərəbl/δυστυχισμένος, κακόμοιρος· άθλιος, ελεεινός

misery/'mɪsəri/δυστυχία, αθλιότητα

misfortune/mɪs'fɔ:tʃən/κακοτυχία, δυστυχία· συμφορά, κακό

mislay/mɪs'leɪ/χάνω, παραπετώ

mislead/ˌmɪs'li:d/παραπλανώ, εξαπατώ, παρασύρω

miss/mɪs/αστοχώ, ρίχνω άστοχη βολή· χάνω· αποζητώ, νοσταλγώ ~**ing** α) αγνοούμενος β) που λείπει

Miss δεσποινίς

missile/'mɪsaɪl/βλήμα, ρουκέτα

mission/'mɪʃən/αποστολή, αντιπροσωπεία· ιεραποστολή

missionary/'mɪʃənəri/ιεραπόστολος

mist/mɪst/ομίχλη, πούσι

mistake/mə'steɪk/παρανοώ, παρεξηγώ • λάθος, σφάλμα

mistress/'mɪstrəs/αφεντικίνα (ζώου)· δασκάλα, καθηγήτρια· ερωμένη

mistrust/mɪs'trʌst/δυσπιστώ προς, υποπτεύομαι • δυσπιστία, καχυποψία

mistrustful/ˌmɪs'trʌstfəl/δύσπιστος, καχύποπτος

misunderstand/ˌmɪsʌndə'stænd/ παρανοώ, παρεξηγώ, αντιλαμβάνομαι κακώς ~**ing** παρεξήγηση, παρανόηση

mix/mɪks/αναμιγνύω/-ομαι, ανακατεύω/-ομαι· συναναστρέφομαι, κάνω παρέα ▪ **mix up** συγχέω, μπερδεύω • μείγμα

mixer/'mɪksə/αναμίκτης, μίξερ

mixture/'mɪkstʃə/μείγμα, κράμα

moan/məʊn/βογκητό • στενάζω, βογκώ· παραπονιέμαι, γκρινιάζω

mob/mɒb/όχλος • συνωστίζομαι ως όχλος γύρω από, πολιορκώ

mobile/'məʊbaɪl/κινητός

mobile phone/ˌməʊbaɪl 'fəʊn/κινητό τηλέφωνο

mobilization, **-sation**/ˌməʊbəlaɪ'zeɪʃən/κινητοποίηση· επιστράτευση

mobilize, **-ise**/'məʊbəlaɪz/κινητοποιώ/-ούμαι· επιστρατεύω, συγκεντρώνω δυνάμεις

mock/mɒk/κοροϊδεύω • πλαστός, ψεύτικος

mockery/'mɒkəri/εμπαιγμός, κοροϊδία

model/'mɒdəl/μοντέλο· πρότυπο, υπόδειγμα, παράδειγμα· μοντέλο, μανεκέν· σχέδιο, τύπος, μοντέλο • πρότυπος, υποδειγματικός • κατασκευάζω κατά το πρότυπο (κάποιου πράγματος)· επιδεικνύω (ενδύματα) ως μανεκέν, εργάζομαι ως μανεκέν

moderate/'mɒdərət/μέτριος, συνηθισμένος, της σειράς· μετρημένος, λογικός· μετριοπαθής • μετριάζω/-ομαι

moderation/ˌmɒdə'reɪʃən/μετριοπάθεια, συγκράτηση *in moderation* με μέτρο

modern/'mɒdən/σύγχρονος, μοντέρνος

modernize, **ise**/'mɒdənaɪz/εκσυγχρονίζω

modest/'mɒdəst/μετριόφρων, σεμνός· μετρημένος, ολιγαρκής· σεμνός, συμμαζεμένος

modesty/'mɒd$_{ə}^{i}$sti/μετριοφροσύνη, σεμνότητα, απλότητα

modify/'mɒd$_{ə}^{i}$fai/τροποποιώ

module/'mɒdju:l/μάθημα (πανεπιστημιακής σχολής)

Mohammed/məʊ'hæm$_{ə}^{i}$d, mə-/ Μωάμεθ

Mohammedan/məʊ'hæm$_{ə}^{i}$dən/ Μωαμεθανός • μωαμεθανικός

Mohammedanism/məʊ'hæm$_{ə}^{i}$dənɪzəm, mə-/μωαμεθανισμός

moist/mɔɪst/ελαφρά υγρός

moisten/'mɔɪsən/υγραίνω/-ομαι, βρέχω/-ομαι

moisture/'mɔɪstʃə/υγρασία

moisturize, **-ise**/'mɔɪstʃəraɪz/ενυδατώνω

mole/məʊl/κρεατοελιά· τυφλοπόντικας

mollycoddle/'mɒli ˌkɒdl/παραχαϊδεύω, κανακεύω

moment/'məʊmənt/στιγμή *at the moment* προς το παρόν

momentary/'məʊməntəri/στιγμιαίος

monarch/'mɒnək/μονάρχης

monarchy/'mɒnəki/μοναρχία

monastery/'mɒnəstri/μοναστήρι

Monday/'mʌndi, -deɪ/Δευτέρα

monetary/'mʌn$_{ə}^{i}$təri/νομισματικός

money/'mʌni/χρήμα, χρήματα, λεφτά

money order/'mʌni ˌɔ:də/τραπεζικό ή ταχυδρομικό έμβασμα

monitor/'mɒn$_{ə}^{i}$tə/οθόνη ηλεκτρονικού υπολογιστή· επιμελητής τάξης • ελέγχω, παρακολουθώ

monk/mʌŋk/μοναχός, καλόγερος

monkey/'mʌŋki/μαϊμού

monogram/'mɒnəgræm/μονογραφή

monotonous/mə'nɒtənəs/μονότονος, πληκτικός

monotony/mə'nɒtəni/μονοτονία

monsoon/mɒn'su:n/μουσώνας

monster/'mɒnstə/τέρας • τεράστιος, πελώριος

monstrous/'mɒnstrəs/τερατώδης

month/mʌnθ/μήνας

monthly/'mʌnθli/μηνιαίος

monument/'mɒnjʊmənt/μνημείο

moo/mu:/μυκώμαι, μουγκανίζω • μουγκανητό

mood/mu:d/(ψυχική) διάθεση

moody/'mu:di/σκυθρωπός, κατσούφης· κυκλοθυμικός

moon/mu:n/σελήνη, φεγγάρι

moonless/'mu:nləs/ασέληνος, χωρίς φεγγάρι

moonlight/'mu:nlaɪt/φεγγαρόφωτο

moonlit/'mu:nˌlɪt/φεγγαρόλουστος

moor/mʊə/χερσότοπος • (προσ-) δένω (πλοίο), αγκυροβολώ, αράζω

mop/mɒp/σφουγγαρίστρα, φασίνα • σφουγγαρίζω

moped/'məʊped/μοτοποδήλατο, μηχανάκι

moral/'mɒrəl/ηθικός • ηθικό δίδαγμα· **morals** ήθος, ηθικές αρχές, ηθική

morale/mə'ra:l/ηθικό

morality/mə'rælɪ̈ti/ηθική, ηθικότητα

more/mɔ:/περισσότερος • περισσότερο, άλλο· μεγαλύτερος, περισσότερος· περισσότερο, πιο *the more... the more...* όσο... τόσο... *more or less* περίπου, λίγο-πολύ

moreover/mɔ:r'əʊvə/επιπλέον, εκτός αυτού

morgue/mɔ:g/νεκροτομείο

morning/'mɔ:nɪŋ/πρωί • πρωινός

mortal/'mɔ:təl/θνητός· θανάσιμος, θανατηφόρος • (ο) θνητός ~**ly** θανάσιμα

mortgage/'mɔ:gɪdʒ/υποθήκη • υποθηκεύω

mosaic/məʊ'zeɪ-ɪk/ψηφιδωτό

Moscow/'mɒskəʊ/Μόσχα

Moslem/'mɒzlɪ̈m/μουσουλμάνος· μουσουλμανικός

mosque/mɒsk/τζαμί

mosquito/məs'ki:təʊ/κουνούπι

most/məʊst/πλείστος, (ο) περισσότερος *at the most* το πολύ, κατ' ανώτατο όριο • (ο) περισσότερο, (ο) πιο· πάρα πολύ· περισσότερο, πάνω από όλα

mostly/məʊstli/ως επί το πλείστον

motel/məʊ'tel/μοτέλ

moth/mɒθ/σκόρος

mothball/'mɒθbɔ:l/ναφθαλίνη σε βόλο

mother/'mʌðə/μητέρα, μάνα

mother country/'mʌðə ˌkʌntri/πατρίδα

motherhood/'mʌðəhʊd/μητρότητα

mother-in-law/'mʌðərɪnlɔ:/πεθερά

motherly/'mʌðəli/μητρικός

mother tongue/ˌmʌðə'tʌŋ/μητρική γλώσσα

motion/'məʊʃən/κίνηση • νεύω, κάνω νόημα

motionless/'məʊʃənləs/ακίνητος

motivate/'məʊtɪ̈veɪt/δίνω κίνητρο σε, παρακινώ

motivation/ˌməʊtɪ̈veɪʃən/κίνητρο

motive/'məʊtɪv/κίνητρο, ελατήριο

motor/'məʊtə/μηχανή, κινητήρας, μοτέρ • μηχανοκίνητος· αυτοκινητικός

motorbike/'məʊtəbaɪk/μοτοσικλέτα

motorboat/'məʊtəbəʊt/βενζινάκατος

motorcar/'məʊtəka:/αυτοκίνητο

motorcycle/'məʊtəˌsaɪkl/μοτοσικλέτα

motorcyclist/'məʊtəˌsaɪklɪ̈st/μοτοσικλετιστής

motorist/'məʊtərɪ̈st/αυτοκινητιστής, οδηγός

motorway/'məʊtəweɪ/αυτοκινητόδρομος

motto/'mɒtəʊ/ρητό, γνωμικό

mould/məʊld/μούχλα· μήτρα, καλούπι • φορμάρω, καλουπώνω· (δια)πλάθω, διαμορφώνω

mouldy/ˈməʊldi/μουχλιασμένος

mound/maʊnd/σωρός, βουναλάκι

Mount/maʊnt/όρος, βουνό

mount ιππεύω, ανεβαίνω σε· οργανώνω, στήνω

mountain/ˈmaʊntən/όρος, βουνό

mountain chain/ˈmaʊntən tʃeɪn/ οροσειρά

mountaineer/ˌmaʊntəˈnɪə/ορειβάτης

mountaineering/ˌmaʊntəˈnɪərɪŋ/ ορειβασία

mountainous/ˈmaʊntənəs/ορεινός, γεμάτος βουνά

mountainside/ˈmaʊntənsaɪd/βουνοπλαγιά

mountaintop/ˈmaʊntəntɒp/βουνοκορφή

mourn/mɔːn/πενθώ, θρηνώ, κλαίω

mournful/ˈmɔːnfəl/πένθιμος, θλιμμένος

mouse/maʊs/ποντικός· ποντίκι (ηλεκτρονικού υπολογιστή)

mousetrap/ˈmaʊstræp/ποντικοπαγίδα

moustache/məˈstɑːʃ/μουστάκι

mouth/maʊθ/στόμα· στόμιο, είσοδος· χείλη (μπουκαλιού)· εκβολές (ποταμού)

mouthful/ˈmaʊθfʊl/μπουκιά, χαψιά· γλωσσοδέτης

mouthorgan/ˈmaʊθɔːgən/φυσαρμόνικα

mouthpiece/ˈmaʊθpiːs/μικρόφωνο (ακουστικού τηλεφώνου)· επιστόμιο μουσικού οργάνου

mouthwash/ˈmaʊθwɒʃ/στοματικό αντισηπτικό διάλυμα

mov(e)able/ˈmuːvəbl/κινητός

move/muːv/κινώ/-ούμαι, μετακινώ/-ούμαι, μετατοπίζω/-ομαι· εξελίσσομαι, προχωρώ· μετακομίζω· συγκινώ *move house* μετακομίζω, αλλάζω σπίτι **moving** α) κινούμενος, εν κινήσει β) συγκινητικός • κίνηση, μετακίνηση· μετακόμιση· *(στο σκάκι)* κίνηση

movement/ˈmuːvmənt/κίνηση, μετακίνηση· κίνημα

movie/ˈmuːvi/(κινηματογραφική) ταινία· **movies** κινηματογράφος

mow/məʊ/κουρεύω (το γρασίδι)

mower/ˈməʊə/μηχανή κουρέματος γρασιδιού

MP/em ˈpiː/βουλευτής

Mr/ˈmɪstə/κύριος (προσαγόρευση)

Mrs/ˈmɪsəz/κυρία (προσαγόρευση)

much/mʌtʃ/πολύ • πολύς, πολλή, πολύ *how much?* πόσο

mud/mʌd/λάσπη

muddy/ˈmʌdi/λασπωμένος • λασπώνω

mudguard/ˈmʌdgɑːd/φτερό (αυτοκινήτου)

muffle/mʌfl/πνίγω (ήχο), σβήνω

mug/mʌg/κούπα· μεγάλο ποτήρι (με χέρι) • επιτίθεμαι και ληστεύω

mugger/'mʌgə/ληστής

Muhammadan/mʊ'hæmədən,mə-/ Μωαμεθανός • μωαμεθανικός

Muhammadanism/mʊ'hæməd-ənɪzəm,mə-/μωαμεθανισμός

mulberry/'mʌlbəri/μούρο· μουριά

mule/mju:l/μουλάρι

multiple/'mʌltəpl/πολλαπλός

multiplication/,mʌltəplə'keɪʃən/πολλαπλασιασμός

multiply/'mʌltəplaɪ/πολλαπλασιάζω, κάνω πολλαπλασιασμό· πολλαπλασιάζω/-ομαι, αναπαράγω/-ομαι

multi-storey/,mʌltɪ'stɔ:ri/πολυώροφος

multitude/'mʌltətju:d/πλήθος

mum/mʌm/μαμά

mumble/mʌmbl/μουρμουρίζω, λέω μέσα από τα δόντια

mummy/'mʌmi/μαμάκα, μανούλα· μούμια

mumps/mʌmps/παρωτίτιδα, μαγουλάδες

munch/mʌntʃ/μασουλίζω

municipal/mju:'nɪsəpəl/δημοτικός, του δήμου

municipality/mju:,nɪsə'pæləti/δήμος, δημοτική αρχή

munitions/mju:'nɪʃəns/πολεμοφόδια, πυρομαχικά

murder/'mɜ:də/φόνος, δολοφονία • δολοφονώ, σκοτώνω

murderer/'mɜ:dərə/δολοφόνος, φονιάς

murmur/'mɜ:mə/μουρμούρισμα • μουρμουρίζω

muscle/'mʌsəl/μυς

muscular/'mʌskjʊlə/μυϊκός· μυώδης, γεροδεμένος

muse/mju:z/μούσα

museum/mju:'zi:əm/μουσείο

mushroom/'mʌʃru:m/μανιτάρι • αναπτύσσομαι γρήγορα, ξεφυτρώνω σαν μανιτάρι

music/'mju:zɪk/μουσική

musical/'mju:zɪkəl/μουσικός • μιούζικαλ

musician/mju:'zɪʃən/μουσικός

Muslim/'mʌzləm, 'mʊz-/μουσουλμάνος • μουσουλμανικός

mussel/'mʌsəl/μύδι

must/məst, *(εμφ.)* mʌst/πρέπει, οφείλω· πρέπει, ασφαλώς (θα) • κάτι το επιβεβλημένο ή απαραίτητο· μούστος

mustard/'mʌstəd/μουστάρδα

muster/'mʌstə/συγκεντρώνω/-ομαι, μαζεύω/-ομαι *muster (up) (one's) courage* επιστρατεύω όλο μου το θάρρος

mute/mju:t/άφωνος, βουβός • βουβός, μουγκός

mutineer/,mju:tə'nɪə/στασιαστής

mutiny/'mju:təni/στάση, εξέγερση, ανταρσία • εξεγείρομαι, στασιάζω

mutter/'mʌtə/μουρμουρίζω • μουρμούρισμα

mutton/'mʌtən/αρνίσιο κρέας

mutual/'mju:tʃʊəl/αμοιβαίος· κοινός

muzzle/mʌzl/ρύγχος, μουσούδα (ζώου)· φίμωτρο· στόμιο όπλου

my/maɪ/(δικός) μου

myopia/maɪ'əʊpiə/μυωπία

myself/maɪ'self/τον εαυτό μου· (εγώ) ο ίδιος *(all) by myself* μόνος μου (χωρίς βοήθεια ή παρέα)

mysterious/mɪ'stɪəriəs/μυστηριώδης, αινιγματικός

mystery/'mɪstəri/μυστήριο

mystify/'mɪstɪfaɪ/κάνω (κπ.) ν' απορεί, σαστίζω

myth/mɪθ/μύθος

mythical/'mɪθɪkəl/μυθικός

mythology/mɪ'θɒlədʒi/μυθολογία

N, n

nab/næb/συλλαμβάνω επ' αυτοφώρω, τσακώνω

nadir/'neɪdɪə/ναδίρ

nag/næg/γκρινιάζω συνεχώς, τρώγομαι **~ging** ενοχλητικός, επίμονος

nail/neɪl/καρφί· νύχι • καρφώνω, βάζω καρφιά σε (κτ.

nail clippers/'neɪl ˌklɪpəz/νυχοκόπτης

nail varnish/'neɪl ˌvaːnɪʃ/βερνίκι νυχιών

naive/naɪ'iːv/απλοϊκός, απλός· αγαθός, αφελής

naivety/naɪ'iːvəti/αφέλεια

naked/'neɪkəd/γυμνός

name/neɪm/όνομα· όνομα, φήμη, υπόληψη *by name* α) ονομαστικώς β) εξ ακοής • ονομάζω

name day/'neɪm deɪ/ονομαστική εορτή

nameless/'neɪmləs/άγνωστος, άσημος· ανώνυμος, άγνωστου ονόματος· ακατονόμαστος, επαίσχυντος

namely/'neɪmli/δηλαδή, συγκεκριμένα

nameplate/'neɪmpleɪt/ταμπέλα με όνομα στην πόρτα

namesake/'neɪmseɪk/συνονόματος

nanny/'næni/νταντά, παραμάνα

nap/næp/υπνάκος • παίρνω έναν υπνάκο

nape/neɪp/αυχένας, σβέρκος

napkin/'næpkən/πετσέτα (φαγητού)

nappy/'næpi/, ☆ **diaper** πάνα (βρέφους)

narcotic/naː'kɒtɪk/ναρκωτικό • ναρκωτικός

narrate/nə'reɪt/αφηγούμαι, διηγούμαι

narration/nə'reɪʃən/αφήγηση, εξιστόρηση

narrative/'nærətɪv/αφήγημα, ιστορία • αφηγηματικός

narrator/nə'reɪtə/αφηγητής

narrow/'nærəʊ/στενός • στενεύω, γίνομαι στενότερος

narrow-minded/ˌnærəʊ'maɪndəd/ στενοκέφαλος, στενόμυαλος

nasal/'neɪzəl/ρινικός· ένρινος

nasty/'naːsti/δυσάρεστος, κακός, απαίσιος· άσχημος, σοβαρός· εχθρικός· πρόστυχος, αισχρός **nastily** άσχημα, εχθρικά

nation/'neɪʃən/έθνος

national/'næʃənəl/εθνικός • πολίτης, υπήκοος (ιδ. σε ξένη χώρα)

national anthem/ˌnæʃənəl 'ænθəm/ εθνικός ύμνος

nationalism/'næʃənəlɪzəm/εθνικισμός

nationalist/'næʃənələst/εθνικιστικός • εθνικιστής

nationality/ˌnæʃəˈnælɪ̈ti/εθνικότητα, υπηκοότητα

nationalization, **-sation** /ˌnæʃənəlaɪˈzeɪʃən/εθνικοποίηση, κρατικοποίηση

nationalize, **-ise**/ˈnæʃənəlaɪz/εθνικοποιώ, κρατικοποιώ

national park/ˌnæʃənəl ˈpaːk/εθνικός δρυμός

nationwide/ˌneɪʃənˈwaɪd/πανεθνικός

native/ˈneɪtɪv/γενέθλιος, μητρικός· γηγενής, ντόπιος· έμφυτος, φυσικός • γηγενής, αυτόχθων, ντόπιος

Native American/ˌneɪtɪv əˈmerɪ̈kən/Ερυθρόδερμος

native speaker/ˌneɪtɪv ˈspiːkə/άτομο που έχει σαν πρώτη γλώσσα (την αγγλική κ.τ.λ.)

natural/ˈnætʃərəl/φυσικός· φυσικός, απλός, ανεπιτήδευτος· φυσιολογικός· έμφυτος, εκ φύσεως **~ly** α) εκ φύσεως β) φυσικά, ανεπιτήδευτα γ) φυσικά, βεβαίως

natural resources/ˌnætʃərəl rɪˈsɔːsɪ̈s/φυσικοί πόροι

nature/ˈheɪtʃə/φύση· φύση, ιδιοσυγκρασία, χαρακτήρας· είδος, φύση, μορφή

naught/nɔːt/μηδέν, τίποτα

naughty/ˈnɔːti/άτακτος

nausea/ˈnɔːziə, -siə/ναυτία, αναγούλα

nauseate/ˈnɔːzieɪt, -si-/προκαλώ ναυτία σε· προκαλώ αηδία σε **nauseating** αηδιαστικός

nautical/ˈnɔːtɪkəl/ναυτικός, ναυτιλιακός

naval/ˈneɪvəl/ναυτικός

navel/ˈneɪvəl/αφαλός

navigable/ˈnævɪgəbl/πλωτός

navigate/ˈnævɪ̈geɪt/κυβερνώ, πλοηγώ

navigation/ˌnævɪ̈ˈgeɪʃən/ναυτιλία, ναυσιπλοΐα

navigator/ˈnævɪ̈geɪtə/θαλασσοπόρος

navy/ˈneɪvi/(πολεμικό) ναυτικό· (πολεμικός) στόλος

navy blue/ˌneɪvi ˈbluː/βαθύ μπλε (χρώμα)

Nazi/ˈnaːtsi, ˈnæ-/ναζιστής, ναζί • ναζιστικός

Nazism/ˈnaːtsizəm/ναζισμός

near/nɪə/πλησίον, κοντινός· άμεσος, κοντινός, εγγύς • πλησίον, κοντά (σε) • πλησιάζω, προσεγγίζω

nearby/ˈnɪəbaɪ/κοντινός, πλαϊνός • δίπλα, εδώ/εκεί κοντά

nearly/ˈnɪəli/σχεδόν· παραλίγο

neat/niːt/συγυρισμένος, τακτοποιημένος· καθαρός, ευπρεπής, καλοβαλμένος· σκέτος, ανέρωτος **~ly** τακτικά, καθαρά

necessarily/ˈnesɪ̈serɪ̈li/αναγκαστικά, απαραιτήτως, κατ' ανάγκην

necessary/ˈnesɪ̈səri/αναγκαίος, απαραίτητος· αναπόφευκτος • (το) αναγκαίο, (το) απαραίτητο

necessitate/nɪ̈ˈsesɪ̈teɪt/απαιτώ, καθιστώ αναγκαίο

necessity/nə̇ˈsesə̇ti/ανάγκη

neck/nek/λαιμός

necklace/ˈnek-lə̇s/περιδέραιο, κολιέ

need/ni:d/(βιοτική) ανάγκη· ανάγκη, φτώχεια *be in need of sth.* χρειάζομαι, έχω ανάγκη από κτ. • χρειάζομαι, έχω ανάγκη· *(σε άρνηση, ερώτηση)* χρειάζεται να..., είναι ανάγκη να..., πρέπει

needle/ni:dl/βελόνα

needless/ˈni:dləs/περιττός, άσκοπος ~**ly** άσκοπα, χωρίς λόγο

needlework/ˈni:dlwɜ:k/εργόχειρο, κέντημα, ραπτική

needy/ˈni:di/άπορος, φτωχός

negative/ˈnegətɪv/αρνητικός • άρνηση· *(φωτογρ.)* (το) αρνητικό

neglect/nɪˈglekt/παραμελώ, δε φροντίζω· αμελώ • αμέλεια, απροσεξία· παραμέληση

negligence/ˈneglə̇dʒəns/αμέλεια, απροσεξία, αδιαφορία

negligent/ˈneglɪdʒənt/αμελής, απρόσεκτος

negotiate/nɪˈgəʊʃieɪt/διαπραγματεύομαι

negotiation/nɪˌgəʊʃiˈeɪʃən/διαπραγμάτευση

negotiator/nɪˈgəʊʃieɪtə/διαπραγματευτής

Negro/ˈni:grəʊ/νέγρος

neigh/neɪ/χλιμιντρίζω • χλιμίντρισμα

neighbour/ˈneɪbə/γείτονας

neighbourhood/ˈneɪbəhʊd/γειτονιά

neighbouring/ˈneɪbərɪŋ/γειτονικός, κοντινός

neither/ˈnaɪðə/κανένας (από δύο) • ούτε, μήτε • *neither... nor...* ούτε... ούτε

neoclassical/ˌni:əʊˈklæsɪkəl/νεοκλασικός

neon/ˈni:ɒn/νέον

nephew/ˈnevju:, ˈnef-/ανιψιός

Neptune/ˈneptju:n/Ποσειδώνας

nerve/nɜ:v/νεύρο· θάρρος, τόλμη· αναίδεια, θράσος

nerve-racking/ˈnɜ:vˌrækɪŋ/εκνευριστικός, εξουθενωτικός

nervous/ˈnɜ:vəs/τρακαρισμένος· νευρικός, νευρολογικός *nervous wreck* ψυχικό ράκος ~**ly** νευρικά, αμήχανα

nervous breakdown/ˌnɜ:vəsˈbreɪkdaʊn/νευρικός κλονισμός

nervousness/ˈnɜ:vəsnə̇s/νευρικότητα, εκνευρισμός, τρακ

nest/nest/φωλιά • φωλιάζω

nestle/nesl/φωλιάζω, κουρνιάζω, βολεύομαι αναπαυτικά

net/net/δίχτυ· φιλές (μαλλιών) • κερδίζω καθαρά, αποφέρω καθαρά • καθαρός, νέτος

nettle/netl/τσουκνίδα • εκνευρίζω, ερεθίζω

network/ˈnetwɜ:k/δίκτυο

neuralgia/njʊˈrældʒə/νευραλγία

neurologist/njʊəˈrɒlədʒə̇st/νευρολόγος

neurosurgeon/ˌnjʊərəʊˈsɜːdʒən/νευροχειρουργός

neuter/ˈnjuːtə/ουδέτερος, ουδέτερου γένους

neutral/ˈnjuːtrəl/ουδέτερος • *(αυτοκ.)* νεκρό σημείο· ουδέτερο κράτος ή πρόσωπο

never/ˈnevə/ποτέ, ουδέποτε

never-ending/ˌnevəˈendɪŋ/διαρκής, ακατάπαυστος

nevertheless/ˌnevəðəˈles/παρά ταύτα, παρ' όλα αυτά, και όμως

new/njuː/νέος, καινούριος· άπειρος, αρχάριος

newborn/ˈnjuːbɔːn/νεογέννητος • (το) νεογέννητο

newcomer/ˈnjuːkʌmə/νεοφερμένος

newly/ˈnjuːli/προσφάτως, τελευταία, φρέσκο-

newlyweds/ˈnjuːliwedz/νιόπαντροι

news/njuːz/νέα, ειδήσεις· ειδήσεις, δελτίο ειδήσεων

news agency/ˈnjuːzˌeɪdʒənsi/πρακτορείο ειδήσεων

newsagent/ˈnjuːzˌeɪdʒənt/πράκτορας εφημερίδων

newscaster/ˈnjuːzkaːstə/εκφωνητής δελτίου ειδήσεων

newsflash/ˈnjuːzflæʃ/έκτακτο δελτίο ειδήσεων

newspaper/ˈnjuːsˌpeɪpə/εφημερίδα

news release/ˈnjuːz rɪˌliːs/ανακοίνωση στον τύπο

New Year/ˌnjuː ˈjɪə/Νέο Έτος

New Year's Day/ˌnjuːjɪəzˈdeɪ/Πρωτοχρονιά

New Year's Eve/ˌnjuːjɪəzˈiːv/Παραμονή Πρωτοχρονιάς

New Zealand/njuːˈziːlənd/Νέα Ζηλανδία

New Zealander/njuːˈziːləndə/Νεοζηλανδός

next/nekst/διπλανός· επόμενος, προσεχής • κατόπιν, έπειτα· την επόμενη φορά *next to* δίπλα σε *next to nothing* σχεδόν τίποτα • (ο) επόμενος

next door/ˌnekstˈdɔː/πλάι, στο διπλανό σπίτι, στη διπλανή πόρτα

nibble/nɪbl/τσιμπώ, τσιμπολογώ • δαγκωνίτσα, μπουκίτσα

nice/naɪs/ευγενικός· συμπαθητικός· καλός, ωραίος, όμορφος, ευχάριστος

nicely/ˈnaɪsli/ωραία, πολύ καλά

niche/nɪtʃ/κόγχη, εσοχή τοίχου

nickel/ˈnɪkəl/νικέλιο· νόμισμα των πέντε σεντς

nickname/ˈnɪkneɪm/παρατσούκλι, υποκοριστικό • βγάζω παρατσούκλι σε

nicotine/ˈnɪkətiːn/νικοτίνη

niece/niːs/ανιψιά

nigger/ˈnɪgə/νέγρος, αράπης

night/naɪt/νύχτα, βράδυ· βραδιά

nightclub/ˈnaɪtklʌb/νάιτ κλαμπ

nightdress/ˈnaɪtdres/νυχτικό

nightfall/ˈnaɪtfɔːl/σούρουπο

nightingale/'naɪtɪŋgeɪl/αηδόνι

nightly/'naɪtli/νυχτερινός, βραδινός • κάθε νύχτα, κάθε βράδυ

nightmare/'naɪtmeə/εφιάλτης

nightmarish/'naɪtmeərɪʃ/εφιαλτικός

nighttime/'naɪt-taɪm/νύχτα

nil/nɪl/μηδέν

Nile/naɪl/(ο) Νείλος

nine/naɪn/εννέα

nineteen/ˌnaɪn'tiːn/δεκαεννέα

nineteenth/ˌnaɪn'tiːnθ/δέκατος ένατος • (ένα) δέκατο ένατο

ninetieth/ˌnaɪn'tiːɪθ/ενενηκοστός • (ένα) ενενηκοστό

ninety/'naɪnti/ενενήντα· *the nineties* η δεκαετία 1990-1999

ninth/naɪnθ/ένατος • (ένα) ένατο

nipple/nɪpl/θηλή, ρώγα

nippy/'nɪpi/ψυχρός, τσουχτερός

nitrogen/'naɪtrədʒən/άζωτο

no/nəʊ/κανείς, καθόλου· *(σε απαγορεύσεις)*: *no smoking* απαγορεύεται το κάπνισμα • όχι • άρνηση· «όχι» (σε ψηφοφορία)

nobility/nəʊ'bɪlɪ̈ti/(οι) ευγενείς, (η) αριστοκρατία· ευγένεια, αρχοντιά

noble/nəʊbl/ευγενής, ανώτερος· αριστοκρατικής καταγωγής • ευγενής, αριστοκράτης

nobody/'nəʊbədi/κανείς, κανένας • ασήμαντος άνθρωπος, (ένα) τίποτα

nod/nɒd/κουνώ (το κεφάλι μου), γνέφω (καταφατικά ή σε χαιρετισμό)· κουτουλάω από νύστα, γέρνω το κεφάλι ▪ **nod off** αποκοιμιέμαι, με παίρνει ο ύπνος

noise/nɔɪz/θόρυβος, φασαρία

noiseless/'nɔɪzləs/αθόρυβος

noise pollution/'nɔɪz pəˌluːʃən/ηχορύπανση

noisy/'nɔɪzi/θορυβώδης

nomad/'nəʊmæd/νομάδας

nominal/'nɒmɪ̈nəl/κατ' όνομα, εικονικός· ασήμαντος, συμβολικός

nominate/'nɒmɪ̈neɪt/προτείνω (ως υποψήφιο)

nomination/ˌnɒmɪ̈'neɪʃən/υπόδειξη (υποψηφίου), χρίσμα

non-alcoholic/ˌnɒnælkə'hɒlɪk/μη οινοπνευματούχος

none/nʌn/κανείς, καμία, κανένα· καθόλου, τίποτα *none the* καθόλου

nonetheless/ˌnɒnðə'les/παρ' όλ' αυτά, και όμως

nonfat/ˌnɒn'fæt/άπαχος

nonplussed/ˌnɒn'plʌst/αμήχανος, σαστισμένος

nonsense/'nɒnsəns/ανοησίες, κουταμάρες

nonstop/ˌnɒn'stɒp/κατευθείαν, χωρίς ενδιάμεσους σταθμούς

noodle/nuːdl/λαζάνι, χυλοπίτα

nook/nʊk/γωνιά, κώχη, ακρούλα

noon/nuːn/μεσημέρι

no one/'nəʊ wʌn/κανείς, κανένας

noose/nu:s/θηλιά, βρόχος

nor/nɔ:/ούτε· ούτε και

normal/ˈnɔ:məl/φυσιολογικός **~ly** α) κανονικά, φυσιολογικά β) συνήθως, κατά κανόνα

normality/nɔ:ˈmælɪ̈ti/ομαλότητα, φυσιολογική κατάσταση

normalize, -ise/ˈnɔ:məlaɪz/εξομαλύνω/-ομαι, ομαλοποιώ/-ούμαι

Norman/ˈnɔ:mən/Νορμανδός • νορμανδικός

Normandy/ˈnɔ:məndi/Νορμανδία

north/nɔ:θ/βορράς • βόρειος, βορινός • προς βορρά, βορείως

northern/ˈnɔ:ðən/βόρειος, βορινός

northward/ˈnɔ:θwəd/βόρειος, βορινός, προς το βορρά

northwards/ˈnɔ:θwədz/προς το βορρά, προς τα βόρεια

Norway/ˈnɔ:weɪ/Νορβηγία

Norwegian/nɔ:ˈwi:dʒən/Νορβηγός • νορβηγικός

nose/nəʊz/μύτη

nostalgia/nɒˈstældʒə/νοσταλγία

nostalgic/nɒˈstældʒɪk/νοσταλγικός

nostril/ˈnɒstrɪ̈l/ρουθούνι

nos(e)y/ˈnəʊzi/αδιάκριτος, περίεργος

not/nɒt/δε(ν), μη(ν)· όχι

notable/ˈnəʊtəbl/αξιόλογος, σημαντικός

notary/ˈnəʊtəri/, **notary public**/ˌnəʊtəri ˈpʌblɪk/συμβολαιογράφος

notch/nɒtʃ/εγκοπή • χαράζω, κάνω εγκοπή σε

note/nəʊt/προσέχω, παρατηρώ, σημειώνω ▪ **note down** γράφω, σημειώνω • σημείωση· σημείωμα, υπόμνημα· σχόλιο, παρατήρηση (σε κείμενο)· νότα· χαρτονόμισμα

nothing/ˈnʌθɪŋ/τίποτα

notice/ˈnəʊtɪ̈s/αναγγελία, ανακοίνωση· προσοχή, σημασία· (προ)ειδοποίηση • παρατηρώ, αντιλαμβάνομαι, προσέχω

noticeable/ˈnəʊtɪ̈səbl/αξιοπρόσεκτος, αισθητός **noticeably** αισθητά

notice board/ˈnəʊtɪ̈sˌbɔ:d/πίνακας ανακοινώσεων

notification/ˌnəʊtɪ̈fɪˈkeɪʃən/ειδοποίηση, γνωστοποίηση

notify/ˈnəʊtɪ̈faɪ/ειδοποιώ

notorious/nəʊˈtɔ:riəs/διαβόητος, κακόφημος

nought/nɔ:t/(ο αριθμός) μηδέν

noun/naʊn/(όνομα) ουσιαστικό

nourish/ˈnʌrɪʃ/τρέφω· καλλιεργώ **~ing** θρεπτικός

nourishment/ˈnʌrɪʃmənt/διατροφή, θρέψη

novel/ˈnɒvəl/μυθιστόρημα • νέος, πρωτότυπος

novelist/ˈnavəlɪ̈st/μυθιστοριογράφος

November/nəʊˈvembə/Νοέμβριος

novice/ˈnɒvɪ̈s/αρχάριος, πρωτάρης

now/naʊ/τώρα • και **now that** τώρα (που), μια και, αφού

nowadays/ˈnaʊədeɪz/σήμερα, στην εποχή μας

nowhere/ˈnəʊweə/πουθενά

nuclear/ˈnju:kliə/πυρηνικός

nucleus/ˈnju:kliəs/πυρήνας

nude/nju:d/γυμνός

nudge/nʌdʒ/σκουντώ • σκουντηματάκι

nudism/ˈnju:dɪzəm/γυμνισμός

nudist/ˈnju:dəst/γυμνιστής • γυμνιστικός, των γυμνιστών

nuisance/ˈnju:səns/μπελάς, ενόχληση, βάρος

numb/nʌm/μουδιασμένος, ναρκωμένος • ναρκώνω, μουδιάζω

number/ˈnʌmbə/αριθμός· τεύχος (περιοδικού) ***a number of*** α) κάμποσοι β) ορισμένοι ***a large/small number of*** πολλοί/λίγοι • αριθμώ

number plate/ˈnʌmbəˌpleɪt/πινακίδα αυτοκινήτου

numeral/ˈnju:mərəl/αριθμός

numerical/nju:ˈmerɪkəl/αριθμητικός

numerous/ˈnju:mərəs/πολυάριθμος

nun/nʌn/μοναχή, καλόγρια

nurse/nɜ:s/νοσοκόμος· νταντά • νοσηλεύω, περιποιούμαι

nursemaid/ˈnɜ:smeɪd/νταντά

nursery/ˈnɜ:səri/παιδικός σταθμός· φυτώριο

nursery school/ˈnɜ:səri sku:l/νηπιαγωγείο

nut/nʌt/καρύδι· παξιμάδι (βίδας)

nutcracker(s)/ˈnʌtˌkrækə(z)/καρυοθραύστης

nutmeg/ˈnʌtmeg/μοσχοκάρυδο

nutrition/nju:ˈtrɪʃən/θρέψη, διατροφή

nutritional/nju:ˈtrɪʃənəl/θρεπτικός· τροφικός, της θρέψης, της διατροφής

nutritious/nju:ˈtrɪʃəs/θρεπτικός

nutshell/ˈnʌt-ʃel/καρυδότσουφλο

nylon/ˈnaɪlɒn/νάιλον

O, o

oak/əʊk/δρυς, βαλανιδιά • δρύινος
oar/ɔ:/κουπί
oasis/əʊ'eɪsɪs/όαση
oath/əʊθ/όρκος
oats/əʊts/βρόμη
obedience/ə'bi:diəns/υπακοή
obedient/ə'bi:diənt/υπάκουος
obey/ə'beɪ, əʊ-/υπακούω
object/'ɒbdʒɪkt/αντικείμενο, πράγμα· αντικειμενικός σκοπός· *(γραμ.)* αντικείμενο •/əb'dʒekt/αντιτίθεμαι, φέρω αντιρρήσεις· αποδοκιμάζω, δεν εγκρίνω
objection/əb'dʒekʃən/αντίρρηση
objective/əb'dʒektɪv/αντικειμενικός, αμερόληπτος • αντικειμενικός σκοπός, στόχος
obligation/ˌɒblɪ'geɪʃən/υποχρέωση
obligatory/ə'blɪgətəri/υποχρεωτικός
oblige/ə'blaɪdʒ/υποχρεώνω
oblique/ə'bli:k/λοξός, πλάγιος
oblong/'ɒblaŋ/μακρόστενος, στενόμακρος • ορθογώνιο παραλληλόγραμμο
obscene/əb'si:n/άσεμνος, αισχρός
obscenity/əb'senɪti/αισχρότητα, αισχρολογία
obscure/əb'skjʊə/ασαφής, δυσνόητος
obscurity/əb'skjʊərɪti/ασάφεια
observance/əb'zɜ:vəns/τήρηση
observant/əb'zɜ:vənt/παρατηρητικός
observation/ˌɒbzə'veɪʃən/παρατήρηση· παρατηρητικότητα
observatory/əb'zɜ:vətəri/αστεροσκοπείο
observe/əb'zɜ:v/αντιλαμβάνομαι, παρατηρώ· τηρώ, κρατώ· παρατηρώ, λέγω
observer/əb'zɜ:və/παρατηρητής
obsess/əb'ses/βασανίζω, κατατρύχω
obsession/əb'seʃən/έμμονη ιδέα, ψύχωση
obstacle/'ɒbstəkəl/εμπόδιο
obstetrician/ˌɒbstɪ'trɪʃən/μαιευτήρας
obstinacy/'ɒbstɪnəsi/ισχυρογνωμοσύνη, πείσμα
obstinate/'ɒbstɪnɪt/ισχυρογνώμων, πεισματάρης
obstruct/əb'strʌkt/φράσσω, κλείνω· παρακωλύω, δυσκολεύω
obstruction/əb'strʌkʃən/παρεμπόδιση· εμπόδιο, κώλυμα
obtain/əb'teɪn/λαμβάνω, αποκτώ, παίρνω
obvious/'ɒbviəs/προφανής, ολοφάνερος ~**ly** προφανώς

occasion/ə'keɪʒən/περίπτωση, περίσταση· εκδήλωση, γεγονός

occasional/ə'keɪʒənəl/περιστασιακός, σποραδικός ~**ly** σποραδικά, πότε πότε

occupant/'ɒkjʊpənt/ένοικος

occupation/ˌɒkjʊ'peɪʃən/επάγγελμα, εργασία· κατοχή (ξένης χώρας)

occupational/ˌɒkjʊ'peɪʃənəl/επαγγελματικός

occupy/'ɒkjʊpaɪ/καταλαμβάνω· απασχολώ, απορροφώ

occur/ə'kɜ:/συμβαίνω, γίνομαι, παρουσιάζομαι ▪ **occur to** περνάω από το μυαλό, έρχομαι στο νου

occurrence/ə'kʌrəns/γεγονός, περιστατικό, συμβάν

ocean/'əʊʃən/ωκεανός

o'clock/ə'klɒk/έκφραση που χρησιμοποιούμε έπειτα από αριθμό για να δηλώσουμε τι ώρα είναι: *it is five o'clock,* είναι πέντε (η ώρα)

October/ɒk'təʊbə/Οκτώβριος

octopus/'ɒktəpəs/χταπόδι

odd/ɒd/παράξενος, περίεργος· ιδιόρρυθμος· μονός, παράταιρος· μονός, περιττός (αριθμός) ~**ly** περίεργα, παράξενα ***oddly enough*** περιέργως, όλως παραδόξως

odd jobs/ˌɒd 'dʒɒbz/δουλειές του ποδαριού

odds/ɒdz/πιθανότητες

odds and ends/ˌɒdz ənd 'endz/μικροαντικείμενα

ode/əʊd/ωδή

odour/'əʊdə/οσμή, μυρωδιά

odourless/'əʊdələs/άοσμος

Oedipus/'i:dɪ̈pəs/Οιδίπους

of/əv/του, της· (φτιαγμένος) από· *(καταγωγή) of noble birth,* ευγενούς καταγωγής· *(αιτία)* από· σχετικά με, για· γεμάτος, με

off/ɒf/μακριά, σε απόσταση· σβηστός, κλειστός· αποσυνδεμένος· ελεύθερος (από εργασία, βάρδια κ.τ.λ.)· μπαγιάτικος, χαλασμένος • από

off-duty/ɒf 'dju:ti/εκτός υπηρεσίας

offence/ə'fens/παράπτωμα, αδίκημα· προσβολή

offend/ə'fend/προσβάλλω, θίγω

offender/ə'fendə/παραβάτης

offensive/ə'fensɪv/προσβλητικός· *(στρατ.)* επιθετικός ~**ly** προσβλητικά

offer/'ɒfə/προσφέρω, δίνω· προσφέρομαι, προθυμοποιούμαι • προσφορά

office/'ɒfɪ̈s/γραφείο· υπουργείο· θέση, αξίωμα

officer/'ɒfɪ̈sə/αξιωματικός· υπάλληλος, αξιωματούχος· τύπος προσφώνησης αστυφύλακα

official/ə'fɪʃəl/αξιωματούχος, κρατικός λειτουργός • επίσημος, υπηρεσιακός ~**ly** επίσημα

off-licence/'ɒf ˌlaɪsəns/κάβα, ποτοπωλείο

off-peak/ˌɒf 'pi:k/εκτός των ωρών αιχμής

off season/ˌɒf ˈsi:zən/(η) νεκρή εποχή

often/ˈɒfən, ˈɒftən/συχνά *every so often* κάθε τόσο, συχνά-πυκνά

oil/ɔɪl/λάδι· πετρέλαιο· **oils** λαδομπογιές • λιπαίνω, λαδώνω

oilcan/ˈɔɪlkæn/λαδωτήρι, λαδικό

oilfield/ˈɔɪlfi:ld/πετρελαιοφόρα περιοχή

oilrig/ˈɔɪlrɪg/πλατφόρμα εξόρυξης πετρελαίου

oilslick/ˈɔɪl slɪk/πετρελαιοκηλίδα

oiltanker/ˈɔɪl ˌtæŋkə/δεξαμενόπλοιο

oilwell/ˈɔɪl wel/πετρελαιοπηγή

oily/ˈɔɪli/ελαιώδης· λαδωμένος

ointment/ˈɔɪntmənt/αλοιφή

okay, **OK**/əʊˈkeɪ/εντάξει, πολύ καλά· σύμφωνοι, εγκρίνεται • εγκρίνω • έγκριση, (το) καλώς έχειν

okra/ˈɒkrə/μπάμια, *(ως φαγητό)* μπάμιες

old/əʊld/ηλικιωμένος, γέρος· μεγάλος, (ορισμένων ετών) στην ηλικία· παλιός, φθαρμένος· παλιός, μακροχρόνιος· πρώην, προηγούμενος *in the old days* τον παλιό καιρό

old age/ˌəʊld ˈeɪdʒ/γήρας, γεράματα

old-fashioned/ˌəʊldˈfæʃənd/παλιομοδίτικος, ξεπερασμένος

old maid/ˌəʊld ˈmeɪd/γεροντοκόρη

olive/ˈɒlɪv/ελιά· λαδί

olive oil/ˌɒlɪv ˈɔɪl/ελαιόλαδο

olive branch/ˈɒlɪv bra:ntʃ/κλάδος ελαίας

olive green/ˌɒlɪv ˈgri:n/λαδί

olive tree/ˈɒlɪv tri:/ελιά

Olympic/əˈlɪmpɪk/ολυμπιακός

Olympic Games/əˌlɪmpɪk ˈgeɪmz/, **Olympics**/əˈlɪmpɪks/Ολυμπιακοί Αγώνες

omelette/ˈɒmlɪt/ομελέτα

omen/ˈəʊmən/οιωνός, σημάδι

omission/əʊˈmɪʃən/παράλειψη

omit/əʊˈmɪt/παραλείπω· αμελώ

on/ɒn/(ε)πάνω σε· *(κατεύθυνση)* προς· σχετικά, με θέμα· *(με ημέρες, ημερομηνίες)* την· *(επιβολή)* επί· σύμφωνα με· *(μέσο)* με • *(για να δηλώσει συνέχεια) fly on, go on etc.*, εξακολουθώ να πετώ, να πηγαίνω κ.τ.λ.· σε λειτουργία, αναμμένος, ανοιχτός· προγραμματισμένος, στο πρόγραμμα· φορεμένος, βαλμένος *and so on* και ούτω καθεξής

once/wʌns/μια φορά· άλλοτε, κάποτε *all at once* ξαφνικά, μεμιάς *at once* αμέσως *once in a while* καμιά φορά, κάπου κάπου • άπαξ και, ευθύς ως, μόλις

oncoming/ˈɒnˌkʌmɪŋ/επερχόμενος

one/wʌn/ένας, μία, ένα· κάποιος· αυτός, ίδιος • ένα (1) • οποιοσδήποτε, κανείς

one another/ˌwʌn əˈnʌðə/ο ένας τον άλλον

oneself/wʌnˈself/ο ίδιος, μόνος του· εαυτόν, τον εαυτό του *by oneself* μόνος μου, χωρίς βοήθεια

one-way/ˌwʌn ˈweɪ/μονής κατεύθυνσης

onion/ˈʌnjən/κρεμμύδι

online/ˈɒnlaɪn/συνδεδεμένος με το Ίντερνετ, δικτυωμένος

onlooker/ˈɒnˌlʊkə/θεατής

only/ˈəʊnli/μόνος, μοναδικός • μόνο, απλώς, μονάχα • μόνο (που), αλλά

onto, **on to**/ˈɒntʊ, -tə/(πάνω) σε

onwards/ˈɒnwədz/(προς τα) εμπρός· και εμπρός, και πέρα, και στο εξής

opaque/əʊˈpeɪk/αδιαφανής, θαμπός

open/ˈəʊpən/ανοιχτός· ειλικρινής· φανερός, δημόσιος • ανοίγω, αρχίζω

open-air/ˌəʊpən ˈeə/υπαίθριος

opener/ˈəʊpənə/ανοιχτήρι

opening hours/ˈəʊpənɪŋ ˌaʊəz/ ώρες λειτουργίας

open-minded/ˌəʊpən ˈmaɪndɨd/ με ευρύτητα σκέψης, με πλατύ μυαλό

opera/ˈɒpərə/όπερα

opera house/ˈɒpərə haʊs/κτίριο όπερας

operate/ˈɒpəreɪt/εργάζομαι, λειτουργώ, δουλεύω· χειρουργώ, εγχειρίζω· χειρίζομαι (μηχάνημα), λειτουργώ

operating theatre/ˈɒpəreɪtɪŋˌθɪətə/χειρουργείο

operation/ˌɒpəˈreɪʃən/λειτουργία, εργασία· εφαρμογή, ισχύς· επιχείρηση· εγχείρηση· (αριθμητική) πράξη

operator/ˈɒpəreɪtə/χειριστής· τηλεφωνητής/-ήτρια· οπερατέρ

opinion/əˈpɪnjən/γνώμη, άποψη

opponent/əˈpəʊnənt/αντίπαλος, ανταγωνιστής

opportunist/ˌɒpəˈtju:nɨst/καιροσκόπος • καιροσκοπικός

opportunity/ˌɒpəˈtju:nɨti/ευκαιρία

oppose/əˈpəʊz/αντιτίθεμαι σε

opposite/ˈɒpəzɨt/(το) αντίθετο • αντίθετος· απέναντι, αντικρινός • απέναντι

opposition/ˌɒpəˈzɪʃən/αντίθεση· αντιπολίτευση

oppress/əˈpres/καταπιέζω

oppression/əˈpreʃən/καταπίεση

oppressive/əˈpresɪv/(κατα)πιεστικός

optical/ˈɒptɪkəl/οπτικός

optical illusion/ˌɒptɪkəl ɪˈlu:ʒən/ οφθαλμαπάτη

optician/ɒpˈtɪʃən/οπτικός

optimism/ˈɒptɨmɪzəm/αισιοδοξία

optimist/ˈɒptɨmɨst/αισιόδοξος

optimistic/ˈɒptɨˈmɪstɪk/αισιόδοξος

option/ˈɒpʃən/επιλογή

optional/ˈɒpʃənəl/προαιρετικός

or/ə, *(εμφ.)* ɔ:/ή· ούτε (και) ***or (else)*** ειδάλλως, αλλιώς

oracle/ˈɒrəkəl/μαντείο· μάντης

oral/ˈɔ:rəl/προφορικός· προφορική εξέταση, προφορικά

orange/'ɒrɪndʒ/πορτοκάλι • πορτοκαλί (χρώμα) • πορτοκαλής

orang-utan/ɔ:ˌræŋu:'tæŋ/ουραγκοτάγκος

orator/'ɒrətə/ρήτορας

orchard/'ɔ:tʃəd/οπωρώνας, δενδρόκηπος

orchestra/'ɔ:kɪstrə/ορχήστρα

orchid/'ɔ:kɪd/ορχιδέα

ordeal/ɔ:'di:l, 'ɔ:di:l/δοκιμασία, δεινοπάθηση

order/'ɔ:də/τάξη, σειρά· τάξη, πειθαρχία· διαταγή, εντολή· παραγγελία· τάξη, σύστημα, καθεστώς *in order to.../that...* ούτως ώστε να..., για να... *out of order* χαλασμένος • διατάσσω, προστάζω· παραγγέλνω· τακτοποιώ, ταξινομώ

orderly/'ɔ:dəli/συγυρισμένος, τακτοποιημένος· πειθαρχημένος

ordinal/'ɔ:dɪnəl/, **ordinal number** /-ˌnʌmbə/τακτικό αριθμητικό

ordinarily/'ɔ:dənərɪli/κανονικά· συνήθως

ordinary/'ɔ:dənəri/συνηθισμένος· κοινός, της σειράς

oregano/ˌɒrɪ'ga:nəʊ/ρίγανη

organ/'ɔ:gən/όργανο

organism/'ɔgənɪzəm/οργανισμός

organization, **-sation**/ˌɔ:gənaɪ'zeɪʃən/οργανισμός, οργάνωση· διοργάνωση

organize, **-ise**/'ɔ:gənaɪz/οργανώνω, διοργανώνω **organized** συγκροτημένος

organizer, **-iser**/'ɔ:gənaɪzə/(δι-) οργανωτής

Orient/'ɔ:riənt, 'ɒri-/(η) Ανατολή, (η) Ασία

oriental/ˌɔ:ri'entəl/ανατολικός, ασιατικός

Oriental Ανατολίτης, Ασιάτης

origin/'ɒrɪdʒɪn/αρχή, προέλευση· και **origins** καταγωγή

original/ə'rɪdʒɪnəl/πρωταρχικός, αρχικός· πρωτότυπος • πρωτότυπο **~ly** α) αρχικά, στην αρχή β) πρωτότυπα

originality/əˌrɪdʒɪ'nælɪti/πρωτοτυπία

originate/ə'rɪdʒɪneɪt/προέρχομαι, πρωτοξεκινώ

ornament/'ɔ:nəmənt/στολίδι • στολίζω

ornamental/ˌɔ:nə'mentəl/διακοσμητικός

ornamentation/ˌɔ:nəmen'teɪʃən/διακόσμηση

orphan/'ɔ:fən/ορφανός

orphanage/'ɔ:fənɪdʒ/ορφανοτροφείο

orthodox/'ɔ:θədɒks/ορθόδοξος

orthodoxy/'ɔ:θədɒksi/ορθοδοξία

ostrich/'ɒstrɪtʃ/στρουθοκάμηλος

other/'ʌðə/άλλος *the other day* τις προάλλες, προ ημερών *every other* κάθε δεύτερος

otherwise/'ʌðəwaɪz/αλλιώς, διαφορετικά· κατά τ' άλλα· αλλιώς, ειδεμή

ought/ɔ:t/**ought to** οφείλω, πρέπει να· *(πιθανότητα)* πρέπει να· πρέπει, θα 'πρεπε

ounce/aʊns/ουγγιά (28,35 γραμ.)

our/aʊə/(δικός) μας

ours/aʊəz/δικός μας

ourselves/aʊə'selvz/τους εαυτούς μας· μόνοι μας

out/aʊt/έξω· ντεμοντέ· σβηστός· τελειωμένος, εξαντλημένος· με δυνατή φωνή· ελεύθερος, έξω (από τη φυλακή)· *(ποδόσφ.)* άουτ, εκτός αγωνιστικού χώρου, *(πυγμ.)* αναίσθητος, νοκ άουτ· *(με την έννοια του «εντελώς», «μέχρι τέλους»)*: *I'm tired out,* είμαι ξεθεωμένος· *before the month is out,* πριν τελειώσει ο μήνας **out of** (έξω) από· από, εξαιτίας· (φτιαγμένος) από· από, ανάμεσα σε· χωρίς· εκτός (κινδύνου, ελέγχου κ.τ.λ.)· *(πηγή ή μέσο)* από, με

outbreak/'aʊtbreɪk/ξέσπασμα

outburst/'aʊtbɜ:st/έκρηξη, ξέσπασμα

outcome/'aʊtkʌm/έκβαση, αποτέλεσμα

outcry/'aʊtkraɪ/κατακραυγή

outdated/ˌaʊt'deɪtɪd/ξεπερασμένος, ντεμοντέ

outdoor/ˌaʊt'dɔ:/εξωτερικός, υπαίθριος

outdoors/ˌaʊt'dɔ:z/έξω, στο ύπαιθρο

outer/'aʊtə/εξωτερικός, απέξω

outfit/'aʊtfɪt/αμφίεση, στολή

outing/'aʊtɪŋ/έξοδος, βόλτα, εκδρομούλα

outlaw/'aʊtlɔ:/επικηρυγμένος, παράνομος

outline/'aʊtlaɪn/περίγραμμα, σιλουέτα· σχεδιάγραμμα , περίληψη • εκθέτω σε γενικές γραμμές

outlook/'aʊtlʊk/προοπτική· άποψη, αντίληψη

outnumber/aʊt'nʌmbə/υπερτερώ αριθμητικά

out of/'aʊt əv/ ☞ OUT

output/'aʊtpʊt/παραγωγή

outrageous/aʊt'reɪdʒəs/εξωφρενικός, σκανδαλώδης, άνω ποταμών

outset/'aʊtset/αρχή

outside/aʊt'saɪd/εξωτερικό, εξωτερική όψη • εξωτερικός, απέξω • έξω, απ' έξω • έξω από, πέρα από

outsider/aʊt'saɪdə/αουτσάιντερ· ξένος, άσχετος, τρίτος

outskirts/'aʊtskɜ:ts/περίχωρα, (τα) πέριξ

outspoken/aʊt'spəʊkən/ντόμπρος, ειλικρινής

outstanding/aʊt'stændɪŋ/διακεκριμένος, σπουδαίος· εκκρεμής

outstrip/aʊt'strɪp/ξεπερνώ

outward/'aʊtwəd/έξω, προς τα έξω· εξωτερικός, επιφανειακός

outwards/'aʊtwədz/προς τα έξω

oval/'əʊvəl/οβάλ • ωοειδές σχήμα

oven/'ʌvən/φούρνος

ovenproof/'ʌvən pru:f/πυρίμαχος

over/'əυvə/ανάποδα, ανάσκελα· πέρα, απέναντι· εντελώς, από την αρχή ως το τέλος· *(για ηλικία)* άνω, πάνω· απ' άκρη σ' άκρη, παντού • πάνω από· πάνω σε· απέναντι, στην άλλη πλευρά· πάνω από, περισσότερος από· ανώτερος, πάνω από· παντού • τελειωμένος

overall/'əυvərɔ:l/ποδιά, μπλούζα εργασίας· **overalls** φόρμα εργασίας

overcharge/ˌəυvə'tʃa:dʒ/χρεώνω υπερβολικά, πουλώ σε υπέρογκες τιμές

overcoat/'əυvəkəυt/παλτό

overcome/ˌəυvə'kʌm/νικώ, (αντίπαλο)· υπερνικώ

overcrowd/ˌəυvə'kraυd/παραγεμίζω

overdo/ˌəυvə'du:/υπερβάλλω, το παρακάνω· παραψήνω (κρέας)

overdone/ˌəυvə'dʌn/παραψημένος

overdose/'əυvədəυs/υπερβολική δόση

overdue/ˌəυvə'dju:/καθυστερημένος, εκπρόθεσμος

overestimate/ˌəυvər'estɪmeɪt/υπερεκτιμώ • υπερεκτίμηση

overflow/ˌəυvə'fləυ/ξεχειλίζω, πλημμυρίζω· κατακλύζω

overhead/ˌəυvə'hed/από πάνω, ψηλά • εναέριος, υπερυψωμένος

overhear/ˌəυvə'hɪə/ακούω τυχαία, παίρνει τ' αφτί μου

overjoyed/ˌəυvə'dʒɔɪd/καταχαρούμενος, όλο χαρά

overlap/ˌəυvə'læp/επικαλύπτω, σκεπάζω (εν μέρει), συμπίπτω (εν μέρει)

overlook/ˌəυvə'lυk/έχω θέα προς, βλέπω· παραβλέπω, συγχωρώ

overnight/ˌəυvə'naɪt/(κατά) τη νύχτα· αποβραδίς· από τη μια μέρα στην άλλη, αιφνιδίως • ολονύκτιος

overpower/ˌəυvə'paυə/εξουδετερώνω

overseas/ˌəυvə'si:z/στο εξωτερικό, υπερποντίως •/'əυvəsi:z/υπερπόντιος

oversight/'əυvəsaɪt/παράλειψη, παραδρομή, λάθος

oversleep/ˌəυvə'sli:p/παρακοιμάμαι, με παίρνει ο ύπνος

overtake/ˌəυvə'teɪk/προσπερνώ, αφήνω πίσω

overthrow/ˌəυvə'θrəυ/ανατρέπω, ρίχνω

overtime/'əυvətaɪm/υπερωριακή εργασία • υπερωριακώς

overturn/ˌəυvə'tɜ:n/ανατρέπω/-ομαι, αναποδογυρίζω

overweight/ˌəυvə'weɪt/υπέρβαρος

overwhelm/ˌəυvə'welm/καταβάλλω, συντρίβω· κατακλύζω, κυριεύω **~ing** συντριπτικός, ακαταμάχητος

owing to/'əυɪŋ tə/εξαιτίας

owl/aυl/κουκουβάγια

own/əυn/δικός (μου, σου κ.τ.λ.) *on one's own* μόνος μου, χωρίς άλλη βοήθεια • έχω, είμαι κύριος

owner/'əυnə/ιδιοκτήτης

ownership/'əʊnəʃɪp/ιδιοκτησία

ox/ɒks/βόδι

oxygen/'ɒksɪdʒən/οξυγόνο

oyster/'ɔɪstə/στρείδι

oz/aʊns, *(πληθ.)* 'aʊnsɪz/ουγκιά (-ές)

ozone/'əʊzəʊn/όζον

ozone-friendly/,əʊzəʊn 'frendli/ φιλικός προς το όζον

ozone layer/'əʊzəʊn ,leɪə/στρώμα όζοντος

P, p

pace/peɪs/ταχύτητα, ρυθμός κίνησης· βήμα· δρασκελιά • βαδίζω (σε)

pacemaker/'peɪs,meɪkə/βηματοδότης (καρδιάς)

Pacific/pə'sɪfɪk/(ο) Ειρηνικός Ωκεανός

pacifism/'pæsɪ̯fɪzəm/ειρηνοφιλία

pack/pæk/δέμα, πάκο, μπόγος· σακίδιο, γυλιός, μπογαλάκι· κοπάδι, αγέλη· τράπουλα, χαρτιά • συσκευάζω/-ομαι, πακετάρω, αμπαλάρω, κάνω δέμα· ετοιμάζω (τις αποσκευές), φτιάχνω τις βαλίτσες· γεμίζω, στοιβάζω/-ομαι, στριμώχνω/-ομαι, συνωστίζομαι ~**ed** γεμάτος κόσμο, φίσκα

package/'pækɪdʒ/πακέτο, δέμα· σύνολο προτάσεων, πακέτο • συσκευάζω

package tour/'pækɪdʒ tʊə/, **package holiday**/- 'hɒlɪ̯di/οργανωμένη εκδρομή

packet/'pækɪ̯t/μικρό δέμα, πακέτο

pad/pæd/(προστατευτικό) μαξιλαράκι, βάτα· ταμπόν

paddle/pædl/κουπί • κωπηλατώ· τσαλαβουτώ, πλατσουρίζω

padlock/'pædlɒk/λουκέτο • κλειδώνω με λουκέτο

paediatrician/,pi:dɪə'trɪʃən/παιδίατρος

paediatrics/,pi:dɪ'ætrɪks/παιδιατρική

pagan/'peɪgən/ειδωλολάτρης • ειδωλολατρικός

paganism/'peɪgənɪzəm/ειδωλολατρία

page/peɪdʒ/σελίδα • γκρουμ (ξενοδοχείου) • φωνάζω, ειδοποιώ από τα μεγάφωνα

pagoda/pə'gəʊdə/παγόδα

pail/peɪl/κάδος, κουβάς

pain/peɪn/πόνος· **pains** προσπάθεια, κόπος • προκαλώ πόνο σε· λυπώ, στενοχωρώ

painful/'peɪnfəl/πονεμένος, οδυνηρός

painkiller/'peɪn ,kɪlə/παυσίπονο

painless/'peɪnləs/ανώδυνος· χωρίς κόπο, άνετος

paint/peɪnt/χρώμα, μπογιά • βάφω, μπογιατίζω· ζωγραφίζω ~**ing** α) ζωγραφική β) ζωγραφικός πίνακας

paintbrush/'peɪntbrʌʃ/πινέλο

painter/'peɪntə/ελαιοχρωματιστής, μπογιατζής· ζωγράφος

pair/peə/ζευγάρι· *(για αντικείμενο που αποτελείται από δύο όμοια μέρη τα οποία χρησιμοποιούνται μαζί): a pair of trousers,* ένα παντελόνι • ζευγαρώνω/-ομαι

Pakistan/,pa:kɪ'sta:n/Πακιστάν

Pakistani/,pa:kɪ'sta:ni/Πακιστανός • πακιστανικός

pal/pæl/φίλος

palace/'pæl_əs/ανάκτορο, παλάτι

pale/peɪl/ωχρός, χλομός· απαλός, παλ • χλομιάζω· ωχριώ, φαίνομαι ασήμαντος

Palestine/'pæl_əstaɪn/Παλαιστίνη

Palestinian/ˌpæl_ə'stɪnien/Παλαιστίνιος • παλαιστινιακός

palette knife/'pæl_ət naɪf/σπάτουλα

pallid/'pæl_əd/ωχρός

pallor/'pælə/χλομάδα

palm/pa:m/φοίνικας· παλάμη

pamper/'pæmpə/παραχαϊδεύω, κακομαθαίνω

pamphlet/'pæmfl_ət/φυλλάδιο

pan/pæn/μαγειρικό σκεύος (κατσαρόλα, τηγάνι κ.τ.λ.)· λεκάνη (αποχωρητηρίου)

pancake/'pæŋkeɪk/τηγανίτα

panda/'pændə/*(ζωολ.)* πάντα

pane/peɪn/τζάμι

panel/pænl/πίνακας οργάνων· ομάδα (σε τηλεοπτικό παιχνίδι κ.τ.λ.), πάνελ

panel game/'pænl ˌgeɪm/τηλεοπτικό παιχνίδι

pang/pæŋ/(οξύς) πόνος, σουβλιά· τύψη

panic/'pænɪk/πανικός • πανικοβάλλω/-ομαι

panicky/'pænɪki/πανικόβλητος

pansy/'pænzi/πανσές

pant/pænt/λαχανιάζω • λαχάνιασμα· **pants** α) σώβρακο β) γυναικεία κιλότα γ) ☆ παντελόνι

panther/'pænθə/πάνθηρας

panties/'pæntiz/γυναικεία κιλότα

pantomime/'pæntəmaɪm/παντομίμα

paper/'peɪpə/χαρτί· εφημερίδα· ταπετσαρία· ανακοίνωση (σε επιστημονικό θέμα)· **papers** α) χαρτιά β) έγγραφα, πιστοποιητικά γ) θέματα γραπτού διαγωνισμού • ντύνω με ταπετσαρία

paperback/'peɪpəbæk/χαρτόδετο βιβλίο *in paperback* χαρτόδετος

paperhanger/'peɪpəˌhæŋə/ταπετσέρης (τοίχων)

paper knife/'peɪpə naɪf/χαρτοκόπτης

paperweight/'peɪpəweɪt/πρεσπαπιέ

parachute/'pærəʃu:t/αλεξίπτωτο

parachutist/'pærəʃu:t_əst/αλεξιπτωτιστής

parade/pə'reɪd/παρέλαση • παρελαύνω

paradise/'pærədaɪs/παράδεισος

paragraph/'pærəgra:f/παράγραφος

parallel/'pærəlel/παράλληλος· ανάλογος, παρόμοιος • παράλληλος· παραλληλισμός, σύγκριση • είμαι παράλληλος προς· παραλληλίζομαι με

paralyse/'pærəlaɪz/παραλύω

paralysis/pə'ræl_əs_əs/παράλυση

parameter/pə'ræm_ətə/παράμετρος

parasite/'pærəsaɪt/παράσιτο

parasol/'pærəsɒl/ομπρέλα για τον ήλιο

paratrooper/'pærə,tru:pə/αλεξιπτωτιστής

paratroops/'pærə,tru:ps/σώμα αλεξιπτωτιστών

parcel/'pa:səl/δέμα, πακέτο

parch/pa:tʃ/καίω, ξεραίνω

parchment/'pa:tʃmənt/περγαμηνή

pardon/pa:dn/συγγνώμη • συγχωρώ

parent/'peərənt/γονιός

parental/pə'rentl/γονικός, των γονέων

parenthesis/pə'renθəsəs/παρένθεση

parents-in-law/'peərənts ɪn ,lɔ:/ πεθερικά

Paris/'pæris/Παρίσι

parish/'pærɪʃ/ενορία

park/pa:k/πάρκο, άλσος • σταθμεύω, παρκάρω ~**ing** α) στάθμευση, παρκάρισμα β) πάρκιν

parking meter/'pa:kɪŋ ,mi:tə/παρκόμετρο

parliament/'pa:ləmənt/Βουλή, Κοινοβούλιο

parliamentary/,pa:lə'məntəri/κοινοβουλευτικός

parlour/'pa:lə/(ειδικό) κατάστημα π.χ. *beauty parlour,* ινστιτούτο καλλονής

parquet/'pa:keɪ, 'pa:ki/παρκέ

parrot/'pærət/παπαγάλος *parrot fashion* παπαγαλία

parsley/'pa:sli/μαϊντανός

part/pa:t/μέρος, τμήμα· κομμάτι· εξάρτημα, ανταλλακτικό· μέρος, συμμετοχή, ρόλος· *(θέατρ.)* ρόλος *take part in sth.* συμμετέχω, λαμβάνω μέρος σε κτ. • χωρίζω, χωρίζομαι· κάνω χωρίστρα (τα μαλλιά)

partial/'pa:ʃəl/μερικός, ατελής

participant/pa:'tɪsəpənt/συμμετέχων, συμμέτοχος

participate/pa:'tɪsəpəɪt/(συμ)μετέχω, λαμβάνω μέρος

participation/pa,tɪsɪ'peɪʃən/συμμετοχή

participle/'pa:təsɪpl/*(γραμ.)* μετοχή

particular/pə'tɪkjʊlə/ιδιαίτερος, ειδικός· συγκεκριμένος, χαρακτηριστικός· απαιτητικός, δύσκολος *in particular* ειδικά, συγκεκριμένα

particularly/pə'tɪkjʊləli/ιδιαιτέρως, ειδικώς, συγκεκριμένα

partisan/,pa:təzæn/αντάρτης

partition/pa:'tɪʃən/διχοτόμηση, διαμελισμός· (διάμεσο) χώρισμα, μεσότοιχος • διαμελίζω, διχοτομώ

partly/'pa:tli/μερικώς, εν μέρει

partner/'pa:tnə/συνεταίρος· καβαλιέρος, ντάμα· σύντροφος (στη ζωή)· συμπαίκτης

part of speech/,pa:t əv 'spi:tʃ/μέρος του λόγου

partridge/'pa:trɪdʒ/πέρδικα

part-time/ˌpa:t'taɪm/μερικώς απασχολούμενος

party/'pa:ti/ομάδα· πάρτι· (πολιτικό) κόμμα

pasha/'pæʃə/πασάς

pass/pa:s/διέρχομαι, περνώ (από)· βάζω, περνώ· δίνω, πασάρω· *(για χρόνο)* περνώ· επιτυγχάνω σε, περνώ· περνώ, διάγω· εγκρίνω, ψηφίζω (νόμο κ.τ.λ.), εγκρίνομαι, περνώ ▪ **pass away** πεθαίνω **pass by** προσπερνώ, περνώ δίπλα • (σε εξετάσεις) βάση

passable/'pa:səbl/μέτριος, καλούτσικος· διαβατός

passage/'pæsɪdʒ/δίοδος, πέρασμα· διάδρομος, προθάλαμος· απόσπασμα, εδάφιο, περικοπή· ταξίδι, διάπλους

passenger/'pæsɪndʒə/επιβάτης

passerby/ˌpa:sə'baɪ/περαστικός

passion/'pæʃən/πάθος

passionate/'pæʃənɨt/γεμάτος πάθος

passive/'pæsɪv/παθητικός

passkey/'pa:s, ki:/γενικό αντικλείδι

passport/'pa:spɔ:t/διαβατήριο

past/pa:st/περασμένος, παλαιός· προηγούμενος, τελευταίος· *(γραμ.)* αόριστος ή παρατατικός (χρόνος) • πέρα από· μπροστά από· *(για ηλικία)* πάνω από· *(για χρόνο)* περασμένος, *(όταν λέμε την ώρα)* και • παρελθόν· αόριστος (χρόνος)

pasta/'pæstə/ζυμαρικό, πάστα

paste/peɪst/πολτός· αμυλόκολλα, αλευρόκολλα

pasteurization, **-isation**/ˌpa:stʃəraɪ'zeɪʃən/παστερίωση

pasteurize, **-ise**/'pa:stʃəraɪz/παστεριώνω

pastille/pæ'sti:l/παστίλια

pastime/'pa:staɪm/απασχόληση για να περνά η ώρα

pastor/'pa:stə/πάστορας, ιερέας

past perfect/ˌpa:st 'pɜ:fɪkt/υπερσυντέλικος

pastry/'peɪstri/ζύμη· πάστα, γλύκισμα

past tense/ˌpa:st 'tens/αόριστος ή παρατατικός χρόνος

pat/pæt/ελαφρό χτύπημα, χάδι • χτυπώ ελαφρά, χαϊδεύω

patch/pætʃ/μπάλωμα· βραγιά (λαχανικών) • μπαλώνω

patchwork/'pætʃwɜ:k/συρραφή διάφορων κομματιών υφάσματος, πάτσγουορκ

patent/'peɪtənt/προνόμιο ευρεσιτεχνίας, πατέντα

paternal/pə'tɜ:nl/πατρικός· που συγγενεύει από την πλευρά του πατέρα

paternity/pə'tɜ:nɨti/πατρότητα

path/pa:θ/μονοπάτι

pathological/ˌpæθə'lɒdʒɪkəl/παθολογικός

pathway/'pa:θweɪ/δρομάκι, μονοπάτι

patience/'peɪʃəns/υπομονή· πασιέντσα

patient/'peɪʃənt/υπομονετικός • ασθενής, νοσηλευόμενος

patio/'pætiəʊ/αίθριο

patricide/'pætrəsaɪd/πατροκτονία • πατροκτόνος

patriot/'pætrɪət/πατριώτης

patriotic/,pætrɪ'ɒtɪk/πατριωτικός

patriotism/'pætrɪətizəm/πατριωτισμός

patrol/pə'trəʊl/περιπολία· περίπολος • περιπολώ· είμαι σε περιπολία

patrol car/pə'trəʊl ka:/περιπολικό

patron/'peɪtrən/προστάτης, υποστηρικτής· τακτικός πελάτης, θαμώνας· χορηγός

patter/'pætə/χτυπώ • γρήγορος και απαλός ήχος (βροχής κ.τ.λ.)

pattern/'pætən/πρότυπο, υπόδειγμα· τύπος, μοντέλο· (διακοσμητικό) σχέδιο, μοτίβο· πατρόν

paunch/pɔ:ntʃ/κοιλιά

pause/pɔ:z/παύση, διάλειμμα • σταματώ για λίγο

pave/peɪv/πλακοστρώνω

pavement/'peɪvmənt/πεζοδρόμιο

paw/pɔ:/πόδι, πατούσα (ζώου με νύχια)

pawn/pɔ:n/ενέχυρο· πιόνι (σκακιού)· πιόνι, τσιράκι • βάζω ενέχυρο

pawnbroker/'pɔ:n,brəʊkə/ενεχυροδανειστής

pawnshop/'pɔ:nʃɒp/ενεχυροδανειστήριο

pay/peɪ/πληρώνω· εξοφλώ· πληρώνω, αμείβω· αποδίδω, αποφέρω κέρδος· είμαι επωφελής, αποφέρω κέρδος ή πλεονέκτημα ▪**pay back** α) επιστρέφω (χρήματα) σε β) αποδίδω τα ίσα, εκδικούμαι **pay off** εξοφλώ (χρέος) • πληρωμή, αμοιβή, μισθός, αποδοχές

payday/'peɪdeɪ/ημέρα μισθοδοσίας

payment/'peɪmənt/πληρωμή

pay phone/'peɪ,fəʊn/τηλέφωνο με κερματοδέκτη για το κοινό

pea/pi:/μπιζέλι, αρακάς

peace/pi:s/ειρήνη· ησυχία, (δημόσια) τάξη· γαλήνη, ηρεμία, ησυχία *peace of mind* ψυχική ηρεμία

peaceful/'pi:sfəl/ήρεμος, γαλήνιος· ειρηνικός

peace-keeping/'pi:s,ki:pɪŋ/ειρηνευτικός

peacemaker/'pi:s,meɪkə/ειρηνοποιός, συμφιλιωτής

peach/pi:tʃ/ροδάκινο • ροδοκίτρινος

peach tree/'pi:tʃ tri:/ροδακινιά

peacock/'pi:kɒk/παγώνι

peak/pi:k/κορυφή βουνού· αποκορύφωμα • *(για τιμή)* φτάνω στην κορυφή, στο μέγιστο

peak time/'pi:k taɪm/περίοδος αιχμής

peal/pi:l/κουδούνισμα, κωδωνοκρουσία· κρότος, βρόντος, ισχυρό ξέσπασμα • κουδουνίζω, κτυπώ δυνατά, αντηχώ

peanut/'pi:nʌt/αράπικο φιστίκι

pear/peə/αχλάδι

pearl/pɜ:l/μαργαριτάρι

pearly/'pɜ:li/μαργαριταρένιος

peasant/'pezənt/χωρικός

pebble/pebl/χαλίκι, βότσαλο

peck/pek/τσιμπώ, ραμφίζω • ράμφισμα, τσίμπημα

peculiar/pɪ'kju:liə/παράξενος, περίεργος· αποκλειστικός, χαρακτηριστικός· ειδικός, ιδιαίτερος

peculiarity/pɪˌkju:li'ærɪ̈ti/ιδιομορφία

peculiarly/pɪ'kju:liəli/ιδιαίτερα, ειδικά· περίεργα, παράξενα

pedal/pedl/πεντάλι

pedestrian/pɪ̈'destriən/πεζός, διαβάτης

pedestrian crossing /pɪ̈ˌdestriən 'krɒsɪŋ/διάβαση πεζών

pedigree/'pedɪ̈gri:/καθαρόαιμος, εκλεκτής ράτσας

pedlar/'pedlə/γυρολόγος

pee/pi:/κατούρημα

peek/pi:k/κρυφοκοιτάζω • κρυφή ματιά

peel/pi:l/ξεφλουδίζω ~ing αποφλοίωση, ξεφλούδισμα **peelings** φλούδες, φλούδια • φλοιός, φλούδα

peep/pi:p/κρυφοκοιτάζω, κάνω μάτι • κρυφοκοίταγμα

peephole/'pi:phəʊl/ματάκι πόρτας

peer/pɪə/ίσος, ισάξιος • κοιτάζω προσεκτικά, ερευνητικά ή με προσπάθεια

peeve/pi:v/εκνευρίζω, τσατίζω

peevish/'pi:vɪʃ/ευέξαπτος, οξύθυμος

peg/peg/ξυλόκαρφο, πίρος· μανταλάκι· κρεμαστάρι

pelican/'pelɪkən/πελεκάνος

pen/pen/πένα, στυλό· μαντρί

penalty/'penəlti/ποινή, τιμωρία· *(αθλ.)* πέναλτι

pencil/'pensəl/μολύβι

pencil case/'pensəl keɪs/, **pencil box**/-bɒks/κασετίνα, κουτί μολυβιών

pencil sharpener/'pensəl ʃa:pənə/ ξύστρα

pendant/'pendənt/μενταγιόν

pendulum/'pendjʊləm/εκκρεμές

penetrate/'penɪ̈treɪt/(δια)τρυπώ, διαπερνώ, εισχωρώ

pen friend/'penfrend/φίλος δι' αλληλογραφίας

penguin/'peŋgwɪ̈n/πιγκουίνος

peninsula/pɪ̈'nɪnsjʊlə/χερσόνησος

penis/'pi:nɪ̈s/πέος

penknife/'pen-naɪf/σουγιάς

pen name/'pen neɪm/φιλολογικό ψευδώνυμο

penniless/'penɪləs/απένταρος

penny/'peni/πένα (βρετανικό νόμισμα)

pension/'penʃən/σύνταξη· πανσιόν • συνταξιοδοτώ

pensioner/'penʃənə/συνταξιούχος

people/pi:pl/άνθρωποι· λαός, έθνος

pepper/'pepə/πιπέρι

peppermint/'pepə,mɪnt/μέντα (το φυτό)· καραμέλα μέντας

peppery/'pepəri/πιπεράτος

per/pə/ανά, κατά

perceive/pə'si:v/αντιλαμβάνομαι

per cent/pə'sent/τοις εκατό

percentage/pə'səntɪdʒ/ποσοστό τοις εκατό

perception/pə'sepʃən/αντίληψη

perch/pɜ:tʃ/κούρνια, ξύλο (κλουβιού)· πέρκα • κάθομαι, κουρνιάζω

percolator/'pɜ:kəleɪtə/καφετιέρα με φίλτρο

perfect/'pɜ:fɪkt/τέλειος· πλήρης, απόλυτος • /pə'fekt/τελειοποιώ

perfection/pə'fekʃən/τελειότητα· τελειοποίηση *to perfection* στην εντέλεια

perfectionist/pə'fekʃənɪst/τελειομανής

perfectly/'pɜ:fɪktli/τελείως, εντελώς· άψογα, τέλεια

perforate/'pɜ:fəreɪt/διατρυπώ, κάνω μικρές τρύπες σε σειρά

perform/pə'fɔ:m/εκτελώ

performance/pə'fɔ:məns/παράσταση

performer/pə'fɔ:mə/εκτελεστής, ερμηνευτής

perfume/'pɜ:fju:m/άρωμα • /pə'fju:m/αρωματίζω

perhaps/pə'hæps/ίσως, μπορεί

peril/'perɪl/κίνδυνος

perimeter/pə'rɪmɪtə/περίμετρος

period/'pɪəriəd/περίοδος· *(σχολ.)* μάθημα, ώρα • εποχής, (ορισμένης) ιστορικής περιόδου

periphery/pə'rɪfəri/περιφέρεια, περίμετρος

perjure/'pɜ:dʒə/**perjure oneself** α) ψευδορκώ β) παραβαίνω τον όρκο μου

perjurer/'pɜ:dʒərə/επίορκος

perjury/'pɜ:dʒəri/επιορκία, ψευδορκία

perm/pɜ:m/περμανάντ • κάνω περμανάντ

permanence/'pɜ:mənəns/μονιμότητα, σταθερότητα

permanent/'pɜ:mənənt/μόνιμος

permission/pə'mɪʃən/άδεια, συγκατάθεση

permit/pə'mɪt/επιτρέπω· επιδέχομαι •/'pɜ:mɪt/(επίσημη) άδεια

perpetual/pə'petʃʊəl/διαρκής, αδιάκοπος

perplex/pə'pleks/μπλέκω, μπερδεύω, σαστίζω

Persia/'pɜ:ʃə/Περσία

Persian/'pɜ:ʃən/περσικός • περσική γλώσσα

persist/pə'sɪst/επιμένω

persistence/pə'sɪstəns/επιμονή, εμμονή

persistent/pə'sɪstənt/επίμονος

person/'pɜ:sən/πρόσωπο, άνθρωπος, άτομο *in person* αυτοπροσώπως

personal/'pɜ:sənəl/προσωπικός· αυτοπρόσωπος **~ly** α) προσωπικά β) αυτοπροσώπως

personality/ˌpɜ:sə'nælə̇ti/προσωπικότητα, οντότητα· προσωπικότητα, διασημότητα

personnel/ˌpɜ:sə'nel/προσωπικό

perspective/pə'spektɪv/προοπτική *in perspective* στις σωστές διαστάσεις

perspiration/ˌpɜ:spə'reɪʃən/εφίδρωση, ιδρώτας

perspire/pə'spaɪə/ιδρώνω

persuade/pə'sweɪd/πείθω

persuasion/pə'sweɪʒən/πειθώ

persuasive/pə'sweɪsɪv/πειστικός

pertain/pə'teɪn/αφορώ, αναφέρομαι σε

Peru/pə'ru:/Περού

Peruvian/pə'ru:viən/Περουβιανός • περουβιανικός

perversion/pə'vɜ:ʃən/διαστροφή

pervert/'pɜ:vɜ:t/διεστραμμένος (σεξουαλικώς), ανώμαλος

pessimism/'pesə̇mɪzəm/απαισιοδοξία, πεσιμισμός

pessimist/'pesə̇mə̇st/απαισιόδοξος

pessimistic/ˌpesə̇'mɪstɪk/απαισιόδοξος

pest/pest/επιβλαβές φυτό, ζώο ή έντομο· πληγή, μπελάς, βάσανο

pester/'pestə/ενοχλώ, γίνομαι τσιμπούρι σε

pesticide/'pestə̇saɪd/φυτοφάρμακο

pet/pet/αγαπημένο ζώο ή πουλί του σπιτιού· χαϊδεμένο παιδί, κανακάρης • αγαπημένος • χαϊδεύω

petal/petl/πέταλο, ανθόφυλλο

petition/pə̇'tɪʃən/αίτηση, έκκληση • υποβάλλω αίτηση σε (δημόσια αρχή)

pet name/ˌpet 'neɪm/υποκοριστικό, χαϊδευτικό όνομα

petrol/'petrəl/βενζίνη

petroleum/pə̇'trəʊliəm/πετρέλαιο

petrol station/'petrəl ˌsteɪʃən/πρατήριο βενζίνης

petticoat/'petikəʊt/κομπινεζόν

petty/'peti/μικρο-, μικρός, ασήμαντος· μικροπρεπής **pettily** μικροπρεπώς

phantom/'fæntəm/φάντασμα, στοιχειό

Pharaoh/'feərəʊ/Φαραώ

pharmaceutical/ˌfa:mə'sju:tɪkəl/ φαρμακευτικός

pharmacist/'fa:məsə̇st/φαρμακοποιός

pharmacy/'fa:məsi/φαρμακευτική· φαρμακείο

pharynx/'færɪŋks/φάρυγγας

phase/feɪz/φάση

PhD/ˌpi: eɪtʃ 'di:/ντοκτορά· κάτοχος διδακτορικού διπλώματος

pheasant/'fezənt/φασιανός

phenomenon/fɪ'nɒmə̇nən/φαινόμενο

Philippines/'fɪlə̇pi:nz/ Φιλιππίνες

philosopher/fə'lɒsəfə/φιλόσοφος

philosophical/ˌfɪlə'sɒfɪkəl/φιλοσοφικός

philosophy/fə'lɒsəfi/φιλοσοφία

phlebitis/flɪ'baɪtəs/φλεβίτιδα

phlegm/flem/φλέγμα

phobia/'fəʊbiə/φοβία

phone/fəʊn/τηλέφωνο • τηλεφωνώ

phone book/'fəʊn bʊk/τηλεφωνικός κατάλογος

phone box/'fəʊn bɒks/τηλεφωνικός θάλαμος

phone call/'fəʊn kɔ:l/τηλεφωνική κλίση

phonecard/'fəʊn ka:d/τηλεκάρτα

phonetics/fə'netɪks/φωνητική, φωνολογία

phoney, phony/'fəʊni/ψεύτικος • κίβδηλος άνθρωπος, κάλπης

phosphorescence/ˌfɒsfə'resəns/φωσφορισμός

phosphorescent/ˌfɒsfə'resənt/φωσφορίζων

phosphorus/'fɒsfərəs/φώσφορος, φώσφορο

photo/'fəʊtə/φωτογραφία

photocopier/'fəʊtəʊˌkɒpiə/φωτοτυπικό μηχάνημα

photocopy/'fəʊtəʊkɒpi/βγάζω φωτοαντίγραφο • φωτοαντίγραφο

photograph/'fəʊtəgra:f/φωτογραφία • φωτογραφίζω

photographer/fə'tɒgrəfə/φωτογράφος

photographic/ˌfəʊtə'græfɪk/φωτογραφικός

photography/fə'tɒgrəfi/τέχνη της φωτογραφίας

Photostat/'fəʊtəstæt/φωτοτυπία

phrase/freɪz/φράση • εκφράζω, διατυπώνω

physical/'fɪzɪkəl/φυσικός· υλικός· σωματικός **~ly** α) φυσικά, σύμφωνα με τους νόμους της φύσης β) σωματικά

physical education/ˌfɪzɪkəl edjʊ'keɪʃən/σωματική αγωγή, γυμναστική

physician/fə'zɪʃən/γιατρός (παθολόγος)

physicist/'fɪzəsəst/φυσικός

physics/'fɪzɪks/φυσική

physiotherapist/ˌfɪziəʊ'θerɒpəst/φυσιοθεραπευτής

physiotherapy/ˌfɪziəʊ'θerəpi/φυσιοθεραπεία

physique/fə'zi:k/σωματική διάπλαση

pianist/'pi:ənəst/πιανίστας, πιανίστρια

piano/pi'ænəʊ/πιάνο

pick/pɪk/διαλέγω· κόβω, μαζεύω· καθαρίζω· ραμφίζω, τσιμπώ ▪**pick up** α) σηκώνω από το έδαφος, μαζεύω β) μαθαίνω χωρίς κόπο ή τυχαία, αποκτώ (συνήθεια) γ) περνώ και παίρνω δ) πιάνω τυχαίως γνωριμία με, ψωνίζω *pick up speed* αναπτύσσω ταχύτητα • πρώτη επιλογή *the pick of sth.* το καλύτερο (μεταξύ πολλών), η αφρόκρεμα· αιχμηρό μικρό αντικείμενο

pickaxe/ˈpɪkæks/σκαπάνη, αξίνα

pickle/pɪkl/τουρσί • κάνω τουρσί pickled τουρσί

pickpocket/ˈpɪkˌpɒkɨt/πορτοφολάς

picnic/ˈpɪknɪk/πικνίκ • κάνω πικνίκ

picture/ˈpɪktʃə/εικόνα, πίνακας, ζωγραφιά· φωτογραφία· *(τηλεόρ., κινημ.)* εικόνα· *(κινημ.)* ταινία· **pictures** κινηματογράφος, σινεμά

picturesque/ˌpɪktʃəˈresk/γραφικός· γλαφυρός

pie/paɪ/πίτα

piece/pi:s/κομμάτι· τμήμα, μέρος, θραύσμα, κομμάτι· *(αμετάφραστο, χρησιμοποιείται με έννοια μεριστική σε περιπτώσεις μη αριθμήσιμων ουσιαστικών): a piece of advice* μια συμβουλή· πιόνι, πούλι· νόμισμα • **piece together** συναρμολογώ

pier/pɪə/προβλήτα, αποβάθρα

pierce/pɪəs/τρυπώ **piercing** α) διαπεραστικός β) τσουχτερός

pig/pɪg/γουρούνι

pigeon/ˈpɪdʒɨn/περιστέρι

pigeonhole/ˈpɪdʒɨnhəʊl/γραμματοθυρίδα

piglet/ˈpɪglɨt/γουρουνάκι

pigsty/ˈpɪgstaɪ/, **pigpen**/ˈpɪgpen/ χοιροστάσιο· αχούρι

pigtail/ˈpɪgteɪl/ουρά, κοτσιδάκι

pile/paɪl/σωρός, στοίβα· και **piles** σωρεία, πληθώρα· πάσσαλος, παλούκι· **piles** αιμορροΐδες • σωριάζω, στοιβάζω· φορτώνω ▪ **pile up** συσσωρεύω, σωριάζω, μαζεύομαι

pileup/ˈpaɪlʌp/καραμπόλα

pilgrim/ˈpɪlgrɨm/προσκυνητής

pill/pɪl/χάπι

pillar/ˈpɪlə/κίονας, κολόνα

pillow/ˈpɪləʊ/μαξιλάρι

pillowcase/ˈpɪləʊkeɪs/, **pillow slip** /-slɪp/μαξιλαροθήκη

pilot/ˈpaɪlət/πιλότος • πιλοτάρω· εφαρμόζω (κτ.) δοκιμαστικά • πειραματικός, δοκιμαστικός

pimp/pɪmp/σωματέμπορος.

pimple/pɪmpl/εξάνθημα, σπυράκι

pin/pɪn/καρφίτσα· σφήνα, πίρος • καρφιτσώνω· καθηλώνω, ακινητοποιώ ▪ **pin down** στριμώχνω, δεσμεύω

pinafore/ˈpɪnəfɔ:/ποδιά

pincers/ˈpɪnsəz/τανάλια, πένσα· δαγκάνες

pinch/pɪntʃ/τσιμπώ· σφίγγω, πιάνω· κλέβω, βουτώ • τσιμπιά· πρέζα, μικρή ποσότητα

pine/paɪn/πεύκο • λιώνω, μαραζώνω

pineapple/ˈpaɪnæpl/ανανάς

pinecone/ˈpaɪnkəʊn/κουκουνάρι

pink/pɪŋk/ροζ (χρώμα) • ρόδινος, ροζ • χτυπώ, χτυπώ πειράκια

pin money/ˈpɪn ˌmʌni/χαρτζιλίκι

pint/paɪnt/πίντα (μονάδα μέτρησης υγρών ίση με 568 γραμμάρια)·

μεγάλο ποτήρι μπίρας, πίντα μπίρας

pin-up/'pɪnʌp/πόστερ

pioneer/ˌpaɪə'nɪə/πρωτοπόρος • καινοτομώ σε (κτ.) ~**ing** πρωτοποριακός

pip/pɪp/κουκούτσι

pipe/paɪp/αγωγός, σωλήνας· πίπα· φλογέρα· **pipes** ☞ BAGPIPES • διοχετεύω με σωλήνα **piping** σωλήνωση, σωληνώσεις

pipeline/'paɪp-laɪn/σωλήνας, αγωγός

pique/pi:k/μνησικακία, πίκα, φούρκα • πικάρω, πειράζω **piqued** πικαρισμένος, φουρκισμένος

piracy/'paɪərəsi/πειρατεία· λογοκλοπή

pirate/'paɪərət/πειρατής • ιδιοποιούμαι (ξένη πνευματική ιδιοκτησία)

Pisces/'paɪsi:z/*(αστρ.)* Ιχθείς

piss/pɪs/κατουρώ • κάτουρο· κατούρημα

pistachio/pɪ̵'sta:ʃiəʊ/φιστίκι

pistol/pɪstl/πιστόλι

pit/pɪt/λάκκος, λακκούβα· ορυχείο· **pits** χώρος για σέρβις παραπλεύρως της πίστας αυτοκινήτων

pitch/pɪtʃ/στήνω (σκηνή), κατασκηνώνω • γήπεδο (ποδοσφαίρου, χόκεϊ κ.τ.λ.)

pitch-black/ˌpɪtʃ'blæk/μαύρος σαν πίσσα

pitch-blackness/ˌpɪtʃ'blækn𝑖s/ σκοτάδι πίσσα

pitch-dark/ˌpɪtʃ'da:k/μαύρος σαν πίσσα

pitiful/'pɪtɪfəl/αξιολύπητος· κακομοίρης· άθλιος

pitiless/'pɪtɪləs/σκληρός, άσπλαχνος

pity/'pɪti/οίκτος, έλεος, συμπόνια· κρίμα, αμαρτία • οικτίρω, λυπούμαι

pivot/'pɪvət/άξονας

pizza/'pi:tsə/πίτσα

pizzeria/ˌpi:tsə'ri:ə/πιτσαρία

placard/'plæka:d/πλακάτ

place/pleɪs/τόπος, τοποθεσία, μέρος· θέση, τάξη, σειρά· θέση, καθήκον· σπίτι, κατοικία· θέση, εργασία, πόστο ***in the first place*** πρώτα πρώτα, κατ' αρχήν ***take place*** συμβαίνω, γίνομαι • τοποθετώ, βάζω· κατατάσσω

placenta/plə'sentə/πλακούντας

plagiarism/'pleɪdʒərɪzəm/λογοκλοπή

plagiarize, -ise/'pleɪdʒəraɪz/λογοκλοπώ

plague/pleɪg/πανούκλα· πληγή, μάστιγα

plain/pleɪn/πεδιάδα • σαφής, φανερός· απλός, λιτός· κοινός, μάλλον άσχημος· ειλικρινής, ντόμπρος· σκέτος ~**ly** α) απλά β) ξεκάθαρα

plain-clothes/ˌpleɪn 'kləʊðz, -'kləʊz/ με πολιτική περιβολή

plaintiff/'pleɪnt𝑖f/ενάγων, μηνυτής

plait/plæt/κοτσίδα • πλέκω κοτσίδα

plan/plæn/σχέδιο, πρόγραμμα·

σχέδιο, πλάνο • σχεδιάζω, προγραμματίζω· σχεδιάζω, κάνω το σχέδιο

plane/plein/πλάνη (εργαλείο)· αεροπλάνο • πλανίζω

planet/'plænət/πλανήτης

planetarium/ˌplænəˈteəriəm/πλανητάριο

plane tree/'pleintri:/πλάτανος

plank/plæŋk/σανίδα • σανιδώνω

plant/pla:nt/φυτεύω· εγκαθιστώ κρυφά • φυτό· εργοστάσιο

plantation/plæn'teiʃən/φυτεία

plaque/plæk, pla:k/πλάκα (αναμνηστική)

plaster/'pla:stə/σοβάς· λευκοπλάστης, τσιρότο *in plaster* στο γύψο • σοβατίζω

plasterer/'pla:stərə/σοβατζής

plastic/'plæstik/πλαστική ύλη • πλαστικός

plastic surgeon/ˌplæstik 'sɜ:dʒən/ πλαστικός χειρουργός

plastic surgery/ˌplæstik 'sɜ:dʒəri/ πλαστική χειρουργική

plate/pleit/πιάτο· μεταλλική πινακίδα (πόρτας ή οχήματος)· έλασμα • επιμεταλλώνω **plated** επιμεταλλωμένος

plateau/'plætəʊ/οροπέδιο

platform/'plætfɔ:m/εξέδρα, βάθρο· αποβάθρα σταθμού

platinum/'plætənəm/λευκόχρυσος, πλατίνα

platoon/plə'tu:n/διμοιρία

plausible/'plɔ:zəbl/αληθοφανής

play/plei/παιχνίδι· θεατρικό έργο • παίζω· υποδύομαι (ρόλο)· υποκρίνομαι, παριστάνω ▪ **play back** γυρίζω από την αρχή

player/'pleiə/παίκτης

playful/'pleifəl/παιχνιδιάρης, παιχνιδιάρικος

playground/'pleigraʊnd/παιδική χαρά· αυλή σχολείου

playing card/'plei-iŋ ka:d/τραπουλόχαρτο

playmate/'pleimeit/συμπαίκτης

play-off/'pleiɒf/επαναληπτικός αγώνας, ρεβάνς

play on words/ˌplei ɒn 'wɜ:dz/λογοπαίγνιο

playpen/'pleipen/πάρκο (μωρού)

playroom/'pleirum/ιδιαίτερο δωμάτιο σπιτιού για να παίζουν τα παιδιά

playwright/'pleirait/θεατρικός συγγραφέας

plea/pli:/ικεσία, έκκληση· αρχική δήλωση του κατηγορουμένου σχετικά με την ενοχή του ή όχι

plead/pli:d/παρακαλώ θερμά, ικετεύω *plead guilty/not guilty* ομολογώ/αρνούμαι την ενοχή μου

pleasant/'plezənt/ευχάριστος

please/pli:z/ευχαριστώ· θέλω, μου αρέσει, μου κάνει κέφι **pleased** ικανοποιημένος, ευχαριστημένος **pleasing** ευχάριστος • παρακαλώ

pleasurable/'pleʒərəbl/ευχάριστος, απολαυστικός

pleasure/'pleʒə/ευχαρίστηση, απόλαυση *with pleasure* ευχαρίστως, μετά χαράς *it's my pleasure* παρακαλώ

pleat/pli:t/πλισάρω ~**ed** πλισέ • πιέτα

plectrum/'plektrəm/πένα κιθάρας

plentiful/'plentɪfəl/άφθονος, πλούσιος

plenty/'plenti/αφθονία, πληθώρα

pliers/'plaɪəz/πένσα, τανάλια

plot/plɒt/τμήμα γης· πλοκή, υπόθεση· συνωμοσία, μηχανορραφία • συνωμοτώ, μηχανορραφώ

plotter/'plɒtə/συνωμότης

plough/plaʊ/αλέτρι • οργώνω

pluck/plʌk/μαδώ, ξεπουπουλιάζω • θάρρος, κουράγιο

plug/plʌg/ρευματολήπτης, πρίζα· πώμα, βούλωμα, τάπα • ταπώνω, βουλώνω ▪ **plug in** βάζω στην πρίζα

plum/plʌm/δαμάσκηνο

plumage/'plu:mɪdʒ/φτερά, πτέρωμα

plumber/'plʌmə/υδραυλικός

plumbing/'plʌmɪŋ/υδραυλική εγκατάσταση

plump/plʌmp/παχουλός, στρουμπουλός

plunder/'plʌndə/λεηλατώ, ληστεύω • λεία, λάφυρα

plunge/plʌdʒ/βυθίζω, χώνω βαθειά· καταδύομαι, βουτώ • κατάδυση, βουτιά

plural/'plʊərəl/πληθυντικός (αριθμός) • του πληθυντικού (αριθμού)

plus/plʌs/συν, και • συν, σημείο πρόσθεσης

Pluto/'plu:təʊ/Πλούτωνας

plywood/'plaɪwʊd/(ξύλο) κοντραπλακέ

p.m., **pm**/ˌpi:'em/μετά μεσημβρία, μ.μ.

PM/ˌpi: 'em/πρωθυπουργός

pneumonia/nju:'məʊniə/πνευμονία

poach/pəʊtʃ/κυνηγώ ή ψαρεύω λαθραία

poacher/'pəʊtʃə/λαθροκυνηγός· λαθραλιέας

PO Box/ˌpi: əʊ-'bɒks/ταχυδρομική θυρίδα

pocket/'pɒkət/τσέπη • μεγέθους τσέπης • βάζω στην τσέπη· τσεπώνω, κλέβω

pocketbook/'pɒkətbʊk/βιβλίο τσέπης

pocketknife/'pɒkətnaɪf/σουγιάς

pocket money/'pɒkət ˌmʌni/χαρτζιλίκι

podium/'pəʊdiəm/βάθρο

poem/'pəʊəm/ποίημα

poet/'pəʊət/ποιητής

poetic/pəʊ'etɪk/ποιητικός

poetry/'pəʊətri/ποίηση

point/pɔɪnt/αιχμή, άκρη, μύτη· σημείο (στο χώρο ή το χρόνο)· πόντος, βαθμός· σημείο, θέμα, ζήτημα· σκοπιμότητα, όφελος, λόγος· στιγμή (σημείο στίξης)· γραμμή (κλίμακας), σημείο· χαρακτηριστικό· ουσία, κύριο νόημα, ζουμί· πρίζα, ρευματοδότης *beside/off the point* εκτός θέματος *to the point of...* μέχρι... *what's the point?* ποιος ο λόγος;, τι νόημα έχει; • δείχνω· στρέφω, κατευθύνω (όπλο κ.τ.λ.) ▪ **point out** υπογραμμίζω, τονίζω (κτ.) ~**ed** αιχμηρός, μυτερός

point-blank/ˌpɔɪnt 'blæŋk/εξ επαφής

pointer/'pɔɪntə/υπόδειξη, συμβουλή

pointless/'pɔɪntləs/μάταιος, άσκοπος

point of view/ˌpɔɪnt əv 'vju:/άποψη, γνώμη

poison/'pɔɪzən/δηλητήριο • δηλητηριάζω

poisonous/'pɔɪzənəs/δηλητηριώδης

poke/pəʊk/χώνω, μπήγω· σπρώχνω, σκουντώ· ανακατεύω, σκαλίζω • τσίγκλισμα, σκούντημα, σκουντιά

poker/'pəʊkə/σκαλιστήρι φωτιάς· πόκερ

Poland/'pəʊlənd/Πολωνία

polar/'pəʊlə/πολικός

pole/pəʊl/στύλος, κοντάρι (σημαίας), πάσσαλος· πόλος *poles apart* εκ διαμέτρου αντίθετοι

Pole Πολωνός

pole vault/'pəʊl vɔlt/άλμα επί κοντώ

police/pə'li:s/αστυνομία • αστυνομεύω

policeman/pə'li:smən/αστυνομικός

police station/pə'li:s ˌsteɪʃən/αστυνομικό τμήμα

policewoman/pə'li:s ˌwʊmən/γυναίκα αστυφύλακας

policy/'pɒlәsi/πολιτική, τακτική· ασφαλιστικό συμβόλαιο, ασφαλιστήριο

polish/'pɒlɪʃ/στιλβώνω, λουστράρω, γυαλίζω ▪ **polish up** ξεσκονίζω, ξαναφρεσκάρω • βερνίκι, λούστρο· στιλπνότητα, γυαλάδα

Polish/'pəʊlɪʃ/πολωνικός • πολωνική γλώσσα

polite/pə'laɪt/ευγενικός

political/pə'lɪtɪkəl/πολιτικός

politician/ˌpɒlәˈtɪʃən/πολιτικός

politics/'pɒlәtɪks/(η) πολιτική, (τα) πολιτικά· πολιτικές πεποιθήσεις· πολιτική επιστήμη

poll/pəʊl/ψηφοφορία, εκλογές· σφυγμομέτρηση της κοινής γνώμης

pollen/'pɒlən/γύρη

polling station/'pəʊlɪŋ ˌsteɪʃən/ εκλογικό τμήμα

pollutant/pə'lu:tənt/ρυπαντής, ρυπογόνος ουσία

pollute/pə'lu:t/ρυπαίνω, μολύνω polluted μολυσμένος

pollution/pə'lu:ʃən/ρύπανση, μόλυνση

polo/'pəʊləʊ/πόλο

polytechnic/ˌpɒlɪ'teknɪk/πολυτεχνείο, πολυτεχνική σχολή

pomegranate/'pɒmәgrænәt/ρόδι

pompous/'pɒmpəs/πομπώδης, στομφώδης

pond/pɒnd/(τεχνητή) λιμνούλα

pony/'pəʊni/αλογάκι, πόνεϊ

ponytail/'pəʊniteɪl/*(για χτένισμα)* αλογοουρά

pool/pu:l/λιμνούλα· νερόλακκος, λακκούβα με νερό· πισίνα· **pools** και **football pools** Προ-Πο

poor/pɔ:, pʊə/φτωχός· αξιολύπητος, καημένος· ασήμαντος, μέτριος· κακός, άθλιος • (οι) φτωχοί, (οι) άποροι **~ly** α) φτωχικά, άθλια β) ανεπαρκώς, κακά, άσχημα

pop/pɒp/σκάζω με ελαφρό ξερό ήχο· πετάγομαι βιαστικά· χώνω, βάζω· εμφανίζομαι απότομα, προβάλλω ▪ **pop up** ξεφυτρώνω • ξερός κρότος· μουσική ποπ

popcorn/'pɒpkɔ:n/ποπκόρν

Pope/pəʊp/Πάπας

poplar/'pɒplə/λεύκα

poppy/'pɒpi/παπαρούνα

popular/'pɒpjʊlə/λαϊκός· δημοφιλής **~ly** γενικά, από το ευρύ κοινό

popularity/,pɒpjʊ'lærəti/δημοτικότητα

populate/'pɒpjʊləɪt/οικίζω, κατοικώ **populated** κατοικημένος

population/,pɒpjʊ'ləɪʃən/πληθυσμός, κάτοικοι

porcelain/'pɔ:slən/πορσελάνη

porch/pɔ:tʃ/στεγασμένη είσοδος

pore/pɔ:/πόρος

pork/pɔ:k/χοιρινό κρέας

porous/'pɔ:rəs/πορώδης, διαπερατός

porridge/'pɒrɪdʒ/βραστό κουρκούτι, πόριτζ

port/pɔ:t/λιμάνι

portable/'pɔ:təbl/φορητός

porter/'pɔ:tə/πορτιέρης, θυρωρός· αχθοφόρος

porthole/'pɔ:thəʊl/φινιστρίνι

portion/'pɔ:ʃən/μέρος, μερίδιο· μερίδα (φαγητού)

portrait/'pɔ:trət/πορτρέτο

portray/pɔ:'treɪ/απεικονίζω

Portugal/'pɔ:tʃʊgəl/Πορτογαλία

Portuguese/,pɔ:tʃʊ'gi:z/Πορτογάλος· πορτογαλική γλώσσα • πορτογαλικός

pose/pəʊz/ποζάρω ▪ **pose as** παριστάνω, προσποιούμαι • στάση, πόζα

posh/pɒʃ/πλούσιος, αριστοκρατικός, σικ

position/pə'zɪʃən/θέση, τοποθεσία· θέση, πόστο· θέση, κατάσταση· θέση, σειρά· στάση (του σώματος)· άποψη, γνώμη

positive/'pɒzətɪv/θετικός· σαφής, ρητός, κατηγορηματικός· πεπεισμένος, απολύτως βέβαιος

possess/pə'zes/έχω, κατέχω, είμαι κάτοχος· καταλαμβάνω, βασανίζω

possession/pə'zeʃən/κατοχή, κυριότητα· **possessions** υπάρχοντα, περιουσία

possessive/pə'zesɪv/κτητικός

possessor/pə'zesə/κάτοχος, κύριος

possibility/,pɒsə'bɪləti/πιθανότητα

possible/'pɒsəbl/δυνατός, εφικτός· πιθανός, ενδεχόμενος

possibly/'pɒsɪ̈bli/ίσως, πιθανόν· (είναι) δυνατόν

post/pəʊst/ταχυδρομείο· θέση, δουλειά, πόστο· στύλος • ταχυδρομώ· τοιχοκολλώ

postage/'pəʊstɪdʒ/ταχυδρομικά τέλη

postal/pəʊstl/ταχυδρομικός

postbox/'pəʊstbɒks/γραμματοκιβώτιο

postcard/'pəʊstka:d/κάρτα, καρτ ποστάλ

postcode/'pəʊstkəʊd/ταχυδρομικός κώδικας

poster/'pəʊstə/πόστερ

posterior/pɒ'stɪərɪə/μεταγενέστερος

postgraduate/ˌpəʊst'grædjʊɪ̈t/ μεταπτυχιακός • άτομο που παίρνει μεταπτυχιακή εκπαίδευση

postman/'pəʊstmən/ταχυδρόμος

postmark/'pəʊstma:k/ταχυδρομική σφραγίδα

post office/'pəʊstˌɒfɪ̈s/ταχυδρομείο

post office box/'pəʊst ɒfɪ̈s ˌbɒks/ ταχυδρομική θυρίδα

postpone/pəʊs'pəʊn/αναβάλλω

postponement/pəʊs'pəʊnmənt/ αναβολή

postscript/'pəʊstˌskrɪpt/υστερόγραφο

post-war/ˌpəʊst'wɔ:/μεταπολεμικός

pot/pɒt/δοχείο, κιούπι· κατσαρόλα, χύτρα

potato/pə'teɪtəʊ/πατάτα

potato chip/pə'teɪtəʊ tʃɪp/(λεπτό τηγανητό) πατατάκι

potential/pə'tenʃəl/πιθανός, ενδεχόμενος • δυναμικό· δυνατότητα, πιθανότητα

pothole/'pɒthəʊl/λακκούβα

pottery/'pɒtəri/αγγειοπλαστική, κεραμική· κεραμικά· εργαστήρι αγγειοπλαστικής

potty/'pɒti/τρελός, παλαβός • ουροδοχείο, γιογιό

pouch/paʊtʃ/σακουλάκι, θήκη· μάρσιπος

poultry/'pəʊltri/πουλερικά

pound/paʊnd/λίβρα· λίρα στερλίνα· μάντρα για φύλαξη αδέσποτων ζώων • (ψιλο)κοπανίζω, τρίβω· χτυπώ δυνατά, κοπανάω

pour/pɔ:/χύνω/-ομαι, ρέω· σερβίρω (ιδ. ποτό ή ρόφημα), προσφέρω· *(για βροχή)* πέφτω καταρρακτωδώς

pout/paʊt/σουφρώνω (τα χείλια), στραβομουτσουνιάζω

poverty/'pɒvəti/φτώχεια

powder/'paʊdə/σκόνη· πούδρα • πουδράρω ~**ed** α) πουδραρισμένος β) κονιοποιημένος, σε σκόνη

power/'paʊə/δύναμη· και **powers** ικανότητα, δύναμη· δύναμη, (ισχυρό) κράτος· ενέργεια, ισχύς • ηλεκτροκίνητος

power cut/'paʊəkʌt/, **power failure**/'paʊə ˌfeɪljə/διακοπή παροχής ηλεκτρικού ρεύματος

powerful/'pauəfəl/ισχυρός, δυνατός

power point/'pauə pɔint/ρευματοδότης, πρίζα

practicable/'præktɪkəbl/εφικτός, εφαρμόσιμος

practical/'præktɪkəl/πρακτικός· λειτουργικός, χρηστικός **~ly** α) πρακτικά, από πρακτικής πλευράς β) κατ' ουσίαν, σχεδόν

practicality/ˌpræktɪ'kæləti/πρακτικότητα· λειτουργικότητα

practice/'præktəs/πράξη, εφαρμογή· άσκηση, εξάσκηση· συνήθεια, πρακτική

practise/'præktəs/μελετώ, (εξ)ασκούμαι, γυμνάζομαι· εφαρμόζω, ακολουθώ· ασκώ, εξασκώ (επάγγελμα)

practitioner/præk'tɪʃənə/(ελεύθερος) επαγγελματίας

praise/preɪz/επαινώ, εγκωμιάζω· υμνώ (το Θεό) • έπαινος, εγκώμιο

praiseworthy/'preɪzwɜ:ði/αξιέπαινος

pram/præm/καροτσάκι (μωρού)

prank/præŋk/φάρσα, πλάκα

prankster/'præŋkstə/φαρσέρ

prawn/prɔ:n/καραβίδα

pray/preɪ/ προσεύχομαι· παρακαλώ, εύχομαι

prayer/preə/προσευχή

preach/pri:tʃ/κηρύσσω, κάνω κήρυγμα· ηθικολογώ, κάνω κήρυγμα

preacher/'pri:tʃə/ιεροκήρυκας

precaution/prɪ'kɔ:ʃən/προφύλαξη

precautionary/prɪ'kɔ:ʃənəri/προληπτικός, προφυλακτικός

precede/pri:'si:d/προηγούμαι **preceding** προηγούμενος, προπορευόμενος

precedent/'presədənt/προηγούμενο

precinct/'pri:sɪŋkt/τομέας πόλης, περιφέρεια

precious/'preʃəs/πολύτιμος· ακριβός, προσφιλής

précis/'preɪsi:/σύνοψη, περίληψη

precise/prɪ'saɪs/ακριβής, συγκεκριμένος **~ly** ακριβώς

precision/prɪ'sɪʒən/ακρίβεια

predict/prɪ'dɪkt/προλέγω, προβλέπω

predictable/prɪ'dɪktəbl/προβλέψιμος, αναμενόμενος

prediction/prɪ'dɪkʃən/πρόβλεψη

predispose/ˌpri:dɪs'pəuz/προδιαθέτω

predominant/prɪ'dɒmənənt/υπερισχύων, επικρατέστερος

pre-exist/ˌpri:ɪg'zɪst/προϋπάρχω

pre-existence/ˌpri:ɪg'zɪstəns/προΰπαρξη

prefabricated/ˌpri:'fæbrɪkeɪtəd/προκατασκευασμένος

preface/'prefəs/πρόλογος, εισαγωγή

prefer/prɪ'fɜ:/προτιμώ

preferable/'prefərəbl/προτιμότερος, καλύτερος **preferably** κατά προτίμηση

preference/'prefərəns/προτίμηση

pregnancy/'pregnənsi/εγκυμοσύνη

pregnant/'pregnənt/έγκυος

preheat/ˌpri:'hi:t/προθερμαίνω

prehistoric/ˌpri:'hɪ'stɒrɪk/προϊστορικός

prehistory/pri:'hɪstəri/προϊστορία

prejudice/'predʒʊdɨs/πρόληψη, προκατάληψη • προδιαθέτω, προκαταλαμβάνω **prejudiced** προκατειλημμένος

preliminary/prɪ'lɪmɨnəri/προκαταρκτικός· **preliminaries** (τα) προκαταρκτικά

premature/'premətʃə/πρόωρος

premeditate/pri:'medɨteɪt/προμελετώ, προσχεδιάζω

premier/'premiə/πρωθυπουργός

premiere, **première**/'premieə/πρεμιέρα

premiership/'premiəʃɪp/πρωθυπουργία

premises/'premɨsɨs/οίκημα, κτίριο, γραφεία

premonition/ˌpremə'nɪʃən, ˌpri:-/ κακό προαίσθημα

preparation/ˌprepə'reɪʃən/προετοιμασία

preparatory/prɪ'pærətəri/προπαρασκευαστικός, προκαταρκτικός

prepare/prɪ'peə/προετοιμάζω/-ομαι **prepared** έτοιμος, προετοιμασμένος

prepay/ˌprɪ:'peɪ/προπληρώνω

preposition/ˌprepə'zɪʃən/*(γραμ.)* πρόθεση

prescription/prɪ'skrɪpʃən/*(ιατρ.)* συνταγή

presence/'prezəns/παρουσία

presence of mind/ˌprezəns əv 'maɪnd/ετοιμότητα (πνεύματος), ευστροφία

present/'prezənt/δώρο· (το) παρόν· ενεστώτας (χρόνος) •/prɪ'zent/προσφέρω, χαρίζω· παρουσιάζω •/'prezənt/παρών· παρών, σημερινός

presentable/prɪ'zentəbl/εμφανίσιμος

presentation/ˌprezən'teɪʃən/παρουσίαση

presenter/prɪ'zentə/παρουσιαστής

preservation/prezə'veɪʃən/διατήρηση, συντήρηση

preservative/prɪ'zɜ:vətɪv/συντηρητικό

preserve/prɪ'zɜ:v/προφυλάσσω, προστατεύω· διατηρώ, συντηρώ (τρόφιμα) • μαρμελάδα, κομπόστα

preside/prɪ'zaɪd/προΐσταμαι, προεδρεύω **presiding** προεδρεύων

presidency/'prezɨdənsi/προεδρία

president/'prezɨdənt/πρόεδρος

presidential/ˌprezɨ'denʃəl/προεδρικός

press/pres/πιέζω, πατώ· πιέζω, σφίγγω· στύβω· σιδερώνω· πιέζω, επείγω • τύπος· πίεση, σφίξιμο· σιδέρωμα· τυπογραφικό πιεστήριο

press conference/'pres ˌkɒnfərəns/ συνέντευξη τύπου

press release/'pres rɪˌli:s/δελτίο τύπου

press-up/'presʌp/πούσαπ

pressure/'preʃə/πίεση

pressure cooker/'preʃə ˌkʊkə/χύτρα ταχύτητας

prestige/pre'sti:ʒ/γόητρο, κύρος, αίγλη

prestigious/pre'stɪdʒəs/με γόητρο, με κύρος

presumably/prɪ'zju:məbli/μάλλον, προφανώς

presume/prɪ'zju:m/υποθέτω

pretence/prɪ'tens/προσποίηση, πρόσχημα, πρόφαση

pretend/prɪ'tend/προσποιούμαι **~ed** προσποιητός, ψεύτικος, δήθεν

pretext/'pri:tekst/πρόφαση, πρόσχημα

prettily/'prɪtəli/ωραία, όμορφα

pretty/'prɪti/χαριτωμένος, όμορφος • αρκετά

prevail/prɪ'veɪl/υπερισχύω, επικρατώ **~ing** επικρατέστερος

prevent/prɪ'vent/εμποδίζω· αποτρέπω, προλαβαίνω

prevention/prɪ'venʃən/αποτροπή· παρεμπόδιση, παρακώλυση

preventive/prɪ'ventɪv/προληπτικός

preview/'pri:vju:/ανεπίσημη πρώτη· τρέιλερ

previous/'pri:viəs/προηγούμενος **~ly** προηγουμένως

prey/preɪ/βορά, λεία • **prey on/upon** κυνηγώ και καταβροχθίζω (λεία)

price/praɪs/τιμή, κόστος· τίμημα • καθορίζω την τιμή, τιμολογώ

priceless/'praɪsləs/ανεκτίμητος

price list/'praɪs lɪst/τιμοκατάλογος

pric(e)y/'praɪsi/ακριβός

prick/prɪk/τσίμπημα (βελόνας κ.τ.λ.)· μικρή τρύπα, τρύπημα • τρυπώ, τσιμπώ· μυρμηγκιάζω, δημιουργώ ή έχω φαγούρα· τύπτω

prickle/prɪkl/αγκάθι (φυτού, ζώου)

prickly/'prɪkli/αγκαθωτός· που προκαλεί φαγούρα

pride/praɪd/υπερηφάνεια· εγωισμός, αξιοπρέπεια, φιλότιμο· καύχημα, καμάρι • **pride on/upon** υπερηφανεύομαι, καυχώμαι, καμαρώνω για

priest/'pri:st/ιερέας, παπάς

primarily/'praɪmərəli/πρωτίστως, κυρίως, βασικά

primary/'praɪməri/πρωταρχικός, πρωτεύων, κύριος· στοιχειώδης, βασικός

primary school/'praɪməri ˌsku:l/δημοτικό σχολείο

prime/praɪm/ακμή, άνθος • πρωταρχικός, κύριος

Prime Minister/ˌpraɪm 'mɪnəstə/πρωθυπουργός

prime time/'praɪm taɪm/χρόνος υψηλής ακροαματικότητας

primitive/'prɪmətɪv/πρωτόγονος

prince/prɪns/πρίγκιπας

princess/ˌprɪn'ses/πριγκίπισσα

principal/'prɪnsəpəl/κύριος, κυριότερος **~ly** κυρίως, ως επί το πλείστον

principle/'prɪnsəpl/αρχή, νόμος· (ηθικές αρχές) *in principle* κατ' αρχήν *on principle* εκ πεποιθήσεως, λόγω αρχών

print/prɪnt/αποτύπωμα· τυπογραφικά στοιχεία· αντίτυπο, κόπια • τυπώνω· δημοσιεύω· σταμπάρω (ύφασμα) ▪ **print out/off** εκτυπώνω (κτ.) στον ηλεκτρονικό υπολογιστή

printer/'prɪntə/τυπογράφος· εκτυπωτής (ηλεκτρονικού υπολογιστή)

printout/'prɪnt ˌaʊt/εκτύπωση

priority/praɪ'ɒrəti/προτεραιότητα

prison/'prɪzən/φυλακή

prisoner/'prɪzənə/φυλακισμένος· αιχμάλωτος

privacy/'praɪvəsi/εκούσια απομόνωση, ησυχία· προσωπική ζωή

private/'praɪvət/ιδιωτικός, προσωπικός, ατομικός· ιδιωτικός, ιδιωτικής χρήσης

privilege/'prɪvəlɪdʒ/προνόμιο· ασυλία (ιδ. βουλευτική)

privileged/'prɪvəlɪdʒd/προνομιούχος

prize/praɪz/βραβείο, έπαθλο

pro/prəʊ/*the pros and cons* τα υπέρ και τα κατά

probability/ˌprɒbə'bɪləti/πιθανότητα

probable/'prɒbəbl/πιθανός **probably** πιθανώς

problem/'prɒbləm/πρόβλημα • προβληματικός, δύσκολος

procedural/prə'si:dʒərəl/διαδικαστικός

procedure/prə'si:dʒə/διαδικασία

proceed/prə'si:d/προχωρώ

process/'prəʊses/διαδικασία, διεργασία· πορεία, εξέλιξη· επεξεργασία, κατεργασία • επεξεργάζομαι ~**ing** επεξεργασία

procession/prə'seʃən/πομπή, παρέλαση

prod/prɒd/σκουντώ· σπρώχνω, παρακινώ • σκούντημα

produce/prə'dju:s/παράγω, κατασκευάζω· παράγω, αποδίδω· προκαλώ, προξενώ· παρουσιάζω, ανεβάζω, διευθύνω την παραγωγή • /'prɒdju:s/προϊόν, παραγωγή, προϊόντα

producer/prə'dju:sə/διευθυντής παραγωγής

product/'prɒdʌkt/προϊόν· αποτέλεσμα

production/prə'dʌkʃən/παραγωγή

productive/prə'dʌktɪv/παραγωγικός

productivity/ˌprɒdʌk'tɪvəti/παραγωγικότητα

profession/prə'feʃən/επάγγελμα

professional/prə'feʃənəl/επαγγελματίας· επαγγελματικός • επαγγελματίας

professor/prə'fesə/καθηγητής

proficiency/prə'fɪʃənsi/ικανότητα, επάρκεια

proficient/prə'fɪʃənt/ικανός, γνώστης

profile/'prəʊfaɪl/προφίλ· σύντομη βιογραφία, πορτρέτο

profit/'prɒfɨt/κέρδος • ωφελώ, συμφέρω σε ▪ **profit by/from** κερδίζω, ωφελούμαι από

profitable/'prɒfɨtəbl/επικερδής· επωφελής

profiteer/ˌprɒfɨ'tɪə/κερδοσκοπώ • κερδοσκόπος

program/'prəʊgræm/πρόγραμμα ηλεκτρονικού υπολογιστή • προγραμματίζω (ηλεκτρονικό υπολογιστή)

programme/'prəʊgræm/πρόγραμμα • προγραμματίζω

programmer/'prəʊgræmə/προγραμματιστής (ηλεκτρονικού υπολογιστή)

progress/'prəʊgres/πρόοδος *in progress* σε εξέλιξη • /prə'gres/ προοδεύω· προχωρώ

progressive/prə'gresɪv/προοδευτικός

prohibit/prə'hɪbɨt/απαγορεύω· εμποδίζω

prohibition/ˌprəʊhɨ'bɪʃən/απαγόρευση

prohibitive/prə'hɪbɨtɪv/απαγορευτικός

project/'prɒdʒekt/έργο, πρόγραμμα· μελέτη, εργασία •/prə'dʒekt/ εξέχω, προεξέχω· προβάλλω

projectile/prə'dʒektaɪl/βλήμα

projection/prə'dʒekʃən/προεξοχή

projector/prə'dʒektə/προβολέας

prologue/'prəʊlɒg/πρόλογος

prolong/prə'lɒŋ/παρατείνω

prolongation/ˌprəʊlɒŋ'geɪʃən/παράταση

prominent/'prɒmɨnənt/προεξέχων, πεταχτός· διακεκριμένος, διαπρεπής· χαρακτηριστικός, ευδιάκριτος

promise/'prɒmɨs/υπόσχεση • υπόσχομαι, τάζω **promising** φέρελπις, με λαμπρές προοπτικές

promote/prə'məʊt/προάγω· προωθώ, προάγω, ενισχύω· διαφημίζω, προωθώ τις πωλήσεις (προϊόντος)

promotion/prə'məʊʃən/προαγωγή· προώθηση, διαφήμιση (προϊόντος)

prompt/prɒmpt/παρακινώ, (εξ)ωθώ • ακριβώς (χρονικώς)

prompter/'prɒmptə/υποβολέας

promptly/'prɒmptli/αμέσως· στην ώρα μου

prone/prəʊn/επιρρεπής

prong/prɒŋ/δόντι πιρουνιού

pronoun/'prəʊnaʊn/αντωνυμία

pronounce/prə'naʊns/προφέρω

pronunciation/prəˌnʌnsi'eɪʃən/προφορά

proof/pru:f/απόδειξη

propaganda/ˌprɒpə'gændə/προπαγάνδα

propagandize, **-ise**/ˌprɒpə'gændaɪz/προπαγανδίζω

propeller/prə'pelə/έλικας, προπέλα

proper/'prɒpə/κατάλληλος· ορθός, σωστός· ευπρεπής, καθωσπρέπει· πραγματικός **~ly** α) σωστά β) καθωσπρέπει, ευπρεπώς

property/'prɒpəti/ιδιοκτησία, υπάρχοντα· (ακίνητη) περιουσία· ιδιότητα, χαρακτηριστικό

prophecy/'prɒfəsi/προφητεία

prophesy/'prɒfəsaɪ/προφητεύω

prophet/'prɒfət/προφήτης

prophetic/prə'fetɪk/προφητικός

proportion/prə'pɔ:ʃən/αναλογία, ποσοστό· μέρος, τμήμα· **proportions** διαστάσεις, αναλογίες

proportional/prə'pɔ:ʃənəl/ανάλογος

proposal/prə'pəʊzəl/πρόταση· πρόταση γάμου

propose/prə'pəʊz/προτείνω· κάνω πρόταση (γάμου)

proposition/ˌprɒpə'zɪʃən/πρόταση, εισήγηση

proprietor/prə'praɪətə/ιδιοκτήτης

prose/prəʊz/πεζός λόγος, πεζογραφία

prosecute/'prɒsɪkju:t/ενάγω, διώκω ποινικώς

prosecution/ˌprɒsɪ'kju:ʃən/(ποινική) δίωξη· (η) κατηγορούσα αρχή

prosecutor/'prɒsɪkju:tə/ενάγων, μηνυτής, κατήγορος

prospect/'prɒspekt/προοπτική

prospectus/prə'spektəs/διαφημιστικό φυλλάδιο

prosper/'prɒspə/ευημερώ

prosperity/prɒ'sperəti/ευημερία

prosperous/'prɒspərəs/επιτυχημένος

prostitute/'prɒstətju:t/πόρνη

prostitution/ˌprɒstɪ'tju:ʃən/πορνεία

protagonist/prəʊ'tægənəst/πρωταγωνιστής

protect/prə'tekt/προστατεύω

protection/prə'tekʃən/προστασία

protective/prə'tektɪv/προστατευτικός

protein/'prəʊti:n/πρωτεΐνη

protest/'prəʊtest/διαμαρτυρία • διαμαρτύρομαι

Protestant/'prɒtəstənt/προτεστάντης, διαμαρτυρόμενος

Protestantism/'prɒtəstəntɪzəm/προτεσταντισμός

protocol/'prəʊtəkɒl/πρωτόκολλο, εθιμοτυπία, ετικέτα

protrude/prə'tru:d/προεξέχω

proud/praʊd/υπερήφανος· υπερόπτης, φαντασμένος

prove/pru:v/αποδεικνύω· και **prove oneself** (to be) αποδεικνύομαι

proven/'pru:vən/αποδεδειγμένος

proverb/'prɒvɜ:b/παροιμία

provide/prə'vaɪd/προμηθεύω, παρέχω ▪ **provide for** συντηρώ **provided, provided that, providing** (that) υπό τον όρο, με την προϋπόθεση ότι, αρκεί να

provider/ˌprə'vaɪdə/παροχέας (διασύνδεσης)

province/'prɒvəns/επαρχία

provincial/prə'vɪnʃəl/επαρχιακός

provision/prə'vɪʒən/παροχή, εξασφάλιση· **provisions** προμήθειες, εφόδια

provocation/ˌprɒvəˈkeɪʃən/πρόκληση

provocative/prəˈvɒkətɪv/προκλητικός

provoke/prəˈvəʊk/προκαλώ

prow/praʊ/πρώρη

prune/pruːn/ξερό δαμάσκηνο • κλαδεύω

pry/praɪ/ανακατεύομαι, χώνω τη μύτη μου

pseudonym/ˈsjuːdənɪm/ψευδώνυμο

psyche/ˈsaɪki/νους, ψυχή, πνεύμα

psychiatric/ˌsaɪkiˈætrɪk/ψυχιατρικός

psychiatrist/saɪˈkaɪətrəst/ψυχίατρος

psychiatry/saɪˈkaɪətri/ψυχιατρική

psychic/ˈsaɪkɪk/μέντιουμ

psychological/ˌsaɪkəˈlɒdʒɪkəl/ψυχολογικός

psychologist/saɪˈkɒlədʒəst/ψυχολόγος

psychology/saɪˈkɒlədʒi/ψυχολογία

pub/pʌb/μπαρ, παμπ

public/ˈpʌblɪk/δημόσιος • (το) κοινό, (ο) κόσμος *in public* δημοσίως, φανερά ~**ly** δημοσίως, δημόσια

publication/ˌpʌbləˈkeɪʃən/δημοσίευση· έκδοση (βιβλίου), έντυπο

publicity/pʌˈblɪsəti/δημοσιότητα

public welfare/ˌpʌblɪk ˈwelfeə/κοινωνική πρόνοια

publish/ˈpʌblɪʃ/εκδίδω· δίνω στη δημοσιότητα, κοινολογώ

publisher/ˈpʌblɪʃə/εκδότης

publishing house/ˈpʌblɪʃɪŋ haʊs/ εκδοτικός οίκος

pudding/ˈpʊdɪŋ/πουτίγκα· επιδόρπιο

puddle/pʌdl/λακκούβα, νερόλακκος

puff/pʌf/βγάζω (αέρα, καπνό, ατμό), φυσώ· καπνίζω (τσιγάρο)· ξεφυσώ, λαχανιάζω • φύσημα (αναπνοής, αέρα)· ρουφηξιά (από τσιγάρο ή πίπα), τζούρα· πομπόν, (πουδραρίσματος)

pull/pʊl/σέρνω, τραβώ· προσελκύω ▪ **pull down** κατεδαφίζω **pull in** α) *(για τρένο)* μπαίνω στο σταθμό β) *(για οδηγό)* σταματώ, κάνω στην άκρη του δρόμου **pull out** α) βγάζω (τραβώντας) β) *(για τρένο)* βγαίνω από το σταθμό, ξεκινώ, φεύγω γ) *(για οδηγό)* βγαίνω από τη γραμμή για να προσπεράσω άλλο όχημα δ) ξεπαρκάρω **pull over** *(για οδηγό)* τραβάω στην άκρη **pull through** τη σκαπουλάρω, τη γλιτώνω **pull up** *(για οδηγό)* σταματώ • έλξη· τράβηγμα· επιρροή, μέσα

pullover/ˈpʊlˌəʊvə/πουλόβερ

pulp/pʌlp/πολτός • πολτοποιώ

pulse/pʌls/σφυγμός

puma/ˈpjuːmə/πούμα

pump/pʌmp/αντλία, τρόμπα • αντλώ, τρομπάρω

pumpkin/ˈpʌmpkən/(γλυκο)κολοκύθα

pun/pʌn/λογοπαίγνιο

punch/pʌntʃ/γροθοκοπώ· τρυπώ με διατρητικό μηχάνημα • γροθιά, μπουνιά· ποντς (ποτό)

punctual/ˈpʌŋktʃʊəl/ακριβής, στην ώρα του

punctuality/ˌpʌŋktʃʊˈælɨti/ακρίβεια, ακριβής προσέλευση

punctuate/ˈpʌŋktʃʊeɪt/βάζω σημεία στίξης

punctuation/ˌpʌŋktʃʊˈeɪʃən/στίξη

punctuation mark/ˌpʌŋktʃʊˈeɪʃən mɑːk/σημείο στίξης

puncture/ˈpʌŋktʃə/τρύπα σαμπρέλας, σκάσιμο (ελαστικού), κλατάρισμα • τρυπώ, σπάζω (ελαστικό), σκάζω, κλατάρω

punish/ˈpʌnɪʃ/τιμωρώ

punishment/ˈpʌnɪʃmənt/τιμωρία, *(νομ.)* ποινή

pupil/pjuːpəl/μαθητής· κόρη του οφθαλμού

puppet/ˈpʌpɨt/μαριονέτα

puppy/ˈpʌpi/σκυλάκι, κουταβάκι

purchase/ˈpɜːtʃɨs/αγοράζω • αγορά, αγόρασμα, ψώνιο

purchaser/ˈpɜːtʃɨsə/αγοραστής

pure/pjʊə/καθαρός, ανόθευτος, ατόφιος· αγνός, άδολος· καθαρός, αμόλυντος· πλήρης, σκέτος, καθαρός ~**ly** καθαρά, απλά, μόνο

puree, **purée**/ˈpjʊəreɪ/πουρές, πολτός

purify/ˈpjʊərɨfaɪ/καθαρίζω, αφαιρώ τις ξένες ουσίες· εξαγνίζω

puritan/ˈpjʊərɨtn/πουριτανός

puritanical/ˌpjʊərɨˈtænɪkəl/πουριτανικός

puritanism/ˈpjʊərɨtænɪzəm/πουριτανισμός

purity/ˈpjʊərɨti/καθαρότητα· αγνότητα

purple/pɜːpl/μοβ (χρώμα)

purpose/ˈpɜːpəs/σκοπός *on purpose* επίτηδες, σκοπίμως

purr/pɜː/χουρχουρητό (γάτας)· βοή, βουητό • *(για γάτα)* γουργουρίζω· βουίζω

purse/pɜːs/πορτοφόλι

pursue/pəˈsjuː/(κατα)διώκω, κυνηγώ· επιδιώκω, αναζητώ· συνεχίζω

pursuit/pəˈsjuːt/καταδίωξη· επιδίωξη, κυνήγι· ασχολία, απασχόληση

pus/pʌs/πύον

push/pʊʃ/ωθώ, σπρώχνω· ανοίγω (δρόμο) σπρώχνοντας, προχωρώ με δυσκολία· πιέζω· προωθώ, πλασάρω· πουλάω, (ναρκωτικά) • ώθηση, σπρωξιά

pushchair/ˈpʊʃ-tʃeə/(παιδικό) καροτσάκι

pusher/ˈpʊʃə/μικροδιακινητής ναρκωτικών, «βαποράκι»

push-up/ˈpʊʃʌp/πουσάπ

pussy/ˈpʊsi/, **pussycat**/ˈpʊsikæt/ γάτα, γατάκι, ψιψίνα

put/pʊt/βάζω, τοποθετώ· βάζω, υποβάλλω· υποβάλλω, θέτω υπόψη· εκφράζω, λέω, διατυπώνω ▪ **put**

across εξηγώ, κάνω κατανοητό **put aside** βάζω (ιδ. χρήματα) στην άκρη **put away** α) τακτοποιώ β) βάζω (χρήματα) στην άκρη, αποταμιεύω **put back** α) βάζω (κτ.) πίσω στη θέση του β) γυρίζω πίσω (δείκτες ρολογιού), βάζω πίσω (ρολόι) γ) ανακόπτω, καθυστερώ, ρίχνω πίσω (κτ.) **put by** βάζω (χρήματα) στην άκρη, αποταμιεύω **put forward** α) διατυπώνω β) βάζω μπροστά (ρολόι) **put off** α) σβήνω β) αναβάλλω, καθυστερώ **put on** α) φορώ, βάζω β) παίρνω (βάρος) γ) ανεβάζω (έργο κ.τ.λ.) δ) υποκρίνομαι, παίρνω (ύφος) **put out** σβήνω **put through** α) συνδέω (στο τηλέφωνο) β) φέρνω σε πέρας (κτ.) **put together** συναρμολογώ **put up** α) υψώνω, ανεβάζω β) αυξάνω, ανεβάζω γ) στεγάζω, φιλοξενώ **put up with** ανέχομαι

putsch/pʊtʃ/πραξικόπημα

puzzle/pʌzl/προβληματίζω, μπερδεύω, ζαλίζω· σπαζοκεφαλιάζω • σπαζοκεφαλιά· δυσεπίλυτο πρόβλημα, γρίφος, αίνιγμα

pyjamas /pə'dʒa:məz/πιτζάμες

pyramid/'pɪrəmɪd/πυραμίδα

Pyrenees/,pɪrə'ni:z/Πυρηναία

python/'paɪθən/πύθωνας

Q, q

quail/kweɪl/ορτύκι

quake/kweɪk/τρέμω • ☞ EARTHQUAKE

qualification/ˌkwɒlɪ̵fɪ̵ˈkeɪʃən/(τυπικό) προσόν, εφόδιο

qualified/ˈkwɒlɪ̵faɪd/διαθέτων τα προσόντα, τους απαραίτητους τίτλους, διπλωματούχος

qualify/ˈkwɒlɪ̵faɪ/αποκτώ ή δίνω τις απαιτούμενες γνώσεις, τους απαιτούμενους τίτλους

quality/ˈkwɒlɪ̵ti/ποιότητα· ιδιότητα, χαρακτηριστικό· ικανότητα, προσόν • εκλεκτός· ποιοτικός

qualm/kwa:m/ενδοιασμός, δισταγμός

quantity/ˈkwɒntɪ̵ti/ποσότητα

quarantine/ˈkwɒrənti:n/απομόνωση, καραντίνα

quarrel/ˈkwɒrəl/φιλονικία, καβγάς • φιλονικώ, καβγαδίζω, τσακώνομαι

quarrelsome/ˈkwɒrəlsəm/καβγατζής

quarry/ˈkwɒri/λατομείο, νταμάρι

quarter/ˈkwɔ:tə/τέταρτο· τέταρτο (της ώρας), δεκαπεντάλεπτο *quarter to* παρά τέταρτο *quarter past* και τέταρτο· περιοχή (πόλης), συνοικία

quarter-final/ˈkwɔ:tə faɪnl/προημιτελικός αγώνας

quartz/kwɔ:ts/χαλαζίας

quay/ki:/αποβάθρα, προκυμαία, μουράγιο

queen/kwi:n/βασίλισσα· *(χαρτοπ.)* ντάμα

queer/kwɪə/παράξενος, αλλόκοτος· αδιάθετος **~ly** περίεργα, παράξενα

querulous/ˈkwərʊləs/γκρινιάρης, μεμψίμοιρος

query/ˈkwɪəri/ερώτημα, απορία

quest/kwest/αναζήτηση

question/ˈkwestʃən/ερώτηση· ζήτημα, πρόβλημα, θέμα· αμφιβολία, αμφισβήτηση • ερωτώ· ανακρίνω· αμφισβητώ, θέτω υπό αμφισβήτηση, αμφιβάλλω για (κτ.)

questionable/ˈkwestʃənəbl/αμφισβητήσιμος, ύποπτος

question mark/ˈkwestʃən ma:k/ ερωτηματικό

questionnaire/ˌkwestʃəˈneə, ˌkes-/ ερωτηματολόγιο

queue/kju:/ουρά, σειρά • **queue up** περιμένω στη σειρά, σχηματίζω ουρά

quick/kwɪk/γρήγορος· σύντομος **~ly** γρήγορα

quicken/ˈkwɪkən/επισπεύδω, επιταχύνω/-ομαι

quiet/ˈkwaɪət/ήσυχος, σιγανός· ήσυχος, ήρεμος· ήσυχος, φρόνιμος • ηρεμία, ησυχία, γαλήνη

quilt/kwɪlt/πάπλωμα

quince/kwɪns/κυδώνι

quit/kwɪt/εγκαταλείπω, αποχωρώ, παραιτούμαι· σταματώ, κόβω

quite/kwaɪt/εντελώς, τελείως· μάλλον, αρκετά

quiver/ˈkwɪvə/τρέμω • τρεμούλα, τρόμος, ρίγος

quiz/kwɪz/διαγωνισμός γνώσεων· τεστ

quorum/ˈkwɔːrəm/απαρτία

quotation/kwəʊˈteɪʃən/απόσπασμα, περικοπή

quotation mark/kwəʊˈteɪʃən maːk/ εισαγωγικό (σημείο στίξης)

quote/kwəʊt/αναφέρω, παραθέτω (αυτούσιο κείμενο)

R, r

rabbit/ˈræbɨt/κουνέλι

rabies/ˈreɪbiːz/*(ιατρ.)* λύσσα

race/reɪs/αγώνας δρόμου, κούρσα· ανταγωνισμός· γένος, φυλή • τρέχω σε αγώνα δρόμου· συναγωνίζομαι σε ταχύτητα με, παραβγαίνω στο δρόμο· τρέχω, σπεύδω· μεταφέρω εσπευσμένα

racecourse/ˈreɪs-kɔːs/στίβος ιπποδρόμου· ιππόδρομος

racehorse/ˈreɪshɔːs/άλογο κούρσας

racetrack/ˈreɪs-træk/πίστα (αγώνων ταχύτητας), στίβος

racial/ˈreɪʃəl/φυλετικός

racism/ˈreɪsɪzəm/ρατσισμός

racist/ˈreɪsəst/ρατσιστής • ρατσιστικός, ρατσιστής

rack/ræk/ράφι, σχάρα ***rack one's brains*** σπάζω το κεφάλι μου, βασανίζω το μυαλό μου

racket/ˈrækɨt/ρακέτα· σαματάς· κόλπο, κομπίνα

racketeer/ˌrækəˈtɪə/κομπιναδόρος

racquet/ˈrækɨt/ρακέτα

radar/ˈreɪdaː/ραντάρ

radiance/ˈreɪdiəns/ακτινοβολία

radiant/ˈreɪdiənt/ακτινοβόλος, φωτεινός

radiate/ˈreɪdieɪt/ακτινοβολώ, εκπέμπω

radiation/ˌreɪdiˈeɪʃən/ακτινοβολία· ραδιενέργεια

radiator/ˈreɪdieɪtə/(σώμα του) καλοριφέρ· ψυγείο (αυτοκινήτου)

radical/ˈrædɪkəl/ριζικός, ριζοσπαστικός • ριζοσπάστης

radio/ˈreɪdiəʊ/ραδιόφωνο· ασύρματος

radioactive/ˌreɪdiəʊˈæktɪv/ραδιενεργός

radioactivity/ˌreɪdiəʊækˈtɪvɨti/ραδιενέργεια

radish/ˈrædɪʃ/ραπανάκι

raft/raːft/σχεδία· ναυαγοσωστική βάρκα

rag/ræg/κουρέλι· παλιοεφημερίδα, φυλλάδα

rage/reɪdʒ/οργή • είμαι έξω φρενών, είμαι πυρ και μανία· μαίνομαι, λυσσομανώ

ragged/ˈrægəd/κουρελιασμένος· κουρελιάρης, ρακένδυτος· τραχύς, ακανόνιστος

raid/reɪd/επιδρομή· έφοδος (της αστυνομίας) • επιτίθεμαι, εισβάλλω σε, κάνω επιδρομή· κάνω αιφνιδιαστική έρευνα σε

raider/ˈreɪdə/επιδρομέας

rail/reɪl/βέργα (για ανάρτηση αντικειμένων)· κουπαστή σκάλας, στηθαίο γέφυρας· σιδηροτροχιά, γραμμή, ράγα ***by rail*** σιδηροδρομικώς, με το τρένο • περιφράζω, χωρίζω με κιγκλίδωμα ~**ings** κιγκλίδωμα, κάγκελα

railway/ˈreɪlweɪ/, **railway line**/- laɪn/ σιδηροδρομική γραμμή· και **railways**/ˈreɪlweɪz/οργανισμός σιδηροδρόμων, σιδηρόδρομοι

railway station/ˈreɪlweɪ ˌsteɪʃən/σιδηροδρομικός σταθμός

rain/reɪn/βροχή • [απρόσ.] βρέχει

rainbow/ˈreɪnbəʊ/ουράνιο τόξο

raincoat/ˈreɪnkəʊt/αδιάβροχο

raindrop/ˈreɪndrɒp/σταγόνα βροχής

rain forest/ˈreɪn ˌfɒrɨst/τροπικό δάσος

rainstorm/ˈreɪnstɔːm/καταιγίδα, νεροποντή

rainwater/ˈreɪnwɔːtə/βροχόνερο

rainy/ˈreɪni/βροχερός

raise/reɪz/σηκώνω, υψώνω, ανεβάζω· αυξάνω· προάγω, προβιβάζω· μαζεύω, συγκεντρώνω· ανατρέφω· τρέφω, εκτρέφω· προκαλώ, δημιουργώ • αύξηση (μισθού)

raisin/ˈreɪzən/ξερή σταφίδα

rake/reɪk/τσουγκράνα

rally/ˈræli/συγκεντρώνω, συναθροίζω/-ομαι • συλλαλητήριο· ράλι

ram/ræm/κριός, κριάρι

ramp/ræmp/ράμπα

ranch/rɑːntʃ/αγρόκτημα, ράντσο

random/ˈrændəm/τυχαίος *at random* στην τύχη, στα κουτουρού

range/reɪndʒ/ακτίνα, έκταση· εμβέλεια, βεληνεκές· κλίμακα, κλιμάκωση· φάσμα, γκάμα, ποικιλία· πεδίο βολής, σκοπευτήριο • ποικίλλω, κυμαίνομαι

rank/ræŋk/βαθμός, αξίωμα· ζυγός, γραμμή· (κοινωνική) θέση, τάξη· σειρά, πιάτσα (ταξί) • κατατάσσω/-ομαι, υπολογίζω/-ομαι

ransom/ˈrænsəm/λύτρα

rape/reɪp/βιάζω • βιασμός

rapid/ˈræpɨd/ταχύς, γρήγορος

rapist/ˈreɪpɨst/βιαστής

rare/reə/σπάνιος, ασυνήθιστος· *(για κρέας)* μισοψημένος, σενιάν ~**ly** σπάνια

rarity/ˈreərɨti/σπανιότητα· σπάνιο αντικείμενο ή φαινόμενο

rascal/ˈrɑːskəl/κάθαρμα· άτακτο παιδί, κατεργαράκος

rash/ræʃ/παράτολμος • εξάνθημα

raspberry/ˈrɑːzbəri/φραμπουάζ

rat/ræt/αρουραίος

rate/reɪt/αναλογία, ποσοστό· ρυθμός, (σχετική) ταχύτητα· δημοτικός φόρος ακινήτων • εκτιμώ, υπολογίζω, θεωρώ **ratings** μετρήσεις τηλεθέασης/ακροαματικότητας

rather/ˈrɑːðə/μάλλον, αρκετά, κάπως *would rather* θα προτιμούσα, καλύτερα *rather than* αντί, παρά *or rather* ή ακριβέστερα, ή μάλλον

ratio/ˈreɪʃiəʊ/αναλογία

rational/ˈræʃənəl/λογικός

rationalism/ˈræʃənəlɪzəm/ορθολογισμός

rationalist/ˈræʃənəl$\frac{\text{ɪ}}{\text{ə}}$st/ορθολογιστής

rationalistic/ˌræʃənəˈlɪstɪk/ορθολογιστικός

rattle/rætl/κροταλίζω • κουδουνίστρα (μωρού), ροκάνα (παιδιού)· κροτάλισμα, κρότος

rattlesnake/ˈrætlsneɪk/κροταλίας

raven/ˈreɪvən/κοράκι

ravine/rəˈviːn/φαράγγι, λαγκάδι

ravioli/ˌræviˈəʊli/ραβιόλια

ravishing/ˈrævɪʃɪŋ/γοητευτικός, μαγευτικός

raw/rɔː/ωμός, άψητος, άβραστος· φυσικός, ακατέργαστος· άπειρος

ray/reɪ/ακτίνα, αχτίδα

raze/reɪz/καταστρέφω, ισοπεδώνω

razor/ˈreɪzə/ξυράφι

razor blade/ˈreɪzə bleɪd/ξυραφάκι

reach/riːtʃ/φτάνω σε· φτάνω, πιάνω· φτάνω, κατορθώνω· φτάνω, απλώνομαι, εκτείνομαι· καταλήγω σε • έκταση, απόσταση *within reach* σε απόσταση όπου μπορεί να φτάσει κανείς, προσιτός *out of reach/beyond reach* σε απόσταση όπου κανείς δεν μπορεί να φτάσει, απρόσιτος

react/riˈækt/αντιδρώ

reaction/riˈækʃən/αντίδραση

reactionary/riˈækʃənəri/αντιδραστικός,

reactivate/riˈækt$\frac{\text{ɪ}}{\text{ə}}$veɪt/ενεργοποιώ/-ούμαι εκ νέου

read/riːd/διαβάζω· λέω, γράφω, διαβάζομαι· καταγράφω, δείχνω ▪ **read out** διαβάζω μεγαλοφώνως ~**ing** α) ανάγνωση β) ένδειξη (μετρητή ή οργάνου)

reader/ˈriːdə/αναγνώστης

readership/ˈriːdəʃɪp/αναγνωστικό κοινό

readily/ˈred$\frac{\text{ɪ}}{\text{ə}}$li/πρόθυμα· εύκολα, ευχερώς

ready/ˈredi/έτοιμος

ready-made/ˌredi ˈmeɪd/έτοιμος, προκατασκευασμένος

real/rɪəl/πραγματικός, αληθινός· γνήσιος, αυθεντικός

real estate/ˈrɪəl ɪˌsteɪt/ακίνητη περιουσία

realism/ˈrɪəlɪzəm/ρεαλισμός

realist/ˈrɪəl$\frac{\text{ɪ}}{\text{ə}}$st/ρεαλιστής

realistic/rɪəˈlɪstɪk/πρακτικός, ρεαλιστικός

reality/riˈæl$\frac{\text{ɪ}}{\text{ə}}$ti/πραγματικότητα

realization, **-isation**/ˌrɪəlaɪˈzeɪʃən/ συνειδητοποίηση, συναίσθηση· πραγμάτωση, πραγματοποίηση

realize, **-ise**/ˈrɪəlaɪz/συνειδητοποιώ, συναισθάνομαι· πραγματοποιώ

really/ˈrɪəli/πράγματι

reap/riːp/θερίζω

reaper/ˈriːpə/θεριστής· θεριστική μηχανή

rear/rɪə/ανατρέφω· εκτρέφω • (το) πίσω μέρος· οπίσθια, πισινός • οπίσθιος

rearguard/ˈrɪəgɑːd/οπισθοφυλακή

rearview mirror/ˌrɪəvjuː ˈmɪrə/καθρέφτης αυτοκινήτου, «καθρεφτάκι»

reason/ˈriːzən/λόγος, αιτία· λογική, λογικό • σκέπτομαι λογικά· καταλήγω στο συμπέρασμα· υποστηρίζω ~**ing** συλλογισμός, συλλογιστική

reasonable/ˈriːzənəbl/λογικός

reasonably/ˈriːzənəbli/λογικά· αρκετά, μάλλον

reassurance/ˌriːəˈʃʊərəns/διαβεβαίωση

reassure/ˌriːəˈʃʊə/διαβεβαιώνω (εκ νέου)

rebel/ˈrebəl/επαναστάτης, αντάρτης •/rɪˈbel/επαναστατώ, εξεγείρομαι

rebellion/rɪˈbeljən/επανάσταση, εξέγερση

rebound/rɪˈbaʊnd/αναπηδώ, κάνω γκελ • αναπήδηση, γκελ

rebuke/rɪˈbjuːk/επιπλήττω • επίπληξη, μομφή

recall/rɪˈkɔːl/θυμάμαι, φέρνω στο νου μου· ανακαλώ, επαναφέρω • ανάκληση· μνημονικό

recapitulate/ˌriːkəˈpɪtʃʊleɪt/ανακεφαλαιώνω

recapitulation/ˌriːkəpɪtʃʊˈleɪʃən/ανακεφαλαίωση

receipt/rɪˈsiːt/απόδειξη· παραλαβή, λήψη

receive/rɪˈsiːv/παίρνω, λαμβάνω

receiver/rɪˈsiːvə/ακουστικό τηλεφώνου

recent/ˈriːsənt/πρόσφατος, τελευταίος ~**ly** πρόσφατα, τελευταία

reception/rɪˈsepʃən/υποδοχή· δεξίωση· ρεσεψιόν

reception desk/rɪˈsepʃən desk/, **desk** γραφείο υποδοχής, ρεσεψιόν

receptionist/rɪˈsepʃənəst/ρεσεψιονίστ

recipe/ˈresəpi/συνταγή (μαγειρικής)

recipient/rɪˈsɪpiənt/παραλήπτης

recital/rɪˈsaɪtl/ρεσιτάλ

recite/rɪˈsaɪt/απαγγέλλω· εξιστορώ, αφηγούμαι

reckless/ˈrekləs/παράτολμος, απρόσεκτος

reckon/ˈrekən/θεωρώ, υπολογίζω· υποθέτω, νομίζω (ότι)

recognition/ˌrekəgˈnɪʃən/αναγνώριση

recognize, **-ise**/ˈrekəgnaɪz/αναγνωρίζω

recollect/ˌrekəˈlekt/θυμάμαι

recollection/ˌrekəˈlekʃən/μνήμη· ανάμνηση

recommend/ˌrekəˈmend/συστήνω, προτείνω, συμβουλεύω, υποδεικνύω

recommendation/ˌrekəmenˈdeɪʃən/σύσταση, υπόδειξη, συμβουλή

reconcile/ˈrekənsaɪl/συμφιλιώνω, συμβιβάζω

reconciliation/ˌrekənsɪliˈeɪʃən/συμφιλίωση, συνδιαλλαγή

reconsider/ˌriːkənˈsɪdə/αναθεωρώ, ξανασκέφτομαι

reconstruct/ˌriːkənˈstrʌkt/ανοικοδομώ, ξαναχτίζω· αναπαριστώ

reconstruction/ˌri:kənˈstrʌkʃən/ανοικοδόμηση· αναδιοργάνωση· αναπαράσταση (εγκλήματος)

record/rɪˈkɔ:d/καταγράφω, σημειώνω· ηχογραφώ, μαγνητοσκοπώ· *(για όργανο)* δείχνω, γράφω •/ˈrekɔ:d/εγγραφή, καταγραφή, καταχώριση· (ποινικό) μητρώο, φάκελος· ρεκόρ· δίσκος (πικάπ) •/ˈrekɔ:d/ ανώτατος, (που σημειώνει) ρεκόρ

recorder/rɪˈkɔ:də/μαγνητόφωνο

record-holder/ˈrekɔ:d ˌhəʊldə/κάτοχος ρεκόρ

record player/ˈrɜ:kɔd ˌpleɪə/γραμμόφωνο, πικάπ

recover/rɪˈkʌvə/ξαναβρίσκω· ανακτώ (αισθήσεις, δυνάμεις), συνέρχομαι

recovery/rɪˈkʌvəri/ανάκτηση· ανάρρωση· (οικονομική) ανάκαμψη

recreation/ˌrekriˈeɪʃən/διασκέδαση, ψυχαγωγία

recreational/ˌrekriˈeɪʃənəl/ψυχαγωγικός

recruit/rɪˈkru:t/νεοσύλλεκτος· νέο μέλος • στρατολογώ (άνδρες, οπαδούς)

recruitment/rɪˈkru:tmənt/στρατολόγηση

rectangle/ˈrektæŋgl/ορθογώνιο

rectangular/rekˈtæŋgjʊlə/ορθογώνιος

recuperate/rɪˈkju:pəreɪt/αναρρώνω, γιατρεύομαι, γίνομαι καλά

recuperation/rɪˌkju:pəˈreɪʃən/ανάρρωση, αποθεραπεία

recur/rɪˈkɜ:/επαναλαμβάνομαι, επανέρχομαι, ξαναπαρουσιάζομαι ~**ring** επαναλαμβανόμενος, περιοδικός

recurrence/rɪˈkʌrəns/επάνοδος, επανεμφάνιση· *(ιατρ.)* υποτροπή

recycle/ˌri:ˈsaɪkl/ανακυκλώνω

red/red/κόκκινος • κόκκινο (χρώμα)· κόκκινα ρούχα

red carpet/ˌred ˈka:pi:t/επίσημη υποδοχή

Red Cross/ˌred ˈkrɒs/Ερυθρός Σταυρός

redden/redn/κοκκινίζω, γίνομαι κόκκινος

red-handed/ˌred ˈhændɪd/επ' αυτοφώρω

Red Indian/ˌred ˈɪndɪən/Ερυθρόδερμος

redress/rɪˈdres/επανορθώνω, διορθώνω, αποκαθιστώ • επανόρθωση, αποκατάσταση, αποζημίωση

reduce/rɪˈdju:s/ελαττώνω

reduction/rɪˈdʌkʃən/μείωση, ελάττωση

redundant/rɪˈdʌndənt/πλεονάζων, περιττός· υπεράριθμος, άνεργος λόγω περιορισμού θέσεων εργασίας

reed/ri:d/καλάμι

reef/ri:f/ύφαλος, ξέρα

reel/ri:l/καρούλι, μασούρι, μπομπίνα

refer/rɪˈfɜ:/**refer to** αναφέρομαι σε· αφορώ, σχετίζομαι με· προσφεύγω, ανατρέχω σε· παραπέμπω σε

referee/ˌrefəˈri:/διαιτητής • διαιτητεύω (αγώνα)

reference/ˈrefərəns/μνεία, αναφορά· (βιβλιογραφική) παραπομπή· σύσταση *in/with reference to sth.* όσον αφορά σε κτ., σχετικά με κτ.

referendum/ˌrefəˈrendəm/δημοψήφισμα

refill/ˌri:ˈfɪl/ξαναγεμίζω • ανταλλακτικό

refine/rɪˈfaɪn/καθαρίζω, διυλίζω **refined** α) καθαρός, διυλισμένος β) λεπτός, εκλεπτυσμένος, ραφινάτος

refinery/rɪˈfaɪnəri/διυλιστήριο

reflect/rɪˈflekt/καθρεφτίζω, αντικατοπτρίζω· εκφράζω, δείχνω· σκέφτομαι, συλλογίζομαι ▪ **reflect on/upon** αντανακλώ σε, σκιάζω, αμαυρώνω

reflection/rɪˈflekʃən/αντανάκλαση· είδωλο, εικόνα· συλλογισμός, σκέψη

reflective/rɪˈflektɪv/(αντ)ανακλαστικός

reflex/ˈri:fleks/αντανακλαστικό

reform/rɪˈfɔ:m/διορθώνω/-ομαι· τροποποιώ/-ούμαι, μεταρρυθμίζω, αναμορφώνω • μεταρρύθμιση, τροποποίηση, αναμόρφωση· βελτίωση, διόρθωση

reformation/ˌrefəˈmeɪʃən/μεταρρύθμιση

refrain/rɪˈfreɪn/αποφεύγω• επωδός, ρεφρέν

refresh/rɪˈfreʃ/αναζωογονώ, ξεκουράζω ~**ing** ξεκουραστικός, δροσιστικός

refreshment/rɪˈfreʃmənt/φρεσκάρισμα, τόνωση· **refreshments** αναψυκτικά, ποτά και μεζέδες που σερβίρονται συνήθως σε δεξιώσεις κτλ.

refrigerate/rɪˈfrɪgʒəreɪt/διατηρώ στο ψυγείο

refrigeration/rɪˌfrɪdʒəˈreɪʃən/κατάψυξη, ψύξη

refrigerator/rɪˈfrɪdʒəreɪtə/ψυγείο

refuel/ˌri:ˈfjʊəl/ανεφοδιάζω/-ομαι με καύσιμα

refuge/ˈrefju:dʒ/καταφύγιο, άσυλο

refugee/ˌrefjʊˈdʒi:/πρόσφυγας

refund/rɪˈfʌnd/επιστρέφω (χρήματα)

refusal/rɪˈfju:zəl/άρνηση

refuse/rɪˈfju:z/αρνούμαι, δε δέχομαι •/ˈrefju:s/απορρίμματα, απόβλητα, σκουπίδια

refute/rɪˈfju:t/αντικρούω

regal/ˈri:gəl/βασιλικός, ηγεμονικός

regard/rɪˈga:d/αντιμετωπίζω, προσβλέπω *regard as* θεωρώ, νομίζω ως ~**ing** αναφορικά με, όσον αφορά • σεβασμός, εκτίμηση, υπόληψη· προσοχή, έννοια *in/with regard to...* όσον αφορά..., σχετικά με...· **regards** σέβη, χαιρετίσματα

regardless/rɪˈga:dləs/χωρίς να λογαριάσω τίποτε *regardless of* παρά, χωρίς να λογαριάσω, αδιαφορώντας για

regent/ˈri:dʒənt/αντιβασιλέας

regime/reɪˈʒi:m/καθεστώς, πολίτευμα

regiment/'redʒɪ̈mənt/σύνταγμα

region/'ri:dʒən/περιοχή, περιφέρεια· *(ανατ.)* περιοχή, χώρα (του σώματος)

register/'redʒɪ̈stə/(επίσημος) κατάλογος, μητρώο, πρωτόκολλο • δηλώνω· εγγράφομαι (σε κατάλογο ή μητρώο)· *(για όργανο)* δείχνω, καταγράφω ~**ed** α) εγγεγραμμένος, δηλωμένος β) *(ταχυδρ.)* συστημένος

registration/ˌredʒɪ̈'streɪʃən/(επίσημη) εγγραφή

registration number/redʒɪ̈'streɪʃən ˌnʌmbə/αριθμός κυκλοφορίας (οχήματος)

registry/'redʒɪ̈stri/ληξιαρχείο

regret/rɪ'gret/μετανιώνω· λυπάμαι • λύπη *have no regrets (about)* δε λυπάμαι καθόλου, δε μετανιώνω (για)

regretful/rɪ'gretfəl/θλιμμένος, περίλυπος ~**ly** α) δυστυχώς β) με λύπη, θλιμμένα

regular/'regjʊlə/κανονικός· τακτικός· συνηθισμένος· *(γραμ.)* ομαλός • θαμώνας ~**ly** α) κανονικά, συμμετρικά β) τακτικά, κατά κανονικά διαστήματα

regulation/ˌregjʊ'leɪʃən/κανονισμός, διάταξη

rehabilitate/ˌri:hə'bɪlɪ̈teɪt/επανεντάσσω, επαναφέρω στην κανονική ζωή

rehabilitation/ˌri:həbɪlɪ'teɪʃən/επανένταξη

rehearsal/rɪ'hɜ:səl/δοκιμή, πρόβα

rehearse/rɪ'hɜ:s/κάνω πρόβα

reign/reɪn/βασιλεία • βασιλεύω, άρχω

rein/reɪn/γκέμι, χαλινάρι

reindeer/'reɪndɪə/τάρανδος

reinforce/ˌri:ɪ̈n'fɔ:s/ενισχύω

reinforcement/ˌri:ɪ̈n'fɔ:smənt/ενίσχυση

reject/rɪ'dʒekt/απορρίπτω, αποκρούω· αποβάλλω, απορρίπτω

rejection/rɪ'dʒekʃən/απόρριψη

relapse/rɪ'læps/υποτροπιάζω, ξανακυλώ • υποτροπή

relate/rɪ'leɪt/αφηγούμαι, διηγούμαι· συνδέω, συσχετίζω ▪ **relate to** α) συνδέω, συσχετίζω με β) σχετίζομαι, έχω φιλικές σχέσεις με **related** α) σχετικός, συναφής β) συγγενικός

relation/rɪ'leɪʃən/συγγενής· σχέση *in relation to* σε σχέση με, σχετικά με

relationship/rɪ'leɪʃənʃɪp/σχέση, συνάφεια· σχέση (ιδ. ερωτική)· συγγένεια

relative/'relətɪv/συγγενής • σχετικός· *(γραμ.)* αναφορικός ~**ly** σχετικά, συγκριτικά

relax/rɪ'læks/ξεκουράζω/-ομαι, χαλαρώνω· λασκάρω· χαλαρώνω, μετριάζω

relaxation/ˌri:læk'seɪʃən/ανάπαυση, ξεκούραση

release/rɪ'li:s/απελευθερώνω, απολύω, αποφυλακίζω· αποδεσμεύω, απαλλάσσω· αποδεσμεύω, αφήνω·

θέτω σε κυκλοφορία (δίσκο ή ταινία) • απελευθέρωση, απόλυση, αποφυλάκιση· ανακούφιση· κυκλοφορία, διάθεση (στο κοινό)

relevance/'reləvəns/σχέση, συνάφεια

relevant/'reləvənt/σχετικός, συναφής

reliability/rɪˌlaɪə'bɪləti/αξιοπιστία

reliable/rɪ'laɪəbl/αξιόπιστος

reliance/rɪ'laɪəns/εξάρτηση

relic/'relɪk/άγιο λείψανο, σκήνωμα· κατάλοιπο

relief/rɪ'li:f/ανακούφιση· βοήθεια, αρωγή

relieve/rɪ'li:v/ανακουφίζω

religion/rɪ'lɪdʒən/θρησκεία

religious/rɪ'lɪdʒəs/θρησκευτικός· θρήσκος

reluctance/rɪ'lʌktəns/απροθυμία

reluctant/rɪ'lʌktənt/απρόθυμος, διστακτικός

rely/rɪ'laɪ/**rely on/upon** βασίζομαι, υπολογίζω σε

remain/rɪ'meɪn/μένω, απομένω· μένω, παραμένω

remains/rɪ'meɪnz/υπολείμματα, απομεινάρια, *(για φαγητό)* αποφάγια, *(για κτίριο)* ερείπια

remake/'ri:meɪk/νέα έκδοση, ριμέικ

remark/rɪ'ma:k/παρατηρώ • παρατήρηση, σχόλιο

remarkable/rɪ'ma:kəbl/σπουδαίος, αξιοσημείωτος **remarkably** εξαιρετικά, ασυνήθιστα

remedy/'reməďi/φάρμακο, θεραπεία· λύση, γιατρειά • θεραπεύω, γιατρεύω· διορθώνω

remember/rɪ'membə/θυμάμαι ▪ **remember to** διαβιβάζω τους χαιρετισμούς σε

remembrance/rɪ'membrəns/ανάμνηση

remind/rɪ'maɪnd/υπενθυμίζω, θυμίζω

reminder/rɪ'maɪndə/υπενθύμιση· υπόμνηση

remit/rɪ'mɪt/εμβάζω

remittance/rɪ'mɪtəns/έμβασμα

remorse/rɪ'mɔ:s/τύψεις

remorseful/rɪ'mɔ:sfəl/μετανιωμένος

remote/rɪ'məʊt/απομακρυσμένος, μακρινός· απόμερος· ψυχρός, επιφυλακτικός

remote control/rɪˌməʊt kən'trəʊl/τηλεκοντρόλ

removable/rɪ'mu:vəbl/αποσπώμενος, αφαιρούμενος

removal/rɪ'mu:vəl/απομάκρυνση, αφαίρεση· μετακόμιση, αλλαγή κατοικίας· απόλυση, απομάκρυνση

remove/rɪ'mu:v/απομακρύνω (αφαιρώ, βγάζω, διώχνω, μεταφέρω)· μετακομίζω, μεταφέρομαι· απολύω, απομακρύνω

remover/rɪ'mu:və/καθαριστικό (για λεκέδες)

Renaissance/rɪ'neɪsəns/(η) Αναγέννηση

render/'rendə/καθιστώ, κάνω· αποδίδω, ερμηνεύω

rendezvous/'rɒndɪvu:/συνάντηση, ραντεβού· τόπος συνάντησης

renew/rɪ'nju:/ανανεώνω· επαναλαμβάνω, ξαναρχίζω

renewal/rɪ'nu:əl/ανανέωση

renovate/'renəveɪt/ανακαινίζω

renovation/ˌrenə'veɪʃən/ανακαίνιση

renowned/rɪ'naʊnd/διάσημος, ονομαστός, φημισμένος

rent/rent/ενοίκιο, νοίκι • νοικιάζω ▪ **rent out** νοικιάζω, εκμισθώνω

rental/rentl/νοίκι, μίσθωμα

reorganization, **-isation**/ri:ˌɔ:gənaɪ'zeɪʃən/αναδιοργάνωση

reorganize, **-ise** /ri:'ɔ:gənaɪz/αναδιοργανώνω

rep/rep/εμπορικός αντιπρόσωπος, πλασιέ

repair/rɪ'peə/επισκευάζω, επιδιορθώνω· επανορθώνω • επισκευή, επιδιόρθωση

repay/rɪ'peɪ/επιστρέφω (χρήματα), πληρώνω (χρέος), εξοφλώ· ανταποδίδω, ξεπληρώνω

repayment/rɪ'peɪmənt/εξόφληση· ανταπόδοση

repeat/rɪ'pi:t/επαναλαμβάνω ***repeat oneself*** επαναλαμβάνομαι **~ed** επανειλημμένος, επαναλαμβανόμενος **~edly** επανειλημμένως • επανάληψη (εκπομπής κ.τ.λ.)

repel/rɪ'pel/αποκρούω· απωθώ, προκαλώ αποστροφή σε

repent/rɪ'pent/μετανοώ, μετανιώνω

repentance/rɪ'pentəns/μεταμέλεια, μετάνοια

repertory/'repətəri/ρεπερτόριο

repetition/ˌrepɪ'tɪʃən/επανάληψη

replace/rɪ'pleɪs/ξαναβάζω στη θέση του· αναπληρώνω, αντικαθιστώ

replacement/rɪ'pleɪsmənt/αντικατάσταση· αντικαταστάτης, αναπληρωτής

reply/rɪ'plaɪ/απαντώ • απάντηση

report/rɪ'pɔ:t/έκθεση, αναφορά· ρεπορτάζ· *(σχολ.)* έλεγχος • αναφέρω, λέγω· παρουσιάζομαι· αναφέρω, καταγγέλλω· κάνω ρεπορτάζ· μεταδίδω, αναφέρω

reported speech/rɪˌpɔ:tɪd 'spi:tʃ/ πλάγιος λόγος

reporter/rɪ'pɔ:tə/ρεπόρτερ

represent/ˌreprɪ'zent/παριστάνω, απεικονίζω· εκπροσωπώ, αντιπροσωπεύω

representation/ˌreprɪzen'teɪʃən/εκπροσώπηση, αντιπροσώπευση· αναπαράσταση, απεικόνιση· **representations** παραστάσεις, διαμαρτυρίες

representative/ˌreprɪ'zentətɪv/αντιπροσωπευτικός • εκπρόσωπος, αντιπρόσωπος

repress/rɪ'pres/καταστέλλω, καταπνίγω· καταπιέζω

reproach/rɪ'prəʊtʃ/επιτίμηση, μομφή, κατηγορία • μέμφομαι, κατηγορώ, επικρίνω

reproachful/rɪ'prəʊtʃfəl/επιτιμητικός

reproduce/ˌri:prə'dju:s/αναπαράγω/-ομαι, πολλαπλασιάζω/-ομαι· αναπαράγω, αναπαριστώ

reproduction/ˌri:prə'dʌkʃən/αναπαραγωγή, πολλαπλασιασμός· ανατύπωση, αντιγραφή· αντίγραφο, ρεπροντιξιόν

reptile/'reptaɪl/ερπετό

republic/rɪ'pʌblɪk/δημοκρατία

republican/rɪ'pʌblɪkən/δημοκρατικός· ρεπουμπλικανικός • δημοκράτης· ρεπουμπλικάνος

repulse/rɪ'pʌls/απωθώ • απώθηση

repulsion/rɪ'pʌlʃən/αποστροφή, απέχθεια

repulsive/rɪ'pʌlsɪv/αποκρουστικός, αντιπαθητικός

reputable/'repjʊtəbl/ευυπόληπτος

reputation/repjʊ'teɪʃən/φήμη, όνομα, υπόληψη

request/rɪ'kwest/αίτηση, παράκληση· αίτημα· (ειδική μουσική) αφιέρωση • ζητώ, παρακαλώ

require/rɪ'kwaɪə/απαιτώ

requirement/rɪ'kwaɪəmənt/αξίωση, απαίτηση

rescue/'reskju:/σώζω, γλιτώνω • διάσωση

rescuer/'reskju:ə/σωτήρας· μέλος ομάδας διάσωσης

research/rɪ's3:tʃ, 'ri:s3:tʃ/έρευνα, μελέτη • ερευνώ, μελετώ, κάνω έρευνα

researcher/rɪ's3:tʃə/ερευνητής

resemblance/rɪ'zembləns/ομοιότητα

resemble/rɪ'zembl/μοιάζω

resent/rɪ'zent/δυσανασχετώ, αγανακτώ για

resentful/rɪ'zentfəl/πειραγμένος, θυμωμένος

resentment/rɪ'zentmənt/δυσαρέσκεια

reservation/ˌrezə'veɪʃən/επιφύλαξη· εξασφάλιση, κράτηση

reserve/rɪ'z3:v/κρατώ, κλείνω **reserved** α) επιφυλακτικός, συγκρατημένος β) κρατημένος, κλεισμένος • απόθεμα, αποθεματικό· επιφυλακτικότητα· αναπληρωματικός (παίκτης)

reservoir/'rezəvwa:/δεξαμενή

reside/rɪ'zaɪd/διαμένω, κατοικώ

residence/'rezɨdəns/κατοικία, σπίτι· διαμονή, παραμονή

resident/'rezɨdənt/κάτοικος, (ο) διαμένων

residential/ˌrezɨ'denʃəl/(αποτελούμενος) από κατοικίες, κατοικημένος

resign/rɪ'zaɪn/παραιτούμαι

resignation/ˌrezɪg'neɪʃən/παραίτηση

resin/'rezɨn/ρετσίνι

resist/rɪ'zɪst/ανθίσταμαι, αντιστέκομαι σε

resistance/rɪ'zɪstəns/αντίσταση

resistor/rɪ'zɪstə/*(ηλεκτρ.)* αντίσταση

resolute/'rezəlu:t/αποφασισμένος, αποφασιστικός

resolution/ˌrezə'lu:ʃən/αποφασιστικότητα· απόφαση

resolve/rɪ'zɒlv/αποφασίζω • απόφαση· αποφασιστικότητα

resort/rɪ'zɔ:t/θέρετρο • **resort to** καταφεύγω σε

resource/rɪ'zɔ:s -'sɔ:s/(πλουτοπαραγωγική) πηγή· **resources** πόροι, πρόσοδοι

resourceful/rɪ'zɔ:sfəl,-'sɔ:s-/πολυμήχανος, ευρηματικός

respect/rɪ'spekt/σεβασμός, εκτίμηση· άποψη· **respects** σέβη *with respect to* σε σχέση με • σέβομαι, εκτιμώ ~**ing** σχετικά με, όσον αφορά σε

respectable/rɪ'spektəbl/ευυπόληπτος, καθωσπρέπει

respectful/rɪ'spektfəl/πλήρης σεβασμού

respective/rɪ'spektɪv/αντίστοιχος ~**ly** αντιστοίχως

respiration/ˌrespəˈreɪʃən/αναπνοή, ανάσα

respirator/'respəreɪtə/μάσκα (οξυγόνου)

respiratory/rɪ'spɪrətəri/αναπνευστικός

respond/rɪ'spɒnd/αποκρίνομαι, απαντώ· αντιδρώ ▪ **respond to** αντιδρώ (θετικά)

response/rɪ'spɒns/απάντηση, απόκριση· ανταπόκριση, αντίδραση

responsibility/rɪˌspɒnsəˈbɪləti/ευθύνη· υπευθυνότητα

responsible/rɪ'spɒnsəbl/υπεύθυνος· υπαίτιος

responsibly/rɪ'spɒnsəbli/υπεύθυνα, με υπευθυνότητα

rest/rest/ανάπαυση, ξεκούραση· ακουμπιστήρι, βάση· (το) υπόλοιπο, (οι) υπόλοιποι • αναπαύω/-ομαι, ξεκουράζω/-ομαι· στηρίζω, ακουμπώ

restaurant/'restərɒnt/εστιατόριο

restless/'restləs/ανήσυχος· αεικίνητος, νευρικός

restoration/ˌrestə'reɪʃən/αποκατάσταση, επαναφορά· ανακαίνιση, αναπαλαίωση, αναστήλωση

restore/rɪ'stɔ:/αποδίδω, επιστρέφω· αναστηλώνω, αναπαλαιώνω· αποκαθιστώ, επαναφέρω

restorer/rɪ'stɔ:rə/συντηρητής (έργων τέχνης)

restrain/rɪ'streɪn/συγκρατώ

restraint/rɪ'streɪnt/συγκράτηση, αυτοέλεγχος

restrict/rɪ'strɪkt/περιορίζω

restriction/rɪ'strɪkʃən/περιορισμός

result/rɪ'zʌlt/προέρχομαι, απορρέω, προκύπτω ▪ **result in** καταλήγω σε, έχω ως αποτέλεσμα • αποτέλεσμα *as a result of...* συνεπεία τού...

resume, **résumé**/'rezjʊmeɪ, 'reɪ-/περίληψη, ανακεφαλαίωση· ☆ βιογραφικό σημείωμα

resurrection/ˌrezə'rekʃən/αναβίωση·

(η) Ανάσταση (του Χριστού)· (η) νεκρανάσταση

retail/'ri:teɪl/λιανική πώληση • λιανικός

retain/rɪ'teɪn/συγκρατώ, διατηρώ, κρατώ

retaliate/rɪ'tælieɪt/ανταποδίδω τα ίσα, εκδικούμαι

retaliation/rɪˌtæli'eɪʃən/εκδίκηση, αντίποινα

retard/rɪ'ta:d/επιβραδύνω, καθυστερώ **~ed** (πνευματικώς) καθυστερημένος

retina/'retɪnə/αμφιβληστροειδής (χιτώνας)

retinue/'retɪnju:/συνοδεία, ακολουθία

retire/rɪ'taɪə/αποσύρομαι, αποχωρώ, βγαίνω στη σύνταξη· αποστρατεύω/-ομαι **retired** α) συνταξιούχος β) απόστρατος

retirement/rɪ'taɪəmənt/συνταξιοδότηση, αποχώρηση (από την υπηρεσία), αποστρατεία

retort/rɪ'tɔ:t/πληρωμένη απάντηση • απαντώ εύστοχα

retreat/rɪ'tri:t/*(ιδ. για στρατό)* υποχωρώ· αποσύρομαι • υποχώρηση, οπισθοχώρηση· καταφύγιο, ησυχαστήριο

retrospect/'retrəspekt/*in retrospect* εκ των υστέρων

retrospective/ˌretrə'spektɪv/αναδρομικός

return/rɪ'tɜ:n/επιστρέφω, γυρίζω· επιστρέφω, δίνω πίσω· ανταποδίδω • επιστροφή, επάνοδος· επιστροφή, απόδοση· εισιτήριο μετ' επιστροφής *many happy returns (of the day)* να τα εκατοστήσεις, χρόνια πολλά

reunion/ri:'ju:njən/συγκέντρωση, αντάμωση

reunite/ˌri:ju:'naɪt/ξανασμίγω

rev/rev/μαρσάρω, γκαζάρω

reveal/rɪ'vi:l/αποκαλύπτω, φανερώνω, δείχνω, μαρτυρώ **~ing** αποκαλυπτικός

revelation/ˌrevə'leɪʃən/αποκάλυψη

revelry/'revəlri/διασκέδαση, γλεντοκόπι

revenge/rɪ'vendʒ/εκδικούμαι, παίρνω εκδίκηση *revenge oneself on sb.* εκδικούμαι κπ. • εκδίκηση

revenue/'revənju:/έσοδα, εισόδημα

Reverend/'revərənd/αιδεσιμότατος

reverse/rɪ'vɜ:s/αντίθετος, αντίστροφος· ανάστροφος • κινώ ή κινούμαι προς τα πίσω, κάνω όπισθεν· αντιστρέφω • (το) αντίθετο, (το) αντίστροφο· (η) ανάποδη, (η) πίσω πλευρά· *(για όχημα)* όπισθεν (ταχύτητα)

reversible/rɪ'vɜ:sɪbl/με δύο όψεις, ντουμπλ φας

review/rɪ'vju:/ανασκόπηση, εξέταση· κριτική • επανεξετάζω· κρίνω, γράφω κριτική

reviewer/rɪ'vju:ə/κριτικός, βιβλιοκρίτης

revise/rɪ'vaɪz/ξαναδιαβάζω, ξαναμελετώ· επανεξετάζω, αναθεωρώ

revised αναθεωρημένος, διορθωμένος

revision/rɪ'vɪʒən/επανεξέταση, αναθεώρηση· βελτιωμένη έκδοση· επανάληψη (μαθήματος)

revival/rɪ'vaɪvəl/αναβίωση

revive/rɪ'vaɪv/αναζωογονώ/-ούμαι, αναζωπυρώνω/-ομαι· συνεφέρνω, συνέρχομαι· αναβιώνω

revolt/rɪ'vəʊlt/επαναστατώ, ξεσηκώνομαι • εξέγερση

revolution/ˌrevə'lu:ʃən/επανάσταση· περιστροφή, περιφορά· στροφή, περιστροφική κίνηση

revolutionary/ˌrevə'lu:ʃənəri/επαναστατικός • επαναστάτης

revolve/rɪ'vɒlv/περιστρέφω/-ομαι **revolving** περιστρεφόμενος

revolver/rɪ'vɒlvə/περίστροφο, ρεβόλβερ

revue/rɪ'vju:/(θεατρική) επιθεώρηση

reward/rɪ'wɔ:d/ανταμείβω **~ing** που (σε) ανταμείβει, που αξίζει τον κόπο • ανταμοιβή, αμοιβή· αμοιβή, εύρετρα

rewind/ri:'waɪnd/ξανατυλίγω, γυρίζω

rheumatism/'ru:mətɪzəm/ρευματισμός/-οί

rhinoceros/raɪ'nɒsərəs/ρινόκερος

rhyme/raɪm/ομοιοκαταληξία, ρίμα· ομοιοκατάληκτη λέξη· ποιηματάκι (με ομοιοκατάληκτους στίχους) • ομοιοκαταληκτώ

rhythm/'rɪðəm/ρυθμός, μέτρο

rhythmic/'rɪðmɪk/ρυθμικός

rib/rɪb/πλευρό, παΐδι

ribbon/'rɪbən/κορδέλα· ταινία

rice/raɪs/ρύζι

rich/rɪtʃ/πλούσιος· εύφορος, γόνιμος· *(για τροφή)* πλούσιος, με άφθονα συστατικά • (οι) πλούσιοι· **riches** πλούτη, πλούτος

rickety/'rɪkəti/ξεχαρβαλωμένος

rid/rɪd/**rid of** απαλλάσσω από *get rid of sb./sth.* απαλλάσσομαι, ξεφορτώνομαι κπ./κτ.

riddle/rɪdl/γρίφος, αίνιγμα

ride/raɪd/ιππεύω, καβαλικεύω· οδηγώ (ποδήλατο κ.τ.λ.) **riding** ιππασία, καβάλα • διαδρομή, περίπατος (με άλογο, ποδήλατο κ.τ.λ.), βόλτα

rider/'raɪdə/αναβάτης

ridge/rɪdʒ/ράχη (υψώματος)· κορυφογραμμή

ridicule/'rɪdəkju:l/εμπαιγμός, περίγελος, χλεύη • χλευάζω

ridiculous/rɪ'dɪkjʊləs/γελοίος

rifle/'raɪfəl/τουφέκι

rig/rɪg/γεωτρύπανο· πλατφόρμα άντλησης πετρελαίου

right/raɪt/δεξιός· ορθός, σωστός· κατάλληλος· σωστός, μη λανθασμένος *be right* έχω δίκιο *be in the right* έχω το δίκιο με το μέρος μου *that's right* σωστά!, έχεις δίκιο! • (το) δεξιό, (η) δεξιά πλευρά· (η) δεξιά, (οι) Συντηρητικοί· δικαίωμα •

δεξιά· ακριβώς, εντελώς· εντελώς, πέρα ως πέρα, μέχρι· κατ' ευθείαν, ίσια· σωστά, καλά *(all) right* σωστά, εντάξει *right away* ευθύς αμέσως *right now* ακριβώς τώρα, αυτή τη στιγμή • φέρνω στα ίσια *right a wrong* επανορθώνω άδικο

right angle/ˈraɪt ˌæŋgl/ορθή γωνία

right-angled/ˈraɪt ˌæŋgld/ορθογώνιος

righteous/ˈraɪtʃəs/δίκαιος

rightful/ˈraɪtfəl/νόμιμος, δικαιωματικός

right-hand/ˌraɪt ˈhænd/δεξιός

right-handed/ˌraɪtˈhændɨd/δεξιόχειρας

rightist/ˈraɪtɨst/δεξιός, της Δεξιάς

rightly/ˈraɪtli/ορθώς, σωστά· δίκαια· δικαιολογημένα

right of way/ˌraɪt əv ˈweɪ/προτεραιότητα (στην κυκλοφορία οχημάτων)

rigid/ˈrɪdʒɨd/άκαμπτος· αυστηρός, άτεγκτος

rim/rɪm/χείλος, άκρη

ring/rɪŋ/δαχτυλίδι· δακτύλιος· κρίκος, χαλκάς· παλαίστρα, ριγκ, αρένα (ταυρομαχιών) *give sb. a ring* τηλεφωνώ σε κπ. • χτυπώ (κουδούνι, καμπάνα)· κουδουνίζω, βγάζω μεταλλικό ήχο· καλώ χτυπώντας το κουδούνι· κουδουνίζω, βουίζω, αντηχώ· τηλεφωνώ σε ▪ **ring back** τηλεφωνώ αργότερα **ring off** κλείνω το τηλέφωνο **ring up** τηλεφωνώ

ring road/ˈrɪŋ rəʊd/περιφερειακός δρόμος

rink/rɪŋk/πίστα παγοδρομίου ή πατινάζ

rinse/rɪns/ξεπλένω, ξεβγάζω • ξέπλυμα, ξέβγαλμα· διάλυμα στοματικής πλύσης

riot/ˈraɪət/ταραχή, οχλοκρατική συγκέντρωση • αποχαλινώνομαι, οργιάζω· διαδηλώνω βίαια, κάνω φασαρίες

rioter/ˈraɪətə/ταραχοποιός

rip/rɪp/σχίζω/-ομαι, ξεσχίζω/-ομαι ▪ **rip off** χρεώνω υπερβολικά, μαδάω • σκίσιμο

ripe/raɪp/ώριμος, γινωμένος

ripen/ˈraɪpən/ωριμάζω, γίνομαι

rip-off/ˈrɪpɒf/υπερβολική χρέωση, σκέτη κλεψιά

rise/raɪz/υψώνομαι, ανεβαίνω· σηκώνομαι όρθιος· ανατέλλω, βγαίνω· υψώνομαι, οξύνομαι· ανεβαίνω, ακριβαίνω· υψώνομαι, ανηφορίζω· σηκώνομαι, ξυπνώ· ανέρχομαι (κοινωνικώς), προάγομαι· φουσκώνω (με τη μαγιά) • άνοδος, αύξηση· αύξηση (μισθού)· ύψωμα

risk/rɪsk/κίνδυνος, ρίσκο *run a risk* ριψοκινδυνεύω • διακινδυνεύω, ρισκάρω

risky/ˈrɪski/ριψοκίνδυνος, παρακινδυνευμένος

rite/raɪt/ιεροτελεστία

ritual/ˈrɪtʃʊəl/ιεροτελεστία • τελετουργικός

rival/ˈraɪvəl/αντίπαλος, ανταγωνιστής, αντίζηλος • συναγωνίζομαι, ανταγωνίζομαι

rivalry/'raivəlri/ανταγωνισμός, συναγωνισμός

river/'rivə/ποτάμι

riverside/'rivəsaid/όχθη, ακροποταμιά

road/rəʊd/οδός, δρόμος

roadside/'rəʊdsaid/κράσπεδο, άκρη δρόμου

road sign/'rəʊd sain/οδικό σήμα, πινακίδα

road tax/'rəʊd tæks/τέλη κυκλοφορίας

roadway/'rəʊdwei/κατάστρωμα δρόμου

roam/rəʊm/τριγυρίζω, περιφέρομαι

roar/rɔ:/ουρλιάζω, ωρύομαι· βρυχιέμαι, μουγκρίζω· βροντώ, βουίζω • ουρλιαχτό, κραυγή· βουητό, οχλοβοή· μουγκρητό, βρυχηθμός· κρότος, βρόντος· ξέσπασμα (γέλιου)

roast/rəʊst/ψήνω/-ομαι· καβουρντίζω/-ομαι • ψητό • ψητός

roaster/'rəʊstə/ψηστιέρα

rob/rɒb/ληστεύω, κλέβω

robber/'rɒbə/κλέφτης, ληστής

robbery/'rɒbəri/κλοπή, ληστεία

robot/'rəʊbɒt/ρομπότ

robust/rə'bʌst, 'rəʊbʌst/σφριγηλός, γερός

rock/rɒk/λικνίζω/-ομαι, κουνώ/-ιέμαι· κλυδωνίζω (πλοίο), κλυδωνίζομαι • βράχος, πέτρα· σκληρή μεγάλη καραμέλα

rocket/'rɒkɪt/πύραυλος, ρουκέτα· φωτοβολίδα • αυξάνομαι κατακόρυφα, ανέρχομαι στα ύψη

rocking chair/'rɒkiŋ tʃeə/κουνιστή πολυθρόνα

rocking horse/'rɒkiŋ hɔ:s/κουνιστό (ξύλινο) αλογάκι

rock'n'roll/ˌrɒk ən 'rəʊl/μουσική ροκ

rocky/'rɒki/βραχώδης, πετρώδης

rod/rɒd/βέργα· καλάμι (ψαρέματος)

rodent/'rəʊdənt/τρωκτικό

roe/rəʊ/αβγά (ψαριών), αβγοτάραχο

roe deer/'rəʊ diə/ζαρκάδι

rogue/rəʊg/κακοποιός, κάθαρμα· κατεργάρης, πειραχτήρι

role/rəʊl/ρόλος

roll/rəʊl/κύλινδρος, ρολός, τόπι· ψωμάκι, φραντζολάκι· κατάλογος ονομάτων· παρατεταμένος ήχος • κυλώ, κυλιέμαι, τσουλάω· κυλώ, κινούμαι αργά και σταθερά· τυλίγω, κάνω ρολό· κλυδωνίζω/-ομαι· αντηχώ, βροντώ

roller/'rəʊlə/κύλινδρος, οδοστρωτήρας· ρόλεϊ

rolling pin/'rəʊliŋ pin/πλάστης

Roman/'rəʊmən/Ρωμαίος • ρωμαϊκός

Roman Catholic/ˌrəʊmən'kæθəlik/ ρωμαιοκαθολικός

romance/rəʊ'mæns, 'rəʊmæns/ αισθηματικό μυθιστόρημα, ρομάντζο· ειδύλλιο, αίσθημα

romantic/rəʊ'mæntik/ρομαντικός

Rome/rəʊm/Ρώμη

roof/ru:f/στέγη, σκεπή

roof-rack/'ru:f ræk/σχάρα αυτοκινήτου

room/ru:m, rʊm/δωμάτιο· χώρος· περιθώριο, πεδίο δράσης

roommate/'ru:ˌmeɪt, 'rʊm-/συγκάτοικος

room service/'ru:m ˌs3:vɪs/εξυπηρέτηση πελατών στο δωμάτιο

roomy/'ru:mi/ευρύχωρος

roost/ru:st/κούρνια • κουρνιάζω

rooster/'ru:stə/πετεινός, κόκορας

root/ru:t/ρίζα • ριζώνω, πιάνω ρίζες

rope/rəʊp/σχοινί • δένω με σκοινί

rosary/'rəʊzəri/κομποσκοίνι

rose/rəʊz/τριαντάφυλλο· (χρώμα) ροζ, τριανταφυλλί • τριανταφυλλής, ρόδινος, ροζ

rosemary/'rəʊzməri/δεντρολίβανο

rostrum/'rɒstrəm/εξέδρα, βήμα

rosy/'rəʊzi/ροδαλός

rot/rɒt/σαπίζω • σήψη, σαπίλα

rotary/'rəʊtəri/περιστροφικός

rotate/rəʊ'teɪt/περιστρέφω/-ομαι· εναλλάσσω/-ομαι

rotation/rəʊ'teɪʃən/περιστροφή· περιτροπή, εναλλαγή

rotten/rɒtn/σάπιος, σαπισμένος

rouble/ru:bl/ρούβλι

rouge/ru:ʒ/ρουζ • βάζω ρουζ

rough/rʌf/ανώμαλος, άγριος, τραχύς· σκληρός, βάναυσος, άξεστος· θυελλώδης, φουρτουνιασμένος· πρόχειρος· χονδρικός, κατά προσέγγιση ~**ly** α) απότομα, βίαια β) χονδρικώς, κατά προσέγγιση γ) χονδροειδώς, πρόχειρα

roughen/'rʌfən/τραχύνω, γίνομαι τραχύς, αγριεύω· *(για θάλασσα)* αγριεύω

roulette/ru:'let/ρουλέτα

round/raʊnd/στρογγυλός· σφαιρικός· στρογγυλός, γεμάτος • κυκλικά, περιστροφικά *round about* περίπου • γύρω από· περίπου, πάνω-κάτω • κύκλος, γύρος· γύρος, περιοδεία· κέρασμα παρέας, γύρος· *(αθλ.)* γύρος· ροδέλα

roundabout/'raʊndəbaʊt/μικρή πλατεία, κυκλική συμβολή οδών· περιστρεφόμενη εξέδρα με αλογάκια ή αυτοκινητάκια • έμμεσος, πλάγιος

round trip/ˌraʊnd 'trɪp/ταξίδι μετ' επιστροφής

roundup/'raʊndʌp/ανακεφαλαίωση

rouse/raʊz/αφυπνίζω, ξυπνώ· διεγείρω, ξεσηκώνω

route/ru:t/πορεία, διαδρομή· δρομολόγιο • κατευθύνω, στέλνω από συγκεκριμένη διαδρομή

routine/ru:'ti:n/ρουτίνα • ρουτινιάρικος

row/rəʊ/κωπηλατώ, κινώ (βάρκα) με κουπί· μεταφέρω με βάρκα, ταξιδεύω με βάρκα· φιλονικώ, καβγαδίζω • σειρά, γραμμή *in a row* στη σειρά, ο ένας μετά τον άλλον· βαρκάδα· καβγάς· θόρυβος, σαματάς

royal/'rɔɪəl/βασιλικός

royalist/'rɔɪəlɪst/βασιλικός, βασιλόφρων

royalty/'rɔɪəlti/βασιλεία˙ **royalties** συγγραφικά δικαιώματα

rub/rʌb/τρίβω˙ τρίβομαι, βρίσκω (πάνω σε κτ.) • τρίψιμο

rubber/'rʌbə/καουτσούκ˙ γομολάστιχα

rubber band/ˌrʌbə 'bænd/λαστιχάκι

rubbish/'rʌbɪʃ/σκουπίδια˙ ανοησίες

ruby/'ru:bi/ρουμπίνι˙ ρουμπινί (χρώμα) • ρουμπινένιος, ρουμπινής

rucksack/'rʌksæk/σακίδιο

rude/ru:d/αγενής

rudimentary/ˌru:dɪ'mentəri/στοιχειώδης, βασικός˙ υποτυπώδης

ruffle/rʌfl/ταράζω την ηρεμία˙ ανακατεύω, αναμαλλιάζω

rug/rʌg/χαλάκι

rugby/'rʌgbi/ράγκμπι

ruin/'ru:ɪn/καταστροφή˙ ερείπιο, χάλασμα • καταστρέφω, ρημάζω, ερειπώνω˙ καταστρέφω (οικονομικά)

ruinous/'ru:ɪnəs/καταστρεπτικός, ολέθριος

rule/ru:l/κανονισμός˙ κανόνας *as a rule* κατά κανόνα, συνήθως˙ εξουσία, κυριαρχία˙ χάρακας • κυβερνώ, διοικώ˙ αποφαίνομαι, αποφασίζω˙ χαρακώνω

ruler/'ru:lə/κυβερνήτης˙ χάρακας

rum/rʌm/ρούμι

rumble/rʌmbl/βροντώ υπόκωφα, *(για στομάχι)* γουργουρίζω • υπόκωφος θόρυβος, βροντή (κεραυνού), γουργούρισμα (εντέρων)

rummage/'rʌmɪdʒ/ψάχνω, σκαλίζω, ψαχουλεύω • ψάξιμο, σκάλισμα

rumour/'ru:mə/φήμη, διάδοση

rump steak/ˌrʌmp 'steɪk/κόντρα φιλέτο

run/rʌn/τρέχω˙ θέτω σε κίνηση (μηχανή), *(για μηχανή)* λειτουργώ, εργάζομαι˙ ρέω, κυλώ, τρέχω˙ διευθύνω, διατηρώ˙ *(για χρώμα)* ξεβάφω, βγαίνω στο πλύσιμο *run short of sth.* έχω έλλειψη από κτ. ▪ **run across** συναντώ, βρίσκω (τυχαία) **run after** κυνηγώ, καταδιώκω **run away** φεύγω, το σκάω **run away with** α) βουτάω, κλέβω β) κλέβομαι με **run down** χτυπώ και τραυματίζω με όχημα, πέφτω πάνω σε **run in** ροντάρω, στρώνω **run into** α) συγκρούομαι με, τρακάρω β) συναντώ τυχαία γ) αντιμετωπίζω (δυσκολία) **run out** α) λήγω, τελειώνω β) εξαντλούμαι **run out of** εξαντλώ, μένω από **run over** χτυπώ, κόβω, πατώ **~ning** α) τρεχούμενος β) τρέχων γ) (κατάλληλος) για τρέξιμο **~ning** συνεχώς • δρόμος, τρέξιμο˙ περίπατος, βόλτα˙ δρόμος, διαδρομή˙ φευγάτος πόντος (κάλτσας)

rung/rʌŋ/σκαλοπάτι (κινητής σκάλας)

runner/'rʌnə/δρομέας

runner bean/ˌrʌnə 'bi:n/φρέσκο φασολάκι

runner-up/ˌrʌnər ˈʌp/δεύτερος επιλαχών

running commentary/ˈrʌnɪŋ ˌkɒmәntәri/ζωντανή περιγραφή

runway/ˈrʌnweɪ/διάδρομος (προσγείωσης και απογείωσης)

rupee/ruːˈpiː/ρουπία

rural/ˈruәrәl/αγροτικός· εξοχικός

rush/rʌʃ/ορμώ· σπεύδω· βιάζω (κπ.), επισπεύδω· μεταφέρω επειγόντως • σπουδή, βιασύνη· ξαφνική ή γρήγορη κίνηση

rush hour/ˈrʌʃ aʊә/ώρα αιχμής

rusk/rʌsk/παξιμάδι

Russia/ˈrʌʃә/Ρωσία

Russian/ˈrʌʃәn/Ρώσος· η ρωσική γλώσσα • ρωσικός

rust/rʌst/σκουριά • σκουριάζω

rustic/ˈrʌstɪk/αγροτικός, εξοχικός, χωριάτικος

rustle/rʌsl/τρίζω, θροΐζω • θρόισμα, τρίξιμο

rusty/ˈrʌsti/σκουριασμένος

rut/rʌt/αυλακιά

rye/raɪ/σίκαλη

S, s

sabotage/'sæbəta:ʒ/δολιοφθορά, σαμποτάζ • σαμποτάρω

saboteur/ˌsæbə'tɜ:/δολιοφθορέας, σαμποτέρ

sack/sæk/σακί, τσουβάλι· απόλυση • απολύω

sacrament/'sækrəmənt/*(εκκλ.)* μυστήριο

sacred/'seɪkrɪ̈d/ιερός

sacrifice/'sækrɪ̈faɪs/θυσία • θυσιάζω

sacrilege/'sækrɪ̈lɪdʒ/ιεροσυλία

sacrilegious/ˌsækrɪ̈'lɪdʒəs/ιερόσυλος, βέβηλος

sad/sæd/θλιμμένος, λυπημένος, μελαγχολικός· λυπηρός, δυσάρεστος· θλιβερός **~ly** α) μελαγχολικά β) δυστυχώς

sadden/'sædən/θλίβω, λυπώ

saddle/sædl/σέλα· σαμάρι • σελώνω, σαμαρώνω ▪ **saddle with** φορτώνω, επιβαρύνω με

sadism/'seɪdɪzəm/σαδισμός

sadist/'seɪdɪ̈st/σαδιστής

sadness/'sædnɪ̈s/θλίψη, μελαγχολία

safari/sə'fa:ri/σαφάρι

safe/seɪf/χρηματοκιβώτιο • ασφαλής, προφυλαγμένος· σώος· ακίνδυνος· ασφαλής, σίγουρος **~ly** α) χωρίς κίνδυνο β) με ασφάλεια

safe-deposit box/'seɪf dɪpɒsɪ̈t ˌbɒks/τραπεζική θυρίδα

safeguard/'seɪfga:d/διασφαλίζω, διαφυλάσσω • ασφάλεια, προστασία, εγγύηση

safety/'seɪfti/ασφάλεια

safety belt/'seɪfti belt/ζώνη ασφαλείας

safety razor/'seɪfti ˌreɪzə/ξυριστική μηχανή

sag/sæg/βουλιάζω, κάνω κοιλιά

Sagittarius/ˌsædʒɪ̈'teəriəs/*(αστρ.)* Τοξότης

sail/seɪl/ιστίο, πανί· ταξίδι αναψυχής με ιστιοφόρο • αρμενίζω, πλέω· αποπλέω, αναχωρώ· ταξιδεύω με πλοίο· κυβερνώ (πλοίο) **~ing** α) πλεύση, πλους β) απόπλους γ) ιστιοπλοΐα, ιστιοδρομία

sailing ship/'seɪlɪŋ ʃɪp/ιστιοφόρο

sailor/'seɪlə/ναυτικός, ναύτης

saint/seɪnt/άγιος

saintly/'seɪntli/άγιος, ενάρετος

sake/seɪk/*for the sake of* χάριν *for sb.'s sake* για το χατίρι κάποιου *for God's/goodness/pity's sake* για όνομα του Θεού

salad/'sæləd/σαλάτα

salad dressing/'sæləd ˌdresɪŋ/λαδόξιδο, γαρνιτούρα σαλάτας

salaried/'sælərid/μισθωτός

salary/'sæləri/μισθός

sale/seɪl/πώληση· ξεπούλημα, έκπτωση *for sale* για πούλημα, πωλείται *on sale* α) που πωλείται, που διατίθεται β) ☆ σε έκπτωση

salesman/ˈseɪlzmən/πωλητής

saleswoman/ˈseɪlzˌwʊmən/πωλήτρια

salmon/ˈsæmən/σολομός· (χρώμα) σωμόν

saloon/səˈlu:n/κλειστό επιβατικό αυτοκίνητο· πολυτελής αίθουσα σε αγγλικό ποτοπωλείο· σαλόνι (πλοίου)

salt/sɔ:lt/αλάτι • αλατίζω • αλμυρός, αλατισμένος

salt cellar/ˈsɔ:lt ˌselə/αλατιέρα

salute/səˈlu:t/χαιρετίζω· αποδίδω τιμές • (στρατιωτικός) χαιρετισμός· απόδοση τιμών

same/seɪm/ίδιος, (ο) αυτός, όμοιος *at the same time* ταυτοχρόνως, συγχρόνως *all the same* παρ' όλα αυτά

sample/sa:mpl/δείγμα

sanctuary/ˈsæŋktʃʊəri/ιερό (εκκλησίας)· άσυλο

sand/sænd/άμμος

sandal/sændl/σανδάλι, πέδιλο

sand dune/ˈsænd dju:n/☞ DUNE

sandpaper/ˈsændˌpeɪpə/γυαλόχαρτο • τρίβω με γυαλόχαρτο

sandstorm/ˈsændstɔ:m/αμμοθύελλα

sandwich/ˈsænwɪdʒ/σάντουιτς

sandy/ˈsændi/αμμώδης

sane/seɪn/υγιής διανοητικά· λογικός, συνετός

sanitary/ˈsænɪ̵təri/υγιεινός

sanity/ˈsænɪ̵ti/πνευματική υγεία· σύνεση, σωφροσύνη

Santa Claus/ˈsæntə klɔ:z/Άγιος Νικόλαος (άγιος, αντίστοιχος προς το δικό μας Αϊ-Βασίλη)

sapphire/ˈsæfaɪə/ζαφείρι

sarcastic/sa:ˈkæstɪk/σαρκαστικός

sardine/ˌsa:ˈdi:n/σαρδέλα

Satan/ˈseɪtən/Σατανάς

satanic/səˈtænɪk/σατανικός, διαβολικός

Satanism/ˈseɪtənɪzəm/σατανισμός

satchel/ˈsætʃəl/σχολική τσάντα

satellite/ˈsætɪ̵laɪt/δορυφόρος

satellite dish/ˈsætɪ̵laɪt ˌdɪʃ/δορυφορική κεραία

satin/ˈsætɪ̵n/σατέν • σατινένιος

satire/ˈsætaɪə/σάτιρα

satiric/səˈtɪrɪk/σατιρικός

satirize, -ise/ˈsætɪ̵raɪz/σατιρίζω

satisfaction/ˌsætɪ̵sˈfækʃən/ικανοποίηση

satisfactory/ˌsætɪ̵sˈfæktəri/ικανοποιητικός

satisfy/ˈsætɪ̵sfaɪ/ικανοποιώ **satisfied** ικανοποιημένος **satisfying** ικανοποιητικός

Saturday/ˈsætədi, -deɪ/Σάββατο

Saturn/ˈsætən/Κρόνος

sauce/sɔ:s/σάλτσα

sauce boat/ˈsɔ:s bəʊt/σαλτσιέρα

saucepan/ˈsɔ:spən,-pæn/κατσαρόλα

saucer/ˈsɔ:sə/πιατάκι

Saudi/ˈsaʊdi/Σαουδάραβας

Saudi Arabia/ˌsaudi əˈreɪbiə/Σαουδική Αραβία

sausage/ˈsɒsɪdʒ/λουκάνικο

savage/ˈsævɪdʒ/άγριος, σκληρός· πρωτόγονος, απολίτιστος • άγριος, πρωτόγονος

save/seɪv/σώζω, γλιτώνω· φυλάω, βάζω κατά μέρος· αποταμιεύω· απαλλάσσω (κόπου, δαπάνης), γλιτώνω· εξοικονομώ· αποκρούω ▪ **save up** βάζω χρήματα στην άκρη **saving** αποταμίευση, εξοικονόμηση **savings** οικονομίες, αποταμιεύσεις

savings account/ˈseɪvɪŋz əˌkaʊnt/ λογαριασμός ταμιευτηρίου

saviour/ˈseɪvjə/σωτήρας

saw/sɔ:/πριόνι • πριονίζω/-ομαι

sawdust/ˈsɔ:dʌst/πριονίδι

sax/sæks/σαξόφωνο

Saxon/ˈsæksən/Σάξονας • σαξονικός

saxophone/ˈsæksəfəʊn/σαξόφωνο

saxophonist/sækˈsɒfənɪst/σαξοφωνίστας

say/seɪ/λέγω· λέγω, δείχνω *that is to say* με άλλα λόγια, δηλαδή *they say* λέγεται, λένε *to say nothing of...* χωρίς να υπολογίσουμε, άσε πια... **~ing** ρητό, απόφθεγμα *it goes without saying* είναι αυτονόητο, ούτε λόγος! • λόγος, δικαίωμα έκφρασης γνώμης

scaffolding/ˈskæfəldɪŋ/σκαλωσιά

scald/skɔ:ld/καίω **~ing** καυτός, ζεματιστός

scale/skeɪl/κλίμακα· σειρά υποδιαιρέσεων οργάνου, διαβάθμιση· **scales** ζυγαριά, πλάστιγγα· κλίμακα, σκάλα· λέπι· πουρί • σκαρφαλώνω

scalp/skælp/τριχωτό δέρμα του κεφαλιού

scalpel/ˈskælpəl/νυστέρι

scan/skæn/εξετάζω ή διαβάζω στα γρήγορα· ερευνώ, ανιχνεύω, ψάχνω· *(πληρ.)* σαρώνω

scandal/skændl/σκάνδαλο

scandalize, -ise/ˈskændəlˌaɪz/σκανδαλίζω

scandalous/ˈskændələs/σκανδαλώδης

Scandinavia/skædɪˈneɪviə/Σκανδιναβία

Scandinavian/ˌskændɪˈneɪviən/ Σκανδιναβός • σκανδιναβικός

scanner/ˈskænə/συσκευή σάρωσης· εξερευνητής, ραντάρ

scapegoat/ˈskeɪpgəʊt/εξιλαστήριο θύμα

scar/ska:/ουλή, σημάδι • αφήνω ουλή, σημαδεύω

scarab/ˈskærəb/σκαραβαίος

scarce/skeəs/σπάνιος, λιγοστός **~ly** α) μόλις, σχεδόν καθόλου β) ασφαλώς όχι, και βέβαια δεν

scarcity/ˈskeəsɪti/σπανιότητα, έλλειψη

scare/skeə/τρομάζω, φοβίζω **scared** έντρομος, τρομαγμένος • φόβος, τρόμος, τρομάρα

scarecrow/ˈskeəkrəʊ/σκιάχτρο

scarf/ska:f/κασκόλ

scarlet/ˈska:lɡ̇t/κόκκινο της φωτιάς • κατακόκκινος

scatter/ˈskætə/διασκορπίζω/-ομαι, διαλύω/-ομαι· σκορπίζω, ρίχνω σκορπώντας **~ed** α) σκορπισμένος, σκόρπιος β) διάσπαρτος, αραιός

scenario/sɡ̇ˈna:riəʊ/σενάριο

scenarist/sɡ̇ˈna:rɡ̇st, ˈsi:nə-/σεναριογράφος

scene/si:n/σκηνή· σκηνή (χώρος όπου διαδραματίζεται κτ.)· σκηνή, επεισόδιο

scenery/ˈsi:nəri/σκηνικά· τοπίο

scenic/ˈsi:nɪk/γραφικός

scent/sent/άρωμα· ίχνος, οσμή • οσφραίνομαι, μυρίζομαι· προαισθάνομαι· αρωματίζω **~ed** α) αρωματισμένος β) αρωματικός

sceptic/ˈskeptɪk/σκεπτικιστής, δύσπιστος

scepticism/ˈskeptɡ̇sɪzəm/σκεπτικισμός

schedule/ˈʃedju:l, ˈske-/σχέδιο, πρόγραμμα, χρονοδιάγραμμα • προγραμματίζω

scheme/ski:m/σχέδιο, πρόγραμμα· μηχανορραφία, πλεκτάνη, κόλπο • μηχανορροφώ, σχεδιάζω

scholar/ˈskɒlə/λόγιος, πολυμαθής· υπότροφος

scholarship/ˈskɒləʃɪp/υποτροφία

school/sku:l/σχολείο· σχολή· αγέλη (ψαριών)

schoolboy/ˈsku:lbɔɪ/μαθητής

schoolgirl/ˈsku:lgɜ:l/μαθήτρια

school report/ˌsku:l rɪˈpɔ:t/έλεγχος (με την πρόοδο των μαθητών)

schoolteacher/ˈsku:l ˌti:ʃə/δάσκαλος (σε σχολείο)

schoolwork/ˈsku:l wɜ:k/σχολική εργασία, μαθήματα του σχολείου

science/ˈsaɪəns/επιστήμη

science fiction/ˌsaɪəns ˈfɪkʃən/έργα επιστημονικής φαντασίας

scientific/ˌsaɪənˈtɪfɪk/επιστημονικός

scientist/ˈsaɪəntɡ̇st/επιστήμονας

scissors/ˈsɪzəz/ψαλίδι

scoff/skɒf/χλευάζω, κοροϊδεύω • χλευασμός, κοροϊδία

scold/skəʊld/κατσαδιάζω

scoop/sku:p/σέσουλα· δημοσιογραφική επιτυχία, λαβράκι

scooter/ˈsku:tə/μοτοσακό, σκούτερ· πατίνι

scope/skəʊp/εύρος (γνώσεων κ.τ.λ.), όριο (αντιλήψεως), σφαίρα· περιθώριο, ακτίνα δράσης

scorch/skɔ:tʃ/καίω/-γομαι ελαφρά, καψαλίζω/-ομαι, τσουρουφλίζω/-ομαι • καψάλισμα, τσουρούφλισμα

score/skɔ:/αποτέλεσμα, βαθμολογία, σκορ • κερδίζω (πόντους, σημεία), σημειώνω (τέρμα), σκοράρω, *(στο μπάσκετ)* βάζω καλάθι· συγκεντρώνω βαθμολογία, βαθμολογούμαι

scorer/'skɔ:rə/σκόρερ

scorn/skɔ:n/περιφρόνηση • περιφρονώ

scornful/'skɔ:nfəl/περιφρονητικός

Scorpio/'skɔ:piəʊ/*(αστρ.)* Σκορπιός

scorpion/'skɔ:piən/σκορπιός

Scot/skɒt/Σκότος, Σκοτσέζος

Scotch/skɒtʃ/ουίσκι

Scotland/'skɒtlənd/Σκοτία

Scotsman/'skɒtsmən/Σκοτσέζος

Scotswoman/'skɒts,wʊmən/Σκοτσέζα

Scottish/'skɒtɪʃ/σκοτσέζικος

scout/skaʊt/ανιχνευτής· και **boy-scout** πρόσκοπος· προσκοπίνα

scowl/skaʊl/κατσουφιάζω • κατσούφιασμα

scramble/skræmbl/σκαρφαλώνω • σκαρφάλωμα· συνωστισμός, σπρωξίδι

scrap/skræp/κομματάκι, θρύψαλο· παλιοσίδερα • πετώ (ως άχρηστο)

scrape/skreɪp/ξύνω, λειαίνω ξύνω, καθαρίζω· (ξε)γδέρνω· ξύνω, περνώ ξυστά • ξύσιμο, τρίψιμο· γδάρσιμο

scratch/skrætʃ/γρατσουνίζω, ξεγδέρνω· ξύνω • αμυχή, νυχιά, ξέγδαρμα· ξύσιμο

scrawny/'skrɔ:ni/κοκαλιάρης

scream/skri:m/στριγκλίζω • στριγκλιά

screech/skri:tʃ/στριγκλίζω • στριγκλιά, τσίριγμα· στρίγκλισμα (φρένων)

screen/skri:n/προπέτασμα· χώρισμα, παραβάν· σήτα· οθόνη· (ο) κινηματογράφος • καλύπτω, προστατεύω (με προπέτασμα)· τοποθετώ προστατευτικό πλέγμα σε, χωρίζω (με παραβάν)· *(κινημ., τηλεόρ.)* προβάλλω

screenplay/'skri:npleɪ/κινηματογραφικό σενάριο

screenwriter/'skri:n,raɪtə/σεναριογράφος

screw/skru:/βίδα • βιδώνω

screwdriver/'skru:,draɪvə/κατσαβίδι

scribble/skrɪbl/γράφω βιαστικά· μουντζουρώνω

script/skrɪpt/κείμενο, σκριπτ, σενάριο

scriptwriter/'skrɪpt,raɪtə/σεναριογράφος

scrub/skrʌb/καθαρίζω με βούρτσα, τρίβω • καθάρισμα με βούρτσα, τρίψιμο

scruple/skru:pl/ενδοιασμός, ηθικός φραγμός

sculptor/'skʌlptə/γλύπτης

sculpture/'skʌlptʃə/γλυπτική· γλυπτό • γλύφω, σκαλίζω

scythe/saɪð/δρεπάνι

sea/si:/θάλασσα· (λαο)θάλασσα, πλήθος, σωρός

seabed/'si:bed/θαλάσσιος βυθός

seabird/'si: bɜ:d/θαλασσοπούλι

seafood/'si:fu:d/θαλασσινά

seafront/'si:frʌnt/παραλία (πόλης)

seagull/'si:gʌl/γλάρος

seahorse/ˈsi:hɔ:s/ιππόκαμπος

seal/si:l/σφραγίζω • σφραγίδα· φώκια

sealing wax/ˈsi:lɪŋ wæks/βουλοκέρι

seam/si:m/ραφή

seaman/ˈsi:mən/ναυτικός

search/sɜ:tʃ/ψάχνω· κάνω σωματική έρευνα σε • έρευνα, αναζήτηση, ψάξιμο

search party/ˈsɜ:tʃ ˌpa:ti/ομάδα αναζήτησης ή διάσωσης

search warrant/ˈsɜ:tʃ ˌwɒrənt/ένταλμα έρευνας

seashell/ˈsi:ʃel/κοχύλι, όστρακο

seashore/ˈsi:ʃɔ:/ακτή, παραλία, ακροθαλασσιά

seasick/ˈsi:ˌsɪk/άρρωστος από ναυτία

seasickness/ˈsi:ˌsɪknɪ̵s/ναυτία

seaside/ˈsi:saɪd/παραλία

season/ˈsi:zən/εποχή· εποχή, περίοδος, σεζόν· εισιτήριο διαρκείας

seasonal/ˈsi:zənəl/εποχιακός

season ticket/ˈsi:zən ˌtɪkɪ̵t/εισιτήριο διαρκείας

seat/si:t/κάθισμα, θέση· έδρα (στη Βουλή) • καθίζω, τοποθετώ σε θέση· χωράω, έχω θέσεις για

seat belt/ˈsi:t belt/ζώνη ασφαλείας

seaweed/ˈsi:wi:d/φύκη, φύκια

secluded/sɪˈklu:dɪ̵d/απομονωμένος, απόμερος· μοναχικός

second/ˈsekənd/δεύτερος • δευτερόλεπτο· (χρονική) στιγμή, στιγμούλα • στη δεύτερη θέση· δεύτερον, κατά δεύτερο λόγο

secondary/ˈsekəndəri/δευτερεύων, ασήμαντος· δευτεροβάθμιος

secondary school/ˈsekəndəri sku:l/ σχολείο μέσης εκπαίδευσης

second-class/ˌsekənd ˈkla:s/δεύτερης ποιότητας· δεύτερης θέσης (βαγόνι κ.τ.λ.) • δεύτερη θέση

second-hand/ˌsekənd ˈhænd/μεταχειρισμένος, από δεύτερο χέρι

secondly/ˈsekəndli/δεύτερον, κατά δεύτερο λόγο

second-rate/ˌsekənd ˈreɪt/μέτριος, δεύτερης ποιότητας

secrecy/ˈsi:krɪ̵si/μυστικότητα, εχεμύθεια

secret/ˈsi:krɪ̵t/μυστικός, κρυφός • μυστικό

secretary/ˈsekrətəri/γραμματέας· Υπουργός

Secretary of State/ˌʃekrətəri əv ˈsteɪt/Υπουργός· ☆ Υπουργός των Εξωτερικών

secretive/ˈsi:krɪ̵tɪv, sɪˈkri:tɪv/μυστικοπαθής

section/ˈsekʃən/μέρος, κομμάτι, τμήμα

sector/ˈsektə/τομέας

secure/sɪˈkjʊə/ασφαλής, σίγουρος • εξασφαλίζω, αποκτώ· στερεώνω, κλείνω σφικτά

security/sɪˈkjʊərəti/ασφάλεια, σιγουριά

seduce/sɪˈdju:s/αποπλανώ, ξελογιάζω

seduction/sɪˈdʌkʃən/αποπλάνηση

see/si:/βλέπω· βλέπω, καταλαβαίνω, αντιλαμβάνομαι· βλέπω, αποφασίζω *see that...* μεριμνώ, φροντίζω, κοιτάζω να...· συναντώ, επισκέπτομαι· βλέπω (στη ζωή), περνώ· συνοδεύω *let me see...* για (στάσου) να δω..., για (στάσου) να σκεφτώ... ▪ **see about** φροντίζω **see off** κατευοδώνω, ξεπροβοδίζω **seeing (that, as)** εφόσον, αφού, δεδομένου ότι

seed/si:d/σπόρος

seek/si:k/(ανα)ζητώ, ψάχνω να βρω, γυρεύω· επιδιώκω, επιζητώ

seem/si:m/φαίνομαι, μοιάζω, δείχνω

seesaw/ˈsi:sɔ:/τραμπάλα

seize/si:z/αρπάζω· κατάσχω· καταλαμβάνω, κυριεύω

seldom/ˈseldəm/σπανίως, σπάνια

select/səˈlekt/επιλέγω, διαλέγω • εκλεκτός, επίλεκτος

selection/səˈlekʃən/επιλογή, διαλογή· συλλογή, ποικιλία

selective/səˈlektɪv/εκλεκτικός

self/self/εαυτός

self-confidence/ˌself ˈkɒnfɪdəns/αυτοπεποίθηση

self-control/ˌself kənˈtrəʊl/αυτοκυριαρχία, ψυχραιμία

self-defence/ˌself dɪˈfens/αυτοάμυνα

self-evident/ˌself ˈevɪdənt/αυταπόδεικτος, αυτονόητος, προφανής

self-interest/ˌself ˈɪntrəst/προσωπικό συμφέρον, ιδιοτέλεια

selfish/ˈselfɪʃ/εγωιστικός, εγωιστής, ιδιοτελής, συμφεροντολόγος

self-possessed/ˌself pəˈzest/ήρεμος, ατάραχος, ψύχραιμος

self-possession/ˌself pəˈzeʃən/αυτοκυριαρχία, ηρεμία, ψυχραιμία

self-sacrifice/ˌself ˈsækrəfaɪs/αυτοθυσία

self-service/ˌself ˈsɜ:vəs/αυτοεξυπηρέτηση • σελφ σέρβις

self-taught/ˌself ˈtɔ:t/αυτοδίδακτος

sell/sel/πουλώ· πουλιέμαι, έχω ζήτηση· πουλώ, προδίδω ▪ **sell out** ξεπουλώ, ξεπουλιέμαι

seller/ˈselə/πωλητής

semester/səˈmestə/εξάμηνο

semicolon/ˌsemɪˈkəʊlən/άνω τελεία

semifinal/ˌsemɪˈfaɪnəl/ημιτελικός (αγώνας)

seminar/ˈseməna:/σεμινάριο

semolina/ˌseməˈli:nə/σιμιγδάλι

Senate/ˈsenət/Γερουσία· σύγκλητος (πανεπιστημίου)· Ρωμαϊκή Σύγκλητος

senator/ˈsenətə/γερουσιαστής

send/send/στέλνω· προκαλώ, κάνω

sender/ˈsendə/αποστολέας

senior/ˈsi:niə/μεγαλύτερος (σε ηλικία)· αρχαιότερος, ανώτερος (σε βαθμό)· υψηλού βαθμού

seniority/ˌsiːniˈɒrəti/προτεραιότητα (λόγω ηλικίας), αρχαιότητα (βαθμού)

sensation/senˈseɪʃən/αίσθηση, αίσθημα· (ζωηρή) εντύπωση, ντόρος, αίσθηση

sensational/senˈseɪʃənəl/εντυπωσιακός, που προκαλεί αίσθηση· εκπληκτικός, θαυμάσιος

sense/sens/αίσθηση· αίσθηση, συναίσθηση, αντίληψη· αίσθημα, συναίσθημα· κρίση, λογική, ευθυκρισία· έννοια, σημασία, νόημα· **senses** λογικό, πνευματική υγεία • διαισθάνομαι

sensible/ˈsensəbl/λογικός, γνωστικός **sensibly** συνετά, λογικά

sensitive/ˈsensətɪv/ευαίσθητος· ευαίσθητος, εύθικτος· ευαίσθητος, λεπτός, ακανθώδης

sensitivity/ˌsensəˈtɪvəti/ευαισθησία

sensor/ˈsensə/ανιχνευτής

sensual/ˈsenʃuəl/αισθησιακός

sentence/ˈsentəns/πρόταση· *(νομ.)* καταδικαστική απόφαση, ποινή • καταδικάζω

sentimental/ˌsentəˈmentl/συναισθηματικός· αισθηματικός, δακρύβρεχτος

sentimentality/ˌsentəmenˈtæləti/συναισθηματισμός

separate/ˈsepəreɪt/χωρίζω **separated** σε διάσταση • χωριστός· διαφορετικός **~ly** χωριστά

separation/ˌsepəˈreɪʃən/χωρισμός

September/sepˈtembə/Σεπτέμβριος

sequence/ˈsiːkwəns/σειρά, ακολουθία, αλληλουχία

serial/ˈsɪəriəl/δημοσίευμα σε συνέχειες, σειρά

serial number/ˈsɪəriəl ˌnʌmbə/αύξων αριθμός

series/ˈsɪəriːz/σειρά

serious/ˈsɪəriəs/σοβαρός· σοβαρός, κρίσιμος· σημαντικός **~ly** α) σοβαρά β) σοβαρά, βαριά

sermon/ˈsɜːmən/κήρυγμα, ομιλία

servant/ˈsɜːvənt/υπηρέτης

serve/sɜːv/υπηρετώ· χρησιμεύω· σερβίρω· εξυπηρετώ (πελάτη)· εκτίω (ποινή)

service/ˈsɜːvəs/εξυπηρέτηση πελάτη· υπηρεσία· συντήρηση, σέρβις· υπηρεσία (στρατιωτική), θητεία· θεία λειτουργία· σερβίτσιο • επισκευάζω, κάνω σέρβις σε

serviette/ˌsɜːviˈet/πετσέτα φαγητού

servile/ˈsɜːvaɪl/δουλοπρεπής

servility/sɜːˈvɪləti/δουλοπρέπεια

sesame/ˈsesəmi/σουσάμι

session/ˈseʃən/συνεδρίαση· περίοδος δραστηριότητας, συνεδρία

set/set/τοποθετώ, βάζω, ακουμπώ· ρυθμίζω (ρολόι κ.τ.λ.)· κανονίζω, ορίζω, καθορίζω· δύω, βασιλεύω *set sb./sth. doing sth.* κάνω ή βάζω κπ. να κάνει κτ., θέτω κτ. σε κατάσταση λειτουργίας· αναθέτω, ορίζω, βάζω· μελοποιώ· πήζω, δένω ▪ **set about** αρχίζω **set aside/by** α) βάζω στην άκρη β) αφήνω κατά μέρος, παραμερίζω **set off** α) αρχίζω ταξίδι, ξεκινώ, αναχωρώ, φεύγω β) και **set out** προκαλώ την έκρηξη (βόμβας), πυροδοτώ (νάρκη), ρίχνω (πυροτεχνήματα) • καθορισμένος· κατασταλαγμένος· σταθερός, στερεότυπος • σειρά, σετ· δέκτης, συσκευή· σκηνικό, ντεκόρ· χώρος γυρίσματος, πλατό· γύρος, σετ

settee/se'ti: /καναπές

settle/setl/εγκαθίσταμαι· τακτοποιώ/-ούμαι, βολεύομαι· κατασταλάζω, κατακαθίζω· κανονίζω· ρυθμίζω, διευθετώ, λύνω τη διαφορά μου· διακανονίζω, πληρώνω, εξοφλώ· αποικίζω ▪ **settle down** α) καλοκάθομαι, βολεύομαι β) νοικοκυρεύομαι, κάνω οικογένεια γ) στρώνομαι

settlement/'setlmənt/οικισμός· διακανονισμός, τακτοποίηση, διευθέτηση· εξόφληση, πληρωμή

seven/'sevən/επτά

seventeen/ˌsevən'ti:n/δεκαεπτά

seventeenth/'sevəntinθ/δέκατος έβδομος • (ένα) δέκατο έβδομο

seventh/'sevənθ/έβδομος, (ένα) έβδομο

seventieth/'sevənti-ɪθ/εβδομηκοστός • (ένα) εβδομηκοστό

seventy/'sevənti/εβδομήντα

several/'sevərəl/μερικοί, κάμποσοι, αρκετοί

severe/sɪ'vɪə/αυστηρός· δριμύς, άγριος· οδυνηρός, δυνατός

sew/səʊ/ράβω

sewer/'su:ə, 'sju:ə/υπόνομος

sewerage/'su:əri:dʒ/αποχετευτικό δίκτυο

sewing machine/'səʊɪŋ məʃi:n/ραπτομηχανή

sex/seks/φύλο, γένος· σεξουαλικές σχέσεις, σεξ

sexual/'sekʃʊəl/γεννητικός, γενετήσιος· σεξουαλικός

sexy/'seksi/σέξι

shabby/'ʃæbi/φθαρμένος, λιωμένος, κουρελιασμένος· κουρελής

shade/ʃeɪd/σκιά, ίσκιος· σκίαστρο (κάτι που κόβει το πολύ φως)· απόχρωση, χροιά· λίγο, (μια) ιδέα, (μια) στάλα • σκιάζω

shadow/'ʃædəʊ/σκιά, σκοτεινιά· σκιά, ίσκιος· μαυρίλα, μαύρος κύκλος· ίχνος, σκιά • (επι)σκιάζω· ακολουθώ σαν σκιά

shady/'ʃeɪdi/σκιερός· σκοτεινός, ύποπτος

shaft/ʃa:ft/ξύλινη λαβή (εργαλείου)· φρεάτιο (ανελκυστήρα)· άξονας

shaggy/'ʃægi/μαλλιαρός

Shah/ʃa:/Σάχης

shake/ʃeɪk/σείω/-ομαι, κουνώ/-ιέμαι· τρέμω· (συν)ταράζω, αναστατώνω *shake hands (with sb.)* ανταλάσσω χειραψία (με κπ.) • κούνημα, τίναγμα, τράνταγμα· τρεμούλα

Shakespeare/'ʃeɪkspɪə/Σαίξπηρ

shaker/'ʃeɪkə/σέικερ

shaky/'ʃeɪki/τρεμουλιαστός· ετοιμόρροπος

shall/ʃəl/, ʃæl/«θα» *shall I...?* (μπορώ) να...; *shall we...? (χρησιμοποιείται* *όταν προτείνουμε κάτι) shall we go out tonight?* πάμε έξω σήμερα το βράδυ;

shallow/'ʃæləʊ/ρηχός

shame/ʃeɪm/ντροπή· αίσχος

shameless/'ʃeɪmləs/ξεδιάντροπος

shampoo/ʃæm'puː/σαμπουάν· λούσιμο • λούζω/πλένω με σαμπουάν

shanty/'ʃænti/παράγκα

shantytown/'ʃænti ˌtaʊn/(συν)οικισμός παραγκών

shape/ʃeɪp/σχήμα, μορφή· φόρμα, κατάσταση • σχηματίζω, δίνω σχήμα σε· διαμορφώνω, διαπλάθω

shapeless/'ʃeɪpləs/άμορφος

shapely/'ʃeɪpli/καλοφτιαγμένος, ωραίος, χυτός

share/ʃeə/μερίδιο, μερτικό· συμμετοχή, συμβολή· *(οικον.)* μετοχή • μοιράζομαι, έχω από κοινού· μοιράζω· συμμερίζομαι· (συμ)μετέχω

shareholder/'ʃeəˌhəʊldə/μέτοχος

shark/ʃaːk/καρχαρίας

sharp/ʃaːp/κοφτερός, μυτερός· οξυδερκής· οξύς, λεπτός· οξύς, διαπεραστικός· τσουχτερός· απότομος • ακριβώς· απότομα, ξαφνικά ~**ly** απότομα, ξαφνικά

sharpen/'ʃaːpən/ακονίζω· ξύνω· οξύνω/-ομαι

sharpener/'ʃaːpənə/ξύστρα

shatter/'ʃætə/σπάω, κάνω/γίνομαι κομμάτια· συντρίβω, τσακίζω

shave/ʃeɪv/ξυρίζω/-ομαι· ξύνω, περνώ ξυστά δίπλα από • ξύρισμα

shaven/'ʃeɪvən/ξυρισμένος

shaver/'ʃeɪvə/ξυριστική μηχανή

shawl/ʃɔːl/σάλι

she/ʃi, ʃiː/αυτή

shed/ʃed/αποθήκη, υπόστεγο, παράπηγμα • χύνω (αίμα, δάκρυα)· ρίχνω (φως)· *(για φυτό)* αποβάλλω, ρίχνω (τα φύλλα κ.τ.λ.)

sheep/ʃiːp/πρόβατο

sheer/ʃɪə/καθαρός, σκέτος· απότομος, κάθετος

sheet/ʃiːt/σεντόνι· φύλλο (χαρτιού, μετάλλου)

sheik(h)/ʃeɪk/σεΐχης

shelf/ʃelf/ράφι

shell/ʃel/όστρακο, κοχύλι· κέλυφος, καβούκι· τσόφλι· καρυδότσουφλο· οβίδα, βλήμα • αποφλοιώνω· βομβαρδίζω, σφυροκοπώ

shellfish/'ʃelˌfɪʃ/θαλασσινά· οστρακόδερμο

shelter/'ʃeltə/καταφύγιο· υπόστεγο, σκέπαστρο • προφυλάγω, προστατεύω, δίνω άσυλο ή καταφύγιο σε· καταφεύγω, βρίσκω καταφύγιο, προφυλάγομαι

shepherd/'ʃepəd/βοσκός

sheriff/'ʃerɪ̈f/σερίφης, αρχιαστυνόμος

shield/ʃiːld/ασπίδα • προφυλάγω, προστατεύω· κρύβω, καλύπτω

shift/ʃɪft/μετακινώ/-ούμαι, μετατοπίζω/-ομαι, αλλάζω θέση· αλλάζω, μεταβάλλω • αλλαγή θέσης, μετατόπιση, μετακίνηση· αλλαγή, μεταβολή, μεταστροφή· βάρδια

shin/ʃɪn/καλάμι (της κνήμης)

shine/ʃaɪn/λάμπω· διακρίνομαι, διαπρέπω· ρίχνω (το) φως (φακού κ.τ.λ.), φωτίζω· στιλβώνω, λουστράρω, γυαλίζω • γυαλάδα· γυάλισμα, στίλβωμα

shiny/'ʃaɪni/γυαλιστερός

ship/ʃɪp/πλοίο • μεταφέρω ή στέλνω διά θαλάσσης

shipbuilder/'ʃɪp ˌbɪldə/ναυπηγός

shipment/'ʃɪpmənt/φορτίο· φόρτωση, αποστολή

shipper/'ʃɪpə/αποστολέας (εμπορευμάτων), ναυλωτής

shipwreck/'ʃɪp-rek/ναυάγιο • **be shipwrecked** ναυαγώ

shipyard/'ʃɪp-ja:d/ναυπηγείο

shirt/ʃɜ:t/πουκάμισο

shit/ʃɪt/σκατά· αηδίες, τρίχες

shiver/'ʃɪvə/τρέμω, τουρτουρίζω • ρίγος, τουρτούρισμα

shock/ʃɒk/ταραχή, πλήγμα, σοκ· ηλεκτροπληξία • αναστατώνω, συγκλονίζω· σοκάρω ~**ing** α) σόκιν β) τρομερός, συγκλονιστικός

shock absorber/'ʃɒk əbˌsɔ:bə/ αμορτισέρ

shock wave/'ʃɒk weɪv/ωστικό κύμα

shoe/ʃu:/παπούτσι· πέταλο (αλόγου)

shoehorn/'ʃu:hɔ:n/κόκαλο για τα παπούτσια

shoelace/'ʃu:leɪs/κορδόνι παπουτσιών

shoot/ʃu:t/πυροβολώ· ρίχνω, πετώ· χτυπώ, πληγώνω ή σκοτώνω με πυροβολισμό· κυνηγώ, είμαι κυνηγός· *(ποδόσφ. κ.τ.λ.)* σουτάρω· κινηματογραφώ, γυρίζω ταινία ▪ **shoot down** σκοτώνω ή τραυματίζω (πυροβολώντας) **shoot up** α) ανεβαίνω γρήγορα, πετάγομαι β) αυξάνομαι απότομα • βλαστάρι (φυτού)· φωτογράφιση, γύρισμα

shooting gallery/'ʃu:tɪŋ ˌgæləri/ σκοπευτήριο

shooting star/ˌʃu:tɪŋ 'sta:/διάττων αστέρας

shop/ʃɒp/κατάστημα, μαγαζί· εργαστήριο • ψωνίζω ~**ping** αγορές, ψώνια

shopkeeper/'ʃɒpˌki:pə/καταστηματάρχης

shoplift/'ʃɒpˌlɪft/κλέβω σε κατάστημα

shopper/'ʃɒpə/αγοραστής, πελάτης

shore/ʃɔ:/ακτή, ακροθαλασσιά· όχθη

short/ʃɔ:t/κοντός· σύντομος· λιγότερος, λειψός, λιποβαρύς *be short of sth.* έχω ξεμείνει από κτ. *for short* για συντομία, χάριν συντομίας *in short* εν ολίγοις, με λίγα λόγια, δηλαδή • απότομα, ξαφνικά *go short (of)* ξεμένω (από) *run short (of)* μου τελειώνει, εξαντλώ • βραχυκύκλωμα· ταινία μικρού μήκους· **shorts** σορτς

shortage/'ʃɔ:tɪdʒ/ανεπάρκεια, έλλειψη

short-circuit/ʃɔ:t 'sɜ:kɪt/βραχυκυκλώνω/-ομαι • βραχυκύκλωμα

shortcoming/ˈʃɔːtˌkʌmɪŋ/μειονέκτημα, ελάττωμα

short cut/ʃɔːt ˈkʌt, ˈʃɔːt kʌt/δρόμος που συντομεύει απόσταση

shorten/ˈʃɔːtn/κονταίνω· περικόπτω

shorthand/ˈʃɔːthænd/στενογραφία

shortly/ˈʃɔːtli/σύντομα, σε λίγο, προσεχώς· λίγο (πριν ή μετά)

short-term/ˌʃɔːtˈtɜːm/βραχυπρόθεσμος

shot/ʃɒt/πυροβολισμός, πιστολιά, τουφεκιά· ριξιά, ρίξιμο, βολή· φωτογραφία· δοκιμή, προσπάθεια· βλήμα, σκάγια· ένεση

should/ʃəd, ʃʊd/αόρ. του ρ. **shall** πρέπει· *(σε υποθετικές προτάσεις)* τυχόν ***I should like*** θα 'θελα

shoulder/ˈʃəʊldə/ώμος • φορτώνω στους ώμους· φορτώνομαι, επωμίζομαι

shoulder blade/ˈʃəʊldə bleɪd/ωμοπλάτη

shout/ʃaʊt/φωνάζω • κραυγή

shove/ʃʌv/σπρώχνω, χώνω • σπρωξιά

shovel/ˈʃʌvəl/φτυάρι • φτυαρίζω

show/ʃəʊ/δείχνω· παρουσιάζω, εκθέτω· φαίνομαι, διακρίνομαι· δείχνω, εκφράζω, εκδηλώνω· δείχνω, αποδεικνύω· συνοδεύω· προβάλλω/-ομαι ▪ **show around/round** ξεναγώ **show off** κάνω επίδειξη,επιδεικνύω **show up** έρχομαι, εμφανίζομαι • θέαμα, παράσταση· επίδειξη· έκθεση

shower/ˈʃaʊə/μπόρα· βροχή, πλήθος, πλημμύρα· ντους • κάνω ντους

show-off/ˈʃəʊ ɒf/φιγουρατζής

showroom/ˈʃəʊrʊm/αίθουσα έκθεσης

shrewd/ʃruːd/ευφυής, έξυπνος, διαβόλου κάλτσα· εύστοχος

shriek/ʃriːk/ουρλιάζω • στριγκλιά

shrill/ʃrɪl/οξύς, διαπεραστικός

shrimp/ʃrɪmp/γαρίδα

shrink/ʃrɪŋk/μαζεύω, μπαίνω· βάζω στο νερό να μαζέψει· υποχωρώ, τραβιέμαι, κάνω πίσω

shrivel/ˈʃrɪvəl/ζαρώνω, μαραίνω/-ομαι, ξεραίνω/-ομαι

shrub/ʃrʌb/θάμνος

shrug/ʃrʌg/σηκώνω τους ώμους

shudder/ˈʃʌdə/τρέμω, ανατριχιάζω • ρίγος, ανατριχίλα, σύγκρυο

shuffle/ʃʌfl/*(χαρτοπ.)* ανακατεύω· σέρνω (τα πόδια μου), σέρνω τα βήματά μου

shut/ʃʌt/κλείνω· πιάνω, μαγκώνω ▪ **shut down** διακόπτω τη λειτουργία, κλείνω, παύω να λειτουργώ **shut up** σιωπώ, το βουλώνω • κλειστός

shutter/ˈʃʌtə/παντζούρι

shy/ʃaɪ/ντροπαλός, μαζεμένος

Sicilian/sɪˈsɪliən/Σικελός • σικελικός

Sicily/ˈsɪsɪ̈li/Σικελία

sick/sɪk/άρρωστος· με τάση για εμετό· νοσηρός, αρρωστημένος *be sick of sth.* έχω μπουχτίσει, έχω σιχαθεί κτ.

sickle/ˈsɪkəl/δρεπάνι

side/saɪd/πλευρά, μεριά, μέρος·

πλαγιά (λόφου κ.τ.λ.)· πλευρό· παράταξη, ομάδα· άποψη, πλευρά· παράταξη, πλευρά· πλευρά, σόι

sideboard/ˈsaɪdbɔːd/μπουφές (έπιπλο)

sideburns/ˈsaɪdbɜːnz/φαβορίτες

sift/sɪft/κοσκινίζω

sigh/saɪ/αναστενάζω· λέω αναστενάζοντας • αναστεναγμός

sight/saɪt/όραση· θέα, όψη· οπτική ακτίνα· θέαμα· **sights** αξιοθέατα • σκοπεύω, σημαδεύω

sightseeing/ˈsaɪtsiːɪŋ/επίσκεψη σε αξιοθέατα

sign/saɪn/σημείο, σημάδι, σύμβολο· νεύμα, νόημα· πινακίδα, σήμα (της τροχαίας), ταμπέλα· σημείο, ένδειξη· *(αστρ.)* ζώδιο • υπογράφω· νεύω, κάνω σήμα

signal/ˈsɪgnəl/σήμα· σινιάλο, σύνθημα • κάνω σήμα, κάνω σινιάλο· σημαίνω, υποδηλώνω

signature/ˈsɪgnətʃə/υπογραφή

significance/sɪgˈnɪfɪkəns/σημασία, σπουδαιότητα

significant/sɪgˈnɪgɪkənt/σημαντικός

signify/ˈsɪgnɪ̵fai/σημαίνω, φανερώνω

sign language/ˈsaɪn ˌlæŋgwɪdʒ/ νοηματική γλώσσα

signpost/ˈsaɪnpəʊst/οδοδείκτης

silence/ˈsaɪləns/σιωπή

silencer/ˈsaɪlənsə/σιγαστήρας· *(αυτοκ.)* σιλανσιέ

silent/ˈsaɪlənt/σιωπηλός· αθόρυβος, σιγαλός· *(κινημ.)* βουβός **~ly** σιωπηλά, χωρίς να μιλώ

silhouette/ˌsɪluːˈet/σιλουέτα, περίγραμμα

silk/sɪlk/μετάξι

sill/sɪl/περβάζι

silly/ˈsɪli/ανόητος

silver/ˈsɪlvə/ασήμι • ασημένιος

silver paper/ˌsɪlvə ˈpeɪpə/αλουμινόχαρτο

silver-plated/ˌsɪlvə ˈpleɪtɪ̵d/επάργυρος

similar/ˈsɪmələ/παρόμοιος, παρεμφερής

simile/ˈsɪmɪ̵li/παρομοίωση

simple/sɪmpl/απλός, λιτός, απέριττος· εύκολος, απλός· καθαρός, σκέτος· αφελής, εύπιστος

simplicity/sɪmˈplɪsɪ̵ti/απλότητα

simplification/ˌsɪmplɪ̵fɪ̵ˈkeɪʃən/ απλοποίηση, απλούστευση

simplify/ˈsɪmplɪ̵fai/απλοποιώ, απλουστεύω

simply/ˈsɪmpli/απλώς, μόνο· απλά, ανεπιτήδευτα

simulate/ˈsɪmjʊleɪt/(απο)μιμούμαι, αναπαριστάνω

simulation/ˌsɪmjʊˈleɪʃən/(απο)μίμηση· προσομοίωση

simultaneous/ˌsɪməlˈteɪniəs/ταυτόχρονος

sin/sɪn/αμαρτία • αμαρτάνω

since/sɪns/από • από τότε, έκτοτε • από τότε που, αφότου· αφού, μιας και

sincere/sɪn'sɪə/ειλικρινής

sincerely/sɪn'sɪəli/ειλικρινά *Yours sincerely/Sincerely yours* ειλικρινά δικός σας, μετά τιμής

sincerity/sɪn'serɪ̈ti/ειλικρίνεια

sinful/'sɪnfəl/αμαρτωλός

sing/sɪŋ/τραγουδώ

singer/'sɪŋə/τραγουδιστής

single/sɪŋgl/ένας (και) μόνο, μοναδικός· ανύπαντρος, εργένης· μονός· *(για εισιτήριο)* απλό • απλό εισιτήριο· μικρός δίσκος, δίσκος 45 στροφών **singly** χωριστά, ένας ένας

singular/'sɪŋgjʊlə/ενικός (αριθμός)· μοναδικός, σπάνιος • ενικός (αριθμός)

sink/sɪŋk/βυθίζω/-ομαι, βουλιάζω· κατηφορίζω, χαμηλώνω, πέφτω • νεροχύτης

sinusitis/ˌsaɪnə'saɪtɪ̈s/ιγμορίτιδα

sip/sɪp/πίνω γουλιά γουλιά • γουλιά, ρουφηξιά

sir/sə, sɜ:/κύριος

sister/'sɪstə/αδελφή

sister-in-law/'sɪstər ɪn ˌlɔ:/κουνιάδα

sit/sɪt/καθίζω, κάθομαι· συνεδριάζω· δίνω (γραπτές εξετάσεις) • **sit back** κάθομαι αναπαυτικά **sit down** κάθομαι **sit up** ξαγρυπνώ, κοιμάμαι αργά

site/saɪt/θέση, τοποθεσία, χώρος

sitting room/'sɪtɪŋ ru:m/καθημερινό δωμάτιο

situation/ˌsɪtʃʊ'eɪʃən/θέση

six/sɪks/έξι

sixteen/ˌsɪk'sti:n/δεκαέξι

sixteenth/ˌsɪks'ti:nθ/δέκατος έκτος • (ένα) δέκατο έκτο

sixth/sɪksθ/έκτος • (ένα) έκτο

sixtieth/'sɪksti-ɪθ/εξηκοστός • (ένα) εξηκοστό

sixty/'sɪksti/εξήντα

size/saɪz/μέγεθος, διάσταση, έκταση • νούμερο

sizzle/sɪzl/τσιτσιρίζω • τσιτσίρισμα

skate/skeɪt/παγοπέδιλο· τροχοπέδιλο, πατίνι • κάνω πατινάζ

skateboard/'skeɪtbɔ:d/σανίδα του πατινάζ, τροχοσανίδα

skating ring/'skeɪtɪŋ ˌrɪŋ/παγοδρόμιο

skeleton/'skelɪ̈tən/σκελετός

sketch/sketʃ/πρόχειρο σχέδιο • σκιτσάρω, κάνω σκίτσο

ski/ski:/χιονοπέδιλο, σκι • κάνω σκι **~ing** σκι

skid/skɪd/γλιστρώ, ντεραπάρω • ντεραπάρισμα

skier/'ski:ə/σκιέρ

skilful/'skɪlfəl/ικανός, επιδέξιος

skill/skɪl/επιδεξιότητα, δεξιοτεχνία

skilled/skɪld/εκπαιδευμένος

skin/skɪn/δέρμα· φλούδα· πέτσα • αποφλοιώνω, ξεφλουδίζω· γδέρνω (ζώο)

skinny/'skɪni/κοκαλιάρης

skip/skɪp/πηδώ, χοροπηδώ· πετάγομαι, πηδώ· παραλείπω • πήδημα, χοροπήδημα

skirt/skɜ:t/φούστα

skull/skʌl/κρανίο

sky/skaɪ/ουρανός

skylight/'skaɪlaɪt/φεγγίτης

skyscraper/'skaɪˌskreɪpə/ουρανοξύστης

slab/slæb/πλάκα

slack/slæk/χαλαρός, λάσκος, μπόσικος· όχι αυστηρός· άτονος, στάσιμος

slacken/'slækən/λασκάρω, χαλαρώνω

slam/slæm/βροντάω· ρίχνω βίαια, πετώ

slang/slæŋ/αργκό, σλανγκ, γλώσσα της πιάτσας

slant/sla:nt/κλίνω, γέρνω, είμαι λοξός, έχω κλίση • κλίση, γέρσιμο

slap/slæp/χαστούκι • χαστουκίζω

slash/slæʃ/χαράζω, σχίζω • σχισμή, κόψιμο, εγκοπή· πλάγια κάθετος (/)

slaughter/'slɔ:tə/σφαγή • σφαγιάζω

slave/sleɪv/δούλος, σκλάβος

slavery/'sleɪvəri/δουλεία, σκλαβιά

sledge/sledʒ/, **sled**/sled/έλκηθρο

sleep/sli:p/ύπνος • κοιμάμαι

sleeping bag/'sli:pɪŋ bæg/σλίπινγκμπαγκ

sleeping car/'sli:pɪŋ ka:/βαγκόν-λι

sleepless/'sli:pləs/άυπνος

sleepwalk/'sli:pˌwɔ:k/υπνοβατώ

sleepwalker/'sli:pˌwɔ:kə/υπνοβάτης

sleepy/'sli:pi/νυσταγμένος

sleet/sli:t/χιονόνερο • [απρόσ.] ρίχνει χιονόνερο

sleeve/sli:v/μανίκι

sleeveless/'sli:vləs/αμάνικος

sleigh/sleɪ/έλκηθρο

slender/'slendə/λεπτός, λιγνός· λιγοστός, πενιχρός

slice/slaɪs/κομμάτι, φέτα • κόβω σε φέτες, τεμαχίζω· κόβω με μαχαίρι, διαχωρίζω

slide/slaɪd/γλιστρώ • γλίστρημα· τσουλήθρα· κατολίσθηση· σλάιντ

slight/slaɪt/μικρός, ασήμαντος ~**ly** λίγο, ελαφρά, κάπως

slim/slɪm/λεπτός • αδυνατίζω

sling/slɪŋ/εκσφενδονίζω, πετώ

slip/slɪp/γλιστρώ (και πέφτω)· κινούμαι αθόρυβα, περνώ απαρατήρητος • γλίστρημα· λάθος από απροσεξία· κομπινεζόν

slipped disc/ˌslɪpt 'dɪsk/δισκοπάθεια

slipper/'slɪpə/παντόφλα

slippery/'slɪpəri/ολισθηρός

slogan/'sləʊgən/σύνθημα, διαφημιστικό μήνυμα, σλόγκαν

slope/sləʊp/κλίνω, γέρνω • κλίση (εδάφους), πλαγιά (βουνού)

slot/slɒt/σχισμή

slow/sləʊ/βραδύς, αργός· αργόστροφος ***be slow*** *(για ρολόι)* πάω πίσω • αργά, σιγά ~**ly** αργά

slut/slʌt/παλιοθήλυκο, τσούλα

sly/slaɪ/πανούργος, πονηρός, κατεργάρης *on the sly* στα κρυφά, στη ζούλα

smack/smæk/χαστουκίζω • μπάτσος, χαστούκι· σκαστό φιλί

small/smɔ:l/μικρός (σε μέγεθος, αριθμό, έκταση ή σημασία)· μικρός, νεαρός· μικρός, πολύ λίγος, ανεπαίσθητος

small ad/ˈsmɔ:l æd/μικρή αγγελία

small change/ˌsmɔ:l ˈtʃeɪndʒ/μικρά νομίσματα, ψιλά, λιανά

smart/sma:t/κομψός, σικ· ξύπνιος, καπάτσος· αυθάδης • πονώ, τσούζω ~**ly** κομψά

smash/smæʃ/θρυμματίζω, κάνω/γίνομαι κομμάτια· τσακίζω, προσκρούω απότομα (πάνω σε κτ. και τσακίζομαι) • κρότος από βίαιο σπάσιμο· και **smash hit** μεγάλη επιτυχία, μεγάλο σουξέ· και **smash-up** σύγκρουση, τρακάρισμα

smear/smɪə/κηλίδα, λεκές, λαδιά, μουντζούρα • πασαλείφω/-ομαι

smell/smel/οσφραίνομαι· μου μυρίζει· μυρίζω, έχω οσμή· μυρίζω άσχημα • όσφρηση· οσμή, μυρωδιά

smile/smaɪl/χαμόγελο • χαμογελώ **smiling** χαμογελαστός

smith/smɪθ/☞ BLACKSMITH

smog/smɒg/νέφος (ρύπανσης)

smoke/sməʊk/καπνός· κάπνισμα (τσιγάρου κ.τ.λ.) • καπνίζω **smoked** α) καπνιστός β) καπνισμένος **smoking** κάπνισμα

smoke bomb/ˈsməʊk bɒm/«καπνογόνο»

smoker/ˈsməʊkə/καπνιστής

smooth/smu:ð/λείος· στρωτός, ομαλός • λειαίνω, ισιώνω ~**ly** ομαλά

smother/smˈʌðə/πνίγω

smoulder/ˈsməʊldə/σιγοκαίω, κουφοκαίω· υποβόσκω, βράζω

smudge/smʌdʒ/μουντζουρώνω, πασαλείφω/-ομαι • λεκές, μουντζούρα, μουντζαλιά

smuggle/smʌgl/περνώ (κτ.) λαθραία· περνάω στα κρυφά **smuggling** λαθρεμπόριο

smuggler/ˈsmʌglə/λαθρέμπορας

snack/snæk/πρόχειρο γεύμα, κολατσό

snail/sneɪl/σαλιγκάρι

snake/sneɪk/φίδι

snap/snæp/προσπαθώ να αρπάξω, αρπάζω με τα δόντια· σπάζω ή κόβομαι απότομα· χτυπώ, κάνω κρακ· μιλώ απότομα, αποπαίρνω • ξηρός κρότος, κρακ· φωτογραφία • απροσδόκητος, αιφνιδιαστικός· γρήγορος, της στιγμής

snapshot/ˈsnæpʃɒt/φωτογραφία

snare/sneə/δόκανο, παγίδα

snarl/sna:l/γρυλίζω • γρυλισμός

snatch/snætʃ/αρπάζω, βουτώ

sneak/sni:k/κινούμαι κρυφά ή ύποπτα, γλιστρώ· κλέβω, βουτώ

☆ **sneakers**/ˈsni:kəz/αθλητικά παπούτσια

sneer/snɪə/χαμογελώ περιφρονητικά· μιλώ περιφρονητικά, χλευάζω, περιφρονώ • περιφρονητικό χαμόγελο· ειρωνεία, σαρκασμός

sneeze/sni:z/φτερνίζομαι • φτέρνισμα

sniff/snɪf/ρουφώ τη μύτη μου· οσφραίνομαι, μυρίζω· εισπνέω, ρουφώ με τη μύτη • ρούφηγμα της μύτης· ρουφηξιά με τη μύτη

snob/snɒb/σνομπ

snobbery/'snɒbəri/σνομπισμός

snobbish/'snɒbɪʃ/φαντασμένος, σνομπ

snore/snɔ:/ροχαλίζω • ροχαλητό

snorkel/'snɔ:kəl/αναπνευστήρας (κολυμβητή)

snout/snaʊt/ρύγχος

snow/snəʊ/χιόνι • [απρόσ.] χιονίζει

snowdrift/'snəʊdrɪft/χιονοστιβάδα

snowflake/'snəʊfleɪk/νιφάδα χιονιού

snowman/'snəʊmæn/χιονάνθρωπος

snowplough/'snəʊplaʊ/εκχιονιστήρας

snowstorm/'snəʊstɔ:m/χιονοθύελλα

snowy/'snəʊi/χιονοσκεπής· που όλο χιονίζει

snub/snʌb/σνομπάρω

so/səʊ/τόσο· έτσι, μ' αυτό τον τρόπο· έτσι, το, αυτό· το ίδιο, και· πάρα πολύ *or so* περίπου, πάνω κάτω *so as to* ώστε να, με το σκοπό να, έτσι που να *so far* μέχρι τώρα • γι' αυτό, κι έτσι· λοιπόν, ώστε *so (that)* έτσι ώστε, για να *so what?* ε κι έπειτα;, και λοιπόν; • έτσι, αλήθεια

soak/səʊk/μουλιάζω· διαποτίζω, εμποτίζω· μουσκεύω ▪ **soak up** απορροφώ **~ed** μουσκεμένος, μούσκεμα **~ing** μουσκεμένος

soap/səʊp/σαπούνι • σαπουνίζω

soapsuds/'səʊpsʌdz/σαπουνάδα

sob/sɒb/κλαίω με αναφιλητά· λέω με λυγμούς • λυγμός, αναφιλητό

sober/'səʊbə/ξεμέθυστος

so-called/'səʊ kɔ:ld/ονομαζόμενος, λεγόμενος· δήθεν

soccer/'sɒkə/ποδόσφαιρο

sociable/'səʊʃəbl/κοινωνικός, ομιλητικός

social/'səʊʃəl/κοινωνικός

socialism/'səʊʃəlɪzəm/σοσιαλισμός

socialist/'səʊʃəlɪst/σοσιαλιστής • σοσιαλιστικός

socialize, **-ise**/'səʊʃəlaɪz/συναναστρέφομαι

social work/'səʊʃəl wɜ:k/κοινωνική πρόνοια

social worker/'səʊʃəl ˌwɜ:kə/κοινωνικός λειτουργός

society/sə'saɪəti/κοινωνία· εταιρεία, σύλλογος, οργάνωση

sociologist/ˌsəʊsi'ɒlədʒɪst/κοινωνιολόγος

sociology/ˌsəʊsi'ɒlədʒi/κοινωνιολογία

sock/sɒk/κάλτσα, σοσόνι

socket/'sɒkɪt/ρευματοδότης, πρίζα

soda/'səʊdə/σόδα

sofa/'səʊfə/καναπές

soft/sɒft/μαλακός· απαλός· απαλός, όχι έντονος· επιεικής· πλαδαρός· μη οινοπνευματώδες, αναψυκτικό ~**ly** α) μαλακά, απαλά β) ήσυχα, αθόρυβα γ) τρυφερά

soft-boiled/ˌsɒft ˈbɔɪld/*(για βραστό αβγό)* μελάτο

soften/ˈsɒfən/μαλακώνω, απαλύνω

softener/ˈsɒfənə/αποσκληρυντικό νερού

software/ˈsɒftweə/*(πληρ.)* λογισμικό

soil/sɔɪl/έδαφος, χώμα, γη • βρομίζω, λερώνω

solar/ˈsəʊlə/ηλιακός

soldier/ˈsəʊldʒə/στρατιώτης

sold-out/ˈsəʊld aʊt/εξαντλημένος, ξεπουλημένος

sole/səʊl/πέλμα, πατούσα· σόλα· *(ιχθ.)* γλώσσα • μόνος, μοναδικός· αποκλειστικός ~**ly** α) αποκλειστικά β) μόνο και μόνο, για έναν και μόνο λόγο

solemn/ˈsɒləm/σοβαρός· επίσημος, επιβλητικός

solicitor/səˈlɪsɨ̵tə/δικηγόρος, νομικός σύμβουλος

solid/ˈsɒlɨ̵d/στερεός· συμπαγής, μασίφ· συνεχής, αδιάκοπος • στερεό (σώμα)

solidarity/ˌsɒlɨ̵ˈdærɨ̵ti/αλληλεγγύη

solitude/ˈsɒlɨ̵tjuːd/απομόνωση, μοναξιά

solution/səˈluːʃən/λύση· διάλυμα

solve/sɒlv/λύνω

some/səm, sʌm/μερικοί, κάμποσοι, αρκετοί· μερικός, λίγος· κάποιος, κάποιοι

somebody/ˈsʌmbədi/κάποιος • (κάποιος) σπουδαίος

someday/ˈsʌmdeɪ/κάποια μέρα, κάποτε (στο μέλλον)

somehow/ˈsʌmhaʊ/με κάποιο τρόπο· για κάποιον (αόριστο) λόγο

someone/ˈsʌmwʌn/κάποιος

someplace/ˈsʌmpleɪs/κάπου

something/ˈsʌmθɪŋ/κάτι *or something* ή κάτι τέτοιο

sometime/ˈsʌmtaɪm/κάποτε, κάποια στιγμή

sometimes/ˈsʌmtaɪmz/μερικές φορές, πότε πότε, καμιά φορά

somewhat/ˈsʌmwɒt/κάπως

somewhere/ˈsʌmweə/κάπου

son/sʌn/γιος

song/sɒŋ/τραγούδι· κελάηδημα

songbird/ˈsɒŋbɜːd/ωδικό πτηνό

son-in-law/ˈsʌn ɪn ˌlɔː/γαμπρός (από θυγατέρα)

☆ **sonogram**/ˈsɒnəgræm/υπερηχογράφημα

soon/suːn/σύντομα, σε λίγο· γρήγορα *as soon as...* μόλις *no sooner... than* πριν καλά καλά... και/όταν *soon after* λίγο κατόπιν, αμέσως έπειτα *soon afterwards* έπειτα από λίγο *sooner or later* αργά ή γρήγορα

soothe/suːð/ηρεμώ, καλμάρω· καταπραΰνω, μαλακώνω (πόνο)

sophisticated/sə'fɪstɪkeɪtɪd/καλλιεργημένος, εκλεπτυσμένος, εξεζητημένος

sophistication/səˌfɪstɪ'keɪʃən/εκλέπτυνση, εκζήτηση

sorcerer/'sɔ:sərə/μάγος

sorceress/'sɔ:sərɪs/μάγισσα

sore/sɔ:/πονεμένος • πληγή, έλκος

sorrowful/'sɒrəʊfəl/θλιμμένος, πονεμένος

sorry/'sɒri/λυπημένος· μετανιωμένος· οικτρός, άθλιος • συγγνώμη, με συγχωρείτε· τι είπατε;

sort/sɔ:t/είδος • ταξινομώ, τακτοποιώ, (ξε)χωρίζω ▪ **sort out** α) ταξινομώ, βάζω σε τάξη β) τακτοποιώ, ξεκαθαρίζω

soul/səʊl/ψυχή

sound/saʊnd/ήχος • ηχώ, σημαίνω· ακούγομαι, φαίνομαι, μοιάζω ▪ **sound out** βολιδοσκοπώ • υγιής, γερός· ανθεκτικός· λογικός, βάσιμος· ορθός, σωστός· *(για ύπνο)* βαθύς • ***sleep sound*** κοιμάμαι βαθιά

soup/su:p/σούπα

sour/saʊə/ξινός· ξινισμένος· στριμμένος, στρυφνός

source/sɔ:s/πηγή

south/saʊθ/νότιος • νοτίως, κατά το νοτιά • νότος· (το) νότιο τμήμα (χώρας)

South Africa/saʊθ 'æfrɪkə/Νότιος Αφρική

South African/saʊθ 'æfrɪkən/Νοτιοαφρικανός • νοτιοαφρικανικός

South Pole/ˌsaʊθ 'pəʊl/Νότιος Πόλος

southwards/'saʊθwədz/προς Νότο

souvenir/ˌsu:və'nɪə/αναμνηστικό, ενθύμιο, σουβενίρ

sow/saʊ/γουρούνα, θηλυκός χοίρος • σπέρνω

space/speɪs/χώρος, θέση· χρονικό διάστημα, περίοδος· *(αστρον.)* διάστημα· διάστημα, απόσταση

spacecraft/'speɪs-krɑ:ft/διαστημόπλοιο

spaceship/'speɪsˌʃɪp/διαστημόπλοιο

spacious/'speɪʃəs/ευρύχωρος, εκτεταμένος

spade/speɪd/φτυάρι· *(χαρτοπ.)* μπαστούνι

spaghetti/spə'geti/σπαγκέτο

Spain/speɪn/Ισπανία

span/spæn/χρονικό διάστημα, διάρκεια

Spaniard/'spænjəd/Ισπανός

Spanish/'spænsɪʃ/Ισπανοί· ισπανική (γλώσσα) • ισπανικός

spare/speə/διαθέτω, δίνω, μου περισσεύει· φείδομαι, λυπάμαι· γλιτώνω, απαλλάσσω από • διαθέσιμος, ελεύθερος· εφεδρικός, περίσσιος • ανταλλακτικό· ρεζέρβα

spare part/ˌspeə 'pɑ:t/ανταλλακτικό

spark/spɑ:k/σπίθα • σπινθηρίζω, πετάω σπίθες ▪ **spark off** αποτελώ έναυσμα για, προκαλώ

sparking plug/ˈspaːkɪŋ plʌg/μπουζί

sparkle/spaːkl/σπινθηροβολώ, αστράφτω

spark plug/ˈspaːk plʌg/μπουζί

sparrow/ˈspærəʊ/σπουργίτι

sparse/spaːs/αραιός, σποραδικός

spasm/ˈspæzəm/σπασμός

speak/spiːk/μιλώ· προφέρω, λέω· γνωρίζω, ομιλώ (ξένη γλώσσα)· εκφωνώ λόγο, μιλώ ▪ **speak up** μιλώ δυνατότερα

speaker/ˈspiːkə/ομιλητής· μεγάφωνο, ηχείο

spear/spɪə/δόρυ

special/ˈspeʃəl/ειδικός • έκτακτη έκδοση· έκτακτο δρομολόγιο· ειδικό αφιέρωμα· πιάτο της ημέρας **~ly** ειδικά

specialist/ˈspeʃəlɪst/ειδικός, εξειδικευμένος· ειδικός, ειδικευμένος γιατρός

speciality/ˌspeʃiˈælɪti/ειδικότητα· σπεσιαλιτέ

specialization, **-isation**/ˌspeʃəlaɪˈzeɪʃən/ειδίκευση, εξειδίκευση

specialize, **-ise**/ˈspeʃəlaɪz/ειδικεύομαι

species/ˈspiːʃiːz/ *(βιολ.)* είδος

specific/spɪˈsɪfɪk/σαφής· ειδικός, συγκεκριμένος

specifications/ˌspesɪfɪˈkeɪʃəns/ προδιαγραφές

specify/ˈspesɪfaɪ/(καθ)ορίζω, προσδιορίζω

specimen/ˈspesɪmɪn/(αντιπροσωπευτικό) δείγμα

speck/spek/κουκκίδα, μικρό σημάδι· κόκκος, μόριο· ίχνος, κόκκος

spectacle/ˈspektəkl/θέαμα· **spectacles** γυαλιά

spectacular/spekˈtækjʊlə/θεαματικός· εντυπωσιακός

spectator/spekˈteɪtə/θεατής

speech/spiːtʃ/λόγος, ομιλία

speechless/ˈspiːtʃləs/άφωνος, άναυδος

speed/spiːd/ταχύτητα • σπεύδω, τρέχω· τρέχω, οδηγώ με μεγάλη ταχύτητα *be speeding* τρέχω, υπερβαίνω το όριο ταχύτητας ▪ **speed up** α) επιταχύνω, επισπεύδω β) αναπτύσσω ταχύτητα

speedboat/ˈspiːdbəʊt/κρις κραφτ

speedometer/spɪˈdɒmɪtə/κοντέρ (ταχύτητας)

spell/spel/συλλαβίζω· ορθογραφώ· σχηματίζω (λέξη), διαβάζομαι **~ing** α) συλλαβισμός β) ορθογραφία γ) γραφή (λέξης) • ξόρκι· μαγεία, μάγια· (χρονική) περίοδος

spend/spend/ξοδεύω· περνώ

sphere/sfɪə/σφαίρα

spherical/ˈsferɪkəl/σφαιρικός

spice/spaɪs/καρύκευμα, μπαχαρικό • καρυκεύω

spicy/ˈspaɪsi/πικάντικος

spider/ˈspaɪdə/αράχνη

spill/spɪl/σκορπώ, χύνω/-ομαι

spin/spɪn/γνέθω, υφαίνω (ιστό)·

περιστρέφω/-ομαι, στροβιλίζω • στροβίλισμα, στριφογύρισμα

spinach/'spɪnɪdʒ/σπανάκι

spinal cord/'spaɪnl ˌkɔ:d/νωτιαίος μυελός

spine/spaɪn/σπονδυλική στήλη· ράχη (βιβλίου)· αγκάθι (κάκτου, σκαντζόχοιρου)

spinster/'spɪnstə/γεροντοκόρη

spiral/'spaɪərəl/σπείρα, κουλούρα • ελικοειδής, σπειροειδής • κινούμαι σπειροειδώς

spirit/'spɪrɨ̞t/πνεύμα, ψυχή· το πνεύμα, η έννοια (κάποιου πράγματος)· ηθικό· οινοπνευματώδες ποτό· spirits διάθεση, κέφι

spiritual/'spɪrɨ̞tʃʊəl/θρησκευτικό τραγούδι των μαύρων της Β. Αμερικής

spit/spɪt/φτύνω • φτύμα, σάλιο· σούβλα

spite/spaɪt/έχθρα, κακία *in spite of...* παρά, σε πείσμα τού...

spiteful/'spaɪtfəl/μοχθηρός

splash/splæʃ/πιτσιλίζω· πλατσουρίζω • παφλασμός, πλαφ· πιτσιλιά

spleen/spli:n/σπλήνα

splendid/'splendɨ̞d/λαμπρός, μεγαλοπρεπής· υπέροχος, έξοχος

splendour/'splendə/μεγαλοπρέπεια, λαμπρότητα

splinter/'splɪntə/σκλήθρα, σχίζα· θραύσμα (γυαλιού)

split/splɪt/σχίζω/-ομαι, ανοίγω στα δύο· διασπώ/-ώμαι, χωρίζω/-ομαι· μοιράζω/-ομαι· χωρίζω, διαλύω σχέσεις, γάμο κ.τ.λ. *splitting headache* τρομερός πονοκέφαλος • ρωγμή, σκάσιμο, σχίσιμο· διάσπαση

split-level/ˌsplɪt 'levəl/ανισόπεδος

spoil/spɔɪl/χαλώ, καταστρέφω· χαλώ, βρομίζω· παραχαϊδεύω, κακομαθαίνω

spoke/spəʊk/ακτίνα (τροχού)

spoken/'spəʊkən/ομιλούμενος

spokesman/'spəʊksmən/(ο) εκπρόσωπος

spokesperson/'spəʊks ˌpɜ:sən/ εκπρόσωπος (άνδρας ή γυναίκα)

spokeswoman/'spəʊks ˌwʊmən/ (η) εκπρόσωπος

sponge/spʌndʒ/σπόγγος, σφουγγάρι • σφουγγίζω

sponsor/'spɒnsə/χρηματοδότης, χορηγός • χρηματοδοτώ για διαφημιστικούς λόγους

sponsorship/'spɒnsəʃɪp/χρηματοδότηση, χορηγία

spontaneity/ˌspɒnt'ni:ɨ̞ti/αυθορμητισμός

spontaneous/spɒn'teɪniəs/αυθόρμητος

spook/spu:k/φάντασμα, στοιχειό

spool/spu:l/καρούλι, μασούρι, μπομπίνα

spoon/spu:n/κουτάλι

sport/spɔ:t/αθλοπαιδιά/-ιές, άθλημα, σπορ· εντάξει τύπος

sporting/spɔ:tɪŋ/αθλητικός· φίλαθλος· αντάξιος αθλητή

sports/spɔ:ts/αθλητικός· σπορ, μη επίσημος

sportswear/ˈspɔ:tsweə/σπορ ντύσιμο, ρούχα σπορ

sportswriter/ˈspɔ:tsˌraɪtə/αθλητικός συντάκτης

spot/spɒt/στίγμα, βούλα, πουά· λεκές, κηλίδα· τοποθεσία, μέρος· σπυράκι, σπιθούρι· σποτ • βλέπω, εντοπίζω ~**ted** πιτσιλωτός, με βούλες, με πουά

spotlight/ˈspɒtlaɪt/προβολέας, φως προβολέα· γενικό ενδιαφέρον • φωτίζω με προβολείς

spouse/spaʊs/(ο, η) σύζυγος

sprain/spreɪn/στραμπουλίζω • διάστρεμμα, στραμπούληγμα

sprawl/sprɔ:l/ξαπλώνω/-ομαι φαρδύς-πλατύς

spray/ˈspreɪ/ψεκάδες, σταγονίδια· βαποριζατέρ· σπρέι • ψεκάζω, ραντίζω

spread/spred/απλώνω, ανοίγω· διαδίδω/-ομαι, διασπείρω· αποκαλύπτω/-ομαι, κοινολογώ/-ούμαι, γίνομαι γνωστός· αλείφω· καλύπτω (μεγάλη περιοχή, μεγάλο χρονικό διάστημα), εκτείνομαι, απλώνομαι· εξαπλώνομαι, επεκτείνομαι • εξάπλωση, διάδοση· άνοιγμα, πλάτος· έκταση· πάστα (τυριού κ.τ.λ.)

spring/sprɪŋ/πηδώ, τινάζομαι, ορμώ· ξεπετάγομαι, ξεφυτρώνω ▪ **spring from** πηγάζω, προέρχομαι από • πηγή· άνοιξη· ελατήριο, σούστα· άλμα, πήδημα

springboard/ˈsprɪŋbɔ:d/βατήρας, σανίδα κατάδυσης

sprinkle/sprɪŋkl/καταβρέχω, ραντίζω· πασπαλίζω/-ομαι

sprint/sprɪnt/τρέχω ολοταχώς, σπριντάρω • γρήγορο τρέξιμο, φουλάρισμα

sprinter/ˈsprɪntə/σπρίντερ

sprout/spraʊt/βλαστάνω, φυτρώνω • βλαστάρι· φύτρο· ☞ BRUSSELS SPROUT

spur/spɜ:/σπιρούνι • σπιρουνίζω· κεντρίζω, παρακινώ

spurt/spɜ:t/αναπήδηση, ανάβλυση • αναβλύζω, (ξε)πετάγομαι

spy/spaɪ/κατάσκοπος • κατασκοπεύω

squabble/skwɒbl/καβγαδίζω • καβγαδάκι

squad/skwɒd/ομάδα· απόσπασμα

squander/ˈskwɒndə/σπαταλώ, χαραμίζω

square/skweə/τετράγωνο· πλατεία • τετράγωνος· τετραγωνικός • ακριβώς, κατευθείαν· τίμια, καθαρά, ντόμπρα

square bracket/ˌskweə ˈbrækɪt/ αγκύλη

squash/skwɒʃ/συνθλίβω/-ομαι, ζουλώ· στριμώχνω/-ομαι, συνωστίζομαι • συνωστισμός, στριμωξίδι· χυμός· σκουός

squat/skwɒt/κάθομαι στις φτέρνες

squeak/skwi:k/τσιρίζω· τρίζω • σκούξιμο· τρίξιμο

squeal/skwi:l/τσιρίζω, στριγκλίζω • στρίγκλισμα

squeeze/skwi:z/σφίγγω, ζουλώ· στύβω, βγάζω στύβοντας· στριμώχνω/-ομαι, στοιβάζω/-ομαι • πίεση, συμπίεση· σφίξιμο· στύψιμο· μικρή ποσότητα, λίγες σταγόνες· συνωστισμός, στρίμωγμα, στριμωξίδι

squeezer/'skwi:zə/στύφτης

squid/skwɪd/καλαμάρι

squint/skwɪnt/κοιτάζω με μισόκλειστα μάτια· αλληθωρίζω • στραβισμός, αλληθώρισμα

squirrel/'skwɪrəl/σκίουρος

stab/stæb/πλήγμα, μαχαιριά • χτυπώ, μαχαιρώνω, καρφώνω

stability/stə'bɪlətі/σταθερότητα

stable/steɪbl/στάβλος • σταθερός

stack/stæk/στοίβα· θημωνιά • συσσωρεύω, κάνω σωρό, στοιβάζω/-ομαι

stadium/'steɪdiəm/στάδιο

staff/sta:f/προσωπικό • επανδρώνω, στελεχώνω

stag/stæg/αρσενικό ελάφι

stage/steɪdʒ/φάση, στάδιο, περίοδος· σκηνή θεάτρου, παλκοσένικο· (το) θεατρικό επάγγελμα, (το) θέατρο *stage by stage* βαθμιαία • ανεβάζω (έργο)· οργανώνω

stagger/'stægə/τρικλίζω • τρίκλισμα

stagnant/'stægnənt/στάσιμος

stagnate/stæg'neɪt/λιμνάζω· παραμένω στάσιμος, αποτελματώνομαι

stagnation/stæg'neɪʃən/λίμνασμα· στασιμότητα, απραξία

stain/steɪn/λεκιάζω, λερώνω • λεκές

stained glass/ˌsteɪnd 'gla:s/βιτρό

stainless/'steɪnləs/ανοξείδωτος

stair/steə/σκαλοπάτι· **stairs** σκάλα

staircase/'steəkeɪs/κλιμακοστάσιο, σκάλα

stake/steɪk/πάσσαλος, παλούκι· στοίχημα • στοιχηματίζω, ποντάρω

stalactite/'stæləktaɪt/σταλακτίτης

stale/steɪl/μπαγιάτικος

stall/stɔ:l/πάγκος (μικροπωλητή κ.τ.λ.), περίπτερο· **stalls** *(θέατρ., κινημ.)* καθίσματα στο εμπρός μέρος της πλατείας • χρονοτριβώ, καθυστερώ

stammer/'stæmə/τραυλίζω • τραύλισμα

stamp/stæmp/σφραγίζω, βάζω σφραγίδα σε· γραμματοσημαίνω, χαρτοσημαίνω· χτυπώ (τα πόδια μου), ποδοκροτώ ***stamp on*** ποδοπατώ • γραμματόσημο· ένσημο, χαρτόσημο· σφραγίδα, στάμπα

stand/stænd/στέκομαι, είμαι όρθιος· σηκώνομαι (όρθιος)· έχω (ορισμένο) ύψος· ισχύω· υποφέρω, ανέχομαι, αντέχω· θέτω υποψηφιότητα ▪ **stand by** α) συμπαρίσταμαι σε β) παρακολουθώ αμέτοχος γ) είμαι σε ετοιμότητα **stand for** συμβολίζω, σημαίνω **stand in for** αντικαθιστώ **stand up** α) σηκώνομαι, στέκομαι όρθιος β) αντέχω

stand up for υποστηρίζω, παίρνω το μέρος (κάποιου) ~**ing** (κοινωνική) θέση, υπόληψη • (υπο)στήριγμα· υπαίθριος πάγκος (πωλητή), περίπτερο (σε έκθεση)· εξέδρα· πιάτσα (ταξί)

standard/'stændəd/επίπεδο, βαθμός (αξίας)· κριτήριο, μέτρο (σύγκρισης)· **standards** (ηθικές) αξίες· σημαία, λάβαρο, μπαϊράκι • κανονικός, συνηθισμένος, κοινός· κοινός, καθιερωμένος

standard lamp/'stændəd læmp/ λαμπατέρ

standard of living/ˌstændəd əv 'lɪvɪŋ/βιοτικό επίπεδο

standpoint/'stændpɔɪnt/άποψη, σκοπιά

standstill/'stændˌstɪl/ακινητοποίηση, ακινησία

staple/steɪpl/συνδετήρας συρραπτικής μηχανής χαρτιών

stapler/'steɪplə/συρραπτικό μηχάνημα

star/sta:/άστρο· αστέρας, σταρ· τύχη· *(τυπογρ.)* αστερίσκος • πρωταγωνιστώ· έχω ως πρωταγωνιστή

starch/sta:tʃ/άμυλο· κόλλα (κολλαρίσματος) • κολλάρω

stare/steə/κοιτάζω επίμονα, καρφώνω τα μάτια • επίμονη ματιά

starfish/'sta:fɪʃ/αστερίας

starry/'sta:ri/έναστρος, γεμάτος άστρα

start/sta:t/αρχίζω· ξεκινώ, φεύγω· τινάζομαι, πετάγομαι, ξαφνιάζομαι· θέτω σε κίνηση, βάζω μπρος, παίρνω μπρος· στήνω (επιχείρηση), ανοίγω (μαγαζί), δημιουργώ (οικογένεια) • αρχή, ξεκίνημα· ξάφνιασμα, τίναγμα

starter/'sta:tə/ορντέβρ· *(αυτοκ.)* μίζα

starting point/'sta:tɪŋ pɔɪnt/σημείο εκκίνησης, αφετηρία

startle/sta:tl/τρομάζω, φοβίζω, ξαφνιάζω

starvation/sta:'veɪʃən/πείνα· ασιτία

starve/sta:v/λιμοκτονώ, πεθαίνω από πείνα· πεθαίνω της πείνας

state/steɪt/κατάσταση, θέση· κράτος, πολιτεία· πολιτεία (μέλος ομοσπονδιακού κράτους)· **States** (οι) Ηνωμένες Πολιτείες της Αμερικής· κατάσταση ανησυχίας, αναστάτωση • δηλώνω, αναφέρω

State Department/'steɪt dɪˌpa:tmənt/(το) Υπουργείο Εξωτερικών των ΗΠΑ

statement/'steɪtmənt/δήλωση, επίσημη ανακοίνωση· κατάσταση ή αντίγραφο (κίνησης λογαριασμού)· ισχυρισμός, κατάθεση

state of mind/ˌsteɪt əv' maɪnd/πνευματική κατάσταση, διάθεση

state school/'steɪt ˌsku:l/δημόσιο σχολείο

station/'steɪʃən/σταθμός (τρένου ή λεωφορείων)· (αστυνομικό) τμήμα, σταθμός (πυροσβεστικής), πρατήριο (βενζίνης), (μεθοριακός) σταθμός· ραδιοφωνικός σταθμός, κανάλι τηλεόρασης

stationary/'steɪʃənəri/ακίνητος, στάσιμος

stationery/'steɪʃənəri/χαρτικά, γραφική ύλη

statistics/stə'tɪstɪks/στατιστική· στατιστικά στοιχεία

statue/'stætʃu:/άγαλμα

stature/'stætʃə/ανάστημα

status/'steɪtəs/νομική υπόσταση· (κοινωνική) θέση· κοινωνικό γόητρο

stay/steɪ/μένω, παραμένω· κατοικώ (για λίγο) ▪ **stay up** μένω ξύπνιος, ξενυχτώ • παραμονή, διαμονή

steadfast/'stedfa:st/σταθερός, ακλόνητος

steady/stedi/σταθερός • σταθεροποιώ/-ούμαι

steak/steɪk/φέτα (κρέατος ή ψαριού), μπριζόλα (μοσχαρίσια)

steal/sti:l/κλέβω· κινούμαι στα κλεφτά, στη ζούλα

steam/sti:m/ατμός • βγάζω ατμούς, αχνίζω· βράζω (κτ.) στον ατμό

steamship/'sti:m,ʃɪp/ατμόπλοιο

steel/sti:l/χάλυβας, ατσάλι

steep/sti:p/απόκρημνος, απότομος

steeple/sti:pl/καμπαναριό

steer/stɪə/οδηγώ, κατευθύνω

steering wheel/'stɪərɪŋ wi:l/τιμόνι

step/step/βήμα· σκαλί, σκαλοπάτι· ενέργεια, μέτρο ***step by step*** βαθμιαία, λίγο λίγο • κάνω ένα βήμα· πατάω· βηματίζω, περπατώ, πηγαίνω

stepbrother/'stepbrʌðə/ετεροθαλής αδελφός

stepdaughter/'stepdɔ:tə/προγονή

stepfather/'stepfa:ðə/πατρυιός

stepladder/'steplædə/διπλή πτυσσόμενη σκάλα

stepmother/'stepmʌðə/μητρυιά

stepsister/'step,sɪstə/ετεροθαλής αδελφή

stereo/'steriəʊ, 'stɪər-/στερεοφωνικό συγκρότημα • και **stereophonic** /,steriə'fɒnɪk/στερεοφωνικός

sterile/'steraɪl/στείρος· αποστειρωμένος· άγονος

sterility/stə'rɪlə̇ti/στειρότητα· (το) άγονο, ακαρπία (γης)

sterilization, **-isation**/,sterə̇laɪ'zeɪʃən/στείρωση· αποστείρωση

sterilize, **-ise**/'sterə̇laɪz/στειρώνω· αποστειρώνω

sterling/'stɜ:lɪŋ/(λίρα) στερλίνα

stern/stɜ:n/αυστηρός, σκληρός· αγριωπός, βλοσυρός • πρύμνη

stew/stju:/μαγειρεύω (κρέας) ραγού, σιγοβράζω • φαγητό της κατσαρόλας, «μαγειρευτό»

steward/'stju:əd/καμαρότος· ιπτάμενος φροντιστής

stewardess/'stu:ədə̇s/γυναίκα θαλαμηπόλος· συνοδός (ιπτάμενη ή εδάφους)

stick/stɪk/κολλώ· καρφώνω, μπήγω, χώνω· κολλώ, μαγκώνω, φρακάρω· *(για φαγητό)* κολλάω, πιάνω ▪ **stick out** προεξέχω, βγάζω (κτ.) έξω **stick to** μένω πιστός σε • ξύλο, κλωνάρι, κλαδάκι· ραβδί, μπαστούνι· κοντάρι, μακριά λαβή

sticker/'stɪkə/αυτοκόλλητη ετικέτα

stick-on/'stɪk ɒn/αυτοκόλλητος

stiff/stɪf/σκληρός, δύσκαμπτος· πιασμένος, αγκυλωμένος· δύσκολος, ζόρικος· επίμονος, άκαμπτος, αλύγιστος • πάρα πολύ, στο έπακρο

stiffen/'stɪfən/σκληραίνω/-ομαι

stifle/staɪfl/πνίγω, ασφυκτιώ, πνίγομαι, σκάω· καταπνίγω, συγκρατώ

still/stɪl/ακίνητος· ήρεμος, γαλήνιος • ηρεμία, σιγαλιά • ακόμα· όμως, παρ' όλα αυτά

stimulant/'stɪmjʊlənt/διεγερτικό· κίνητρο, ερέθισμα

stimulate/'stɪmjʊleɪt/διεγείρω, παρακινώ, κεντρίζω

stimulation/,stɪmjʊ'leɪʃən/παρακίνηση, παρόρμηση

sting/stɪŋ/κεντρίζω, τσιμπώ· τσούζω • κεντρί· κέντρισμα, τσίμπημα

stingy/'stɪndʒi/τσιγκούνης, τσιγκούνικος

stink/stɪŋk/βρομώ • δυσοσμία, βρόμα

stir/stɜ:/αναδεύω, ανακατεύω· κινώ, κινούμαι, σαλεύω· διεγείρω, κεντρίζω, εξάπτω ▪ **stir up** ξεσηκώνω • κούνημα, ανακάτεμα· αναταραχή, σάλος

stitch/stɪtʃ/βελονιά • ράβω, συρράπτω

stock/stɒk/απόθεμα, στοκ· χρεόγραφο, μετοχή *out of stock* εξαντλημένος • διαθέτω, έχω (σε) απόθεμα

stockbroker/'stɒk,brəʊkə/χρηματιστής

stock exchange/'stɒk ɪks,tʃeɪndʒ/ χρηματιστήριο (αξιών)

stocking/'stɒkɪŋ/(μακριά) κάλτσα

stock market/'stɒk ,ma:kɪt/χρηματιστήριο

stolen/'stəʊlən/κλεμμένος

stomach/'stʌmək/στομάχι

stomachache/'stʌməkeɪk/στομαχόπονος

stone/stəʊn/πέτρα· κουκούτσι (καρπού) • λιθοβολώ, πετροβολώ

stony/'stəʊni/πετρώδης· σκληρός, ασυγκίνητος

stool/stu:l/σκαμνί

stoop/stu:p/σκύβω • σκύψιμο

stop/stɒp/σταματώ, διακόπτω, παύω· σταματώ, εμποδίζω· φράσσω, κλείνω, βουλώνω· κάνω στάση, μένω (για λίγο σ' ένα μέρος) • στάση, σταμάτημα, παύση, διακοπή· στάση (λεωφορείου κ.τ.λ.)· τελεία

stopwatch/'stɒpwɒtʃ/χρονόμετρο

storage/'stɔ:rɪdʒ/αποθήκευση, φύλαξη

store/stɔ:/αποθηκεύω • (μεγάλο) κατάστημα

storeroom/'stɔ:ru:m/αποθήκη (δωμάτιο)

storey/'stɔ:ri/όροφος, πάτωμα

stork/stɔ:k/πελαργός

storm/stɔ:m/θύελλα, καταιγίδα, τρικυμία

stormy/'stɔ:mi/θυελλώδης

story/'stɔ:ri/ιστορία· πλοκή, υπόθεση

stout/staʊt/εύσωμος • (δυνατή) μαύρη μπίρα, στάουτ

stove/stəʊv/σόμπα

stowaway/'stəʊəweɪ/λαθρεπιβάτης

straight/streɪt/ευθύς, ίσιος· ευθύς, ειλικρινής, ντόμπρος· τακτοποιημένος· σκέτος, ανέρωτος· ετεροφυλόφιλος, φυσιολογικός (σεξουαλικώς) • σε ευθεία γραμμή, (στα) ίσια· κατευθείαν, απευθείας • (η) ευθεία· ετεροφυλόφιλος

straightaway/ˌstreɪtə'weɪ/τώρα, αμέσως

straighten/'streɪtən/ισιώνω

straightforward/ˌstreɪt'fɔ:wəd/ευθύς, ντόμπρος

strain/streɪn/τεντώνω, τεζάρω, τραβώ· ζορίζω/-ομαι, αγωνίζομαι· ζορίζω, κουράζω • τέντωμα, τάνυσμα, τράβηγμα, ζόρισμα·ένταση, προσπάθεια, ζόρι· ένταση, υπερένταση

strainer/'streɪnə/σουρωτήρι

straitjacket/'streɪtˌdʒækɨt/ζουρλομανδύας

strange/streɪndʒ/ασυνήθιστος, παράξενος, περίεργος· ξένος, άγνωστος ~**ly** παράξενα

stranger/'streɪndʒə/ξένος· άγνωστος

strangle/stræŋgl/στραγγαλίζω, πνίγω

strangler/stræŋglə/στραγγαλιστής

strap/stræp/ιμάντας, λουρί· τιράντα

strategy/'strætɨdʒi/στρατηγική· στρατηγικό σχέδιο

straw/strɔ:/άχυρο· ψάθα· καλαμάκι

strawberry/'strɔ:bəri/φράουλα

stray/streɪ/παρεκκλίνω, ξεστρατίζω • αδέσποτος

streak/stri:k/ράβδωση, λωρίδα, ρίγα *streak of lightning* αστραπή

stream/stri:m/ρυάκι, ρέμα· ροή, ρεύμα • ρέω, τρέχω, κυλώ

street/stri:t/οδός, δρόμος

strength/streŋθ/δύναμη

strengthen/'streŋθən,'strenθən/ενισχύω/-ομαι, δυναμώνω, ισχυροποιώ

stress/stres/πίεση, ένταση, ζόρι· έμφαση, βαρύτητα· τόνος, τονισμός· υπερένταση, στρες • τονίζω, υπογραμμίζω· τονίζω (λέξη) ~**ed** στρεσαρισμένος, αγχωμένος

stretch/stretʃ/τεντώνω· ξεχειλώνω· εκτείνομαι, απλώνομαι· τεντώνομαι, τανιέμαι • άπλωμα, τέντωμα· έκταση, τμήμα· διάστημα, συνεχής περίοδος· ελαστικότητα

stretcher/'stretʃə/φορείο

stretcher-bearer/'streɪʃə ˌbeərə/τραυματιοφορέας

stretchy/'stretʃi/ελαστικός

strict/strɪkt/αυστηρός· πλήρης, απόλυτος ~**ly** α) αυστηρά β) απολύτως

stride/straɪd/βαδίζω με μεγάλα βήματα • μεγάλο βήμα, δρασκελιά

strife/straɪf/αγώνας

strike/straɪk/πλήττω· χτυπώ· χτυπώ, σημαίνω· φαίνομαι, κάνω (ορισμένη) εντύπωση σε· έρχομαι στο μυαλό· απεργώ· ανακαλύπτω, βρίσκω ***strike a match*** ανάβω σπίρτο **striking** εντυπωσιακός • απεργία

striker/'straɪkə/απεργός

string/strɪŋ/σπάγκος· χορδή· σύνολο ομοειδών πραγμάτων περασμένων σε κλωστή

strip/strɪp/γδύνω, γδύνομαι • λωρίδα

strip cartoon/ˌstrɪp ka:'tu:n/ιστορία σε σκίτσα, κόμικ

stripe/straɪp/λωρίδα, ρίγα

striped/straɪpt/ριγωτός, ριγέ

stripper/'strɪpə/στριπτιζέζ

striptease/'strɪpti:z/στριπτίζ

strive/straɪv/αγωνίζομαι, προσπαθώ

stroke/strəʊk/χαϊδεύω • χάδι· κονδυλιά, μολυβιά, πινελιά· εγκεφαλικό (επεισόδιο)· κίνηση (στο κολύμπι, στην κωπηλασία κ.τ.λ.), απλωτή· τρόπος κολύμβησης, πλεξιά

stroll/strəʊl/κάνω βόλτα • περίπατος, βόλτα

strong/strɒŋ/δυνατός, γερός (σωματικά)· ισχυρός· στερεός, ανθεκτικός· ακλόνητος· πειστικός· δυνατός, έντονος· δυνατός, σφοδρός **~ly** α) ακράδαντα, φανατικά β) γερά

strongbox/'strɒŋbɒks/χρηματοκιβώτιο

structure/'strʌktʃə/κατασκευή, δομή· διάρθρωση, συγκρότηση· κτίριο, οικοδόμημα • διαρθρώνω, οργανώνω, συγκροτώ

struggle/strʌgl/αγωνίζομαι· πιάνομαι στα χέρια, τσακώνομαι • πάλη, συμπλοκή· αγώνας, προσπάθεια

stubborn/'stʌbən/πεισματάρης, ισχυρογνώμων· επίμονος

student/'stju:dənt/φοιτητής, σπουδαστής· μαθητής

studio/'stju:diəʊ/εργαστήριο (φωτογράφου)· στούντιο· γκαρσονιέρα, «στούντιο»

studious/'stju:diəs/επιμελής, μελετηρός

study/'stʌdi/σπουδή, μελέτη· **studies** σπουδές· γραφείο (δωμάτιο σπιτιού) • μελετώ· σπουδάζω

stuff/stʌf/υπάρχοντα, πράγματα· πράγμα, υλικό • (παρα)γεμίζω· σπρώχνω, στριμώχνω· βαλσαμώνω **~ing** α) παραγέμισμα β) γέμιση

stumble/stʌmbl/σκοντάφτω • σκόνταμμα

stun/stʌn/καταπλήσσω, αφήνω άναυδο **~ned** κατάπληκτος, θαμπωμένος **~ning** α) γοητευτικός, εξαιρετικής ομορφιάς β) εκπληκτικός, συγκλονιστικός

stunt man/'stʌnt mən/κασκαντέρ

stunt woman/'stʌnt ˌwʊmən/γυναίκα κασκαντέρ

stupefy/'stju:pɪfaɪ/αποχαυνώνω, αποβλακώνω

stupid/'stju:pɪd/βλάκας, κουτός· βλακώδης, ανόητος

stupidity/stju:'pɪdɪti/βλακεία, ηλιθιότητα· ανοησία, κουταμάρα

stutter/'stʌtə/τραυλίζω • τραύλισμα

stutterer/'stʌtərə/τραυλός

sty/staɪ/χοιροστάσιο

style/staɪl/τεχνοτροπία, ύφος· μόδα, σχέδιο· αρχιτεκτονικός ρυθμός· τρόπος (ζωής, συμπεριφοράς κ.τ.λ.)· αρχοντιά, κομψότητα, στιλ

stylish/'staɪlɪʃ/κομψός, σικ

stylist/'staɪlɪst/κομμωτής

subconscious/sʌb'kɒnʃəs/υποσυνείδητος • (το) υποσυνείδητο

subdue/səb'dju:/κατακτώ, υποδουλώνω· δαμάζω, συγκρατώ

subject/'sʌbdʒɪkt/υπήκοος· θέμα, αντικείμενο· *(σχολ.)* μάθημα· *(γραμ.)* υποκείμενο • **subject to**/sə'bdʒekt tə/υποβάλλω σε *be subject to* υπόκειμαι σε

subjective/səb'dʒektɪv/υποκειμενικός

subjugate/'sʌbdʒʊgeɪt/κατακτώ, υποδουλώνω

subjugation/,sʌbdʒʊ'geɪʃən/υποδούλωση

sublime/sə'blaɪm/θείος, υπέροχος

submarine/'sʌbməri:n/υποβρύχιο

submit/səb'mɪt/ενδίνω, υποκύπτω, υποτάσσομαι· υποβάλλω

subordinate/sə'bɔ:dɪnət/κατώτερος

subscribe/səb'skraɪb/γράφομαι/ είμαι συνδρομητής

subscriber/səb'skraɪbə/συνδρομητής

subscription/səb'skrɪpʃən/συνδρομή

subsequent/'sʌbsɪkwənt/επόμενος, μεταγενέστερος, επακόλουθος ~**ly** εν συνεχεία, κατόπιν

subside/səb'saɪd/παθαίνω καθίζηση, υποχωρώ, βουλιάζω· υποχωρώ, πέφτω, καταλαγιάζω

subsidize, -ise/'sʌbsɪdaɪz/επιδοτώ

subsidy/'sʌbsɪdi/επιδότηση

substance/'sʌbstəns/ουσία, υλικό

substantial/səb'stænʃəl/σημαντικός, αξιόλογος ~**ly** πολύ, σημαντικά

substitute/'sʌbstɪtju:t/αντικαταστάτης, αναπληρωτής· υποκατάστατο • αντικαθιστώ, υποκαθιστώ

substitution/,sʌbstɪ'tju:ʃən/υποκατάσταση, αντικατάσταση, αναπλήρωση

subtitle/'sʌb,taɪtl/υπότιτλος (βιβλίου κ.τ.λ.)· **subtitles** υπότιτλοι (ταινίας)

subtle/sʌtl/λεπτός, ανεπαίσθητος

subtract/səb'trækt/αφαιρώ

subtraction/səb'trækʃən/αφαίρεση

suburb/'sʌbɜ:b/προάστιο

subway/'sʌbweɪ/υπόγεια διάβαση· μετρό

succeed/sək'si:d/επιτυγχάνω, πετυχαίνω· καταφέρνω· διαδέχομαι

success/sək'ses/επιτυχία

successful/sək'sesfəl/επιτυχής, πετυχημένος

succession/sək'seʃən/διαδοχή, ακολουθία, σειρά· αδιάκοπη σειρά, συνέχεια

successive/sək'sesɪv/διαδοχικός, αλλεπάλληλος, συνεχής

successor/sək'sesə/διάδοχος

such/sʌtʃ/τέτοιος, όμοιος· τόσος • αυτός, τέτοιος *such and such* και τα παρόμοια

suck/sʌk/ρουφώ· θηλάζω, βυζαίνω· πιπιλίζω, γλείφω • πιπίλισμα, γλείψιμο· θηλασμός, βύζαγμα

sucker/'sʌkə/βεντούζα ζώου· κορόιδο

Sudan/sʊ'dæn, -'da:n/Σουδάν

Sudanese/,su:də'ni:z/Σουδανός • σουδανικός

sudden/'sʌdən/ξαφνικός, απότομος

sue/sju:/μηνύω, κάνω αγωγή

suede/sweɪd/καστόρι • καστόρινος

suffer/'sʌfə/υποφέρω· υφίσταμαι, παθαίνω

sufficient/sə'fɪʃənt/επαρκής, αρκετός

suffocate/'sʌfəkeɪt/πνίγω/-ομαι, θανατώνω με ασφυξία, ασφυκτιώ

suffocation/,sʌfə'keɪʃən/ασφυξία

sugar/'ʃʊgə/ζάχαρη

sugar beet/'ʃʊgə bi:t/ ☞ BEET

sugarcane/'ʃʊgəkeɪn/ζαχαροκάλαμο

sugary/'ʃʊgəri/σακχαρούχος, σακχαρώδης

suggest/sə'dʒest/προτείνω· υπονοώ, υποδηλώνω

suggestion/sə'dʒestʃən/πρόταση, υπόδειξη

suicide/'su:ɪsaɪd/αυτοκτονία

suit/su:t, sju:t/κοστούμι· στολή· *(χαρτοπ.)* χρώμα • εξυπηρετώ, βολεύω· ταιριάζω, πάω σε (κπ.) ή με (κτ.)

suitable/'su:təbl, 'sju:-/κατάλληλος· βολικός **suitably** κατάλληλα, ταιριαστά

suitcase/'su:tkeɪs, 'sju:t-/βαλίτσα

suite/swi:t/σουίτα· σύνολο επίπλων, ιδ. σαλόνι

sulk/sʌlk/κατσουφιάζω, κάνω μούτρα • κατσούφιασμα, μούτρωμα

sulky/'sʌlki/κατσουφιασμένος, μουτρωμένος

sulphur/'sʌlfə/θείο, θειάφι

sultan/'sʌltən/σουλτάνος

sum/sʌm/(αριθμητική) πράξη· (χρηματικό) ποσό· άθροισμα, σύνολο • **sum up** συνοψίζω, ανακεφαλαιώνω

summarize, **-ise**/'sʌməraɪz/συνοψίζω

summary/'sʌməri/σύνοψη, περίληψη

summer/'sʌmə/καλοκαίρι

summery/'sʌməri/καλοκαιρινός

summit/'sʌmɪt/κορυφή· και **summit meeting** συνάντηση κορυφής

sum total/,sʌm 'təʊtl/(το) σύνολο, (το) άθροισμα

sun/sʌn/ήλιος • λιάζω *sun oneself* λιάζομαι

sunbathe/'sʌnbeɪð/λιάζομαι, κάνω ηλιοθεραπεία **sunbathing** ηλιοθεραπεία

sunbeam/ˈsʌnbi:m/ηλιαχτίδα

sunburn/ˈsʌnbɜ:n/έγκαυμα από τον ήλιο

sunburned/ˈsʌnbɜ:nd/, **sunburnt** /-bɜ:nt/ηλιοκαμένος

Sunday/ˈsʌndi, -deɪ/Κυριακή

sunflower/ˈsʌnˌflaʊə/ηλίανθος, ήλιος

sunglasses/ˈsʌnˌgla:sɨs/γυαλιά ηλίου

sunlight/ˈsʌnlaɪt/ηλιακό φως, λιακάδα

sunlit/ˈsʌnlɪt/ηλιόλουστος

sunny/ˈsʌni/με ήλιο, ηλιόλουστος

sunrise/ˈsʌnraɪz/ανατολή του ηλίου

sunset/ˈsʌnset/ηλιοβασίλεμα

sunshade/ˈsʌnʃeɪd/ομπρέλα ηλίου, παρασόλι

sunshine/ˈsʌnʃaɪn/ηλιοφάνεια, λιακάδα

sunstroke/ˈsʌnstrəʊk/ηλίαση

suntan/ˈsʌntæn/μαύρισμα (από τον ήλιο)

suntanned/ˈsʌntænd/ηλιοκαμένος

super/ˈsu:pə/υπέροχος, περίφημος, έξοχος

superb/su:ˈpɜ:b, sju:-/υπέροχος, έξοχος, λαμπρός

superficial/su:pəˈfɪʃəl/επιπόλαιος, επιφανειακός

superior/su:ˈpɪəriə/ανώτερος· εκλεκτός, εξαιρετικός • ανώτερος

superiority/su:ˌpɪəriˈɒrɨti/υπεροχή, ανωτερότητα

superlative/su:ˈpɜ:lətɪv/υπερθετικός (βαθμός)

supermarket/ˈsu:pəˌma:kɨt/σουπερμάρκετ

supernatural/ˌsu:pəˈnætʃərəl/υπερφυσικός

supersonic/ˌsu:pəˈsɒnɪk/υπερηχητικός

superstition/ˌsu:pəˈstɪʃən/δεισιδαιμονία, πρόληψη

superstitious/ˌsu:pəˈstɪʃəs/προληπτικός

supervise/ˈsu:pəvaɪz/εποπτεύω, επιβλέπω

supervision/ˌsu:pəˈvɪʃən/εποπτεία, επίβλεψη, επιστασία

supervisor/ˈsu:pəvaɪzə/επόπτης, επιτηρητής

supper/ˈsʌpə/δείπνο

supplement/ˈsʌmplɨmənt/συμπλήρωμα· παράρτημα • συμπληρώνω

supplementary/ˌsʌplɨˈmentəri/συμπληρωματικός

supplier/səˈplaɪə/προμηθευτής

supply/səˈplaɪ/προμηθεύω, παρέχω • παροχή· απόθεμα· **supplies** προμήθειες, εφόδια

support/səˈpɔ:t/(υπο)στηρίζω, κρατώ· υποστηρίζω, τάσσομαι υπέρ· συντηρώ, τρέφω • υποστήριξη· υποστύλωση· (υπο)στήριγμα· συντήρηση

supporter/səˈpɔ:tə/υποστηρικτής, οπαδός

suppose/sə'pəʊz/υποθέτω *be supposed to* α) είμαι υποχρεωμένος να β) θεωρούμαι γ) *(σε άρνηση)* δεν επιτρέπεται να **supposing** έστω, αν υποθέσουμε (ότι), αν

suppress/sə'pres/καταστέλλω· συγκρατώ, πνίγω· αποκρύπτω, συγκαλύπτω

supremacy/sʊ'preməsi/υπεροχή, ανωτερότητα

supreme/su:'pri:m/υπέρτατος, ανώτατος

sure/ʃɔ:/σίγουρος, βέβαιος *for sure* σίγουρα • σίγουρα, ασφαλώς

surely/'ʃɔ:li/ασφαλώς, φυσικά

surf/sɜ:f/κάνω σέρφινγκ *surf the Net/Internet* σερφάρω στο Ίντερνετ **~ing** σέρφινγκ

surface/'sɜ:fɪs/επιφάνεια • βγαίνω στην επιφάνεια (του νερού)

surfboard/'sɜ:fbɔ:d/σανίδα του σέρφινγκ

surfer/'sɜ:fə/κολυμβητής που κάνει σέρφινγκ

surgeon/'sɜ:dʒən/χειρουργός

surgery/'sɜ:dʒəri/χειρουργική· εγχείρηση· ιατρείο

surgical/'sɜ:dʒɪkəl/χειρουργικός

surname/'sɜ:neɪm/επώνυμο, επίθετο

surplus/'sɜ:pləs/πλεόνασμα, περίσσευμα • περίσσιος

surprise/sə'praɪz/έκπληξη • εκπλήσσω, ξαφνιάζω· αιφνιδιάζω **surprised** έκπληκτος **surprising** εκπληκτικός, καταπληκτικός

surrender/sə'rendə/παραδίδω/-ομαι • παράδοση

surround/sə'raʊnd/περιβάλλω, περιστοιχίζω • **surroundings** περιβάλλον, περίγυρος

survey/sə'veɪ/εξετάζω· εξετάζω, επιθεωρώ· ερωτώ κάνοντας έρευνα •/'sɜ:veɪ/επισκόπηση· επιθεώρηση, εξέταση· μελέτη, έρευνα· σφυγμομέτρηση, δημοσκόπηση

survival/sə'vaɪvəl/επιβίωση

survive/sə'vaɪv/ζω περισσότερο από· επιζώ, διασώζομαι

survivor/sə'vaɪvə/διασωθείς

suspect/sə'spekt/υποπτεύομαι· αμφιβάλλω για •/'sʌspekt/ύποπτος

suspend/sə'spend/κρεμώ· διακόπτω, σταματώ· αναστέλλω, αναβάλλω· θέτω σε διαθεσιμότητα, αποβάλλω (προσωρινά)

suspense/sə'spens/εναγώνια αναμονή

suspension/sə'spenʃən/ανάρτηση, κρέμασμα· αναστολή, διακοπή· διαθεσιμότητα, (προσωρινή) αποβολή

suspicion/sə'spɪʃən/υποψία, υπόνοια· καχυποψία

suspicious/sə'spɪʃəs/καχύποπτος· ύποπτος

swallow/'swɒləʊ/καταπίνω • χαψιά· ρουφηξιά, γουλιά

swamp/swɒmp/έλος, βάλτος

swan/swɒn/κύκνος

swap/swɒp/ανταλλάσσω • ανταλλαγή, τράμπα

swarm/swɔ:m/σμήνος· πλήθος, τσούρμο • κινούμαι κατά πυκνές μάζες, συρρέω ▪ **swarm with** κατακλύζομαι από

swastika/ˈswɒstɪkə/σβάστικα, αγκυλωτός σταυρός

sway/sweɪ/ταλαντεύω/-ομαι, λικνίζω/-ομαι, κουνώ/-ιέμαι • ταλάντευση, λίκνισμα, κούνημα

swear/sweə/βρίζω, βλαστημάω· ορκίζομαι

sweat/swet/ιδρώτας • ιδρώνω

sweater/ˈswetə/πουλόβερ

Swede/swi:d/Σουηδός

Sweden/ˈswi:dn/Σουηδία

Swedish/ˈswi:dɪʃ/σουηδικός • (οι) Σουηδοί· σουηδική γλώσσα

sweep/swi:p/σκουπίζω • σκούπισμα

sweeper/ˈswi:pə/οδοκαθαριστής

sweet/swi:t/γλυκός • γλύκισμα· επιδόρπιο

sweeten/ˈswi:tən/γλυκαίνω

sweetheart/ˈswi:ha:t/αγαπημένος· αγάπη μου

sweetness/ˈswi:tnɪ̵s/γλυκύτητα, γλύκα

swell/swel/πρήζομαι

swerve/swɜ:v/λοξοδρομώ, στρίβω απότομα • λοξοδρόμισμα, στραβοτιμονιά

swift/swɪft/γρήγορος

swim/swɪm/κολυμπώ • μπάνιο, κολύμπι

swimmer/ˈswɪmə/κολυμβητής

swimming costume/ˈswɪmɪŋˌkɒstjʊm/γυναικείο μαγιό

swimming pool/ˈswɪmɪŋ pu:l/κολυμβητήριο

swimming trunks/ˈswɪmɪŋ trʌŋks/ (ανδρικό) μαγιό

swimsuit/ˈswɪmsu:t, -sju:t/μαγιό (ανδρικό ή γυναικείο)

swine/swaɪn/χοίρος, γουρούνι· κτήνος, κάθαρμα

swing/swɪŋ/αιωρώ/-ούμαι, κουνώ/-ιέμαι • αιώρηση, κούνημα· αιώρα, κούνια

Swiss/swɪs/(οι) Ελβετοί • ελβετικός

switch/swɪtʃ/διακόπτης • γυρίζω (χρησιμοποιώντας διακόπτη) ▪ **switch off** κλείνω (το ηλεκτρικό φως, ηλεκτρική συσκευή), σβήνω (τη μηχανή αυτοκινήτου κ.τ.λ.) **switch on** ανοίγω (το ηλεκτρικό φως), θέτω σε λειτουργία (ηλεκτρική συσκευή), ανάβω (τη μηχανή αυτοκινήτου κ.τ.λ.)

switchboard/ˈswɪtʃbɔ:d/τηλεφωνικό κέντρο· πίνακας διακοπτών, ταμπλό

Switzerland/ˈswɪtsələnd/Ελβετία

swollen/ˈswəʊlen/φουσκωμένος· πρησμένος

sword/sɔ:d/ξίφος, σπαθί

swordfish/ˈsɔ:dˌfɪʃ/ξιφίας

swordsman/ˈsɔ:dzmən/ξιφομάχος

sworn/swɔ:n/ένορκος

syllable/ˈsɪləbl/συλλαβή

syllabus/ˈsɪləbəs/αναλυτικό πρόγραμμα μαθημάτων

symbol/ˈsɪmbəl/σύμβολο

symbolic/sɪmˈbɒlɪk/συμβολικός

symbolize, **-ise**/ˈsɪmbəlaɪz/συμβολίζω

symmetrical/sɪˈmetrɪkəl/συμμετρικός

symmetry/ˈsɪmətri/συμμετρία

sympathetic/ˌsɪmpəˈθetɪk/συμπονετικός· ευνοϊκά διακείμενος

sympathize, **-ise**/ˈsɪmpəθaɪz/συμπονώ, συμμερίζομαι

sympathy/ˈsɪmpəθi/συμπόνια, συμπαράσταση· **sympathies** συλλητήρια

symphony/ˈsɪmfəni/*(μουσ.)* συμφωνία

symposium/sɪmˈpəʊziəm/συνέδριο

symptom/ˈsɪmptəm/σύμπτωμα

synonym/ˈsɪnənɪm/συνώνυμο

synthetic/sɪnˈθetɪk/συνθετικός, τεχνητός

syringe/sɪˈrɪndʒ/σύριγγα

syrup/ˈsɪrəp/σιρόπι

system/ˈsɪstəm/σύστημα

systematic/ˌsɪstəˈmætɪk/συστηματικός

T, t

tab/tæb/επιγραφή, ετικέτα

table/teɪbl/τραπέζι

tablecloth/ˈteɪblklɒθ/τραπεζομάντιλο

tablespoon/ˈteɪblspuːn/κουτάλι σερβιρίσματος· και **tablespoonful** /ˈteɪblspuːnfʊl/κουταλιά της σούπας

tablet/ˈtæblɪ̈t/χάπι, ταμπλέτα

table tennis/ˈteɪbl ˌtenɪ̈s/πινγκ πονγκ

tabloid/ˈtæblɔɪd/λαϊκή εφημερίδα, φυλλάδα

taboo/təˈbuː/ταμπού • θεωρούμενος ταμπού

tack/tæk/πλατυκέφαλο καρφί· πινέζα

tact/tækt/τακτ

tactful/ˈtæktfəl/διακριτικός, (άνθρωπος) με τακτ **~ly** διακριτικά, με τρόπο

tactic/ˈtæktɪk/τακτική

tag/tæg/ετικέτα • **tag along** ακολουθώ κατά πόδας

tail/teɪl/ουρά· **tails** γράμματα, πίσω όψη νομίσματος· **tails** φράκο • παρακολουθώ από κοντά

tailcoat/ˈteɪlkəʊt/φράκο

tailor/ˈteɪl/ράφτης • προσαρμόζω

tailor-made/ˌteɪlə ˈmeɪd/κομμένος και ραμμένος στα μέτρα κάποιου· φτιαγμένος παραγγελία

taint/teɪntɪ̈d/μολυσμένος, χαλασμένος

Taiwan/ˌtaɪˈwaːn/Ταϊβάν

Taiwanese/ˌtaɪwəˈniːz/(οι) Ταϊβανοί • ταϊβανέζικος

take/teɪk/παίρνω· παίρνω, πιάνω· πηγαίνω (κπ./κτ. κάπου)· απαιτώ, χρειάζομαι, κάνω, παίρνω (ώρα)· κάνω (μπάνιο, περίπατο κ.τ.λ.)· παίρνω (φωτογραφία)· παίρνω (τη θερμοκρασία κάποιου)· κρατώ (σημειώσεις), καταγράφω ***take a bus/taxi/train*** παίρνω λεωφορείο/ταξί/τρένο· παίρνω, λαμβάνω (τροφή κ.τ.λ.)· δίνω (εξετάσεις), παίρνω (μάθημα)· χωράω· παίρνω, θεωρώ· αφαιρώ· πιάνω, έχω επιτυχία ▪ **take after** μοιάζω με **take apart** διαλύω **take away** παίρνω, απομακρύνω **take down** α) διαλύω, γκρεμίζω β) γράφω, σημειώνω γ) καταπίνω **take in** α) φιλοξενώ β) περιλαμβάνω γ) μπάζω, στενεύω δ) αντιλαμβάνομαι, καταλαβαίνω ε) κοροϊδεύω, τη σκάω σε **take off** α) βγάζω β) απογειώνομαι γ) παριστάνω **take out** α) αφαιρώ, βγάζω β) βγάζω για διασκέδαση γ) παίρνω, βγάζω (άδεια αυτοκινήτου κ.τ.λ.) **take over** αναλαμβάνω (επιχείρηση κ.τ.λ.) από κπ. άλλον **take to** α) (αρχίζω να) συμπαθώ β) επιδίδομαι σε (χόμπι κ.τ.λ.), αρχίζω να (ασχολούμαι με κτ.) • είσπραξη, εισπραχθέν ποσό· *(κινημ.)* λήψη, γύρισμα σκηνής

takeaway/ˈteɪlkəweɪ/φαγητό σε πακέτο

take-off/'teɪk-ɒf/απογείωση

tale/teɪl/ιστορία˙ παραμύθι

talent/'tælənt/ταλέντο

talented/'tæləntɪ̈d/ταλαντούχος

talisman/'tælɪ̈zmən/φυλαχτό, χαϊμαλί (για γούρι)

talk/tɔ:k/μιλώ˙ κουβεντιάζω, συζητώ ▪ **talk into** πείθω, καταφέρνω (κπ.) να (κάνει κτ.) **talk out of** πείθω (κπ.) να (μην κάνει κτ.) **talk round** πείθω, κάνω (κπ.) ν' αλλάξει γνώμη • συζήτηση˙ ομιλία, διάλεξη˙ λόγια, κουβέντες˙ **talks** επίσημες συζητήσεις

talkative/'tɔ:kətɪv/ομιλητικός

talk show/'tɔ:k ʃəʊ/τηλεοπτική συζήτηση

tall/tɔ:l/ψηλός˙ (ορισμένου) αναστήματος, ύψους

tame/teɪm/εξημερωμένος • (εξ-) ημερώνω (ζώο)

tamer/'teɪmə/θηριοδαμαστής

tampon/'tæmpɒn/ταμπόν

tan/tæn/μαυρίζω ~**ned** ηλιοκαμένος, μαυρισμένος • μπρούντζινο χρώμα, μαύρισμα

tangerine/ˌtændʒə'ri:n/μανταρίνι

tangle/tæŋl/μπερδεύω/-ομαι • μπερδεμένη μάζα, κουβάρι˙ μπλέξιμο, μπερδεμένη κατάσταση

tango/'tæŋgəʊ/ταγκό

tank/tæŋk/δεξαμενή, ντεπόζιτο˙ τανκς

tanker/'tæŋkə/πετρελαιοφόρο, τάνκερ˙ βυτιοφόρο

tap/tæp/βρύση˙ ελαφρό χτύπημα • παγιδεύω (τηλέφωνο)˙ χτυπώ ελαφρά

tape/teɪp/ταινία, κορδέλα˙ μαγνητοταινία˙ νήμα τερματισμού • ηχογραφώ, γράφω σε μαγνητοταινία ή σε βιντεοκασέτα˙ δένω με κορδέλα, κολλώ με ταινία

tape measure/'teɪp ˌmeʒə/μετροταινία, μεζούρα

tape recorder/'teɪp rɪˌkɔ:də/μαγνητόφωνο

tar/ta:/πίσσα

target/'ta:gɪ̈t/στόχος

tarmac/'ta:mæk/*(αερ.)* πίστα

tart/ta:t/τάρτα

tartan/ta:tn/σκοτσέζικο καρό

task/ta:sk/έργο, καθήκον

tassel/'tæsəl/φούντα

taste/teɪst/γεύομαι, νιώθω τη γεύση˙ δοκιμάζω (φαγητό ή ποτό)˙ έχω γεύση, μυρίζω • γεύση˙ λίγο, (μια) μπουκιά, (μια) γουλιά˙ καλαισθησία, γούστο

tasteful/'teɪstfəl/καλαίσθητος, με γούστο

tasteless/'teɪstləs/άνοστος˙ ακαλαίσθητος, κακόγουστος

tasty/'teɪsti/γευστικός, νόστιμος

tatters/'tætəz/κουρέλια

tattoo/tæ'tu:, tə'tu:/κάνω τατουάζ • τατουάζ

Taurus/'tɔ:rəs/*(αστρ.)* Ταύρος

taut/tɔ:t/τεντωμένος

tax/tæks/φορολογώ • φόρος

taxable/'tæksəbl/φορολογητέος

taxation/tæk'seɪʃən/φορολογία

tax evasion/'tæks ɪ,veɪʃən/φοροδιαφυγή

tax-free/,tæks 'fri:/αφορολόγητος • ατελώς

taxi/'tæksi/ταξί • τροχοδρομώ

taxi rank/'tæksi ræŋk/πιάτσα ταξί

taxman/'tæksmæn/εφοριακός

taxpayer/'tæks,peɪə/φορολογούμενος

tax return/'tæks rɪ,tɜ:n/φορολογική δήλωση

tea/ti:/τσάι· αφέψημα, ζεστό

teabag/'ti:bæg/φακελάκι τσάι

teach/ti:tʃ/διδάσκω ~**ing** διδακτικός ~**ing** διδασκαλία

teacher/'ti:tʃə/δάσκαλος, δασκάλα· καθηγητής, καθηγήτρια

teacup/'ti:kʌp/φλιτζάνι του τσαγιού

team/ti:m/ομάδα

teapot/'ti:pɒt/τσαγιέρα

tear/tɪə/δάκρυ· /teə/σχίσιμο • /teə/ σχίζω/-ομαι

tearful/'tɪəfəl/δακρυσμένος, κλαμένος ~**ly** με δάκρυα

teargas/'tɪə gæs/δακρυγόνο αέριο

tearoom/'ti:ru:m, -rʊm/τσαγερία

tease/ti:z/πειράζω, κοροϊδεύω· αστειεύομαι • πειραχτήρι

teaspoon/'ti:spu:n/κουταλάκι του γλυκού· και **teaspoonful**/'ti:spu:nfʊl/κουταλιά του γλυκού

teat/ti:t/θηλή, ρώγα

tea towel/'ti: ,taʊəl/πιατόπανο

technical/'teknɪkəl/τεχνικός ~**ly** α) από άποψη τεχνικής β) τυπικά

technician/tek'nɪʃən/τεχνικός, τεχνίτης

technique/tek'ni:k/τεχνική

technocrat/'teknəkræt/τεχνοκράτης

technological/,teknə'lɒdʒɪkəl/τεχνολογικός

technology/tek'nɒlədʒi/τεχνολογία

teddy bear/'tedi beə/αρκουδάκι (παιδικό παιχνίδι)

teenage/'ti:neɪdʒ/εφηβικός· έφηβος

teenager/'ti:neɪdʒə/έφηβος, τινέιτζερ

teens/ti:nz/εφηβεία

telecommunications/,telɪkəmju:nə'keɪʃənz/τηλεπικοινωνίες

telegram/'teləgræm/τηλεγράφημα

telegraph/'teləgra:f/τηλεγραφώ

telemarketing/,teli'ma:kətɪŋ/τηλεαγορές

telepathy/tə'lepəθi/τηλεπάθεια

telephone/'teləfəʊn/τηλέφωνο • τηλεφωνώ

telephone booth/'teləfəʊn,bu:ð/ τηλεφωνικός θάλαμος

telephone call/'teləfəʊn ,kɔ:l/τηλεφωνική κλήση, τηλεφώνημα

telephone directory/'teləfəʊn daɪ,rektəri, -də-/τηλεφωνικός κατάλογος

telephone exchange/ˈteləfəʊn ɪksˌtʃeɪndʒ/τηλεφωνικό κέντρο

telephotolens/ˌteləfəʊtəʊˈlenz/τηλεφακός

telesales/ˈteliseɪlz/τηλεμάρκετινγκ

telescope/ˈteləskəʊp/τηλεσκόπιο

telethon/ˈteləθɒn/τηλεμαραθώνιος

televise/ˈteləvaɪz/μεταδίδω τηλεοπτικώς

television/ˈteləˌvɪʒən/τηλεόραση

televisual/ˌteləˈvɪʒʊəl/τηλεοπτικός

tell/tel/λέω· διακρίνω, ξεχωρίζω, καταλαβαίνω· φαίνομαι, δείχνω ▪ **tell off** επιπλήττω, κατσαδιάζω

teller/ˈtelə/ταμίας

telling-off/ˌtelɪŋ ˈɒf/κατσάδα

telly/ˈteli/τηλεόραση

temper/ˈtempə/ψυχική διάθεση· ιδιοσυγκρασία, χαρακτήρας· οργή, θυμός· ψυχραιμία, ηρεμία

temperament/ˈtempərəmənt/ιδιοσυγκρασία, χαρακτήρας

temperamental/ˌtempərəˈmentl/ευέξαπτος· ασταθής, άστατος· εξ ιδιοσυγκρασίας

temperature/ˈtempərətʃə/θερμοκρασία

temple/templ/ναός

temporary/ˈtempərəri/προσωρινός

tempt/tempt/βάζω σε πειρασμό, δελεάζω ~**ing** δελεαστικός

temptation/tempˈteɪʃən/πειρασμός

ten/ten/δέκα

tenant/ˈtenənt/ενοικιαστής, νοικάρης

tend/tend/έχω την τάση, ρέπω

tendency/ˈtendənsi/τάση, ροπή, κλίση

tender/ˈtendə/τρυφερός· ευαίσθητος, ευπαθής· ευαίσθητος, λεπτός ~**ly** τρυφερά

tender-hearted/ˌtendəˈhɑːtəd/ευαίσθητος, πονόψυχος

tendon/ˈtendən/τένοντας

tennis/ˈtenəs/τένις

tennis court/ˈtenəs kɔːt/γήπεδο τένις

tenor/ˈtenə/τενόρος

tenpin/ˈtenˌpɪn/κορίνα, μπουκάλα του μπόουλινγκ· **tenpins** ☞ BOWL

tenpin bowling/ˌtenpɪn ˈbəʊlɪŋ/☞ BOWL

tense/tens/χρόνος (ρήματος) • τεταμένος· σε υπερένταση

tension/ˈtenʃən/τέντωμα, τεζάρισμα· ένταση

tent/tent/σκηνή, αντίσκηνο

tentacle/ˈtentəkl/πλοκάμι

tenth/tenθ/δέκατος • (ένα) δέκατο

term/tɜːm/όρος· **terms** σχέσεις (προσωπικές)

terminal/ˈtɜːmɪnəl/τέρμα, τελικός σταθμός· *(πληρ.)* τερματικό

terminate/ˈtɜːməneɪt/τερματίζω/-ομαι

termination/ˌtɜːməˈneɪʃən/τερματισμός, τέλος, λήξη

terminology/ˌtɜ:mə̣ˈnɒlədʒi/ορολογία

terrace/ˈterə̣s/ταράτσα· **terraces** κερκίδες

terrible/ˈterə̣bl/τρομερός, φοβερός, φρικτός

terribly/ˈterə̣bli/τρομερά, φρικτά· τρομερά, πολύ

terrific/təˈrɪfɪk/θαυμάσιος, περίφημος· τρομακτικός, (τρομακτικά) μεγάλος ~**ly** τρομερά, πάρα πολύ

terrify/ˈterə̣faɪ/τρομοκρατώ, κατατρομάζω ~**ing** τρομακτικός

territorial/ˌterə̣ˈtɔ:riəl/εδαφικός

territorial waters/ˌterə̣tɔ:riəl ˈwɔ:təz/χωρικά ύδατα, αιγιαλίτιδα ζώνη

territory/ˈterə̣təri/έδαφος, επικράτεια· (εδαφική) περιοχή

terror/ˈterə/τρόμος, φρίκη· τρομερός άνθρωπος, (ο) φόβος και ο τρόμος· ζιζάνιο, διαβολάκος

terrorism/ˈterərɪzəm/τρομοκρατία

terrorist/ˈterərə̣st/τρομοκράτης

terrorize, **-ise**/ˈteraraɪz/τρομοκρατώ

test/test/εξέταση, διαγωνισμός, τεστ· δοκιμή· *(ιατρ.)* εξέταση • εξετάζω, ελέγχω· δοκιμάζω, θέτω σε δοκιμασία

testament/ˈtestəmənt/διαθήκη

testify/ˈtestə̣faɪ/καταθέτω, βεβαιώνω (ενόρκως)· και **testify to** δείχνω, μαρτυρώ

testimony/ˈtestə̣məni/μαρτυρία, (ένορκη) κατάθεση

text/tekst/κείμενο

textbook/ˈtekstbʊk/σχολικό βιβλίο, βιβλίο διδασκαλίας

textile/ˈtekstaɪl/ύφασμα

texture/ˈtekstʃə/υφή· ύφανση

Thai/taɪ/Ταϋλανδός· ταϋλανδική γλώσσα • ταϋλανδικός

Thailand/ˈtaɪlænd/Ταϋλάνδη

Thames/temz/Τάμεσης

than/ðən, *(εμφ.)* ðæn/από· παρά

thank/θæŋk/ευχαριστώ

thankful/ˈθæŋkfəl/ευτυχής ~**ly** ευτυχώς

thanks/θæŋks/ευχαριστίες ***thanks to*** χάρη σε, εξαιτίας • ευχαριστώ

that/ðæt/αυτός, εκείνος • εκείνος, αυτός εκεί • ο οποίος -α -ο, που • τόσο • ότι, πως· να, για να ***in order that...*** για να... ***so that*** ούτως ώστε· ώστε, που· που

thaw/θɔ:/τήκω/-ομαι, λιώνω· ξεπαγώνω

the/ðə, ði, ði:/ο, η, το, οι, τα • όσο... τόσο

theatre/ˈθɪətə/θέατρο· χειρουργείο· αμφιθέατρο

theatrical/ˌθiˈætrɪkəl/θεατρικός

their/ðə, ðeə/(δικός) τους

theirs/ðeəz/δικός τους

them/ðəm/αυτούς -ές -ά, τους, τις, τα

theme/θi:m/θέμα

theme tune/ˈθi:m tju:n/μουσικό θέμα (ταινίας)

themselves/ðəm'selvz/τον εαυτό τους, τους εαυτούς τους· (αυτοί) οι ίδιοι

then/ðen/τότε, εκείνη την εποχή· κατόπιν, έπειτα· τότε, λοιπόν • (ο) τότε

theoretical/θɪə'retɪkəl/θεωρητικός

theory/'θɪəri/θεωρία *in theory* θεωρητικώς

therapist/'θerəpɪst/θεραπευτής

therapy/'θerəpi/θεραπεία

there/ðeə/εκεί· να *there you are* ορίστε! • [χρησιμοποιείται ως υποκείμενο, ιδ. του **be**]: *there is/are,* υπάρχει/υπάρχουν

therefore/'ðeəfɔ:/συνεπώς, άρα

thermal/'θɜ:məl/θερμαντικός· θερμός, ιαματικός

thermometer/θə'mɒmɪtə/θερμόμετρο

Thermos/'θɜ:məs/θερμός

thermostat/'θɜ:məstæt/θερμοστάτης

thesaurus/θɪ'sɔ:rəs/λεξικό συνωνύμων

Theseus/'θi:siəs/Θησέας

thesis/'θi:sɪs/διατριβή

they/ðeɪ/αυτοί -ές -ά· ο κόσμος γενικώς και αορίστως

thick/θɪk/χοντρός, παχύς· πηχτός· πυκνός

thicken/'θɪkən/πήζω, δένω· πυκνώνω

thickly/'θɪkli/χοντρά· πυκνά

thief/θi:f/κλέφτης

thigh/θaɪ/μηρός, μπούτι

thimble/θɪmbl/δαχτυλήθρα

thin/θɪn/λεπτός, ψιλός· αδύνατος· αραιός· ασθενής, μη πειστικός • αραιώνω **~ly** α) λεπτά, ψιλά β) αραιά

thing/θɪŋ/πράγμα· ό,τι πρέπει, ό,τι χρειάζεται· **things** α) πράγματα, ατομικά είδη β) πράγματα, κατάσταση *for one thing* πρώτα πρώτα, αν μη τι άλλο

think/θɪŋk/σκέπτομαι· νομίζω, πιστεύω ▪ **think about** α) σκέπτομαι, θυμάμαι β) σκέπτομαι, εξετάζω **think of** α) σκέφτομαι, έχω στο νου β) έχω κατά νου γ) έχω τη γνώμη για δ) θυμάμαι **think up** σκέπτομαι, σκαρώνω, σκαρφίζομαι

third/θɜ:d/τρίτος • (ένα) τρίτο

thirdly/'θɜ:dli/τρίτον, κατά τρίτο λόγο

thirst/θɜ:st/δίψα· δίψα, λαχτάρα • **thirst for/after** λαχταρώ, διψώ για

thirsty/'θɜ:sti/διψασμένος

thirteen/,θɜ:'ti:n/δεκατρία • δεκατρείς

thirteenth/,θɜ:'ti:nθ/δέκατος τρίτος • (ένα) δέκατο τρίτο

thirtieth/'θɜ:tɪθ/τριακοστός • (ένα) τριακοστό

thirty/'θɜ:ti/τριάντα

this/ðɪs/αυτός -ή -ό • τόσο

thorn/θɔ:n/αγκάθι

thorny/'θɔ:ni/αγκαθωτός· ακανθώδης, δύσκολος

thorough/'θʌrə/πλήρης· λεπτομερής, εξονυχιστικός· τέλειος, σωστός

~**ly** α)τελείως, εντελώς β) προσεκτικά

thoroughfare/'θʌrəfeə/οδική αρτηρία, κεντρικός δρόμος πόλης *No Thoroughfare* Απαγορεύεται η δίοδος

though/ðəʊ/μολονότι, αν και *as though* σαν (να), λες και • παρά ταύτα, όμως

thought/θɔ:t/σκέψη

thoughtful/'θɔ:tfəl/σκεπτικός˙ που σκέφτεται τους άλλους

thousand/'θaʊzənd/χίλια˙ **thousands** μεγάλος αριθμός, «χιλιάδες» • χίλιοι

thousandth/'θaʊzənθ/χιλιοστός • χιλιοστό

thrash/θræʃ/χτυπώ, δέρνω ~**ing** ξύλο, ξυλοφόρτωμα

thread/θred/κλωστή, νήμα˙ ειρμός˙ σπείρωμα, βόλτες (βίδας) • βάζω κλωστή σε (βελόνα)˙ περνώ σε κλωστή

threat/θret/απειλή

threaten/'θretən/απειλώ ~**ing** απειλητικός

three/θri:/τρία • τρεις

three-piece/'θri: pi:s/τρουαπιές

thresh/θreʃ/αλωνίζω

threshold/'θreʃhəʊld/κατώφλι

thrill/θrɪl/συναρπάζω, συγκλονίζω, ριγώ ~**ing** συναρπαστικός, συνταρακτικός • ρίγος, ανατριχίλα, συγκίνηση

thriller/'θrɪlə/θρίλερ

thrive/θraɪv/ευδοκιμώ, αναπτύσσομαι

throat/θrəʊt/λαιμός

throb/θrɒb/πάλλομαι, κτυπώ • παλμός, χτύπος

throne/θrəʊn/θρόνος

throng/θrɒŋ/πλήθος, συρφετός

through/θru:/διαμέσου, (μέσα) από˙ διαμέσου, με τη βοήθεια˙ καθ' όλη τη διάρκεια˙ λόγω, εξαιτίας, από • απ' άκρη σ' άκρη, από τη μια πλευρά στην άλλη˙ ως το τέλος˙ πέρα ως πέρα, τελείως • χωρίς ενδιάμεσους σταθμούς˙ *(στο τηλέφωνο)* συνδεδεμένος *be through with sb./sth.* έχω τελειώσει με κτ./παύω να σχετίζομαι με κπ.

throughout/θru:'aʊt/απ' άκρη σ' άκρη, παντού˙ καθ' όλη τη διάρκεια

throw/θrəʊ/ρίχνω, πετώ˙ ανατρέπω, ρίχνω κάτω ▪ **throw away** α) πετάω (κτ. άχρηστο) β)χάνω (ευκαιρία κ.τ.λ.) **throw up** ξερνώ, κάνω εμετό • βολή, ριξιά, ρίξιμο

throwaway/'θrəʊəweɪ/μιας χρήσης

thrust/θrʌst/ωθώ, σπρώχνω˙ χώνω, μπήγω • βίαιη ώθηση, σπρωξιά˙ πλήγμα, χτύπημα

thud/θʌd/γδούπος

thug/θʌg/κακοποιός, τραμπούκος

thumb/θʌm/αντίχειρας • *thumb a lift* κάνω οτοστόπ

thumbtack/'θʌmtæk/☞ DRAWING PIN

thunder/'θʌndə/βροντή, μπουμπουνητό • [απρόσ.] μπουμπουνίζει

thunderclap/'θʌndəklæp/μπουμπουνητό, βροντή

thunderous/'θʌndərəs/βροντώδης, θυελλώδης

Thursday/'θɜ:zdeɪ, -di/Πέμπτη

thus/ðʌs/έτσι

thwart/θwɔ:t/ματαιώνω, χαλώ

thyme/taɪm/θυμάρι

thyroid/'θaɪrɔɪd/θυροειδής αδένας

tiara/ti:'a:rə/τιάρα, διάδημα

tic/tɪk/ακούσια νευρική σύσπαση, τικ

tick/tɪk/κτύπος, τικ-τακ· σημείο, σημάδι (ελέγχου) • χτυπώ, κάνω τικ-τακ· τσεκάρω, βάζω σημάδι (ελέγχου)

ticket/'tɪkɪt/εισιτήριο· λαχνός (λαχείου)· κλήση τροχαίας

tickle/tɪkl/γαργαλώ· προκαλώ ή αισθάνομαι φαγούρα • γαργάλημα· φαγούρα

tidal/taɪdl/παλιρροιακός

tide/taɪd/παλίρροια

tidy/'taɪdi/τακτοποιημένος, σιγυρισμένος· τακτικός, νοικοκύρης • **tidy up** τακτοποιώ, συγυρίζω

tie/taɪ/γραβάτα· δεσμός, σύνδεσμος· ισοπαλία, ισοψηφία • δένω· έρχομαι ισόπαλος, ισοψηφώ

tiger/'taɪgə/τίγρη

tight/taɪt/σφιχτός· κολλητός, εφαρμοστός· τεντωμένος· στριμωγμένος, παραφορτωμένος· τσιγκούνης, σφιχτός • σφιχτά, γερά· ερμητικά *sleep tight!* καλό ύπνο!

tighten/'taɪtən/σφίγγω/-ομαι· τεντώνω/-ομαι

tight-fitting/ˌtaɪt'fɪtɪŋ/εφαρμοστός

tights/taɪts/καλσόν

tigress/'taɪgrɪs/θηλυκή τίγρη

tile/taɪl/κεραμίδι· πλακάκι

till/tɪl, tl/μέχρι, έως ότου, ώσπου να • ταμείο

tilt/tɪlt/γέρνω • κλίση, γέρσιμο

timber/'tɪmbə/ξυλεία

time/taɪm/χρόνος, καιρός· ώρα· και **times** εποχή· φορά· *(μουσ.)* χρόνος, ρυθμός, τέμπο *at a time* τη φορά *at the same time* συγχρόνως *at times* καμιά φορά, μερικές φορές *by the time* μέχρι, ωσότου *have a good time* περνώ καλά, διασκεδάζω *in time* α) εγκαίρως β) με το πέρασμα του χρόνου, με τον καιρό γ) συγχρονισμένος, στο ρυθμό *it's time/it's about time/it's high time...* καιρός είναι, ήρθε η ώρα... *on time* ακριβώς στην ώρα (μου) • καθορίζω το χρόνο, διαλέγω την ώρα· υπολογίζω το χρόνο, χρονομετρώ **timing** α) χρονομέτρηση β) επιλογή του κατάλληλου χρόνου

time bomb/'taɪm bɒm/ωρολογιακή βόμβα

time-consuming/'taɪm kənˌsju:mɪŋ/ χρονοβόρος

time limit/'taɪmˌlɪmɪt/προθεσμία, χρονικό όριο

timer/'taɪmə/χρονόμετρο

times/taɪmz/επί

timetable/'taɪmˌteɪbl/ωρολόγιο

πρόγραμμα· δρομολόγιο, πίνακας δρομολογίων· χρονοδιάγραμμα, πρόγραμμα

timid/ˈtɪmɨd/δειλός

timidity/tɪˈmɪdɨti/δειλία

tin/tɪn/τενεκές· κονσέρβα, κονσερβοκούτι • κονσερβοποιώ ~**ned** κονσερβαρισμένος • τενεκεδένιος

tinfoil/ˈtɪnfɔɪl/ασημόχαρτο

tin opener/ˈtɪn ˌəʊpənə/ανοιχτήρι (για κονσέρβες)

tint/tɪnt/χροιά, απόχρωση • χρωματίζω ελαφρά, δίνω απόχρωση

tiny/ˈtaɪni/μικροσκοπικός, τόσος δα, μια σταλιά

tip/tɪp/άκρη· φιλοδώρημα, πουρμπουάρ· χρήσιμη συμβουλή • δίνω φιλοδώρημα σε

tipsy/ˈtɪpsi/ελαφρά μεθυσμένος

tiptoe/ˈtɪptəʊ/***on tiptoe*** στις μύτες των ποδιών, στα νύχια

tire/taɪə/κουράζω/-ομαι **tired** α) κουρασμένος α) βαριεστημένος, μπουχτισμένος **tiring** κουραστικός

tireless/ˈtaɪələs/ακούραστος

tiresome/ˈtaɪəsəm/κουραστικός, ενοχλητικός

tissue/ˈtɪʃuː/ιστός· τσιγαρόχαρτο· χαρτομάντιλο

tit/tɪt/θηλή, ρώγα

title/taɪtl/τίτλος, επικεφαλίδα· τίτλος (ευγενείας)

to/tə, tʊ, tuː/εις, σε, προς· μέχρι, έως, ως· *(για ώρα)* παρά· *(ενδεικτικό του έμμεσου αντικειμένου)* εις, σε· σε σύγκριση με, από· *(αναλογία)* έναντι, προς • να, για να

to and fro/ˌtuːənˈfrəʊ/μπρος πίσω, πέρα δώθε

toast/təʊst/ψημένο ψωμί, φρυγανιά· πρόποση • φρυγανίζω· πίνω στην υγειά, κάνω πρόποση για

toaster/ˈtəʊstə/φρυγανιέρα

tobacco/təˈbækəʊ/καπνός

tobacconist/təˈbækənɨst/καπνοπώλης

today/təˈdeɪ/σήμερα· επί των ημερών μας • η σημερινή εποχή

toe/təʊ/δάχτυλο του ποδιού

together/təˈgeðə/μαζί· ταυτοχρόνως

toil/tɔɪl/εργάζομαι σκληρά, μοχθώ • σκληρή εργασία, κόπος, μόχθος

toilet/ˈtɔɪlɨt/τουαλέτα, αποχωρητήριο

token/ˈtəʊkən/ένδειξη, δείγμα· κουπόνι

tolerable/ˈtɒlərəbl/υποφερτός· καλούτσικος

tolerance/ˈtɒlərəns/ανοχή, ανεκτικότητα

tolerant/ˈtɒlerənt/ανεκτικός

tolerate/ˈtɒləreɪt/ανέχομαι, υποφέρω

toleration/ˌtɒləˈreɪʃən/ανοχή, ανεκτικότητα

toll/təʊl/διόδια· φόρος, κόστος

tomato/təˈmaːtəʊ/ντομάτα

tomb/tuːm/τάφος, μνήμα· τύμβος

tombstone/'tu:mstəʊn/επιτύμβια πλάκα, ταφόπετρα

tomcat/'tɒmkæt/γάτος

tomorrow/tə'mɒrəʊ/αύριο • (το) αύριο, (το) μέλλον

ton/tʌn/τόνος (1016 χγμ.)

tone/təʊn/τόνος, ήχος· τόνος φωνής, ύφος· απόχρωση

tongs/tɒŋz/λαβίδα, τσιμπίδα

tongue/tʌŋ/γλώσσα

tonic/'tɒnɪk/τονωτικό, δυναμωτικό· και **tonic water**/-ˌwɔ:tə/τόνικ (ποτό) • τονωτικός, δυναμωτικός

tonight/tə'naɪt/απόψε • απόψε, η σημερινή βραδιά

tonsil/'tɒnsəl/αμυγδαλή

tonsillitis/ˌtɒnsɨ'laɪtɨs/αμυγδαλίτιδα

too/tu:/πάρα πολύ· υπερβολικά, περισσότερο απ' ό,τι πρέπει· και, επίσης ***too bad!*** κρίμα!

tool/tu:l/εργαλείο

toot/tu:t/κορνάρω • κορνάρισμα

tooth/tu:θ/δόντι

toothache/'tu:θ-eɪk/πονόδοντος

toothbrush/'tu:θbrʌʃ/οδοντόβουρτσα

toothpaste/'tu:θpeɪst/οδοντόπαστα

toothpick/'tu:θpɪk/οδοντογλυφίδα

top/tɒp/κορυφή· σκέπασμα, καπάκι· γυναικεία μπλούζα· σβούρα (παιχνίδι) • κορυφαίος· τελευταίος, αποπάνω· πρώτος, καλύτερος· (ο) μεγαλύτερος δυνατός • σκεπάζω (την κορυφή), επικαλύπτω· υπερτερώ, υπερβαίνω, ξεπερνώ

topic/'tɒpɪk/θέμα

topple/tɒpl/ρίχνω κάτω, σωριάζομαι· ανατρέπω

top-secret/ˌtɒp'si:krɨt/άκρως απόρρητος

topsy-turvy/ˌtɒpsi'tɜ:vi/άνω κάτω, σε αναστάτωση

torch/tɔ:tʃ/φακός· δάδα, δαυλός, πυρσός

torment/tɔ:'ment/τυραννώ, βασανίζω

tornado/tɔ:'neɪdəʊ/σίφουνας, ανεμοστρόβιλος

torpedo/tɔ:'pi:dəʊ/τορπίλη • τορπιλίζω

torrent/'tɒrənt/χείμαρρος

torso/'tɔ:səʊ/κορμός

tortoise/'tɔ:təs/χελώνα

torture/'tɔ:tʃə/βασανιστήρια, βασανισμός· αφόρητος πόνος, μαρτύριο, βάσανο • βασανίζω

toss/tɒs/ρίχνω, πετώ· τινάζω/-ομαι, σκαμπανεβάζω· και **toss up** στρίβω (νόμισμα) στον αέρα, παίζω κορόνα-γράμματα • στρίψιμο νομίσματος (κορόνα-γράμματα)· εκτίναξη, τίναγμα

total/'təʊtəl/ολικός, συνολικός· πλήρης, ολόκληρος • σύνολο, ολικό άθροισμα ***in total*** συνολικά • ανέρχομαι, φτάνω (ένα ποσό) **~ly** καθ' ολοκληρίαν, τελείως

touch/tʌtʃ/αγγίζω· συγκινώ ▪ **touch down** προσγειώνομαι **~ing** συγκινητικός • αφή· άγγιγμα· επαφή, επικοινωνία, σχέση· ελάχιστη ποσότητα, ιδέα, ίχνος· πινελιά, συμπληρωματική λεπτομέρεια

touchy/ˈtʌtʃi/(υπερ)ευαίσθητος μυγιάγγιχτος

tough/tʌf/σκληρός, δύσκαμπτος· σκληρός στο μάσημα ή κόψιμο· δύσκολος, ζόρικος· σκληρός, άκαμπτος· σκληραγωγημένος, γερός

toughen/ˈtʌfən/σκληραίνω, σκληραγωγώ/-ούμαι

toupée/ˈtu:peɪ/περουκίνι

tour/tʊə/γύρος, περιοδεία· *(θέατρ.)* τουρνέ • περιοδεύω, κάνω το γύρο

tourism/ˈtʊərɪzəm/τουρισμός

tourist/ˈtʊərɨst/τουρίστας

tournament/ˈtʊənəmənt, ˈtɔ:-/πρωτάθλημα, τουρνουά

tour operator/ˈtʊə ˌɒpəreɪtə/οργανωτής εκδρομών

tousle/taʊzl/ανακατώνω (μαλλιά), τσαλακώνω (ρούχα)

tow/təʊ/ρυμουλκώ, σέρνω

towards/təˈwɔ:dz/προς (ορισμένη κατεύθυνση)· *(χρονικώς)* περί, κατά, λίγο πριν· προς, για (κπ.)

towel/ˈtaʊəl/πετσέτα

tower/ˈtaʊə/πύργος • υψώνομαι, δεσπόζω ~**ing** πανύψηλος

tower block/ˈtaʊə blɒk/πολύ υψηλό οικοδόμημα, πύργος

town/taʊn/πόλη· κέντρο (πόλης)

town council/ˌtaʊn ˈkaʊnsəl/δημοτικό συμβούλιο

town councillor/ˌtaʊn ˈkaʊnsɪlə/δημοτικός σύμβουλος

town hall/ˌtaʊn ˈhɔ:l/δημαρχείο

town planner/ˌtaʊn ˈplænə/πολεοδόμος

town planning/ˌtaʊn ˈplænɪŋ/σχέδιο πόλης

toxic/ˈtɒksɪk/τοξικός

toy/tɔɪ/παιχνίδι

trace/treɪs/ακολουθώ ή βρίσκω τα ίχνη, ανακαλύπτω· αντιγράφω, ξεπατικώνω (σχέδιο) • ίχνος

track/træk/πατημασιά, αχνάρι· δρομάκι, μονοπάτι· σιδηροτροχιά· στίβος αγώνων δρόμου • ακολουθώ τα ίχνη ▪ **track down** ανακαλύπτω, εντοπίζω

tracksuit/ˈtræksu:t/αθλητική φόρμα

tractor/ˈtræktə/τρακτέρ

trade/treɪd/εμπόριο· επάγγελμα, τέχνη, δουλειά • εμπορεύομαι· ανταλλάσσω, κάνω τράμπα

trademark/ˈtreɪdma:k/εμπορικό σήμα

trade name/ˈtreɪd neɪm/εμπορική επωνυμία, φίρμα

trade union/ˌtreɪd ˈju:njən/εργατικό σωματείο

trade unionist/ˌtreɪdˈju:njənɨst/συνδικαλιστής

tradition/trəˈdɪʃən/παράδοση

traditional/trəˈdɪʃənəl/παραδοσιακός, πατροπαράδοτος

traffic/ˈtræfɪk/(οδική) κίνηση, κυκλοφορία· εμπόριο (παράνομο) • **traffic in** εμπορεύομαι (παράνομα), διακινώ

traffic jam/'træfɪk ˌdʒæm/κυκλοφοριακή συμφόρηση, μποτιλιάρισμα

traffic light/'træfɪk laɪt/φανάρι της τροχαίας

tragedy/'trædʒədi/τραγωδία

tragic/'trædʒɪk/τραγικός

trail/treɪl/σέρνω/-ομαι· παρακολουθώ, ακολουθώ τα ίχνη· σέρνομαι, περπατώ κουρασμένα • ίχνη· μονοπάτι

trailer/'treɪlə/ρυμούλκα, μπαγκαζιέρα· τρέιλερ

train/treɪn/τρένο • εκπαιδεύω/-ομαι, γυμνάζω· προπονώ/-ούμαι ~**ing** εκπαίδευση

trainee/ˌtreɪ'ni:/εκπαιδευόμενος

trainer/'treɪnə/προπονητής· **trainers** αθλητικά παπούτσια

trait/treɪt/διακριτικό γνώρισμα, χαρακτηριστικό

traitor/'treɪtə/προδότης

tram/træm/τραμ

tramp/træmp/αλήτης

trample/træmpl/ποδοπατώ, τσαλαπατώ

trance/tra:ns/κατάσταση ύπνωσης

tranquillizer, **-iser**/'træŋkwəlaɪzə/ ηρεμιστικό φάρμακο

transaction/træn'zækʃən/διεκπεραίωση, διεξαγωγή· εμπορική πράξη, συναλλαγή

transfer/træn'fɜ:/μεταφέρω· μεταθέτω, μετατίθεμαι· μεταγράφω· μεταβιβάζω • μεταφορά· μετάθεση· μεταγραφή· μεταβίβαση· χαλκομανία

transform/træns'fɔ:m/μετατρέπω, μεταμορφώνω, αλλάζω

transformation/ˌtrænsfə'meɪʃən/ μεταβολή, μετατροπή

transformer/træns'fɔ:mə/μετασχηματιστής

transfusion/træns'fju:ʒən/μετάγγιση

transistor/træn'zɪstə/ραδιόφωνο τρανζίστορ

transit/'trænsət/διαμετακόμιση, μετάβαση

transition/træn'zɪʃən/μετάβαση, αλλαγή, πέρασμα

transitive/'trænsətɪv/*(γραμ.)* μεταβατικός

translate/trænz'leɪt, træns-/μεταφράζω· εξηγώ, ερμηνεύω

translation/træns'leɪʃən/μετάφραση

translator/træns'leɪtə/μεταφραστής

transmission/trænz'mɪʃən/μετάδοση

transmit/trænz'mɪt/μεταδίδω

transmitter/trænz'mɪtə/πομπός

transparency/træn'spærənsi/διαφάνεια, σλάιντ

transparent/træn'spærənt/διαφανής

transplant/træns'pla:nt/μεταφυτεύω· μεταμοσχεύω • /'trænspla:nt/μεταμόσχευση· μόσχευμα

transport/'trænspɔ:t/μεταφορά/-ές· μεταφορικό μέσο •/traen'spɔ:t/μεταφέρω

trap/træp/παγίδα • παγιδεύω

trash/træʃ/σκουπίδι(α), σαβούρα

trauma/ˈtrɔːmə/τραύμα (ψυχικό)

traumatic/trɔːˈmætɪk/τραυματικός

traumatize, -ise/ˈtrɔːmətaɪz/τραυματίζω (ψυχικά)

travel/ˈtrævəl/ταξιδεύω· κυκλοφορώ, διαδίδομαι • ταξίδι

travel agency/ˈtrævəl ˌeɪdʒənsi/, **travel agent's, travel bureau** ταξιδιωτικό γραφείο, πρακτορείο ταξιδίων

travel agent/ˈtrævəl ˌeɪdʒənt/ταξιδιωτικός πράκτορας

travel bureau/ˈtrævəl ˌbʊərəʊ/πρακτορείο ταξιδίων

Travelcard/ˈtrævəlkaːd/κάρτα πολλαπλών διαδρομών

traveller/ˈtrævələ/ταξιδιώτης

tray/treɪ/δίσκος

treacherous/ˈtretʃərəs/προδοτικός, δόλιος· επικίνδυνος, μη ασφαλής

tread/tred/βαδίζω· ποδοπατώ, πατώ • βήμα, περπατησιά· πέλμα (ελαστικού)

treason/ˈtriːzən/προδοσία

treasure/ˈtreʒə/θησαυρός • θεωρώ (κτ.) πολύτιμο· φυλάω (κτ.) σαν θησαυρό

treasurer/ˈtreʒərə/ταμίας

Treasury/ˈtreʒəri/(το) Δημόσιο Ταμείο

treat/triːt/μεταχειρίζομαι, φέρομαι σε· νοσηλεύω, κουράρω· κερνώ, φιλεύω, προσφέρω • κέρασμα, τρατάρισμα

treatise/ˈtriːtɪ̈s/πραγματεία, διατριβή

treatment/ˈtriːtmənt/μεταχείριση, συμπεριφορά· νοσηλεία, θεραπευτική αγωγή

treaty/ˈtriːti/συνθήκη

tree/triː/δέντρο

trek/trek/ταξιδεύω, οδοιπορώ • ταξίδι

tremble/trembl/τρέμω • τρεμούλα, τρεμούλιασμα

tremendous/trɪˈmendəs/τρομερός· καταπληκτικός, θαυμάσιος

tremor/ˈtremə/τρεμούλα, ρίγος· σεισμική δόνηση

trench coat/ˈtrentʃ kəʊt/γκαμπαρντίνα

trend/trend/ροπή, τάση, μόδα

trendy/ˈtrendi/υπερμοντέρνος

trespass/ˈtrespəs/καταπατώ • καταπάτηση

trespasser/ˈtrespəsə/καταπατητής

trial/ˈtraɪəl/δίκη· δοκιμή

triangle/ˈtraɪæŋgl/τρίγωνο

triangular/ˌtraɪˈæŋgjulə/τριγωνικός

tribal/ˈtraɪbəl/φυλετικός, της φυλής

tribe/traɪb/φυλή

tribunal/traɪˈbjuːnl/(ειδικό) δικαστήριο

trick/trɪk/τέχνασμα· ταχυδακτυλουργικό τέχνασμα • εξαπατώ, κοροϊδεύω, πιάνω κορόιδο

trickle/trɪkl/στάζω, σταλάζω • στάξιμο

trickster/'trɪkstə/απατεώνας, κατεργάρης

tricycle/'traɪsɪkl/τρίκυκλο

trident/'traɪdənt/τρίαινα

trifle/'traɪfəl/ασήμαντο πράγμα, μικρολεπτομέρεια

trigger/'trɪgə/σκανδάλη • αποτελώ το έναυσμα, προκαλώ, πυροδοτώ

trillion/'trɪljən/τρισεκατομμύριο

trim/trɪm/περιποιούμαι, ξακρίζω, ψαλιδίζω • περιποιημένος, φροντισμένος • κόψιμο, φρεσκάρισμα

Trinity/'trɪnəti/(η) Αγία Τριάδα

trio/'tri:əʊ/τρίο

trip/trɪp/σκοντάφτω ▪ **trip up** βάζω τρικλοποδιά σε • ταξίδι· διαδρομή

triple/trɪpl/τριπλασιάζω/-ομαι • τριπλός

triplet/'trɪplət/τρίδυμο

triplicate/'trɪplɪkət/τριπλότυπο

tripod/'traɪpɒd/τρίποδο

tripper/'trɪpə/εκδρομέας

triumph/'traɪəmf/θρίαμβος • θριαμβεύω· θριαμβολογώ, πανηγυρίζω

trivial/'trɪviəl/ασήμαντος, επουσιώδης

Trojan Horse/ˌtrəʊdʒən 'hɔ:s/Δούρειος Ίππος

trolley/'trɒli/καροτσάκι· τραπεζάκι με ρόδες

trolleybus/'trɒlibʌs/τρόλεϊ

troops/tru:ps/στρατεύματα, στρατός

trooper/'tru:pə/στρατιώτης

trophy/'trəʊfi/βραβείο, τρόπαιο

tropic/'trɒpɪk/τροπικός (κύκλος)· **tropics** (οι) τροπικές χώρες

tropical/'trɒpɪkəl/τροπικός

trouble/trʌbl/ανησυχώ, στενοχωρώ· βασανίζω, ταλαιπωρώ· ενοχλώ, βάζω σε κόπο, βάζω σε μπελά, μπαίνω στον κόπο **troubled** α) γεμάτος προβλήματα β) ταραγμένος, ανήσυχος • ανησυχία, στενοχώρια, έγνοια, σκοτούρα· δυσκολία, δυσχέρεια· δύσκολη θέση, μπελάς· φασαρία, ενόχληση, κόπος· πρόβλημα· *(ιατρ.)* διαταραχή, ενόχληση· και **troubles** ταραχές, φασαρίες

troublemaker/'trʌblˌmeɪkə/ταραχοποιός, ταραξίας

troublesome/'trʌblsəm/ενοχλητικός, δύσκολος

troupe/tru:p/θίασος, κομπανία

trousers/'traʊzəz/παντελόνι(α)

trouser suit/'traʊzə su:t/γυναικείο κουστούμι

trout/traʊt/πέστροφα

trowel/'traʊəl/μυστρί· φτυαράκι κηπουρικής

truancy/'tru:ənsi/σκασιαρχείο, κοπάνα

truant/'tru:ənt/κοπανατζής *play truant* κάνω σκασιαρχείο, κάνω κοπάνα

truce/tru:s/ανακωχή

truck/trʌk/φορτηγό

true/tru:/αληθινός, πραγματικός· αληθινός, ειλικρινής· αυθεντικός, γνήσιος· πιστός· ακριβής, ορθός *come true* επαληθεύομαι, πραγματοποιούμαι

truly/'tru:li/αληθινά, ειλικρινά, πραγματικά

trumpet/'trʌmpɪt/σάλπιγγα, τρομπέτα· φωνή (ελέφαντα)

trunk/trʌŋk/κορμός· μπαούλο· προβοσκίδα· **trunks** ανδρικό μαγιό

trust/trʌst/πίστη, εμπιστοσύνη· ευθύνη· φύλαξη, φροντίδα • εμπιστεύομαι

trustworthy/'trʌst,wɜ:ði/αξιόπιστος, άξιος εμπιστοσύνης

truth/tru:θ/αλήθεια

truthful/'tru:θfəl/ειλικρινής

try/traɪ/προσπαθώ· δοκιμάζω, κάνω δοκιμή· δικάζω· δοκιμάζω, θέτω σε δοκιμασία ▪ **try on** προβάρω ~**ing** α) δύσκολος, κουραστικός β) ενοχλητικός • δοκιμή, προσπάθεια

tsar/za:, tsa:/τσάρος

tsarina/za:'ri:nə, tsa:-/τσαρίνα

T-shirt/'ti:ʃɜ:t/μακό μπλουζάκι

tub/tʌb/κάδος, σκάφη· μπανιέρα· κουτί συσκευασίας για τρόφιμα

tube/tju:b/αγωγός, σωλήνας· σωληνάριο· υπόγειος σιδηρόδρομος

tuberculosis/tju:,bɜ:kjʊ'ləʊsɪs/ φυματίωση

Tuesday/'tju:zdi:/Τρίτη

tuft/tʌft/τούφα

tugboat/'tʌgbəʊt/ρυμουλκό

tulip/'tju:lɪp/τουλίπα

tumble/tʌmbl/πέφτω, κουτρουβαλώ· καταρρέω • πτώση, πέσιμο, τούμπα, κουτρουβάλα

tumble-dryer/,tʌmbl 'draɪə/στεγνωτήριο ρούχων

tummy/'tʌmi/στομάχι· κοιλιά, κοιλίτσα

tumour/'tju:mə/*(ιατρ.)* όγκος

tuna/'tju:nə/, **tuna fish**/-fɪʃ/τόνος (ψάρι)

tune/tju:n/σκοπός, μελωδία • κουρδίζω (όργανο)· συντονίζω (ραδιόφωνο, τηλεόραση)

tuner/'tju:nə/συντονιστής, δέκτης

tunic/'tju:nɪk/ριχτή μπλούζα, τουνίκ

Tunisia/tju:'nɪziə/Τυνησία

Tunisian/tju:'nɪziən/Τυνήσιος • τυνησιακός

tunnel/'tʌnəl/σήραγγα, τούνελ

turban/'tɜ:bən/τουρμπάνι, σαρίκι

turbine/'tɜ:baɪn/στρόβιλος, τουρμπίνα

turbulence/'tɜ:bjʊləns/(ανα)ταραχή, φασαρία· αναταράξεις

Turk/tɜ:k/Τούρκος

turkey/'tɜ:ki/γαλοπούλα

Turkey Τουρκία

Turkish/'tɜ:kɪʃ/τουρκικός • τουρκική (γλώσσα)

Turkish bath/,tɜ:kɪʃ 'ba:θ/χαμάμ

Turkish delight/,tɜ:kɪʃ dɪ'laɪt/λουκούμι

turmoil/'tɜ:mɔɪl/αναταραχή, αναστάτωση

turn/tɜ:n/στρέφω, περιστρέφω/-ομαι, στρίβω, γυρίζω· κατευθύνομαι, στρίβω· αλλάζω, γίνομαι, μεταβάλλω/-ομαι· στρέφω, στρίβω, κατευθύνω· περνώ ορισμένη ηλικία ▪ **turn away** διώχνω **turn back** γυρίζω πίσω, κάνω μεταβολή **turn down** α) χαμηλώνω (την ένταση ραδιοφώνου κ.τ.λ.) β) απορρίπτω, δε δέχομαι **turn in** α) παραδίδω (στην αστυνομία) β) πλαγιάζω, πάω για ύπνο **turn off** κλείνω (φως, βρύση κ.τ.λ.) **turn on** ανοίγω (βρύση, ραδιόφωνο κ.τ.λ.) **turn out** α) κλείνω (το φως) β) διώχνω, πετώ έξω γ) συγκεντρώνομαι δ) βγάζω, παράγω ε) αδειάζω (τσέπες, συρτάρια) στ) αποδεικνύομαι τελικά, εξελίσσομαι **turn to** στρέφομαι προς, ζητώ βοήθεια από (κπ.) **turn up** α) φτάνω, εμφανίζομαι β) ανοίγω την ένταση ήχου γ) κονταίνω (ρούχο) **~ing** καμπή, στροφή • στροφή, περιστροφή· αλλαγή κατεύθυνσης, στροφή· σειρά· στροφή, μεταβολή, τροπή

turning point/'tɜ:nɪŋ pɔɪnt/κρίσιμο σημείο, κρίσιμη καμπή

turnover/'tɜ:nˌəʊvə/τζίρος

turn-up/'tɜ:n ʌp/ρεβέρ

turquoise/'tɜ:kwɔɪz/τουρκουάζ

turtle/tɜ:tl/υδρόβια χελώνα

tusk/tʌsk/χαυλιόδοντας· ελεφαντόδοντο

tutor/'tju:tə/διδάσκαλος (που παραδίδει ιδιωτικά μαθήματα)· επιμελητής, επόπτης σπουδών (σε πανεπιστήμιο ή κολέγιο) • διδάσκω, παραδίδω ιδιαίτερα μαθήματα

tutorial/tju:'tɔ:riəl/μάθημα από επιμελητή σε μικρή ομάδα φοιτητών

TV/ˌti: 'vi:/τηλεόραση

tweezers/'twi:zəz/τσιμπιδάκι φρυδιών

twelfth/twelfθ/δωδέκατος • (ένα) δωδέκατο

twelve/twelv/δώδεκα

twentieth/'twentɪθ/εικοστός • (ένα) εικοστό

twenty/'twenti/είκοσι

twice/twaɪs/δύο φορές

twig/twɪg/κλωνάρι, κλαδάκι

twilight/'twaɪlaɪt/σούρουπο

[1]**twin**/twɪn/δίδυμος

[2]**twin** αδελφοποιώ

twin bed/ˌtwɪn 'bed/δίδυμο κρεβάτι· μονό κρεβάτι

twinkle/twɪŋkl/λαμπυρίζω, τρεμοσβήνω • λάμψη, λαμπύρισμα

twirl/twɜ:l/στροβιλίζω/-ομαι· στρίβω, στριφογυρίζω • στροβιλισμός, στροβίλισμα

twist/twɪst/στρίβω· στρίβω, στραμπουλίζω· διαστρεβλώνω, παραποιώ • στρίψιμο· στραμπούληγμα· στροφή, καμπή· απρόσμενη αλλαγή ή εξέλιξη· διαστρέβλωση, παραποίηση· τουίστ (χορός)

twitter/'twɪtə/τιτιβίζω • τιτίβισμα

two/tu:/δύο

two-way/ˌtu: 'weɪ/διπλής κατεύθυνσης

tycoon/taɪ'ku:n/μεγιστάνας, μεγαλοεπιχειρηματίας

type/taɪp/τύπος, είδος, ποικιλία· τυπογραφικά στοιχεία· τύπος, άνθρωπος • δακτυλογραφώ

typewriter/ˈtaɪp,raɪtə/γραφομηχανή

typewritten/ˈtaɪp,rɪtn/δακτυλογραφημένος

typhoon/,taɪˈfu:n/τυφώνας

typical/ˈtɪpɪkəl/χαρακτηριστικός, αντιπροσωπευτικός· αναμενόμενος, συνήθης ~**ly** α) χαρακτηριστικά β) κατά κανόνα

typist/ˈtaɪpɪst/δακτυλογράφος

tyrannical/tɪˈrænɪkəl/τυραννικός

tyrannize, -ise/ˈtɪrənaɪz/τυραννώ

tyranny/ˈtɪrəni/τυραννία

tyrant/ˈtaɪərənt/τύραννος

tyre/taɪə/ελαστικό, λάστιχο

tzar/za:, tsa:/τσάρος

tzarina/za:ˈri:nə, tsa:-/τσαρίνα

U, u

UFO/'ju:fəʊ, ˌju: ef 'əʊ/άγνωστης ταυτότητας ιπτάμενο αντικείμενο (ιπτάμενος δίσκος)

ugliness/'ʌglinɪ̈s/ασχήμια

UK, U.K./ˌju: 'keɪ/Ηνωμένο Βασίλειο

ulcer/'ʌlsə/έλκος

ultimate/'ʌltɪ̈mɪ̈t/έσχατος· ύστατος, τελικός, τελευταίος

ultimatum/ˌʌltɪ̈'meɪtəm/τελεσίγραφο

Ulysses/ju:'lɪsi:z/Οδυσσέας

umbrella/ʌm'brelə/ομπρέλα

umpire/'ʌmpaɪə/διαιτητής • διαιτητεύω

umpteen/ˌʌmp'ti:n/άπειροι, ένα σωρό

umpteenth/ʌmp'ti:nθ/πολλοστός

UN, U.N./ˌju:'en/Ηνωμένα Έθνη

unable/ʌn'eɪbl/ανίκανος, μη δυνάμενος (να)

unacceptable/ˌʌnək'septəbl/απαράδεκτος

unaccustomed/ˌʌnə'kʌstəmd/ασυνήθιστος

unaffected/ˌʌnə'fektɪ̈d/απρόσβλητος· ανεπιτήδευτος, ειλικρινής

unafraid/ˌʌnə'freɪd/άφοβος

unaided/ʌn'eɪdɪ̈d/αβοήθητος

unanimity/ju:nə'nɪmɪ̈ti/ομοφωνία

unanimous/ju:'nænɪ̈məs/ομόφωνος

unarmed/ˌʌn'a:md/άοπλος

unattended/ˌʌnə'tendɪ̈d/αφύλακτος· ασυνόδευτος, μόνος

unavoidable/ˌʌnə'vɔɪdəbl/αναπόφευκτος

unaware/ˌʌnə'weə/ανίδεος, που αγνοεί

unawares/ˌʌnə'weəz/εν αγνοία, εξ απροσεξίας· εξ απροόπτου, στον ύπνο

unbearable/ʌn'beərəbl/αφόρητος, ανυπόφορος

unbecoming/ˌʌnbɪ'kʌmɪŋ/ανάρμοστος, αταίριαστος

unbelievable/ʌnbɪ̈'li:vəbl/απίστευτος

unbiased/ʌn'baɪəst/αμερόληπτος

unblock/ʌn'blɒk/αποφράζω, ελευθερώνω

unborn/ˌʌn'bɔ:n/αγέννητος

unbounded/ʌn'baʊndɪ̈d/απεριόριστος, απέραντος

unbreakable/ʌn'breɪkəbl/άθραυστος· άρρηκτος

unbuckle/ʌn'bʌkəl/ξεκουμπώνω

unbutton/ˌʌn'bʌtn/ξεκουμπώνω

uncared-for/ʌn'keəd fɔ:/παραμελημένος, εγκαταλειμμένος· απεριποίητος, ατημέλητος

unceasing/ʌn'si:sɪŋ/συνεχής, αδιάκοπος

unceremonious/ˌʌnserɪˈməʊniəs/ ανεπίσημος, χωρίς τυπικότητες

uncertain/ʌnˈsɜːtn/αβέβαιος, αμφίβολος· απροσδιόριστος, ακαθόριστος· ασταθής, άστατος

uncertainty/ʌnˈsɜːtənti/αβεβαιότητα

uncharacteristic/ʌnˌkærɪktəˈrɪstɪk/ μη συνήθης, μη αναμενόμενος

uncivilized, **-ised**/ʌnˈsɪvɪlaɪzd/ ακαλλιέργητος, άξεστος· απολίτιστος

uncle/ʌŋkl/θείος

unclean/ˌʌnˈkliːn/ακάθαρτος, μιαρός

unclear/ˌʌnˈklɪə/ασαφής

uncoil/ʌnˈkɔɪl/ξεκουλουριάζω/-ομαι

uncomfortable/ʌnˈkʌmftəbl/άβολος, μη άνετος· αμήχανος

uncommon/ʌnˈkɒmən/ασυνήθιστος, σπάνιος, εξαίρετος ~**ly** εξαιρετικά

uncompromising/ʌnˈkɒmprəmaɪzɪŋ/ασυμβίβαστος

unconcern/ˌʌnkənˈsɜːn/αδιαφορία

unconditional/ˌʌnkənˈdɪʃənəl/άνευ όρων, ανεπιφύλακτος ~**ly** άνευ όρων

unconfirmed/ˌʌnkənˈfɜːmd/ανεπιβεβαίωτος

unconscious/ʌnˈkɒnʃəs/αναίσθητος, λιπόθυμος· ασυνείδητος, ασυναίσθητος • (το) ασυνείδητο

unconsciousness/ʌnˈkɒnʃəsnɪs/ αναισθησία, λιποθυμία

uncontrollable/ˌʌnkənˈtrəʊləbl/ εκτός ελέγχου, ανεξέλεγκτος· ασυγκράτητος, ακατάσχετος

uncooperative/ˌʌnkəʊˈɒpərətɪv/μη συνεργάσιμος

uncork/ʌnˈkɔːk/ξεβουλώνω, βγάζω το φελλό

uncountable/ʌnˈkaʊntəbl/μη αριθμήσιμος· ανυπολόγιστος, αμέτρητος

uncover/ʌnˈkʌvə/ξεσκεπάζω, αποκαλύπτω

uncritical/ʌnˈkrɪtɪkəl/άκριτος, επιπόλαιος

uncut/ˌʌnˈkʌt/άκοπος, ακέραιος· χωρίς περικοπές

undecided/ˌʌndɪˈsaɪdɪd/αβέβαιος· αναποφάσιστος

undeniable/ˌʌndɪˈnaɪəbl/αναντίρρητος, αναμφισβήτητος

under/ˌʌndə/κάτω • κάτω από· λιγότερο από· υπό *under age* (νομικώς) ανήλικος

underclothes/ˈʌndəkləʊðz/εσώρουχα

undercover/ˌʌndəˈkʌvə/κρυφός, μυστικός

underdone/ˌʌndəˈdʌn/όχι πολυψημένος, σενιάν

underestimate/ˌʌndərˈestɪmeɪt/ υποτιμώ· δεν υπολογίζω σωστά

underfed/ˌʌndəˈfed/υποσιτισμένος

undergo/ˌʌndəˈgəʊ/υφίσταμαι

undergraduate/ˌʌndəˈgrædʒʊɪt/, **undergrad**/ˈʌndəgræd/φοιτητής (που δεν έχει πάρει ακόμα πτυχίο)

underground/'ʌndəgraʊnd/υπόγειος • υπόγειος σιδηρόδρομος· (η) αντίσταση, μυστική οργάνωση αντίστασης • υπογείως, κάτω από τη γη

underline/ˌʌndə'laɪn/υπογραμμίζω

undermine/ˌʌndə'maɪn/υπονομεύω

underneath/ˌʌndə'ni:θ/κάτω από, από κάτω • (η) κάτω πλευρά, (το) κάτω μέρος

undernourish/ˌʌndə'nʌrɪʃ/υποσιτίζω, τρέφω ανεπαρκώς

undernourishment/ˌʌndə'nʌrɪʃmənt/ υποσιτισμός

underpants/'ʌndəpænts/σώβρακο

underpay/ˌʌndə'peɪ/κακοπληρώνω

underrate/ˌʌndə'reɪt/υποτιμώ, δεν εκτιμώ όσο πρέπει

underscore/ˌʌndə'skɔ:/υπογραμμίζω

understand/ˌʌndə'stænd/καταλαβαίνω· αντιλαμβάνομαι, συμπεραίνω *make oneself understood* γίνομαι κατανοητός **~ing** με κατανόηση • αντίληψη· κατανόηση· συννενόηση, συμφωνία

understandable/ˌʌndə'stædəbl/ κατανοητός· ευνόητος, δικαιολογημένος

undertake/ˌʌndə'teɪk/αναλαμβάνω· υπόσχομαι· δεσμεύομαι

undertaker/'ʌndəteɪkʊ/εργολάβος κηδειών

underwater/ˌʌndə'wɔ:tə/υποβρύχιος, κάτω από το νερό

underwear/'ʌndəweə/εσώρουχα

underweight/ˌʌndə'weɪt/ελαφρότερος του κανονικού

underworld/'ʌndəwɜ:ld/(ο) υπόκοσμος

undesirable/ˌʌndɪ'zaɪərəbl/ανεπιθύμητος

undivided/ˌʌndɪ'vaɪdɪ̵d/αδιανέμητος, αδιαίρετος· ακέραιος, ολόκληρος, αμέριστος

undo/ʌn'du:/λύνω, ξεκουμπώνω

undoubted/ʌn'daʊtɪ̵d/αναμφισβήτητος, αναμφίβολος

undreamt-of/ʌn'dremt -ɒv/, **undreamed-of**/ʌn'dri:md-/που δε βάζει ο νους του ανθρώπου, που υπερβαίνει τη φαντασία

undress/ʌn'dres/ξεντύνω/-ομαι

undue/ˌʌn'dju:/υπερβολικός, αδικαιολόγητος

unearth/ʌn'ɜ:θ/ξεθάβω

uneasy/ʌn'i:zi/ανήσυχος

uneconomic/ˌʌni:kə'nɒmɪk/αντιοικονομικός, ασύμφορος

unemployed/ˌʌnɪm'plɔɪd/άνεργος

unemployment/ˌʌnɪm'plɔɪmənt/ ανεργία

unending/ʌn'endɪŋ/ατελείωτος, συνεχής

unequal/ʌn'i:kwəl/άνισος

unequalled/ʌn'i:kwəld/απαράμιλλος, ασύγκριτος, άφταστος

unethical/ʌn'eθɪkəl/αντιδεοντολογικός

uneven/ʌn'i:vən/ανώμαλος, τραχύς· άνισος· ακανόνιστος

unexpected/ˌʌnɪk'spektɪ̈d/απροσδόκητος, απρόβλεπτος

unfailing/ʌn'feɪlɪŋ/αδιάπτωτος, αμείωτος, συνεχής

unfair/ˌʌn'feə/άδικος· αθέμιτος

unfaithful/ʌn'feɪθfəl/άπιστος

unfamiliar/ˌʌnfə'mɪliə/άγνωστος· μη εξοικειωμένος

unfasten/ʌn'fa:sən/λύνω, ξεκουμπώνω

unfavourable/ʌn'feɪvərəbl/δυσμενής

unfeeling/ʌn'fi:lɪŋ/ασυγκίνητος, άκαρδος, σκληρός

unfinished/ʌn'fɪnɪʃt/μισοτελειωμένος, ημιτελής

unfit/ʌn'fɪt/ακατάλληλος

unflagging/ʌn'flægɪŋ/αδιάπτωτος, αμείωτος

unfold/ʌn'fəʊld/ξεδιπλώνω, ξετυλίγω· αποκαλύπτω, εκθέτω, εξιστορώ

unforgettable/ˌʌnfə'getəbl/αξέχαστος, αλησμόνητος

unforgivable/ˌʌnfə'gɪvəbl/ασυγχώρητος

unfortunate/ʌn'fɔ:tʃənət/άτυχος, κακότυχος· δυστυχής ~**ly** δυστυχώς, ατυχώς

unfounded/ʌn'faʊndɪ̈d/αβάσιμος, αστήρικτος

unfriendly/ʌn'frendli/μη φιλικός

unfrock/ʌn'frɒk/καθαιρώ (ιερωμένο)

unfurl/ʌn'fɜ:l/ξεδιπλώνω, ανοίγω

ungrateful/ʌn'greɪtfəl/αγνώμων, αχάριστος

unguarded/ʌn'ga:dɪ̈d/αφρούρητος, αφύλακτος

unhappily/ʌn'hæpɪ̈li/θλιμμένα· δυστυχώς, ατυχώς

unhappy/ʌn'hæpi/δυστυχισμένος, στενοχωρημένος· ατυχής, ανεπιτυχής

unharmed/ʌn'ha:md/σώος

unhealthy/ʌn'helθi/αρρωστιάρης, αρρωστιάρικος· ανθυγιεινός, επιβλαβής· νοσηρός

unheard-of/ʌn'hɜ:d ɒv/πρωτάκουστος, ανήκουστος, άνω ποταμών

unhook/ʌn'hʊk/απαγκιστρώνω, ξαγκιστρώνω, ξεκρεμώ· ξεκουμπώνω, ξεθηλυκώνω

unhurried/ʌn'hʌrid/αβίαστος, νωχελικός

unhurt/ʌn'hɜ:t/σώος, αβλαβής

uniform/'ju:nɪ̈fɔ:m/στολή • ομοιόμορφος

uniformed/'ju:nɪ̈fɔ:md/ένστολος, με στολή

unify/'ju:nɪ̈faɪ/ενοποιώ, ενώνω

unilateral/ˌju:nɪ̈'lætərəl/μονομερής, μονόπλευρος

unimportant/ˌʌnɪm'pɔ:tənt/ασήμαντος, επουσιώδης

uninformed/ˌʌnɪn'fɔ:md/απληροφόρητος, ανενημέρωτος

uninhabitable/ˌʌnɪn'hæbɪ̈təbl/μη κατοικήσιμος, ακατάλληλος προς κατοίκηση

unintentional/ˌʌnɪn'tenʃənəl/ακούσιος, χωρίς πρόθεση

uninterested/ʌn'ɪntrəstəd/αδιάφορος, ουδέτερος, χωρίς ενδιαφέρον

uninterrupted/ˌʌnɪntə'rʌptəd/αδιάκοπος, συνεχής

uninvited/ˌʌnɪn'vaɪtəd/απρόσκλητος

union/'ju:njən/ένωση, συνένωση· ένωση, σύλλογος, σωματείο

unionism/'ju:njənɪzəm/συνδικαλισμός

unionist/'ju:njənɪst/συνδικαλιστής

unique/ju:'ni:k/μοναδικός

unisex/'ju:nəseks/κατάλληλος και για άνδρες και για γυναίκες

unison/'ju:nəsən, -zən/*in unison* α) ομόφωνα, από κοινού β) εν χορώ

unit/'ju:nət/μονάδα

unite/ju:'naɪt/ενώνω/-ομαι

United Kingdom/ju:ˌnaɪtəd 'kɪŋdəm/(το) Ηνωμένο Βασίλειο

United Nations/ju:ˌnaɪtəd 'neɪʃənz/(τα) Ηνωμένα Έθνη

United States of America/ju:ˌnaɪtəd steɪts əv ə'merɪkə/(οι) Ηνωμένες Πολιτείες της Αμερικής

unity/'ju:nəti/σύμπνοια

universal/ˌju:nə'vɜ:səl/γενικός, καθολικός· παγκόσμιος, οικουμενικός

universe/'ju:nəvɜ:s/σύμπαν· οικουμένη

university/ˌju:nə'vɜ:səti/πανεπιστήμιο

unjust/ˌʌn'dʒʌst/άδικος

unjustifiable/ʌn'dʒʌstəfaɪəbl/αδικαιολόγητος, απαράδεκτος

unjustified/ʌn'dʒʌstəfaɪd/αδικαιολόγητος

unkind/ˌʌn'kaɪnd/σκληρός

unknown/ˌʌn'nəʊn/άγνωστος

unlawful/ʌn'lɔ:fəl/παράνομος

unleaded/ʌn'ledəd/αμόλυβδος

unleash/ʌn'li:ʃ/λύνω, αμολάω

unless/ʌn'les, ən-/εκτός αν, αν δε(ν), παρά μόνο αν

unlike/ʌn'laɪk/διαφορετικός, ανόμοιος • διαφορετικός από· αντίθετα από, σε αντίθεση με ~**ly** απίθανος, μη πιθανός

unload/ʌn'ləʊd/ξεφορτώνω· αδειάζω (όπλο, φωτογραφική μηχανή)

unlock/ʌn'lɒk/ξεκλειδώνω

unlucky/ʌn'lʌki/άτυχος

unmanned/ˌʌn'mænd/μη επανδρωμένος

unmarried/ˌʌn'mærid/ανύπαντρος

unmask/ʌn'ma:sk/αποκαλύπτω, ξεσκεπάζω

unmoved/ʌn'mu:vd/αμετακίνητος, στην ίδια θέση· ασυγκίνητος

unnatural/ʌn'nætʃərəl/αφύσικος

unnecessary/ʌn'nesəsəri/περιττός, άσκοπος

unnoticed/ʌn'nəʊtəst/απαρατήρητος

unobserved/ˌʌnəb'zɜ:vd/απαρατήρητος

unoccupied/ʌnˈɒkjʊpaɪd/μη κατειλημμένος, ελεύθερος

unofficial/ˌʌnəˈfɪʃəl/ανεπίσημος, ανεπιβεβαίωτος

unpack/ʌnˈpæk/ανοίγω, αδειάζω (βαλίτσες)· βγάζω από βαλίτσα κ.τ.λ., ξεπακετάρω

unpaid/ˌʌnˈpeɪd/απλήρωτος· άμισθος

unparalleled/ʌnˈpærəleld/ασύγκριτος, απαράμιλλος

unplanned/ˌʌnˈplænd/απρογραμμάτιστος

unpleasant/ʌnˈplezənt/δυσάρεστος· αντιπαθής

unplug/ʌnˈplʌg/αποσυνδέω, βγάζω την πρίζα

unprecedented/ʌnˈpres$\frac{1}{2}$dent$\frac{1}{2}$d/ πρωτοφανής, μοναδικός στα χρονικά

unpredictable/ˌʌnprɪˈdɪktəbl/απρόβλεπτος

unprofitable/ʌnˈprɒf$\frac{1}{2}$təbl/ασύμφορος

unprovoked/ˌʌnprəˈvəʊkt/απρόκλητος, αδικαιολόγητος

unqualified/ʌnˈkwɒl$\frac{1}{2}$faɪd/αναρμόδιος· χωρίς τα απαιτούμενα προσόντα· απόλυτος, ανεπιφύλακτος

unquestionable/ʌnˈkwestʃənəbl/ αναμφισβήτητος, αναντίρρητος

unravel/ʌnˈrævəl/ξεφτώ, ξεφτίζω, ξεστρίβω (μαλλί κ.τ.λ.), ξεπλέκω (σκοινί), ξεπλέκομαι· διευκρινίζω, διαλευκαίνω

unreal/ˌʌnˈrɪəl/φανταστικός, εξωπραγματικός

unrealistic/ˌʌnrɪəˈlɪstɪk/ουτοπιστικός, εκτός τόπου και χρόνου

unreasonable/ʌnˈriːzənəbl/παράλογος

unrecognizable, **-isable**/ʌnˈrekəgnaɪzəbl/αγνώριστος

unreliable/ˌʌnrɪˈlaɪəbl/αναξιόπιστος

unreserved/ˌʌnrɪˈzɜːvd/ανεπιφύλακτος, απεριόριστος

unrestrained/ˌʌnrɪˈstreɪnd/ασυγκράτητος, αχαλίνωτος

unrestricted/ˌʌnrɪˈstrɪkt$\frac{1}{2}$d/απεριόριστος

unripe/ˌʌnˈraɪp/ανώριμος, άγουρος

unrivalled/ʌnˈraɪvəld/απαράμιλλος, ασύγκριτος, ανυπέρβλητος

unroll/ʌnˈrəʊl/ξετυλίγω/-ομαι

unruly/ʌnˈruːli/ανυπάκουος, άτακτος, ανήσυχος

unsafe/ˌʌnˈseɪf/μη ασφαλής, επικίνδυνος· ανασφαλής

unscrew/ʌnˈskruː/ξεβιδώνω

unscrupulous/ʌnˈskruːpjʊləs/αδίστακτος, ασυνείδητος

unselfish/ʌnˈselfɪʃ/ανιδιοτελής

unsettle/ʌnˈsetl/αναστατώνω **unsettled** α) ευμετάβλητος, άστατος β) απλήρωτος, ανεξόφλητος γ) αρρύθμιστος, εκκρεμής

unskilled/ˌʌnˈskɪld/ανειδίκευτος

unsociable/ʌnˈsəʊʃəbl/ακοινώνητος

unsound/ˌʌn'saʊnd/επισφαλής, μη στερεός *of unsound mind* διαταραγμένος ψυχικώς, με κλονισμένη πνευματική υγεία

unstable/ʌn'steɪbl/ασταθής

unsteady/ʌn'stedi/ασταθής, τρεμάμενος

unstuck/ʌn'stʌk/*come unstuck* ξεκολλώ

unsuccessful/ˌʌnsək'sesfəl/ανεπιτυχής

unsuitable/ʌn'su:təbl/ακατάλληλος

unsurpassed/ˌʌnsə'pa:st/ασυναγώνιστος, αξεπέραστος

untangle/ˌʌn'tæŋgl/ξεμπλέκω, ξεμπερδεύω

unthinkable/ʌn'θɪŋkəbl/αδιανόητος

untidy/ʌn'taɪdi/ακατάστατος, ανάκατος

untie/ʌn'taɪ/λύνω, ξεδένω

until/ʌn'tɪl, ən-/έως, ως, μέχρι • έως ότου, μέχρις ότου, ώσπου

untimely/ʌn'taɪmli/άκαιρος

untiring/ʌn'taɪərɪŋ/ακούραστος

untrue/ʌn'tru:/αναληθής, ψευδής

untrustworthy/ʌn'trʌstˌwɜ:ði/αναξιόπιστος

untruth/ʌn'tru:θ, 'ʌntru:θ/αναλήθεια, ψέμα

unused/ˌʌn'ju:zd/αχρησιμοποίητος *unused to* ασυνήθιστος, μη συνηθισμένος σε

unusual/ʌn'ju:ʒʊəl/ασυνήθιστος, σπάνιος **~ly** α) ασυνήθιστα β) εξαιρετικά, πολύ

unwanted/ʌn'wɒntɪd/ανεπιθύμητος

unwell/ʌn'wel/άρρωστος, αδιάθετος

unwilling/ʌn'wɪlɪŋ/απρόθυμος

unwind/ʌn'waɪnd/ξετυλίγω/-ομαι· ξεκουρδίζω

unworthy/ʌn'wɜ:ði/ανάξιος

unwrap/ʌn'ræp/ξετυλίγω, ανοίγω

unwritten/ʌn'rɪtn/άγραφος

unzip/ʌn'zɪp/ανοίγω τραβώντας το φερμουάρ

up/ʌp/επάνω, προς τα πάνω· (ε)πάνω, ψηλά· όρθιος, (σηκωμένος) επάνω· (προς τα) βόρεια· κοντά· τελείως, εντελώς· στο πόδι *up to* έως, μέχρι *what's up?* τι τρέχει;, τι συμβαίνει; *it's up to you* από σένα (σας) εξαρτάται

upholster/ʌp'həʊlstə/ταπετσάρω

upholsterer/ʌp'həʊlstərə/ταπετσέρης

upholstery/ʌp'həʊlstəri/ταπετσαρία καθίσματος

upon/ə'pɒn/περί, σχετικά· σύμφωνα με

upper/'ʌpə/άνω, επάνω,

upper class/ˌʌpə 'kla:s/(η) ανώτερη τάξη, (η) καλή κοινωνία

upper-class της ανώτερης κοινωνικής τάξης, της καλής κοινωνίας

upright/'ʌpraɪt/όρθιος, ευθυτενής, στητός· ακέραιος, τίμιος

uproot/ʌp'ru:t/ξεριζώνω

upset/ʌp'set/ανατρέπω, αναποδογυρίζω· ταράζω, συγχύζω, αναστατώνω • αναστατωμένος, ταραγμένος • αναστάτωση, ταραχή

upside down/ˌʌpsaɪd 'daʊn/με το επάνω μέρος προς τα κάτω, ανάποδα· άνω κάτω, φύρδην μίγδην

upstairs/ˌʌp'steəz/πάνω, στο πάνω πάτωμα • επάνω, του άνω ορόφου • (το) πάνω πάτωμα

up-to-date/ˌʌp tə 'deɪt/σύγχρονος, μοντέρνος· ενημερωμένος

upwards/'ʌpwədz/προς τα πάνω

urban/'ɜːbən/αστικός, της πόλης

urchin/'ɜːtʃɨn/αλητάκι, μαγκάκι

urge/ɜːdʒ/παροτρύνω, παρακινώ • παρόρμηση, ακατανίκητη επιθυμία

urgency/'ɜːdʒənsi/(το) επείγον· επείγουσα ανάγκη

urgent/'ɜːdʒənt/επείγων **~ly** επειγόντως

urinate/'jʊərɨneɪt/ουρώ

urination/ˌjʊərɨ'neɪʃən/ούρηση

urine/'jʊərɨn/ούρο, ούρα

us/əs, s, ʌs/εμάς, μας· εμείς

usage/'juːzɪdʒ, 'juːsɪdʒ/χρήση, τρόπος χρήσης

use/juːs/χρήση, χρησιμοποίηση· χρησιμότητα· σκοπιμότητα, όφελος *it's no use* δεν ωφελεί (να) • χρησιμοποιώ· καταναλώνω *used to*/'juːst tuː/συνήθιζα να, κάποτε ▪ **use up** τελειώνω, εξαντλώ **used** χρησιμοποιημένος, μεταχειρισμένος *used to* συνηθισμένος σε *be used for sth.* χρησιμεύω για κτ., χρησιμοποιούμαι σε κτ.

useful/'juːsfəl/χρήσιμος, ωφέλιμος

useless/'juːsləs/άχρηστος· ανίκανος· άσκοπος, ανώφελος, μάταιος

user/'juːzə/χρήστης

usher/'ʌʃə/ταξιθέτης • συνοδεύω (κπ.)

usherette/ˌʌʃə'ret/ταξιθέτρια

usual/'juːʒʊəl, 'juːʒəl/συνήθης, συνηθισμένος *as usual* ως συνήθως **~ly** συνήθως, κανονικά

utensil/juː'tensəl/σκεύος, είδος

utility/juː'tɪlɨti/χρησιμότητα, ωφελιμότητα· κοινωφελής υπηρεσία, επιχείρηση κοινής ωφέλειας

utilization, -sation/ˌjuːtɨlaɪ'zeɪʃən/ εκμετάλλευση, αξιοποίηση

utilize, -ise/'juːtɨlaɪz/εκμεταλλεύομαι, αξιοποιώ

utmost/'ʌtməʊst/έσχατος, υπέρτατος, μέγιστος • έπακρο, άκρον άωτον

utopia/juː'təʊpiə/ουτοπία

utopian/juː'təʊpiən/ουτοπικός

utter/'ʌtə/απόλυτος, πλήρης • εκστομίζω, λέγω

U-turn/'juːtɜːn/*(αυτοκ.)* στροφή επιτόπου· πλήρης αλλαγή, μεταστροφή

V, v

vacancy/ˈveɪkənsi/κενό, άδειο δωμάτιο, κενή θέση

vacant/ˈveɪkənt/κενός, άδειος, ελεύθερος· απλανής, ανέκφραστος, αφηρημένος **~ly** αφηρημένα, με βλέμμα απλανές

vacate/vəˈkeɪt, veɪ-/κενώνω, αδειάζω

vacation/vəˈkeɪʃən/διακοπές

vaccinate/ˈvæksɪ̈neɪt/εμβολιάζω

vaccination/ˌvæksɪ̈ˈneʃən/εμβολιασμός

vaccine/ˈvæksiːn/εμβόλιο

vacuum/ˈvækjʊəm, -kjʊm/κενό • σκουπίζω με την ηλεκτρική σκούπα

vacuum cleaner/ˈvækjʊm ˌkliːnə/ ηλεκτρική σκούπα

vague/veɪg/ασαφής, αόριστος, αμυδρός

vain/veɪn/ματαιόδοξος· μάταιος, ανωφελής *in vain* μάταια

valid/ˈvælɪ̈d/έγκυρος

valley/ˈvæli/κοιλάδα

valuable/ˈvæljʊəbl/πολύτιμος

value/ˈvæljuː/αξία • εκτιμώ, αποτιμώ, υπολογίζω την αξία· εκτιμώ, έχω μεγάλη εκτίμηση σε

valueless/ˈvæljuːləs/άνευ αξίας

vampire/ˈvæmpaɪə/βρικόλακας

van/væn/κλειστό φορτηγό αυτοκίνητο

vandal/ˈvændəl/βάνδαλος

vandalism/ˈvændəlɪzəm/βανδαλισμός

vandalize, -ise/ˈvændəlaɪz/καταστρέφω σκοπίμως

vanguard/ˈvængaːd/εμπροσθοφυλακή· πρωτοπορία

vanilla/vəˈnɪlə/βανίλια

vanish/ˈvænɪʃ/εξαφανίζομαι, χάνομαι

vanity/ˈvænɪ̈ti/ματαιοδοξία· ματαιότητα

vaporize, -ise/ˈveɪpəraɪz/εξατμίζω/ -ομαι

vapour/ˈveɪpə/ατμός

variable/ˈveəriəbl/μεταβλητός· ασταθής, άστατος

variation/ˌveəriˈeɪʃən/αλλαγή, μεταβολή, απόκλιση· *(μουσ.)* παραλλαγή

varicose veins/ˌværɪ̈kəʊs ˈveɪnz/ κιρσοί

variety/vəˈraɪəti/ποικιλία· επιθεώρηση, βαριετέ

various/ˈveəriəs/ποικίλος, διάφορος· διάφοροι, πολλοί, πολλοί και διάφοροι **~ly** ποικιλοτρόπως

varnish/ˈvaːnɪʃ/βερνίκι, λούστρο • βερνικώνω, λουστράρω· βάφω (τα νύχια)

vary/ˈveəri/ποικίλλω, διαφέρω· κυμαίνομαι

varied/ˈveərɪd/ποικίλος, πολυκύμαντος

vase/vaːz/βάζο

vast/vaːst/τεράστιος **~ly** πάρα πολύ, εξαιρετικά

VAT/ˌviːeiˈti, væt/φόρος προστιθέμενης αξίας (ΦΠΑ)

Vatican/ˈvætɪkən/(το) Βατικανό

vault/vɔːlt/άλμα· θησαυροφυλάκιο τράπεζας· κελάρι, κατώι

veal/viːl/(κρέας) μοσχάρι

veer/vɪə/αλλάζω (κατεύθυνση), στρέφομαι, γυρίζω

veg/vedʒ/λαχανικά

vegetable/ˈvedʒtəbl/λαχανικό

vegetarian/ˌvedʒəˈteəriən/χορτοφάγος

vegetation/ˌvedʒəˈteɪʃən/βλάστηση

vehicle/ˈviːəkəl/όχημα

veil/veɪl/πέπλο

vein/veɪn/φλέβα

velvet/ˈvelvət/βελούδο

velvety/ˈvelvəti/βελουδένιος

vendor, **vender**/ˈvendə/μικροπωλητής, πλανόδιος πωλητής

Venetian/vəˈniːʃən/Βενετός • βενετικός

Venice/ˈvenəs/Βενετία

ventilate/ˈventəleɪt/αερίζω, εξαερίζω

ventilation/ˌventəˈleɪʃən/αερισμός, εξαερισμός

ventilator/ˈventəleɪtə/εξαεριστήρας

venture/ˈventʃə/ριψοκινδυνεύω • τόλμημα, εγχείρημα

venue/ˈvenjuː/τόπος συγκέντρωσης ή συνάντησης

Venus/ˈviːnəs/Αφροδίτη

verb/vɜːb/ρήμα

verbal/ˈvɜːbəl/προφορικός· ρηματικός **~ly** προφορικώς

verdict/ˈvɜːdɪkt/ετυμηγορία

verge/vɜːdʒ/άκρο, χείλος • **verge on/upon** αγγίζω τα όρια

verification/ˌverəfəˈkeɪʃən/επαλήθευση, εξακρίβωση

verify/ˈverəfaɪ/επαληθεύω, εξακριβώνω

vermin/ˈvɜːmən/καταστρεπτικά ή επιβλαβή ζώα, ζωΰφια, ζούδια

vernacular/vəˈnækjʊlə/καθομιλουμένη

Versailles/veəˈsaɪ/Βερσαλίες

verse/vɜːs/ποίηση, έμμετρος λόγος· στροφή, στιχάκι

version/ˈvɜːʃən/ερμηνεία, εκδοχή· (νέα) έκδοση

versus/ˈvɜːsəs/κατά, εναντίον

vertical/ˈvɜːtɪkəl/κάθετος, κατακόρυφος

vertigo/ˈvɜːtɪgəʊ/ίλιγγος

very/ˈveri/πολύ • ακριβώς· (και) μόνο

vessel/ˈvesəl/δοχείο, σκεύος· πλοίο, σκάφος· αγγείο (του σώματος)

vest/vest/φανέλα (εσώρουχο)· ☆ γιλέκο

vet/vet/κτηνίατρος

veteran/ˈvetərən/παλαίμαχος, παλιός, βετεράνος

veterinary surgeon/ˌvetərᵻnəriˈsɜː-dʒən/κτηνίατρος

veto/viːtəʊ/βέτο • προβάλλω βέτο σε

vex/veks/ενοχλώ, εκνευρίζω, τσατίζω

vexation/vekˈseɪʃən/ενόχληση, εκνευρισμός

via/ˈvaɪə, ˈviːə/μέσω, διαμέσου

vibrate/vaɪˈbreɪt/πάλλω, δονούμαι, τρέμω, κάνω (κτ.) να πάλλει

vibration/vaɪˈbreɪʃən/δόνηση, κραδασμός

vicar/ˈvɪkə/εφημέριος

vice/vaɪs/διαφθορά· ελάττωμα, κουσούρι

vice president/ˌvaɪs ˈprezᵻdənt/ αντιπρόεδρος

viceroy/ˈvaɪsrɔɪ/αντιβασιλέας

vice versa/ˌvaɪs ˈvɜːsə, ˌvaɪsi-/αντιστρόφως

vicious/ˈvɪʃəs/διεφθαρμένος· κακός, μοχθηρός· βίαιος, άγριος ~**ly** μοχθηρά, άγρια

vicious circle/ˌvɪʃəs ˈsɜːkl/φαύλος κύκλος

victim/ˈvɪktᵻm/θύμα

victor/vɪktə/νικητής

victory/ˈvɪktəri/νίκη

video/ˈvɪdiəʊ/μαγνητοσκοπώ, γράφω σε βιντεοκασέτα • βίντεο • βιντεο-, τηλεοπτικός, ηλεκτρονικός

videotape/ˈvɪdiəʊ teɪp/βιντεοκασέτα • μαγνητοσκοπώ, γράφω σε βιντεοκασέτα

Vienna/viˈenə/Βιέννη

Viennese/ˌviːəˈniːz/Βιεννέζος βιεννέζικος

view/vjuː/οπτικό πεδίο· θέα· άποψη, γνώμη, σκοπιά • παρακολουθώ, παρατηρώ· θεωρώ, κρίνω

viewer/ˈvjuːə/τηλεθεατής

viewpoint/ˈvjuːpɔːɪnt/άποψη

vigorous/ˈvɪgərəs/σφριγηλός, ακμαίος· σθεναρός, ζωηρός

vigour/ˈvɪgə/σφρίγος, ενεργητικότητα

villa/ˈvɪlə/έπαυλη, βίλα

village/ˈvɪlɪdʒ/χωριό

villager/ˈvɪlɪdʒə/χωρικός

villain/ˈvɪlən/(ο) κακός· παλιάνθρωπος

vine/vaɪn/αμπέλι, κλήμα

vinegar/ˈvɪnɪgə/ξίδι

vineyard/ˈvɪnjəd/αμπελώνας, αμπέλι

violate/ˈvaɪəleɪt/παραβιάζω, παραβαίνω (το νόμο κ.τ.λ.), αθετώ (συμφωνία κ.τ.λ.), καταπατώ (όρκο)

violation/ˌvaɪəˈleɪʃən/παραβίαση, παράβαση· αθέτηση

violence/ˈvaɪələns/σφοδρότητα, ένταση· βία, βιαιότητα

violent/ˈvaɪələnt/βίαιος· σφοδρός, άγριος

violet/ˈvaɪəlᵻt/βιολέτα, μενεξές· μενεξεδί

violin/ˌvaɪəˈlɪn/βιολί

violinist/ˌvaɪəˈlɪnɪst/βιολιστής

VIP/ˌviː aɪ ˈpiː/σημαντικό πρόσωπο, προσωπικότητα

viper/ˈvaɪpə/οχιά

virgin/ˈvɜːdʒɨn/παρθένος, παρθένα

Virgo/ˈvɜːgəʊ/Παρθένος

virtual/ˈvɜːtʃʊəl/ουσιαστικός, πραγματικός **~ly** α) σχεδόν β) στην πραγματικότητα, κατ' ουσίαν

virtual reality/ˌvɜːtʃʊəl riˈælɨti/εικονική πραγματικότητα

virtue/ˈvɜːtʃuː/αρετή· πλεονέκτημα, προσόν

virtuous/ˈvɜːtʃʊəs/ενάρετος

virus/ˈvaɪərəs/ιός

visa/ˈviːzə/βίζα, θεώρηση διαβατηρίου

visibility/ˌvɪzɨˈbɪlɨti/ορατότητα

visible/ˈvɪzɨbl/ορατός

vision/ˈvɪʒən/όραση· όραμα, οπτασία

visit/ˈvɪzɨt/επισκέπτομαι • επίσκεψη

visiting hours/ˈvɪzɨtɪŋ aʊəz/επισκεπτήριο, ώρες επισκεπτηρίου

visitor/ˈvɪzɨtə/επισκέπτης

visual/ˈvɪʒʊəl/οπτικός

vital/ˈvaɪtəl/ουσιώδης, ζωτικός, ζωτικής σημασίας **~ly** ζωτικά, εξαιρετικά

vitality/vaɪˈtælɨti/ζωτικότητα, ζωηρότητα

vitamin/ˈvɪtəmɨn, ˈvaɪ-/βιταμίνη

vivid/ˈvɪvɨd/ζωηρός, λαμπρός, έντονος, φωτεινός· ζωηρός, ζωντανός, παραστατικός

vocabulary/vəˈkæbjʊləri/λεξιλόγιο

vocal/ˈvəʊkəl/φωνητικός

vocalist/ˈvəʊkəlɨst/τραγουδιστής

vocals/ˈvəʊkəlz/*(μουσ.)* φωνητικά

vocation/vəʊˈkeɪʃən/επάγγελμα, λειτούργημα

vocational/vəʊˈkeɪʃənəl/επαγγελματικός

vodka/ˈvɒdkə/βότκα

voice/vɔɪs/φωνή • εκφράζω (γνώμη), διερμηνεύω (αίσθημα)

volcanic/ˌvɒlˈkænɪk/ηφαιστειακός, ηφαιστειογενής

volcano/vɒlˈkeɪnəʊ/ηφαίστειο

volition/vəˈlɪʃən/βούληση, θέληση

volley/ˈvɒli/ομοβροντία· χείμαρρος, βροχή, καταιγισμός

volleyball/ˈvɒlibɔːl/βόλεϊ

volt/vəʊlt/βολτ

voltage/ˈvəʊltɪdʒ/τάση (σε βολτ)

volume/ˈvɒljuːm/ένταση (ήχου)· όγκος· τόμος

voluntary/ˈvɒləntəri/εκούσιος

volunteer/ˌvɒlənˈtɪə/εθελοντής • προσφέρω/-ομαι εθελοντικά

vomit/ˈvɒmɨt/ξερνώ • εμετός, ξέρασμα

vote/vəʊt/ψηφοφορία· ψήφος· δικαίωμα ψήφου • ψηφίζω

voter/ˈvəʊtə/ψηφοφόρος

voting booth/ˈvəʊtɪŋ buːθ/παραβάν (ψηφοφορίας)

voucher/ˈvaʊtʃə/δελτίο, κουπόνι

vow/vaʊ/όρκος, υπόσχεση, τάμα • ορκίζομαι, υπόσχομαι· αφιερώνω, τάζω

vowel/ˈvaʊəl/φωνήεν

voyage/ˈvɔɪ-ɪdʒ/θαλάσσιο ή διαστημικό ταξίδι • ταξιδεύω

voyager/ˈvɔɪ-ɪdʒə/ταξιδευτής

vulgar/ˈvʌlgə/πρόστυχος, χυδαίος· κακόγουστος

vulgarity/vʌlˈgærəti/χυδαιότητα, κακογουστιά

vulnerable/ˈvʌlnərəbl/τρωτός

vulture/ˈvʌltʃə/γύπας, όρνιο

W, w

wad/wɒd/δεσμίδα, μάτσο

wafer/ˈweɪfə/λεπτό μπισκότο· γκοφρέτα

wag/wæg/κουνώ, κουνιέμαι • κούνημα

wage/weɪdʒ/αμοιβή, μισθός· **wages** ημερομίσθιο, μεροκάματο, βδομαδιάτικο • διεξάγω, κάνω

wag(g)on/ˈwægən/κάρο· φορτηγό βαγόνι

wail/weɪl/θρηνώ, κλαίω· ουρλιάζω, στριγκλίζω • θρήνος, οδυρμός, κλάμα· γοερή κραυγή· ουρλιαχτό

waist/weɪst/μέση

waistcoat/ˈweɪskəʊt/γιλέκο

wait/weɪt/περιμένω, καρτερώ ▪ **wait up** ξαγρυπνώ περιμένοντας • αναμονή

waiter/ˈweɪtə/σερβιτόρος

waiting list/ˈweɪtɪŋ lɪst/λίστα αναμονής

waiting room/ˈweɪtɪŋ rʊm/αίθουσα αναμονής

waitress/ˈweɪtrɨs/σερβιτόρα, γκαρσόνα

wake (up)/weɪk/ξυπνώ

wakeful/ˈweɪkfəl/άυπνος· άγρυπνος

waken (up)/ˈweɪkən/ξυπνώ

Wales/weɪlz/Ουαλία

walk/wɔːk/περπατώ, πάω με τα πόδια· πάω περίπατο· περπατώ, καλύπτω (απόσταση)· συνοδεύω (περπατώντας)· πηγαίνω (σκύλο) βόλτα με τα πόδια ▪ **walk up** προχωρώ, πλησιάζω ~**ing** περπάτημα • περπάτημα, βάδισμα· περίπατος· τόπος για περίπατο

wall/wɔːl/τοίχος· μαντρότοιχος· τείχος • περιτοιχίζω, περιμαντρώνω

wallet/ˈwɒlɨt/πορτοφόλι

wallpaper/ˈwɔːlˌpeɪpə/χαρτί ταπετσαρίας • καλύπτω τους τοίχους με ταπετσαρία

walnut/ˈwɔːlnʌt/καρύδι

waltz/wɔːls/βαλς • χορεύω βαλς

wand/wɒnd/ράβδος (ταχυδακτυλουργού), ραβδί (μάγισσας κ.τ.λ.)

wander/ˈwɒndə/περιπλανιέμαι, περιφέρομαι, τριγυρίζω

wanna/ˈwɒnə/**want to** • **want a**

want/wɒnt/χρειάζομαι, έχω ανάγκη *be wanted* καταζητούμαι • έλλειψη· ανάγκη

war/wɔː/πόλεμος

ward/wɔːd/θάλαμος ή τμήμα (νοσοκομείου) • **ward off** αποτρέπω, προλαμβάνω

warden/wɔːdn/δημοτικός τροχονόμος· φύλακας, επόπτης

warder/ˈwɔːdə/δεσμοφύλακας

wardrobe/ˈwɔːdrəʊb/ντουλάπα· γκαρνταρόμπα

warehouse/ˈweəhaʊs/αποθήκη εμπορευμάτων

wares/weəz/εμπορεύματα

warfare/ˈwɔːfeə/εχθροπραξίες, πόλεμος

warm/wɔːm/ζεστός (όχι καυτός)· θερμός, ένθερμος • θερμαίνω/-ομαι, ζεσταίνω/-ομαι ▪ **warm up** α) (ξανα)ζεσταίνω/-ομαι β) κάνω προθέρμανση

warmth/wɔːmθ/θερμότητα, ζέστη· θερμότητα, εγκαρδιότητα

warm-up/ˈwɔːm ʌp/προθέρμανση, ζέσταμα

warn/wɔːn/προειδοποιώ· κάνω σύσταση, εφιστώ την προσοχή ~**ing** προειδοποιητικός • προειδοποίηση

warp/wɔːp/στράβωμα, παραμόρφωση • στραβώνω, σκεβρώνω

warrant/ˈwɒrənt/ένταλμα

warrior/ˈwɒriə/πολεμιστής

Warsaw/ˈwɔːsɔː/Βαρσοβία

warship/ˈwɔːˌʃɪp/πολεμικό (πλοίο)

wart/wɔːt/κρεατοελιά

wash/wɒʃ/πλένω/-ομαι· βρέχω (χώρα)· παρασύρω, χτυπώ, σαρώνω ▪ **wash up** α) πλένω τα πιάτα β) εκβράζω • πλύση, πλύσιμο· πλυντήριο (αυτοκινήτων)

washbasin/ˈwɒʃˌbeɪsən/νιπτήρας

washing machine/ˈwɒʃɪŋ məˌʃiːn/ πλυντήριο (ρούχων)

washing powder/ˈwɒʃɪŋ ˌpaʊdə/ απορρυπαντικό ρούχων

washing-up/ˌwɒʃɪŋ ˈʌp/πλύσιμο πιάτων

wasp/wɒsp/σφήκα

waste/weɪst/απώλεια, χάσιμο, σπατάλη· απόβλητα, υπολείμματα, σκάρτα • σπαταλώ

wasteful/ˈweɪstfəl/σπάταλος

watch/wɒtʃ/βλέπω, κοιτάζω, παρακολουθώ· παρακολουθώ, κατασκοπεύω· προσέχω ▪ **watch out** προσέχω, φυλάγομαι • ρολόι

watchful/ˈwɒtʃfəl/άγρυπνος, προσεκτικός

watchmaker/ˈwɒtʃˌmeɪkə/ωρολογοποιός, ρολογάς

watchman/ˈwɒtʃmən/(νυχτο)φύλακας

watchword/ˈwɒtʃwɜːd/σύνθημα

water/ˈwɔːtə/νερό • ποτίζω· τρέχω σάλια ▪ **water down** α) νερώνω β) απαλύνω, μετριάζω

watercolour/ˈwɔːtə ˌkʌlə/νερομπογιά, ακουαρέλα

water cooler/ˈwɔːtə ˌkuːlə/ψύκτης

waterfall/ˈwɔːtəfɔːl/καταρράκτης

watering can/ˈwɔːtərɪŋ kæn/ποτιστήρι

water lily/ˈwɔːtə ˌlɪli/νούφαρο

water main/ˈwɔːtə meɪn/αγωγός ύδρευσης

watermelon/ˈwɔːtə ˌmelən/καρπούζι

water polo/ˈwɔːtə ˌpəʊləʊ/υδατοσφαίρηση

waterproof/ˈwɔːtəpruːf/αδιάβροχος

water resistant/'wɔ:tə ˌrɪzɪstənt/ ημιαδιάβροχος

water skiing/'wɔ:tə ˌskɪ-ɪŋ/θαλάσσιο σκι

watertight/'wɔ:tətaɪt/στεγανός

watery/'wɔ:təri/νερουλός

watt/wɒt/*(ηλεκτρ.)* βατ

wave/weɪv/κουνώ, κυματίζω, γνέφω ή χαιρετώ (κουνώντας το χέρι, το μαντίλι μου κ.τ.λ.)˙ κυματίζω, ανεμίζω˙ σγουραίνω, κατσαρώνω (μαλλιά), *(για μαλλιά)* είναι κατσαρά, σπαστά • κύμα˙ χαιρετισμός (με κίνηση του χεριού)˙ κατσάρωμα (μαλλιών)

wavelength/'weɪvleŋθ/μήκος κύματος˙ τρόπος σκέψης

wavy/'weɪvi/κατσαρός

wax/wæks/κερί˙ κυψελίδα˙ παρκετίνη • παρκετάρω, κάνω παρκέ

waxwork/'wækswɜ:k/κέρινο ομοίωμα

way/weɪ/οδός, δρόμος, πορεία˙ κατεύθυνση, μεριά˙ δρόμος, απόσταση, διαδρομή˙ τρόπος˙ τρόπος, σημείο, άποψη˙ **ways** τρόποι, συνήθειες ***by the way*** παρεμπιπτόντως, επί τη ευκαιρία ***give way*** υποχωρώ ***no way*** κατά κανένα τρόπο!, σε καμιά περίπτωση • κατά πολύ

WC/ˌdʌbəlju: 'si:/τουαλέτα

we/wi, wi:/εμείς

weak/wi:k/αδύναμος, ασθενικός˙ αδύναμος, ανίσχυρος˙ αδύνατος (στα μαθηματικά κ.τ.λ.)˙ ελαφρός ή αραιωμένος **~ly** αδύναμα, ξεψυχισμένα

weaken/'wi:kən/εξασθενίζω, εξασθενώ, χάνω δυνάμεις

weakness/'wi:knəs/αδυναμία

wealth/welθ/πλούτος, πλούτη

wealthy/'welθi/πλούσιος

weapon/'wepən/όπλο

wear/weə/φορώ˙ έχω (τα μαλλιά μου κοντά κ.τ.λ., μούσι, μουστάκι), έχω (όψη, έκφραση)˙ φθείρω/-ομαι, τρίβω/-ομαι, λιώνω˙ αντέχω (στη φθορά) • χρήση, φόρεμα˙ αντοχή (στη φθορά)˙ φθορά (από χρήση)˙ ένδυση, ντύσιμο

weary/'wɪəri/κουρασμένος˙ βαριεστημένος˙ κουραστικός

weasel/'wi:zəl/νυφίτσα, κουνάβι

weather/'weðə/καιρός

weathercock/'weðəkɒk/ανεμοδείκτης

weatherman/'weðəmæn/μετεωρολόγος

weave/wi:v/υφαίνω˙ πλέκω (λουλούδια, καλάθι κ.τ.λ.) • ύφανση

weaver/'wi:və/υφαντής, υφάντρια

web/web/ιστός˙ **Web** (το) Διαδίκτυο

website/'websaɪt/διαδικτυακός χώρος

wedding/'wedɪŋ/γάμος, στεφάνωμα

wedding dress/'wedɪŋ dres/νυφικό

wedding ring/'wedɪŋ rɪŋ/βέρα

wedge/wedʒ/σφήνα • στερεώνω με σφήνες

Wednesday/'wenzdi,-deɪ/Τετάρτη

weed/wi:d/αγριόχορτο, ζιζάνιο • βοτανίζω, ξεχορταριάζω

week/wi:k/εβδομάδα

weekday/'wi:kdeɪ/καθημερινή

weekend/ˌwi:k'end/Σαββατοκύριακο

weekly/'wi:kli/εβδομαδιαίος • κάθε εβδομάδα

weep/wi:p/κλαίω

weigh/weɪ/ζυγίζω˙ έχω (ορισμένο) βάρος˙ σταθμίζω, σκέφτομαι ▪ **weigh up** υπολογίζω, σταθμίζω

weight/weɪt/βάρος˙ μέτρο (βάρους)˙ βαρύτητα, σπουδαιότητα, σημασία

weightlifter/'weɪtˌlɪftə/αρσιβαρίστας

weightlifting/'weɪtˌlɪftɪŋ/άρση βαρών

welcome/'welkəm/καλώς ορίσατε!, καλώς ήρθες! • καλωσορίζω • ευπρόσδεκτος, καλοδεχούμενος ***you're welcome*** ευχαρίστησή μου, παρακαλώ, τίποτε • υποδοχή, καλωσόρισμα

welfare/'welfeə/ευημερία˙ (κοινωνική) πρόνοια

well/wel/πηγάδι˙ φρεάτιο • αναβλύζω, ρέω • καλά˙ προσεχτικά˙ κάμποσο, αρκετά˙ καλά, σωστά, ορθώς ***as well*** επίσης ***well done!*** μπράβο! • λοιπόν, που λες˙ τέλος πάντων! • υγιής, καλά˙ καλά, εντάξει

well-behaved/ˌwel bɪ'heɪvd/ευγενικός

well-bred/ˌwel 'bred/καλοαναθρεμμένος, με καλούς τρόπους

well-done/ˌwel 'dʌn/καλοψημένος

well-dressed/ˌwel 'drest/καλοντυμένος

wellie/'weli/γαλότσα

wellington (boot)/'welɪŋtən (bu:t)/ γαλότσα

well-known/ˌwel 'nəʊn/πασίγνωστος

well-mannered/ˌwel 'mænəd/με καλούς τρόπους

well-off/ˌwel 'ɒf/εύπορος, ευκατάστατος, πλούσιος

Welsh/welʃ/η ουαλική (γλώσσα)˙ (οι) Ουαλοί • ουαλικός

west/west/δυτικά, προς δυσμάς • (η) δύση˙ (η) Δύση, ο δυτικός κόσμος • δυτικός

westerly/'westəli/δυτικός

western/'westən/δυτικός • γουέστερν

westwards/'westwədz/προς δυσμάς

wet/wet/βρεγμένος, μουσκεμένος˙ υγρός, βροχερός • υγραίνω, μουσκεύω˙ βρέχω (το κρεβάτι), κατουρώ

whale/weɪl/φάλαινα

wharf/wɔ:f/αποβάθρα (λιμανιού)

what/wɒt/τι˙ ό,τι, εκείνο το οποίο, αυτό που˙ ποιος, πόσος ***what for?*** γιατί;, για ποιο λόγο/σκοπό ***so what?*** και λοιπόν;, και τι μ' αυτό; ***what's up?*** τι τρέχει;, τι συμβαίνει;

whatever/wɒ'tevə/, **whatsoever** /ˌwɒtsəʊ'evə/ό,τι, οτιδήποτε, οποιοσδήποτε, ό,τι κι αν, όσος και αν • απολύτως, καθόλου

wheat/wi:t/σίτος, σιτάρι

wheatmeal/'wi:tmi:l/σταρένιο αλεύρι

wheedle/wi:dl/καλοπιάνω με κολακείες

wheel/wi:l/τροχός, ρόδα· τιμόνι • κυλώ, σπρώχνω

wheelbarrow/'wi:lˌbærəʊ/χειράμαξα, καροτσάκι

wheelchair/'wi:ltʃeə/αναπηρικό καροτσάκι

wheeze/wi:z/αναπνεύω βαριά, ξεφυσώ

when/wen/πότε· όταν, που • όταν· ενώ, μολονότι· αφού, όταν· οπότε και, και τότε • πότε

whenever/we'nevə/όποτε, οποτεδήποτε· όποτε, κάθε φορά που

where/weə/πού· που, όπου

whereas/weə'ræz/ενώ, αν και

wherever/weər'evə/παντού όπου, οπουδήποτε, όπου κι αν· πού (στην ευχή)

whether/'weðə/εάν, αν

which/wɪtʃ/ποιος, ποια, ποιο· το οποίο, που

whichever/wɪtʃevə/οποιοσδήποτε, οποιαδήποτε, οποιοδήποτε

whiff/wɪf/πνοή (ανέμου)· ελαφριά μυρωδιά· αναπνοή, ρουφηξιά (τσιγάρου κ.τ.λ.)

while/waɪl/(χρονικό) διάστημα, ώρα *after a while* έπειτα από λίγο καιρό *a little while ago* πριν από λίγο *it's worth (one's) while* αξίζει τον κόπο *once in a while* πού και πού, κατά διαστήματα • ενώ· αν και, μολονότι

whim/wɪm/παραξενιά, καπρίτσιο

whimper/'wɪmpə/κλαψουρίζω • κλαψούρισμα

whine/waɪn/κλαψουρίζω • κλαψούρισμα

whip/wɪp/μαστίγιο, καμ(ου)τσίκι • μαστιγώνω, δέρνω· κινώ/-ούμαι απότομα· χτυπώ (αβγά, κρέμα κ.τ.λ.)

whipped cream/ˌwɪpt 'kri:m/κρέμα σαντιγί

whirl/wɜ:l/στροβιλίζω/-ομαι • στροβιλισμός· δίνη, παραζάλη

whirlpool/'wɜ:lpu:l/δίνη, ρουφήχτρα

whirlwind/'wɜ:lˌwɪnd/ανεμοστρόβιλος, σίφουνας

whirr /wɜ:/βομβώ, βουίζω • βόμβος, βουητό

whisk/wɪsk/γρήγορη κίνηση, κούνημα (ιδ. για να διώξω κτ.)· αβγοδάρτης, σύρμα • κινώ (κτ.) απότομα, τινάζω· χτυπώ (αβγά κ.τ.λ.) με σύρμα

whisker/'wɪskə/μουστάκι (ζώου)· φαβορίτα

whisky/'wɪski/ουίσκι

whisper/'wɪspə/ψιθυρίζω • ψίθυρος, ψιθύρισμα

whistle/ˈwɪsəl/σφυρίχτρα· σφύριγμα • σφυρίζω

white/waɪt/άσπρος· λευκός, της λευκής φυλής· (καφές) με γάλα • λευκό χρώμα, άσπρο· λευκός, της λευκής φυλής· κερατοειδής, ασπράδι (του ματιού)· ασπράδι αβγού

White House/ˈwaɪt haʊs/Λευκός Οίκος

white lie/ˌwaɪt ˈlaɪ/αθώο ψέμα, ψεματάκι

whiten/waɪtn/λευκαίνω, ασπρίζω

whitewash/ˈwaɪtwɒʃ/ασβέστης, ασβεστόχρωμα • ασπρίζω, ασβεστώνω

whizz/wɪz/κινούμαι ολοταχώς (συνήθως σφυρίζοντας)

whizkid/ˈwɪz kɪd/παιδί-θαύμα, πανέξυπνος, τετραπέρατος (άνθρωπος)

who/hu:/ποιος, ποια, ποιο· ποιον· ο οποίος, η οποία, οι οποίοι, οι οποίες, που

whoever/hu:ˈevə/οποιοσδήποτε, όποιος

whole/həʊl/ολόκληρος, όλος • (το) όλον, (το) σύνολο *as a whole* συνολικά, στο σύνολό του *on the whole* γενικά, σε γενικές γραμμές

whole-hearted/ˌhəʊlˈha:tɪd/ολόψυχος

wholemeal/ˈhəʊlmi:l/ολικής άλεσης

wholesale/ˈhəʊlseɪl/χονδρεμπόριο • χονδρικός • χονδρικώς

wholesaler/ˈhəʊlˌseɪlə/χονδρέμπορος

wholesome/ˈhəʊlsəm/υγιεινός, ωφέλιμος

wholly/ˈhəʊl-li/πλήρως, τελείως, ολότελα

whom/hu:m/ποιον, ποια, ποιους, ποιες· τον οποίο, την οποία κ.τ.λ.

whore/hɔ:/πόρνη, πουτάνα

whose/hu:z/ποίου, τίνος, ποιανού· του οποίου, που

why/waɪ/γιατί, για ποιο λόγο· γιατί, που

wick/wɪk/φιτίλι

wicked/ˈwɪkɪd/κακός, κακοήθης

wide/waɪd/ευρύς, πλατύς, φαρδύς· εκτεταμένος, απέραντος· πλατύς, μεγάλος • πλατιά **~ly** ευρέως

widen/waɪdn/ευρύνω/-ομαι, πλαταίνω, φαρδαίνω

widespread/ˈwaɪdspred/ευρύς, διαδεδομένος

widow/ˈwɪdəʊ/χήρα

widower/ˈwɪdəʊə/χήρος

width/wɪdθ/εύρος, πλάτος, φάρδος

wife/waɪf/σύζυγος, γυναίκα

wig/wɪg/περούκα

wild/waɪld/άγριος· άγριος, απολίτιστος· εξαγριωμένος, θυμωμένος· άγριος, θυελλώδης· τρελός, ξέφρενος *wild about* τρελός, παθιασμένος για • *run wild* κάνω ό,τι μ' αρέσει, ξεφεύγω από κάθε έλεγχο • **wilds** έρημη, άγρια περιοχή **~ly** α) άγρια, τρελά, μανιωδώς β) ξέφρενα

wild boar/ˌwaɪld 'bɔ:/αγριογούρουνο

wildlife/'waɪldlaɪf/άγρια φύση

will/wɪl/θα • βούληση, θέληση • θέλω ~**ing** πρόθυμος

willow/'wɪləʊ/ιτιά

willpower/'wɪl ˌpaʊə/θέληση, δύναμη θέλησης

willy-nilly/ˌwɪli 'nɪli/θέλοντας και μη, υποχρεωτικά

wily/'waɪli/πανούργος, κατεργάρης, πονηρός

win/wɪn/κερδίζω ▪ **win over/round** μεταπείθω, παίρνω με το μέρος μου • νίκη

wince/wɪns/συσπώμαι, μορφάζω • ακούσια κίνηση, μορφασμός

wind/wɪnd/άνεμος, αέρας •/waɪnd/ τυλίγω· κουρδίζω· κινώ (κτ.) με περιστροφή· κινούμαι ελικοειδώς, κάνω κορδέλες ~**ing** φιδίσιος, όλο κορδέλες

wind instument/'wɪnd ˌɪnstrʊmənt/ πνευστό όργανο

windmill/'wɪndmɪl/ανεμόμυλος

window/'wɪndəʊ/παράθυρο· βιτρίνα

windowpane/'wɪndəʊpeɪn/τζάμι (παραθύρου)

windowsill/'wɪndəʊˌsɪl/περβάζι του παραθύρου

windscreen/'wɪndskri:n/παρμπρίζ

windscreen wiper/'wɪndskri:n ˌwaɪpə/υαλοκαθαριστήρας

wind-surfing/'wɪnd ˌsɜ:fɪŋ/γουίντσέρφινγκ

windy/'wɪndi/με αέρα, που φυσάει *it's (very) windy* φυσάει (πολύ)

wine/waɪn/οίνος, κρασί

wing/wɪŋ/φτερούγα, φτερό (πτηνού)· πτερύγιο, φτερό (αεροπλάνου)· πτέρυγα (κτιρίου)· *(ποδόσφ.)* πλάγιος· πτέρυγα, τμήμα (πολιτικού κόμματος) • πετώ, φτερουγίζω

wink/wɪŋk/κλείνω το μάτι, κάνω νόημα ▪ **wink at** κάνω τα στραβά μάτια, ανέχομαι • κλείσιμο του ματιού· ελάχιστος χρόνος (ύπνου)

winner/'wɪnə/νικητής

winter/'wɪntə/χειμώνας • χειμερινός

wintertime/'wɪntətaɪm/χειμώνας

wintry/'wɪntri/, **wintery**/'wɪntəri/χειμερινός, χειμωνιάτικος

wipe/waɪp/σκουπίζω, σφουγγίζω ▪ **wipe out** εξολοθρεύω • σκούπισμα, σφούγγισμα

wiper/'waɪpə/παρμπρίζ

wire/'waɪə/σύρμα· καλώδιο • στερεώνω ή συνδέω με σύρμα· τοποθετώ (ιδ. ηλεκτρικά) καλώδια σε **wiring** καλωδίωση, καλωδιώσεις

wireless/'waɪələs/ασύρματος

wire netting/ˌwaɪə 'netɪŋ/συρματόπλεγμα

wisdom/'wɪzdəm/σοφία· σύνεση

wisdom tooth/'wɪzdəm tu:θ/φρονιμήτης

wise/waɪz/σοφός· γνωστικός, συνετός ~**ly** σοφά, με σύνεση

wish/wɪʃ/θέλω, επιθυμώ· θα 'θελα, μακάρι· εύχομαι • επιθυμία· ευχή· χαιρετισμός, ευχή

wishful thinking/ˌwɪʃfəl 'θɪŋkɪŋ/ευσεβείς πόθοι

wit/wɪt/πνεύμα, έξυπνο χιούμορ· πνευματώδης άνθρωπος· και **wits** νοημοσύνη, εξυπνάδα

witch/wɪtʃ/μάγισσα

witchcraft/ˈwɪtʃkra:ft/μαγεία

with/wɪð, wɪθ/με· από· παρά, με· σε

withdraw/wɪˈðrɔ:, wɪθ-/αποσύρω/-ομαι, (από)τραβιέμαι, αποχωρώ· κάνω ανάληψη (ποσού από τράπεζα)· ανακαλώ, παίρνω πίσω

withdrawal/wɪðˈdrɔ:əl, wɪθ-/αποχώρηση, απόσυρση· ανάληψη (χρηματικού ποσού)· οπισθοχώρηση

wither/ˈwɪðə/μαραίνω/-ομαι, ξεραίνω/-ομαι

withhold/wɪðˈhəʊld, wɪθ-/αποκρύπτω, αποσιωπώ· κατακρατώ, παρακρατώ· αρνούμαι (να δώσω)

within/wɪðˈɪn/εντός, μέσα σε· όχι πέραν, εντός (των ορίων)

without/wɪðˈaʊt/χωρίς

withstand/wɪðˈstænd, wɪθ-/ανθίσταμαι, αντιστέκομαι σε· αντέχω σε, βαστώ

witness/ˈwɪtnəs/(αυτόπτης) μάρτυρας • είμαι (αυτόπτης) μάρτυρας, παρευρίσκομαι σε

witty/ˈwɪti/έξυπνος, πνευματώδης

wizard/ˈwɪzəd/μάγος

wobble/wɒbl/κουνώ πέρα δώθε, τρέμω

wobbly/ˈwɒbli/ταλαντευόμενος, ασταθής

wolf/wʊlf/λύκος

woman/ˈwʊmən/γυναίκα

womanizer, **-iser**/ˈwʊmənaɪzə/γυναικάς

womanly/ˈwʊmənli/γυναικείος

womb/wu:m/*(ανατ.)* μήτρα

wonder/ˈwʌndə/διερωτώμαι, απορώ, είμαι περίεργος (να μάθω)· απορώ, εκπλήσσομαι • θαυμασμός, δέος· έκπληξη, απορία· θαύμα

wonderful/ˈwʌndəfəl/θαυμάσιος

wood/wʊd/ξύλο· και **woods** δάσος

woodcutter/ˈwʊdˌkʌtə/ξυλοκόπος

wooden/wʊdn/ξύλινος

woodpecker/ˈwʊdˌpekə/τρυποκάρυδος

wool/wʊl/μαλλί

woollen/ˈwʊlən/μάλλινος

word/wɜ:d/λέξη· λέξη, λόγος· μήνυμα, είδηση· λόγος, υπόσχεση *in a few words* εν συντομία *in other words...* με άλλα λόγια..., σαν να λέμε... • εκφράζω, διατυπώνω

word processor/ˈwɜ:dˌprəʊsesə/πρόγραμμα επεξεργασίας κειμένου

work/wɜ:k/εργασία, δουλειά· (επαγγελματική) δουλειά, απασχόληση· έργο, πόνημα· **works** έργα (οδοποιίας, οικοδομικά κ.τ.λ.) • εργάζομαι, δουλεύω· δουλεύω, λειτουργώ, χειρίζομαι· επενεργώ, έχω αποτέλεσμα ▪ **work out** α) βρίσκω, υπολογίζω β) έχω αίσιο αποτέλεσμα, πετυχαίνω γ) γυμνάζομαι, προπονούμαι **~ing** α)εργαζόμενος β) εργάσιμος γ) (της) εργασίας

workaholic/ˌwɜ:kəˈhɒlɪk/εργασιομανής

workbook/ˈwɜ:kbʊk/βιβλίο ασκήσεων

workday/ˈwɜ:kdeɪ/εργάσιμη (ημέρα)

worker/ˈwɜ:kə/εργαζόμενος· εργάτης

work force/ˈwɜ:k fɔ:s/εργατικό δυναμικό

workman/ˈwɜ:kmən/εργάτης· τεχνίτης

workout/ˈwɜ:kaʊt/γυμναστική, προπόνηση

workshop/ˈwɜ:kʃɒp/εργαστήριο

worktop/ˈwɜ:ktɒp/πάγκος (κουζίνας)

world/wɜ:ld/κόσμος • παγκόσμιος

world-famous/ˌwɜ:ld ˈfeɪməs/παγκοσμίως γνωστός

world war/ˌwɜ:ld ˈwɔ:/παγκόσμιος πόλεμος

worldwide/ˌwɜ:ldˈwaɪd/παγκόσμιος • διεθνώς, παγκοσμίως

worm/wɜ:m/σκουλήκι • φθαρμένος

worn-out/ˌwɔ:n ˈaʊt/φθαρμένος, τριμμένος, φαγωμένος· κατακουρασμένος

worried/ˈwʌrid/στενοχωρημένος, ανήσυχος

worry/ˈwʌri/ανησυχώ • ανησυχία, στενοχώρια, έγνοια

worse/wɜ:s/χειρότερος· χειρότερα, σε χειρότερη κατάσταση • χειρότερα· περισσότερο • (το) χειρότερο

worsen/ˈwɜ:sən/επιδεινώνω/-ομαι, χειροτερεύω

worship/ˈwɜ:ʃɪp/λατρεία • λατρεύω

worst/wɜ:st/(ο) χειρότερος • κατά το χειρότερο τρόπο • (το) χειρότερο (όλων)

worth/wɜ:θ/αξίας· που αξίζει τον κόπο • αξία

worthless/ˈwɜ:θləs/άνευ αξίας, ευτελής

worthwhile/ˌwɜ:θˈwaɪl/που αξίζει τον κόπο

worthy/ˈwɜ:ði/άξιος

would/wʊd/θα+παρατατικός συνήθιζα να

would-be/ˈwʊd bi/επίδοξος

wound/wu:nd/τραύμα, πληγή • πληγώνω, τραυματίζω **~ed** πληγωμένος, τραυματισμένος

wrap/ræp/τυλίγω

wrapping paper/ˈræpɪŋ ˌpeɪpə/ χαρτί περιτυλίγματος

wreath/ri:θ/στεφάνι

wreathe/ri:ð/στέφω, στεφανώνω (με λουλούδια)

wreck/rek/ναυάγιο, ναυαγισμένο πλοίο ***suffer wreck*** ναυαγώ· συντρίμμι· ερείπιο, σαράβαλο· ερείπιο, ράκος • καταστρέφω (πλοίο), προκαλώ ναυάγιο· καταστρέφω, χαλώ

wreckage/ˈrekɪdʒ/συντρίμμια, απομεινάρια ναυαγίου

wrench/rentʃ/στραβώνω· βγάζω (στρίβοντας ή τραβώντας)

wrestle/resl/παλεύω **wrestling** πάλη

wrestler/ˈreslə/παλαιστής

wretched/ˈretʃɪd/άθλιος

wriggle/rɪgl/στριφογυρίζω, σπαρταρώ

wring/rɪŋ/στρίβω (ιδ. το λαιμό κάποιου προκαλώντας θάνατο)· στύβω, στραγγίζω

wrinkle/rɪŋkl/ρυτίδα· τσαλάκωμα, ζάρα • ρυτιδώνω, ζαρώνω· τσαλακώνω/-ομαι, ζαρώνω

wrist/rɪst/καρπός (του χεριού)

wristwatch/ˈrɪstwɒtʃ/ρολόι του χεριού

write/raɪt/γράφω ▪ **write back** απαντώ γραπτώς **write down** γράφω, σημειώνω **writing** α) γραφή, γράψιμο β) (η) τέχνη του συγγραφέα· **writings** λογοτεχνικά έργα (συγγραφέως) *in writing* γραπτώς, εγγράφως

writhe/raɪð/στριφογυρίζω, σπαρταρώ, σφαδάζω

written/rɪtn/γραπτός, έγγραφος

wrong/rɒŋ/εσφαλμένος, λανθασμένος· μη ορθός, κακός, άδικος • εσφαλμένα, λαθεμένα· κακώς, άσχημα • (το) κακό· άδικη πράξη, αδικία • αδικώ, είμαι άδικος απέναντι σε **~ly** α) εσφαλμένα, λάθος β) άδικα

wrongdoing/ˈrɒŋˌduːɪŋ/παρανομία, αδίκημα

X, x

X/eks/σταυρός προτίμησης (σε ψηφοφορία)· σταυρός αντί υπογραφής

xenophobia/ˌzenəˈfəʊbiə/ξενοφοβία

xenophobic/ˌzenəˈfəʊbɪk/ξενόφοβος

Xerox/ˈzɪərɒks/φωτοαντίγραφο, φωτοτυπία • φωτοτυπώ (κτ.), βγάζω φωτοαντίγραφο

Xerox machine/ˈzɪərɒks məˌʃiːn/ φωτοτυπικό (μηχάνημα)

Xmas/ˈkrɪsməs, ˈeksməs/Χριστούγεννα

X-rated/ˈeks ˌreɪtɪ̈d/ακατάλληλος

X-ray/ˈeks reɪ/ακτινογραφώ, βγάζω ακτινογραφία • ακτίνα Χ· ακτινογραφία

xylophone/ˈzaɪləfəʊn/ξυλόφωνο

Y, y

yacht/jɒt/θαλαμηγός, κότερο, γιοτ

yachting/ˈjɒtɪŋ/ταξίδι (αναψυχής) με γιοτ· ιστιοπλοΐα

yachtsman/ˈjɒtsmən/(ο) ιστιοπλόος

yachtswoman/ˈjɒtsˌwʊmən/(η) ιστιοπλόος

yap/jæp/γαβγίζω • γάβγισμα

yard/jɑːd/γιάρδα (αγγλικό μέτρο μήκους = 0.9144 του μέτρου)· αυλή, περίβολος, προαύλιο

yarn/jɑːn/νήμα· (φανταστική) ιστορία

yawn/jɔːn/χασμουριέμαι • χασμουρητό

year/jɪə, jɜː/έτος, χρόνος

yearly/ˈjiəli, ˈjɜː-/ετήσιος • ετησίως

yearn/jɜːn/επιθυμώ, λαχταρώ

yeast/jiːst/μαγιά

yell/jel/φωνάζω, ουρλιάζω • κραυγή, σκούξιμο

yellow/ˈjeləʊ/κίτρινος • κίτρινο (χρώμα) • κιτρινίζω

Yellow Pages/ˌjeləʊ ˈpeɪdʒɪz/(ο) Χρυσός (Τηλεφωνικός) Οδηγός

yelp/jelp/γαβγίζω • γάβγισμα

yes/jes/ναι

yesterday/ˈjestədi, -deɪ/χθες

yet/jet/ακόμα· μήπως, από τώρα· ακόμη • παρά ταύτα, (και) όμως, εντούτοις

yield/jiːld/υποχωρώ, υποκύπτω • παραγωγή, απόδοση

yoga/ˈjəʊgə/γιόγκα

yog(h)urt/ˈjɒgət/γιαούρτι

yolk/jəʊk/κρόκος

you/jə, jʊ, juː/συ, σεις, σας, (ε)σένα· κανείς, κάποιος, οιοσδήποτε

young/jʌŋ/νέος, νεαρός, μικρός • (οι) νέοι, (η) νεολαία· μικρά (ζώου)

youngster/ˈjʌŋstə/νεαρός

your/jə, jɔː/(δικός) σου/σας

yours/jɔːz/δικός σου/σας

yourself/jɔːˈself/(εσύ) ο ίδιος· τον εαυτό σου *by yourself* α) μόνος σου β) χωρίς τη βοήθεια κανενός

youth/juːθ/νεότητα, νεαρή ηλικία· νεαρό άτομο, νέος, νεαρός· (οι) νέοι, (η) νεολαία

youthful/ˈjuːθfəl/νέος, νεανικός

youth hostel/ˈjuːθ ˌhɒstl/ξενώνας νεότητας

Yugoslavia/ˌjuːgəʊˈslɑːviə/Γιουγκοσλαβία

Z, z

zap/zæp/κάνω ζάπινγκ ~**ping** αλλαγή τηλεοπτικών καναλιών, ζάπινγκ

zeal/zi:l/ζήλος, πάθος

zealous/'zeləs/γεμάτος ζήλο, ένθερμος, ενθουσιώδης

zebra/'zi:brə, ze-/ζέβρα

zebra crossing/ˌzi:brə 'krɒsɪŋ, -ˌze-/διάβαση πεζών με λευκές ραβδώσεις

zenith/'zenɪθ/ζενίθ, αποκορύφωμα

zero/'zɪərəʊ/μηδέν, μηδενικό • μηδέν, μηδενικός

zest/zest/ζήλος, όρεξη, κέφι

zeus/zju:s/Ζευς, Δίας

zigzag/'zɪgzæg/ζιγκ ζαγκ • κάνω ζιγκ ζαγκ

zinc/zɪŋk/τσίγκος

zip/zɪp/συνδέω με φερμουάρ· σφυρίζω (σαν σφαίρα), περνώ (σφυριχτά) ▪ **zip up** κουμπώνω κλείνοντας φερμουάρ • φερμουάρ· σφυριχτός ήχος

☆ **zip code**/'zɪp kəʊd/ταχυδρομικός κώδικας

zip fastener/ˌzɪp 'fa:sənə/φερμουάρ

zodiac/'zəʊdiæk/ζωδιακός κύκλος

zone/zəʊn/περιοχή, ζώνη

zoo/zu:/ζωολογικός κήπος

zoological/ˌzu:ə'lɒdʒɪkəl/ζωολογικός

zoology/zu:'ɒlədʒi/ζωολογία

zoom/zu:m/ζουμάρω

IRREGULAR VERBS

verb	past tense	past participle
abide	abided, abode	abided
alight	alit	alit
arise	arose	arisen
awake	awoke	awoken
babysit	babysat	babysat
backslide	backslid	backslid
be	was	been
bear	bore	borne, born
beat	beat	beaten
become	became	become
befall	befell	befallen
beget	begot	begotten
begin	began	begun
behold	beheld	beheld
bend	bent	bent
bereave	bereft, bereaved	bereft, bereaved
beseech	besought, beseeched	besought, beseeched
beset	beset	beset
bet	bet	bet
bid	bade, bid	bid, bidden
bind	bound	bound
bite	bit	bitten
bleed	bled	bled
blow	blew	blown
bottle-feed	bottle-fed	bottle-fed
break	broke	broken

breast-feed	breast-fed	breast-fed
breed	bred	bred
bring	brought	brought
broadcast	broadcast	broadcast
browbeat	browbeat	browbeaten
build	built	built
burn	burned, burnt	burned, burnt
burst	burst	burst
bust	bust και (ιδ. ☆) busted	bust και (ιδ. ☆) busted
buy	bought	bought
cast	cast	cast
catch	caught	caught
choose	chose	chosen
cleave	cleaved, cleft, clove	cleaved, cleft, cloven
cling	clung	clung
come	came	come
cost	cost	cost
creep	crept	crept
cut	cut	cut
deal	dealt	dealt
dig	dug	dug
dive	dived ☆ dove	dived
do	did	done
draw	drew	drawn
dream	dreamed, dreamt	dreamed, dreamt
drink	drank	drunk
drive	drove	driven
dwell	dwelt, dwelled	dwelt, dwelled
eat	ate	eaten
fall	fell	fallen
feed	fed	fed
feel	felt	felt
fight	fought	fought

find	found	found
flee	fled	fled
fling	flung	flung
fly	flew	flown
forbear	forbore	forborne
forbid	forbade	forbidden
forecast	forecast	forecast
forego	forewent	foregone
foresee	foresaw	foreseen
foretelll	foretold	foretold
forget	forgot	forgotten
forgive	forgave	forgiven
forgo	forwent	forgone
forsake	forsook	forsaken
forswear	forswore	forsworn
freeze	froze	frozen
gainsay	gainsaid	gainsaid
get	got	got ☆ και gotten
give	gave	given
go	went	gone
grind	ground	ground
grow	grew	grown
hamstring	hamstrung	hamstrung
hang	hung, hanged	hung, hanged
have	had	had
hear	heard	heard
heave	heaved, hove	heaved, hove
hew	hewed	hewn, hewed
hide	hid	hidden, hid
hit	hit	hit
hold	held	held
hurt	hurt	hurt
inlay	inlaid	inlaid

input	inputted, input	inputted, input
inset	inset	inset
interbreed	interbred	interbred
interweave	interwove	interwoven
keep	kept	kept
kneel	knelt και (ιδ. ☆) kneeled	knelt και (ιδ. ☆) kneeled
knit	knitted, knit	knitted, knit
know	knew	known
lay	laid	laid
lead	led	led
lean	leaned, leant	leaned, leant
leap	leapt και (☆ ιδ.) leaped	leapt και (☆ ιδ.) leaped
learn	learned, learnt	learned, learnt
leave	left	left
lend	lent	lent
let	let	let
lie	lay	lain
light	lit, lighted	lit, lighted
lose	lost	lost
make	made	made
mean	meant	meant
meet	met	met
mishear	misheard	misheard
mislay	mislaid	mislaid
mislead	misled	misled
misread	misread	misread
misspell	misspelt, misspelled	misspelt, misspelled
misspend	misspent	misspent
mistake	mistook	mistaken
misunderstand	misunderstood	misunderstood
mow	mowed	mown, mowed
offset	offset	offset
outbid	outbid	outbid

outdo	outdid	outdone
outgrow	outgrew	outgrown
outrun	outran	outrun
outshine	outshone	outshone
overbid	overbid	overbid
overcome	overcame	overcome
overdo	overdid	overdone
overdraw	overdrew	overdrawn
overeat	overate	overeaten
overhang	overhung	overhung
overhear	overheard	overheard
overlay	overlaid	overlaid
overload	overloaded	overloaded, overladen
override	overrode	overriden
overrun	overran	overrun
oversee	oversaw	overseen
overshoot	overshot	overshot
oversleep	overslept	overslept
overtake	overtook	overtaken
overthrow	overthrew	overthrown
partake	partook	partaken
pay	paid	paid
plead	pleaded και (ιδ. ☆) pled	pleaded και (ιδ. ☆) pled
proofread	proofread	proofread
prove	proved	proved ☆ και proven
put	put	put
quit	quit, quitted	quit, quitted
read	read	read
rebuild	rebuilt	rebuilt
redo	redid	redone
relay	relaid	relaid
remake	remade	remade
rend	rent	rent

repay	repaid	repaid
rerun	reran	rerun
reset	reset	reset
resit	resat	resat
rethink	rethought	rethought
rewind	rewound	rewound
rewrite	rewrote	rewritten
rid	rid	rid
ride	rode	ridden
ring	rang	rung
rise	rose	risen
run	ran	run
saw	sawed	sawn, sawed
say	said	said
see	saw	seen
seek	sought	sought
sell	sold	sold
send	sent	sent
set	set	set
sew	sewed	sewn, sewed
shake	shook	shaken
shear	sheared	shorn, sheared
shed	shed	shed
shine	shone, shined	shone, shined
shit	shit, shat	shit, shat
shoot	shot	shot
show	showed	shown, showed
shrink	shrank, shrunk	shrunk
shut	shut	shut
sing	sang	sung
sink	sank	sunk
sit	sat	sat
slay	slew	slain

sleep	slept	slept
slide	slid	slid
sling	slung	slung
slink	slunk	slunk
slit	slit	slit
smell	smelt, smelled	smelt, smelled
smite	smote	smitten
sow	sowed	sown, sowed
speak	spoke	spoken
speed	sped, speeded	sped, speeded
spell	spelt, spelled	spelt, spelled
spend	spent	spent
spill	spilt, spilled	spilt, spilled
spin	spun	spun
spit	spat ☆ και spit	spat ☆ και spit
split	split	split
spoil	spoiled, spoilt	spoiled, spoilt
spoon-feed	spoon-fed	spoon-fed
spotlight	spotlighted, spotlit	spotlighted, spotlit
spread	spread	spread
spring	sprang ☆ και sprung	sprung
stand	stood	stood
steal	stole	stolen
stick	stuck	stuck
sting	stung	stung
stink	stank, stunk	stunk
strew	strewed	strewn, strewed
stride	strode	stridden
strike	struck	struck
string	strung	strung
strive	strove	striven
sublet	sublet	sublet
swear	swore	sworn

sweep	swept	swept
swell	swelled	swollen, swelled
swim	swam	swum
swing	swung	swung
take	took	taken
teach	taught	taught
tear	tore	torn
tell	told	told
think	thought	thought
thrive	thrive, throve	thriven
throw	threw	thrown
thrust	thrust	thrust
tread	trod	trodden, trod
typecast	typecast	typecast
unbend	unbent	unbent
undercut	undercut	undercut
undergo	underwent	undergone
underlie	underlay	underlain
underpay	underpaid	underpaid
understand	understood	understood
undertake	undertook	undertaken
underwrite	underwrote	underwritten
undo	undid	undone
unlearn	unlearned, unlearnt	unlearned, unlearnt
unwind	unwound	unwound
uphold	upheld	upheld
upset	upset	upset
wake	woke, waked	woken, waked
waylay	waylaid	waylaid
wear	wore	worn
weave	wove	woven
webcast	webcast	webcast
wed	wedded, wed	wedded, wed

weep	wept	wept
wet	wetted, wet	wetted, wet
win	won	won
wind	wound	wound
withdraw	withdrew	withdrawn
withhold	withheld	withheld
withstand	withstood	withstood
wreak	wreaked, wrought	wreaked, wrought
wring	wrung	wrung
write	wrote	written

ΕλληνοΑγγλικό Λεξικό

GreekEnglish Dictionary

ΧΡΗΣΗ ΤΟΥ ΛΕΞΙΚΟΥ

1. Διάταξη των Λημμάτων

Τα λήμματα καταγράφονται σε απόλυτη αλφαβητική σειρά και στοιχει-οθετούνται με μαύρα στοιχεία.

ρουσφέτι...
ρουτίνα...
ρουτινιάρικος...

Με τα ίδια σαν του λήμματος τυπογραφικά στοιχεία δηλώνεται και η κατάληξη του θηλυκού τού ουσιαστικού.

μπακάλης -ισσα...
χορευτής -εύτρια...

Κύρια ονόματα (ανθρωπωνύμια, ελληνικά και ξένα τοπωνύμια), συ-ντομογραφίες καθώς και συντομογραφικές δηλώσεις των αρχικών γραμμάτων των επωνυμιών διαφόρων οργανισμών, εταιρειών, φορέ-ων κτλ., τα γνωστά ακρωνύμια, καταγράφονται ως λήμματα.

Αδάμ Adam
Αλγέρι Algiers
Βαλκάνια (the) Balkans
ΟΗΕ (the) united Nations, (the) UN

Επιρρήματα τα οποία διαφοροποιούνται ως προς τη σημασία τους από τα επίθετα από τα οποία παράγονται ή παρουσιάζουν δυσκολία ως προς τη χρήση τους καταγράφονται, ως επί το πλείστον, ως λήμματα.

βαθιά deep, deeply **βαθιά κοιμισμένος** fast/sound asleep

βαριά heavily· seriously, gravely· deeply, soundly

Οι μετοχές οι οποίες ευρέως χρησιμοποιούνται ως επίθετα ή έχουν κάποια ιδιαιτερότητα ως προς τη σημασία ή τη χρήση τους, καταγράφονται ως λήμματα και λημματογραφούνται στην οικεία τους αλφαβητική σειρά.

δαιμονισμένος possessed (by an evil spirit)· frenetic, frenzied

διακεκριμένος distinguished, eminent

Ο παθητικός τύπος του ρήματος, όταν αυτός διαφοροποιείται ως προς τη σημασία του ενεργητικού τύπου ή παρουσιάζει δυσκολία ως προς τη χρήση του, παρατίθεται με έντονα στοιχεία και έπειτα από αριθμό μέσα στο λήμμα του ενεργητικού ρήματος.

βεβαιώνω • βεβαιώνομαι make certain/sure

δεσμεύω ... **• δεσμεύομαι** α) be bound (by) β) commit oneself (to), promise

2. Ιδιωματισμοί

Ιδιωματισμός είναι μια ομάδα λέξεων με ιδιαίτερη σημασία. Η έννοια αυτή δε γίνεται κατανοητή μεταφράζοντας τις επιμέρους λέξεις της ομάδας. Οι ιδιωματισμοί παρουσιάζονται με μαύρα στοιχεία στο τέλος της απόδοσης του λήμματος και σημειώνονται συνήθως με την ένδειξη ♦.

βήμα ... ♦ βήμα βήμα step by step

4. Αμερικανικές Παραλλαγές

Οι σπουδαιότερες αμερικανικές παραλλαγές σημειώνονται με την ένδειξη ΗΠΑ.

δανείζω lend, (ΗΠΑ) loan ...

διάβαση .... υπόγεια διάβαση subway, (ΗΠΑ) underpass

διαμέρισμα flat, (ΗΠΑ) appartment ...

ΣΥΜΒΟΛΑ

☞ (χεράκι) τίθεται πριν από τις παραπομπές

♦ (ρόμβος) τίθεται πριν από τις ιδιωματικές εκφράσεις

· (άνω τελεία) διαχωρίζει τις ποικίλες σημασίες του λήμματος

• (βούλα) α) διαχωρίζει το διαφορετικό μέρος του λόγου
β) προηγείται του παθητικού ή μέσου τύπου του ρήματος

ΣΥΝΤΟΜΟΓΡΑΦΙΕΣ ΟΡΩΝ

αερ.	αεροπορία
αθλ.	αθλητισμός
ανατ.	ανατομία
απρόσ.	απρόσωπο ρήμα
αρχαιολ.	αρχαιολογία
αρχιτ.	αρχιτεκτονική
αστρολ.	αστρολογία
αστρον.	αστρονομία
αυτοκ.	αυτοκίνητο
βιολ.	βιολογία
βοτ.	βοτανική
βραχ.	βραχυγραφία
ΒΡΕΤ.	βρετανική γλώσσα
γεωλ.	γεωλογία
γεωμ.	γεωμετρία
γλωσσ.	γλωσσολογία
γραμμ.	γραμματική
δημοσιογρ.	δημοσιογραφία
διπλωμ.	διπλωματία
ειρων.	ειρωνικά
εκκλησ.	εκκλησία
εμπόρ.	*εμπόριο*
εντομ.	εντομολογία
επίθ.	επίθετο
επίρ.	επίρρημα
ζωγρ.	ζωγραφική
ζωολ.	ζωολογία
ηλεκτρ.	ηλεκτρολογία
ΗΠΑ	αμερικανική παραλλαγή
θέατρ.	θέατρο
θεολ.	θεολογία
θηλ.	θηλυκό
θρησ.	θρησκεία
ιατρ.	ιατρική
ιστ.	ιστορία
κινημ.	κινηματογράφος
κτλ.	και τα λοιπά
κομμωτ.	κομμωτική
κπ.	κάποιος -α -ο, κάποιον -α -ο
κτ.	κάτι
μαγειρ.	μαγειρική
μαθ.	μαθηματικά
μειωτ.	μειωτικός -ή -ό
μτφ.	μεταφορικός -ή -ό
ναυτ.	ναυτικός όρος
νομ.	νομικός όρος
οδοντ.	οδοντιατρική
οικον.	οικονομία
πληροφ.	πληροφορική
πολιτ.	πολιτική
ραδ.	ραδιόφωνο
sb.	somebody
sth.	something
στρατ.	στρατιωτικός όρος
σύνδ.	σύνδεσμος
σχολ.	σχολεία – -πανεπιστήμια
τεχνολ.	τεχνολογία

τηλεόρ.	τηλεόραση	*φαρμ.*	φαρμακευτική
τηλεπ.	τηλεπικοινωνίες	*φυσ.*	φυσική
τηλεφ.	τηλεφωνία	*φωτογρ.*	φωτογραφία
τραπεζ.	τραπεζικός όρος	*χαρτοπ.*	χαρτοπαιξία
τυπογρ.	τυπογραφία	*χημ.*	χημεία
υβριστ.	υβριστικός -ή -ό	*ψυχολ.*	ψυχολογία

A, α

αβαείο abbey

αβαθμολόγητος unmarked, not given mark

άβακας abacus, calculating table

αβανγκάρντ avant-garde

αβάν πρεμιέρ preview

αβάντα (unfair) advantage· backing, support· head start

αβάπτιστος unchristened, unbaptized

αβαρία damage· concession

αβασάνιστα inconsiderately, rashly

αβασάνιστος unconsidered, casual· untormented, free from suffering

αβασίλευτος republican αβασίλευτη δημοκρατία republic· (για τον ήλιο) still in the sky, not yet set

αβάσιμος groundless, unfounded

αβάσταχτος unbearable, intolerable

άβατος inaccessible, impassable

άβαφοςunpainted, undyed· wearing no makeup

άβγαλτος (για τον ήλιο) not risen, not up· (άπειρος) inexperienced, green

αβγό egg

αβγοθήκη eggcup

αβγοκόβω add egg and lemon sauce

αβγολέμονο egg and lemon sauce

αβγοτάραχο roe

αβέβαιος uncertain, doubtful, in doubt

αβεβαιότητα uncertainty

αβέρτα galore, in abundance· freely, generously

αβέρτος abundant, ample

αβίαστα effortlessly· spontaneously· unhurriedly

αβίαστος unhurried, leisured· unforced, unconstrained

αβίδωτος not screwed on, unscrewed

αβιομηχανοποίητος unmanufactured, unprocessed

αβιταμίνωση, **αποβιταμίνωση** vitamin deficiency, avitaminosis

αβίωτος unlivable ♦ **κάνω σε κπ. το βίο αβίωτο** make life unbearable for sb., give hell to sb.

αβλαβής unharmful σώος και αβλαβής safe and sound

αβλεψία oversight

αβοήθητος unassisted, on one's own, by oneself

αβοκάντο avocado

άβολα awkwardly· inconveniently αισθάνομαι άβολα feel awkward

άβολος uncomfortable, inconvenient· awkward, unhandy, (στο κουβάλημα) cumbersome

αβοτάνιστος unweeded

αβουλία irresolution

άβουλος weak-willed· (παιδί κτλ.) suggestible

αβουτύρωτος not smeared or spread with butter

Αβραάμ Abraham

άβραστος unboiled, raw· undercooked, half-boiled, half-cooked

άβρεχτος dry, not wet(ted)· unsoaked

αβρός gallant, polite, chivalrous, courtly

αβρότητα courtesy, politeness, tact(fulness)

αβροφροσύνη courtesy, politeness· pleasantry

άβυσσος abyss, chasm, gulp

αγάζωτος not sewn

αγαθιάρης naive • simpleton

αγαθό good· αγαθά α) goods, commodities β) possessions, belongings, property

αγαθοεργία charity· benefaction

αγαθοεργός charitable· beneficent

αγαθόπιστος credulous

αγαθός naive· good, kindly

αγαθότητα, **αγαθοσύνη** goodness, kindness· credulity, gullibility

αγαθοφέρνω be somewhat naive or simpleton

αγαλλιάζω rejoice

αγαλλίαση delight, exultation

άγαλμα statue

αγαλματάκι statuette

αγαλματένιος statuesque

αγαμία celibacy

άγαμος unmarried, unwed, single

αγανάκτηση indignation, resentment

αγανακτισμένος indignant (at), resentful

αγανακτώ be indignant, be resentful· have great difficulty· drive to exasperation

αγάνωτος untinned

αγάπη love

αγαπημένα with love, peacefully

αγαπημένος beloved, dear· favourite • sweatheart

αγαπητός lovely, lovable· popular • dear

αγαπώ love· be in love with, fall in love· be fond of, like • **αγαπιέμαι** α) be lovable β) be in love (with each other)

άγαρμπος ungainly, awkward, clumsy

αγαρνίριστος (για φαγητό) ungarnished· (για ρούχα κτλ.) untrimmed, unadorned, plain

αγγαρεία chore, drudgery, donkeywork

αγγαρεύω dragoon, impose a duty upon

αγγειακός vascular

αγγείο vessel

αγγειογραφία pottery painting· *(ιατρ.)* angiography, vasography

αγγειολόγος angiologist

αγγειοπάθεια angiopathy

αγγειοπλάστης potter, potmaker

αγγειοπλαστική ceramics, pottery· *(ιατρ.)* angioplasty

αγγειοχειρουργός vascular surgeon

αγγελία advertisement, advert, ad μικρές αγγελίες classified ads, small ads

αγγελικός angelic

αγγελιοφόρος messenger

άγγελμα news, announcement

άγγελος angel

αγγελτήριο announcement, notice

άγγιγμα touch

αγγίζω touch

Αγγλία England

αγγλικά English

αγγλικός English αγγλική γλώσσα English

αγγλομαθής proficient in English

Άγγλος -ίδα Englishman, *θηλ.* Englishwoman **οι** Άγγλοι the English • English

αγγλόφιλος Anglophile

αγγλόφωνος English-speaking

αγγουράκι gherkin

αγγούρι cucumber· *(μτφ.)* stinker, sod

αγελάδα, γελάδα cow

αγελαδινός, γελαδινός bovine, of cows, cow's

αγελαδοτρόφος cowman, και *θηλ.* cattle keeper

αγέλαστος unsmiling, glum, sullen, deadpan

αγέλη herd, pack, flock

αγένεια rudeness, impoliteness

αγενής rude, impolite

αγέννητος not born, unborn

αγέραστος ageless, unageing

αγέρωχος imposing, dignified

άγευστος tasteless

αγεωγράφητος ignorant of geography· uncharted

αγιάζι (morning or night) chill, parky air

αγιάζω bless, sprinkle with holy water· be canonized· become blessed

αγίασμα holy water

αγιασμένος hallowed

αγιασμός blessing (by holy water rites)· holy water

αγιάτρευτος uncured, not healed, not restored to health· incurable

αγίνωτος unripe, green

Αγιοβασίλης ☞ Αϊ-Βασίλης

αγιοβασιλιάτικος New Year's· worthless, cheap

αγιογράφηση (painting of) religious murals

αγιογράφος icon-painter

αγιόκλημα honeysuckle

Άγιον Όρος Mount Athos

άγιος holy· saintly· saint

αγκάθι thorn, (του κάκτου) spine, (της τσουκνίδας) sting

αγκάθινος made of thorns, prickly

αγκαθωτός thorny, prickly αγκαθωτό συρματόπλεγμα barbed wire

αγκάλη bosom με ανοικτές αγκάλες with open arms

αγκαλιά arms· armful

αγκαλιάζω embrace, take (sb.) in one's arms • **αγκαλιάζομαι** embrace each other, hug

αγκάλιασμα embrace, hug

αγκαλιασμένος embraced, in each other's arms

αγκίδα splinter

αγκινάρα artichoke

αγκίστρι (fish)hook

άγκιστρο hook

αγκιστρώνω hook· bait (a fishhook)· hitch • **αγκιστρώνομαι** α) get/become hooked β) *(μτφ.)* cling (on) to

αγκιστρωτός hooked

αγκομαχητό puff, pant

αγκομαχώ pant, puff (and blow)· *(μτφ.)* strive hard, struggle

αγκορά angora

αγκράφα buckle, fastener

αγκύλη bracket

αγκύλωση *(ιατρ.)* anchylosis

Άγκυρα Ankara

άγκυρα anchor

αγκυροβολώ anchor, moor

αγκωνάρι cornerstone· boulder, rock

αγκώνας elbow

αγκωνιά poke, nudge

άγλυκος unsweetened, not sweet

αγναντεύω gaze out over

αγνεία chastity, purity· virginity

αγνόηση disregard

άγνοια ignorance έχω άγνοια κάποιου πράγματος be ignorant of something

αγνοούμενος -η missing (person)

αγνός pure· sincere, honest

αγνότητα chastity· purity

αγνοώ not know, be ignorant of, be unaware of· ignore, disregard

αγνωμοσύνη ingratitude

αγνώμων ungrateful

αγνώριστος beyond recognition

άγνωστος unknown, unfamiliar, strange • stranger

αγόγγυστα uncomplainingly

άγονος unproductive, barren

αγορά purchase, buy

αγοράζω buy, get, purchase· (δωροδοκώ) buy, buy off, bribe

αγορανομία market regulation· market inspection, price control service

αγορανομικός market (police)

αγορανόμος market inspector

αγοραπωλησία purchase and sale

αγοραστής -άστρια buyer, purchaser

αγοραστικός purchasing

αγοραστός bought, shop-bought

αγόρευση speech, address

αγόρι boy· boyfriend

αγορίστικος boyish, boylike

αγοροκόριτσο tomboy

αγουροξυπνημένος bleary-eyed

αγουροξυπνώ rise early, wake up prematurely

άγουρος unripe, green

αγουρωπός not quite ripe

αγράμματος illiterate

αγραμματοσύνη illiteracy

άγραφος blank, clean άγραφος νόμος unwritten law

άγρια ferociously

αγριάδα ferocity, gruffness· wildness· roughness, harshnes· grimness

αγριάνθρωπος bully, boor

αγριεύω get/go mad, get irritated, be furious· worsen, roughen· roughen • και **αγριεύομαι** become scared/frightened

αγρίμι wild beast

αγριοβότανο weed

αγριογούρουνο wild boar

αγριοκοίταγμα glare, scowl

αγριοκοιτάζω glare (at), glower (at)

αγριολούλουδο wild flower

αγριομιλώ speak harshly/sharply, snap (at sb.)

αγριοπαίρνω tick off, bite (sb.'s) head off

αγριοπούλι wildfowl

αγριοραδίκι dandelion

άγριος wild· fierce, vicious· rough, wild • savage

αγριότητα wildness· ferocity· αγριότητες atrocities

αγριόχοιρος wild boar, wild pig

αγριόχορτο weed

αγροικία farmhouse

αγροίκος boor

αγρόκτημα (large) farm

αγρός field

αγρότης -ισσα (small) farmer, countryman, *θηλ.* countrywoman

αγροτικός agricultural, farming· agrarian, rural

αγροτόσπιτο (small) farmhouse

αγροφύλακας rural policeman

άγρυπνος wakeful· watchful, vigilant, alert

αγρυπνώ be/keep awake, lie awake, be unable to sleep· be watchful, be on the alert

αγυάλιστος unpolished

αγύμναστος untrained, out of practice

αγύρτης -ισσα charlatan, quack· rogue, humbug, trickster

αγχιστεία kindship/affinity by marriage συγγένεια εξ αγχιστείας relationship by marriage

αγχολυτικός tranquillizing, antidepressant

άγχομαι feel stressed, feel stress, be under stress

αγχόνη gallows

άγχος stress

αγχώδης stressful, tense

αγχώνω make (sb.) nervous • **αγχώνομαι** be/feel nervous, be tensed-up

αγχωτικός stressful

αγωγή upbringing, moral tuition· manners, conduct· *(νομ.)* lawsuit, (legal) action· *(ιατρ.)* (medical) treatment **σωματική αγωγή** physical education

αγωγιάτης -ισσα mule driver, cart-driver

αγωγός pipe, (αποχετευτικός) drain, (κεντρικός δικτύου) mains· duct· *(φυσ.)* conductor

αγώνας struggle, fight, battle· combat, war, fight· *(αθλ.)* game, match, (δρόμου, ταχύτητας) race **οι Ολυμπιακοί Αγώνες** the Olympic Games

αγωνία anxiety· suspense **έχω αγωνία για...** be anxious about...

αγωνίζομαι struggle, fight· compete, contend· try hard

αγώνισμα (athletic/sporting) event

αγωνιστής -ίστρια fighter

αγωνιστικός fighting, militant· racing

αγωνιώ be anxious, be worried

αδαής ignorant • ignorant person, ignoramus

Αδάμ Adam

αδαμαντίνη adamantine, tooth enamel

αδαμάντινος diamond, diamond-studded **αδαμάντινοι γάμοι** diamond wedding

αδασμολόγητος duty- free

άδεια (συγκατάθεση) permission, go-ahead· licence· (απουσία από εργασία) leave **άδεια διακοπών** leave, holiday **άδεια εργασίας** work permit **άδεια της πολεοδομίας** planning permission

αδειάζω empty, clear out, (βαλίτσες) unpack· (εγκαταλείπω χώρο) vacate, empty· pour· clean out, empty· fall vacant

άδειος empty· vacant, unoccupied, free

αδειούχος on leave· qualified, certified, registered

αδέκαρος penniless, flat broke

αδελφή sister· (ομοφυλόφυλος) queen, pouf

αδέλφι brother· **αδέλφια** brothers or sisters, siblings

αδελφικός brotherly, sisterly, fraternal

αδελφοποίηση fraternization, twinning

αδελφοποιούμαι be twinned

αδελφός brother

αδελφότητα fraternity, brotherhood· society, association

αδένας gland

άδενδρος treeless

αδέξιος clumsy, awkward, all thumbs

αδεξιότητα clumsiness

αδέσμευτος uncommitted, neutral, non-aligned· (συναισθηματικά) fancy-free

αδέσποτος stray· loose

άδετος untied, loose· (για βιβλίο) unbound, in sheets

αδήλωτος undeclared· unregistered

αδημιούργητος not yet successful in a career

αδημονία anxiety, impatience

αδημονώ be anxious, look forward, can't wait

Άδης Hades, (the) underworld

αδιάβαστος not having been read, unread· unprepared

αδιάβατος impassable

αδιάβλητος irreproachable, fair

αδιάβροχο raincoat, mackintosh, mac

αδιάβροχος waterproof, rainproof

αδιαθεσία indisposition

αδιάθετος unwell, slightly ill

αδιαθετώ be unwell, be slightly ill· (για γυναίκες) get one's monthlies

αδιάκοπα continuously, constantly, on and on

αδιάκοπος continuous, constant, unceasing, nonstop

αδιακρισία indiscretion, tactlessness

αδιάκριτος indiscreet, tactless

αδιακρίτως indiscriminately· irrespective(ly)

αδιάλλακτος intolerant

αδιαλλαξία intolerance

αδιάλυτος indissoluble· undissolved

αδιαμαρτύρητα without protest, uncomplainingly

αδιαμόρφωτος unformed, unshaped, formless· (χώρος) not laid out, not landscaped

αδιαμφισβήτητος unquestionable, indisputable, indisputed

αδιανόητος unthinkable, unthought-of

αδιάντροπος shameless

αδιαπέραστος impenetrable· impervious, impermeable

αδιαπραγμάτευτος unnegotiable

αδιάπτωτος unfailing, unflagging

αδιασαφήνιστος unclarified, unexplained, obscure

αδιάσειστος unarguable, irrefutable

αδιάσπαστος uninterrupted, undistracted

αδιασταύρωτος unverified

αδιατάρακτος unbroken, undisturbed, untroubled

αδιαφανής opaque· not transparent, suspicious

αδιάφθορος incorruptible, uncorrupted

αδιάφορα indifferently, casually

αδιαφορία disregard, indifference, unconcern

αδιάφορος indifferent, of no interest· uninterested, not interested μου είναι αδιάφορο it's indifferent to me, it's all the same to me

αδιαφορώ not care, be uninterested· be indifferent (to)· ignore

αδιαχώρητο impenetrability· overcrowding

αδίδακτος untaught, not taught· untutored, uninstructed

αδιεκπεραίωτος pending, not settled

αδιέξοδο blind alley, dead end· stalemate, impasse, deadlock

αδιέξοδος with no way out αδιέξοδος δρόμος blind alley

αδιευκρίνιστος unclear, unclarified, obscure

άδικα wrongly, unjustly, unfairly· in vain

αδικαιολόγητα unduly, unnecessarily

αδικαιολόγητος inexcusable· uncalled-for

αδίκημα (criminal) offence

αδικημένος (ριγμένος) hard done by

αδικία injustice, wrong

άδικο injustice, wrong έχω άδικο be wrong, be in the wrong

άδικος unfair, unjust

αδικώ wrong, do (an) injustice to, do (sb.) wrong· underestimate

αδίκως in vain, for nothing

αδιόρθωτος incorrigible, hopeless· (γραπτό) unmarked, uncorrected

αδιόριστος unappointed, not appointed

αδίπλωτος unfolded

αδίστακτος unscrupulous

αδόκιμος unproved· non-standard

άδοξα ingloriously· ignominiously

άδοξος inglorious, unrenowned

αδούλευτος rough, not processed, unwrought· unused, new, not used, not yet run in· not been polished

αδούλωτος unenslaved, unconquered, free· unconquerable

αδράνεια inactivity, inaction

αδρανής inactive

αδρανώ be inactive, not move

αδράχτι spindle

αδρεναλίνη adrenalin(e)

Αδριανός Hadrian

Αδριατική (Θάλασσα) (the) Adriatic

αδρομερής rough, superficial

αδρός rough, rugged· broad· lavish

αδυναμία weakness, feebleness· inability· (ελάττωμα) failing, shortcoming ♦ **έχω αδυναμία σε κπ.** have a soft spot for sb.

αδύναμος weak, feeble· incapable

αδυνατίζω lose weight, slim· make (sb.) thin(ner)· make (sb.) look slimmer

αδυνάτισμα losing weight, slimming

αδύνατος thin, (λεπτός) slim, slender· poor, weak· (ακατόρθωτος) impossible **αδύνατον!** it's out of the question! **κάνω τ' αδύνατα δυνατά** do one's best

αδυνατώ be unable (to)

αεικίνητος restless, evermoving

αείμνηστος dear departed, late, (the) deceased

αεραγωγός airduct, airway, airshaft

αεράκι light/gentle wind, breeze

αεραντλία air pump

αέρας air· wind **ημέρα με αέρα** a windy day **σήμερα έχει αέρα** it's windy today· *(αυτοκ.)* choke· goodwill

αεράτος debonair, easy

αερίζω air, ventilate

αέριο gas

αεριούχος fizzy

αεριόφως gas

αέρισμα airing· ventilation, ventilating

αεριτζής spiv

αεριτζίδικος dodgy, chancy

αεριωθούμενο (αεροπλάνο) jet (plane)

αεριωθούμενος jet propelled

αεροβατώ daydream

αεροβική, **αερόμπικ** aerobics

αεροβόλο airgun, (παιδικό) popgun

αερογραμμές airlines, airways

αεροδρομικός (of) airport

αεροδρόμιο airport

αεροζόλ aerosol, spray, (η συσκευή) aerosol propellant

αερόθερμο fan heater

αερολέσχη flying club

αερολιμενάρχης airport manager

αερολιμένας airport, air terminal

αερολογίες hot air

αερόμπικ ☞ αεροβική

αεροναυπηγός aicraft designer

αεροπανό banner

αεροπειρατεία hijacking

αεροπειρατής -ίνα hijacker

αεροπλάνο aeroplane, plane, (της γραμμής) airliner

αεροπλανοφόρο aircraft carrier

αεροπλοΐα air navigation

αερόπλοιο airship

αεροπορία aviation, *(στρατ.)* air force

αεροπορικός air

αεροπορικώς by air, by plane

αεροπόρος aviator, flier, pilot

αερόσακος airbag

αεροσκάφος aircraft, aeroplane

αερόστατο balloon

αεροστεγής airproof, airtight **σε** αεροστεγή συσκευασία vacuum-packed

αεροσυνοδός air steward, flight attendant, *θηλ.* airhostess

αετός, **αϊτός** eagle· (χαρταετός) kite· *(μτφ.)* sharp-witted person

αζαλέα azalea

αζημίωτος με το αζημίωτο with a (view to) profit

αζύγιστος unweighed

άζωτο nitrogen

αηδία disgust, nausea· **αηδίες** rubbish, thrash

αηδιάζω be/get disgusted (at/with), be sick (of)· make (sb.) sick, disgust, turn (sb.'s) stomach

αηδιασμένος in disgust, sick (and tired), fed up

αηδιαστικός disgusting

αηδόνι nightingale

αήττητος unbeaten, undefeated· unbeatable, invincible, unconquerable

αθανασία immortality

αθάνατος immortal

άθαφτος uninterred

αθέατος invisible

αθεΐα atheism

αθεϊσμός atheism

αθεϊστής -ΐστρια atheist

άθελα unintentionally, by mistake

αθέμιτος unfair, illegal

άθεος godless • atheist

αθεράπευτα hopelessly, incurably, terribly

αθεράπευτος incurable

αθέτηση breach, violation

αθετώ break, violate **αθετώ το λόγο μου** go back on one's word

αθεώρητος (έγγραφο) unattested, uncertified, (απόδειξη) unofficial

Αθηνά Athena

Αθήνα Athens

αθηναϊκός Athenian, of Athens

Αθηναίος -α Athenian

άθικτος untouched· intact, entire

άθλημα sport· event

άθληση training, physical exercise

αθλητής -ήτρια athlete

αθλητίατρος sports physician

αθλητικά sports news

αθλητικογράφος sports writer

αθλητικός athletic, sports, sporting **αθλητικά είδη** sportswear **αθλητικά παπούτσια** sneakers, trainers **αθλητικά ρούχα** sportswear **αθλητική φόρμα** tracksuit

αθλητισμός athletics, sports

άθλιος miserable, wretched· contemptible, wicked

αθλοπαιδιά game

άθλος exploit, feat

αθλώ/-ούμαι train, exercise

αθόρυβος noiseless, silent, quiet

άθραυστος infragible, unbreakable

αθροίζω add (up), total

άθροιση addition, summation

άθροισμα total, sum (total)

αθροιστικός adding· cumulative

αθρόος numerous, mass, en masse· abundant

αθυροστομία dirty/foul language

αθυρόστομος foul-mouthed, loose-mouthed

αθώος innocent, not guilty· artless, naive

αθωότητα innocence· naivety

Άθως Mt. Athos

αθώωση acquittal, exoneration

αθωωτικός αθωωτική απόφαση/ετυμηγορία acquittal, verdict of not guilty

Αϊ-Βασίλης, **Αγιοβασίλης** Father Christmas, (ΗΠΑ) Santa Claus

Αιγαίο (Πέλαγος) Aegean (Sea) τα νησιά του Αιγαίου the Aegean Islands

αιγαιοπελαγίτικος Aegean

αιγίδα υπό την αιγίδα τού... under the auspices of..., sponsored by...

αίγλη glamour

αιγόκερος Capricorn

αιγυπτιακός Egyptian, of Egypt

Αιγύπτιος -α Egyptian

Αιγυπτιώτης -ισσα Greek-Egyptian

Αίγυπτος Egypt

αιθαλομίχλη smog

αιθέριος ethereal

αίθουσα hall, (large) room αίθουσα αναμονής lobby, lounge, waiting room αίθουσα διδασκαλίας classroom αίθουσα εκθέσεων showroom αίθουσα καθηγητών staffroom αίθουσα κινηματογράφου cinema αίθουσα τέχνης art gallery αίθουσα χορού ballroom

αίθριο atrium

αίθριος cloudless, fair, clear

αίμα blood τρέχω αίμα bleed

αιματηρός bloody

αιματοκρίτης h(a)ematocrite, blood count

αιματοκυλώ cause bloodshed

αιματολογικός h(a)ematological, blood

αιματοχυσία bloodshed

αιμάτωμα h(a)ematoma

αιμοβόρος bloodthirsty, cruel

αιμοδότης -ρια blood donor

αιμοκάθαρση h(a)emodialysis

αιμομιξία incest

αιμόπτυση h(a)emoptysis, blood-spitting

αιμορραγία bleeding, haemorrhage

αιμορραγώ bleed, lose blood

αιμορροΐδες h(a)emorrhoids, piles

αιμόφυρτος covered in blood, blood-drenched

αιμοχαρής bloodthirsty

αίνιγμα riddle, puzzle· *(μτφ.)* enigma

αινιγματικός enigmatic, puzzling, baffling

αίρεση *(θρησκ.)* heresy· *(εκκλησ.)* sect, cult ♦ υπό αίρεση conditional υπό την αίρεση ότι... on condition that...

αιρετός elective· (για πρόσωπο) elected

αιρκοντίσιον ☞ ερκοντίσιον

αίρω lift, raise, remove

αισθάνομαι feel

αίσθημα feeling· (έρωτας) love, (σχέση) love affair

αισθηματίας sensitive/emotional person· *(μειωτ.)* sentimentalist

αισθηματικός sentimental **αισθηματικό μυθιστόρημα** romance· love **αισθηματική σχέση** love affair

αισθηματισμός sentimentalism, *(μειωτ.)* sentimentality

αίσθηση sense **χάνω τις αισθήσεις μου** lose consciousness, faint· feeling, sensation **αίσθηση χιούμορ** sense of humour **έχω πλήρη αίσθηση ότι...** be fully aware that... **προκαλώ αίσθηση** cause sensation

αισθησιακός sensual, sensuous

αισθητική (a)esthetics **ινστιτούτο αισθητικής** beauty parlour/salon

[1]**αισθητικός** (a)esthetic

[2]**αισθητικός** beautician, beauty specialist

αισθητός sensible, noticeable, descernible, distinct· (σημαντικός) remarkable, considerable

αισιοδοξία optimism

αισιόδοξος optimistic, hopeful

αισιοδοξώ be optimistic· hope, be hopeful

αίσιος favourable, happy

αισίως happily, successfully

αίσχος shame

αισχροκέρδεια profiteering

αισχρόλογα bad language, dirt, dirty/filthy words

αισχρολογίες bad language, obscenities

αισχρός dirty, filthy, obscene· disgraceful, shameful

αισχύνομαι be/feel ashamed (of)

αίτημα request· petition

αίτηση application **κάνω αίτηση για κτ.** apply for sth. **συμπληρώνω αίτηση** fill in an application form

αιτία cause· reason· responsibility

αίτιο cause· **αίτια** motive

αιτιολόγηση rationalization, justification

αιτιολογία reasoning, rationale· explanation, excuse **με ποια αιτιολογία...;** on what account...? **με την αιτιολογία ότι...** on account of...

αιτιολογώ rationalize· explain away, justify

αίτιος accountable (for), responsible (for) **γίνομαι αίτιος** cause

αϊτός ☞ αετός

αιτών -ούσα applicant

αίφνης suddenly, all of a sudden

αιφνιδιάζω surprise, give (sb.) a surprise· take (sb.) by surprise, catch (sb.) unawares

αιφνιδιασμός surprise· *(στρατ.)* surprise attack

αιφνιδιαστικά by surprise· suddenly

αιφνιδιαστικός surprise, snap· sudden, unexpected

αιφνίδιος sudden, unexpected

αιχμαλωσία (κατάσταση) captivity· (αιχμαλώτιση) capture

αιχμαλωτίζω take (sb.) captive, take prisoner, capture (an animal)

αιχμαλώτιση capture, capturing

αιχμάλωτος captured, captive· *(μτφ.)* slave, in the grip of • captive, prisoner

αιχμή (cutting) edge, point· (σπόντα) dig, sting **ώρες αιχμής** peak hours **περίοδος κυκλοφοριακής αιχμής** rush hour

αιχμηρός sharp, pointed

αιώνας century· (εποχή) age

αιώνιος eternal, undying

αιωνιότητα eternity

αιωνίως forever

αιωνόβιος centenarian· age-long, as old as the hills

αιώρα hammock

αιώρηση swing, swinging· suspension

αιωρούμαι swing· hang (over), suspend, hover

ακαβούρντιστος unroasted, unbrowned

ακαδημαϊκός academic • academician

Ακαδημία Academy· college

ακαθάριστος not cleaned, uncleaned, uncleared· unpeeled· unweeded· *(οικον.)* gross

ακαθαρσία (βρομιά) filth, mess· litter· **ακαθαρσίες** (περιττώματα) faeces, (ζώων) dung

ακάθαρτος dirty, foul, filthy

ακαθόριστος indistinct, vague· unspecified, indeterminate

άκαιρα out of time

άκαιρος untimely· inept, inopportune

άκακος kind, gentle

ακαλαισθησία lack of taste, inelegance

ακαλαίσθητα in bad taste

ακαλαίσθητος tasteless, inelegant

ακάλεστος uninvited, unasked

ακαλλιέργητος uncultivated, fallow· (απαίδευτος) uncultured, unrefined

ακάλυπτος uncovered, not covered· (άχτιστος) unbuilt, clear **ακάλυπτη επιταγή** bad/dud cheque, bouncer

άκαμπτος inflexible, rigid

ακαμψία inflexibility, rigidity· *(ιατρ.)* stiffness· *(μτφ.)* inflexibility, intolerance

ακανθώδης thorny

ακανόνιστος irregular, uneven, asymmetrical· uneven, erratic

άκαρδος heartless, cruel

ακαριαία instantly

ακαριαίος instant, instantaneous

άκαρπος fruitless, in vain

ακατάβλητος (ανίκητος) unbeatable, invincible· (ακαταπόνητος) indetatigable, untiring· indomitable, unending, unbroken· (ανεξόφλητος) unpaid

ακατάδεκτος standoffish, stuck-up

ακαταλαβίστικος incomprehensible, unintelligible

ακατάλληλα improperly

ακατάλληλος unsuitable· inconvenient

ακαταμάχητος invincible· irresistible, overwhelming

ακατανίκητος irresistible, overwhelming

ακατανόητος incomprehensible

ακατανόμαστος unmentionable, unspeakable

ακατάπαυστα without cessation, on and on

ακατάπαυστος incessant, unceasing, ceaseless

ακαταστασία untidiness, disorder, mess

ακατάστατα in a muddle

ακατάστατος untidy, disorderly

ακατάσχετος uncontrollable, unrestrainable

ακατέβατα not a penny less

ακατέργαστος rough, crude

ακατοίκητος uninhabited, unpeopled· uninhabitable

ακατόρθωτος infeasible, unachievable, impossible

ακατοχύρωτος unsecured, unsafeguarded

ακέραιος complete, whole, intact στο ακέραιο in full

ακεραιότητα integrity

άκεφα moodily· grudgingly, unpleasantly

ακεφιά low spirits, gloom

άκεφος cheerless, low-spirited

ακίδα point· splinter

ακίνδυνος harmless· safe

ακινησία immobility

ακινητοποιημένος immobile· laid-up ακινητοποιημένος λόγω ομίχλης fog-bound

ακινητοποίηση immobilization· standstill

ακινητοποιώ immobilize· disable, cripple

ακίνητος immobile, still, motionless· stationary ακίνητη περιουσία real estate, property

ακλάδευτος unpruned

ακλείδωτος unlocked

άκληρος childless, issueless

ακλόνητος steadfast· irrefutable, watertight

ακμάζω be at the zenith· flourish, thrive

ακμαίος vigorous, lively· flourishing, thriving

ακμή acme, zenith· (δερματοπάθεια) acne

ακοή hearing εξ ακοής by hearsay, by name

ακοίμητος sleepless, awake· *(μτφ.)* watchful, vigilant

ακοινώνητος unsociable, insociable, withdrawn

ακολασία debauchery, dissolution

ακόλαστος debauched, immoral

ακόλουθα (the) following

ακολουθία sequence, coherence· following, retinue, escort

ακόλουθος attendant· *(διπλωμ.)* attaché

ακολουθώ follow

ακολούθως afterwards, next, then, after that **ως ακολούθως** as follows

ακόμη, **ακόμα** still, yet, even· (περισσότερο) more· (επίσης) in addition, also **ακόμα και τότε** even then **ακόμα και αν** even if **ακόμα κι έτσι** even so **ακόμα και** even

άκομψος inelegant· clumsy

ακονίζω sharpen, grind, whet

ακόντιο spear· *(αθλ.)* javelin

ακοντισμός javelin

ακοντιστής -ίστρια javelin thrower

ακόπιαστα effortlessly, easily

άκοπος uncut· effortless, easy

ακόρεστος insatiable, unquenchable· *(μτφ.)* unappeased· *(χημ.)* unsaturated

ακορντεόν accordion

ακορντεονίστας -ρια accordionist

ακοσκίνιστος unsifted

ακουαρέλα watercolour, acquarelle

ακουμπιστήρι armrest, (του κεφαλιού) headrest

ακουμπώ (αγγίζω) touch· (στηρίζω/-ομαι) lean, prop· (αφήνω, βάζω) lay, put, rest

ακούμπωτος unbuttoned, undone

ακούνητος immovable, still

ακούραστος untiring, tireless

ακούρδιστος (ρολόι) unwound, (μουσικό όργανο) not tuned up, out of tune

ακούρευτος needing a haircut· (ζώο) unshorn

ακούσιος involuntary

άκουσμα hearing

ακουστά έχω ακουστά have heard of, know by name **απ' ό,τι έχω ακουστά** for all I know

ακουστική acoustics

ακουστικό (τηλεφώνου) receiver **περιμένετε στο ακουστικό σας** hold the line· (βαρηκοΐας) hearing aid· **ακουστικά** headphones, earphones

ακούω hear, (τυχαία) overhear· (προσεκτικά) listen (to)· listen, obey· (πληροφορούμαι) hear, hear of • **ακούγομαι** α) be audible β) sound γ) go about

ακράδαντος firm, unshak(e)able

ακραίος extreme

ακράτεια *(ιατρ.)* incontinence

άκρη end· point, tip· edge **κάνε στην άκρη!** move out of the way! ♦ **βάζω κτ. στην άκρη** put sth. away

ακριβά expensively, dear· dearly

ακριβαίνω increase in price, become/get dearer· increase/put up the price of, mark up

ακρίβεια expensiveness· accuracy, precision· (χρονική) punctuality

ακριβής accurate, precise, exact· (συνεπής) punctual

ακριβολογώ be exact

ακριβοπληρώνω pay through the nose for (sth.)· *(μτφ.)* pay dearly for

ακριβός expensive, dear, costly

ακριβώς precisely, exactly· just, sharp, prompt **ακριβώς στην ώρα του** punctually, dead on time

ακρίδα locust, grasshopper

ακριτικός frontier

άκρο end· extreme **άνθρωπος των άκρων** extremist **το άκρον άωτον** the height of **φτάνω στα άκρα** go/be driven to extremes· **άκρα** *(ανατ.)* limbs, extremities

ακροαματικότητα popularity rating, ratings

ακρόαση audition, test performance· *(νομ.)* hearing

ακροαστικά pulmonary congestion

ακροατήριο audience

ακροατής -άτρια listener, *(στον πληθ.)* audience

ακροβάτης -ισσα acrobat

ακροβατικά acrobatics, stunts

ακροβατώ perform acrobatics

ακρογιαλιά, **ακρογιάλι** seaside, seashore

ακροθαλασσιά sea's edge, seashore, beach

ακροθιγώς superficially **αναφέρω κτ. ακροθιγώς** mention sth.

Ακρόπολη (the) Acropolis

ακροποταμιά riverside, riverbank

άκρος (ακραίος) extreme **το άκρο αντίθετο** the complete opposite

ακρότητα extremity

ακρυλικός acrylic

άκρως extremely, highly, most **άκρως απόρρητος** top secret

ακρωτηριάζω mutilate, maim· *(ιατρ.)* amputate

ακρωτηριασμός mutilation, maming· *(ιατρ.)* amputation

ακρωτήρι(ο) cape, headland

ακτή seaside, (sea)shore, coast

ακτίνα (φωτός) και **ακτίδα**, **αχτίδα** beam· *(φυσ.)* ray· range, spread

ακτινίδιο kiwi fruit

ακτινοβολία *(φυσ.)* radiation· glamour, radiance

ακτινοβολώ radiate

ακτινογραφία X-ray (photograph)

ακτινολόγος radiologist, X-ray specialist

άκτιστος unbuilt **άκτιστο οικόπεδο** vacant lot

ακτοπλοΐα coastal navigation/shipping

ακτοπλοϊκός (of) coastal (navigation)

ακτοφύλακας coastguard

ακτοφυλακή coastguard (service)

ακυβέρνητος ungoverned, without government· (πλοίο) adrift

άκυρος invalid, null, void **άκυρο (ψηφοδέλτιο)** spoiled ballot paper

ακυρώνω invalidate, annul, vitiate· cancel, call off

αλάβαστρο alabaster

αλαζόνας braggart, swank

αλαζονεία arrogance

αλαζονικός arrogant, conceited

αλάθητος infallible, unerring

άλαλος speechless

αλαλούμ muddle, mix-up, mess

αλάνα (piece of) waste ground

αλάνθαστος infallible, unerring· perfect, excellent

αλάνι street Arab, urchin, guttersnipe

άλας salt στήλη άλατος *(μτφ.)* flabbergasted, petrified· άλατα arthritis

αλάτι salt

αλατιέρα salt cellar, salt shaker

αλατίζω salt, add salt to

αλατισμένος salted

αλατόνερο salt water, brine

αλατοπίπερο salt and pepper

αλαφιασμένος panicky, in alarm, het-up, in a fluster

Αλβανία Albania

αλβανικά Albanian

αλβανικός Albanian, of Albania

Αλβανός -ή Albanian

αλβανόφωνος Albanian-speaking

άλγεβρα algebra

Αλγέρι Algiers

Αλγερία Algeria

Αλγερινός -ή Algerian

αλέγρος lively, cheerful, sprightly

αλέθω mill· grind

αλείφω smear, spread

αλεξικέραυνο lightning conductor

αλεξιπτωτιστής -ίστρια parachutist, (μέλος αεραγήματος) paratrooper

αλεξίπτωτο parachute

αλεξίσφαιρος bullet-proof

αλεπού fox, (θηλυκή) vixen

άλεση milling, grinding αλεύρι ολικής άλεσης wholemeal ψωμί ολικής άλεσης wholemeal bread

αλεσμένος ground, milled

αλέτρι plough, (ΗΠΑ) plow

αλεύρι flour

αλευρωμένος floury

αλευρώνω flour • **αλευρώνομαι** get flour all over

αλήθεια truth είναι αλήθεια it is true στ' αλήθεια really, truly

αληθεύω come true· be true

αληθής true

αληθινά really, truly

αληθινός true, real βγαίνω αληθινός come true

αληθοφανής plausible, believable

αλησμόνητος unforgettable

αλητεύω bum around

αλήτης -ισσα tramp, bum

αλήτικος of tramps/bums, thuggish· vagrant

αλητοτουρίστας -ρια tramp tourist

αλιεία fishing, fishery

αλιευτικό fishing boat, fisher

αλιευτικός fishing

αλιεύω fish (for)

αλίμονο alas **αλίμονό σου!** you're for it!

άλιωτος unmelted, (αδιάλυτος) undissolved· (για νεκρό) not fully decomposed

αλκοόλ alcohol· spirits, booze

αλκοολίκι alcoholism· entrenched/ingrained habit, addiction

αλκοολικός alcoholic

αλκοολισμός alcoholism

αλκοολούχος alcoholic

αλκοτέστ alcotest

αλλά but· (όμως) yet, however **όχι μόνο...αλλά και**...not only... but also...

αλλαγή change **αλλαγή παίκτη** substitution **αλλαγή πολιτικού συστήματος** changeover **αλλαγή ταχυτήτων** *(αυτοκ. κτλ.)* gear shifting

άλλαγμα changing

αλλάζω change, alter· (ανταλάσσω) change, exchange, swap· (μεταμορφώνω) disguise, make (sb.) look different **αλλάζω γνώμη** change one's mind

αλλαντικά sausages and other cured meats

αλλαξιά change (of clothes)

Αλλάχ Allah

αλλεπάλληλος successive, consecutive, repeated

αλλεργία allergy

αλλεργικός allergic

αλλεργιολόγος allergist

αλληθωρίζω squint, be cross-eyed

αλληθώρισμα squint(ing)

αλλήθωρος cross-eyed, squinting

αλληλεγγύη solidarity

αλληλοβοήθεια mutual help/aid

αλληλογραφία letter-writing, correspondence· mail

αλληλογραφώ correspond (with), exchange letters

αλληλοδιαδόχως in (close) succession, in sequence

αλληλοσεβασμός mutual respect

αλληλοσυγκρούομαι clash

αλληλοσυγκρουόμενος conflicting

αλληλοϋποστηρίζομαι hang together, stick together

αλληλουχία sequence

αλλιώς, **αλλιώτικα** otherwise· or, or else· differently, in a different way

αλλιώτικος different, unlike

άλλο any more, any longer, any farther **κάθε άλλο** quite the contrary, not at all

αλλοδαπός foreign, alien • foreigner

άλλοθι alibi

αλλοιώνω spoil, ruin· distort, twist (the meaning of), falsify, cook up •

αλλοιώνομαι α) deteriorate β) go/ turn bad, spoil

αλλοίωση spoiling, decay **αλλοίωση χρώματος** discolouration· distortion, falsification

αλλόκοτος strange, odd, bizarre, peculiar

άλλος other, (the) other one· some· another, more· [σε άρνηση] any more· else· different· next **άλλη μια φορά** once more **κάθε άλλο!** quite the contrary! **μεταξύ άλλων** among other things **ο ένας μετά τον άλλον** one after the other **ο ένας τον άλλον** one another, each other

άλλοτε once, formerly

αλλοτριώνω alienate

αλλοτρίωση alienation

αλλού elsewhere **πουθενά αλλού** nowhere else **πού αλλού;** where else?

αλλοφροσύνη frenzy, distraction

αλλόφρων wild, frantic, mad

άλλως or, or else **ούτως ή άλλως** anyway, either way

άλλωστε besides, moreover, apart from that

άλμα jump, leap· *(μτφ.)* leap, bound **άλμα εις μήκος** long jump **άλμα εις ύψος** high jump **άλμα επί κοντώ** pole vault

αλματώδης by leaps and bounds, rapidly

αλματωδώς by leaps and bounds

άλμπουμ album· scrapbook

αλμύρα, **αρμύρα** saltness

αλμυρίζω, **αρμυρίζω** taste salty

αλμυρός, **αρμυρός** salty

αλογάκι pony

άλογο horse· (στο σκάκι) knight· **άλογα** (ιπποδύναμη) horsepower

αλογόμυγα horsefly

αλογοουρά (το χτένισμα) ponytail

αλοιφή ointment· (γυαλίσματος) polish

αλουμινένιος (made of) aluminium

αλουμίνιο aluminium

αλουμινόχαρτο tinfoil

άλουστος unshampooed, unwashed

αλουστράριστος unpolished, unvarnished

Άλπεις (the) Alps

άλσος (public) park, green

αλσύλλιο thicket, copse· small (public) park

άλτης -ρια jumper

αλτρουισμός altruism

αλυκή salt-works, salt pan

αλυσίδα chain

αλυσοδεμένος (bound) in chains, (για ζώο) chained, on the chain

αλυσοδένω chain (up)

αλυσοπρίονο chain saw

άλφα the first letter of the Greek alphabet· beginning **ξαναρχίζω από το άλφα** start from scratch **το άλφα και το ωμέγα** the whole thing

αλφαβήτα alphabet

αλφαβητικός alphabetical

αλφάβητο alphabet, ABC

αλχημεία alchemy· αλχημείες tricks

αλώνι threshing floor

αλωνίζω thresh· *(μτφ.)* knock about

άλωση capture, conquest η Άλωση της Κωσταντινούπολης the Fall of Constantinople

άμα when, as soon as, on· if

αμαγείρευτος uncooked

αμάδητος unplucked

αμαζόνα horsewoman, Amazon

Αμαζόνιος (the) Amazon

αμάθεια ignorance, illiteracy

άμαθος unused· inexperienced, green

αμακιγιάριστος without makeup

αμάν gosh!, oh dear! αμάν πια! for God's sake! κάνω αμάν για κτ. long for, be dying for sth.

αμάνικος sleeveless

άμαξα coach, carriage, wag(g)on

αμαξάς coachman, coach driver

αμάξι car

αμαξοστοιχία train

αμάξωμα bodywork, (car) body

αμαρτάνω sin, commit a sin

αμαρτία, **αμάρτημα** sin

αμαρτωλός sinful • sinner

άμαχος non-combatant ο άμαχος πληθυσμός the civilian population

αμβλύνω blunt· *(μτφ.)* ease, dull, soothe, damp/dampen down, deaden

άμβλωση abortion

Αμβούργο Hamburg

άμβωνας pulpit

αμέ sure, of course

αμέθυστος sober, not drunk

αμείβω pay· reward, recompense

αμείλικτος merciless, pitiless

αμείωτος unabating, unflagging

αμέλεια neglect, negligence

αμελής neglectful, negligent· deliquent

αμελητέος insignificant, negligible

αμελώ neglect, be neglectful of· forget, omit

άμεμπτος irreproachable, above/beyond reproach

αμερικανικά American English

αμερικανικός American

Αμερικανός -ή American

Αμερική America

αμέριμνος unconcerned, carefree

αμερόληπτος unprejudiced, impartial, unbiased

αμεροληψία impartiality

άμεσα directly

Άμεση/Άμεσος Δράση (police) emergency squad, flying squad

άμεσος immediate· direct

αμέσως immediately, at once, right away, straightaway

αμετάβατος αμετάβατο ρήμα intransitive verb

αμετάβλητος unchanged, invariable

αμετακίνητος immovable, firm

αμετάκλητος irrevocable, irreversible

αμετανόητος impenitent, uncontrite

αμετάπειστος unconvinced, inconvincible

αμέτοχος aloof· neutral

αμέτρητος countless, innumerable

αμήν amen αμήν και πότε! amen to that!

αμηχανία difficult position, embarrassment φέρνω κπ. σε αμηχανία embarrass sb. βρίσκομαι σε αμηχανία be embarrassed

αμήχανος embarrassed, uncomfortable, in embarrassment· self-conscious

αμίλητος silent, speechless, quiet

άμιλλα competition, emulation

αμισθί without pay

άμισθος unpaid, unsalaried

αμμοθύελλα sandstorm

αμμόλοφος dune, sandhill

άμμος sand

αμμουδιά (sandy) beach

αμμώδης sandy

αμνησία amnesia, loss of memory

αμνηστεύω amnesty, grand amnesty to

αμνηστία amnesty

αμοιβαίος mutual

αμοιβή fee, pay, payment χωρίς αμοιβή free, gratis· (ανταμοιβή) reward, recompense

αμοίραστος undivided, unshared

αμόκ amock, amuck

αμόλυβδη (βενζίνη) unleaded petrol

αμολώ let/leave loose, let go, unleash, release· (χαλαρώνω) slacken, loosen • **αμολιέμαι** dash, run

αμορτισέρ shock absorber

άμορφος shapeless, formless, lumpy

αμορφωσιά lack of education

αμόρφωτος uneducated, uncultured

αμπαζούρ lampshade

αμπαλάζ packing, wrapping

αμπαλάρω pack, wrap (up)

αμπάρι (πλοίου) hold· (κτιρίου) grain store

αμπαρώνω bolt, bar • **αμπαρώνομαι** shut oneself in

αμπέλι vine· (αμπελώνας) vineyard

αμπελουργός vine grower

αμπελόφυλλο vine leaf

αμπιγέ dressy, formal ντύνομαι αμπιγέ dress

αμπούλα ampo(u)le

αμπραγιάζ clutch

άμυαλος brainless, foolish

αμυγδαλή tonsil· αμυγδαλές *(ιατρ.)* tonsillitis

αμυγδαλιά almond (tree)
αμυγδαλίτιδα tonsillitis
αμύγδαλο almond
αμυγδαλόψιχα almond kernel
αμυγδαλωτό almond toffee, marzipan
αμυδρός (ασαφής) vague· dim, faint
αμύθητος fabulous
άμυλο starch, farina
άμυνα defence
αμύνομαι defend (oneself), fight back
αμυντικός defensive • defensive player, back
αμυχή scratch
άμφια (priestly) vestments
αμφιβάλλω doubt, have doubts (about)
αμφίβιος amphibious **αμφίβιο ζώο** amphibian
αμφιβολία doubt
αμφίβολος doubtful, questionable
αμφίεση dress, clothes
αμφιθεατρικός amphitheatrical
αμφιθέατρο amphitheatre
αμφιλεγόμενος controversial, debatable
αμφίρροπος undecided, (hanging) in the balance
αμφισβήτηση dispute, doubt
αμφισβητήσιμος questionable, disputable
αμφισβητώ dispute, question
αμφιταλαντεύομαι vacillate, waver, shilly-shally
αμφορέας amphora, urn
αμφότεροι both
αν, **εάν** if **εκτός εάν** unless **αν δεν ήταν...** but for... **αν ήμουν στη θέση σου...** if I were you... **αν και** though, although **έστω και αν** even if **όσο και αν...** however/no matter how much... **αν ναι** if so **αν όχι** if not
ανά every· in, at a time· per
ανάβαθος shallow
αναβάλλω postpone, put off· delay· *(νομ.)* adjourn
ανάβαση climb(ing), going up, ascent, (σε άλογο) mounting
αναβάτης -ρια rider, (αλόγου ιπποδρομίας) jockey
αναβιώνω revive, resurrect
αναβίωση revival, rebirth, resurgence
αναβλύζω gush, spurt
ανάβλυση gush, spurt
αναβολή delay, postponement· (δίκης) adjournment
αναβολικά dope
αναβοσβήνω flash (on and off)
αναβροχιά drought, dry spell
ανάβω light· turn on, switch on· catch fire, kindle· go on, come on· (υπερθερμαίνομαι) overheat
αναγγελία announcement, notice
αναγγέλλω announce, make known

αναγέννηση revival, rebirth· (η ιστορική Περίοδος) Renaissance

αναγκάζω make, force, compel, coerce, oblige • **αναγκάζομαι** have (got) to

αναγκαίος necessary

αναγκαστικός compulsory, obligatory, coercive

ανάγκη necessity· need, requirement· emergency **δεν έχω ανάγκη** have no need of **δεν ήταν ανάγκη να...** you shouldn't have... **είναι ανάγκη να...** have to, must... **έχω ανάγκη** need **κατάσταση έκτακτης ανάγκης** state of emergency

αναγνωρίζω recognize· acknowledge, admit· identify • **αναγνωρίζομαι** be recognized

αναγνώριση recognition· (παραδοχή) acknowledgement· identification

αναγνωρισμένος well-known, renowned· recognized, authorative

ανάγνωση reading

αναγνώστης -ρια reader

αναγούλα nausea

αναγουλιάζω make sick, turn (sb.'s) stomach, nauseate· feel nauseated, retch

ανάγωγος rude, ill-mannered

αναδασώνω reforest, reafforest

αναδάσωση reforestation, reafforestation

αναδεξιμιός -ά godson, *θηλ.* goddaughter

αναδεύω stir, mix· fidget, (στο κρεβάτι) toss about

αναδιαρθρώνω restructure, remodel

αναδιάρθρωση restructuring

αναδιοργανώνω reorganize

αναδιοργάνωση reorganization

αναδουλειά unemployment· slack business **έχουμε αναδουλειές** business is slack, we're in doldrums

ανάδοχος godfather, *θηλ.* godmother· (έργου) contractor • foster

αναδρομή retrospection, going back in time, *(κινημ. κτλ.)* flashback

αναδρομικός retroactive, back, backdated

αναζήτηση search, quest· inquiry

αναζητώ look for, search for, seek· (μου λείπει) miss

αναζωογόνηση refreshment, invigoration· revival

αναζωογονώ refresh, invigorate· revive

αναζωπυρώνω rekindle • **αναζωπυρώνομαι** revive, rekindle

αναζωπύρωση revival, resurgence **αναζωπύρωση πυρκαγιάς** renewed outbreak of fire

αναθαρρύνω encourage, hearten

αναθαρρώ, **αναθαρρεύω** take heart, take courage

ανάθεση allocation, assignment· commission(ing)

αναθέτω assign· entrust, leave in (sb.'s) care· commission

αναθεωρώ revise· reconsider, rethink

αναθυμιάσεις fumes

αναίδεια impertinence, insolence

αναιδής impertinent, insolent

αναιμία anaemia

αναιμικός anaemic

αναίρεση breach, retraction

αναιρώ retract, take back, go back on

αναισθησία insensitivity· *(ιατρ.)* anaesthesia

αναισθησιολόγος anaesthesiologist, anaesthetist

αναίσθητος unconscious, senseless **πέφτω αναίσθητος** fall unconscious, lose consciousness· insensitive, thick-skinned

αναίσχυντος shameless, unashamed, barefaced

ανακαινίζω renovate

ανακαίνιση renovation

ανακαλύπτω discover, find out· (εφευρίσκω) invent

ανακάλυψη discovery· (εφεύρεση) invention

ανακαλώ recant, retract, take back

ανακάμπτω recover

ανάκαμψη recovery

ανάκατα in a jumbled order, pell-mell, anyhow

ανακάτεμα, **ανακάτωμα** mixing, blending, shuffling, shuffle· stir, stirring· mixing up, muddling· involvement· nausea, feeling of sickness

ανακατεύω, **ανακατώνω** mix, blend· stir, give a stir· mix up, jumble/muddle up, mess· involve, implicate· turn (sb.'s) stomach, make (sb.) feel sick • **ανακατεύομαι** α) mix, blend β) interfere, meddle γ) feel sick

ανάκατος mixed· muddled/jumbled up, topsy-turvy

ανακάτωμα ☞ ανακάτεμα

ανακατώνω ☞ ανακατεύω

ανακάτωση nausea, sickness

ανακατωτά απ' έξω κι ανακατωτά inside out

ανακεφαλαιώνω summarize, recapitulate, sum up

ανακεφαλαίωση recapitulation, summing-up

ανακλαστικά reflexes

ανακοινωθέν communiqué, bulletin **ανακοινωθέν τύπου** press release

ανακοινώνω announce· (νέα) break

ανακοίνωση announcement, statement· (γραπτή) notice **πίνακας ανακοινώσεων** notice board· (επιστημονική) paper

ανακουφίζω relieve, ease, soothe, comfort

ανακούφιση relief, comfort

ανακρίβεια inaccurateness· untruth

ανακριβής inaccurate, incorrect

ανακρίνω interrogate, question

ανάκριση interrogation, questioning

ανακριτής -ίτρια interrogator· examiner, examining judge/magistrate

ανάκτορο palace

ανακυκλώνω recycle

ανακύκλωση recycling

ανακυκλώσιμος recyclable

ανακύπτω come up, crop up

ανακωχή truce, ceasefire

αναλαμβάνω, **αναλαβαίνω** undertake, take on, take over αναλαμβάνω την ευθύνη take the responsibility· (από αρρώστια) recover

ανάλατος saltless, unsalted

ανάλαφρος light

αναληθής untrue, false

ανάληψη (χρημάτων) withdrawal· undertaking, assumption

ανάλογα ☞ αναλόγως

αναλογία proportion· share· rate, ratio

αναλογίζομαι think of, consider

ανάλογος proportional, proportionate

αναλογώ correspond (to)· be sb.'s share

αναλόγως, **ανάλογα** accordingly

ανάλυση analysis· test

αναλυτής -ίτρια analyst

αναλυτικός analytic(al), detailed

αναλύω analyze· explain, break down

αναλφαβητισμός illiteracy

αναλφάβητος illiterate

αναλώνω consume

ανάλωση consumption ανάλωση μέχρι... best before...

αναλώσιμος consumable

αναμάρτητος sinless, pure· infallible

αναμειγνύω, **αναμιγνύω** mix, blend· involve • **αναμειγνύομαι** get involved, involve oneself, meddle

ανάμεικτος mixed, assorted

ανάμειξη mixing, blending· intervention, interference

αναμεμειγμένος mixed up

αναμενόμενος expected, presumable

αναμένω await, wait for· expect αναμένεται ότι... it is to be expected that.., presumably...

ανάμεσα (σε) among, between

αναμεταδότης transmitter (mast)

αναμέτρηση confrontation

αναμετρώ weigh up, reckon, ponder • **αναμετριέμαι**, **αναμετρούμαι** compete

αναμιγνύω ☞ αναμειγνύω

αναμμένος on

ανάμνηση memory, remembrance, recollection

αναμνηστικό souvenir, keepsake

αναμνηστικός commemorative, memorial

αναμονή wait, waiting αίθουσα

αναμονής (ξενοδοχείου) lobby, (αεροδρομίου) lounge, (γραφείου, ιατρείου, σιδ. σταθμού) waiting room **λίστα αναμονής** stand-by list **σε κατάσταση αναμονής** on stand-by

αναμορφωτήριο approved school, (ΗΠΑ) reformatory

αναμοχλεύω stir up, rake up

αναμπουμπούλα flurry, hurly-burly, mayhem

αναμφίβολα undoubtedly, without doubt, for sure

αναμφίβολος unquestionable, indubiable, certain, clear

αναμφισβήτητος undeniable, undoubted, indisputable

ανανάς pineapple

ανανδρία cowardice

άνανδρος cowardly • coward

ανανεώνω renew

ανανέωση renewal

αναντικατάστατος irreplaceable, indispensable

αναξιοκρατία lack of meritocracy

αναξιοπιστία unreliability, untrustworthiness

αναξιόπιστος unreliable

αναξιοποίητος undeveloped· unutilized

αναξιοπρέπεια lack of dignity, indignity

αναξιοπρεπής undignified

ανάξιος unworthy, not deserving· incapable, unfit

αναπαλαιώνω restore

αναπαλαίωση restoration

αναπάντεχα all of a sudden, out of the blue

αναπάντεχος unexpected

αναπαριστάνω represent, depict, portray

ανάπαυλα rest, pause, breather

ανάπαυση rest

αναπαυτικός comfortable

αναπαύω rest • **αναπαύομαι** rest, relax, take/get a rest

αναπηδώ jump (up), leap, hop· (κάνω γκέλα) bounce, rebound

αναπηρία disability, handicap

αναπηρικός of/for handicapped persons **αναπηρική σύνταξη** disability pension **αναπηρικό καροτσάκι** wheelchair

ανάπηρος invalid, disabled, crippled, handicapped • invalid, cripple

αναπληρωματικός substitute, replacement **αναπληρωματικός παίκτης** extra, reserve

αναπληρώνω replace, substitute for, cover, deputize for· make up for

αναπληρωτής -ώτρια substitute, deputy, (προσωρινός) fill-in **αναπληρωτής καθηγητής** α) teacher who does suppling teaching β) adjunct professor

αναπνευστήρας snorkel

αναπνευστικός respiratory

αναπνέω breathe· *(μτφ.)* be relieved, breathe again

αναπνοή breath, breathing

ανάποδα the wrong way round (back to front, inside out, upside down)

ανάποδη reverse· backhanded slap/blow, backhander

αναποδιά mishap, setback, hitch

αναποδογυρίζω overturn, turn upside-down, knock over, tip over· (για βάρκα κτλ.) overturn, capsize

αναποδογυρισμένος upturned

ανάποδος reverse· (ιδιότροπος) crabby, grumpy

αναπόληση recollection

αναπολώ recollect, recall, bring/call to mind

αναπόσπαστος inseparable

αναποτελεσματικός ineffective, inefficacious

αναπότρεπτος inescapable, unavoidable, inevitable

αναποφασιστικότητα irresolution, indecision, hesitancy

αναποφάσιστος undecided, undetermined· irresolute • **(οι) αναποφάσιστοι** floating voters

αναπόφευκτος unavoidable, inevitable

αναπτερώνω encourage, hearten, boost

αναπτήρας (cigarette) lighter

αναπτυγμένος grown (up)· developed

ανάπτυξη development

αναπτύσσω develop· (θέμα κτλ.) elaborate, expound, enlarge on • **αναπτύσσομαι** develop, grow **αναπτυσσόμενες χώρες** developing countries

αναρίθμητος countless, innumerable

αναρμόδιος incompetent, unqualified

αναρμοδιότητα non-competence, incompetence

ανάρμοστος inappropriate, improper

ανάρπαστος in great demand **γίνομαι ανάρπαστος** sell like hot cakes, be snapped up

αναρρίχηση climbing

αναρριχητικός (of) climbing, (of) creeping

αναρριχώμαι climb (up)

αναρρόφηση suction, uptake· *(ιατρ.)* inhalation of vomit

αναρρώνω recover, recuperate

ανάρρωση recovery, recuperation **βρίσκομαι σε ανάρρωση** be on the mend

αναρρωτικός recuperative **αναρρωτική άδεια** sick leave

αναρτώ hang, put up

αναρχία anarchy, misrule

αναρχικός anarchist

αναρωτιέμαι wonder, ask oneself

ανάσα breath **με κομμένη την ανάσα** with bated breath

ανασαίνω breathe· have a breather, (have a) rest

ανασκαφή excavation

ανάσκελα on one's back, (στο κολύμπι) backstroke

ανασκόπηση review, survey

ανασκουμπώνομαι roll up one's sleeves (and get down to work)

ανασταίνω resurrect, raise from the dead· *(μτφ.)* revive, restore to life • **ανασταίνομαι** rise from the dead

ανασταλτικός ανασταλτικός παράγοντας constraint, check

ανάσταση resurrection Καλή Ανάσταση! Happy Easter!

ανάστατος untidy· upset, in a fluster

αναστατώνω disturb, upset, put in a fluster· disorder, mess up, muddle

αναστάτωση disorder, confusion· disturbance, disruption, disarrangement· upset, agitation· excitement

αναστέλλω suspend, discontinue αναστέλλω απεργία call off a strike

αναστεναγμός sigh

αναστενάζω sigh, heave a sigh

ανάστημα height ♦ ορθώνω το ανάστημά μου assert oneself

αναστολή suspension· *(ψυχολ.)* inhibit· suspended sentence

ανασυγκρότηση reconstruction, reorganization

ανασυγκροτώ reconstruct, reorganize

ανασύρω pull out/up, draw out/up

ανασφάλεια insecurity νιώθω ανασφάλεια feel insecure

ανασφαλής insecure

ανασφάλιστος uninsured, not insured

ανάσχεση checking, interception· curbing

ανασχηματίζω reform, reshuffle

ανασχηματισμός reformation, reshuffle

ανατάραξη turbulence

αναταραχή unrest, trouble

ανατέλλω rise, come up

ανατίμηση rise/increase in price, price rise· revaluation

ανατιμώ put up/increase the price of, mark up· revalue • **ανατιμώμαι** rise (in price)

ανατινάζω blow up, blast

ανατίναξη blow(ing), blasting

ανατολή (the) east· (the) East, (the) Orient ανατολή του ηλίου sunrise

ανατολικά east, eastward(s)

ανατολικός east, eastern, easterly· oriental, of the Orient

Ανατολίτης -ισσα Oriental

ανατρέπω turn over, overturn· overthrow, bring down· upset, thwart

ανατρέφω bring up, nurture

ανατριχιάζω shiver, shudder κάνω κπ. να ανατριχιάσει give sb. the creeps, make sb.'s flesh creep

ανατριχιαστικός creepy, hair-raising

ανατριχίλα shiver, shudder, thrill

ανατροπή overturning, capsizing· overthrow· reversal· thwarting, upsetting· knocking down

ανατροφή bringing up, upbringing **έχω καλή ανατροφή** be well-bred **έχω κακή ανατροφή** have bad manners, be ill-bred **παιδί με ανατροφή** well-brought-up child

άναυδος speechless, dumbfounded **αφήνω κπ. άναυδο** dumbfound sb.

αναφέρω mention· say· quote, cite • **αναφέρομαι** α) refer (to), make reference (to) β) concern, deal (with)

αναφιλητό sob **κλαίω με αναφιλητά** sob

αναφλέγω set on fire • **αναφλέγομαι** catch fire, blaze up, burst into flames

ανάφλεξη *(τεχνολ.)* ignition

αναφορά (μνεία) mention, reference· (έκθεση) report, account

αναφορικά με with reference to, referring to

αναφορικός relative

αναφυλαξία allergic rash

αναφύομαι crop up

αναχαιτίζω check· intercept

αναχαίτιση checking· interception

αναχρονιστικός old-fashioned, out-of-date, obsolete, out-dated

αναχώρηση departure **αίθουσα αναχωρήσεων** departure lounge

αναχωρώ leave, depart, (για πλοίο) set sail, (για αεροπλάνο) take off

αναψοκοκκινίζω blush, flush

αναψυκτικό soft drink, refreshment

αναψυχή amusement, recreation, pleasure

ανδραγάθημα exploit, feat, deed

άνδρας ☞ άντρας

ανδρεία bravery

ανδρείος brave

ανδριάντας statue

ανδρικός ☞ αντρικός

ανδρισμός mascularity, manliness, virility

ανδρόγυνο ☞ αντρόγυνο

ανεβάζω raise, put up, take up, bring up· put up, raise, increase· raise, turn up· (θεατρικό έργο) stage, put on, (ως παραγωγός) produce

ανεβαίνω go up, walk up, climb· rise, go up

ανεβοκατεβάζω raise and lower

ανεβοκατεβαίνω go up and down, rise and fall

ανεγείρω erect, raise· build, construct

ανέγερση erection· construction, building

ανεγκέφαλος brainless • idiot

ανειδίκευτος unskilled

ανειλημμένος undertaken **ανειλημμένη υποχρέωση** commitment

ανειλικρίνεια insincerity

ανειλικρινής insincere

ανέκαθεν always, all along

ανέκδοτο joke

ανεκμετάλλευτος unexploited· missed

ανεκπλήρωτος unfulfilled, unrealized, unredeemed

ανεκτικός tolerant

ανεκτικότητα tolerance

ανεκτίμητος invaluable, priceless

ανεκτός bearable, tolerable

ανέκφραστος expressionless, vacant

ανέλιξη evolution· rising, rise

ανελκυστήρας lift, (ΗΠΑ) elevator

ανελλιπής regular, unfailing

ανελλιπώς always, without fail

ανέλπιστος unexpected, unhoped-for

ανεμελιά unconcern, carelessness

ανέμελος carefree, careless

ανεμίζω wave· flap, flutter

ανεμιστήρας (electric) fan

ανεμοβλογιά chickenpox

ανεμόμυλος windmill

ανεμοπλάνο (hang-)glider

ανεμοπορία (hang-)gliding

άνεμος wind

ανεμόσκαλα rope ladder

ανεμοστρόβιλος tornado, whirlwind

ανεμώνα anemone

ανένδοτος unbending, adamant

ανενημέρωτος uninformed

ανενόχλητος unperturbed, untroubled· unobstructed, unimpeded

ανέντιμος dishonest, bent

ανεντιμότητα dishonesty

ανεξαιρέτως without exception

ανεξακρίβωτος unconfirmed, uncertain

ανεξάντλητος inexhaustible

ανεξαρτησία independence

ανεξάρτητα ☞ ανεξαρτήτως

ανεξάρτητος independent

ανεξαρτήτως, **ανεξάρτητα** independently **ανεξαρτήτως τού...** irrespective of..., regardless of...

ανεξέλεγκτα uncontrollably

ανεξέλεγκτος unverified· uncontrolled, unchecked, uncontrollable

ανεξερεύνητος unexplored· unfathomable, inscrutable

ανεξεταστέος to be re-examined, to resit

ανεξήγητος inexplicable· unexplained

ανεξίτηλος fast, unfading· *(μτφ.)* indelible

ανεξιχνίαστος unsolvable, unsolved

ανεπάγγελτος without a profession/trade, jobless

ανεπαίσθητος faint, subtle, unnoticeable, imperceptible, indiscernible

ανεπανάληπτος unparalled, unique

ανεπανόρθωτος irreparable, irrecoverable

ανεπάρκεια shortage, inadequacy· *(ιατρ.)* insufficiency

ανεπαρκής inadequate, insufficient· incompetent, ineffectual

ανέπαφος intact, unimpaired

ανεπηρέαστα without undue influence

ανεπηρέαστος uninfluenced, impervious· unbiased, detached

ανεπιβεβαίωτος unconfirmed

ανεπίδεκτος incapable of

ανεπιθύμητος undesirable, unwanted, unwelcome

ανεπίσημα, **ανεπισήμως** informally· unofficially

ανεπίσημος informal· unofficial

ανεπισήμως ☞ ανεπίσημα

ανεπίτρεπτος unacceptable, disgraceful

ανεπιτυχής unsuccessful

ανεπιφύλακτος unreserved

ανεπρόκοπος good-for-nothing • loafer, idler, wastrel

ανεργία unemployment

άνεργος unemployed, jobless, out of work

ανέρχομαι rise, go up· total, add up, amount (to)

άνεση comfort **έχω οικονομική άνεση** be comfortably off **με την άνεσή σου** at your leisure· ease, easiness, facility· **ανέσεις** comforts, conveniences

άνετα comfortably· easily **αισθάνομαι άνετα** feel at ease, feel at home

ανέτοιμος unready, unprepared

άνετος comfortable· easy, cushy, undemanding

άνευ without **άνευ προηγουμένου** without precedent, unheard-of **άνευ όρων** unconditional(ly) **άνευ λόγου (και αιτίας)** without reason, without good cause

ανεύθυνος irresponsible

ανευθυνότητα irresponsibility

ανεύρεση finding· discovery, invention

ανεφάρμοστος impracticable

ανέφελος cloudless

ανέφικτος unfeasible

ανέχεια poverty, distress, privation

ανέχομαι bear, stand, put up with, tolerate

ανήθικος immoral· indecent, filthy

ανηθικότητα immorality

άνηθος dill

ανήκουστος unheard-of

ανήκω belong (to)· be part of

ανήλικος under age • minor

ανήμερα on (the day of)

ανήμπορος helpless

ανήξερος ignorant, unaware **κάνω τον ανήξερο** pretend/sham ignorance

ανησυχητικός alarming, disquieting

ανησυχία anxiety, worry, concern

ανήσυχος anxious, worried· uneasy, restless· noisy, boisterous

ανησυχώ worry, be worried· worry, trouble· disturb

ανηφόρα, **ανηφοριά** hill, uphill road, uphill slope

ανηφορίζω slope up, climb· climb up, go up

ανηφορικός uphill, upward

ανήφορος hill, uphill road, uphill slope

ανθεκτικός tough, durable, sturdy

ανθέλληνας hater of Greeks or Greece

ανθελληνικός anti-Greek, anti-Greece

ανθηρός blooming, flowery· flourishing, thriving

άνθηση, **άνθιση** flowering, blooming, blossoming· *(μτφ.)* flourishing, acme

ανθίζω, **ανθώ** flower, be in flower, blossom, bloom

άνθιση ☞ άνθηση

ανθισμένος in flower, blossoming

ανθίσταμαι resist, fight back

ανθοδέσμη bouquet, bunch of flowers

ανθοδοχείο (flower) vase

ανθοπωλείο florist's, flower shop

ανθοπώλης -ισσα florist

άνθος flower, (δέντρου) blossom· prime

ανθόσπαρτος strewn with flowers ανθόσπαρτος βίος happy (married) life, roses all the way

ανθοστόλιστος decorated with flowers

ανθότυρο cream cheese

ανθοφορία flowering, blossoming σε ανθοφορία in flower, in blossom

άνθρακας coal· *(χημ.)* carbon

ανθρακί charcoal grey

ανθρακικό με ανθρακικό carbonated, fizzy

ανθρακωρυχείο coal mine

ανθρακωρύχος coal miner, collier

ανθρωπάκι little man· insignificant person, weakling

ανθρωπιά humanity της ανθρωπιάς decent

ανθρώπινος human· humane, kind ανθρώπινο πλάσμα human (being) ανθρώπινο γένος humankind

ανθρωπινός humane, decent

ανθρωπίνως humanely

ανθρωπιστικός humanistic· humanitarian

ανθρωποκτονία homicide

ανθρωποκυνηγητό manhunt

ανθρωπολογία anthropology

άνθρωπος man, human being, person, fellow· άνθρωποι people ♦ γίνομαι άνθρωπος mend one's ways

ανθρωπότητα humanity, mankind

ανθρωποφάγος man-eater, cannibal

ανθυγιεινός unhealthy, unwholesome

ανθώ ☞ ανθίζω

ανία boredom **προκαλώ ανία σε κπ.** bore sb.

ανιαρός boring, dull, drab

ανίατος incurable

ανίδεος ignorant

ανιδιοτέλεια selflessness, unselfishness, disinterestedness

ανιδιοτελής unselfish, disinterested

ανικανοποίητος insatiable˙ unfulfilled, unsatisfied

ανίκανος unable˙ incapable, incompetent

ανικανότητα inability˙ incompetence

ανίκητος invicible

ανισόπεδος of unequal level, on different levels **ανισόπεδη διάβαση** flyover, (ΗΠΑ) overpass

ανισόρροπος batty, dotty, nuts

άνισος unequal, uneven

ανισότητα inequality

ανίσχυρος powerless, helpless, weak

ανιψιά niece

ανιψιός nephew

άνοδος ascent, going up, climb(ing)˙ rise

ανοησία foolishness, stupidity˙ foolish thing˙ **ανοησίες** nonsense

ανόητος foolish, silly, stupid • fool, idiot **ανόητε!** you fool!

ανόθευτος unadulterated, pure

άνοια dementia **γεροντική άνοια** senile dementia, senility

άνοιγμα opening˙ opening, gap, break

ανοιγοκλείνω open and close˙ (τα μάτια) blink

ανοίγω open˙ open up, set up˙ switch on, turn on˙ open (out), unfold, spread **ανοίγω δρόμο** fight/shoulder one's way (through the crowd) **ανοίγω ομπρέλα** put up an umbrella **ανοίγω την πόρτα** (όταν χτυπάει κπ.) answer the door **ανοίγω στα δύο** split (open) **ο καιρός ανοίγει** the weather is clearing up

ανοίκιαστος vacant, not rented

ανοικοδόμηση reconstruction

ανοικοδομώ reconstruct

ανοικτά ☞ ανοιχτά

ανοικτός ☞ ανοιχτός

άνοιξη spring, springtime

ανοιξιάτικος (of) spring, (of) springtime

ανοιχτά, **ανοικτά** open˙ openly, straight˙ *(ναυτ.)* off (the coast of)

ανοιχτήρι (για μπουκάλια) bottle opener, (για κονσέρβες) tin opener

ανοιχτόκαρδος open-hearted, cheerful

ανοιχτόμυαλος broad-minded, open-minded

ανοιχτός, **ανοικτός** open· on· light, pale, fair **ανοιχτή επιταγή** blank cheque **ανοιχτή ημερομηνία** open date **ανοιχτό πανεπιστήμιο** open university

ανοιχτοχέρης open-handed, free-handed, generous

ανοιχτόχρωμος light-coloured, light

ανομβρία drought, dry spell

ανόμιος different (from), dissimilar (to), alike

ανομοιομορφία dissimilarity

ανοξείδωτος stainless, rust-proof

ανόργανος *(χημ.)* inorganic

ανοργανωσιά lack of organization

ανοργάνωτος disorganized

ανορεξία lack of appetite, decrease in appetite

ανόρεχτος lacking appetite, having lost one's appetite, not hungry

ανορθόγραφος bad at spelling, (κείμενο) with spelling mistakes • bad speller

ανοσία immunity

ανοσοποιητικός immunizing **ανοσοποιητικό σύστημα** immunity system

άνοστος tasteless, flavourless

ανούσιος tasteless· insipid, wishy-washy

ανοχή tolerance, forbearance

ανσάμπλ ensemble

ανταγωνίζομαι compete with/against, contend with

ανταγωνισμός competition, rivalry

ανταγωνιστής -ίστρια competitor, rival

ανταγωνιστικός competitive

ανταλλαγή exchange, barter, swap

αντάλλαγμα exchange **σε αντάλλαγμα (για)** in return (for)

ανταλλακτικό spare part· (για στυλό) refill

ανταλλάσσω exchange, swap, barter **ανταλλάσσω χειραψία** shake hands

αντάμα together

ανταμείβω reward, recompense

ανταμοιβή reward, recompense

ανταμώνω meet

αντάμωση meeting, encounter **καλή αντάμωση!** till then!, au revoir!

αντανάκλαση reflection

αντανακλαστικά reflexes

αντανακλώ reflect

αντάξιος equal (to), worthy (of) **είμαι αντάξιος των περιστάσεων** rise to the occasion

ανταπεργία lockout

ανταποδίδω return, repay **ανταποδίδω τα ίσα** pay back in kind, retaliate

ανταποκρίνομαι respond (to), be responsive (to)· agree (with), correspond (to)· fulfil, meet· cope with

ανταπόκριση response· (δημοσιογραφική) report, dispatch· (τρένων κτλ.) connection

ανταποκριτής -ίτρια correspondent

Ανταρκτική (the) Antarctic

ανταρσία rebellion, revolt, (σε πλοίο) mutiny

αντάρτης -ισσα guer(r)illa, partisan, rebel

ανταρτοπόλεμος guer(r)illa warfare

ανταύγεια gleam, glint, reflection· ανταύγειες highlights

αντεισαγγελέας, **αντιεισαγγελέας** deputy public prosecutor

αντεκδίκηση retaliation

αντεκδικούμαι retaliate

αντενδείκνυμαι be not indicated, be inadvisable

αντένδειξη contradiction

αντεπεξέρχομαι cope (with), manage

αντεπίθεση counterattack

αντεπιτίθεμαι counterattack

άντερο intestine, bowel

ανεστραμμένος reversed, inverted

αντέχω bear, endure, stand, put up with· (οικονομικώς) afford

αντζούγια ☞ αντσούγια

αντηλιά glare, reflected sunshine

αντηλιακό sun(tan) cream, sun lotion

αντηχώ echo

αντί instead of, in place of **αντ' αυτού/αντί γι'αυτό** instead

αντιαθλητικός unsporting, unsportsmanlike

αντιαισθητικός offending good taste, unsightly

αντιασφυξιογόνος μάσκα gas mask

αντιβαίνω be contrary (to), be/go against, contravene

αντιβασιλικός antiroyalist

αντιβιοτικό antibiotic

αντιβίωση treatment with antibiotics, antibiosis

αντιγνωμία dissent, difference/conflict of opinion

Αντιγόνη Antigone

αντιγραφή copying **τετράδιο αντιγραφής** copybook

αντίγραφο copy· (καλλιτεχνικού έργου) reproduction

αντιγράφω copy (down/out)· (μιμούμαι) copy, imitate· (σε διαγώνισμα) cheat

αντιδεοντολογικός not ethical, unethical

αντιδήμαρχος deputy mayor, *θηλ.* deputy mayoress

αντιδημοκρατικός undemocratic, antidemocratic

αντιδημοτικός unpopular

αντιδημοτικότητα unpopularity

αντίδι chicory, endive

αντίδραση reaction, response

αντιδραστικός reactionary

αντιδρώ react, respond

αντιεισαγγελέας ☞ αντεισαγγελέας

αντιεμπορικός unbusiness-like, unprofitable

αντιεπαγγελματικός unprofessional

αντιζηλία rivalry

αντίζηλος rival

αντίθεση opposition (to), disagreement (with)· contrast, clash· contradiction, conflict **σε αντίθεση με** unlike

αντίθετα, **αντιθέτως** in/from the opposite direction· on the contrary **αντίθετα από** α) contrary to β) alike

αντίθετο opposite, antonym

αντίθετος opposite **είμαι αντίθετος προς/σε** be opposed to, be against

αντιθέτως ☞ αντίθετα

αντίκα antique

αντικαθιστώ replace· substitute, stand in for, (υπηρεσιακά ανώτερο) deputize for

αντικαθρεφτίζω reflect, mirror

αντικανονικός irregular, improper· (παράνομος) illegal

αντικαρκινικός anticancer

αντικαταβολή reimbursement **με/επί αντικαταβολή** cash on delivery, (*βραχ.* COD)

αντικατάσταση replacement, substitution

αντικαταστάτης -ρια replacement, substitute

αντικατοπτρίζω reflect, mirror

αντίκειμαι be contrary (to), be/go against, contravene

αντικειμενικός objective **αντικειμενικός σκοπός** objective

αντικειμενικότητα objectivity

αντικείμενο object, thing, item, article· *(γλωσσ.)* object

αντικέρ antique dealer

αντικλείδι copy (of a key)· pass-key, skeleton key

αντικοινωνικός antisocial· (ακοινώνητος) unsociable

αντικοινωνικότητα antisocial behaviour/attitude· unsociableness

αντικολλητικός nonstick

αντικρίζω see, look (sb.) in the face

αντικρινός opposite, facing

αντίκρισμα sight, facing

αντικριστά facing each other, vis-à-vis

αντικρούω rebut, confute, refute

αντίκρυ opposite, facing

αντίκτυπος impact, repercussion

αντιλαϊκός antipopular

αντίλαλος echo

αντιλαλώ echo, resound

αντιλαμβάνομαι feel, sense, notice, perceive, detect· understand, catch, grasp· realize, appreciate **δίνω σε κπ. να αντιληφθεί ότι...** make it clear to sb. that...

αντιλέγω disagree, object

αντιληπτός noticed· understood

αντίληψη perception, comprehension· quickness of mind· (ιδέα) idea, notion, view

αντιλογία contradiction, objection πνεύμα αντιλογίας spirit of contradiction

αντιλόπη antelope

αντιμεθαύριο in three days

αντιμετωπίζω face, come up against, be faced with· cope with, deal with, handle, tackle· confront, combat

αντιμετώπιση facing, confrontation· dealing with, coping with, handling

αντιμέτωπος face to face· opposed έρχομαι αντιμέτωπος με κπ. oppose to sb.

αντιμιλώ talk back, answer back

αντίξοος unfavourable, adverse

αντιξοότητα adversity

αντίο good-bye, see you soon

αντιολισθητικές αλυσίδες wheel chains, snow chains

αντιπάθεια dislike, distaste

αντιπαθητικός, **αντιπαθής** disagreeable, unpleasant

αντιπαθώ dislike, detest

αντίπαλος opposing, rival • opponent, rival

αντιπαλότητα antagonism

αντιπαραβάλλω compare, contrast

αντιπαράθεση comparison· confrontation

αντιπαραθέτω juxtapose· confront (sb. with sth.) • **αντιπαρατίθεμαι** oppose

αντιπλημμυρικός flood control(ling)

αντίποινα retaliation, reprisals

αντιπολεμικός antiwar

αντιπολίτευση opposition (party/parties) αξιωματική αντιπολίτευση major opposition

αντιπρόεδρος vice president, vice chairman, *θηλ.* vice chairwoman

αντιπρόπερσι three years ago

αντιπροσωπεία delegation, deputation· agency

αντιπροσωπευτικός representative· typical

αντιπροσωπεύω represent

αντιπρόσωπος (εκπρόσωπος) representative, delegate· (εμπορικός) agent, dealer

αντιπροχθές three days ago

αντιρατσισμός antiracism

αντιρατσιστής -ίστρια antiracist

αντιρατσιστικός antiracist

αντίρρηση objection δε θα είχα αντίρρηση να... I wouldn't say no to..., I wouldn't mind... προβάλλω αντίρρηση object (to)· talking back

αντισηπτικό anticeptic

αντίσκηνο tent

αντισταθμίζω (counter)balance, compensate for

αντίσταση resistance· opposition· *(ηλεκτρ.)* resistor

αντιστασιακός (of) resistance • member of National Resistance

αντιστέκομαι resist, fight back· oppose

αντίστοιχα ☞ αντιστοίχως

αντιστοιχία correspondence, analogy

αντίστοιχος respective, corresponding

αντιστοιχώ correspond (to)

αντιστοίχως, **αντίστοιχα** respectively

αντιστρέφω reverse

αντίστροφα ☞ αντιστρόφως

αντιστροφή reversal, inversion

αντίστροφο (αντίθετο) (the) (exact) opposite

αντίστροφος reverse, inverted

αντιστρόφως, **αντίστροφα** reversely, inversely **και αντιστρόφως** and vice versa

αντισυλληπτικό contraceptive pill

αντισύλληψη contraception

αντισυνταγματικός unconstitutional

αντίσωμα antibody

αντιτάσσομαι go against, be opposed (to)

αντιτίθεμαι object (to), oppose, disagree (with)

αντιτορπιλικό destroyer

αντιτρομοκρατικός antiterrorist

αντίτυπο copy

αντίφαση contradiction **πέφτω σε αντίφαση** contradict oneself· inconsistency

αντιφάσκω contradict oneself

αντιφατικός contradictory

αντιφεμινισμός antifeminism

αντιφεμινιστής -ίστρια antifeminist

αντιφεμινιστικός antifeminist

αντίχειρας thumb

αντλία pump

αντλώ pump, draw· *(μτφ.)* draw, derive

αντοχή (ανθρώπου) endurance, stamina· (αντικειμένου) strength, durability

άντρας, **άνδρας** man· husband· (true/real) man

αντρικός, **ανδρικός** male· men's, for men· manly

αντρόγυνο, **ανδρόγυνο** man and wife, married couple

αντσούγια, **αντζούγια** anchovy

άντυτος not dressed, undressed· half-dressed

αντωνυμία pronoun

ανυπακοή disobedience

ανυπάκουος disobedient

ανύπαντρος unmarried, single

ανύπαρκτος non-existent· imaginary

ανυπαρξία non-existence· lack

ανυπεράσπιστος defenceless, unprotected

ανυπέρβλητος insuperable, insurmountable

ανυπερθέτως without delay

ανυπολόγιστος incalculable, inestimable

ανυπομονησία impatience **περιμένω κτ. με ανυπομονησία** look forward to sth./to doing sth.

ανυπόμονος impatient, anxious

ανυπομονώ be impatient, look forward (to), can't wait (to)

ανύποπτος unsuspecting

ανυπόφορος unbearable, insufferable, intolerable

ανυποχώρητος unyielding, uncompromising, firm

ανυποψίαστος unsuspecting

ανφάς full face

άνω above, over, upper ♦ **άνω κάτω** topsy-turvy, upside-down, (για άνθρωπο) upset

ανώδυνος painless

ανωμαλία irregularity, disorder· abnormality· fault, malfunction

ανώμαλος abnormal· rough, uneven· perverted· *(γλωσσ.)* irregular • (διεστραμμένος) pervert

ανωνυμία anonymity

ανώνυμος anonymous, nameless· unknown

ανώριμος immature· (για καρπό) unripe

ανωριμότητα immaturity

ανώτατος highest, supreme, top **Ανώτατη Εκπαίδευση** University Education· maximum **ανώτατο όριο** maximum **ανώτατο όριο ταχύτητας** speed limit

ανώτερος higher, upper· high, noble **ανώτερος άνθρωπος** high-minded man· superior, senior **ανώτερο στέλεχος** executive • (ιεραρχικώς) superior, (κοινωνικώς) better

ανωτερότητα superiority

ανώφελος useless, vain

ανωφέρεια acclivity, uphill

άξαφνα ☞ έξαφνα

αξεσουάρ accessory

άξεστος coarse, uncouth • ill-mannered person, boor

αξέχαστος unforgettable

αξημέρωτα before dawn/daybreak

άξια deservedly

αξία value, worth **ηθικές αξίες** values, principles· (τιμή) price

αξιαγάπητος lovable, lovely

αξιέπαινος praiseworthy, worth of praise

αξίζω be worth **αξίζει τον κόπο** it's worth it, it's worthwhile· deserve

αξίνα pick, pickaxe

αξιοζήλευτος enviable

αξιοθαύμαστος admirable, miraculous

αξιοθέατα sights **επισκέπτομαι τα αξιοθέατα** see the sights, go sightseeing

αξιοκρατία meritocracy

αξιολάτρευτος adorable, charming

αξιολόγηση assessment, evaluation

αξιόλογος remarkable· (σημαντικός) considerable, significant, notable

αξιολογώ assess, evaluate

αξιολύπητος pitiable, wretched

αξιοπιστία reliability

αξιόπιστος reliable, trustworthy

αξιοποιώ exploit, utilize· develop· make good use

αξιοπρέπεια dignity, self-respect

αξιοπρεπής dignified, self-respecting· respectable

άξιος capable· worthy

αξιοσημείωτος noteworthy, remarkable

αξιότιμος honourable Αξιότιμε Κύριε... Dear Sir...

αξίωμα post, office

αξιωματικός officer

αξιωματούχος official

αξιώνω demand, claim • **αξιώνομαι** succeed (in), manage (to)

αξίωση demand, claim

άξονας axis· (μηχανής) axle, shaft

αξύριστος unshaved, unshaven

άοπλος unarmed

αόρατος invisible

αόριστα vaguely

αόριστος indefinite, vague· *(γραμμ.)* indefinite επ' αόριστον indefinitely • (χρόνος) past tense

άοσμος odourless

απαγγελία recitation

απαγγέλλω recite

απαγκιστρώνω unhook, unhitch • **απαγκιστρώνομαι** *(μτφ.)* extricate oneself, escape

απαγορευμένος forbidden, banned

απαγόρευση prohibition, ban, banning

απαγορευτικό storm signal, prohibitive traffic signal

απαγορευτικός prohibitive

απαγορεύω forbid, prohibit, ban

απαγχονίζω hang

απαγχονισμός (death by) hanging

απάγω kidnap

απαγωγέας kidnapper

απαγωγή kidnapping

απάθεια indifference

απαθής indifferent, passive

απαισιοδοξία pessimism

απαισιόδοξος pessimistic • pessimist

απαίσιος awful, terrible, horrible, nasty αισθάνομαι απαίσια feel awful

απαίτηση claim, demand· requirement

απαιτητικός (πρόσωπο) hard to please· demanding

απαιτώ demand, claim· require απαιτώ χρόνο take time

απαλά softly, gently, lightly

απαλλαγή exemption· *(νομ.)* acquittal

απαλλάσσω release, free, deliver • **απαλλάσσομαι** get rid of

απαλός soft, gentle, delicate· (χρώμα) light, pale

απαλύνω soften· (πόνο κτλ.) soothe, ease, dull

απανθρακώνω burn up/down, char

απανθρωπιά inhumanity, cruelty

απάνθρωπος inhuman, cruel

απάντηση answer, reply, response· solution, answer

απαντώ answer, reply, respond· meet (with), come across, run into

απάνω ☞ επάνω

απανωτά running

απανωτός successive, consecutive

άπαξ once **άπαξ και** once, since

απαράδεκτος unacceptable· deplorable, disgraceful

απαραίτητα (the) essentials, (the) necessities

απαραίτητος necessary, essential

απαράλλαχτος identical **ίδιος και** απαράλλαχτος identical (with), the spitting image (of)

απαρατήρητος unnoticed

απαρέμφατο infinitive

απαρηγόρητος inconsolable

απαρίθμηση enumeration

απαριθμώ enumerate, list

απαρνιέμαι, **απαρνούμαι** renounce

απαρτία quorum

απαρτίζω constitute, compose • **απαρτίζομαι** consist (of), be made (of)

απαρχαιωμένος old-fashioned, obsolete

απασχολημένος busy

απασχόληση employment, work· activity

απασχολώ employ· bother, worry, trouble· keep (sb.) busy, keep· occupy, take up • **απασχολούμαι** α) work β) busy oneself

απατεώνας -ισσα cheat, crook, fraud, impostor

απατεωνιά cheat, swindle

απάτη fraud, cheat, deceit

απατηλός deceptive, deceitful

απατώ deceive

απαυδώ be/get tired (of), be fed up (with), be sick (and tired) (of)

άπαχος lean, low-fat, non-fat

απεγκλωβίζω free

απεγκλωβισμός freeing

απεγνωσμένος hopeless, desperate

απείθαρχος disobedient, unruly

απείθεια disobedience

απεικονίζω depict, show, portray, display

απειλή threat· menace

απειλητικός threatening, menacing

απειλώ threaten, menace

απειρία inexperience

άπειρο infinity

άπειρος (χωρίς πείρα) inexperienced· (αναρίθμητος) countless, upteen

απέλαση deportation

απελαύνω deport

απελευθερωμένος free (from)· emancipated

απελευθερώνω free, set free, liberate

απελευθέρωση liberation· freeing, release· emancipation

απελπίζω bring/drive to despair/desperation • **απελπίζομαι** despair μην απελπίζεσαι don't give up hope, don't lose heart

απελπισία despair, desperation

απελπισμένα desperately, in despair

απελπισμένος desperate, in despair

απελπιστικός desperate· hopeless, beyond hope

απέναντι opposite, (στο δρόμο) across the street· before, in front of, face-to-face· towards

απεναντίας on the contrary

απενεργοποιώ deactivate

απενταρία έχω απενταρίες be (flat) broke

απένταρος (flat) broke, penniless

απεξάρτηση withdrawal

απεξαρτώμαι withdraw (from)

απέξω from outside· from abroad· out, outside· by heart

απέραντος vast, immense

απεργία strike

απεργιακός of/for strikes

απεργός striker

απεργοσπάστης -ρια strike-breaker, blackleg

απεργώ strike, be on strike

απεριόριστος limitless, boundless

απεριποίητος neglected, uncared-for, unkempt

απερίσκεπτος rash, reckless, thoughtless

απερισκεψία rashness, recklessness, thoughtlessness

απεριτίφ aperitif

απέριττος plain, simple

απερχόμενος outgoing

απεσταλμένος emissary, delegate· correspondent

απευθείας straight, directly· direct, non-stop· live

απευθύνω address, direct • **απευθύνομαι** address oneself (to), talk (to)· apply (to), appeal (to)· be intended (for)

απεχθάνομαι abhor, hate, detest

απέχθεια abhorrence, aversion, distaste, repulsion

απεχθής abhorrent, detestable, repulsive

απέχω be far (from)· (δε συμμετέχω) keep out (of), not be involved (in)

απήχηση impact

απίθανος unlikely, improbable· impossible· (εξαιρετικός) fantastic, super, out of this world

απίστευτος unbelievable, incredible, fantastic

απιστία disloyalty, faithlessness· (συζυγική) infidelity **κάνω απιστίες σε κπ.** be unfaithful to sb.

απλά simply

άπλετος άπλετο φως ample/plentiful light

απληροφόρητος uninformed

απλήρωτος unpaid

απλησίαστος stand-offish, inaccessible· prohibitive

απληστία greed, greediness

άπληστος greedy • grasper

απλίκα wall light

απλοποιώ simplify, make simple(r)

απλός simple· mere

απλότητα simplicity

απλούστατα quite/very simply

άπλυτος unwashed, uncleaned, dirty • **(τα) άπλυτα** laundry

απλώνω spread (out), stretch (out)· hang· run • **απλώνομαι** spread (out), stretch

απλώς just, simply

απλώστρα clothes horse

άπνοια stillness, dead calm

από from· of· out of· (σε συγκρίσεις) than· [στην παθητ. φωνή] by· (από κάποιο σημείο στο παρελθόν μέχρι και σήμερα) since **από 'δώ και πέρα** from now on **από τότε (και στο εξής)** ever after **από τότε** since then, since that time **από τότε που...** since

αποβάθρα (θαλάσσια) pier, quay· (σιδ. σταθμού) platform

αποβάλλω expel, suspend· get rid of· cast, shed· reject· miscarry

απόβαση landing

αποβιβάζω disembark, land· set/put down, drop • **αποβιβάζομαι** disembark, land· get off, get out (of)

αποβιταμίνωση ☞ αβιταμίνωση

αποβλακώνω stupefy, dull the wits of • **αποβλακώνομαι** go soft (in the head)

αποβλέπω aim, have in view

απόβλητα waste

αποβολή expulsion, suspension· (εμβρύου) miscarriage

αποβραδίς last night, on the previous night

απογειώνω απογειώνω αεροπλάνο make a take-off • **απογειώνομαι** take off

απογείωση take-off

απόγευμα afternoon

απογευματινός (of the) afternoon

απογίνομαι become of· grow worse

απόγνωση despair, desperation

απογοητευμένος disappointed, disillusioned

απογοήτευση disappointment, disillusionment, frustration

απογοητεύω disappoint, disillusion, let down

απόγονος descendant

αποδεδειγμένα evidently, doubtlessly

αποδεδειγμένος proven

αποδεικνύω prove, establish • **αποδεικνύομαι** prove (oneself) (to be), be proven

αποδεικτικό certificate

απόδειξη proof, evidence· receipt

αποδεκτός acceptable γίνομαι αποδεκτός be accepted

αποδέχομαι accept· agree to

αποδημητικός migratory

απόδημος emigrating ο απόδημος ελληνισμός (the) Greeks abroad, Greek diaspora

αποδίδω render back, give back, return, reimburse· render, pay· attribute, ascribe· produce, yield, be profitable· perform

αποδιοργανωμένος disorganized

αποδιοργανώνω disorganize, disrupt

αποδιοργάνωση disorganization, disruption

αποδοκιμάζω disapprove of, frown on/upon, (καταδικάζω) condemn· jeer, boo

αποδοκιμασία disapproval· jeering, booing

αποδοκιμαστικός disapproving

απόδοση giving back, restoration, rendering· performance· efficiency· (επένδυσης) profitability

αποδοτικός efficient· profitable

αποδοτικότητα efficiency· productivity

αποδοχή acceptance, adoption μη αποδοχή non-acceptance· αποδοχές earnings, wages, pay

απόδραση escape

αποδρώ escape, break free, break loose

αποδυναμώνω weaken, devitalize, vitiate, enfeeble

αποδυτήρια locker room

αποδώ from here· this way αποδώ κι ύστερα from now on

αποζημιώνω compensate· make up for, make amends (for)

αποζημίωση compensation, *(νομ.)* damages

αποθάρρυνση discouragement

αποθαρρυντικός discouraging, disheartening

αποθαρρύνω discourage, dishearten, deter • **αποθαρρύνομαι** be/get discouraged, lose heart

απόθεμα stock, reserve

αποθεώνω applaud wildly

αποθέωση frantic applause· enthusiastic reception, hero's welcome· height

αποθηκεύω store, put in store· *(πληροφ.)* save

αποθήκη store house, warehouse, (δωμάτιο) storeroom, (παράπηγμα) shed

αποθρασύνω make insolent • **αποθρασύνομαι** be insolent, take liberties

αποικία colony

αποικιακός colonial

αποικίζω colonize, settle

αποικιοκρατία colonialism

αποικιοκρατικός colonial, colonialist

αποίκιση, **αποικισμός** colonization

άποικος colonist, settler

αποικώ be settled in

αποκαθιστώ restore, redress· provide for, set up, (παντρεύω) marry • **αποκαθίσταμαι** set up· get married

αποκαΐδι cinder

αποκαλυπτήρια official unveiling, unveiling ceremony

αποκαλυπτικός revealing

αποκαλύπτω reveal, uncover· show up • **αποκαλύπτομαι** come out

αποκάλυψη revelation, disclosure, exposure

αποκαλώ call

αποκαμωμένος exhausted, done in, weary

αποκάτω under αποκάτω από under· below

αποκεί from there· (χρονικό) then· that way

απόκεντρος out-of-the-way, remote

αποκεφαλίζω behead

αποκεφαλισμός beheading

αποκλεισμένος blocked, blockaded, cordoned off αποκλεισμένος από τα χιόνια snowbound

αποκλεισμός disqualification, elimination, exclusion· blockade εμπορικός αποκλεισμός embargo

αποκλειστικά exclusively

αποκλειστικός exclusive

αποκλειστικότητα exclusiveness κατ' αποκλειστικότητα exclusively

αποκλείω blockade, block (off), cordon off· cut off· exclude, eliminate· disqualify αποκλείεται να... it's impossible to..., cannot possibly... δεν αποκλείεται να... it's just possible to..., possibly... αποκλείεται! out of the question!, no way!

αποκλιμακώνω de-escalate

αποκλιμάκωση de-escalation

αποκοιμιέμαι fall asleep, doze off, drop off

αποκοιμίζω get (sb.) off to sleep, lull to sleep· stupefy, make soft in the head

απόκομμα stub· (newspaper) cutting, clipping

αποκομμένος cut off, disconnected, isolated

αποκορύφωμα culmination, climax, height, peak, zenith

αποκουτιαίνω make dull-witted, make soft • **αποκουτιαίνομαι** go soft, become dull-witted

απόκρημνος steep, sheer **απόκρημνος βράχος** cliff

Αποκριά, **Απόκριες**, **Αποκριές** Carnival

αποκριάτικος carnival, fancy-dress

αποκρίνομαι response, answer, reply

απόκριση response, answer, reply

απόκρουση repulse, fighting off· *(αθλ.)* clearance, *(ποδόσφ.)* catch· rejection, rebuff

αποκρουστικός repulsive, hideous, very ugly

αποκρούω repulse, repel, drive back, fight off· *(αθλ.)* save (a shot), kick/punch clear· reject, rebuff, turn down

αποκρύπτω hide, conceal· withhold, keep back, hold back

απόκρυψη concealment, covering-up

απόκτημα acquisition, find· *(μτφ.)* asset

απόκτηση acquisition, acquirement

αποκτώ get, acquire, obtain, come by, gain **αποκτώ παιδιά** have children **αποκτώ συνήθεια** develop a habit **αποκτώ την υπεροχή** get the upper hand **αποκτώ φήμη** make a name for oneself **αποκτώ φίλους/εχθρούς** make friends/enemies

αποκωδικοποίηση decipherment, decoding

αποκωδικοποιητής decoder

αποκωδικοποιώ decipher, decode

απολαβή gain, profit· **απολαβές** earnings, wages, pay

απολαμβάνω enjoy, take delight in, relish

απόλαυση pleasure, delight, enjoyment

απολαυστικός delightful, enjoyable, fine, delicious

απολίτιστος uncivilized· impolite, uncouth, boorish

απολογητικός apologetic

απολογία defence

απολογούμαι defend oneself, speak in one's defence· give an account

απολυμαίνω disinfect

απολύμανση disinfection

απολυμαντικό disinfectant

απόλυση dismissal, (λόγω μείωσης των εργασιών) redundancy· discharge, release

απόλυτα, **απολύτως** absolutely, entirely, perfectly, fully, strictly

απολυταρχία absolutism, despotism, autocracy

απολυτήριο (του στρατού) discharge papers, (του σχολείου) certificate of graduation, (φυλακής) release papers

απολυτήριος of discharge· of graduation **απολυτήριες εξετάσεις** final examinations

απόλυτος absolute· complete, full, utter, absolute **έχω απόλυτο δίκιο**

be dead right· uncompromising απόλυτα αριθμητικά cardinal numbers

απολύτως ☞ απόλυτα

απολύω dismiss, fire, sack, (λόγω μείωσης εργασιών) make redundant, lay off· (από το στρατό) discharge, (από τη φυλακή) dismiss

απομαγνητοφώνηση transcription

απόμακρος faraway, remote· *(μτφ.)* distant, remote

απομακρύνω take away, remove· estrange, distance • **απομακρύνομαι** α) move away, walk off/away β) distance oneself, become estranged

απομακρυσμένος distant, remote, faraway

απόμερος remote, out-of-the-way, isolated

απομίμηση imitation· fake

απομνημονεύματα memoirs

απομνημόνευση memorization

απομνημονεύω memorize

απομονωμένος alone, isolated, secluded

απομονώνω isolate, seclude, shut off • **απομονώνομαι** seclude oneself

απομόνωση isolation, seclusion· (σε νοσοκομείο) isolation room/ward· (σε φυλακή) solitary confinement

απονέμω award, give, confer

απονευρώνω remove the nerve of απονευρώνω δόντι treat a tooth endondotically

απονεύρωση (δοντιού) root canal treatment/therapy

απονήρευτος naive, innocent, artless· unsuspecting

απονομή award, presentation, conferment απονομή χάριτος official pardon, free pardon

άπονος unfeeling, heartless, cruel

αποξενώνω estrange, alienate

αποξένωση estangement, alienation

αποξηραμένος dried

αποπαίρνω snap/bite (sb.'s) head off

αποπάνω (from) above· upstairs· on top

απόπειρα attempt, try, shot απόπειρα αυτοκτονίας attempted suicide απόπειρα δολοφονίας attempt on sb.'s life

αποπειρώμαι attempt, make an attempt, try

αποπλάνηση seduction

αποπλανώ seduce

αποπλέω set sail, sail off

απόπλους departure, sailing off

αποπνικτικός stifling (hot), close, suffocating

αποποινικοποίηση decriminalization

αποποινικοποιώ decriminalize

αποπροσανατολίζω disorientate· *(μτφ.)* misguide, mislead

αποπροσανατολισμός disorientation· misguidance, misleading

απορημένος perplexed, baffled, inquiring, in perplexity

απορία question, query· wonder, amazement

άπορος poor, needy, destitute

απορρέω arise, emanate

απόρρητο confidentiality, secrecy

απόρρητος secret, confidential, classified

απορρίμματα rubbish, trash, refuse, waste

απορριμματοφόρο refuse collection vehicle, (ΗΠΑ) garbage truck

απορρίπτω reject, turn down (μαθητή)· fail • **απορρίπτομαι** fail

απόρριψη rejection· failure in examinations

απόρροια result, outcome, consequence

απορροφημένος absorbed, engrossed (in)

απορρόφηση absorption, soaking up· absorption, preoccupation

απορροφητήρας extractor (fan)

απορροφητικός absorbent

απορροφώ absorb, soak up· preoccupy

απορρυπαντικό detergent

απορώ wonder, be surprised

αποσαφηνίζω clarify, make clear

αποσβολωμένος dumbfounded, nonplussed, speechless

αποσβολώνω strike (sb.) dumb, nonplus

αποσιωπητικά dots

αποσκευές luggage, baggage

αποσκοπώ aim (at)· be intended

αποσμητικό deodorant

απόσπαση detachment, separation· attachment· extraction

απόσπασμα (κειμένου) passage, extract, excerpt· *(στρατ.)* squad

αποσπώ detach, separate· extract, elicit, exact, extort· attach, second αποσπώ την **προσοχή κάποιου** divert/distract sb.'s attention • **αποσπώμαι** α) come off, break loose β) detach oneself, break away

απόσταση distance· way (walk, ride)

αποστασιοποιημένος detached

αποστασιοποιούμαι detach oneself (from)

αποστάτης -ρια defector, renegate, apostate, turncoat

αποστατώ defect, go over

αποστειρωμένος sterile

αποστειρώνω sterilize

αποστείρωση sterilization

αποστηθίζω memorize, learn by heart

αποστήθιση memorization

απόστημα abscess

αποστολέας sender, (φορτίου) shipper

αποστολή dispatch· (το φορτίο)

consignment, shipment· mission, assignment· delegation

απόστολος apostle

αποστομώνω silence, reduce to silence, floor

αποστρατεία retirement

αποστράτευση discharge, dismissal

αποστρατεύω discharge

απόστρατος retired, ex-

αποστροφή distaste, repulsion

απόστροφος apostrophe

αποσυνδέω disconnect, detach· dissociate

αποσύνθεση decomposition

αποσυντίθεμαι decompose, decay

αποσυντονίζω disorganize· *(τεχνολ.)* detune

αποσυντονισμός disorganization· *(τεχνολ.)* detuning

απόσυρση withdrawal

αποσύρω withdraw, take back· call in • **αποσύρομαι** retire, withdraw

απότακτος cashiered

αποταμίευση saving

αποταμιεύω save (up), put by

αποτείνω address • **αποτείνομαι** apply, ask

αποτελειώνω finish off/up, complete

αποτέλεσμα result, product έχω σαν αποτέλεσμα result in· (επίδραση) effect· *(αθλ.)* score

αποτελεσματικά effectively

αποτελεσματικός effective, effectual

αποτελεσματικότητα effectiveness

αποτελώ constitute, form, make up • **αποτελούμαι** consist (of), be composed (of), be made up (of)

αποτέφρωση incineration, burning down· (σορού) cremation

αποτολμώ dare, venture, risk, chance

απότομα sharply, abruptly· curtly

απότομος steep, sheer· sudden, abrupt, sharp· abrupt, curt

αποτοξινώνομαι (από ναρκωτικά) kick the habit, (από ποτό) dry out

αποτοξίνωση getting off the hook, giving up the habit

αποτρεπτικός prohibitive, dissuasive αποτρεπτικός παράγοντας deterrent

αποτρέπω prevent, avert, ward off· discourage, dissuade

αποτρίχωση waxing

αποτρόπαιος gruesome, grisly, heinous

αποτροπή prevention, warding-off

αποτσίγαρο cigarette end/butt

αποτυγχάνω fail, not manage· fail, come to nothing, fall through

αποτύπωμα print, mark δακτυλικά αποτυπώματα fingerprints

αποτυχημένος failed· unsuccessful, wasted

αποτυχία failure

αποτυχών unsuccessful

απούλητος unsold

απουσία absence

απουσιάζω be absent˙ be out/away

απουσιολόγιο class register, attendance register

απουσιολόγος monitor

αποφάγια leftovers

απόφαση decision˙ *(νομ.)* ruling, judgment **αθωωτική απόφαση** acquittal **καταδικαστική απόφαση** verdict of guilty

αποφασίζω decide, determine, make up one's mind, resolve˙ *(νομ.)* rule, pass judgment

αποφασισμένος determined, decided

αποφασιστικός determined˙ decided, resolute˙ decisive, crucial

αποφασιστικότητα decisiveness, determination, resolve

αποφεύγω avoid˙ stay clear of, shun˙ refrain from, keep off˙ keep out of, get out of, shirk˙ evade, dodge

απόφθεγμα maxim, motto, saying

αποφοίτηση graduation

απόφοιτος graduate

αποφοιτώ graduate

αποφορτίζω discharge˙ *(μτφ.)* ease, relieve the tension of, take the heat out of

αποφυγή avoidance **προς αποφυγή(ν)...** to avoid...˙ evasion

αποφυλακίζω release/discharge from prison

αποφυλάκιση release/discharge from prison

αποχαιρετισμός farewell, goodbye

αποχαιρετιστήριος farewell

αποχαιρετώ say goodbye to

αποχαλινώνομαι run riot, break loose

αποχαυνωμένος stupefied, languid, languorous

αποχαυνώνω stupefy, enervate, dull (sb.'s) wits

αποχαύνωση stupefaction

αποχέτευση drainage˙ (το σύστημα) drains, sewer system

αποχετευτικός of drainage, of sewers **αποχετευτικό δίκτυο** sewerage, sewer system

αποχετεύω drain off/away

απόχη (για ψάρεμα) hand net

αποχή abstinence˙ abstention **κάνω αποχή από τα μαθήματα** abstain from school

απόχρωση shade, tone, tint

αποχώρηση departure˙ withdrawal˙ exit, (σε ένδειξη διαμαρτυρίας) walkout

αποχωρητήριο lavatory, toilet

αποχωρίζομαι part with, take one's leave (of)

αποχωρισμός separation, parting

αποχωρώ leave˙ (από την ενεργό υπηρεσία) retire

απόψε this evening, tonight

άποψη aspect, point of view, standpoint· opinion, view, viepoint, point of view

αποψινός tonight's, of this evening η αποψινή βραδιά this evening

απόψυξη unfreezing· defrosting κάνω απόψυξη (στο ψυγείο) defrost the fridge

αποψύχω unfreeze

απραγματοποίητος unaccomplished, not realized, unfulfilled· unrealizable, infeasible

άπρακτος with nothing achieved, empty-handed

Απρίλης, **Απρίλιος** April

απρόβλεπτος unforeseen, unexpected· unpredictable, unforeseeable

απρογραμμάτιστος unplanned-for, unscheduled

απροειδοποίητα without warning, without (prior) notice

απροειδοποίητος unexpected, unannounced

απροετοίμαστος unprepared, unready

απρόθυμα unwillingly, with reluctance

απροθυμία unwillingness, reluctance

απρόθυμος unwilling, reluctant

απροκάλυπτα overtly, openly, point-blank

απροκάλυπτος unconcealed, undisguised, overt

απρόκλητος uncalled-for, unprovoked

απρόοπτα unexpectedly

απρόοπτος unexpected, sudden

απροπόνητος untrained

απροσάρμοστος unadapted, unadjusted· maladjusted

απροσδιόριστος indefinable, unspecified

απροσδόκητα unexpectedly

απροσδόκητος unexpected, sudden

απρόσεκτος careless, inattentive

απροσεξία carelessness, inattention· careless mistake, oversight

απρόσιτος inaccessible, out of reach· (τιμή) sky-high

απρόσκλητος uninvited

απρόσμενος unexpected, sudden

απροστάτευτος unprotected, defenceless

απρόσωπος impersonal

άπταιστα fluently, perfectly

απτόητος undaunted, undeterred, undiscouraged

απύρετος feverless, without a temperature

άπω far, distant Άπω Ανατολή Far East

απωθημένο inhibition βγάζω τ' απωθημένα μου relieve one's feelings, let off steam

απωθητικός repulsive, repellent

απωθώ repel, repulse

απώλεια loss· waste· deprivation· casualty

απών absent

άρα therefore

Άραβας Arab

Αραβία Arabia

αραβικός Arabian αραβική γλώσσα Arabic

αραβοσιτέλαιο corn oil

άραγε [με το can] *ποιος να είναι άραγε;* who can it be? [με το wonder] *θα έρθουν άραγε;* I wonder if they'll come

αράδα line

αράζω moor ♦ την αράζω settle down

αραιά rarely, infrequently αραιά και πού once in a while

αραιοκατοικημένος sparsely populated

αραιός infrequent· thin· sparse, scanty

αραιώνω dilute, thin down, (με νερό) water down· (με διαστήματα) space out· thin (out)· become rarer

αρακάς pea(s)

αραποσίτι maize, corn

αράχνη spider ιστός αράχνης spider's web, cobweb

αραχνιασμένος cobwebbed

αραχνοΰφαντος gauzy, flimsy

αρβύλα boot ♦ ράδιο αρβύλα grapevine

αργά late αργά ή γρήγορα sooner or later αργότερα later (on) το αργότερο at the latest· slowly

αργαλειός loom

Αργεντινή Argentina

αργεντινός Argentinian

Αργεντινός -ή Argentinian

αργία (public) holiday, (ΒΡΕΤ.) bank holiday· (πειθαρχική ποινή) suspension **τίθεμαι σε αργία** be suspended

αργιλές ☞ ναργιλές

αργκό slang

αργοπεθαίνω die (hard)

αργοπορημένος late • latecomer

αργοπορία delay

αργοπορώ be/arrive late· be/go slow, delay, loiter

αργός slow

αργόστροφος slow(witted), slow on the uptake

άργυρος silver

αργυρός (made of) silver αργυροί γάμοι silver wedding

αργώ be late· be long, delay· be slow

άρδευση irrigation

αρδευτικός of irrigation, irrigative

αρδεύω irrigate

Άρειος Πάγος High Court, Supreme Court

αρένα arena, (ταυρομαχίας) bullring

αρεοπαγίτης Supreme Court Justice

αρέσκεια liking, fancy

αρέσκομαι be fond of, like, take pleasure in

αρεστός likeable, agreeable

αρέσω be liked, make a good impression· appeal to· [στο γ' πρόσωπο] like, be fond of, love

αρετή virtue

αρθρίτιδα arthritis

αρθριτικά arhtritis

άρθρο article

άρθρωση joint, (δακτύλων) knuckle· (κατά την ομιλία) diction, articulation

αρίθμηση count(ing)· (e)numeration

αριθμήσιμος countable **μη αριθμήσιμος** uncountable

αριθμητική arithmetic

αριθμητικός arithmetic(al)· numerical **αριθμητικώς και ολογράφως** in figures and in words

αριθμός number, *(βραχ.)* no· numeral **ενικός (αριθμός)** singular **πληθυντικός (αριθμός)** plural

αριθμώ count, enumerate· number

άριστα full marks, top marks, A

Αριστείδης Aristides

αριστερά left

αριστερός left, left-hand· *(πολιτ.)* leftist, left-wing • left-winger, leftist **η Αριστερά** *(πολιτ.)* the Left

αριστερόχειρας left-hander

αριστεύω get full marks, get top marks

αριστοκράτης -ισσα aristocrat, noble

αριστοκρατία aristocracy, nobility· elite, high society

αριστοκρατικός aristocratic· stylish, classy, posh

άριστος excellent, perfect, first-rate

Αριστοτέλης Aristotle

αριστούργημα masterpiece

αριστούχος (μαθητής) having got full marks, excellent· (απόφοιτος πανεπιστημίου) with honours

Αριστοφάνης Aristophanes

αρκετά enough, fairly, quite, rather· (επαρκώς) adequately, sufficiently

αρκετός enough, (επαρκής) adequate, sufficient· **αρκετοί** quite a few

αρκούδα bear

αρκουδάκι bear cub **παιδικό αρκουδάκι** teddy bear

αρκούμαι ☞ αρκώ

Αρκτική Arctic

αρκτικός arctic

άρκτος bear

αρκώ be enough, be sufficient **αρκεί να** provided (that), providing (that), as long as • **αρκούμαι** be satisfied (with), content oneself (with), make do (with)

άρμα (μάχης) tank· (αποκριάτικο κτλ.) float

αρμαθιά bunch

αρμέγω milk

Αρμενία Armenia

αρμενίζω sail

αρμενικός Armenian

Αρμένιος -α Armenian

άρμη brine

αρμόδιος competent, proper • **(οι) αρμόδιοι** (the) appropriate authorities

αρμοδιότητα competence· αρμοδιότητες duties, responsibilities

αρμόζω fit, become, suit, be suitable, be proper

αρμονία harmony

αρμονικός harmonious

αρμονικότητα harmony

αρμόνιο (electronic) keyboard

αρμύρα ☞ αλμύρα

αρμυρίζω ☞ αλμυρίζω

αρμυρός ☞ αλμυρός

αρνάκι baby lamb· (το κρέας) lamb

άρνηση refusal· denial· *(γλωσσ.)* negative

αρνητικός negative

αρνί lamb, sheep· (το κρέας) lamb, mutton

αρνούμαι, **αρνιέμαι** refuse, reject, turn down, decline· deny

άροτρο plough

αρουραίος rat

αρπάζω grab, clutch, grip, seize· snatch· pick up, learn· get (slightly) burnt, be scorched • **αρπάζομαι** α) lose one's temper, flare up β) quarrel, have words, come to blows

άρπα κόλλα in a rough-and-ready manner/fashion, hastily

αρπακτικό beast/bird of prey

αρπακτικός predatory

αρπαχτή rake-off, swag

αρραβώνας engagement

αρραβωνιάζομαι get engaged

αρραβωνιαστικός -ιά fiancé, *θηλ.* fiancée

αρρενωπός masculine, manly

άρρην male (σχολείο) αρρένων boys' school μητρώο αρρένων men's register

αρρωσταίνω fall ill, get sick, be taken ill, be ill· make ill

αρρωστημένος sick

αρρώστια disease, illness· *(μτφ.)* passion

αρρωστιάρης sickly, unhealthy

άρρωστος ill, sick, unwell • patient

αρσενικός male· *(γλωσσ.)* masculine αρσενικού γένους masculine

άρση lifting άρση βαρών weightlifting

αρσιβαρίστας weightlifter

αρτηρία artery οδική αρτηρία thoroughfare

αρτηριοσκλήρωση arteriosclerosis· *(μτφ.)* conservatism

άρτιος complete, perfect· (αριθμός) even

αρτοποιείο, **αρτοπωλείο** bakery, baker's (shop)

αρτοποιός baker

αρτοπώλης -ισσα baker

άρτος bread· *(εκκλησ.)* consecrated bread

αρχαιοκαπηλία smuggling of antiquities

αρχαιοκάπηλος smuggler of antiquities

αρχαιολογία archaeology

αρχαιολογικός archaeological

αρχαιολόγος archaeologist

αρχαίος ancient

αρχαιότερος (στην ιεραρχία) senior

αρχαιότητα antiquity, ancient times· seniority

αρχαιρεσίες election(s)

αρχάριος beginner, novice, learner

αρχείο file, record· *(πληροφ.)* file· archive

αρχή beginning, start, outset κατ' αρχάς at first, firstly, to begin with στην αρχή at the beginning· (προέλευση) origin· (διοικητική) authority· (θεμελιακός κανόνας) principle για λόγους αρχής on principle· early (part)

αρχηγείο headquarters

αρχηγία leadership, command

αρχηγός leader, head· chief, commander· captain

αρχιεπίσκοπος archbishop

αρχίζω begin, start αρχίζω από το μηδέν start from scratch

αρχικά at first, initially· originally

αρχικό (γράμμα) initial

αρχικός original, initial, old

Αρχιμήδης Archimedes

αρχιστράτηγος Commander-in-Chief

αρχισυντάκτης -ρια chief editor, editor-in-chief

αρχιτέκτονας architect

αρχιτεκτονική architecture

αρχιτεκτονικός architectural

αρχοντάνθρωπος dignified gentleman

άρχοντας ruler

αρχοντιά nobility

αρχοντικό mansion

αρχοντικός lordly, stately

αρχόντισσα noblewoman· (grand) lady

αρχύτερα earlier on μια ώρα αρχύτερα a bit sooner

άρωμα aroma, fragrance· perfume

αρωματίζω perfume, scent

αρωματικός aromatic· scented

ας let's, let

ασανσέρ lift, (ΗΠΑ) elevator

ασάφεια vagueness· obscurity

ασαφής vague

ασβέστης lime· (ασπρίσματος) whitewash

ασβέστιο calcium

ασβεστώνω whitewash

ασβός badger

ασέβεια disrespect

ασεβής disrespectful

άσεμνος indecent, obscene, dirty

ασήκωτος too heavy to lift

ασήμαντος unimportant, insignificant, minor, petty, trivial

ασημένιος silver

ασημής silvery

ασήμι silver

ασημικά silverware, silver

άσημος unknown, undistinguished

ασθένεια disease, illness, sickness άδεια ασθενείας sick leave

ασθενής ill, sick, unwell • patient

ασθενικός sickly, unhealthy˙ feeble, weak, faint

ασθενοφόρο ambulance

άσθμα asthma

Ασία Asia η Μικρά Ασία Asia Minor

Ασιάτης -ισσα Asian, Oriental

ασιατικός Asiatic, Asian, Oriental

ασιδέρωτος unpressed, unironed˙ crumpled

ασιτία starvation

ασκέπαστος uncovered

άσκηση excercise˙ (εξάσκηση) practice

άσκοπος aimless, purposeless˙ needless, unnecessary, pointless

ασκούμενος articled, in articles

ασκούπιστος unswept˙ undried, unwiped, not mopped

ασκώ exercise˙ practise˙ use, exert, wield • **ασκούμαι** train, exercise

ασορτί matching

άσος ace

ασουλούπωτος slovenly

ασπάζομαι kiss, embrace˙ (*μτφ.*) embrace, espouse, adopt

ασπίδα shield

ασπιρίνη aspirin

άσπλαχνος merciless, pitiless, cruel

ασπράδι (the) white (of the egg)

ασπρίζω whiten˙ whitewash˙ turn white, go/become white, become white-haired˙ turn ashen, blanch

ασπρίλα whiteness˙ pallor

ασπριτζής whitewasher

άσπρο white

ασπρομάλλης -α white-haired/headed person

ασπρόμαυρος black and white

ασπροπρόσωπος white-faced ♦ βγάζω κάποιον ασπροπρόσωπο be a credit to sb. βγαίνω ασπροπρόσωπος emerge with one's reputation intact

ασπρόρουχα linen

άσπρος white

ασπρουλιάρης pale, pallid

αστάθεια unsteadiness˙ instability, inconstancy

ασταθής shaky, unsteady· unstable, inconstant

αστάθμητος παράγοντας unknown quantity, uncontrolled variable

αστακός lobster

ασταμάτητος continuous, unceasing, nonstop, unrelenting· unrestrainable, unckecked

άστατος changeable, fickle· inconstant

άστεγος homeless

αστεία in a funny way· for fun, in fun/jest

αστειεύομαι joke, kid

αστείο joke για αστείο for fun ούτε για αστείο no way

αστείος funny, amusing· comical, laughable, ridiculous· trifling

αστείρευτος inexaustible

αστεϊσμός jest, joke

αστέρας star· celebrity, star

αστέρι star

αστερίας starfish

αστερίσκος asterisk

αστερισμός *(αστρον.)* constellation· *(αστρολ.)* sign (of the zodiac), star sign

αστεροσκοπείο observatory

αστεφάνωτος unmarried

αστήρικτος groundless, unfounded, ungrounded

αστίατρος sanitary inspector

αστιγματισμός astigmatism

αστικός urban· civil· bourgeois αστική τάξη bourgeois, middle class

αστοιχείωτος ignorant, illiterate

αστός -ή city dweller· bourgeois, member of the middle class

αστοχία bad aim, miss

άστοχος off the mark ρίχνω άστοχη βολή miss· (παίκτης) unlucky, not on good form· inappropriate

αστοχώ miss (the mark)

αστράγαλος ankle

αστραπή (flash/streak of) lightning

αστραπιαίος (like) lightning· swift, snap

αστραφτερός brilliant, bright, shiny

αστράφτω flash, blaze, shine, glitter αστράφτω από χαρά beam αστράφτει there are flashes of lightning

άστρο star· άστρα *(αστρολ.)* signs of the zodiac, stars

αστρολογία astrology

αστρολόγος astrologer

αστροναύτης -ισσα astronaut

αστρονομία astronomy

αστρονομικός astronomical

αστροπελέκι thunderbolt, thunderclap

άστρωτος (κρεβάτι) unmade, (χαλί, τραπέζι) unlaid· (δρόμος) unpaved, unsurfaced· (αυτοκίνητο) not run in

αστυνόμευση policing, police surveillance

αστυνομεύω police, patrol

αστυνομία police (force)· police station

αστυνομικός (of the) police **αστυνομικό τμήμα** police station • policeman, *θηλ.* policewoman, (της δίωξης εγκλήματος) detective

αστυνόμος police captain

αστυφύλακας police officer, constable, cop

ασυγκίνητος insensible **αφήνω κπ. ασυγκίνητο** leave sb. cold· unmoved, untouched

ασυγύριστος untidy, disorderly

ασυγχώρητος unforgivable, inexcusable

ασύδοτος uncontrolled, out of hand, on the loose

ασυζητητί indisputably, by far· without (further) question

ασυλία immunity

ασύλληπτος not arrested, uncaught, at large· inconceivable, unimaginable

άσυλο asylum, shelter· sunctuary

ασυμβίβαστος uncompromising· incompatible, inconsistent

ασυμπάθιστος unlikeable

ασυμπλήρωτος incomplete, unfinished· not filled in, blank

ασύμφορος inexpedient, disadvantageous· unprofitable

ασυμφωνία disagreement, discord **ασυμφωνία χαρακτήρων** incompatibility (of characters)

ασυναγώνιστος unrivalled, second to none

ασυναίσθητα unconsciously, mechanically

ασυναίσθητος unconscious, instinctive

ασυναρτησίες nonsense

ασυνάρτητα inconherently, without rhyme or reason

ασυνάρτητος incoherent

ασυνείδητα unconsciously, mechanically

ασυνείδητο (the) unconscious

ασυνείδητος unconscious· unscrupulous, unprincipled

ασυνεπής inconsistent **ασυνεπής στην ώρα του** unpunctual

ασυνήθιστος unusual, uncommon, strange· unused, not accustomed

ασυρματιστής -ίστρια radio operator

ασύρματος wireless **ασύρματο τηλέφωνο** cordless telephone • (wireless) radio

ασφάλεια safety· security· insurance· *(ηλεκτρ.)* fuse· safety catch· **η Ασφάλεια** Security Police

ασφαλής safe, secure· reliable

ασφαλίζω insure· secure

ασφάλιση insurance

ασφαλισμένος insured

ασφαλιστήριο insurance policy

ασφαλιστής -ίστρια insurance broker/agent

ασφάλιστρο (insurance) premium

άσφαλτος tarmac· surfaced/main road

ασφαλώς of course, certainly, sure· (για να δηλώσει συμπέρασμα) must, (αρνητικό) can't

ασφυκτικά γεμάτος overcrowded, packed

ασφυκτικός suffocating **κάνει ασφυκτική ζέστη** it's hot to suffocation

ασφυξία suffocation

ασφυξιογόνος asphyxiating

άσχετα ☞ ασχέτως

άσχετος irrelevant· ignorant

ασχέτως, **άσχετα** regardless of, irrespective of

άσχημα badly **αισθάνομαι άσχημα (για κτ.)** feel bad (about sth.)· nastily

ασχημαίνω mar, disfigure, make ugly· become ugly, lose one's looks

ασχήμια ugliness· eyesore, blot

ασχημίζω mar, disfigure, make ugly

άσχημος ugly· bad, nasty

ασχολία occupation, employment, job **έχω πολλές ασχολίες** be very busy, be fully occupied· pursuit· concern, worry

ασχολούμαι be busy· engage (oneself), be engaged, go in for· deal with· have as one's job, work

αταίριαστος unmatched, clashing· incompatible· inappropriate, out of place

ατάκα cue· witty remark

άτακτος naughty, mischievous

αταξία disorder· mischief

ατάραχος collected, cool

άτεκνος childless, without issue

ατέλεια defect, imperfection

ατελείωτος, **ατέλειωτος** endless, never ending· incomplete, unfinished

ατελιέ atelier, (artist's) studio

ατελώς post-free

ατεμάχιστος not cut

ατζαμής -ού beginner· clumsy person

ατζέντα address book, Filofax

ατζέντης manager, agent

ατηγάνιστος not fried· insufficiently fried

ατημέλητος dishevelled, unkempt

ατίθασος unruly

ατιμία dishonour, disgrace, infamy· improbity, dishonesty· dirty trick, monkey business

άτιμος dishonest· dishonourable, disgraceful

Ατλαντίδα Atlantis

ατλαντικός Atlantic

ατμομηχανή steam engine, locomotive

ατμοπλοϊκός (of) shipping

ατμόπλοιο steamship, steamboat, steamer

ατμός steam· vapour

ατμοσίδερο steam iron

ατμόσφαιρα atmosphere

ατμοσφαιρικός atmospheric ατμοσφαιρική ρύπανση air pollution

άτοκος interest-free

άτολμος timid, diffident, self-conscious, shy

ατομικός individual, personal, private· *(φυσ.)* atomic **ατομική βόμβα** atom bomb, A-bomb

ατομικότητα individuality

ατομιστής -ίστρια egoist, self-seeker

άτομο person, individual· *(χημ.)* atom

ατονία debility, feebleness

άτονος faint, dull· unaccented

ατού trump (card)· advantage, ace up one's sleeve

ατόφιος indivisible, whole, complete· intact, entire· solid

ατρακάριστος not crashed, never crashed

ατρόμητος fearless, dauntless, intrepid

ατσαλένιος, **ατσάλινος** made of steel, steel

ατσάλι steel

άτσαλος clumsy, slipshod

ατσαλώνω *(μτφ.)* toughen• **ατσαλώνομαι** steel oneself

ατύχημα accident

ατυχής unfortunate

ατυχία bad/hard luck, misfortune· adversity

άτυχος unlucky, unfortunate

ατυχώ fail

ατυχώς unfortunately, unluckily

αυγή dawn, daybreak

αυγό ☞ αβγό

Αύγουστος August

αυθάδεια insolence, impudence, cheek

αυθάδης insolent, impudent, cheeky

αυθαδιάζω be insolent, give cheek

αυθαιρεσία arbitrariness

αυθαίρετο illegal building

αυθαίρετος arbitrary, unauthorized

αυθεντία authority

αυθεντικός authentic, real, genuine

αυθημερόν on the same day, within the day

αυθορμητισμός spontaneity, impulsiveness

αυθόρμητος impulsive, spontaneous

αυλαία curtain

αυλάκι ditch, canal, furrow

αυλή yard, (σχολείου) (school) playground **βασιλική αυλή** (royal) court

αυλόπορτα (garden) gate

άυλος bodiless, immaterial

αυλός pipe

αυξανόμενος rising, on the increase

αυξάνω increase, raise, put up **αυξάνω ταχύτητα** accelerate, pick up speed • **αυξάνομαι** α) increase, rise, go up β) grow

αύξηση increase, growth· rise, (ΗΠΑ) raise **αύξηση αποδοχών** pay rise

αυξομειώνω cause to fluctuate • **αυξομειώνομαι** fluctuate

αυξομείωση fluctuation

αύξων αριθμός serial number

αϋπνία insomnia, sleeplessness

άυπνος sleepless

αύρα breeze

αυριανός of tomorrow, tomorrow's

αύριο tomorrow **αύριο οκτώ** a week tomorrow, tomorrow week **αύριο μεθαύριο** one of these days

αυστηρός strict, firm· severe

αυστηρότητα strictness, severity

Αυστραλία Australia

αυστραλιανός Australian

Αυστραλός -ή/-έζα Australian

Αυστρία Austria

αυστριακός Austrian

Αυστριακός -ή Austrian

αυταπάτη delusion, illusion

αυταπατώμαι delude/deceive oneself

αυταρχικός bossy, domineering, high-handed

αυταρχικότητα, **αυταρχισμός** authoritarianism, high-handedness

αυτεξούσιος independent, free, master of one's own self

αυτί, **αφτί** ear **κάτι παίρνει το αυτί μου** overhear, happen to hear sth.

αυτοάμυνα self-defence

αυτοβιογραφία autobiography

αυτογκόλ own goal

αυτόγραφο autograph

αυτοδημιούργητος self-made

αυτοδίδακτος self-taught

αυτοδιοίκηση self-government **τοπική αυτοδιοίκηση** local government

αυτοεκτίμηση self-esteem

αυτοέλεγχος self-control· self-criticism

αυτοεξυπηρετούμαι look after oneself

αυτοθυσία self-sacrifice

αυτοκαταστρέφομαι destroy oneself

αυτοκαταστροφή self-destruction

αυτοκαταστροφικός suicidal

αυτοκινητικός car, motor

αυτοκινητιστής -ίστρια motorist

αυτοκίνητο car, automobile

αυτοκινητοβιομηχανία car industry

αυτοκινητόδρομος motorway, expressway, highway, (διπλής κατεύθυνσης) dual carriageway

αυτοκόλλητο sticker

αυτοκόλλητος adhesive, stick-on

αυτοκράτορας -ειρα emperor, *θηλ.* empress

αυτοκρατορία empire

αυτοκρατορικός imperial

αυτοκριτική self-criticism

αυτοκτονία suicide

αυτοκτονώ commit suicide

αυτοκυριαρχία composure, self-control

αυτολεξεί word for word

αυτόματα ☞ αυτομάτως

αυτόματος automatic· mechanical αυτόματος τηλεφωνητής answering machine, answer phone

αυτομάτως, **αυτόματα** automatically· instinctively, by instinct

αυτονόητος evident, obvious είναι αυτονόητο it stands to reason

αυτοπεποίθηση self-confidence, confidence έχω αυτοπεποίθηση be/feel sure of oneself

αυτοπροσώπως in person, personally· in the flesh

αυτόπτης μάρτυρας eyewitness

αυτός -ή -ό he, she, it *(πληθ.)* they· (με χρονική έννοια) this· (για τον προσδιορισμό ταυτότητας) it • this, that, *(πληθ.)* those

αυτοσεβασμός self-respect

αυτοστιγμεί instantly, at once, straightaway, in no time

αυτοσυντήρηση self-preservation

αυτοσυντήρητος self-supported, self-sustained

αυτοσυντηρούμαι sustain oneself

αυτοσχεδιάζω improvise, ad-lib

αυτοσχεδιασμός improvisation

αυτοσχέδιος makeshift, improvised

αυτουργός perpetrator ηθικός αυτουργός instigator, accessory before the fact

αυτούσιος intact

αυτόφωρο police court επ' αυτοφώρω in the act, red-handed

αυτόχειρας suicide

αυτόχθων native, indigenous

αυτοψία inspection on the spot

αυχένας nape

αυχενικός (of the) nape, nuchal

αφαίρεση removal, extraction· *(μαθ.)* subtraction

αφαιρώ remove, take off/away· *(μαθ.)* subtract • **αφαιρούμαι** be absent-minded, be inattentive

αφαλός navel, belly button

αφανίζω devastate, wipe out

αφάνταστα incredibly, extremely, awfully

αφάνταστος incredible, unimaginable

άφαντος missing, lost γίνομαι άφαντος disappear, vanish (into thin air), be nowhere to be seen

αφγανικός Afghan

Αφγανιστάν Afghanistan

Αφγανός -ή Afghan

αφειδώς lavishly, freely· wastefully

αφέλεια naivety, innocence· αφέλειες fringe

αφελής naive, innocent

αφενός on the one hand

αφεντικό boss· (ζώου) master

αφερέγγυος insolvent, uncreditworthy· unreliable

αφετέρου on the other hand

αφετηρία *(αθλ.)* starting line/post/gate· *(μτφ.)* starting point· (λεωφορείων) terminal

αφή (sense of) touch, feel

αφήγημα story, tale, narrative

αφηγηματικός narrative

αφήγηση narration· narrative

αφηγητής -ήτρια narrator

αφηγούμαι narrate

αφηνιάζω bolt· *(μτφ.)* go wild

αφηνιασμένος wild

αφήνω let go (of), drop· drop (off), put down· release, set free· leave, abandon· let, allow· yield· give up, stop, drop (out of)· leave, entrust· leave, forget • **αφήνομαι** α) relax, let oneself go β) abandon oneself ♦ άσε πια (που...) not to mention (the fact that...)

αφηρημένος absent-minded· abstract

άφθαστος, **άφταστος** unequalled, unrivalled, second to none, past master

αφθονία abundance, wealth

άφθονος plenty (of), plentiful, ample, abundant

αφθονώ be abundant/plentiful, be in abundance, abound

αφιέρωμα (votive) offering· special edition (in a magazine), special programme (on TV, radio)

αφιερώνω dedicate· devote, give up

αφιέρωση dedication

αφιλόξενος inhospitable

αφιλοτιμία lack of sense of honour, meanmindedness

αφιλότιμος meanminded **βρε τον** αφιλότιμο... the rogue...

άφιλτρος nonfiltered

άφιξη arrival

αφίσα poster

αφισοκόλληση bill posting

αφισοκολλητής -ήτρια bill poster

αφισοκολλώ stick bills/posters

άφλεκτος non-flammable, fireproof

άφοβος fearless, intrepid

αφομοιώνω assimilate, digest

αφομοίωση assimilation, digestion

αφοπλίζω disarm αφοπλίζω βόμβα defuse a bomb

αφοπλισμός disarmament

αφόρετος unworn, new

αφόρητος intolerable

αφορίζω excommunicate, anathematize, unchurch

αφορισμένος excommunicate

αφορισμός *(εκκλησ.)* excommunication, anathem

αφορμή pretext· starting point, cause

αφορμίζω fester

αφορολόγητος duty-free, tax-free

αφόρτιστος (electrically) uncharged

αφορώ concern, have to do with **δε σε αφορά** it doesn't concern you, it's none of your business **καθ' όσον με αφορά** as far as I'm concerned **όσον αφορά...** as for..., as regards...· refer to

αφοσιωμένος dedicated, devoted, loyal

αφοσιώνομαι dedicate onself (to), devote oneself (to)

αφοσίωση devotion, dedication

αφού after· since, when, seeing that

άφραγκος penniless, flat broke

αφράτος fluffy· plump

αφρίζω foam, (για σαπούνι) lather

αφρικανικός African

Αφρικανός -ή African

Αφρική Africa

αφρισμένος frothy, foaming

Αφροδίτη Aphrodite

αφρόκρεμα cream

αφρολέξ foam (rubber)

αφρόλουτρο foam bath, bubble bath

αφρόντιστος uncared-for, neglected, unkempt

αφρός foam· froth· fizz· (σαπουνιού) lather

αφρώδης bubbly, fizzy

άφταστος ☞ άφθαστος

αφτί ☞ αυτί

άφτιαχτος not made, not completed· unready, unprepared· unrepaired· not tidied-up· without make-up

αφυδατώνω dehydrate

αφυδάτωση dehydration

αφύλαχτος, **αφύλακτος** unguarded

αφυπνίζω awaken, rouse from sleep

αφύπνιση awakening

αφύσικος unnatural, abnormal

άφωνος μένω άφωνος be struck dumb, be speechless

αχαΐρευτος good-for-nothing

αχανής boundless, endless, immense, vast

αχαρακτήριστος unspeakable, despicable

αχαριστία ingratitude

αχάριστος ungrateful, thankless

άχαρος graceless, clumsy· unattractive, plain· drab· thankless

αχθοφόρος porter

αχιβάδα conch

Αχιλλέας Achilles

αχινός sea urchin

αχλάδι pear

αχλαδιά pear tree

αχνάρι ☞ χνάρι

άχνη ζάχαρη άχνη caster sugar

αχνίζω steam, be steaming˙ sweat

άχνισμα steaming

αχνιστός steaming, steaming-hot˙ steamed

αχόρταγος greedy, insatiable, gluttonous

αχούρι barn, stable˙ *(μτφ.)* pigsty

αχρείος wicked, foul, vile, infamous • rogue, rascal, scoundrel

αχρησιμοποίητος unused˙new, fresh

αχρηστεύω make/render useless˙ incapacitate, cripple

αχρηστία disuse

άχρηστος useless, (of) no use καλάθι αχρήστων wastepaper basket

άχρωμος colourless˙ *(μτφ.)* dull, colourless

αχτένιστος uncombed, dishevelled

άχτι grudge βγάζω το άχτι μου σε... vent one's feelings on...

αχτίδα ☞ ακτίνα

αχυρένιος (made of) straw˙ straw-coloured

άχυρο straw

αχυρώνας barn

αχώνευτος undigested˙ unlikable, antipathetic

αχώριστος inseparable

άψε σβήσε στο άψε σβήσε in no time (at all), in a jiffy, in a flash

άψητος raw, uncooked

αψήφιστα recklessly παίρνω κτ. αψήφιστα disregard sth. το παίρνω αψήφιστα make light of it

αψήφιστος reckless˙ not passed (by Parliament)

αψηφώ ignore, disregard˙ defy

αψίδα arch

αψιλία έχω αψιλίες be broke

άψογος faultless˙ perfect

άψυχος inanimate˙ *(μτφ.)* lifeless

άωτον (the) height of...

B, β

Βαβαρία Bavaria

βαβαρικός Bavarian

Βαβαρός -ή Bavarian

βαβούρα hubbub, clamour, noise **χωρίς πολλή βαβούρα** without much fuss

Βαγδάτη Bagdat

βάγιο, **βάι** laurel branch, palm tree branch, myrtle branch (given on Palm Sunday)· **βάγια** *(μαγειρ.)* bay leaves

βαγκόν λι sleeping car, sleeper

βαγόνι (railway) carriage

βαδίζω walk· (με βήμα, σε σχηματισμό) march· head (for)

βάδισμα walking

βαζελίνη Vaseline, petroleum jelly

βάζο (ανθοδοχείο) vase· (για τρόφιμα) jar

βάζω put, place· (φορώ) wear, put on· (χώνω) insert **βάζεις ζάχαρη** (στον καφέ σου); do you take sugar (in your coffee)? **βάζω μπροστά** (μηχανή) start (an engine) ♦ **βάζω τα δυνατά μου** do one's best **το βάζω στα πόδια** run away, run off

βαθαίνω deepen

βαθιά deep, deeply **βαθιά κοιμισμένος** fast/sound asleep

βαθμιαίος gradual, progressive

βαθμολόγηση marking· (θερμόμετρου) graduation

βαθμολογητής -ήτρια marker, assessor

βαθμολογία marking· marks, score· *(αθλ.)* score

βαθμολογώ mark

βαθμός mark, grade· (θερμοκρασίας) degree· (πόντος) point· (θέση στην ιεραρχία) rank, grade

βάθος depth· far end, bottom, back, background **στο βάθος** in the distance· crux, heart

βαθούλωμα hollow, pit, (από κτύπημα) dent

βαθουλωμένος sunken

βαθουλώνω hollow (out), (με κτύπημα) dent· become hollow, (κάνω κοιλιά) sag

βάθρο pedestal, base· podium

βαθύπλουτος fabulously rich

βαθύς deep· (για χρώμα) deep, dark **βαθιά γεράματα** extreme old age, ripe old age

βαίνω go

βαλβίδα valve

βαλές jack, knave

βαλίτσα suitcase, case **φτιάχνω τις βαλίτσες μου** pack (my suitcases)

Βαλκάνια (the) Balkans

βαλκανικός Balkan

βαλς waltz

βάλσαμο balm

βαλσαμώνω embalm, (ζώο) stuff

βάλτος bog, swamp, marsh

βαμβακερός cotton, made of cotton

βαμβάκι, **μπαμπάκι** cotton· (φαρμακείου) cotton wool

βάμμα tincture βάμμα ιωδίου iodine tincture

βαμμένος painted, dyed· (μακιγιαρισμένος) made-up· (φανατικός) dyed-in-the wool, fanatical

βάναυσος crude, rough, brutal

βανδαλισμός vandalism

βάνδαλος vandal

βανίλια vanilla

βαποράκι small (steam)ship· (drug) pusher

βαποριζατέρ aerosol (can)

βαπτίζω ☞ βαφτίζω

βάπτισμα, **βάπτιση**, **βάφτισμα**, **βάφτιση** baptism, christening

βαραίνω put on weight, get fat· grow worse· be too heavy· carry weight

βαράκι light weight

βαράω, **βαρώ** hit, strike, (επανειλημμένα) beat· get hit

βάρβαρος barbarous, uncivilized • barbarian

βαρβαρότητα barbarity· brutality, atrocity

βάρδια shift· guard, watch

βαρέλι barrel

βαρελότο firecracker

βαρεμάρα boredom· laziness

βαρετός boring

βαρηκοΐα hardness/dullness of hearing **ακουστικό βαρηκοΐας** hearing aid

βαρήκοος hard of hearing

βαριά heavily· seriously, gravely· deeply, soundly

βαριέμαι be/get tired of, be sick of, be bored with, be fed up with, not feel like· be bored

βάρκα (rowing) boat, rowboat, dinghy

βαρκάδα boat trip, boating

βαρκάρης boatman

βαρόμετρο barometer, weatherglass

βάρος weight **άρση βαρών** weight lifting **έχω βάρος** weigh **παίρνω βάρος** gain weight **ρίχνω/χάνω βάρος** lose weight· gravity· burden

βαρύς heavy **βαρύτερος από το κανονικό** overweight· harsh, hard, severe **βαριά αρρώστια** serious illness· heavy, rich

βαρυστομαχιά indigestion

βαρύτητα gravity· seriousness, importance

βαρυχειμωνιά severe winter, harsh wintry weather

βαρώ ☞ βαράω

βασανίζω torture, torment· trouble, worry

βασανιστήριο torture

βασανιστής -ίστρια torturer, tormentor

βάσανο torment, torture· βάσανα α) ills, miseries β) worries

βάση base· basis, foundation

βασίζω base, ground • **βασίζομαι** α) be based (on), be founded (on) β) rely (on), count (on), depend (on)

βασικά basically

βασικός basic· chief, main, essential

βασιλεία (αξίωμα) kingship· (πολίτευμα) monarchy· (περίοδος) reign

βασίλειο kingdom

βασιλεύω reign· (για τον ήλιο) set

βασιλιάς king

βασιλικός basil· royalist • royal

βασίλισσα queen

βασιλόπιτα New Year cake

βασιλοπούλα (young) princess

βασιλόπουλο (young) prince

βασιλόφρονας royalist

βάσιμος well-grounded

βασκανία evil eye

βαστώ, **βαστάω** (κουβαλώ, κρατώ) carry, hold· (στηρίζω) support, hold· (αντέχω) bear, stand, put up with • **βαστιέμαι** hold on (to sth.)

βατ watt

βάτα shoulder padding

βατήρας springboard

Βατικανό Vatican

βατόμουρο blackberry

βάτος, **βάτο** bramble, (γενικά) thorny bush

βατός passable· manageable, reasonable

βατραχάνθρωπος frogman

βατραχοπέδιλο flipper

βάτραχος frog

βαφή (act of) dyeing, painting, colouring, varnishing, polishing· (το υλικό) dye, paint, (για παπούτσια) polish

βαφτίζω, **βαπτίζω** baptize, christen· be/stand godfather or godmother

βάφτιση ☞ βάπτισμα

βαφτίσια christening

βαφτισιμιός -ά godchild, godson, *θηλ.* goddaughter

βάφτισμα ☞ βάπτισμα

βαφτιστικός christening βαφτιστικό όνομα Christian name

βάφω paint, dye, colour, polish, varnish • **βάφομαι** use makeup, make oneself up

βάψιμο painting, dyeing, polishing, varnishing· (μακιγιάζ) makeup

βγάζω take/get/put out· let out· (αφαιρώ) remove, take off, get off· (οδηγώ) lead· (κερδίζω) earn, make (money)· (παράγω) produce, turn out· (τελειώνω) finish· (καταλαβαίνω) make out ♦ **τα βγάζω πέρα** α) get by, cope β) make ends meet

βγαίνω come out (of), go out (of), get out (of)· (ξεκολλώ) come off· (εμφανίζομαι) rise, come up/out, appear· (παράγομαι) be made (of/from)· (εκλέγομαι) be elected· (σβήνω) come out· (δημοσιεύομαι) be published, come out· (τελειώνω) come out, be out· (προέρχομαι) derive, be derived **βγαίνω αληθινός** come true **βγαίνω ζημιωμένος** lose out **βγαίνω χαμένος** lose out ♦ **τι βγαίνει μ' αυτό;** so what?

βδομάδα ☞ εβδομάδα

βέβαια, **βεβαίως** of course, surely, certainly

βέβαιος certain, sure **δεν είμαι βέβαιος για...** be dubious about/as to...

βεβαιότητα certainty

βεβαιώνω affirm, attest, confirm, testify· assure • **βεβαιώνομαι** make certain/sure

βεβαίως ☞ βέβαια

βεβαίωση certificate

βεβιασμένος (over)hasty· forced, constrained

βεγγαλικό firework

βελάζω bleat

βελανίδι acorn

βελανιδιά oak tree

βέλασμα bleat, bleating

βελγικός Belgian, of/from Belgium

Βέλγιο Belgium

Βέλγος Βελγίδα Belgian

Βελιγράδι Belgrade

βελόνα needle, (πλεξίματος) knitting needle, (γραμμοφώνου) stylus, (κάκτου) spine

βελονισμός acupuncture

βελονιστής -ίστρια acupuncturist

βέλος arrow· (στο παιχνίδι) dart

βελούδινος, **βελουδένιος** velvet· very soft, velvety

βελούδο velvet

βελουτέ velour, velvety

βελτιώνω improve, better, make better • **βελτιώνομαι** improve, get better

βελτίωση improvement, betterment

Βενετία Venice

βενετσιάνικος Venetian, of/from Venice

Βενετός -ή/-σάνα Venetian

βενζινάδικο petrol station, (ΗΠΑ) gas station

βενζίνη patrol, (ΗΠΑ) gas, gasoline **πρατήριο βενζίνης** petrol station, filling station, (ΗΠΑ) gas station

βεντάλια fan

βεντέτα (αντεκδίκηση) vendetta· star (of stage/screen)

βέρα wedding ring

βεράντα verandah

βέργα stick, cane· (για κουρτίνα, πετσέτα) rail

βερεσέ on credit, on tick ♦ **ακούω βερεσέ** pay no heed **τσάμπα και βερεσέ** for no good reason

βερικοκιά apricot tree

βερίκοκο apricot

βερμούδα Bermuda shorts, Bermudas

Βερμούδες (the) Bermudas

βερνίκι varnish, polish

Βερολίνο Berlin

βεσέ water closet, WC

βέσπα vespa, motor scooter

βεστιάριο *(θέατρ.)* cloakroom

βετεράνος veteran

βέτο veto

βήμα step, footstep(s), pace **δύο** βήματα close at hand· (ομιλητή) podium, rostrum ♦ **βήμα βήμα** step by step

βηματίζω walk, pace

βηματοδότης pacemaker

βήξιμο cough, coughing

Βηρυτός Beirut

βήτα the second letter of the Greek alphabet **βήτα κατηγορίας** second-rate

βήχας cough **με πιάνει βήχας** have a fit of coughing

βήχω cough

βία violence· (καταναγκασμός) force· (βιασύνη) haste, hurry ♦ **μόλις και μετά βίας** barely, hardly

βιάζω (use) force, make (sth.) happen too quickly· rape • **βιάζομαι** hurry up, be in a hurry/haste, hasten, get a move on **τι βιάζεσαι;** what's your hurry?

βίαιος violent, fierce, forcible

βιάση haste, hurry

βιασμός rape

βιαστής rapist

βιαστικά in a hurry/rush, hurriedly, hastily

βιαστικός hasty, hurried, quick, rushed **είμαι βιαστικός** be in a hurry/haste

βιασύνη haste, hurry

βιβλιάριο booklet, book **βιβλιάριο επιταγών** chequebook

βιβλίο book

βιβλιογραφία bibliography, references

βιβλιοθηκάριος librarian

βιβλιοθήκη library· (το έπιπλο) bookcase, (τα ράφια) bookshelves

βιβλιοπωλείο bookshop, bookstore

βιβλιοπώλης -ισσα bookseller

βιβλιοστάτης bookstand

Βίβλος Holy Bible

βίδα screw, (που βιδώνει με παξιμάδι) bolt

βίδωμα screwing

βιδώνω screw

βιδωτός screwed

βιενέζικος Vienese

Βιενέζος -α Vienese

Βιένη Viena

Βιετνάμ Vietnam

Βιετναμέζος -α Vietnamese

βίζα visa

βιζόν mink

βίλα villa

βίντεο video, video-cassette recorder, VCR

βιντεογραφώ video

βιντεοκάμερα videocamera

βιντεοκασέτα video cassette

βιντεοκλάμπ video club

βιντεοκλίπ video clip

βιντεοπαιχνίδι video game

βιντεοσκόπηση videoing

βιντεοσκοπώ video, videotape

βιντεοταινία video film

βιογραφία biography, life

βιογραφικός biographic(al) βιογραφικό σημείωμα curriculum vitae, CV

βιολέτα violet

βιολί violin, fiddle

βιολιστής -ίστρια violinist, fiddler

βιολιτζής fiddler

βιολογία biology

βιολογικός biological

βιολοντσέλο (violon)cello

βιομηχανία industry· factory

βιομηχανικός industrial

βιομήχανος industrialist

βιοπαλαιστής -αίστρια poor working person, toiler

βιοπάλη struggle to survive

βιος belongings, possessions

βίος life, lifetime

βιοτέχνης small manufacturer

βιοτεχνία small industry

βιοτικός of life, of living βιοτικό επίπεδο standard of living

βιοχημεία biochemistry

βιοψία biopsy

βιπ very important person, VIP

βίπερ paperback romance

βίσονας bison

βιταμίνη vitamin

βιτρίνα shop window· (εκθεμάτων) showcase

βιτρό stained glass

βίτσιο vice, perversion· eccentricity

βίωμα experience

βιώνω experience, live (an experience)

βλαβερός bad, harmful, detrimental

βλάβη damage, harm· (mechanical) failure, breakdown

βλάκας fool, idiot, imbecile

βλακεία stupidity, foolishness· foolish thing (to do/to say)· **βλακείες** nonsense

βλακώδης stupid, idiotic, foolish

βλακωδώς stupidly, foolishly

βλαμμένος not right in the head, cranky

βλάπτω harm, do harm to, be bad for, damage· disagree with, not agree with· hurt, be harmful **δε** βλάπτει να... there's no harm in...

βλαστάνω, **βλασταίνω**, **βλαστίζω** sprout, shoot

βλαστάρι (φυτού) sprout, shoot· (παιδί) offspring, scion

βλαστήμια swearword, curse

βλαστημώ swear (at), curse

βλάστηση vegetation

βλαστίζω ☞ βλαστάνω

βλέμμα look, glance

βλέπω see· (παρακολουθώ) watch· (καταλαβαίνω) see, understand· (συναντώ) see· (εξετάζω) see, look at, see to· (αντιμετωπίζω) look on (with/as)· look out (to/on) • **βλέπομαι** see one another, see each other ♦ **δε βλέπω την ώρα να...** can't wait to... **είδα κι έπαθα να...** had terrible trouble to...

βλεφαρίδα eyelash

βλέφαρο eyelid

βλήμα missile· bullet· shell

βλοσυρός grim, grimfaced, scowling, unsmiling

βόας boa (constrictor)

βογκητό groan(ing), moan(ing)

βογκώ groan, moan

βόδι ox· (βλάκας) blockhead, numbscull

βοδινός bovine **βοδινό κρέας** beef

βοή, **βουή** noise, din, roar

βοήθεια help, assistance, aid **πρώτες βοήθειες** first aid **χωρίς βοήθεια** by oneself

βοήθημα aid· allowance, benefit· (βιβλίο) companion book, reference book

βοηθητικός auxiliary

βοηθός assistant, helper **ο Θεός βοηθός!** God help us!

βοηθώ help, assist

βόθρος cesspool, cesspit

βολβός bulb **βολβός του ματιού** eyeball

βόλεϊ, **βόλεϊ μπολ** volleyball

βολεϊμπολίστας -ρια volleyball player

βολεμένος arranged in a safe, comfortable position· sitting pretty

βολεύω (manage to) put/arrange· fit in, put up **(κτ.) με βολεύει** sth. suits me • **βολεύομαι** α) make oneself comfortable β) set things up for oneself, get fixed up

βολή cast, throw· shot

βολίδα bullet **φεύγω σαν βολίδα** be off like a flash **περνώ σαν βολίδα** flash by, shoot

βολιδοσκοπώ sound out

βολικός (άνθρωπος) accommodating, easy-going· (κάθισμα κτλ.) comfortable· (εξυπηρετικός) convenient, suitable

βόλος clot, lump, clod· (παιχνίδι-ού) marble

βολτ volt

βόλτα walk, stroll· (με το αυτοκίνητο) drive, (με το ποδήλατο κτλ.) ride· turn, revolution ♦ **τα φέρνω βόλτα** manage, cope

βόμβα bomb· *(μτφ.)* bombshell

βομβαρδίζω bomb, bombard, shell· *(μτφ.)* bombard, shower

βομβαρδισμός bombardment, bombing, shelling raid

βομβαρδιστικό bomber

βομβητής buzzer, (για ασύρματη ειδοποίηση) beeper, pager

βομβιστής -ίστρια bomber

βομβιστικός of bombing, bomb

βόμβος buzz, hum, whirr

Βόννη Bonn

βοοειδή cattle

βόρεια, **βορείως** north, northwards

βορειοανατολικός northeast(ern)

βορειοδυτικός northwest(ern)

Βορειοηπειρώτης -ισσα person coming from Northern Epirus

βόρειος north, northern **Βόρειος Πόλος** North Pole • Northerner

βορείως ☞ βόρεια

βοριάς north· north wind

βορινός north, northern

βορράς north

βοσκός shepherd

βόσκω graze

Βοσνία Bosnia

Βόσνιος -α Bosnian

βότκα vodka

βότσαλο pebble

βουβός dumb, mute

Βουδαπέστη Budapest

Βούδας Buddha

βουδισμός Buddhism

βουδιστής -ίστρια Buddhist

βουδιστικός Buddhist

βουή ☞ βοή

βουητό, **βούισμα** buzz, hum, roar

βουίζω buzz, hum, roar· buzz, ring **το τηλέφωνο βουίζει** the line is engaged/busy

βούισμα ☞ βουητό

Βουκουρέστι Bucharest

Βουλγαρία Bulgaria

βουλγαρικός Bulgarian

Βούλγαρος Βουλγάρα Bulgarian

βουλευτής -ίνα Member of the Parliament, MP

βουλευτικός parliamentary **βουλευτική έδρα** seat in Parliament

βουλή Parliament (House)

βούληση will, will power

βουλιάζω (για πλοίο) sink, founder· cave in, dent, sag

βουλιμία greed

βουλκανιζατέρ tyre repair workshop

βουλοκέρι sealing wax

βούλωμα cap, plug

βουλώνω cap, plug, (με φελλό) cork· (μπλοκάρω) be/get blocked ♦ **βούλωσ' το!** shut up!

βουνίσιος (of/from) mountain, mountainous

βουνό mountain

βουνοκορφή mountaintop, summit, peak

βουνοπλαγιά mountainside

βουνοσειρά mountain range

βούρδουλας bullwhip· severe punishment

βούρκος mire, slime, sludge, bog

βουρκώνω fill with tears, have one's eyes filled with tears

βουρλίζω drive mad/crazy, enrage, vex

βούρλο rush, reed· *(μτφ.)* fool, idiot

βούρτσα brush, (μαλλιών) hairbrush

βουρτσίζω brush

βούρτσισμα brush(ing)

βούτημα teacake, scone, biscuit

βουτηχτής diver

βουτιά dive, plunge, (μπανάκι) dip

βούτυρο butter

βουτυρώνω butter

βουτώ, **βουτάω** dip· (στο νερό) dive, plunge· (αρπάζω) grab, grasp, seize, grip· (κλέβω) filch, pinch

βραβείο prize, award **χρηματικό** βραβείο prize money **βραβείο Νόμπελ** Nobel prize **βραβείο Όσκαρ** Academy Award

βράβευση award of (a) prize(s), prize giving

βραβεύω give/award a prize to

βράγχιο gill

βραδάκι early evening

βραδιά evening· night

βραδιάζω be getting dark

βραδιάτικα in the evening, during the night

βραδινό evening· (φαγητό) evening meal, dinner, supper

βραδινός evening **βραδινό φαγητό** dinner, supper

βράδυ evening· night

βραδύγλωσσος -η stammerer, stutterer

βραδύς slow, sluggish

Βραζιλία Brazil

βραζιλιάνικος Brazilian

Βραζιλιάνος -α Brazilian

βράζω boil· brew

βρακί pants, (αντρικό) underpants, (γυναικείο) panties, (παιδικό) briefs

βράση boiling, boiling point

βρασμός boiling ♦ **εν βρασμώ ψυχής** in the heat of the moment

βραστήρας kettle

βραστός boiled· (ζεματιστός) boiling hot

βράχια ☞ βράχος

βραχιόλι bracelet

βραχνάδα hoarseness

βραχνιάζω be/become hoarse βραχνιάζω **από τις φωνές** shout oneself hoarse

βραχνός hoarse

βραχονησίδα rocky island

βράχος (*πληθ.* και **βράχια**) rock

βραχυγραφία abbreviation

βραχυκύκλωμα short-circuit

βραχυκυκλώνω short-circuit

βραχυπρόθεσμα in the short term

βραχυπρόθεσμος short-term

βραχώδης rocky

βρεγμένος wet, soaked, (υγραμένος) damp

Βρετανία Britain

βρετανικός British

Βρετανός -ή Britisher, Brit **οι Βρετανοί** the British

βρεφικός infatile, baby **βρεφική ηλικία** infancy **βρεφικός σταθμός** creche, day nursery

βρεφοκομείο foundling home

βρεφοκόμος nursery nurse

βρεφονηπιακός σταθμός creche, day nursery

βρέφος infant, baby

βρέχω rain· wet, (υγραίνω) moisten, damp • **βρέχομαι** get wet

βρίζω, υβρίζω swear (at), curse, call (sb.) names

βρικόλακας vampire

βρισιά swearword, curse, [στον πληθ.] abuse, bad language

βρισίδι, **βρίσιμο** swearing

βρίσκω find, get· meet, (τυχαία) come across, run into· find, find out· discover **βρίσκω δυσκολίες** run up against difficulties **βρίσκω την ώρα να...** choose the right time to... ♦ **βρίσκω τον μπελά μου** get into trouble **καλώς σας βρήκα!** glad to be here! • **βρίσκομαι** α) be found, find oneself, be β) lie, be, be situated γ) be/get (in a particular situation)

βρογχίτιδα bronchitis

βρόμα (δυσοσμία) stench, stink· (έλλειψη καθαριότητας) dirt, filth, muck

βρομάω, **βρομώ** reek (of), stink (of), smell (of)· (χαλώ) go off

βρομερός dirty, filthy, foul· nasty, vile

βρόμη oats

βρομιά dirt, filth, muck

βρομιάρης dirty, filthy, unwashed • filthy/unwashed person

βρομίζω get dirty· go off/bad· dirty, soil

βρόμικος dirty, filthy

βρομοδουλειά dirty trick· nasty job

βρομοθήλυκο little slut

βρομόκαιρος nasty weather

βρομοκοπάω, **βρομοκοπώ** reek (of), stink (of)

βρομοκουβέντα dirty word, obscenity

βρομόλογο dirty word, [στον πληθ.] bad language

βρομόξυλο thrashing

βρομόπαιδο brat, little bastard

βροντάω ☞ βροντώ

βροντερός thunderous, sonorous

βροντή thunderclap, peal/crash of thunder, [στον πληθ.] thunder· bang, boom

βρόντος loud noise, bang, slam ♦ **μιλώ στο βρόντο** waste one's words **πάω στο βρόντο** come to nothing, fall flat

βροντοφωνάζω shout loudly, shout at the top of one's voice

βροντώ, **βροντάω** thunder, boom, rumble· bang, slam

βροχερός rainy, wet

βροχή rain σταγόνες βροχής raindrops

βροχικά bronchitis

βρόχινος (of) rain

βροχόνερο rainwater

Βρυξέλλες Brussels

βρύση tap· fountain

βρυχηθμός growl, roar

βρυχιέμαι, **βρυχώμαι** growl, roar

βρώμα ☞ βρόμα

βρωμάω, **βρωμώ** ☞ βρομώ

βρωμερός ☞ βρομερός

βρωμιά ☞ βρομιά

βρωμίζω ☞ βρομίζω

βρώμικος ☞ βρόμικος

βρωμώ ☞ βρομάω

βυζαίνω suckle· suck

βυζαντινός Byzantine

Βυζάντιο Byzantium, (the) Byzantine Empire

βυζί breast, tit

βυθίζω (πλοίο) sink, scuttle· dip, immerse· (χώνω) drive, thrust • **βυθίζομαι** sink, be sunk, go down, founder

βυθός bottom

βυσσινάδα black cherry juice

βυσσινής crimson, purplish red

βυσσινί crimson, purplish red

βύσσινο black cherry

βυτίο barrel, cask, keg· tanker truck, sludge tanker

βυτιοφόρο tanker

βωμολοχία obscenity

βωμολοχώ use bad language, talk smut

βωμός altar

Γ, γ

γαβάθα bowl

γαβγίζω bark (at), yap

γάβγισμα bark(ing), yap(ping)

γάζα gauze, piece of gauze

γαζί (seam) stitch, stitching

γαζώνω sew **γαζώνω με σφαίρες** riddle with bullets

γάιδαρος, **γαϊδούρι** donkey· *(μτφ.)* selfish bastard

γαϊδούρα female donkey· *(μτφ.)* rude/thick-skinned woman

γαϊδουράγκαθο thistle

γαϊδουρεύω grow insolent, behave rudely/boorishly

γαϊδούρι ☞ γάιδαρος

γαϊδουριά rudeness

γαϊδουρινός, **γαϊδουρίσιος** (of a) donkey, asinine· *(μτφ.)* boorish, rude, vulgar

γαιοκτήμονας landowner

γάλα milk **καφές με γάλα** white coffee

γαλάζιος (light) blue, sky-blue • **γαλάζιο** (light) blue, sky-blue

γαλαζοαίματος blue-blooded • nobleman, aristocrat

γαλαζοπράσινος greenish-blue

γαλακτερά dairy products

γαλακτοβιομηχανία dairy products industry/factory

γαλακτοκομικός of dairying, dairy

γαλακτομπούρεκο custard pie

γαλάκτωμα emulsion **γαλάκτωμα καθαρισμού προσώπου** cleansing milk

γαλανόλευκος blue and white

γαλανομάτης blue-eyed

γαλανός (light) blue, sky-blue

γαλαξίας galaxy

γαλαρία gallery

γαλατιέρα milk pot

γαλέος smooth shark, tope

γαληνεύω calm (down)

γαλήνη calm, peace, serenity

γαλήνιος calm, serene

γαλίφης -ισσα flatterer, coaxer

γαλιφιές cajolery, flattery

Γαλλία France

γαλλικά (the) French (language)

γαλλικός French, of France

Γάλλος Γαλλίδα Frenchman, *θηλ.* Frenchwoman· **οι Γάλλοι** the French

γαλλόφωνος Francophone

γαλόνι gallon· (στρατιωτικό) stripe

γαλοπούλα turkey (hen)

γάλος turkey cock

γαλότσα Wellington (boot)

γαλούχηση *(μτφ.)* nurture, upbringing

γαλουχώ *(μτφ.)* nurture, bring up

γαμήλιος wedding, bridal, marital

γαμήλια τελετή wedding (ceremony) **γαμήλιο ταξίδι** honeymoon trip

γάμος (ο θεσμός) marriage· (η τελετή) wedding

γάμπα calf, leg

γαμπρός (σε γάμο) groom, bridegroom· (σύζυγος αδελφού/-ής) brother-in-law· (σύζυγος κόρης) son-in-law

γαμψός hooked **γαμψά νύχια** (curved) claws, talons

γάντζος hook· (πόρτας) latch

γαντζώνω hook, hitch • **γαντζώνομαι** α) get hooked β) cling

γάντι glove, (χωρίς δάκτυλα που καλύπτει όλη την παλάμη) mitten

γανώνω tin, tin plate, plate with tin ♦ **γανώνω το κεφάλι κάποιου** talk sb.'s head off

γανωτής tinsmith, tinker

γαργαλητό, **γαργάλισμα** tickling

γαργαλιστικός tempting, attractive

γαργαλώ, **γαργαλίζω** tickle, give (sb.) a tickle • **γαργαλιέμαι** be ticklish

γαργάρα gargle

γαρδένια gardenia

γαρδούμπα braided and baked (lamb) intestines

γαριάζω look dirty, turn greyish (after bad washing)

γαρίδα prawn, (μικρή) shrimp

γαριδάκι small shrimp· (παιδική λιχουδιά) corn curl

γαριδοσαλάτα shrimp salad

γαριφαλιά carnation (plant)

γαρίφαλο carnation· (το μπαχαρικό) clove

γαρνίρισμα garnish, trimming

γαρνίρω garnish, trim

γαρνιτούρα garnish, trimming, (σαλάτας) dressing

γάστρα pot

γαστρεντερίτιδα gastrenteritis

γαστρεντερολόγος gastroenterologist

γαστρίτιδα gastritis

γαστρορραγία gastrorrhagy

γαστροσκόπηση gastroscopy

γάτα cat

γατάκι kitten

γάτος he-cat, tomcat

γατούλα pussy, pussycat

γδάρσιμο scratch

γδέρνω scrape, scratch· (ζώο) skin· *(μτφ.)* overcharge, fleece

γδούπος thud, thump, bump

γδύνω undress, strip, take (sb.'s) clothes off· rip off, fleece· strip bare • **γδύνομαι** take off one's clothes, undress

γδυτός undressed, stripped, naked, with nothing on

γεγονός event· (περιστατικό) incident, occurrence, happening· reality, fact **παρά το γεγονός ότι...** despite the fact that...

γεια (χαιρετισμός συνάντησης) hi,

hallo, (χαιρετισμός αποχαιρετισμού) goodbye, so long

γειρτός bowed, stooping, drooping, leaning

γείσο cornice, ledge, (στέγης) eaves· brim, peak

γείτονας γειτόνισσα neighbour

γειτονεύω live close (to)· border (on)

γειτονιά neighbourhood· neighbours

γειτονικός neighbouring

γειώνω earth, (ΗΠΑ) ground

γείωση earth(ing), ground (connection)

γελάδα ☞ αγελάδα

γελάδι heifer· γελάδια cattle

γελαδινός ☞ αγελαδινός

γελασμένος mistaken

γελαστός smiling, cheerful

γέλιο laugh(ing), laughter **βάζω τα** γέλια/σκάω **στα γέλια** burst out laughing, burst into laughter

γελοιογραφία caricature, cartoon

γελοιογράφος caricaturist

γελοιοποίηση ridicule, mockery

γελοιοποιώ ridicule, make a fool of • **γελοιοποιούμαι** make a fool of oneself

γελοίος ridiculous

γελώ, **γελάω** laugh, have a laugh· smile at • **γελιέμαι** be mistaken

γελωτοποιός clown, jester

γεμάτος full (of), filled with, (κατάμεστος) jammed/packed with· (παχουλός) plump· (για όπλο) loaded

γεμίζω fill, (ως επάνω) fill up· (όπλο) load, (μπαταρία) charge· put on weight, fill out· satisfy, content· (για το φεγγάρι) wax

γέμιση (act of) filling, (όπλου) loading· stuffing

γεμιστός stuffed

Γενάρης January

γενεά ☞ γενιά **το χάσμα των γενεών** the generation gap

γενεαλογικό δέντρο family tree

γενέθλια birthday

γενειάδα (long) beard

γενέτειρα homeland, native land, birthplace

γένια beard

γενιά, **γενεά** ancestry, stock, family· generation

γενικά, **γενικώς** generally, in general, on the whole· generally speaking, by and large· (ευρύτερα) commonly, popularly

γενίκευση generalization· proliferation, spread

γενικεύω generalize • **γενικεύομαι** spread

γενικός general· overall **σε γενικές γραμμές** generally speaking, by and large

γενικώς ☞ γενικά

γέννα birth, childbirth, delivery

γενναιοδωρία generosity

γενναιόδωρος generous
γενναίος brave, fearless· generous, handsome
γενναιότητα bravery, courage
γενναιοψυχία bravery, courage, generosity, magnanimity
γεννημένος born
γέννηση birth
γεννησιμιό από γεννησιμιού μου from birth
γεννητικός genital γεννητικά όργανα genitals
γεννητικότητα birthrate
γεννήτρια generator
γεννώ, **γεννάω** give birth to, bear, (για ζώα) breed, have young, (για πουλιά) lay (eggs)· *(μτφ.)* create, cause • **γεννιέμαι** be born
γενοκτονία genocide
γένος descent, family, blood· *(βιολ.)* sex· *(γλωσσ.)* gender
γερά hard, fast· tight(ly)
γεράκι falcon, hawk
γεράματα old age
γεράνι geranium
γερανός crane, (μεγάλος γερανός) derrick
γερασμένος aged
γερατειά ☞ γηρατειά
γέρικος aged, old
Γερμανία Germany
γερμανικά (the) German (language)
γερμανικός German, of German
Γερμανός -ίδα German
γέρνω stoop, bow, droop· lean· slant, list· tilt, tip (over)
γερνώ, **γερνάω** grow old· age
γεροδεμένος strongly-built, well-built, brawny
γεροντικός old-age, of old age γεροντική άνοια senility
γεροντοκόρη old maid, spinster
γεροντοπαλίκαρο old bachelor
γεροντόπαχα middle-age spread
γέρος old man • old
γερός strong, sturdy· healthy, sound· intact, undamaged, whole· (very) good
γερούνδιο gerund
γερουσία old folks· Senate
γερουσιαστής senator
γεύμα meal, (κύριο γεύμα) dinner
γευματίζω eat, have lunch/dinner
γεύομαι taste
γεύση (sense of) taste έχω γεύση taste
γευστικός tasty
γέφυρα bridge
γεφυρώνω bridge
γεωγραφία geography
γεωγραφικός geographic(al) γεωγραφικό μήκος longitude
γεωλογία geology
γεωλόγος geologist
γεωμετρία geometry
γεωμετρικός geometric(al)
γεωπόνος agriculturist, agronomist

γεωργία agriculture

γεωργικός agricultural

γεωργός farmer

γεώτρηση drilling, boring

γεωτρύπανο (drilling) rig

γη (the planet) earth· earth, (the) world· ground, soil, land

γηγενής indigenous, native

γήινος of the earth, earth's, earthly

γήπεδο field, ground, pitch γήπεδο γκολφ golf course γήπεδο τένις/μπάσκετ/βόλεϊ tennis/basketball/volleyball court

γηπεδούχος ομάδα home team

γήρας old age

γηρατειά, **γερατειά** old age

γηροκομείο old people's home, rest home

γηροκομώ look after/nurse (an old person)

για for· (σχετικά με) about· (αιτία) for, over για ένα διάστημα for a while για λίγο for a little while για να to, so as to, in order to για να μη(ν) lest για πάντα for ever για την ώρα for the time being γι' αυτό that's why, for this reason για χάρη/χατίρι τού... for the sake of... • just· let's

γιαγιά grandmother

γιακάς collar

γιαούρτι yoghourt

γιαπί skeleton building, building works

γιαπωνέζικα (the) Japanese (language)

γιαπωνέζικος Japanese, of Japan

Γιαπωνέζος -α Japanese

γιάρδα yard (0. 914 μ.)

γιαρμάς yellow peach

γιασεμί jasmine

γιατί why, what...for να γιατί that's why • because, for γιατί αλλιώς otherwise, or else

γιατρειά cure, remedy

γιατρεύω cure, heal • **γιατρεύομαι** get well, recover

γιατρικό medicine, remedy

γιατρίνα lady doctor

γιατρός, **ιατρός** doctor, (παθολόγος) physician

Γιβραλτάρ Gilbraltar

γίγαντας giant

γιγαντιαίος gigantic, colossal

γιγαντοαφίσα giant advertising poster

γίδα (she-)goat

γίδι kid, young goat

γιδίσιος goat's, goat

γιδοβοσκός goatherd

γιλέκο waistcoat, (ΗΠΑ) vest

γίνομαι be, become· (μεταβάλλομαι) change into, be turned into· (συμβαίνω) happen, occur, take place, be held· (ωριμάζω) ripen, mature· (είμαι έτοιμος) be done/cooked, be ready γίνεται be possible, can, may όσο γίνεται πιο γρήγορα as soon as possible τι γίνεσαι; how are you? how are things?

τι γίνεται αν... what if... **τι γίνεται εδώ;** what's going on here?

γινωμένος ripe

γιογιό potty· (το παιχνίδι) yo-yo

γιορτάζω, **εορτάζω** celebrate, have one's name day

γιορτασμός ☞ εορτασμός

γιορταστικός festive, festal γιορταστικές εκδηλώσεις festivities

γιορτή, **εορτή** holiday· name day· feast day

γιορτινός festive

γιος, **γυιός** son

γιοτ yacht

γιουβαρλάκια spiced meatballs with rice

γιουβέτσι roast meat with pasta

Γιουκοσλαβία Yugoslavia

γιουκοσλαβικός Yugoslavian, of Yugoslavia

Γιουκοσλάβος -α Yugoslav

γιουσουρούμ flea market (particularly that of Athens)

γιουχαΐζω, **γιουχάρω** boo, jeer

γιουχάισμα boo(ing), jeering

γιουχάρω ☞ γιουχαΐζω

γιρλάντα garland

γιωταχής owner of a private car

γιωταχί private car

γκαβός squint-eyed

γκάγκστερ ☞ γκάνγκστερ

γκαγκστερικός ☞ γκανγκστερικός

γκαζάκι gas cylinder

γκάζι gas· gasworks· *(αυτοκ.)* gas pedal, accelerator

γκαζόζα fizzy drink, lemonade

γκαζόν grass, lawn **μηχανή για** γκαζόν lawn mower

γκάιντα bagpipes

γκαλερί (art) gallery

γκαλερίστας -α owner of a gallery, art dealer

γκάλοπ (Gallup) poll, opinion poll

γκαμήλα ☞ καμήλα

γκαμπαρντίνα ☞ καπαρντίνα

γκάνγκστερ, **γκάγκστερ** gangster

γκανγκστερικός, **γκαγκστερικός** of gangsters, thuggish

γκαντέμης -ισσα constant loser, jinx

γκαντεμιά bad luck, jinx

γκαραζιέρης garageman

γκαραζόπορτα garage door

γκαρίζω bray

γκάρισμα bray(ing)

γκαρνταρόμπα wardrobe· (ο χώρος) cloakroom

γκαρσόνα waitress, barmaid

γκαρσόνι waiter

γκαρσονιέρα one-roomed flat

γκάφα blunder, boob

γκέι homosexual, gay

γκελ, **γκέλα** bounce **κάνω** γκέλ(α) bounce

γκέμι rein, bridle

γκίνια bad luck, losing streak

γκισέ, **γκισές** (teller's) counter· (εκδοτήριο εισιτηρίων) ticket office

γκολ goal

γκολκίπερ goalkeeper, goalie

γκολπόστ goalpost

γκολτζής striker

γκολφ golf

γκόμενα girlfriend, steady, lay· sexually attractive woman, bird, a bit of skirt

γκόμενος boyfriend, steady

γκουβερνάντα, **κουβερνάντα** governess, nanny

γκοφρέ crimpled

γκοφρέτα wafer (biscuit)

γκραβούρα etching· (photo) gravure, print

γκράφιτι graffiti

γκρέιπ-φρουτ grapefruit

γκρεμίζω bring/knock/pull down, demolish

γκρεμός cliff, precipice, crag

γκρενά garnet red

γκρι grey, (ΗΠΑ) gray

γκριζομάλλης grey-haired

γκρίζος grey, (ΗΠΑ) gray

γκριλ grill

γκριμάτσα grimace

γκρίνια nag(ging), grumbling, murmur

γκρινιάζω nag, grumble

γκρινιάρης grouchy, nagging • nagger, grumbler

Γκρίνουιτς Greenwich **ώρα Γκρίνουιτς** Greenwich Mean Time (GMT)

γκροπλάν close-up

γκρουμ bellboy, page

γκρουπ group

γλάρος seagull

γλαρώνω doze off, nod (with sleep), drop off

γλασάρω cover with icing, ice

γλάστρα flower pot

γλειφιτζούρι lollipop, lolly

γλείφτης -ρα lickspittle, boot-licker, toady

γλείφω lick· (κολακεύω) butter up, suck up to • **γλείφομαι** lick one's lips

γλείψιμο licking· (κολακεία) fawning, toadying

γλεντζές -ού pleasure-lover, reveller

γλέντι party, feast, feasting

γλεντώ have fun, revel

γλιστερός slippery

γλίστρα slip, slide

γλιστρώ slide, slip, (πλάγια) skid· be slippery· (στα κρυφά) slip, sneak, creep

γλίτσα slime, (χιονιού) sludge

γλιτσιασμένος slimy

γλιτώνω (σώζομαι) escape, survive· (απαλλάσσομαι) get rid (of), escape (from)· (σώζω) save, rescue ♦ φτηνά τη γλιτώνω get off lightly

γλόμπος (light) bulb

γλουτός buttock, haunch

γλύκα sweetness· sweet

γλυκαίνω sweeten, make sweet· (πόνο κτλ.) ease, soothe· (για τον καιρό) turn milder

γλυκανάλατος (για φαγητά) tasteless, bland· (για πρόσωπα) wishy-washy· (για ταινίες κτλ.) soppy, slushy

γλυκάνισο, **γλυκάνισος** aniseed

γλυκατζής -ού είμαι γλυκατζής have a sweet tooth

γλυκερίνη glycerin(e)

γλυκίζω be sweetish

γλύκισμα sweet, gâteau

γλυκό confection, sweet, (μετά το γεύμα) dessert

γλυκοκοιτάζω look tenderly, look sweet on (sb.)

γλυκομίλητος soft-spoken, affable

γλυκόξινος sweet-and-sour

γλυκόπικρος bittersweet

γλυκόπιοτος smooth

γλυκός sweet **γλυκό νερό** freshwater· (καιρός) mild, (χρώμα) mellow· (προσφώνηση) darling, sweetie

γλύπτης -ρια sculptor, *θηλ.* sculptress

γλυπτική sculpture

γλυπτό sculpture

γλυφός brackish

γλώσσα tongue· language, (συγκεκριμένου επαγγέλματος) parlance, jargon **μητρική γλώσσα** mother tongue, native language· (το ψάρι) sole

γλωσσάρι glossary

γλωσσάς -ού cheeky/insolent person

γλωσσοδέτης tongue twister

γλωσσολογία linguistics

γλωσσολόγος linguist

γλωσσομαθής polyglot

γνάθος jaw, jawbone

γνέθω spin

γνέφω beckon, nod, sign, signal

γνήσιος authentic, genuine, original, true, real

γνησιότητα authenticity, genuineness

γνωμάτευση (expert) opinion, judgement

γνωματεύω deliver an (expert) opinion

γνώμη opinion, view **αλλάζω γνώμη** change one's mind **τι γνώμη έχεις για...;** what do you think of...?

γνωμικό saying

γνωρίζω know, be aware of· know, make (sb.'s) acquaintance, meet, get to know· introduce • **γνωρίζομαι** meet

γνωριμία acquaintance **χάρηκα για τη γνωριμία** (I'm) pleased to meet you

γνώριμος familiar

γνώρισμα characteristic, (particular) feature, trait

γνώση knowledge· sense, wisdom

γνώστης -ρια expert, versed in

γνωστικός sensible, prudent

γνωστοποίηση notification, announcement

γνωστοποιώ inform, make known, let (sb.) know

γνωστός known· well-known, famous· familiar • acquaintance

γόης charmer, ladykiller

γοητεία charm, fascination· (αίγλη) glamour

γοητευτικός charming, fascinating

γοητεύω charm, fascinate

γόητρο prestige, image

γόμα, **γομολάστιχα** rubber, (ΗΠΑ) eraser

γονατίζω kneel

γονατιστός kneeling, on one's knees, on bended knee(s)

γόνατο knee· γόνατα (ποδιά) lap

γόνδολα gondola

γονδολιέρης gondolier

γονέας ☞ γονιός

γονίδιο gene

γονιμοποίηση fertilization, insemination

γονιμοποιώ fertilize, inseminate

γόνιμος fertile, productive, fruitful

γονιμότητα fertility, fruitfulness, productivity

γονιός, **γονέας** parent

γονυκλινής, **γονυπετής** kneeling, on one's knees

γόπα cigarette end/stub· (το ψάρι) bogue

γοργόνα mermaid

γοργός fast, quick, swift

γορίλλας gorilla

γοτθικός Gothic

γούβα (σε δρόμο) pothole· (σε αυτοκίνητο κτλ.) dent· hollow

γουδί (pounding) mortar

γουδοχέρι pestle

γουίντ σέρφινγκ windsurfing

γουλιά sip, swig

γούνα fur· fur coat

γουναράς, **γουνέμπορος** furrier

γούνινος (made of) fur

γούπατο hollow

γουργουρητό ☞ γουργούρισμα

γουργουρίζω rumble· (για γάτα) purr, (για περιστέρι) coo

γουργούρισμα, **γουργουρητό** rumble, rumbling· (γάτας) purring, (περιστεριού) cooing

γούρι (good) luck· (lucky) charm, mascot

γούρικος lucky

γουρλής bringing luck

γουρλίδικος lucky

γουρλομάτης goggle-eyed, pop-eyed

γουρλώνω open (one's eyes) wide· open wide, pop

γουρλωτός goggling

γούρνα (stone) basin, trough

γουρούνα sow

γουρουνάκι piglet, piggy

γουρούνι pig

γουστάρω fancy, feel like

γουστέρα green lizard

γούστο taste, good taste **του γούστου μου** to one's liking· γούστα likes (and dislikes)· fun ♦ έχει γούστο να... I don't suppose...

γοφός hip

γραβάτα tie, necktie

γράμμα (του αλφαβήτου ή επιστολή) letter· (στην τυπογραφία) character • γράμματα mail ♦ κορόνα ή γράμματα head or tails

γραμμάριο gram(me)

γραμματέας secretary

γραμματική grammar· grammar book

γραμματικός grammatical

γραμμάτιο bill (of exchange), promissory note

γραμματοκιβώτιο letterbox, postbox, (ΗΠΑ) mailbox

γραμματόσημο (postage) stamp

γραμμένος written· registered

γραμμή line· (σιδηροδρομική) (railway) line άγονη γραμμή unprofitable shipping line • straight ♦ πρώτης γραμμής first-class

γραμμικός linear γραμμικό σχέδιο technical drawing

γραμμωτός lined

γρανάζι cog(wheel), gear

γρανίτα water ice

γρανίτης granite

γραπτό examination paper· γραπτά written examinations

γραπτός, **γραφτός** written, in writing

γραπώνω grab

γρασίδι grass, lawn

γράσο grease, lubricant

γρατζουνιά scratch

γρατζουνίζω scratch

γραφείο (το έπιπλο) desk, writing table· (το δωμάτιο) study, (επαγγελματικό) office κεντρικά γραφεία head office, headquarters· (υπηρεσία) office, bureau γραφείο καθηγητών (σε σχολείο) staff room γραφείο κηδειών funeral parlour γραφείο πληροφοριών information centre, information desk γραφείο συνοικεσίων dating agency

γραφειοκράτης bureaucrat

γραφειοκρατία bureaucracy

γραφειοκρατικός bureaucratic

γραφή writing η Αγία Γραφή the Bible

γραφικός relating to writing, clerical γραφική ύλη stationary γραφικός χαρακτήρας handwriting· graphic(al) γραφική παράσταση chart, graph· picturesque, scenic· weird, odd, funny

γραφίστας -ρια graphic artist

γραφομηχανή typewriter

γραφτός ☞ γραπτός

γράφω write, (με γραφομηχανή) type, typewrite, (καθ' υπαγόρευση) take known· (σημειώνω) write/note/jot down· (συνθέτω) compose, write· (ηχογραφώ) record· read, show, say· give a ticket· (εγγράφω) enrol, register· (κληροδοτώ) leave, make over· (διαγωνίζομαι) sit an exam • **γράφομαι** enrol, put one's name down

γράψιμο writing· handwriting

γρήγορα quickly, fast **κάνε γρήγορα!** hurry up! **αργά ή γρήγορα** sooner or later

γρήγορος quick, fast, (βεβιασμένος) hurried, hasty

γριά old woman

γρίλια shutter, Venetian blind

γρίπη influenza, flu

γριπώνομαι catch the flu, come down with the flu

γρίφος conundrum, riddle

γροθιά fist· punch

γροθοκοπώ ☞ γρονθοκοπώ

Γροιλανδία Greenland

γροιλανδικός Greenlandish

Γροιλανδός -ή Greenlander

γρονθοκοπώ, **γροθοκοπώ** punch, pummel

γρουσουζεύω bring bad luck to, jinx

γρουσούζης -α jinx

γρουσουζιά bad luck, jinx

γρυλίζω growl, *(μτφ.)* grunt

γρύλος cricket· (το εργαλείο) jack **σηκώνω με γρύλο** jack up

γυάλα glass jar, glass bowl

γυαλί glass· **γυαλιά** glasses, (ηλίου) sunglasses ♦ **τα κάνω γυαλιά καρφιά** smash the place up

γυαλίζω shine, polish· shine, be shiny, shimmer, glisten

γυαλικά glassware

γυάλινος glass, made of glass

γυαλιστερός shiny, glossy, gleaming, shining, glittering, shimmering

γυαλόχαρτο, **υαλόχαρτο** sandpaper

γυιός ☞ γιος

γυμνάζω exercise· train· drill • **γυμνάζομαι** exercise (oneself), work out

γυμνασιάρχης head/principal (of a junior high school)

γυμνάσιο juniour highschool, secondary school· **γυμνάσια** military exercises, drills

γυμναστήριο gym, gymnasium

γυμναστής -άστρια teacher/instructor of physical education

γυμναστική (ως άθλημα) gymnastics· exercise, workout· physical education, PE

γυμνισμός nudism

γυμνιστής -ίστρια nudist

γυμνός naked, (in the) nude· bare

γυναίκα woman· (σύζυγος) wife· (παραδουλεύτρα) domestic (help), daily

γυναικάς womanizer, skirt chaser

γυναικείος feminine· female, woman's **το γυναικείο φύλο** womanhood, womankind· womanish

γυναικοκατακτητής ladykiller

γυναικολογία gynaecology

γυναικολογικός gynaecological

γυναικολόγος gynaecologist

γύπας vulture

γυρεύω look/search for, seek **τι γυρεύεις εδώ;** what are you doing here? ♦ **πάω γυρεύοντας** be looking for trouble, be asking for trouble

γύρη pollen

γυρίζω, γυρνώ turn (round)· (περιστρέφομαι) turn round, go round· (στρέφομαι) turn (round)· (επιστρέφω) return, come/get back, go back, turn back· (δίνω πίσω) give back, return· (ξεναγώ) take (sb.) round/around, show (sb.) round· be about/around, travel, wander (round) **γυρίζω ταινία** film, shoot a film

γύρισμα filming, shooting **αργό γύρισμα** slow motion

γυρισμός one's way back, return· homecoming

γυρνώ ☞ γυρίζω

γυρολόγος peddler

γύρος (παιχνιδιού) round· (περιοδεία) tour· (αγώνα δρόμου) lap· (άκρη) border, (καπέλου) brim

γύρω round, around **γύρω από** round, around **γύρω γύρω** all around· about, round about **γύρω σε** (περίπου) about, around • surrounding

γύφτισσα gypsy (woman)

γύφτος gypsy

γύψος plaster· plaster cast

γωνία corner· *(γεωμ.)* angle· (στήριγμα) bracket· (ψωμιού) heel, (γλυκού) edge, end

γωνιακός corner

Δ, δ

δαγκάνα claw· δαγκάνες (αστακού κτλ.) pincers

δαγκωματιά bite (mark), sting (mark)· bite

δαγκώνω bite· (και τραυματίζω) (για ζώο) bite, (για σκορπιό, σφήκα κτλ.) stink, (για κάβουρα) nip • **δαγκώνομαι** bite one's tongue

δάδα torch

δαίμονας demon, devil ♦ **πού στο** δαίμονα...; where the hell...?

δαιμονίζω irritate, drive mad • **δαιμονίζομαι** get/be furious

δαιμόνιο daemon, demon· *(μτφ.)* acumen, flair, genius· **δαιμόνια** rage, fury, mania ♦ **με πιάνουν τα** δαιμόνια be infuriated, see red

δαιμόνιος ingenious, shrewd

δαιμονισμένος possessed (by an evil spirit)· frenetic, frenzied

δάκρυ tear, teardrop **με δάκρυα** tearfully

δακρυγόνο tear gas

δακρύζω fill with hears, have one's eyes filled with tears

δακρυσμένος tearful, tear-stained

δακτυλάκι ☞ δαχτυλάκι

δακτυλικός δακτυλικά αποτυπώματα fingerprints

δακτύλιος ring· (city centre) ring

δάκτυλο ☞ δάχτυλο

δακτυλογραφημένος type-written

δακτυλογράφος typist

δακτυλογραφώ type

δάκτυλος *(μτφ.)* interference, influence

δαμάζω tame

δαμασκηνιά plum (tree)

δαμάσκηνο plum, (ξερό) prune

δανέζικα ☞ δανικά

δανέζικος ☞ δανικός

Δανέζος -α ☞ Δανός -ή

δανείζω lend, (ΗΠΑ) loan • **δανείζομαι** borrow

δανεικά money lent, loan

δανεικός borrowed, on loan

δάνειο loan

δανειοδοτώ lend, grant a loan

δανειολήπτης -ρια borrower

δανεισμός lending, loaning· borrowing

δανειστής -είστρια (money) lender, creditor

δανειστικός (of) lending

Δανία Denmark

δανικά, **δανέζικα** Danish

δανικός, **δανέζικος** Danish, of Denmark • δανικά/δανέζικα Danish

Δανός -ή, **Δανέζος -α** Dane

δαντέλα lace

δαντελένιος (made of) lace, lacy

δαντελωτός lacy

δαπάνη expense, expenditure, cost με δαπάνη τού... at the expense of...

δαπανώ spend (on)

δάπεδο floor, ground

δασάκι coppice

δασαρχείο inspectorate of forests

δασικός of forests, forestry • forester

δασκάλα schoolmistress, (school) teacher

δάσκαλος teacher, schoolteacher, (ιδιωτικός) tutor, (σε σπορ κτλ.) instructor

δασμός duty, customs duty

δασονομία forest policing

δασονόμος forest warden, ranger

δάσος forest, wood

δασοφύλακας forest warden, ranger

δασύλλιο copse, thicket

δασώδης wooded δασώδης περιοχή woodland

δαυλός firebrand, torch

δάφνη laurel, bay

δάφνινος laurel, made of laurels

δαχτυλάκι, **δακτυλάκι** little finger/toe· very small amount, drop

δαχτυλήθρα thimble

δαχτυλιά fingermark, smudge

δαχτυλίδι ring

δάχτυλο, **δάκτυλο** (του χεριού) finger, (του ποδιού) toe

δε and, so, then εάν δε if επιπλέον δε moreover επειδή δε since, as • ☞ δεν

δεδομένο given fact θεωρώ κτ. δεδομένο take sth. for granted, assume sth.· δεδομένα data

δεδομένος given

δεδουλευμένα back pay

δείγμα sample· specimen· token, proof

δείκτης, **δείχτης** (χεριού) forefinger, index finger· (οργάνου) pointer, needle, (το ίδιο το όργανο) gauge, (ρολογιού) hand· index, rate δείκτης ευφυΐας/νοημοσύνης intelligence quotient, IQ

δεικτικός indicative, demonstrative

δειλία cowardice· timidity, shyness, diffidence

δειλιάζω display cowardice, lose heart, chicken out

δειλινό dusk, nightfall

δειλός cowardly, spineless· timid, shy, diffident • coward

δεινά suffering, ills

δεινοπαθώ suffer, have a hard time, have terrible trouble

δεινός terrible, awful· masterly, excellent

δεινόσαυρος dinosaur

δείπνο evening meal, dinner, supper

δειπνώ, **δειπνίζω** dine, have dinner/supper

δεισιδαιμονία superstition

δεισιδαίμων superstitious

δείχνω show, point· (φαίνομαι) look, seem· (υποδεικνύω) point out, demonstrate· read, show, say· show, display, demonstrate **δείχνω το δρόμο** show (sb.) the way, direct

δείχτης ☞ δείκτης

δέκα ten

δεκάδα (a set of) ten· **δεκάδες** scores (of), dozens

δεκαδικός decimal **δεκαδικός αριθμός** decimal

δεκαεννιά sixteen

δεκαέξι sixteen

δεκαεπτά ☞ δεκαεφτά

δεκαετία decade

δεκαεφτά, **δεκαεπτά** seventeen

δέκαθλο decathlon

δεκάλεπτο (period of) ten minutes

δεκάλεπτος ten-minute

δεκαμελής with ten members, ten-men

δεκανίκι crutch

δεκαοχτώ, **δεκαοκτώ** eighteen

δεκαπενθήμερο (period of) two weeks, fortnight **ανά δεκαπενθήμερο** fortnightly

δεκαπενθήμερος fortnightly

δεκαπενταριά **καμιά δεκαπενταριά** about fifteen, fifteen or so

δεκαπενταύγουστος 15th August, feast of the Dormition of the Virgin

δεκαπέντε fifteen

δεκαπλασιάζω multiply by ten

δεκαπλάσιος tenfold

δεκαπλός tenfold

δεκάρα ten-lepta coin **ούτε δεκάρα** not a penny **δε δίνω δεκάρα!** couldn't care less! **δεν αξίζει δεκάρα** it isn't worth a damn **της δεκάρας** cheap, third-rate

δεκαριά **καμιά/μια δεκαριά** ten or so

δεκατέσσερα fourteen

δεκατέσσερις fourteen

δέκατο tenth **σε δέκατα του δευτερολέπτου** in a split second

δέκατος tenth

δέκατος πέμπτος fifteenth

δέκατος τέταρτος fourteenth

δέκατος τρίτος thirteenth

δεκατρείς thirteen

δεκατρία thirteen

Δεκέμβριος December

δέκτης set

δεκτικός receptive

δεκτός accepted, acceptable **γίνομαι δεκτός** α) be accepted β) be admitted

δελεάζω tempt, lure, entice

δέλεαρ lure

δελεασμός enticement, temptation

δελεαστικός enticing, tempting

δελτίο card· bulletin, report· form, note, coupon **δελτίο ειδήσεων** (the) news, news bulletin **δελτίο καιρού/**

μετεωρολογικό δελτίο weather forecast

δελφίνι dolphin **ιπτάμενο δελφίνι** hydrofoil

δέμα parcel, package, bundle, (μικρό) packet

δεμάτι bundle, bale, sheaf

δεν, **δε** not, no

δένδρο ☞ δέντρο

δενδροστοιχία, **δεντροστοιχία** line of trees

δενδροφυτεύω plant with trees

δενδρόφυτος, **δεντρόφυτος** planted with trees, wooded

δέντρο, **δένδρο** tree

δεντροστοιχία ☞ δενδροστοιχία

δεντρόφυτος ☞ δενδρόφυτος

δένω tie, fasten, do up, (με κορδόνια) lace (up), (με σχοινί) rope, (με ταινία) tape **δένω τα μάτια** blindfold· bind· bandage, dress· (πήζω) thicken· set • **δένομαι** be bound ♦ **δένω τα χέρια** remain idle, stay inactive **λύνω και δένω** pull all the strings

δεξαμενή tank

δεξαμενόπλοιο tanker

δεξής ☞ δεξιός

δεξιά right, on the right(-hand) side **στα δεξιά** on the right, to the right (of)· right, auspicious

Δεξιά *(πολιτ.)* (the) Right

δεξιός, **δεξής** right, righthand· *(πολιτ.)* right-wing • *(πολιτ.)* rightist, right-winger

δεξιόστροφος clockwise

δεξιοτέχνης expert, (στη μουσική) virtuoso

δεξιοτεχνία skill, workmanship, (στη μουσική) virtuosity

δεξιόχειρας right-handed person

δεξιώνομαι entertain, hold a reception for

δεξίωση reception, dinner party

δεοντολογία ethics

δεοντολογικός ethical

δεόντως appropriately, duly

δέος awe, wonder

δέρμα skin· (κατεργασμένο) leather

δερματικός skin, of the skin

δερμάτινο leather jacket/coat· **δερμάτινα** fancy leather goods

δερμάτινος leather, made of leather

δερματολόγος dermatologist, skin specialist

δερματοπάθεια skin disease, dermatosis

δέρνω beat (up), (με βέργα) cane, thrash, (με ζωνάρι) belt, (με μαστίγιο) whip, flog, lash • **δέρνομαι** beat one's breast, bemoan one's fate

δέσιμο tying, fastening· (βιβλίου) binding, (κοσμήματος) setting, (πληγής) dressing, (πλοίου) mooring ♦ **είμαι για δέσιμο** be crazy, be nuts, be round the bend

δεσμά chains, fetters, bonds· imprisonment

δεσμευμένος bound· engaged, married

δέσμευση (υποχρέωση) commitment, obligation· (υπόσχεση) undertaking

δεσμευτικός binding

δεσμεύω bind, pin down • **δεσμεύομαι** α) be bound (by) β) commit oneself (to), promise

δέσμη bunch, bundle, pack· (φωτός) beam· package· (στην εκπαίδευση) set of curriculum options

δεσμίδα bundle

δέσμιος in handcuffs, in chains· (a) prisoner (of), (a) slave (to)

δεσμός tie, bond· (love) affair

δεσμοφύλακας guard, jailer, gaoler, prison warder, *θηλ.* prison wardress

δεσπόζω dominate

δεσποινίς young lady, (ως προσφώνηση) Miss

δεσπότης bishop

Δευτέρα Monday Καθαρή Δευτέρα first Monday in Lent

δευτερεύων secondary, minor

δευτεροετής second-year

δευτερόλεπτο second σε κλάσμα δευτερολέπτου in a split second

δεύτερον second

δεύτερος second δεύτερο χέρι second-hand κατά δεύτερο (λόγο) secondly, in the second place· second-rate, inferior· (από τους προαναφερθέντες) (the) latter

δέχομαι take· receive, get· (αποδέχομαι) accept· (συμφωνώ) agree, consent (to) δε δέχομαι refuse · receive, see· come to terms with· (ανέχομαι) bear, tolerate, stand, take· (παθαίνω) get, suffer, take· (υποθέτω) suppose, assume αν δεχτούμε ότι... assuming...

δήθεν supposedly • so-called

δηκτικός biting, cutting, pointed, caustic

δηλαδή (επεξηγηματικός) that is, that is to say, namely· (συμπερασματικός) then

δηλητηριάζω poison

δηλητηρίαση poisoning

δηλητήριο poison, (φιδιού) venom

δηλητηριώδης poisonous, venomous δηλητηριώδες αέριο poison gas

δηλώνω declare δηλώνω συμμετοχή enter, register (for)· state, declare· signify, mean • **δηλώνομαι** register

δήλωση statement· report, notification φορολογική δήλωση tax return· registration

δημαγωγός demagogue, rabble-rouser

δημαρχείο town hall· town council

δημαρχία office of mayor, mayoralty· term of office of a mayor· town hall

δημαρχιλίκι office of mayor, mayoralty

δημαρχίνα mayoress· mayor's wife

δήμαρχος mayor, *θηλ.* mayoress

δημητριακό cereal

δήμιος executioner, hangman

δημιουργία creation

δημιουργικός creative

δημιουργικότητα creativeness, creativity

δημιουργός creator, maker· (υποκινητής) instigator, prime mover

δημιουργώ creat, make· cause, be the cause of **δημιουργώ θέμα/ζήτημα** make a fuss (about sth.)· establish, found • **δημιουργούμαι** come into existence

δημοκράτης -ισσα democrat· republican, supporter of the Republican Party· progressive

δημοκρατία (το σύστημα) democracy· (κράτος με δημοκρατικό πολίτευμα) republic

δημοκρατικά democratically

δημοκρατικός democratic· republican, supporting the Republican Party

δημοπρασία (sale by) auction, (για δημόσια έργα) assignment by competition (to the lowest bidder)

δημοπρατώ (put up at) auction· (δημόσιο έργο) assign by competition (to the lowest bidder)

δήμος municipality, borough

δημόσια in public, publicly

δημοσίευμα article, feature

δημοσίευση publication

δημοσιεύω publish

δημόσιο (the) state, (the) civil service

δημοσιογραφία journalism

δημοσιογραφικός journalistic

δημοσιογράφος journalist, reporter

δημόσιος public· (κρατικός) state, state-run **δημόσια επιχείρηση** public enterprise **δημόσιος υπάλληλος** civil servant **το δημόσιο** the civil service, the state

δημοσιότητα publicity

δημοσκόπηση public opinion poll, survey

δημότης -ις citizen

δημοτική demotic (Greek)

δημοτικός municipal· folk **δημοτικό (σχολείο)** primary school, junior school, elementary school

δημοτικότητα popularity

δημοφιλής popular

δημοψήφισμα referendum

διά by· by means of, by· (στη διαίρεση) divided by

διάβα passage· course, passing

διαβάζω read· (μελετώ) study **διαβάζω τα μαθήματά μου** do one's homework· give lessons to, help (a schoolchild) with (his/her) homework

διαβάλλω slander, vilify

διάβαση crossing **διάβαση πέζων** pedestrian crossing, zebra crossing υπόγεια διάβαση subway, (ΗΠΑ) underpass

διάβασμα reading· studying, study· homework

διαβατήριο passport

διαβάτης passer-by

διαβεβαιώνω assure

διαβεβαίωση assurance, reasurance

διάβημα representations, (διπλωματικό) démarche

διαβήτης (pair of) compasses· *(ιατρ.)* diabetes

διαβιβάζω pass on, forward· convey, give

διαβίωση life, living, living conditions

διαβόητος notorious, infamous

διαβολεμένος diabolic(al), fiendish· devilish, awful

διαβολή slander, calumny

διαβολιά mischief

διάβολος (the) devil, Satan· (κακός) fiend, evil· (έξυπνος) shrewd/cunning person

διαβουλεύσεις deliberations

διαβρώνω erode, (μέταλλο κτλ.) corrode

διάβρωση erosion, (μετάλλου κτλ.) corrosion

διάγγελμα address, speech

διάγνωση diagnosis κάνω διάγνωση diagnose

διάγραμμα diagram, chart, graph· outline, sketch

διαγραφή deletion, cancellation· expulsion

διαγράφω delete, cross out· expel

διαγωγή behaviour, conduct

διαγωνίζομαι take/sit an examination, take part in a competition, compete

διαγωνιζόμενος contestant, candidate

διαγώνιος diagonal

διαγώνισμα examination, exam, (school) test

διαγωνισμός competition, contest· examination

διαδέχομαι succeed

διαδηλώνω demonstrate, march in protest

διαδήλωση demonstration, protest meeting, protest march

διαδηλωτής -ώτρια demonstrator

διαδίδω spread • **διαδίδομαι** spread διαδίδεται ότι... it is rumoured that...

διαδικασία procedure· process

διαδίκτυο Internet, Web

διάδοση spread, propagation· διαδόσεις rumour(s)

διαδοχή succession

διαδοχικά successively, in succession

διαδοχικός successive, repeated, consecutive

διάδοχος successor

διαδραματίζω play (a part) • **διαδραματίζομαι** take place, happen

διαδρομή route· journey, walk, (με αυτοκίνητο) drive, (με ποδήλατο κτλ.) ride

διάδρομος corridor, passage, (ανάμεσα σε καθίσματα ή ράφια σουπερμάρκετ) aisle· (προσγείωσης, απογείωσης) runway

διαζευγμένος divorced • divorcée

διαζύγιο divorce

διάζωμα *(αρχιτ.)* cornice, frieze· (σε στάδιο) tier, (σε θέατρο) landing· (σε δρόμο διπλής κυκλοφορίας) traffic island

διάθεση (ψυχική) mood, temper, frame of mind **έχω διάθεση για** feel like· disposal, use

διαθέσιμος available, free· spare, free

διαθεσιμότητα suspension (of duties)

διαθέτω have, possess **διαθέτω τα απαραίτητα προσόντα** α) be qualified β) have what it takes γ) afford, spare **διαθέτω χρήματα** α) afford β) let (sb.) have • **διατίθεμαι** α) be disposed, be ready β) be available, be sold

διαθήκη will

διαίρεση division· partition

διαιρώ divide· partition

διαισθάνομαι sense, feel

διαίσθηση intuition, hunch, feeling

δίαιτα diet

διαιτησία arbitration· *(αθλ.)* refereeing, umpiring

διαιτητεύω referee, umpire

διαιτητής referee, umpire

διαιτολόγιο diet

διαιτολόγος dietician

διακανονίζω arrange, settle

διακανονισμός arrangement, settlement

διακεκριμένος distinguished, eminent

διακήρυξη declaration, proclamation· manifesto

διακηρύσσω declare, proclaim

διακινδυνεύω endanger, risk, hazard· take/run risks

διακίνηση handling, (παράνομη) trafficking

διακινώ handle, trade, (παράνομα) traffic in

διακλαδίζομαι branch (off), fork

διακλάδωση branch, fork, (σημείο διακλάδωσης δρόμου) junction

διακομματικός interparty, all-party

διάκονος deacon

διακοπή break, (παύση) pause **διακοπή ρεύματος** power cut, power failure **χωρίς διακοπή** without a break, at a stretch· interruption· **διακοπές** holiday(s), (ΗΠΑ) vacation(s) **οργανωμένες διακοπές** package holidays

διακόπτης switch

διακόπτω interrupt, barge in on, break in on· cut off· break, break off, cut short· break, (για σχολείο ή μαθητή) break up

διακοσαριά καμιά/μια διακοσαριά two hundred or so

διακόσια two hundred

διακόσιοι two hundred

διακόσμηση decoration

διακοσμητής -ήτρια interior decorator

διακοσμητικός decorative, ornamental

διακοσμώ decorate

διακρίνω (ξεχωρίζω) distinguish, discriminate, tell, spot· (με τις αισθήσεις) discern, make out· characterize, mark • **διακρίνομαι** α) distinguish oneself, excel, shine β) be visible, be noticeable

διάκριση distinction· διακρίσεις discrimination κάνω διακρίσεις discriminate

διακριτικός discreet, tactful

διακριτικότητα discreetness, discretion

διακωμωδώ ridicule, send up, take off

διαλέγω choose, pick (out), select διάλεξε και πάρε! take your choice!· (ξεδιαλέγω) sort out

διάλειμμα break, time out, (σε θεάματα) interval

διάλεξη lecture

διαλευκαίνω clear up, solve

διαλεύκανση clearing up, solution

διαλεχτός chosen, choice, select, exceptional

διαλλακτικός conciliatory

διαλογή selection, sorting out διαλογής (ρούχα κτλ.) inferior, second-rate

διάλογος dialogue· conversation

διάλυμα solution

διαλυμένος broken-down

διάλυση (μηχανής) disassembly, dismantling· (καταστήματος) closing-down sale· (σχέσης) breakup

διαλύω dissolve· (μηχανή) take apart, take to pieces· (σχέση) break up, break off • **διαλύομαι** α) come/fall apart β) dissolve

διαμαντένιος diamond, diamond-studded

διαμάντι diamond· *(μτφ.)* gem, jewel

διαμαρτυρία protest

διαμαρτύρομαι protest· (παραπονιέμαι) complain

διαμαρτυρόμενος protester· Protestant

διαμάχη conflict, clash, dispute· controversy

διαμέρισμα flat, (ΗΠΑ) appartment· (χώρας) district, (πόλης) urban district· (βαγονιού) compartment

διαμέσου through

διάμετρος diameter

διαμιάς at once, instantly, at one go

διαμονή residence· stay

διαμορφώνω form, shape διαμορφώνω γνώμη form an opinion· landscape, lay out • **διαμορφώνομαι** take shape, shape up

διαμόρφωση formation, shaping (into)· landscaping, laying out

διάνα κάνω/πετυχαίνω διάνα hit the bull's eye, guess right

διανέμω distribute· deliver

διανοητικά mentally διανοητικά υγιής sane

διανοητικός mental, intellectual διανοητική καθυστέρηση/ανεπάρκεια mental deficiency

διάνοια intellect, mind· genius ♦ ούτε κατά διάνοια out of the question, no way

διανομέας distributor ταχυδρομικός διανομέας postman

διανομή distribution· delivery διανομή κατ' οίκον delivery service· *(θέατρ., κινημ.)* cast· sharing out, distribution

διανοούμαι conceive, think of, imagine

διανοούμενος -η intellectual

διανυκτέρευση spending the night, overnight accommodation· staying open at night

διανυκτερεύω spend the night, stay overnight· be/stay open at night διανυκτερεύον φαρμακείο all-night pharmacy

διανύω cover (a distance), travel

διαπαιδαγώγηση upbringing, moral tuition, education δεν έχει διαπαιδαγώγηση he's ill-bred, he has no manners

διαπαιδαγωγώ bring up, educate

διά παντός for ever, for good

διαπασών στη διαπασών at full blast

διαπεραστικός penetrating, piercing, sharp

διαπερνώ penetrate, pass through, (για ήχο) pierce, (για βροχή) soak through, (για φως, υγρασία) permeate

διαπιστώνω ascertain, discover, find out

διαπίστωση ascertainment, discovery

διαπλάθω form, mould

διάπλαση shaping, formation, character building σωματική διάπλαση build, physique

διάπλατα wide

διάπλατος wide open

διαπλάτυνση broadening, widening

διαπλατύνω broaden, widen

διαπληκτίζομαι quarrel, argue

διαποτίζω soak, (through), saturate· *(μτφ.)* imbue, permeate, pervade

διαπραγματεύομαι negotiate

διαπραγμάτευση negotiation

διαπραγματευτής negotiator

διαπράττω perpetrate, commit, make

διαπρεπής eminent, distinguished

διαπρέπω excel, shine

διάθρωση structure

διάρκεια duration, length (of time) διάρκεια της ζωής lifetime διάρκεια θητείας term of office εισιτήριο διαρκείας season ticket μακράς διαρκείας (γάλα) long-life (milk) κατά τη διάρκεια τού... during the..., in the course of...

διαρκής continuous· lasting, durable

διαρκώ last, hold, endure

διαρκώς continually, constantly, always

διαρρέω (για ποτάμι) flow through· (για υγρά ή αέρια) leak, escape· leak out

διαρρηγνύω break open, break into

διαρρήκτης burglar, housebreaker

διάρρηξη burglary, break-in κάνω διάρρηξη break in(to)

διαρροή leak, leakage, escape

διάρροια diarrhoea, the runs

διαρρυθμίζω dispose, arrange, lay out

διαρρύθμιση arrangement, disposition, layout

Δίας Zeus, Jupiter

διασάλευση disturbance διασάλευση της τάξης breach of public order

διασαφηνίζω elucidate, clarify, clear up

διασαφήνιση elucidation, clarification

διάσειση διάσειση εγκεφάλου/ εγκεφαλική διάσειση (brain) concussion

διάσημος famous, well-known γίνομαι διάσημος make a name for oneself

διασημότητα fame, renown· (το πρόσωπο) celebrity

διασκεδάζω enjoy oneself, have fun, have a good time· amuse, entertain

διασκέδαση fun, entertainment, amusement, enjoyment καλή διασκέδαση! have a good time!, have fun!

διασκεδαστής entertainer

διασκεδαστικός amusing, funny, entertaining

διασκελιά stride

διασκελίζω stride over

διασκευάζω arrange, adapt

διασκευή adaptation, dramatization

διάσκεψη conference

διάσπαρτος scattered

διάσπαση split διάσπαση της προσοχής distraction, diversion

διασπείρω disseminate, put about

διασπορά (διάδοση) dissemination· (λαού εκτός πατρίδας) diaspora Έλληνες της διασποράς

Greeks living abroad, (the) Greek Diaspora

διασπώ split, disrupt· break through διασπώ την προσοχή κάποιου distract sb.'s attention

διάσταση dimension· διαστάσεις α) measurements β) proportions παίρνω διαστάσεις grow, spread στις σωστές διαστάσεις in perspective διάσταση απόψεων difference of opinion σε διάσταση/εν διαστάσει (για ανδρόγυνο) separated είμαι σε διάσταση be separated

διασταυρώνω crossbreed· cross-check • **διασταυρώνομαι** cross, intersect

διασταύρωση (δρόμων) crossroads, intersection, junction· (ζώων) cross, crossbreed· (πληροφοριών κτλ.) cross-checking

διαστέλλω/-ομαι (μέταλλα) expand· dilate

διάστημα space, distance, (χρονικό) period, span κατά διαστήματα at intervals, on and off· space

διαστημικός of space, space διαστημική στολή spacesuit

διαστημόπλοιο spaceship, spacecraft

διάστικτος dotted, stippled, studded

διαστρεβλώνω distort, twist, falsify

διαστρέβλωση distortion, falsification

διάστρεμμα sprain

διαστρέφω distort, twist, falsify

διαστροφή distortion· deviation

διασυρμός defamation, exposure to public ridicule

διασύρω defame, vilify, expose to public ridicule

διασφαλίζω ensure, secure, safeguard

διασχίζω cross, travel/walk etc. through/across

διασώζω rescue, save • **διασώζομαι** survive

διάσωση rescue· preservation, survival

διαταγή command, order

διάταγμα decree

διατάζω order, command

διάταξη arrangement· *(νομ.)* clause, term ημερησία διάταξη agenda

διαταράζω ☞ διαταράσσω

διατάραξη disturbance διατάραξη της κοινής ησυχίας breach of peace

διαταράσσω, **διαταράζω** disturb, upset

διαταραχή disorder, disturbance, upset

διατεθειμένος ready, prepared, inclined

διατήρηση maintenance, preservation, conservation

διατηρητέος to be preserved· listed, scheduled

διατηρώ keep, preserve· maintain, retain, continue to have διατηρώ τη φόρμα μου keep fit διατηρώ την ψυχραιμία μου keep one's temper· keep, have • **διατηρούμαι** α) be well-preserved β) (για έθιμο κτλ.) be kept alive, survive

διατίθεμαι ☞ διαθέτω

διατρέχω διατρέχω τον κίνδυνο... run the risk (of) ...

διατρητικό μηχάνημα punch

διάτρητος perforated· riddled

διατριβή thesis, dissertation

διατροφή nutrition, diet **κακή διατροφή** malnutrition· (σε ξενοδοχείο) board· (έπειτα από διαζύγιο) alimony

διατυμπανίζω spread out, shout from the rooftops

διατυπώνω express, word, phrase διατυπώνω τις σκέψεις μου express oneself

διατύπωση expression, wording, phrasing· διατυπώσεις formalities

διαύγεια clarity

διαυγής (crystal) clear

διαφάνεια transparency· slide

διαφανής, **διάφανος** transparent, clear

διαφέρω be different, differ

διαφεύγω escape (from, to) get away (from), flee (away, to) **διαφεύγω την προσοχή κάποιου** escape sb.'s notice/attention· (για υγρά κτλ.) escape· elude, slip sb.'s mind

διαφημίζω advertise, publicize, promote

διαφήμιση advertisement, ad, commercial· advertising, promotion

διαφημιστής -ίστρια advertiser

διαφημιστικός advertising **διαφημιστικό έντυπο/φυλλάδιο** handbill, prospectus

διαφθείρω corrupt

διαφθορά corruption

διαφορά difference, (ανομοιότητα) disparity, (διάκριση) distinction· (διαφωνία) dispute, disagreement

διαφορετικά differently· or else, otherwise

διαφορετικός different, unlike, dissimilar

διαφοροποίηση differentiation

διαφοροποιώ differentiate • **διαφοροποιούμαι** dissociate oneself (from)

διάφορος various, different· **διάφοροι** several people, several things, some (people)

διαφύλαξη preservation, protection, safeguarding

διαφυλάσσω preserve, safeguard (against), protect (from), keep

διαφωνία disagreement, dispute, dissent, difference of opinion

διαφωνώ disagree, dissent, dispute

διαχειρίζομαι manage, administer

διαχείριση management, administration

διαχειριστής -ίστρια manager

διαχυτικός effusive

διάχυτος diffused, diffuse· general, widespread

διαχωρίζω (χωρίζω) separate, divide, partition· dissociate **διαχωρίζω τη θέση μου (από)** dissociate oneself (from)

διαχωρισμός separation, division, partitioning· dissociation· segregation

διαψεύδω prove false· deny

διάψευση denial· frustration, nonfulfilment

διγαμία bigamy

δίγαμος bigamous • bigamist

δίγλωσσος bilingual

δίδαγμα lesson· (ηθικό δίδαγμα) moral

διδακτέος to be taught, prescribed **διδακτέα ύλη** syllabus

διδακτικός (of) teaching **διδακτικό βιβλίο** coursebook, textbook· instructive

διδάκτορας doctor, holder of a doctorate

διδακτορικός doctoral **διδακτορικό (δίπλωμα)** doctorate

δίδακτρα school/university fees, tuition fees

διδασκαλία teaching, instruction

διδάσκω teach (φροντιστηριακώς) tutor· preach • **διδάσκομαι** be taught, learn **διδασκόμενη ύλη** curriculum, syllabus

δίδυμος twin • (οι) δίδυμοι, δίδυμα twins • (οι) δίδυμοι *(αστρολ.)* Gemini

διεγείρω arouse, stir up, excite· stimulate

διεγερτικός exciting, stimulating

διεθνής international, world, worldwide

διεθνώς internationally, worldwide

διεισδύω penetrate, filter (through)· infiltrate

διεκδίκηση claim, demand

διεκδικητής -ήτρια contender

διεκδικώ claim, demand· compete for, contend for

διεκπεραιώνω finish, accomplish, bring off, deal with

διέλευση passing through, crossing, passage

διένεξη dispute, controversy

διενέργεια conducting, carrying out, holding

διενεργώ conduct, do, carry out, hold, make

διεξάγω conduct, wage, hold, carry out

διεξαγωγή conduct, holding, waging

διεξοδικά at length

διεξοδικός lengthy, exhaustive, thorough, in-depth

διέξοδος way out, way through, passage **δεν έχω άλλη διέξοδο** have no alternative/choice

διέπω govern, rule

διερεύνηση investigation, examination

διερευνώ investigate, look into

διερμηνέας interpreter

διερχόμενος passing

διερωτώμαι ask oneself, wonder

διεσπαρμένος scattered (about), dispersed

διεστραμμένος perverted, twisted • pervert

διετής two-year, lasting two years· (μαθητής) attending a class for a second school year

διετία period of two years **ανά διετία** every second year

διευθέτηση settlement

διευθετώ settle

διεύθυνση address· (διοίκηση) management, direction

διευθυντής -ύντρια director, manager, *θηλ.* directress, manageress διευθυντής ορχήστρας conductor διευθυντής σχολείου headmaster, principal διευθύντρια σχολείου headmistress

διευθύνω manage, direct, run, be the head of, be in charge of διευθύνω ορχήστρα conduct an orchestra· drive, steer

διευκόλυνση facilitation, aid· διευκολύνσεις (εγκαταστάσεις) facilities

διευκολύνω facilitate, make easier, help out

διευκρινίζω clarify, make clear, explain

διευκρίνιση clarification, explanation

διευρύνω broaden, widen, expand

διεφθαρμένος corrupt

δίζυγο parallel bars

διήγημα (short) story, tale

διήγηση narration, narrative

διηγούμαι, **διηγιέμαι** narrate

διημερεύω spend the day· be on duty, be open during the day

διθέσιος accommodating two persons **διθέσιο αυτοκίνητο/αεροπλάνο** two-seater διθέσιος καναπές two-seater (sofa)

δίθυρος two-door

διίσταμαι dissent οι γνώμες διίστανται opinions differ

δικάζω judge, try· sentence, condemn • **δικάζομαι** α) stand trial, go/be on trial, come up for trial β) (καταδικάζομαι) be sentenced, be condemned

δίκαια, **δικαίως** justly, rightly, fairly

δίκαιο law· right, which is right· ☞ δίκιο

δικαιολογημένα justifiably, rightly, understandably

δικαιολογημένος justified, justifiable, righteous

δικαιολόγηση justification, excuse

δικαιολογητικός judificatory δικαιολογητικά (έγγραφα) supporting documentation

δικαιολογία excuse

δικαιολογώ excuse, justify· explain away

δίκαιος just, fair· (εύλογος) righteous

δικαιοσύνη justice, fairness

δικαιούμαι have the right (to), be entitled (to), qualify (for)· deserve

δικαίωμα right **δίνω το δικαίωμα** entitle **πνευματικά δικαιώματα** royalties, rights

δικαιωματικά by right(s)

δικαιώνω vindicate, justify· decide in favour of, side with

δικαίως ☞ δίκαια

δικαίωση justification, vindication

δικαστήριο court of justice, law court, court of law· courthouse· court, trial **ειδικό δικαστήριο** tribunal

δικαστής -ίνα judge

δικαστικός judicial **δικαστικά έξοδα** court costs **δικαστική έρευνα** inquiry **δικαστικός κλητήρας** bailiff • member of the judiciary

δίκη trial

δικηγορικός of lawyers **Δικηγορικός Σύλλογος** Bar Association

δικηγόρος (γενικά) lawyer, (εμφανιζόμενος στο δικαστήριο) barrister

δικηγορώ practise law

δίκιο right **έχω δίκιο** be right **με το δίκιο μου (να)**... be justified (in)..., have good reason (to)...

δίκλινος with two beds, two-bedded

δικός **δικός μου** mine **δικός σου/σας** yours **δικός του** his **δικός της** hers **δικός μας** ours **δικός τους** theirs • my **δικός σου/σας** your **δικός του** his **δικός της** her **δικός μας** our **δικός τους** their

δικτάτορας dictator

δικτατορία dictatorship

δικτατορικός dictatorial

δίκτυο network· system **δίκτυο ύδρευσης** water mains

δικτυώνομαι make (useful) contacts **δικτυώνομαι στο Ίντερνετ** get/be connected to the Web, get/be wired to the Net

δικτυωτό grid

δίκυκλο two-wheeler, motorcycle

δίλημμα dilemma

διμερής bipartite· bilateral

δίμηνο two-month period

δίμηνος lasting two months, two months· occuring every two months, bimonthly

δίνη whirlpool, eddy· *(μτφ.)* vortex, maelstrom

δίνω give, hand, pass· give, hold· award, grant· buy· sell **δίνω εξετάσεις** take an examination, sit an exam • **δίνομαι** (αφοσιώνομαι) be dedicated, devote oneself (to)

διογκώνω inflate, expand, distend· *(μτφ.)* exaggerate • **διογκώνομαι** swell (up), become swollen/distended/inflated

διόδια toll

δίοδος passage, pass· (στεγασμένη) walkway

διοίκηση management, administration, (στις ένοπλες δυνάμεις) command· (το κτίριο) headquarters

διοικητής (οργανισμού) governor, (στις ένοπλες δυνάμεις) commanding officer, (αστυν. τμήματος) senior officer

διοικητικός administrative, managerial **διοικητικό στέλεχος** executive **διοικητικό συμβούλιο** board of directors

διοικώ manage· govern· *(στρατ.)* command, be in command of

διόλου not at all, by no means

διορατικός perceptive, intuitive

διορατικότητα insight, vision

διοργανώνω organize

διοργάνωση organization

διοργανωτής -ώτρια organizer· host

διορθώνω correct, put (sth.) right· repair, mend, fix· correct, edit· set (sb.) right, fix, punish • **διορθώνομαι** mend one's ways

διόρθωση correction

διορθωτής -ώτρια repairer, repairman· (κειμένου) editor, (δοκιμίων) proofreader

διορθωτικό correcting fluid

διορία deadline, time limit

διορίζω appoint

διορισμός appointment

διότι because, for

δίπλα next to, beside, close by, (στο διπλανό σπίτι) next door **δίπλα δίπλα** side by side **δίπλα σε** next to, beside

διπλά doubly, twice as (much etc.)

διπλανός next, next door, neighbouring • neighbour

διπλασιάζω/-ομαι double

διπλασιασμός doubling

διπλάσιος double, twice as big, much etc.

διπλός double· twin, dual· (δρόμος) two-way

δίπλωμα certificate, diploma, degree **δίπλωμα οδήγησης** driving licence

διπλωμάτης diplomat

διπλωματία diplomacy

διπλωματικός diplomatic

διπλωματούχος graduate, qualified

διπλώνω fold (up), wrap up· roll up **διπλώνομαι στα δύο** double up

διπρόσωπος double-faced

δις twice • billion

δισέγγονη great-granddaughter

δισέγγονο great-grandchild

δισέγγονος great-grandson

δισεκατομμύριο billion

δισεκατομμυριούχος billionaire • fabulously rich

δίσεκτο έτος/δίσεκτος χρόνος leap year

δισέλιδος two-page

δισκέτα floppy disk, diskette

δισκίο tablet

δισκοβολία (the) discus, (the) discus throwing

δισκοβόλος discus thrower

δισκογραφία discography, list of recordings

δισκογραφικός discographical δισκογραφική επιτυχία hit

δισκοπωλείο record shop

δίσκος (μουσικός) record, (μακράς διαρκείας) album, (μικρός) single, (ψηφιακός) compact disc, CD· *(αθλ.)* discus· (σερβιρίσματος (serving) tray· *(πληροφ.)* disk ιπτάμενος δίσκος flying saucer

διστάζω hesitate, have qualms (about) δε διστάζω μπροστά σε τίποτα stick at nothing

διστακτικός hesitating, hesitant, reluctant

διστακτικότητα hesitation, vacillation

δίτροχο two-wheeler

διυλιστήριο refinery

δίφθογγος dipthong

διφορούμενος ambiguous

δίφυλλος two-leafed, bifoliate· (πόρτα) double, (ντουλάπα) two-door, two-flap

διχάζω divide, disunite, split

διχάλα fork

διχαλωτός forked

διχασμός division, disunity, discord

διχόνοια discord

διχοτόμηση bisection, partition

δίχρωμος two-coloured, two-tone

δίχτυ (ψαρέματος) (fishing) net· (του τένις κτλ.) net· (για ψώνια) string bag· (αποσκευών) baggage rack

δίχως without δίχως άλλο without fail, definitely

δίψα thirst με πιάνει δίψα go thirsty

διψασμένος thirsty

διψήφιος two-digit

διψώ, **διψάω** be/feel thirsty

διώκω persecute· chase, pursue

δίωξη pursue, chase· persecution· *(νομ.)* prosecution η Δίωξη Ναρκωτικών the Drug Squad

δίωρο two hours

δίωρος two-hour, two hours long

διώροφος two-storey διώροφο λεωφορείο double-decker

διώρυγα canal η διώρυγα της Μάγχης the English Channel

διώχνω send away, turn away· turn out, throw out, drive out· dismiss, oust, sack· (αποβάλλω) expel, (εξορίζω) banish, (απελαύνω) deport· dismiss, put out/away· drive away, repel

δόγμα doctrine, dogma, (θρησκευτικό) denomination

δογματικός dogmatic

δοκάρι beam, jost, rafter· *(ποδόσφ.)* goalpost, post

δοκιμάζω test, try (out)· (τροφή)

taste, sample· (προβάρω) try on· try, attempt· try, tax· feel, experience, suffer· try, have a go, have a try **για δοκίμασε να...** just dare to... **δοκιμάζω μήπως...** take a chance on... • **δοκιμάζομαι** suffer hardships

δοκιμασία test, trial· tax, strain· ordeal, hard time, hardship

δοκιμαστήριο fitting room, changing room

δοκιμαστικό audition

δοκιμαστικός experimental· pilot, test

δοκιμή test, trial, tryout· *(θέατρ.)* rehearsal· attempt, try

δοκίμιο essay

δόκιμος (συγγραφέας κτλ.) accomplished, recognized· (λέξη κτλ.) accepted

δόκτορας, **δόκτωρ** doctor, Dr

δολάριο dollar

δόλιος deceitful, devious, wily· (δυστυχής) poor, unfortunate

δολιοφθορά sabotage

δολιοφθορέας saboteur

δόλος deceit, fraud

δολοφονία murder, (προσωπικότητας) assassination

δολοφονικός murderous **δολοφονική απόπειρα** attempted murder/assassination

δολοφόνος murderer, killer, *θηλ.* murderess, (δημόσιου προσώπου) assassin

δολοφονώ murder, kill, (δημόσιο πρόσωπο) assassin

δόλωμα bait

δολώνω bait

δομή structure

δόμηση construction, building **αυθαίρετη δόμηση** illegal building

δομικός structural

δόνηση vibration, pulsation· tremor, shock

δόντι tooth (στον πληθ. teeth)· (ελέφαντα, αγριόχοιρου) tusk· (χτένας) tooth, (γραναζιού) cog, (πιρουνιού) prong, (πριονιού, μαχαιριού) tooth ♦ **έξω από τα δόντια** bluntly

δόξα glory, (φήμη) fame **δόξα τω Θεώ!** thank God!, thank Heavens!

δοξάζω glorify, praise· be grateful to, thank

δοξάρι bow

δοξασία belief

δόρυ javelin, spear, lance

δορυφορικός satellite, of satellites

δορυφόρος satellite

δόση dose· (πληρωμή) instalment **αγορά με δόσεις** hire purchase, HP· element

δοσοληψία transaction· **δοσοληψίες** dealings

δότης donor

Δουβλίνο Dublin

δούκας Duke

δούκισσα Duchess

δουλεία slavery, servitude

δουλειά (επάγγελμα) job, occupation· work· job, task, business, [στον πληθ.] things to do **δουλειές του σπιτιού** housework· deal, [στον πληθ.] business· work, piece of work

δουλεμπόριο slave trade

δουλέμπορος slave trader

δουλεύω work· (λειτουργώ) work, function, operate, run· (πειράζω) tease, pull (sb.'s) leg· (ξεγελώ) take (sb.) in, take (sb.) for a ride

δουλικός servile

δουλικότητα servility

δούλος slave

Δούναβης Danube

Δούρειος Ίππος Trojan Horse

δοχείο container, vessel

Δρ Dr (Doctor)

δράκος dragon

δράμα drama· tragedy, calamity, plight

δραματικός dramatic· (τραγικός) tragic **δραματική σχολή** drama school, conservatory

δραπέτευση escape, jailbreak

δραπετεύω escape, break out (of), get away (from)

δραπέτης escapee, fugitive, runaway **δραπέτης φυλακών** escaped convict

δράση action, activity· effect

δρασκελιά stride

δρασκελίζω stride

δραστηριοποιώ activate, put into action· mobilize, bring into action • **δραστηριοποιούμαι** become active

δραστήριος active, energetic

δραστηριότητα activity, action

δράστης δράστις perpetrator, culprit

δραστικά drastically, dramatically

δραστικός drastic· effective

δρεπάνι sickle

δριμύς sharp· bitter, piercing, harsh, hard, rigorous· severe, caustic

δρομάκι alley, lane, back street

δρομέας runner, sprinter· *(πληροφ.)* cursor

δρομολόγιο itinerary, route· (πίνακας δρομολογίων) timetable

δρόμος road, (ανάμεσα σε κτίρια) street, (ιδιωτικός) drive· (δίοδος, απόσταση, κατεύθυνση) way **στο δρόμο...** on the way... **χάνω το δρόμο μου** lose one's way· *(αθλ.)* (foot)race • **κόβω δρόμο** take a short cut

δροσερός cool, fresh, refreshing

δροσιά coolness, freshness· dew

δροσίζω cool, freshen up· get/turn chilly

δροσιστικός refreshing

δρύινος oak, made of oak

δρυμός forest, woodland **εθνικός δρυμός** national park

δρυς oak (tree)

δρω act, take action, be active· take effect

δύναμη strength· power **δύναμη θέλησης** willpower **είναι πάνω από τις δυνάμεις μου** I can't help it· (ισχύς, βία) force· *(μαθ.)* power **ένοπλες δυνάμεις** armed forces

δυναμικά dynamically

δυναμικό potential **εργατικό δυναμικό** workforce **ανθρώπινο δυναμικό** manpower

δυναμικός dynamic, energetic

δυναμικότητα capability, potential· capacity

δυναμισμός dynamism

δυναμίτιδα, **δυναμίτις** dynamite

δυναμώνω build up, make stronger, strengthen· (για την ένταση ήχου) turn up· become stronger, (έπειτα από αρρώστια) regain one's strength, recuperate· intensify, (για καταιγίδα) worsen, (για άνεμο) freshen

δυναμωτικό tonic

δυναμωτικός strengthening, invigorating

δυναστεία dynasty

δυνατά strongly· hard· (φωναχτά) aloud, loud

δυνατός strong· powerful, hard, intense, bright· loud· possible, feasible **βάζω τα δυνατά μου** do one's best **κάνω τα αδύνατα δυνατά** do one's utmost **όσο είναι δυνατόν** as far as possible **όσο το δυνατόν πιο (γρήγορα)** as (fast) as possible

δυνατότητα possibility· capability **δίνω τη δυνατότητα σε** enable· **δυνατότητες** capabilities, potential **πάνω από τις δυνατότητές μου** above one's head

δύο, **δυο** two **δύο δύο** two by two **δυο φορές** twice **κάνα δυο** one or two, a couple of

δυόσμος mint

δυσανάγνωστος hard to read, almost illegible

δυσανάλογος disproportional, disproportionate, out of proportion

δυσαναπλήρωτος hard to replace, difficult to fill

δυσανασχετώ be resentful, be upset **δυσανασχετώ με** resent

δυσαρέσκεια discontent, displeasure, dissatisfaction

δυσαρεστημένος displeased, discontented

δυσάρεστος unpleasant, nasty, bad

δυσαρεστώ displease, annoy

δυσαρμονία disharmony, incongruity

δυσβάστακτος heavy, hard to bear, unbearable

δύσβατος rough, difficult to cross

δυσδιάκριτος indistinct

δυσεύρετος hard to find, rare

δύση sunset, sundown· west

δύσκαμπτος hard to bend, inflexible, stiff, rigid

δυσκαμψία rigidity, stiffness

δυσκίνητος (για πρόσωπο) slow, sluggish· (για αντικείμενο) hard to move, cumbersome, unwieldy

δυσκοίλιος constipated

δυσκοιλιότητα constipation

δύσκολα with difficulty

δυσκολεύω make difficult, complicate· impede, hamper· get difficult • **δυσκολεύομαι** have/find difficulty, find it difficult (to...), have trouble (to...)

δυσκολία difficulty, trouble **με δυσκολία** with difficulty

δύσκολος difficult, hard, tough, stiff· (δύσκολος αλλά ενδιαφέρων) challenging· (ζόρικος) difficult (to please/satisfy/get with), tough· (ιδιότροπος) particular, choosy, fastidious

δυσκολοχώνευτος indigestible

δυσλεκτικός ☞ δυσλεξικός

δυσλεξία dyslexia

δυσλεξικός, **δυσλεκτικός** dyslexic

δυσμένεια disfavour, disgrace

δυσμενής unfavourable, adverse

δυσοίωνος inauspicious, ominous, bleak

δυσοσμία bad smell, stench

δύσοσμος foul-smelling, stinking

δύσπεπτος indigestible

δυσπεψία indigestion

δυσπιστία distrust, mistrust, disbelief, scepticism

δύσπιστος distrustful, mistrustful, sceptical

δυσπιστώ distrust, mistrust

δύσπνοια difficulty in breathing

δυσπρόσιτος inaccessible

δυστροπία ill-temper

δύστροπος ill-tempered, grumpy

δυστύχημα accident, crash

δυστυχία misfortune· unhappiness, misery

δυστυχισμένος miserable, unhappy

δυστυχώ be miserable

δυστυχώς unfortunately· be afraid, be sorry

δυσφήμηση, **δυσφήμιση** defamation, slander· discredit, a bad advertisement

δυσφημιστικός defamatory, slanderous

δυσφημώ defame, slander· be a discredit for, be a bad advertisement for

δυσφορία discontent, displeasure· (αδιαθεσία) discomfort, indisposition

δυσφορώ resent, grudge, be annoyed/dissatisfied

δυσχεραίνω make difficult, impede, hamper

δυσχέρεια difficulty· (financial) embarrassment

δυσχερής difficult

δύσχρηστος awkward to use, not user-friendly

δυσωδία foul smell, stench

δύτης diver

δυτικά west **προς τα δυτικά** westwards

δυτικός of the west, west, western

δύω set, go down

δω ☞ εδώ

δώδεκα twelve

δωδεκάδα set of twelve, dozen

Δωδεκάνησα (the) Dodecanese

δωδεκαριά **καμιά δωδεκαριά** about twelve, twelve or so

δωδέκατος twelfth

δώθε, **εδώθε** this way **πέρα δώθε** to and fro, up and down

δώμα housetop, flat roof· room on housetop

δωμάτιο room **δωμάτιο ξένων** guestroom **ενοικιαζόμενα δωμάτια** rooms to let, rooms to rent

δωρεά donation, gift

δωρεάν free

δωρητής -ήτρια donor

δωρίζω give, present, donate

δώρο gift, present· bonus, premium **θείο δώρο** windfall

δωροδοκία bribery

δωροδοκώ bribe

δωσίλογος collaborator

Ε, ε

εάν ☞ αν

εαυτός self, oneself **τον εαυτό μας, τους εαυτούς μας** ourselves **τον εαυτό μου** myself **τον εαυτό σας, τους εαυτούς σας** yourselves **τον εαυτό σου** yourself **τον εαυτό της** herself **τον εαυτό του** himself, itself **τον εαυτό τους, τους εαυτούς τους** themselves ♦ **εκτός εαυτού** beside oneself

εβαπορέ evaporated

εβδομάδα, **βδομάδα** week

εβδομαδιαίος weekly

εβδομηκοστός seventieth

εβδομήντα seventy

εβδομηνταριά καμιά εβδομηνταριά seventy or so

έβδομος seventh

εβίβα cheers

εβραϊκά Hebrew

εβραϊκός Hebrew, Jewish

Εβραίος -α Hebrew, Jew, *θηλ.* Jewess

έγγαμος married

εγγεγραμμένος registered, enrolled

εγγλέζικα (the) English (language)

εγγλέζικος English

Εγγλέζος -α Englishman, *θηλ.* Englishwoman

εγγονή granddaughter

εγγόνι grandchild

εγγονός grandson

εγγραφή registration, (σε σχολείο) enrol· (ήχου, εικόνας) recording

έγγραφο document

έγγραφος written, in writing

εγγράφω register, (σε σχολείο) enrolment· (ηχογραφώ) record • **εγγράφομαι** register, enrol, (σε διαγωνισμό) enter (oneself) for εγγράφομαι συνδρομητής subscribe

εγγράφως in writing, in black and white

εγγύηση guarantee, warranty· (δικαστική) bail· (σε περίπτωση ενοικίασης ακινήτου) deposit

εγγυητής -ήτρια guarantor

εγγυητικός of guarantee

εγγυώμαι guarantee, warrant, vouch for

εγκαθίδρυση establishment

εγκαθιδρύω establish

εγκαθιστώ install, put in· establish • **εγκαθίσταμαι** α) settle, set up house β) be installed, be located

εγκαίνια opening ceremony, inauguration

εγκαινιάζω inaugurate, open

εγκαινίαση, **εγκαινιασμός** opening, inaugurating· consecrating, dedicating

έγκαιρα ☞ εγκαίρως

έγκαιρος timely, prompt

εγκαίρως, **έγκαιρα** in time, in good time, promptly

εγκάρδιος warm-hearted, cordial, warm, hearty

εγκαρδιότητα warmth, cordiality

εγκαρδιώνω encourage,hearten

εγκαταλείπω abandon, leave, desert· neglect· drop out

εγκατάλειψη abandonment, desertion· (παραμέληση) neglect

εγκαταλελειμμένος deserted, abandoned, derelict

εγκατάσταση installation· εγκαταστάσεις facilities, (τα γραφεία) premises

έγκαυμα burn ηλιακό έγκαυμα sunburn

εγκεκριμένος approved

εγκεφαλικός (of the) brain, cerebral εγκεφαλική διάσειση concussion εγκεφαλικό επεισόδιο stroke

εγκέφαλος brain· *(μτφ.)* mastermind πλύση εγκεφάλου brainwashing

έγκλημα crime

εγκληματίας criminal

εγκληματικός criminal

εγκληματικότητα criminality, crime

εγκληματώ commit a crime

εγκλιματίζω acclimatize • **εγκλιματίζομαι** be/get acclimatized (to), get used (to)

εγκλωβίζω encircle, surround, entrap, *(μτφ.)* cage in

εγκλωβισμός encirclement, trapping

εγκοπή slot

εγκόσμιος of this world, earthly

εγκράτεια self-control

εγκρατής self-controlled

εγκρίνω approve (of) δεν εγκρίνω α) disapprove of β) object to

έγκριση approval ύστερα από έγκριση on approval

έγκριτος distinguished, reputable, well-known· authoritative, reliable

εγκύκλιος circular (letter)

εγκυκλοπαίδεια encyclop(a)edia

εγκυκλοπαιδικός encyclop(a)edic

εγκυμοσύνη pregnancy

έγκυος pregnant

έγκυρος authoritative, reliable· valid

εγκωμιάζω extol, praise, laud

εγκωμιαστικός laudatory, complimentary

εγκώμιο eulogy, praise

έγνοια, **έννοια** concern, care· anxiety, worry

εγχείρημα venture, undertaking, enterprise· project, scheme

εγχείρηση operation κάνω εγχείρηση have an operation

εγχειρίδιο manual, handbook

εγχειρίζω, **εγχειρώ** operate on

έγχορδα (the) strings, stringed instruments

έγχορδος stringed

έγχρωμος coloured, colour

εγχώριος domestic, local

εγώ I· me • ego, self

εγωϊσμός (ιδιοτέλεια) selfishness, egoism· (φιλότιμο) pride· (έπαρση) egotism, arrogance, vanity

εγωιστής -ίστρια egotist, selfish person

εγωιστικός egoistic, selfish

εγωκεντρικός egocentric, self-centred, self-absorbed

εγωπαθής egomaniac

εδαφικός (of the) soil/ground· territorial

έδαφος ground· soil, land· territory· scope

Εδιμβούργο Edinburgh

έδρα desk· (δικαστή) bench· seat, chair· headquarters· *(αθλ.)* home εκτός έδρας away from the base, *(αθλ.)* away

εδραιώνω consolidate, entrench • **εδραιώνομαι** set in

εδραίωση consolidation, entrenchment

εδρεύω have one's offices/headquarters (at, in)

εδώ, **δω** here, (με έμφαση) that's where εδώ και for

εδώθε ☞ δώθε

εδώλιο dock

εθελοντής volunteer

εθελοντικός voluntary

εθελούσιος voluntary

εθελουσίως voluntarily

εθίζω accustom, habituate • **εθίζομαι** become accustomed (to), become addicted (to)

έθιμο custom, tradition ήθη και έθιμα manners and customs

εθιμοτυπία etiquette, protocol

εθιμοτυπικός formal

εθισμός addiction

εθνικισμός nationalism

εθνικιστής -ίστρια nationalist

εθνικιστικός nationalistic

εθνικός national

εθνικότητα nationality

έθνος nation

ει if ει δυνατόν if possible ει μη μόνον none but

ειδάλλως, **ειδαλλιώς** otherwise, or else· if not

ειδεμή if not

ειδήμων expert

ειδησεογραφία news, news coverage

ειδησεογραφικός (concerning) news

είδηση piece/item of news, news item· ειδήσεις news έχω ειδήσεις (από κπ.) hear form (sb.) το δελτίο ειδήσεων the news ♦ παίρνω είδηση α) notice, realize β) be aware of, understand

ειδικά especially, specifically

ειδικευμένος specialized, skilled

ειδίκευση specialization

ειδικεύω particulize • **ειδικεύομαι** specialize

ειδικός special, specialized • expert, specialist

ειδικότητα speciality, expertise

ειδοποίηση notification, warning, (γραπτή) notice

ειδοποιητήριο (written) notice, (letter of) advice

ειδοποιητήριος warning, premonitory

ειδοποιώ inform, notify, let (sb.) know

είδος kind, sort, type· form· species· item, article, commodity· είδη items, articles, goods αθλητικά είδη sportswear

ειδύλλιο romance, love affair

είδωλο idol· image, reflection

ειδωλολάτρης -ισσα idolater, pagan

ειδωλολατρία idolatry

ειδωλολατρικός idolatrous, pagan

είθισται [απρόσ.] be customary

εικασία guess, surmise

εικαστικές τέχνες visual arts

εικόνα picture· illustration· image· *(εκκλησ.)* icon

εικονίδιο *(πληροφ.)* icon

εικονικός fictitious, sham, mock εικονική πραγματικότητα virtual reality

εικόνισμα icon

εικονογραφημένος illustrated

εικονογράφηση illustration

εικονογραφώ illustrate· decorate with icons, paint icons

εικονολήπτης cameraman

εικοσαριά καμιά/μια εικοσαριά twenty or so

είκοσι twenty

εικοσιτετράωρο 24-hour period

εικοσιτετράωρος 24-hour long, one-day

εικοστός twentieth

ειλημμένη απόφαση made decision

ειλικρινά sincerely, frankly, honestly, genuinely, truly

ειλικρίνεια sincerity, frankness, honesty

ειλικρινής sincere, frank, honest

είμαι be· there is/are εγώ είμαι! it's me! όπου να 'ναι any moment now πού ήσουν; where have you been? πώς είσαι/είστε; how are you?

είναι being, life

ειρηνευτικός peace-keeping

ειρήνη peace

ειρηνικός peaceful Ειρηνικός Ωκεανός (the) Pacific (Ocean)

ειρηνιστής -ίστρια pacifist

ειρηνοδικείο local court, magistrate's court

ειρηνοδίκης magistrate

ειρμός coherence, train of thought

είρων ironist, sarcastic person

ειρωνεία irony, sarcasm

ειρωνεύομαι be ironic, mock (at), laugh (at), scoff (at)

ειρωνικός ironic(al), sarcastic, sneering, mocking

εισαγγελέας public prosecutor

εισαγγελία public prosecutor's office

εισάγω import· introduce· put in(to)· insert • **εισάγομαι** be admitted (to)

εισαγωγέας importer

εισαγωγή import(ing)· introduction· admission· (σε βιβλίο) introduction, preface· *(μουσ.)* overture, prelude

εισαγωγικά quotation marks, inverted commas

εισαγωγικός introductory· import εισαγωγικές εξετάσεις entrance examinations

εισβάλλω invade· break in(to), burst in(to)

εισβολέας invader

εισβολή invasion

εισέρχομαι enter, come in(to)· be admitted (to)

εισήγηση proposal, suggestion, (σε συνέδριο) paper

εισηγητής -ήτρια (σε συνέδριο κτλ.) speaker

εισηγούμαι propose, recommend

εισιτήριο ticket, (τιμή εισιτηρίου) fare απλό εισιτήριο single (ticket) εισιτήριο διαρκείας season ticket εισιτήριο με επιστροφή return (ticket)

εισιτήριες εξετάσεις entrance examinations

εισόδημα income

είσοδος entrance, entry· way in, entrance· admission· entrance, admission fee

εισπλέω sail in

εισπνέω breathe in, inhale

εισπνοή breathing in, inhalation

εισπράκτορας collector· (λεωφορείου) (bus) conductor

είσπραξη collection· εισπράξεις takings, proceeds

εισπράττω collect· *(μτφ.)* receive, get (in return)

εισρέω flow in, pour in(to)

εισροή flowing in, inrush, inflow

εισρόφηση inhalation of vomit

εισφορά contribution· (δωρεά) donation

εισχώρηση penetration, infiltration

εισχωρώ penetrate, infiltrate, permeate

είτε είτε... είτε either... or..., whether... or...

έιτζ Aids φορέας του έιτζ HIV positive

εκ, εξ ☞ από ♦ εκ μέρους τού... on behalf of... εξ όψεως by sight εκ πείρας from experience εκ περιτροπής in alteration, in rotation εκ πρώτης όψεως at first sight εκ των ενόντων with what is to hand εκ των προτέρων in advance εκ φύσεως by nature

εκατό hundred εκατό τοις εκατό cent per cent, one hundred per sent • το εκατό police emergency service, the police

εκατομμύριο million

εκατομμυριοστός millionth

εκατομμυριούχος millionaire

εκατοντάδα (one) hundred

εκατονταετία century, period of 100 years

εκατοστή καμιά εκατοστή a hundred or so

εκατοστίζω, **κατοστίζω** να τα εκατοστίσεις! many happy returns (of the day)!

εκατοστό (του μέτρου) centimetre

εκατοστός hundredth

εκβάλλω wash up· flow, dicharge

έκβαση outcome, result

εκβιάζω blackmail

εκβιασμός blackmail

εκβιαστής -άστρια blackmailer

εκβιαστικός blackmailing, coercive

εκβολές (ποταμού) mouth, estuary

εκδηλώνω express, show, display • **εκδηλώνομαι** α) (φανερώνομαι) reveal one's thoughts/feelings, show one's true self, come out (for, against) β) (εμφανίζομαι) break out

εκδήλωση expression, display· sign, appearance, outbreak· (social or public) event, function, do

εκδηλωτικός demonstrative, (υπερβολικά) effusive

εκδίδω publish, bring out· issue· extradite· prostitute • **εκδίδομαι** be a prostitute, prostitute oneself

εκδίκηση revenge

εκδικητής -ήτρια revenger, avenger

εκδικητικός revengeful, avenging, vindictive

εκδικούμαι take revenge· take revenge on (sb.), revenge oneself on (sb.), avenge

έκδοση edition, publication· issue, circulation· extradition

εκδοτήριο booking office, ticket office, box office

εκδότης -ρια publisher

εκδοτικός publishing

εκδοχή version

εκδρομέας (day) tripper, holidaymaker

εκδρομή excursion, trip

εκεί there, *(εμφ.)* that's where από 'κει, προς τα 'κει that way από 'κει και πέρα from then on εκεί που (χρονικό) just as, (τοπικό) where

εκείνος -η -ο, **κείνος** he, she, it· (δεικτική) that εκείνο που... what εκείνο τον καιρό in those days

εκεχειρία armistice, truce

έκζεμα eczema

εκθειάζω exalt, extol, praise

έκθεμα exhibit

έκθεση exhibition, fair, show· (ιδεών) composition· report, account· exposure

εκθέτω exhibit, display, show· state, set out, describe· expose· put in a difficult position, compromise • **εκτίθεμαι** ☞ λήμμα

εκκεντρικός eccentric

εκκεντρικότητα eccentricity

εκκενώνω empty, evacuate, clear

εκκένωση emptying, evacuation, clearing

εκκίνηση start, starting off/out

έκκληση appeal, plea **κάνω έκκληση σε κπ.** appeal to sb.

εκκλησία church

εκκλησιάζομαι go to church, be a frequent churchgoer

εκκλησίασμα congregation

εκκλησιασμός church going

εκκλησιαστικός church, religious, ecclesiastical

εκκρεμές pendulum

εκκρεμής outstanding, pending

εκκρεμότητα state of being outstanding/pending, outstanding/pending matter **σε εκκρεμότητα** outstanding

εκκρεμώ be outstanding/pending, not be settled

εκκρίνω secrete

έκκριση secretion

εκκωφαντικός deafening, earsplitting

εκλαμβάνω interpret, construe, take as

εκλέγω elect

εκλείπω disappear, be over· become/be extinct

έκλειψη eclipse

εκλεκτικός selective, choosy

εκλέκτορας elector

εκλεκτός select, excellent, of high quality· distinguished, eminent

εκλεπτυσμένος refined

εκλιπαρώ implore, beg

εκλογέας voter

εκλογή selection, choice· election **βουλευτικές εκλογές** general elections **δημοτικές εκλογές** municipal elections **προκηρύσσω εκλογές** call elections

εκλογικός electoral, voting, polling **εκλογική αναμέτρηση** elections **εκλογική περιοδεία** election campaign **εκλογική περιφέρεια** constituency

έκλυτος dissolute, profligate, wanton

εκμάθηση learning

εκμαιεύω elicit

εκμεταλλεύομαι exploit, take advantage of· (αξιοποιώ) utilize, make the most of

εκμετάλλευση exploitation, taking advantage· (αξιοποίηση) utilization, exploitation

εκμεταλλεύσιμος exploitable, workable

εκμεταλλευτής exploiter, manipulator

εκμηδενίζω reduce to nothing, eliminate, annihilate

εκμισθώνω hire out, rent out, let, lease

εκμίσθωση leasing, hire, renting out

εκμισθωτής -ώτρια lessor

εκμυστηρεύομαι confide (in)

εκμυστήρευση confession, divulgence

εκμυστηρευτικός confidential, confiding

εκνευρίζω annoy, irritate, vex • **εκνευρίζομαι** be annoyed, be vexed, lose one's temper

εκνευρισμός irritation· frustration

εκνευριστικός annoying, irritating, (υπερβολικά) maddening, nerve-racking

εκούσιος voluntary· deliberate

εκπαιδευόμενος trainee

εκπαίδευση education, schooling· (πρακτική) training

εκπαιδευτής -εύτρια instructor, trainer

εκπαιδευτικός educational, instructional • teacher

εκπαιδεύω educate, (πρακτικά) instruct, train • **εκπαιδεύομαι** train

εκπέμπω broadcast, transmit· emit, radiate· broadcast

εκπίπτω be deprived of, forfeit· be deducted, be deductible

εκπληκτικά amazingly

εκπληκτικός amazing, astonishing, surprising, fantastic

έκπληκτος surprised, amazed, astounded, astonished, in surprise μένω έκπληκτος be surprised

έκπληξη surprise, amazement, astonishment

εκπληρώνω perform, carry out, accomplish, achieve· keep, fulfil

εκπλήρωση fulfilment, achievement, accomplishment

εκπλήσσω surprise, astound, astonish

εκπνέω breathe out, exhale· (πεθαίνω) pass away, die· (για προθεσμία) expire, run out

εκπνοή breathing out, exhalation· (προθεσμίας) expiry

εκποίηση sale

εκποιώ sell (off)

εκπολιτίζω civilize

εκπολιτισμός civilizing

εκπολιτιστικός civilizing, cultural

εκπομπή (ήχου, εικόνας) broadcast, transmission· (πρόγραμμα) programme, broadcast

εκπρόθεσμος beyond the time limit, overdue, behind schedule

εκπροσώπηση representation

εκπρόσωπος representative, delegate κυβερνητικός εκπρόσωπος government spokesman

εκπροσωπώ represent, stand for, act for

έκπτωση discount· εκπτώσεις sales

εκπυρσοκρότηση detonation, shot

εκπυρσοκροτώ go off

εκρήγνυμαι explode, blow up, (για ηφαίστειο) erupt· break out

εκρηκτικά explosives

εκρηκτικός explosive

έκρηξη explosion, blast, (ηφαιστείου) eruption· outbreak

εκσκαφέας excavator

εκσκαφή excavation

έκσταση ecstasy

εκστατικός ecstatic, stunned

εκστομίζω utter, breathe, hurl

εκστρατεία expedition· campaign, crusade

εκστρατεύω go to war, march out· campaign, mount a campaign

εκσυγχρονίζω modernize, bring up to date

εκσυγχρονιστής -ίστρια modernist

εκσυγχρονιστικός modern, modernistic

εκσφενδονίζω fling, hurl, sling

εκσφενδόνιση fling(ing), hurl(ing), slinging

έκτακτα great

έκτακτος extra, special έκτακτη ανάγκη emergency έκτακτο δελτίο ειδήσεων flash, newsflash· extraordinary· superb, wonderful, fantastic

εκτάκτως as a matter of urgency

έκταση area, size· area, spread· extent

εκταφή disinterment, exhumation

εκτεθειμένος displayed, on show· exposed· compromised

εκτείνω outstretch • **εκτείνομαι** extend, stretch

εκτέλεση (πραγματοποίηση) implementation, execution, fulfilment· (καταδίκου) execution· *(μουσ.)* performance

εκτελεστής -έστρια killer, executioner

εκτελεστικός executive εκτελεστικό απόσπασμα firing squad

εκτελώ accomplish, carry out, fulfil εκτελώ χρέη act as, stand in for· execute, put to death, kill, murder

εκτελωνίζω clear (through customs)

εκτελωνισμός customs clearance

εκτελωνιστής -ίστρια customs broker

εκτενής extensive, lengthy, long, detailed

εκτενώς at length

εκτεταμένος extensive, widespread

εκτίθεμαι be exposed· be exhibited, be on display· be compromised, compromise oneself

εκτίμηση esteem· valuation, assessment

εκτιμητής assessor, evaluator

εκτιμώ respect, esteem, look up to

(sb.)· appreciate· evaluate, value, estimate, assess

εκτινάσσω hurl, fling • **εκτινάσσομαι** α) eject β) (στα ύψη) rocket, shoot up

εκτίω ποινή serve a sentence

εκτονώνω ease (off)· defuse • **εκτονώνομαι** unwind, let off steam, relax

εκτόξευση shooting, hurling, flinging, launching, launch· (απότομη άνοδος) shooting up, rocketing

εκτοξεύω shoot, launch· *(μτφ.)* hurl, level • **εκτοξεύομαι στα ύψη** shoot up, rocket

έκτος sixth

εκτός outside, out of, away from· outside· except (for), but **εκτός από** (επιπροσθέτως) apart from **εκτός (κι) αν** unless **εκτός αυτού** besides that **εκτός εαυτού** beside oneself **εκτός θέματος** beside/off the point **εκτός υπηρεσίας** off duty

έκτοτε ever since, since that time

εκτρέφω breed, raise, rear

έκτροπα disturbances, rioting, riots

εκτροπή *(τηλεφ.)* routing

εκτροφή breeding, raising, rearing

εκτροχιάζω derail • **εκτροχιάζομαι** *(μτφ.)* run wild, get out of control

εκτροχιασμός derailment

έκτρωμα monstrosity, freak

έκτρωση abortion

εκτυλίσσομαι occur, take place

εκτυπώνω print

εκτύπωση printing· *(πληροφ.)* printout

εκτυπωτής printer

εκτυφλωτικός dazzling

εκφοβίζω intimidate, frighten

εκφοβισμός intimidation

εκφράζω express· covey· demonstrate· voice • **εκφράζομαι** express oneself

έκφραση expression· expressing oneself, self-expression

εκφραστικός expressive

εκφυλίζομαι degenerate

εκφυλισμός degeneration

έκφυλος depraved, debauched, perverted

εκφώνηση reading (out)

εκφωνητής -ήτρια announcer **εκφωνητής ειδήσεων** newscaster

εκφωνώ announce, read out

εκχειλίζω overflow, brim over

εκχιονισμός clearing of snow

εκχιονιστήρας snowplough

εκχριστιανίζω convert to Christianity

εκχριστιανισμός conversion to Christianity

εκχύλισμα extract· essence

ελαία olive, olive tree

έλαιο oil

ελαιογραφία oil painting

ελαιόδεντρο olive tree

ελαιόλαδο olive oil

ελαιοπαραγωγή olive oil production

ελαιοπαραγωγός producer of olive oil • producing olive oil

ελαιοτριβείο, **λιοτριβιό**, **λιοτρίβι** olive press

ελαιοχρωματίζω paint with oil paint· paint (houses)

ελαιοχρωματισμός painting using oil paint, (γενικώς) (house) painting

ελαιοχρωματιστής (house) painter (using oil paint)

ελαιώνας olive grove

έλασμα sheet, plate

ελαστικό rubber· ελαστικά tyres

ελαστικός elastic· *(μτφ.)* flexible, lax

ελαστικότητα elasticity, flexibility

ελατήριο spring· *(μτφ.)* motive, incentive

έλατο fir tree

ελάττωμα fault, failing, shortcoming, drawback· flaw, imperfection· defect

ελαττωματικός defective, faulty· imperfect

ελαττώνω decrease, reduce • **ελαττώνομαι** decrease, diminish, lessen, fall, drop

ελάφι deer, (το κρέας του) venison

ελαφίνα doe

ελαφρά lightly

ελαφραίνω make lighter, lighten· relieve, soothe· lose weight, become lighter· ease off

ελαφρόμυαλος featherbrained, foolish • scatterbrain

ελαφρόπετρα pumice (stone)

ελαφρός, **ελαφρύς** light, not heavy· mild· weak· slight· (επιπόλαιος) frivolous, superficial

ελαφρώνω, **ελαφρύνω** lighten· relieve, ease, alleviate

ελαφρώς slightly, a little

ελάχιστο least

ελάχιστος minimal, smallest, slightest· very small, very short· very little· ελάχιστοι (very) few, few and far between

Ελβετία Switzerland

ελβετικός Swiss

Ελβετός -ή Swiss

ελεγκτής controller· inspector ελεγκτής εισιτηρίων ticket collector

έλεγχος inspection· control, check πύργος ελέγχου control tower σχολικός έλεγχος (school) report υπό έλεγχο under control

ελέγχω control, have under control· check· inspect· test

ελεεινός deplorable, despicable

ελεημοσύνη charity, alms

έλεος mercy δείχνω έλεος σε κπ. have mercy on sb.

ελεύθερα freely, openly· (όταν επιτρέπουμε κτ.) by all means, (όταν προσφέρουμε κτ.) help yourself!

ελευθερία freedom, liberty ελευθερία λόγου free speech

ελεύθερος free· (διαθέσιμος) spare, free, available· empty, free, vacant, (για ταξί) for hire· free, loose, clear· (ανύπαντρος) unmarried, single· on the loose, (έπειτα από απόδραση) at large· (δωρεάν) free of charge **ελεύθερος χρόνος** free/spare time, leisure

ελευθερώνω free, set free, let loose, release· liberate

ελευθέρωση liberation· release

ελέφαντας elephant

ελεφαντόδοντο tusk· ivory

ελιά olive· (ελαιόδεντρο) olive tree· mole, (ψεύτικη) beauty spot

ελιγμός zigzag, zigzagging· dodge· manoeuvre

έλικας propeller

ελικοδρόμιο heliport

ελικοειδής spiral

ελικόπτερο helicopter, chopper

ελίσσομαι coil/twist (oneself) round· move in zigzags· *(στρατ.)* manoeuvre· *(μτφ.)* be flexible, be evasive

ελίτ elite

ελιτίστικος elitist

έλκηθρο sled, sledge, sleigh, (αγωνιστικό) bobsleigh

έλκος (στομάχου) ulcer· (πληγή) sore

ελκυστικός attractive, appealing

ελκύω attract, appeal to

Ελλάδα Greece

ελλαδικός Greek

έλλειμμα deficit, shortfall

έλλειψη lack, want, shortage· deficiency

Έλληνας Ελληνίδα Greek

ελληνικά Greek

ελληνικός Greek, Hellenic **ελληνική (γλώσσα)** Greek

ελληνικότητα Greek character or nature (of sth.)

ελληνισμός Greek nation, Greek population, (the) Greeks

Ελληνοαμερικανός -ίδα Greek-American

ελληνορωμαϊκός Graeco-Roman

ελληνοτουρκικός Greek-Turkish

ελλιπής incomplete, insufficient, lacking, wanting

έλξη attraction **νιώθω έλξη για...** be attracted to...

έλος bog, marsh, swamp

ελπίδα hope

ελπιδοφόρος hopeful, promising

ελπίζω hope, be hopeful, expect· trust (in)

εμαγιέ enamel(led)

εμάς us

εμβαδόν area

εμβαθύνω go deep (into), get to the bottom (of)

έμβασμα remittance

εμβατήριο march

εμβέλεια range· *(μτφ.)* reputation, pestige

έμβιος living

έμβλημα emblem, coat of arms· motto, slogan

εμβολιάζω vaccinate, inoculate

εμβολιασμός inoculation, vaccination

εμβόλιο vaccine, vaccination

εμβρόντητος dumbfounded, flabbergasted, nonplussed

έμβρυο embryo, foetus

εμείς we, us

εμένα me

εμετός vomit, vomiting **κάνω εμετό** vomit, throw up **μου έρχεται να κάνω εμετό** feel sick

εμιράτο emirate

εμίρης emir

έμμεσος indirect

εμμηνόπαυση menopause

εμμηνόρροια menstruation

έμμισθος salaried, paid

εμμονή persistence

έμμονος persistent **έμμονη ιδέα** obsession

εμπάθεια animosity, malice, spite

εμπαθής malicious, spiteful

εμπαιγμός ridicule, mockery· deception

εμπαίζω mock, sneer at, make fun of· deceive, fool, string along

εμπεδώνω consolidate, establish· assimilate, absorb

εμπέδωση consolidation, establishment· assimilation

εμπειρία experience

εμπειρικά empirically, by trial and error

εμπειρικός empirical, practical· unlicensed

εμπειρογνώμονας expert, specialist

έμπειρος experienced, skilled

εμπίπτω fall within, come under

εμπιστεύομαι trust, have confidence in· leave, entrust· confide

εμπιστευτικά in confidence, confidentially, between you and me

εμπιστευτικός confidential

έμπιστος trustworthy • confidant

εμπιστοσύνη confidence, trust· **έλλειψη εμπιστοσύνης** mistrust

έμπλαστρο plaster

εμπλέκω involve (in)

εμπλοκή involvement· (όπλου) jamming· snag, complication

εμπλουτίζω enrich

έμπνευση inspiration· (ξαφνική, έξυπνη) brainwave, bright idea

εμπνέω inspire

εμποδίζω hinder, impede, obstruct, get/be in the way· prevent, stop

εμπόδιο obstacle, hindrance, impediment, snag, difficulty· *(αθλ.)* hurdle **δρόμος μετ' εμποδίων** hurdles

εμπόρευμα, **εμπορεύματα** merchandise, goods, wares

εμπορεύομαι deal in, trade in· *(μτφ.)* commercialize

εμπορικός commercial, business **εμπορική έκθεση** trade fair **εμπορική επιτυχία** (για δίσκο) hit, (για βιβλίο) bookseller **εμπορική επωνυμία** trade name **εμπορικό κέντρο** shopping centre, mall **εμπορικός αντιπρόσωπος** sales representative, rep **εμπορικός αποκλεισμός** boycott· merchant

εμπόριο trade, commerce, business· (παράνομο) trafficking, traffic

έμπορος merchant, tradesman, trader, dealer **έμπορος ναρκωτικών** drug trafficker **πλανόδιος έμπορος** street hawker

εμποροϋπάλληλος shop assistant

εμποτίζω saturate, soak· *(μτφ.)* imbue, impregnate

εμπότιση, **εμποτισμός** saturation, soaking· *(μτφ.)* impregnation

έμπρακτος actual, factual, in practice

εμπρησμός arson

εμπρηστής arsonist

εμπρηστικός incendiary

εμπριμέ print

εμπρόθεσμος within the time limits, up to schedule

εμπρός, **μπρος** in front (of), before· (προς τα εμπρός) ahead, forward(s)· (στο τηλέφωνο) hallo!· (όταν κπ. χτυπά την πόρτα) come in! ♦ **από 'δώ και μπρος** from now on **βάζω μπρος** α) (μηχανή) start β) (σχέδια κτλ.) start, get started **παίρνω μπρος** α) (για μηχανή) start β) understand, get cracking

εμφανής obvious, clear, manifest, apparent

εμφανίζω show, reveal, produce· (φιλμ) develop • **εμφανίζομαι** appear, show up, turn up

εμφάνιση appearance· look(s)· *(φωτογρ.)* development

εμφανίσιμος good-looking, presentable

έμφαση emphasis, stress

εμφατικός emphatic

εμφιαλώνω bottle

εμφιάλωση bottling

έμφραγμα *(ιατρ.)* heart attack

εμφύλιος (πόλεμος) civil war

εμφυσώ infuse, instil, inspire

εμφύτευμα implant

εμφυτεύω implant

έμφυτος inborn, inbred, inherent

έμψυχος animate, living **έμψυχο υλικό/δυναμικό** human resources

εμψυχώνω encourage, hearten, boost the morale of

εμψύχωση encouragement, heartening

εν (δηλώνει τόπο) at, in· (δηλώνει χρονικό πλαίσιο, διάρκεια) in· (δηλώνει τρόπο) in ♦ **εν ανάγκη** if necessary **εν αντιθέσει προς...** in contrast to... **εν αφθονία** in abundance **εν βρασμώ ψυχής** in the heat of the moment **εν γένει** by and large, in general **εν ενεργεία** in active service **εν καιρώ** in due course/time **εν λευκώ** with carte blanche **εν μέρει** in part, partly **εν πρώτοις** first of all, firstly **εν συνεχεία** next **εν χορώ** as one, in unison **εν ψυχρώ** in cold blood

ενάγω sue

εναγόμενος -η defendant

ενάγων -ουσα plaintiff

εναγώνιος anguished, agonized

εναγωνίως in agony

εναέριος air· aerial, overhead

εναλλαγή alteration, interchange

εναλλακτικός alternative **εναλλακτική λύση** alternative

εναλλάξ alternately

εναλλάσσω alternate, rotate • **εναλλάσσομαι** alternate, take turns

ενάμισης μιάμιση ενάμισι one and a half

έναντι opposite· (as) against, by comparison with, compared to· on account

ενάντια against **πάω ενάντια σε κπ.** oppose sb., contradict sb.

εναντίον against· versus

εναπόκειται [απρόσ.] be up to, lie/rest (with)

ενάρετος virtuous, righteous

εναρμονίζω/-ομαι harmonize

εναρμόνιση harmonization

εναρμονισμένος in tune (with), attune (to)

έναρξη beginning, start

ένας μία/μια ένα a(n)· one· (κάποιος) someone· same ♦ **ένας άλλος** another **ένας ένας** one by one, one at a time **ένας κι ένας** select(ed) **ο ένας μετά τον άλλον** one after the other **ο ένας πίσω από τον άλλον** in single file **ο ένας τον άλλον** each other, one another

έναστρος starlit

ενασχόληση occupation· pasttime, hobby

ένατος ninth

ενδεδειγμένος indicated, suitable, advisable

ενδείκνυμαι be indicated, be essential· be advisable

ενδεικτικό (school) certificate

ενδεικτικός indicative of, characteristic, typical

ένδειξη indication, sign, clue· (μετρητή) reading, read-out· *(φαρμ.)* indication

ένδεκα ☞ έντεκα

ενδεκάδα group of eleven

ενδεκαμελής of eleven members

ενδέκατος eleventh

ενδέχεται may, might, be possible/likely, (ως απάντηση) possibly

ενδεχόμενο possibility· eventuality **για κάθε ενδεχόμενο/διά παν ενδεχόμενο(ν)** just in case

ενδεχόμενος possible

ενδεχομένως possibly

ενδιαφέρον interest, concern

ενδιαφέρω interest, concern, matter, mind • **ενδιαφέρομαι** α) be interested (in) β) care (for)

ενδιαφέρων interesting

ενδίδω give in (to), yield (to)

ένδικος judicial, legal

ενδοεπικοινωνία intercommunication

ενδοιασμός hesitation, misgiving, qualm **έχω ενδοιασμούς** doubt

ενδοκρινολόγος endocrinologist

ενδόμυχα inwardly

ενδόμυχος inmost, inner(most)

ένδοξος glorious

ενδοφλέβιος intravenous

ενδοχώρα interior

ένδυμα garment, article of clothing· dress· ενδύματα clothes

ενδυμασία dress, attire

ενδυναμώνω strengthen, enforce· encourage

ένδυση apparel, dress

ενέδρα ambush

ένεκεν τιμής ένεκεν α) (σε βιβλίο) complimentary copy, with the publisher's/author's compliments β) in sb.'s honour

ενενηκοστός ninetieth

ενενήντα ninety

ενεργά actively

ενέργεια act, action, activity· step, measure κάνω ενέργειες take action/steps· effort· *(φυσ.)* energy, power

ενεργειακός (of) energy

ενεργητικό *(οικον.)* assets· credit

ενεργητικός active, energetic

ενεργητικότητα energy, vigour

ενεργοποίηση activation

ενεργοποιώ activate, set in motion, set working· bring to play

ενεργός active· effective

ενεργώ act, take action, take steps· be effective, take effect· perform, carry out, make • **ενεργούμαι** have a bowel movement

ένεση injection, (ΗΠΑ) shot

ενεστώτας (the) present (tense)

ενέχυρο pawn βάζω ενέχυρο pawn

ενεχυροδανειστήριο pawnshop

ενεχυροδανειστής -είστρια pawnbroker

ένζυμο enzyme

ενηλικιώνομαι come of age

ενήλικος, **ενήλικας** of age • adult, grown-up

ενήμερος informed, aware, acquainted

ενημερωμένος well-informed· up-to-date

ενημερώνω inform, keep informed, let know, brief· bring up-to-date

ενημέρωση briefing· information Μέσα Μαζικής Ενημέρωσης media, mass media

ενημερωτικός informative

ενθάρρυνση encouragement

ενθαρρυντικός encouraging

ενθαρρύνω encourage

ένθερμος ardent, zealous· cordial, hearty

ενθουσιάζω enthuse, fill with enthusiasm, excite • **ενθουσιάζομαι** enthuse, be enthusiastic

ενθουσιασμένος enthusiastic

ενθουσιασμός enthusiasm, ardour, zest

ενθουσιώδης enthusiastic, ardent, zealous

ενθρονίζω enthrone

ενθρόνιση enthronement

ενθύμηση remembrance, memory, recollection

ενθύμιο keepsake, souvenir, memento

ενιαίος united, unified

ενικός singular

ενίσταμαι object (to), oppose

ενίσχυση reinforcement, strengthening· (του ηθικού) bolstering, boost· (οικονομική) support, assistance, backing **στρατιωτικές ενισχύσεις** reinforcements

ενισχυτής amplifier

ενισχύω reinforce, strengthen· (ηθικά) bolster (up), boost· (οικονομικά) support, assist· corroborate, support

εννέα, **εννιά** nine

εννιακόσια nine hundred

εννιακόσιοι nine hundred

έννοια (σημασία) meaning, sense· concept, notion • ☞ έγνοια

έννομος lawful **έννομη τάξη** law and order

εννοώ mean· understand· intend, mean **εννοείται!** of course!, it goes without saying!

ενοικιάζω, **νοικιάζω** (ως ενοικιαστής) rent, hire, (για μεγάλο διάστημα) lease, (ως εκμισθωτής) rent out, let out, hire out • **ενοικιάζομαι** let

ενοικίαση, **νοίκιασμα** renting, hiring, leasing

ενοικιαστήριο (συμφωνητικό) lease (agreement)· (η αγγελία) "to let" sign

ενοικιαστής -άστρια tenant

ενοίκιο rent· rental

ένοικος occupant, tenant, (ξενοδοχείου) guest

ένοπλος armed **οι ένοπλες δυνάμεις** the armed forces, the services

ενοποίηση unification

ενορία parish

ενοριακός (of a) parish

ενορίτης -ισσα parishioner

ένορκος sworn • juror, juryman **(οι) ένορκοι** (the) jury

ενόρκως under oath

ενόσω as long as, while

ενότητα unity· (βιβλίου) unit, section

ενοχή guilt

ενόχληση annoyance, disturbance, nuisance· slight pain, trouble

ενοχλητικός annoying, bothersome, troublesome

ενοχλώ bother, disturb, annoy· ache, hurt· be annoying • **ενοχλούμαι** bother

ενοχοποιώ incriminate

ένοχος guilty • culprit, (the) guilty party

ενόψει, **εν όψει** ☞ όψη

ενσαρκώνω embody· be an incarnation of, personify

ενσάρκωση incarnation, embodiment, personification

ένσημο stamp

ενσταλάζω *(μτφ.)* instil, infuse

ένσταση objection

ενστερνίζομαι embrace, adopt, espouse

ένστικτο instinct

ενστικτώδης instinctive

ένστολος in uniform, uniformed

ενσυνείδητος conscious· deliberate

ενσωματωμένος built-in

ενσωματώνω incorporate, embody

ενσωμάτωση incorporation, embodiment

ένταλμα order· *(νομ.)* warrant

εντάξει all right, OK, okay· aboveboard, sporting, good

ένταξη integration· accession

ένταση tension· strain, stress· volume, force, strength χαμηλώνω την ένταση (της τηλεόρασης κτλ.) turn down (the volume of) (the TV etc.)· intensity

εντάσσω/-ομαι integrate

εντατικοποίηση intensification

εντατικοποιώ intensify

εντατικός intensive εντατικά μαθήματα crash course

ενταφιάζω bury, inter

ενταφιασμός burial, interment

εντείνω/-ομαι intensify

έντεκα, **ένδεκα** eleven

εντεκάδα group of eleven· (football) team

εντέλεια perfection

εντελώς quite, completely, entirely, totally· all εντελώς ξαφνικά all of a sudden το εντελώς αντίθετο the direct opposite

έντερο intestine· έντερα bowels, guts

έντιμος honest, upright· honourable

εντιμότητα integrity, honesty

εντοιχίζω build in

εντοιχισμένος built-in

εντολή order, *(πληροφ.)* command· εντολές instructions οι Δέκα Εντολές the Ten Commandments

έντομο insect

εντομοκτόνο insecticide

έντονος strong, (για χρώμα, φως) bright, (για αισθήματα) intense, (για ενδιαφέρον) keen, (για χαρακτηριστικά) prominent, sharp έντονη ζωή active/busy life

εντοπίζω locate, track down, pinpoint, spot· detect

εντός in, inside εντός έδρας (at) home· within εντός ολίγου soon εντός της ημέρας during the day εντός των ημερών in the next few days

εντόσθια entrails, innards· (ως φαγητό) offal

εντούτοις however, yet, none the less

εντριβή massage, rubbing

έντρομος scared, terrified, trembling (with fear), in fear, in fright

έντυπο form· publication, (πληροφοριακό) handout

εντύπωση impression **για δημιουργία εντυπώσεων** for effect, for show· feeling, sensation **δίνω την εντύπωση** seem, sound

εντυπωσιάζω impress, make an impression

εντυπωσιακός impressive, imposing, striking

εντωμεταξύ ☞ μεταξύ

ενυδατώνω moisturize, hydrate

ενυδάτωση moisturizing, hydration

ενυδατικός moisturizing

ενυδρείο (το κτίριο) aquarium· (στο σπίτι) fish tank

ενυπόγραφος signed

ενώ (χρονικός) while· (εναντιωματικός) although

ενώνω join (together), link· combine, unite • **ενώνομαι** unite

ενώπιον before, in front of

ενωρίς ☞ νωρίς

ένωση joining, linking· union· union, society, association, league· (σημείο ένωσης) joint· *(χημ.)* compound

εξ ☞ εκ

εξαγγελία announcement, declaration, proclamation

εξαγγέλλω announce, proclaim

εξαγορά buying up, purchase· bribery, subornation· buying off, ransoming

εξαγοράζω buy up, buy off· bribe, suborn

εξαγριώνω enrage, infuriate

εξάγω export· draw

εξαγωγέας exporter

εξαγωγή export, exportation· extraction· drawing

εξαγωγικός of exports, of exportation, export

εξάδα set of six· six-pack

εξάδελφος εξαδέλφη, **ξάδελφος ξαδέλφη** cousin

εξαερισμός ventilation

εξαεριστήρας ventilator, extractor fan

εξαίρεση exception **κατ' εξαίρεση** exceptionally, for once

εξαιρετικά very, extremely, exceptionally, awfully

εξαιρετικός excellent, outstanding, distinguished· exceptional· **εξαιρετική ανάγκη** emergency

εξαίρετος excellent, wonderful, superb

εξαιρώ except, exclude, leave out • **εξαιρούμαι** be excluded, be an exception **μηδενός εξαιρουμένου** with no exception

εξαίσιος superb

εξαιτίας because of, on account of

εξακολούθηση continuation **κατ' εξακολούθηση** repeatedly, persistently

εξακολουθώ continue, keep on, carry on

εξακόσια six hundred

εξακόσιοι six hundred

εξακριβωμένος confirmed, verified

εξακριβώνω verify, confirm

εξακρίβωση confirmation, verification εξακρίβωση στοιχείων identity check

εξαλείφω eradicate, eliminate, stamp out

εξάλειψη stamping out· extinction

έξαλλος furious, beside oneself· delirious, wild· eccentric

εξάλλου besides, in addition, furthermore

εξαμελής with six members, of six

εξάμηνο period of six months, half year· *(σχολ.)* semester

εξάμηνος six-monthly, half-yearly

εξαναγκάζω force, coerce, compel, oblige, make

εξαναγκασμός coercion, compulsion

εξαναγκαστικός coercive, compulsory

εξανεμίζω squander· dash

εξάνθημα (skin) rash

εξαντλημένος exhausted, tired out· (για βιβλίο) out of print

εξάντληση exhaustion

εξαντλητικός exhausting· exhaustive, thorough

εξαντλώ exhaust • **εξαντλούμαι** α) exhaust oneself, tire oneself out β) (για βιβλίο) be out of print

εξάπαντος without fail

εξαπάτηση deception, cheating

εξαπατώ deceive, dupe, cheat

εξαπίνης καταλαμβάνω κπ. εξαπίνης take sb. unawares, catch sb. off guard

εξαπλάσιος six times as many/much, sixfold

εξαπλώνω spread (out) • **εξαπλώνομαι** spread, proliferate

εξάπλωση spread, spreading out, proliferation

εξάπτω excite, arouse, stir up • **εξάπτομαι** α) get excited β) lose one's temper, flare up

εξαργυρώνω cash

εξαρθρώνω *(ιατρ.)* dislocate, sprain, twist· break up

εξάρθρωση *(ιατρ.)* dislocation· breaking up

έξαρση elation, euphoria, ebullience· upsurge

εξάρτημα attachment, fitting, accessory· *(μτφ.)* appendage

εξαρτημένος dependent (on)· addicted (to)· *(γλωσσ.)* subordinate

εξάρτηση dependence· addiction

εξαρτώ make contingent (upon) • **εξαρτώμαι** depend (on), be up to εξαρτάται it (all) depends

εξαρχής from the beginning

εξασθενημένος weak· impaired

εξασθενίζω weaken

εξασθενώ be weakened, be enfeebled· fade (away), die down

εξάσκηση practice, training **κάνω εξάσκηση** practise

εξασκώ/-ούμαι practise

εξασφαλίζω secure, ensure, guarantee· obtain, get • **εξασφαλίζομαι** secure one's interests

εξατμίζω evaporate • **εξατμίζομαι** evaporate, (με βράσιμο) boil away

εξάτμιση evaporation· *(αυτοκ.)* exhaust, exhaust pipe

εξαφανίζω wipe out, annihilate, obliterate, (είδος) exterminate· conceal, hide, remove • **εξαφανίζομαι** α) disappear, vanish, go out of sight β) become extinct

εξαφάνιση disappearance· extinction

έξαφνα, **άξαφνα** suddenly, all of a sudden

εξάψαλμος ακούω τον εξάψαλμο be hauled over the coals ψέλνω τον εξάψαλμο σε κπ. give it sb. hot and strong, haul sb. over the coals

έξαψη excitement, heat· εξάψεις *(ιατρ.)* hot flushes

εξαψήφιος six-figure

εξάωρο *(σχολ.)* six-hour timetable

εξεγείρω rouse, stir up, excite • **εξεγείρομαι** revolt, rebel

εξέγερση uprising, revolt

εξέδρα stand, platform

εξεζητημένος affected, sophisticated

εξειδίκευση specialization

εξειδικεύω/-ομαι specialize (in)

εξελιγμένος advanced, developed, modern, state-of-art

εξέλιξη progress· development· promotion· evolution

εξελίσσω develop, cause to evolve • **εξελίσσομαι** α) develop, grow to be β) progress, advance γ) turn out, go (off)

εξεπίτηδες ☞ επίτηδες

εξερεύνηση exploration

εξερευνητής -ήτρια explorer

εξερευνητικός exploratory

εξερευνώ explore

εξετάζω examine· question· inspect, look into, investigate

εξέταση examination· test· inspection, investigation, survey· εξετάσεις (school) examinations, exams πτυχιακές εξετάσεις finals

εξεταστής -άστρια examiner

εξέταστρα examination fees

εξευγενισμένος refined

εξεύρεση finding· discovery, thinking out

εξευτελίζω humiliate, make a fool of· trivialize, cheapen • **εξευτελίζομαι** make a fool of oneself

εξευτελισμός humiliation· trivialization

εξευτελιστικός humiliating· ridiculous

εξέχω jut out, stand out, stick out, protrude

εξήγηση explanation δίνω εξηγήσεις explain oneself· (λέξης) definition· translation

εξηγώ explain, clear up· (λέξη) define· translate • **εξηγούμαι** explain oneself, make oneself clear

εξηκοστός sixtieth

εξήντα sixty

εξής following απ' εδώ και εξής/από τώρα και στο εξής/στο εξής in future, from now on

έξι six

εξιδανίκευση idealization

εξιδανικεύω idealize

εξισορρόπηση balance, counterbalancing

εξισορροπώ balance, counterbalance

εξίσου equally, just as

εξίσταμαι απορώ και εξίσταμαι stand amazed

εξιστορώ narrate, recount

εξισώνω make equal, equalize, equate

εξίσωση equalization· *(μαθ.)* equation

εξιτάρω excite

εξιτήριο discharge note

εξιχνιάζω solve, unravel

εξιχνίαση solution, solving

εξόγκωμα bulge, hump, protuberance

εξογκώνω cause to swell, distend· *(μτφ.)* exaggerate, inflate

έξοδα expenses, costs, expenditure με έξοδά μου at one's expenses

έξοδος exit, way out έξοδος κινδύνου emergency exit· outing· retirement

εξοικειώνω accustom, familiarize (with) • **εξοικειώνομαι** be familiarized (with), accustom oneself (to), get used (to)

εξοικείωση familiarization, familiarity

εξοικονόμηση economizing, saving· finding

εξοικονομώ find, scrape together· economize, save

εξολόθρευση annihilation, extermination

εξολοθρευτής exterminator, annihilator

εξολοθρεύω annihilate, exterminate

εξομαλύνω normalize, settle

εξομολόγηση confession

εξομολόγος, **εξομολογητής** confessor

εξομολογώ confess (sb.), hear a confession • **εξομολογούμαι** confess· confide

εξοντώνω annihilate, exterminate

εξόντωση annihilation, extermination

εξονυχιστικός thorough, close

εξοπλίζω arm· equip, fit out • **εξοπλίζομαι** arm oneself

εξοπλισμός armament, arms· equipment, fitting, gear

εξοργίζω enrage, infuriate, anger, make angry

εξοργιστικός infuriating, outrageous

εξορία exile, banishment

εξορίζω exile, send into exile, banish

εξορισμός exiling, banishing

εξόριστος in exile • exile

εξορκίζω, **ξορκίζω** exorcise· (θερμοπαρακαλώ) implore

εξορκισμός exorcism

εξορκιστής exorcist

εξόρμηση campaign· trip

εξουδετερώνω neutralize· defuse, deactivate· overpower

εξουδετέρωση neutralization· overpowering, breaking up **εξουδετέρωση βόμβας** bomb disposal

εξουθενώνω exhaust, wear out

εξουθένωση exhaustion

εξουθενωτικός exhausting

εξουσία authority, power, office· control, rule

εξουσιάζω be in power, rule· have power over, dominate

εξουσιοδότηση authorization, power(s)· *(νομ.)* power of attorney

εξουσιοδοτώ authorize· *(νομ.)* issue/grant a power of attorney

εξόφληση payment in full, payoff

εξοφλώ pay in full, pay off (sth.), settle up with (sb.)

εξοχή country, countryside· holiday

εξοχικό country house, country cottage

εξοχικός country

έξοχος excellent, superb, great· distinguished, outstanding

εξπρές express

εξτρεμισμός extremism

εξτρεμιστής -ίστρια extremist

εξτρεμιστικός extremist

εξυβρίζω insult, abuse

εξύβριση insulting, abusing, vilification· *(νομ.)* insulting behaviour

εξύμνηση praising, adulation

εξυμνώ extol, glorify

εξυπακούεται it is obvious, it stands to reason, it is understood

εξυπηρέτηση service· favour· convenience

εξυπηρετικός helpful, obliging· (χρήσιμος) useful, handy

εξυπηρετώ help, serve· suit, serve one's purpose. **τι εξυπηρετεί...;** what... for?

εξυπνάδα cleverness, intelligence· *(ειρων.)* bright remark, wisecrack

εξυπνάκιας smart aleck, know-all

έξυπνος clever, intelligent, bright, smart **κάνω τον έξυπνο** play clever, try to be clever· witty

έξω outside, out, outdoors· abroad· beyond **έξω από** (για κίνηση) out of, (για στάση) outside **προς τα** έξω outwards, outward **έξω μέρος** (the) outside, (the) exterior ♦ **απ'** έξω outside, (από στήθους) by heart **μια κι έξω** once and for all

εξώγαμος illegitimate

εξωγήινος extraterrestrial, alien

εξωθώ compel, drive

εξωκκλήσι, **ξωκκλήσι** country chapel

εξωλέμβιος outboard

εξώπορτα front door

εξωπραγματικός unrealistic, impractical

εξωραΐζω embellish, beautify· whitewash, gloss over

έξωση eviction **κάνω έξωση σε** κπ. evict sb.

εξώστης balcony· (θεάτρου) gallery, circle

εξωστρέφεια extroversion

εξωστρεφής extrovert

εξωσυζυγικός extramarital

εξωσχολικός out-of-school, extramural

εξωτερικά externally, outwardly

εξωτερικεύω externalize, express, demonstrate

εξωτερικό exterior· abroad

εξωτερικός external, exterior, outer· foreign, overseas **εξωτερικές** ειδήσεις international/world news Υπουργείο Εξωτερικών Foreign Ministry, Ministry of Foreign Affairs

εξωτικός exotic

εξωφρενικός outrageous, absurd, ridiculous· exorbitant

εξώφυλλο (βιβλίου, περιοδικού) cover, (δίσκου) sleeve· (παραθύρου) shutter

εορτάζω ☞ γιορτάζω

εορτασμός, **γιορτασμός** celebration· festivities

εορταστικός festive, of celebrations εορταστικές εκδηλώσεις celebrations, festivities

εορτή ☞ γιορτή **εθνική εορτή** national holiday **ονομαστική εορτή** name day ♦ **κατόπιν εορτής** after the event

επάγγελμα occupation, profession, job

επαγγελματίας professional ελεύθερος επαγγελματίας self-employed person

επαγγελματικός professional επαγγελματικό ταξίδι business trip επαγγελματικός προσανατολισμός vocational orientation, *(σχολ.)* vocational education

επαγρύπνηση vigilance, alertness σε επαγρύπνηση on guard, on the alert

επαγρυπνώ be on the alert, stand by

έπαθλο prize, award, trophy

έπαινος praise

επαινώ praise

επαιτώ beg for· go about begging

επακόλουθο consequence, outcome, result

επακολουθώ ensue, follow, come/happen next

επακριβώς accurately, precisely

έπακρο στο έπακρο extremely, in the extreme

επαλήθευση verification, confirmation· check, checking

επαληθεύω verify, confirm· check

επαναλαμβανόμενος repetitive, recurrent

επαναλαμβάνω repeat, do/say again, (για κτ. που έχει διακοπεί) resume· go over, revise, study again • **επαναλαμβάνομαι** repeat oneself

επαναληπτικός repeated **επαναληπτικός αγώνας** return match

επανάληψη repeating, repetition, repeat **κατ' επανάληψη** repeatedly, again and again· *(σχολ.)* revision **κάνω επανάληψη (μαθημάτων)** revise

επανάσταση revolution **η Επανάσταση του '21** the Greek War of Independence

επαναστάτης -ρια revolutionary· rebel

επαναστατώ revolt, rebel

επανασύνδεση reconnection, relinking· (σχέσης) renewal

επαναφέρω bring/take/put back, restore, reestablish

επαναφορά bringing back, restoration, reestablishment, return

επαναφορτίζω recharge

επανδρώνω man, equip with crew· supply with personnel, staff

επανειλημμένα, **επανειλημμένως** repeadedly, again and again

επανειλημμένος repeated

επανειλημμένως ☞ επανειλημμένα

επανεκδίδω republish

επανέκδοση republication

επανεκλέγω reelect

επανεκλογή reelection

επανεξετάζω review, reconsider

επανεξέταση review, reconsideration

επανέρχομαι return, come back

επανιδείν εις το επανιδείν see you again, au revoir

επάνοδος return, comeback

επανορθώνω rectify, redress· make amends (for), make it up

επάνω, **απάνω**, **πάνω** (ψηλότερα) up· upstairs • upper **επάνω μέρος** top· on **επάνω σε** on, upon, over, against, up, (πολύ κοντά, δίπλα) very close to, by, (εναντίον) at, against, (σχετικά, αναφορικά) about, (μέσα) in **επάνω από** (ψηλότερα) above, over, (περισσότερο, ανώτερη θέση) over, more than, above ♦ **πάνω απ' όλα** most of all **πάνω κάτω** α) up and down β) more or less **πάνω που** just as, while

επάργυρος silverplated

επαργυρώνω silverplate

επάρκεια adequancy, sufficiency· competence

επαρκής adequate, sufficient· competent

επαρκώ be adequate, be enough, suffice

έπαρση hoisting, raising· (αλαζονία) arrogance, conceit

επαρχία subprefecture· (the) provinces

επαρχιακός provincial

επαρχιώτης -ισσα provincial, country-dweller

έπαυλη villa, mansion

επαφή contact, touch **έρχομαι σ' επαφή** contact, get in touch (with)· meeting ♦ **εξ επαφής** point-blank

επείγει be urgent

επείγομαι be in a hurry, be in urgent need

επειγόντως urgently, in a hurry

επείγων urgent, pressing **επείγουσα περίπτωση** emergency **επείγον περιστατικό** *(ιατρ.)* emergency

επειδή because, since, for ♦ **κι επειδή;** so what?

επεισοδιακός eventful· tumultuous

επεισόδιο incident, event, occurrence, happening· scene, quarrel· **επεισόδια** trouble, disturbances· episode

έπειτα (χρονικό) then, afterwards· besides, moreover **έπειτα από** α) after β) later ♦ **κι έπειτα;** so what?

επέκταση extension· expansion, growth, development

επεκτείνω extend· expand • **επεκτείνομαι** expand (on), go into in depth

επεμβαίνω intervene, step in· interfere, meddle (in), break in(to)

επέμβαση intervention· interference

επένδυση coating, facing, lining· *(οικον.)* investment

επενδυτής -ύτρια investor

επενδύω face, line, coat· *(οικον.)* invest, make an investment

επενεργώ take effect, act

επεξεργάζομαι process· elaborate, work out, perfect, complete

επεξεργασία processing· elaboration, perfection, completion

επεξεργαστής processor· *(πληροφ.)* central processing unit

επεξήγηση (further) explanation, clarification

επεξηγώ clarify, illustrate

επέτειος anniversary

επευφημία applause, cheering

επευφημώ applaud, cheer

επηρεάζω affect, influence

επήρεια influence

επηρμένος arrogant, conceited

επί (τόπος) on· (για χρονική περίοδο ή διάρκεια) for, during· (για αναλογία) out of· (για κατεύθυνση) on· times, by

επιβάλλον assertiveness, imposing character

επιβάλλω impose, inflict, force • **επιβάλλομαι** assert oneself, keep control of, keep under control επιβάλλεται να... be necessary/required, be a must

επιβάρυνση (extra) charge· (επιδείνωση) worsening, deterioration

επιβαρύνω be a burden (to)· (επιδεινώνω) worsen, aggravate

επιβάτης -ρια passenger

επιβατικό passenger car

επιβατικός carrying passengers, passenger

επιβεβαιώνω confirm, verify

επιβεβαίωση confirmation

επιβεβλημένος imperative, incumbent upon/on

επιβιβάζω put/take on board • **επιβιβάζομαι** board

επιβίβαση boarding

επιβιώνω survive, live on

επιβίωση survival

επιβλαβής harmful, injurious, detrimental

επιβλέπω supervise, watch over

επίβλεψη supervision

επιβλητικός impressive, imposing

επιβολή imposition, infliction

επιβράβευση rewarding, recognition

επιβραβεύω reward

επιβράδυνση slowdown

επιβραδύνω slow down

επίγειος earthly, of this world

επίγνωση awareness, consciousness έχω επίγνωση be aware (of sth.)

επιγραφή inscription· sign

Επίδαυρος Epidaurus

επιδεικνύω show, display, demonstrate· show off, flaunt • **επιδεικνύομαι** show off

επιδεικτικός showy

επιδεινώνω worsen, make worse, aggravate • **επιδεινώνομαι** worsen, deteriorate

επιδείνωση worsening, deterioration

επίδειξη display, exhibition, show· demonstration, demo· showing off, flaunting

επιδέξια capably, deftly

επιδέξιος skilful, deft, dexterous

επιδερμίδα skin, (ιδ. του προσώπου) complexion

επίδεσμος bandage

επιδέχομαι accept, admit (of)

επιδημία epidemic

επιδιορθώνω mend, repair

επιδιόρθωση mending, repairing, repair

επιδιώκω seek, aim at

επιδίωξη aim, objective, ambition

επιδοκιμάζω approve of

επιδοκιμασία approval

επίδομα allowance, benefit, extra pay

επιδόρπιο dessert

επίδοση delivery· performance

επίδραση influence· effect, action

επιδρομέας invader, raider

επιδρομή invasion, raid

επιδρώ affect, influence, have an effect (on)

επιείκεια lenience, leniency, clemency

επιεικής lenient, clement

επιεικώς leniently· at least

επιζήμιος harmful, injurious, damaging

επιζητώ seek, be out for· fish for

επιζώ survive, live on **οι** επιζήσαντες the survivors

επίθεμα compress

επίθεση attack, assault

επιθετικός aggressive επιθετικός (παίκτης) attacker

επιθετικότητα aggressiveness

επίθετο surname, family name· *(γλωσσ.)* adjective

επιθεώρηση inspection· *(θέατρ.)* revue, review

επιθεωρητής -ήτρια inspector

επιθεωρώ inspect

επιθυμητός desired

επιθυμία desire, wish

επιθυμώ desire, wish for· want, would like· και **πεθυμώ** miss

επικαιρότητα current events

επικαλούμαι invoke, appeal to, adduce, plead

επίκεντρο focal point, focus **το** επίκεντρο σεισμού the epicentre of an earthquake

επικεντρώνω focus, concentrate

επικέντρωση focusing

επικερδής profitable

επικεφαλής in charge (of)

επικεφαλίδα (κειμένου) heading· (εφημερίδας) headline

επικήδειος funeral • funeral speech

επικίνδυνος dangerous, hazardous, risky

επικλινής sloping, inclined, (για κτίριο) leaning

επικοινωνία communication· contact μέσα μαζικής επικοινωνίας media

επικοινωνώ communicate (with)· contact, get in touch (with)

επίκουρος καθηγητής assistant professor

επικράτεια state, dominion Συμβούλιο Επικρατείας Council of State

επικρατέστερος predominant, prevalent, strongest

επικρατώ predominate, prevail· there be· overcome

επικρίνω criticize, blame, find fault with

επίκριση criticism, fault-finding

επικριτής -ίτρια critic

επικριτικός critical, fault-finding

επίκτητος acquired

επιλαχών runner-up

επιλέγω choose, select, pick

επιλεκτικός selective

επίλεκτος select

επιληπτικός epileptic

επιληψία epilepsy

επιλήψιμος reprehensible, blameworthy

επιλογή choice, selection· alternative

επίλογος epilogue, conclusion

επίμαχος controversial, disputed

επιμέλεια diligence, industry· editing· *(νομ.)* custody, care

επιμελής diligent, industrious, hardworking

επιμελητής -ήτρια (βιβλίου) editor· *(σχολ.)* monitor, school prefect **δικαστικός επιμελητής** court bailiff

επιμελούμαι take care of· (βιβλίο) edit

επιμένω insist, persist

επιμονή insistence, persistence

επίμονος insistent, persistent

επίνειο sea port

επινοώ contrive, devise, invent, think up, conconct

επίπεδο level· standard **βιοτικό επίπεδο** standard of living, living standard

επίπεδος flat, even, smooth

επιπλέον in addition, besides, furthermore, what's more • additional, extra

επιπλέω float

επίπληξη reprimand, rebuke, telling-off

επιπλήττω rebuke, reprimand, scold, tell off

έπιπλο piece of furniture· **έπιπλα** furniture

επιπλοκή complication

επιπλοποιείο furniture factory, workshop

επιπλοποιός cabinet maker

επιπλώνω furnish

επίπλωση furnishing· furniture

επιπόλαιος frivolous, irresponsible· superficial, skin-deep

επιπολαιότητα frivolity

επιπρόσθετος additional, extra

επίπτωση effect, impact, consequence

επιρρεπής inclined (to), prone (to), liable (to)

επίρρημα adverb

επιρρίπτω ascribe, impute

επιρροή influence

επισημαίνω (τονίζω) point out, pinpoint· (εντοπίζω) identify, locate, spot

επισημοποιώ make official, announce publicly

επίσημος official· formal • **(οι) επίσημοι** VIPs

επίσης also, as well, too· in addition, furthermore **επίσης!** and the same to you!

επισκεπτήριο visiting hours· visiting card

επισκέπτης -ρια visitor, guest

επισκέπτομαι visit, call on

επισκευάζω repair, mend, fix

επισκευή repair(s)

επίσκεψη visit· visitor

επισκιάζω overshadow, outshine, dwarf

επίσκοπος bishop

επισπεύδω hasten, bring forward, accelerate, speed up

επιστάμενος close, thorough, attentive

επιστασία supervision

επιστάτης (κτιρίου) caretaker, (γης) estate manager, (εργοστασίου κτλ.) foreman

επιστατώ supervise

επιστήμη science

επιστήμονας scientist· university graduate

επιστημονικός scientific· graduate

επιστολή letter

επιστολογραφία letter writing, correspondence

επιστολόχαρτο writing paper

επιστράτευση mobilization

επιστρατεύω mobilize, call up· *(μτφ.)* summon up, call into play

επιστρέφω return, give/put/send back, (χρήματα) pay back, refund· return, come/go/be back

επιστροφή return· reversion, comeback· (χρημάτων) repayment, refund

επισυνάπτω affix, attach, (εσωκλείω) enclose

επιταγή command, mandate· cheque, order **μπλοκ επιταγών** chequebook

επιτακτικός urgent, imperative

Επιτάφιος canopy over the bier cloth· Good Friday service and procession

επιτάχυνση acceleration, speeding up

επιταχύνω accelerate, speed up, hasten, quicken

επιτείνω intensify, heighten, increase

επιτελείο *(στρατ.)* staff· *(μτφ.)* executive team

επιτέλους after all, at last· one day, sooner or later· for heaven's sake

επίτευγμα achievement, feat

επίτευξη achievement, accomplishment

επιτήδειος (κατάλληλος) skilful, deft· (καπάτσος) crafty, shrewd

επίτηδες, **εξεπίτηδες**, **ξεπίτηδες** deliberately, on purpose

επιτηδευμένος affected

επιτήδευση affectation

επιτηρητής -ήτρια supervisor, (σε διαγώνισμα) invigilator

επιτήρηση supervision, (σε διαγώνισμα) invigilation

επιτηρώ supervise, watch over, (μαθητές) invigilate

επιτίθεμαι attack, charge at, go at, (φραστικά) lash out (at)

επίτιμος honorary

επιτόκιο rate of interest, interest rate

επιτόπιος on-the-spot· local, regional

επιτραπέζιος επιτραπέζιο παιχνίδι board game

επιτρέπω allow, permit· (δίνω την δυνατότητα) enable· (επιδέχομαι) permit, admit of· (ανέχομαι) put up with, condone **επιτρέπεται να...;** may I ...?

επιτροπή committee· deputation

επιτυγχάνω succeed, be successful· manage, achieve

επιτυχημένος successful

επιτυχής successful

επιτυχία success **καλή επιτυχία!** good luck!· (σουξέ) hit· (πραγμάτωση) achievement

επιφάνεια surface· (έκταση) area

επιφανειακός superficial, skin-deep

επιφανής distinguished, eminent, prominent

επιφυλακή standby **είμαι σε επιφυλακή** α) stand by β) be on the alert, be on the lookout (for)

επιφυλακτικός cautious

επιφυλακτικότητα caution

επιφύλαξη reservation **με κάθε επιφύλαξη** for what it's worth

επιφυλάσσω hold in store • **επιφυλάσσομαι** reserve the right to act later

επιφώνημα exlamation, interjection

επιχείρημα argument

επιχειρηματίας businessman, *θηλ.* businesswoman

επιχειρηματικός businesslike, of business

επιχειρηματολογία argmentation, reasoning

επιχειρηματολογώ argue, use arguments

επιχείρηση undertaking· business, firm, company, enterprise **επιχείρηση κοινής ωφελείας** public utility service

επιχειρώ attempt, try, venture

εποικοδομητικός constructive

επόμενος next, following, subsequent, ensuing **ο αμέσως επόμενος** the very next **την επομένη** the next day ♦ **είναι επόμενο** it is only natural/to be expected

επομένως consequently, therefore

εποπτεία supervision

εποπτεύω supervise, superintend, monitor

επόπτης -ρια supervisor, superintendent

εποπτικός supervisory

έπος epic

εποστρακίζομαι ricochet

εποστρακισμός ricochet

επουλώνω heal (over)

επούλωση healing

επουσιώδης insignificant, unimportant, slight

εποχή season· time(s), day(s), age, period στην εποχή μας in our days, nowadays· era, age, epoch ♦ αφήνω εποχή make history

εποχικός seasonal

επτά, **εφτά** seven

επταετία, **εφταετία** period of seven years· (the) Greek dictatorship (1967-1974)

επταήμερος, **εφταήμερος** lasting seven days, seven-day, week's

επτακόσια, **εφτακόσια** seven hundred

επτακόσιοι, **εφτακόσιοι** seven hundred

Επτάνησα, **Εφτάνησα** (the) Ionian Islands

επωάζω hatch, incubate

επώαση hatching, incubation

επωδός refrain

επώδυνος painful

επωμίζομαι shoulder

επωνυμία trade name, business name

επώνυμο surname, family name

επώνυμος signed • celebrity, personality

επωφελούμαι take advantage (of), avail oneself (of), profit (from), make the best of

έρανος collection

ερασιτέχνης amateur

ερασιτεχνικός amateur, amateurish

εραστής lover

εργάζομαι work· (για μηχανήματα) work, function, operate

εργαζόμενος working • working person, employed person, worker • (οι) εργαζόμενοι working people, workpeople

εργαλείο tool, (γεωργικό) implement, (επιστημονικό) instrument

εργαλειοθήκη toolbox, tool kit

εργασία work, labour Υπουργείο Εργασίας Ministry of Labour ώρες εργασίας working hours, business hours· (επάγγελμα) job, occupation· cost of labour· workmanship· assignment, task, project· εργασίες proceedings

εργάσιμος of work, working

εργασιοθεραπεία occupational therapy

εργασιομανής workaholic

εργασιομανία workaholism

εργαστηριακός laboratory

εργαστήριο laboratory· studio· workshop

εργάτης worker, workman

εργατικά labour costs

εργατικός industrial εργατικό δυναμικό manpower εργατικό σωματείο/συνδικάτο trade union· hard-working, industrious

εργατικότητα industriousness

εργάτρια working woman, worker

εργένης bachelor

έργο work· *(κινημ.)* film, *(θέατρ.)* play· (καθήκον) task, duty, mission· achievement, project δημόσια έργα public works

εργοδηγός foreman

εργοδότης -ρια employer

εργολαβία contract work

εργολάβος contractor εργολάβος κηδειών undertaker

εργοστασιάρχης factory owner, industrialist

εργοστάσιο factory, plant, works, mill

εργοτάξιο building/construction site

εργόχειρο needlework

ερεθίζω irritate, annoy· inflame, chafe· stimulate, excite

ερείπιο ruin· *(μτφ.)* wreck

ερειπωμένος ruined, derelict

έρευνα search· inquiry, enquiry, (αστυνομική) investigation· (επιστημονική) research· survey έρευνα αγοράς market research

ερευνητής -ήτρια researcher

ερευνητικός (of) research· inquisitive, inquiring

ερευνώ search· investigate· research into

ερημιά deserted place, wilderness, wasteland

ερημικός uninhabited, deserted, empty

ερημονήσι desert island

έρημος desert • deserted, uninhabited· lonely, uncared for

ερημώνω devastate· be/become deserted· become depopulated

ερήμωση devastation, destruction· depopulation

έριδα controversy, dispute· argument, quarrel, squabble

εριστικός quarrelsome

ερκοντίσιον air conditioning· air conditioner

ερμηνεία explanation, interpretation· translation· version· interpretation, rendering

ερμηνεύω explain· interpret

Ερμής Hermes

ερπετό reptile

έρπης *(ιατρ.)* herpes

έρπω creep, crawl

Ερυθρά Θάλασσα (the) Red Sea

ερυθρόδερμος -η Red Indian

ερυθρός red Ερυθρός Σταυρός (the) Red Cross

ερχόμενος next· future

έρχομαι come, arrive· occur to, have/get (an idea)· become· suit, fit· turn out ♦ έρχομαι στα χέρια come to grips καλώς ήρθες! welcome!

ερχομός coming, arrival

έρωτας love· love affair· sex· *(μτφ.)* passion (for)

ερωτευμένος in love (with)

ερωτεύομαι fall in love (with), fall for

ερώτημα, **ρώτημα** question, query δε θέλει ρώτημα it goes without saying

ερωτηματικό question mark· question, mystery

ερωτηματικός inquiring, questioning· *(γλωσσ.)* interrogative

ερωτηματολόγιο questionnaire

ερώτηση question, (απορία) query

ερωτικός love, amorous, erotic· sexual, sex

ερωτώ ☞ ρωτώ

εσάρπα, **σάρπα** shawl, stole, wrap

εσάς, **σας** you

εσείς you

εσένα you

εσκεμμένα deliberately, on purpose

εσκεμμένος deliberate, intentional

Εσκιμώος -α Eskimo

έσοδα income, earnings, takings, proceeds

εσοχή cavity, depression, indention· niche, alcove, recess

εσπεριδοειδές citrus tree· citrus fruit

εσπερινός evening

εσπευσμένα hurriedly, hastily, urgently· in a hurry, anyhow

εσπευσμένος hasty

εσταυρωμένος crucified • Jesus Christ (the) Crucified, Crucifix

εστία (μάτι κουζίνας) plate· centre, source, seat· *(ποδοσφ.)* goal **φοιτητική εστία** residence hall

εστιάζω focus

εστιατόριο restaurant, (σε ξενοδοχείο) dining room, (σε τρένο) dining car, diner

εσύ, **συ** you

εσφαλμένα mistakenly, wrong, wrongly

εσφαλμένος wrong, false, incorrect

έσχατος ultimate, utmost, extreme **σε έσχατη ανάγκη** as a last resort, in the last resort

εσωκλείω enclose

εσώρουχο undergarment· **εσώρουχα** underwear, underclothes

εσωστρέφεια introversion

εσωστρεφής introverted

εσωτερικό inside, interior· (κατ' αντιδιαστολή προς τις άλλες χώρες) this country· hinterland

εσωτερικός inner, internal, interior· domestic, home • (as a) boarder

εταζέρα shelf· set of shelves, whatnot

εταιρεία company, firm, corporation· (μη κερδοσκοπική) society, association

ετεροθαλής half-, step-

ετήσιος year-long· annual, yearly

ετικέτα label, tag, (αυτοκόλλητη) sticker

ετοιμάζω prepare, get/make ready·

be up to, do secretly • **ετοιμάζομαι** α) get ready β) prepare, make preparations ετοιμάζομαι να... be about to...

ετοιμασία preparation

ετοιμοθάνατος dying

ετοιμόλογος quick-witted, ready-witted

ετοιμόρροπος dilapidated, derelict, rickety

έτοιμος ready, prepared· (πρόθυμος) willing· (για ρούχα) ready-to-wear, ready-made

ετοιμότητα readiness, presence of mind σε ετοιμότητα on standby

έτος year πόσων ετών είστε; how old are you?

ετούτος ☞ τούτος

έτσι so, in this/that way, like this/that· just like that, for fun· free, for nothing έτσι και... α) just let me... β) in case... έτσι κι αλλιώς anyway, either way έτσι που να... so as to... έτσι ώστε... so that...

ετυμηγορία verdict

Εύα Eve

Ευαγγέλιο Gospel

ευαισθησία sensitivity· sensibility· decency

ευαίσθητος sensitive· delicate· emotional, easily moved· tender-hearted

ευανάγνωστος legible

ευγένεια politeness, civility, good manners

ευγενής polite, civil, well-mannered· noble· high, lofty

ευγενικά politely, kindly

ευγενικός polite, civil, kind· noble, high, lofty

ευγηρία happy old age οίκος ευγηρίας old people's home

ευγλωττία eloquence

ευγνωμονώ be grateful (to), be thankful (to)

ευγνωμοσύνη gratitude, thankfulness με ευγνωμοσύνη gratefully, thankfully

ευγνώμων grateful, thankful

ευδιάθετος cheerful, in high spirits

ευδοκιμώ prosper, thrive

εύελπις officer cadet Σχολή Ευελπίδων Army Cadet School

ευελπιστώ hope, be hopeful, aspire

ευέξαπτος irritable, touchy, peevish, edgy

ευεργεσία benefaction, good deed

ευεργέτης -ις benefactor

ευεργετικός beneficial (to), good (for)

ευεργετώ benefit· be beneficent, be generous (to)

ευερέθιστος irritable, touchy

εύζωνας evzone

ευήλιος sunny

ευημερία prosperity

ευημερώ prosper

ευθανασία euthanasia

ευθεία straight line· (δρόμου) straight **τελική ευθεία** *(αθλ.)* finishing straight • straight

ευθέως straight (out)

εύθικτος touchy, easily offended

εύθραυστος fragile

ευθυγραμμίζω align, bring into line

ευθυγράμμιση alignment

ευθυμία cheerfulness, (από ποτό) tipsiness

εύθυμος cheerful, merry

ευθύνη responsibility· (φταίξιμο) blame

ευθύνομαι be responsible (for), be to blame

ευθύς straight· (ντόμπρος) straightforward, straight, direct

ευθύς ως as soon as

ευθύτητα directness, bluntness, sincerity

ευκαιρία opportunity, chance· bargain σε τιμή ευκαιρίας at a bargain ♦ επί τη ευκαιρία/με την ευκαιρία by the way

εύκαιρος available, free

ευκαιρώ be available, have time (to spare), be free

ευκάλυπτος eucalyptus

εύκαμπτος flexible

ευκατάστατος well-off, comfortably off

ευκινησία agility, nimbleness

ευκίνητος agile, nimble, lissom

Ευκλείδης Euclid

ευκοιλιότητα, **ευκοίλια** diarrhoea

εύκολα easily, without difficulty

ευκολία ease, facility· favour, help ευκολίες α) easy payments, instalments β) amenities, conveniences

ευκολόπιστος credulous

εύκολος easy· (για άνθρωπο) easygoing, easy to deal with

ευλάβεια piety· great attention, respect

ευλαβικός pious, devout

εύλογα ☞ ευλόγως

ευλογημένος blessed

ευλογία blessing· *(μτφ.)* boon

ευλογιά smallpox, variola

εύλογος reasonable, justifiable

ευλογώ bless

ευλόγως, **εύλογα** justifiably, arguably

ευλυγισία flexibility

ευλύγιστος flexible

ευμετάβλητος changeable, variable, fickle

ευνόητος understandable· obvious

εύνοια favour

ευνοϊκά favourably

ευνοϊκός favourable

ευνοούμενος favourite, favoured

ευνοώ favour, be in favour of· show favour to

ευοίωνος auspicious, favourable

ευπαθής sensitive, fragile, delicate

ευπαρουσίαστος presentable

εύπεπτος digestible, easy to digest

ευπιστία credulity

εύπιστος credulous

εύπλαστος malleable, pliable· *(μτφ.)* malleable, impressionable, easily moulded

εύπορος well-off

ευπρέπεια decency

ευπρεπής decent, proper

ευπρεπίζω tidy· spruce up • **ευπρεπίζομαι** spruce oneself up

ευπροσάρμοστος adaptable, accommodating

ευπρόσδεκτος (most) welcome

ευρεσιτεχνία invention **δίπλωμα** ευρεσιτεχνίας patent

ευρετήριο index

εύρετρα (finder's) reward

ευρέως broadly, widely

Ευριπίδης Euripides

ευρύνω broaden, widen

ευρύς broad, wide· (εκτεταμένος) extensive, far-reaching

ευρυχωρία roominess, spaciousness, elbow room

ευρύχωρος roomy, spacious· loose(-fitting)

ευρώ euro

ευρωβουλευτής member of the European Parliament, Euro-MP, *(βραχ.)* MEP

Ευρωβουλή European Parliament

ευρωεκλογές European (parliamentary) elections, euro-elections

Ευρωκοινοβούλιο European Parliament

ευρωπαϊκός European, of Europe η Ευρωπαϊκή Ένωση the European Union **το Ευρωπαϊκό Συμβούλιο** the Council of Europe

Ευρωπαίος -α European

Ευρώπη Europe

ευσεβής pious, devout

ευσπλαχνία mercy, pity, compassion

εύσπλαχνος merciful, compassionate

ευσταθώ stand up to examination· δεν ευσταθώ not hold water

εύστοχος well-aimed· perspicacious, apt, acute

ευστροφία readiness of wit

εύστροφος quick-witted

ευσυγκίνητος emotional

ευσυνειδησία conscientiousness

ευσυνείδητος conscientious

εύσωμος stout

ευτύχημα blessing, stroke of luck είναι ευτύχημα **που...** it's a good thing that..., it's fortunate that...

ευτυχής happy, glad, delighted· fortunate

ευτυχία happiness· (good) fortune

ευτυχισμένος happy

ευτυχώ be happy· be fortunate

ευτυχώς fortunately, luckily, happily ευτυχώς! thank goodness!

ευυπόληπτος respectable, reputable

ευφημισμός euphemism **κατ' ευφημισμόν** euphemistically

εύφημος complimentary **εύφημη μνεία** honourable mention

εύφλεκτος inflammable, combustible

ευφορία euphoria· (της γης) fertility, a good crop

εύφορος fertile

ευφράδεια eloquence, fluency

ευφραδής eloquent, fluent

ευφυής intelligent, brilliant

ευφυΐα intelligence **δείκτης ευφυΐας** intelligence quotient, IQ· genius

ευχαριστημένος pleased, glad

ευχαριστήριος of thanks

ευχαρίστηση pleasure, delight, satisfaction

ευχαριστία, **ευχαριστίες** thanks

ευχαριστιέμαι enjoy, take delight in, be pleased

ευχάριστος pleasant, pleasing, agreeable

ευχαριστώ thank· (ικανοποιώ) please • **ευχαριστιέμαι** α) be delighted, be pleased β) enjoy, take, delight (in) γ) be satisfied

ευχαρίστως gladly, with pleasure

ευχέρεια ease, facility, fluency· facility, ability **οικονομική ευχέρεια** affluence

ευχή wish· blessing

εύχομαι wish, hope· pray (to God)

εύχρηστος handy, user-friendly· (λέξη κτλ.) in current use

ευωδιά fragrance

ευωδιάζω be sweet-smelling, be fragrant

ευωδιαστός sweet-smelling, fragrant

εφάμιλλος as good as, equal to, a match for

εφάπαξ lump sum

εφάπτομαι touch on, adjoin

εφαρμογή application, enforcement, implementation **θέτω σε εφαρμογή** put into practice, apply, implement· (ρούχου) fit

εφαρμόζω apply, enforce, put into practice, implement· fit

εφαρμόσιμος applicable, practicable

εφαρμοστός close-fitting

εφέ effect

εφεδρικός auxiliary, spare

εφεξής from now on

έφεση *(νομ.)* appeal· inclination, aptitude

Εφετείο court of appeal

εφετινός, **φετινός** of this year, this year's

εφέτος, **φέτος** this year

εφεύρεση invention

εφευρέτης -ρια inventor

εφεύρημα invention

εφηβεία adolescence, teens

εφηβικός adolescent, teenage

έφηβος adolescent, teenager

εφημερεύω be on duty

εφημερία duty

εφημερίδα newspaper, paper

εφημεριδοπώλης -ισσα newsvendor

εφημέριος parish priest, vicar

εφήμερος short-lived, passing

εφιάλτης nightmare

εφιαλτικός nightmarish

εφικτός feasible

έφιππος mounted, on horseback • rider

εφιστώ εφιστώ την προσοχή call/draw (sb.'s) attention (to)

εφοδιάζω supply, equip, provide (with)

εφοδιασμός supplying, equipping, providing (with)

εφόδιο supply

έφοδος assault· (police) raid

εφοπλιστής -ίστρια shipowner

εφορία revenue office, tax office

εφοριακός tax officer

εφόρμηση attack, onrush, swoop

εφορμώ attack, rush at, set upon, swoop down on

έφορος head of a tax office

εφόσον as long as, provided, if· since, because

εφτά ☞ επτά

εφταετία ☞ επταετία

εφταήμερος ☞ επταήμερος

εφτακόσια ☞ επτακόσια

εφτακόσιοι ☞ επτακόσιοι

Εφτάνησα ☞ Επτάνησα

εχεμύθεια secrecy, discretion **υπό αυστηρά εχεμύθεια** in strict confidence

εχέμυθος discreet, secretive

εχθές ☞ χθες

έχθρα enmity, hostility, hatred

εχθρεύομαι be hostile to, hate

εχθρικός hostile

εχθροπραξίες hostilities

εχθρός enemy, foe

εχθρότητα hostility

έχινδα viper

εχτές ☞ χθες

έχω have, have got· be· cost· grow, wear· [ως βοηθητικό] *έχω τελειώσει* I have finished· *όταν έφτασα είχαν ήδη φύγει* when I arrived, they had already left ♦ **έχω να...** have to... **δεν το 'χω σε τίποτα να...** think nothing of... **τι έχεις;** what's the matter with you?

έως, ως (για χρόνο) till, until, by, before· (για τόπο) as far as **έως ότου** α) until β) before **έως τώρα** so far

Ζ, ζ

ζαβλακώνω daze, stupefy

ζαβολιά cheating· mischief, (monkey) business

ζαβολιάρης -α cheat

ζακέτα jacket, (πλεκτή) cardigan, (του ταγέρ) coat

ζαλάδα dizziness, (ίλιγγος) giddiness με πιάνει ζαλάδα come over dizzy/giddy

ζαλίζω make dizzy/giddy· make (sb.) feel sick· make (sb.) tipsy· perplex, pester • **ζαλίζομαι** feel dizzy/giddy, feel sick

ζαλισμένος dizzy, giddy

ζαμανφουτίστας -ρια apathetic/indifferent person

ζαμπόν ham

ζαμπονάκι (σε κονσέρβα) luncheon meat

ζάντα (wheel) rim

ζάπινγκ zapping, channel surfing

ζάπλουτος fabulously rich

ζάρα crease, crinkle· (ρυτίδα) wrinkle

ζαρζαβατικό vegetable

ζάρι, **ζάρια** dice

ζαρκάδι roe deer

ζαρντινιέρα plant stand, flower stand, (σε παράθυρο) window box

ζαρώνω wrinkle up, pucker, crumple, crease· crumple, crinkle, crease· shrink, cringe, cower

ζαφείρι sapphire

ζάχαρη sugar χωρίς ζάχαρη sugarless

ζαχαρής cream, ivory

ζαχαριέρα sugar bowl, sugar shaker

ζαχαρίνη saccharine

ζάχαρο *(ιατρ.)* diabetes

ζαχαροπλαστείο confectioner's (shop), patisserie

ζαχαροπλάστης -ρια confectioner

ζαχαροπλαστική confectionery

ζαχαρούχος containing sugar, sweetened ζαχαρούχο γάλα condensed sweetened milk

ζαχαρώνω crystallize· sugar, coat with sugar

ζέβρα, **ζέμπρα** zebra

ζεϊμπέκικος, **ζεϊμπέκικο** zeybek folk dance, zeybekikos

ζελατίνα, **τζελατίνα** cellophane· plastic holder

ζελέ, **ζελές** jelly· (για τα μαλλιά) gel

ζεματιστός scalding hot, boiling hot

ζεματώ, **ζεματάω** scald· be burning hot, be boiling hot

ζέμπρα ☞ ζέβρα

ζενίθ zenith

ζεν πρεμιέ young star

ζέρσεϊ jersey

ζεσταίνω warm (up), heat (up)· become/get warm • **ζεσταίνομαι** α) feel warm/hot, get/become hot/warm β) *(μτφ.)* warm up γ) become interesting/exciting, hot up

ζεστασιά warmth· cosiness

ζέστη heat, warmth **κάνει ζέστη** it's hot today

ζεστός hot, (ευχάριστα ζεστός) warm· cozy, snug

ζευγάρι pair, couple

ζεύγος (ανθρώπων) couple· (αντικειμένων) pair **ανά/κατά ζεύγη** in pairs

Ζευς Zeus

Ζηλανδία (New) Zealand

Ζηλανδός -ή New Zealander

ζηλεύω be jealous (of)· (φθονώ) envy

ζήλια jealousy, (φθόνος) envy

ζηλιάρης jealous, (ζηλόφθονος) envious

ζήλος zeal, ardour, fervour, enthusiasm

ζηλοφθονία envy

ζηλόφθονος envious

ζημιά, **ζημία** damage· loss

ζημιάρης -α clumsy person, butterfingers

ζημιώνω damage, harm, be detrimental to • **ζημιώνομαι** lose out **βγαίνω ζημιωμένος** lose out

ζην κερδίζω τα προς το ζην earn/make a living

ζήτημα issue, matter, affair· problem, question ♦ **δημιουργώ ζήτημα** make a fuss **ζήτημα τιμής** point of honour **το ζήτημα είναι...** the thing is...

ζήτηση quest, search· demand **έχω μεγάλη ζήτηση** sell like hot cakes

ζητιανεύω beg (for)

ζητιανιά beggary, begging

ζητιάνος -α beggar

ζητώ (ψάχνω) look for, seek, want to see· demand, call for, claim· ask (for), want **ζητώ να μάθω** ask· want, do • **ζητιέμαι** be on demand

ζητωκραυγάζω cheer· applaud

ζητωκραυγή cheer

ζιβάγκο polo neck

ζιγκζάγκ zigzag

ζιζάνιο weed· (ιδ. για παιδί) imp, mischief-maker

ζογκλέρ juggler

ζόρι force, coercion **με το ζόρι** by force· difficulty, trouble

ζορίζω force, press, push· strain • **ζορίζομαι** be under pressure/strain, be pushed

ζόρικος tough· difficult, sticky

ζούγκλα jungle

ζουζούνι bug, insect

ζούλα **στη ζούλα** on the sly/on the quiet

ζουλώ squeeze, press, squash

ζουμ zoom

ζουμάρω zoom in/out (on)

ζουμερός juicy

ζουμί (χυμός) juice· (ζωμός) broth, stock· (*μτφ.*) essence, gist

ζουπώ, **ζουπάω**, **ζουπίζω** squeeze, press

ζουρλαίνω drive mad, madden· make mad/crazy with love

ζούρλια madness, craziness· act of madness

ζουρλός mad, crazy, nuts

ζυγαριά scales, pair of scales

ζύγι weighing, weight

ζυγιάζω (σταθμίζω) weigh • **ζυγιάζομαι** balance (oneself)

ζυγίζω weigh· carry weight· (σταθμίζω) weigh (up), size up • **ζυγίζομαι** α) weigh oneself β) form into a row, line up

ζύγισμα weighing· *(μτφ.)* weighing up

ζυγός (αριθμός) even • scales, balance· (δουλεία) yoke· *(αστρολ.)* Libra

ζυγοσταθμίζω balance

ζυγοστάθμιση wheel balancing

ζυγωματικά cheekbones

ζυμάρι dough, paste

ζυμαρικό, **ζυμαρικά** pasta

ζύμη dough, paste, pastry

ζυμώνω knead • **ζυμώνομαι** be nurtured

ζύμωση *(χημ.)* fermentation

Ζυρίχη Zurich

ζω live, (still) be alive **όσο ζω** for the rest of one's life· make a living, live· survive, (be able to) live· live, stay· experience, live· support, keep, feed ♦ **να ζήσεις!** all the best!, many happy returns!

ζωγραφιά painting, picture· illustration

ζωγραφίζω paint, (με μολύβι) draw

ζωγραφική painting **πίνακας ζωγραφικής** painting

ζωγραφιστός painted

ζωγράφος painter, artist

ζωδιακός κύκλος zodiac

ζώδιο sign of the zodiac

ζωή life **εφ' όρου ζωής** for life· life, lifestyle, way of life· living· life, liveliness

ζωηρεύω animate, brighten, pep up, enliven, liven up· become more lively, liven up, perk up, brighten up· (ιδ. για παιδιά) become boisterous, become mischievous

ζωηρός lively, full of life· bright, vivid· keen, lively· vivid, bright

ζωηρόχρωμος vividly coloured

ζωικός of animals, animal **το ζωικό βασίλειο** the animal kingdom

ζωμός stock, broth

ζώνη belt· zone, belt, area, region **αιγιαλίτιδα ζώνη** territorial waters **ζώνη συχνοτήτων** wave band

ζωντανεύω bring back to life· *(μτφ.)* animate, brighten· come to life, revive

ζωντάνια liveliness, vivacity· vividness

ζωντανός alive, living

ζωντόβολο twit, moron

ζωντοχήρος -α divorcée

ζώνω belt, buckle on· encircle, surround

ζώο animal· *(μτφ.)* (ηλίθιος) moron

ζωογονώ give life to· encourage, strengthen

ζωολογία zoology

ζωολογικός zoological, of zoology ζωολογικός κήπος zoo, zoological gardens

ζωοφιλία love of animals

ζωόφιλος animal-loving • animal lover

ζωστήρας, **ζωστήρα** belt, gird, strap

ζωτικός vital ζωτικής σημασίας crucial

ζωύφιο bug, small insect

ζωώδης animal, of animals· bestial, beastly, beast-like

Η, η

ή or· ή... ή... either... or...

ηγεμόνας sovereign, ruler

ηγεμονία sovereignty, rule

ηγεσία leadership· leader(s)

ηγέτης leader

ηγετικός of leaders, leading

ηγουμένη abbess, Mother Superior

ηγούμενος abbot, Father Superior

ήδη already· as long as

ηθελημένος deliberate

ηθική *(φιλοσ.)* ethics· morality, morals

ηθικό morale, spirit(s)

ηθικός ethical, moral ηθικός αυτουργός instigator

ηθοποιία acting

ηθοποιός actor, *θηλ.* actress

ήθος morals, moral standards· ήθη habits, customs ήθη και έθιμα manners and customs

ηλεκτρίζω electrify

ηλεκτρικό electricity

ηλεκτρικός electric, electrical ηλεκτρικό ψυγείο refrigerator

ηλεκτρισμός electricity, power

ηλεκτροδότηση electrification, electrical supply

ηλεκτρολόγος electrical engineer· (τεχνίτης) electrician

ηλεκτρονική (επιστήμη) electronics

ηλεκτρονικός electronic ηλεκτρονικό παιχνίδι video game ηλεκτρονικό ταχυδρομείο electronic mail, e-mail • electronic engineer

ηλεκτροπληξία electric shock, (σοβαρή ή θανατηφόρα) electrocution

ηλεκτροσόκ electroshock therapy

ηλεκτροφόρος electrified, live

ηλεκτροφωτίζω light with electricity· supply with electricity, electrify

ηλεκτροφώτιση, **ηλεκτροφωτισμός** electric lighting· electrification

ηλιακός solar, (of the) sun ηλιακός (θερμοσίφωνας) solar panel

ηλίαση sunstroke

ηλιαχτίδα sunbeam

ηλιέλαιο sunflower seed oil

ηλίθιος stupid, silly • fool, idiot

ηλιθιότητα stupidity, idiocy, stupid thing (to do/say)

ηλικία age, how old one is εφηβική ηλικία adolescence νεαρή ηλικία youth παιδική ηλικία childhood σε ποια ηλικία...; how old (were you... was he etc.) when...

ηλικιωμένος elderly

ηλιοβασίλεμα sunset

ηλιοθεραπεία sunbathing κάνω ηλιοθεραπεία sunbathe

ηλιοκαμένος suntanned, tanned, brown

ηλιόλουστος sunny, sun-drenched

ήλιος sun· (το λουλούδι) sunflower

ηλιόσπορος sunflower seed

ηλιοφάνεια sunshine, sunlight

ημέρα, **μέρα** day εργάσιμη ημέρα working day **κάθε δυο μέρες** every other day **από τη μια μέρα στην άλλη** overnight **μέρα μεσημέρι** in broad daylight **μέρα με τη μέρα** day by day **μέρα παρά μέρα** every second day **νύχτα μέρα/μέρα νύχτα** day and night, round the clock **προ ημερών** a few days ago **στις μέρες μας** these days, nowadays· (day)light **φως της ημέρας** daylight, light

ημερήσιος daily· lasting one day, a day's

ημερίδα meeting (lasting one day)

ημερολόγιο (επιτραπέζιο ή τοίχου) calendar· (προσωπικό) diary

ημερομηνία date ημερομηνία λήξεως expiry date, (σε προϊόντα) best before...

ημερομίσθιο day wage, daily wage· day's work

ημερομίσθιος wage-earning, paid by the day

ήμερος (για ζώο) domesticated, tame· (για φυτό) cultivated, garden· (για χωράφι) clear, under cultivation

ημερώνω (ζώο) tame· civilize, calm down

ημιαναίσθητος half-conscious

ημιαργία half-holiday

ημίγλυκος semisweet

ημίγυμνος half-naked

ημιδιατροφή half board

ημίδιπλος medium-sized

ημιθανής half-dead

ημίθεος demigod

ημικρανία migraine

ημίλευκος off-white, whitish **ημίλευκος άρτος** partly wholemeal bread

ημίμετρο half-measure

ημιπληγία *(ιατρ.)* hemiplegia

ημίρρευστος viscous

ημισέληνος crescent, half moon· (the) Turkish flag

ήμισυ half **κατά το ήμισυ** by half

ήμισυς half

ημισφαίριο hemisphere

ημιτελής half-finished, incomplete

ημιτελικά *(αθλ.)* (the) semifinals

ημιτελικός semifinal

ημιφορτηγό van, pick-up

ημίφως dim light

ημίχρονο, **ημιχρόνιο** half-time

ημίωρος half-hour

ημιώροφος mezzanine

ηνίο reign

Ηνωμένες Πολιτείες (της Αμερικής) (the) United States of America, USA

Ηνωμένο Βασίλειο (the) United Kingdom, UK

ΗΠΑ (the) USA

ήπαρ liver κίρρωση ήπατος cirrhosis

ηπατίτιδα hepatitis

ήπειρος continent

ηπειρωτικός mainland

ήπιος mild, gentle, moderate

Ηρακλής Hercules

ηρεμία calm, calmness, quiet, quietness, peace ψυχική ηρεμία peace of mind

ηρεμιστικό tranquillizer

ηρεμιστικός tranquillizing

ήρεμος calm, quiet, peaceful· composed, unruffled

ηρεμώ be/become calm, calm down, cool down· soothe

ήρωας ηρωίδα hero, *θηλ.* heroine

ηρωικός heroic

ηρωίνη heroin

ηρωισμός heroism

ηρώο war monument

ηρωποίηση idolization

ηρωποιώ make hero of (sb.), idolize

ησυχάζω calm down, soothe, quieten· be calm, be peaceful· be relieved

ησυχία silence, stillness, quiet, peace, serenity

ήσυχος calm, peaceful, quiet ♦ άσε με ήσυχο! leave me alone! μείνε ήσυχος! don't worry!, rest assured!

ηττημένος (the) loser

ηττώμαι be defeated, suffer defeat

ηφαίστειο volcano

ηφαιστειογενής volcanic

ηχείο speaker

ηχηρός loud, resounding

ηχητικός (of) sound, sonic ηχητικά εφέ sound effects

ηχογράφηση recording

ηχογραφώ record, tape

ηχολήπτης -ρια sound engineer

ηχοληψία soundtrack recording

ηχομονωμένος soundproof

ηχομόνωση soundproofing

ηχορύπανση noise pollution

ήχος sound ένταση ήχου volume

ηχώ echo

Θ, θ

θα (για το σχηματισμό μελλοντικών ρηματικών χρόνων) will, shall· (για το σχηματισμό των δυνητικών εγκλίσεων) should, would· (για τη δήλωση του πιθανού ή ενδεχομένου) should

θάβω bury· *(μτφ.)* cover up • **θάβομαι** *(μτφ.)* bury oneself

θαλαμηγός yacht, cabin cruiser

θαλαμηπόλος steward

θάλαμος (hospital) ward· room, chamber· booth

θάλασσα sea **έχει θάλασσα** the sea is rough· sea level

θαλασσής sea-blue, azure

θαλασσί sea-blue, azure

θαλασσινά seafood

θαλασσινός, **θαλάσσιος** sea, marine, seafaring, aquatic **θαλάσσιο σκι** water skiing

θαλασσόνερο sea water, salt water

θαλασσοπόρος navigator, seafarer, voyager

θαλασσοπούλι seabird, seafowl

θαλασσοταραχή heavy/rough sea

θαλασσώνω τα θαλασσώνω make a mess of it

θαλπωρή pleasant warmth, cosiness· loving care

θάμνος bush, shrub

θαμνώδης bushy

θαμπός dim, dull· steamy, misty, hazy· faint, shadowy

θαμπώνω dazzle, blind· amaze, stun· (για τζάμι κτλ.) become misty, mist over, steam up

θαμώνας patron, regular, habitué

θανάσιμος fatal, mortal, deadly

θανατάς είμαι του θανατά be at death's door **πέφτω του θανατά** be dreadfully grieved

θανατηφόρος fatal, mortal, deadly **θανατηφόρο πλήγμα** death blow

θανατικός (of) death **θανατική ποινή** death penalty, capital punishment

θάνατος death· (σε δυστύχημα) fatality

θαρραλέος brave, bold, courageous

θαρρεύω take courage, trust oneself

θάρρος courage, bravery, guts· (υπερβολική οικειότητα) liberty

θαύμα miracle, wonder, marvel· prodigy **παιδί-θαύμα** child prodigy • wonderfully • wonderful

θαυμάζω admire· marvel at

θαυμάσια (στην υγεία) fine, great· wonderfully, splendidly **θαυμάσια!** wonderful!, terrific!

θαυμάσιος wonderful, marvellous, great, splendid, terrific

θαυμασμός admiration, wonder

θαυμαστής -άστρια admirer· enthusiast, fan

θαυμαστικό exclamation mark

θαυμαστός admirable, marvellous, wonderful

θαυματουργός miraculous, wonderworking

θάψιμο burial· (κακεντρεχή σχόλια) malicious gossip

θέα view· sight

θεά goddess

θέαμα sight· show, spectacle

θεαματικός spectacular

θεαματικότητα viewing figures

θεατής *(θέατρ., κινημ.)* member of the audience, *(ποδοσφ. κτλ.)* spectator, *(τηλεόρ.)* viewer· (παρευρισκόμενος, αμέτοχος) onlooker

θεατός visible

θεατρικός (of the) theatre, theatrical θεατρική σχολή drama school θεατρικό έργο play, drama θεατρικός συγγραφέας playwright

θεατρίνα actress· play-actress, hypocrite

θεατρινισμός histrionics, play-acting

θεατρίνος actor· hypocrite, play-actor

θέατρο theatre· drama· stage ♦ παίζω θέατρο play-act

θεία aunt

θεϊκός divine· *(μτφ.)* sublime, exquisite

θείος uncle

θέλγητρο allurement, attraction

θέλγω attract, charm, appeal to, fascinate

θέλημα will, wish, desire· errand

θέληση will, wish, desire με τη θέλησή μου of one's own free will· will, strong will, willpower

θελκτικός attractive, fascinating

θέλω want, wish, like, would like (to) χωρίς να το θέλω unintentionally, involuntarily· intend, mean· try· need, want, demand· look for, ask for, seek· deserve

θέμα subject, matter, topic, (επίμαχο) issue, question εκτός θέματος beside the point· (διαγωνίσματος) question· (μουσικό) theme· (βιβλίου) subject matter ♦ δημιουργώ/κάνω θέμα make a fuss δικό μου θέμα! my business! είναι δικό σου θέμα it's up to you

θεμέλιο foundation

θεμελιώδης fundamental

θεμελιώνω lay the foundations of· document, substantiate

θεμιτός legitimate, fair

θεόγυμνος stark naked

θεόκλειστος shut tight, shut-up

θεόκουφος stone deaf

θεολογία theology

Θεολογική Faculty of Theology

θεολογικός theological, of theology

θεολόγος theologian

θεομηνία natural disaster, catastrophe

θεόμουρλος stark raving mad, completely insane

θεονήστικος not having eaten for some days, famished, starving

θεοπάλαβος completely insane, stark raving mad

θεόπεμπτος godsent, sent by God θεόπεμπτο δώρο godsend

θεοποιώ deify· idolize

θεόρατος huge, enormous, giant, colossal

θεός God για όνομα του Θεού! for God's sake!· god, deity

θεοσεβής devout, pious, godly

θεοσεβούμενος god-fearing, pious

θεοσκότεινος completely dark, pitch dark

θεόσταλτος godsent θεόσταλτο δώρο godsend

θεόστραβος completely blind, stone-blind· bent/twisted (out of all recognition)

θεότητα deity, divinity, god

θεότρελος completely insane, stark raving mad

Θεοφάνια Epiphany

θεοφοβούμενος god-fearing, pious

θεραπεία (medical) treatment· cure· *(μτφ.)* remedy

θεραπεύσιμος curable

θεραπευτής -εύτρια therapist, healer

θεραπευτικός medicinal, therapeutic, healing θεραπευτική αγωγή (a course of) treatment

θεραπεύω treat, cure, heal

θεράπων ιατρός attendant physician

θέρετρο (summer) resort

θερίζω harvest, reap

θερινός (of the) summer θερινό σινεμά open-air cinema

θερισμός harvest (time)

θερμαινόμενος heated

θερμαίνω heat (up) • **θερμαίνομαι** get heated

θέρμανση heating

θερμάστρα heater, stove, (electric) fire

θέρμη zeal, enthusiasm, warmth

θερμίδα calorie

θερμοκήπιο greenhouse, conservatory, hothouse

θερμοκοιτίδα incubator

θερμοκρασία temperature· heat

θερμόμετρο thermometer

θερμομετρώ take the temperature of

θερμομόνωση heat insulation, thermal insulation

θερμομονωτικός heat-insulating

θερμοπαρακαλώ beg, entreat, implore

θερμοπληξία heatstroke

θερμός warm, hot· keen, ardent· warm, cordial· earnest • thermos, (vacuum) flask

θερμοσίφωνας, **θερμοσίφωνο** (water) heater

θερμοστάτης thermostat

θερμοσυσσωρευτής storage heater

θερμότητα heat, warmth· *(μτφ.)* ardour, keenness, warmth

θερμοφόρα hot water bottle

θέση place, position βάζω κτ. στη θέση του put sth. away· location, situation· seat· place· class· view, viewpoint, position· place, post, position, job, situation· room, space, place· status, standing ♦ είμαι σε θέση να... be able to..., be in a position to... φέρνω κπ. σε δύσκολη θέση embarrass sb.

θεσμός institution

θεσπέσιος divine, exquisite, gorgeous

θεσπίζω enact, decree, institute

θέσπιση enactment, institution

θετικός positive· reliable· affirmative· practical, down-to-earth θετικές επιστήμες science

θετός adoptive, adopted

θέτω put, place, set, lay θέτω σε εφαρμογή put into effect, implement θέτω υπόψη κάποιου bring to sb.'s attention θέτω υποψηφιότητα stand (as a candidate)

θεωρείο box· public gallery

θεώρηση outlook θεώρηση διαβατηρίου visa

θεωρητικά theoretically, in theory

θεωρητικός theoretical οι θεωρητικές επιστήμες the arts· imaginary

θεωρία theory

θεωρώ consider, regard, think, count, rate θεωρώ δεδομένο take (sth.) for granted θεωρώ κπ. υπεύθυνο blame sb. (for sth.) θεωρώ σωστό see/think fit· authenticate, have (sth.) authenticated, have the authenticity of • **θεωρούμαι** be supposed to (be/do etc.)

θήκη case, box, holder· holster· sleeve· *(οδοντ.)* corona, crown

θηλάζω breast-feed, suckle

θηλασμός suckling, breast-feeding

θηλή nipple, teat

θηλιά loop, noose, (συρτοθηλιά) slipknot· (σε ρούχο για κρέμασμα) tab

θηλυκός female· feminine· *(γλωσσ.)* feminine

θηλυκότητα femininity

θηλυπρέπεια effeminacy

θηλυπρεπής effeminate

θήρα hunting, shooting, game

θήραμα game· (άλλου ζώου) prey

θηρίο wild animal, (wild) beast ♦ γίνομαι θηρίο see red, go berserk

θηριοδαμαστής -άστρια animal tamer

θηριωδία atrocity, brutality

θησαυρίζω amass riches, make a fortune

θησαυρός treasure· wealth, riches

θησαυροφυλάκιο vault, strong room

Θησέας Theseus

Θησείο Theseum

θητεία military service· term of office, tenure

θίασος theatre company, (περιοδεύων) troupe **ερασιτεχνικός θίασος** amateur dramatics group

θίγω insult, offend· effect, touch· touch (up)on, bring up

θλάση *(ιατρ.)* contusion

θλιβερός sad, saddening, distressing, painful· piteous, pitiable· regrettable

θλίβομαι grieve **θλίβεται η καρδιά μου** one's heart aches

θλιμμένος sad, unhappy

θλίψη sadness, sorrow, grief

θνησιμότητα mortality· death rate

θνητός mortal

θόλος *(αρχιτ.)* dome

θολός not clear, cloudy· steamed up, misted over· dim, hazy, blurred· dim, vague

θολώνω make cloudy, cloud, dim, blur· fog· become cloudy, cloud over, steam up, mist over

θολωτός domed, vaulted, arched

θόριο *(χημ.)* thorium

θορυβημένος upset, alarmed

θόρυβος noise· sensation, talk

θορυβώ make noise, be noisy· disturb, worry, alarm • **θορυβούμαι** (ανησυχώ) get anxious, get upset

θορυβώδης noisy· riotous, rowdy

θράκα embers· (σε ψησταριά) fire

θρανίο desk

θράσος audacity, impertinence, insolence, cheek

θρασυδειλία blustering

θρασύδειλος blustering

θρασύς audacious, impertinent, cheeky

θρασύτητα audacity, impertinence

θραύση breaking, fragmentation ♦ **κάνω θραύση** be a tremendous success, be a smash hit

θραύσμα fragment, chip, splinter

θρεμμένος fattened, fatted, corpulent, well-fed· nurtured, reared

θρεπτικός nourishing

θρεπτικότητα nutritiousness

θρέφω feed, nourish· (ζώα) breed, rear· (επουλώνομαι) heal (up), scar over

θρήνος wailing, weeping· lament

θρηνώ grieve for, mourn (for), lament (for)· weep, wail

θρησκεία religion

θρήσκευμα religion· (δόγμα) denomination

θρησκευτικά (μάθημα) religious education, religion

θρησκευτικός religious

θρησκόληπτος over-religious

θρησκοληψία religiosity

θρήσκος religious

θριαμβευτής -εύτρια victor

θριαμβευτικός triumphal, triumphant

θριαμβεύω triumph, excel· be triumphant

θριαμβολογώ brag, boast, swagger

θρίαμβος triumph, victory

θρίλερ thriller, cliffhanger

θροΐζω rustle

θρόισμα rustling, rustle

θρόμβωση thrombosis

θρονιάζομαι settle down, plant oneself

θρόνος throne

θρύβω ☞ θρυμματίζω

θρυλικός famous, heroic· legendary

θρύλος legend

θρύμμα fragment, bit **κάνω κτ.** θρύμματα break sth. into pieces, shatter sth.

θρυμματίζω, **θρύβω** smash, shatter, break into pieces

θρύψαλα γίνομαι θρύψαλα be smashed to pieces

θρυψαλιάζω smash, shatter, pulverize

θυγατέρα daughter

θυγατρικός daughterly θυγατρική εταιρεία affiliated firm, affiliate, subsidiary

θύελλα storm, gale

θυελλώδης stormy, tempestuous θυελλώδεις άνεμοι gale-force winds

θύμα victim· (δυστυχήματος κτλ.) casualty

θυμάμαι, **θυμούμαι** remember, recollect· have a good memory

θυμάρι thyme

θυμαρίσιος thyme

θύμηση memory, recollection

θυμητικό memory

θυμίζω remind

θυμός anger, rage, fury

θυμούμαι ☞ θυμάμαι

θυμωμένα angrily, crossly

θυμωμένος angry, furious

θυμώνω make (sb.) angry, anger, irritate· become/be angry

θύρα door· *(αθλ.)* gate

θυρεοειδής (αδένας) thyroid (gland)

θυρίδα counter· (σε τράπεζα) safe-deposit box· (γραμματοθυρίδα) pigeonhole **ταχυδρομική θυρίδα** post office box, PO box

θυροκολλώ post

θυροτηλεόραση closed-circuit TV (for house entrances)

θυροτηλέφωνο entryphone

θυρωρείο janitor's desk/cubicle

θυρωρός -ίνα doorkeeper, janitor

θυσία sacrifice γίνομαι θυσία sacrifice oneself ♦ πάση θυσία at all costs, at any price

θυσιάζω sacrifice· make/offer sacrifice(s)

θωπεία (χάδι) caress, fondling, stroking· (κολακεία) wheedling, cajoling, flattery

θώρακας *(ανατ.)* thorax· armour, armour plating

θωρακίζω armour-plate· *(μτφ.)* buttress, shield, fortify

θωράκιση armour· *(μτφ.)* shielding, protection

θωρακισμένος armoured

Ι, ι

Ιαμαϊκή ☞ Τζαμάικα

ιαματικός medicinal, curative ιαματική πηγή hot/mineral water spring

Ιανουάριος January

Ιάπωνας Japanese· **οι Ιάπωνες** the Japanese

Ιαπωνία Japan

ιαπωνικός Japanese ιαπωνική (γλώσσα) Japanese

Ιάσονας Jason

ιατρείο surgery εξωτερικά ιατρεία out-patients department

ιατρική medicine, medical science

ιατρικός medical

ιατροδικαστής forensic surgeon

ιατρός ☞ γιατρός

ιατροφαρμακευτική περίθαλψη medicare

ιγμορίτιδα sinusitis

ιδανικό ideal

ιδανικός ideal

ιδέα idea έμμονη ιδέα obsession, fixation· concept, notion· (mistaken) impression· ideal

ιδεολογία ideology

ιδεολόγος idealist

ιδεώδες ideal

ιδεώδης ideal

ίδια similarly, in the same way

ιδιαίτερα especially, particularly

ιδιαιτέρα private secretary, personal assistant

ιδιαίτερος particular, special· private, personal· separate· peculiar

ιδιαιτερότητα peculiarity, singularity· particular feature

ιδιαιτέρως privately, in private· especially, particularly, in particular

ιδιοκτησία ownership **έχω στην** ιδιοκτησία μου own, possess· (private) property **πνευματική ιδιο**κτησία intellectual property, literary property

ιδιοκτήτης -ρια owner

ιδιόκτητος privately owned, own

ιδιομορφία peculiarity

ιδιόμορφος peculiar

ιδιορρυθμία eccentricity, oddity, peculiarity

ιδιόρρυθμος eccentric, odd, peculiar, unusual

ίδιος same· identical, alike· in person, personally, oneself **ο ίδιος** (στο τηλέφωνο) speaking

ιδιοσυγκρασία temperament **εξ** ιδιοσυγκρασίας by nature

ιδιοτέλεια self-interest, selfishness

ιδιοτελής selfish, self-interested

ιδιότητα (για πράγμα) attribute, property, (για πρόσωπο) attribute, quality· capacity

ιδιοτροπία eccentricity, peculiarity, oddity, whim

ιδιότροπος eccentric, peculiar, odd· grumpy, sour-tempered, surly

ιδιοφυής talented, gifted

ιδιοφυΐα genius, talent

ιδιόχειρος holographic, by/with one's own hands **ιδιόχειρη αφιέρωση** autograph

ιδιοχείρως in person, by hand

ιδιωματισμός idiom

ιδίως especially, particularly

ιδιώτης (private) citizen

ιδιωτικοποίηση privatization

ιδιωτικοποιώ privatize

ιδιωτικός private, privately owned **ιδιωτικό σχολείο** private school, (ΒΡΕΤ.) public school· personal, private **ιδιωτικός υπάλληλος** private sector employee

ίδρυμα foundation, institution, establishment· (αναμορφωτήριο κτλ.) home

ίδρυση founding, foundation, establishment, opening

ιδρυτής -ύτρια founder, *θηλ.* foundress

ιδρυτικός founding, foundational **ιδρυτικό μέλος** founder member

ιδρύω found, establish, set up, open

ιδρώνω sweat, perspire· (κοπιάζω) have difficulty, have a hard time, sweat blood

ιδρώτας sweat, perspiration **μούσκεμα στον ιδρώτα** all of a sweat· *(μτφ.)* toil, sweat of one's brow

ιεραποστολή (church) mission

ιεραπόστολος missionary

ιεράρχηση prioritization

ιεραρχία hierarchy

ιερατικός priestly, hieratic **ιερατικά άμφια** vestments

ιερέας priest

ιερό sanctuary

ιερογλυφικά hieroglyphics

ιερόδουλη, **ιερόδουλος** prostitude, whore

ιεροκήρυκας preacher

ιερός holy, sacred **ιερός ναός** church, house of God

Ιεροσόλυμα Jerusalem

ιεροσυλία sacrilege

ιερόσυλος desecrator

ιεροτελεστία religious ceremony, rite(s)

Ιερουσαλήμ Jerusalem

ίζημα deposit, sediment

Ιησούς Jesus

ιθαγένεια nationality

ιθαγενής native

ιθύνω **η ιθύνουσα τάξη** the ruling class **ιθύνων νους** mastermind **οι ιθύνοντες** the rulers

ικανοποιημένος satisfied, pleased, content

ικανοποίηση satisfaction, pleasure, contentment **ηθική ικανοποίηση** vindication

ικανοποιητικός satisfactory, satisfying

ικανοποιώ satisfy, please, content

ικανός able, capable· good, competent, skilful· (στρατεύσιμος) able-bodied· (αρκετός) sufficient, adequate

ικανότητα ability, capability· competence, skill, efficiency· (κυρίως για στρατιωτική θητεία) fitness

ικεσία entreaty, plea

ικετευτικός imploring, begging

ικετεύω implore, beg

ίκτερος jaundice, icterus

ιλαρά (the) measles

Ιλιάδα Iliad

ιλιγγιώδης dizzying, dizzy (με) ιλιγγιώδη ταχύτητα (at) a breakneck speed

ίλιγγος dizziness, giddiness

ιλουστρασιόν glossy

Ιμαλάια (the) Himalayas

ιμάντας strap, belt

ίματζ image, appearance, profile

ιμπεριαλισμός imperialism

ιμπεριαλιστής -ίστρια imperialist

ιμπεριαλιστικός imperialistic

ιν in (fashion), fashionable

ίνα fibre

ίνδαλμα idol έχω σαν ίνδαλμά μου idolize

Ινδία India

ινδιάνικος Indian

Ινδιάνος -α Red Indian, native American

Ινδίες India

ινδικός Indian

Ινδικός (Ωκεανός) (the) Indian Ocean

Ινδός -ή Indian

ινδουισμός Hinduism

ινδουιστής -ίστρια Hindu, Hinduist

ινδουιστικός Hinduistic

ινκόγκνιτο incognito

ινομύωμα fibromyoma

ινσουλίνη insulin

ινστιτούτο institute ινστιτούτο καλλονής/αισθητικής beauty parlour ινστιτούτο ξένων γλωσσών foreign language school

Ίντερνετ Internet

Ιντερπόλ Interpol [International Police]

ίντσα inch, *(βραχ.)* in

Ιορδανία Jordan

Ιορδανός -ή Jordanian

ιός virus

ιουδαϊκός Jewish

Ιουδαίος -α Jew

ιουδαϊσμός Judaism

Ιούδας Judas

Ιούλιος July

Ιούνιος June

ιππασία (horse) riding σχολή ιππασίας riding school

ιππέας horseman, rider· cavalryman

ιππεύω mount (a horse)˙ ride (on horseback)

ιππικό cavalry

ιπποδρόμιο, **ιππόδρομος** race course

ιπποδύναμη horsepower, (*βραχ.*) HP

ιππόκαμπος seahorse

Ιπποκράτης Hippocrates

ιπποπόταμος hippopotamus

ίππος horse˙ horsepower **δούρειος ίππος** Trojan horse

ιππότης knight˙ (a real) gentleman

ιπποτικός knightly, of a knight˙ chivalrous, courtly

ιπποτισμός chivalry, gallantry

ιπτάμενος flying˙ flight, air **ιπτάμενος δίσκος** flying saucer

Ιράκ Iraq

Ιρακινός -ή Iraqi

ιρακινός Iraqi

Ιράν Iran

ιρανικός Iranian

Ιρανός -ή Iranian

Ιρλανδία Ireland

ιρλανδικός, **ιρλανδέζικος** Irish

Ιρλανδός -ή, **Ιρλανδέζος -α** Irishman, *θηλ.* Irishwoman˙ **(οι) Ιρλανδοί** (the) Irish

ίσα equally, evenly˙ και **ίσια** straight, right˙ και **ίσια** straight, directly, at once ♦ **ίσα που** only just, barely **στα ίσα** straight out, flat(ly), point-blank

ίσαμε (για χρόνο) until, till, by˙ (για τόπο) as far as˙ (περίπου) approximately, about˙ (σε ερωτήσεις) how (long, far etc.)

ισάξιος equal, equivalent, of equal worth/value

ισάριθμος of equal number

Ισημερινός equator˙ (η χώρα) Equador

ισθμός isthmus

ίσια ☞ ίσα

ίσιος, **ίσος** straight˙ fair, sincere, straight(forward) frank, direct˙ smooth, flat

ισιώνω, **ισώνω** straighten, put straight **ισιώνω το κορμί μου** straighten up˙ flatten, smooth (out)

ίσκιος shade˙ shadow

ισλαμικός Islamic

ισλαμισμός Islamism

ισλαμιστής -ίστρια Islamite

Ισλανδία Iceland

ισλανδική, **ισλανδικά** Icelandic

ισλανδικός Icelandic

Ισλανδός -ή Icelander

ισοβαθμία equal grade/score, tie

ισοβαθμώ get equal marks˙ tie, draw

ισόβιος lifelong, life • **(τα) ισόβια** life imprisonment

ισοβίτης -ισσα lifer

ισόγειο ground floor

ισόγειος ground floor

ισοδυναμία equivalence

ισοδύναμος equivalent

ισοδυναμώ amount (to), tantamount (to)

ισοζύγιο balance

ισολογισμός balance sheet

ίσον equals sign • equals

ισοπαλία draw, tie

ισόπαλος drawn, a draw· level

ισόπεδη διάβαση level crossing

ισοπεδώνω flatten, level, smooth· (κτίσματα) raze (to the ground)· *(μτφ.)* level down

ισοπέδωση flattening, levelling· flattening, razing· *(μτφ.)* flattening down

ισόποσος equal

ισορροπημένος (well-)balanced

ισορρόπηση balancing, balance

ισορροπία balance· mental balance, equilibrium

ισορροπώ balance

ίσος ☞ ίσιος· equal **επί ίσοις όροις** on equal terms **εξ ίσου** equally

ισότητα equality

ισοφαρίζω *(αθλ.)* equalize, level the score, tie· make up for

ισοφάριση *(αθλ.)* equalization, equalizer· counterbalancing, offsetting

ισοψηφία equal number of votes, tie

ισοψηφώ tie

Ισπανία Spain

ισπανικά Spanish

ισπανικός Spanish

Ισπανός -ίδα Spaniard· οι Ισπανοί the Spanish

Ισραήλ Israel

ισραηλινός Israeli

Ισραηλίτης -ισσα Israeli

ισραηλιτικός Israeli

ιστίο sail

ιστιοδρομία sailing, yacht race

ιστιοδρομικός of sailing, yacht

ιστιοπλοΐα sailing, yachting

ιστιοπλοϊκός of sailing, yacht

ιστιοπλόος yachtsman, *θηλ.* yachtswoman

ιστιοσανίδα surfboard

ιστιοφόρο sailboat, yacht· sailing ship

ιστόγραμμα bar chart

ιστορία history· (το βιβλίο) history (book), (το μάθημα) history (class)· story, tale· affair, business

ιστορικό case history, record· factual background

ιστορικός historian • historic· historical

ιστός (πλοίου) mast· (σημαίας) (flag) pole· (αράχνης) cobweb, web· *(βιολ.)* tissue· (κοινωνίας) fabric

ισχίο hip joint, ischium

ισχνός lean, thin

ισχυρίζομαι assert, allege, claim, maintain

ισχυρισμός assertion, allegation, claim

ισχυρογνωμοσύνη obstinacy, stubbornness

ισχυρογνώμων obstinate, stubborn

ισχυροποιώ strengthen, reinforce

ισχυρός powerful, strong, mighty· forceful, strong

ισχύς power, strength· force· validity

ισχύω be in force, be in effect, take effect· hold good/true, stand· be valid

ισώνω ☞ ισιώνω

ίσως perhaps, maybe, possibly· και **ίσως να** may, might

Ιταλία Italy

ιταλικά Italian

ιταλικός Italian

Ιταλός -ίδα Italian

ιτιά willow (tree)

ιχθυαγορά fish market

Ιχθύες ☞ ιχθύς

ιχθυοκαλλιέργεια fish breeding· fish-breeding station

ιχθυοπωλείο fish shop, fishmonger's

ιχθυοπώλης fishmonger

ιχθυοτροφείο fish farm

ιχθύς fish· Ιχθύες *(αστρολ.)* Pisces

ιχνογραφία drawing, sketching

ίχνος trace, mark, (από πατημασιές) footprint, footmark **χάνω τα ίχνη κάποιου** lose track of sb.· clue· (κάτι ελάχιστο) scrap, grain, shadow, touch

ιώδιο iodine· (της θάλασσας) ozone

Ίωνες Ionians

Ιωνία Ionia

ιωνικός Ionic

ίωση virus infection, virosis

Κ, κ

κ. (κύριος) Mr· (κυρία) Mrs

κάβα wine cellar· (το κατάστημα) liquor store, (ΒΡΕΤ.) off-licence

καβαλάρης -ισσα rider, horseman, *θηλ.* woman on horseback

καβαλάω, **καβαλώ** get on (horseback), mount, ride

καβαλέτο easel

καβαλιέρος escort, (στο χορό) partner

καβαλικεύω get on (horseback), mount· ride

καβάλος, **καβάλο** crotch

καβγαδίζω quarrel, fight, brawl, squabble

καβγάς quarrel, fight, row, brawl

καβγατζής -ού quarrelsome person, troublemaker

κάβουρας crab· (το εργαλείο) pipe wrench

καβουρδίζω ☞ καβουρντίζω

καβούρι (small) crab

καβουρντίζω, **καβουρδίζω** brown, roast

καβουρντιστός roasted

καγκελάριος chancellor

κάγκελο (iron) bar, rail· (εσωτερικής σκάλας) banister· **κάγκελα** railings

καγκελόπορτα iron gate· garden gate, yard gate

καγκουρό kangaroo

καγχάζω laugh loudly, guffaw· laugh sarcastically

καγχασμός loud laugh, guffaw· sarcastic laugh/laughter

καδένα chain

κάδος tub, vat **κάδος απορριμμάτων** refuse/garbage container **κάδος πλυντηρίου** washing drum

καδράρω put into a frame

κάδρο frame· (framed) picture

καδρόνι beam, rafter, piece/length of wood

καζάκα tunic

καζαμίας (popular) almanac

καζανάκι cistern **τραβάω το καζανάκι** flush the toilet, pull the chain

καζάνι boiler, (μαγειρέματος) cauldron

καζίνο casino

καζούρα jeering, mocking **κάνω καζούρα κάποιου** make fun of sb.

καημένος poor • poor thing

καημός sorrow, grief, heartache· longing, yearning

καθαίρεση removal, (αξιωματικού) cashiering, (κληρικού) unfrocking, (βουλευτή) unseating

καθαιρώ remove, (αξιωματικό) cashier, (κληρικό) unfrock, (βουλευτή) unseat

καθαρά clearly, neatly· straight

καθαρεύουσα "purist" Greek, "katharevousa"

καθαρίζω clean, clean up, clear up **καθαρίζω με στεγνό καθάρισμα** dry-clean· peel, crack, scrape· get/make clear· (σκοτώνω) kill, do in· net, clear· come clean· clear up, clear away

καθαριότητα cleanness, cleanliness· cleaning-up, cleaning

καθάρισμα cleaning, clean **στεγνό** καθάρισμα dry cleaning· peeling

καθαρισμός cleaning

καθαριστήριο (dry) cleaner's

καθαριστικό cleanser

καθαρίστρια cleaning woman/lady

κάθαρμα bastard, swine, scum

καθαρόαιμος thoroughbred, purebred

καθαρός clean· clear **καθαρός αέρας** fresh air **καθαρό μυαλό** clear head· cleanly· pure· plain, clear, distinct· sheer· honest, fair· net **Καθαρή Δευτέρα** first Monday in Lent

κάθε each, every **κάθε δεύτερη ημέρα/εβδομάδα κτλ.** every other day/week etc. **κάθε πότε/πόσο...;** how often...? **κάθε που...** every time... **κάθε τόσο** every now and then, every so often

καθεδρικός ναός cathedral

κάθειρξη imprisonment **ισόβια** κάθειρξη life imprisonment

καθείς ☞ καθένας

καθέκαστα details

καθένας, **καθείς** each· everyone, everybody· anyone· just anyone

καθεξής και ούτω καθεξής and so on

καθεστώς system of government, regime· system, status

κάθετα, **καθέτως** vertically

καθετί everything, all things

κάθετος/-η vertical (line)· *(τυπογρ.)* slash, stroke· (δρόμου) cross street • vertical· (σε δρόμο) at right angles (to)

καθέτως ☞ κάθετα

καθηγητής -ήτρια (σε γυμνάσιο) teacher, (ανώτατης σχολής) professor

καθήκον duty· (εντεταλμένο έργο) task

καθηλώνω immobilize, nail/pin down· grip, capture

καθήμενος seated, sitting

καθημερινά, **καθημερινώς** every day, daily

καθημερινή working day, weekday

καθημερινός daily· every day, day-to-day· ordinary

καθημερινότητα (workday) routine

καθημερινώς ☞ καθημερινά

καθησυχάζω calm down, set/put (sb.'s) mind at rest, reassure

καθησυχαστικός reassuring, comforting

καθιερωμένος established· standard

καθιερώνω establish· make a habit of...

καθίζηση *(γεωλ.)* subsidence· (οικοδομήματος) settlement· *(μτφ.)* collapse

καθίζω sit, sit down· sink down· (για πλοίο) run aground· *(μτφ.)* become weaker, flag

καθίκι chamber pot· (ως βρισιά) villain, rat

κάθισμα seat, chair· (πλοίου) running aground

καθίσταμαι ☞ καθιστώ

καθιστικό living room, sitting room

καθιστικός sedentary

καθιστός seated, sitting

καθιστώ render, make • **καθίσταμαι** become, turn out to be

καθοδήγηση guidance, instruction

καθοδηγώ guide, show the way· instruct

καθοδικός descending, downward

κάθοδος descent, coming/going down· drop, fall

καθολικισμός Catholicism

καθολικός general, universal· Catholic

καθόλου (σε άρνηση) not at all, not in the least· (σε ερώτηση) any, at all· (σε απάντηση) not at all

κάθομαι sit, be seated **παρακαλώ καθίστε!** have a seat/sit please!· live· be out of work, be jobless, do nothing· sink, sink down· (για πλοίο) run aground

καθομιλουμένη (the) vernacular **της καθομιλουμένης** colloquial, informal

καθορίζω determine, fix, set· be decisive for

καθοριστικός decisive

καθρέφτης mirror

καθρεφτίζω mirror, reflect

καθυστερημένα late

καθυστερημένος late· backward· (διανοητικώς) (mentally) retarded

καθυστέρηση delay, lateness· backwardness· mental retardation

καθυστερούμενα sums in arrears

καθυστερώ delay, hold up· be late· (μένω πίσω) lag behind, fall behind· fall behind with· (χρονοτριβώ) stall

καθώς as **καθώς και** as well as **καθώς φαίνεται** apparently, by the look(s) of it· (για χρόνο) while, when, as soon as

καθωσπρέπει properly, respectably • proper, decent, respectable

και, **κι** and **και οι δύο** both of them· also, too, as well· all· (για ώρα) past· (συν) plus, and **ακόμα και** even **αν και** although, even though **και ούτω καθεξής** and so on **και τα λοιπά** and so on **λες και...** as if...

καίγομαι ☞ καίω

καΐκι caique

καϊμάκι cream

καινοτομία innovation, novelty

καινοτόμος innovator • innovative

καινοτομώ break new ground, pioneer

καινούργιος, **καινούριος** new, fresh • newcomer

καιρικός meteorological, (of the) weather

καίριος key, vital, crucial

Κάιρο Cairo

καιρός weather· weather bulletin· time **είναι καιρός να...** it's time to..., it's about time... **εκείνο τον καιρό** at that time **πόσον καιρό...;** how long...? **πολύς καιρός** α) long β) for ages· season

καίω burn, (με υγρό) scald, (καψαλίζω) singe, (νεκρό) cremate· (βάζω φωτιά) burn, set fire to· (ασφάλεια) blow· be too hot • **καίγομαι** α) burn oneself, be burned down β) be burning, be on fire γ) burn δ) be hot, be running a high temperature ε) (για λάμπα) burn out, (για ασφάλεια) blow

κακάδι scab

κακάο cocoa

κακαρίζω cackle

κακάρισμα cackling· (γέλιο) cackle

κακάσχημος extremely ugly

κακέκτυπο bad copy

κακέκτυπος misprinted

κακεντρέχεια malice, spite

κακεντρεχής malicious, wicked, spiteful

κακία wickedness, malice, spite **κρατάω κακία** bear/hold grudge (against)

κακό evil, wrong· harm, damage ♦ **για καλό και για κακό/καλού κακού** to be on the safe side **τα καλά και τα κακά** the pros and cons **το κακό είναι ότι...** the trouble is that...

κακοαναθρεμμένος bad-mannered, badly brought up

κακογραμμένος badly/illegibly written

κακογουστιά bad taste

κακόγουστος tasteless, in bad taste

κακοδιάθετος out of sorts, in a bad mood· (ελαφρά άρρωστος) indisposed, unwell

κακοδιαχείρηση mismanagement

κακοήθεια wickedness, malice· wicked/malicious lie· *(ιατρ.)* (όγκου) malignancy

κακοήθης wicked, evil malicious· *(ιατρ.)* (όγκος) malignant

κακοκαιρία nasty/bad weather

κακοκεφιά bad mood, moodiness, low spirits

κακόκεφος gloomy, in low spirits, out of sorts

κακολογώ speak evil of· blame

κακομαθαίνω spoil

κακομαθημένος spoilt

κακομεταχειρίζομαι ill-treat, maltreat, abuse

κακομεταχείριση ill-treatment, abuse

κακομοίρης, **κακόμοιρος** poor· miserable, wretched • poor thing, poor devil

κακοντυμένος badly dressed, poorly dressed

κακοπιστία bad faith

κακόπιστος in bad faith

κακοπληρώνω (πληρώνω λίγο) underpay· (δεν εξοφλώ) be a bad payer

κακοπληρωμένος underpaid

κακοπληρωτής -ώτρια bad payer

κακοποιός criminal, gangster, villain, thug

κακοποιώ maltreat· (βιάζω, ασελγώ) abuse, molest

κακοπροαίρετος ill-disposed, ill-intentioned· ill-meaning

κακός bad· (μοχθηρός) evil, nasty, spiteful, wicked· (άτακτος) bad, naughty • **ο κακός** (έργου, βιβλίου) the villain, the baddy ♦ **κακός μπελάς** a pain in the neck **στις κακές μου** in a bad mood, out of sorts **το κακό μάτι** the evil eye

κακοσμία bad smell, stink, stench

κακοσυνηθίζω acquire bad habits, be spoilt· spoil

κακοτυχία bad luck, misfortune

κακότυχος ill-fated, ill-starred, unlucky, unfortunate

κακούργημα crime, *(νομ.)* felony

κακουργιοδικείο criminal court

κακούργος -α criminal

κακουχίες sufferings, hardship(s)

κακόφαγος particular about one's food

κακοφαίνομαι μου κακοφαίνεται be upset

κακόφημος disreputable, of ill repute

κακοφτιαγμένος (για πράγματα) badly/unskilfully made, (για ρούχα) ill-fitting, unshapely· (για πρόσωπα) ungainly, graceless

κάκτος cactus

κακώς wrongly ♦ **καλώς ή κακώς** rightly or wrongly

κάκωση (slight) injury, *(ιατρ.)* contusion

καλά well, fine· properly, correctly· completely, thoroughly· alright, fine· nicely, beautifully· carefully· correctly, right **καλά θα κάνεις να...** you had better... **καλά που...** it's just as well that... **περνώ καλά** have a good time **τα έχω καλά με κπ.** be on good terms with sb., get on well with sb.

καλάθι basket **καλάθι αχρήστων** wastepaper basket, litter bin· (στο μπάσκετ) two points **βάζω καλάθι** score

καλαισθησία good taste, style

καλαίσθητος tasteful, stylish, elegant

καλακούω δεν καλακούω be hard of hearing

καλαμάκι straw

καλαμαράκι baby squid

καλάμι cane, reed· (ψαρέματος) fishing rod· (της κνήμης) shin

καλαμποκάλευρο maize flour, (ΗΠΑ) corn meal

καλαμποκέλαιο corn oil

καλαμπόκι maize, corn· corn cob, cob

καλαμποκιά maize (plant)

καλαμπούρι joke, wisecrack

καλαμπουρίζω joke

καλαμπουρτζής -ού joker

κάλαντα (Christmas) carols

καλαρέσω like, relish, be to (sb.'s) liking, take to

κάλεσμα invitation

καλεσμένος invited • guest

καλή (the) right side· (the) true side ♦ **μια και καλή** once and for all **τα λέω σε κπ. απ' την καλή** scold sb. severely, give it to sb. hot and strong

καλημέρα good morning

καλημερίζω say good morning to

καληνύχτα good night

καληνυχτίζω say good night to

καλησπέρα good evening

καλησπερίζω say good evening to

καλικάντζαρος hobgoblin

κάλιο potassium

καλλίγραμμος elegant, curvaceous· shapely

καλλιέργεια farming, cultivation· καλλιέργειες crops· cultivation· (παιδεία) culture

καλλιεργημένος cultivated· cultured, cultivated

καλλιεργητής farmer

καλλιεργώ grow· cultivate· foster, promote

κάλλιο better..., rather... ♦ **κάλλιο αργά παρά ποτέ** better late than never

κάλλιστα excellently **θα μπορούσα κάλλιστα...** I could easily...

καλλιστεία beauty contest

καλλιτέχνης -ιδα/-ις artist

καλλιτεχνικός artistic

καλλίφωνος sweet-voiced, with a beautiful voice

καλλονή beauty

καλλυντικό cosmetic

καλλωπίζω make more beautiful, smarten up • **καλλωπίζομαι** make oneself up, spruce oneself up

καλλωπιστικός decorative, ornamental

καλμάρω calm (down), quieten, mollify **καλμάρω τον πόνο** soothe the pain· (κοπάζω) subside, abate

καλό good· good deed· right ♦ **βγαίνω σε καλό** turn out well **τι στο καλό...;** what on earth...?

καλοβαλμένος well-dressed, neat

καλόβολος easy-going, good-natured

καλόγερος monk· (για ρούχα κτλ.) hall stand, hat stand

καλόγουστος tasteful, in good taste

καλογραμμένος well-written

καλόγρια nun

καλοδιάθετος in a good mood

καλοδιατηρημένος well-kept, well-preserved

καλοήθης *(ιατρ.)* (όγκος) benign

καλοθελητής -ήτρια well-wisher

καλοθρεμμένος well-fed, corpulent, stout

καλοθυμάμαι remember well

καλοκάγαθος good, good-natured

καλοκαιρεύει summer has come, it's getting summery

καλοκαίρι summer, summertime

καλοκαιρία fine weather

καλοκαιρινός summer· summery

καλοκαμωμένος well-made· shapely

καλόκαρδος kindly, kind-hearted

καλοντυμένος well/smartly dressed, dressy

καλοπέραση comfortable life, comfort, good time

καλοπερνώ live in comfort· have a nice/an enjoyable time

καλοπιάνω cajole, coax, wheedle, sweet-talk

καλόπιασμα cajolery, wheedling, coaxing

καλόπιστος in good faith, bona-fide

καλοπληρώνω pay well· pay on time

καλοπροαίρετα in good faith

καλορίζικα! good luck!, may you enjoy it in health!

καλοριφέρ central heating (system)· (σώμα καλοριφέρ) radiator· (αυτοκινήτου) heater

κάλος corn

καλός good· kind· fine **καλά ρούχα** Sunday best, one's best clothes **καλή επιτυχία!** every success!, good luck! • **ο καλός** (έργου) the goody

καλοσκέφτομαι think over **τώρα που το καλοσκέφτομαι** on better thoughts

καλοστεκούμενος not looking one's age, well-preserved

καλοσυνάτος kindly, good-natured

καλοσύνη goodness, kindness **αν έχετε την καλοσύνη** if you please· good deed

καλοτυχία good fortune/luck, stroke of fortune

καλούπι mould, (για μέταλλο) die, cast· (σε οικοδομή) formwork

καλουπώνω mould, (σε μέταλλο) cast· (για οικοδομές) prepare the casing for concrete

καλούτσικος not so bad, goodish

καλοφαγάς -ού gourmet, lover of good food

καλοψημένος well-done

καλόψυχος kind-hearted, kind, good-hearted

καλπάζω gallop, (ελαφρά) trot

καλπασμός gallop(ing)

κάλπη ballot box

κάλπικος (για νόμισμα) counterfeit, forged, false· *(μτφ.)* phon(e)y, false

κάλτσα sock, (μακριά γυναικεία) stocking

καλτσόν, **καλσόν** tights

καλύβα, **καλύβι** hut, shack, cabin

κάλυκας (σφαίρας) cartridge case, shell case

κάλυμμα cover, covering **κάλυμμα κρεβατιού** bedcover, bedspread

καλύπτω cover· cover up, cover up for (sb.)· meet· (απόσταση) cover

καλύτερα better· (θα προτιμούσα) would rather **όσο καλύτερα μπορώ** to the best of one's ability

καλυτέρευση improvement

καλυτερεύω make better, improve· get better, improve

καλύτερος better· best **κάνω ό,τι καλύτερο μπορώ** do one's best **τις καλύτερες ευχές μου** my best wishes **τόσο το καλύτερο** so much the better • **το καλύτερο** the pick, the cream

κάλυψη covering· cover· (δημοσιογραφική) coverage· cover-up· completion· filling

καλώ invite, ask· call· (στο τηλέφωνο) call, call up, (παίρνω αριθμό) dial· (για τηλέφωνο) ring

καλώδιο cable· (ηλεκτρ. συσκευής) cord

καλώς well· (ως έκφραση συμφωνίας) alright· (βαθμός) pass **καλώς τον** nice to see you ♦ **καλώς ή κακώς** rightly or wrongly

καλωσορίζω welcome

καλωσόρισμα welcome, welcoming

καμάκι harpoon ♦ **κάνω καμάκι σε κπ.** pick up sb.

καμακώνω harpoon· pick up, chat up

καμάρα arch

καμάρι pride **νιώθω καμάρι για** be proud of

καμαριέρα chambermaid

καμαριέρης manservant

καμαρίνι dressing room

καμαρότος steward

καμαρώνω take pride (in), pride oneself (on), boast (of)· (κορδώνομαι) swagger, strut

καμένος burnt ☞ καίω

κάμερα camera, cine camera, video camera

καμήλα, **γκαμήλα** camel

καμηλιέρης camel driver, cameleer

καμηλό camel hair

καμηλοπάρδαλη giraffe

καμικάζι kamikaze

καμινάδα chimney, chimney stack

καμίνι kiln· *(μτφ.)* sweltering heat

καμουτσίκι, **καμ(ι)τσίκι** whip, horsewhip

καμουφλάζ camouflage· disguise

καμουφλάρω camouflage· disguise

καμπάνα bell· cabana, beach hut

καμπαναριό belfry, bell tower, steeple

καμπάνια campaign

καμπαρέ cabaret· floor show

καμπαρτίνα, **καμπαρντίνα** raincoat· (το ύφασμα) gabardine

καμπή bend, curve· *(μτφ.)* turning point

κάμπια caterpillar

καμπίνα (πλοίου) cabin· (σε πλαζ) bathing hut· (πιλότου) cockpit

κάμπινγκ camping· (ο χώρος) campsite, camping site

κάμπος plain

κάμποσος, **καμπόσος** some· **κάμποσοι** several, quite a few/a lot of

καμπούρα hump

καμπούρης hunchbacked • hunchback

καμπουριάζω (begin to) stoop· arch one's back

καμπριολέ, **κάμπριο** convertible, cabriolet

κάμπτω bend· *(μτφ.)* overcome, break

καμπύλη curve, curving line

καμπύλος curved

καμπυλωτός curved, curving

καμτσίκι ☞ καμουτσίκι

κάμψη decline

καμώματα doings, exploits

καμώνομαι pretend, feign

καν even

Καναδάς Canada

καναδικός Canadian, of Canada

Καναδός -ή Canadian

καναλάρχης TV channel owner

κανάλι channel· canal

καναπές couch, sofa, settee

καναρίνι canary

κάνας καμιά κάνα some, a/an **κάνα δυο** one or two, a couple, a few· about, or so

κανάτα jug, pitcher

κανείς, **κανένας** nobody, no one, none· (σε ερωτήσεις ή μετά το not, if) anybody, anyone· (με αόριστη έννοια) one, you **καμιά φορά** sometimes • no· any· about, or so

κανέλα cinnamon

κανελόνια cannelloni

κανένας ☞ κανείς

κάνη gun barrel, barrel of a rifle

κανιβαλισμός cannibalism

κανίς poodle

καννάβούρι hempseed, birdseed

κανό canoe

κανόνας rule **κατά κανόνα** as a rule, generally

κανόνι cannon· gun, (το πυρ, ο ήχος) gunfire

κανονίζω arrange, fix· (οργανώνω) organize, see to, see to it that·

settle, sort out ♦ θα σε κανονίσω! I'll fix you!

κανονικά duly· normally· regularly· legally, according to the rules

κανονικός normal· proper, correct· regular, standard· regular, symmetrical

κανονισμός regulation(s), rules

καντάδα serenade

κανταΐφι, **καταΐφι** kataifi

καντήλι small hanging oil lamp

καντίνα canteen

καντράν dial

κάνω make· do· have· take· spend (time), take (time)· be suitable· cost, be· behave (like)· (σε συστάσεις) do **κάνει**· be permitted, be all right **κάνω λάθος** make a mistake, go wrong, be mistaken **θα σου κάνει καλό** it will do you good **κάνε γρήγορα** hurry up **κάνε ησυχία** be quiet **κάνε μου μια χάρη** do me a favour **κάνω διακοπές** holiday, take a holiday **κάνω ερώτηση** ask (sb.) a question **κάνω κακό** harm, do (sb.) harm, be bad for (sb.) **κάνω ό,τι μπορώ** do one's best **κάνω φιγούρα** show off **κάνω την προσευχή μου** say one's prayers **κάνω πολλή ώρα** be long **κάνω κράτηση** book, reserve **κάνω όπισθεν** back, reverse **κάνω ουρά** queue up **κάνω πλάκα** a) kid b) pull sb.'s leg **κάνω (πως)** pretend **κάνω τα πάντα** go to any lengths **κάνω τον κόπο** take the trouble, bother **το ίδιο μου κάνει** it's all the same to me

καουμπόης cowboy

καουμπόικο (έργο) Western

κάπα cape

καπάκι cover, lid· cap, top

κάπαρη caper

καπαρντίνα, **γκαμπαρντίνα** raincoat

καπάρο deposit

καπαρώνω make a deposit, book in advance

καπάτσος astute, shrewd

καπέλο hat· *(μτφ.)* charge over the odds, extra charge

καπετάνιος captain

καπετάνισσα captain's wife· woman captain

καπηλεία exploitation, trading upon

καπηλεύομαι exploit, trade upon

καπηλευτής, **κάπηλος** exploiter

καπιταλισμός capitalism

καπιταλιστής -ίστρια capitalist

καπιταλιστικός capitalistic

καπλαμάς veneer, cladding

κάπνα, **καπνιά** soot

καπνά ☞ καπνός

καπνιά ☞ κάπνα

καπνίζω smoke· smoke-blacken· smoke

καπνίλα smell of smoke

κάπνισμα smoking

καπνιστήριο smoking section

καπνιστής -ίστρια smoker

καπνιστός smoked

καπνοβιομηχανία tobacco industry

καπνοβιομήχανος tobacco manufacturer

καπνογόνο teargas

καπνοδόχος chimney

καπνοπωλείο tobacconist's (shop)

καπνός smoke· (ταμπάκος) tobacco· **καπνά** tobacco

καπό bonnet, (ΗΠΑ) hood

κάποιος someone, somebody· (σε ερωτήσεις) anyone, anybody· a/an, a certain· **κάποιοι** some, a few

κάποτε (στο παρελθόν) once, at one time· (στο μέλλον) one day, some day, some time

κάπου somewhere· (περίπου) about, approximately

καπρίτσιο caprice, whim

κάπως someway, one way or another· a little, a bit, rather

καραβάνι caravan

καράβι ship, boat

καραβίδα crawfish, crayfish

καραβόπανο canvas

καραγκιόζης Karaghiozis, main chararcter in the shadow theatre· *(μτφ.)* clown, buffoon

καραγκιοζιλίκια antics, clowning

καραδοκώ lurk, lie in ambush (for)

Καραϊβική (Θάλασσα) (the) Caribbean (Sea)

καραμέλα sweet, candy, drop· caramel

καραμούζα kazoo

καραμπίνα carbine

καραμπόλα pile-up· (στο μπιλιάρδο) cannon

καραντίνα quarantine

καραούλι **φυλάω καραούλι** lie in wait

καράτε karate

καράτι carat

καράφα carafe

καράφλα ☞ φαλάκρα

καραφλιάζω grow bald· *(μτφ.)* boggle· *(μτφ.)* stun, nonplus

καραφλός ☞ φαλακρός

καρβέλι loaf (of bread)

κάρβουνο coal· (ξυλάνθρακας) charcoal· lump of coal ♦ **γίνομαι κάρβουνο** be burnt to ashes

καρδερίνα goldfinch

καρδιά heart· *(μτφ.)* heart, core, middle ♦ **από τα βάθη της καρδιάς μου** from the bottom of one's heart **έξω καρδιά** cheerful **με βαριά καρδιά** reluncantly **με μισή καρδιά** grudgingly **το λέει η καρδιά μου** have guts

καρδιακός cardiac, (of) heart

καρδινάλιος cardinal

καρδιογράφημα cardiogram

καρδιοκατακτητής great lover, ladykiller

καρδιοκτυπώ ☞ καρδιοχτυπώ

καρδιολόγος cardiologist

καρδιοπάθεια cardiopathy

καρδιοχειρουργός heart surgeon

καρδιοχτυπώ, **καρδιοκτυπώ** be anxious, be worried, fret

καρέ (κινηματογραφικής ταινίας) frame· (παικτών) foursome· *(χαρτοπ.)* four of a kind· (κόμμωση) bob

καρέκλα chair

καρεκλοπόδαρο leg of a chair ♦ ρίχνει καρεκλοπόδαρα it's raining cats and dogs, it's pouring (with rain)

κάρι curry powder

καριέρα career

καρκινοπαθής cancer patient

καρκίνος cancer· (το ζώδιο) Cancer, Crab

καρμανιόλα guillotine· *(μτφ.)* danger spot

καρμπιρατέρ carburettor

καρμπόν carbon paper

καρναβάλι carnival

καρνάβαλος carnival king· carnival procession

καρνέ notepad, notebook

κάρο cart, wagon

καρό check (pattern)· (της τράπουλας) diamond • checked

καρότο carrot

καροτσάκι, **καρότσι** wheelbarrow· (για μωρά) pram, (πτυσσόμενο) pushchair, stroller· (αναπηρικό) wheelchair· (του σούπερμαρκετ) trolley

καρούμπαλο bump, lump

καρπαζιά cuff, clout

καρπαζώνω clout (on the head), cuff

καρπερός fertile

καρπίζω bear fruit

καρπός fruit **ξηροί καρποί** dried fruit and nuts

καρπούζι watermelon

καρποφόρος fruitful

καρποφορώ bear fruit· be successful, produce results

κάρτα card **κάρτα επιβίβασης** boarding card **πιστωτική κάρτα** credit card· (καρτ ποστάλ) postcard, card· (επισκεπτήριο) visiting card

καρτέλα card, file card, index card

καρτέρι **φυλάω/στήνω καρτέρι** ambush, lie in wait

καρτερικός patient

καρτερικότητα endurance, resignation

καρτοτηλέφωνο cardphone

Καρυάτιδες Caryatids, Caryatides

καρύδα coconut

καρύδι nut, walnut· (του λαιμού) Adam's apple ♦ **σκληρό καρύδι** hard nut to crack, tough customer

καρυδιά walnut (tree)

καρυδόπιτα walnut cake

καρυδότσουφλο walnut shell, nutshell

καρυδόψιχα shelled walnuts

καρύκευμα spice, seasoning

καρυκεύω spice, season

καρυοθραύστης nutcracker

καρφί nail· (παπουτσιών) spike· (νύξη) hint, dig· (στο βόλεϊ) spike· (καταδότης) informer, stoolpigeon ♦ **κάθομαι στα καρφιά** be on tenterhooks **καρφί δε μου καίγεται** couldn't care less, not give a damn **τα κάνω γυαλιά καρφιά** smash everything up

καρφίτσα pin· (διακοσμητική) brooch

καρφιτσώνω pin· (τρυπώ με καρφίτσα) prick (with a pin)

καρφώνω nail, nail down· stab, jab· fix· (προδίδω) inform on, turn in • **καρφώνομαι** embed oneself ♦ **μου καρφώνεται κτ. στο μυαλό** get sth. into one's head

καρχαρίας shark

καρωτίδα carotid artery

κάσα case, crate, box· (φέρετρο) coffin· (πόρτας, παραθύρου) frame· (σε τυχερά παιχνίδια) bank

κασέ fee

κασέλα chest, trunk

κασέτα cassette

κασετίνα box, case· (σχολική) pencil case

κασετόφωνο cassette player, cassette recorder

κάσκα helmet

κασκαντέρ stunt man

κασκαρίκα prank, practical joke· fiasco

κασκέτο cap

κασκόλ scarf

κασμάς pick, pickaxe

κασμίρι cashmere

κασσίτερος tin

κάστα caste

καστανάς chestnut seller

καστανιά chestnut tree

καστανιέτες castanets

κάστανο chestnut

καστανός brown

κάστορας beaver

καστόρι suede

καστόρινος suede

κάστρο castle, fortress· *(μτφ.)* bastion, stronghold

κατά, **κατ'**, **καθ'** (κατεύθυνση) in the direction of, towards **κατά 'δώ** this way, over here **κατά 'κεί** that way· (χρονική διάρκεια) during· (εγγύτητα χρονική) about, around· (επιμερισμός) in, every· (συμφωνία) according to, in accordance with· (σύγκριση, διαφορά) by· (εναντίον) against, at, on **κατ' εμέ** in my opinion, to my mind **κατά πολύ** by far **κατά πόσο** (σε πλάγιες ερωτήσεις) if, whether

καταβάλλω overcome, wear out· (πληρώνω) pay (for)

κατάβαση descent, way down

καταβεβλημένος exhausted, haggard

καταβρέχω sprinkle water on· douse· soak, drench, make wet all over

καταβροχθίζω devour, gobble (up)

καταγάλανος pure blue

καταγγελία *(νομ.)* accusation, denunciation· charge, complaint

καταγγέλλω report· denounce

κάταγμα fracture

κατάγομαι be/come (from), come (of), be descended (from)

καταγραφή record

καταγράφω register, record· make a list of

καταγωγή origin, descent

καταδεκτικός affable

καταδεκτικότητα affability

καταδέχομαι condescend· want to have to do with (sb.)

καταδίδω betray, inform against, turn in

καταδικάζω find guilty, convict, sentence· (αποδοκιμάζω) condemn, damn, deplore· doom

καταδικαστικός damning **καταδικαστική απόφαση** verdict of guilty, conviction, sentence

καταδίκη conviction, sentence· (έντονη αποδοκιμασία) condemnation

κατάδικος convict

καταδιώκω chase, run after, hunt, pursue· (κατατρέχω) persecute

καταδίωξη chase, pursuit· (κατατρεγμός) persecution

καταδότης -ρια informer

καταδρομέας commando

καταδρομικό cruiser

καταδυναστεύω tyrannize, oppress

καταδύομαι dive

κατάδυση dive, diving, (ελεύθερη) scuba diving, (χωρίς αναπνευστική συσκευή) skin diving

καταζητούμενος wanted

καταζητώ search for, hunt down, pursue • **καταζητούμαι** be wanted (by the police)

κατάθεση laying· *(τραπεζ.)* deposit **βιβλιάριο καταθέσεων** bank book, passbook· *(νομ.)* statement, (στο δικαστήριο) testimony· tabling· submission, lodging

καταθέτης -ρια depositor

καταθέτω lay· *(τραπεζ.)* deposit· *(νομ.)* make a statement, (στο δικαστήριο) testify, give evidence· submit, file, lodge· table

καταθλίβω distress, get (sb.) down

καταθλιπτικός depressing, gloomy

κατάθλιψη depression

καταιγίδα storm

καταιγισμός *(μτφ.)* avalanche, barrage

καταϊδρωμένος in a muck sweat

καταΐφι ☞ κανταΐφι

κατακάθι dregs, grounds· sediment

κατακαθίζω, **κατακάθομαι** settle

κατακαίνουργ(ι)ος brand-new

κατακαλόκαιρο midsummer, high summer

κατάκαρδα right in the heart ♦ παίρνω κτ. κατάκαρδα take sth. very badly

κατακέφαλα right in the head, straight to the head

κατακίτρινος deep yellow· pale, pallid

κατακλέβω rob blind

κατακλύζω deluge, flood· inundate • **κατακλύζομαι** be swarming (with), be deluged (with)

κατακλυσμός deluge, flood

κατάκοιτος bedriden, confined to bed

κατακοκκινίζω blush, blush to the roots of one's hair

κατακόκκινος bright red, scarlet

κατακόμβη catacomb

κατάκοπος exhausted, tired out

κατακόρυφος vertical· (απότομος) sheer

κατακραυγή outcry

κατακρίνω criticize, condemn

κατάκριση criticism

κατακριτέος blameworthy

κατάκτηση conquest

κατακτητής conqueror

κατακτητικός conquering, of conquest

κατακτώ conquer· gain, win, attain· win over, captivate· win (sb.'s) heart, captivate

κατακυριεύω dominate, possess, overwhelm

καταλαβαίνω understand, see· (αντιλαμβάνομαι) realize, get· feel, sense, see, taste· get out of, gain· make out **χωρίς να το καταλάβω** unawares

καταλαμβάνω capture, seize, (με έφοδο) storm, (αεροπλάνο) hijack· occupy, take (up)· take possession of, take· come over, overtake, seize, possess

κατάλευκος milk-white, pure white

καταλήγω lead, direct· result (in), lead (to)· end up· conclude, end

κατάληξη conclusion, end· outcome· *(γλωσσ.)* ending, (παραγωγική) suffix

κατάληψη capture, seizure, occupation· occupation, sit-in

καταληψίας sit-in protester· squatter

κατάλληλα, καταλλήλως appropriately, suitably, properly

κατάλληλος suitable, appropriate, fit, proper, right· (για ταινία) suitable for children

κατάλογος list, catalogue **εκλογικός κατάλογος** voters' roll **τηλεφωνικός κατάλογος** (telephone) directory

κατάλυμα accommodation, lodging

κατάμαυρος pitch-black· deeply (sun)tanned· bruised all over

καταμερισμός division, distribution, allocation

καταμεσήμερο high noon

καταμεσής right in the middle

κατάμεστος overcrowded, jam-packed, chock-full

κατάμουτρα (right) to (sb.'s) face

καταναγκασμός compulsion, coercion

καταναγκαστικός enforced, compulsory

κατανάλωση consumption

καταναλωτής -ώτρια consumer

καταναλωτικός of consumers: καταναλωτικό **κοινό** consumers

κατανέμω divide, distribute, allot

κατανόηση understanding, sympathy· comprehension, apprehension

κατανοητός comprehensible· understandable

κατανομή distribution

κατανοώ comprehend, understand· appreciate· sympathize with

κατάντημα, **κατάντια** sorry state, low ebb, low point

καταντώ end up as· turn into, reach the point of· reduce to

κατάξανθος blonde, flaxen

καταξιώνω recognize (the worth of) • **καταξιώνομαι** win recognition

καταξίωση recognition

καταπακτή trapdoor

καταπάτηση violation

καταπατώ trespass· violate

κατάπαυση cessation, termination

καταπιάνομαι be engaged (in)· go in for

καταπιέζω oppress, tyrannize

καταπίεση oppression, tyranny

καταπιεστικός oppressive, tyrannical

καταπίνω swallow

καταπλακώνω fall upon, fall on top of, crush

κατάπλασμα poultice

καταπληκτικός amazing, astonishing, wonderful, fantastic, terrific, out of this world

κατάπληκτος amazed, astounded, stunned, in amazement **μένω** κατάπληκτος be amazed, be astounded

κατάπληξη amazement, astonishment, wonder, bewilderment

καταπλήσσω amaze, astound, astonish, stun

καταπνίγω suppress, stifle, smother, hold up, bottle up

καταπολέμηση combating, fight

καταπολεμώ combat, fight against

καταπραϋντικός soothing

καταπραΰνω soothe, calm

καταπρόσωπο, **καταπρόσωπα** right in(sb.'s) face· (right) to (sb.'s) face

κατάπτωση (σωματική) debilitation, weakness· (ηθική) decline

κατάρα curse

καταραμένος damned, cursed

κατάργηση abolition, annulment, abrogation

καταργώ abolish, annul, abrogate· do away with

καταριέμαι curse, damn

καταρράκτης waterfall, fall, (μικρός) cascade· *(ιατρ.)* cataract

καταρρακτώδης torrential, pouring

καταρρέω collapse

καταρρίπτω shoot down καταρρίπτω ρεκόρ break a record

καταρροή catarrh

κατάρτι mast

καταρτισμένος trained, well-grounded

κατάσαρκα next to the skin

κατάσβεση extinguishment, putting out

κατασκευάζω construct, build, make· concoct, fabricate, invent, make up

κατασκεύασμα construction, building, structure· fabrication, invention

κατασκευαστής -άστρια maker· (κτιρίων κτλ.) constructor, builder· *(μτφ.)* fabricator

κατασκευή construction, building, making· structure· *(μτφ.)* fabrication

κατασκηνώνω camp, pitch camp

κατασκήνωση camp, campsite· camping

κατασκηνωτής -ώτρια camper

κατασκοπεία espionage, spying

κατασκοπευτικός of espionage, spying

κατασκοπεύω spy

κατάσκοπος spy

κατασκότεινος pitch-dark, pitch-black

κατασπαράζω tear to pieces, mangle

κάτασπρος milk-white, snow-white· (ωχρός) very pale, ashen, pallid

κατασταλαγμένος definite, fixed

κατασταλάζω settle (down)· decide on, settle on

κατάσταση condition, state σε κακή κατάσταση α) in a bad state of repair, in bad repair β) (υγείας) unfit, in (pretty) bad shape σε κακή οικονομική κατάσταση badly-off· situation, state of affairs, status· list, catalogue

καταστατικό charter, (εταιρείας κτλ.) memorandum (and articles) of association

καταστέλλω suppress, repress, quell, put down, stamp out· restrain, curb, hold back, inhibit

κατάστηθα right on/in the chest

κατάστημα shop, (μεγάλο) store· office, premises

καταστηματάρχης -ισσα shopkeeper

καταστολή suppression καταστολή ταραχών riot control· repression, restraint, inhibition

καταστρεπτικός, **καταστροφικός** destructive, disastrous, ruinous

καταστρέφω destroy, ruin, wreck· (χαλώ) damage, spoil

καταστροφή destruction, disaster, ruin, (αιφνίδια ή εκτεταμένη) catastrophe· damage

καταστροφικός ☞ καταστρεπτικός

κατάστρωμα (πλοίου) deck· (οδού) surface

καταστρώνω draw up, think out

κατάσχεση confiscation

κατάσχω confiscate

κατάταξη classification· ranking, rating

κατατάσσω classify· rate, rank • **κατατάσσομαι** be ranked

κατατομή (προσώπου) profile, side view· (για σχέδιο ή για μακέτα οικοδομήματος κτλ.) section, cross-section

κατατοπίζω direct, show the way· brief, inform, put into the picture

κατατροπώνω rout, fight off

καταυλισμός bivouac, camp, encampment

κατάφαση affirmative

καταφατικός affirmative **απαντώ καταφατικά** answer in the affirmative

καταφέρνω manage (to), succeed (in), be able (to), achieve **δεν καταφέρνω** fail

καταφεύγω take shelter (in), seek refuge (in), take to· resort, turn (to) **καταφεύγω στη δικαιοσύνη** go to law

καταφρόνια contempt, scorn **με καταφρόνια** scornfully

καταφρονώ disdain, despise, hold in contempt

καταφύγιο shelter, refuge· air raid shelter, bomb shelter

κατάφυτος full of trees, verdant

κατάφωρος blatant, flagrant

κατάφωτος floodlit, all lit up

κατάχαμα on the ground, on the floor

καταχαρούμενος overjoyed, jubilant

καταχθόνιος infernal, fiendish

καταχνιά haze· fog, mist

καταχραστής -άστρια (χρημάτων) embezzler· *(μτφ.)* exploiter

κατάχρηση (χρημάτων) embezzlement· abuse· **καταχρήσεις** excesses

καταχρώμαι (χρήματα) embezzle· *(μτφ.)* abuse, take advantage of

καταχωνιάζω hide, stash away

καταψηφίζω vote against, vote down

καταψυγμένος, **κατεψυγμένος** frozen, deep-frozen

καταψύκτης freezer, deep freeze

κατάψυξη deep freeze

καταψύχω deep freeze

κατεβάζω take down, bring down, get down· (επιβάτη) drop off, let down· (μειώνω) lower, reduce· (φαγητό, ποτό) put down, gulp down

κατεβαίνω come down, get down· (από όχημα) get off, get out (of)· fall, drop· (για θεατρικό έργο) come off

κατεδαφίζω demolish, pull down

κατεδάφιση demolition

κατειλημμένος occupied, engaged, taken, (ταξί) hired **μη κατειλημμένος** unoccupied, vacant

κατεργάρης sly/crafty person, (θωπευτικά) slyboots, monkey

κατεργαριά (η ιδιότητα) (πανουργία) cunning, craft, (ζαβολιά) roguishness, mischievousness, (απάτη) deception, chicanery· (η πράξη) trickery, dirty trick, chicanery

κατεστημένο establishment

κατεστραμμένος destroyed, ruined, wrecked

κατευθείαν, **κατ' ευθείαν** directly • direct

κατεύθυνση direction, way **δρόμος διπλής κατεύθυνσης** two-way street

κατευθύνω direct, guide· steer • **κατευθύνομαι** head (for)

κατευνάζω calm, soothe, pacify

κατευναστικός alleviating, palliative, placatory

κατευοδώνω see off, send off

κατευόδωση send-off

κατέχω have, possess, own· occupy· hold, have· command, have perfect knowledge of • **κατέχομαι** be possessed (by)

κατεψυγμένος ☞ καταψυγμένος

κατηγορηματικά flatly, explicitly, point-blank

κατηγορηματικός categorical, flat, point-blank

κατηγορία accusation, charge· category, class· (στο ποδόσφαιρο) division

κατήγορος accuser· prosecutor

κατηγορούμενος -ουμένη (the) accused, defendant

κατηγορώ *(νομ.)* accuse, charge· blame

κατηφής dejected, gloomy

κατηφόρα (downward) slope, descent· *(μτφ.)* decline

κατηφορίζω go/walk/drive down· slope down

κατηφορικός downhill

κατήφορος (downward) slope, descent· *(μτφ.)* decline

κάτι something· (σε ερωτήσεις, αρνήσεις ή μετά το if/whether) anything ♦ **είναι το κάτι άλλο** it's super, it's fantastic

κατοικήσιμος inhabitable, habitable

κατοικία home, residence, house

κατοικίδιος domesticated, domestic· pet (animal)

κάτοικος inhabitant, resident, citizen, dweller· **κάτοικοι** population

κατοικώ live, reside, dwell • **κατοικούμαι** be inhabited **κατοικημένη περιοχή** residential area

κατολίσθηση landslide

κατόπι(ν) afterwards, next, then, later (on)

κατοπινός subsequent, later

κατόρθωμα achievement, accomplishment, exploit, deed

κατορθώνω manage (to), succeed (in)· achieve

κατοστίζω ☞ εκατοστίζω

κατουρώ piss, pee· piss on, wet • **κατουριέμαι** α) piss oneself β) be dying for a pee

κατοχή possession, ownership **έχω στην κατοχή μου** possess· occupation **η Κατοχή** the German Occupation of Greece

κάτοχος possessor, owner, holder **κάτοχος μεταλλίου** medallist

κατοχυρώνω protect, safeguard, secure

κατοχύρωση protection, safeguarding, securing

κάτοψη *(αρχιτ.)* ground plan, floor plan

κατρακύλα tumble, fall

κατρακυλώ roll down· tumble down· *(μτφ.)* plunge down, slump

κατραπακιά cuff, clout on the face

κατσαβίδι screwdriver

κατσάδα scolding, talking-to, dressing-down

κατσαδιάζω scold, tell (sb.) off, dress down

κατσαρίδα cockroach, roach

κατσαριδοκτόνο cockroach insecticide

κατσαρόλα pan, saucepan

κατσαρολικά pots and pans

κατσαρομάλλης curly-haired • curlyhead

κατσαρός wavy, curly, frizzy

κατσαρώνω curl, frizz

κατσίκα goat

κατσικάκι kid

κατσούφης gloomy, sulky

κατσουφιάζω sulk, scowl, pull a long face

κάτω down, downwards **από κάτω** below, underneath **προς τα κάτω** down, downward(s) **κάτω από** under, underneath, beneath, below **κάτω από τη γη/το έδαφος** underground **κάτω από την επιφάνεια του νερού** underwater· on the floor/ground, down· downstairs· (λιγότερο από) under, below ♦ **στο κάτω κάτω** after all • lower

κατώτερος lower· inferior, second-rate· (ιεραρχικά) subordinate, junior, inferior

κατωτερότητα inferiority **σύμπλεγμα κατωτερότητας** inferiority complex

κατωφέρεια declivity, downgrade, downward slope

κατώφλι threshold, doorstep

καύκαλο shell· (κρανίο) skull

καυσαέρια (exhaust) fumes

καύσιμο fuel

καυσόξυλα firewood

καυστήρας burner

καυστικός caustic· *(μτφ.)* caustic, biting, cutting

καύσωνας heat wave

καυτερός hot

καυτηριάζω *(ιατρ.)* cauterize· *(μτφ.)* castigate, criticize sharply

καυτηρίαση, **καυτηριασμός** *(ιατρ.)* cauterization· *(μτφ.)* castigation, sharp criticism

καυτός hot, burning hot, scorching, scalding

καύχημα pride, glory

καυχησιάρης boastful

καυχιέμαι, **καυχώμαι** boast, brag

καφάσι crate

καφέ brown

καφεΐνη caffein

καφενείο café, coffee shop

καφές coffee

καφετέρια cafeteria

καφετζού café owner· fortune-teller

καφετιέρα coffee machine, (φίλτρου) percolator

καχύποπτος suspicious, mistrustful

καχυποψία suspicion, mistrust

καψαλίζω scorch, singe

κάψιμο burning· burning feeling· burn mark/scar

κάψουλα capsule

καψούρης -α είμαι καψούρης με κπ. have a crush on sb.

κέδρος cedar tree

κέικ cake

κείμενο text

κειμήλιο relic, (οικογενειακό) heirloom

κείνος ☞ εκείνος

κείτομαι be lying (down)

κεκλεισμένος κεκλεισμένων των θυρών behind closed doors, in camera

κεκτημένα δικαιώματα vested rights

κεκτημένη ταχύτητα *(φυσ.)* impetus ♦ από κεκτημένη ταχύτητα in the heat of the moment

κελάηδημα birdsong, chirping

κελαηδώ sing, chirp

κελάρι larder· wine cellar

κελαρύζω babble, murmur

κελάρυσμα babble, murmur

κελεμπία robe

κελεπούρι bargain, gift

κελί cell

κέλυφος shell

κενό (empty) space· gap· vacancy κενό **(αέρα)** (air) pocket

κενός empty· vacant· (κενόδοξος) vain

κέντημα embroidery

κεντρί sting

κεντρίζω sting· *(μτφ.)* stimulate, stir, rouse, arouse

κεντρικός central· main· chief

κέντρο centre· (μέσο) middle· (νυχτερινό) nightclub· focus, centre· (της πόλης) downtown **εκλογικό κέντρο** polling station

κεντώ embroider

κεραία aerial· (ζώου) antenna, feeler

κεραμίδι (roofing) tile

κεραμικός ceramic **κεραμικά είδη** pottery

κεράσι cherry

κερασιά cherry (tree)

κέρασμα treat, treating

κέρατο horn, (ελαφιού) antler· (απιστία) two-timing **φοράω/βάζω κέρατα σε κπ.** cheat on sb., two-time sb.

κερατώνω cheat on (sb.), two-time

κεραυνοβόλος έρωτας love at first sight

κεραυνός lightning, thunderbolt

κερδίζω earn, make (money)· win, (αντίπαλο) beat· gain **προσπαθώ να κερδίσω χρόνο** play for time, stall

κέρδος profit· (όφελος) gain, benefit

κερδοσκοπία profiteering

κερδοσκοπικός profiteering

κερδοσκόπος profiteer

κερδοφόρος profitable

κερί (η ουσία) wax· (η λαμπάδα) candle

κέρινος (made of) wax

κερκίδα row of seats, tier· **κερκίδες** terraces

Κέρκυρα Corfu

κέρμα coin· **κέρματα** small change

κερματοδέκτης slot machine

κερνώ stand a treat, stand a round (of drinks)· treat, buy

κεσές tub

Κεϋλάνη Ceylon

κεφάλαιο *(οικον.)* capital· **κεφάλαια** funds, assets, capital· (βιβλίου) chapter

κεφαλαίο capital (letter), block letter

κεφαλαιώδης crucial, vital, fundamental

κεφαλή head· leader, head· top, head

κεφάλι head· (μυαλό) mind, brain ♦ **κάνω του κεφαλιού μου** go one's own way **πάει να σπάσει το κεφάλι μου** have a splitting headache **χτυπάω στο κεφάλι** (για ποτό) go to (sb.'s) head

κεφαλίδα heading

κεφάτος cheerful, in a good mood, in high spirits

κέφι cheerfulness, liveliness, fun· (διάθεση) mood **έχω κέφια/είμαι στα κέφια μου** be in a good mood **δεν έχω κέφι** be in no mood **μου κάνει κέφι να...** feel like, fancy· (ζήλος) zest

κεφτές fried meatball

κηδεία funeral **γραφείο κηδειών** funeral parlour

κηδεμόνας guardian

κηδεμονία guardianship

κηδεύω bury· attend the funeral of

κήλη *(ιατρ.)* hernia, rapture

κηλίδα spot, mark, stain κηλίδα πετρελαίου oilslick

κήπος garden, (δημόσιος) park, gardens· (με οπωροφόρα) orchard

κηπουρός gardener

κηρήθρα honeycomb

κηρομπογιά crayon

κηροπήγιο candlestick

κήρυγμα sermon· *(μτφ.)* lecture

κήρυξη declaration, proclamation

κηρύσσω declare· preach κηρύσσω απεργία call a strike, come out on strike

κιάλια binoculars

κίβδηλος counterfeit, false, fake

κιβώτιο box, (packing) case, crate κιβώτιο ταχυτήτων gearbox

κιγκλίδωμα railings, handrail

κιθάρα guitar

κιθαριστής -ίστρια guitarist

κιλό kilogram, kilo

κιλοβάτ kilowatt

κιλότα pants, panties

κιμάς mince, (ΗΠΑ) mincemeat

κιμωλία chalk, piece/stick of chalk

Κίνα China

κινδυνεύω be in danger· run the risk

κίνδυνος danger· risk, hazard βάζω σε κίνδυνο endanger έξοδος κινδύνου emergency exit χωρίς κίνδυνο safely

Κινέζικα Chinese

κινέζικος Chinese

Κινέζος -α Chinese

κίνημα movement· (πραξικόπημα) coup d' édat, coup

κινηματογράφος cinema, (the) movies· (η αίθουσα) cinema, movie theatre

κίνηση movement, motion αργή κίνηση slow motion εν κινήσει moving· (τροχαία) traffic· (σε παιχνίδι) move· *(αυτοκ.)* drive

κινητήρας engine, motor

κινητοποίηση mobilization απεργιακές κινητοποιήσεις strike action

κινητοποιώ mobilize, activate

κινητός detachable· mobile κινητό τηλέφωνο mobile phone, cell phone κινητή περιουσία personal estate

κίνητρο motive· motivation παρέχω κίνητρο motivate· incentive, stimulus

κινούμενος in motion, moving κινούμενα σχέδια cartoons

κινώ arouse, rouse· initiate· (ξεκινώ) set out, start • **κινούμαι** α) move β) take action γ) (κατευθύνομαι) move for, (εναντίον) go for/at

κιόλας already, by now, by then τώρα κιόλας right now

κίονας column, pillar

κιονόκρανο capital

κιονοστοιχία colonnade

κιόσκι kiosk

κιούπι storage jar, storage urn

κίρρωση cirrhosis

κιρσός varicose vein

κισσός ivy

κιτρινίζω turn yellow, yellow· (γίνομαι χλομός) turn pale

κίτρινος yellow· (χλομός) pale, pallid **κίτρινος τύπος** yellow press, gutter press

κίτρο citron

κλαδεύω prune

κλαδί branch, bough, limb

κλάδος branch, bough· (τομέας) branch, section

κλαίω cry, weep • **κλαίγομαι** whine, grumble

κλάμα crying, weeping, cry **βάζω τα κλάματα** burst into tears

κλαμένος in tears, tearful

κλαρί branch

κλαρίνο (folk) clarinet

κλασέρ folder, file

κλασικός (καταξιωμένος) classic· typical· classical

κλάσμα fraction **κλάσμα του δευτερολέπτου** split second

κλαψουρίζω whine, whimper

κλέβω steal, rob, pinch, filch, (από κατάστημα) shoplift· (εξαπατώ) cheat, swindle • **κλέβομαι** elope (with), run away (with)

κλειδαμπαρώνω bolt and bar • **κλειδαμπαρώνομαι** shut oneself up

κλειδαράς locksmith

κλειδαριά lock

κλειδαρότρυπα keyhole

κλειδί key

κλειδωνιά lock

κλειδώνω lock • **κλειδώνομαι** shut oneself up **κλειδώνομαι απ' έξω** lock oneself out

κλείδωση articulation, joint

κλείνω close, shut· turn off, switch off· block (up)· book, reserve· close, (οριστικά) closed down· (σε ηλικία) reach, turn· (επουλώνω) heal· (καταλήγω) conclude, end, wind up· clinch· (στην οδήγηση) cut in in front of· go out/off· fasten, do up· fold up, put down **κλείνω ραντεβού** make an appointment **κλείνω στη φυλακή** put in prison **κλείνω το μάτι** wink **κλείνω το τηλέφωνο** ring off, hang up

κλεισμένος engaged

κλειστός closed, shut· enclosed· indoor **σε κλειστό χώρο** indoors· off, turned/switched off· (ως χαρακτηρισμός προσώπου) introverted, uncommunicative **κλειστή στροφή** hairpin bend

κλέφτης -ρα thief· (από κατάστημα) shoplifter

κλεψιά theft· (υπερβολική χρέωση) rip-off

κλήμα vine

κληματαριά (climbing) vine

κληρικός clergyman

κληροδοτώ bequeath, hand down

κληρονομιά inheritance, legacy εθνική κληρονομιά national heritage· estate

κληρονομικός hereditary

κληρονομικότητα heredity

κληρονόμος heir, *θηλ.* heiress

κληρονομώ inherit, come into

κλήρος lot ρίχνω τον κλήρο cast/draw lots τραβώ κλήρο draw lots· *(εκκλησ.)* clergy, clergymen

κλήρωση drawing of lots, choosing by lot· draw

κληρωτίδα lottery wheel, lottery urn

κλήση call αναγνώριση κλήσης *(τηλεφ.)* caller display τηλεφωνική κλήση phone call, ring· (κλήτευση) summons· (της τροχαίας) ticket

κλητήρας messenger, office boy δικαστικός κλητήρας court bailiff

κλίκα clique, faction

κλίμα climate

κλίμακα scale· range, gamut

κλιμακώνω/-ομαι escalate

κλιμάκωση escalation

κλιματίζομαι be air-conditioned

κλιματισμός air conditioning

κλιματιστικό air conditioner

κλινήρης bedridden

κλινικά clinically κλινικά νεκρός clinically dead

κλινική (private) clinic

κλίνω lean· bend, bow

κλισέ cliché, set phrase

κλίση slope, slant, tilt, list κλίση της κεφαλής nod· tendency, inclination, bent

κλοιός ring

κλομπ club, baton

κλονίζω/-ομαι shake

κλονισμός shock νευρικός κλονισμός nervous breakdown

κλόουν clown

κλοπή theft, stealing, (σε κατάστημα) shoplifting

κλοπιμαία stolen goods, swag

κλοτσιά kick

κλοτσώ kick, give a kick

κλουβί cage, (για κότες) coop

κλούβιος rotten

κλωνάρι branch, twig

κλώνος big branch, bough

κλώσα broody hen

κλωσόπουλο chick

κλωστή thread

κλωσώ brood

κνήμη calf

κνησμός itch, itching

κόβω cut· (τεμαχίζω) cut up, cut into pieces, chop· (αποκόπτω) cut off/away, cut out (from)· *(ιατρ.)* amputate, remove· (διακόπτω) stop, break off, cut (sb.) short, interrupt, break in on· (μαζεύω) pick, gather· (αλέθω) grind· (περικόπτω) cut down (on), (από τιμή) knock off· (σταματώ) give up, quit· (χτυπώ) run over· (χαλώ) spoil· (απορρίπτω) fail· (εμποδίζω) cut off/out, screen out· go lumpy, curdle· (μειώνομαι) slacken, slow (down) **κόβω ταχύτητα** α) slow down, decelerate β) (ξεθωριάζω) fade γ) (ξεκόβω) break with, break away δ) (στρίβω) turn • **κόβομαι** α) cut β) cut one-self γ) be cut, be off δ) (απορρίπτομαι) fail ♦ **κόβω δρόμο** take a short cut

κογκρέσο congress

κόγχη niche

κοιλάδα valley

κοιλιά belly, tummy

κοίλος hollow· concave

κοιλότητα hollowness, concavity· cavity· (εδάφους) depression

κοιμάμαι sleep, be asleep, (αποκοιμιέμαι) go to sleep, fall asleep **κοιμάμαι βαριά/ελαφρά** be a heavy/light sleeper **κοιμάμαι βαθιά** sleep soundly

κοιμητήρι(ο) graveyard, churchyard, cemetery

κοιμίζω put to bed, lull to sleep· put (sb.) up (for the night)

κοιμισμένος sleeping, asleep· slow-witted, dull

κοινά public affairs

κοινό (the) public· (σε θέαμα κτλ.) audience

κοινόβιο commune

κοινοβουλευτικός parliamentary **κοινοβουλευτικός εκπρόσωπος** party spokesperson, party spokesman

κοινοβούλιο parliament

κοινολογώ publish, tell abroad

κοινός common, shared, in common, joint, united **κοινό μυστικό** open secret· public· ordinary, commonplace **κοινή λογική/κοινός νους** common sense

κοινότητα community

κοινόχρηστα common/shared expenses, upkeep

κοινόχρηστος common, in common use

κοινωνία society

κοινωνικός social, of society· (για άνθρωπο) sociable

κοινωνιολογία sociology

κοινωνιολόγος sociologist

κοιτάζω look (at)· (παρακολουθώ) watch· (φροντίζω, προσέχω) look after, take care of **κοιτάζω τη δουλειά μου** mind one's own business· (εξετάζω) examine, look into· (σε βιβλίο) look up • **κοιτάζομαι** look at oneself

κοκαλένιος, **κοκάλινος** bone, made of bone, horn

κοκαλιάρης skinny, scrawny, bony

κόκαλο bone· (παπουτσιών) shoehorn ♦ **πετσί και κόκαλο** skin and bone(s)

κοκαλώνω freeze (to one's tracks), be thunderstruck· (για όχημα) screech to a halt

κοκκινίζω redden, turn red· (από ντροπή) blush

κοκκινιστός cooked in tomato sauce • **κοκκινιστό** meat cooked in tomato sauce

κόκκινο (χρώμα) red· red light

κόκκινος red

κόκκος grain

κόκορας cock, rooster

κοκορεύομαι brag, boast

κοκορόμυαλος featherbrained

κοκτέιλ cocktail

κολάζ collage

κολάζω tempt, scandalize • **κολάζομαι** be scandalized

κόλακας flatterer, toady

κολακεία flattery

κολακεύω flatter

κολάν tights

κολάρο collar

κόλαση hell

κολατσιό, **κολατσό** snack, light meal

κολέγιο college

κολεξιόν collection

κολιέ necklace

κολικός colic

κολίτιδα colitis

κόλλα glue, gum· (χαρτιού) sheet· (κολλαρίσματος) starch

κολλαρίζω, **κολλάρω** starch

κολλητικός adhesive· (για αρρώστια) catching, contagious, infectious

κολλητός close-fitting, skin-tight· close • chum, buddy, close friend

κολλύριο collyrium, eyewash

κολλώ glue, paste, stick (together)· make a pass at (sb.)· (αρρώστια) catch· press (against)· get at (sb.), nag· get stuck, jam· get too close, tailgate

κολλώδης sticky, gluey

κολοκύθα pumpkin, gourd

κολοκυθάκι courgette, zucchini

κολοκύθι marrow

κολοκυθιά pumpkin plant, marrow plant· (το παιχνίδι) pass-the-buck

κολόνα column, pillar **κολόνα του ηλεκτρικού** lamppost· *(μτφ.)* mainstay, prop

κολόνια (eau de) cologne

κολοσσιαίος colossal, enormous, huge

κολοφώνας zenith, apex, height

κόλπο trick· knack, hang

κόλπος gulf, bay

κολυμβήθρα, **κολυμπήθρα** font

κολύμβηση swimming

κολυμβητήριο swimming pool, indoor pool

κολυμβητής -ήτρια swimmer

κολυμβητικός (of) swimming

κολυμπήθρα ☞ κολυμβήθρα

κολύμπι swimming, swim

κολυμπώ swim

κομάντο commado

κόμβος intersection, junction

κόμης -ισσα count, *θηλ.* countess

κομήτης comet

κόμικς, **κόμιξ** comics, strip cartoons

κόμιστρο fare· (φορτίου) freight charges

κόμμα party· *(γλωσσ.)* comma· *(μαθ.)* (decimal) point

κομμάτι piece, (μικρό) bit **κομμάτι γης** plot/patch of land **το κομμάτι** each, apiece

κομματιάζω break/cut/tear to pieces, smash, shatter

κομμένος cut· (κουρασμένος) weary, fagged-out· (για χρώμα) faded· (λόγω λογοκρισίας) cut, banned

κομμουνισμός communism

κομμουνιστής -ίστρια communist

κομμουνιστικός communist

κόμμωση hairstyle

κομμωτήριο hairdresser's

κομμωτής -ώτρια hairdresser, stylist

κομό(ς) chest of drawers

κομοδίνο bedside table

κομπάζω boast, brag

κομπάρσος extra

κομπιάζω hesitate, be hesitant, falter

κομπίνα racket

κομπιναδόρος racketeer

κομπινεζόν slip

κομπιούτερ computer

κομπιουτεράκι (pocket) calculator

κομπλάρω get confused, be bewildered, be embarrassed· confuse, bewilder, embarrass

κόμπλεξ complex

κομπλεξάρω give (sb.) a complex

κομπλεξικός suffering from a complex/complexes

κομπλιμέντο compliment

κομπολόι string of beads, worry beads

κόμπος knot· (δυσκολία) problem, difficulty, (the) rub **κόμπος στο λαιμό** lump in the throat

κομποσκοίνι rosary

κομπόστα stewed fruit· canned/tinned fruit

κόμπρα cobra

κομπρέσα compress

κομπρεσέρ pneumatic drill

κομφερασιέ compere

κομφετί confetti

κομφόρ conveniences, facilities

κομφούζιο confusion, chaos

κομψός smart, elegant, stylish, chic

κομψοτέχνημα work of art, thing of beauty

κομψότητα elegance, smartness, style

κονδύλι sum, item· (στον κρατικό προϋπολογισμό) appropriation, allocation

κονιάκ brandy, cognac

κονκάρδα badge

κονσέρβα can, tin· canned/tinned food

κονσερβοκούτι can, tin

κονσέρτο ☞ κοντσέρτο

κοντά close, near, nearby **κοντά σε** α) near, close to β) within reach of **από κοντά** close behind

κονταίνω shorten· get/become shorter/smaller

κοντάκι butt (of a rifle)

κοντάρι pole **κοντάρι σημαίας** flagpole, flagstaff

κοντέρ clock, meter, (ταχύτητας) speedometer

κοντεύω be nearly, be almost· be almost ready/done· be nearing, approach· be pushing for **κοντεύω να** be about to

κοντινός near, close, nearby, neighbouring

κοντομάνικος short-sleeved

κοντός pole **άλμα επί κοντώ** pole vault • short

κοντοστέκομαι/-ω stop short· (διστάζω) hesitate, pause

κοντόχοντρος stumpy, stodgy

κόντρα against **όλα μου πάνε κόντρα** everything goes wrong with me • (στο ξύρισμα) reverse stroke· (αντίθεση) conflict, dissention

κοντραπλακέ plywood

κοντράρω oppose, antagonize, stand up to (sb.)

κοντρόλ remote control (device)· control

κοντρολάρω restrain, (keep under) control

κοντσέρτο, **κονσέρτο** (η συναυλία) concert· (η μουσική) concerto

κοπάδι flock, pack, pride, gaggle, school

κοπάζω die down, let down

κοπάνα truancy **(την) κάνω κοπάνα (από το σχολείο)** play truant

κοπανατζής -ού (από το σχολείο) truant

κοπανάω, **κοπανώ** beat, thump, pound, slam, bang· (give a) smack· *(μτφ.)* harp on (about)

κοπανίζω pound

Κοπεγχάγη Copenhagen

κοπέλα girl· girlfriend

κόπια copy, duplicate

κοπιάζω labour, toil, work hard

κοπιάρω copy, dublicate

κοπιαστικός tiring, wearisome

κόπιτσα press stud

κόπος (μόχθος, προσπάθεια) toil, effort, pains, hard work· trouble **βάζω κπ. σε κόπο** put sb. to trouble ♦ **αξίζω τον κόπο** be worthwhile, be worth one's while

κόπωση fatigue, tiredness

κόρα crust

κόρακας, **κοράκι** crow, raven

κοράλλι coral

Κοράνι(ο) Koran

κορδέλα ribbon, band· (μεζούρα) tape measure· **κορδέλες** (δρόμου) twists, zigzags **δρόμος όλο κορδέλες** winding road

κορδόνι cord, string· (παπουτσιών) lace

Κορέα Korea

Κορεάτης -ισσα Korean

κορεάτικος Korean

κόρη daughter· *(ανατ.)* pupil· *(αρχαιολ.)* kore

κοριός bedbug· (υποκλοπών) bug

κορίτσι girl· daughter· girlfriend

κοριτσίστικος girlish

κορμάκι (φόρμα) leotard, body stocking

κορμί body, figure

κορμός (δέντρου) trunk· (ανθρώπου) trunk, torso· *(μτφ.)* (main) body

κορμοστασιά build, bearing

κόρνα horn

κορνάρισμα honk, hoot

κορνάρω honk, hoot

κορνίζα (picture) frame· *(αρχιτ.)* cornice, ledge **κορνίζα κουρτίνας** pelmet

κορνιζάρω, **κορνιζώνω** frame

κορν φλάουρ cornflour

κοροϊδευτικός derisive, mocking

κοροϊδεύω (εμπαίζω) mock, laugh at, make fun of· put/have (sb.) on, kid, pull (sb.'s) leg· (εξαπατώ) cheat, deceive, dupe, fool, take in

κοροϊδία (εμπαιγμός) mockery, ridicule· (εξαπάτηση) cheating, deception

κορόιδο dupe, sucker

κορόνα (στέμμα) crown· (νόμισμα) crown, krone· (όψη νομίσματος) head **κορόνα ή γράμματα;** heads or tails?

κορσές corset

κορυφαίος top, top-level, supreme

κορυφή, **κορφή** top· (βουνού) peak, summit· *(μτφ.)* expert, top **συνάντηση κορυφής** summit meeting

κορύφωση reaching a peak/the zenith, culmination **φτάνω στην κορύφωση** peak, culminate (in)

κορφή ☞ κορυφή

κοσκινίζω sieve, sift

κόσμημα jewel, gem· **κοσμήματα** jewellery

κοσμηματοπωλείο jeweller's shop

κοσμηματοπώλης jeweller

κοσμήτορας dean

κοσμικός of (high) society **κοσμική στήλη** society column, gossip column

κόσμιος decent, proper

κοσμιότητα decency

κοσμοϊστορικός epoch-making, momentous

κόσμος world, universe· (άνθρωποι) people, everyone· (large) number of people, crowd(s) **γεμάτος κόσμο** crowded

κοσμοσυρροή swarms/crowds of people

κοστίζω cost

κόστος cost **κόστος ζωής** cost of

living **κόστος λειτουργίας** operating cost **σε τιμή κόστους** at cost price

κοστούμι, **κουστούμι** suit· (φορεσιά) costume **κοστούμι μεταμφίεσης** fancy dress

κότα hen

κότερο yacht

κοτέτσι (chicken) coop

κοτλέ corduroy **κοτλέ παντελόνι** cords, corduroys

κοτοπουλάκι chick

κοτόπουλο chicken

κοτσάνα boob, gaffe **πετάω/αμολάω κοτσάνα** drop a brick

κοτσάνι stalk, stem

κότσι ankle, anklebone· **κότσια** guts, nerve

κοτσίδα plait

κοτσιλιά ☞ κουτσουλιά

κοτσονάτος hale and hearty

κότσος bun, chignon

κότσυφας, **κοτσύφι** blackbird

κουάκερ oatmeal

Κούβα Cuba

κουβαλώ carry· drag (along) • **κουβαλιέμαι** turn up unexpectedly

κουβανικός Cuban

Κουβανός -ή Cuban

κουβάρι ball· tangle

κουβαριάζω roll into a ball • **κουβαριάζομαι** double up

κουβαρίστρα reel, spool, bobbin

κουβαρντάς -ού big spender

κουβάς bucket, pail

Κουβέιτ Kuwait

κουβέντα talk, conversation, discussion, chat· remark

κουβεντιάζω talk, chat

κουβεντολόι chatter, chit-chat

κουβερνάντα ☞ γκουβερνάντα

κουβέρτα blanket

κουβερτούρα cooking chocolate· (βιβλίου) dust jacket

κουδούνι bell

κουδουνίζω ring· (για μεταλλικό ήχο) jangle, jingle, tinkle

κουδούνισμα ringing· jangling

κουδουνίστρα (baby's) rattle

κουζίνα (το δωμάτιο) kitchen· (ηλεκτρική) cooker· cuisine, cooking

κουίζ quiz

κουκέτα bunk, berth

κουκί broad bean

κουκκίδα dot, speck

κούκλα (παιδική) doll· (κουκλοθέατρου) puppet· (living) doll, smasher· (βιτρίνας, ράφτη) dummy· (αραποσιτιού) cob

κουκλοθέατρο puppet show

κούκλος male doll· very handsome man, Adonis

κούκος cuckoo· (καπέλο) cap· (ρολόι) cuckoo clock

κουκουβάγια owl

κουκούλα hood· (σκέπασμα) cover

κουκούλι cocoon

κουκουλοφόρος hooded man

κουκουλώνω cover (up)· *(μτφ.)* hush up, cover up • **κουκουλώνομαι** cover oneself, cover up

κουκουνάρα pine cone

κουκουνάρι cone· *(μαγειρ.)* pine nut

κουκούτσι pip, seed, stone

κουλός maimed, one-armed, armless

κουλούρα (ψωμί) ring loaf· (σωσίβιο) lifebelt· coil

κουλούρι bread ring· biscuit

κουλουριάζω coil (up) • **κουλουριάζομαι** α) coil (oneself) β) curl up, double up

κουλτούρα culture

κουλτουριάρης highbrow

κουμαντάρω manage, control, run

κουμάντο management, control κάνω κουμάντο be in control, be in charge

κουμπάρα (σε βάπτιση) godmother, (σε γάμο) "groomswoman"· best man's wife, godfather's wife

κουμπαράς moneybox

κουμπί button· (σε όργανο) button, push-button· *(μτφ.)* knack· *(μτφ.)* soft spot

κουμπότρυπα buttonhole

κούμπωμα buttoning (up)· catch· (παντελονιού) fly

κουμπώνω button (up) • **κουμπώνομαι** α) do up one's button(s), do oneself up β) *(μτφ.)* be reserved

κουνελάκι bunny

κουνέλι rabbit

κούνημα sway, pitching, tossing· movement, (του κεφαλιού) shake, (καταφατικό) nod, (του χεριού) wave, (της ουράς) wagging· (hip) swaying

κούνια (κρεβατάκι) cot, cradle· (αιώρα) swing

κουνιάδα sister-in-law

κουνιάδος brother-in-law

κουνιστός rocking

κουνούπι mosquito

κουνουπίδι cauliflower

κουνουπιέρα mosquito net

κουνώ move, shake, (με αιώρηση) dangle· swing, rock, cradle· (το κεφάλι αρνητικά) shake, (το χέρι) wave, (την ουρά) wag, whisk· pitch, toss, pitch and roll • **κουνιέμαι** α) move β) (πέρα δώθε) sway, swing γ) be loose

κούπα cup, mug· *(χαρτοπ.)* heart

κουπαστή rail, handrail, banister

κουπί oar, (του κανό) paddle

κουπόνι coupon, voucher, token

κουράγιο courage, pluck

κουράζω tire (out), wear out, strain· bore, weary • **κουράζομαι** α) tire, get tired β) be/become tired (of), be fed up (with)

κουράρω attend, treat

κούραση tiredness, fatigue, weariness

κουρασμένα wearily

κουρασμένος tired, weary

κουραστικός tiring, fatiguing, wearing· (βαρετός) boring, tiresome, tedious

κουρδίζω wind up· (μουσικό όργανο) tune (up)

κουρδιστός clockwork

Κούρδος Kurd

κουρέας barber

κουρείο barber's (shop)

κουρέλι rag· *(μτφ.)* wreck

κουρελού rag rug

κούρεμα haircut, hair-cutting· (ζώων) shearing, clipping· (γρασιδιού) mowing

κουρεύω cut (sb.'s) hair· (ζώο) shear· (γρασίδι) mow • **κουρεύομαι** have one's hair cut, have a haircut

κούριερ courier

κούρνια perch, roost

κουρνιάζω nestle, perch, roost· *(μτφ.)* snuggle up (to sb.)

κούρσα race· (για ταξί) drive, fare

κουρτίνα curtain

κουρτινόβεργα curtain rod

κουρτινόξυλο curtain rod

κουστούμι ☞ κοστούμι

κούτα carton

κουτάβι puppy

κουτάλα ladle, (ξύλινη) wooden spoon, (τρυπητή) skimmer

κουταλάκι teaspoon

κουτάλι spoon **γλυκό του κουταλιού** conserve

κουταλιά spoonful, spoon

κουταμάρα stupidity, foolishness· stupid thing to do/say **κουταμάρες** nonsense, rubbish

κούτελο forehead

κουτί box, (μεταλλικό) can, tin, (χάρτινο) carton, packet

κουτοπόνηρος crafty, sly

κουτός (για άνθρωπο) stupid, dumb, dim-witted, slow· (για πράξη) stupid, silly, foolish **είναι κουτό να...** it's useless to...

κουτουλώ bump, butt **κουτουλώ από τη νύστα** nod (off)

κουτρουβάλα tumble

κουτρουβαλώ tumble

κουτσαίνω (walk with a) limp, hobble· lame, cripple

κούτσαμα limp, hobble

κουτσά στραβά one way or another, somehow

κουτσομπολεύω gossip about, spread/tell tales about

κουτσομπόλης -α gossip

κουτσομπολιό gossip

κουτσός lame, limping

κουτσουλιά, κοτσιλιά bird droppings

κούτσουρο log· (για μαθητή) dunce

κουφαίνω deafen • **κουφαίνομαι** α) go deaf β) *(μτφ.)* be astounded, be struck dumb

κουφάλα (δέντρου) hollow· (δοντιού) cavity, hole

κουφαμάρα deafness

κουφέτο sugared almond

κούφιος hollow

κουφός deaf

κοφτερός sharp

κοφτός blunt, curt **κοφτή κουταλιά** level spoonful

κοχλάζω, **χοχλάζω** bubble, boil

κοχύλι shell, seashell

κόψιμο cut, cutting· (μαλλιών) haircut· (ακρωτηριασμός) cutting off· (δέντρου) felling· (αυτοκινήτου, δρομέα) cutting in· diarrhoea, the runs

κραγιόν lipstick

κραδασμός vibration

κράκερ cracker

κράμα alloy, amalgam· mixture, blend

κράμπα cramp

κρανίο skull

κράνος helmet, (μοτοσικλετιστή) crash helmet

κράση constitution

κρασί wine

κράσπεδο kerb

κράτημα hold, holding· grip

κρατήρας crater

κράτηση (θέσης κτλ.) booking, reservation· (σε μισθό) deduction· (φυλάκιση) detention **θέτω υπό κράτηση** detain

κρατητήριο detention cell

κρατικοποίηση nationalization

κρατικοποιώ nationalize

κρατικός of government, state, state-owned **κρατικός λειτουργός** official, civil servant

κρατούμενο (διαίρεσης) remainder

κρατούμενος -ουμένη prisoner, detainee

κρατώ hold, (σφιχτά) clasp, clutch· (έχω) have (got), carry· (υποβαστάζω) bear, support· (συγκρατώ) hold (back), keep back **κρατώ την ψυχραιμία μου** keep cool· (έχω σε περιορισμό) detain· (καθυστερώ) delay, hold up, keep· keep **κράτησε τα ρέστα** keep the change· (τηρώ) keep, fulfil· (φυλάω, φροντίζω) look after, run· (αγκαζάρω) book, reserve· (παρακρατώ) deduct· (διατηρώ) keep up, observe· (κατάγομαι) be descended (from), come (from)· (συντηρούμαι) keep· (συνεχίζω, διαρκώ) last, hold, keep up • **κρατιέμαι** α) get hold of, catch hold of β) (αντέχω) hold out γ) be in a good shape δ) (οικονομικώς) be well-off ε) (συγκρατούμαι) keep one's temper, restrain oneself

κραυγάζω cry, shout, scream, yell

κραυγή cry, shout, scream, yell

κρέας meat **βοδινό κρέας** beef **μοσχαρίσιο κρέας** veal **χοιρινό κρέας** pork· flesh

κρεατάκια adenoids

κρεατοελιά mole, wart

κρεβάτι bed

κρεβατοκάμαρα bedroom

κρεμ cream

κρέμα cream

κρεμάλα gallows· (το παιχνίδι) hangman

κρέμασμα hanging· (execution by) hanging

κρεμαστάρι peg

κρεμάστρα (clothes) hanger

κρεμμύδι onion

κρεμοσάπουνο liquid soap

κρεμώ hang, hang up· (απαγχονίζω) hang, string up • **κρέμομαι** α) hang β) hang out, lean out γ) (απαγχονίζομαι) hang oneself

κρεοπωλείο butcher's (shop)

κρεοπώλης butcher

κρέπα crepe, pancake

κρησφύγετο hiding-place, hideout, den

Κρήτη Crete

κρητικός Cretan, of Crete

Κρητικός -ιά Cretan

κριάρι ram

κριθαράκι barley-shaped pasta· *(ιατρ.)* sty(e)

κριθαρένιος barley, made of barley

κριθάρι barley

κρίκετ cricket

κρίκος ring, (αλυσίδας) link· *(μτφ.)* link, bond· **κρίκοι** α) (το παιχνίδι) hoopla, quoits β) *(αθλ.)* rings

κρίμα pity, too bad· (αμαρτία) sin· waste of

κρίνο, **κρίνος** lily

κρίνω judge· (θεωρώ) think, consider **κρίνω σκόπιμο** see/think fit· find· criticize· decide

κριός ram· *(αστρολ.)* Aries

κρίση judgement· opinion· crisis· *(ιατρ.)* attack, fit· (αξιολόγηση) assessment, evaluation

κρίσιμος critical· crucial, decisive κρίσιμη καμπή turning point

κρις κραφτ speedboat

κριτήριο criterion, standard

κριτής judge

κριτικάρω criticize

κριτική criticism· (αξιολόγηση) review

κριτικός critical • critic

κριτσανίζω crunch

κριτσανιστός crunchy

κριτσίνι crispbread

κροκάδι yolk

κροκέτα croquette

κροκόδειλος crocodile

κρόκος yolk

κρόσσι fringe

κροταλίας rattlesnake

κροταλίζω rattle, clatter

κρόταφος temple

κροτίδα cracker, firecracker

κρότος loud noise, (ξερός) crack, snap, pop, (υπόκωφος) thump, thud, (μεταλλικός) clang, clatter, (χαλαζιού) rattle, (βροχής) patter, (όπλου) bang, (πόρτας) bang, slam, (κεραυνού) rumble, (μαστιγίου) crack, (κανονιών) rumble, (κυμάτων) roar

κροτώ bang, clang, rattle, crash, thud, thump

κρουαζιέρα cruise

κρουαζιερόπλοιο cruise ship

κρουασάν croissant

κρούσμα (για νοσήματα) case· (για αδικήματα κτλ.) instance

κρούστα crust

κρουστά percussion (instruments)

κρύα coldly

κρυάδα coldness· **κρυάδες** shivers **έχω κρυάδες** be shivering, be shivery

κρύβω hide, conceal • **κρύβομαι** hide (oneself), be in/go hiding

κρύο cold **κάνει κρύο** it's cold

κρυολόγημα cold

κρυολογώ catch a cold

κρυοπάγημα frostbite

κρύος cold· (για πρόσωπο, συμπεριφορά) cold, frigid, standoffish ♦ **με κρύα καρδιά** reluctantly

κρυστάλλινος crystal· crystal clear

κρύσταλλο crystal • ice-cold

κρυφά secretly, stealthily

κρυφακούω eavesdrop (on), listen in (on)

κρυφοκοιτάζω peep (at), peek (at)

κρυφός hidden, concealed· secret **κρατώ κτ. κρυφό** keep sth. secret **στα κρυφά** secretly, on the sly

κρυφτό hide-and-seek

κρυψίνους secretive

κρυψώνα hiding place, hideout

κρυώνω feel cold, be cold· get cold, grow cold, cool· (κρυολογώ) catch a cold

κτήμα estate, field, farm

κτηματίας landowner

κτηματομεσίτης estate agent, house agent

κτηνίατρος veterinary surgeon, vet

κτήνος wild animal, beast· *(μτφ.)* brute, beast

κτηνοτροφία stockbreeding

κτηνοτρόφος stockbreeder

κτηνώδης brutal, beastly

κτηνωδία brutality

κτήση possession· (απόκτηση) acquisition, obtaining· (αποικία) colony

κτητικός acquisitive

κτίζω, **χτίζω** build, construct· (ιδρύω) found

κτίριο building

κτίσιμο, **χτίσιμο** building, construction

κτίσμα, **χτίσμα** building, structure· creature

κτίστης, **χτίστης** builder, construction worker, mason

κτύπημα, **χτύπημα** knock, (ελαφρό) tap, pat, (δυνατό) bang, slam· patter, beating· ring, ringing· blow, hit, bump· (το σημάδι) (κοψιά) cut, slash, (μώλωπας) bruise, (καρούμπαλο) bump, (βούλιαγμα) dent· *(μτφ.)* blow, buffet· (σε δημοπρασία) bid· (σε πλήκτρα) keystroke

κτυπητός ☞ χτυπητός

κτύπος, **χτύπος** knock, patter· slam, bang· tick(ing)· beat, throb

κτυπώ, **χτυπώ** knock at/on, (ελαφρά) tap, pat, (δυνατά) bang, slam, thump, pound **χτύπα ξύλο!** touch wood!· hit, strike, bump, (επανειλημμένα) beat, thrash, (γρονθοκοπώ) punch, (δυνατά) whack· (με όχημα) hit, knock down/over, run over· beat, whisk· strike, sound, ring, jangle, clatter· pinch· hurt, get hurt, hurt oneself, (με όχημα) run into • **κτυπιέμαι** α) have a fight, clash β) thrash about, toss about

κυβέρνηση government, (ΗΠΑ) administration

κυβερνήτης governor· (αεροπλάνου, πλοίου) captain

κυβερνητικός governmental, (of the) government· progovernment

κυβερνώ govern, rule (over)· (αεροπλάνο, πλοίο) pilot

κυβικό cubic metre

κυβικός cubic

κύβος cube

κυδώνι quince

κύηση pregrancy

κυκεώνας jumble, shambles

Κυκλάδες Cyclades

κυκλαδικός Cycladic

κυκλάμινο cyclamen

κυκλικός circular, round

κυκλοθυμικός moody, temperamental

κύκλος circle· cycle· circle, sphere· round, series ♦ **φαύλος κύκλος** vicious circle

κυκλοφορία circulation· circulation, sales· (τροχαία κίνηση) traffic **αριθμός κυκλοφορίας** registration number

κυκλοφοριακός (of) traffic

κυκλοφορώ put into circulation, issue· circulate, spread· publish, bring about· come out, be published· go out (with)· circulate, go about· be on the road, (για λεωφορεία) go, (για τρένα) run· be available, be on the market

κύκλωμα *(φυσ.)* circuit· *(μτφ.)* ring, cabal, gang

κυκλώνας cyclone

κύκνος swan

κυλικείο canteen

κυλινδρικός cylindrical

κύλινδρος cylinder

κυλιόμενος rolling **κυλιόμενη σκάλα** escalator **κυλιόμενο τραπεζάκι** trolley

κυλώ roll, wheel· (για ποτάμι κτλ.) flow, run • **κυλιέμαι** α) roll, wallow β) (σέρνομαι) drag (along)

κύμα wave

κυμαίνομαι range, fluctuate, vary

κυματίζω wave· flap, fly

κυνηγετικός (of) hunting

κυνηγητό (το παιχνίδι) tag

κυνήγι hunting, shooting· (θηράματα) game

κυνηγός hunter, huntsman, *θηλ.* huntress· (στο ποδόσφαιρο) forward

κυνηγόσκυλο hunting dog, hound, retriever

κυνηγώ hunt, shoot, go hunting, go shooting, (λαθραία) poach· (διώκω) chase (after), run after· (εκδιώκω) chase away/out· (κατατρέχω) persecute· *(μτφ.)* seek, pursue

κυνικός cynical • cynic

κυνισμός cynicism

κυπαρίσσι cypress (tree)

κύπελλο cup, mug • (ως βραβείο) cup

κυπελλούχος cup holder, champion

κυπριακός Cypriot, of Cyprus

Κύπριος -α Cypriot

Κύπρος Cyprus

κυρία lady· Mrs· madam

κυριακάτικος (of) Sunday

Κυριακή Sunday

κυριαρχία domination, rule

κυρίαρχος sovereign· dominant· prevailing, prevalent

κυριαρχώ dominate, rule· *(μτφ.)* control, master, govern

κυριεύω capture, conquer, seize· *(μτφ.)* overcome, possess, seize

κυριολεκτικά literally

κυριολεκτώ speak literally

κυριολεξία literal/strict sense, literality **στην κυριολεξία** literally

κύριος chief, main, principal, major· master **είμαι κύριος του εαυτού μου** be one's own man· *(γλωσσ.)* **κύρια πρόταση** main clause **κύριο όνομα** proper noun • α) gentleman β) (ως προσφώνηση) sir, (πριν από όνομα) Mr

κυριότερος main, major, chief, principal

κυρίως mainly, chiefly, above all, principally

κύρος authority, prestige

κυρτός curved· (καμπουριασμένος) hunched, stooping· slanting

κύρωση validation, confirmation· **κυρώσεις** sanctions

κύστη cyst **ουροδόχος κύστη** bladder

κυτταρικός cellular

κυτταρίτιδα cellulitis

κύτταρο cell

κυψέλη hive

κώδικας code **ταχυδρομικός κώδικας** postcode

κωδικός of codes, code • dialling code

κωλικός colic

κώλος arse, behind, bottom, (ΗΠΑ) ass

κωλοτούμπα somersault

κωλότσεπη back pocket

κώλυμα impediment, hindrance, obstacle, snag

κωλύω hinder, impede • **κωλύομαι** be unable (to do sth.)

κώμα coma

κωμικός comical, funny· laughable • comedian

κωμικοτραγικός tragicomic

κωμόπολη small country town

κωμωδία comedy

Κωνσταντινούπολη Constantinople

κωπηλασία rowing

κωπηλάτης rower, oarsman

κωπηλατικός (of) rowing

κωπηλατώ row

κωφάλαλος deaf mute, deaf and mute

Λ, λ

λάβα lava

λαβαίνω ☞ λαμβάνω

λάβαρο banner, standard

λαβή (εργαλείου, μαχαιριού) handle, grip, (ξίφους) hilt, (πιστολιού) butt· (στη πάλη) hold, lock, clinch ♦ δίνω λαβή για give cause/occasion for, give rise to

λαβίδα (pair of) tongs

λαβράκι (το ψάρι) bass· (δημοσιογραφικό) scoop

λαβύρινθος maze, labyrinth

λαγκάδι, **λαγκαδιά** glen, wooded valley

λαγοκοιμάμαι sleep lightly, doze

λαγός hare

λαγουδάκι bunny

λαγουδέρα tiller

λαγωνικό hound

λαδερό oilcan· dish made of vegetables cooked in olive oil

λαδής olive-green

λάδι (cooking) oil, (ελαιόλαδο) olive oil· oil· *(ζωγρ.)* oils

λαδί olive green

λαδιά oil stain

λαδόκολλα (sheet of) greaseproof paper

λαδολέμονο olive oil and lemon dressing

λαδομπογιά (ελαιόχρωμα) gloss (paint)· *(ζωγρ.)* oil, oil paint

λαδορίγανη (olive) oil and oregano sause

λαδωμένος oily, greasy

λαδώνω oil, lubricate with oil· smear/stain with oil· (δωροδοκώ) bribe, grease the palm of· get greasy

λαζάνια lasagne, noodles

λάθος mistake, error, fault **κατά** λάθος α) by mistake β) by any chance • wrong • mistakenly, wrongly, mis-

λαθραίος smuggled· illegal

λαθραλιεία poaching, illegal fishing

λαθρεμπόριο smuggling **κάνω** λαθρεμπόριο smuggle, be a smuggler

λαθρέμπορος smuggler

λαθρεπιβάτης -ισσα stowaway

λαθρομετανάστης -ρια illegal immigrant

λαίδη Lady

λαϊκή (αγορά) farmer's market

λαϊκός folk· working-class • (μη κληρικός) lay

λαίμαργος greedy, gluttonous

λαιμαριά collar

λαιμός neck· throat· (ρούχου) neckline, neck

λακ hairspray

λακκάκι dimple

λάκκος pit, hole

λακκούβα cavity, hole, (δρόμου) pothole, (με νερό) puddle· (βούλιαγμα) dent

λακωνικός laconic, terse, brief

λάμα (thin) sheet of metal· blade

λαμαρίνα sheet/plate of metal, iron plate· large baking tray

λαμβάνω, **λαβαίνω** receive, get· take on, assume **λαμβάνω μέρος** take part (in) **λαμβάνω υπόψη** α) consider, bear in mind β) allow for, take into consideration

λαμέ lamé

λάμπα (γλόμπος) bulb, light bulb· lamp

λαμπάδα church candle, wax candle

λαμπαδηδρομία torchlight procession

λαμπαδηδρόμος torchbearer

λαμπαδιάζω burst into flames, go up in flames

λαμπάκι small light bulb **λαμπάκι του φλας** flashbulb

λαμπατέρ standard lamp

λαμπερός bright, shiny, shining

λαμπιόνι small lamp **πολύχρωμα λαμπιόνια** fairy lights

λαμποκοπώ glisten, sparkle, gleam, shine

λαμπρά brilliantly, marvellously, splendidly

Λαμπρή Easter, Easter Sunday

λαμπρίτσα ladybird

λαμπρός bright, shining· excellent, brilliant, splendid

λαμπρότητα brightness· splendour

λαμπτήρας bulb, light bulb

λαμπυρίζω twinkle, gleam, shimmer

λάμπω shine, (εκτυφλωτικά) glare, blaze· *(μτφ.)* glow, shine· sparkle, glitter, gleam

λάμψη brightness, brilliance· flash· *(μτφ.)* splendour, glamour

λανθασμένος wrong, erroneous, mistaken, mis-

λάντζα dishwashing, washing-up **κάνω τη λάντζα** do the washing-up

λαντζ(ι)έρης dishwasher

λαογραφία folklore

λαογραφικός (of) folklore

λαοθάλασσα sea of people, massive crowd

λαός people· crowd· common people, lower classes

λαοφιλής loved by the people, popular

λαπάς rice boiled to mash· *(μτφ.)* wimp

Λάπωνας Lapp, Laplander

Λαπωνία Lapland

λαπωνικός Lappish

λαρδί lard

λάρυγγας larynx, throat

λαρύγγι larynx, throat

λασκάρω loosen, ease, slacken· loosen, work loose· ease off, let up· relax, ease up

λάσκος loose, slack

λάσο lasso

λάσπη mud· (κατακάθια) sludge, sediment ♦ **ρίχνω λάσπη σε κπ.** sling mud at sb.

λασπολογία mudslinging

λασπόχιονο slush

λασπωμένος muddy

λασπώνω muddy· make mushy· turn/become mushy

λασπωτήρας mudflap

λαστέξ (εσώρουχο) girdle, pantie girdle, corset

λαστιχάκι elastic band

λαστιχένιος (made of) rubber

λάστιχο (υλικό) rubber· (τροχού) tyre **με πιάνει/παθαίνω λάστιχο** have a puncture, have a flat tyre· rubber band, elastic band· (μάνικα) hose, hosepipe

λατέρνα barrel organ

λατινικά Latin

λατινικός Latin· Roman **η Λατινική Αμερική** Latin America

λατινοαμερικάνικος Latin-American, of Latin America

Λατινοαμερικάνος -α Latin-American

λατομείο quarry

λατρεία worship **με λατρεία** adoringly

λατρευτός adored, beloved

λατρεύω worship· adore, dote on, think the world of

λάτρης worshipper· admirer, devotee, lover

λάφυρα loot, booty, spoils

λαχαναγορά vegetable market

λαχανάκια Βρυξελλών Brussels sprouts

λαχανιάζω pant, puff, be out of breath

λαχανιασμένος breathless, out of breath

λαχανικό vegetable

λάχανο cabbage ♦ **σιγά/σπουδαία τα λάχανα!** big deal!

λαχανόκηπος kitchen garden

λαχανοντολμάς stuffed cabbage leaf

λαχείο (λαχειοφόρος αγορά) lottery· (λαχνός) lottery ticket· matter of luck· windfall

λαχειοπώλης -ισσα lottery ticket seller

λαχειοφόρος αγορά charity lottery/raffle

λαχνός lottery ticket, (σε φιλανθρωπική γιορτή) raffle ticket

λαχτάρα (επιθυμία) yearning, longing, craving, thirst· (φόβος) fright

λαχταριστός very attractive, inviting, tempting **λαχταριστό φαγητό** appetizing meal

λαχταρώ long (for), yearn (for), crave (for), hanker after, die for·

(τρομάζω) give a fright/start· have/ take a fright

λέαινα lioness

λεβάντα lavender

λεβέντης fine upstanding man· good fellow, dashing man, brave man, generous man

λέβητας boiler

λεβητοστάσιο boiler room, (πλοίου) stokehold

λεβιές lever **λεβιές ταχυτήτων** gear lever, gear stick

λέγειν eloquence, fluency, gift of the gab

λεγεώνα legion

λέγω ☞ λέω

λεζάντα caption

λεηλασία looting, plundering, pillage

λεηλατώ loot, plunder, pillage

λεία (λάφυρα) loot, booty, spoils· (ζώου) prey

λειαίνω smooth, make smooth

λέιζερ laser

λείος smooth

λείπω (για πρόσωπα) be absent, not be here/there, be out/away, absent oneself· (για πράγματα) be missing, be lacking, lack, be short· miss ♦ **λίγο έλειψε να...** nearly, almost... **αυτό μας έλειπε!** that's all we needed!

λειρί comb, crest

λειτούργημα function· vocation, public service

λειτουργία function· (μηχανής) operation, running, working **εκτός λειτουργίας** out of operation· *(εκκλησ.)* (divine) service, Mass **ώρες λειτουργίας** business/working hours

λειτουργικός functional· operational

λειτουργώ operate, work, be in operation, function

λειχήνα *(ιατρ.)* lichen

λείψανο corpse, dead person's body· (αγίου) relics

λειψός incomplete, inadequate· short, (σε βάρος) underweight

λειψυδρία shortage of water, drought

λεκάνη basin, bowl· (της τουαλέτας) pan, toilet seat· *(ανατ.)* pelvis· *(γεωλ.)* basin

λεκανοπέδιο basin **το λεκανοπέδιο της Αττικής** Attica basin, the Greater Athens area

λεκές stain, spot

λεκιάζω stain, spot

λέκτορας lecturer

λεμβοδρομία boat race

λέμβος small craft, boat **σωσίβια λέμβος** lifeboat

λεμονάδα lemonade, lemon juice

λεμόνι lemon

λεμονοστύφτης lemon squeezer

λεμονόφλουδα lemon peel, lemon rind

λεμφαδένας lymph gland

λέξη word **με μια λέξη** in a word

λεξικό dictionary

λεξιλόγιο vocabulary· (γλωσσάριο) glossary

λεοπάρδαλη leopard

λέπι scale

λεπίδα blade

λέπρα leprosy

λεπρός leper

λεπτά ☞ λεφτά

λεπταίνω sharpen, make thinner· make (sb.) look slim(mer)· get thinner/slimmer· taper

λεπτεπίλεπτος delicate

λεπτό minute **από λεπτό σε λεπτό** at any minute **δε χάνω ούτε λεπτό** lose no time **πρώτα λεπτά** minutes **δεύτερα λεπτά** seconds **σ' ένα λεπτό** in a moment

λεπτοδείκτης minute hand

λεπτοκομμένος finely cut

λεπτολόγος meticulous, finicky, fussy • meticulous person, hair-splitter

λεπτομέρεια detail

λεπτομερής detailed

λεπτομερώς in detail

λεπτός slim, slender, thin· (λεπτοκαμωμένος, ευαίσθητος) delicate, fragile· (ευγενικός) polite, tactful, discreet· (εύθραυστος) fragile, delicate· (δύσκολος, που απαιτεί προσοχή) delicate, tricky· (φίνος, ψιλός) fine· (ανεπαίσθητος) subtle

λεπτότητα delicacy· tactfulness, discreetness, discretion

λερώνω dirty, soil, stain, spot • **λερώνομαι** get dirty, dirty oneself

λέσχη club

λεύκα poplar (tree)

λευκαίνω whiten· whiten, turn white

λευκαντικό bleach

λευκοπλάστης sticking plaster

λευκός white **λευκά είδη** linen· clean· (άγραφος) blank • white, member of the white race **ο Λευκός Οίκος** the White House

λευκόχρυσος platinum

λεύκωμα album, (με αποκόμματα περιοδικών κτλ.) scrapbook· *(ιατρ.)* leucoma

Λευκωσία Nicosia

λευτεριά liberty, freedom

λεύτερος free

λευχαιμία leukaemia

λεφτά, **λεπτά** money **κάνω λεφτά** make money **αξίζει τα λεφτά του** it's good value for money

λεφτάς moneybags

λέω, **λέγω** say, tell· think, be thinking of· mean ♦ **άσ' τους να λένε!** let them talk! **λέγεται ότι...** it is said that..., people say that..., it is rumoured that... **λες και** as if, as though **με λένε...** my name is... **πες πως...** supposing that..., what if... **σαν να λέμε** in other words **τι θα έλεγες για...;** what about...?, how about...?

λέων lion **η μερίδα του λέοντος** the lion's share· *(αστρολ.)* Leo

λεωφορειακός of buses

λεωφορείο bus διώροφο λεωφορείο double-decker τουριστικό λεωφορείο coach σχολικό λεωφορείο school bus υπεραστικό λεωφορείο long-distance bus

λεωφορειόδρομος bus lane

λεωφόρος avenue, boulevard, thoroughfare

ληγμένος past one's "best before" date

λήγω end, terminate· expire, run out ο χρόνος έληξε time is up· end· (για συσκευασμένες τροφές) be past one's "best before" date· fall/ be/become due, mature

λήθαργος lethargy, torpor

λήθη oblivion, forgetfulness

λημέρι (ζώου) den, lair· (ανθρώπου) den, hideout· (στέκι) haunt

λήμμα entry

λήξη end, cessation, conclusion· (προθεσμίας) expiry ημερομηνία λήξης α) date of expiry β) (για πακεταρισμένες τροφές) "best before" date

ληξιαρχείο registry, registrar's office

ληξιαρχική πράξη certificate

ληξιπρόθεσμος due, overdue

λησμονιά forgetfulness, oblivion

λησμονώ forget • **λησμονιέμαι** α) forget oneself β) be forgotten, sink into oblivion

ληστεία robbery, (με απειλή όπλου) hold-up, (σε ανοικτό χώρο) mugging· (αισχροκέρδεια) rip-off

ληστεύω rob, hold up, (σε ανοικτό χώρο) mug· (διαπράττω αισχροκέρδεια) fleece, rip off

ληστής robber, bandit, (ιδίως στο δρόμο) mugger· *(ιστ.)* highwayman

λήψη receiving, receipt· intake, taking· *(τηλεόρ., ραδ.)* reception· *(κινημ.)* filming, shooting· *(φωτογρ.)* taking μηχανή λήψης camera

λιάζω expose to the sun, dry in the sun • **λιάζομαι** α) lie in the sun, bask in the sun β) (για σπίτι κτλ.) catch the sun

λιακάδα sunshine, sunny weather σήμερα έχει λιακάδα it's sunny today

λίαν very, most

λιανά (small) change

λιανικός retail λιανική πώληση retail

λιβάδι field (of grass), meadow· (βοσκοτόπι) pasture

λιβανέζικος Lebanese

Λιβανέζος -α Lebanese

Λίβανος Lebanon

λίβρα, **λίμπρα** pound, *(βραχ.)* lb (454 γραμμάρια)

Λιβύη Libya

λιβυκός Libyan

Λίβυος -α Libyan

λιγάκι a little, a bit, slightly, somewhat σε λιγάκι in a moment or two κάθε λίγο και λιγάκι every so often

λίγδα filth, grease· greasy stain, spot of grease

λίγο a little, a bit, somewhat, (ελάχιστα) little· (για χρόνο) a while, shortly, soon **για λίγο** for a little while, for a short time **λίγο έλειψε/ήθελε να...** almost, nearly... **λίγο λίγο** little by little, bit by bit **λίγο πολύ** more or less

λιγόλογος ☞ ολιγόλογος

λίγος a little, some, (ελάχιστος) little, not enough· **λίγοι** a few, some, a small number of, (ελάχιστοι) few, not enough

λιγοστεύω lessen, decrease, reduce, cut down (on)· grow less/fewer, decrease· run low/short

λιγοστός a few/little, scanty· slender, slim

λιγότερος less **ο λιγότερος/το λιγότερο** the least

λιγόφαγος frugal in eating

λιγόψυχος faint-hearted

λιγώνω cloy, nauseate, make sick· make faint • **λιγώνομαι** feel cloyed ♦ **λιγώνομαι στα γέλια** split one's sides, double up with laughter

λιθοβολισμός stoning, pelting with stones

λιθοβολώ stone, pelt (sb.) with stones· stone to death

λίθος stone **πολύτιμος λίθος** precious stone, gem

λιθόστρωτο cobbled street/path

λιθρίνι ☞ λυθρίνι

λικέρ liqueur

λικνίζω rock· sway • **λικνίζομαι** sway

λιλά lilac

λίμα file· (μεγάλη πείνα) famine, voracity, greed· (ακατάσχετη φλυαρία) chatter, prattle

λιμάνι port, harbour

λιμάρω file

λιμεναρχείο port authority· harbour master's office

λιμενάρχης harbour master

λιμενεργάτης docker

λιμενικός (of a) harbour, (of a) port • harbour/port official

λιμενοβραχίονας breakwater, pier

λιμενοφύλακας quartermaster in the Port Police

λιμνάζω stagnate

λίμνη lake· pool, puddle, pond

λιμνοθάλασσα lagoon

λιμοκτονώ starve (to death)

λιμός famine, starvation

λιμουζίνα limousine

λίμπα τα κάνω λίμπα α) splash water about β) smash up everything

λίμπρα ☞ λίβρα

λινό linen

λινός linen

λιντσάρω lynch

λιοντάρι lion

λιοπύρι sweltering heat, great heat of the sun

λιοτριβιό, **λιοτρίβι** ☞ ελαιοτριβείο

λιπαρά (the) fat

λιπαρός fatty· greasy, oily

λίπασμα fertilizer

λιποθυμία (dead) faint, loss of consciousness **μου έρχεται λιποθυμία** feel faint

λιπόθυμος in a (dead) faint, unconscious

λιποθυμώ faint, lose consciousness

λίπος fat

λιποτάκτης deserter

λιποτακτώ desert (the army)

λιποταξία desertion

λίπωμα *(ιατρ.)* lipoma, fatty tumour

λίρα pound

Λισαβόνα Lisbon

λίστα list, catalogue· *(πολιτ.)* party (electoral) list

λιτανεία procession

λιτός simple, plain

λιτότητα simplicity· *(πολιτ.)* austerity

λίτρο litre

λίφτινγκ facelift

λιχούδης greedy, gluttonus • greedy person, glutton

λιχουδιά delicacy

λιώμα pulp, mash **κάνω λιώμα** crush, squash, mush, pulp • exhausted, dead beat, done in

λιώνω melt, (διαλύω) dissolve· (πολτοποιώ) squash, crush, pulp· (φθείρω) wear out

λογαριάζω (μετρώ, υπολογίζω) count (up), calculate· (θεωρώ) think, consider, reckon· (συνυπολογίζω) count, include **χωρίς να λογαριάσουμε** (ξέχωρα) not to mention (that), to say nothing of· (λαμβάνω υπόψη) consider, think about, take into account· (δίνω σημασία) take notice, regard, show consideration for **δε λογαριάζω τίποτε** stick at nothing· (σκοπεύω) intend, think of, plan· (προβλέπω) anticipate, foresee, bargain for· regard, consider, think of· do sums· (βασίζομαι) count on, bank on • **λογαριάζομαι** settle one's accounts (with sb.), settle up (with)

λογαριασμός (υπολογισμός) counting, calculation **χάνω το λογαριασμό** lose count (of)· bill· *(τραπεζ., εμπ.)* account· account, explanation **δίνω λογαριασμό για...** account/answer for... ♦ **για λογαριασμό τού...** on behalf of...

λογής **κάθε λογής** of all kinds/ sorts, all sorts/manner of **τι λογής...;** what kind of...?

λόγια words, talk, (ρόλου) lines ♦ **δε βρίσκω λόγια** be at a loss of words **λόγια του αέρα** hot air, empty words **με άλλα λόγια** in other words

λογικά logically, sensibly, reasonably· by rights • wits, senses, right mind **δεν είμαι στα λογικά μου** be out of one's senses **είμαι στα λογικά μου** be in one's (right) senses **χάνω τα λογικά μου** go mad

λογικεύομαι come to one's senses, see reason

λογική (η επιστήμη) logic· reasoning, rationale· reason, sense **κοινή λογική** common sense

λογικός logical, rational, sensible· (μετρημένος) moderate, reasonable

λογισμικό *(πληροφ.)* software

λογισμός thought, mind

λογιστήριο accounts department/office **Γενικό Λογιστήριο (του Κράτους)** General Accounting Office (of the State)

λογιστής -ίστρια accountant, bookkeeper **ορκωτός λογιστής** auditor

λογιστική accountancy

λογιστικός (of) accounting **λογιστικός έλεγχος** audit

λογοδιάρροια garrulity, talkativeness, chatter

λογοδοτώ render account, answer (for)

λογοκλοπή plagiarism

λογοκρίνω censor

λογοκρισία censorship

λογομαχία argument, dispute

λογομαχώ argue, squabble, have words with (sb.)

λογοπαίγνιο pun, play on words **κάνω λογοπαίγνιο** make a pun, play on words

λόγος speech· speech, address· (αιτία) reason· (δικαιολογία) excuse· talk, rumour· word· promise, word **έχω λόγο** keep one's word ♦ **έχεις το λόγο μου** I give my word (of honour)

λογοτέχνης -ιδα writer, author

λογοτεχνία literature

λογοτεχνικός literary, of literature

λογότυπο logo

λογοφέρνω argue, exchange words

λόγω because of, owing to, by reason of

λοιμός plague

λοιμώδης contagious, infectious

λοίμωξη infection

λοιπόν so· well, well then ♦ **και λοιπόν;** so what?

λοιπός remaining, rest • **οι λοιποί** the rest, the remaining

λοκατζής stormtrooper, commando

Λονδίνο London

λονδρέζικος London, of London

Λονδρέζος -α Londoner

λόξα peculiarity, eccentricity, quirk· craze, fad

λοξά sideways, sidelong, on the slant, askew

λόξιγκας hiccup, hiccough

λοξοδρομώ go off course

λοξοκοιτάζω look sideways at· give (sb.) a dirty look

λοξός not straight· sideways· (ιδιόρρυθμος) cranky

λόρδος lord

λοσιόν lotion

λοστός crowbar

λοταρία lottery

λότο lotto

Λούβρο Louvre

λούζω wash (sb.'s) hair, (με σαμπουάν) shampoo· *(μτφ.)* shower • **λούζομαι** wash one's hair, shampoo one's hair

λουκάνικο sausage

λουκέτο padlock

λούκι (νερού) drainpipe, gutter· (σε ξύλινη ή μεταλλική επιφάνεια) groove· suffering, hardship, adversity

λουκουμάς honey puff, (ντόνατ) doughnut

λουκούμι Turkish delight • delicious

λουλουδάτος floral, flowered

λουλουδένιος of flowers, floral

λουλούδι flower, (δέντρου) blossom **βγάζω λουλούδια** come into flower, bloom

λουμπάγκο lumbago

λούνα παρκ amusement park, fun fair, fair

Λουξεμβούργο Luxemburg

λουράκι (wristwatch) strap

λουρί (ζώου) lead, (ΗΠΑ) leash· belt, band, strap

λουρίδα, **λωρίδα** strip· stripe· streak· strap, belt· (οδικής κυκλοφορίας) lane

λούσιμο hair wash(ing), shampoo

λουστράρω polish, varnish

λουστρίνι patent leather

λούστρο (βερνίκι) varnish, polish· (λουστράρισμα) polishing, varnishing· (γυαλάδα) gloss, polish

λουτρό bath· bathroom

λούτσα **γίνομαι λούτσα** get soaked/drenched **κάνω κπ. λούτσα** splash water all over sb.

λουφάζω cringe, shrink

λουφάρω shirk

λοφίο crest

λοφίσκος knoll

λόφος hill

λοχαγός (army) captain

λοχίας (army) sergeant

λόχος company· *(μτφ.)* crowd of people, army

λυγερός lissome, lithe· supple

λυγίζω bend· *(μτφ.)* yield, give way

λυγμός sob **κλαίω με λυγμούς** sob

λυθρίνι, **λιθρίνι** red bream

λυκειάρχης -ισσα headmaster of a senior high school, *θηλ.* headmistress of a senior high school

λύκειο senior high school, lycée

λύκος wolf

λυκόσκυλο Alsatian, wolfhound

λυκόφως dusk, twilight

λύματα waste(s), liquid sewage

λύνω undo, untie, unfasten· unleash, let loose, unbind· disassemble, dismantle, take to pieces· solve, puzzle out, unravel • **λύνομαι** α) come untied, come undone, break loose β) be solved ♦ **λύνομαι στα γέλια** fall about (laughing)

λυόμενο prefabricated house, prefab

λυπάμαι be/feel sorry (for)˙ be sad, regret **λυπάμαι αλλά...** I'm afraid (that)...˙ spare (sb.'s life), take pity on

λύπη sorrow, grief˙ pity, sympathy˙ regret **με λύπη μου διαπιστώνω ότι...** I'm sorry to say that... **με λύπη μου σας λέω...** I regret to inform you...

λυπημένος sad, sorrowful, unhappy

λυπηρός sad, unhappy

λυπητερός sad, sorrowful

λυπώ sadden, grieve, pain

λύρα lyre

λυρικός lyric˙ lyrical **Λυρική σκηνή** opera house

λύση solution, answer **σαν τελευταία λύση** as a last resort˙ termination, end˙ settlement

λύσιμο untying, undoing, unfastening˙ dismantling, disassembly˙ unleashing, release˙ solution, solving

λύσσα rabies˙ (οργή) frenzy, rage, fury˙ (πάθος) passion, mania

λυσσάω, **λυσσώ** be rabid, have rabies˙ (οργίζομαι) go mad, foam with rage, become infuriated˙ be mad

λυσσαλέος ferocious, furious, fierce, wild

λυσσομανώ rage

λυσσώ ☞ λυσσάω

λυτός loose

λύτρα ransom (money)

λυτρώνω liberate, deliver, relieve

λύτρωση deliverance, liberation, relief

λυχνάρι oil lamp

λωλός crazy, mad

λωποδύτης -ρια petty thief

λωρίδα ☞ λουρίδα

λώρος **ομφάλιος λώρος** umbilical cord

Μ, μ

μαγαζάτορας shopkeeper, owner (of a shop)

μαγαζί shop, store

μαγεία magic, sorcery, witchcraft· spell· pure magic, magical

μάγειρας μαγείρισσα cook

μαγειρείο kitchen, cooking place, (πλοίου) galley, (στρατού) cookhouse· (εστιατόριο) eating house, cookhouse

μαγείρεμα cooking· way of cooking, cooking method

μαγειρευτός cooked, not cooked to order

μαγειρεύω cook· do the cooking· (μηχανεύομαι) be up to, contrive

μαγειρική cookery, cooking

μαγειρικός (of) cooking

μαγεμένος enchanted, spellbound

μαγευτικός enchanting, fascinating, magic

μαγεύω bewitch, cast a spell on, lay under a spell· *(μτφ.)* enchant, fascinate

μάγια witchcraft, magic, spell **κάνω** μάγια σε κπ. put/cast a spell on sb.

μαγιά yeast

μαγικός magic, magical· *(μτφ.)* fascinating, magic(al)

μαγιό swimsuit, bathing suit

μαγιονέζα mayonnaise

μάγισσα witch, sorceress

μαγκούρα (walking) stick

μαγκουριά whack

μαγκούφης lonely, miserable • miserable person, person without family

μαγκώνω squeeze, shut· catch (on), stick, jam

μαγνήτης magnet

μαγνητίζω magnetize· *(μτφ.)* fascinate

μαγνητικός magnetic

μαγνητισμός magnetism

μαγνητοσκόπηση recording, taping

μαγνητοσκοπώ record, tape, videotape

μαγνητοταινία tape, audio tape, video tape

μαγνητόφωνο tape recorder

μαγνητοφωνώ record, tape

μάγος sorcerer, wizard· (ταχυδακτυλουργός) magician, conjurer· (φυλής) witch doctor **οι Τρεις Μάγοι** the Three Wise Men, the Three Kings

μαγουλάδες mumps

μάγουλο cheek

Μάγχη (the) (English) Channel

Μαδρίτη Madrid

μαδώ, **μαδάω** pluck, pull off (hair, feathers)· pull off the petals of (a flower)· fleece, skin· shed hair, shed leaves, lose one's hair

μαεστρία mastery, expertise

μαέστρος conductor, maestro

μάζα mass

μαζεμένος retiring, reserved

μαζεύω gather (together), get together, collect· (παίρνω από κάτω) pick up, (υγρό) wipe up· pick, harvest· save· (τακτοποιώ) tidy up, put away **μαζεύω τα πιάτα** clear the dishes away **μαζεύω το τραπέζι** clear the table· shrink • **μαζεύομαι** α) gather (together), assemble, meet β) come/return home γ) cower, cringe, shrink

μαζί with· together **μαζί με** (along) with, together with

μαζικός mass **μέσα μαζικής ενημέρωσης** mass media **μέσα μαζικής μεταφοράς** public transport

μαζορέτα majorette

μαζοχισμός masochism

μαζοχιστής -ίστρια masochist

Μάης May

μαθαίνω learn· (πληροφορούμαι) hear (of, about), learn (of)· get to know· (συνηθίζω) get used (to), get accustomed (to) ♦ **θα σε μάθω εγώ!** I'll teach you a lesson!

μαθεύομαι become known

μάθημα lesson· (ώρα μαθήματος) class, period· subject· **μαθήματα** α) course, classes β) homework

μαθηματικά mathematics, maths, (ΗΠΑ) math

μαθηματικός mathematical • (καθηγητής) mathematics teacher, (επιστήμονας) mathematician

μαθημένος used, accustomed

μάθηση learning

μαθητευόμενος apprentice

μαθητής -ήτρια pupil, schoolchild, schoolboy, *θηλ.* schoolgirl· student, learner· discipline, follower

μαθητικός of school, of pupils

μαία midwife

μαιευτήρας obstetrician

μαιευτήριο maternity hospital

μαϊμού monkey· imitation, fake

μαίνομαι rage, be furious

μαϊντανός parsley

Μάιος May

μαιτρ ☞ μετρ

μακάβριος macabre, morbid

μακάρι I hope, I wish, if only, may· not even if **μακάρι!** amen to that! **μακάρι να 'ξερα!** I wish I knew!, search me!

μακαρίτης -ισσα deceased

μακαρονάδα spaghetti

μακαρόνια spaghetti

Μακεδόνας -ισσα Macedonian

Μακεδονία Macedonia

μακεδονικός Macedonian

μακελειό massacre

μακέτα (scale) model, mock-up

μακετίστας model maker, (διαφημιστικός) commercial astist

μακιγιάζ make-up

μακιγιάρισμα making-up

μακιγιάρω make up • **μακιγιάρομαι** use make-up, put on (one's) make-up

μακιγιέζ make-up woman/girl

μακιγιέρ make-up man

μακό cotton

μακραίνω lengthen, let down· (παρατείνω) prolong, draw out, drag on· get/grow long

μακριά away, off· far, a long way off, far off· (στο βάθος) in the distance· back

μακρινός remote, faraway, far-off, distant· long

μακροπρόθεσμα in the long term, in the long run

μακροπρόθεσμος long-term, long-range

μάκρος length ♦ **τραβώ/πάω σε μάκρος** drag on

μακρός long **μακράς διαρκείας** long-life

μακροσκελής lengthy

μακροχρόνιος long-lasting, long

μακρυμάλλης long-haired

μακρυμάνικος long-sleeved

μακρύς (σε μήκος ή διάρκεια) long, (σε διάρκεια) lengthy

μακρύτερα farther, further

μαλακός soft· gentle, tender

μαλακτικό (ρούχων) softener, (μαλλιών) conditioner

μαλακώνω soften, make/become soft· (καταπραΰνω) soothe, alleviate, mollify· (κοπάζω) get mild(er), moderate

μαλθακός meek, mousy

μαλθακότητα meekness

μάλιστα yes, certainly· (για έμφαση) in fact, indeed **και μάλιστα** especially, particularly

μαλλί wool· μαλλιά hair

μαλλιαρός hairy· shaggy

μάλλινα winter woollies

μάλλινος woollen

μάλλον (ίσως) probably, most likely· (αρκετά) quite, rather **ή μάλλον** or rather **πόσο μάλλον** let alone

Μάλτα Malta

μαλτέζικος Maltese

Μαλτέζος -α Maltese

μαλώνω (επιπλήττω) scold, tell off· (καβγαδίζω) quarrel, squabble, fight· (έρχομαι σε ρήξη) fall out, quarrel

μαμά mum, mummy

μαμή midwife

μαμούνι bug, insect

μάνα mother

μανάβης -ισσα greengrocer

μανάβικο greengrocer's (shop)

μάνατζερ manager

μανεκέν fashion model

μανέστρα barley-shaped pasta

μανία *(ιατρ.)* mania· frenzy, fury μετά μανίας furiously· craze, mania, passion, fad έχω μανία με κτ. be crazy about sth., be a... maniac

μανιακός maniacal, mad • α) maniac β) freak, fiend

μανιασμένος furious, infuriated, in a rage/fury· raging, wild

μάνικα hose

μανικέτι cuff

μανικετόκουμπο cufflink

μανίκι sleeve χωρίς μανίκια sleeveless· *(μτφ.)* real stinker

μανικιούρ manicure

μανικιουρίστας -α manicurist

μανιτάρι mushroom, (δηλητηριώδες) toadstool

μανιώδης ardent, passionate, keen μανιώδης καπνιστής chainsmoker· frenzied, frantic, wild

μανό(ν) nail varnish

μανούβρα monoeuvre· trouble, difficulty

μανουβράρω monoeuvre

μανσέτα cuff

μανταλάκι clothes peg

μάνταλο bolt, latch

μανταλώνω bolt, latch

μαντάρα τα κάνω μαντάρα mess it up κάνω κτ. μαντάρα spoil sth., mess sth. up

μανταρίνι tangerine, mandarin

μανταρινιά tangerine tree

μαντάρω mend, (κάλτσες) darn

μαντάτο piece of news, message· μαντάτα news, tidings

μαντείο oracle

μαντεμένιος caste-iron

μαντέμι cast iron

μαντεύω prophesy, predict, foretell· guess (at)

μάντης -ισσα prophet, fortuneteller· (στην αρχαιότητα) oracle

μαντικός divinatory, oracular

μαντίλα kerchief

μαντίλι handkerchief· (φουλάρι) kerchief

μαντολάτο almond nougat

μαντολίνο mandolin

μάντρα (stone) wall, surrounding wall· enclosure, pen, fold· yard

μαντρί pen, fold

μαντρότοιχος surrounding wall

μαντρώνω pen in/up, *(μτφ.)* coop up· wall, build a wall round

μάξι maxi • maxiskirt

μαξιλάρι (ύπνου) pillow· (καθίσματος) cushion

μαξιλαροθήκη pillowcase

μάξιμουμ maximum

μαόνι mahogany

μαούνα barge

μάπα *(βοτ.)* cabbage· face, mug, mush· dud, flop

μαράζι pain, grief, heartache· (επιθυμία) great desire, yearning μαράζι το έχω... hanker for...

μαραγκός carpenter, joiner

μαραζώνω pine (for), waste away, eat one's heart out

μάραθο, **μάραθος** fennel

μαραθώνιος *(αθλ.)* Marathon race

μαραθωνοδρόμος Marathon runner

μαραίνω/-ομαι wither

μαργαρίνη margarine

μαργαρίτα daisy

μαργαριταρένιος made of pearls, pearl· *(μτφ.)* pearly

μαργαριτάρι pearl· (γλωσσικό σφάλμα) howler

μαρέγκα meringue

μαρίδα (small) fry

μαρίνα marina

μαριονέτα marionette, puppet· *(μτφ.)* pawn

μάρκα make, brand· (στα χαρτιά) chip, counter· cunning person, slippery customer

μαρκαδόρος felt-tip pen, marker

μαρκάρω put one's trademark on· tick (off)· *(ποδόσφ.)* mark, tackle

μαρκήσιος -ησία marquis, *θηλ.* marchioness

μαρκίζα (στέγης) eaves, (τοίχου) ledge, (εισόδου) marquee

μαρμαράδικο marble mason's yard

μαρμαράς marble mason

μαρμάρινος (made of) marble

μάρμαρο marble

μαρμελάδα jam, (από εσπεριδοειδή) marmalade

μαρξισμός Marxism

μαρξιστής -ίστρια Marxist

μαρξιστικός Marxist

Μαροκινός -ή Moroccan

μαροκινός Moroccan

Μαρόκο Morocco

μαρούλι lettuce

μαρσάρισμα revving up

μαρσάρω rev up (the engine)

Μάρτιος, **Μάρτης** March

μάρτυρας, **μάρτυς** witness **αυτόπτης μάρτυρας** eyewitness

μαρτυρία testimony, evidence

μαρτυριάρης -α sneak, telltale

μαρτυρικός *(νομ.)* **μαρτυρική απόδειξη/κατάθεση** evidence, testimony· *(εκκλησ.)* of martyrs **μαρτυρικός θάνατος** martyrdom, death of martyr

μαρτύριο martyrdom· (ταλαιπωρία) ordeal· (βασανιστήριο) torment, torture **κάνω τη ζωή κάποιου μαρτύριο** make sb.'s life hell

μαρτυρώ (φανερώνω) betray, reveal, give away·(προδίδω) tell on, sneak on· *(νομ.)* be a witness, testify, give evidence· (υποφέρω) have a bad time, suffer hell

μάρτυς ☞ μάρτυρας

μας us, to us· (δικός μας) our

μασάζ massage

μασέλα jaw· (οδοντοστοιχία) row of teeth· (τεχνητή οδοντοστοιχία) denture

μασέρ, μασέζ masseur, *θηλ.* masseuse

μασίφ solid

μάσκα mask

μασκαράς masquerade· (*υβριστ.*) rogue, rascal

μασκαρεύομαι disguise oneself, put on a fancy dress

μασκέ in fancy dress **χορός μασκέ** fancy-dress ball

μασκότ mascot

μασόνος freemason

μασουλώ chew, munch, champ

μασούρι bobbin, spool, reel

Μασσαλία Marseilles

μαστεκτομή mastectomy

μάστιγα scourge, bane, curse

μαστίγιο (horse) whip

μαστιγώνω whip, flog

μαστίζω be a plague, ravage, infest

μαστίχα chewing gum

μάστορας skilled workman, craftsman· workman, man, repairman· (αριστοτέχνης) past master, expert

μαστορεύω potter about at odd jobs· mend, repair, fix, (κτ. που δεν πρέπει) tamper with

μαστός breast

μασχάλη armpit **κρατώ κτ. κάτω από την μασχάλη μου** hold sth. under one's arm

μασώ chew

ματ matt • (στο σκάκι) checkmate

ματαιοδοξία vanity

ματαιόδοξος vain

μάταιος vain, useless, pointless, hopeless, futile **μάταιος κόπος** (a) waste of time

ματαιώνω cancel, call off· thwart, foil, frustrate

ματάκι (πόρτας) peephole

μάτι eye **κλείνω το μάτι** wink (at)· (όραση) eyesight, sight **παίρνει το μάτι μου** catch sight of· (βασκανία) (the) evil eye· (ηλεκτρικής κουζίνας) (electric) ring ♦ **αβγό μάτι** fried egg **βγάζω μάτι** stick out like a sore thumb **δεν κλείνω μάτι** not sleep a wink **κάνω τα στραβά μάτια** pretend not to see, wink (at) **με γυμνό μάτι** with the naked eye

ματιά look, glance, (άγρια) glare, (επίμονη) stare, (φευγαλέα) glimpse **με μια ματιά** at a glance **με την πρώτη ματιά** at first sight **ρίχνω μια ματιά σε...** take a look at..., glance at...

ματιάζω cast the evil eye on • **ματιάζομαι** be affected by the evil eye

ματς game, match

μάτσο bunch

ματωμένος bloody, bloodied

ματώνω (make) bleed

Μαύρη Θάλασσα Black Sea

μαυρίζω make black, blacken, make dark, darken, become black· (στον ήλιο) tan, get a suntan ♦ **μαυρίζω κπ. στο ξύλο** beat sb. black and blue

μαύρισμα blackening· (από τον ήλιο) suntan

μαυρισμένος blackened· (από τον ήλιο) (sun)tanned

μαύρο black

μαύρος black· (μάτια) dark· (ψωμί, ρύζι) brown

μαυσωλείο mausoleum

μαφία Mafia

μαφιόζος Mafioso

μαχαίρι knife

μαχαιριά knife wound, stab

μαχαιροπήρουνα cutlery

μαχαιρώνω knife, stab • **μαχαιρώνομαι** α) stab oneself β) get/be stabbed

μαχαραγιάς Maharajah

μάχη battle, combat· *(μτφ.)* fight, struggle

μαχητής -ήτρια combatant, fighter· *(μτφ.)* defender, champion

μαχητικός fighting μαχητικό αεροσκάφος fighter

μάχομαι fight, battle· *(μτφ.)* struggle

με (εμένα) me • with· (δηλώνει μέσο) by, in **με τα πόδια** on foot· (δηλώνει τρόπο) by

μεγαλείο magnificence, splendour **περασμένα μεγαλεία** glories of the past • wonderful, marvellous, splendid

μεγαλειότατος -οτάτη His/Her Majesty **Μεγαλειότατε** Your Majesty

μεγαλειώδης magnificent

μεγαλέμπορος wholesaler, large-scale dealer

Μεγάλη Βρετανία Great Britain

μεγαλοαστικός bourgeois, of the upper middle class

μεγαλοαστός -ή member of the upper middle class, bourgeois

μεγαλογιατρός successful doctor, big-time doctor

μεγαλοδείχνω look more than one's age

μεγαλοδικηγόρος big-time/successful lawyer

μεγαλόκαρδος magnanimous

μεγαλομανία megalomania

μεγαλοποιώ exaggerate· magnify

μεγαλοπρέπεια magnificence, splendour

μεγαλοπρεπής splendid, magnificent

μεγάλος big, large **μεγάλα λόγια** big/empty words **Μεγάλη Εβδομάδα** Holy Week **μεγάλου μεγέθους** king-size(d)· (σπουδαίος) great· (σε ηλικία) old· elder **οι μεγάλοι** α) the adults, the grown-ups β) the mighty

μεγαλόσωμος big, of large build

μεγαλοφυής ingenious, of genius

μεγαλοφυΐα genius

μεγαλόφωνα aloud, out loud

μεγαλόψυχος magnanimous, generous

μεγαλύτερος bigger, larger· greater·

older, (the) oldest, (μεταξύ ατόμων της ίδιας οικογένειας) elder, (the) eldest

μεγάλωμα bringing up, raising· growth, increase in size

μεγαλώνω grow, grow bigger, grow older, grow up· bring up, raise· make (sb.) look older

μέγαρο mansion· tower block **δικαστικό μέγαρο** courthouse **Μέγαρο Μουσικής** opera house **προεδρικό μέγαρο** presidential palace

μέγας great

μεγάφωνο speaker, loudspeaker

μέγεθος size· magnitude, dimensions

μεγέθυνση increase in size, enlargement· magnification

μεγεθυντικός magnifying

μεγεθύνω enlarge, magnify

μεγιστάνας magnate, tycoon, baron

μέγιστος biggest, largest, greatest· maximum· utmost

μεδούλι marrow

μεζές titbit, tidbit, appetizer· taste of ♦ **παίρνω κπ. στο μεζέ** make fun of sb.

μεζονέτα maisonette

μεζούρα tape measure, measuring tape

μεθαύριο the day after tomorrow **αύριο μεθαύριο** one of these days

μεθεπόμενος next but one **τη μεθεπόμενη μέρα** the day after next **τη μεθεπόμενη Δευτέρα κτλ.** a week on Monday κτλ., on Monday etc. week

μέθη intoxication, drunkenness

μεθοδεύω organize, plan carefully· (αρνητικά) plot, engineer

μεθοδικός methodical, systematic

μεθοδικότητα method

μέθοδος method· mode, way/manner (of doing sth.)· method, system

μεθοριακός (of a) frontier, (of a) border

μεθόριος border, borderline, frontier(s)

μεθύσι drunkenness **σκνίπα/στουπί/ τύφλα στο μεθύσι** blind drunk

μεθυσμένος drunk, drunken

μεθύστακας boozer, drunkard, drunk

μεθυστικός intoxicating, heady

μεθώ get (sb.) drunk, make drunk· get drunk

μείγμα mixture, blend

μείζων major

μεϊκάπ make-up

μεικτός ☞ μικτός

μείον *(μαθ.)* minus· less • *(μαθ.)* minus sign· disadvantage, drawback

μειονέκτημα disadvantage, drawback, shortcoming

μειονεκτικός disadvantageous

μειονεκτώ be at a disadvantage, be inferior (to)

μειονεξία inferiority νιώθω μειονεξία feel inferior

μειονότητα minority

μειοψηφία minority

μειοψηφώ be in the minority

μειωμένος diminished, lessened· humiliated

μειώνω reduce, decrease, lessen, diminish, cut down (on), lower μειώνω στο ελάχιστο minimize μειώνω στο μισό halve· belittle, humiliate • **μειώνομαι** decrease, lessen

μείωση decrease, reduction, lessening, drop, fall· humiliation

μειωτικός *(μτφ.)* humiliating, derogatory, pejorative

Μέκκα Mecca

μελαγχολία sadness, melancholy, depression, the blues

μελαγχολικός sad, sorrowful, melancholy, melancholic· cheerless, gloomy

μελαγχολώ become sad/melancholy, be gloomy· make (sb.) melancholy/sad

μελάνι ink

μελανιά ink stain, ink smudge· (μώλωπας) bruise

μελανιάζω turn blue· bruise

μελανοδοχείο inkpot

μελανός blue

μελανώνω ink, stain/smear with ink

μελάτος (για αβγό) soft-boiled

μελαχρινός dark-haired, dark-complexioned

μελαψός dark-skinned, swarthy

Μελβούρνη Melbourne

μέλει care, mind, matter **δε με μέλει** I don't care **εσένα να μη σε μέλει** mind your own business

μελέτη study· *(σχολ.)* homework· study, research project· design, engineering report

μελετηρός studious, hardworking

μελετώ, **μελετάω** study· (κάνω τα μαθήματά μου) do one's homework· examine, consider· mention, talk about

μέλημα concern

μέλι honey • sweet (as honey) μήνας του μέλιτος honeymoon

μελίγγι temple

μέλισσα bee

μελισσοκόμος, **μελισσοτρόφος**, **μελισσουργός** apiarist, beekeeper

μελιστάλαχτος mellifluous, sweet-sounding, sugary

μελιτζάνα aubergine, eggplant

μελιτζανής purplish, dark mauve

μελιτζανί dark mauve

μελιτζανοσαλάτα aubergine-puree salad

μελλοθάνατος moribund, about to die • condemned person

μέλλον future με μέλλον promising, up-and-coming

μέλλοντας, **μέλλων** future

μελλοντικός (of the) future

μελλόνυμφος groom-to-be, *θηλ.* bride-to-be

μέλλω be going to, intend **έμελλε να** was fated to...

μέλλων future **μέλλουσες γενεές** posterity • ☞ μέλλοντας

μελό tearjerker, weepie

μελοποιώ set to music

μέλος member· (του σώματος) limb

μελωδία melody, tune

μελωδικός melodius, tuneful

μεμβράνη membrane· film, thin covering

μεμιάς all at once, instantly· at one go, at one gulp

μεμονωμένα individually

μεμονωμένος isolated

μεμπτός blameworthy

μέμφομαι blame, reproach, criticize

μεμψιμοιρία grumbling, querulousness

μεμψίμοιρος querulous, grumbling

μεμψιμοιρώ complain, grumble

μεν it's true, sure enough **αφενός μεν... αφετέρου δε...** on the one hand... and on the other (hand)...

μενεξές violet

μενού menu

μέντα mint· (η καραμέλα) peppermint

μενταγιόν locket, pendant

μεντεσές hinge

μέντιουμ medium

μένω (διαμένω) live, stay· (παραμένω) stay, keep, remain· (απομένω) remain, be left (over), still be· (σταματώ) leave (off)· (απορρίπτομαι) fail· be left ♦ **μένω από...** run out of..., be out of...

μεξικανικός Mexican

Μεξικανός -ή Mexican

Μεξικό Mexico

μέρα ☞ ημέρα

μεράκι strong wish/desire, longing, yearning· good taste, good workmanship

μερεμέτι minor repair

μεριά (μέρος) place, spot· (πλευρά) side ♦ **από τη μεριά μου** for my part

μεριάζω step aside, make way, make room· move/push aside

μερίδα portion, helping· share· section

μερίδιο part· share

μερικός partial· some· **μερικοί** some, several, a few, a couple of **μερικές φορές** sometimes

μέριμνα care, concern· worry

μεριμνώ take care of, look after

μέρλιν navel orange

μεροδούλι day's work· day's wages

μεροκαματιάρης -ισσα day labourer, wage earner

μεροκάματο day's work· day's wages

μεροληπτικός prejudiced, unfair

μεροληπτώ be biased/prejudiced, be unfair

μεροληψία bias, partiality, prejudice

μέρος part· place, spot **από ποιο μέρος είσαι;** where are you from? **προς το μέρος κάποιου** sb.'s way **σε κανένα μέρος** nowhere· side **παίρνω το μέρος κάποιου** side with sb.· (αποχωρητήριο) toilet, loo ♦ **εκ μέρους τού...** on behalf of... **παίρνω μέρος** take part (in)

μερτικό share

μες ☞ μέσα • *(κομμωτ.)* streak(s)

μέσα, μες (τοπικώς) in, inside, (μέσα στο σπίτι) indoors **προς τα μέσα** inward, inwards **μέσα από** through **μέσα σε** inside, in, (κίνηση) into, (μέσα σε κάποιο χρονικό διάστημα) in, within • inside **το μέσα μέρος** the inside, the interior

μεσάζων go-between· (μεταξύ παραγωγού και πωλητή) middleman

μεσαίος middle· medium

μεσαίωνας (the) Middle Ages

μεσαιωνικός medieval, mediaeval

μεσάνυχτα midnight

μέση middle· (του σώματος) waist, back· (φούστας κτλ.) waistline ♦ **αφήνω στη μέση** leave half-finished **στη μέση** α) (σε δύο) in half, in two β) (που εμποδίζει) in the way, in sb.'s way

Μέση Ανατολή (the) Middle East

μεσήλικας middle-aged

μεσημβρία midday, noon **μετά μεσημβρίαν (μ.μ.)** post meridiem, (p.m.) **προ μεσημβρίας (π.μ.)** ante meridiem, (a.m.)

μεσημέρι noon, midday **τι θα φάμε το μεσημέρι;** what's for lunch? ♦ **μέρα μεσημέρι** in broad daylight

μεσημεριανό lunch

μεσημεριανός midday, of the middle of the day **μεσημεριανό φαγητό** midday meal, lunch

μεσιτεύω mediate

μεσίτης -ρια broker

μεσιτικός broker's, of an agent

μέσο middle· (για την επίτευξη σκοπού) means, way **με κάθε μέσο** by any/all means, by hook or by crook **μέσα μαζικής μεταφοράς** public transport· (εκφραστικό μέσο) medium **μέσα μαζικής ενημέρωσης** mass media· connections **βάζω μέσο** pull strings

μεσοαστικός of the middle class, middle-class **η μεσοαστική τάξη** the middle class

μεσοαστός -ή member of the middle class

μεσοβδόμαδα midweek, in the middle of the week

μεσογειακός (of the) Mediteranean

Μεσόγειος (Θάλασσα) (the) Mediterranean (Sea)

μεσόκοπος middle-aged

μεσολάβηση mediation, intervention· lapse, passage

μεσολαβητής -ήτρια intermediary, mediator

μεσολαβώ intervene, mediate˙ (παρεμβάλλομαι) elapse, pass˙ (συμβαίνω) intervene, happen, arise

μέσος middle˙ average

μεσοτοιχία party wall

μεσοφόρι, **μισοφόρι** petticoat, slip

μεσόφωνος mezzo soprano

Μεσσίας Messiah

μέσω through, via˙ by means of, by the help of

μετά after μετά Χριστόν (μ.Χ.) Anno Domini, (AD)˙ beyond˙ later • afterwards, then˙ later

μεταβάλλω/-ομαι change, alter

μετάβαση going, journey, trip, visit˙ transition

μεταβατικός transitional

μεταβολή (αλλαγή) change, alteration˙ (στροφή 180°) about-turn, *(μτφ.)* volte-face κάνω μεταβολή turn around

μεταβολισμός *(βιολ.)* metabolism

μετάγγιση (blood) transfusion

μεταγενέστερος later, subsequent

μεταγλωττίζω dub

μεταγλώττιση dubbing

μεταγραφή transfer παίρνω μεταγραφή be transferred

μεταδίδω announce, broadcast, beam, *(τηλεόρ.)* televise, *(δημοσιογρ.)* report˙ spread, transmit • **μεταδίδομαι** spread

μετάδοση transmission˙ (εκπομπή) broadcast˙ spreading

μεταδοτικός infectious, contagious

μετάθεση transfer˙ (αναβολή) postponement˙ shifting

μεταθέτω transfer˙ (αναβάλλω) postpone˙ shift

μεταίχμιο borderline, verge

μετακινώ move, change the place/position, shift • **μετακινούμαι** α) move, budge β) get about

μετακομίζω move, move house

μετακόμιση moving house, move˙ removal φορτηγό μετακομίσεων removal van

μεταλλείο metal mine, ore mine

μεταλλειολόγος mineralogist

μετάλλευμα mineral

μεταλλικός (made of) metal μεταλλικό νερό mineral water

μετάλλιο medal κάτοχος μεταλλίου medallist

μέταλλο metal

μεταλλωρυχείο (ore) mine

μεταμέλεια repentance, contrition, penitence, remorse

μεταμορφώνω/-ομαι transform

μεταμόρφωση transformation

μεταμόσχευση transplant

μεταμοσχεύω transplant

μεταμφιέζομαι disguise oneself, dress up (as)

μεταμφίεση disguise

μεταμφιεσμένος dressed up (as), disguised **χορός μεταμφιεσμένων** fancy-dress party, masked ball

μετανάστευση migration, (σε άλλη χώρα) emigration, (από άλλη χώρα) immigration

μεταναστεύω (από την χώρα μου) emigrate, (σε άλλη χώρα) immigrate

μετανάστης -ρια emigrant, immigrant

μετανιωμένος sorry, remorseful

μετανιώνω repent, feel remorse· regret, feel/be sorry, have regrets (at)· change one's mind

μετάνοια repentance

μετανοώ repent

μετάξι silk

μεταξοσκώληκας silkworm

μεταξύ between, among· (to/at) one another, (to/at) each other ♦ **στο μεταξύ/εν τω μεταξύ** meanwhile, in the meantime

μεταξωτός silk

μεταπείθω change (sb.'s) mind, talk (sb.) into/out of (sth.)

μεταποίηση alteration

μεταποιώ alter

μεταπολεμικός postwar

μεταπολίτευση change of regime, political changeover

μεταπτυχιακά postgraduate studies

μεταπτυχιακός postgraduate

μεταρρυθμίζω reform

μεταρρύθμιση reform· reformation· *(θρησκ.)* (the) Reformation

μετασεισμικές δονήσεις aftershocks

μετασεισμός aftershock

μετάσταση *(ιατρ.)* metastasis

μετασχηματιστής transformer

μετατοπίζω move, shift

μετατόπιση moving, shifting, shift, displacement

μετατρέπω change (into), turn (into)· convert • **μετατρέπομαι** change (into), turn (into)

μετατροπή change, alteration· transformation· conversion

μεταφέρω carry· move· transport· convey· transfer

μεταφορά carrying, carriage· transportation, transport **εταιρεία μεταφορών** (firm of) shippers, (οικοσκευών) removal company· transfer

μεταφορικά metaphorically, figuratively

μεταφορικός (of) transport **μεταφορικό γραφείο** removal company **μεταφορικά μέσα** (means of) transport

μεταφράζω translate, (ως διερμηνέας) interpret

μετάφραση translation, translating

μεταφραστής -άστρια translator

μεταχειρίζομαι (χρησιμοποιώ) use, employ· (συμπεριφέρομαι) treat

μεταχείριση treatment

μεταχειρισμένος used, second-hand

μετεγγραφή tranfer **παίρνω μετεγγραφή** be tranferred (to)

μετεγγράφω transfer

μετεγχειρητικός postoperative

μετεκπαίδευση advanced training, (μεταπτυχιακά) postgraduate studies

μετενσάρκωση reincarnation

μετεξεταστέος for re-examination

μετέχω participate, take part (in)· take an active part· have a share

μετεωρίτης meteorite

μετεωρολογικός meteorological **μετεωρολογικό δελτίο** weather forecast

μετεωρολόγος meteorologist

μετοχή *(οικον.)* share· *(γλωσσ.)* participle

μέτοχος *(οικον.)* shareholder

μετρ past master, expert· (σε εστιατόριο) head waiter

μέτρημα counting, count· measuring, measurement· (σε παιχνίδι) scoring

μετρημένος counted, measured· restricted· moderate, reasonable· few, scarce

μέτρηση counting, count **αντίστροφη μέτρηση** countdown· (με όργανο) measuring, measurement· (υπολογισμός) calculation

μετρητά cash **τοις μετρητοίς** in cash, cash down

μετρητής meter, indicator, gauge

μέτρια moderately

μετριάζω moderate, temper· ease, alleviate· (ήχο) turn down

μετριοπαθής moderate, reasonable

μέτριος moderate, average, moderate-sized· mediocre

μετριοφροσύνη modesty

μετριόφρων modest

μέτρο (μέσο μέτρησης) measure, unit of measure· (μονάδα μήκους) metre· (μεζούρα) tape measure· measure, step **ως έσχατο μέτρο** as a last resort· moderation **με μέτρο** in moderation **χωρίς μέτρο** in excess· (στην ποίηση) metre

μετρό underground (railway), tube, (ΗΠΑ) subway

μετρώ count· measure· consider, take account of· carry weight, count

μετωπικός frontal **μετωπική (σύγκρουση)** head-on collision/crash

μέτωπο forehead, brow· *(στρατ., μετεωρ.)* front

μέχρι, **μέχρις** (για τόπο) as far as, to, up to· (για χρόνο) till, until, (πριν από) by **μέχρις ότου** α) until β) by the time **μέχρι πότε...;** how long...? **μέχρι σήμερα** to date, to this day **μέχρι τότε** by that time, until then **μέχρι τώρα/στιγμής** up to now, so far

[1]μη, **μην** don't, not· lest

[2]μη non-, un-, ir-, in-

μηδαμινός insignificant, trifling, trivial· minimal

μηδέν zero, nought, nil

μηδενικό zero· (a) nonentity, (a) mere nothing

μήκος length **κατά μήκος** α) along β) longwise **σε μήκος** long **γεωγραφικό μήκος** longitude

μηλιά apple tree

μήλο apple· (του προσώπου) cheekbone

μηλόπιτα apple pie

μήνας month **μήνας του μέλιτος** honeymoon

μηνιαία, **μηνιαίως** monthly

μηνιαίος monthly· lasting a month, a month's

μηνιαίως ☞ μηνιαία

μηνιάτικο month's pay· monthly rent

μηνίγγι temple

μήνυμα message· moral

μήνυση suit, action, complaint

μηνυτής -ύτρια complainant, plaintiff, (the) prosecution

μηνύω lodge/file a suit, file a complaint

μήπως (σε ερωτήσεις) by any chance· in the hope of, in case· (σε ευγενικές ερωτήσεις) I wonder

μηρός thigh

μητέρα mother

μητριά stepmother

μητρικός maternal, mother **μητρική γλώσσα** mother tongue· motherly

μητροπολιτικός metropolitan **μητροπολιτικός ναός** cathedral

μητρότητα maternity, motherhood

μητρώνυμο mother's name

μητρώο register **ποινικό μητρώο** criminal record **φορολογικό μητρώο** tax record

μηχανάκι moped

μηχανή machine **μηχανή λήψεως** camera **μηχανή προβολής** projector **ταμειακή μηχανή** cash register **φωτογραφική μηχανή** camera· (κινητήρας) engine, motor· (μοτοσικλέτα) motorbike

μηχάνημα machine, device **συρραπτικό μηχάνημα** stapler **μηχανήματα** machinery

μηχανικά mechanically

μηχανική engineering· mechanics

μηχανικός engineer· mechanic • mechanical

μηχανισμός mechanism **εκρηκτικός μηχανισμός** explosive device· machinery

μηχανογράφηση computerization· computer department

μηχανογραφικός of computerization **μηχανογραφική υπηρεσία** computer department

μηχανοδηγός engine driver

μηχανολογία mechanical engineering

μηχανολόγος mechanical engineer

μηχανοργάνωση computerization

μηχανορραφία intrigue

μηχανορραφώ scheme, plot

μηχανοστάσιο engine room

μηχανουργείο machine shop, machine works

μία, μια ☞ ένας ♦ με μιας all at once, suddenly μια για πάντα once and for all μια κι έξω α) at one go β) once and for all μια φορά (άπαξ) once

μια, μιας και since, seeing that

μιάμιση one and half· (για ώρα) half past one

μιγάδας half-breed

μίγμα ☞ μείγμα

μίζα rake-off, bribe· *(τεχνολ.)* ignition (key)

μίζερος mean, miserable· (ιδιότροπος) moody, hard to please

μικιμάους ☞ μίκυ μάους

Μικρά Ασία Asia Minor

μικρασιατικός of Asia Minor Μικρασιατική Καταστροφή Asia Minor Catastrophe

μικραίνω make smaller· make (sb.) look younger· become/get smaller

μικροαντικείμενα odds and ends

μικροαστικός petit bourgeois, of lower middle class μικροαστική τάξη lower middle class

μικροαστός -ή petit bourgeois, lower middle-class person

μικρόβιο germ, microbe, bug

μικρογραφία miniature

μικροδείχνω look younger than one's age

μικροκαμωμένος slightly-built

μικροκύματα microwaves φούρνος μικροκυμάτων microwave oven

μικροποσό trifle

μικροπράγματα odds and ends· matters of no importance, trifles

μικροπρέπεια meanness, pettiness

μικροπρεπής mean, petty

μικροπωλητής vender

μικρός (σε μέγεθος) small, little· (σε ηλικία) young, little· (σε διάρκεια ή μήκος) short, brief· (σε ένταση) slight, small· (σε σημασία) minor, slight, small· (μικροπρεπής) mean, meanminded μικρό όνομα Christian name, first name

μικροσκοπικός microscopic, minute, tiny

μικροσκόπιο microscope

μικροσυσκευή gadget

μικρόσωμος small, little, undersized

μικρότερος smaller· younger· less

μικρότητα (χαρακτήρα) baseness, pettiness, meanness

μικροφέρνω look younger than one's age

μικρόφωνο microphone, mike

μικροχειρουργική microsurgery

μικτός mixed· gross μικτό σχολείο co-educational school

μίκυ μάους, **μικιμάους** (φιλμ) cartoon· (έντυπο) comic (book)

μίλι mile

μιλιά voice (μη βγάλεις) μιλιά! don't say a word!

μιλιούνια swarms, vast crowds

μιλώ speak· talk μιλάς σοβαρά; are you serious? μιλώ εκ μέρους κάποιου speak for sb., speak on behalf of sb. μιλώ ντόμπρα/καθαρά speak one's mind· make a speech • **μιλιέμαι** α) be spoken β) be on speaking terms· δε μιλιέμαι not be in the mood for conversation

μίμηση imitation· impersonation, take-off

μίμος (ηθοποιός) mime· impersonator, mimic

μιμούμαι imitate, copy· mime, mimic, impersonate, take off

μιναρές minaret

μίνι mini • miniskirt(s)

μινιατούρα miniature

μίξερ mixer

μιούζικαλ musical

μισάνοιχτος half-open, ajar

μισθοδοσία payment of salary ημέρα μισθοδοσίας payday

μισθοδοτώ pay salary to (sb.) • **μισθοδοτούμαι** receive a salary

μισθός pay, (μηνιάτικο) salary, (βδομαδιάτικο) wage(s)

μισθώνω rent, lease, hire, charter· engage, hire

μίσθωση leasing, hiring, hire, (η σύμβαση) lease

μισθωτήριο contract of lease

μισθωτής -ώτρια lessee

μισθωτός employee

μισογεμάτος half-full

μισογκρεμισμένος crumbling

μισόγυμνος half-naked

μισοζαλισμένος half-dazed, (από ποτό) tipsy

μισοκοιμισμένος drowsy, slumberous

μισομεθυσμένος tipsy

μισοπάλαβος potty, batty

μισοπεθαμένος dying· deadbeat, more dead than alive

μίσος hate, hatred, (αποστροφή) aversion

μισός half μισό λεπτό! just a minute! στα μισά (της απόστασης) midway, half-way· incomplete, half-finished

μισοσκόταδο twilight

μισοτελειωμένος half-finished, unfinished

μισοτιμής at half price· at a bargain price

μισοφέγγαρο half moon

μισοφόρι ☞ μεσοφόρι

μισώ hate, loathe

μνεία mention, reference εύφημος μνεία honourable mention

μνήμα grave, tomb

μνημείο monument· memorial, tomb

μνήμη memory

μνημόσυνο *(εκκλησ.)* memorial service

μνησικακία grudge, spite

μνησίκακος spiteful

μνηστή fiancée

μνηστήρας fiancé

μοβ mauve, purple

μόδα fashion, style, trend **γίνομαι της μόδας** come into fashion **είμαι της μόδας** be fashionable/trendy **επίδειξη μόδας** fashion show **η τελευταία λέξη της μόδας** the height of fashion **παλιάς μόδας** old-fashioned· craze, (passing) fad

μοδίστρα dressmaker

μοιάζω look like, be/look alike, resemble, take after· look/sound/taste/feel like, seem like

μοίρα (πεπρωμένο) destiny, fate **λέω τη μοίρα κάποιου** tell sb.'s fortune· *(γεωμ.)* degree· (αεροπορική) squadron ♦ **είμαστε στην ίδια μοίρα** be in the same boat

μοιράζω divide, split· (διανέμω) distribute, hand out, give out· *(χαρτοπ.)* deal • **μοιράζομαι** share **μοιράζομαι τα έξοδα** go Dutch, go halves (with)

μοιραίος fated, inevitable· fatal, fateful

μοιρασιά, **μοίρασμα** division (into parts), sharing· distribution, handing out· *(χαρτοπ.)* dealing, deal

μοιρολόι dirge

μοιχεία adultery

μοκέτα fitted carpet, wall-to-wall carpet

μόλις just, just now • as soon as, the moment, no sooner... than **μόλις και μετά βίας** hardly, barely, scarcely

μολονότι although, though

μολύβι pencil

μολυβιά pencil stroke, pencil mark

μόλυνση infection· pollution, contamination

μολύνω pollute, contaminate· *(ιατρ.)* infect

μονάδα unit· point

μοναδικός sole· unique, unrivalled, exceptional

μονάκριβος one and only, precious

μοναξιά solitude· loneliness **νιώθω μοναξιά** feel lonely

μονάρχης monarch

μοναρχία monarchy

μοναστήρι monastery, (γυναικείο) nunnery

μονάχα, **μοναχά** only

μοναχή nun

μοναχικός solitary· lonely, secluded· monastic

Μόναχο Munich

μοναχογιός only son

μοναχοκόρη only daughter

μοναχοπαίδι only child

μοναχός monk • και **μονάχος** α) alone β) by oneself, on one's own

μόνιμος permanent, fixed **μόνιμος δεσμός** steady (boyfriend/girlfriend)· (στο στρατό) regular

μονιμότητα permanence

μόνο only **μόνο και μόνο** just **παρά μόνο αν...** unless...

μονόγραμμα monogram

μονογραφή initials

μονόδρομος one-way street

μονοήμερος one-day, lasting one day

μονόζυγο high bar, horizontal bar

μονοιάζω reconcile· become/be reconciled, become friends again, make it up

μονοκατοικία detached house, single-storey house

μονόκλινο single-bedded room

μονοκοπανιά at one go· at a stretch

μονολεκτικός one-word

μονόλογος monologue

μονολογώ talk to oneself

μονομαχία duel

μονομάχος duellist· (στην αρχαία Ρώμη) gladiator

μονομαχώ duel, fight a duel

μονομερής unilateral· one-sided, partial

μονομιάς at one go· overnight

μονοπάτι path, footpath

μονόπλευρος one-sided, biased, partial· unilateral

μονορούφι in a single gulp, at one go

μόνος alone· lonely· by oneself, without help· only (one), sole, single

μονός single· (αριθμός) odd

μονοτονία monotony **για να σπάσει η μονοτονία** for a change

μονότονος monotonous· (πληκτικός) tedious, drab, dreary

μονόφθαλμος one-eyed, blind in one eye

μονόωρος one-hour, lasting one hour

μοντέλο model

μοντέρνος modern· fashionable, trendy

μονώνω insulate

μονώροφος one-storey, (ΗΠΑ) one-storied

μόνωση insulation

μονωτικός insulating

μορφάζω grimace, (από πόνο) wince

μορφασμός grimace, (πόνου) wince

μορφή form, shape· face· figure, personality

μορφωμένος educated, learned

μορφώνω educate· form • **μορφώνομαι** get/receive an education

μόρφωση education· learning

μορφωτικός educational· of culture, cultural

Μόσχα Moscow

μοσχάρι calf· (το κρέας) beef, (του γάλακτος) veal

μοσχαρίσιος of calves **μοσχαρίσιο κρέας** beef, (του γάλακτος) veal **μοσχαρίσια (μπριζόλα)** steak

μόσχευμα transplant

μοσχοβολώ be fragrant, smell sweet

μοσχοκάρυδο nutmeg

μοτέλ motel

μοτέρ engine· (electric) motor

μοτοποδήλατο moped

μοτοσικλέτα motocycle

μοτοσικλετιστής -ίστρια motocyclist

μου (σ' εμένα) me, to me· (δικός μου) my, mine

μουγκός dumb, mute

μουγκρητό ☞ μούγκρισμα

μουγκρίζω roar, growl· (για πρόσωπο) groan, moan

μούγκρισμα, **μουγκρητό** growl, roar· (ανθρώπου) groan

μουδιάζω go numb· go dead, get pins and needles

μουδιασμένος numb

μουλάρι mule

μουλιάζω soak

μούμια mummy

μουντζούρα smudge, smear, (από μελάνι) blot

μουντζουρώνω smudge, blot, smear

μουντός dull

μούρη (ανθρώπου) face, mug, (ζώου) snout, (ιδ. αυτοκινήτου) front part/end

μουριά mulberry tree

μουρλαίνω drive (sb.) mad • **μουρλαίνομαι** go nuts, go crazy

μουρμουρητό ☞ μουρμούρισμα

μουρμουρίζω, **μουρμουράω** murmur, mumble, mutter· hum

μουρμούρισμα, **μουρμουρητό** murmuring, murmur

μούρο mulberry

μούσα muse

μουσείο museum

μούσι beard· *(μτφ.)* fib, lie

μουσική music

μουσικός musical • α) musician β) music teacher

μουσικοσυνθέτης -ρια/-έτις composer

μούσκεμα, **μουσκίδι** soaked, soaking wet ♦ **τα κάνω μούσκεμα** botch things up

μουσκεύω soak· get soaked, be soaking wet

μουσκίδι ☞ μούσκεμα

μούσμουλο medlar

μουσούδα muzzle, snout

μουσουλμανικός Muslim

μουσουλμανισμός Islam

μουσουλμάνος -α Muslim

μουσουργός composer

μουστάκι moustache· **μουστάκια** (ζώου) whiskers

μουσταλευριά must jelly

μουστάρδα mustard

μουσταρδί brownish-yellow, mustard

μούστος must

μούτρο face· rogue, rascal, crook ♦ **κρατάω/κάνω μούτρα** put on/wear a long face

μουτρωμένος sulky

μουτρώνω pull a long face, get/be sulky

μούτσος cabin boy, ship's boy

μούχλα mould

μουχλιάζω make (sth.) mouldy· become/go mouldy

μουχλιασμένος mouldy

μοχέρ mohair

μοχθηρία wickedness, spite

μοχθηρός evil, wicked· malicious, spiteful

μόχθος toil, labour, hard work

μοχθώ labour, toil, work hard

μοχλός lever, bar

μπαγιατεύω go stale

μπαγιάτικος stale

μπαγκάζια baggage, luggage

μπαγκαζιέρα trailer

μπαγκέτα (αρχιμουσικού) baton· drumstick· loaf of French bread, baguette

μπάζα debris, rubble· profit, gain, (με αθέμιτα μέσα) swag

μπάζω get inside/in, put inside, bring in, let in· let (into)· leak **μπάζει** it's draughty

μπαίνω get in(to), go in(to), come in(to), enter, (κρυφά) sneak in(to)· (σε μεταφορικό μέσο) get/on/in(to)· (σε εκπαιδευτικό ίδρυμα) get in(to), pass (into)· shrink· (καταλαβαίνω) get it, catch on, get the point ♦ **μπαίνω στον πειρασμό** be tempted **μπαίνω στη θέση κάποιου** α) put oneself in another's place β) (αντικαθιστώ) replace sb., substitute for sb.

μπακάλης -ισσα grocer

μπακαλιάρος haddock, cod

μπακάλικο grocer's (shop)

μπάλα ball, (ποδοσφαίρου) football, (του μπάσκετ) basketball, (του μπόουλινγκ) bowl

μπαλαντέζα extension cable

μπαλαντέρ joker

μπαλαρίνα (woman) ballet dancer, ballerina

μπαλέτο ballet

μπαλιά shot, pass, kick

μπαλκόνι balcony, verandah

μπαλκονόπορτα French window

μπαλόνι balloon

μπαλτάς chopper, cleaver, meat axe

μπάλωμα patch

μπαλώνω patch (up), mend, (παπούτσι) cobble, (κάλτσες) darn· *(μτφ.)* patch up, gloss over

μπάμια okra

μπαμπάκι ☞ βαμβάκι

μπαμπάς dad, pa, daddy

μπαμπού bamboo

μπανάνα banana

μπανανόφλουδα banana skin

μπανιέρα bathtub, bath

μπάνιο (στην μπανιέρα) bath· (στη θάλασσα) swim, swimming· (το δωμάτιο) bathroom· (η μπανιέρα) bath, bathtub

μπάντα side **κάνω στην μπάντα** step/stand aside· band ♦ **βάζω στην μπάντα** set aside, save

μπαούλο trunk

μπαρ bar **πάγκος του μπαρ** bar

μπαργούμαν barmaid

μπαρκάρω embark· become a sailor, go to sea

μπάρμαν barman, (ΗΠΑ) bartender

μπάρμπεκιου barbecue

μπαρμπούνι red mullet

μπάσκετ basketball

μπασκετμπολίστας -ρια basketball player

μπασκίνας cop, copper

μπασμένος (μικροκαμωμένος) stunted, stubby· well-informed, in the know

μπάσο bass

μπαστούνι stick, walking stick· *(χαρτοπ.)* spade ♦ **τα βρίσκω μπαστούνια** run into difficulties

μπαταρία battery

μπατάρω overturn, capsize

μπατζάκι trouser leg

μπατζανάκης brother-in-law

μπατίρης- ισσα flat broke

μπατιρίζω go bust, go broke

μπατονέτα cotton bud

μπατσίζω slap in the face

μπάτσος slap in the face· (αστυνομικός) copper, cop

μπαφιάζω be tired (of), be fed up, get sick (of)· tire (sb.) completely

Μπαχάμες Bahamas

μπαχαρικό spice

μπεζ beige

μπέιζμπολ baseball

μπέικον bacon

μπεκρής -ού drunkard

μπελαλίδικος messy

μπελάς bother, trouble, nuisance **βρίσκω το μπελά μου** get into trouble, cop it **μπαίνω σε μπελάδες** get into trouble

μπελτές ☞ πελτές

μπέρδεμα tangle· confusion, mix-up, mess· involvement

μπερδεμένος tangled· mixed up, muddled· confusing, complicated· confused· involved, implicated

μπερδεύω, **μπλέκω** tangle, mix up· complicate· confuse, mistake· confound, confuse, perplex, baffle • **μπερδεύομαι** α) be/get entangled, entagle oneself β) be/become confused γ) get involved

μπερές beret

μπέρτα cape, cloak

μπεσαμέλ bechamel

μπετόν concrete

μπετονιέρα concrete mixer, cement mixer

μπήγω drive in(to), thrust in(to), stick, jab ♦ μπήγω τις φωνές start shrieking

μπηχτή hint, dig

μπιζού jewellery

μπιζουτιέρα jewel box, jewel case

μπικίνι bikini

μπικουτί roller, curler

μπίλια (steel) ball· (σε παιδικό παιχνίδι) marble

μπιλιάρδο billiards

μπιλιέτο calling card, visiting card

μπιμπελό bibelot, knick-knack

μπιμπερό feeding bottle

μπιμπίκι pimple, spot

μπίρα beer

μπιραρία public house, pub

μπισκότο biscuit, cookie

μπιφτέκι humburger

μπιχλιμπίδι bauble, knick-knack

μπλαβίζω turn blue

μπλάβος dark blue

μπλάνκο correcting fluid

μπλε blue

μπλέιζερ blazer

μπλέκω ☞ μπερδεύω

μπλέξιμο entanglement· mess, complication· involvement

μπλιγούρι ☞ πλιγούρι

μπλοκ notepad **μπλοκ επιταγών** chequebook **μπλοκ ζωγραφικής** sketch book· bloc

μπλοκάρω block· (για τροχό) lock, (για πόρτα κτλ.) jam· have a (mental) block, be completely at sea

μπλόκο roadblock

μπλούζα blouse, top· (γιατρού κτλ.) white coat

μπλουζάκι T-shirt

μπλουτζίν blue jeans

μπλόφα bluff

μπλοφάρω bluff

μπογιά paint, (για ρούχα, μαλλιά) dye, (για παπούτσια) polish· coloured pencil

μπογιά(ν)τίζω paint

μπογιατζής painter

μπόγος bundle

μπόι height

μποϊκοτάζ boycott, boycotting

μποϊκοτάρω boycott

μπολ bowl

μπόλικος plenty (of), lots (of), plentiful· (για ρούχα) ample, loose-fitting

μπόμπα bomb

μποξ boxing

μποξέρ boxer

μποξεράκι boxer shorts

μπόουλινγκ bowling

μπόρα shower, downpour

μπορντό (κρασί) Bordeaux· (χρώμα) crimson

μπορντούρα border, edge

μπορώ (δηλώνει ικανότητα, δυνατότητα) can, (σε χρόνους όπου δεν υπάρχουν οι τύποι του "can") be able to **δεν μπορούσα να μην...** I couldn't help...· (για να ζητήσουμε άδεια ή για να διατυπώσουμε παράκληση) may, can, (ευγενικότερο) might, could· (για να δώσουμε άδεια) may, can· (καταφέρνω) manage· (αντέχω) stand, put up with **μπορεί** α) could, may β) maybe, perhaps, may

μπότα boot

μποτιλιάρισμα traffic jam

μπουγάδα washing, wash· (ρούχα για πλύσιμο) laundry

μπουγάτσα custard pie

μπούζι ice-cold, stone-cold

μπουζί spark/sparking plug

μπουκάλι bottle

μπουκάρω rush (into), burst (into), (για αστυνομία) bust

μπουκέτο bunch of flowers, bouquet

μπουκιά bite, mouthful

μπούκλα curl, lock, ringlet

μπουλντόζα bulldozer

μπουλόνι bolt

μπουλούκι mob, gang, band· (ζώων) pack, herd· troupe (of actors)

μπούμερανγκ boomerang **αποβαίνω/γίνομαι μπούμερανγκ σε κπ.** boomerang on sb.

μπουμπούκι bud

μπουμπουνητό thunderclap, clap of thunder

μπουμπουνίζω thunder

μπουνιά punch· fist

μπούρδα piece of nonsense· **μπούρδες** nonsense, hot air, rubbish

μπουρίνι gale, squall

μπουρμπουλήθρα bubble

μπουρνούζι bathrobe

μπουσουλώ crawl, go on all fours

μπούτι thigh· *(μαγειρ.)* leg

μπουτίκ boutique

μπουτονιέρα buttonhole

μπουφάν jacket, anorak

μπουφές (το έπιπλο) sideboard· buffet

μπούφος (ανόητος άνθρωπος) oaf, dolt, booby· (κακός μαθητής) dunce

μπουχτίζω stuff oneself (with food), be stuffed· be/feel fed up with

μποφόρ beaufort

μπόχα stink, stench

μπράβο bravo!, well done!

μπράτσο arm

μπρελόκ keyring

μπριζόλα chop, (μοσχαρίσια) steak

μπρόκολο broccoli

μπρος ☞ εμπρός

μπροστά in front· (προς τα εμπρός) forwards, ahead· there, present· in advance **μπροστά από** in front of· past, by· before, ahead (of) **μπροστά σε** in the presence of, before, in view of **μπροστά στα μάτια μου**

before sb.'s eyes· compared with, in comparison with, beside **το ρολόι πάει μπροστά** the clock is fast

μπροστινός front

μπρούμυτα face down

μπρούντζος brass, bronze

μυαλό brain, brains· *(μτφ.)* head, mind ♦ **βάζω μυαλό** mend one's ways, see sense

μυαλωμένος sensible, prudent

μύγα fly

μυγιάγγιχτος touchy, irritable

μύδι mussel

μυελός marrow

μύηση initiation

μυθικός mythical· fictitious, imaginary

μυθιστόρημα novel

μυθολογία mythology

μύθος myth, fable, legend

μυϊκός muscular

μύλος (αλευρόμυλος) mill· (αλεστική μηχανή) mill, grinder· (ανεμόμυλος) windmill

μύξα snot **έχω μύξες** have a runny/snotty nose

μυξοκλαίω snivel, sniff

μυρίζω smell· sniff (at) **μυρίζω πολύ άσχημα** stink • **μυρίζομαι** suspect, get wind of **μυρίζομαι βρομοδουλειά** smell a rat

μυρμήγκι ant

μυρμηγκιάζω have pins and needles

μυρμηγκοφωλιά ant nest, anthill

μυρωδιά smell, odour· (ευωδία) sweet smell, fragrance, scent ♦ **παίρνω μυρωδιά** get wind of

μυρωδικό spice, savory

μυς muscle

μυστήριο mystery· enigma, riddle· *(θεολ.)* sacrament

μυστήριος mysterious· odd, strange • fusspot

μυστηριώδης mysterious, inexplicable· (αλλόκοτος) eerie, unearthly

μυστικά secretly, in secret

μυστικό secret

μυστικοπάθεια secretiveness

μυστικοπαθής secretive

μυστικός secret

μυστικότητα secrecy· confidentiality

μυστρί trowel

μυτερός sharp, pointed

μύτη nose **τρέχει η μύτη μου** have a runny nose· (ζώου) snout, muzzle, (πτηνού) beak· (αιχμή) point, end, (αεροπλάνου) snout, nose, (μολυβιού) tip, (βέλους) head· (όσφρηση) good sense of smell, nose ♦ **στις μύτες (των ποδιών)** on tiptoe

μυώδης muscular, brawny

μυωπία myopia, short-sightedness **γυαλιά μυωπίας** eyeglasses

μ.Χ. AD, (ΗΠΑ) A.D.

Μωάμεθ Muhammad, Mohammed

μωαμεθανισμός Mohammedanism, Islam

μωαμεθανός -ή Mohammedan

μώλωπας bruise

μωρέ hey

μωρό baby

μωρουδιακά baby things

μωρουδίστικος of/for babies, baby· babyish

Μωϋσής Moses

N, ν

να to· and· (σε ερωτήσεις) shall, should· (σε ευχές) may· (όταν ζητάμε άδεια) may, can **αντί να** instead of **για να** in order to, so as to, so that **(και) να** even if **μέχρι να** before **να γιατί**... that's why... **πριν να** before **χωρίς/δίχως να** without • (για έμφαση) α) that's β) (δεικτικό) here, there

ναδίρ nadir

ναζί Nazi

ναζισμός Nazism

ναζιστικός of Nazis, Nazi

ναι yes **αν ναι** if so, if yes

νάιλον nylon

νάνος dwarf

νανουρίζω sing/lull to sleep

νανούρισμα lullaby· lulling/singing to sleep

ναός temple, place of worship· (χριστιανικός) church

ναργιλές, **αργιλές** narghile, hookah

νάρκη lethargy, deep sleep· *(στρατ.)* mine

ναρκομανής drug addict

ναρκοπέδιο minefield

ναρκώνω *(ιατρ.)* anaesthetize, give anaesthetic to· make sleepy/drowsy

νάρκωση *(ιατρ.)* anaesthesia

ναρκωτικά drugs, narcotics

ναυάγιο shipwreck

ναυαγός castaway

ναυαγοσώστης -ρια lifeguard

ναυαγοσωστική λέμβος lifeboat

ναυαγώ be shipwrecked, (για πλοίο) be wrecked· *(μτφ.)* fail completely, come to nothing

ναύαρχος admiral

ναύλα fare

ναυλώνω charter

ναυμαχία sea battle

ναυπηγείο shipyard, dockyard

ναυπηγός ship builder, naval architect

ναυσιπλοΐα navigation, shipping

ναύσταθμος naval dockyard, navy yard

ναύτης sailor

ναυτία nausea, seasickness, airsickness

ναυτικό navy

ναυτικός naval, maritime, marine, nautical, seafaring **ναυτική βάση** naval base **ναυτικός πράκτορας** shipping agent **ναυτικός όμιλος** yacht(ing) club • sailor, seaman

ναυτιλία navigation· shipping **Υπουργείο Εμπορικής Ναυτιλίας** Ministry of Merchantile Marine

ναυτιλιακός shipping

ναφθαλίνη mothballs

Νέα Ζηλανδία New Zealand

νεοζηλανδικός (of) New Zealand

Νεοζηλανδός -ή New Zealander

νεανικός youthful **νεανικά χρόνια** youth

νεαρός young **νεαρή ηλικία** youth • youth, young man, *θηλ.* young girl

Νέα Υόρκη New York

νέγρικος Negro, of Negroes

νέγρος -α Negro, *θηλ.* Negress

Νείλος (the) Nile

νέκρα complete/dead silence

νεκροθάφτης gravedigger

νεκροκεφαλή skull, death's head· (ως σύμβολο) skull and crossbones

νεκρός dead **νεκρή φύση** still life **νεκρή περίοδος** dead season, off season **νεκρό σημείο/το νεκρό** (θέση ταχυτήτων) neutral • dead person, dead body

νεκροταφείο cemetery, graveyard

νεκροτομείο morgue

νεκροτομή autopsy, necropsy

νεκροφόρα hearse

νεκροψία necropsy

νεκρώσιμος funerary **νεκρώσιμη ακολουθία** funeral ceremony

νέο piece/item of news· **νέα** news

νεογέννητος newborn

νεοελληνικά modern Greek language and literature

νεοελληνικός modern Greek

νεοκλασικός neoclassic

νεόκτιστος newly built, recently constructed

νεολαία young people, youth

νεόνυμφοι (the) newlyweds, (the) newly married couple

νεόπλουτος nouveau riche

νέος (στην ηλικία) young· (καινούριος) new· modern, up-to-date • youngster, youth, young man, *θηλ.* young woman

νεοσύλλεκτος recruit

νεότερος younger, (the) youngest· newer, (the) latest· modern, recent· junior

νεότητα youth

νεόφερτος newly arrived, new (to) • newcomer

νεράιδα fairy

νεράντζι bitter orange

νερό water **γλυκό νερό** fresh water· water (supply)

νερομπογιά watercolour

νερόμυλος watermill

νεροπίστολο water pistol

νεροποντή cloudburst, downpour, shower

νεροπούλι waterbird

νερουλός watery, thin· *(μτφ.)* flabby

νεροχελώνα terrapin, turtle

νεροχύτης (kitchen) sink

νερώνω water down

νεσεσέρ make-up bag

νέτα clearly **νέτα σκέτα** bluntly, plainly, point-blank, straight (out)

νεύμα signal, gesture, (με το κεφάλι) nod

νευραλγία neuralgia

νευρασθενικός irritable/short-tempered person

νευριάζω get on (sb.'s) nerves, vex, rile· become riled/vexed, lose one's temper

νευριασμένος angry, irritated, vexed, on edge

νευρικός *(ιατρ.)* nervous, of the nerves **νευρικός κλονισμός** nervous breakdown· (ευέξαπτος) irritable, short-tempered· (ανήσυχος) nervous, edgy, jumpy

νευρικότητα nervousness· anxiety, restlessness

νεύρο nerve· *(μτφ.)* nervous energy, vim· **νεύρα** nerves **έχουν σπάσει τα νεύρα μου** be a nervous wreck **έχω νεύρα** be in a bad mood **κπ./κτ. μου δίνει/χτυπάει στα νεύρα** sb./sth. gets on my nerves

νευροκαβαλίκεμα crick

νευρολόγος neurologist

νευροχειρουργός neurosurgeon

νεύω beckon, sign (for), (με το κεφάλι) nod, (με το μάτι) wink, (με το χέρι) wave

νεφελώδης cloudy

νέφος cloud· (αιθαλομίχλη) smog

νεφρικός nephritic, renal

νεφρό kidney **τεχνητό νεφρό** kidney machine

νεφροπαθής nephritic

νεωτερίζω adopt modern/new trends, be a modernist

νεωτερισμός innovation, novelty

νεωτεριστής -ίστρια innovator, modernist

νεωτεριστικός innovative, modernistic

νήμα thread, (μάλλινο) yarn **νήμα τερματισμού** finishing tape

νηνεμία calm

νηπιαγωγείο infant school, (ΗΠΑ) kindergarten

νηπιαγωγός infant school teacher, (ΗΠΑ) kindergarten teacher

νηπιακός infantile **νηπιακή ηλικία** infancy **νηπιακός σταθμός** day nursery

νήπιο infant, toddler, baby

νησί island

νησίδα islet· (διαχωριστική) traffic island

νησιώτης -ισσα islander

νήσος island, (σε ονομασίες) Isle

νηστεία fast, fasting

νηστεύω fast, observe a fast

νηστήσιμος Lenten

νηστικός not having eaten

νηφάλιος sober, collected

νιαουρίζω miaow, mew

νιαούρισμα miaow, mew

νιάτα youth· young people

νίβω/-ομαι wash

νίκη victory· (σε αγώνα) win

νικητής -ήτρια victor, *θηλ.* victress, (σε παιχνίδι) winner • victorious, winning

νικοτίνη nicotine

νικώ defeat, beat· overcome· win

νίλα disaster· dirty trick

νιόπαντρος newly married

νιότη youth

νιπτήρας washbasin, basin

νιφάδα flake

νιώθω feel **νιώθω χάλια** feel wretched· appreciate, understand, realize, know· (διαισθάνομαι) feel, sense· feel for, sympathize

νοβοπάν chipboard, fibreboard

Νοέμβριος November

νοερός mental

νόημα meaning, sense **βγάζω νόημα από** make sense of **δεν έχει νόημα να...** there's no sense/point in... **έχω νόημα** make sense **χωρίς νόημα** α) meaningless β) purposeless· (νεύμα) signal, sign **κάνω νόημα σε** signal to, beckon, (με το χέρι) wave to, (κλείνοντας το μάτι) wink at, (καταφατικά) nod

νοηματική γλώσσα sign language

νοημοσύνη intelligence **δείκτης νοημοσύνης** intelligence quotient, IQ

νοήμων intelligent

νοθεία adulteration· falsification **εκλογική νοθεία** election rigging

νοθεύω adulterate, doctor· falsify, rig

νόθος illegitimate

νοιάζει ♦ **αν δε σε νοιάζει** if you don't mind **λες και με νοιάζει!** as if I cared! **με νοιάζει** care, mind **τι σε νοιάζει εσένα** it's none of your business, what is it to you?

νοιάζομαι look after, take care of· care (about), concern oneself· be worried

νοικάρης -ισσα tenant, lodger

νοίκι rent **χωρίς νοίκι** rent-free **καθυστερούμενα νοίκια** arrears of rent

νοικιάζω ☞ ενοικιάζω

νοίκιασμα ☞ ενοικίαση

νοικοκυρά (οικοδέσποινα) housewife· (σπιτονοικοκυρά) landlady· tidy/neat woman

νοικοκύρης (οικογενειάρχης) householder, master of the house· (ιδιοκτήτης) landlord· tidy/neat man

νοικοκυριό household· (δουλειές του σπιτιού) household chores, housework

νοκ άουτ knockout **βγάζω νοκ άουτ** knock out

νομάρχης prefect

νομαρχία prefecture

νομίζω think, consider, (υποθέτω) suppose, (πιστεύω) believe

νομικά law

νομική law· Law School, Faculty of Law

νομικός legal, of the law **νομική υπηρεσία** legal department **νομικός**

σύμβουλος legal adviser, (του κράτους) law officer • jurist, lawyer

νόμιμα legally, lawfully· legitimately

νομιμοποιώ legalize

νόμιμος legal, lawful· legitimate· rightful

νομιμότητα legality· law, rule of law

νόμισμα currency· coin

νομισματοκοπείο mint

νομοθεσία legislation

νομοθέτης -ις legislator

νομοθετικός legislative

νομοθετώ legislate, make laws

νόμος law, act (of parliament) **ά-γραφος νόμος** unwritten law, common law **σχέδιο νόμου** bill· (αρχή) principle

νομός prefecture

νομοσχέδιο bill, draft law

νομοταγής law-abiding

Νόμπελ Nobel prize

νομπελίστας -ρια Nobel prize winner

νονά godmother

νονός godfather

νοοτροπία mentality, (way of) thinking

Νορβηγία Norway

νορβηγικός Norwegian **νορβηγική (γλώσσα)** Norwegian

Νορβηγός -ή Norwegian

νοσηλεία nursing, hospital care, hospitalization

νοσηλευτής -εύτρια nurse

νοσηλευτική nursing· (η σχολή) nursing school

νοσηλευτικός nursing

νοσηλεύω nurse, treat • **νοσηλεύομαι** be under treatment **νοσηλεύομαι σε νοσοκομείο** be hospitalized

νοσήλια hospital costs/bill

νοσηρός unhealthy· morbid, diseased

νοσοκόμα nurse

νοσοκομειακός hospital, of hospitals **νοσοκομειακό (αυτοκίνητο)** ambulance

νοσοκομείο hospital **εισάγω στο νοσοκομείο** hospitalize

νοσοκόμος (male) nurse

νόσος disease, illness

νοσταλγία nostalgia **νοσταλγία για την πατρίδα** homesickness

νοσταλγώ long for, be/feel nostalgic for (sth.) **νοσταλγώ την πατρίδα** be/feel homesick· miss

νοστιμεύω, **νοστιμίζω** make tasty, give flavour to· become tasty

νοστιμιά, **νοστιμάδα** tastiness

νόστιμος tasty, (νοστιμότατος) delicious· pretty, good-looking, presentable

νότα *(μουσ.)* note· tone, note

νότια south **νότια από** to the south of· southwards

Νότια/Νότιος Αφρική South Africa

νοτιοανατολικά southeast, southeastward(s)

νοτιοαφρικανικός South African

Νοτιοαφρικανός -ή South African

νότιος south· (για τοποθεσία) southern

νότος (the) south **προς το νότο** south **προς νότο** southwards

νουθεσία admonition

νουθετώ admonish

νούμερο number· (μέγεθος) size

νους mind ♦ **έχω το νου μου** be cautious, be alert **έχω το νου μου σε** take care of, mind

νούφαρο waterlily

νταβάνι ☞ ταβάνι

νταής bully, rough

ντάλα μεσημέρι at high noon

ντάλια dahlia

νταλίκα heavy truck

νταλικέρης truck driver

ντάμα (female) (dancing) partner· *(χαρτοπ.)* queen· (επιτραπέζιο παιχνίδι) draughts, chequers

νταμάρι quarry

νταμιζάνα demijohn

νταντά nanny

νταντεύω nurse· pamper, mollycoddle

ντε just, on

ντεκολτέ neckline • low-necked

ντεκόρ decor

ντεκορατέρ, **ντεκορατρίς** (interior) decorator

ντελαπάρισμα ☞ ντεραπάρισμα

ντελαπάρω ☞ ντεραπάρω

ντελικάτος delicate

ντελίριο delirium

ντεμοντέ out-of-date, old-fashioned • unfashionably

ντεμπραγιάζ clutch

ντενεκές ☞ τενεκές

ντεντέκτιβ ☞ ντετέκτιβ

ντε πιες two-piece (suit)

ντεπόζιτο tank· (αυτοκινήτου) petrol tank

ντεραπάρισμα, **ντελαπάρισμα** skid(ding)

ντεραπάρω, **ντελαπάρω** skid

ντέρμπι derby· critical/decisive match

ντετέκτιβ, **ντεντέκτιβ** detective

ντέφι tambourine

ντίσκο, **ντισκοτέκ** disco, discotheque

ντισκ τζόκεϊ disk jockey, DJ

ντοκιμαντέρ documentary (film)

ντοκουμέντο document

ντοκτορά doctoral thesis· doctorate

ντολμάς stuffed vine/cabbage leaf

ντομάτα tomato

ντοματιά tomato (plant)

ντοματόζουμο tomato juice

ντοματοπελτές tomato paste

ντόμπρα directly, plain

ντόμπρος direct, plainspoken

ντοπαρισμένος doped

ντοπάρω dope

ντόπιος local, native ντόπιας παραγωγής locally produced • **(οι) ντόπιοι** (the) local people

ντόρος (θόρυβος) fuss, noise· (αίσθηση) sensation, stir

ντοσιέ dossier, folder, file

ντουβάρι wall· *(μτφ.)* dunce, dullard

ντουέτο duet

ντουζ ☞ ντους

ντουζιέρα ☞ ντουσιέρα

ντουζίνα dozen

ντουί lamp socket

ντουλάπα wardrobe

ντουλάπι (κουζίνας) cupboard, (σε αποδυτήρια) locker

ντουμάνι thick smoke, fug

ντουμανιάζω fill with smoke, make a fug

ντουμπλάρω (μεταγλωττίζω) dub· (φοδράρω) line· understudy, stand in for

ντουμπλ φας double-faced, reversible

ντουντούκα megaphone

ντους, **ντουζ** shower· shower room

ντουσιέρα, **ντουζιέρα** shower

ντουφέκι ☞ τουφέκι

ντουφεκιά ☞ τουφεκιά

ντουφεκίζω ☞ τουφεκίζω

ντουφεκισμός ☞ τουφεκισμός

ντρέπομαι be ashamed (of)· be shy (of)

ντροπαλός shy, conscious

ντροπή shame, disgrace νιώθω ντροπή feel ashamed (of)· (συστολή) shyness

ντροπιάζω disgrace, dishonour, shame· put to shame

ντύμα cover, wrapper, jacket

ντυμένος dressed (in)

ντύνω dress· clothe, dress· cover, upholster • **ντύνομαι** α) dress, dress oneself, get dressed β) disguise oneself as γ) buy one's clothes

ντύσιμο dress· dressing

νύκτα ☞ νύχτα

νυκτερινός ☞ νυχτερινός

νυκτοβάτης -ισσα sleepwalker

νυκτοβατώ sleepwalk

νύξη hint, allusion

Νυρεμβέργη Nuremberg

νύστα sleepiness, drowsiness έχω μια νύστα που... I'm so sleepy (that)... με πιάνει νύστα be sleepy

νυσταγμένος sleepy είμαι νυσταγμένος feel sleepy

νυστάζω be/feel sleepy

νυστέρι *(ιατρ.)* scalpel

νύφη bride· (η σύζυγος αδελφού) sister-in-law· (η σύζυγος γιου) daughter-in-law· match

νυφικό wedding dress

νυφικός bridal, wedding

νυχθημερόν night and day, (a)round the clock

νύχι nail (fingernail, toenail) στα νύχια (των ποδιών) on tiptoe· (σαρκοβόρου) claw, (αρπακτικού) talon

νυχιά scratch (with the fingernails)

νυχοκόπτης nail clippers

νύχτα, **νύκτα** night, (διάρκεια της νύχτας) nighttime· (σκοτάδι) dark, darkness

νυχτερίδα bat

νυχτερινός, **νυκτερινός** night, nightly, overnight νυχτερινό κέντρο nightclub νυχτερινό σχολείο night school· nighttime, nocturnal

νυχτιάτικα at night, in the middle of the night

νυχτικό nightdress

νυχτοφύλακας night watchman

νυχτώνω be overtaken by night νυχτώνει it's getting dark πριν νυχτώσει before dark

νωθρός sluggish, slothful

νωπός fresh· (πρόσφατος) fresh· wet, damp

νωρίς, **ενωρίς** early· too early· soon από νωρίς early on όσο νωρίτερα τόσο καλύτερα the sooner the better το νωρίτερο at the earliest

νωτιαίος spinal νωτιαίος μυελός spinal cord

νωχελικός slothful, languid

Ξ, ξ

ξαγκιστρώνω unhook, disengage • **ξαγκιστρώνομαι** disengage/unhook oneself, get unhooked

ξάγρυπνος sleepless

ξαγρυπνώ stay up (late), sit up, be sleepless/awake

ξάδελφος ξαδέλφη ☞ εξάδελφος

ξακουστός, **ξακουσμένος** famous, renowned

ξακρίζω pare, trim, crop

ξαλαφρώνω, **ξελαφρώνω** relieve· ease· heave a sigh of relief, ease one's feelings

ξαλμυρίζω ☞ ξαρμυρίζω

ξανά again, once again· back

ξαναβάζω replace, place back

ξαναβλέπω see again, see before

ξαναβρίσκω recover, regain

ξαναγεννιέμαι be rejuvenated

ξαναγίνομαι happen again, happen before

ξαναδίνω give back· (εξετάσεις) resit

ξαναεμφανίζομαι recur, come again

ξαναζώ relive, recapture

ξαναζωντανεύω bring back to life, revive

ξανακοιμάμαι get to sleep again

ξανακούω hear again/before **τα 'χω ξανακούσει αυτά!** I've heard that one before! **πού ξανακούστηκε;** it's unheard of!

ξανακυλώ relapse

ξαναλέω say again, retell, repeat **τα ξαναλέμε!** see you!

ξανανιώθω feel again/before

ξανανιώνω be rejuvenated

ξαναπαθαίνω **δεν την ξαναπαθαίνω** I won't do it again in a hurry

ξαναπαντρεμένος remarried, married before

ξαναπαντρεύομαι remarry, marry again

ξαναπατώ tread on again, step on again· set foot again

ξαναπίνω drink again, (σε άρνηση) not touch again

ξαναρχίζω go back to, resume, renew

ξανάρχομαι come back, return

ξανασαίνω regain one's wind, recover one's breath· catch one's breath, take a breather

ξανασκέφτομαι reconsider **αφού το ξανασκέφτηκα** on second thoughts **το ξανασκέφτομαι** think better of it

ξανασμίγω reunite

ξανάστροφη backhander

ξανατηλεφωνώ call/ring back, telephone again

ξαναφτιάχνω make/do again ♦ τα ξαναφτιάχνω make it up

ξανθαίνω make blond· *(μαγειρ.)* brown· become/turn blond

ξανθιά blonde

ξανθοκόκκινος golden brown, auburn

ξανθός blond, fair, (ξανθομάλλης) fair-haired

ξανοίγω (χρώμα) make lighter, (για χρώμα) become lighter· clear up, brighten • **ξανοίγομαι** α) (εκδηλώνομαι) expand β) (στη θάλασσα) put out (to sea) γ) bite off more than one can chew

ξανοστίζω become tasteless

ξαπλωμένος lying είμαι ξαπλωμένος lie

ξαπλώνω lie, lie down, lie back

ξαπλώστρα deckchair, lounger

ξαπλωτός lying (down), sprawled out· in bed

ξαποσταίνω rest, have a rest, relax· take a break, get one's breath back

ξαποστέλνω bundle off, send packing, send away

ξαραχνιάζω clear (sth.) of the cobwebs, remove/sweep away the cobwebs

ξαρμυρίζω, **ξαλμυρίζω** soak (in order to remove the salt), soak the salt out of (sth.)

ξασπρίζω pale, fade

ξασπρουλιάρης pale, washy

ξάστερα bluntly, frankly **καθαρά** και ξάστερα bluntly, loud and clear, in plain English

ξαστεριά clear sky· starry sky

ξάστερος clear, cloudless

ξαστερώνω clear (up)

ξαφνιάζω surprise, take by surprise· startle • **ξαφνιάζομαι** be/get surprised, be taken aback

ξαφνικά suddenly, all of a sudden

ξαφνικός sudden, unexpected· (απότομος) abrupt

ξαφρίζω skim, scum· (κλέβω) steal, pinch, filch

ξεβάφω discolour, bleach· pale, fade, lose colour

ξεβγάζω rinse, give a rinse· (ξεπροβοδίζω) go along with (sb.), show/see (sb.) out, send/see (sb.) off

ξεβιδώνω/-ομαι unscrew

ξεβουλώνω uncork· (αποφράσσω) unstop, unplug, unblock

ξεβράζω wash up

ξεβρομίζω clean (thoroughly), clean up, rub/wash (sth.) clean· get clean, get oneself clean

ξεγαντζώνω unhook

ξεγδέρνω scrape, scratch, graze

ξεγελώ cheat, deceive, take in, trick

ξεγεννώ deliver

ξεγλιστρώ slip, elude· wriggle out (of), escape

ξεγνοιάζω ☞ ξενοιάζω

ξεγνοιασιά ☞ ξενοιασιά

ξέγνοιαστος ☞ ξένοιαστος

ξεγράφω cross out/off, erase, delete· write off, no longer count as/among· give up, give up for dead/lost

ξεγυμνώνω bare, strip naked

ξεγυρισμένος good, proper, sound

ξεδιαλέγω sort out

ξεδιαλύνω solve, puzzle out

ξεδιάντροπος shameless

ξεδίνω let oneself go

ξεδιπλώνω unfold, unwrap, unfurl

ξεδιψώ quench one's thirst· quench (sb.'s) thirst

ξεδοντιάρης toothless, gap-toothed

ξεζαλίζω stop (sb.) feeling dizzy • **ξεζαλίζομαι** stop feeling dizzy

ξεθάβω dig up, dig out, unearth· (πτώμα) exhume

ξεθαρρεύω take heart· become impertinent/fresh with (sb.), take liberties

ξεθέωμα exhaustion

ξεθεωμένος exhausted, worn out

ξεθεώνω tire out, wear out, exhaust • **ξεθεώνομαι** get/be exhausted, sweat blood

ξεθυμαίνω go flat· (εκτονώνομαι) let off steam, take it out (on), vent one's anger (on sb.)· flag, die down, fizzle out

ξεθυμασμένος flat

ξεθωριάζω fade

ξεθωριασμένος faded, washed-out

ξεϊδρώνω stop sweating, cool off

ξεκαβαλικεύω get off, dismount

ξεκάθαρα clearly, plainly, flat

ξεκαθαρίζω make clear, get (sth.) straight

ξεκάθαρος clear, plain

ξεκάλτσωτος barelegged, with no socks/stockings on

ξεκαρδίζομαι fall about (laughing), laugh one's head off

ξεκαρδιστικός hilarious, side-splitting

ξεκαρφώνω unnail, untack

ξεκάρφωτος unnailed, unfastened, loose· loose, pointless

ξεκίνημα start, outset· dawning

ξεκινώ start (off), set off/out

ξεκλειδώνω unlock

ξεκλείδωτος unlocked

ξεκόβω wean (from), turn away (from)· make quite clear· (απομακρύνομαι από οργανωμένο σύνολο) break away (from) **ξεκόβω από** break with

ξεκοκαλίζω bone· eat/devour to the bone· waste, run through· go through

ξεκολλώ unstick, unglue· tear (sb.) away· come unstuck· tear oneself away (from)

ξεκουκουλώνω uncover

ξεκουκουτσιάζω stone

ξεκουλουριάζω/-ομαι uncoil

ξεκουμπίζομαι shove off, push off

ξεκουμπώνω unbutton, unfasten, undo • **ξεκουμπώνομαι** α) unbutton (oneself) β) come undone

ξεκούμπωτος unbuttoned, undone

ξεκουράζω rest, relax, refresh • **ξεκουράζομαι** relax, rest, have/take a rest

ξεκούραση rest, relaxation

ξεκούραστος rested, refreshed, relaxed, fresh· easy, effortless, cushy

ξεκουρδίζομαι (για ρολόι) run down, (για μουσικό όργανο) go out of tune

ξεκούρδιστος (για ρολόι) unwound, (για μουσικό όργανο) out of tune

ξεκουτιαίνω go/be soft in the head, go gaga

ξεκουφαίνω deafen

ξεκρεμώ unhook, unhang, take down

ξελαιμιάζομαι crane one's neck

ξελαρυγγιάζομαι shout oneself hoarse, shout at the top of one's voice

ξελασκάρω loosen, slacken· loosen, work loose· ease off, slacken off

ξελασπώνω get (sb.) out of trouble, get (sb.) off the hook

ξελαφρώνω ☞ ξαλαφρώνω

ξελιγώνω make (sb.'s) mouth water· make (sb.) feel famished, starve· (καταπονώ) exhaust, wear (sb.) out • **ξελιγώνομαι στα γέλια** split one's sides

ξεμαθαίνω get out of the habit of

ξεμακραίνω become distant/remote, drift away

ξεμαλλιάζω pull/tear out (sb.'s) hair· tousle/dishevel (sb.'s) hair

ξεμαλλιασμένος with tousled/dishevelled hair, mopheaded

ξεματιάζω release from the evil eye, lift a spell

ξεμέθυστος sober

ξεμεθώ sober up

ξεμένω be left stranded **ξεμένω από κτ.** run out of sth., run short of sth.

ξεμοναχιάζω take aside/apart, get (sb.) on his own· isolate

ξεμουδιάζω stretch one's legs

ξεμπαρκάρω disembark

ξεμπερδεύω disentangle, unravel· get over (with), be finished (with)

ξέμπλεκος flowing, loose

ξεμπλέκω disentange, untangle

ξεμυαλίζω entice· seduce

ξεμωραίνομαι go soft in the head, go gago· drool over

ξένα abroad, foreign land/ country

ξενάγηση sightseeing (tour)

ξεναγός guide, tourist guide, tour guide **κάνω τον ξεναγό** guide

ξεναγώ guide, take (sb.) sightseeing, show round

ξενικός foreign, strange, alien

ξενιτεμένος emigrant

ξενιτεύομαι emigrate, go abroad

ξενιτιά foreign land/parts· emigration, living abroad

ξενόγλωσσος (written) in a foreign language· foreign-speaking

ξενοδοχειακός of hotels, hotel

ξενοδοχείο hotel

ξενοδόχος hotelkeeper, hotel owner, hotel manager

ξενοδοχοϋπάλληλος hotel clerk

ξενοιάζω, **ξεγνοιάζω** be free of care, not worry

ξενοιασιά, **ξεγνοιασιά** absence of worries, unconcern

ξένοιαστος, **ξέγνοιαστος** carefree

ξενοικιάζω move out of a rented (house etc.), vacate, leave· (ως ιδιοκτήτης) terminate the lease of (a house etc.) • **ξενοικιάζομαι** be/become vacant

ξενοίκιαστος vacant, empty, free

ξένος (που ανήκει σε άλλον) belonging to sb. else, not one's own, other people's· (από άλλη χώρα) foreign, alien· (άγνωστος, μη οικείος) strange, unknown, unfamiliar • α) stranger β) outsider γ) foreigner, alien δ) guest, visitor

ξενόφερτος alien

ξεντύνω/-ομαι undress

ξενυχιάζω pull out (sb.'s) nails· tread/trample on (sb.'s) toes, stand on (sb.'s) toes

ξενύχτης -ισσα night person, night owl· having had a sleepless night

ξενύχτι sleepless night, (για συμπαράσταση κτλ.) nightly/sleepless vigil

ξενυχτισμένος having had a sleepless night

ξενυχτώ stay up (late), stay up all night, be awake all night ξενυχτώ περιμένοντας wait up (for)· keep (sb.) awake all night

ξενώνας guesthouse, hostel· (το δωμάτιο) guestroom

ξεπαγιάζω freeze

ξεπαγώνω defrost

ξεπαραδιάζω bleed (sb.) white, leave (sb.) penniless • **ξεπαραδιάζομαι** spend all one's money

ξεπατικώνω trace

ξεπερασμένος outdated, out-of-date, old-fashioned

ξεπερνώ (προσπερνώ) overtake, leave behind· (υπερβαίνω) exceed, be over, surpass, (αριθμητικώς) outnumber· overcome, get over

ξεπεσμός decline, comedown

ξεπετώ do/finish off quickly, knock off • **ξεπετάγομαι**, **ξεπετιέμαι** α) spring (up), pop up/out β) grow, sprout up

ξεπέφτω debase/lower oneself, fall low, stoop· come down in the world

ξεπιάνομαι stop being stiff· stretch one's legs· become unhooked, unhook

ξεπίτηδες ☞ εξεπίτηδες

ξέπλεκος unbraided, flowing, loose· unknitted

ξεπλέκω unknit· (μαλλιά) unbraid, let down

ξεπλένω rinse (out)· *(μτφ.)* wash away· launder • **ξεπλένομαι** rinse oneself

ξεπληρώνω pay off, pay in full· *(μτφ.)* repay, (αρνητικά) pay back

ξεποδαριάζω walk/run (sb.) off their feet • **ξεποδαριάζομαι** walk one's feet off, tire oneself out walking

ξεπουλώ (πουλώ όλη την ποσότητα) sell out· (πουλώ σε χαμηλή τιμή) sell off

ξεπροβάλλω emerge· show up, pop up

ξεπροβοδίζω see out, send off

ξεραίνω dry, parch • **ξεραίνομαι** α) dry (up), go dry β) wither, die ♦ ξεραίνομαι **στα γέλια** split one's sides

ξερακιανός scrawny, lanky

ξεριζώνω root out, uproot· *(μτφ.)* eradicate, wipe out, stamp out

ξερνώ vomit, throw up, puke· cough up/out

ξεροβήχω have a dry cough· clear one's throat

ξερογλείφομαι lick/smack one's lips

ξεροκαταπίνω gulp (with embarrassment)

ξεροκέφαλος headstrong, pigheaded

ξεροκόμματο piece of dry bread· *(μτφ.)* pittance

ξερόλας -α know-all

ξερονήσι barren island· desert island, skerry

ξεροπόταμος seasonal river, winterborne

ξερός dry, dried, parched· (απότομος) curt

ξεροσταλιάζω cool one's heels

ξεροψημένος crispy toasted

ξέρω know, be familiar with· know how to (do sth.) **απ' ό,τι ξέρω** as far as I know **μακάρι να 'ξερα!** I wish I knew! **ξέρεις**... you see...

ξεσηκώνω excite, (a)rouse· incite, instigate· trace, copy

ξεσκάω relax, have a fun, get away from it all

ξεσκεπάζω uncover, remove the cover of· *(μτφ.)* reveal, expose, unmask

ξέσκεπος uncovered

ξεσκίζω tear up, tear to pieces· (αντίπαλο) beat the hell out of (sb.), beat to a pulp

ξεσκονίζω dust· brush up (on)

ξεσκονόπανο duster, dustcloth

ξέσπασμα outburst

ξεσπώ burst (into), burst out, break out· take it out (on), vent one's temper (on), blow off steam· explode

ξεστήνω strike

ξεστομίζω utter, say

ξεστρώνω unmake· take up **ξεστρώνω το τραπέζι** clear the table

ξέστρωτος (κρεβάτι) unmade· (τραπέζι) not laid

ξεσυγυρίζω mess

ξεσυνηθίζω grow/get out of (a habit), not be used to (sth.) any longer

ξετρελαίνω enthuse· madden with love, infatuate

ξετρελαμένος crazy, infatuated

ξετσίπωτος shameless

ξετυλίγω unwind, uncoil· unfold· unroll • **ξετυλίγομαι** happen, take place

ξεφαντώνω revel, go on a spree, have a whale of a time

ξεφεύγω escape (from), break loose, get away/out (from)· slip (out) **μου ξεφεύγει** miss· wriggle out of (sth.)· stray (from)

ξεφλουδίζω peel, shell· (δέντρο) remove the bark of· peel, flake

ξεφορτώνω unload, empty • **ξεφορτώνομαι** discard, get rid of ♦ **ξεφορτώσου με!** leave me alone!, get off my back!

ξεφουσκώνω deflate· go flat· *(μτφ.)* run out of steam

ξεφούσκωτος flat, deflated

ξέφραγος fenceless, unfenced, open

ξέφρενα deliriously, frantically, wildly· furiously

ξέφρενος delirious, frenzied, frantic, wild

ξεφτίζω unravel· fray

ξεφτιλίζω humiliate, make a fool of (sb.)· (χάνω την αξία μου) lose one's value, depreciate in value

ξεφυλλίζω turn the pages of, leaf through

ξεφυσώ puff, pant

ξεφυτρώνω sprout, spring up· crop up, pop up

ξεχαρβαλωμένος dilapidated, rickety, shaky

ξεχαρβαλώνω ruin, wreck· disorganize • **ξεχαρβαλώνομαι** α) get dilapidated β) be disorganized, go haywire

ξεχασιάρης forgetful, absent-minded

ξεχασμένος forgotten **περασμένα ξεχασμένα** all is past and forgotten

ξεχειλίζω overflow, run over, (με βράσιμο) boil over· (για ποτάμι) overflow its banks· *(μτφ.)* brim over, bubble over

ξέχειλος brimful, full to the brim

ξεχειλώνω stretch out of shape

ξεχνώ forget· leave (behind)· be forgetful • **ξεχνιέμαι** forget oneself, lose oneself (in)

ξεχορταριάζω weed

ξεχρεώνω pay (sth.) off· *(μτφ.)* repay· get out of debt

ξεχτένιστος dishevelled, uncombed

ξέχωρα separately, individually· apart from, in addition to, besides, not to mention

ξεχωρίζω (ξεδιαλέγω) sort out· (διακρίνω) distinguish, discern, make out, tell apart, tell· discriminate between, differentiate between· (είμαι ξεχωριστός) distinguish oneself, stand out, stick out

ξεχωριστά separately, individually

ξεχωριστός separate· distinctive, distinct· special· outstanding, distinguished

ξεψυχώ die, breathe one's last· (λαχταρώ) be dying (for), be mad (about)

ξηλώνω unstitch, unravel, unsew· (απολύω) dismiss, fire, sack • **ξηλώνομαι** cough up, shell out (for)

ξημέρωμα daybreak, dawn

ξημερώνω (επιφυλάσσω, φέρνω) befall, happen· spend all night, stay up all night ξημερώνει the day breaks, the dawn is breaking έχει ξημερώσει it's daylight πριν ξημερώσει before dawn/daybreak σχεδόν ξημέρωσε it's almost dawn • **ξημερώνομαι** α) spend all night, stay up all night β) be caught by dawn

ξηρά land

ξηρασία drought

ξηρός dry ξηροί καρποί dried fruit and nuts

ξίγκι fat, tallow

ξιδάτος in vinegar

ξίδι vinegar

ξινίζω become sour, turn sour, go off, go bad

ξινός sour

ξιπασμένος conceited, stuck-up

ξιφασκία fencing

ξιφίας swordfish

ξιφομαχία duel (with swords), sword fight· (το σπορ) fencing

ξιφομάχος swordsman· (του σπορ) fencer

ξίφος sword· (για το σπορ) fencing foil

ξοδεύω spend· (σπαταλάω) waste· (εξαντλώ) use up • **ξοδεύομαι** go to expense, spend heavily

ξορκίζω ☞ εξορκίζω

ξοφλημένος finished, done for

ξοφλώ pay in full, settle· be finished, be done for

ξυλάκι stick

ξυλεία wood, timber, lumber

ξυλιάζω become numb/stiff, be chilled to the bone, freeze to death

ξύλινος made of wood, wooden

ξύλο wood, piece of wood· beating, thrashing ♦ χτύπα ξύλο! touch wood!

ξυλόγλυπτος carved wooden

ξυλοκόπος woodcutter, lumberjack

ξυλουργείο carpenter's/joiner's workshop

ξυλουργικός of carpentry

ξυλουργός carpenter, joiner

ξυλοφορτώνω beat up, thrash

ξύνω scratch· scrape, scale, grate· sharpen· graze, shave • **ξύνομαι** scratch (oneself)

ξύπνημα waking up, awakening· stirring

ξυπνητήρι alarm clock

ξυπνητός awake, not sleeping

ξύπνιος awake, not sleeping· (έξυπνος) smart, sharp-witted, quick, clever

ξυπνώ wake (sb.) up· *(μτφ.)* awaken, arouse· wake up

ξυπολιέμαι take off one's shoes

ξυπόλυτος barefoot

ξυραφάκι razor blade· disposable razor

ξυράφι razor

ξυρίζω/-ομαι shave

ξύρισμα shave μηχανή ξυρίσματος electric razor

ξυριστική μηχανή electric razor, shaver

ξυστά περνάω ξυστά brush by/past, shave

ξυστό instant (lottery)

ξύστρα pencil sharpener

ξωκκλήσι ☞ εξωκκλήσι

ξώπετσα on the surface only, superficially

ξωτικό elf, goblin

ξώφαλτσα at a hair's breath, close by παίρνω ξώφαλτσα graze

ξώφαλτσος stray

Ο, ο

ο, **η**, **το** the· (επιμεριστικώς) a(n)

όαση oasis

οβάλ oval

οβίδα shell

ογδοηκοστός eightieth

ογδόντα eighty

όγδοος eighth

όγκος volume· mass· bulk· *(ιατρ.)* tumour, growth

ογκώδης bulky, massive, oversized

οδεύω head (for)

οδήγηση driving

οδηγία instruction· (εντολή) directive

οδηγός driver, motorist, (ιδιωτικός οδηγός) chauffeur· (ξεναγός) guide· (βιβλίο) guide book **τηλεφωνικός** οδηγός directory **Χρυσός Οδηγός** Yellow Pages· (προσκοπίνα) girl guide

οδηγώ drive, steer· lead, guide· lead, lead up (to)

οδικός of the roads/streets, road οδική **αρτηρία** arterial road, thoroughfare

οδικώς by road

οδοιπορικά travelling expenses

οδοκαθαριστής sweeper, street cleaner

οδοντιατρείο dentist's, dental surgery

οδοντιατρική dentistry **φοιτητής** οδοντιατρικής dental student

οδοντιατρικός (of) dentistry, dental, dentist's

οδοντίατρος dentist

οδοντικός dental

οδοντόβουρτσα toothbrush

οδοντογλυφίδα tooth pick

οδοντόκρεμα toothpaste

οδοντοστοιχία dentition, set of teeth **τεχνητή** οδοντοστοιχία denture

οδοντοτεχνίτης dental technician

οδός street, road· way **καθ' οδόν** προς on the way to

οδόστρωμα roadway, road (surface)

οδόφραγμα barricade

οδυνηρός painful· distressful, bitter

Οδυσσέας Ulysses, Odysseus

Οδύσσεια Odyssey

όζον ozone

ΟΗΕ (the) United Nations, (the) UN

οθόνη screen, (υπολογιστή) monitor

Οθωμανός -ή Ottoman

οικειοθελής voluntary

οικειοθελώς voluntarily, of one's own free will

οικείος familiar, known· intimate • **οικείοι** close relatives, family

οικειότητα familiarity

οίκημα house· building, premises

οικία house, home, residence

οικιακά house keeping, domestic chores, (ως δήλωση επαγγελματικής ιδιότητας) housewife

οικιακός domestic, household **οικιακή βοηθός** home help, domestic (help), daily

οικισμός settlement

οικογένεια family

οικογενειακά ☞ οικογενειακώς

οικογενειακός (of the) family **οικογενειακή κατάσταση** marital status

οικογενειακώς, **οικογενειακά** with the family

οικογενειάρχης householder, head of the family· family man

οικοδέσποινα hostess, lady

οικοδεσπότης host

οικοδομή building, construction· building under construction

οικοδόμημα construction, building· *(μτφ.)* structure

οικοδομήσιμος building, fit for building on

οικοδομικός (of) building, (of) construction **οικοδομικό τετράγωνο** (city) block

οικοδόμος builder, construction worker

οικοκυρά housewife

οικολογία ecology

οικολογικός ecological

οικολόγος ecologist, conservationist

οικονομία economy· (η επιστήμη) economics· (φειδωλή χρήση) economy **κάνω οικονομία σε κτ.** economize on sth., cut down on sth.· **οικονομίες** savings

[1]**οικονομικά** cheaply· financially

[2]**οικονομικά** economics, finance

οικονομικός economic, financial **οικονομική κατάσταση** finances **η Οικονομική Εφορία** the Inland Revenue· economical, inexpensive

οικονομολόγος economist

οικονόμος thrifty person· (σπιτιού) housekeeper, (ξενοδοχείου κτλ.) steward

οικονομώ save (up)· get, come by

οικόπεδο building site, plot

οικοπεδούχος owner of a plot/building site

οικοπεδοφάγος landgrabber

οίκος house, home· firm

οικοσκευή household effects, movables

οικοτροφείο boarding house

οικότροφος boarder, (σε οικογένεια) lodger

οικουμένη universe, world

οικουμενικός universal, global

οικτίρω pity, feel pity for

οίκτος pity, (έλεος) mercy

οικτρός pitiful, miserable

οινόπνευμα alchohol **καθαρό οινόπνευμα** surgical spirit **οινόπνευμα του εμπορίου** meths

οινοπνευματώδη alchoholic drinks, spirits

οινοπνευματώδης alcoholic

οιοσδήποτε ☞ οποιοσδήποτε

οισοφάγος gullet, oesophagus

οιωνός omen, auspice

οκνηρία laziness

οκνηρός lazy

οκτάδα set of eight

οκτακόσια eight hundred

οκτακόσιοι eight hundred

οκταμελής consisting of eight members, eight-strong

οκταψήφιος eight-figure

οκτάωρος eight-hour, lasting eight hours

οκτώ eight

Οκτώβριος October

ολέθριος catastrophic, disastrous, ruinous

όλεθρος disaster, catastrophe

ολημερίς all day long

ολιγαρκής frugal, moderate, content with little

ολιγόλεπτος lasting a few minutes, a few minutes'

ολιγόλογος, **λιγόλογος** (για άνθρωπο) taciturn, saying little, of few words· brief, short, laconic

ολίγος ☞ λίγος ♦ **εν ολίγοις** in brief **εντός ολίγου** in a while **προ ολίγου** just now

ολιγόωρος brief, quick

ολισθηρότητα slipperiness

ολισθηρός slippery

Ολλανδία (the) Netherlands, Holland

ολλανδικά Dutch

ολλανδικός Dutch, of Holland

Ολλανδός -ή Dutchman, *θηλ.* Dutchwoman· **οι Ολλανδοί** the Dutch

όλο always, constantly· (ολοένα) ever, more and more **όλο και λιγότερο** less and less **όλο και πιο πολύ/περισσότερο** more and more

ολόασπρος all-white, milk-white, snow-white

ολογράφως in full **αριθμητικώς και ολογράφως** in numbers and words

ολόγυμνος stark naked, in the buff

ολόγυρα all around

ολόθερμος heartfelt, heartiest

ολόιδιος identical· quite unchanged

ολόισια, **ολόισα** straight ahead

ολόισιος, **ολόισος** quite straight· absolutely upright, absolutely erect

ολοκαίνουριος brand-new

ολόκληρος whole, entire, all **ολόκληρη ιστορία** a long story **ολόκληρη τη νύχτα** all night long **ολόκληρο το χρόνο** all the year round **σ' ολόκληρο τον κόσμο** worldwide· fully grown

ολοκληρώνω complete, finish (off)· finish what one is saying

ολοκλήρωση completion· fulfilment

ολοκληρωτικός total· totalitarian

ολόμαλλος pure wool(len), all wool

ολομόναχος all alone

όλος all, whole, entire **όλος ο κόσμος** all the world/people, everybody **όλοι -ες** everybody, everyone, all **όλα** everything, all **ή όλα ή τίποτα** it's all or nothing

ολόστεγνος completely dry, bone-dry

ολοστρόγγυλος completely round

ολοσχερής complete, total, utter

ολόσωμος one-piece· full-length

ολοταχώς at full speed

ολότελα completely, entirely

ολόχαρος overjoyed

ολόψυχος wholehearted

Ολυμπιάδα Olympic Games

Ολυμπιακοί Αγώνες (the) Olympic Games, (the) Olympics

ολυμπιακός Olympic

ολυμπιονίκης Olympic champion, medallist in the Olympic Games

ολωσδιόλου entirely, completely, absolutely

ομάδα group· team· gang· squad

ομαδικά in a group, all together, in a body

ομαδικός team **ομαδική εργασία** teamwork **ομαδικό πνεύμα** team spirit· group· mass

ομαλά evenly, smoothly· regularly

ομαλός level, smooth, flat· normal· *(γλωσσ.)* regular

ομαλότητα flatness, smoothness· normality

ομελέτα omelette

Όμηρος Homer

όμηρος hostage

ομιλητής -ήτρια speaker

ομιλητικός talkative

ομιλία speech, talk· speech, pronounciation

όμιλος club· association, group

ομιλώ speak, talk ☞ μιλώ

ομίχλη fog, mist

ομιχλώδης foggy, misty

ομογένεια community

ομογενείς Greeks abroad, Greek expatriates

όμοια similarly, equally

ομοιοκαταληξία rhyme, rhyming

ομοιομορφία uniformity

ομοιόμορφος uniform

ομοιοπαθητική homoeopathy

ομοιοπαθητικός homoeopathic • homoeopath

όμοιος (πανομοιότυπος) identical, same· (παρόμοιος) alike, similar • equal

ομοιότητα likeness, resemblance· similarity

ομοιόχρωμος of the same colour

ομοίωμα effigy· model· dummy

ομοιωματικά ditto marks

ομολογία admission, confession· *(οικον.)* bond

ομόλογο bond

ομόλογος counterpart

ομολογουμένως undoubtedly, certainly

ομολογώ admit, confess

ομόνοια concord, unity

όμορος neighbouring

όμορφα beautifully, nicely

ομορφαίνω make (more) beautiful, (για άνδρες) make more handsome, (για τόπο) improve the appearance of· become/get more beautiful, (για άνδρες) become (more) handsome

ομορφιά beauty, (good) looks **είμαι στις ομορφιές μου** look lovely, be looking one's best

όμορφος beautiful, pretty, handsome, lovely, (εμφανίσιμος) good-looking

ομοσπονδία federation

ομοσπονδιακός federal

ομότιμος peer **ομότιμος καθηγητής** professor emeritus

ομοφυλοφιλία homosexuality

ομοφυλόφιλος -η homosexual, gay

ομόφωνα unanimously, with one accord

ομοφωνία unanimity

ομόφωνος unanimous

ομπρέλα umbrella, (για τον ήλιο) beach umbrella, parasol

όμως but, yet, however

ον being, creature

ονειρεμένος dreamy, fantastic

ονειρεύομαι dream, have dreams· dream (of), have a dream about

όνειρο dream

ονειροβατώ daydream, have one's head in the clouds

ονειροκρίτης dream book

ονειροπόλος dreamy • (day-) dreamer, star gazer

ονειροπολώ daydream

όνομα name· (φήμη) reputation, fame, name· *(γλωσσ.)* noun

ονομάζω name, give a name· (κατονομάζω) name· (ορίζω) designate, appoint • **ονομάζομαι** be named, be called **πώς ονομάζεσαι;** what's your name?

ονομασία name, naming

ονομαστικός nominal, of names **ονομαστική γιορτή** name day

ονομαστός famous, renowned, well-known

ονοματεπώνυμο name and surname, full name

όντας being

οντότητα existence, being· personality, character

όντως indeed· really· sure enough

όνυχας onyx

οξεία acute (accent)

οξείδιο oxide

οξειδώνω oxidize • **οξειδώνομαι** α) be oxidized β) rust, get rusty

οξείδωση oxidization· rusting, rustiness

οξιά beech (tree)

οξύ acid

οξυγόνο oxygen

οξυδέρκεια discernment, perspicacity

οξυδερκής perspicacious, discerning, sharp-witted

οξύθυμος irritable, peevish

οξύνοια astuteness, perspicacity

οξύνους sharp-witted, quick-witted, perspicacious

όξυνση aggravation, intensification, worsening

οξύνω sharpen· aggravate, worsen • **οξύνομαι** worsen

οξύς pointed, sharp· (έντονος) sharp, acute· (διαπεραστικός) penetrating, piercing, shrill· keen, acute· *(ιατρ.)* acute

οπαδός supporter, (φανατικός) fan· follower

όπερα opera· (το κτίριο) opera house

οπερατέρ cameraman

όπισθεν reverse βγαίνω με την όπισθεν back out κάνω όπισθεν reverse (the car) • behind, in/at the back

οπίσθια behind, buttocks, rear

οπίσθιος back, rear

οπισθογραφώ endorse

οπισθοδρομικός retrogressive, retrograde, behind the times, old-fashioned

οπισθόφυλλο back cover

οπισθοχώρηση withdrawal, retreat

οπισθοχωρώ move back, step back, give way· *(στρατ.)* retreat

οπλή hoof

οπλίζω supply with arms οπλίζω όπλο load a gun, cock a gun • **οπλίζομαι** arm oneself

οπλισμένος armed

οπλισμός arming· arms, armament

όπλο weapon, (πυροβόλο) gun σκοτώνω με όπλο shoot down υπό την απειλή όπλου at gunpoint· όπλα arms

οπλοπωλείο gunshop

οπλοπώλης gun-seller

οπλουργός gunsmith

οπλοφορία carrying a gun άδεια οπλοφορίας gun licence

οπλοφόρος armed man/person, gunman

οπλοφορώ carry a gun

όποιος whoever, whatever, whichever, any, anybody όποιος -ο και αν no matter who/what όποιος και να 'ναι anybody όποιος κι όποιος anybody

οποίος who, which, that τον οποίο whom του οποίου whose

οποιοσδήποτε, οιοσδήποτε whoever, whichever, whatever, anybody, anyone με οποιονδήποτε τρόπο however, in any way οποιαδήποτε στιγμή at any time οποιοσδήποτε άλλος anyone/anybody else

όποτε when· whenever, any time

οπότε and then

οποτεδήποτε whenever, any time

όπου where, in which όπου κι αν wherever όπου να 'ναι any moment/time now

οπουδήποτε wherever, anywhere, everywhere οπουδήποτε κι αν no matter where

οπτασία vision

οπτικός optical· visual • optician

οπωροφόρος fruit bearing/producing

οπωρώνας orchard

όπως as, like όπως και αν however, no matter how όπως όπως in a hurry, somehow or other· (για παράδειγμα) such as, like

οπωσδήποτε (δίχως άλλο) definitely, without fail, no matter what· (εν πάση περιπτώσει) in any case, however

όραμα vision· dream

οραματίζομαι envisage, dream of

όραση vision, sight, eyesight

ορατός visible

ορατότητα visibility

οργανικός organic· organic, natural· *(μουσ.)* instrumental

οργανισμός organism· organization, corporation· constitution, system

όργανο organ· *(μουσ.)* instrument

οργανωμένος organized οργανωμένη εκδρομή/οργανωμένες διακοπές package tour/holiday· orderly

οργανώνω organize, arrange· mount, stage • **οργανώνομαι** organize oneself

οργάνωση organization, organizing· society, organization

οργανωτής -ώτρια organizer οργανωτής εκδρομών tour operator

οργή rage, fury, anger ♦ δίνω τόπο στην οργή let it pass πού στην οργή...; where the hell...?

οργισμένος indignant, infuriated, very angry

οργώνω plough

ορέγομαι covet, lust after· have an appetite for, fancy

ορειβασία mountaineering, climbing

ορειβάτης -ισσα mountaineer, climber

ορειβατικός mountaineering

ορεινός mountainous, mountain

ορείχαλκος bronze

ορεκτικό appetizer, starter

ορεκτικός appetizing

όρεξη appetite καλή όρεξη! have a nice meal!· desire, mood

ορθά, **ορθώς** rightly ♦ ορθά κοφτά flatly, bluntly

ορθάνοιχτος wide open

όρθιος standing, up, on one's feet στέκομαι όρθιος stand up· erect, upright • standing passenger χώρος μόνο για ορθίους standing room only

ορθογραφία spelling· *(σχολ.)* dictation

ορθογραφικός spelling

ορθογώνιος rectangular, right-angled

ορθοδοξία orthodoxy

ορθόδοξος orthodox

ορθοπεδικός orthopaedic surgeon

ορθοποδίζω stand on one's own (two) feet, find one's feet, be a success

ορθός right, correct, sound **ορθή γωνία** right angle

ορθοστασία standing (position)

ορθοφωνία elocution· (ευκρινής άρθρωση) diction

ορθώνω erect, put up, raise • **ορθώνομαι** rise, tower (over)

ορθώς ☞ ορθά

οριακός marginal, borderline **οριακή πλειοψηφία** narrow majority

ορίζοντας horizon

οριζόντιος horizontal

ορίζω appoint, fix, set, name· assign, specify· rule over ♦ **καλώς όρισες!** welcome!

όριο limit **αγγίζω τα όρια του...** border on..., verge on... **βάζω ένα όριο** draw the line **ανώτατο όριο** maximum· (σύνορο) boundary, border

ορισμένος some, certain· fixed, specified

ορισμός (λέξης) definition· (σταυρόλεξου) clue

ορίστε (απάντηση σε κλήση) yes, here I am, coming· (δε σας άκουσα) (I beg your) pardon?· (περάστε πρώτος) after you· (σερβιριστείτε!) help yourself!· (σε κατάστημα) can I help you?· (στο τηλέφωνο) hello· (να, πάρετε) here/there you are!, here it is!· (στην αρχή πρότασης) well

οριστικά for good

οριστικοποιώ finalize

οριστικός definite, final

ορκίζω swear· (κατά την ανάληψη καθηκόντων) swear in· beg, implore • **ορκίζομαι** swear, take an oath

όρκος oath, vow

ορκωμοσία swearing-in

ορμή violence, force, strength· (ενθουσιασμός) spirit, ardour, heat· *(φυσ.)* impetus, momentum· *(ψυχολ.)* urge, drive

ορμητικός violent· rushing· impetuous

ορμόνη hormone

ορμονικός hormonal

όρμος bay

ορμώ rush, dash, make a dash, fling oneself

ορνιθοσκαλίσματα scribble, scrawl

ορνιθοτροφείο poultry farm, hennery

όρνιο vulture, bird of prey

ορντέβρ appetizer, starter, hors d'oeuvre

ορολογία terminology

οροπέδιο plateau

[1]**όρος** (προϋπόθεση) condition, term **άνευ όρων** α) *(ως επίθ.)* unconditional β) *(ως επίρ.)* unconditionally **επί ίσοις όροις** on equal terms **υπό όρους** conditionally· term· *(νομ.)* clause, provision **πάνω/κάτω από το μέσο όρο** above/ below average **κατά μέσο όρο** on average ♦ **εφ' όρου ζωής** for life

[2]**όρος** mountain, (πριν από ονομασία) Mount

οροσειρά mountain range/chain

ορόσημο *(μτφ.)* milestone, turning point

οροφή ceiling, roof

οροφοδιαμέρισμα one-storey flat

όροφος floor, storey

ορτύκι quail

ορυζώνας rice field, rice paddy

ορυκτό mineral

ορυκτός mineral

ορυχείο mine, pit

ορφανεύω be orphaned

ορφανός orphaned **ορφανός από πατέρα/μητέρα** fatherless/motherless • orphan

ορφανοτροφείο orphanage, orphans' home

ορχήστρα orchestra· (μπάντα) band

οσάκις whenever

οσμή smell, odour

όσο as, as much as **όσο καλύτερα μπορώ** to the best of one's ability **όσο για** as for • (ενόσω) while, as long as ♦ **όσο κι αν/και να** no matter how **όσο (πιο)... τόσο (πιο)...** the (comparative)... the (comparative)...

όσος as much/many as, as long as· all

οστεοπόρωση osteoporosis

οστό, **οστούν** bone

όστρακο shell

όσφρηση (sense of) smell

οσφυαλγία lumbago, backache

όταν when, while· if

ότι that· (χρονικός) just (when), as soon as **το ότι...** the fact that...

ό,τι what, whatever, all **ό,τι και να/ ό,τι κι αν** whatever, no matter what **απ' ό,τι ξέρω** as far as I know • what, all

οτιδήποτε anything, whatever

οτοστόπ hitchhiking **κάνω οτοστόπ/ταξιδεύω με οτοστόπ** hitchhike, hitch a lift

Ουαλία Wales

ουαλικός Welsh

Ουαλός -ή Welshman, *θηλ.* Welshwoman· **οι Ουαλοί** the Welsh

Ουάσιγκτον Washington

Ουγγαρία Hungary

ουγγρικός Hungarian

Ούγγρος Ουγγαρέζα Hungarian

ουγκιά ounce

ουδέποτε never, not in one's life

ουδέτερος neutral· *(γλωσσ.)* neuter

ουδετερότητα neutrality

ουζερί ouzo bar

ούζο ouzo

ουίσκι whisky, scotch

Ουκρανία Ukraine

ουκρανικός Ukrainian

Ουκρανός -ή Ukrainian

ουλή scar

ουλίτιδα gingivitis

ούλο gum

ουρά tail· (αναμονής) queue

ουραγκοτάγκος orang-utan

ουράνιο uranium

ουράνιος heavenly, celestial **ουράνιο τόξο** rainbow

ουρανίσκος palate

ουρανοξύστης skyscraper

ουρανός sky, heaven· canopy

ουρλιάζω howl, shriek, scream, yell

ουρλιαχτό, **ούρλιασμα** howl(ing), shriek, yell

ουρολόγος urologist

ουρολοίμωξη infection of the urinary system

ουρώ urinate, piss

ουσία substance· essence, point, pith, gist **έρχομαι/φτάνω στην ουσία** get to the point **η ουσία είναι (ότι)...** the point is..., the long and the short of it is...

ουσιαστικά in essence, virtually

ουσιαστικό noun

ουσιαστικός (ουσιώδης) essential, fundamental· real, actual, virtual

ουσιώδης essential, substantial

ούτε nor, neither, (με άρνηση) either, or **ούτε... ούτε...** neither... nor...· not **ούτε καν** (not) even

ουτοπία utopia

ουτοπιστικός utopian, impracticable

ούτω, **ούτως** thus, in this way **και ούτω καθ' εξής** and so on **ούτως ώστε** so that, in order that/to, so as to **ούτως ή άλλως** at all events, in any case

οφειλέτης debtor, borrower

οφειλή debt

οφείλω owe **οφείλω να** ought to • **οφείλομαι** be due (to), be the result (of)

όφελος benefit, good· use

οφθαλμαπάτη optical illusion

οφθαλμιατρείο eyeclinic, ophthalmic hospital

οφθαλμίατρος eye specialist

οφθαλμός eye ♦ **διά γυμνού οφθαλμού** with the naked eye **εν ριπή οφθαλμού** in the twinkling of an eye

οφθαλμοφανής obvious, evident, manifest, apparent

οχ ☞ ωχ

όχημα vehicle

όχθη bank, shore

όχι no· not **γιατί όχι;** why not? **και όχι** not **δε θα 'λεγα όχι για...** I could do with...

οχιά viper

οχλαγωγία uproar, bustle, tumult, hurly-burly, hubbub

οχλοβοή uproar, bustle, hubbub

οχλοκρατία ochlocracy, misrule, mob rule, mobocracy

όχλος mob

οχυρό fort, fortress· *(μτφ.)* stronghold

οχύρωμα fortification

οχυρωματικά έργα fortifications

οχυρώνω fortify • **οχυρώνομαι** entrench oneself

οχύρωση fortification

όψη look, appearance, face· side· aspect ♦ **γνωρίζω εξ όψεως** know by sight **εκ πρώτης όψεως** at first sight **εν όψει τού...** in view of...

όψιμος late

Π, π

παγάκι ice cube **με παγάκια** on the rocks

παγερός icy, frigid, frosty, chilly

παγετός frost

παγετώνας glacier

παγίδα trap· catch

παγιδεύω trap, entrap· tap

πάγιο standing charges

παγιώνω consolidate

παγίωση consolidation

παγκάκι bench

πάγκος bench· (ξυλουργού κτλ.) bench, workbench· (στην κουζίνα) worktop· (υπαίθριος) stand, (εφημεριδοπώλη) newsstand, (ανθοπώλη) flowerstall

παγκοσμιοποίηση globalization

παγκόσμιος world, worldwide, universal, global

παγκοσμίως worldwide, universally, globally

πάγκρεας pancreas

παγόβουνο iceberg

παγοδρόμιο ice rink, skating rink

παγοκρύσταλλος icicle

παγοκύστη ice chest

παγόνι ☞ παγώνι

παγοπέδιλο ice skate

πάγος ice· frost· extremely cold ♦ **σπάω τον πάγο** break the ice

παγούρι flask, canteen

παγωμένος frozen· icy

παγώνι, **παγόνι** peacock

παγωνιά frost, freezing cold **κάνει παγωνιά** it's freezing

παγώνω freeze, chill· cause terror to (sb.)· freeze, get/go cold· catch a cold/chill· be congealed, set

παγωτό ice cream **παγωτό ξυλάκι** ice lolly **παγωτό χωνάκι** ice cream cornet/cone

παζαρεύω bargain (over)

παζάρι (ανατολίτικο) bazaar· market

παζλ jigsaw (puzzle)

παθαίνω suffer, have, get, undergo **τι έπαθες;** what's the matter with you? ♦ **καλά να (τα) πάθεις!** it serves you right!

πάθηση disease, illness, trouble, complaint

παθητικός passive, inactive· passionate

παθιασμένος passionate, mad (keen) (on, about)

παθολόγος general practitioner, GP

πάθος passion **γεμάτος πάθος** passionate· mania

παιγνίδι ☞ παιχνίδι

παιδαγωγικός pedagogic(al)

παιδαγωγός educator, tutor, teacher

παιδάκι little child, kid

παϊδάκι (mutton) cutlet, lamb chop

παιδαριώδης childish

παιδεία education· culture

παιδί child, (little) boy/girl, kid

παΐδι rib

παιδιαρίζω behave childishly, behave like a child

παιδιάστικος childish

παιδιατρική paediatrics

παιδίατρος paediatrician

παιδικός childish, childlike· of children, children's, of childhood· infantile **παιδικές ασθένειες** diseases of childhood **παιδική ηλικία** childhood **παιδικός σταθμός** day nursery **παιδική χαρά** playground

παιδότοπος playground

παιδοψυχολόγος child psychologist

παίζω play· act, perform, play· (προβάλλω) show, be on· play, gamble· work· be loose ♦ **δεν παίζω** be serious

παίκτης player· gambler

παινεύω praise, speak in praise of • **παινεύομαι** boast, brag, swagger

παίξιμο playing· (ηθοποιού) acting, performance

παίρνω take· receive, get· have· hire, take on, get· pick up, collect· sweep (off/along/away), blow off/away· (απομακρύνω) take away· (σερβίρομαι) help oneself to· gain· dial· make· catch· take for· hold, contain· tape ♦ **παίρνει το μάτι μου** catch a glimpse of, catch sight of **παίρνω μπρος** start **παίρνω στο τηλέφωνο** phone, ring up **παίρνω φωτιά** catch fire

παιχνιδάκι *(μτφ.)* child's play, a piece of cake

παιχνίδι, **παιγνίδι** (αντικείμενο) toy· (ομαδικό) game **επιτραπέζιο παιχνίδι** board game **τυχερά παιχνίδια** games of chance· match· *(μτφ.)* walkover, a piece of cake

παιχνιδιάρης playful

πακετάρισμα packing, wrapping (up)

πακετάρω pack (up), (σε χαρτί) wrap (up)

πακέτο packet, parcel **κάνω κτ. πακέτο** wrap sth. up· package **συμφωνία-πακέτο** package deal

Πακιστάν Pakistan

πακιστανικός Pakistani

Πακιστανός -ή Pakistani

παλαβός crazy, batty, potty

παλαίμαχος veteran

παλαιοπωλείο second-hand shop

παλαιοπώλης second-hand dealer

παλαιός old

παλαιστής wrestler

Παλαιστίνη Palestine

παλαιστινιακός Palestinian

Παλαιστίνιος -α Palestinian

παλαίστρα ring

παλαμάκια hand clapping, applause χτυπώ παλαμάκια clap one's hands, applaud

παλάμη palm

παλάτι palace

παλέτα palette

παλεύω wrestle· (αγωνίζομαι) fight, struggle

πάλη wrestling· *(μτφ.)* fight, struggle, strife

πάλι again, once more πάλι απ' την αρχή all over again· (από την άλλη) on the other hand· now, this time ♦ και πάλι nevertheless πάλι καλά που... it was just as well that...

παλιά in ancient times, in the old days· of long standing· at one time, formerly

παλιάνθρωπος rascal, scoundrel, villain

παλιατζής scrap/junk dealer

παλιατζίδικο junkshop

παλιατσαρία junk

παλιάτσος (circus) clown

παλικάρι young man, lad· brave/fearless/daring man

παλικαριά bravery, guts· brave deed

παλιοδουλειά dirty work· nasty/tough job

παλιόδρομος twisty road, bumpy road

παλιοζωή damn/hard life

παλιόκαιρος foul/wretched weather

παλιόλογα dirty/filthy talk, obscenities

παλιομοδίτικος old-fashioned

παλιόπαιδο bad/nasty boy, brat

παλιός old στα παλιά τα χρόνια in the past, long ago· antique • **οι παλιοί** the people of old, old timers

παλιότερα in the past· formerly

παλίρροια tide

παλιρροϊκός tidal

παλιώνω become old/shabby, wear out

πάλκο, παλκοσένικο stage

παλμός (της καρδιάς) pulse, heartbeat· *(μτφ.)* enthusiasm, feeling

παλούκι stake· *(μτφ.)* poser, tall older

παλτό (over)coat

παμπάλαιος very old, ancient

πάμπλουτος fabulously rich

πάμπολλοι very many, lots of, numerous

παμπόνηρος very cunning, foxy, very crafty, wily

πάμπτωχος very poor/needy, penniless, destitute

πάμφθηνος very cheap, dirt-cheap

παμψηφεί unanimously

παν all, everything, anything

πάνα nappy, diaper

Παναγία (the) Virgin Mary, Our Lady

πανάδα blotch

πανάκριβος extemely expensive

πανδαιμόνιο pandemonium, hullabaloo

πανδοχείο inn

πανέ fried in bread crumbs

πάνελ panel

πανελλαδικός Panhellenic

πανελλήνιο the whole of Greece, (the) Greek nation, all Greeks

πανελλήνιος Panhellenic

πανέμορφος most beautiful, ravishing

πανέξυπνος highly intelligent, ingenious, brilliant

πανεπιστημιακός of universities, university • academic

πανεπιστήμιο university

πανεπιστημιούπολη campus

πανέτοιμος allready, fully prepared

πανεύκολος as easy as anything, child's play

πανευρωπαϊκός (Pan)European

πανευτυχής most happy, on top of the world

πανζουλισμός pandemonium, hubbub

πανηγύρι (religious) festival, feast, *(εμπορ.)* fair

πανηγυρίζω rejoice· celebrate

πανηγυρικά triumphally

πανηγυρισμός celebration, festivities

πάνθηρας panther

πανί cloth· (πλοίου) sail

πανιάζω go/become pale, lose one's colour

πανίδα fauna

πανικοβάλλω panic, throw/ get into panic • **πανικοβάλλομαι** panic, be overcome with panic

πανικόβλητος panic-stricken, panicky

πανικός panic

πάνινος of cloth, fabric, cloth-covered

πανίσχυρος (al)mighty, omnipotent

πανό banner

πανομοιότυπο fascimile, replica, copy

πανομοιότυπος identical

πανοπλία (suit of) armour

πάνοπλος fully armed, armed to the teeth

πανοραμικός panoramic πανοραμική θέα bird's-eye view

πανούκλα plague

πανούργος cunning, crafty, sly

πανσέληνος full moon

πανσές pansy

πανσιόν pension, boarding house, hostel

¹πάντα, **πάντοτε** always, for ever· continually, perpetually για πάντα for ever, for good μια για πάντα once and for all

²πάντα *(ζωολ.)* panda

παντελόνι (a pair of) trousers, pants

παντεσπάνι sponge cake

παντζάρι beetroot γίνομαι κόκκινος/κοκκινίζω σαν παντζάρι go beetroot

παντζούρι shutter

παντοιοτρόπως in every way, by hook or by crook

παντομίμα pantomime, dumb show· mime, miming

παντοπωλείο grocer's, grocery (shop)

παντοπώλης -ισσα grocer

πάντοτε ☞ ¹πάντα

παντοτινά perpetually, eternally

παντοτινός eternal, everlasting, perpetual

παντού everywhere, all over παντού σε all over, throughout

παντόφλα slipper

παντρεμένος married

παντρεύω marry (sb.) (to)· be (sb.'s) best man, wed • **παντρεύομαι** marry, get married (to)

πάντως anyway, in any case

πάνω ☞ επάνω

πανωλεθρία rout, heavy loss, total destruction, complete ruin

πανωφόρι overcoat, coat

παξιμάδι rusk· (βίδας) nut

παπαγαλία parroting, mechanical repetition· (στο σχολείο) rote learning • parrot fashion, by rote

παπαγάλος parrot

παπαδιά priest's wife

παπάκι duckling· (μηχανάκι) motorbike

παπαράτσι paparazzi

παπαρούνα poppy

Πάπας Pope

παπάς priest· *(χαρτοπ.)* king· (το παιχνίδι) three-card trick

πάπια duck, (αρσενική) drake

παπιγιόν, **παπιόν** bow tie

πάπλωμα duvet, quilt

παπούτσι shoe αθλητικά παπούτσια sneakers, trainers

παππούς grandfather

πάπρικα paprika

πάπυρος papyrus, (σε κύλινδρο) scroll

πάρα very πάρα πολύ (υπερβολικά) too, (εξαιρετικά) extremely **πάρα πολύς** an awful lot, too much

παρά against, in spite of, despite· (για την ώρα) to· minus, less, by· except (for)· but ♦ **παρά λίγο** almost, nearly **παρά μόνον αν...** unless... **παρόλο που** though, even though, although • than

παραβαίνω break, violate

παραβάλλω compare, juxtapose, draw a parallel (between)

παραβάν (folding) screen **παραβάν ψηφοφορίας** voting booth

παράβαση breach· offence

παραβάτης -ισσα offender

παραβιάζω break, violate· force, break open, break into· enter without permission

παραβίαση violation

παραβλέπω overlook

παράβλεψη oversight

παράβολο fee

παραβρίσκομαι ☞ παρευρίσκομαι

παραγγελία order· commission· (σε κέντρο κτλ.) (special) request

παραγγέλλω, **παραγγέλνω** send word, leave (sb.) a message· (στο εμπόριο) order, place an order for· (στο εστιατόριο) order· commission

παραγεμίζω overfill, fill too full· (έπιπλο) overstuff· *(μαγειρ.)* stuff

παραγέμισμα stuffing

παραγίνομαι go too far· become too much of, grow too...· (για καρπούς) get overripe, overripen

παράγκα hut, shed· shanty, hovel

παράγοντας factor· person of influence/standing

παράγραφος paragraph

παράγω produce, manufacture, turn out· yield, bear • **παράγομαι** *(γλωσσ.)* be derived (from)

παραγωγή production, output· produce, crop, yield· *(κινημ.)* production

παραγωγικός productive, fruitful

παραγωγικότητα productivity

παράγωγο derivative

παραγωγός producer

παράδειγμα example για παράδειγμα/παραδείγματος χάριν for example, for instance

παραδειγματικός exemplary

παράδεισος paradise, heaven

παραδέχομαι admit, acknowledge, accept, recognize

παραδίδω deliver, give in, hand in· give· surrender, yield (up) • **παραδίδομαι** surrender, give oneself up

παραδόξως strangely/oddly enough

παράδοση delivery· surrender· tradition· giving lessons, teaching, (πανεπιστημιακή) lecture· handover, transfer

παραδοσιακά traditionally, by tradition

παραδοσιακός traditional· folk

παραδουλεύτρα cleaning lady, domestic help, charwoman

παραδοχή admission, acknowledgement

παραδρομή lapse, oversight, error εκ παραδρομής through an oversight

παραδώ, **παραδώθε** nearer, closer, over here

παραείμαι be too

παραέξω farther out

παραθαλάσσιος by the sea, coastal, seaside

παραθερίζω spend the summer, be on holiday

παραθεριστής -ίστρια holidaymaker

παραθέτω relate in sequence, set forth, lay down· quote, cite· give/hold (a dinner)

παράθυρο window

παραθυρόφυλλο shutter

παραϊατρικός paramedical

παραίνεση (piece of) advice, admonition, exhortation

παραινώ advise, admonish, exhort, urge

παραίσθηση hallucination

παραίτηση resignation **υποβάλω** παραίτηση offer one's resignation, give notice, hand in one's notice

παραιτούμαι resign, quit· *(μτφ.)* abandon, give up

παρακάλια entreaties, pleas

παρακαλώ ask, beg, implore· please παρακαλώ! (απάντηση σε ευχαριστία) don't mention it!, you're welcome!, my pleasure!

παρακαμπτήριος bypass

παρακάμπτω bypass, get round

παράκαμψη bypass, diversion

παρακάνω overdo το παρακάνω go too far

παρακάτω below, further down· next, then

παρακεί (a little) farther/further on

παρακινδυνευμένος risky, hazardous, foolhardy, dicey

παρακινώ incite, instigate, urge, prompt, egg on

παράκληση request

παρακοή disobedience

παρακοιμάμαι oversleep

παρακολούθηση following, running after· attendance· observation· (παγίδευση τηλεφώνου) tapping· bugging

παρακολουθώ follow, keep an eye on, keep (a) close watch on· attend· watch· pay attention (to), follow, attend (to)· (τηλέφωνο) tap, (με μικρόφωνα) bug

παρακούω disobey, mishear, hear wrong, misunderstand

παράκτιος coastal

παραλαβή receipt, collection απόδειξη παραλαβής receipt· delivery, acceptance

παραλαμβάνω take delivery of, receive

παραλείπω omit, leave out, miss out, skip

παράλειψη omission· oversight

παραλέω exaggerate, overstate

παραλήπτης -ρια recipient, (επιστολής) addressee, (επιταγής) payee

παράλια coast, coastline

παραλία seashore, seaside, seafront, beach

παραλιακός coast(al), seaside, by the sea(shore), on the coast

παραλίγο almost, nearly

παράλιος of the coast, of the seashore, coastal

παράλληλα, **παραλλήλως** at the same time, in the meantime

παράλληλος parallel (with/to) **παράλληλη γραμμή** parallel line, parallel· simultaneous

παραλλήλως ☞ παράλληλα

παραλογίζομαι behave unreasonably, be out of one's mind

παραλογισμός absurdity, irrationality

παράλογος absurd, unreasonable, irrational, illogical

παράλυση paralysis

παράλυτος paralytic, crippled, invalid

παραλύω paralyse· be paralysed

παραμαγούλες parotitis, mumps

παραμάνα safety pin· nanny, nursemaid

παραμάσχαλα under one's arm

παραμεθόριος (of the) border/frontier • (the) border

παραμέληση neglect

παραμελώ neglect

παραμένω stay, remain

παράμερα aside, out of the way

παραμερίζω stand aside, step aside

παραμέσα farther/further on

παράμεσος ring finger

παράμετρος *(μτφ.)* parameter, aspect, side

παραμικρός slightest **με το παραμικρό** at the slightest provocation, at the drop of the hat

παραμιλώ rave, be delirious· talk to oneself

παραμονεύω lie in wait (for), lurk

παραμονή (διαμονή) stay· eve, the day before

παραμορφώνω disfigure, deform· distort

παραμόρφωση disfigurement, deformity· distortion

παραμυθάς story-teller, yarnspinner· liar, fibber

παραμυθένιος fairy-like, out of this world

παραμύθι (fairy) story/tale· story book· *(μτφ.)* tall story, cock-and-bull story

παρανόηση misunderstanding

παράνοια paranoia, lunacy

παρανοϊκός paranoiac

παρανομία illegality, unlawful act

παράνομος illegal, illicit, unlawful, illegitimate • outlaw

παρανομώ break/violate the law, go against the law, commit an offence

παρανοώ misunderstand, misinterpret

παράνυφος, **παράνυμφος** bridesmaid

παρανυχίδα ☞ παρωνυχίδα

παραξενεύω seem strange to· become fussy • **παραξενεύομαι** be surprised

παραξενιά eccentricity, oddity

παράξενος peculiar, odd, queer· eccentric, fussy, whimsical

παραοικονομία black economy, parallel economy

παραπαιδεία substitute education

παραπαίρνω take too much **παραπαίρνω θάρρος** get fresh (with), get too familiar (with)

παραπανίσιος extra, excess, surplus

παραπάνω higher up, further up· over, more, longer • above· next up

παραπατώ take a false step, stumble· walk unsteadily, stagger, totter

παραπέμπω refer· *(νομ.)* impeach, indict

παραπέρα further on· later (on), in the future

παραπίσω (further) back/behind

παραπλάνηση deception

παραπλανητικός deceptive, misleading

παραπλανώ deceive, mislead

παραπληροφορώ misinform

παραποιώ falsify, distort

παραπομπή referring to, sending on· (σε κείμενο) (cross)reference· *(νομ.)* impeachment

παραπονιέμαι ☞ παραπονούμαι

παράπονο complaint, grievance

παραπονούμαι, **παραπονιέμαι** complain, grumble

παραπόταμος tributary (river)

παράπτωμα offence

παράρτημα branch· και **έκτακτο παράρτημα** special edition, supplement· (στο τέλος βιβλίου) appendix

παρασέρνω ☞ παρασύρω

παράσημο medal

παρασημοφορώ decorate, award a medal to

παράσιτο parasite· **παράσιτα** *(ραδιόφ.)* static, (παρεμβολές) interference

παρασκευάζω make ready, prepare, concoct

παρασκεύασμα preparation, concoction

Παρασκευή Friday **Μεγάλη Παρασκευή** Good Friday

παρασκήνια wings

παρασκηνιακός behind the scenes, backstage

παράσταση performance, show· representation ♦ **κλέβω την παράσταση** steal the scene/show

παραστατικός discriptive, vivid

παραστέκω, **παραστέκομαι** stand by, support

παράστημα bearing, stature

παρασύρω, **παρασέρνω** sweep away, blow off/away· run over, knock down· carry away· (ξεγελώ) mislead

παράταιρος odd, mismatched

παράταση extention· *(αθλ.)* extra time

παρατείνω prolong, extend, draw out

παρατήρηση observation· remark, comment· rebuke, reproof· (σε διαγώνισμα) question

παρατηρητικός observant

παρατηρητικότητα (power of) observation

παρατηρώ (αντιλαμβάνομαι) notice, perceive· remark, comment, note· watch· reprove, reproach

παράτολμος daring, rash, reckless, foolhardy

παράτονος out of tune

παρατραβηγμένος far-fetched

παρατραβώ, **παρατραβάω** last too long, drag on· go too far ♦ **το** παρατραβάω **το σκοινί** take it too far, overdo it

παρατρώγω eat too much, overeat, stuff oneself (with)

παρατσούκλι nickname

παρατυπία irregularity

παράτυπος irregular, against the rules/formalities

παρατώ abandon, leave, desert ♦ παράτα με! leave me alone! **τα** παρατάω give up, drop everything

πάραυτα at once, immediately, right/straight away

παραφέρομαι lose one's temper, forget oneself

παράφορος passionate

παραφρονώ go mad, go out of one's mind

παραφροσύνη insanity, lunacy, madness

παράφρων mad, insane, lunatic

παραφυλάω lie in wait (for), be on the lookout (for)

παράφωνα out of tune

παραφωνία dissonance

παράφωνος out of tune, off-key

παραχαϊδεύω spoil, pamper, mollycoddle

παραχαράζω ☞ παραχαράσσω

παραχάραξη counterfeiting, forgery· *(μτφ.)* distortion, falsification

παραχαράσσω, **παραχαράζω** counterfeit, forge· *(μτφ.)* falsify, distort, twist

παραχώρηση concession

παρέα company, companionship κάνει καλή παρέα he's a good company χωρίς παρέα by oneself· friends· party, band· together, along with

παρεκκλήσι chapel

παρεκκλίνω deviate, stray· (για όχημα) swerve

παρεκτρέπομαι misbehave, forget oneself

παρέλαση parade, procession

παρελαύνω parade, march

παρέλευση elapse, passage

παρελθόν (the) past

παρεμβαίνω intervene, step in

παρεμβάλλω insert, interpose • **παρεμβάλλομαι** come in/lie between

παρέμβαση interference, intervention· taking part in a conversation, interposition

παρεμβολές (παράσιτα) interference

παρεμπιπτόντως incidentally, by the way

παρεμφερής similar, (somewhat) like

παρενέργεια side effect

παρένθεση parenthesis, bracket σε παρένθεση in brackets

παρενόχληση annoyance, nuisance σεξουαλική παρενόχληση sexual harassment

παρεξηγημένος fallen out

παρεξήγηση misunderstanding· disagreement, argument, quarrel

παρεξηγώ misunderstand • **παρεξηγούμαι** take offence

παρεό pareo

παρευρίσκομαι, **παραβρίσκομαι** be present (at), attend

παρέχω give, grant, offer, provide, supply

παρηγορητικός comforting, consolatory

παρηγοριά consolation, comfort

παρήγορος comforting, consoling το παρήγορο είναι... it is a comfort/consolation...

παρηγορώ comfort, console

παρθένα virgin

παρθενικός maiden, first

Παρθένος (the) Virgin Mary· *(αστρολ.)* Virgo

Παρθενώνας Parthenon

παρίσταμαι be present (at), attend

παριστάνω impersonate, take off· pretend (to be)· pose as, pass oneself off as· represent

παρκαδόρος parker

παρκάρισμα parking

παρκάρω park

παρκέ parquet (floor)

παρκετάρω wax the floor/parquet

παρκετίνη floor wax/polish

πάρκινγκ, **πάρκιν** parking· car park, parking lot, parking place

πάρκο park· (μωρού) playpen

παρκόμετρο parking meter

πάρλα chatter, prattle

παρμεζάνα Parmesan (cheese)

παρμπρίζ windscreen

παροδικός passing, temporary

πάροδος sidestreet, by-street· passage, lapse

παροικία community

παροιμία proverb, saying

παρόλο, **παρ' όλο(ν)** although, even though, in spite of

παρομοιάζω compare (to)

παρόμοιος similar (to) και τα παρόμοια and suchlike, and the like

παρόν present προς το παρόν for the time being, for the present, at the moment

παροξυσμός fit

παρόρμηση impulse, urge

παρορμητικός impulsive

παρότι, **παρ' ότι** although, even though, is spite of the fact that

παροτρύνω encourage, urge, prompt

παρουσία presence Δευτέρα Παρουσία Judgement Day, Second Coming

παρουσιάζω present· introduce· host· demonstrate • **παρουσιάζομαι** α) (για στρατεύσιμο) be called up, join up β) appear γ) come up, arise

παρουσίαση presentation

παρουσιαστής -άστρια presenter, broadcaster, host

παρουσιαστικό appearance, looks

παροχή granting, providing, provision· supply

παρτέρι flower bed

πάρτι party

παρτίδα game· (για εμπορεύματα) lot, batch· παρτίδες dealings, business

παρυφή border, fringe, edge

παρωδία parody, spoof

παρών present

παρωνυχίδα, **παρανυχίδα** hangnail, whitlow

παρωπίδα blinker

παρωτίτιδα parotitis, mumps

πας every, (the) whole οι πάντες all, everyone, everybody· any, anyone • διά παντός forever άπαξ διά παντός once (and) for all

πάσα pass

πασαλείβω, **πασαλείφω** smear

πασάρω pass

πασατέμπος roasted pumpkin seeds

πασίγνωστος well-known, famous

πασιέντσα patience, solitaire

πάσο pass· hatch • με το πάσο μου at a slow pace, unhurriedly

πασπαλίζω sprinkle, dust

πάσσαλος pile, stake

πάστα (ζυμαρικό) pasta· (γλυκό) cake· sort, kind

παστέλ pastel

παστεριώνω pasteurize

παστίλια lozenge, pastille

παστός salted

παστουρμάς buffalo/camel pastarmi

παστώνω salt (down), cure

Πάσχα Easter

πασχαλινός Easter

πασχαλίτσα ladybird

πασχίζω try hard, strive

πάσχω suffer (from)

πάταγος bang, crash • κάνω πάταγο cause a sensation, create a stir

πάταξη suppression, cracking down on, stamping out

πατάρι loft, (ημιώροφος κτιρίου) mezzanine

πατάσσω crack down on, wipe out

πατάτα potato

πατατάκια chips, crisps

πατατοκεφτές potato croquette

πατέ pâté

πατέντα patent

πατέρας father

πατερίτσα (δεκανίκι) crutch

πατημασιά footmark, footprint

πατινάζ (ice) skating· roller skating κάνω πατινάζ α) skate (on ice) β) roller skate

πατίνι skate, roller skate· (παιδικό) scooter

πάτος bottom· (παπουτσιού) soft pad, cushion sole/pad ♦ άσπρο πάτο! bottoms up! πάω στον πάτο sink, go down έρχομαι πάτος come last

πατούσα sole (of foot)

Πατριαρχείο Patriarchate

πατριάρχης Patriarch

πατρίδα (native) country, homeland, mother country, home

πατρικό paternal home· family name, surname, (παντρεμένης) maiden name

πατρικός paternal, fatherly πατρικό όνομα (παντρεμένης γυναίκας) maiden name

πατριός stepfather

πατριώτης -ισσα patriot

πατριωτικός patriotic

πατριωτισμός patriotism

πατρόν pattern

πατροπαράδοτος traditional

πατρότητα paternity, fatherhood· authorship

πατρώνυμο father's name

πατσαβούρα rag cloth

πατσάς tripe soup

πάτσι quits, even

πατσίζω be quits, be/get even (with sb.)· (σε παιχνίδι) level the score

πατώ step, tread· press, push πατώ τη σκανδάλη pull the trigger πατώ γκάζι step on the gas· crush (with the feet), trample (on)· (για οχήματα) run over· turn, be on the wrong side of

πάτωμα floor· (όροφος) floor, storey (στο) κάτω πάτωμα downstairs (στο) πάνω πάτωμα upstairs

παύλα dash

παύση pause· cessation, suspension· break, rest· (απόλυση) dismissal, discharge

παυσίπονο painkiller, analgesic

παύω stop πάψε (πια)! be quiet, shut up!· cease, come/be brought to an end· (απολύω) dismiss, discharge, relieve (sb.) of their duties

παχαίνω get/grow/become fat, put on weight· fatten

παχάκια middle-aged spread, spare tyre

πάχνη frost

παχνί manger

πάχος (παχυσαρκία) fatness, corpulence· (η διάσταση) thickness σε πάχος thick· (κρέατος) fat, grease

παχουλός plump, fleshy, chubby

παχύρρευστος thick, semifluid

παχύς fat, obese· thick· (λιπαρός) (rich in) fat, fatty

παχυσαρκία obesity, corpulence

παχύσαρκος obese, corpulent

πάω ☞ πηγαίνω

πεδιάδα plain

πέδιλο sandal· roller skate· **πέδιλα για κολύμπι** flippers

πεζή on foot

πεζικό infantry

πεζοδρόμιο pavement, (ΗΠΑ) sidewalk

πεζόδρομος pedestrian precinct

πεζοναύτης marine

πεζοπορία walking, hike

πεζοπόρος walker, hiker

πεζός on foot • pedestrian

πεθαίνω die, pass away **πεθαίνω της πείνας** starve· cause death, be the death of, kill

πεθαμένος dead· (κατακουρασμένος) dead tired, worn out

πεθερά mother-in-law

πεθερικά in-laws

πεθερός father-in-law

πεθυμώ ☞ επιθυμώ

πειθαρχημένος well-disciplined

πειθαρχία discipline

πειθαρχώ be obedient (to), conform (to), comply (with), toe the line

πείθω persuade, convince

πειθώ persuasion

πείνα hunger

πεινασμένος hungry

πεινώ be hungry, feel hungry· be starving

πείρα experience **έλλειψη πείρας** lack of experience, inexperience

πειράζω tease, poke fun at· joke, kid, pull (sb.'s) leg· annoy, bother· be bad for, disagree with, (για ποτό) go to (sb.'s) head **πειράζει** matter, mind **δεν πειράζει** it doesn't matter, never mind, that's all right • **πειράζομαι** be offended, take offence

Πειραιάς Piraeus

πείραμα experiment· test, attempt

πειραματίζομαι experiment

πειραματικός experimental· pilot **πειραματικό σχολείο** experimental/pilot school

πειραματόζωο lab animal, guinea pig

πειρασμός temptation **βάζω σε πειρασμό** tempt **μπαίνω σε πειρασμό** be tempted

πειρατεία piracy

πειρατής pirate

πειρατικός pirate

πειραχτήρι teaser, tease

πείσμα obstinacy, stubbornness: **από πείσμα** out of/from spite **το βάζω πείσμα να...** set one's heart on...

πεισματάρης obstinate, stubborn, headstrong

πεισμώνω, **πεισματώνω** irritate,

spite· become stubborn, dig one's heels in

πειστικός persuasive, convincing

Πεκίνο Beijing

πέλαγος (open) sea

πελαγώνω be confused, be at a loss, feel lost

πελαργός stork

πελατεία customers· clientele

πελάτης -ισσα customer, (καταστήματος) shopper, (ελεύθερου επαγγελματία) client, (γιατρού) patient, (ξενοδοχείου) guest, (εστιατορίου) diner

πελεκάνος pelican

πέλμα sole· (ελαστικού) tread

Πελοπόννησος Peloponnese

πελτές, **μπελτές** tomatoe paste, tomatoe puree

πελώριος huge, enormous, colossal, gigantic

Πέμπτη Thursday **Μεγάλη Πέμπτη** Thursday of Holy Week

πέμπτος fifth

πένα pen· nib (of a pen)· (το 1/100 της λίρας) penny· (μουσικού οργάνου) plectron, pick

πέναλτι penalty (kick)

πενήντα fifty

πενηνταριά καμιά πενηνταριά about fifty, fifty or so

πενθήμερος, **πενταήμερος** lasting five days, five days'

πένθιμος mournful

πένθος mourning

πενθώ mourn, be in mourning

πένσα pincers, pliers

πεντάγωνο pentagon

πεντάδα (a set of) five

πενταήμερος ☞ πενθήμερος

πεντακάθαρος very clean, spotless, spick-and-span

πεντακόσιοι five hundred

πεντάλ(ι) pedal

πεντάλεπτο five minutes

πεντάλεπτος lasting five minutes, five-minute

πενταμελής five-number, five-strong, of five

πεντανόστιμος delicious

πενταπλασιάζω multiply by five, increase fivefold

πενταπλάσιος fivefold, five times as much/ many

πεντάρα five-lepta coin· dime, penny **της πεντάρας** of inferior quality, trashy **δε δίνω πεντάρα** (τσακιστή) not give/care a damn/a straw/a fig (for) **δεν έχω πεντάρα** (τσακιστή) be stone/flat broke· **πεντάρες**(στα ζάρια) double fives

πεντάρι five· five-roomed flat

πενταροδεκάρες pittance, chickenfeed, next to nothing, for a song

πεντάρφανος orphan, all alone in the world

πέντε five

πεντηκοστός fiftieth

πεντικιούρ pedicure

πεντόλιρο five-pound note, fiver

πεπειραμένος experienced

πεπεισμένος convinced, persuaded, dead sure

πεπιεσμένος compressed

πέπλο veil

πεποίθηση conviction, belief **έχω την πεποίθηση ότι...** be certain/convinced that... **εκ πεποιθήσεως** α) confirmed β) (για λόγους αρχής) on principle

πεπόνι melon

πεπρωμένο destiny, fate

πέρα (τοπικό) beyond, farther (than), far away **εδώ πέρα** over here **εκεί πέρα** over there **πέρα δώθε** to and fro **πέρα για/ως πέρα** right through, thoroughly· (χρονικό) later than, beyond, after **από 'δώ και πέρα** from now on **από... και πέρα** from... onwards ♦ **τα βγάζω πέρα** manage, (οικονομικώς) scrape a living, make ends meet

πέρας end **φέρω σε πέρας** carry out

πέραση **έχω πέραση** be popular, catch/take (sb.'s) fancy

πέρασμα passage, crossing· pass· course, passing· going past

περασμένος last, former, past· past ♦ **περασμένα ξεχασμένα** let bygones be bygones

περαστικός passing, passing-by· passing, transient • passer-by ♦ **περαστικά!** get well soon!

περβάζι, **πρεβάζι** windowsill, ledge

πέργκολα pergola

πέρδικα partridge

περηφάνεια ☞ υπερηφάνεια

περηφανεύομαι ☞ υπερηφανεύομαι

περήφανος ☞ υπερήφανος

περιαυτολογώ boast, brag, be boastful

περιβάλλον environment· (περίγυρος) surroundings· (φυσικό περιβάλλον) habitat· entourage, circles

περιβαλλοντικός environmental

περιβάλλω surround, enclose· *(μτφ.)* beset, girdle· have, show, hold

περιβόητος famous, renowned, (αρνητικά) notorious

περιβολή dress, attire

περιβόλι (market) garden· (με οπωροφόρα) orchard

περίβολος yard, enclosure, compound

περίγελος laughing stock

περίγραμμα outline, silhouette

περιγραφή description· account **ζωντανή περιγραφή (αγώνα)** running commentary

περιγράφω describe· give an account of

περιδέραιο necklace

περιεργάζομαι examine closely, look (carefully) at, scrutinize

περιέργεια curiosity, (αρνητικά) inquisitiveness

περίεργος curious **κατά περίεργο τρόπο...** strangely/oddly enough...· (αρνητικά) inquisitive, nosey, prying· (παράξενος) strange, unusual, odd, peculiar

περιέργως curiously, strangely, surprisingly, strange to say **όλως περιέργως** strangely/oddly enough

περιεχόμενο content(s) **πίνακας περιεχομένων** table of contents· subject matter· substance

περιέχω contain, include

περιζήτητος much/greatly sought after, in great demand/request **περιζήτητος γαμπρός** eligible bachelor

περιήγηση tour, touring

περιηγητής -ήτρια tourist, traveller, sightseer

περιηγητικός (of) touring

περίθαλψη care, (σε νοσοκομείο) nursing **ιατροφαρμακευτική περίθαλψη** medicare

περιθώριο margin· fringe· room, scope

περικεφαλαία helmet, casque

περικυκλώνω surround, encircle

περιλαμβάνω (εμπεριέχω) include, contain, take in· (απαρτίζομαι από) consist of, be made up· (πραγματεύομαι) deal with

περιληπτικός concise, succinct, brief

περίληψη summary, resume, précis **εν περιλήψει** in brief

περιμένω wait (for)· expect **περιμένω πώς και πώς** look forward to

περίμετρος perimeter

περιοδεία tour

περιοδεύω tour, be/go on a tour **περιοδεύων θίασος** travelling company

περιοδικό magazine

περίοδος period **κατά περιόδους** periodically, on and off, off and on

περιορίζω confine· (μειώνω) restrict, limit, cut back/down • **περιορίζομαι** α) restrict oneself (to), keep (to) β) (αρκούμαι) content oneself (with), make do (with)

περιορισμένος limited, restricted

περιορισμός confinement· restriction, limitation, cutting back/down· control, keeping under

περιουσία (υπάρχοντα) property· fortune

περιοχή area, district

περίπατος walk, stroll· (εύκολη δουλειά) piece of cake, walkover

περιπέτεια adventure· hardship, trouble· (short) affair

περιπετειώδης adventurous, eventful

περιπλανιέμαι wander, roam, ramble

περιπλέκω complicate, make difficult

περιπλοκή complication

περίπλοκος complicated, complex

περιποιημένος well-turned out, neat, tidy, trim, sleek

περιποίηση care, attention· (ασθενούς) nursing· service

περιποιούμαι take good care of, look after· entertain, offer hospitality· provide with service, attend to

περιπολία patrol, beat

περιπολικό patrol car, police car

περίπολος patrol

περιπολώ patrol, be on patrol, be out on one's/the beat

περίπου about, around, more or less, approximately, or thereabouts στο περίπου roughly

περιπτεράς -ού owner of a kiosk

περίπτερο kiosk· stand

περίπτωση case, occasion, instance εν πάση περιπτώσει anyway, at any rate στη χειρότερη περίπτωση at worst

περισσεύω be more than enough, be superfluous/superabundant δε μου περισσεύουν have no money to spare φτάνει και περισσεύει it's more than enough, it's enough and to spare· be left over

περισσότερο more, (χρονικό) longer, (τοπικό) farther

περισσότερος more, most

περίσταση occasion, case, instance· circumstance

περιστατικό incident, occurrence· case επείγον περιστατικό emergency

περιστέρι pigeon, dove

περιστοιχίζω surround, encircle

περιστρέφω turn (round), rotate, spin, swivel • **περιστρέφομαι** go round, revolve, swivel

περιστροφικός revolving, turning περιστροφική κίνηση rotation

περίστροφο revolver

περιτοιχίζω wall, surround/enclose with a wall

περιτροπή εκ περιτροπής by turns, in turn

περιττός unnecessary, needless είναι περιττό it's useless περιττός αριθμός odd number

περιτύλιγμα wrapping, wrapper με περιτύλιγμα δώρου gift-wrapped

περιφέρεια perimeter, circumference· periphery, outskirts· district, area, region

περιφερειακός peripheral, regional • ring road

περίφημα very well

περίφημος famous· excellent, first-rate, fantastic, gorgeous

περίφρακτος fenced in, hedged in, fenced all round

περιφράσσω fence (in/off), hedge, wall

περιφρόνηση contempt, scorn, disdain

περιφρονητικός contemptuous, scornful, disdainful

περιφρονώ despise, scorn, disdain, look down on/upon

περιχαρής overjoyed

περίχωρα outskirts

πέρκα perch

πέρλα pearl

περμανάντ permanent wave, perm **κάνω περμανάντ** have one's hair permed

περνώ pass, spend· overtake, leave behind, be ahead· pass, take (sb.) across **να περάσει!** show him/her in! **περάστε!** come in!· live/be through, go through, undergo, have **να περάσετε καλά** have fun, have a good time· take for, consider· (να δω κπ.) drop in/by/ round **περνώ από** α) pass, go by, go past, walk by, drive by β) call at· (για χρόνο) pass, go (by), elapse· (γίνομαι δεκτός, πετυχαίνω) pass, get into· (ξεθυμαίνω, σβήνω) blow over, die down, go out, wear off· (τελειώνω, παύω) be through/up/ over, pass off, expire • **περνιέμαι** pass oneself off as

περούκα wig

περπάτημα walking

περπατώ walk

Πέρσης Περσίδα Persian, Iranian

πέρσι ☞ πέρυσι

Περσία Persia, Iran

περσίδα Venetian blind

περσικός Persian, Iranian

περσινός ☞ περυσινός

πέρυσι, **πέρσι** last year

περυσινός, **περσινός** last year's

πέσιμο fall

πέστροφα trout

πετάγομαι, **πετιέμαι** (τινάζομαι, αναπηδώ) jump, spring· (ορμώ) dash, rush, dart· (πηγαίνω) go over/round, pop in/along

πετάλι pedal

πεταλίδα limpet

πέταλο (λουλουδιού) petal· (αλόγου) horseshoe

πεταλούδα butterfly

πεταχτός protruding, prominent· cursory, quick, hurried **στα πεταχτά** hastily, hurriedly, quickly

πετεινός cock, (ΗΠΑ) rooster

πετιέμαι ☞ πετάγομαι

πέτο lapel

πετονιά fishing line

πέτρα stone· (των δοντιών) tartar

πετρέλαιο oil, diesel (fuel)

πετρελαιοκηλίδα oil slick

πετρελαιοπηγή oil well

πετρελαιοφόρο (oil) tanker

πέτρινος (made of) stone

πετροβολώ stone, throw stones at

πετρώδης stony, rocky

πέτρωμα rock

πετσέτα towel, (φαγητού) (table) napkin

πετυχαίνω (κατορθώνω) succeed (in), manage (to), achieve, attain· (χτυπώ) hit **πετυχαίνω γκολ** score a goal **πετυχαίνω διάνα** hit the bull's eye, hit the mark· (βρίσκω κατά τύχη, συναντώ τυχαία) come across/(up)on, run into, bump into· (έχω επιτυχία) be successful, be a success, meet with success, work out· (περνώ) get into, pass

πετυχημένος successful

πετώ fly· (χάνομαι) be lost, be thrown away· (εξέχω έντονα) protrude, project, stick out, stand out· (ρίχνω, εκσφενδονίζω) throw (at/to)· (απευθύνω, λέω) drop· (απαλλάσσομαι από άχρηστο) discard, throw away· (σκορπώ) spread, scatter

πεύκο pine tree

πέφτω fall (down) **πέσε κάτω!** lie down!, fall to the ground!· drop· (γκρεμίζομαι) fall down, collapse· (υποβιβάζομαι) be relegated· (χάνω) lose· (εξασθενώ, μειώνομαι, κοπάζω) drop (off), go down, subside, fall (off)· (περιέρχομαι) fall **πέφτω πάνω σε** α) (συγκρούομαι) run into, crash into, collide with β) (συναντώ) bump into, run into **πέφτω έξω** α) (σφάλλω) go wrong β) (χρεοκοπώ) go bankrupt/bust

πέψη digestion

πηγάδι well

πηγαίνω, πάω go, (με τα πόδια) walk, (με αυτοκίνητο) drive, (με αεροπλάνο) fly, (έφιππος) ride **έχω πάει (κάπου)** have been to· take· (οδηγώ, καταλήγω) lead· be, go, get on/along **πηγαίνω μπροστά** (για ρολόι) be fast, gain **πηγαίνω στραβά** go wrong· (ταιριάζω) go well, match, suit, fit· pass, elapse, go by **πάει καιρός που...** it's a long time since... ♦ **τι πάει να πει αυτό;** what does it mean?

πηγή spring, fountain· source

πηγούνι ☞ πιγούνι

πηδάλιο helm, rudder·steering wheel

πήδημα jump, leap, bound

πηδώ jump, leap, bound· (σκιρτώ) spring· (παραλείπω) skip, leave out

πήζω thicken· set· congeal, clot ♦ πήζω **στη δουλειά** be up to the eyes in work

πηλήκιο (peaked) cap

πηλίκο quotient

πήλινος earthen, of clay **πήλινα είδη** earthenware

πηλός clay

πηχτός thick· congealed, clotted

πια (no) longer, (not) any more· definately

πιανίστας -α/-ρια pianist

πιάνο piano

πιάνω catch· hold· take· catch, arrest· take up, occupy· get, fetch· (καταλαβαίνω) grasp, get· seize, come over· (για φαγητό) get scorched, stick to the pan • **πιάνομαι** α) hold on (to) β) get caught (on) γ) be/get/feel stiff

πιάσιμο catch, hold, clasp· stiffness· handle, grip

πιασμένος (κατειλημμένος) taken· stiff

πιαστράκι clip

πιατάκι small plate, dessert plate, (φλιτζανιού) saucer

πιατέλα serving dish, platter

πιατέλο dessert plate, small plate, (φλιτζανιού) saucer

πιατικά crockery

πιάτο plate, dish· course· (μερίδα) portion, helping

πιατοθήκη (plate) rack, (το έπιπλο) dresser

πιατόπανο tea towel

πιάτσα (των ταξί) taxi rank/ stand

πιγκουίνος penguin

πιγούνι, **πηγούνι** chin

πίδακας jet, spurt, fountain

πιέζω press, push· be too tight, pinch· press, put pressure on

πίεση pressure· stress, strain

πιεστήριο press

πιεστικός pressing, pressurizing· (επείγων) urgent

πιέτα pleat

πιθαμή ☞ σπιθαμή

πιθανόν maybe, probably, possibly

πιθανός probable, likely, possible είναι πιθανό να... may, be likely το πιο πιθανό είναι... chances are that...

πιθανότητα chance, probability, possibility κατά πάσα πιθανότητα most probably· πιθανότητες odds

πιθανώς probably, possibly

πιθάρι storage jar

πίθηκος ape

πικάντικος spicy

πικάπ record player

πικάρω pique, nettle· spite

πικνίκ picnic

πίκρα (πικράδα) bitteness· *(μτφ.)* bitterness, sorrow, grief

πικρά bitterly

πικραίνω make bitter· *(μτφ.)* embitter, grieve, sadden

πικραμένος bitter, resentful

πικρία bitterness, sorrow, grief

πικρίζω be/get/taste bitter

πικρόγλυκος bittersweet

πικρός bitter

πιλάφι pilaf

πιλοτάρω pilot, fly

πιλοτή pilotis

πιλοτήριο cockpit

πιλοτικός pilot

πιλότος pilot

πιν PIN, personal identification number

πίνακας (ζωγραφικός) picture, painting· (σχολικός) (black)board· *(ηλεκτρ.)* switchboard, panel· list, table, index πίνακας ανακοινώσεων noticeboard πίνακας δρομολογίων timetable

πινακίδα (road) sign· plate, nameplate, doorplate πινακίδα αριθμού κυκλοφορίας numberplate

πινακοθήκη (art) gallery

πινγκ πονγκ Ping-Pong, table tennis

πινέζα drawing pin, thumbtack

πινέλο brush, paintbrush, (ξυρίσματος) shaving brush

πίνω drink, have a (drink) • **πίνομαι** be drinkable

πιο more, -er **ο πιο** the most, -est **πιο πολύ** more, most **τις πιο πολλές φορές** mostly

πιόνι pawn

πίπα pipe· cigarette holder

πιπέρι pepper

πιπεριά pepper (plant)

πιπεριέρα pepper pot/castor

πιπίλα comforter, dummy

πιπιλίζω, **πιπιλώ** suck

πιρέξ Pyrex

πίρος bolt, pin· (βαρελιού) bung, cock

πιρούνι fork

πιρουνιά forkful

πισθάγκωνα δένω κπ. πισθάγκωνα tie sb.'s hands behind his back

πισίνα (swimming) pool

[1]**πισινός** behind, bottom, bum

[2]**πισινός** back, rear

πίσσα pitch, tar **σκοτάδι πίσσα** pitch-dark, pitch-black

πίστα dance floor· (race) course· ski run· (skating) rink· (αεροδρομίου) tarmac, taxiing area

πιστευτός believable **γίνομαι πιστευτός** be believed

πιστεύω believe· believe, expect, hope **δεν πιστεύω να...** I can't fancy/imagine that... • belief, conviction

πίστη belief· faith· fidelity, faithfulness· *(οικον.)* credit

πιστολάκι toy gun· hairdryer· hair setting (with a hairdryer)

πιστόλι pistol, (hand)gun

πιστολιά (gun)shot

πιστολίδι shooting

πιστοποιητικό certificate

πιστός faithful, loyal· true, devout· accurate, exact • believer

πιστώνω credit

πίστωση credit· appropriation

πιστωτής -ώτρια creditor

πιστωτικός (of) credit **πιστωτική κάρτα** credit card

πίσω back **προς τα πίσω** back, backwards **πάω πίσω** (για ρολόι) be slow· behind, after **παίρνω κπ. από πίσω** follow sb. closely **πίσω από/από πίσω** α) behind β) after • back, rear

πισώπλατα in the back

πίτα pie

πιτζάμες pyjamas

πίτουρο bran

πίτσα pizza

πιτσαδόρος pizzeria assistant (who delivers pizzas)

πιτσαρία pizzeria, pizza parlour

πιτσιλιά splash (mark)

πιτσιλίζω, **πιτσιλώ** splash

πιτσιλωτός speckled, spotty, spotted

πιτυρίδα dandruff

πιωμένος drunk(en), (ελαφρά) tipsy

πλάγια, **πλαγίως** sideways, slantways

πλαγιά side of a hill/mountain, slope

πλαγιαστός slanting

πλάγιος sidelong, slanting, oblique· (έμμεσος) indirect, roundabout **διά της πλαγίας οδού** through indirect means **πλάγιος λόγος** indirect/reported speech· devious, underhand

πλαγίως ☞ πλάγια

πλαδαρός flabby, soft

πλαζ beach

πλάθω create, make· knead, shape· *(μτφ.)* make up, fabricate, invent

πλάι side • by, beside, next door (to)

πλαϊνός adjacent, neighbouring· side **πλαϊνά φανάρια** sidelights • neighbour

πλαίσιο frame· margin **σε γενικό πλαίσιο** in general· scope, line

πλαισιώνω frame· surround

πλάκα (πινακίδα) plaque· (σοκολάτας) bar, (σαπουνιού) cake· (πεζοδρομίου) paving stone, flagstone· (μπετόν) slab· (ρολογιού) face, dial· (γραμμοφώνου) gramophone record· (ακτινοσκόπησης) X-ray· fun • flat ♦ **κάνω πλάκα σε κπ.** α) make fun of sb. β) play a trick on sb.

πλακάκι tile

πλακάς tile fitter/layer

πλακάτ placard

πλακέ flat

πλακόστρωτος paved

πλακώνω cover· fall down upon, press down, crush • **πλακώνομαι** come to blows

πλάνη error· delusion· (το εργαλείο) plane

πλανητάριο planetarium

πλανήτης planet

πλανητικός planetary

πλάνο (σχέδιο) plan· *(κινημ.)* shot

πλανόδιος wandering **πλανόδιος μικροπωλητής** street pedlar, street trader

πλάση (the) creation, world

πλασιέ commercial traveller

πλάσμα creature, being· *(μτφ.)* invention, figment

πλαστελίνη plasticine· play dough

πλάστης God, (the) Creator, (the) Maker· rolling pin

πλάστιγγα weighing machine, balance

πλαστικό plastic

πλαστικός plastic **πλαστικός χειρουργός** plastic surgeon

πλαστογραφία falsification· forgery

πλαστογραφώ falsify, forge, fake, counterfeit

πλαστός falsified, false, forged, counterfeit

πλαταίνω make/become wider, widen, broaden (out)

πλάτανος plane (tree)

πλατεία square· (στο θέατρο) (μπροστινά καθίσματα) stall, (πίσω καθίσματα) pit

πλάτη back

πλάτος breadth, width **γεωγραφικό πλάτος** latitude

πλατσουρίζω splash, paddle, squelch

πλατυποδία flatfootedness **έχω πλατυποδία** be flatfooted

πλατύς wide **φαρδύς πλατύς** (at) full length

πλατύσκαλο lending

πλατφόρμα platform

Πλάτων, **Πλάτωνας** Plato

πλέγμα grid

πλειονότητα majority, most, (the) largest/greatest number of **κατά πλειονότητα** mostly, in the main

πλειοψηφία majority

πλειστηριασμός auction

πλείστος lots of, most **ως επί/κατά το πλείστον** mostly, in most cases

πλεκτάνη frame-up, plot, machination

πλεκτός knitted, woven

πλέκω knit, weave

πλένω wash, give (sb.) a wash • **πλένομαι** wash (oneself)

πλεξίδα, **πλεξούδα** plait· (κρεμμυδιών) string, (σκόρδων) twist

πλεονάζω be in excess, be superfluous/redundant· be more (than)

πλεόνασμα surplus

πλεονέκτημα advantage, plus, pro

πλεονέκτης -ρια/-ρα greedy/acquisitive person

πλεονεκτικός advantageous **βρίσκομαι σε πλεονεκτική θέση έναντι κάποιου** have an advantage over sb.

πλεονεξία greed, greediness

πλευρά side· aspect, point of view **από την άλλη πλευρά** on the other hand

πλευρό side· *(ανατ.)* rib

πλέω sail· (επιπλέω) float

πληγή (τραύμα) wound, injury, (βαθιά) gash, (από αρρώστια) sore· *(μτφ.)* plague, pest, curse

πλήγμα blow, (με μαχαίρι) stab· *(μτφ.)* blow, shock

πληγώνω injure, hurt· (βίαια) wound· *(μτφ.)* hurt (sb.'s) feelings

πληθαίνω increase, multiply, become more frequent, grow in number

πλήθος crowd· a lot of, lots, a large number of

πληθυντικός (the) plural (number)

πληθυσμός population

πληθώρα plenty (of), lots (of)

πληθωρισμός inflation

πληκτικός boring, dull

πλήκτρο key

πληκτρολόγηση typing, keying

πληκτρολόγιο keyboard

πληκτρολογώ type, key

πλημμύρα flood

πλημμυρίζω flood· *(μτφ.)* overflow

πλημμυροπαθής flood-stricken • flood victim

πλην minus sign ♦ **τα συν και τα πλην** the pros and cons • minus, less • except (for), apart from

πλήξη boredom **νιώθω πλήξη** be bored

πλήρης (γεμάτος) full (of)· (ολοκληρωμένος, απόλυτος) complete, thorough, perfect· (ολόκληρος) whole

πληροφορημένος informed

πληροφορία piece of information· πληροφορίες α) information **γραφείο πληροφοριών** information bureau/desk **ζητώ πληροφορίες** inquire, make inquiries β) *(πληροφ.)* data

πληροφοριακά for your information

πληροφορική computer science, information technology

πληροφοριοδότης -ρια informant, (καταδότης) informer

πληροφορώ inform, let (sb.) know • **πληροφορούμαι** hear, learn, be informed

πληρώ fulfil, meet

πλήρωμα crew

πληρωμένος paid· hired· venal, suborned

πληρωμή payment **με ευκολίες πληρωμής** on easy terms **πληρωμή κατά την παράδοση** cash on delivery, COD

πληρώνω pay (for)· bribe, buy off

πλήρως completely, fully

πλησιάζω near, approach, go/get/come near, come up to **μην πλησιάζεις...** keep away (from...)

πλησιέστερος nearest, closest, next

πλήττω (βαριέμαι) be/feel/get bored **κάνω κπ. να πλήξει** bore sb.

πλιγούρι, **μπλιγούρι** groats

πλίνθος, **πλίθος** mud brick, sun-dried brick

πλισέ pleated

πλοίαρχος captain

πλοίο ship **ταξιδεύω με πλοίο** sail

πλοιοκτήτης -ρια shipowner

πλοκάμι tentacle

πλοκή plot

πλούσιος rich, wealthy· **οι πλούσιοι** the rich· costly, lush· sumptuous, lavish rich· large, rich, wide

πλουτίζω get/become rich, make a fortune· enrich, make rich(er)

πλούτος, **πλούτη** riches, wealth

πλυντήριο (ρούχων) washing machine, (πιάτων) dishwasher· (το κατάστημα) laundry, (με κερματοδόχα πλυντήρια ρούχων) launderette, (αυτοκινήτων) carwash· wash

πλύση (πλύσιμο) wash(ing) **πλύση εγκεφάλου** brainwashing· (μπουγάδα) wash, laundry

πλύσιμο washing, wash

πλώρη bow, prow

πνεύμα spirit, mind, intellect **άνθρωπος του πνεύματος** intellectual· wit, humour· (διάθεση) spirit, atmosphere· spirit, ghost

πνευματικός spiritual· intellectual, mental **πνευματική ιδιοκτησία** intellectual property, copyright **πνευματική υγεία** sanity **πνευματικό κέντρο** centre of culture • confessor, spiritual father

πνευματώδης witty

πνεύμονας, **πνευμόνι** lung

πνευμονία pneumonia

πνευστός blown **πνευστό όργανο** wind instrument

πνέω blow

πνιγηρός close, stuffy, stifling

πνιγμός (death by) drowning

πνίγω (στο νερό) drown· (στραγγαλίζω) strangle, choke· (προκαλώ ασφυξία) suffocate, stifle, smother, choke· (καταπνίζω, καταστέλλω) stifle, suppress, repress, put down, (θόρυβο) muffle· (κατακλύζω) smother, overwhelm • **πνίγομαι** α) (στο νερό) drown β) (ασφυκτιώ) choke, stifle ♦ **πνίγομαι στη δουλειά** be up to one's/the ears/eyes in work

πνοή puff, whiff

ποδηλασία cycling

ποδηλάτης -ισσα cyclist

ποδηλατικός (of) cycling

ποδήλατο bicycle, bike **πηγαίνω με ποδήλατο** cycle **θαλάσσιο ποδήλατο** pedalo, pedal boat

ποδηλατοδρόμιο velodrome

πόδι leg, (από τον αστράγαλο και κάτω) foot **είναι μια ώρα με τα πόδια** it's an hour's walk **με τα πόδια** on foot **πηγαίνω με τα πόδια** walk, go on foot· (μέτρο μήκους) foot, *(βραχ.)* ft· (ποτηριού) stem· (γάτας) paw ♦ **το βάζω στα πόδια** run away

ποδιά (κουζίνας) apron, pinafore (dress), (ιατρικής) overall, (σχολική) uniform· (γόνατα) lap

ποδοβολητό tramp, clattter of feet

ποδόγυρος hem, hemline

ποδοπατώ stamp on, trample (down), tread on

ποδοσφαιράκι table (game representing) football

ποδοσφαιρικός (of) football

ποδοσφαιριστής -ίστρια football player, footballer

ποδόσφαιρο football, soccer

πόζα pose· (σε φιλμ) exposure, shot

ποζάρω pose, sit

πόθος desire, yearning, longing· lust

ποθώ desire, yearn for, long for, crave for/after· lust after

ποίημα poem

ποίηση poetry

ποιητής -ήτρια poet, *θηλ.* poetess

ποικιλία variety· diversity· assortment, choice, range

ποικίλλω (διαφοροποιώ/-ούμαι) vary

ποικίλος various· diverse

ποικιλοτρόπως in many ways, variously

ποινή *(νομ.)* sentence· penalty· punishment

ποινικολόγος criminal lawyer

ποινικός criminal **ποινική δίωξη** prosecution **ποινικό μητρώο** (criminal) record

ποιος who· which· what **ποιανού** whose **ποιον** whom, who

ποιότητα quality

ποιοτικός (of) quality

πολεμικός (of) war **πολεμική αεροπορία** air force **πολεμικό πλοίο** warship

πολεμιστής -ίστρια warrior, fighter

πόλεμος war· warfare

πολεμοφόδια ammunition

πολεμοχαρής warlike

πολεμώ make/wage war on, fight (against)· (αγωνίζομαι) fight (against)

πολεοδομία town planning· state service responsible for town planning

πολεοδόμος town planner

πόλη town, (μεγάλη) city

πολικός polar, arctic

πολιομυελίτιδα polio

πολιορκία siege

πολιορκώ besiege

πολιούχος patron saint

πολιτεία state· town, city

πολίτευμα form of government, regime

πολίτης citizen· (ιδιώτης) civilian· national

πολιτικά politics· civilian clothes, plain clothes

πολιτική politics· policy· tactfulness, diplomacy

πολιτικός political **πολιτικός μηχανικός** civil engineer· civil **πολιτικός γάμος** civil marriage **πολιτικός κρατούμενος** political prisoner **πολιτικό σύνθημα** slogan • politician

πολιτισμένος civilized

πολιτισμικός cultural

πολιτισμός civilization· (πνευματικός) culture

πολιτιστικός cultural, of culture

πολλαπλασιάζω multiply • **πολλαπλασιάζομαι** α) multiply β) breed

πολλαπλασιασμός multiplication

πολλοστός **για πολλοστή φορά** for the umpteenth time

πόλο polo· water polo· polo-neck sweater, turtleneck sweater

πόλος pole

πολτοποιώ pulp, liquidize

πολτός pulp· paste

πολύ [πριν από *επίθ.* ή *επίρ.*] very, [προ συγκριτ.] much, far, (υπερβολικά πολύ) too· (σε επιφωνηματικές προτάσεις) so· (ποσοτικό) a lot, (very) much· (χρονικό) long, a long time· (για απόσταση) far, a long way

πολυάριθμος numerous

πολυάσχολος very busy

πολυβόλο machine-gun

πολυδάπανος expensive, costly, extravagant, wasteful

πολυεθνική (εταιρεία) multinational company

πολυέλαιος chandelier

πολυέξοδος expensive, very costly· (άνθρωπος) extravagant, wasteful

πολυθρόνα armchair **κουνιστή πολυθρόνα** rocking chair

πολυκατάστημα department store

πολυκατοικία block of flats, (ΗΠΑ) apartment house

πολυκοσμία crowds of people

πολυλογάς -ού chatterbox, babbler

πολυλογία talkativeness, garrulity, chatter

πολυλογώ talk a lot, chatter away **για να μην τα πολυλογώ/-ούμε** to cut a long story short, in brief

πολυμελής (consisting) of many members· large

πολύξερος -η know-all, wiseacre

πολύπλευρος versatile

πολύπλοκος complicated, complex

πολυπόθητος much-desired, longed-for

πολύς much, a lot (of), lots (of), a great deal (of), many, plenty (of) **πολλή ώρα/(για) πολύ καιρό** for a long time, (σε άρνηση ή ερώτηση) long

πολυσέλιδος many-paged, with many pages

πολύστροφος (μηχανή) high-speed, high-revving· *(μτφ.)* quick on the uptake, quick-witted

πολυσυζητημένος much-discussed

πολυσύνθετος complicated, complex

πολυσύχναστος highly/much frequented, busy

πολυτάλαντος much-talented, versatile

πολυτάραχος eventful

πολύτεκνος with many children, large • parent of a large family/many children

πολυτέλεια luxury

πολυτελής luxurious, deluxe, plush

πολυτεχνείο technical university, polytechnic

πολύτιμος valuable, precious

πολύφωτο multiple light fitting, chandelier

πολύχρωμος colourful, multicoloured

πολυώροφος multi-storey

Πολωνία Poland

πολωνικός Polish

Πολωνός -ή/-έζα Pole

πόμολο knob, doornob

πομπή procession

πομπός transmitter

πονεμένος sore· sad, pained

πονετικός compassionate, sympathetic, tender-hearted

πονηριά (πανουργία) cunning, craftiness, slyness· (τέχνασμα) trick, ruse, wile, ploy

πονηρός cunning, crafty

πόνι, **πόνυ** pony

πονόδοντος toothache

πονοκέφαλος headache

πονόκοιλος bellyache

πονόλαιμος sore throat

πονόματος sore eyes

πόνος (σωματικός) pain, ache· (ψυχικός) grief, pain, distress· **πόνοι (τοκετού)** labour (pains)

πονόψυχος compassionate, tender-hearted

ποντάρω bet, back, stake· count on, bank on

ποντίκι mouse· *(ανατ.)* muscle· *(πληροφ.)* mouse

ποντικοπαγίδα mousetrap

ποντικότρυπα mousehole

ποντικοφαγωμένος mouse-nibbled

ποντικοφάρμακο rat poison

ποντικοφωλιά mousehole

Πόντιος -α Greek from the former Soviet Union, person coming from Pontus

πόντος open/deep sea· centimetre· point· (σε κάλτσα) ladder, run

πόνυ ☞ πόνι

πονώ (σωματικά) pain, ache, hurt **με πονάει ο λαιμός μου** I have a sore throat **με πονούν τα μάτια μου** I have sore eyes· (ψυχικά) be pained/grieved, hurt

πορεία walk, hike· course· progress, developments· march

πόρος pore· **πόροι** α) means, income, funds β) resources

πορσελάνη porcelain, china

πόρτα door, (άνοιγμα πόρτας) doorway, (αυλόπορτα, πύλη) gate, (κατώφλι) doorstep

πορτατίφ bedside lamp, desk lamp

πορτιέρης doorman· porter

πορτμαντό coat hanger, hallstand

πορτμπαγκάζ boot, (ΗΠΑ) trunk

πορτμπεμπέ carrycot

Πορτογαλία Portugal

πορτογαλικός Portuguese

Πορτογάλος -γαλίδα Portuguese

πορτοκαλάδα orange juice/squash, orangeade

πορτοκαλής orange(-coloured)

πορτοκάλι orange

πορτοκαλιά orange (tree)

πορτοφολάς pickpocket

πορτοφόλι (γυναικείο) purse, (ανδρικό) wallet

πορτρέτο portrait· (βιογραφία) profile

Ποσειδώνας Poseidon, Neptune

πόσιμος drinkable, for drinking

ποσό sum, amount

πόσος how· how much **πόσο (καιρό)/πόση ώρα;** how long? **πόσο κάνει;** how much is it? **πόσο συχνά...;** how often...? **πόσοι** how many

ποσοστό (τοις εκατό) percentage· rate· **ποσοστά** commission

ποσότητα quantity, amount

πόστερ poster

ποστίς hairpiece

πόστο position, post

ποταμάκι stream, brook

ποτάμι ☞ ποταμός

ποταμόπλοιο river boat

ποταμός, **ποτάμι** river

πότε when **κάθε πότε;** how often? **μέχρι πότε;** how long? **πότε... πότε...** sometimes... sometimes

ποτέ (ουδέποτε) never **ποτέ άλλοτε** never before· (καμιά φορά) ever

ποτήρι glass

ποτίζω water

πότισμα watering

ποτιστήρι watering can, watering pot

ποτό drink

που (αναφορική) that (αντί των who, whom, which)· (με χρονική σημασία) when· (όπου) where, (γενική) whose • that

πού where ♦ **πού και πού** occasionally, from time to time

πουά spot • spotted

πούδρα (face) powder

πουθενά nowhere, (σε ερωτήσεις, έπειτα από το not ή σε υποθετικές προτάσεις) anywhere

πουκαμίσα tunic

πουκάμισο shirt

πουλάρι foal, colt

πουλερικά poultry

πούλημα selling, sale

πουλί bird

πούλμαν coach

πουλόβερ pullover, jumper, sweater, jersey

πουλώ, **πουλάω**, **πωλώ** sell, (παρανόμως) push • **πουλιέμαι** be for sale, be on the market, sell

πούμα puma

πουντιάζω catch a cold (in the chest), catch one's death of cold

πουπουλένιος filled/made with feathers, downy

πούπουλο feather· **πούπουλα** down· very light

πουρές mashed potatoes· puree

πουριτανικός puritanical

πουριτανός -ή puritan

πουρμπουάρ tip

πούρο cigar

Πράγα Prague

πράγμα thing ♦ **καλώς εχόντων των πραγμάτων** under normal conditions, by rights **το πράγμα αλλάζει** that's another story **χαρά στο πράγμα/σπουδαίο πράγμα!** big deal! **πράμα που** which

πράγματι indeed, actually

πραγματικά really, truly· actually, in fact

πραγματικός real, true, actual· genuine

πραγματικότητα reality, fact, truth **γίνομαι πραγματικότητα** become a reality, come true **εκτός πραγματικότητας** unrealistic **στην πραγματικότητα** in (actual) fact, actually, as a matter of fact

πραγματοποίηση realization, fulfilment, achievement, accomplishment

πραγματοποιήσιμος realizable, feasible

πραγματοποιώ realize, fulfil, accomplish, achieve· make, do • **πραγματοποιούμαι** α) come true β) be hold

πρακτικός practical· handy, functional· empirical, practical

πράκτορας agent

πρακτορείο agency

πράξη act, action, deed· practice, experience· *(θεατρ.)* act· (στην αριθμητική) operation

πραξικόπημα coup (d' état)

πράος gentle, mild, meek

πρασιά (με γρασίδι) lawn, (με φυτά) border

πρασινάδα green, greenery

πράσινο green

πράσινος green

πράσο leek ♦ **πιάνω κπ. στα πράσα** catch sb. red-handed/in the (very) act

πρατήριο (συναιτερισμού) co-op, co-operative **πρατήριο βενζίνης** filling/petrol station, (ΗΠΑ) gas station

πρεβάζι ☞ περβάζι

πρέζα pinch, dash· dose (of drugs), fix

πρεμιέρα premiere

πρέπει (υποχρέωση ή απαγόρευση) must, have (got) to, (σε ερωτήσεις) need· (συμβουλή) ought to, should· (ασφαλώς) must **έπρεπε να** had to ♦ **όταν πρέπει** at the right time, when required **σου/του κτλ. πρέπει** you deserve/he deserves etc.

πρέπων proper, suitable, appropriate

πρεσάρω press, put pressure on

πρεσβεία embassy

πρέσβης -ειρα ambassador, *θηλ.* lady ambassador, ambassadress

πρεσβύτερος senior

πρεσβυωπία long-sightedness

πρεσπαπιέ paperweight

πρήζω cause to swell up· *(μτφ.)*

pester, bore to death • **πρήζομαι** swell (up), become/get swollen

πρήξιμο swelling

πρησμένος swollen

πρίγκιπας πριγκίπισσα prince, *θηλ.* princess

πριγκιπάτο principality

πρίζα socket, power point βάζω στην πρίζα plug in βγάζω από την πρίζα unplug

πριμ bonus

πριν formerly, in the past, earlier on, previously από πριν beforehand, in advance πριν από πολύ καιρό long ago πριν απ' όλα first of all, above all πριν καλά καλά... no sooner... than • before, (με άρνηση) until πριν περάσει πολλή ώρα/πολύς καιρός before long πριν από α) before β) (με βάση το παρόν) ago, (με βάση το παρελθόν) before γ) in front of

πριόνι saw

πριονίδι sawdust

πριονίζω/-ομαι saw

προ ☞ πριν ♦ προ μεσημβρίας (π.μ.) ante meridiem, before noon, (a.m.) προ ολίγου a short time ago προ παντός above all προ πάντων especially, in particular προ πολλού long ago

προάγω promote • **προάγομαι** *(σχολ.)* pass, move up a form

προαγωγή promotion

προαιρετικός voluntary, optional

προαισθάνομαι have a premonition (of)

προαίσθημα, **προαίσθηση** premonition, hunch

προάλλες τις προάλλες the other day, a few days ago

προασπίζω/-ομαι defend, protect

προάσπιση defence, protection

προάστιο suburb

προαύλιο yard προαύλιο σχολείου schoolyard

πρόβα fitting, trying on· *(θεατρ.)* rehearsal πρόβα τζενεράλε/τελευταία πρόβα dress rehearsal

προβάδισμα lead

προβάλλω promote, advertise· (εμφανίζομαι) appear, come into sight/view· project, show· (τονίζω) highlight • **προβάλλομαι** α) show off β) be on, be shown

προβάρω try on

πρόβατο sheep

πρόβειος sheep's πρόβειο κρέας mutton

προβιβάζω promote, advance • **προβιβάζομαι** *(σχολ.)* move up (to a higher form), pass the year

προβλέπω foresee, predict· forecast· anticipate, expect

πρόβλεψη forecast, prediction· anticipation, expectation

πρόβλημα problem· trouble, difficulty έχω προβλήματα be in trouble τι πρόβλημα έχει...; what's wrong with...?

προβληματίζω puzzle, baffle· make (sb.) think, give cause for thought • **προβληματίζομαι** think hard, puzzle (over)

προβλήτα jetty, pier

προβολέας (εντοπισμού) searchlight, (θεάτρου) spotlight, (αυτοκινήτου) headlight, (διάχυτου φωτισμού, π.χ. σε στάδιο) floodlight· (μηχανή προβολής) projector

προβολή projection· screening· promotion· (απεικόνηση) display

προβοσκίδα trunk

προγενέστερος previous, earlier, former

προγεννητικός antenatal, prenatal

πρόγευμα breakfast

προγιαγιά great-grandmother

πρόγνωση forecast

προγνωστικά forecasts Προγνωστικά Ποδοσφαίρου (the) (football) pools

πρόγονος ancestor

προγονός -ή stepson, *θηλ.* stepdaughter

πρόγραμμα programme, (ψυχαγωγικό) show· plan, schedule με πρόγραμμα methodically· (ηλεκτρονικού υπολογιστή) program· *(σχολ.)* timetable

προγραμματίζω plan· programme, schedule· *(πληροφ.)* program

προγραμματισμός planning· *(πληροφ.)* programming

προγραμματιστής -ίστρια programmer

προδιαγραφές specifications

προδιάθεση tendency, inclination

προδιαθέτω prejudice, bias

προδίδω betray· give away • **προδίδομαι** give oneself away

προδοσία betrayal· treason

προδότης -ρια traitor, *θηλ.* traitress

προεδρεύω preside over/at, chair, be (the) chairman/president

προεδρία presidency· (συμβουλίου) chairmanship

προεδρικός presidential προεδρική δημοκρατία presidential democracy, presidential system of government

πρόεδρος president, (συμβουλίου κτλ.) chairman, chairperson, *θηλ.* chairwoman

προειδοποίηση warning· (το έγγραφο) notice

προειδοποιητικός warning

προειδοποιώ warn· give notice

προεκλογικός preelection, election

προέκταση extension· προεκτάσεις implications

προεκτείνω extend

προέλευση origin ξενικής προέλευσης imported· derivation

προεξέχω project, stick out, stand out, jut out, protrude

προέρχομαι come (from/of), originate (from/in), derive (from)· spring (from), result (from)

προετοιμάζω prepare, get ready • **προετοιμάζομαι** prepare oneself, get prepared, get ready

προετοιμασία preparation

προηγμένος advanced, (highly) development **προηγμένη τεχνολογία** high tech, hi-tech **προηγμένης τεχνολογίας** state-of-the-art

προηγούμαι precede· lead, be ahead

προηγούμενος previous, last, past

προηγουμένως previously, earlier, before that

προημιτελικός quarterfinal

προθάλαμος hall, waiting room, (θεάτρου) foyer

προθερμαίνω preheat· warm up • **προθερμαίνομαι** *(αθλ.)* warm up

πρόθεση intention, purpose **από πρόθεση/εκ προθέσεως** intentionally, on purpose· *(γλωσσ.)* preposition

προθεσμία time, time limit, deadline, (για παραίτηση ή απόλυση) notice

προθυμία willingness, eagerness

προθυμοποιούμαι offer willingly (to), be willing/ready (to)

πρόθυμος eager, willing, ready

πρόθυρα verge, brink

προίκα dowry· (προικιά) trousseau

προικισμένος endowed, gifted, talented

προϊόν product

προΐσταμαι be the head of, manage, direct· preside (over), take the chair

προϊσταμένη (νοσοκόμα) matron

προϊστάμενος head, director, person in charge, boss

προϊστορία background, past events

πρόκα nail

προκαθορισμένος prearranged

προκαλώ (προξενώ) cause, bring on/about· provoke

προκαταβάλλω pay in advance, deposit

προκαταβολή advance (payment), deposit

προκαταβολικά beforehand, in advance

προκατάληψη prejudice, bias

προκαταρτικός preliminary· preparatory **προκαταρκτική εργασία** groundwork

προκατασκευασμένος prefabricated

προκατειλημμένος prejudiced, bias(s)ed

πρόκειται **πρόκειται να** be going to· **πρόκειται για/περί** be about, concern, be

πρόκληση provocation· challenge

προκλητικός provocative

προκόβω get ahead, succeed in

life, progress· (για φυτά) thive, flourish

προκοπή prosperity, progress της προκοπής decent

προκριματικά qualifying rounds/ games

προκριματικός preliminary προκριματικός αγώνας qualifying round/ game

προκρίνομαι qualify

πρόκριση παίρνω την πρόκριση για... get through to...

προκυμαία quay, dock· seafront

προκύπτω result (from), emerge, turn up, arise, crop up

προλαβαίνω have (the) time· catch· catch up with· (αποτρέπω) prevent· be in time, make it **δεν προλαβαίνω** miss

προληπτικός preventive, precautionary· superstitious

πρόληψη prevention· superstition

πρόλογος preface, foreward· introduction

προμαχώνας bastion

προμελετημένος premeditated, deliberate

προμήθεια providing, supplying· προμήθειες provisions, supplies· commission

προμηθεύω provide, supply • **προμηθεύομαι** get, obtain

προμήνυμα omen, sign, indication

προνοητικός provident, cautious

πρόνοια forsight, precaution· (κοινωνική) welfare

προνομιακός advantageous· preferential

προνόμιο privilege

προνομιούχος privileged

προνοώ provide (for), see to· plan ahead, take precautions

προξενείο consulate

προξενικός consular

προξενιό matchmaking, arranged marriage

πρόξενος consul

προξενώ cause, bring about, be the cause of **προξενώ βλάβη** do damage/harm

προοδευτικά progressively, little by little

προοδευτικός progressive

προοδεύω progress, make progress, get on well· advance, develop

πρόοδος progress· advance

προοπτική prospect

προορίζω intend (for) • **προορίζομαι** be designed (for), be intended (for)

προορισμός destination

προπαγάνδα propaganda

προπαντός, **προπάντων** above all, most of all

προπάππος great-grandfather

προπαραμονή day before the eve, two days before

προπαρασκευάζω prepare • **προπαρασκευάζομαι** prepare, get ready

προπαρασκευαστικός preparatory

προπαρασκευή preparation

προπέλα propeller

προπερασμένος before last, two... ago

πρόπερσι the year before last, two years ago

προπέρσινος of the year before last, of two years ago

προπληρώνω pay in advance, prepay

Προ-Πο pools

πρόποδες foot

προπολεμικός pre-war, before World War II· ancient, antiquated, very old

προπόνηση training

προπονητής -ήτρια coach, trainer

προπονώ train, coach • **προπονούμαι** train, be in training

προπορεύομαι be/get ahead (of), go in front, take the lead

πρόποση toast

προς (κατεύθυνση) to, towards, in the direction of **προς τα εκεί** that way **προς τα πάνω/κάτω** upwards/downwards **προς τα έξω** outwards· (χρόνος) towards· (αντίτιμο) at, for· (αναφορά) for **ως προς** as regards, as for

προσανατολίζομαι orientate oneself, find one's bearings

προσανατολισμός orientation **επαγγελματικός προσανατολισμός** α) vocational orientation β) *(σχολ.)* vocational guidance

προσαρμογή adjustment

προσαρμόζω adapt, adjust, gear • **προσαρμόζομαι** α) adapt (oneself), adjust (oneself) β) become reconciled

προσβάλλω (θίγω) insult, offend • **προσβάλλομαι** take offence

πρόσβαση access (to)

προσβλητικός insulting, offensive

προσβολή insult, offence· *(ιατρ.)* attack

προσγειωμένος down-to-earth, matter-of-fact

προσγειώνω land, (bring to the) ground· *(μτφ.)* bring down to earth, bring back to reality • **προσγειώνομαι** α) land, touch down β) *(μτφ.)* come down to earth

προσγείωση landing, touchdown **αναγκαστική προσγείωση** emergency/crash-landing **κάνω αναγκαστική προσγείωση** crash-land

προσδοκία expectation· hope

προσδοκώ expect, hope for

προσεγγίζω approach

προσέγγιση approach ♦ **κατά προσέγγιση** *(ως επίρ.)* approximately, roughly, *(ως επίθ.)* approximate, rough

προσεγμένος well done, meticulous

προσεδαφίζω/-ομαι land, touch down

προσεδάφιση landing, touchdown

προσεκτικός ☞ προσεχτικός

προσέλευση coming, arrival· attendance, turnout

προσέλκυση attraction

προσελκύω attract, draw **προσελκύω την προσοχή κάποιου** attract/draw sb.'s attention, catch sb.'s eye

προσευχή prayer

προσεύχομαι pray

προσεχής next, forthcoming

προσεχτικός, **προσεκτικός** careful· cautious· close

προσέχω be careful, take care, watch· listen, watch· (φροντίζω) take care of, look after· (επιβλέπω) watch (over), keep an eye on· notice, see· pay attention to, listen to· watch, beware of, mind· be cautious of

προσεχώς soon· (για θεάματα) coming shortly

προσηλυτίζω proselytize, convert

προσηλυτισμός conversion

προσηλώνω fix • **προσηλώνομαι** α) concentrate (on), be engrossed/absorbed (in) β) be devoted/dedicated (to)

πρόσθεση *(μαθ.)* addition

πρόσθετος additional, extra

προσθέτω add • **προστίθεμαι** ☞ λήμμα

προσθήκη addition· (κτιρίου) extension

προσιτός accessible, within reach· reasonable

πρόσκαιρος temporary, passing, ephemeral

προσκαλώ invite, ask

προσκεκλημένος -η guest

πρόσκληση invitation· complimentary ticket

προσκλητήριο invitation card

προσκοπίνα (girl) guide

πρόσκοπος boy scout

πρόσκρουση collision

προσκρούω strike/hit (against), run/crash (into)· run up (against), come up (against)

προσκύνημα pilgrimage

προσκυνητής -ήτρια pilgrim

προσλαμβάνω employ, engage, take on, get· assume • **προσλαμβάνομαι** be employed

πρόσληψη employment, engagement

προσοδοφόρος profitable, lucrative

προσόν quality, asset, merit, virtue· (τυπικό) qualification

προσοχή attention· care, caution

πρόσοψη face, front

προσπάθεια effort· (απόπειρα) attempt, try, shot

προσπαθώ try· (κάνω απόπειρα) attempt, have a try, take a shot, have a go

προσπέραση, **προσπέρασμα** overtaking

προσπερνώ pass (by), (με όχημα) overtake

προσποίηση pretence, put-on

προσποιητός affected, feigned, sham

προσποιούμαι pretend· make believe

προστάζω order, command

προστακτική imperative

προστασία (προφύλαξη) protection· defence

προστατευτικός protective

προστατεύω protect· preserve, safeguard· shelter, shield

προστίθεμαι be added

πρόστιμο fine

πρόστυχος mean, low· obscene, dirty

πρόσφατα recently, lately

πρόσφατος recent, late ο πιο πρόσφατος the latest

προσφέρω offer· present • **προσφέρομαι** α) offer, volunteer β) lend oneself (to), be appropriate/suitable

προσφεύγω fall back on, turn to, resort προσφεύγω στη δικαιοσύνη go to law

προσφιλής beloved· favourite

προσφορά offer· (συνεισφορά) contribution· (σε δημόσιο διαγωνισμό) bid· bargain, special offer

πρόσφυγας refugee

προσφυγή recourse, resort

προσφώνηση address, greeting

προσφωνώ address, call

πρόσχαρος cheerful, pleasant

προσχέδιο draft

πρόσχημα pretext, excuse ♦ κρατώ/τηρώ τα προσχήματα keep up appearances

προσχολικός pre-school

προσχωρώ join, go over (to)

προσωπάρχης personnel manager

προσωπικά, **προσωπικώς** personally

προσωπικό personnel, staff

προσωπικός personal· individual· private

προσωπικότητα personality, character· personality, celebrity, figure εξέχουσα προσωπικότητα distinguished figure, VIP

προσωπικώς ☞ προσωπικά

πρόσωπο face κατά πρόσωπο in sb.'s face πρόσωπο με πρόσωπο face to face του προσώπου α) facial β) face· (άτομο) person, individual· *(γλωσσ.)* person

προσωπογραφία portrait

προσωρινά temporarily

προσωρινός temporary· transitory, passing

πρόταση proposal, suggestion, proposition πρόταση γάμου proposal κάνω πρόταση γάμου σε κπ. propose to sb.· *(γλωσσ.)* clause, (περίοδος) sentence

προτείνω suggest, propose· (συνιστώ) recommend

προτελευταίος last but one

προτεραιότητα priority· (στην οδήγηση) right of way **δίνω προτεραιότητα** give way

προτέρημα good quality, merit, virtue

πρότερος previous, earlier, former **εκ των προτέρων** in advance, in anticipation

προτίθεμαι intend

προτίμηση preference **κατά προτίμηση** preferably· **προτιμήσεις** likes (and dislikes)

προτιμότερος preferable, better **(είναι) προτιμότερο** had better, would rather

προτιμώ prefer (to), (σε συγκεκριμένη περίπτωση) would rather· (επιλέγω) choose

προτομή bust

προτού before, (με άρνηση) until

προτρέπω urge, (αρνητικά) incite

προτροπή urging, (αρνητικά) incitement

πρότυπο model, pattern, example

πρότυπος model· (καθιερωμένος) standard

προϋπαντώ welcome, meet (on arrival)

προϋπηρεσία previous service, experience

προϋπόθεση requirement **υπό/με την προϋπόθεση ότι...** on condition that..., provided/providing (that) ...

προϋποθέτω require

προϋπολογισμός budget

προφανής apparent, obvious, evident, clear

προφανώς obviously, apparently, evidently

πρόφαση pretext, excuse

προφασίζομαι pretend **προφασιζόμενος ότι...** under the pretence..., under/on the pretext of...

προφέρω pronounce

προφητεία prophecy

προφητεύω prophesy

προφήτης prophet

προφητικός prophetic

προφθάνω ☞ προφταίνω

προφίλ profile

προφορά pronunciation· (τοπική) accent

προφορικός oral

προφταίνω, **προφθάνω** be in time· have (the) time for· catch up with

προφυλακίζω hold (sb.) in custody, take (sb.) into custody, remand/detain in custody • **προφυλακίζομαι** be (held) in custody

προφυλακτήρας bumper

προφυλακτικό condom

προφύλαξη protection· (προληπτικό μέτρο) precaution

προφυλάσσω, **προφυλάω** protect, shield • **προφυλάσσομαι** protect oneself, shelter, take cover

πρόχειρα all/just anyhow, offhand πρόχειρα ντυμένος casually dressed

πρόχειρος casual· rough πρόχειρο σχέδιο draft πρόχειρο (τετράδιο) copybook ♦ έχω κτ. πρόχειρο keep/have sth. at hand

προχθές ☞ προχτές

προχθεσινός of the day before yesterday

προχτές, **προχθές** the day before yesterday, two days ago

προχωρημένος advanced

προχωρώ go/come/walk/step/move forwards/on/along/into etc. προχώρα ίσια εμπρός go straight ahead· proceed, go on· make progress, get on/along

προώθηση promotion

προωθώ promote

πρόωρα prematurely, before time

πρύμνη stern

πρύτανης rector, chancellor

πρώην ex-, former, past

πρωθυπουργία premiership

πρωθυπουργικός of a prime minister, premier's

πρωθυπουργός premier, prime minister, *(βραχ.)* PM

πρωί morning • early πρωί πρωί first thing in the morning

πρώιμος early

πρωινό morning· breakfast

πρωινός (of the) morning

πρώτα first, at first

πρωταγωνιστής -ίστρια leading actor, *θηλ.* leading actress, star έχω πρωταγωνιστή star

πρωταγωνιστικός leading

πρωταγωνιστώ play a leading part, star (in)

πρωτάθλημα championship· tournament

πρωταθλητής -ήτρια champion, champ

πρωτάκουστος unheard-of

πρωταπριλιά first of April· April Fools' Day, all Fools' Day

πρωτάρης -α beginner, novice

πρωταρχικός primary

πρωτεία primacy, pre-eminence

πρωτεΐνη protein

πρωτεργάτης -ισσα/-ρια protagonist, prime mover

πρωτεύουσα capital (city)

πρωτευουσιάνος -α inhabitant of the capital, *(μειωτ.)* city slicker

πρωτιά first place, first· (σε παιχνίδια) first move, lead

πρωτοβουλία initiative· (επιχειρηματική) enterprise

πρωτόγνωρος now, never known before, unusual

πρωτόγονος primitive· savage, crude

πρωτοετής first-year

πρωτόκολλο register αριθμός πρωτοκόλλου register number· protocol, etiquette

Πρωτομαγιά May Day, first of May

πρώτον first(ly), at first, first of all κατά πρώτον in the first place πρώτον και κύριον first and foremost

πρωτοποριακός innovative, pioneer(ing), avant-garde

πρωτοπόρος pioneer

πρώτος first ο πρώτος (από τους δύο) the former· leading, top, first· front· former

πρωτότοκος firstborn, eldest

πρωτοτυπία originality

πρωτότυπο original

πρωτότυπος original, novel

πρωτοφανής unheard-of, unprecedented

Πρωτοχρονιά New Year's Day

πρωτοχρονιάτικος (of) New Year's Day, New-Year, New-year's

πρωτύτερα earlier, previously, before, formely

πτέρυγα wing

πτηνό bird

πτήση flight

πτοώ daunt • **πτοούμαι** lose heart

πτυσσόμενος folding, collapsible

πτυχή fold· *(μτφ.)* aspect

πτυχίο (πανεπιστημίου) (university) degree, bachelor's (degree), (ανώτερο) diploma· (άλλων σπουδών) certificate

πτυχιούχος graduate • qualified

πτώμα corpse, (dead) body ♦ είμαι πτώμα (από την κούραση) be dead beat, be tired out

πτώση fall· fall, drop· downfall, collapse· *(γλωσσ.)* case

πτώχευση bankruptcy

πυγμαχία boxing

πυγμαχικός (of) boxing)

πυγμάχος boxer, fighter

πυγμαχώ box

πυγμή forcefulness, determination, resolution δείχνω πυγμή put one's foot down

πυγολαμπίδα glow-worm

πυθμένας bottom· bed

πύθωνας python

πυκνός thick· dense

πύλη gate, gateway

πυλώνας pylon

πυλωτή ☞ πιλοτή

πυξίδα compass

πύο(ν) pus

πυρ fire ♦ είμαι/γίνομαι πυρ και μανία be filled with rage, fly into rage/fury

πυραμίδα pyramid

πύραυλος rocket, missile· (ice cream) cornet

πύργος tower πύργος ελέγχου control tower· (κάστρο) castle· (πολυώροφο κτίσμα) tower block· (στο σκάκι) castle, rook

πυρετός fever, temperature· *(μτφ.)* excitement, heat, fever

πυρετώδης feverish

πυρετωδώς feverishly

Πυρηναία (the) Pyrenees

πυρήνας nucleus· core

πυρηνικός nuclear

πυρίμαχος fireproof, fire resistant

πυρκαγιά, **πυρκαϊά** fire, blaze

πυροβολισμός shot, gunshot· πυροβολισμοί gunfire

πυροβόλο (όπλο) firearm, gun

πυροβολώ fire (at), shoot (at)

πυροδοτώ fire, set off· *(μτφ.)* touch off, trigger (off)

πυρομαχικά ammunition

πυροσβεστήρας (fire) extinguisher

πυροσβέστης fireman, firefighter

πυροσβεστικός firefighting πυροσβεστική υπηρεσία fire brigade πυροσβεστικό (όχημα) fire engine

πυροτέχνημα firework

πυρπολώ set (sth.) on fire, set fire to

πυρσός torch

πυώδης purulent

π.χ. [παραδείγματος χάριν] e.g.

π.Χ. [προ Χριστού] B.C.

πώληση sale χονδρική/λιανική πώληση wholesale/retail

πωλητήριο sale contract· (η αγγελία) sale notice

πωλητής -ήτρια seller· (σε κατάστημα) shop assistant, salesman, *θηλ.* saleswoman αυτόματος πωλητής slot machine

πωλώ ☞ πουλώ

πώμα stopper, cork, (τάπα) plug, (βαρελιού) bung

πωρωμένος hardened, unscrupulous

πωρώνω fanaticize • **πωρώνομαι** α) be entranced (by), be in/go into/be thrown into ecstasy/ecstasies (over sth.) β) become unscrupulous/depraved

πώρωση fanaticism, extreme enthusiasm έχω πώρωση με κτ. be really into sth.· depravity· groovy

πώς how πώς από εδώ; what brings you here? πώς (έγινε) και...; how come...? πώς είναι; (σαν άνθρωπος) what is he like?, (στην εμφάνιση) what does he look like?, (στην υγεία) how is he? πώς;/πώς είπατε; what did you say?, pardon? πώς λένε στ' αγγλικά...; what's the English (word) for...?

πως that

Ρ, ρ

ραβασάκι love letter

ραβδί stick· walking stick, staff μαγικό ραβδί wand

ράβδος cane ράβδος χρυσού bar of gold

ράβδωση (συγκεκριμένου χρώματος) stripe· (σε μέταλλο κτλ.) groove, furrow

ραβδωτός striped, ribbed· grooved

ράβω sew (on), sew up, stitch • **ράβομαι** have one's clothes made

ραγάδα (στο δέρμα) stretch mark

ραγδαία rapidly· (για βροχή) in torrents

ραγδαίος torrential· rapid, abrupt

ραγίζω, **ραΐζω** crack ♦ ραγίζει η καρδιά μου be deeply moved, be distressed

ράγισμα, **ράισμα** crack

ραγισμένος cracked

ράγκμπι rugby

ραδιενέργεια radiation· radioactivity

ραδιενεργός radioactive

ραδίκι chicory

ράδιο (ραδιόφωνο) radio

ραδιοκασετόφωνο radio cassette player

ραδιομαγνητόφωνο radiotape recorder

ραδιοπειρατεία radio piracy, illegal radio broadcasting

ραδιοπειρατικός of illegal radio broadcasting

ραδιοσταθμός radio station, broadcasting station

ραδιοταξί radio taxi

ραδιοτηλεόραση radiotelevision, radio and television

ραδιουργία intrigue, machination, scheming

ραδιούργος intriguing, scheming, plotting • schemer, intriguer, plotter

ραδιοφωνάκι transistor

ραδιοφωνία (radio) broadcasting industry, radio

ραδιοφωνικός (of the) radio

ραδιόφωνο radio

ραΐζω ☞ ραγίζω

ράισμα ☞ ράγισμα

ρακένδυτος dressed in rags, shabbily dressed

ρακέτα racket, (του πινγκ πονγκ) bat

ράκος rag· *(μτφ.)* wreck ψυχικό ράκος nervous wreck

ρακοσυλλέκτης -ρια ragpicker

ράλι rally

ραλίστας rally driver

ράμμα stitch

ράμπα ramp **φώτα της ράμπας** footlights

ραμφίζω peck at, pick

ράμφος beak, bill

ραντάρ radar

ραντεβού appointment· (ερωτικό) date

ραντίζω sprinkle, spray

ράντσο, **ράντζο** (πτυσσόμενο κρεβάτι) camp bed· (αγρόκτημα) ranch

ραπανάκι radish

ραπτομηχανή sewing machine

ράσο frock, cassock

ράτσα race, stock, blood· breed

ρατσισμός racism

ρατσιστής -ίστρια racist

ρατσιστικός racist

ραφείο tailor's workshop

ραφή seam· *(ιατρ.)* sature, stitch-(ing)

ράφι shelf, rack **ράφι βιβλιοθήκης** bookshelf

ραφινάρω refine

ράφτης tailor

ραχάτι lazing about, lounging away **με το ραχάτι σου** at your convenience

ράχη back· (βιβλίου) spine· (της μύτης) bridge· (πλαγιά) ridge, side

ραχίτιδα rachitis, rickets

ραχοκοκαλιά backbone, spine

ράψιμο sewing

ραψωδία rhapsody

ρεαλισμός realism

ρεαλιστής -ίστρια realist

ρεαλιστικά realistically

ρεαλιστικός realistic, down-to-earth, matter-of-fact

ρεβάνς revenge· *(αθλ.)* return match

ρεβεγιόν Christmas Eve dinner/party, New Year's Eve dinner/party

ρεβέρ turn-up

ρεβίθι chickpea

ρέβω (καταρρέω, ερειπώνομαι) crumble, fall into ruins· (εξαντλούμαι, καταβάλλομαι) be exhausted, be worn out· (από τη στενοχώρια) pine away

ρέγκα herring

ρεζέρβα (απόθεμα) reserve (stock)· (spare) part· (αυτοκινήτου) spare tyre

ρεζερβέ reserved

ρεζερβουάρ (fuel) tank

ρεζιλεύω disgrace, bring shame on (sb.)· make a fool of (sb.), humiliate • **ρεζιλεύομαι** make a fool of oneself, lose face

ρεζίλι humiliation **γίνομαι ρεζίλι** make a fool of oneself **κάνω κπ. ρεζίλι** humiliate, make a fool of sb.

ρεζιλίκι humiliation

ρείθρο **ρείθρο πεζοδρομίου** gutter

ρεκόρ record **σε χρόνο ρεκόρ** in record time

ρελαντί idling speed, tick over **λειτουργώ στο ρελαντί** tick over

ρέλι hem, edging, border

ρέμα (κοίτη χειμάρρου) torrent bed· (λαγκαδιά) ravine

ρεμάλι good-for-nothing

ρεματιά ravine

ρεμπελεύω loaf (about/around), laze (about)

ρεμπελιό loafing, lounging

ρεπό day off, time off **έχω ρεπό** be off

ρεπορτάζ report(ing)· feature

ρεπόρτερ reporter

ρεπουμπλικανικός republican

ρεπουμπλικάνος republican

ρέπω incline, tend, be prone, have an inclination (for)

ρεσεψιόν reception (desk)

ρεσεψιονίστ receptionist

ρεσιτάλ concert, recital

ρέστα change

ρετάλι remnant (of cloth)

ρετάρω spit, splutter, sputter

ρετιρέ (διαμέρισμα) penthouse· (ο όροφος) setback

ρετουσάρισμα touch-up, retouch, retouching

ρετουσάρω touch up, retouch

ρετρό old style, style from the past

ρετσίνι resin

ρετσινιά smear, bad name

ρεύμα draught· current· *(ηλεκτρ.)* current **διακοπή ρεύματος** power cut

ρευματοδότης (power) socket, (power) point

ρεύομαι belch, burp

ρευστό (ready) cash

ρευστοποιώ (υγροποιώ) liquefy· *(οικον.)* liquidate, realize

ρευστός fluid, liquid· *(μτφ.)* fluid, unstable, in a state of flux

ρεφάρω win back/regain one's losses, break even

ρεφενές **κάνω ρεφενέ** go Dutch, club together

ρεφρέν refrain, chorus

ρέψιμο belching, belch, burp **έχω ρέψιμο** belch, burp

ρέω flow

ρήγας (στην τράπουλα) king

ρήγμα breach, crack· *(μτφ.)* rift, rapture

ρήμα verb

ρημαγμένος ruined, derelict

ρημαδιό ruin, in ruins **τα κάνω ρημαδιό** make a mess of sth., behave like a bull in a china shop

ρημάζω ruin, wreck· devastate, ravage· become a ruin, fall into ruins· be depopulated

Ρήνος (the) Rhine

ρήξη rupture· *(μτφ.)* breach, rift, split ♦ **έρχομαι σε ρήξη με κπ.** break with sb., fall out with sb.

ρητό saying, motto

ρήτορας orator· eloquent/good speaker

ρητορεύω orate· *(μειωτ.)* speechify, speak pompously

ρητός express, categorical, explicit, flat

ρήτρα clause

ρηχαίνω become shallow

ρηχός swallow· flat· *(μτφ.)* superficial, shallow

ρίγα stripe· (γραμμή) line

ρίγανη oregano

ριγέ striped

ριγκ, **ρινγκ** (boxing) ring

ρίγος shiver, shudder· thrill **προκαλώ ρίγη συγκίνησης** thrill

ριγώ shiver, thudder, quiver, thrill

ριγωτός (χαρτί) ruled, lined, (ύφασμα) striped

ρίζα root

ριζικός (θεμελειώδης) radical· (ολοκληρωτικός) thorough, complete, total

ριζοσπάστης -ρια radical

ριζοσπαστικός radical

ριζώνω take root· *(μτφ.)* put down roots (in a place)

ριλάξ relaxation **κάνω ριλάξ** relax

ριλαξάρω relax

ρίμα rhyme

ρινγκ ☞ ριγκ

ρινικός nasal

ρινίσματα filings

ρινοπλαστική rhinoplasty

ρινόκερος rhinoceros, rhino

ρινορραγία nosebleed

ριξιά throw· (πυροβόλου όπλου) shot

ρίξιμο throwing, casting, flinging, dumping, putting· (κατεδάφιση) demolition, knocking down· (εξαπάτηση) cheating, hoodwinking

ριπή gust, blast ♦ **εν ριπή οφθαλμού** in the twinkling of an eye

ρισκάρω risk· take risks

ρίσκο risk, chance

ρίχνω (πετώ, εκτοξεύω) throw, toss, fling, hurl· drop· (καταρρίπτω) down, bring down· (κατεδαφίζω) pull down, demolish· (ανατρέπω) bring down, overthrow, topple· fire, shoot· (φορώ) slip, put on· (φως) flash· (ξεγελώ, εξαπατώ) dupe, deceive, take in· (επιρρίπτω) put, throw· pour • **ρίχνομαι** α) (ορμώ επιτίθεμαι) attack, throw/fling oneself (at), go at (sb.) β) (πλησιάζω ερωτικά) make a pass at (sb.) γ) (ασχολούμαι με πάθος, αφοσιώνομαι) throw oneself (into sth.), plunge (into sth.)

ριχτάρι throw

ρίχτερ Richter

ριχτός slung· (για ρούχο) loose

ριψοκινδυνεύω risk, put (sth.) at risk, hazard, endanger· venture· take risks, take a risk

ριψοκίνδυνος risky, foolhardy

ρογί ☞ ροΐ

ρόδα wheel, (επίπλου) castor, caster· (πλάγια τούμπα) cartwheel· (του λουναπάρκ) big wheel, Ferris wheel

ροδάκι castor, caster

ροδακινιά peach tree

ροδάκινο peach

ροδαλός pink, rosy, pink-cheeked

ρόδι pomegranate

ροδιά pomegranate tree· wheel mark, rut

ροδίζω (στο ψήσιμο) brown

ρόδινος rosy, rose pink· (ευοίωνος) bright, promising

ρόδο rose

ροδοκόκκινος rosy, pink, pinkish red

ροζ pink, rose pink· spicy, scabrous **ροζ τηλέφωνα** sex lines (phone numbers) • pink

ρόζος *(βοτ.)* knob, knot· (δέρματος) callus

ροή flow· course

ροΐ, **ρογί** oilcan

ροκ rock

ρόκα (για γνέσιμο) distaff· *(βοτ.)* rocket

ροκάνα rattle

ροκανίδια wood shavings, sawdust

ροκανίζω crunch ♦ **ροκανίζω το χρόνο** play for time

ροκφόρ blue cheese

ρόλεϊ roller

ρολό (ρόλεϊ) roller· roll **κάνω κτ. ρολό** roll up sth.· (φαγητό) rolled meat· rolling shutter

ρολόι clock, (του χεριού) watch, (τσέπης) (pocket) watch· (μετρητής) meter

ρόλος roll· role· role, part ♦ **δεν παίζει ρόλο** it makes no difference

ρομάντζο romance

ρομαντικός romantic

ρόμβος diamond

ρόμπα dressing gown, robe

ρομπότ robot

ροντάρω (αυτοκίνητο) run in

ρόπαλο club, truncheon

ροπή (τάση) inclination, tendency, trend

ροτόντα *(αρχιτ.)* rotunda· round table· round tablecloth

ρουζ rouge

ρουθούνι nostril

ρουθουνίζω snort

ρουκέτα rocket

ρουλέτα roulette

Ρουμανία Rumania

ρουμανικός Rumanian

Ρουμάνος -α Rumanian

ρούμι rum

ρουμπινής ruby(-coloured), ruby red • **ρουμπινί** ruby red

ρουμπίνι ruby

ρους flow· course

ρουστίκ rustic

ρουσφέτι political favour, act of nepotism· (εκδούλευση) favour

ρουτίνα routine **πέφτω στη ρουτίνα** get into a rut, be stuck in a groove

ρουτινιάρικος routine

ρουφηξιά sip, swig **με μια ρουφηξιά** at one gulp, at a draught·

(με τη μύτη) sniff· (τσιγάρου) puff, (καπνού) drag

ρουφήχτρα whirlpool

ρουφώ sip, drink in· suck (in, up)· (εισπνέω βαθιά) breathe in, draw in **ρουφώ τη μύτη μου** sniff

ρουχισμός clothing

ρούχο piece of clothing, garment· **ρούχα** clothes, (σε σύνθετες λέξεις) wear **καλά ρούχα** Sunday best, best clothes **ρούχα για πλύσιμο** laundry

ρόφημα beverage, hot drink

ροχαλητό snore, snoring

ροχαλίζω snore

ρυάκι brook, creek

ρύγχος (ζώου) muzzle, snout

ρύζι rice

ρυζόγαλο rice pudding

ρυζόνερο rice water

ρυθμίζω regulate, adjust, set· (κανονίζω) arrange, organize, fix **ρυθμίζω την κυκλοφορία** control the traffic· (διευθετώ) settle

ρυθμικός rhythmic(al)

ρύθμιση adjustment, regulation **ρύθμιση της κυκλοφορίας** traffic control· organizing, fixing· settlement

ρυθμιστικός (καθοριστικός) decisive, determining

ρυθμός rhythm· tempo, pace· beat **κρατώ το ρυθμό** beat time· (ταχύτητα) rate· *(αρχιτ.)* order .

ρύμη **εν τη ρύμη του λόγου** in the course of speech, in one's haste to speak

ρυμοτομία town planning

ρυμοτομικός of the streets

ρυμούλκα trailer

ρυμούλκηση towing

ρυμουλκό tow car, tow truck, wrecker

ρυμουλκώ tow, give a tow

ρυπαίνω (μολύνω) pollute

ρύπανση pollution

ρυπαντής pollutant

ρυπαρός filthy, dirty

ρυπογόνος polluting

ρυτίδα wrinkle

ρυτιδωμένος wrinkled

ρώγα (σταφυλιού) grape· (μαστού) nipple, teat

ρωγμή crack, split

ρωμαϊκός Roman

ρωμαιοκαθολικός (Roman) Catholic

Ρωμαίος -α Roman

ρωμαλέος strong, stout, sturdy

Ρώμη Rome

Ρωσία Russia

Ρωσικός Russian

Ρωσοπόντιος -α Russian Pontic

Ρώσος Ρωσίδα Russian

ρώτημα ☞ ερώτημα **για να 'χουμε καλό ρώτημα** so as to know, to be correctly informed **δε θέλει ρώτημα/θέλει και ρώτημα;** it goes without saying

ρωτώ, **ερωτώ** ask, inquire· question

Σ, σ

Σάββατο Saturday

Σαββατοκύριακο weekend

σαβούρα garbage, rubbish, junk

σαγηνευτικός charming, fascinating

σαγηνεύω charm, fascinate, captivate, lure

σαγιονάρα flip-flop

σαγόνι jaw· (πιγούνι) chin

σαδισμός sadism

σαδιστής -ίστρια sadist

σαδιστικός sadistic

σαθρός (σάπιος) rotten, decayed· (ετοιμόρροπος) dilapitated, decrepit, ramshackle

σαΐνι wiz kid, wizard

σαΐτα arrow, dart

σάκα schoolbag, (κρεμαστή) satchel

σακάκι jacket, (του ταγιέρ) coat

σακατεύω cripple, disable

σακάτης -ισσα cripple, disabled person

σακ βουαγιάζ travelling bag, holdall

σακί sack, bag

σακίδιο rucksack, backpack

σάκος sack διπλωματικός σάκος diplomatic bag ταχυδρομικός σάκος mailbag

σακούλα bag γιαούρτι σακούλας strained yoghurt

σακουλάκι pouch, sachet

σακουλιάζω put into a bag, bag (up)· bag, be baggy

σακχαρίνη saccharin

σάκχαρο *(χημ.)* sugar· *(ιατρ.)* diabetes

σακχαρούχος containing sugar, sweetened

σακχαρώδης sugary σακχαρώδης διαβήτης diabetes

σάλα (σαλόνι) drawing room· hall, lounge σάλα χορού ballroom

σαλάμι salami

σαλάτα salad ♦ τα κάνω σαλάτα make a mess of things

σαλατιέρα salad bowl

σαλατικό salad green, salad vegetable

σαλέ chalet

σαλεύω move, stir ♦ σαλεύει το μυαλό μου go mad, become unhinged

σάλι shawl

σαλιάρα (baby's) bib

σαλιγκάρι snail

σάλιο saliva, spit ♦ τρέχουν τα σάλια μου/μου πέφτουν τα σάλια one's mouth waters

σαλιώνω lick, moisten

σαλόνι (το δωμάτιο) living room, drawing room· (τα έπιπλα) sitting room suit

σάλος stir, commotion

σαλπάρω sail, set sail

σάλπιγγα trumpet, bugle· *(ανατ.)* salpinx, tube

σαλπίζω play the trumpet/bugle· *(στρατ.)* sound the bugle

σάλπισμα trumpeting, (*στρατ.*) trumpet call

σαλτάρω jump, leap· go mad, go off one's head, go nuts

σάλτο jump, leap

σάλτσα sauce σάλτσα κρέατος gravy

σαλτσιέρα (sauce) boat, gravy boat

σαμάρι (ζώου) packsaddle· (κύρτωμα δρόμου) bump, (για τον έλεγχο της ταχύτητας οχημάτων) ramp

σαματάς racket, row, fuss, din

σαμιαμίδι gecko

σάμπα samba

σαμπάνια champagne

σαμπανιέρα champagne bucket, wine cooler

σαμπανιζέ sparkling, fizzy

σαμπό clog

σαμποτάζ sabotage

σαμποτάρω sabotage

σαμποτέρ saboteur

σαμπουάν shampoo

σαμπρέλα (τροχού) inner tube· (μπάλας) bladder

σάμπως (σαν, σαν να) as if, as though· (ίσως, νομίζω) think, perhaps, maybe, it seems that

σαν (παρομοίωση) (just) like· (ιδιότητα) as· (αβεβαιότητα) think, look, seem, if I am not mistaken ♦ σαν να as if/though σαν να λέμε in other words σαν σήμερα on this date

σανατόριο sanatorium, sanitarium

σανδάλι sandal

σανίδα board, plank σανίδα σέρφινγκ surfboard σανίδα του πατινάζ skateboard σανίδα πατώματος floorboard

σανίδι board, plank· (the) stage

σανιδόσκαλα *(ναυτ.)* gangplank, gangway

σανός hay

σαντιγί (whipped) cream

σάντουιτς sandwich

σαξόφωνο saxaphone, sax

Σαουδάραβας Σαουδαράβισσα Saudi Arab

σαουδαραβικός Saudi Arabian

Σαουδική Αραβία Saudi Arabia

σάουνα sauna

σαπίζω rot, decay

σαπίλα rot, decay

σάπιος rotten

σαπουνάδα lather· (soap)suds

σαπούνι soap

σαπουνίζω (πλένω με σαπούνι) soap· (τρίβω με σαπούνι) lather

σαπουνοθήκη soap dish

σαπουνόνερο soapy water, soapsuds

σαπουνόπερα soap opera, soap

σαραβαλιάζω damage (sth.) badly, wreck· become a wreck, crumble

σαραβαλιασμένος wrecked, crumbling, dilapitaded, ramshackle, wonky

σαράβαλο wreck

σαράκι woodworm· *(μτφ.)* secret sorrow/remorse

Σαρακοστή Lent

σαρακοστιανός Lenten

σαρακοφαγωμένος worm-eaten

σαράντα forty

σαρανταποδαρούσα centipede

σαρανταριά καμιά σαρανταριά forty or so, about forty

σαργός sargus

σαρδάμ fluff κάνω σαρδάμ fluff

σαρδέλα sardine

σαρίκι turban

σάρκα flesh

σαρκάζω sneer (at), mock (at), scoff (at)

σαρκασμός sarcasm, sneer

σαρκαστικά sarcastically

σαρκαστικός sarcastic

σαρκικός carnal, sensual, sexual

σαρκοφάγος carnivorous

σαρκώδης fleshy

σάρπα ☞ εσάρπα

σάρωμα (σκούπισμα) sweeping, sweep· (σκούπα) broom

σαρώνω sweep, give a sweep· *(μτφ.)* (με ηλεκτρονικά μέσα) scan· win a sweeping victory, sweep the board

σάρωση scanning

σαρωτικός sweeping

σας ☞ εσάς

σασί chassis

σασμάν gearbox

σαστίζω confuse, perplex, puzzle, bewilder, baffle· get confused/perplexed, be nonplussed, be taken aback

σαστισμάρα confusion, bewilderment, daze

σαστισμένος confused, perplexed, puzzled

σατανάς satan, (the) Devil

σατανικός satanic(al), diabolical, fiendish

σατανικότητα fiendishness

σατανισμός satanism

σατανιστής -ίστρια satanist

σατανιστικός satanistic, satanic

σατέν satin

σάτιρα satire

σατιρίζω satirize

σατιρικός satirical

σατράπης tyrant, despot

σατραπικός satrapical, tyrannical

σατραπισμός despotism, tyrannical/despotic behaviour

σαύρα lizard

σαφάρι safari

σαφήνεια clarity με σαφήνεια clearly

σαφής clear, explicit, clear-cut γίνομαι σαφής make oneself clear, express oneself clearly· distinct, marked, obvious, evident

σαφώς clearly, explicitly· distinctly

Σαχάρα Sahara

σάχης shah

σαχλαμάρες rubbish, (stuff and) nonsense

σαχλαμαρίζω say/do silly things, play the fool

σαχλός silly

σβάστικα swastika

σβέλτα quickly

σβελτάδα briskness, nimbleness, agility

σβέλτος quick, brisk

σβέρκος nape, (scruff of the) neck

σβήνω put out, extinguish, blow out· (κλείνω, διακόπτω) switch off, turn off· (διαγράφω) erase, cross off· (για φωτιά) burn (itself) out, go out, (για κερί) blow out· (παύω να λειτουργώ) go off, (για μηχανή αυτοκινήτου) stall· (εξαφανίζομαι, χάνομαι) die (down), die away/out, be finished

σβησιματιά erasure

σβησμένος ☞ σβηστός

σβηστήρα eraser, rubber

σβηστός, **σβησμένος** dead, extinguished· off, out

σβολιάζω curdle, go lumpy

σβόλος clod· lump

σβούρα (το παιχνίδι) top· (για άνθρωπο) live wire

σγουραίνω curl

σγουρομάλλης curly-haired

σγουρός curly

σε you • (για τόπο ή θέση) (μέσα σε) in, (πάνω σε) on, (σε σημείο ή χώρο) at· (κίνηση) to, (μέσα σε) into, (πάνω σε) onto· (χρονικό σημείο) at, on, (χρονικό διάστημα) in, within· (αλλαγή κατάστασης) into· (γύρω, πέριξ) round· (ανάμεσα, μεταξύ) out of· (αναφορά) as for· (ποιητικό αίτιο) by· (κατάσταση) in· (περιβολή) in· (περίπου) at

σεβάσμιος venerable

σεβασμός respect· observance· consideration

σεβαστός respectable, respected· (σημαντικός) considerable

σέβομαι respect, have/show respect (for)· (τηρώ) observe **σέβομαι το νόμο** abide by the law

σεζλόνγκ deckchair

σεζόν season

σειρά (γραμμή) line, file, (ουρά) queue **βάζω/μπαίνω στη σειρά** line up· row· series, sequence **σειρά μαθημάτων** course· (διάταξη) order **όλα με τη σειρά τους** all in good time, first things first· (σύνολο) set· turn· (στην τηλεόραση) TV series, serial· (κοινωνική θέση) (social) position, standing, class· (λογική αλληλουχία, ειρμός) sequence, cohesion

σειρήνα siren· (συναγερμός πυρκαγιάς) fire alarm

σεις you

σεισμικός seismic

σεισμολόγος seismologist

σεισμοπαθής, **σεισμόπληκτος** earthquake-stricken • earthquake victim

σεισμός (earth)quake

σεΐχης sheik(h)

σείω/-ομαι shake

σεκρετέρ writing desk, secretaire

σέλα saddle

σελήνη moon

σεληνόφως, **σεληνόφωτο** moonlight

σεληνόφωτος moonlit

σελίδα page

σελιδοδείκτης bookmark

σελίνι shilling

σέλινο celery

σελινόριζα head of celery

σελοτέιπ sellotape

σελοφάν cellophane

σελώνω saddle (up)

σεμινάριο seminar

σεμνός (κόσμιος, ευπρεπής) decent, decorous· (μετριόφρων) modest, self-effacing

σεμνότητα (ευπρέπεια) decorum· (μετριοφροσύνη) modesty

σεμνοτυφία prudishness

σεμνότυφος prudish, prim

σενάριο scenario, script, (κινηματογραφικό) screenplay

σεναριογράφος scriptwriter, scenarist, screenwriter

σεντ cent

σεντόνι sheet

σεξ sex

σεξαπίλ sex appeal

σέξι sexy

σεξολόγος sexologist

σεξουαλικός sexual· sexy

σεξουαλικότητα sexuality

Σεπτέμβριος September

σερ Sir

σερβάν sideboard

Σερβία Serbia

σερβιέτα sanitary napkin/towel, pad

σέρβικα (the) Serbian (language)

σερβικός Serbian

σερβίρισμα service, serving· dishing up

σερβίρω serve, (ποτό ή ρόφημα) pour **σερβίρομαι μόνος μου** help oneself· dish up, serve out, (επαγγελματικά) wait on· *(αθλ.)* serve

σερβιτόρος -α waiter, (σε μπαρ) barman, bartender, *θηλ.* waitress, (σε μπαρ) barmaid

σερβίτσιο service· (στο τραπέζι) place setting

Σέρβος -α Serb

σερίφης sheriff

σέρνω, **σύρω** draw, pull, haul, drag **σέρνω τα πόδια μου** shuffle one's feet ♦ **σέρνω κπ. από τη μύτη**

twist sb. round one's little finger • **σέρνομαι** α) crawl, creep β) drag, trail

σερπαντίνα streamer

σερφάρω surf

σέρφερ surfer

σέρφινγκ surfing **κάνω σέρφινγκ** surf, go surfing

σέσκουλο (Swiss) chard

σεσουάρ hairdryer, hairdrier

σέσουλα scoop

σετ set

σεφ chef

σηκώνω lift (up) pick up· raise· (κρατώ και μεταφέρω) carry **σηκώνω τα μάτια** look up **σηκώνω το ακουστικό** pick up the receiver **σηκώνω το τηλέφωνο** answer the phone· (αντέχω) bear, support· (υποφέρω) put up with, bear· wake, get (sb.) out of bed· (χρήματα) withdraw • **σηκώνομαι** α) stand up, pick oneself up, rise β) (από το κρεβάτι) get up (out of the bed) γ) (συνέρχομαι, αποθεραπεύομαι) recover, be up and about δ) (για άνεμο) get up

σήμα (σινιάλο) sign, signal **κάνω σήμα σε κπ.** give sb. a sign, signal sb.· badge· (εμπορικό) trademark· (ηλεκτρονικής συσκευής) tone **σήμα κινδύνου** SOS, mayday **σήμα της νίκης** V-sign **σήμα της τροχαίας** (traffic/road) sign

σημαδεμένος scarred· (σακάτης) crippled· marked

σημαδεύω mark· (με όπλο) aim at, point a gun at· (μαρκάρω) brand, mark· (αφήνω σημάδι) scar

σημάδι mark· (ουλή) scar, spot **σημάδι εκ γενετής** birthmark· (στόχος όπλου κτλ.) target **είμαι καλός στο σημάδι** be a good shot· (ίχνος) trace· (οιωνός) sign, indication

σημαδούρα buoy

σημαία flag

σημαίνω mean· mean, signify, denote· stand for· (ηχώ) sound, (για ρολόι) strike, chime

σημαντικά considerably· importantly

σημαντικός (σπουδαίος) significant, important· (μεγάλος) considerable

σήμαντρο gong

σημασία (έννοια) meaning, sense **με σημασία** meaningfully, knowingly· (σπουδαιότητα, βαρύτητα) significance, importance **μη δίνεις σημασία** don't take any notice **μην του δίνεις σημασία** don't pay any attention to him **έχει σημασία** matter **τι σημασία έχει;** what does it matter?

σημείο spot, place· point **σημείο εκκίνησης** starting point **φτάνω σε σημείο** be on the verge of **ως ένα σημείο** to a certain extent, to a degree· *(μαθ.)* sign

σημείωμα note **βιογραφικό σημείωμα** curriculum vital, CV

σημειωματάριο notebook, notepad, jotter

σημειώνω note, make a note of, jot down· mark· (επιτυγχάνω) achieve σημειώνω γκολ score a goal σημειώνω επιτυχία succeed, be a success σημειώνω πρόοδο make progress

σημείωση note

σήμερα today από σήμερα και στο εξής from today, from this day on μέχρι σήμερα up to this day, so far (σαν) σήμερα οχτώ a week today, today week σαν σήμερα πέρσι a year ago today σήμερα αύριο one of these days· (στην εποχή μας) today, nowadays

σημερινός of today, today's η σημερινή βραδιά tonight· modern, present-day

σήραγγα tunnel η σήραγγα κάτω από τη Μάγχη the Channel, the Channel Tunnel

σήτα screen

σηψαιμία blood poisoning

σήψη decay, rot corruption, degradation

σθεναρός forceful, vigorous, strong

σθένος vigour, strength, stamina, guts

σιάζω smooth (out), flatten· improve, clear up

σίαλος, **σίελος** saliva

σιαμαίος Siamese

Σιβηρία Siberia· *(μτφ.)* very cold

σιγά (αθόρυβα) quietly, softly, in a low voice, under one's breath· (αργά) slowly ♦ σιγά σιγά α) little by little, bit by bit β) carefully

σιγαλιά silence, quiet, peace

σιγανός quiet, soft, gentle· (αργός) slow, unhurried

σιγαστήρας silencer

σιγή silence, hush

Σιγκαπούρη ☞ Σινγκαπούρη

σίγμα με το νι και με το σίγμα in every detail

σιγοβράζω simmer

σιγοβρέχει [απρόσ.] drizzle

σιγοκαίω smoulder

σιγοκλαίω weep/cry softly

σιγομουρμουρίζω hum

σιγοτραγουδώ sing in a low voice

σίγουρα certainly, surely, positively στα σίγουρα for certain/sure

σιγουράρω secure

σιγουρεύομαι make certain/sure

σιγουριά (βεβαιότητα) certainty, confidence το λες αυτό με σιγουριά; are you sure about that?· (ασφάλεια) security, safety για σιγουριά just in case, to be on the safe side νιώθω σιγουριά feel secure

σίγουρος (βέβαιος) sure, certain, confident· (ασφαλής) safe, secure

σιγοψιθυρίζω whisper

σιδεράδικο blacksmith's

σιδεράκια *(οδοντ.)* braces

σιδεράς blacksmith

σιδερένιος iron, made of iron· *(μτφ.)* (of) iron, (of) steel

σίδερο iron, piece of iron· (σιδερώματος) iron· (σιδέρωμα) ironing

σιδερόβεργα iron bar

σιδερολοστός jemmy

σιδέρωμα ironing, pressing

σιδερώνω iron, press

σιδερώστρα ironing board

σιδηρέμπορος ironmonger

σιδηροδρομικός of railways, railway • railwayman

σιδηρόδρομος railway, railroad ταξιδεύω με το σιδηρόδρομο travel by rail/train **ο υπόγειος σιδηρόδρομος** the underground, the tube, (ΗΠΑ) the subway

σιδηροπωλείο ironmonger's (shop), hardware store

σιδηροπώλης ironmonger, hardware dealer

σίδηρος iron· *(χημ.)* ferrum

σιδηροτροχιά rail, railway (track)

σιδηρουργείο blacksmith's, forge

σιδηρουργός blacksmith, ironsmith

σιδηρούχος ferrous

σιέλ sky-blue

σίελος ☞ σίαλος

σικ chic, stylish, smart, posh, elegant • with chic, smartly, elegantly

σίκαλη rye

σικάτος chic, smart

Σικελία Sicily

σικελικός Sicilian

Σικελός -ή Sicilian

σικλαμέν cyclamen pink

σιλανσιέ silencer

σιλικόνη silicone

σιλουέτα silhouette· figure

σιμιγδάλι semolina

σινάπι sinapis, mustard

Σινγκαπούρη, **Σιγκαπούρη** Singapore

σινεμά cinema, (the) movies σταρ του σινεμά film/movie star

σινθεσάιζερ ☞ συνθεσάιζερ

σινιάλο sign, signal

σινιέ branded

σιντριβάνι fountain

σίριαλ serial

σιρίτι braid

σιρόπι syrup σιρόπι για το βήχα cough mixture

σιταποθήκη granary, barn

σιτάρι, **στάρι**, **σίτος** wheat

σιτηρά grain, corn, cereals

σιτίζω feed, provide food for • **σιτίζομαι** eat, take/have one's meals

σίτιση feeding

σιτοκαλλιέργεια wheat growing· field of wheat/grain

σιτοπαραγωγή production of wheat/corn, (annual) yield of wheat/corn

σιτοπαραγωγός (για τόπους) wheat-producing • wheat grower/farmer/producer, grain producer

σίτος ☞ σιτάρι

σιφόνι trap, U-bend

σιφονιέρα chest of drawers

σίφουνας whirlwind, tornado

σιχαίνομαι (αηδιάζω) be disgusted by, find disgusting· (απεχθάνομαι) detest, hate, abhor· (από κορεσμό) be sick and tired of, be fed up with

σιχαμερός sickening· disgusting

σιχασιάρης squeamish

σιωνισμός Zionism

σιωνιστής -ίστρια Zionist, Zionite

σιωπή silence, hush **λύνω τη σιωπή μου** break one's silence

σιωπηλά silently, in silence

σιωπηλός silent, quiet

σιωπηρός silent, quiet· tacit, implicit

σιωπώ stop talking· hold one's tongue

σκάβω dig, excavate

σκάγι pellet, shot

σκάζω, **σκάω** burst **μου έσκασε το λάστιχο** have a flat tyre· explode, blow up, go off· crack· worry· burst· shut up· be the death of (sb.) ♦ **το σκάω** run away, get away

σκαθάρι beetle

σκάκι chess

σκακιέρα chessboard

σκακιστής -ίστρια chessplayer

σκακιστικός (of) chess

σκάλα stairway, staircase, stairs **κυλιόμενη σκάλα** escalator· (κινητή) ladder, (διπλή πτυσσόμενη) stepladder· setting ♦ **είμαι σκάλες ανώτερος από κπ.** be far better than sb.

σκαλίζω dig· poke (at)· (χαράζω) carve, cut· (ψαχουλεύω) rummage through· tamper with· pick· rake up

σκαλιστήρι (κηπουρικής) hoe· (φωτιάς) poker

σκαλιστός carved, engraved, sculped

σκαλοπάτι step, (κινητής σκάλας) rung· *(μτφ.)* stepping stone

σκαλώνω catch (on)· *(μτφ.)* come upon a snag, run into a snag, meet an obstacle

σκαλωσιά scaffolding

σκαμνί stool

σκαμπανεβάζω toss about· pitch, go up and down

σκαμπανεβάσματα ups and downs, highs and lows

σκαμπίλι slap (in the face), smack

σκαμπιλίζω slap, smack

σκανάρισμα scanning

σκανάρω scan

σκανδάλη trigger

σκανδαλιά ☞ σκανταλιά

σκανδαλιάρης ☞ σκανταλιάρης

σκανδαλίζω (σοκάρω) scandalize, shock· (βάζω σε πειρασμό) tempt

σκανδαλιστικός scandalizing, shocking· tempting

σκάνδαλο scandal

Σκανδιναβία Scandinavia

σκανδιναβικός Scandinavian

Σκανδιναβός -ή Scandinavian

σκάνερ scanner

σκανταλιά, **σκανδαλιά** (piece of) mischief

σκανταλιάρης, **σκανδαλιάρης** mischievous, naughty, impish • mischief-maker, naughty person/child

σκαντζόχοιρος hedgehog

σκαπάνη mattock, pickaxe

σκαπουλάρω ♦ τη σκαπουλάρω escape, get off, have a narrow escape

σκάρα ☞ σχάρα

σκαρί (πλοίου) hull ♦ είμαι γερό σκαρί have an iron constitution στα σκαριά in the making

σκάρτα improperly, in a bad way

σκάρτος worthless, useless, second-rate· (για άνθρωπο) no good, dead loss

σκαρφάλωμα climbing

σκαρφαλώνω climb up, mount, clamber, scramble

σκαρφίζομαι make up, think up, invent, contrive

σκαρώνω be up to, get up to σκαρώνω βρομοδουλειά σε κπ. play a dirty trick to sb.· (επινοώ) devise, make up, think up

σκασιαρχείο truancy κάνω σκασιαρχείο play truant

σκασίλα vexation, annoyance σκασίλα μου! couldn't care less!, who cares!

σκάσιμο crack, split, (του δέρματος) chap(ping)· burst, explosion· (ελαστικού) puncture

σκασμένος burst· cracked, chapped σκασμένο λάστιχο flat tyre

σκασμός bursting point ♦ βγάζω το σκασμό shut one's trap σκασμός! shut up!, pipe down!

σκάφη (ζυμώματος) trough· (πλυσίματος) tub

σκάφος craft, vessel, boat, ship

σκάω ☞ σκάζω

σκεβρώνω wrap· (για άνθρωπο) become hunched, shrivel

σκελετός skeleton· framework· frame

σκελετωμένος emaciated

σκελίδα clove

σκέλος leg· part, stage

σκεπάζω cover· (στο κρεβάτι) tuck in· (θόρυβο) drown • **σκεπάζομαι** cover oneself

σκεπάρνι, **σκερπάνι** adze

σκέπασμα cover, top· σκεπάσματα bedclothes

σκέπαστρο shelter

σκεπή roof

σκεπτικό rationale, way of thinking

σκεπτικός ☞ σκεφτικός

σκέπτομαι ☞ σκέφτομαι

σκερπάνι ☞ σκεπάρνι

σκέτα νέτα σκέτα flatly, bluntly, point-blank

σκέτος (απέριττος) plain, simple·

(ανέρωτος) straight, neat· (για καφέ) without sugar· sheer, complete, utter

σκετς sketch, act

σκεύος utensil, vessel

σκευωρία conspiracy, frame-up, plot

σκευωρώ conspire, plot, scheme

σκεφτικός, **σκεπτικός** thoughtful, pensive, lost in thought

σκέφτομαι, **σκέπτομαι** think (of, about) για σκέψου! just think!, (just) imagine (it/that)!

σκέψη thought βάζω κπ. σε σκέψεις α) give food for thought β) raise doubts in sb.'s mind με τη/στη σκέψη ότι... at the thought of... ούτε σκέψη! out of the question! υπό σκέψη under consideration· (έγνοια) concern, consideration

σκηνή scene κάνω σκηνή make a scene σκηνές έργου trailer· (αντίσκηνο) tent· (παλκοσένικο) stage Λυρική Σκηνή Opera (House)

σκηνικό setting· σκηνικά scenery, set

σκηνοθεσία direction, (θεατρικού έργου) stage direction, staging

σκηνοθέτης -ρια (film/stage) director

σκηνοθετώ direct· *(μτφ.)* stage

σκήνωμα relics

σκήπτρο sceptre κατέχω τα σκήπτρα reign supreme

σκι ski· skiing θαλάσσιο σκι water skiing

σκιά shade· shadow σκιά ματιών eyeshadow· skeleton, a bag of bones

σκιαγράφημα outline, sketch

σκιαγραφώ outline, sketch

σκιάζω shade· shadow

σκιάχτρο scarecrow

σκιέρ skier

σκιερός shady

σκίζω, **σχίζω** tear (up), rip (up), split (open)· (πάω καλά) do very well, be tremendous • **σκίζομαι** α) tear, split β) do one's best, lean over backwards

σκίουρος squirrel

σκιρτώ start, leap, jump

σκίσιμο tear, rip, split· (τραύμα) cut, gash

σκιτσάρω sketch

σκίτσο drawing, sketch· (γελοιογραφία) cartoon

σκιτσογράφος cartoonist

σκλαβιά slavery, bondage

σκλάβος -α slave

σκλάβωμα enslavement

σκλαβώνω enslave, reduce to slavery· oblige· captivate, enthrall • **σκλαβώνομαι** *(μτφ.)* get hitched

σκλήθρα splinter

σκληρά hard· cruelly

σκληραγωγημένος tough, hardened

σκληραγωγώ/-ούμαι toughen

σκληραίνω harden, stiffen, make hard· *(μτφ.)* toughen

σκληρίζω screech, shriek

σκληρόκαρδος hardhearted, heartless, cruel

σκληρός hard· (δύσκαμπτος) stiff **σκληρός δίσκος** *(πληροφ.)* hard disk· hard, tough **σκληρά μέτρα** tough measures **σκληρή καρδιά** stony heart **σκληρός ανταγωνισμός** tough/fierce competition· cruel· harsh, severe, stern

σκληρότητα hardness· toughness· stiffness· harshness· cruelty

σκνίπα *(εντομ.)* midge· (άνθρωπος πολύ μεθυσμένος) soused

σκοινάκι, **σχοινάκι** skipping rope **κάνω σκοινάκι** skip rope

σκοινί, **σχοινί** rope ♦ **(παρα)τραβάζω το σκοινί** go too far

σκολάω ☞ σχολώ

σκόνη dust· powder

σκονίζω cover with dust • **σκονίζομαι** become/get dusty

σκονισμένος dusty, covered with dust

σκοντάφτω trip (over), stumple

σκοπευτήριο shooting range, (κλειστό) shooting gallery

σκοπευτής -εύτρια shooter, shot **ελεύθερος σκοπευτής** sniper

σκοπεύω (σημαδεύω) take aim (at), aim (one's gun) (at)· (έχω πρόθεση) intend, mean

σκοπιά lookout, observation post **φυλάω σκοπιά** be on guard duty· (point of) view, standpoint, aspect, angle

σκόπιμα, **σκοπίμως** on purpose, intentionally, deliberately

σκόπιμος advisable· (εσκεμμένος) deliberate, intentional

σκοπιμότητα advisability, purpose, point (in)· expediency

σκοπίμως ☞ σκόπιμα

σκοποβολή target practice· rifle/pistol shooting

σκοπός (φρουρός) guard, sentry· (μελωδία) tune· purpose, aim, goal **ευγενής σκοπός** cause **αντικειμενικός σκοπός** objective **βάζω σκοπό να...** set out to... **έχω σκοπό να...** intend/mean to... **με σκοπό να...** with a view to...

σκορ score

σκοράρω score

σκόρδο garlic

σκόρερ scorer

σκόρος clothes moth

σκοροφάγωμα moth hole

σκοροφαγωμένος moth-eaten

σκορπάω, **σκορπίζω**, **σκορπώ** scatter· spread· (ξοδεύω αλόγιστα) waste, squander

σκόρπιος scattered· loose

σκορπιός scorpion· *(αστρολ.)* Scorpio

σκορπώ ☞ σκορπάω

σκοτάδι dark, darkness **σκοτάδι πίσσα** pitch dark

σκοτεινιά darkness

σκοτεινιάζω grow/get dark· darken

σκοτεινός dark· shady

Σκοτία Scotland

σκοτίζω (ενοχλώ, ζαλίζω) bother, pester, badger • **σκοτίζομαι** α) bother, worry β) (ενδιαφέρομαι) care σκοτίστηκα! I couldn't care less!

σκοτοδίνη dizziness, blackout

σκοτούρα worry

σκοτσέζικος Scottish, Scotch

Σκοτσέζος -α Scot, Scotsman, *θηλ.* Scotswoman

σκοτωμένος dead· exhausted • dead body

σκοτωμός killing· murder· (συνωστισμός) crush· (καβγάς) terrible row, fierce quarrel ♦ **του σκοτωμού** like hell

σκοτώνω kill· (δολοφονώ) murder, strike dead, (ομαδικά) slaughter, massacre· (πυροβολώ και σκοτώνω) shoot (dead) • **σκοτώνομαι** α) be killed, kill each other β) kill oneself γ) hurt oneself badly δ) do one's utmost

σκουλαρίκι earring, (η μπίλια) stud

σκουλήκι worm

σκουμπρί mackerel

σκουντιά nudge, poke, dig, prod

σκουντουφλώ stumble, trip (over)

σκουντώ nudge, jog, prod

σκούπα broom, (sweeping) brush, (ηλεκτρική) vacuum cleaner

σκουπίδια rubbish, garbage, (ελαφρά σκουπίδια) litter

σκουπιδιάρης dustman, garbage collector, (οδοκαθαριστής) sweeper

σκουπιδιάρικο garbage truck

σκουπιδοτενεκές dustbin, rubbish bin, (ΗΠΑ) garbage can

σκουπιδότοπος dump, dumpsite, dumping ground

σκουπίζω sweep (the floor), (με ηλεκτρική σκούπα) hoover, vacuum· wipe· dry • **σκουπίζομαι** wipe oneself dry, dry oneself

σκουραίνω darken, make/become darker

σκουριά rust

σκουριάζω rust

σκουριασμένος rusty· old-fashioned, outdated

σκούρος dark ♦ **σκούρα τα πράγματα!** things are bad **τα βρίσκω σκούρα** run into trouble

σκουρόχρωμος dark(-coloured)

σκούτερ (motor) scooter

σκουφί, **σκούφια** cap

σκράπας (μαθητής) dunce

σκρίνιο (china) cabinet

σκύβω bend (down/over), stoop· lean (over)· (για ν' αποφύγω χτύπημα) duck

σκυθρωπός sullen, glum

σκύλα bitch

σκυλίσιος of dogs, dog's

σκύλος (male) dog

σκυλόψαρο dogfish

σκυρόδεμα concrete

σκυτάλη baton

σκυταλοδρομία relay (race)

σκυφτός bent, bowed, stooping

σκωληκοειδίτιδα appendicitis εγχείρηση σκωληκοειδίτιδας appendectomy

σλαβικός Slavic

Σλάβος -α Slav

σλάιντ(ς) slide

σλιπ briefs, (γυναικείο) panties

σλόγκαν slogan

σμάλτο enamel

σμαραγδί emerald green

σμαραγδής emerald (green)

σμαράγδι emerald

σμήνος swarm, flight

σμίγω meet, join, get together

σμόκιν dinner jacket, (ΗΠΑ) tuxedo

σμπαράλια smithereens, fragments, bits and pieces **κάνω κτ.** σμπαράλια smash sth. (in)to smithereens **γίνομαι σμπαράλια** α) break/shatter/be smashed into pieces β) *(μτφ.)* become a nervous breakdown, collapse, be washed-out

σνομπ snobbish • snob

σνομπάρω snub, give (sb.) the cold shoulder, turn one's nose up at (sth.)

σνομπισμός snobbery

σοβαντίζω, **σοβατίζω** plaster

σοβαρά seriously· (σε κρίσιμη κατάσταση) severely, gravely, seriously

σοβαρεύω/-ομαι be/get/become serious

σοβαρολογώ speak/talk seriously, be serious, mean it **για να σοβαρολογήσουμε** joking apart/aside

σοβαρός serious· solemn, earnest· (κρίσιμος) serious, severe, grave· (σημαντικός) serious, important, major

σοβαρότητα seriousness· severity, gravity

σοβάς plaster, plasterwork

σοβατζής plasterer

σοβατίζω ☞ σοβαντίζω

Σοβιετική Ένωση Soviet Union, Russia (USSR)

σοβιετικός Soviet

σοβινιστής -ίστρια chauvinist

σοβινιστικός chauvinistic

σόγια soya

σογιέλαιο soya oil

σόδα soda· soda water

σοδειά crop, yield, harvest, (κρασιού) vintage

σόι family· (είδος) kind, sort

σοκ shock

σοκάκι alley, narrow street, back street

σοκάρω shock • **σοκάρομαι** be in/get into a shock

σόκιν shocking, dirty • shocking joke, dirty story
σοκολάτα chocolate
σοκολατάκι chocolate
σοκολατένιος chocolate
σοκολατής chocolate-brown
σόλα sole
σόλο solo
σολομός salmon
σομόν salmon (pink)
σόμπα stove, heater
σόου show
σόουμπιζνες show business, showbiz
σορός dead body
σορτς shorts
σοσιαλισμός socialism
σοσιαλιστής -ίστρια socialist
σοσιαλιστικός socialist
σοσόνι ankle sock
σοτάρισμα sautéing
σοτάρω sauté
σοτέ sauté
σου your· you, to you
σουβενίρ souvenir, keepsake
σουβέρ coaster
σούβλα spit
σουβλάκι skewer· shish kebab, souvlaki
σουβλερός pointed, sharp· (πόνος) sharp, acute
σουβλιά shooting pain
σουβλίζω (περνώ στη σούβλα) spit, put on a spit· (ψήνω στη σούβλα) spit-roast· (προκαλώ οξύ πόνο) cause shooting pain
σούβλισμα spitting, skewering· spit roasting
σουβλιστός roasted on the spit
σουγιάς penknife, pocket knife
Σουέζ Suez **Διώρυγα του Σουέζ** Suez Canal
Σουηδία Sweden
σουηδικός Swedish
Σουηδός -ή Swede· **οι Σουηδοί** the Swedish
σουίτα suite
σουλτάνος sultan
σουξέ success, (big) hit
σούπα soup
σούπερ (βενζίνη) four-star petrol
σουπερμάρκετ supermarket
σουπιά cuttlefish
σουπιέρα soup bowl, (με καπάκι) (soup) tureen
σουπλά mat
σούρουπο dusk, nightfall
σουρουπώνει it's getting dark, night is falling
σουρώνω (στραγγίζω) strain· (κάνω σούρα) gather· (μεθώ) get drunk/soused· (αδυνατίζω, εξασθενώ) waste away, shrivel
σουρωτήρι strainer, colander
σουσάμι sesame
σούστα (ελατήριο) spring· (σε ρούχο) press stud, snap fastener

σουτ *(αθλ.)* shot, shoot

σουτάρω *(ποδόσφ.)* shoot

σουτέρ shooter

σουτιέν bra

σουφλέ soufflé

σουφρώνω (για ύφασμα) pucker· pout, purse, wrinkle· (κλέβω) pinch, filch, pilfer

σοφέρ driver, (ιδιωτικός) chauffeur

σοφία wisdom· *(ειρων.)* bright remark, wisecrack

σοφίζομαι invent, make up, devise, contrive, think up

σοφιστής sophist

σοφίτα attic, loft

Σοφοκλής Sophocles

σοφός wise • wise man

σπαγκέτο spaghetti

σπαγκοραμμένος stingy, mean, tight-fisted • miser, skinflint

σπάγκος string· (τσιγκούνης) skinflint, miser

σπαζοκεφαλιά brain teaser, puzzle

σπαζοκεφαλιάζω rack one's brains, think hard

σπάζω, **σπάω** break, (θρυμματίζω) break up, smash, (απότομα) snap· break, crack, fracture· (αθετώ, παραβιάζω) break· (γερνώ απότομα) grow old, be a broken man ♦ σπάζω το κεφάλι μου rack one's brains σπάω πλάκα have (a lot of) fun σπάω στο ξύλο beat black and blue το κεφάλι μου πάει να σπάσει have a splitting headache

σπαθί sword· *(χαρτοπ.)* club

σπανάκι spinach

σπανακόπιτα spinach pie

σπανακόρυζο spinach with rice

σπάνια, **σπανίως** seldom, rarely

σπανίζω be rare/uncommon

Σπανιόλος -α Spaniard

σπάνιος (ασυνήθιστος) unusual, uncommon· (ολιγάριθμος) rare, scarce, in short supply, infrequent· (εκλεκτός) exceptional, singular, exquisite· σπάνιοι few and far between

σπανίως ☞ σπάνια

σπανός hairless, smooth-faced

σπαράγγι asparagus

σπάραγνα gills

σπαράζω (σπαρταρώ) writhe (about), quiver· (υποφέρω ψυχικά) be greatly distressed/saddened σπαράζω στο κλάμα cry one's heart/eyes out

σπαρακτικός heartrending, heartbreaking

σπαρταρώ writhe, wriggle

σπασίκλας swot

σπάσιμο breaking· break, (σπασμένη άκρη) chip

σπασμένος broken, shattered, in pieces, (στην άκρη) chipped· broken· looking aged

σπασμός spasm, convulsion

σπασμωδικά spasmodically· by/in fits and starts

σπασμωδικός spasmodic

σπαστικός spastic· irritating • fusspot, pain in the neck

σπαστός folding· broken

σπατάλη waste, extravagance, wastefulness

σπάταλος wasteful, extravagant • spendthrift

σπαταλώ waste, squander

σπάτουλα spatula, (σερβιρίσματος) slice

σπάω ☞ σπάζω

σπείρα coil, spiral· (συμμορία) gang, ring

σπειροειδής spiral

σπειροειδώς spirally, in a spiral

σπέρμα *(βιολ.)* sperm, semen

σπέρνω sow, plant· *(μτφ.)* sow, spread

σπεσιαλιτέ speciality

σπεύδω hurry (up), hasten, rush

σπήλαιο, **σπηλιά** cave, cavern

σπίθα spark

σπιθαμή, πιθαμή inch σπιθαμή προς σπιθαμή inch by inch μια σπιθαμή άνθρωπος squirt

σπιθίζω sparkle, spark

σπιθούρι pimple, spot

σπιλώνω tarnish, sully, sling mud at (sb.), soil

σπινθήρας spark

σπινθηροβόλος sparking

σπινθηροβολώ spark· (λαμποκοπώ) sparkle, glitter

σπιούνος -α informer, (ΗΠΑ) stool-pigeon

σπιράλ spiral • α) *(ιατρ.)* coil β) (εντομοαπωθητικό) mosquito coil

σπιρούνι spur

σπιρουνιά spur prick

σπιρουνίζω prick/prod with a spur

σπίρτο match· (πολύ έξυπνος άνθρωπος) bright spark

σπιρτόκουτο box of matches, matchbox

σπίτι house **σπίτι σκύλου** kennel **δουλειές του σπιτιού** housework· home **είμαι στο σπίτι μου** be at home ♦ **σαν το σπίτι σου!** make yourself at home!

σπιτικό home· household

σπιτικός, **σπιτίσιος** home· home-made

σπιτονοικοκύρης -κυρά landlord, *θηλ.* landlady

σπλάχνα bowels

σπλήνα spleen

σπόγγος sponge

σπονδυλικός vertebral, spinal: σπονδυλική στήλη spinal column, backbone, spine

σπόνδυλος *(ανατ.)* vertebra

σπόντα innuendo, hint, dig

σπορ sport(s) • sports· casual • casually, informally

σποραδικά occasionally, from time to time

σποραδικός occasional, infrequent

σπόρος seed

σπορτέξ trainers, sneakers

σποτ commercial, ad· spot, spotlight

σπουδάζω study (to be), be a student (of)· pay for (sb.'s) studies, put (sb.) through school/university

σπουδαία fine, excellently

σπουδαίος important, significant· excellent, great, terrific

σπουδαιότητα importance, significance

σπουδασμένος educated

σπουδαστής -άστρια student

σπουδή (βιασύνη) hurry, haste, rush· (προθυμία) eagerness, zeal· σπουδές studies

σπουργίτι sparrow

σπρωξιά push, shove, prod

σπρωξίδι pushing, shoving, jostling

σπρώξιμο push, pushing

σπρώχνω push· (παρακινώ) push, impel, incite, egg on, drive

σπυρί spot, pimple· (κόκκος) grain

σπυριάρης spotty, pimply • spotty youth

στάβλος stable

σταγόνα drop ♦ **η σταγόνα που ξεχείλισε το ποτήρι** the last straw, the straw that broke the camel's back

σταγονόμετρο dropper

σταδιακά gradually, little by little, bit by bit

σταδιακός gradual

στάδιο stadium· stage

σταδιοδρομία career

σταδιοδρομώ make a/one's career

στάζω drip· (για δοχείο, στέγη) leak **στάζω ολόκληρος** be wet through/thoroughly, be dripping wet

σταθεροποίηση stabilization

σταθεροποιώ stabilize, keep/make stable

σταθερός stable, steady, firm· steadfast, constant· fixed, immovable **σταθερό τηλέφωνο** conventional telephone

σταθερότητα stability· steadfastness, constancy

σταθμά weights **δύο μέτρα και δύο σταθμά** double standards

σταθμάρχης station master

σταθμεύω park· stop, pull up

στάθμη level

σταθμίζω weigh (up), size (up)

σταθμός station **παιδικός σταθμός** nursery school **σταθμός πρώτων βοηθειών** first-aid station **τερματικός σταθμός** terminal· (στάση) stop· *(μτφ.)* landmark, milestone, turning point

στάλα drop· (μικρή ποσότητα) drop, dash, twist, touch

σταλαγμίτης stalagmite

σταλάζω drip

σταλακτίτης stalactite

σταλιά drop **μια σταλιά** α) a drop, a dash β) for a while γ) tiny (little)

σταμάτημα stopping, stop

σταματώ (παύω) stop, cease· (ακινητοποιώ, ανακόπτω) stop· (τερματίζω) put an end to, halt· give up· discontinue, be discontinued· stop over (at), draw up, pull up **σταματώ απότομα** stop dead/short

στάμνα pitcher

στάμπα stamp· (σε προϊόν) brand, trademark· *(μτφ.)* stamp, brand

σταμπάρω stamp, brand· brand· stamp on one's memory· mark out, spot

σταμπωτός printed

στάνη pen, sheepfold

στανιό **με το στανιό** under compulsion, against one's will

σταρ star **σταρ Ελλάς** Greece's Beauty Queen

σταρένιο ψωμί brown bread

στάρι ☞ σιτάρι

στάση (σταμάτημα) stop **χωρίς (ενδιάμεσες) στάσεις** nonstop· (bus) stop· stoppage, suspension· (θέση του σώματος) position, posture· (συμπεριφορά) attitude, position· (ανταρσία) mutiny, revolt· (φωτογραφικού φιλμ) (film) exposure

στασιάζω mutiny, rebel, revolt

στασιαστής -άτρια mutineer

στασίδι pew

στάσιμος stagnant· unchanging

στατιστική, **στατιστικές** statistics

στατιστικός statistical

σταυροδρόμι crossroads

σταυροκοπιέμαι cross oneself (repeatedly), make the sign of the cross

σταυρόλεξο crossword (puzzle)

σταυροπόδι cross-legged

σταυρός cross **κάνω το σταυρό μου** α) cross oneself, make the sign of the cross β) keep one's fingers crossed, pray to God

σταυροφορία crusade

σταυροφόρος crusader

σταυρώνω crucify· cross, fold· *(μτφ.)* torture, pester

σταύρωση crucifixion

σταυρωτός crossed, crosswise· (για ενδύματα) double-breasted

σταφίδα raisin, currant

σταφύλι grape

στάχτη ash(es)

σταχτής ash (grey)

σταχτοδοχείο ashtray

στάχυ ear (of grain/corn)

στεγάζω roof (in), cover with a roof· house· accommodate, put up

στεγανοποιώ make (sth.) watertight/airtight

στεγανός watertight, airtight

στέγαση housing, accommodation

στεγασμένος roofed

στεγαστικός (of) housing

στέγαστρο shelter

στέγη roof· housing, accommodation

στεγνοκαθαριστήριο dry cleaner's

στεγνός dry

στεγνώνω dry, get dry

στεγνωτήριο (ρούχων) tumble-drier, spin-dryer

στείρος barren, infertile, sterile

στειρότητα sterility, infertility

στειρώνω sterilize

στείρωση sterilization

στέκι haunt, hangout

στέκομαι stand στέκομαι όρθιος stand up· stand still, stop· be, prove to be, turn out to be· help, stand by στέκομαι στα πόδια μου α) stand up β) *(μτφ.)* stand on one's own (two) feet

στέλεχος (επιχείρησης) executive· (εισιτηρίου) stub· *(βοτ.)* stalk, stem

στελεχώνω staff

στελέχωση staffing

στέλνω send· (εμπορεύματα) ship

στέμμα crown

στενάζω sigh, give a sigh

στενεύω get/make narrower, become narrower· (ρούχο) take in· (για παπούτσια) be tight, pinch

στενό narrow street, alley, backstreet

στενοκέφαλος narrow-minded

στενόμακρος oblong

στενόμυαλος narrow-minded

στενός narrow· tight· close, intimate

στενοχωρημένος sad, worried

στενοχώρια (λύπη) sadness, distress· (έγνοια, σκοτούρα) trouble, worry οικονομικές στενοχώριες financial difficulties

στενόχωρος (για χώρο) cramped, narrow· impatient, easily upset· troublesome, bothering, depressing

στενοχωρώ sadden, distress, worry, upset, trouble • **στενοχωριέμαι**, **στενοχωρούμαι** be sad, be worried, worry, be troubled

στερεός solid· και **στέρεος** strong, firm· (για χρώμα) fast

στερεότυπο cliché

στερεότυπος set· standard

στερεοφωνικός stereo(phonic) στερεοφωνικό (συγκρότημα) stereo, stereo system

στερεύω dry up, run dry

στερεώνω fix, fasten, secure· *(μτφ.)* make stable, consolidate

στερημένος deprived (of)

στέρηση deprivation· privation

στερητικός privative στερητικό σύνδρομο withdrawl symptoms

στεριά land στη στεριά/προς τη στεριά ashore

στεριανός -ή mainlander

στερλίνα pound (sterling)

στέρνα cistern

στέρνο sternum, breastbone· breast, chest

στερνοπαίδι youngest child, last born child

στερώ deprive of, take away • **στερούμαι** α) (δε διαθέτω) lack β) (κάνω χωρίς) do without

στέφανα bridal/wedding wreaths

στεφάνι crown, wreath

στεφανώνω crown· (παντρεύω) marry, (για κουμπάρο) be the best man of the wedding • **στεφανώνομαι** marry, wed

στέφω crown

στέψη coronation· wedding (ceremony)

στηθαίο parapet

στηθόδεσμος brassiere, bra

στήθος chest· (γυναικείο) breast(s)· *(μαγειρ.)* (ζώου) breast

στήλη column· pillar **σπονδυλική στήλη** spinal column, spine

στημένος fixed

στήνω (τοποθετώ όρθιο) stand· put up, pitch, erect· set up, establish· (οργανώνω) arrange, organize, set up· stand up, keep (sb.) waiting

στήριγμα support

στηρίζω support, prop (up), hold in place· lean, rest· *(μτφ.)* support, help· base, found • **στηρίζομαι** α) support oneself β) lean, rest γ) depend (on), rely (on), count (on)

στήριξη supporting, propping (up)· support, help· *(μτφ.)* reliance, counting (on/upon), (ελπίδων) pinning (on/upon)

στήσιμο putting up, setting up· (του σώματος) pose, poise· setting up, organization· fixing· standing (sb.) up, keeping (sb.) waiting

στητός (bolt) upright· erect, jutting

στίβος (αγώνων δρόμου) track **αγωνίσματα στίβου** track events **υγρός στίβος** aquatic events· (τμήμα σταδίου) arena, field

στίγμα mark, stain· speckle, spot· stigma, blemish

στιγματίζω brand· stigmatize

στιγμή moment, instant **ανά πάσα στιγμή** at any time **από στιγμή σε στιγμή** at any moment **από την πρώτη στιγμή** from the very start **αυτή τη στιγμή** at the moment, at present, just now, right now **είναι στιγμές που...** sometimes... **μέχρι στιγμής** so far, up to now **μια στιγμή!** just a moment!, just a minute! **προς στιγμή(ν)/για μια στιγμή** for a moment **στη στιγμή** in no time (at all) **της στιγμής** α) instant β) snap

στιγμιαίος instant· momentary

στιγμιότυπο snapshot, snap **(εντυπωσιακά) στιγμιότυπα** highlights

στικ stick

στιλ style

στιλβώνω polish, shine

στιλέτο dagger

στιλίστας stylist

στιλό pen, ballpoint (pen)

στιλπνός shiny, glossy, sleek

στίξη *(γλωσσ.)* punctuation **βάζω**

σημεία στίξης punctuate σημεία στίξης punctuation marks

στίχος verse, line **στίχοι τραγουδιού** lyrics

στιχουργός lyric writer

στοά (ορυχείου) gallery· (σε κτιριακό συγκρότημα, ιδ. με μαγαζιά) arcade

στοίβα pile, heap, stack

στοιβάζω pile (up), heap, stack· (στριμώχνω) cram, pack • **στοιβάζομαι** be crammed, squeeze

στοιχείο element· (γράμμα) character· clue, piece of evidence· component, factor· **στοιχεία** α) (βασικές γνώσεις) elements, rudiments β) (δεδομένα) particulars, data γ) (αποδείξεις) evidence δ) *(τυπογρ.)* type

στοιχειό spirit, goblin

στοιχειώδης basic, rudimentary, elementary **στοιχειώδης εκπαίδευση** elementary/primary education

στοιχειωμένος haunted

στοίχημα bet, wager **βάζω στοίχημα** bet, make a bet (on) **(πας) στοίχημα;** do you want a bet?

στοιχηματίζω bet, wager, make a bet (on)

στοιχίζω (κοστίζω) cost· (τοποθετώ σε στοίχους) line up • **στοιχίζομαι** form a line, fall in

στοίχος line, row, file

στοκ stock

στόκος putty

Στοκχόλμη Stockholm

στολή uniform· costume

στολίδι ornament· *(μτφ.)* jewel, gem

στολίζω decorate, ornament, adorn· (βιτρίνα) dress

στολισμός decoration, ornamentation

στόλος fleet

στόμα mouth ♦ **μένω με το στόμα ανοιχτό** be stunned

στομάχι stomach

στομαχόπονος stomachache

στόμιο mouth· (όπλου) muzzle· (υπονόμου) manhole

στόμφος pomposity

στομφώδης pompous

στοργή affection, loving kindness

στοργικός affectionate

στόρι blind

στουμπώνω (παραγεμίζω) cram, stuff· (παραταΐζω) stuff· (παρατρώω) stuff oneself (with), glut oneself (with), overeat

στούντιο studio

στουπί cotton waste· tough and tasteless ♦ **είμαι/γίνομαι στουπί** be/get blind drunk

στουπώνω (βουλώνω, ταπώνω) stop, wad, plug· (πατικώνω) tamp down

στουρνάρι, **στούρνος** idiot, dunce

στοχάζομαι meditate (on), think about· think of, consider

στοχαστικός thoughtful, contemplative

στοχεύω take aim (at), (για όπλο) be targeted (on)· *(μτφ.)* aim

στόχος target **κέντρο στόχου** bull's eye· (σκοπός) goal, objective

στραβά wrong, wrongly **όλα πήγαν στραβά** everything went wrong

στραβίζω squint, be cross-eyed

στραβισμός squint(ing)

στραβοκάνης bandy-legged, bow-legged

στραβολαιμιάζω get a crick in the neck • **στραβολαιμιάζομαι** strain one's neck

στραβομουτσουνιάζω put on a long face, scowl, frown

στραβοπατώ miss one's footing, stumble, trip· wear (one's shoes) down at heel

στραβός crooked· wrong· blind

στραβώνω bend, twist· (θαμπώνω) blind, dazzle· (χαλώ) go wrong • **στραβώνομαι** go blind

στραγάλι roasted chickpea

στραγγαλίζω strangle, wring (sb.'s) neck

στραγγαλισμός strangling, strangulation

στραγγαλιστής -ίστρια strangler

στραγγίζω wring (from), wring out· drain, strain· drain, drip (dry)

στραγγιστήρι drainboard, drainer

στραγγιστός strained

στραμπουλίζω, **στραμπουλώ** twist, sprain

στραμπούλισμα sprain

στραπατσαρισμένος battered, out of shape

στραπατσάρω bash, batter

στραπάτσο damage· heavy loss, setback, disaster· humiliation

στράπλες strapless

στρας rhinestone(s)

στράτα road, street· (νηπίου) walker

στράτευμα troop

στρατεύομαι join the army· *(μτφ.)* commit oneself (to)

στρατευμένος militant· *(μτφ.)* committed

στράτευση military service, conscription· *(μτφ.)* commitment

στρατηγείο headquarters

στρατηγική strategy, tactics

στρατηγικός strategic, tactical

στρατηγός general

στρατιά army· *(μτφ.)* crowd, legion, army, host

στρατιώτης soldier, trooper **ο Άγνωστος Στρατιώτης** the Unknown Soldier **πηγαίνω στρατιώτης** go to the army, enlist· (στο σκάκι) pawn

στρατιωτικός military, (of the) army, martial • army officer

στρατοδικείο court-martial

στρατολόγηση conscription· recruitment

στρατολογώ conscript, draft, recruit

στρατοπεδεύω camp, encamp

στρατόπεδο camp

στρατός army

στρατώνας barracks

στράφι πάω στράφι go/come to nothing, be wasted, be in vain

στρείδι oyster

στρες stress

στρεσάρισμα stressing

στρεσάρω stress, put under stress • **στρεσάρομαι** be/get under stress, feel stress

στρέφω turn· direct· point, aim· set, turn • **στρέφομαι** α) turn β) revolve, turn (round)

στρίβω turn, twist στρίβω νόμισμα (στον αέρα) toss a coin στρίβω τσιγάρο roll a cigarette· turn, take a turn, (απότομα) swerve, veer· bend ♦ μου στρίβει go off one's head, go crackers

στριγγλιά screech, squeak, shriek

στριγγλίζω shrill, scream, screech, shriek, squeak

στριμμένος grouchy, ill-tempered • grouch

στριμωγμένος squeezed, packed· (σε δύσκολη θέση) in a tight corner είμαι στριμωγμένος (οικονομικά) be pushed for money

στριμωξίδι crush, pushing and shoving

στριμώχνω pack, crush, squash, cram, squeeze, stuff μη με στριμώχνεις! give me a little elbow room!· (φέρνω σε δύσκολη θέση) corner, put (sb.) on the spot, (ζορίζω) press, drive (sb.) hard • **στριμώχνομαι** cram, jam, squash, squeeze

στριπτίζ striptease

στριπτιζέζ, **στριπτι(τ)ζού** stripper

στριφογυρίζω, **στριφογυρνώ** spin (round), twirl (round), whirl (about)· (νευρικά, βαριεστημένα) wriggle, fidget

στριφογυριστός twisting, winding, spiral

στριφτός twirled, twisted, spiral: στριφτό τσιγάρο hand-rolled cigarette

στρίφωμα hem

στρίψιμο turn, twist· turning, twisting· (τσιγάρου) rolling· (νομίσματος) tossing

στροβιλίζω whirl about/around • **στροβιλίζομαι** twirl, whirl

στρόβιλος (δίνη) eddy, whirl· (υδάτινος) whirlpool, (ανεμοστρόβιλος) whirlwind

στρογγυλεύω round, make/become round· round up/down· (παχαίνω) fill out

στρογγυλοκάθομαι settle (oneself) down, plant oneself

στρογγυλοποιώ round up/down

στρογγυλοπρόσωπος round-faced

στρογγυλός round

στρουθοκάμηλος ostrich

στρουμπουλός plump, chubby

στροφή turn επί τόπου στροφή U-turn παίρνω στροφή turn, corner· revolution· (δρόμου) bend, curve, corner κλειστή στροφή δρόμου hairpin bend· shift· (ποιήματος) verse, stanza

στρυφνός (ιδιότροπος) bad-tempered, crabby· (δυσνόητος) obscure

στρώμα mattress· coat, coating· film, sheet· layer· stratum

στρωματέξ spring mattress

στρωματσάδα shakedown κοιμάμαι στρωματσάδα shake down

στρώνω spread στρώνω τα χαλιά lay the carpets στρώνω το κρεβάτι make the bed στρώνω το τραπέζι lay/set the table· pave· run in· smooth (down)· (για ρούχα) fit well • **στρώνομαι** get down (to)

στρώση layer

στρωτός smooth, even, flat· simple, straightforward· (για ρούχο) well-fitting

στύβω squeeze· wring

στυγνός unfeeling, cruel

στύλος (κίονας) column, pillar· pole, post

στυλώνω (υποστυλώνω) shore up, prop· (τα μάτια) fix

στυπόχαρτο blotting paper, blotter

στυπώνω blot

στύφτης squeezer

συ ☞ εσύ

συγγένεια (family) relationship· affinity, resemblance, similarity

συγγενής relation, relative

συγγνώμη, **συγνώμη** forgiveness, pardon ζητώ συγγνώμη apologize συγγνώμη! α) excuse me! β) sorry!

συγγραφέας writer, author

συγγραφή writing

συγγραφικός of a writer/an author συγγραφικά δικαιώματα α) copyright β) royalties

συγκαλύπτω conceal, cover· cover up, hush up

συγκαλώ call, convene, assemble

συγκατάθεση consent

συγκαταλέγω number (among), include, count (among) • **συγκαταλέγομαι** be (numbered) (among), be one of

συγκατατίθεμαι consent (to), agree (to)

συγκάτοικος (σε δωμάτιο) roommate, (σε διαμέρισμα) flatmate, (σε σπίτι) co-tenant

συγκατοικώ share a room/house

συγκεκαλυμμένος veiled

συγκεκομμένος *(γλωσσ.)* contracted

συγκεκριμένα namely

συγκεκριμένος specific, definite· particular· precise

συγκεντρώνω gather, collect, get together, assemble· focus, concentrate • **συγκεντρώνομαι** α) gather, come/get together, assemble (together) β) concentrate (on), focus (on)

συγκέντρωση gathering, meeting, (λαοσύναξη) rally· concentration, focusing

συγκεχυμένος confused· dim, vague

συγκινημένος moved, touched

συγκίνηση emotion, feeling· excitement, thrill

συγκινητικός emotional· moving, touching

συγκινώ move, touch • **συγκινούμαι** be deeply moved/touched, be moved to tears

σύγκλητος senate

συγκλονίζω shock

συγκλονιστικός shocking· sensational, thrilling

συγκοινωνία communication(s)· public transport Υπουργείο Συγκοινωνιών Ministry of Transport

συγκομιδή harvest· (το σύνολο των καρπών) crop

συγκοπή *(ιατρ.)* heart failure

συγκρατημένος reserved· restrained

συγκρατώ (υποβαστάζω) hold up, support· (αναχαιτίζω) hold back, retain· control, restrain, hold back· (θυμάμαι) remember, retain· restrain, stop • **συγκρατούμαι** control/restrain oneself, keep from

συγκρίνω compare· (αντιπαραβάλλω) contrast· (παραλληλίζω) parallel, draw a parallel • **συγκρίνομαι** compare δε συγκρίνομαι με τίποτα be without parallel τίποτα δε συγκρίνεται με... there's nothing like...

σύγκριση comparison, contrast

συγκριτικά comparatively (speaking), in/by comparison· relatively

συγκριτικός comparative

συγκρότημα complex· group· στερεοφωνικό συγκρότημα stereo set

συγκροτημένος well-balanced

συγκρούομαι collide (with), crash (into)· clash· (έρχομαι σε αντίθεση) conflict, clash

συγκρουόμενα (αυτοκινητάκια) dodgems, dodgem cars

σύγκρουση collision, crash, (πολλαπλή) pile up· clash, conflict ένοπλη σύγκρουση armed conflict, combat

συγκυβερνήτης *(αερ.)* co-pilot

συγκυρία coincidence· circumstances

συγυρίζω tidy (up), put in order

συγυρισμένος tidy

συγχαίρω congratulate

συγχαρητήρια congratulations

συγχέω confuse

συγχρονίζω synchronize

σύγχρονος modern· up-to-date· contemporary

συγχρόνως at the same time, simultaneously

συγχύζω upset • **συγχύζομαι** get/become upset, get into a state μη συγχύζεσαι! calm down!

σύγχυση confusion· irritation, vexation παίρνω σύγχυση get irritated

συγχωρώ forgive· pardon με συγχωρείτε! excuse me!, I beg your pardon!

συζήτηση conversation, discussion· debate· talk· (αντιπαράθεση) argument, controversy ♦ ούτε συζήτηση! α) (αποκλείεται) it's out of the question! β) (βεβαίως) certainly

συζητήσιμος debatable, questionable· cooperative

συζητώ talk about, discuss· debate· talk about, gossip· consider, think about ούτε να το συζητάς! it's out of the question!

συζυγικός of marriage, marital, conjugal συζυγική ζωή married life

σύζυγος husband, *θηλ.* wife· σύζυγοι spouses, husband and wife, married couple

συζώ cohabit, live together

συκιά fig tree

σύκο fig

συκοφάντης -ρια/-ισσα slanderer

συκοφαντία slander

συκοφαντικός slanderous, defamatory

συκοφαντώ slander

συκωταριά fry

συκώτι liver

συλλαβή syllable

συλλαβίζω read syllable by syllable, syllabize, syllabify· read with difficulty

συλλαβισμός syllabification

συλλαλητήριο mass meeting, rally

συλλαμβάνω catch, arrest συλλαμβάνεσαι! you are under arrest· conceive· understand, grasp· (μένω έγκυος) conceive

συλλέγω collect· gather

συλλέκτης -ρια collector

συλλεκτικός of/for collections, of/for collectors

σύλληψη arrest· capture· (νοερή) conception, (ιδέα) concept

συλλογή collection· gathering, picking

συλλογίζομαι think (about)· (λαμβάνω υπόψη, υπολογίζω) think of, consider, take into account/consideration

συλλογικός collective

συλλογισμένος thoughtful, pensive

συλλογισμός reasoning

συλλογιστική way/line of thinking

σύλλογος society, association, club σύλλογος καθηγητών/δασκάλων teaching staff

συλλυπητήρια condolences

συλλυπητήριος of condolence, condolatory

συλλυπούμαι condole (on), offer one's condolences to

συμβαδίζω keep pace (with), keep abreast (of)· go together

συμβαίνω happen, take place, occur **συμβαίνει τίποτα;** is anything the matter? **τι συμβαίνει;** what's the matter?, what's going on? **του συμβαίνει τίποτα;** is anything wrong with him?· happen, chance

συμβάλλω contribute • **συμβάλλομαι** contract

συμβάν incident, event, occurrence

σύμβαση contract· convention

συμβατικός conventional

συμβατός compatible

συμβατότητα compatibility

συμβεβλημένος contracted

συμβιβάζω reconcile, conciliate • **συμβιβάζομαι** α) compromise, settle (for) β) be compatible/consistent

συμβιβασμός compromise· settlement· conciliation

συμβιώνω live together, cohabit· coexist

συμβίωση living together, cohabitation· coexistence

συμβόλαιο contract· (ενοικίασης) lease agreement· (ασφαλιστικό) policy

συμβολαιογραφείο notary's office

συμβολαιογραφικός of a notary, notarial

συμβολαιογράφος notary (public)

συμβολή (δρόμων) junction, (ποταμών) confluence· (συνεισφορά) contribution

συμβολίζω symbolize, be a symbol of/for· represent, stand for

συμβολικός symbolic· (ενδεικτικός) token, nominal

σύμβολο symbol· emblem· sign, token

συμβουλευτικός advisory, consultative

συμβουλεύω advise· recommend, suggest • **συμβουλεύομαι** consult

συμβουλή (a piece of) advice· tip

συμβούλιο council, board **το Υπουργικό Συμβούλιο** the Cabinet· conference, meeting **ιατρικό συμβούλιο** consultation

σύμβουλος adviser, consultant· councillor **διευθύνων σύμβουλος** managing director

συμμαθητής -ήτρια schoolmate, (στην ίδια τάξη) classmate

συμμαχία alliance

συμμαχικός allied

σύμμαχος ally • allied

συμμαχώ ally oneself (to/with), join forces (with)

συμμερίζομαι sympathize with· share

συμμετέχω participate, take part (in)

συμμετοχή participation· share, part· entry

συμμετρία symmetry

συμμετρικός symmetrical

συμμορία gang

συμμορφώνω (πειθαρχώ) bring to heel, lick into shape • **συμμορφώνομαι** α) comply (with), abide (by), conform (to) β) mend one's ways

συμπαγής massive, compact, solid

συμπάθεια liking, fondness· preference, favourite· sympathy, fellow feeling

συμπαθητικός likeable, pleasant

συμπαθώ like, be fond of· take to, take a liking to

συμπαίκτης -ρια partner, (σε ομάδα) teammate

σύμπαν universe

συμπαράσταση support, backing· (αλληλεγγύη) solidarity· sympathy

συμπαραστάτης -ρια supporter, backer, helper

συμπαραστέκομαι stand by, support

συμπαρίσταμαι support, back· sympathize with

συμπαρουσιαστής -άστρια fellow presenter

συμπάσχω sympathize with, feel for

συμπατριώτης -ισσα compatriot

συμπεραίνω conclude, deduce, infer, gather

συμπέρασμα conclusion, deduction

συμπεριλαμβανόμενος inclusive συμπεριλαμβανομένου including μη συμπεριλαμβανομένου του... exclusive of...

συμπεριλαμβάνω include

συμπεριφέρομαι behave, behave towards, treat

συμπεριφορά behaviour, conduct, manners **κακή συμπεριφορά** misbehaviour

συμπίπτω coincide· happen/be at the same time· happen, chance

σύμπλεγμα complex

συμπλέκτης clutch

συμπληρώνω complete· fill in· add

συμπλοκή fight, brawl, clash

σύμπνοια unison, consensus

συμπολίτευση ruling party

συμπολίτης -ισσα fellow citizen

συμπονετικός compassionate, sympathetic

συμπόνοια compassion, sympathy

συμπονώ feel sympathy for, have compassion for, pity

συμπόσιο symposium

συμπτύσσω compress· shorten, abridge

σύμπτωμα symptom

συμπτωματικός (τυχαίος) incidental, coincidental, accidental

σύμπτωση coincidence **κατά σύμπτωση** by chance, accidentally

συμπυκνωμένος concentrated, condensed

συμφέρον interest· advantage, benefit

συμφεροντολόγος -α self-seeker

συμφερτικός gainful, profitable

συμφέρω be profitable· be to (sb.'s) advantage/benefit

συμφιλιώνω conciliate, reconcile • **συμφιλιώνομαι** α) become friends again, make it up (with) β) reconcile oneself (to)

συμφιλίωση reconciliation

συμφοιτητής -ήτρια fellow student

συμφορά disaster, catastrophe

συμφόρηση congestion, (traffic) jam· *(ιατρ.)* congestion

σύμφωνα, **συμφώνως** according (to), in accordance (with)

συμφωνητικό (written) agreement

συμφωνία agreement· understanding· deal, bargain· *(μουσ.)* symphony

σύμφωνος in agreement

συμφωνώ agree· be in agreement

συμφώνως ☞ σύμφωνα

συμψηφίζω compensate, offset

συμψηφισμός compensation, offsetting

συν (together) with· *(μαθ.)* plus • *(μαθ.)* plus sign· plus τα συν και τα πλην the pluses and the minuses, the pros and cons

συναγερμός alarm

συναγωνίζομαι compete against/with, rival, vie

συναγωνισμός competition

συνάδελφος colleague, workmate

συναίνεση consent κοινή συναινέσει by common/mutual consent

συναινώ consent (to)

συναισθάνομαι realize, be conscious/aware of

συναίσθημα emotion· sentiment· feeling

συναισθηματικός emotional· sentimental· sensitive

συναίσθηση consciousness, awareness, sense

συναλλαγή deal, transaction· dealing

συνάλλαγμα (foreign) exchange τιμή συναλλάγματος exchange rate

συναλλαγματική promissory note, bill of exchange

συναναστρέφομαι associate (with), mix (with)

συναναστροφή associating· company

συνάντηση meeting· encounter· appointment, rendezvous

συναντώ meet· join· encounter

συναρμολογούμενος sectional· model

συναρπάζω enthral, thrill, electrify

συναρπαστικός exciting, fascinating, thrilling, enthralling

συνασπισμός alliance, coalition

συναυλία concert

συνάφεια connection, relationship

συναφής (σχετικός) relative (to), related (to)· (παρόμοιος) similar (to)

συνάχι cold in the head, cold

συναχώνομαι catch a cold

σύνδεση connection· affiliation

σύνδεσμος bond· association· link· *(γλωσσ.)* conjunction· *(ανατ.)* ligament

συνδετήρας paperclip

συνδέω connect, join, link· associate, relate· bind, tie· *(τηλεφ.)* put through (to) • **συνδέομαι** α) be friends, be a friend of β) have a love affair

συνδιάλεξη conversation· (τηλεφωνική) call **υπεραστική συνδιάλεξη** trunk call, long-distance phone call

συνδικαλισμός unionism

συνδικαλιστής -ίστρια trade unionist

συνδικάτο (εργαζομένων) (trade) union

συνδρομή subscription

συνδρομητής -ήτρια subscriber **γράφομαι συνδρομητής** subscribe (to)

συνδυάζω combine· (ταιριάζω) match· (συσχετίζω) associate, piece together • **συνδυάζομαι** match, go with/together

συνεδρία session

συνεδριάζω be in session, hold a session

συνεδρίαση meeting, session

συνέδριο congress, conference

συνείδηση conscience· awareness· consciousness

συνειδητοποίηση realization

συνειδητοποιώ realize, become conscious/aware of

συνεισφέρω contribute

συνεισφορά contribution

συνέλευση meeting, assembly

συνεννόηση communication· understanding, agreement

συνεννοούμαι communicate· reach an understanding, agree· exchange views, consult

συνενοχή complicity

συνένοχος accomplice

συνέντευξη interview **συνέντευξη τύπου** press conference

συνέπεια consequence, outcome· consistency **χρονική συνέπεια** punctuality

συνεπής reliable· consistent· (στην ώρα του) punctual

συνεπώς consequently, therefore

σύνεργα tools (of trade)· apparatus, gear

συνεργάζομαι work (with), work together· co-operate· *(μειωτ.)* collaborate· (με έντυπο) contribute (to)

συνεργασία co-operation· *(μειωτ.)* collaboration· (σε έντυπο) contribution

συνεργάσιμος co-operative

συνεργάτης -ιδα/-ρια -ισσα associate, colleage, fellow worker· *(μειωτ.)* collaborator

συνεργείο (η ομάδα) crew, gang/

team (of workers)· (αυτοκινήτων) garage, service station· (η επισκευή) service, repair(ing)

συνέρχομαι come round, come to, recover· come to one's senses

σύνεση prudence, wisdom

συνεσταλμένος shy, reserved, withdrawn

συνεστίαση banquet

συνεταιρισμός co-operative

συνεταίρος (business) partner

συνετίζω bring (sb.) to reason, make (sb.) see reason, bring (sb.) to their senses, be a lesson to (sb.)

συνετός sensible, prudent, wise

συνεφέρνω bring round/to, revive

συνέχεια continuity· continuation· sequel· follow-up· what happened next • ☞ συνεχώς

συνεχής continuous· continual, constant· successive, consecutive

συνεχίζω continue (with), go on (with), carry on (with), keep (doing sth.) • **συνεχίζομαι** be continued, continue

συνεχώς, **συνέχεια** continuously, continually, constantly· always, for ever· on end, on and on

συνήγορος *(νομ.)* counsel (for the defence)· advocate, defender

συνήθεια habit· custom

συνήθης usual· customary

συνηθίζω get used, get accustomed, be used συνήθιζα να used to, would το συνηθίζει it is (just) like him· usually do, be in the habit of • **συνηθίζεται** be customary

συνηθισμένος usual· habitual, routine, customary· (κοινός) common, ordinary· used/accustomed (to)

συνήθως usually, normally, ordinarily ως συνήθως as usual

συνημμένως σας υποβάλλω συνημμένως please find attached

συνθεσάιζερ synthesizer

συνθέτης -ρια composer

σύνθετο (shelf and cupboard) unit

συνθήκη treaty, convention· συνθήκες conditions, circumstances

σύνθημα password· slogan, watchword· sign, word

συνίσταμαι be composed (of), be made (of)

συνιστώ (συστήνω) recommend, advise

συννεφιά cloudy weather έχει συννεφιά it's cloudy

συννεφιάζω cloud over

συννεφιασμένος cloudy

σύννεφο cloud ♦ πέφτω απ' τα σύννεφα get a real surprise/shock

συνοδεία escort· (επισήμου) retinue, entourage· convoy

συνοδεύω accompany, come along· see, show, walk

συνοδός companion, escort ιπτάμενη συνοδός airhostess συνοδός εδάφους ground hostess

συνοικέσιο arranged marriage, match

συνοικία quarter, district

συνοικισμός settlement

συνολικά in all

συνολικός total

σύνολο (άθροισμα) total· (το όλο) all, (the) whole· (ενδυμασίας) ensemble

συνομήλικος of the same age

συνομιλία conversation, discussion, talk

συνομιλώ talk, have a talk

συνομοσπονδία confederation

συνονόματος -η namesake

συνοπτικός concise, brief, summary

συνορεύω border· be adjacent

σύνορο border, frontier, boundary

συνοφρυώνομαι frown, scowl

συνοψίζω sum up, summarize

συνταγή prescription· (μαγειρικής) recipe· *(μτφ.)* formula, recipe

σύνταγμα constitution· *(στρατ.)* regiment

συνταγματικός constitutional

σύνταξη syntax· writing· (λεξικού κτλ.) compilation· editorial staff, editorial department· pension είμαι σε σύνταξη be a pensioner παίρνω σύνταξη/βγαίνω στη σύνταξη retire

συνταξιοδοτώ pension off • **συνταξιοδοτούμαι** be pensioned off, retire on a pension, go into retirement

συνταξιούχος pensioner, senior citizen • retired

συνταρακτικός devastating, sensational, thrilling

συντάσσω write (out), draw up· compile • **συντάσσομαι** α) (τάσσομαι) side (with) β) *(γλωσσ.)* take, be followed by

συντείνω contribute (to), play a part (in)

συντελεστής factor· person who contributes, contributor

συντελώ contribute, play a part (in) • **συντελούμαι** take place, be accomplished

συντετριμμένος grief-stricken

συντήρηση preservation, conservation· (έργων τέχνης) restoration· maintenance, upkeep· service

συντηρητής -ήτρια maintenance person, *αρσ.* maintenance man· restorer

συντηρητικό preservative

συντηρητικός conservative

συντηρώ preserve· provide for, support· maintain, keep up • **συντηρούμαι** maintain oneself, subsist

σύντμηση abbreviation, short form

σύντομα soon, before long, shortly

συντομεύω shorten· be quick about (sth.) συντόμευε! hurry up!, be quick about it!

συντομία brevity, shortness εν συντομία briefly χάριν συντομίας/για συντομία for short

συντομογραφία abbreviation

σύντομος brief, short

συντονίζω co-ordinate· tune· (συζήτηση) lead, direct

συντρίβω smash, shatter· *(μτφ.)* crush, overwhelm· (νικώ) crush • **συντρίβομαι** crush

συντρίμμι (nervous) wreck· **συντρίμμια** ruins, wreckage, rubble

συντριπτικός crushing, overwhelming

συντροφιά company, companionship

σύντροφος companion· comrade· fellow· (στη ζωή) partner (in life), helpmate

συνυπαίτιος jointly responsible

συνύπαρξη coexistence

συνυπάρχω coexist

συνυπεύθυνος jointly responsible

συνυπολογίζω include, count in

συνωμοσία conspiracy, plot

συνωμότης -ισσα conspirator, plotter

συνωμοτώ conspire, plot

συνωνυμία synonymity **απλή συνωνυμία** no relation

συνώνυμο synonym

συνωστίζομαι jostle, crowd, push and shove

συνωστισμός jostle, crush, crowding

Συρία Syria

συριακός Syrian

σύριγγα syringe

Σύριος -α Syrian

σύρμα wire· (συρματόπλεγμα) wire netting· (μαγειρικής) whisk· (για τις κατσαρόλες) steel wool, (χοντρό) scourer

συρματόπλεγμα wire netting, (αγκαθωτό) barbed wire

συρόμενος slipping easily, sliding

σύρραξη conflict, clash

συρραπτικό stapler

συρρέω flock, swarm, throng

συρτάρι drawer

συρταριέρα chest of drawers

συρταρωτός sliding

σύρτης bolt

σύρω ☞ σέρνω

συσκευάζω pack, package, (τυλίγω) wrap up

συσκευασία packing, packaging· pack· (περιτύλιγμα) wrapping **σε συσκευασία δώρου** gift-wrapped

συσκευή appliance, device, apparatus· set

σύσκεψη conference, meeting

συσκότιση blackout

σύσπαση contortion· *(ιατρ.)* convulsion, spasm

συσσωρεύω accumulate, amass • **συσσωρεύομαι** accumulate, pile up

συστάδα clump· cluster, group

σύσταση (σύνθεση) composition· (ίδρυση) founding, establishment·

constitution, make-up· (υπόδειξη) recommendation, suggestion· (προειδοποίηση) warning, caution· (διεύθυνση) (postal) address· **συστάσεις** α) references β) introductions

συστατικό constituent· ingredient

συστατικός constituent, component· συστατική επιστολή letter of introduction, reference

συστέλλω/-ομαι contract

σύστημα system· method· (συνήθεια) habit, practice

συστημένος recommended, with a recommendation συστημένο γράμμα registered letter

συστήνω introduce· (συνιστώ) recommend

συσχετίζω relate, compare· connect, associate

συχνά often, frequently πόσο συχνά...; how often...?

συχνάζω frequent, hang out (at)

συχνός frequent

σφαγή massacre, slaughter

σφαδάζω writhe, thrash about

σφάζω slaughter· massacre

σφαίρα sphere η υδρόγειος σφαίρα the globe· (όπλου) bullet· *(αθλ.)* α) (η μπάλα) shot β) (σφαιροβολία) the shot put, shot putting

σφαιροβολία (the) shot put, shot putting

σφαιροβόλος shot putter

σφαλιάρα slap (in the face), cuff

σφαλίζω secure, shut, lock

σφάλλω err, make a mistake, be wrong/mistaken

σφάλμα fault, error, mistake

σφεντόνα catapult, (ΗΠΑ) slingshot

σφήκα wasp

σφήνα wedge· (advertising) spot

σφηνάκι shot, short

σφηνώνω jam, seize (up) • και **σφηνώνομαι** α) get stuck β) lodge

σφίγγω tighten· squeeze, press· be too tight, pinch· clench· strain hard, do one's best

σφιχτός tight· firm, thick, stiff· (τσιγκούνης) mean, stingy σφιχτό αβγό hard-boiled egg

σφόδρα very (much), exceedingly, greatly, strongly είμαι σφόδρα ερωτευμένος με κπ. be wildly/madly in love with sb.

σφοδρός strong, violent, fierce· passionate, intense

σφουγγάρι sponge

σφουγαρίζω mop

σφουγγαρίστρα mop

σφουγγίζω wipe, mop

σφραγίδα stamp· seal ταχυδρομική σφραγίδα postmark

σφραγίζω stamp· (κλείνω) seal, plug tight, close firmly· (δόντι) fill

σφράγισμα (δοντιού) filling

σφυγμομέτρηση (public opinion) poll, survey

σφυγμός pulse· weak point, soft spot

σφυρί hammer, (ξύλινο) mallet

σφύριγμα whistle· (αποδοκιμασίας) catcall

σφυρίζω whistle· (κορνάρω) toot (the horn)· hiss· whiz(z)· (γιουχαΐζω) hiss, jeer at

σφυρίχτρα whistle

σχάρα, **σκάρα** grill της σχάρας grilled· (αυτοκινήτου) (roof) rack· grate, grating

σχεδία raft

σχεδιάγραμμα diagram, sketch· outline

σχεδιάζω draw, sketch· design· plan, intend, think of· plan, organize

σχεδιαστής -άστρια designer· draughtsman

σχέδιο drawing, sketch **κινούμενα** σχέδια cartoons· design· draft· plan

σχεδόν almost, nearly **σχεδόν καθόλου** hardly, scarcely **σχεδόν κανείς** hardly anybody **σχεδόν ποτέ** hardly ever **σχεδόν τίποτα** next to nothing· practically, virtually· just about

σχέση relation, revelance, connection **δεν έχω καμία σχέση με κτ.** have nothing to do with sth. **έχω σχέση με κτ.** have (got) to do with sth. **καμία σχέση!** no comparison! **σε σχέση με...** α) (αναφορικά) with regard to... β) (σε σύγκριση) compared with...· relationship **έχω/δεν έχω καλές σχέσεις με κπ.** be on good/bad terms with sb.· (ερωτική) (love) affair· **σχέσεις** relation(s) **δημόσιες σχέσεις** public relations

σχήμα shape, form· format· *(γεωμ.)* figure **σχήμα λόγου** figure of speech

σχηματίζω form **σχηματίζω αριθμό/νούμερο τηλεφώνου** dial a number • **σχηματίζομαι** take shape, form

σχηματισμός formation

σχίζω ☞ σκίζω

σχίνος, **σκίνος** rush, bulrush

σχισμή cleft, slit, slot

σχιστός, **σκιστός** slit, vented· slant

σχοινάκι ☞ σκοινάκι

σχοινί ☞ σκοινί

σχολαστικός meticulous, thorough· fussy, fastidious

σχολείο school **δημόσιο σχολείο** state school, (ΗΠΑ) public school **δημοτικό σχολείο** primary school **νυχτερινό σχολείο** night school

σχολή school· (πανεπιστημιακή) faculty, department

σχολιάζω comment (on), remark (on)

σχολικός of schools, school **σχολικό έτος** academic year **σχολικός έλεγχος** report card

σχόλιο comment, remark

σχολώ, **σχολάω**, **σκολάω** finish work, finish lessons, knock off· (απολύω) fire, sack· dismiss

σώβρακο undepants

σώζω, **σώνω** save, rescue • **σώζομαι** survive

Σωκράτης Socrates

σωληνάριο tube

σωλήνας pipe· tube

σωληνώσεις plumbing

σώμα body· corps

σωματείο society, association· (εργαζομένων) trade union

σωματικά physically

σωματικός of the body, bodily, physical σωματικές αναλογίες vital statistics σωματική διάπλαση build, physique σωματική έρευνα body search, frisking

σωματοφύλακας bodyguard

σώνω ☞ σώζω • **σώνομαι** (τελειώνω) run out, be exhausted

σώος safe, unharmed έχω σώας τας φρένας be of sound mind σώος και αβλαβής safe and sound

σωπαίνω stop talking, fall silent σώπα! really!

σωρός heap, pile ένα σωρό lots of, bags of, piles of, a bundle of

σωσίας double

σωσίβιο lifebelt, (χιτώνιο) life jacket, (κουλούρα) life buoy

σωστικός rescuing, rescue, lifesaving σωστική λέμβος lifeboat

σωστά correctly, rightly· right σωστά! (that's) right!

σωστό (the) right (thing to do)

σωστός correct, right· proper· true, real· (δίκαιος) fair, just

σωτήρας saviour, rescuer

σωτηρία rescue· salvation

Τ, τ

ταβάνι, **νταβάνι** ceiling

ταβέρνα taverna, Greek restaurant

τάβλα board, plank

τάβλι backgammon· backgammon board

ταγέρ (woman's) suit

ταγκό tango

τάγμα battalion

τάζω promise· make a vow

Ταϊβάν Taiwan

ταϊβανέζικος Taiwanese

Ταϊβανέζος -α Taiwanese

ταΐζω feed· support

Ταϊλάνδη Thailand

ταϊλανδικός Thai

Ταϊλανδός -ή Thai, Thailander

ταινία film, movie ταινία κινούμενων σχεδίων cartoon· tape· ribbon, band

ταίρι pair· mate· partner

ταιριάζω pair (off)· match· be suitable, fit, be right/proper for· (για ανθρώπους) be compatible, click ταιριάζει become, suit

ταιριαστός fitting, matched· (για ανθρώπους) well-matched, compatible

τακούνι heel

τακτ tact, tactfulness

τακτικά regularly, frequently, often· tidily, neatly

τακτική method, system· tactic(s), policy

τακτικός tidy, neat· regular· punctual· (υπάλληλος) permanent, tenured τακτικό μέλος full member τακτικό αριθμητικό ordinal (number/numeral)

τακτοποιώ put/place in order, arrange· tidy up· settle, pay· find employment for, put (in)· settle, straighten • **τακτοποιούμαι** settle (in, down)

ταλαιπωρημένος haggard

ταλαιπωρία trouble, hard time· hardship, trial

ταλαιπωρώ trouble, give (sb.) a hard time • **ταλαιπωρούμαι** have a hard time

ταλαντεύομαι rock back and forward· be undecided, waver, shilly-shally

ταλαντούχος talented, gifted

ταλέντο talent, gift

ταλκ talc, talcum powder

τάμα vow· church/votive offering

ταμειακός (of) cash ταμειακή μηχανή cash register, till

ταμείο (καταστήματος) cash drawer, till, (ο χώρος) cash desk, (σουπερμάρκετ) checkout· (τράπεζας κτλ.) cashier's desk/counter· (θεάτρου, κινηματογράφου) box office· cash department/office· fund

Τάμεσης (the) Thames

ταμίας cashier, (τράπεζας) teller, (σε σουπερμάρκετ) checkout clerk, (συλλόγου) treasurer

ταμιευτήριο savings bank **λογαριασμός ταμιευτηρίου** savings account

ταμπακέρα cigarette case, (καπνού) snuff box

ταμπέλα sign· (αυτοκινήτου) numberplate· (σε είσοδο γραφείου) nameplate

ταμπεραμέντο temperament, disposition

ταμπλέτα tablet

ταμπλό (αυτοκινήτου) dashboard· (στο μπάσκετ) backboard

ταμπόν (στυπόχαρτο) blotter· tampon

ταμπού taboo

ταμπούρλο (side) drum

τανάλια (pair of) pliers· (οδοντιάτρου) extraction forceps

τανάπαλιν vice versa

τανιέμαι ☞ τανύζω

τάνκερ tanker

τανκ(ς) tank

τανύζω tauten, stretch (out) • **τανύζομαι**, **τανιέμαι** stretch oneself

τάξη order, tidiness· class· classroom· class, form, grade, year· category, rank **πρώτης τάξεως** excellent, first-class/rate

ταξί taxi, cab

ταξιδεύω travel, go on a journey/trip, (με πλοίο) sail, voyage, (με αεροπλάνο) fly

ταξίδι journey, trip, (θαλάσσιο) voyage, passage, sail, crossing, (αεροπορικό) flight, hop **καλό ταξίδι!** have a nice trip!, bon voyage! **ταξίδια** (γενικώς) travel(s) **γραφείο ταξιδίων** travel agency, travel agent's

ταξιδιώτης -ισσα traveller

ταξιθέτης -ρια usher, *θηλ.* usherette

ταξίμετρο taximeter, clock

ταξινόμηση classification, sorting out

ταξινομώ classify, sort (out), (σε φακέλους) file

ταξιτζής -ού taxi driver, cab driver, cabby

τάπα cap, (από φελλό) cork

ταπεινός modest, not boastful· humble· base, low, mean

ταπεινοφροσύνη humility, modesty

ταπεινόφρων humble, modest

ταπεινώνω humiliate, put down

ταπείνωση humiliation

ταπεινωτικός humiliating

ταπετσαρία (τοίχου) wallpaper, (επίπλων) upholstery

ταπετσάρω (με χαρτί ταπετσαρίας) (wall)paper, decorate· (έπιπλα) upholster

ταπετσιέρης, **ταπετσέρης** (επίπλων) upholsterer· (τοίχου) paperhanger

ταπώνω plug, bung, stop, (με φελλό) cork· *(αθλ.)* block· *(μτφ.)* (αποστομώνω) floor, nail to the wall

ταραγμένος upset, distraught, in a state **ταραγμένη θάλασσα** rough sea

ταράζω disturb· shake • **ταράζομαι** be/get upset, get into a state

ταρακουνώ shake, jolt

ταραμάς fish roe

ταραμοσαλάτα taramasalata

τάρανδος reindeer

ταραξίας troublemaker· public nuisance, rioter

ταράτσα (flat) roof, terraced roof

ταραχή upset· (τρακ) stage fright· **ταραχές** riots

ταραχοποιός troublemaker, rioter

ταραχώδης stormy, turbulent

ταρίφα tariff, charge, rate

ταριχεύω embalm· (ζώο) stuff

τάρτα tart

τασάκι ashtray

τάση (προδιάθεση) tendency, inclination· trend **κυρίαρχη τάση** (the) mainstream· *(ηλεκτρ.)* tension, (σε βολτ) voltage

τάσσω determine, set • **τάσσομαι** declare (oneself) (for/against)

τατουάζ tattoo(ing) **κάνω τατουάζ** tattoo, be/get tattooed

ταυρομαχία bullfight

ταυρομάχος bullfighter, matador

ταύρος bull· *(αστρολ.)* Taurus

ταυτίζω identify • **ταυτίζομαι** be identical, coincide

ταυτότητα identity **αστυνομική ταυτότητα** identity card **φοιτητική ταυτότητα** student (identity) card· (το κόσμημα) identity bracelet, name bracelet

ταυτόχρονα, **ταυτοχρόνως** at the same time, simultaneously

ταυτόχρονος simultaneous

ταυτοχρόνως ☞ ταυτόχρονα

ταφή burial

ταφόπετρα gravestone, tombstone

τάφος grave, tomb

τάφρος ditch, (κάστρου) moat

τάχα (δήθεν) allegedly· (άραγε) wonder

ταχίνι tahini, sesame paste

ταχυδακτυλουργικός conjuring, juggling

ταχυδακτυλουργός conjurer, juggler, magician

ταχυδρομείο post office· post, mail

ταχυδρομικά, **ταχυδρομικώς** by mail

ταχυδρομικός postal **ταχυδρομικά τέλη** postage **ταχυδρομική επιταγή** postal order **ταχυδρομική θυρίδα** post office box, PO Box **ταχυδρομικό κουτί** postbox, pillar box **ταχυδρομικός κώδικας** postcode, (ΗΠΑ) zip code **ταχυδρομικός υπάλληλος** post office clerk/employee

ταχυδρομικώς ☞ ταχυδρομικά

ταχυδρόμος postman, mailman

ταχυδρομώ post, send by mail

ταχυπαλμία tachycardia

ταχύπλοο (σκάφος) speedboat

ταχύς fast, quick, rapid, swift το ταχύτερο (δυνατό) as soon as possible • **ταχεία** (αμαξοστοιχία) express (train)

ταχύτητα speed, velocity αγώνας ταχύτητας race κόβω ταχύτητα slow down όριο ταχύτητας speed limit· (ρυθμός) pace· (αυτοκινήτου κτλ.) gear

ταψί baking/roasting tin

τειχοποιΐα wall building

τείχος wall

τεκμηριωμένος well-documented

τεκμηριώνω substantiate, document

τεκμηρίωση substantiation, documentation

τελεία dot· full stop, period, point άνω κάτω τελεία colon άνω τελεία semicolon

τελειομανής perfectionist

τελειομανία perfectionism

τελειοποίηση perfection

τελειοποιώ perfect

τέλειος perfect, faultless, excellent· thorough, complete

τελειότητα perfection

τελειόφοιτος -η final-year student

τελειωμένος finished, over

τελειώνω finish· end· finish, come to an end, be over τελείωσε ο χρόνος σας your time is up· (εξαντλώ) use up· (εξαντλούμαι) run out μου τελειώνει α) run out of β) run low, run short of

τελείως completely, thoroughly· (εντελώς) quite

τελειωτικός final, definite

τελεσίγραφο ultimatum

τελεσίδικος final, definitive

τελετή ceremony· (ιεροτελεστία) rite, ritual

τελευταία (πρόσφατα) recently, lately· (για τελευταία φορά) last

τελευταίος last, final την τελευταία στιγμή α) at the last minute β) at the eleventh hour της τελευταίας στιγμής last-minute τον τελευταίο καιρό lately· recent, (πιο πρόσφατος) latest· worst

τελεφερίκ cable railway

τελικά, **τελικώς** finally, eventually, after all, in the end

τελικός (τελευταίος) final· (οριστικός, τελεσίδικος) final, ultimate, eventual

τελικώς ☞ τελικά

τέλος end, ending, close· outcome· death, end· (φόρος, δασμός) rate, duty, tax, charge στο τέλος finally, in the end, after all • in the end, finally

τελοσπάντων well, anyway

τελώ perform· commit • **τελούμαι** take place, be performed

τελωνειακός of (the) customs, customs • customs officer

τελωνείο customs· (το κτίριο) Custom(s) House

τεμαχίζω cut up, chop (up), cut into pieces

τεμάχιο piece· item

τέμενος shrine· (μουσουλμανικό) mosque

τεμπέλης lazy, idle, work-shy • lazybones, idler

τεμπελιά laziness

τεμπελιάζω be lazy· laze (about), idle

τέμπλο (icon) screen

τενεκεδένιος tin, made of tin

τενεκές, **ντενεκές** tin· bin

τένις tennis επιτραπέζιο τένις table tennis, Ping-Pong

τενίστας -ρια tennis player

τένοντας tendon

τενόρος tenor

τέντα (σκηνή) tent· (σκίαστρο) awning, sunshade • wide-open

τεντωμένος stretched, tight, taut ♦ τα νεύρα μου είναι τεντωμένα be on edge, be tensed up

τεντώνω stretch, strain, tighten, tauten· (ανοίγω διάπλατα) open wide • **τεντώνομαι** stretch (oneself)

τέρας monster, freak

τεράστιος huge, enormous, giant, collossal, immense· tremendous, enormous

τέρμα end· *(ποδόσφ.)* goal βάζω/σημειώνω/πετυχαίνω τέρμα score (a goal)· *(αθλ.)* finishing line, winning post· (διαδρομής) terminal (point), terminus κάνω τέρμα terminate • at full blast

τερματίζω end, bring to an end· *(αθλ.)* finish, pass the finishing line· terminate • **τερματίζομαι** come to an end, terminate

τερματικός terminal τερματικός σταθμός terminus, terminal (station)

τερματισμός ending, termination· *(αθλ.)* finish

τερματοφύλακας goal keeper, goalie

τεσσαρακοστός fortieth

τέσσερα four

τέσσερις four

τεστ test

τεστάρω test

τεταμένος tense, strained

Τετάρτη Wednesday Μεγάλη Τετάρτη Wednesday of Holy Week

τέταρτο quarter και/παρά τέταρτο a quarter past/to

τέταρτος fourth

τετελεσμένος τετελεσμένο γεγονός accomplished fact, fait accompli τετελεσμένος μέλλων future perfect

τέτοιος such, like this/that

τετράγωνο square· (οικοδομικό) (city) block

τετράγωνος square

τετράδα set of four, four of a kind **ανά/κατά/σε τετράδες** in fours, four abreast

τετράδιο copybook, exercise book

τετράδυμα quadruplets, quads

τετρακόσια four hundred

τετρακόσιοι four hundred

τετραμελής four-number, with four numbers

τετραπλάσιος fourfold, four times the...

τετραψήφιος four-figure

τετραώροφος four-storey

τεύχος issue, number

τέφρα ashes

τέχνασμα trick, ruse, device

τέχνη art· (επιδεξιότητα) skill, art· craft· (επάγγελμα) trade **οι καλές τέχνες** the fine arts

τεχνητός artificial, false, man-made **τεχνητή αναπνοή** artificial respiration

τεχνική technique

τεχνικός technical· construction • technician **τεχνικός επισκευών** repairman

τεχνίτης -ρια (skilled) workman, craftsman, *θηλ.* craftswoman· (μηχανικός) technician

τεχνογνωσία know-how

τεχνοκράτης -ισσα technocrat

τεχνοκρατία technocracy

τεχνοκρίτης art critic

τεχνολογία technology **προηγμένης τεχνολογίας** high-tech, state-of-the-art

τέως former, ex

τζαζ jazz

τζάκι (open) fire· fireplace, fireside· *(μτφ.)* old/well-known family, noble family, noble birth

τζακπότ jackpot, rollover

Τζαμάικα, Ιαμαϊκή Jamaica

τζαμάς glazier

τζάμι glass, piece of glass· (παραθύρου βιτρίνας) windowpane

τζαμί mosque

τζάμπα, **τσάμπα** free, for free, without paying· very cheap(ly), for next to nothing, for a song ♦ **πάω τζάμπα** be wasted, be in vain

τζελ gel

τζελατίνα ☞ ζελατίνα

τζιν (παντελόνι) jeans· (ύφασμα) jean· (το ποτό) gin

τζιπ jeep

τζίρος turnover

τζιτζίκι cicada

τζογαδόρος gambler

τζόγκινγκ, **τζόκινγκ** jogging

τζόγος gambling

τζόκεϊ jockey

τζόκερ jocker

τζόκινγκ ☞ τζόγκινγκ

τζουκ μποξ jukebox

τζούντο judo

τήβεννος (πανεπιστημιακού, δικαστή) gown, robe· (ρωμαϊκή) toga

τηγανητός fried **τηγανητές πατάτες** French fries, chips

τηγάνι frying pan

τηγανιά panful

τηγανίζω fry

τηγανίτα pancake

τηλεαγορές telesales

τηλεβόας loudhailer, megaphone

τηλεγράφημα telegram, cable, (ΗΠΑ) wire

τηλεγραφικά by cable

τηλεγραφικός telegraphic

τηλεγραφώ (send by) telegraph, cable, wire

τηλεθέαση television viewing **αριθμός τηλεθέασης** ratings

τηλεθεατής -άτρια (television) viewer

τηλεκάρτα phonecard

τηλεκατευθυνόμενος remote-controlled **τηλεκατευθυνόμενο βλήμα** guided missile

τηλεκοντρόλ remote control (device)

τηλεμαραθώνιος telethon

τηλεοπτικός (of) television

τηλεόραση television, TV, telly, box, small screen **συσκευή τηλεόρασης** television (set)

τηλεπάθεια telepathy

τηλεπαιχνίδι game show

τηλεπαρουσιαστής -άστρια (television) announcer, (προγράμματος) presenter, (ειδήσεων) newscaster

τηλεπικοινωνία telecommunication

τηλεσκόπιο telescope

τηλεφακός telephoto lens

τηλεφώνημα (phone) call, ring

τηλεφωνητής -ήτρια telephonist, (telephone) operator **αυτόματος τηλεφωνητής** (telephone) answering machine, answerphone

τηλεφωνία telephony

τηλεφωνικά, **τηλεφωνικώς** by (tele)phone, on/over the (tele-) phone

τηλεφωνικός telephone, of telephones **τηλεφωνική συσκευή** telephone, phone **τηλεφωνικό κέντρο** telephone exchange, (ιδιωτικό) switchboard **τηλεφωνικός θάλαμος** telephone booth, telephone box, phone box **τηλεφωνικός κατάλογος** telephone directory, phone book

τηλεφωνικώς ☞ τηλεφωνικά

τηλέφωνο telephone, phone, (για το κοινό) pay phone **έχεις τηλέφωνο;** are you on the phone? **παίρνω κπ. στο τηλέφωνο** (tele-)phone sb., give sb. a call/ring **το τηλέφωνο βουίζει** the line is busy/engaged **το τηλέφωνο είναι νεκρό** the line is dead· (τηλεφώνημα) (phone) call, ring· (tele)phone bill

τηλεφωνώ (tele)phone (sb.), ring (up), call (up)· talk/speak/be on the (tele)phone • **τηλεφωνιέμαι** talk/ speak on the (tele)phone

τηλεχειριστήριο remote control (device)

την (αυτήν) her

τηρώ (διατηρώ, διαφυλάσσω) observe, preserve· (δεν παραβαίνω) keep, abide by, observe **τηρώ τα προσχήματα** keep up appearances **τηρώ τις αποστάσεις** keep one's distance **τηρώ το λόγο μου** keep one's word

της (σ' αυτή) her, to her· (δικός της) her

τι what· what, how· how much • what sort/kind, what... like ♦ **και τι μ' αυτό;** so what? **προς τι;** why? what for?

τίγρη tiger

τιθασεύω tame· restrain, keep under control

τικ *(ιατρ.)* tic· (το ξύλο) teak

τιμαλφή valuables

τιμάριθμος price index

τιμή price **τιμή συναλλάγματος** foreign exchange rate· honour **μετά τιμής** (στο τέλος επιστολής) Yours sincerely, Sincerely yours **προς τιμήν κάποιου** α) in sb.'s honour β) to sb.'s credit

τίμημα price· *(μτφ.)* cost **με οποιοδήποτε τίμημα** at all costs

τιμητικός honorary, of honour **τιμητική διάκριση** decoration, distinction, honour

τίμιος honest

τιμιότητα honesty, integrity of character

τιμοκατάλογος price list· (σε εστιατόριο) menu

τιμολόγιο invoice

τιμολογώ invoice· set/fix the price of

τιμόνι steering wheel, (δικύκλου) handlebars, (πλοίου) rudder

τιμώ honour· be a credit to • **τιμώμαι** be priced at, cost

τιμωρία punishment· (ποινή) penalty

τιμωρώ punish

τινάζω shake (down, out, off)· hurl, fling· flick· toss, flip· blow off • **τινάζομαι** start, jump (up)

τίποτε, **τίποτα** nothing· (σε ερώτηση, έπειτα από το not ή σε υποθετική πρόταση) anything· (ως απάντηση σε ευχαριστίες) not at all • nothing ♦ **για το τίποτα** for no reason at all **δεν το έχω σε τίποτα να...** think nothing of...

τιράντες braces

τιρκουάζ turquoise

τιρμπουσόν corkscrew

τις (αυτές) them

τιτιβίζω chirp, twitter

τίτλος (βιβλίου) title, (κειμένου) heading· (εφημερίδας) headline· (ευγένειας) distinction **τίτλοι ταινίας** credits

τιτλοφορώ entitle

τμήμα part, section· department· station

τμηματάρχης head of department

το the • it· (έπειτα από ρήματα γνώμης ή φόβου σημαντικά) so

τοιχογραφία mural, wall painting

τοιχοκόλληση billposting

τοιχοκολλώ post (on the wall)

τοίχος wall

τοκετός childbirth, delivery

τοκίζω lend (money) at interest • **τοκίζομαι** bear interest

Τόκιο, **Τόκυο** Tokyo

τοκογλυφία usury

τοκογλύφος usurer, loan shark

τόκος (rate of) interest, interest rate

Τόκυο ☞ Τόκιο

τόλμη boldness, courage, pluck

τόλμημα daring deed/enterprise, venture

τολμηρός bold, daring· (προκλητικός) provocative

τολμώ dare, have the nerve

τομάρι hide, skin· (παλιάνθρωπος) rascal, scoundrel

τομέας sector· field· (γνώσεων) domain, territory

τομή incision, cut· *(μτφ.)* breakthrough ♦ **χρυσή τομή** golden mean, happy medium

τομογραφία tomography

τόμος volume

τον (αυτόν) him

τονίζω *(γλωσσ.)* accent, stress, put the stress on· stress, emphasize, underline· (σε δηλώσεις) state, say· (αναδεικνύω) highlight, show off, set off

τόνος *(γλωσσ.)* accent (mark), stress (mark)· tone· (έμφαση) stress, emphasis· (απόχρωση) tone, shade· (μονάδα βάρους) ton, tonne· (το ψάρι) tuna (fish)

τονώνω invigorate· *(μτφ.)* boost, stimulate

τόνωση invigoration, livening up· *(μτφ.)* boost, stimulation, uplift

τονωτικό tonic, booster

τοξικομανής drug addict

τοξικός toxic

τόξο bow **ουράνιο τόξο** rainbow

τοξοβολία archery

τοξοβόλος archer

τοξότης archer· *(αστρολ.)* Sagittarius

τόπι ball

τοπικός local, (ευρύτερα) regional **τοπική αυτοδιοίκηση** local government **τοπικό τηλεφώνημα** local call

τοπίο landscape, scenery

τοπογραφικό (land) survey

τοπογράφος (land) surveyor

τοποθεσία place, spot

τοποθετώ place, put, set, lay **τοποθετώ κρυφά** plant· fit, install, put in· place, appoint· (επενδύω) invest

τόπος place **τόπος γεννήσεως** birthplace· country, native town/village· (χώρος) room, space **ανοίγω/κάνω τόπο** make way

τοπωνύμιο place name

τόρνος lathe

Τορόντο Toronto

τορπίλη torpedo

τορπιλίζω torpedo

τος, **τη**, **το** he, she, it

τόσο [+*επίθ.* ή *επίρ.*] so, this, that· [+ *ουσ.*] such **τόσο... όσο...** as... as ♦ **τόσο το καλύτερο/χειρότερο** so much the better/worst

τόσος so much· such· **τόσοι** so many ♦ **κάθε τόσο** very often, frequently, as often as not **μια φορά στο τόσο/στις τόσες** every now and then, from time to time, occasionally

τοστ toasted sandwich

τοστιέρα sandwich toaster

τότε then, at that time **ακόμα και τότε** even then **από τότε** since then **από τότε κι έπειτα** from then onwards **μέχρι/ως τότε** until then· (σ' αυτή την περίπτωση) in that case

του (δικός του) his, its· (σ' αυτόν) him, to him

τουαλέτα toilet, lavatory, loo, (ΗΠΑ) bathroom, washroom· (το έπιπλο) dressing table· (το φόρεμα) evening dress

τούβλο brick

τουλάχιστο(ν) at least, no fewer than· at any rate

τουλίπα tulip

τούμπα somersault, (με τα χέρια) handspring, (προς τα πλάγια) cartwheel· (πτώση) tumble

τουμπάρω overturn, turn over· *(μτφ.)* wheedle (sb.), bring (sb.) round

τουναντίον on the contrary

τούνελ tunnel

τουρισμός tourism

τουρίστας -ρια tourist

τουριστικός tourist **τουριστικό λεωφορείο** coach **τουριστικός οδηγός** α) tourist guide β) (το βιβλίο) guide book **τουριστικός πράκτορας** travel agent

Τουρκία Turkey

τουρκικός Turkish

Τουρκοκύπριος -α Turk Cypriot

Τούρκος Τουρκάλα Turk

τουρνέ (theatrical) tour

τουρνουά tournament

τουρσί pickle(s)

τούρτα cake

τουρτουρίζω shiver (with cold)

τους their· (to) them

τούτος, **ετούτος** this (one), that (one)· this person here, he ♦ **άλλο πάλι και τούτο** what next **τούτο και μόνο...** this alone...

τούφα tuft, lock, strand

τουφέκι, **ντουφέκι** rifle

τουφεκιά, **ντουφεκιά** (rifle) shot

τουφεκίζω, ντουφεκίζω shoot (with a rifle)· execute by shooting

τουφεκισμός, **ντουφεκισμός**

shooting· execution by a firing squad

τράβηγμα pulling, dragging· pull· (μυός) pull· **τραβήγματα** trouble, problems

τραβηγμένος far-fetched

τραβηχτικός attractive

τραβώ pull **τραβώ το καζανάκι** flush (the toilet)· draw· (σέρνω) drag· (ελκύω) attract· drag on, go on (for too long)· shoot, fire **τραβώ πιστόλι** pull a gun· *(κινημ.)* shoot· suffer, go through· draw (well) • **τραβιέμαι** α) draw back/aside etc. β) (ταλαιπωρούμαι) have a bit of a bother (with), have/be in trouble (with)

τραγανίζω crunch, munch

τραγανός crunchy, crispy

τραγιάσκα (flat) cap

τραγικός tragic

τραγικότητα tragicality, tragic nature

τράγος male goat, he-goat, billy goat

τραγούδι song, singing

τραγούδισμα singing

τραγουδιστά in song

τραγουδιστής -ίστρια singer, vocalist

τραγουδώ sing

τραγωδία tragedy

τρακ stage fright, nervousness **έχω τρακ** feel nervous

τράκα κάνω τράκα scrounge

τρακαδόρος -ισσα scrounger, cadger

τρακάρισμα crash, smash-up

τρακάρω crash, run into, collide· (συναντώ τυχαία) run into, bump into • **τρακάρομαι** α) (παθαίνω τρακ) get nervous, get the jitters β) (συναντιέμαι τυχαία) run into, bump into

τρακτέρ tractor

τραμ tram, (ΗΠΑ) streetcar

τράμπα swop, exchange, trade (-off)

τραμπάλα seesaw **κάνω τραμπάλα** have a go on the see-saw, play on seesaw

τραμπουκισμός thuggery

τραμπούκος tough, thug, bully

τρανζίστορ transistor (radio)

τράνζιτ transit, in transit

τράνταγμα shake, shaking· jerk, jolt

τραντάζω shake, jolt, jerk· give a shock • **τραντάζομαι** shake, jolt

τρανταχτός resounding, ringing, loud· indisputable, clear, evident· big, huge, great, powerful, grand· sensational

τράπεζα bank **Αγία Τράπεζα** altar, Communion Table, the Lord's Table **συζήτηση στρογγυλής τραπέζης** round-table discussion **τράπεζα αίματος** blood bank

τραπεζάκι (χαμηλό) small table, coffee table

τραπεζαρία dining room· (τα έπιπλα) dining room suit

τραπέζι table **βάζω/στρώνω τραπέζι** lay/set the table **έχω τραπέζι** have people to dinner **σηκώνω το τραπέζι** clear the table

τραπεζικός of banks/banking, bank

τραπεζίτης banker· *(ανατ.)* molar

τραπεζομάντιλο tablecloth

τράπουλα pack/deck of (playing) cards

τραπουλόχαρτο (playing) card

τραυλίζω stutter, stammer

τραυλός stammering, stuttering • stutterer, stammerer

τραύμα (σε ατύχημα) injury, (βίαιο) wound **ψυχολογικό τραύμα** trauma

τραυματίας wounded/injured person

τραυματίζω injure, wound

τραυματικός traumatic

τραυματιοφορέας stretcher-bearer, (μέσα σε νοσοκομείο) (hospital) porter

τραυματισμός injuring, wounding, injure, wound

τραχύς coarse, rough· (φωνή) gruff· (ήχος) harsh, rasping

τρέιλερ trailer

τρεις three· third

τρεκλίζω, **τρικλίζω** stagger, totter, dodder

τρέλα madness· (ανοησία) foolishness, folly· (μόδα) craze, (passing) fad

τρελά madly

τρελαίνω drive (sb.) mad, madden • **τρελαίνομαι** go mad, take leave of one's senses **τρελαίνομαι για κτ.** be mad/crazy about sth., be mad keen on (doing) sth.

τρελοκομείο mental hospital, madhouse

τρελός *(ιατρ.)* insane, mad· mad, crazy, out of one's mind • madman, *θηλ.* madwoman

τρεμάμενος shaky, trembling, quivering

τρεμοσβήνω flicker, glimmer

τρεμούλα, **τρέμουλο** shiver, tremble **με πιάνει τρεμούλα** (από φόβο) get the creeps, get the shivers

τρεμουλιάζω tremble, shake, shiver

τρεμουλιαστός trembling, quivering· (για φως) flickering

τρέμουλο ☞ τρεμούλα

τρέμω (τρεμουλιάζω) tremble, shake, quiver, shiver, (για φως) flicker· (φοβάμαι) dread, be in terror of

τρενάκι (του λουναπάρκ) roller coaster

τρενάρω drag out

τρένο train

τρέξιμο running, run, (γρήγορο) sprint

τρέπω covert, change **τρέπομαι σε φυγή** take (to) flight, run away, take to one's heels

τρέφω feed· support· (εκτρέφω)

raise· have, cherish, entertain· (για πληγή) heal (up) • **τρέφομαι** feed oneself τρέφομαι με feed on

τρεχάλα running, run • running, at full speed, at a run

τρεχάματα running here and there, running about, lots of things to do· trouble

τρεχούμενος running

τρέχω run· (σπεύδω) run quickly, rush, dash· *(αθλ.)* run, (με αυτοκίνητο) race· drive (fast), speed, (για όχημα) run· (έχω διαρροή) leak· flow, course, stream ♦ **τι τρέχει;** what's going on?, what's up?, what's the matter? τρέχει τίποτα; is there anything the matter?

τρέχων current, present, going τρέχοντα έξοδα runnig costs

τρία three

τριακόσια three hundred

τριακόσιοι three hundred

τριακοστός thirtieth

τριάντα thirty

τριανταφυλλιά rose (bush)

τριαντάφυλλο rose

τριβή friction· rubbing· (εξάσκηση) practice

τρίβω rub· (καθαρίζω τρίβοντας) scrub, scour· (θρυμματίζω) crush, (στον τρίφτη) grate • **τρίβομαι** α) rub oneself β) (φθείρομαι) wear (out) γ) gain experience/practice

τριγυρίζω wander (around)

τριγύρω (all) around· about, around

τριγωνικός triangular

τρίγωνο triangle

τρίδυμα triplets

τριζοβολώ crackle

τριζόνι cricket

τρίζω creak· squeak ♦ τρίζω τα δόντια σε κπ. show sb. one's teeth

τριήμερος lasting three days, three-day

τριθέσιος three-seat, accommodating three people

τρικλίζω ☞ τρεκλίζω

τρίκλινος three-bedded· three-berth

τρικλοποδιά tripping up βάζω τρικλοποδιά σε κπ. trip sb. up

τρίκυκλο three-wheeler

τρικυμία storm, rough sea

τρικυμισμένος stormy

τριμελής three-strong, three-member, consisting of three members

τριμηνιαίος quarterly

τρίμηνο quarter

τρίμμα crumb, fragment, scrap, chip

τριμμένος worn· grated, ground

τρίξιμο creaking, creak· squeaking, squeak· grinding, gnashing

τριπλασιάζω/-ομαι triple, treble

τριπλάσιο treble, triple

τριπλάσιος treble, triple

τριπλός triple

τρίποδο tripod

τρις three times • one trillion

τρισδιάστατος three-dimensional, 3-D

τρισεκατομμύριο trillion

Τρίτη Tuesday **Μεγάλη Τρίτη** Tuesday of Holy Week

τριτοβάθμιος tertiary

τριτοετής third-year

τρίτος third **ο Τρίτος Κόσμος** the Third World **τρίτης κατηγορίας** third-rate • α) third party β) outsider

τρίφτης grater

τριφύλλι clover

τρίχα hair· **τρίχες** (ανοησίες) nonsense ♦ **ντυμένος στην τρίχα** dressed to the nines **παρά τρίχα** almost **παρά τρίχα γλιτώσαμε** it was a close shave

τριχόπτωση loss of hair, hair loss

τρίχωμα fur, coat, hair

τριψήφιος three-figure

τριώροφος (κτίριο) three-storey· (τούρτα) three-tiered

τρόλεϊ trolleybus

τρομαγμένος scared, frightened

τρομάζω frighten, scare, give (sb.) a fright, startle, alarm· (δυσκολεύομαι) have a hard time· scare, be scared, take fright· dread, tremble

τρομακτικός, **τρομαχτικός** frightening, scary· terrible· terrific, tremendous

τρομάρα scare, fright

τρομαχτικός ☞ τρομακτικός

τρομερός terrible, horrible, frightful, formidable· terrific, fantastic

τρομοκρατημένος terrified, terror-stricken, in terror

τρομοκράτης -ισσα terrorist

τρομοκρατία terrorism

τρομοκρατικός terrorist

τρομοκρατώ terrify, fill with terror, frighten, scare· terrorize

τρόμος terror

τρόμπα pump

τρομπάρω pump (up)

τρομπέτα trumpet, bugle

τρόπαιο trophy

τροπή (new) development, turn **απρόσμενη τροπή (των πραγμάτων)** twist· (μετατροπή) conversion

τροπικός tropical **οι τροπικές χώρες** the tropics **τροπικό δάσος** tropical forest, rain forest • Tropic

τροπολογία amendment

τροποποίηση change, modification

τροποποιώ change, modify· amend

τρόπος way, manner, method **με κανένα τρόπο** by no means, in no way **με τον ίδιο τρόπο** in the same way, alike **με τρόπο** gently, tactfully **τρόπος ζωής** α) lifestyle β) way of life· behaviour, manner· **τρόποι** (συμπεριφορά) manners, behaviour

τρούλος dome

τροφή food

τροφικός of food, nutritional **τροφική δηλητηρίαση** food poisoning

τρόφιμα food(s), foodstuffs· (ψώνια) groceries

τρόφιμος (σχολείου) boarder· (φυλακής) inmate

τροφοδοσία supplying, supply· catering

τροφοδοτώ supply· cater for

τροχαία traffic police **κλήση της τροχαίας** (traffic) ticket **σήμα της τροχαίας** (traffic/road) sign

τροχαίο (traffic) accident

τροχαίος (of) traffic **τροχαία κίνηση** traffic

τροχιά *(αστρον.)* orbit· (κινούμενου σώματος) trajectory· (πορεία) path, course, track

τροχίζω sharpen, whet· *(οδοντ.)* drill

τροχοδρομώ taxi

τροχονόμος traffic policeman, *θηλ.* traffic policewoman **δημοτικός τροχονόμος** traffic warden

τροχοπέδιλο (roller) skate

τροχός wheel· *(οδοντ.)* dentist's drill· (αγγειοπλάστη) (potter's) wheel

τροχόσπιτο caravan, (αυτοκίνητο) camper

τροχοφόρο vehicle

τρυγόνι turtle dove

τρύγος grape harvest

τρυγώ harvest

τρύπα hole· (στο λάστιχο) puncture

τρυπάνι drill

τρύπιος with a hole/holes in it· leaky, leaking

τρυπώ make a hole in· (με αιχμηρό αντικείμενο) bore (through), pierce, perforate· (τρυπώ και πληγώνω) prick· puncture, have a puncture· have a hole/holes in· be leaky, be leaking· be sharp

τρυπώνω hide, stash (sth.) (away)· sneak (into)

τρυφερός tender

τρυφερότητα tenderness,

τρώγλη hovel, shanty, shack

τρώγω ☞ τρώω

τρωικός Trojan

τρωκτικό rodent

τρωτό defect, shortcoming, disadvantage

τρώω, **τρώγω** eat **τρώω πολύ** be a great eater **τρώω στο σπίτι/έξω** eat in/out· (ξοδεύω) spend, waste· bite· use (up), consume, eat up· have· get • **τρώγομαι** α) be desperate (to do sth.) β) fuss γ) squabble, quarrel δ) be worn (out) ♦ **με τρώει** itch **τις τρώω** get beaten up **τρώω τον κόσμο** look everywhere, leave no stone unturned

τσαγιέρα teapot

τσαγκάρης cobbler

τσάι tea **φακελάκι τσάι** teabag· tea (party)

τσακ **στο τσακ** in the nick of time

τσακάλι jackal

τσακίζω crack, crush, smash, shatter· overcome, overwhelm • **τσακίζομαι** fall down, take a tumble

τσάκιση crease

τσακωμός quarrel, brawl, row, fight

τσακώνω catch, nab • **τσακώνομαι** quarrel, fight, squabble, fall out

τσαλαβουτώ splash, paddle

τσαλακώνω crease, wrinkle· (χαρτί) crumple, (χάρτινο κιβώτιο κτλ.) crush

τσαλαπατώ trample (underfoot)

τσάμπα ☞ τζάμπα

τσαμπί bunch (of grapes)

τσάντα bag, (για ψώνια) shopping bag, (σχολική) schoolbag, (σχολική κρεμαστή) satchel· (γυναικεία) handbag· briefcase

τσαντάκι purse

τσαντάκιας bag snatcher

τσαντίζω ☞ τσατίζω

τσαντίλα ☞ τσατίλα

τσαντίλας ☞ τσατίλας

τσαντίρι tent

τσαντισμένος ☞ τσατισμένος

τσάπα hoe, mattock

τσαπατσούλης -α slovenly/slipshod/slapdash person/worker

τσαπατσούλικος slipshod, slovenly, sloppy

τσαρλατάνος impostor, shyster, (γιατρός) quack

τσάρος czar, tsar

τσατίζω, **τσαντίζω** irritate, peeve, nettle, vex, get (sb.'s) back up • **τσατίζομαι** get irritated, get crossed τσατίζομαι εύκολα be a peevish/cranky person

τσατίλα, **τσαντίλα** annoyance, vexation

τσατίλας, **τσαντίλας** cranky/peevish person

τσατισμένος, **τσαντισμένος** peeved, crossed

τσατσάρα comb

τσαχπίνης saucy

τσεκ cheque, (ΗΠΑ) check

τσεκάπ check-up

τσεκάρισμα checking· ticking (off)

τσεκάρω check· (σε ερωτηματολόγιο κτλ.) tick

τσεκούρι axe

τσεκουριά axe blow

τσέπη pocket μεγέθους τσέπης pocket(-sized)

τσεπώνω pocket

Τσεχία Czech Republic

τσεχικός Czech, Czechish

Τσέχος -α Czech

τσιγαρίζω brown, fry lightly, sauté

τσιγάρο cigarette· cigarette end/butt· smoking

τσιγαροθήκη cigarette case· ashtray

τσιγαρόχαρτο tissue paper

τσιγγάνικος of gypsies, gypsy

τσιγγάνος -α gypsy

τσίγκινος (made of) tin τσίγκινο κουτί tin

τσιγκλώ prod· *(μτφ.)* needle, get at (sb.)

τσίγκος zinc· tin, sheet of tin

τσιγκουνεύομαι be mean with/about, grudge

τσιγκούνης mean, stingy, tight-fisted • miser, skinflint, scrounge

τσιγκουνιά meanness, miserliness, stinginess

τσίκλα ☞ τσίχλα

τσίκνα smell of burning/grilling meat

τσίλια κρατάω/φυλάω τσίλιες be a lookout, keep lookout

τσιλιαδόρος lookout man

τσιμεντάρω, **τσιμεντώνω** cement, cover/pave with cement

τσιμεντένιος (made of) cement, covered/paved with cement

τσιμέντο cement

τσιμεντώνω ☞ τσιμεντάρω

τσιμουδιά δε βγάζω τσιμουδιά not say/utter a word, keep silent τσιμουδιά! silence!

τσίμπημα prick, bite, sting· pinch· (ράμφισμα) peck· (ο πόνος) sting, prick

τσιμπημένος (ακριβός) pricey ♦ είμαι τσιμπημένος με κπ. have a crush on sb.

τσιμπιά pinch· pinch mark

τσιμπίδα tongs

τσιμπιδάκι hairclip, hairslip τσιμπιδάκι για τα φρύδια tweezers

τσίμπλα eyegum, gum

τσιμπλιάζω become gummy

τσιμπολογώ nib, peck

τσιμπούκι pipe

τσιμπούρι (dog) tick ♦ γίνομαι τσιμπούρι σε κπ. pester sb., be a pest to sb.

τσιμπώ pinch· (τρυπώ) prick, bite, sting, peck· peck at· (τρώω ελαφρά) have a bite of (sth.)· bite • **τσιμπιέμαι** (είμαι ερωτευμένος) be in love (with), have a crush (on)

τσίνορο eyelash

τσιπ *(τεχνολ.)* chip, microchip **τσιπς** (πατατάκια) chips, crisps

τσιπούρα gilt-head bream

τσιράκι sidekick, stooge, underling

τσίριγμα screech, shriek, squeal

τσιρίζω screech, shriek, squeak, squeal

τσιριχτός squealing, screeching, squeaky τσιριχτά γέλια shrieks of laughter

τσίρκο circus

τσιρότο sticking plaster

τσίτα είμαι στην τσίτα be tensed up, be strained, be keyed up έχω κπ. στην τσίτα keep pushing sb. • α) tight β) smooth

τσιτσίδι in the nude, stark naked

τσίτσιδος stark naked

τσιτσιδώνω strip (sb.) naked • **τσιτσιδώνομαι** strip naked

τσιτσιρίζω sizzle

τσιτώνω be too tight· push, put

pressure on (sb.) • **τσιτώνομαι** strain, be under strain

τσιτωτός close-fitting, tight

τσιφλικάς landowner

τσιφλίκι large estate

τσιφούτης -α miser, skinflint

τσίχλα, **τσίκλα** (chewing) gum

τσιχλόφουσκα bubble gum

τσόκαρο clog

τσολιάς Evzone

τσοπάνης -ισσα shepherd, *θηλ.* shepherdess

τσοπανόσκυλο sheepdog

τσουβάλι sack

τσουβαλιάζω bundle, pack

τσουγκράνα rake

τσουγκρίζω clink, chink

τσούζω sting, smart, tingle

τσουκνίδα nettle

τσουλήθρα slide

τσουλούφι lock of hair, wisp

τσουλώ roll· push

τσούρμο crowd, swarm

τσουρουφλίζω scorch, singe

τσουχτερός bitter, biting, cutting κάνει τσουχτερό κρύο it's bitterly cold· (για τιμές) steep

τσούχτρα jelly fish

τσόφλι (egg)shell

τσόχα felt

τυλίγω wrap (up) τυλίγω με περιτύλιγμα δώρου gift-wrap· wind· roll (up)· coil· put (one's hair) in rollers • **τυλίγομαι** α) coil oneself, twist β) wrap (oneself) up

τύμβος tomb

τυμπανιστής -ίστρια drummer

τύμπανο drum

Τυνησία Tunisia

τυνησιακός Tunisian

Τυνήσιος -α Tunisian

τυπικός formal· correct, precise· typical

τυπικότητα formality

τυπογραφείο printing works, printer's

τυπογραφία printing, typography

τυπογραφικός of printing, typographic τυπογραφικά στοιχεία print, type τυπογραφικό λάθος misprint

τυπογράφος printer

τύπος type, kind· form· formula· (the) press, (news)papers· model· (άνθρωπος) bloke, chap, fellow, guy· formality, convention, ceremony ♦ για τους τύπους for form's sake κρατώ τους τύπους keep up appearances

τυπώνω print

τυραννία tyranny

τυραννικός tyrannical

τύραννος tyrant

τυραννώ tyrannize, oppress· (βασανίζω) torment, torture

τυρί cheese

τυροκομείο cheese dairy

τυροκομικά προϊόντα cheese products

τυροκόμος cheese maker

τυροκομώ make cheese

τυρόπιτα cheese pie

τυροπιτάδικο (cheese) pie shop

τυφλά blindly

τυφλόμυγα blind man's buff

τυφλοπόντικας mole

τυφλός blind (man) **τυφλό σύστημα** touch-typing

τυφλώνω blind • **τυφλώνομαι** be blinded, lose one's sight

τύφλωση blindness

τύφος typhus

τυφώνας typhoon

τυχαία by chance, accidentally· (στην τύχη) at random, randomly

τυχαίνω meet, run into· happen, chance

τυχαίος chance, accidental· random

τυχερός lucky, fortunate **τυχερά παιχνίδια** games of chance

τύχη luck, (good) fortune **έχω τύχη** be lucky **καλή τύχη!** good luck! **τύχη βουνό!** the devil's own luck!· chance **κατά τύχη** by chance, by accident **στην τύχη** at random, randomly· (μοίρα) fate, destiny

τυχοδιώκτης -ρια adventurer, upstart

τυχόν by (any) chance **μην τυχόν...** don't forget to..., don't even think about not...

τύψεις feelings of guilt, remorse, guilt

τώρα now, at present **τώρα που...** now that... **ως τώρα** so far· (για το παρελθόν) just now· (για το μέλλον) very soon, in a few minutes· nowadays, today

τωρινός current, present, of today

Υ, υ

ύαινα hy(a)ena

υαλοβάμβακας fibre glass, glass fibre

υαλοκαθαριστήρας windscreen wiper

υαλοπωλείο glassware shop, china shop

υαλότουβλο glass brick

υαλόχαρτο ☞ γυαλόχαρτο

υβρεολόγιο invective, volley/outburst of abuse

υβρίζω ☞ βρίζω

ύβρις (βρισιά) swearword, curse· (προβληματική συμπεριφορά) offence

υβριστής reviler

υβριστικός abusive, insulting

υγεία, **υγειά** health **για λόγους υγείας** on medical grounds **στην υγειά τού...** here's to... **σύστημα υγείας** health service **Υπουργείο Υγείας** Ministry of Health

υγειονομία state health board/office

υγειονομικός health, sanitary, medical **υγειονομική περίθαλψη** medicaid

υγιαίνω be healthy, be in good health/shape/condition, enjoy good health **υγίαινε/υγιαίνετε!** cheers!

υγιεινή hygiene **είδη υγιεινής** sanitary fixures/articles

υγιεινός healthy, wholesome, good for the health **υγιεινές τροφές** health food

υγιής healthy, sound, (διανοητικά) sane

υγραέριο gas

υγραίνω dampen, moisten, wet

υγρασία damp(ness), humidity, moisture

υγρό liquid

υγροποίηση condensation

υγροποιούμαι condense

υγρός liquid· wet, damp, humid

υδατάνθρακας carbohydrate

υδατικός related to water **υδατική κρέμα** moisturizing cream

υδατόπτωση waterfall

υδατοστεγής waterproof, watertight

υδατοσφαίριση water polo

υδραγωγείο aqueduct, (η δεξαμενή) water supply reservoir

υδραγωγός water pipeline

υδράργυρος mercury

υδρατμός water vapour, steam

υδραυλικός hydraulic • plumber **υδραυλική εγκατάσταση** plumbing

ύδρευση water supply

υδρεύω supply with water • **υδρεύομαι** draw/get water, be supplied with water

υδρόβιος living in water, aquatic

υδρόγειος (σφαίρα) earth, globe

υδρογόνο hydrogen

υδρογονοβόμβα hydrogen bomb, H-bomb

υδροδότηση supplying with water

υδροδοτώ supply with water

υδροπλάνο seaplane

υδρορροή drainpipe

υδρόφιλος (για φυτά) hydrophilous υδρόφιλο βαμβάκι absorbent cotton

Υδροχόος *(αστρολ.)* Aquarius

ύδωρ water

υιοθεσία adoption

υιοθέτηση adoption

υιοθετώ adopt

υιός son

ύλη matter, substance διδακτέα ύλη curriculum, syllabus

υλικό material, matter, stuff

υλικός material· physical

υλισμός materialism

υλιστής -ίστρια materialist

υλοποιήσιμος realizable

υλοποιώ realize, materialize • **υλοποιούμαι** materialize, come true, take shape

υλοτομία woodcutting, logging, timber felling

υλοτόμος lumberjack, wood-cutter

υμένας membrane, (παρθενικός) hymen, maidenhead

ύμνος hymn εθνικός ύμνος national anthem

υμνώ praise, celebrate

υπαγόρευση dictate, suggestion· *(σχολ. κτλ.)* dictation

υπαγορεύω dictate

υπαίθριος outdoor, open-air

ύπαιθρο open air στο ύπαιθρο outdoors

ύπαιθρος country, countryside

υπαινιγμός hint, insinuation, implication

υπαινίσσομαι hint at, insinuate, imply, suggest

υπαίτιος responsible (for)

υπαιτιότητα blame, culpability, responsibility, *(νομ.)* liability

υπακοή obedience

υπάκοος obedient

υπακούω obey

υπαλληλικός clerical

υπάλληλος (μισθωτός) employee, (γραφείου) clerk, (καταστήματος) (shop) assistant, (σε μουσείο, πάρκινγκ, πρατήριο βενζίνης) attendant, (του δημοσίου) civil servant, official

υπανάπτυκτος, **υποανάπτυκτος** underdeveloped, developing, backward

υπανάπτυξη underdevelopment, backwardness

υπαναχωρώ back out (of)

υπαρκτός real, existent, existing

ύπαρξη existence

υπαρχηγός second-in-command, deputy leader/commander

υπάρχοντα belongings, possessions, (personal) effects

υπάρχω exist· υπάρχει there is

υπέδαφος subsoil, underground

υπεισέρχομαι enter (into), intrude (on), interfere (in), be involved

υπεκφεύγω evade, speak evasively

υπεκφυγή evasion μιλώ με υπεκφυγές speak evasively

υπενθυμίζω remind

υπενθύμιση reminder

υπέρ for, in favour of, in support of, in aid of • **τα υπέρ και τα κατά** the pros and cons

υπεράνω above· above, beyond

υπεράνθρωπος superhuman • superman

υπεράριθμος redundant

υπεραρκετός ample, superabundant

υπερασπίζω/-ομαι defend, stand up for, advocate

υπεράσπιση defence

υπερασπιστής -ίστρια defender, advocate

υπεραστικός long-distance

υπεραφθονία superabundance, overabundance

υπερβαίνω exceed, surpass, go beyond υπερβαίνω τα όρια go to extremes

υπερβάλλω exaggerate

υπέρβαρος overweight· (αποσκευές κτλ.) excess

υπέρβαση exceeding υπέρβαση ορίου excess

υπερβολή exaggeration λέω υπερβολές exaggerate· excess· extravagance

υπερβολικά extremely, exceedingly, excessively, too

υπερβολικός excessive, extravagant, unreasonable μην είσαι υπερβολικός! don't exaggerate! υπερβολική ποσότητα excess

υπερδιέγερση strain, tension

υπερδύναμη superpower, superstate

υπερεκτίμηση overestimate

υπερεκτιμώ overestimate

υπερεκχείλιση overflow

υπερένταση strain, stress, tension σε υπερένταση tense, keyed up

υπερευαισθησία oversensitivity, supersensitivity

υπερευαίσθητος oversensitive, supersensitive

υπερέχω excel, surpass, have supremacy (over)

υπερήλικος very old • very old person, senior citizen

υπερηφάνεια, **περηφάνια** pride, dignity· (αλαζονεία) arrogance, conceit

υπερηφανεύομαι, **περηφανεύομαι** take pride (in), be/feel proud (of), pride oneself (on)· (αλαζονικά) boast, brag

υπερήφανος, **περήφανος** proud νιώθω υπερήφανος που... take pride in...· (αλαζονικός) arrogant, conceited, haughty

υπερηχητικός supersonic

υπερηχογράφημα ultrasonogram

υπερθέαμα supershow, spectacular production

υπερθετικός superlative υπερθετικός (βαθμός) superlative degree

υπερίσχυση predominance, preponderance, prevalence, victory, supremacy

υπερισχύω prevail (over), overcome· get the upper hand, get the better of

υπεριώδης ultraviolet

υπερκατανάλωση overconsumption

υπερκινητικός overactive

υπερκόπωση overwork· overstrain

υπέρμαχος -ος defender, advocate, champion

υπερμεγέθης oversized, huge, enormous, jumbo-sized

υπέρμετρα excessively, unduly

υπέρμετρος excessive, immoderate

υπερνικώ surmount, overcome, conquer, get over, subdue, triumph over

υπέρογκος oversized, enormous, huge· exorbitant, extravagant, extortionate

υπερόπτης -ρια arrogant/conceited person

υπεροπτικός haughty, arrogant, standoffish

υπεροχή superiority, supremacy

υπέροχος fantastic, wonderful, super, gorgeous, marvellous, splendid, excellent

υπεροψία arrogance, haughtiness

υπερπαραγωγή overproduction, superproduction, epic

υπερπολυτελής overluxurious

υπερπόντιος overseas

υπερπροστασία overprotection

υπερπροστατευτικός overprotective

υπερσύγχρονος high-tech, hi-tech

υπερσυντέλικος past perfect (tense)

υπέρταση high blood pressure, hypertension

υπέρτατος supreme, utmost

υπερτερώ surpass, (αριθμητικά) outnumber

υπερτιμώ overrate, overestimate

υπερτυχερός superlucky

υπέρυθρος infrared

υπερυψωμένος elevated, raised

υπερφυσικός supernatural

υπερωκεάνιο ocean liner

υπερωρία overtime

υπερωριακά overtime

υπεύθυνος (υπαίτιος) responsible

(for) **θεωρώ κπ. υπεύθυνο για κτ.** blame sb. for sth.· (επικεφαλής) in charge (of)· (υπόλογος) accountable, responsible • person in charge, manager

υπευθυνότητα (sense of) responsibility· charge

υπήκοος subject, national

υπηκοότητα citizenship

υπηρεσία service· office, service, bureau, department **δημόσιες υπηρεσίες** civil service· duty **εκτός υπηρεσίας** off duty **σε υπηρεσία** on duty

υπηρεσιακός official

υπηρέτης -ρια (man) servant, *θηλ.* maid (servant), servant girl

υπηρετικός of servants, servant's

υπηρετώ serve

υπνάκος nap, doze, catnap

υπναράς fond of sleeping

υπνηλία sleepiness, drowsiness

υπνοβάτης -ισσα sleepwalker

υπνοβατώ sleepwalk, walk in one's sleep

υπνοδωμάτιο bedroom

ύπνος sleep **με παίρνει ο ύπνος** fall asleep **πάω για ύπνο** go to bed **ώρα για ύπνο** bedtime

υπνόσακος sleeping bag

ύπνωση hypnosis, trance

υπνωτίζω hypnotize

υπνωτικό sleeping pill/tablet

υπνωτισμός hypnotism

υπνωτιστής -ίστρια hypnotist

υπό under, below **υπό (αυστηρή) εχεμύθεια** under strict confidence **υπό δοκιμή** on trial **υπό εξέταση** under examination **υπό κατηγορία** under accusation **υπό σκέψη/συζήτηση** under consideration **υπό σκιά(ν)** in the shade **υπό τον όρον ότι...** on condition that...

υποανάπτυκτος ☞ υπανάπτυκτος

υποαπασχόληση underemployment, part-time job

υποαπασχολούμαι work part-time

υποαπασχολούμενος part-time • part-timer

υποβαθμίζω downgrade· degrade

υπόβαθρο pedestal, stand, base· *(μτφ.)* background

υποβάλλω submit, file, lodge **υποβάλλω αίτηση** α) apply (for) β) put in/file a petition (for) **υποβάλλω ερώτηση σε κπ.** put a question to sb., ask sb. **υποβάλλω μήνυση σε κπ.** bring charges against sb. **υποβάλλω υποψηφιότητα για κτ.** stand for/run for sth.· subject • **υποβάλλομαι** α) suffer, undergo β) be subjected to autosuggestion

υποβολή submission, filing, lodg(e)ment· subjection· suggestion

υποβόσκω smoulder, simmer

υποβρύχιο submarine, sub

υποβρύχιος underwater· submarine

υπόγειο basement

υπόγειος underground **υπόγεια**

διάβαση subway **υπόγειος σιδηρόδρομος** (the) underground, (the) tube, (ΗΠΑ) (the) subway

υπογεννητικότητα low birthrate

υπογραμμίζω underline

υπογράμμιση underline, underlining· emphasis

υπογραφή signature

υπογράφω sign, sign one's name on

υποδαυλίζω *(μτφ.)* rouse, kindle, stir up, incite, instigate, foment

υποδεέστερος subordinate (to), inferior (to)

υπόδειγμα sample· model· pattern

υποδειγματικός model, exemplary

υποδεικνύω indicate· suggest, recommend· (υποψήφιο) nominate· point out, emphasize

υπόδειξη suggestion, recommendation

υποδέχομαι welcome, receive, meet

υποδηλώνω indicate, suggest, be a sign of

υπόδημα shoe

υποδηματοποιείο shoe shop

υποδιαίρεση subdivision, division

υποδιαιρώ subdivide

υποδιαστολή *(μαθ.)* decimal point

υποδιεύθυνση subdirectory, vice directorship

υποδιευθυντής -ύντρια assistant manager/director

υποδιοίκηση vice-governship

υποδιοικητής vice/deputy governor, assistant commissioner

υποδομή infrastructure· background

υποδουλώνω enslave, reduce to servitude

υποδούλωση enslavement, servitude

υποδοχή welcome, reception **χώρος υποδοχής** reception, hall

υποδύομαι impersonate, play/act (a part)· (μιμούμαι) take off

υπόθεση supposition, assumption, presumption, guess· affair, case· business· story, plot· cause· *(γλωσσ.)* conditional clause, condition

υποθετικά hypothetically

υποθετικός hypothetical· *(γλωσσ.)* conditional

υπόθετο suppository

υποθέτω suppose, assume, presume· imagine, guess, think, believe

υποθηκεύω mortgage

υποθήκη mortgage

υποθηκοφυλακείο land registry

υποκατάστατο substitute

υποκατάστημα branch

υποκειμενικός subjective

υποκείμενο *(γλωσσ.)* subject

υποκλίνομαι bow, (με κάμψη του γόνατος) curtsey

υπόκλιση bow, (με κάμψη του γόνατος) curtsey

υποκλοπή interception τηλεφωνική υποκλοπή phone-tapping

υποκοριστικό nickname· *(γλωσσ.)* diminutive

υπόκοσμος underworld

υποκρίνομαι pretend· sham, play-act

υποκρισία hypocrisy

υποκριτής -ίτρια hypocrite

υποκριτική acting

υποκριτικός hypocritical

υποκύπτω submit, give in (to)

υπόκωφος dull, hollow, deep

υπόλειμμα remnant· υπολείμματα remains

υπόληψη reputation, good name, standing· respect, esteem

υπολογίζω (λογαριάζω) calculate, compute, estimate, work out· (προβλέπω, περιμένω) reckon (on), bargain for, anticipate· (κατατάσσω) rate, reckon, count· (λαμβάνω υπόψη) take into account, consider, show consideration (for)· (προτίθεμαι, σχεδιάζω) intend (to), think (of), plan υπολογίζω σε κπ. rely on, count on, depend on sb.

υπολογίσιμος considerable

υπολογισμός calculation· estimate

υπολογιστάκι calculator

[1]**υπολογιστής** computer

[2]**υπολογιστής -ίστρια** self-seeker, selfish person

υπόλοιπο rest, remainder υπόλοιπο λογαριασμού balance

υπόλοιπος remaining, rest of

υπομένω endure

υπόμνημα memo

υπόμνηση reminder

υπομονετικός patient

υπομονεύω have/show patience, be patient

υπομονή patience κάνε υπομονή be patient

υπόνοια suspicion

υπονομεύω undermine

υπόνομος sewer

υπονοούμενο hint, insinuation

υπονοώ suggest, imply, insinuate τι υπονοείς; what are you driving at?

ύποπτα suspiciously

υποπτεύομαι suspect

ύποπτος suspicious, questionable, dubious, shady, fishy • suspect

υποσιτίζομαι be undernourished/underfed

υποσιτισμός malnutrition

υπόστεγο shelter· (αποθήκη) shed

υποστηρίζω (υποστυλώνω) support, prop (up)· (ενισχύω, βοηθώ) support, back (up), stand up for, side with· (ισχυρίζομαι) maintain, claim, argue

υποστηρικτής -ίκτρια supporter, backer· defender, advocate

υποστήριξη support, backing up· patronage, sponsorship

υποστυλώνω support, prop up

υποσυνείδητα, **υποσυνειδήτως** subconsciously

υποσυνείδητο subconscious

υποσυνείδητος subconscious

υποσυνειδήτως ☞ υποσυνείδητα

υπόσχεση promise, word

υπόσχομαι promise, give one's word, (δεσμεύομαι) pledge

υπόταση hypotension, low blood pressure

υποτάσσω subjugate, subordinate, subdue • **υποτάσσομαι** submit (to), resign oneself (to)

υποτελής subject, subjugated

υποτιθέμενος alleged, supposed

υποτίμηση (μείωση) underestimation, belittlement· (νομίσματος) devaluation

υποτιμητικός degrading, derogatory

υποτιμώ underestimate, underrate, belittle· (νόμισμα) devalue

υπότιτλοι subtitles

υποτροπή relapse

υποτροπιάζω relapse

υποτροφία scholarship

υπότροφος scholar

υποτυπώδης rudimentary

ύπουλος treacherous, devious

υπουργείο ministry, (ΗΠΑ) department το Υπουργείο Εξωτερικών της Βρετανίας the Foreign Office το Υπουργείο Εξωτερικών των ΗΠΑ the State Department το Υπουργείο Εσωτερικών της Βρετανίας the Home Office

υπουργία ministry

υπουργικός ministerial υπουργικό συμβούλιο cabinet

υπουργός minister, secretary ο Υπουργός των εξωτερικών των ΗΠΑ the Secretary of State ο Υπουργός Οικονομικών (ΒΡΕΤ.) the Chancellor of the Exchequer

υποφερτός tolerable, bearable· passable

υποφέρω (πονώ) suffer, be in pain· go through, undergo· (αντέχω) endure, tolerate· (ανέχομαι) stand, put up with

υποχείριο pawn

υπόχρεος (ευγνώμων) grateful, obliged

υποχρεωμένος bound (to)· indebted (to), obliged (to)

υποχρεούμαι be under an obligation· be required

υποχρεώνω oblige, compel, force • **υποχρεώνομαι** have (got) to

υποχρέωση obligation έχω υποχρέωση σε κπ. be obliged/indebted to sb.· (δέσμευση) commitment

υποχρεωτικός obligatory, compulsory

υποχώρηση retreat· concession αμοιβαίες υποχωρήσεις give and take

υποχωρητικός yielding, pliant, compliant

υποχωρητικότητα compliance

υποχωρώ retreat, withdraw, fall back, give way· (για έδαφος) subside, sink, (για οροφή) fall in, cave in, collapse· (μειώνομαι) subside, fall, come down· (συμβιβάζομαι, ενδίδω) yield, give way, back down (on)

υπόψη **δε λαμβάνω υπόψη** disregard **έχω υπόψη μου** α) bear/keep in mind, have in view/mind β) (γνωρίζω) know, be aware, have an idea **λαμβάνω υπόψη μου** take into consideration, consider, allow for

υποψήφιος candidate, contender, nominee· applicant

υποψηφιότητα candidacy **βάζω υποψηφιότητα για...** stand for..., put up for...· nomination

υποψία suspicion

υποψιάζομαι suspect

ύστερα then, afterwards **ύστερα από** after **εκ των υστέρων** α) after the event β) in retrospect ♦ **κι ύστερα;** so what!

υστερία hysteria **παθαίνω/με πιάνει υστερία** have/throw a fit

υστερικός hysterical

υστερόβουλος calculating, self-seeking

υστερόγραφο postscript, PS

υστερώ be inferior (to)· be lacking (in)

υφαίνω weave· spin

υφαλοκρηπίδα shelf

ύφαλος reef

ύφανση texture

υφαντής -άντρα weaver

υφαντό hand-woven material

υφαντός woven

υφαντουργία textile industry

ύφασμα material, cloth, fabric, textile

ύφεση *(οικον.)* depression, recession, slump· (πολιτική) détente· *(μουσ.)* flat

υφή texture, feel

υφηγητής -ήτρια Reader

υφήλιος globe, earth, world

υφίσταμαι exist, be, be in existence· suffer, undergo

υφιστάμενος subordinate

ύφος air, look, expression·style, touch

υφυπουργός undersecretary, deputy minister

υφυπουργείο undersecretary's office

υψηλόβαθμος high-ranking

υψηλόμισθος high-salaried, highly paid

υψηλός high **η υψηλή κοινωνία** the high society, the jet set· noble, lofty

υψίφωνος soprano

υψόμετρο altitude

ύψος height· level **σε ποσό ύψους...** to the tune of... **στα ύψη** sky high ♦ **ή του ύψους ή του βάθους** sink or swim, make or break

ύψωμα rise, height, elevation

υψώνω raise, put up • **υψώνομαι** rise (up), go up, (ιδ. στον αέρα) climb up

Φ, φ

φαβορί favourite

φαβορίτες whiskers, sideburns

φαγάς -ού great eater, guzzler

φαγητό, **φαΐ** food **πρόχειρο φαγητό** fast food, snack **φαγητό σε πακέτο** takeaway· (γεύμα) meal, dinner, lunch· dish

φαγούρα itch(ing)

φαγώνομαι (φθείρομαι) be worn· (τσακώνομαι) quarrel, squabble· (επιμένω) be desperate

φαγώσιμος edible, eatable

φαεινός **φαεινή ιδέα** brainwave

φαΐ ☞ φαγητό

φαίνομαι appear, turn up· be visible, be seen, show· look, sound, appear to be· seem, strike· seem· look **φαίνεται** it seems, it looks (like), it is likely (that) **μου φαίνεται ότι...** I think... **πώς σου φαίνεται...;** how do you like...?

φαινομενικά apparently, seemingly

φαινομενικός apparent

φαινόμενο phenomenon· marvel, prodigy ♦ **κατά τα φαινόμενα** apparently, by the look(s) of it

φάκα trap, mousetrap

φακελάκι small envelope· bag, sachet· (ποσό δωροδοκίας) bribe **παίρνω φακελάκι** be bribed

φάκελος (αλληλογραφίας) envelop· (ντοσιέ) file, dossier· (έγγραφα υπόθεσης) file· (είδος τσάντας) clutch bag

φακή lentil· **φακές** lentil soup

φακίδα freckle

φακός lens· torch, (ΗΠΑ) flashlight

φάλαγγα (στρατιωτών) column· (οχημάτων) convoy

φάλαινα whale

φαλάκρα, **καράφλα** baldness **κάνω φαλάκρα** go bald· bald patch

φαλακραίνω go bald

φαλακρός, καραφλός bald • baldhead

φαλιρίζω, **φαλίρω** go bust, go bankrupt

φαλίρισμα bankruptcy

φαλίρω ☞ φαλιρίζω

φαλλοκράτης male chauvinist

φάλτσος out of tune, tuneless

φανάρι lamp, light· (κλεφτοφάναρο) torch, (ΗΠΑ) flashlight· (προβολέας αυτοκινήτου) headlight· traffic light ♦ (είναι) **φως φανάρι** it's self-evident

φαναρτζής tinsmith, tinman· *(αυτοκ.)* panel beater

φαναρτζίδικο tinsmith's shop· *(αυτοκ.)* panel beating shop

φανατίζω fanaticize

φανατικός fanatical • fan, buff

φανατισμός fanaticism

φανέλα fannel· (ανδρικό εσώρουχο) vest

φανελένιος flannel

φανερός visible· obvious, evident, manifest· marked, noticeable· overt, open

φανερώνω show, reveal· disclose, divulge, reveal, betray, give away • **φανερώνομαι** appear, show oneself

φανοστάτης lamppost

φαντάζομαι imagine, fancy **για φαντάσου!** fancy that!· think, expect, guess **καλά το φαντάστηκα εγώ!** I thought so!

φαντάρος soldier **έχεις πάει φαντάρος;** have you done your military service?, have you been in the army? **φεύγω/πάω φαντάρος** be called up, enlist, join up

φαντασία imagination **επιστημονική φαντασία** science fiction

φαντασίωση fantasy

φάντασμα ghost, phantom

φαντασμένος conceited, snobbish • snob

φανταστικός imaginary· fictitious, fictional· (πολύ καλός) fantastic, terrific, marvellous

φανταχτερός flashy, gaudy, showy

φάντης jack, knave

φαξ fax

φάουλ foul

φάπα slap (in the face), box on the ears

φαράγγι ravine, gorge, canyon

φαράσι dustpan

Φαραώ Pharaoh

φαρδαίνω widen·(ρούχο) let out· become/get wider/broader

φάρδος width, breadth **σε φάρδος** wide, in width

φαρδύς wide, broad· (ρούχο) loose, baggy ♦ **φαρδύς-πλατύς** flat out

φάρμα farm

φαρμακαποθήκη wholesale drugstore

φαρμακείο chemist's (shop), pharmacy, (νοσοκομείου) dispensary· (στο μπάνιο) medicine cabinet/ chest, (φορητό) first-aid kit

φαρμακερός venomous, poisonous

φαρμακευτικός pharmaceutical **φαρμακευτική αγωγή** medication

φαρμάκι poison· (ερπετών, εντόμων) venom

φάρμακο medicine, drug· (θεραπεία) cure, remedy

φαρμακοποιός chemist, pharmacist, druggist

φάρος lighthouse, light

φαροφύλακας lighthouse keeper

φάρσα (practical) joke, prank, hoax **κάνω φάρσα σε κπ.** play a trick on sb.

φαρσέρ practical joker, prankster, hoaxer

φαρσί fluently

φάρυγγας *(ανατ.)* pharynx

φαρυγγίτιδα pharyngitis

φασαρία (σαματάς) noise, bustle, commotion, fuss· (μπελάς) trouble, bother έχω φασαρίες be in trouble

φάση phase, stage

φασιανός pheasant

φασισμός fascism

φασίστας -ρια fascist

φασιστικός fascist

φασκόμηλο sage· (το ρόφημα) sage tea

φάσμα spectrum· (ποικιλία) range· (απειλή, κίνδυνος) spectre, threat

φασολάδα bean soup

φασολάκια green beans, string beans

φασόλι bean

φάτνη crib

φάτσα face, mug· (πρόσοψη) front, façade

φατσικά by sight

φαύλος corrupt, depraved, vicious ♦ φαύλος κύκλος vicious circle

φαφλατάς -ού jabberer, babbler, natterer· braggart, swaggerer

φαφούτης -α/-ισσα toothless person

Φεβρουάριος Frebruary

φεγγαράδα moonlight

φεγγάρι moon

φεγγαρόφωτο moonlight

φεγγίζω shine faintly, glimmer· be transparent/diaphanous/see-through

φεγγίτης skylight, fanlight

φεγγοβολώ glow, shine, shimmer, gleam

φέγγω glow, gleam, shine· be transparent· *(μτφ.)* become skinny, become a shadow of oneself· (φωτίζω) shine, light φέγγει (ξημερώνει) dawn ♦ σου 'φεξε! it's your lucky day!

φεϊγβολάν handbill, flier

φειδώ economy

φειδωλός thrifty, sparing

φελιζόλ Styrofoam

φελλός cork

φεμινισμός feminism

φεμινιστής -ίστρια feminist

φεμινιστικός feminist φεμινιστικό κίνημα women's (liberation) movement

φερέγγυος creditworthy

φερεγγυότητα creditworthiness

φερετζές yashmak, yashmac

φέρετρο coffin

φεριμπότ ferry (boat)

φερμουάρ zip, zip fastener, (ΗΠΑ) zipper

φέρνω bring· (πηγαίνω και φέρνω) (go and) get, fetch· (εισάγω) bring (into the country), import· (προκαλώ) cause, be the cause of, bring about· introduce, put up, put forward· (μοιάζω) look like, be sort of ♦ φέρνω σε δύσκολη θέση embarrass

φέρσιμο behaviour, conduct

φερφορζέ wrought-iron

φέρω carry· (κρατώ, σηκώνω) bear, carry· (έχω) bear • **φέρομαι** behave φέρομαι άσχημα misbehave φέρομαι σε treat

φεστιβάλ festival

φέτα slice, (λεπτή μπέικον) rasher, (ψαριού) fillet, (πορτοκαλιού) segment· feta cheese

φετινός ☞ εφετινός

φέτος ☞ εφέτος

φευγαλέος fleeting, passing

φεύγω leave, go away φεύγω από leave φεύγω κι αφήνω leave behind· (με αυτοκίνητο) drive off, (με ποδήλατο κτλ.) ride off· get away, escape

φήμη fame· reputation, name κακή φήμη notoriety· (διάδοση) rumour

φημίζομαι be famous, be (well-) known

φημισμένος famous, celebrated, renowned

φημολογία rumour

φθάνω ☞ φτάνω

φθαρμένος worn, shabby

φθείρω/-ομαι wear (out)

φθηνά ☞ φτηνά

φθηναίνω ☞ φτηναίνω

φθήνια ☞ φτήνια

φθηνός ☞ φτηνός

φθινοπωρινός (of) autumn, autumnal

φθινόπωρο autumn, (ΗΠΑ) fall

φθίνω decline

φθόγγος (articulated) sound· *(μουσ.)* note

φθονερός envious

φθόνος envy

φθονώ be envious/jealous of, envy

φθορά wear· damage

φθορίζων fluorescent

φθόριο fluorine

φιάλη bottle φιάλη αερίου gas cylinder

φιάσκο fiasco, flop

φιγούρα figure ♦ για φιγούρα for show κάνω φιγούρα show off

φιγουρίνι fashion magazine

φιδές vermicelli· vermicelli soup

φίδι snake

φίλαθλος sporting, sports-loving • sports lover

φιλαλήθης truthful

Φιλανδία ☞ Φινλανδία

φιλανδικός ☞ φινλανδικός

Φιλανδός -ή ☞ Φινλανδός

φιλανθρωπία charity· philanthropy

φιλανθρωπικός charitable φιλανθρωπική αγορά bazaar, jumble sale φιλανθρωπική οργάνωση charity· philanthropic

φιλάνθρωπος -η philanthropist

φιλαργυρία miserliness, niggardliness, stinginess

φιλάργυρος stingy, miserly • miser

φιλαρέσκεια vanity, coquettery

φιλάρεσκος vain, coquettish

φιλαρμονική philharmonic (orchestra)˙ (brass) band

φιλάσθενος sickly, delicate, weak

φιλειρηνικός peace-loving, peaceable

φιλειρηνιστής -ίστρια pacifist

φιλελευθερισμός liberalism

φιλελεύθερος liberal

φιλέλληνας philhellene, philhellenist, pro-Greek

φιλελληνισμός philhellenism

φιλενάδα friend, girlfriend

φιλές (για τα μαλλιά) hairnet˙ (στο τένις, βόλεϊ) net

φιλέτο fillet

φίλη friend, girlfriend

φιλήσυχος peaceable˙ (νομοταγής) low-abiding, obedient to law

φιλί kiss

φιλία friendship **πιάνω φιλίες (με κπ.)** make friends (with sb.)

φιλικά in a friendly way, as between friends

φιλιππινέζικος Philippine

Φιλιππινέζος -α Filipino

Φιλιππίνες Philippines, Philippine Islands

φιλμ film

φιλντισένιος (of) ivory

φίλντισι ivory

φιλοδοξία ambition

φιλόδοξος ambitious

φιλοδοξώ have the ambition (to), aim (to), plan (to)

φιλοδώρημα tip

φιλοκυβερνητικός pro-government

φιλόλογος philologist, philologer˙ holder of a degree in language, literature and culture, teacher of Greek

φιλομαθής fond of/eager for learning, studious

φιλόμουσος music-loving • music lover

φιλονικία quarrel, dispute

φιλονικώ argue, dispute, quarrel

φιλοξενία hospitality

φιλόξενος hospitable

φιλοξενούμενος guest

φιλοξενώ offer hospitality to, put up, take in˙ host

φίλος friend **φίλος μέσω αλληλογραφίας** pen friend, pen pal **χωρίς φίλους** friendless˙ boyfriend˙ lover, buff

φιλοσοφία philosophy

φιλοσοφικός philosophical

φιλόσοφος philosopher

φιλότιμο pride, sense of honour

φιλότιμος proud, with a keen sense of honour˙ conscientious, dutiful, earnest˙ generous, liberal, openhanded

φιλοφρόνηση compliment

φιλοχρήματος avaricious, money grabbing • money grabber

φιλτράρω filter

φίλτρο filter

φιλύποπτος suspicious, distrustful

φιλώ kiss

φιμέ smoky grey

φιμώνω gag· muzzle

φίμωτρο muzzle· gag

φίνα fine, great, super

φινάλε finale· end, result, outcome

φιναλίστ finalist

φινέτσα finesse, refinement, elegance

φινετσάτος elegant, refined, polished

φινίρισμα finish(ing)

φινιστρίνι porthole

Φινλανδία, **Φιλανδία** Finland

φινλανδικός, **φιλανδικός** Finnish

Φινλανδός -ή, **Φιλανδός -ή** Finn

φίνος fine, great, swell, super

φιόγκος bow

φίρμα (επωνυμία) business/trade name, (σε επιστολόχαρτο) letterhead· brand· *(μτφ.)* big name, star

φις (electric) plug

φίσκα packed (out), full up, crammed, jam-packed, chock-full

φιστίκι peanut

φιτίλι wick· fuse

Φλαμανδία, **Φλάνδρα** Flanders

φλαμανδικός Flemish

Φλαμανδός -ή Flemish

Φλάνδρα ☞ Φλαμανδία

φλάουτο flute

φλας flash· (το εξάρτημα) flashgun, (το λαμπάκι) flash bulb· (αυτοκινήτου) indicator **βγάζω φλας** indicate, signal

φλέβα vein

φλεβίτιδα phlebitis

φλέγμα, **φλέμα** phlegm

φλεγμονή inflammation

φλέγομαι burn, be on fire

φλεγόμενος blazing, burning

φλέγων burning, very important, urgent

φλέμα ☞ φλέγμα

φλερτάρω flirt

φλιτζάνι cup

φλόγα flame

φλογερός burning, blazing· *(μτφ.)* fiery, passionate, fervent

φλοιός (δέντρου) bark· *(γεωλ.)* crust· *(βοτ.)* pod, skin

φλούδα (δέντρου) bark· skin, peel, rind, husk· **φλούδες** peelings

φλυαρία chatter

φλύαρος chatty, talkative • chatterer, chatterbox

φλυαρώ chatter (away)

Φλωρεντία Florence

φοβάμαι be afraid (of), fear· worry, be apprehensive

φοβέρα thread, intimidation

φοβερά awfully, dreadfully, terribly, tremendously

φοβερός fearful, frightful, horrific· (καταπληκτικός) terrific, great

φόβητρο terror, menace

φοβητσιάρης cowardly, timid • coward

φοβία phobia

φοβίζω scare, frighten, give (sb.) a fright· alarm, startle

φοβισμένος scared, frightful, startled, fearful

φόβος fear **για το φόβο μήπως** for fear of, lest **φόβος και τρόμος** terror

φόδρα lining

φοδράρω line

φοίνικας (date) palm, palm tree· (μυθικό πτηνό) phoenix

φοίτηση attendance· course

φοιτητής -ήτρια (university) student

φοιτητικός student, of students

φοιτώ study (at), be a student

φολίδα scale

φονεύω kill, slay, (δολοφονώ) murder

φονιάς φόνισσα killer, murderer

φόνος murder, killing

φόντο background, setting· **φόντα** qualifications

φόρα speed· *(αθλ.)* run-up **άλμα με φόρα/χωρίς φόρα** running/standing jump

φορά time **άλλη μια φορά** once more/again **άλλη φορά** some other time **για μια φορά τουλάχιστον** (just) for once **για τελευταία φορά** last **δυο φορές** twice **κάθε φορά που...** whenever...

φοράδα mare

φορέας (νόσου) carrier· sector

φορείο stretcher

φόρεμα dress

φορεσιά costume

φορητός portable

φόρμα (σχήμα) form, shape, format· (γλυκού) cake tin, cake tray· (εργασίας) overalls, dungarees, (τεχνίτη) boiler suit· (αθλητική) tracksuit, (ολόσωμη) jumpsuit· (φυσική κατάσταση) form, shape **διατηρούμαι σε φόρμα** keep fit

φορμάρω *(πληροφ.)* format

φόρμουλα formula

φοροαπαλλαγή tax exemption

φοροδιαφεύγω avoid paying taxes

φοροδιαφυγή tax evasion

φορολόγηση taxation

φορολογήσιμος taxable

φορολογητέος to be taxed, taxable

φορολογία taxation, taxes

φορολογικός tax, of taxation

φορολογούμενος taxpayer· (δημότης) ratepayer

φορολογώ tax

φόρος tax

φοροτεχνικός tax-accounting **φοροτεχνικό γραφείο** tax accountant's office • tax accountant

φοροφυγάς tax evader/dodger

φόρτε strong point **στο φόρτε του** α) at its maximum β) in full swing

φορτηγάκι van

φορτηγατζής lorry driver, truck driver

φορτηγό lorry, truck

φορτίζω charge

φορτικός annoying, irritating, a nuisance

φορτίο load, cargo, freight, (αποστελλόμενο) shipment· (πιεστική ευθύνη, υποχρέωση) burden

φόρτιση charging, charge· *(μτφ.)* tension

φορτιστής charger

φορτοεκφορτωτής stevedore, docker, dockhand

φόρτος load, burden **έχω φόρτο εργασίας** be extremely busy, be up to one's ears in work

φορτσάρω spurt (for), put a spurt on· try harder, do one's best

φορτωμένος laden, loaded

φορτώνω load· burden· thrust (on/upon)· *(πληροφ.)* load· load up, take on cargo • **φορτώνομαι** α) be laden with β) get stuck with

φόρτωση loading· shipment

φορτωτής shipper

φορώ wear, be dressed in, have (sth.) on· (βάζω) put on, change into, (βιαστικά) slip into, pull on

φουλάρι cravat· scarf, stole

φουλαριστός at full speed

φουλάρω fill up· go at full speed, spurt, (στην οδήγηση) step on the gas, speed up

φούντα tassel· (φυτού) tuft

φουντούκι hazelnut

φουντουκιά hazel (tree)

φουντώνω (για φυτά) grow (branches and leaves), spring up, become bushy/thick, get tufted, be in leaf, run riot· (οργίζομαι) flare (up), get worked up

φουντωτός bushy

φούρια hurry, haste, rush

φουριόζος in a hurry, in a rush

φουρκέτα hairpin· (στο δρόμο) hairpin bend

φουρνέλο blast

φουρνιά batch

φούρνος oven **φούρνος μικροκυμάτων** microwave oven· (το κατάστημα) bakery, baker's (shop)

φουρτούνα storm, rough sea

φουρτουνιασμένος stormy, rough· (αναστατωμένος) in a state

φούσκα (μπαλόνι) balloon· (φουσκάλα) blister· (φυσαλίδα) bubble· (τσίχλας) bubble

φουσκάλα blister

φουσκαλιάζω blister, become covered in blisters

φουσκί manure

φούσκωμα swell(ing), bulge· blowing/pumping up, inflation· (βαρυστομαχιά) indigestion

φουσκώνω (με αέρα) blow up, pump up, inflate· boil over· (μεγαλοποιώ) blow up, exaggerate· bulge· be/feel bloated· (λαχανιάζω) be out of breath, gasp for breath

φουσκωτό inflatable boat

φουσκωτός bulgy· inflatable

φούστα skirt

φουστάνι dress

φούχτα ☞ χούφτα

φράγκο franc

φραγκοσυκιά prickly pear plant

φραγκόσυκο prickly pear

φράγμα dam· barrier

φραγμός barrier, bar, block **ηθικοί φραγμοί** scruples

φράζω enclose, fence (around)· (κλείνω, εμποδίζω) block, obstruct, bar, (με οδόφραγμα) barricade· (βουλώνω) stop (up), block up, plug (up)

φρακάρισμα jamming, getting stuck· traffic jam

φρακάρω jam, get stuck

φράκο tail coat, tails

φραμπουάζ raspberry, framboise

Φρανκφούρτη Frankfurt

φράντζα fringe

φραντζόλα loaf (of bread)

φραντζολάκι (bread) roll

φράουλα strawberry

φραπές iced coffee

φράση phrase

φράχτης (ξύλινος ή μεταλλικός) fence, (από θάμνους) hedge

φρεάτιο (του ασανσέρ) shaft, well

φρεγάτα frigate

φρενάρισμα braking· tyre marks

φρενάρω brake, step on the brake

φρένες mind **έχω σώας τας φρένας** be sane, be of sound mind **δεν έχω σώας τας φρένας** be insane **είμαι/γίνομαι έξω φρενών** be/get furious, get/fly into a rage **κάνω κπ. έξω φρενών** drive sb. frantic

φρένο brake

φρενοβλαβής insane, lunatic • lunatic, loony

φρενοκομείο lunatic asylum/hospital

φρεσκάδα freshness

φρεσκάρω freshen (up), do (sth.) up· brush up (on), polish up • **φρεσκάρομαι** freshen (oneself) up

φρεσκοβαμμένος freshly painted

φρεσκοκομμένος freshly gathered, fresh-cut, freshly ground

φρεσκοξυρισμένος freshly shaven

φρεσκοπλυμένος fresh/recently-cleaned, freshly washed

φρέσκος fresh· wet· new

φρικάρω freak (out)

φρίκη horror, terror

φρικιαστικός gruesome, horrible

φρικτός horrible, horrid· (απαίσιος) terrible, dreadful, appalling· (πόνος) excruciating **φρικτός πονοκέφαλος** splitting headache

φριτέζα (deep) fryer, chip pan

φρόνημα (ηθικό) morale· **φρονήματα** convictions, beliefs, views

φρόνηση wisdom, good sense, prudence

φρονιμεύω mend one's ways

φρονιμίτης wisdom tooth

φρόνιμος (μυαλωμένος) wise, sensible, sound· (πειθαρχημένος, υπάκουος) obedient, well-behaved

φροντίδα care, attention **φροντίδι τού...** care of..., c/o· (σκοτούρα, έγνοια) concern, trouble, worry, anxiety

φροντίζω take care of, look after· make sure, make certain, see (to it) (that)· see about, attend to· nurse, care for· provide for

φροντισμένος neat, tidy, trim, well-kept, well looked-after

φροντιστηριακός tutorial

φροντιστήριο coaching school, (ξένων γλωσσών) language school· (σε πανεπιστήμιο) tutorial

φροντιστής steward· (καθηγητής) tutor, coach

φρουί γλασέ candied fruits, fruit glacé

φρουί ζελέ fruit jelly

φρουρά guard **τιμητική φρουρά** guard of honour· guard duty

φρούριο fort, stronghold, citadel

φρουρός guard· (στρατιώτης) sentry

φρουρώ (stand) guard (over)

φρουτιέρα fruit bowl, fruit stand

φρούτο fruit

φρυγανιά (φρυγανισμένο ψωμί) (slice of) toast· rusk

φρυγανιέρα toaster

φρυγανίζω toast

φρύδι eyebrow

φταίξιμο fault

φταίχτης -ρα person to blame **ποιος είναι ο φταίχτης;** who's to blame?

φταίω be at fault, be to blame, be responsible (for), be guilty· fall into error, make a mistake, be wrong

φτάνω, **φθάνω** arrive, reach, get **φτάνω στα άκρα** go to extremes· (προφταίνω) catch up with· (αρκώ) be enough **φτάνει!** that's enough!· (εκτείνομαι) reach, come (to), come up (to)· (παραβάλλομαι) be as good as, equal, rival· reach, get at ♦ **φτάνει να...** provided (that)..., providing (that)...

φτασμένος successful, of repute

φτελιά elm

φτέρη fern

φτέρνα heel

φτερνίζομαι sneeze

φτέρνισμα sneeze

φτερό feather· (φτερούγα πουλιού ή εντόμου, φτερό αεροπλάνου) wing· (αυτοκινήτου) wing, (δικύκλου) mudguard· (για ξεσκόνισμα) feather duster

φτερούγα wing

φτερουγίζω flap one's wings, flutter· *(μτφ.)* leap, flutter

φτηνά, **φθηνά** cheaply, at a low price

φτηναίνω, **φθηναίνω** lower/reduce

the price of, mark down· be/get cheaper, fall in price

φτήνια, **φθήνια** cheapness, reduced/low prices, inexpectiveness

φτηνιάρικος cheap, shoddy, trashy

φτηνός, **φθηνός** cheap, inexpensive

φτιαγμένος made (of/ from)· (από ποτό) merry, jolly

φτιάχνω, **φτιάνω** make, build, construct· (επισκευάζω) fix, mend· (τακτοποιώ) tidy up, clear up **φτιάχνω τα μαλλιά μου** have one's hair done/set **φτιάχνω το κρεβάτι μου** make up one's bed· (βελτιώνω) improve, make better **φτιάχνω το κέφι κάποιου** cheer sb. up, lift sb.'s spirits· (βελτιώνομαι) clear up, get better • **φτιάχνομαι** α) (καλλωπίζομαι) make oneself up, spruce oneself up β) (οικονομικά) make lots of money γ) (μεθώ) get/be tipsy ♦ **τα** φτιάχνω α) (συμφιλιώνομαι) make it up (with sb.) β) (σχετίζομαι ερωτικά) have an affair, carry on (with sb.)

φτυάρι spade, shovel

φτυαρίζω shovel

φτύμα spittle, spit

φτύνω spit (on) ♦ **φτύνω αίμα** sweat blood

φτυστός spitting image

φτώχ(ε)ια poverty

φτωχικός poor· seedy· meagre

φτωχογειτονιά poor district, slum

φτωχός poor, needy· **οι φτωχοί** the poor

φυγάδας fugitive, runaway, escapee

φυγαδεύω help (sb.) to escape/ get away, smuggle (sb.) out

φυγή flight· escape

φυγόδικος -η fugitive (from justice)

φύκι seaweed

φυλάγομαι ☞ φυλάω

φυλάγω ☞ φυλάω

φύλακας guard· (κτιρίου) watchman, (ζωολογικού κήπου) (zoo) keeper, (μουσείου) custodian, attendant, (φυλακών) jailer, gaoler, prison guard· *(μτφ.)* guardian

φυλακή prison, jail· imprisonment

φυλακίζω imprison, jail, put (sb.) in prison/jail

φυλάκιση imprisonment

φυλακισμένος imprisoned· *(μτφ.)* confined, cooped up, caged • prisoner

φυλαχτό charm, talisman

φυλάω, **φυλάγω** (φρουρώ) guard, watch over **φυλάω σκοπιά** be on guard duty· (επιτηρώ) watch, mind· (διατηρώ) keep· (βάζω στην άκρη) put aside, keep (for later), save (up), put by • **φυλάγομαι** α) be careful, watch out β) take cover

φυλετικός racial, race

φυλή race· tribe

φυλλάδα tabloid, rag

φυλλάδιο leaflet, pamphlet, brochure

φύλλο leaf· leaf, sheet· (τραπεζιού) flap· (μετάλλου) sheet, (λεπτό) foil· issue, number· (της τράπουλας) card· (λουλουδιού) petal· (πόρτας) leaf, panel

φύλο sex, gender· tribe

φυματίωση turberculosis

φυσαλίδα bubble

φυσαρμόνικα mouth organ

φυσάω, **φυσώ** blow **φυσώ τη μύτη μου** blow one's nose **φυσάει** (έχει αέρα) it's windy

φύση nature

φύσημα blowing· gust, puff

φυσητός blown

φυσίγγιο cartridge

φυσικά naturally· (ως επιβεβαιωτικό μόριο) of course, certainly

φυσική physics

φυσικό nature, character **από φυσικού (μου)** by nature

φυσικοθεραπεία physiotherapy

φυσικοθεραπευτής -εύτρια physiotherapist

φυσικός natural **σε φυσικό μέγεθος** life-size(d) **φυσικός νόμος** law of nature **φυσικός πλούτος/φυσικοί πόροι** natural resources • α) physicist β) teacher of physics

φυσικότητα naturalness, artlessness

φυσιογνωμία physiognomy, face· leading personality, well-known figure **εξέχουσα φυσιογνωμία** celebrity

φυσιολάτρης -ισσα nature lover

φυσιολογικός normal, natural

φυσούνα bellows· telescopic corridor

φυσώ ☞ φυσάω

φυτεία plantation

φυτεύω plant

φυτικός vegetable

φυτίνη vegetable butter

φυτό plant· *(μτφ.)* vegetable, in a vegetable state

φυτοζωώ (ζω φτωχά) scrape by/along, scrape a living· (βρίσκομαι σε μαρασμό) stagnate

φύτρο sprout

φυτρώνω germinate, grow, sprout· sprout, (begin to) grow

φυτώριο nursery

φώκια seal

φωλιά nest· (άγριου ζώου) den, lair

φωλιάζω nest, have one's nest· *(μτφ.)* nestle up, snuggle up

φωνάζω shout, cry out· (καλώ) call, send for· call· be angry **με φωνάζουν** be called, one's name is

φωναχτά aloud, out loud

φωνή voice· cry, shout

φωνήεν vowel

φωνητικός vocal

φωνολήπτης -ρια sound engineer

φως light **φως προβολέα** spotlight **φως της ημέρας** daylight **φως του ήλιου** sunlight, sun **φώτα πορείας** (αυτοκινήτου) headlights φώτα της τροχαίας traffic lights χάνω το φως μου lose one's sight· (electric) light **σβήνουν τα φώτα** the lights go out ♦ βγαίνω/έρχομαι στο φως come to light δίνω/παίρνω το πράσινο φως give/get the green light

φωσφορίζω phosphoresce, be phosphorescent

φωταγώγηση illumination

φωταγωγός lightwell, lightshaft

φωταγωγώ illuminate, light up, floodlight

φωταέριο gas

φωταψία illumination, floodlighting

φωτεινός of light φωτεινή επιγραφή neon sign φωτεινοί σηματοδότες traffic lights· bright· well-lit φωτεινή ιδέα bright idea, brainwave

φωτιά fire· light

φωτίζω light· give light· φωτίζει the day breaks, the day dawns • **φωτίζομαι** brighten

φωτισμένος lit (up)

φωτισμός lighting, illumination

φωτιστικό (pendant) lamp, (δαπέδου) standard lamp, floor lamp

φωτοαντιγραφικός (photo)copying φωτοαντιγραφικό μηχάνημα (photo)copier

φωτοαντίγραφο photocopy, Photostat, Xerox

φωτοβολίδα flare

φωτογένεια being photogenic έχει φωτογένεια he's photogenic

φωτογραφείο photographer's studio

φωτογράφηση ☞ φωτογράφιση

φωτογραφία photograph, picture, photo, snap· photography

φωτογραφίζω photograph, take a photograph of

φωτογραφικός photographic φωτογραφική μηχανή camera

φωτογράφιση, **φωτογράφηση** photographing

φωτογράφος photographer

φωτοκύτταρο photocell, photoelectric cell

φωτομοντέλο model, photomodel, cover girl

φωτορεπόρτερ press photographer, photojournalist

φωτοτυπία photocopy, Photostat, Xerox

φωτοτυπικό (photo)copier

φωτοτυπώ photocopy, Xerox

Χ, χ

Χαβάη Hawaii

χαβαλές (having) fun, messing/larking about **κάνω χαβαλέ** mess/lark about **για χαβαλέ** just for a laugh, just for the fun of it

χαβανέζικος Hawaiian

Χαβανέζος -α Hawaiian

χαβάς tune ♦ **ο καθένας το χαβά του** everyone does their own thing

χαβιάρι caviar(e)

χάβρα synagogue ♦ **χάβρα (των Εβραίων/των Ιουδαίων)** babel, hubbub, confusion

Χάγη Hague

χαγιάτι roofed veranda

χάδι caress, stroke

χαδιάρης cuddly

χαζεύω go soft in the head· be amazed· dawdle, hang around **χαζεύω στις βιτρίνες** window-shop· stare at, grape at

χαζογελώ giggle

χαζολογώ loaf, hang about, fool around

χαζομάρα silliness, stupidity· stupid thing to do/say

χαζός silly, daft, dense, stupid • idiot, dimwit, nitwit, blockhead

χαϊδεμένος spoilt, pampered **χαϊδεμένο παιδί** pet, favourite, darling

χαϊδευτικό pet name

χαϊδεύω caress, stroke, pet· pamper

χαϊδολογώ caress, pet, fondle • **χαϊδολογιέμαι** pet, neck, cuddle

χαιρεκακία malice, spite

χαιρέκακος malicious, spiteful

χαιρετίζω, **χαιρετώ** greet, (με κίνηση του χεριού) wave at, (με κίνηση του κεφαλιού) nod at **χαιρετώ διά χειραψίας** shake sb.'s hand· (αποχαιρετώ) say goodbye to· (στρατιωτικά) salute· (για να ευχηθώ) visit (sb.) in order to wish all the best

χαιρετίσματα regards, respects, greetings

χαιρετισμός greeting, (με κίνηση του χεριού) wave, (με κίνηση του κεφαλιού) nod· (στρατιωτικός) salute· **χαιρετισμοί** greeting, regards, compliments

χαίρομαι be glad, be pleased/delighted, be happy **χαίρομαι για τη γνωριμία** pleased to meet you· (απολαμβάνω) enjoy

χαιρετώ ☞ χαιρετίζω

χαίτη mane

χακί khaki

χαλάζι hail **πέφτει/ρίχνει χαλάζι** it's hailing

χαλάζιο *(ιατρ.)* sty(e)

χαλάκι rug, mat, (της εξώπορτας) doormat

χαλάλι to a good purpose, not wasted, worth it **χαλάλι τα λεφτά** not grudge the money

χαλαρός loose· *(μτφ.)* lax

χαλαρώνω loosen up, slacken, ease· (ξεκουράζομαι) relax, unwind· (μειώνομαι) ease off, flag

χαλάσματα debris, ruins

χαλασμένος (για μηχανήματα) out of order, broken, not working· off, tainted, bad

χάλι bad state/condition, mess, terrible state **νιώθω χάλια** feel wretched

χαλί carpet, rug

χαλίκι gravel, (χοντρό) rubble

χαλιναγωγώ restrain, curb, put a curb on

χαλινάρι bridle

χάλκινος copper **χάλκινο μετάλλιο** bronze medal

χαλκομανία transfer

χαλκός copper

χάλυβας steel

χαλύβδινος (made of) steel

χαλυβουργείο steelworks

χαλώ damage, break, ruin· spoil, ruin· spoil, have a harmful effect on· (κάνω ψιλά) break, change· spend, waste, use up· break off· upset· break, break down, go out of order· (για τρόφιμα) spoil, go bad, go off· (για σχέδια) go wrong, fall through· (για ενδύματα κτλ.) wear out, wear off, show signs of wear· (ασχημαίνω) lose one's (good) looks· (για τον καιρό) break/change for the worse· (για τα δόντια) decay· (διαφθείρω) corrupt ♦ **τα χαλάω (με κπ.)** α) break up (with sb.) β) (με φίλο) fall out (with sb.)

χαμαιλέοντας chameleon

χαμάμ Turkish bath

χαμένος lost· *(μτφ.)* wasted, lost· stranded· wretched **χαμένο κορμί** good-for-nothing • loser **βγαίνω χαμένος** lose out ♦ **τα έχω χαμένα** be at a loss

χαμηλά low **πέφτω χαμηλά** α) reach a low β) debase oneself

χαμηλόβαθμος (of) low-grade

χαμηλόμισθος low(ly)-paid

χαμηλός low· low-lying

χαμηλώνω lower **χαμηλώνω τα μάτια** look down **χαμηλώνω τον τόνο της φωνής μου** lower one's voice· (ήχο) turn down· (φως) dim **χαμηλώνω τους προβολείς αυτοκινήτου** dim the lights· stoop

χαμογελαστός smiling

χαμόγελο smile, (ειρωνικό) sneer, (πλατύ) grin, (πονηρό) leer

χαμογελώ smile, (ειρωνικά) sneer, (πλατιά) grin, (πονηρά) leer

χαμομήλι c(h)amomile· c(h)amomile tea

χαμός death, loss **έγινε χαμός** all hell broke loose

χαμόσπιτο hovel

χαμπάρι ♦ **παίρνω χαμπάρι** get wind of

χάμπουργκερ hamburger

χάμω down, to/on the ground/floor

χαντάκι ditch

χαντακώνω ruin, wreck, destroy • **χαντακώνομαι** ruin oneself

χάντρα bead

χάνω lose χάνω τα λογικά μου lose one's reason χάνω την ψυχραιμία μου lose one's head, lose one's temper χάνω τις αισθήσεις μου lose one's consciousness, faint χάνω το θάρρος μου lose heart χάνω χρόνο waste time· miss· mislay, misplace • **χάνομαι** α) get lost, lose one's way β) go missing γ) (εξαφανίζομαι) disappear ♦ τα χάνω α) get surprised, be taken aback β) be confused

χάος chaos

χάπι pill, tablet

χαρά pleasure, joy, delight παιδική χαρά (children's) playground

χαράδρα gorge, ravine

χαράζω engrave, carve, etch, (με ξυράφι) slash· scratch χαράζει it dawns, the dawn breaks

χάρακας ruler

χαρακιά (γραμμή με χάρακα) line· scratch· cut, slash

χαρακτήρας character, disposition· character, nature· character, role γραφικός χαρακτήρας handwriting

χαρακτηρίζω characterize, be characteristic of, be typical of· describe

χαρακτηρισμός characterization· term

χαρακτηριστικό feature, trait, distinguishing mark· χαρακτηριστικά features, characteristics

χαρακτηριστικός characteristic (of), typical (of)· distinctive, peculiar

χαράκτης -ρια engraver, etcher

χαρακώνω slash· rule, line, draw lines on

χάραμα dawn, daybreak

χαραμάδα crack

χαράμι in vain, to no purpose πάω χαράμι be wasted, be to no purpose

χαραμίζω waste, throw away

χαραυγή dawn, daybreak

χάρβαλο wreck, crock, ruin

χαρέμι harem

χάρη grace· favour για χάρη κάποιου for the sake of sb. χάρη σε κπ./κτ. thanks to sb./sth.· good point, gift· *(νομ.)* pardon απονέμω χάρη σε κπ. reprieve sb., pardon sb.

χαρίζω give (for free), make a present of, present (sb.) with (sth.)· spare

χαρισματικός charismatic

χαριτωμένα gracefully

χαριτωμένος pretty, cute

χάρμα beauty • great περνώ χάρμα have a fabulous time

χαρμάνι blend

χαρμόσυνος glad, cheerful, joyful

χαροπαλεύω be dying, fight for one's life

χαροποιώ gladden, make joyful, cheer up, fill with joy

χάρος death ♦ γλιτώνω από του χάρου τα δόντια escape by the skin of one's teeth

χαρούμενος happy, glad, cheerful, joyful χαρούμενο χρώμα bright colour

χαρταετός kite

χαρτέμπορος paper dealer/merchant

χαρτζιλίκι pocket money, allowance

χαρτζιλικώνω provide with pocket money, give pocket money

χάρτης map, (ναυτικός) chart

χαρτί paper χαρτί υγείας toilet paper, toilet roll· piece of paper· (επίσημο έγγραφο) letter, (official) paper· (τραπουλόχαρτο) (playing) card· χαρτιά cards

χάρτινος (made of) paper

χαρτογραφώ map, make the map of

χαρτόδετος paperback χαρτόδετο βιβλίο paperback

χαρτοκιβώτιο cardboard box, carton

χαρτοκόπτης paper knife

χαρτόκουτο carton

χαρτομάνι bumf

χαρτομάντιλο (paper) tissue, Kleenex

χαρτονένιος (made of) cardboard

χαρτόνι cardboard

χαρτονόμισμα banknote, note, (ΗΠΑ) bill

χαρτοπαίκτης -ρια gambler

χαρτοπαιξία playing cards· gambling

χαρτοπετσέτα paper napkin

χαρτοπόλεμος confetti

χαρτοπωλείο stationer's (shop)

χαρτοπώλης -ισσα stationer

χαρτορίχτρα fortune-teller (using cards)

χαρτοσακούλα paper bag

χαρτόσημο stamp τέλος χαρτοσήμου stamp duty

χαρτοφύλακας briefcase

χαρωπός cheerful, cheery

χασάπης butcher

χασάπικο butcher's shop

χάσιμο losing, loss· waste

χάσκω gape (at)

χάσμα chasm· gap

χασμουρητό yawn

χασμουριέμαι yawn

χασομερώ hang about/around, dawdle, idle, dally, loiter· delay, hold up (sb.)

χασούρα loss

χαστούκι slap (in the face)

χαστουκίζω slap (sb.'s face)

χατίρι favour για το χατίρι κάποιου for sb.'s sake κάνω όλα τα χατίρια κάποιου indulge sb., indulge sb.'s whims

χαυλιόδοντας tusk

χάφτω gulp (down), swallow up· *(μτφ.)* swallow, buy

χαχανίζω giggle, cackle, titter

χαχανητό, **χάχανο** giggle, cackle, titter

χαψιά gulp κάνω κτ. μια χαψιά swallow sth. in one

χαώδης chaotic

χείλος, **χείλι** lip· (άκρη) edge, brim, rim· *(μτφ.)* brink

χείμαρρος torrent, stream

χειμερινός (of) winter

χειμώνας winter, wintertime

χειμωνιά wintry weather

χειμωνιάζει winter is drawing on/is setting/is approaching· it's getting colder

χειμωνιάτικος wintry, (of) winter

χειραποσκευή bag· χειραποσκευές hand luggage

χειραφετημένος emancipated, liberated

χειραφέτηση emancipation

χειραφετώ emancipate

χειραψία handshake χαιρετώ κπ. διά χειραψίας shake sb.'s hand, shake hands with sb.

χειρίζομαι operate· handle, deal with

χειρισμός operating· handling, dealing with· manoeuvre

χειριστήριο operating controls· control room· (αεροπλάνου) cockpit· joystick

χειριστής -ίστρια operator

χείριστος worst, worst possible του χειρίστου είδους of the worst possible type/kind

χειροβομβίδα (hand) grenade

χειρόγραφο manuscript

χειρόγραφος handwritten

χειροκίνητος manual, manually-operated/driven

χειροκρότημα applause, clapping

χειροκροτώ clap one's hands, applaud

χειρολαβή handle, grip

χειρονομία gesture

χειρονομώ gesture, gesticulate

χειροπέδες handcuffs

χειροπιαστός tangible, concrete, palpable

χειροπόδαρα hand and foot

χειροποίητος handmade

χειροσφαίριση handball

χειρότερα worse, worst

χειροτερεύω make worse, worsen· get worse, worsen, detoriate

χειρότερος worse, worst τόσο το χειρότερο (για σένα κτλ.) so much the worse (for you etc.) από το κακό στο χειρότερο from bad to worse το χειρότερο απ' όλα (είναι ότι)... and what's worse..., the worst of it is that... στη χειρότερη περίπτωση at (the) worst, should the worst come to the worst

χειροτεχνία handicraft, handiwork

χειρουργείο operating theatre

χειρουργική surgery

χειρουργικός surgical χειρουργική επέμβαση operation, surgery, surgical treatment

χειρουργός surgeon

χειρουργώ operate on (sb.) • **χειρουργούμαι** have an operation

χειρόφρενο handbrake

χειρωνακτικός manual

χέλι eel

χελιδόνι swallow

χελώνα tortoise, (θαλασσινή) turtle

χέρι arm, (κάτω από τον καρπό) hand με το χέρι by hand, manually χέρι-χέρι hand in hand πιάνομαι χέρι-χέρι join hands ψηλά τα χέρια! hands up!· (χερούλι) handle· coat ♦ από πρώτο χέρι at first hand, *(ως επίθ.)* first-hand δεξί χέρι right-hand man δεύτερο χέρι second-hand είναι στο χέρι σου it's up to you όσο περνά από το χέρι μου to the best of one's ability σηκώνω τα χέρια (ψηλά) give up

χερούλι handle, (εργαλείου) grip

χερσόνησος peninsula

χέρσος uncultivated, uncropped, barren

χημεία chemistry

χημικός chemical χημική ουσία chemical • chemist

χήνα goose, *(πληθ.* geese)

χήρα widow

χήρος widower

χθες, **εχθές**, **εχτές** ☞ χτες

χθεσινός ☞ χτεσινός

χιαστί crosswise, crossways

Χιλή Chile

χίλια a/one thousand

χιλιάδα (set of) one thousand· χιλιάδες upteen

χιλιανικός Chilean

Χιλιανός -ή Chilean

χιλιετία millennium

χιλιόγραμμο kilogram(me)

χίλιοι a/one thousand· lots, upteen

χιλιόμετρο kilometre, *(βραχ.)* km

χιλιοστό thousandth· (του μέτρου) millimetre, *(βραχ.)* mm

χιλιοστός thousandth

χιμπαντζής chimpanzee

χιμώ, **χυμώ** dash, rush, dart· charge at, pounce (on)

χιονάνθρωπος snowman

Χιονάτη (the) Snowwhite

χιόνι snow ρίχνει/πέφτει χιόνι it's snowing

χιονιάς snowy weather

χιονίζω snow χιονίζει it's snowing

χιονισμένος snowy

χιονίστρα chilblain

χιονόβροχο sleet

χιονοδρομία skiing, ski-running

χιονοδρομικός of skiing χιονοδρομικό κέντρο ski centre, winter sports centre

χιονοδρόμιο skiing slope

χιονοδρόμος skier

χιονοθύελλα snow storm, blizzard

χιονόμπαλα snowball

χιονόνερο sleet

χιονονιφάδα snowflake

χιονοπέδιλο ski

χιονόπτωση snowfall

χιονοστιβάδα avalanche· snowdrift

χιούμορ humour

χλευάζω deride, mock, scoff (at), sneer at

χλευασμός derision, mockery, scoffing

χλευαστικός derisive

χλιαίνω heat until lukewarm, warm (up)

χλιαρός lukewarm, tepid

χλιδή luxury μες τη χλιδή in the lap of luxury

χλιμιντρίζω neigh

χλιμίντρισμα neigh(ing)

χλόη grass, lawn

χλομάδα paleness, pallor

χλομιάζω turn pale, blanch

χλομός pale

χλωρίδα flora

χλωρίνη chlorine water

χλώριο chlorine

χλωριώνω chlorinate

χλωρίωση chlorination

χνάρι, **αχνάρι** footprint, footmark

χνότο breath

χνούδι fluff, down

χνουδωτός fluffy, downy

χοιρινό pork

χοιρινός of pigs· pork

χοιρομέρι ham, bacon

χοίρος pig, swine

χοιροστάσι(ο) pigsty, pigpen, piggery

χόκεϊ hockey

χολ hall, hallway

χολέρα cholera

χολή bile, (το όργανο) gall· *(μτφ.)* venom

χοληδόχος κύστη gall bladder

χοληστερίνη cholesterol

Χόλιγουντ Hollywood

χολοσκάω worry, fret, get upset

χολωμένος bitter, piqued, resentful

χόμπι hobby, pastime

Χονγκ Κονγκ Hong Kong

χονδρεμπόριο wholesale trade

χονδρέμπορος wholesaler, wholesale dealer

χονδρικά in bulk, wholesale· roughly

χονδρικός, **χοντρικός** wholesale· rough, approximate

χονδρός ☞ χοντρός

χοντραίνω get/grow fat, put on weight· fatten, make (sb.) fat· make (sb.) look fatter

χοντράνθρωπος boor

χοντρικά roughly speaking

χοντρικός ☞ χονδρικός

χοντρός, **χονδρός** fat· thick· coarse· hoarse· crude, rude, tactless· gross, serious

χορδή (μουσική οργάνου) string· cord

χορευτής -εύτρια dancer

χορεύω dance

χορηγία sponsorship

χορηγός sponsor

χορηγώ grant, give (out), provide

χορόδραμα ballet

χοροπηδώ hop, jump (up and down), skip

χορός dance, dancing· dance, dancing party χορός μεταμφιεσμένων fancy-dress party/ball· (αρχαίου θεάτρου) chorus

χορταίνω eat one's fill, have enough, stuff oneself χόρτασα! I'm full (up)!· get enough of (sth.), have a bellyful of· satisfy, satiate· *(μτφ.)* stuff

χορτάρι grass

χορταριασμένος grassy, weedy, mossy

χορταρικό vegetable

χορταστικός filling· substantial, hearty

χορτάτος full, satiated

χόρτο grass· herb

χορτοτάπητας turf

χορτοφάγος vegetarian

χορωδία choir

χουζουρεύω lie in, have a lie-in· snuggle

χούλιγκαν hooligan

χούντα junta

χουντικός pro-junta • supporter of a junta

χουρμάς date

χούφτα, **φούχτα** palm of the hand· handful

χοχλάζω ☞ κοχλάζω

χρειάζομαι need· take· require, take· be necessary, be needed δε χρειάζεται there's no need δε χρειάστηκε να didn't need to, didn't have to χρειάζεται να have to, [απρόσ.] be necessary to

χρεοκοπημένος bankrupt

χρεοκοπία bankruptcy

χρεοκοπώ go bankrupt, go bust

χρέος debt· (καθήκον) duty έχω χρέος να... have to..., consider it my duty to...

χρεωμένος in debt

χρεώνω charge • **χρεώνομαι** run up a debt

χρέωση charge

χρεώστης -ρια debtor

χρήμα, **χρήματα** money

χρηματίζομαι take bribes

χρηματικός financial· cash χρηματική βοήθεια relief χρηματική ποινή fine χρηματικό ποσό sum of money

χρηματισμός bribe taking, graft

χρηματιστήριο stock exchange, stock market

χρηματιστής -ίστρια broker, stockbroker, dealer (in stocks/shares)

χρηματοδότης -ρια (financial) backer, sponsor

χρηματοδότηση financing, sponsorship

χρηματοδοτώ finance, back, sponsor

χρηματοκιβώτιο safe

χρηματομεσίτης -ρια stock-broker, broker

χρήση use **κάνω** χρήση use, make use of μιας χρήσης disposable, throwaway **κακή** χρήση misuse

χρησιμεύω serve, be of use, be useful δε χρησιμεύει σε τίποτα it's of no use, it's useless σε τι χρησιμεύει...; what is this...for?

χρησιμοποιημένος used

χρησιμοποίηση use

χρησιμοποιώ use, make use of, employ

χρήσιμος useful, of use, handy, helpful φαίνομαι χρήσιμος come in useful, come in handy

χρησιμότητα use, usefulness, utility

χρήστης -ρια user

χρηστικός useful, handy, user-friendly

χρίσμα nomination

χριστιανικός Christian

χριστιανισμός Christianity

χριστιανός -ή Christian

Χριστός Christ

Χριστούγεννα Christmas

χριστουγεννιάτικος (of) Christmas

χροιά hue χροιά προσώπου complexion· tint, shade

χρονιά year Καλή χρονιά! Happy New Year!· school year χάνω τη χρονιά μου not move up a form

χρονικό chronicle μοναδικός στα χρονικά unique, unprecedented

χρονικός (of) time

χρόνιος chronic

χρονοβόρος time-consuming

χρονοδιάγραμμα timetable

χρονοδιακόπτης time switch, timer

χρονολογία date

χρονόμετρο stopwatch· timer

χρονομετρώ time, measure the time of

χρόνος time ελεύθερος χρόνος free time, leisure· (έτος) year πόσων χρόνων είσαι; how old are you? του χρόνου next year Χρόνια Πολλά! Many happy returns (of the day)!, (για γενέθλια) Happy birthday!· (school/academic) year

χρυσαφένιος (made of) gold· golden

χρυσάφι gold

χρυσαφικά gold jewellery

χρυσίζω glitter like gold

χρυσοπληρώνω pay (sth.) dear, pay through the nose for (sth.)

χρυσός gold • gold, golden **χρυσή τομή** golden mean, happy medium **χρυσό μετάλλιο** gold medal **Χρυσός Οδηγός** Yellow Pages ♦ πληρώνω κτ. χρυσό pay through the nose for sth.

χρυσοχόος goldsmith· jeweller

χρυσόψαρο goldfish

χρυσωρυχείο goldmine

χρώμα colour· (μπογιά) paint· (δέρματος) complexion

χρωματίζω colour

χρωματιστός coloured

χρωστώ owe· owe money, be in debt

χταπόδι octapus

χτένα comb

χτενίζω comb· do (sb.'s) hair • **χτενίζομαι** α) comb one's hair β) have one's hair done/set

χτένισμα comb(ing)· hairdo, set, hairstyle

χτες, **χθες**, **εχθές**, **εχτές** yesterday **χτες τη νύχτα** last night **χτες οχτώ** yesterday week **χτες προχθές** the other day

χτεσινός, **χθεσινός** of yesterday, yesterday's

χτίζω ☞ κτίζω

χτίσιμο ☞ κτίσιμο

χτίσμα ☞ κτίσμα

χτίστης ☞ κτίστης

χτύπημα ☞ κτύπημα

χτυπημένος hurt· dented· shaken (up)

χτυπητήρι beater, (αβγών) whisk, (ποτών) shaker· (door) knocker

χτυπητός, **κτυπητός** *(μτφ.)* glaring, striking, eye-catching

χτυποκάρδι heartbeat, palpitation· *(μτφ.)* worry, anxiety, stress

χτύπος ☞ κτύπος

χτυπώ ☞ κτυπώ

χυδαίος vulgar, coarse

χυλοπίτες noodles

χύμα in bulk, loose, on draught· (ανάκατα) pell-mell, in a heap

χυμός juice

χυμώ ☞ χιμώ

χύνω spill· pour away, empty· shed **χύνω ιδρώτα** sweat blood • **χύνομαι** spill, (από βράσιμο) boil over· flow

χύτρα pot, saucepan **χύτρα ταχύτητας** pressure cooker

χώμα soil, earth, dirt

χωματερή waste disposal site, (rubbish) tip, dump

χωμάτινος made of clay, earthen

χωματόδρομος dirt road

χωνάκι cone

χωνεύω digest· take in, fully understand· accept (sth. unpleasant) **δε χωνεύω κπ.** dislike sb. • **χωνεύομαι** digest

χώνεψη digestion

χωνί funnel· (χάρτινο) twist of paper

χώνω stick, poke· tuck· (καταχωνιάζω) hide, bury, tuck away· stuff, cram· jab, thrust, sink • **χώνομαι** α) hide, slide β) snuggle ♦ χώνομαι **στα πόδια κάποιου** get/be in sb.'s way χώνομαι στη μέση (σε συζήτηση) butt in, break in

χώρα country, land· (για νησί) chief town/village· *(ανατ.)* region ♦ λαμβάνω χώρα take place, happen, occur, be held

χωράφι field

χωράω ☞ χωρώ

χωρητικότητα capacity, (πλοίου) tonnage, (δεξαμενής) tankage

χώρια apart, separately· apart from, besides, not counting/including, to say nothing of

χωριάτης -α/-ισσα villager, countryman, *θηλ.* countrywoman· (άξεστος άνθρωπος) uncouth person, bumpkin

χωρίζω divide χωρίζω στη μέση halve· separate, part· separate, split· sort out, separate· split, disunite· divorce· separate· separate, (με διαζύγιο) divorce· (τα χαλάω) break up • **χωρίζομαι** be divided, split

χωρικός -ή villager, peasant • territorial

χωριό village

χωρίς without χωρίς καν without even

χωρισμός division, split· separation, (με διαζύγιο) divorce

χωριστά separately, apart· (αυτόνομα) independently

χωριστός separate

χωρίστρα parting

χώρος space· room· site εναέριος χώρος airspace· area· domain, world, area· place

χωρώ, **χωράω** hold, take· fit, go in

Ψ, ψ

ψάθα (rush) mat, straw mat

ψάθινος (made of) straw

ψαλίδα shears, (για κούρεμα φράκτη) hedge clippers· *(ζωολ.)* earwig· (των μαλλιών) split ends· *(μτφ.)* gap

ψαλιδάκι (νυχιών) nail scissors

ψαλίδι (pair of) scissors

ψαλιδιά snip, cut of the scissors

ψαλιδίζω snip, clip, scissor, cut with scissors

ψάλλω ☞ ψέλνω

ψάλτης -ρια cantor, chanter

ψάξιμο search, searching· (έρευνα) looking into, investigation

ψαραγορά fish market

ψαράδικο fishing boat· fish shop, fishmonger's

ψαράδικος (of) fishing

ψαράς fisherman, angler· (ιχθυοπώλης) fishmonger

ψάρεμα fishing, angling

ψαρεύω fish, go fishing· fish for, (με καλάμι) angle for· (βολιδοσκοπώ, εκμαιεύω) fish, pump, sound out, (try to) worm (sth. out of sb.)

ψαρής ☞ ψαρός

ψάρι fish

ψαριά catch

ψαρική fishing, fishery

ψαρικό fish, seafood

ψαρίλα fish(y) smell, smell of fish

ψαρόβαρκα fishing boat

ψαροκάικο smack, fishing caique

ψαρομάλλης -α grey-haired man, *θηλ.* grey-haired woman

ψαρονέφρι tenderloin

ψαροντουφεκάς spearfisherman

ψαροντούφεκο speargun· spearfishing

ψαρός, ψαρής grey· grey-haired

ψαρόσουπα fish soup

ψαροταβέρνα fish taverna

ψαρότοπος fishery, fishing ground

ψαχνό lean boneless meat· (ουσία) crux **έρχομαι στο ψαχνό** come to the point, get down to brass tacks ♦ **ρίχνω/χτυπώ/βαράω στο ψαχνό** shoot to kill

ψάχνω (να βρω) look for, search for, seek· (ερευνώ) search (through), go through, (ψηλαφητά) fumble· (σε κατάλογο, λεξικό κτλ.) look up

ψαχουλεύω fumble about, grope about· search, rummage

ψεγάδι flaw, blemish, defect, fault

ψείρα louse

ψεκάζω spray

ψεκασμός, **ψέκασμα** spraying

ψεκαστήρας sprayer

ψελλίζω (λέγω με δυσκολία) stammer· mumble

ψέλνω, **ψάλλω** chant, sing ♦ **τα**

ψέλνω σε κπ. give sb. a piece of one's mind, tell sb. off

ψέμα lie **ψέματα!** you don't say! **κακά τα ψέματα** let's face it **με τα ψέματα** out of nothing at all **στα ψέματα** faked, make-believe

ψεματάκι fib, white lie

ψευδαίσθηση illusion

ψευδάργυρος zinc

ψευδής false, untrue

ψευδίζω lisp, have a lisp

ψεύδισμα lisp

ψεύδομαι lie, tell lies

ψευδομάρτυρας perjurer, false witness

ψευδορκία *(νομ.)* perjury

ψεύδος lie, falsehood

ψευδός lisping

ψευδώνυμο pseudonym, pen name

ψεύτης -ρα liar, storyteller

ψευτιά (ψέμα) lie, untruth· *(μτφ.)* (απάτη, ξεγέλασμα) fraud, deceit· (υποκρισία, προσποίηση) sham, hypocrisy

ψεύτικος false, fake, mock, dummy, phoney· false, artificial

ψηλά high (up)

ψηλαφίζω, **ψηλαφώ** feel, grope, finger (over)· palpate

ψηλόλιγνος gangling, lanky

ψηλομύτης haughty, stuck-up, snobbish • snob

ψηλός tall, high

ψηλοτάβανος with a high ceiling

ψηλοτάκουνος high-heeled

ψηλώνω make higher, raise· make (sb.) look taller· grow taller

ψημένος baked, roasted, cooked, done· (σκληροτράχηλος) hardened

ψήνω bake, roast, cook (στη σχάρα) grill

ψησταριά barbecue· (κατάστημα) chop house

ψηστιέρα rotisserie

ψητό roast, grilled meat

ψητοπωλείο chop house

ψητός roast(ed), baked, (στη σχάρα) grilled

ψηφιακός digital

ψηφιδωτό mosaic

ψηφίζω vote, cast one's vote/ballot· vote (for)· pass

ψηφίο digit, figure

ψήφιση voting· passing

ψηφοδέλτιο ballot

ψήφος vote· vote, right to vote, franchise· electorate

ψηφοφορία vote, ballot, poll

ψηφοφόρος voter

ψιθυρίζω whisper **ψιθυρίζεται ότι...** there is a whisper that..., whispers are going round that..., rumour has it that...

ψιθυριστά in a whisper, under one's breath

ψίθυρος whisper

ψιλά (small) change **κάνω ψιλά** change, give change (for)

ψιλικατζίδικο haberdashery, haberdasher's shop, corner shop

ψιλοβρέχω [απρόσ.] drizzle

ψιλοβρόχι, **ψιλόβροχο** drizzle ρίχνει ψιλοβρόχι it's drizzling

ψιλοδουλειά (λεπτοδουλειά) fine/delicate work· trifling job, small-time work

ψιλοκόβω cut up (finely), cut into thin slices· grind (finely)

ψιλοκοσκινίζω sift fine· niggle over, be finicky about

ψιλοκουβέντα chitchat, small talk

ψιλός thin, fine· shrill, high-pitched· (ψιλοαλεσμένος) finely ground, refined ψιλή κουβέντα small talk ♦ παίρνω κπ. στο ψιλό make fun of sb., tease sb.

ψίχα (ψωμιού) crumb· (ξηρού καρπού) kernel

ψιχάλα raindrop, drop of rain· drizzle

ψιχαλίζω [απρόσ.] drizzle

ψιχάλισμα drizzle

ψίχουλο crumb

ψόφιος dead ♦ ψόφιος στην κούραση dead tired, worn out, exhausted

ψοφώ, **ψοφάω** die ψοφάω για κτ. by dying for sth., itch to do sth., be spoiling for sth.

ψυγείο refrigerator, fridge· (αυτοκινήτου) radiator

ψύκτης (υδροψύκτης) water cooler· (καταψύκτης) freezer

ψυκτικός cooling, freezing, refrigeratory, refrigerating ψυκτικό υγρό refrigerant

ψυλλιάζομαι get wind of, get wise to

ψύλλος flea ♦ για ψύλλου πήδημα almost for no reason, over a trifle

ψύξη freeze, freezing, refrigeration· freezer· *(ιατρ.)* chill

ψυχαγωγία amusement, recreation, entertainment

ψυχαγωγικός recreational ψυχαγωγικό πρόγραμμα show

ψυχαγωγώ amuse, entertain

ψυχανάλυση psychoanalysis

ψυχαναλυτής -ύτρια (psycho-)analyst

ψυχαναλύω (psycho)analyse

ψυχασθένεια psychasthenia, mental illness

ψυχασθενής psychasthenic

ψυχή soul με την ψυχή μου heartily

ψυχιατρείο mental hospital

ψυχιατρική psychiatry

ψυχιατρικός psychiatric ψυχιατρική κλινική mental clinic

ψυχίατρος psychiatrist

ψυχικός mental· psychic(al) ψυχική διάθεση mood ψυχική ηρεμία peace of mind ψυχικό τραύμα trauma

ψυχοθεραπεία psychotheraphy, psychotherapeutics

ψυχολογία psychology

ψυχολογικός psychological

ψυχολόγος psychologist

ψυχολογώ read (sb.'s) mind, figure out

ψυχομαχώ be in one's death agony, be in the throes of death

ψυχοπαθής psychopath

ψυχοπλάκωμα the blues

ψυχοπλακώνω distress, bring (down), give (sb.) the blues

ψύχος cold, cold weather

ψυχοσύνθεση temperament, character

ψυχοσωματικός psychosomatic

ψυχοφθόρος soul-destroying

ψύχρα chill, cold (weather), cool(ness), nip

ψυχραιμία cool, composure, self-control

ψύχραιμος cool, composed, cool-headed, self-possessed

ψυχραίνω *(μτφ.)* alienate, estrange· turn chilly/cold • **ψυχραίνομαι** fall out, cease to be friends (with)

ψυχρός chilly, cold, nippy· distant, cold, frosty, icy· frigid ♦ **εν ψυχρώ** α) *(επίρ.)* in cold blood β) *(επίθ.)* cold-blooded

ψυχρότητα coldness, chilliness· *(μτφ.)* coolness

ψύχω chill

ψύχωση *(ιατρ.)* psychosis· obsession, mania

ψωμάκι (bread) roll, (στρογγυλό) bun

ψωμί bread· loaf (of bread) ♦ **για ένα κομμάτι ψωμί** for a pittance, for (next to) nothing, for a song

ψωμιέρα breadbin, breadbasket

ψωνίζω buy· shop, go shopping

ψώνια shopping, (είδη μπακαλικής) groceries **βγαίνω για ψώνια** go (out) shopping

Ω, ω

ωάριο ovum

ωδείο school of music, conservatory

ωδική singing· singing class/lesson

ωδικός of singing

ωδίνες *(ιατρ.)* labour

ώθηση push, thrust· *(μτφ.)* boost

ωθώ push· drive, prompt, impel· urge, encourage

ωκεάνιος oceanic, of oceans

ωκεανός ocean

ωμέγα το άλφα και το ωμέγα all, everything

ωμοπλάτη shoulder blade

ώμος shoulder σηκώνω τους ώμους shrug (one's shoulders)

ωμός raw· *(μτφ.)* blunt

ωοειδής oval, egg-shaped

ωοθήκη ovary

ωορρηξία ovulation

ώρα hour ώρες λειτουργίας opening hours· (χρόνος) time για λίγη ώρα for a (short) while ήρθε η ώρα (να)... it's about time..., it's time/high time... πολλή ώρα long, for a along time πόση ώρα...; how long...? πριν από λίγη ώρα a short while ago, just now σε πόση ώρα...; how soon...? στην ώρα μου on time την ίδια ώρα at the same time τι ώρα είναι; what time is it?, what's the time?· (διδακτική) period • από την ώρα που... since... από ώρα σε ώρα any time now, at any minute/moment για την ώρα for the present, for the time being για ώρα ανάγκης for a rainy day δε βλέπω την ώρα να... can't wait to... η ώρα o'clock την ώρα που... as, while

ωραία beautifully, well· nicely, prettily • good!, very well!, fine!

ωραιοπάθεια narcissism

ωραιοπαθής narcissist

ωραιοποιώ glorify

ωραίος good-looking, beautiful, handsome, pretty· beautiful, nice, fine, lovely· nice, good, fair

ωράριο opening/working hours

ωριαίος hourly, lasting one hour

ωριμάζω (για φρούτο) ripen· (για άνθρωπο) mature

ώριμος (για φρούτο) ripe· (για άνθρωπο) mature

ωριμότητα ripeness· (ανθρώπου) maturity

ωροδείκτης hour hand

ωρολογιακός ωρολογιακή βόμβα time bomb ωρολογιακός μηχανισμός clockwork

ωρολόγιος ωρολόγιο πρόγραμμα timetable

ωρομίσθιο hourly rate

ωρομίσθιος paid by the hour

ωροσκόπιο horoscope

ωροσκόπος astrologer· *(αστρολ.)* ascendant

ωρύομαι howl, yell· be wild with anger, be enraged

ως (αναφορικό) as· (τροπικό) as, in the capacity of • ☞ έως **ως τώρα** so far, up to now **ως και** even

ωσάν as if/though

ωσότου until, till, by the time

ώσπου until, till, by the time

ώστε that **ώστε να** so (that), as, so as to • so

ωστικός of thrust, thrusting **ωστικό κύμα** shock wave

ωστόσο however, nevertheless, yet

ωτακουστής eavesdropper

ωτ(ο)ασπίδα ear plug

ωτίτιδα otitis

ωτορινολαρυγγολόγος ear, nose and throat specialist

ωτοστόπ ☞ οτοστόπ

ωφέλεια benefit, gain **οργανισμός κοινής ωφέλειας** public utility

ωφέλιμος good, beneficial, wholesome

ωφελώ benefit, be beneficial to, be good for, do (sb.) good **δεν ωφελεί (σε τίποτα)** it's no use • **ωφελούμαι** benefit, gain

ωχ, **οχ** oh!, dear!· ouch!

ωχρός pale, pallid

ωχρότητα paleness, pallidness, pallor